운동처방사 심화과정교재

운동지도사 매뉴얼

사단법인 한국운동지도협회 교육위원회

Prologue

책을 출판하면서

이 책은 (사)한국운동지도협회에서 운동관련 지도자를 양성하기 위한 심화과정으로 출판되는 운동지도사 매뉴얼이다. 운동처방사(운동지도사)의 중요한 역할과 기능은 운동처방 시스템에 의거 신체를 분석하여 운동의 종류와 운동의 양을 처방하는 행위이다.

운동 처방된 내용을 가지고 실제로 운동을 지도 할 때에 가칭 운동지도원은 운동 실시자(수요자)에게 의학적 과학적 준거에 의하여 운동을 지도하여 운동의 효과를 얻어야만 한다. 이때에 운동 실시자 입장에서는 운동에 관한 전문적인 지식과 정보는 운동관련지도자에게서 얻고자 하며 또 다른 측면에서의 임상적인 내용에 대해서는 의료인으로부터 지식과 정보를 얻고자 하는 것이 현실적이라고 사료된다. 운동 실시자에 이러한 욕구를 충족시키기 위하여 그동안 사단법인 한국운동지도협회에서는 운동 지도자의 자질 향상을 위한 전문운동처방사(전문운등지도사) 자격 검정을 위한 이수 시간을 180시간 정도로 정하였다. 이 180시간에 대한 이수시간의 준거는 4년제 대학을 졸업하는데 전공시간의 최소한의 이수 시간정도로 사료되어 정하였다. 그리고 이 180시간을 세분화하여 입문과정에서 60시간은 운동이라는 학문을 중점적으로 이수시켜 일반운동처방사(일반운동지도사) 과정으로 정하였다. 그리고 심화과정 60시간은 임상을 중심으로 한 학문을 배정하여 운동지도원 과정으로 정하였다. 또한 최종 전문운동처방사 과정 60시간은 운동과 임상 그리고 관계기관과 학문적 사회적 욕구를 부흥하기 위한 과정으로서 편성할 것이다.

본 협회에서는 이러한 계획하에 그동안 입문과정(일반운동처방사, 일반운동지도사)를 마치고 심화과정인 가칭 운동지도원 과정의 지드자를 양성하기 위한 목적으로 본서의 제목을 운동관련지도자를 위한 운동지도사 매뉴얼이란 명칭으로 이 책을 출판하게 되었다.

본서의 내용에 있어서 읽는 사람에 따라서 서로 다른 의견이 있을 것으로 사료된다. 그러나 본 협회에서는 그동안의 경험과 선진국에서의 운동관련 지도자의 양성을 목표로 출판된 내용과 연구를 준거로 각 장마다 담당 교수의 책임 하에 집필하여 강의가 이루어 질 수 있도록 하였다.

제한 시간에 각 교과마다 교육 목적에 부흥할 수 있는 내용면에서 부족한 점에 대해서는 다음 전문지도자과정에서 보충하여 교육을 실시할 것이다.

끝으로 이 책의 출판을 위하여 바쁜 일과 가운데에도 집필하여 주신 구정완, 김경태, 김동건, 김정실, 김준동, 김혜영, 박수영, 박종오, 성동진, 송영주, 안창식, 이주열, 이헌수, 양지욱, 조명진, 조성숙, 최순영, 현광석, 홍민지 교수님과 이 책의 출판을 위해 협조하여준 고려의학 최병진 사장님께 심심한 사의 표합니다.

2007. 3.

(사)한국운동지도 협회 교육위원장

의학박사 성동진

목 차

제1장 운동처방론

운동처방론 1

I 운동처방의 이론성

운동이란 BC 460~377년경 유럽의 히포크라테스는 건강체력 육성과 질병치료에 운동이 효과적이며, 특히 보행운동은 폐용성 근 위축과 비만에 예방적 효과가 있다고 말하였다. 그 후, 세계 2차 대전 후 전상자들의 기능회복을 위해 소위 운동요법(재활)이 등장하였으며, 20세기 후반으로 들어와 고도 산업사회로 발전해 감에 따라 인간의 노동력을 대부분 기계가 대신해 선진 국가들의 국민이 운동부족과 영양과다로 인한 대사성 성인병, 정신적 스트레스의 증가, 신경증의 증가를 초래하게 되어 운동 요법이 검토되기 시작하였다.

운동요법이 검토되기 이전의 시기에서는 주로 체육활동과 스포츠활동등을 실시 하였다.

체육이라 함은 근대체육의 성립기인 18~19세기 초 새로운 시대의 모색에서 시민사회를 구성하는 불가결한 분야로써 교육의 기대가 크게 되어 인간이 살아가는 방법을 결정하는 교육을 둘러싼 철학적 논의가 많이 나타나게 되었다. 즉, 구제도의 교육관과 다른 실천이 필요하게 되었다. 이때에 독일에 의한 범애파의 교육개혁 운동 속에서 근대체육이란 단어가 성립하게 되었다.

이러한 때에 체육과 스포츠활동은 주로 높은 지성, 아름다운 덕성, 줄기차게 살아갈 수 있는 건강체력이 체육교육이 주가 되었는데 이때는 이런 사상을 기본으로한 체육이라는 학문이 전인교육 차원으로 정착하였다.

체육은 즉, 신체를 만드는 교육으로써 그 내용은 신체의 운동을 통하여 자세를 아름답고 부드럽게 만드는 수단으로써 자세의 교육을 체육교육으로 생각하였다.

그 동안 이러한 자세교육론을 체육교육으로 여기어 선진 각국에서는 체육이라는 학문이 전인교육으로 정착하여 발전하여 왔으나 오늘날에는 학문적 흐름과 사회적 변화에 따라서

1986년경부터 국민건강증진 차원으로 신체활동과 운동으로 변화하게 되었다. 이 배경에는 1986년도 캐나다 옷타와에서 서방선진국가들이 모여 헬스프로모션헌장을 채택하여 8가지의 프로그램을 발표한 이후 우리나라에서는 국민건강증진법을 1995년 9월 1일자로 발표한 이 후 국민건강증진 종합계획 2010 프로그램을 발표하였다. 그 결과 우리나라도 체육에서 신체활동과 운동의 시대로 변화되었다고 사료된다. 그리고 2005년 3월 18일 보건복지부에 운동처방 운동지도에 대한 대통령의 지시사항과 같은해 5월 26일에는 교육인적자원부에서 학교체육혁신방안이 발표되었다. 그 중요한 골자는 초·중등학생들에 맞춤형 운동처방을 실시하여 국민건강증진차원에서의 체육교육이란 학문이 신체활동과 운동등이 포함된 내용으로 변화하게 되었다고 사료된다. 한국의 경우는 1990년대까지 체육교육이 국채과목으로서 전인교육차원에서 실시해 오다가 국책과목 폐지로 인하여 필수과목에서 선택과목으로 변경되어 국민 체육진흥법상 체육은 운동경기, 야외활동 등 신체활동을 통하여 건전한 신체와 정신을 기르고 여가를 선용하는 것이라고 정의하여 체육활동과 스포츠란 영역하에 실시하여 왔다. 그러나 이미 미국에서는 학교 체육수업의 목표를 인지적, 운동 학습적, 신체적, 정동적 및 스포츠 기술적 발달이 포함되어 2000년부터는 체육교육을 건강증진을 목적으로 바꾸어지게 되었다.

또한 일본의 경우는 신체의 교육으로부터 시작하여 전인교육으로 정착한 체육을 2002년부터 일본 학교 체육이 지금까지는 체력 육성과 운동능력 육성으로 체육교육의 목표가 설정되었던 것에서 2002년부터는 운동과 체조등을 통해 신체건강체력을 육성하는 운동 등으로 학습지도 요령이 변경되었다. 그 내용은 체력을 높이는 운동과 몸을 부드럽게 하는 운동으로 말할 수 있는데 이러한 원인은 최근에 청소년들의 체력 저하와 운동부족에서 오는 어린이 비만의 증가 또는 자연환경의 파괴와 사람과 자연과의 불균형 등으로 인한 원인으로 사료된다.

국민소득이 1만불 시대로 접어들면 '체육'이란 용어 대신에 체육을 기초로 한 '운동'이란 용어 또는 신체적 활동이란 내용이 포함된 용어로 바꾸어 사용하는 것이 국제적인 흐름이다. 그렇다면 운동이라는 단어에는 어떤 의디가 함축되어있을까?

운동이란 의학적인 용어로서 이학요법 가운데 건강이란 한 영역을 이루고 있는 것을 운동의 의미라고 한다.

의학에서 말하는 건강이란 개념속에 운동이라그 말하는 운동은 체육과는 다른 의미이다. 즉, 운동은 자조의학(내 건강을 내가 관리하고 내가 책임진다)과 예방 의학적 측면에서의 신체활동을 말한다.

1차 예방의학은 국민들의 건강증진을 위하여 적당한 영양, 적당한 운동, 적당한 휴식을 말하며, 2차 예방의학은 질병의 조기발견과 조기치료, 제3차 예방은 재활 등을 위한 신체활동을 말한다.

우리의 인체는 Roux의 법칙에 의하면 신체활동을 너무 많이 하면 현대과학에서는 여러 가지 이론성이 있으나 특히 유해산소(독성산소·활성산소)에 의해 신체에 문제가 되며 너무 적게 신체를 움직이면 퇴행성 질환과 질병이 생기며, 적당히 운동을 하면 우리 인체에 좋다고 한다. 그러면 적당한 신체활동과 운동이 우리 인체에 좋은 점은 무엇일까?

첫째는 인간의 신체는 원래 자연적인 치유작용이 있고 자연적 치유작용 가운데 현대과학이 첨단적으로 발달하였어도 아직까지는 불분명한 요소가 많아 적당히 운동을 하면 치유 능력이 높아지며 보다 효과적으로 인체에 작용하는 것은 옛부터의 경험적으로 또는 과학적으로도 알려져 왔다.

둘째는, 운동은 인체에 혈액순환을 촉진시켜 피로물질을 배출시키는 것과 동시에 인체에 완충작용을 통해서 피로의 적극적 회복에 도움을 주기 때문에 만성적인 육체적·정신적 피로에 효과적이며, 우리 인체 내부에 저항력을 향상시켜 질병의 예방과 신체기능의 개선에 도움을 준다.

셋째는, 인체의 절대안정은 질병회복에 효과적으로 작용하지 않으며, 질병의 회복력에도 도움을 주지 않는다. 특히, 수술 후 적당히 운동을 하는 것은 인체 내 대사가 항진되어 체력이 향상되며 질병이 개선된다.

넷째는, 오늘날 식생활에서 영양과다로 생기는 질환과 질병에서는 적당한 영양상태의 유지가 중요하다. 그렇기 때문에 식사요법이 중요하다. 이러한 식사결점을 개선하고 질병치료에 상승효과를 얻기 위해서는 에너지섭취와 운동을 통한 소비의 밸런스를 유지시킴으로서 적극적으로 신체를 개선시킨다.

다섯째는, 적당한 운동은 복잡한 사회에서 생기는 각종 스트레스에 효과적이다. 즉, 신경질환, 심신증에는 적당한 운동에 의해 일과성 피로가 충분한 수면을 가져오므로 이것이 결국 정서안정에 효과적이다.

여섯째는, 적당한 운동은 인간에게 기력을 준다. 인간의 신체에 기력의 충실은 체력을 높이고, 질병과 싸우는 힘이 된다. 여러 가지 적당한 운동은 또한 우리 인체에 기력이 충실함으로 질병에 걸린 상태에서 체력을 회복시키는 등 그밖에 여러 가지 적당한 운동이 우리 인체에 좋은 점이라고 말할 수 있다.

그러나, 우리 인간의 신체는 개인에 따른 능력의 차이가 있다. 아무리 좋은 운동이라도 사람에 따라서는 그 운동이 신체에 이로울 수도 있고 운동이 극약이 되어 스포츠 상해나 운동장해, 운동중독증, 돌연사, 스포츠 사 그리고 과도한 운동으로 인한 유해산소로 성인들에게는 동맥경화나 암을 유발하는 경우가 있기 때문에 운동은 개인의 건강과 체력에 맞추어 운동을 실시하는 것이 중요하기 때문에 운등처방이란 학문이 탄생하게 되었다.

1. 운동처방의 발전 과정

운동처방이란 단어는 일본체육대학 운동처방실 호리아끼라교수 문헌에 의하면 1955년 일본에서 처음 사용되다가 1960년 일본 동경 올림픽을 앞두고 일본 동경대학의 이가이미찌오박사가 일본청소년들의 체력향상을 의한 연구실험을 하던 중 연구의 제목을 어떠한 말로 표현할까 심사숙고 하던 끝에 의학에서의 처방이라는 단어를 운동과 접목시켜 운동처방이라는 단어를 사용한 것이 연구의 최초이다. 그 후 세계보건기구(WHO)에서는 1969년에 운동처방이라는 단어를 인정하였다.

미국이나 유럽에서는 1960년대에 국민사망의 원인이 암을 제외하고 심장병의 사회적 국가적 문제로 대두될때 심장의 특성을 연구하는 과정에서 심장은 유산소적 지구력만 있고 무산소적 지구력은 미흡하다는 결론에서 말초의 근육을 움직여 심장이 튼튼해지면 심장병을 예방과 치료가 가능하다는 연구결과에서 심장병 환자들에게 걷고 달리고하는 등 즉 유산소적 운동이 개발되고 1970년에 들어와 미국심장의학회(1972년)가 탄생하게 되었다. 즉 이때를 기준으로 하여 치료의학에서 예방의학으로 넘어가는 과정에서 심장병 환자들에게 운동처방을 도입하여 환자개인에 따라 운동의 강도와 운동의 시간 운동의 빈도를 처방하는 운동처방시대가 열리게 되었다.

한마디로 말하면 미국이나 유럽에서는 치료의학에서 예방의학으로 넘어가는 과정에서 운동처방을 도입하게 된 것이다.

우리나라는 지난 86아시안게임, 88서울올림픽을 앞두고 필자와 일본체육대학 운동처방실 호리아끼라교수와 공동으로 한국복싱국가대표선수들의 경기력향상을 위한 개인운동처방을 실시하여 그 연구 보고서가 출판된 이후 1995년 9월1일자로 국민건강증진법이 재정공포되고 이에따라 운동처방학과가 대학에서 개설되기 시작하였다.

1999년 7월23일 보건복지부로부터 제반 운동관련 지도자양성을 위해 사)한국운동지협회가 탄생하게 되었다.

2004년 7월31일 국민에게는 건강증진을 근로자에게는 복지를 운동지도자에게는 보람을 이란 캐치프래스를 가지고 한국운동지도학회가 창설되었다.

그리고 2005년 3월18일 보건복지부 업무를 대통령에게 보고하는 자리에서 운동이 필요한 사람을 위한 운동지도사의 필요성이 강조되고 동년 5월26일에는 교육인적자원부에서 학생체력증진을 위한 학교체육 혁신방안이 발표되어 맞춤형 운동처방안이 발표되는 등 운동처방이라는 학문이 보건복지부, 교육인적자원부, 문화관광부 등에서 중요 국가 정책으로 대두되어 운동처방시대가 본격적으로 열리는 계기가 되었다.

2. 운동처방의 정의

운동처방의 정의는 신체의 체력을 운동처방 시스템에 의거 분석하여 운동의 종류와 양을 처방 또는 지도하는 행위로 정의한다.

운동처방의 정의를 구체적으로 4가지로 설명하면 다음과 같다. 첫째, 신체의 체력이란 1) 신체의 형태 2) 운동을 발현하는 근계 3) 운동을 유지하는 호흡순환기계 4) 운동을 조정하는 신경계 5) 신체를 방어하는 면역 혈액 즉 신체의 내부환경 등 신체의 방위체력을 의미한다.

신체활동과 운동차원에서 보건복지부에서 요구하는 신체의 체력은 유아, 아동, 청소년, 성인, 노인 등으로 나눌 때 유아들에게는 1) 3~5세까지의 체력은 즐겁게 신체를 움직일 수 있도록 하며 2) 5~7세까지는 신체를 움직이며 놀 수 있는 체력을 3) 8~10세까지는 스포츠를 통하여 skill을 배울 수 있는 체력을 만드는데 목적이 있다고 사료된다.

노인들에게는 국민건강증진차원에서의 신체활동과 운동을 통하여 체력을 구분한다면 그 내용은 다음과 같다. 1) 신체적의존형 2) 신체적 허약형 3) 신체적 자립형 4) 신체적 적성형 5) 신체적 엘리트형으로 나눈다.

둘째, 운동처방 시스템이란 운동처방을 실시하는 순서를 의미한다. 즉 환자가 병원에 가서 치료하는 과정을 운동과 접목시켜 이가이미찌오교수가 세계 최초로 운동처방시스템을 개발하였다. 그 내용은 다음과 같다.

1) 개인기록카드작성(운동처방을 받고자 하는 사람이 직접 작성한다.) 2) 건강진단(의료인이 의료법에 의하여 실시한다.) 3) 운동부하테스트(운동지도사가 국민건강증진법에 의하여 실시한다.) 4) 운동능력테스트(운동지도사에 의하여 실시한다.) 5) 운동처방전 작성(의료인 또는 운동지도사에 의하여 작성한다.) 6) 운동처방 작성에 의하여 운동 실시(운동

지도원의 역할)한 다음 3~4개월 후에 다시 운동처방 시스템 의거 재처방을 받아 안전하게 운동목적에 따라서 운동을 실시한다.

셋째, 운동의 종류란 운동처방 입장에서는 다음 5가지로 나눈다.

1) 전신적운동 (유산소적운동, 무산소적운동, 유산소적운동과 무산소적운동 혼합형)

2) 헬스운동 또는 국소근운동 (등척성운동, 등장성운동, 단축성운동, 신장성운동, 등속성운동)

3) 레크레이션운동 (운동의 종류를 유희화 놀이화 시키는 운동)

4) 전신적운동과 국소적운동 혼합형 (서키트운동과 유사하게 혼합된 운동을 말한다.)

5) 조정운동 (체조, 스트레칭, TV체조, 라디오체조, 준비운동, 정리운동)

넷째, 운동의 양이란 운동의 강도, 운동의 시간, 운동의 빈도를 말한다.

1) 운동의 강도에서는 먼저 상대강도를 사용하는 것이 원칙이며 운동강도를 설정하는데 있어서 다음 6가지로 요약한다. 그 예는 다음과 같다.

① 최대심박수와 연령과의 관계식에서 Y=205-0.49X을 이용한다. Y는 예상최대심박수, X는 연령이다.

② 안정시심박수에서 최대심박수를 추정하는 공식은 Y=1.1X+115을 이용한다. Y는 예상최대심박수, X는 안정 시 심박수이다.

③ 12분달리기에서 최대산소섭취량을 구하는 공식은 Y=0.02122X-7.237을 이용한다. Y는 최대산소섭취량(ml/kg/분), X는 12분간 달린 거리(생리적 한계에서)이다.

④ 60세 이상의 경우는 심박수와 최대산소섭취량의 관계식은 Y=0.0127X-0.515 Y는 예상최대산소섭취량, X는 운동 중 심박수의 관계식에서 체중으로 나누면 최대산소섭취량을 구할 수 있다.

⑤ 헬스운동의 경우는 %R.M=102.8-2.78X 반복횟수등을 이용한다.

⑥ Borg의 주관적 운동강도를 이용하는 방법도 있다.

이것은 아래 표 1-1에 나타난 바와 같이 주관적 운동강도를 6~20까지 15등급으로 나누어 13은 주관적으로 약간 무겁다는 느낌의 강도는 13전후의 운동강도로 운동을 실시하며 산소섭취량은 50~60%에 상당한다. 연령, 운동의 종목과 운동에서 습관이 되면 주관적 운동강도를 10배하면 그 운동강도에 의해 대개의 심박수가 된다.

표 1-1. Borg의 주관적 운동 강도

20	
19	대단히 무겁다
18	
17	꽤 무겁다
16	
15	무겁다
14	
13	약간 무겁다
12	
11	보통이다
10	
9	꽤 약하다
8	
7	대단히 약하다

2) 운동의 시간이란 운동목적에 따라서 결정된 운동의 강도를 가지고 운동강도가 유지하는 시간, 지속하는 시간을 말한다. 즉 전신운동에서는 심박수를 가지고 운동의 시간을 보통 정하며 헬스운동에서는 정해진 강도로 들어올리는 속도(템포), 횟수, 셋트수, 휴식시간 등을 의미한다.

3) 운동의 빈도란 일주일에 몇 번 운동을 실시하는가를 의미한다.

60세이상은 일주일에 1회 정도, 50세는 일주일에 2회 정도, 40세는 일주일에 3회 정도, 30세는 일주일에 4회 정도, 20세까지는 매일 운동을 실시하는 것을 100%로 한다.

이상과 같이 운동처방의 정의를 4가지로 요약 설명하였다. 운동처방정의에 의해 운동실시자를 위한 운동실시의 이론성은 다음과 같다.

3. 운동실시를 위한 이론성

(1) 운동의 법칙

과중부하의 법칙 (점증적과중부하의 법칙)

특이성의 법칙

가역성의 법칙

그 밖의 특성 (개별성, 의식성, 전체성 등)

(2) 전신적 운동처방의 이론성

Margaria의 운동의 과학적 이론

① 비젖산성기구에서의 운동처방

② 젖산성기구에서의 운동처방

③ 유산소성기구에 의한 운동처방

④ 유산소+무산소성운동처방 (급주기에 의한 운동의 강도와 질주거리, 완주기에 의한 지속시간, 급주기와 완주기의 반복횟수의 이론성)

(3) 조정운동의 이론성

준비운동, 정리운동, 건강증진체조 및 스트레칭 등

(4) 헬스운동(국소근운동)의 이론성

헬스운동의 이론성은 근의 수축양식(등척성, 등장성, 단축성, 신장성, 등속성)에 의한 운동의 종류와 운동의 양은 운동의 강도, 운동의 템포, 운동의 횟수, 셋트수, 1회간 휴식시간, 운동의 빈도, 운동기간 등을 말한다.

헬스운동은 운동의 목적에 따라 근력운동, 근지구력운동, 근파워운동, 근비대운동 등에 기초이론성을 숙지하고 지금까지 이러한 이론성을 기초로 하여 필자는 다음 심화과정에서 운동장해예방을 위한 운동처방의 이론성 가운데이 다음 장에서 하지의 운동 장해 예방을 위한 검사와 운동처방부터 강의가 진행된다.

참고문헌

1. 성동진, 운동처방론, 고려의학 2005.
2. 성동진, 국민건강증진을 위한 헬스운동지도 지침서, 보건복지부, 2003.
3. 성동진, 국민건강증진을 위한 성인병예방 관리를 위한 운동지도 지침서, 보건복지부, 2002.
4. 성동진, 국민건강증진을 위한 운동지도지침서 보건복지부, 2001.
5. 성동진, 국민건강증진을 위한 운동능력 평가기준표, 보건복지부 2000.
6. 堀居昭, 스포츠장해의 극복, 베이스 볼 마가-진사, 1997.
7. 堀居昭, 누구나 알 수 있는 운동처방론, 공영출판, 1985.

제2장 운동장해 예방을 위한 운동 처방론

운동장해 예방을 위한 운동 처방론

2

I 하지운동장해예방을 위한 검사와 운동처방(무릎, 대퇴사두근, 대퇴삼두근)

1. 하지운동장해예방을 위한 기본 검사

운동처방 실시 전에 또는 그 경과 중에도 운동처방을 받고자 하는 사람의 상태(부어오르는 증상, 통증)와 신체기능(가동력, 불안전성, 근력)등을 정확하게 검사한 후에 운동처방 내용을 결정한다.

(1) 관절의 안전성과 불안전성 검사

생체의 관절의 기능은 운동성과 안전성이다. 관절은 생리적인 운동방향으로는 대단히 저항이 적게 움직이나(운동성) 비생리적(이상)인 방향으로는 움직임이 둔한(안전성) 상반된 기구를 가지고 있다. 이 기구를 유지하는 것이 관절을 구성하고 있는 고리형태로 인대, 지대, 근, 건, 연골등의 관절 지지 조직이다. 염좌와 인대 손상과 탈구 등에서 보다 관절의 지지 조직에 손상과 관절의 안전성을 잃어 버린 상태를 불안전성(instability)이라고 하며, 흔들리는 경우는 동요성의 관절이라고 부른다. 이 불안전성의 정도를 검사하는 것에서 염좌와 인대손상의 중증도를 판정하고 어느 인대가 어느 정도 손상되어 있는 가를 판정하고 또한 치유과정과 운동처방과정에서의 정도치를 판정하는 지표가 된다.

불안전성 검사의 대표적인 것으로는 보통 6가지가 있다.

① 발 관절의 전, 후, 내반, 외반 불안전성

② 무릎 관절의 전, 후, 내반, 외반 불안전성

③ 어깨 관절의 전, 후, 하반 불안전성

④ 탈 관절의 내반, 외반, 불안전성

⑤ 엄지 손가락 관절의 내반, 외반, 불안전성

⑥ 손가락 관절의 외반, 내반 불안전성 등이다

이 여섯가지 방법 가운데에 관절가동력(유연성)은 그림 2-1에서 대퇴(고관절)와 그림 2-2에서 무릎과 그림 2-3에서 하퇴, 그리고 그림 2-4에서 발관절, 그림 2-5에서 발부위, 그림 2-6에서 발관절의 불안전성 검사(a,b,c,d), 그림 2-7에서 무릎 관절의 안전성 검사(a,b,c,d)등을 참고한다.

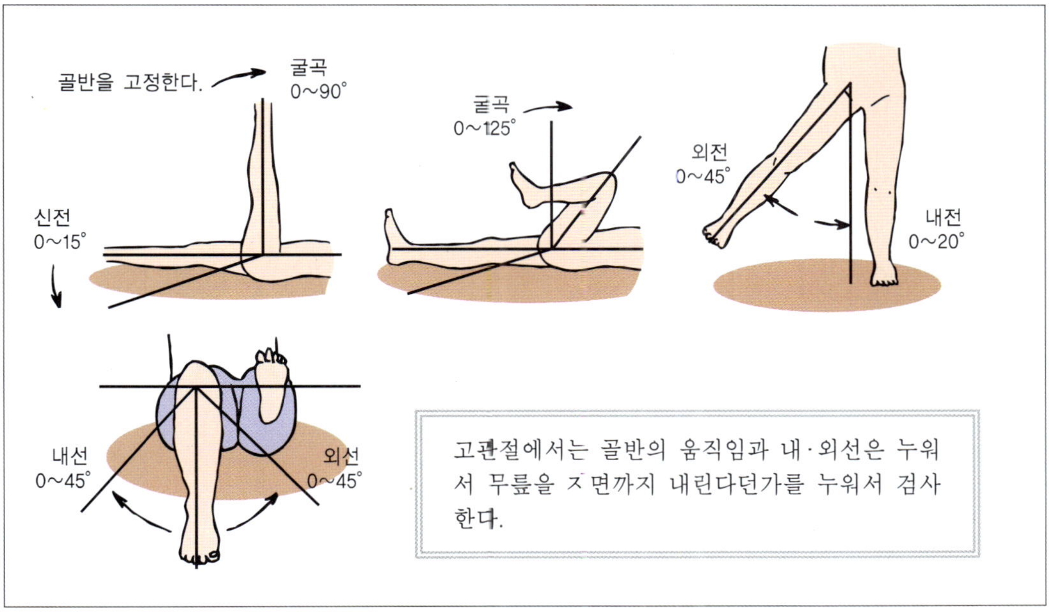

그림 2-1. 대퇴(고관절) 관절검사

그림 2-2. 무릎 관절검사.

그림 2-3. 하퇴검사

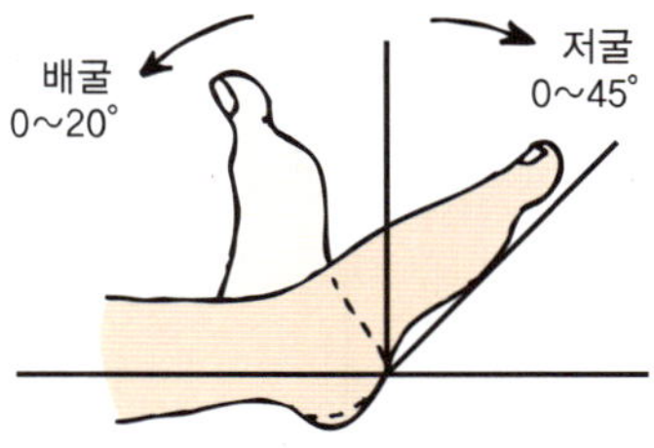

그림 2-4. 발관절(족관절) 검사

발관절검사는 배굴과 저굴의 이동축은 제5중족골이다.

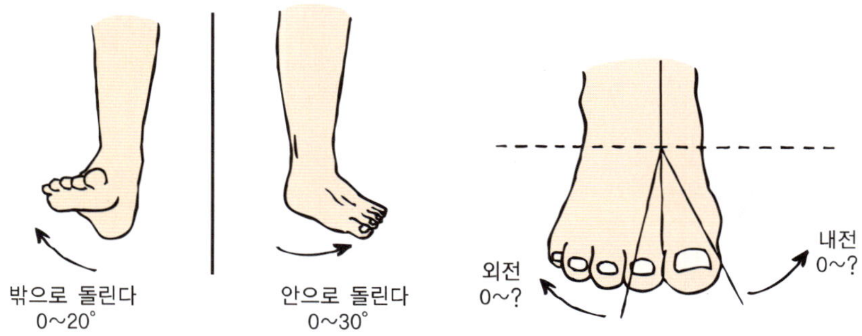

그림 2-5. 발부위(족부위) 검사

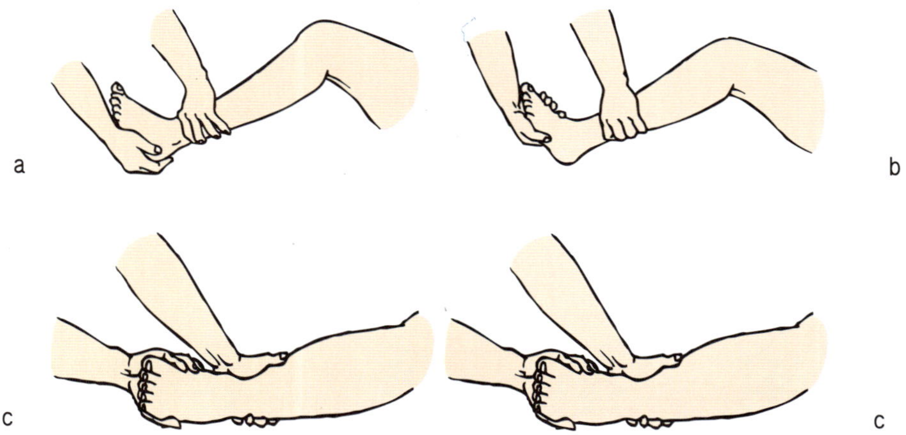

그림 2-6. 발관절의 불안정성검사

a : 전, b : 후, c : 내반, d : 외반

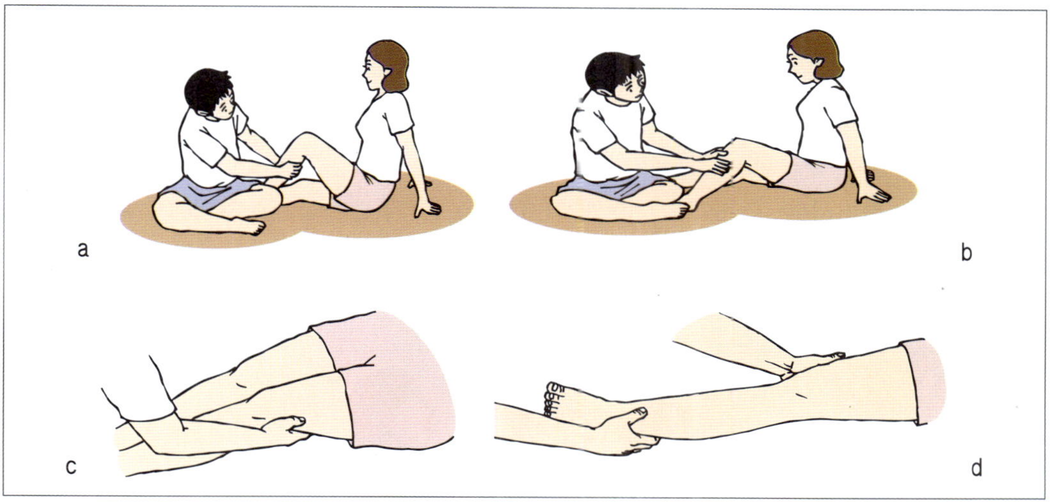

그림 2-7. 무릎관절의 안정성검사
a : 전, b : 후, c : 외반, d : 내반

(2) 기재 방법

기재 방법은 불안전성 방향과 그 정도를 −, ±, +, ++ 등으로 조합하여 무릎관절 전방이면 +로 기재 한다. 필히 좌, 우로 비교한다. 여성은 신체가 부드러운 사람과 과거의 외상으로 그 전의 관절이 느슨한 경우에는 특히 주의해서 좌우와 전신과 그 밖의 관절의 안전성을 비교 검토한다.

(3) 인대 손상(염좌의 분류)

① 제1도(strain) 경증 : 인대의 작은 섬유의 손상 및 피하조직까지의 손상으로 국소부위의 압통과 부종도 적으며 관절의 불안전성은 없다.

② 제2도(sprain) 중등증 : 인대의 부분 단열로 압통 및 부종이 현저하나 관절의 불안전성은 없다.

③ 제3도(avalsion) 중증 : 인대의 완전 단열로 관절의 불안전성이 현저하다.

(4) 발, 무릎 관절의 검사 방법

무릎관절의 불안전성 검사와 관절가동력(유연성)은 다음과 같다.

① 발 관절의 불안전성 검사

② 무릎 관절의 불안전성 검사

이며 관절가동력검사는 ① 발부위, ② 대퇴(고관절), ③ 무릎관절, ④ 하퇴, ⑤ 족관절의 검사방법은 다음 그림 2-8에 ROM 측정법과 같다.

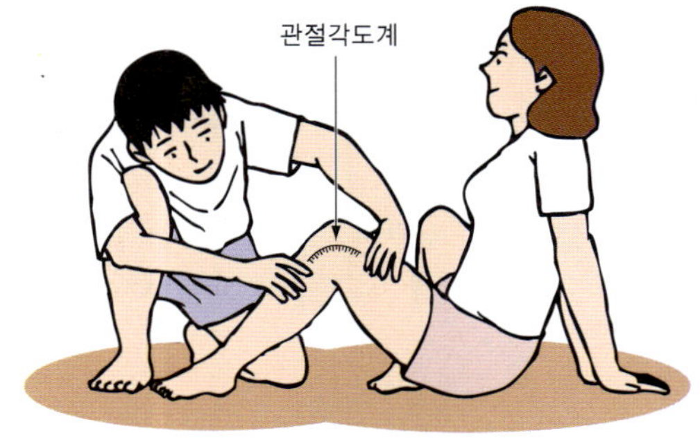

그림 2-8. ROM 측정법

관절의 기능으로서 운동성은 중요하다.

관절의 지지와 운동을 나타내는 경우에는 통일된 약속이 필요하기 때문에 그 기본을 해부학적 지지를 0도로 정하고 지지와 운동을 나타내는 기본은 관절을 움직이는 범위로 관절가동력 R.O.M(range of motion)이라고 하며 운동생리학에서는 유연성이라고 말한다. 또한 R.O.M는 피검자 자신의 근력으로 움직이는 범위(자동가동력 : active R.O.M)와 검사자가 들어올리는 가동력(타율 가동력 : Passive R.O.M)으로 구분한다. 이러한 것을 기재할 경우에는 굴곡을 자동으로 100도이고, 타동으로 130도정도 가능한 경우에는 굴곡 100도(130도)로 기재한다.

측정 방법은 위 그림 2-8과 같으며 신체 굴곡 축에 맞게 각도계를 이용하여 측정하며 좌우로 비교한다. 운동처방의 목표는 정상적인 관절가동력을 확보하는 것이기 때문에 운동전, 운동중 한주간(7일) 간격으로 측정하여 효과를 판정한다. 또한 관절 가동력의 제한되는 원인이 무엇인가를 확인한다.

2. 무릎장해

(1) 무릎에는 강하고 약한 무릎이 있는가?

무릎은 보통 강한 무릎과 약한 무릎이 있다.

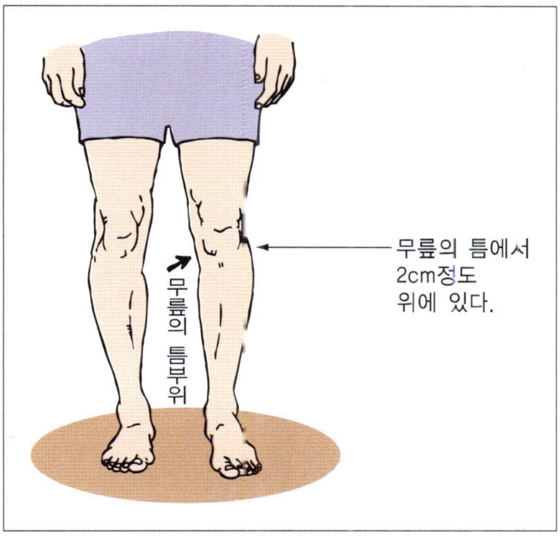

그림 2-9. 장신자의 슬개골의 위치는 높다.

위 그림 2-9에 나타나는 것과 같이 장신자의 슬개골은 보통인보다 그 위치가 높다. 장신자는 일반적으로 무릎이 약한 감이 있다. 이것은 장신자의 경우에는 성장기에 신장이 일년간 10~15cm 정도 성장하기 때문이다.

성장기에는 대퇴와 하퇴의 골이 급성장 한 것에 비해 근육과 건의 성장이 늦게 발달되기 때문에 필연적으로 슬개골은 윗 쪽으로 올라가 장신자의 슬개골의 위치는 보통사람들보다도 높은 위치에 있다. 보통 사람의 슬관절 포(섬유막, 활막, 골단연골을 말함. 일명 관절포라고 함)의 전면은 슬개골의 그 대부분을 차지하고 있으며 하부에 약간의 슬하지방체가 붙어 있다.

그러나 장신자의 특징은 슬개골의 위치가 높기 때문에 관절포의 윗쪽에 슬개골이 있고 관절포(관절포의 외측에 교질섬유(섬유막, 골단연글, 활막)와 내측에는 알부민이 포함되어 있는 세포가 있다. 그 액은 윤활유 역할을 하며 연골세포에의 영향을 공급해 주는 역할을 하며 그 액을 골액이라고 한다. 이 막을 둘러싸고 있는 막을 골막이라 하며 이 막은 2개의

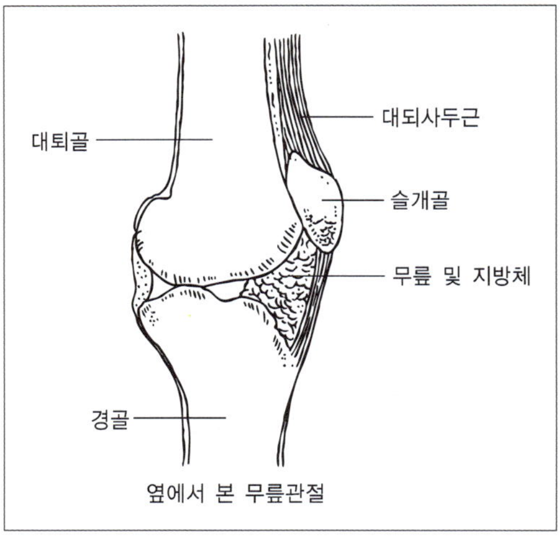

그림 2-10. 무릎 및 지방체

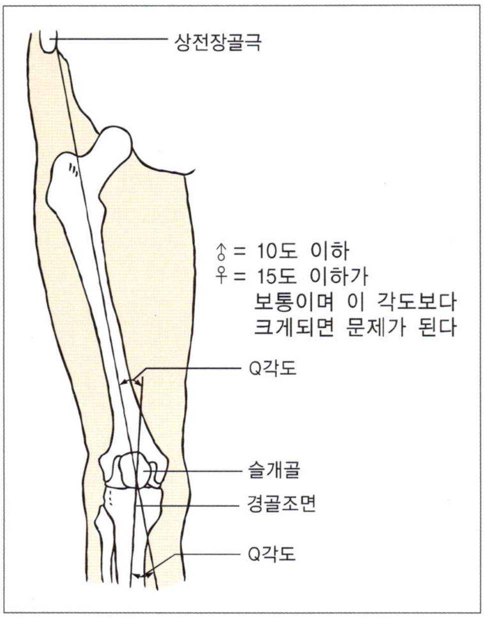

그림 2-11. 무릎의 Q각도(하지의 Alignment)

층으로 나뉘어져 그 사이에 엷은 지방층이 있다. 그리고 하부에는 다량의 슬하지방(슬개하지방체)가 붙어있다. 슬개하 지방체는 무릎의 위치는 충격을 완화시켜주는 역할을 한다. 슬개골이 높은 위치에 있는 경우는 무릎의 통증을 일으킬 수 있는 충격력을 완화시킬 수 있는 대상작용으로서 무릎 밑에 다량의 지방체가 붙어 있다. 이것을 골액포라고 한다. 골액포는 대퇴골과 대퇴사두근사이에 있기 때문에 무릎의 굴곡에서 강한 압박을 받으면 골액을 분비한다. 그리고 근과 근 사이, 건과 건사이, 건과 골사이의 조직에 마찰을 예방한다. 그리고 슬개인대는 그림 2-10에서 무릎 및 지방체를 그림 2-11에서 무릎의 Q각도를 나타나는 바와 같이 무릎의 각도는 직선으로 있는 것이 아니고 일정의 각도를 가지고 경골 조면에 부착되어 있다. 그리고 이 각도를 Q각도 라고 말한다(무릎을 중심으로 한 대퇴와 하퇴와의 관계를 하지의 아라이멘트(alignment)라 한다. 또한 Q각도의 측정은 그림 2-11과 같이 측정한다.

남성의 Q각도는 보통 10도 이하이고 여성은 15도 이하가 보통의 범위이다. 남녀 모두 Q각도가 크게 되면 무릎 관절 주변에 문제가 생긴다. Q각도가 큰 사람은 무릎이 내측으로 과내선되어 무릎 장해의 원인이 된다.

무릎의 통증은 보통 여섯가지로 정리한다.

① 무릎의 내측광근의 발육이 비정상 또는 운등부족으로 인한 근 위축
② 장신자중 세신형(마른형)에서는 슬개골의 우치가 높은 경우
③ 슬개골은 보통 남자는 5.5~6.5cm, 여자는 4.5~5.5cm 정도이나 이 보다도 작은 경우
④ 슬개골이 대퇴골과(顆)의 역 V자형의 구(溝)가 너무 얕다(X선으로 확인할 수 있음).
⑤ 슬개인대의 Q각도가 성인 남자의 경우 10도, 여자의 경우는 15도 이상인 경우
⑥ 대퇴사두근이 너무 경직된 경우로 요약할 수 있다.

그리고 그림 2-12에서 무릎의 7가지 인대를 나타나는 바와 같이 무릎을 지지하는 인대는 굵은 인대와 가는 인대를 포함하여 일곱가지 인대가 있으며 이 인대가 무릎을 전, 후, 좌, 우로 이탈하는 것을 방지한다.

(2) 무릎의 염좌 구분

만약에 무릎이 이탈되면 염좌(삐는 일)가 생긴다. 염좌는 그 손상 상태에 따라서 세가지로 나눈다.

① 제1도 염좌 : 인대의 연부 조직이 손상되어 약간의 출혈과 붓기가 보인다(인대가 조금 늘어난 상태).
② 제2도 염좌 : 인대에 부분 단열이 있으며 내출혈과 붓기가 있다. 회복까지는 보통 2~3주 정도 걸리며 운동 선수의 경우는 의사로 부터 치료를 받게 된다.
③ 제3도 염좌 : 인대에 부분 단열과 완전 단열이 있다. 내출혈과 붓기가 크고 정상적인 기능 유지가 불가능하며 일어 설 수가 없어 입원이 필요한 상태이다.

(3) 무릎장해 예방 인대

그림 2-12에서 무릎의 일곱가지 인대에 의해서 무릎이 좌, 우, 전, 후로 이탈을 방지하기 위한 인대를 나타내었다.

① 무릎 장해 인대의 90%가 내측 측부 인대이다.

이 인대는 무릎이 좌우 옆으로 이탈을 방지하는 인대인데 외측으로 부터 가해지는 충격에 의해 장해를 일으킨다. 이 내측측부 인대는 대퇴골 하단의 내측에서부터 나와 경골의 내측의 상부에 부착되어 있다. 이 인대는 외측 측부인대 보다도 폭이 넓고 내측 반월판과 결합되어 있다. 그러기 때문에 내측측부 인대에 손상을 받으면 내측 반월판도 손상과 연

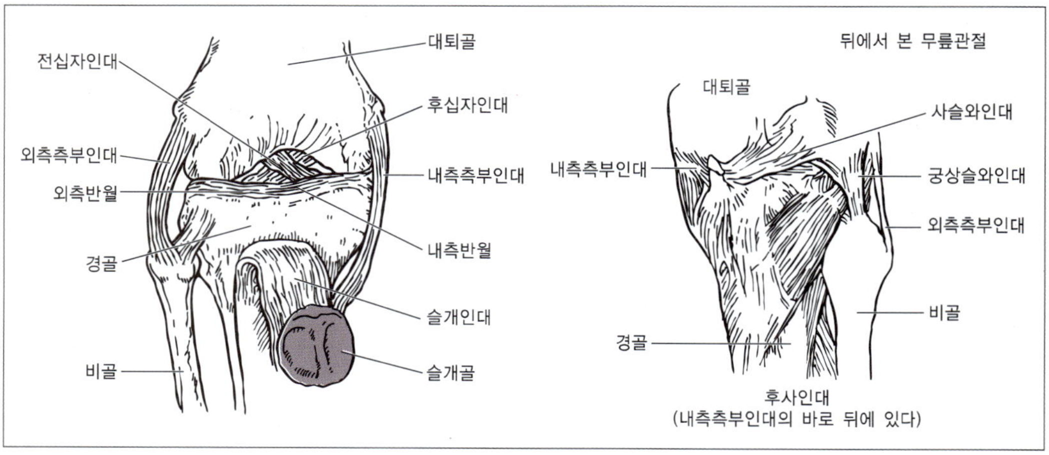

그림 2-12. 무릎의 7개의 인대

결되는 경우가 많다. 외측측부 인대는 우측으로 이탈을 방지하는 인대이다. 이 인대는 대퇴골의 하단의 외측으로 시작하여 종아리에 있는 골에 부착되어 있고 반월판과의 결합이 느슨하여 외측측부인대의 손상은 곧 반월판 손상과 연결되어 지지는 않는다. 그리고 내측측부 인대 보다도 작으며 또한 약하고 염좌 발생률도 적다. 그러나 무릎 내측에 강한 외력(충격)에 의해 염좌가 발생된다(대인운동관계에서).

② 무릎의 전후로 이탈을 방지하는 인대

하퇴가 전방으로 이탈을 방지하는 인대는 전십자인대이며 하퇴가 후방으로 이탈을 방지하는 인대는 후십자인대이다.

전십자인대는 대퇴골 하단의 외측에서 앞쪽으로 경골상단에 부착되어 있다. 급격히 달리다가 정지한다던가, 방향전환, 급하게 착지할 때에는 대퇴골이 경골위를 미끌어져 앞으로 빠져나오는 느낌을 받는다. 이 인대의 크기는 새끼손가락 정도이며 전십자 인대가 5라면 후십자 인대는 3정도이다. 후십자 인대는 후방으로 무릎의 이탈을 방지하는 인대이며 크기는 엄지손가락 정도이며 길이는 전십자인대 보다도 짧다.

(4) 무릎의 운동

무릎의 운동에는 직선운동과 회전운동 그리고 무릎의 신전으로 나눌 수 있다. 무릎은 관절을 연결시켜주는 기능과 축의 역할의 기능을 가지고 있다. 대퇴에서 발휘되는 근력은 하퇴에 전하여져 서고, 걷고, 달리고, 점프하고 계단 등을 오르고 내리는 것을 가능하게 한다. 무릎의 작용을 분리한다면 신전과 굴곡등 직선적 운동과 외력을 완충해주는 완충작용에 의해 내선과 외선등 회전 운동을 할 수 있다. 무릎의 직선운동은 약 700~1,200kg 힘에도 견딜수 있으며 한쪽 다리로도 자기 체중 정도의 힘이라면 신전과 굴곡이 가능하며 전력 질주를 한다면 체중의 3배 정도 하중에도 견딜수 있다. 체중의 2배 정도의 힘이 다리에 가해져도 무릎 관절과 발관절에서는 직선적 운동과 회전 운동이 가해져도 완충력을 자동적으로 완충 시킬 수가 있다. 무릎의 회전 운등은 무릎을 안쪽으로 굽히는 내선의 가동 범위는 그림 2-13에서 무릎의 외선과 내선을 나타나는 바와 같이 0~20도 정도 바깥쪽으로 굽히는 외선의 가동 범위는 0~20도가 정상적인 가동영역이다. 이 정상 각도에서의 회전 운동이라면 체중의 3~4배 정도의 완충력을 가지고 있다. 그러나 무릎의 내선과 외선 운동은 달리는 운동의 경우에는 스피드가 빠르게 되면 필연적으로 무릎은 안쪽으로 들어온다. 이 때에 과내선(10도 이상) 그리고 외측에 과외선(20도 이상)을 넘게 되면 인대가 늘어난다든가 최악의 경우에는 일부 근의 단열이 되는 경우가 있다. 운동 장해는 과외선보다도 과내선에 의한 장해가 4배 정도가 된다고 보고된다.

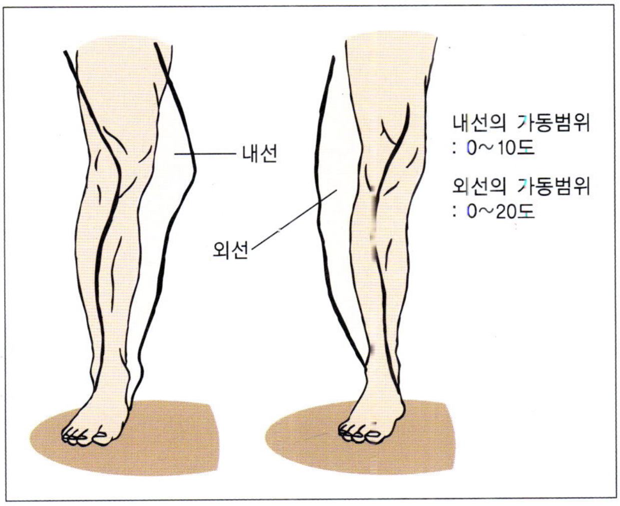

그림 2-13. 무릎의 외선과 내선

(5) 무릎의 신전 운동

무릎의 중요한 활동 가운데 하나는 무릎의 신전 운동이다. 무릎을 신전 시킬 수 있는 기구를 무릎 신전 기구라고 말한다. 그림 2-14에서 무릎의 신전기구를 나타내었다. 무릎의 신전 기구는 대퇴사두근 → 대퇴사두근건 → 슬개골 → 슬개인대 → 경골조면에서 이루어지며 그림 2-15에서는 경골 조면과 무릎인대와의 관계를 나타내었다. 슬개골을 사이에 두고 대퇴에서 발휘되는 힘을 하퇴에 전달하여 무릎이 신전하게 된다. 이것을 무릎의 신전운동이라 한다.

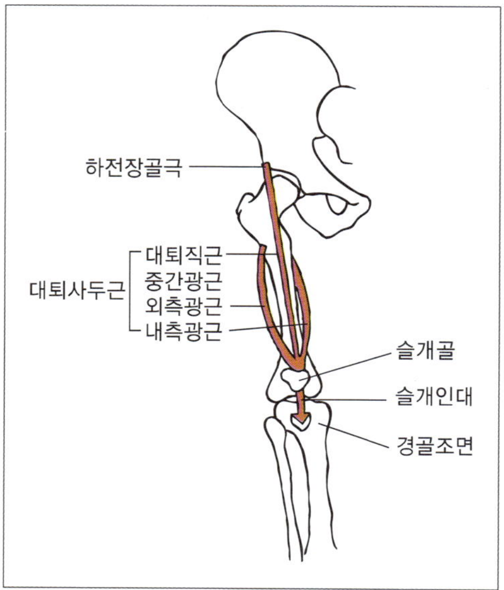

그림 2-14. 무릎의 신전기구

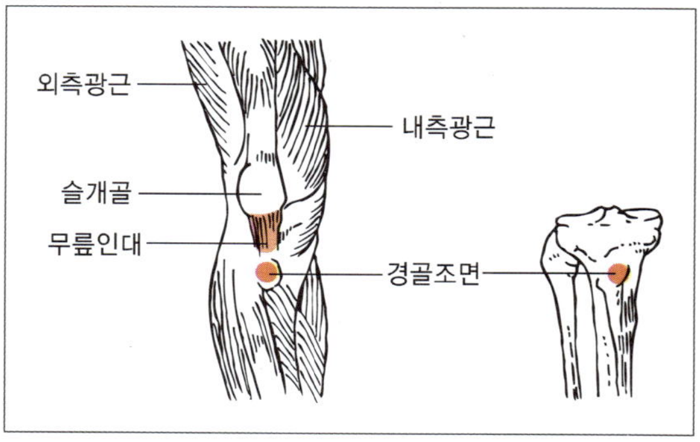

그림 2-15. 경골조면과 무릎인대

대퇴사두근에서 발휘되는 근력을 각 신전력이라고 부른다(각력).

각력은 슬개골을 사이에 두고 경골에 전달되어 하퇴를 움직인다.

슬개골은 신전 기구 가운데에서 일명 골차의 활동과 같기 때문에 슬개골에 문제가 있으면 각 신전력을 하퇴에 전달 할 수가 없게 된다. 슬개골은 근력을 하퇴에 전달하는 입장에서 볼 때 슬개골이 작은것 보다는 큰것이 유리하며 만약에 슬개골이 없다고 한다면 20% 정도 근력은 저하된다. 슬개골을 지지하는 것은 위에서 설명한 대퇴사두근의 건이며 하부에서는 슬개인대이다. 슬개골, 대퇴사두근, 건 및 슬개인대에 통증이 발생되면 운동이나 일상생활에 문제가 된다.

대퇴사두근, 건, 슬개인대를 강화하는 것은 무릎 통증을 예방하는 지름길이다. 대퇴 전면에 대퇴 직근, 중간 광근, 내측광근, 외측광근이라고 말하는 4개의 근군을 즉 대퇴사두근이라고 한다. 그림 2-14에서 무릎의 신전 기구 가운데에 대퇴 직근은 골반의 전면에서부터 시작하여 슬개골위에 부착되어 있다. 중간 광근은 대퇴의 전면에서 시작하여 대퇴 직근 아래 대퇴 직근과 함께 슬개골 위에 부착되어 있다. 내측광근은 대퇴골의 전면 내측에서 시작하여 슬개골의 내측에 부착되어 있다. 외측광근은 대퇴골의 전면 외측에서 시작하여 슬개골의 외측에 부착되어 있다. 대퇴 사두근이 각각의 균형을 이루어 힘을 발휘하여야 되며 그 역할은 무릎을 신전시키는 것이며 슬개골과의 밀접한 관계가 있다.

3. 슬개골과 대퇴사두근의 균형

슬개골과 대퇴사두근과의 관계를 그림 2-17에서 슬개골을 움직이는 대퇴사두근의 활동을 나타내었다. 내측광근의 건은 슬개골의 내측 브에 부착되어 있기 때문에 슬개골을 내측으로 당기어 무릎을 신전시킨다. 외측광근의 건은 슬개골을 외측으로 당기어 무릎을 신전시킨다. 대퇴직근의 건은 슬개골이 위쪽에 있기 때문에 무릎을 스트레이트로 신전시킨다. 중간광근의 건은 대퇴직근의 건에 부착되어 있기 때문에 대퇴직근의 보조역할을 한다. 대퇴근을 유지시키는 대퇴골 하단은 그림 2-18에서 대퇴골의 하단의 역 V자구(溝, 슬개면)에서 대퇴골 하단과 역 V자 모양의 구(溝) 슬개면을 나타내었다. V자 형을 꺼꾸로 놓은 것과 같이(해부학에서는 슬개면이라고 함) 요철모양(凸)으로 되어 있다. 한편 슬개골 안쪽 모양은 凹으로 되었다. 슬개골과 대퇴골의 역 V자와의 관계는 예를 든다면 기차 바퀴와 레일과의 관계와 같다. 내측광근은 원래 구조상 외측광근 보다도 강하기 때문에 무릎을 신전시킬 때에는 내측광근에 의해서 슬개골이 외측 방향으로 당겨진다. 무릎이 오각형인 사람의 경우는 족저의 외측의 힘이나 충격력을 처리하기 때문에 그림 2-19에서 외측광근의 발달이 현저한 다리모양을 나타내었다. 또한 펜싱선수의 경우도 오각형의 다리를 가진 사람과 비슷하다. 이러한 경우는 보통 안쪽 무릎에서 통증이 발생한다. 외측광근은 보통 사람들의 경우에서 보행이나 걷고 달리는 속도 등으로 충분히 사용하기 때문에 근육량의 감소는 나이가 들어감에 따라서도 적으나 내측광근은 주로 속근이기 때문에 충분히 사용하지 않으면 즉 만성적 운동 부족이 되면 근이 위축되는 경우가 있다. 그리고 중고령자의 경우 갑자기 근이 위축되어 슬개골의 내측 부위와 내측광근 사이에 깊게 주름살이 생기를 것을 육안으로도 확인할 수가 있다. 내측광근과 외측광근 사이에 근의 균형이 맞

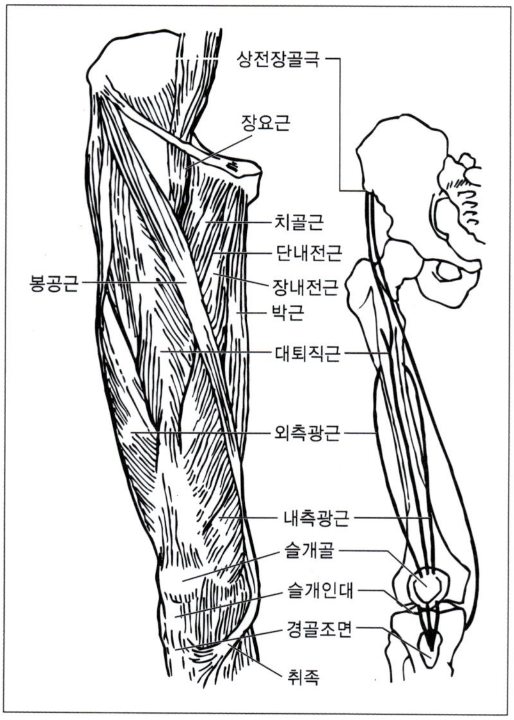

그림 2-16. 대퇴사두근과 주변의 근군

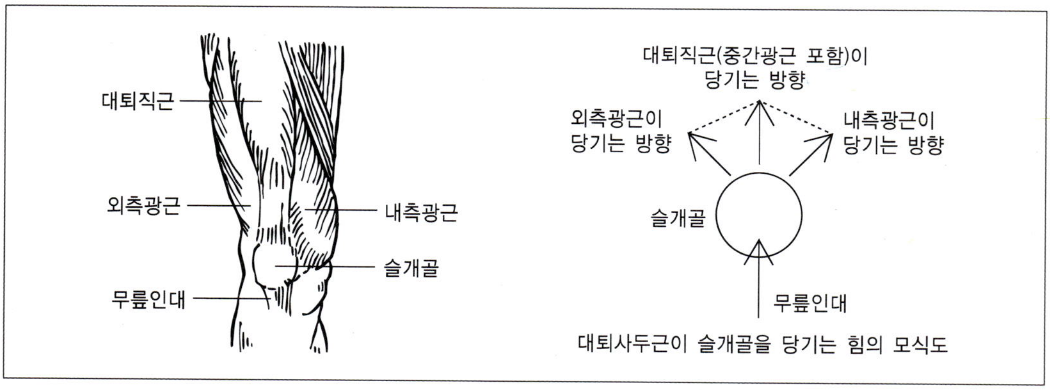

그림 2-17. 슬개골을 움직이는 대퇴사두근의 활동

지 않을 때에는 슬개골의 일부가 대퇴골 하단의 역 V자 구의 마찰되어 슬개골 안쪽 면에 무릎의 통증이 생긴다. 즉, 무릎의 통증은 그림 2-20에서 내측광근의 근 위축된 다리를 나타내는 바와 같이 만성적 운동 부족에 의한 내측광근의 근 위축과 다리가 오각형인 사람

그리고 펜싱선수와 같이 운동에 의해서 내측광근이 이상적으로 발달된 사람이나 근 비대에 의해서 무릎 통증이 생긴다. 그림 2-20에서 내측광근의 근 위축된 다리를 가진 중고령자의 무릎에 근이 위축되어 무릎에 굵은 주름살이 생긴 사람들이 조깅이나 장시간의 무릎의 굴신운동 등을 실시하는 것은 무릎 장허의 적신호가 되는 것이다. 대퇴 사두근이 균형있는 근의 발란스를 유지해도 달리는 방법이나 자세가 나쁜 점프 등으로 무릎에 통증을 유발할 수가 있다. 이러한 무릎 통증을 예방하기 위해서는 엄지발가락에 힘을 넣어 달린다든가 점프등을 바르게 실시 할 수 있도록 자세를 교정한다든가 하여 내측광근이 발달시켜 통증을 예방 할 수 있으나 하지가 과내선 10도의 범위를 넘어서는 안된다. 무릎의 과내선이 되면 무릎의 내측 인대가 늘어나고 대퇴이두근의 부담을 주어(대퇴안쪽에 있는 근육, 대퇴 굴근) 무릎의 뒷쪽의 외측에 통증이 생긴다. 무릎의 내측으로 과내선은 무릎내측인대에 부담을 주는데 속도가 빠른 조깅이나 런닝등을 실시하는 사람들에게 많이 나타난다. 무릎 뒷쪽의 외측 근에 통증은 결과적으로 빠른 속도의 조깅에서 많이 나타나므로 조깅이나 런닝을 위한 자세, 운동화내의 아취, 지면등에 신경을 써서 무릎의 충격력을 완충시키어 무릎의 과내선을 예방하여야 한다.

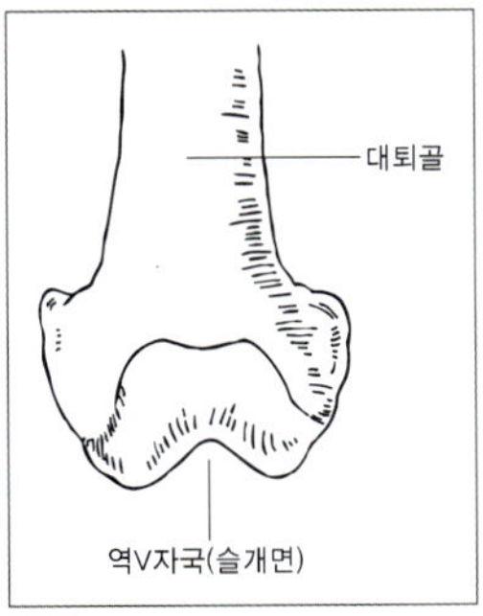

그림 2-18. 대퇴골의 하단의 역 V자국(슬개면)

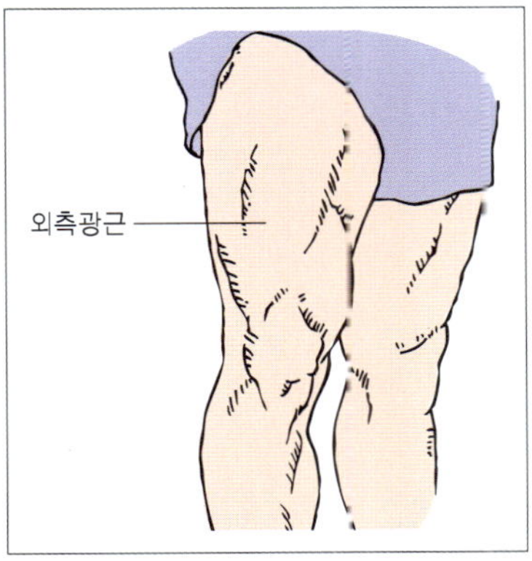

그림 2-19. 외측광근의 발달이 현저한 다리 모양

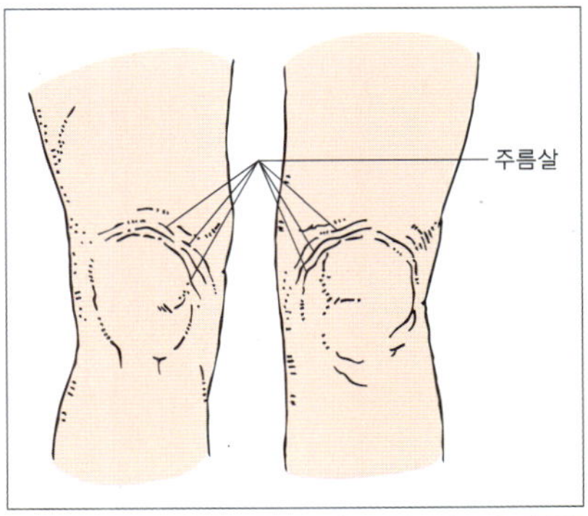

그림 2-20. 내측광근의 위축된 다리(무릎부위)

(1) 무릎의 완충 작용

런닝이나 조깅, 점프, 착지시에 생기는 하지의 충격력을 무릎의 슬개신전 기구에 의해 완충되어 흡수된다. 이러한 충격력을 흡수되는 부위가 무릎에 반월판이다.

그림 2-21 경골의 관절와(窩)의 위에 움푹 페여 있는 내측 반월판과 외측 반월판을 나타

낸 바와 같이 반월은 대퇴와 경골 사이에 반월 모양으로 된 연 조직체이다. 또한 반월은 경골의 관절와(窩)의 위에 반월과 같은 형태를 가진 외측과 내측의 양 방향으로 놓여 있다. 그러기 때문에 내측 측부 인대가 강하게 신전되면 내측 반월도 신전되어 손상을 입게 되기 때문에 무릎이 안쪽으로 과내선을 하게되는 것은 금물이다. 외측 반월은 외측 인대와 슬와근(대퇴골 외측과(顆)에서 경골 후면을 말하며 무릎 관절의 굴곡과 하퇴의 내선운동)의 건과 무릎을 굴곡 시키는 근과 부착되어 있다.

그림 2-21에서 경골의 관절와의 위에 내측반월판과 외측반월판을 그림 2-22에서 내외측반월판과 내, 외측부인대 관계를 나타내는 바와 같이 반월을 고정시키는 것 중에 하나가 반막양근(기시:좌골결절, 정지:경골내측과 사슬와(窩)인대, 운동:고관절의 신전, 내선, 내전, 슬관절의 굴곡 및 내선)이다.

반막양근은 운동의 종류 가운데에 주로 레그칼(leg curl)운동이므로 이 운동 종목으로 반월을 고정시키고 강화시킨다. 즉 대퇴골과 경골의 마찰을 적게하고 무릎의 안전성강화, 하중에 견디어 내는 힘을 확산시키기 위해서는 경골 상단(관절와(窩): 내 외측 반월을 잘 넣을 수 있도록)의 대퇴골과 경골과의 접촉면을 그림 2-23에서 반월판의 완충작용과 슬관절면의 안정성과 반월판과의 관계를 나타내었다. 그림 2-23에 나타난 바와 같이 대퇴골과 경골과의 접촉면을 크게 하여야 한다.

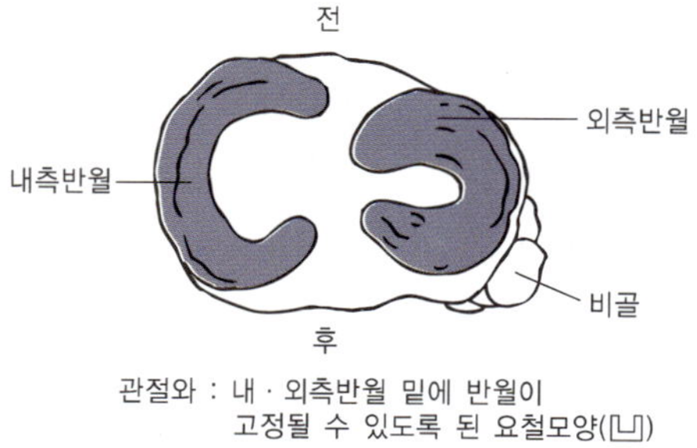

그림 2-21. 경골의 관절와 위에 내측반월판과 외측반월판.

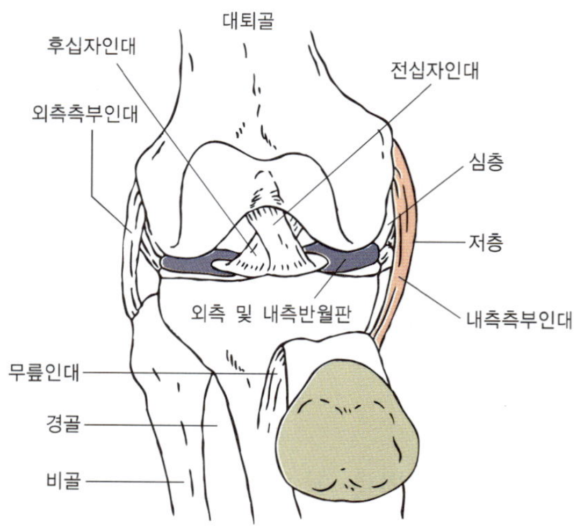

그림 2-22. 내·외측반월판과 내·외측부인대와의 관계

그림 2-23. 반월판의 완충작용과 무릎관절 면의 안정성과 반월판과의 관계

(2) 반월판의 역할

반월의 역할은 첫째, 무릎의 안전장치이며 둘째, 충격력에 대한 완충장치, 셋째, 무릎에 관절액을 윤활시키는 역활이다. 운동중에 반월을 손상시키는 요인은 주로 토끼뜀이나 강하게 무릎을 비틀거나 하는 운동을 심하게 실시하던 반월은 대퇴골과 경골 사이가 좁게되어 운동에 의해서 생겨난 충격력을 흡수하지 못하여 반월이 단열되는 경우가 있다. 예를 들면 그라인다와 같은 역활이다. 그리고 운동중 반월이 조금 단열되었다고 해서 안심하고 운동을 계속 하는 것은 금물이다. 그 이유는 반월판은 연조직체이며 혈관의 분포가 없기 때문에 혈액 공급이 안되어 자연 치료가 불가능하며 단열된 일부가 관절가운데를 움직여 무릎에 통증이 생긴다(관절서(鼠)). 반월판 손상의 예방으로는 풀 스쿼터(squat) 운동을 실시한다. 토끼뜀이나 우발적 사고(과내선으로 인한 내측 반월의 단열)로 인한 과내선에 주의해야 한다.

(3) 대퇴근과 각력 강화를 위한 운동처방

대퇴사두근에서 발휘되는 근력을 각 신전력(각력) 이라 하며 각력을 측정하기 위해서는 그림 2-24의 각신전력 검사에 의거 무릎을 최대로 신전시켜 각력을 측정한다. 이때에 그림 2-24와 같이 측정대에 올라 앉어 측정 자서를 취하고 무릎 관절 각도를 100도에서 110도 유지시켜 측정한다. 사람이 서있다고 하는 것은 각력으로 체중을 유지하여 걷고 달리고 움직이고 하기 때문에 각력으로 체중을 이동시키는 것이다. 보통 각력은 자기 체중(kg) 전후가 되지 않으면 안되는 것이다.

근력과 체중과의 사이에는 다음과 같은 공식이 성립된다.

공식은 $F=a\ w^{\frac{2}{3}}$ 이다.

F=근력(kg), a=비례정수, w=체중(kg)

보통 체중 100kg 미만은 직선관계이며 100kg이 이상되면 평형관계가 성립된다(변동이 없다).

각력은 일반적으로 자기 체중의 전후이다. 그러나 보통 60세 이상이 되면 체중의 40에서 50% 정도 까지 저하되며 체중의 30% 이하가 되면 정상적인 보행이 불가능해진다(보통 상체를 앞으로 굽히면서 아장 아장 걷게 되는 걸음걸이). 65세 정도가 되어 근 위축이 36%까지 저하된 사람을 운동처방에 의거 운동시키면 75%까지 발달을 가능하게 하며 운동을 자유롭게 할 수 있는 최대의 각력은 자기 체중 이상이 되어야 무릎 관절 장해를 예방할 수가 있다.

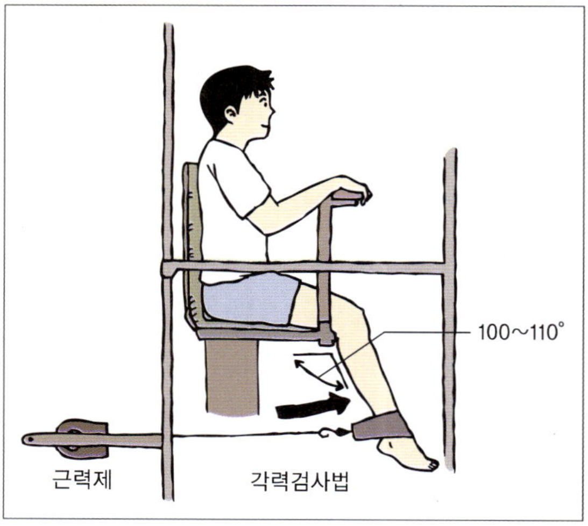

그림 2-24. 각신전력(각력) 검사

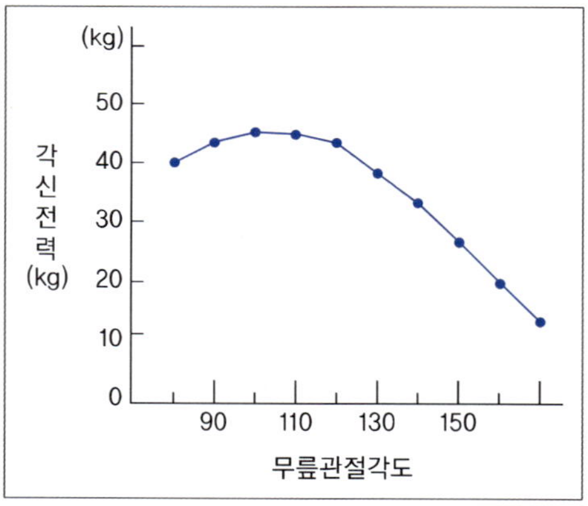

그림 2-25. 무릎의 관절각도와 각근력

4. 무릎 관리를 위한 운동처방

(1) 노인의 변형성 무릎관절증 예방을 위한 운동처방

중고령자가 장기간에 걸쳐서 운동부족이 걸리게 되면 대퇴사두근의 극도의 근위축현상이 일어나 무릎을 깊고 심하게 굽히게 되면 무릎이 통증이 생기를 것을 노인의 변형성 무릎관절증(슬관절증)의 한 예이다.

또한 무릎에 무엇인가의 장해가 일어난다든가 질환과 질병등으로 정형외과적 기부스 등에 의한 운동의 제약을 받게되어 대퇴사두근에 폐용성 근 위축이 생기는 경우에도 무릎을 굽히게 된다던가 또는 운동 실시하게 되면 문제가 된다.

무릎에 부담을 최소화하고 대퇴사두근의 근 비대를 증가시키기 위해서는 적합한 운동의 종류가 스트레이트, 레그, 레이싱(straight, leg raising, SLR)이다.

이 운동 방법에는 2가지 운동 방법이 있다.

하나는 등척성 운동 방법과 다른 하나는 등장성 운동 방법이다.

이러한 경우에 과거에 운동을 실시했던 사람과 전혀 하지 않은 사람이 있는데 과거에 운동을 실시했던 사람이 근 위축에서 회복이 빠르다. 이것은 과학적 증명은 안되었으나 어렸을 때에 자전거를 탔던 사람은 성인이 되어도 자전거를 잘 탈수 있는 것과 같은 비슷한 예이다.

이것은 대뇌에 그 운동의 신경전달망의 긍정적으로 남아있기 때문으로 사료된다.

① 운동 목적 : 대퇴사두근에 심한 근위축의 결과는 무릎을 깊게 굽히면 통증이 오고 운동은 불가능 하다. 그러기 때문에 앉아서 혹은 누워서 무릎을 스트레이트(straight) 상태에서 대퇴사두근의 수축을 강하게 운동을 실시하여 대퇴사두근의 위축을 최소화하는데에 운동의 목적이 있다.

② 적용범위 : 대퇴사두근의 전체의 경도의 근위축이 생겨 다리의 힘에 자신이 없고 무릎에 치료를 요하는 자(예; 겨우 걷는 사람 또는 누워서 지내는 사람)

③ 운동의 방법 : 그림 2-26에서 의자에 앉아서 운동하는 방법과 그림 2-27에는 누워서 운동하는 방법을 나타내었다. 그림 2-26과 같이 의자에 앉아 한쪽 다리를 쭉 펴서 다리를 올리고 내리고 하는 등 다리 상하 운동을 반복한다. 다리가 수평이 될때에 대퇴사두근의 부담이 제일 크기 때문에 상체를 펴고 복근에는 부담을 적게한다. 상체를 뒤로 젖히면 복근에 부담이 많이 간다. 그림 2-27과 같이 누워서 한쪽 다리의 대퇴를 20~30도 정도까지 올린다. 20~30도 정도는 대퇴사두근이 부화가 크기 때문

이다.

그리고 그림과 같이 다리를 상하 운동을 반복할 때에는 발꿈치가 지면에 닿으면 안 된다. 다리 상하 운동을 반복실시 하여 발꿈치가 지면에 닿을 때까지 반복실시한다.

④ 운동처방상의 주의사항 : 다음 각장에서도 마찬가지이다.

운동의 종류가 결정되면 운동의 양은 개인 신체의 조건에 따라서 처방되어야 한다. 운동의 양이란 운동의 강도를 표 2-2에서 운동 강도와 최대 반복횟수와의 관계를 참고 한다던가 아니면 국민건강증진을 위한 헬스운동지침서에 나타난 공식 즉 %R.M= 102.8-2.78(반복횟수)의 공식을 이용하여 본인의 운동의 강도를 결정한다. 이 강도를 가지고 한번 들어 올리는 횟수, 속도(Tempo), 몇 세트, 한번 들어 올리고서 쉬는 시간(휴식 시간), 일주에 몇번, 운동 기간 등을 확실하게 의학적 또는 과학적으로 처방되어야 한다.

㉠ 운동의 강도 : 발뒷꿈치를 지면에 대지 않고 최대로 몇번 할 수 있는가를 먼저 확인하고 확인된 최대의 횟수를 100%로 한다. 이 100%가 100회라고 한다면 40번 발꿈치를 들어 올렸다고 한다면 40%가 운동 강도가 된다.

㉡ 운동의 횟수 : 40% 강도를 가지고 한번 운동 할 때 40회라고 한다면 이것이 운동의 횟수가 된다.

㉢ 운동의 템포(속도) : 보통 1~2초에 한번 실시하는데 본인에 맞는 속도를 본인의 운동 템포로 정한다.

㉣ 운동의 셋트 수 : 보통 고령자라고 한다면 1회 반복할 수 있는 10~20RM(반복 횟수) 정하고 처음은 2~3셋트 정도 한다. 대상자에 따라서 전부 다르기 때문에 운동 실시자가 피로에 기준을 두고 피로를 약간 느낄 때까지를 셋트 수로 정한다.

운동 휴식 시간 : 한번 운동 실시 후 휴식 시간은 보통 30~60초 정도 쉬었다가 다음 운동으로 이어 가는데 셋트 간의 최대 휴식 시간은 3분 이내이다.

㉤ 운동의 빈도 : 이틀에 한번 정도로 정하나 최소한 일주일에 한 번 정도는 필히 실시 하여야 한다.

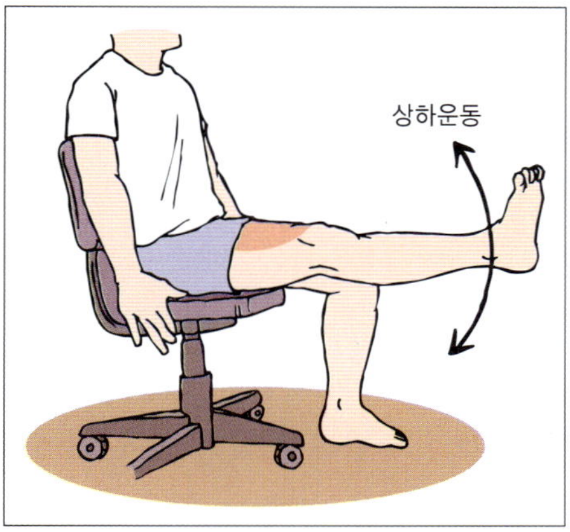

그림 2-26. 의자에 앉아서 Straight leg raising-SLR.(스트레트, 레그, 레이싱, SLR) 등장성 운동

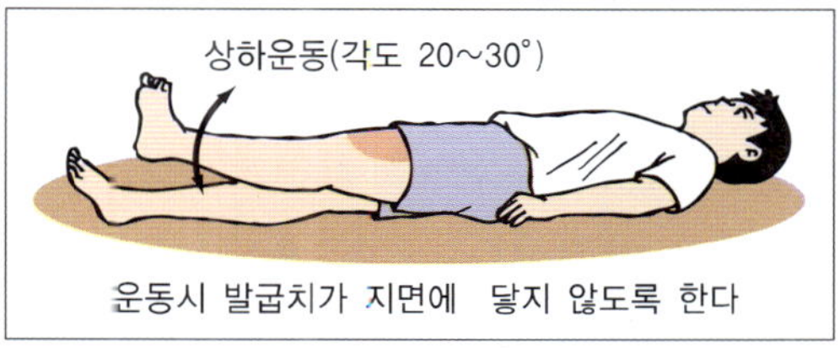

그림 2-27. 누워서 Straight leg raising

표 2-2. 운동강도와 최대 반복횟수와의 관계(예)

최대근력에 대한 퍼센트로 나타낸 운동의강도(%)	최대반복 횟수 (R.M)
최대근력의 100%	1회 (1 R.M)
최대근력의 80%	3~5회 (3~5 R.M)
최대근력의 60%	8~10회 (8~10 R.M)
최대근력의 50%	13~20회 (13~20 R.M)
최대근력의 40%	15~20회 (15~25 R.M)
최대근력의 30%	50~60회 (50~60 R.M)

헬스운동지도지침서의 공식 ; %R.M = 102.8-2.78(반복횟수)

(2) 무릎연골(슬개연골)의 연화증 예방을 위한 운동처방

조깅실시자들과 런너무릎 장해는 발의 회내, 무릎의 내선 현상에서 생기며 이러한 현상은 다리에 걸리는 힘을 분산시키는 완충작용에 문제가 있기 때문이다. 조깅이나 런닝후에 무릎 근방(슬개골 근방)에 통증이 있으면 발의 호내(回內)와 무릎의 내선(內旋)이 과도하다는 증거이다.

발과 무릎 즉 다리는 하나로 연결되어 있기 때문에 발의 과회내(過)가 되면 무릎도 과내선이 된다. 무릎의 극단적인 과내선은 앞장에서 말한대로 Q각도가 크게 되어(남자는 10도이상, 여자는 15도 이상) 달릴 때에 무릎이 과너선이 된다. 그림 2-28에서 주행시의 무릎의 과내선을 나타내는 바와 같이 무릎이 과내선이 되면 슬개골 안쪽 면이 대퇴골 주변에 마찰을 일으키어 슬개골의 안쪽 면의 연결부위에 괴사 또는 문들어져 염증을 일으키게 된다. 최근 건강 마라톤에 참가 하고 있는 사람들이나, 조깅 애호가들 가운데에 이러한 현상이 많이 나타나는 데에 여기에는 2가지의 문제점이 있다.

첫째는 체중이 너무 무거워서 무릎 전체에 많은 부담을 주는 것과 둘째는 운동 부족 때문에 대퇴의 내측광근이 너무 위축되어 무릎의 통증이 오는 경우이다. 내측광근이 위축된 상태에서는 과회선이 되지 않도록 정확한 동작으로 달려도 내측광근의 힘이 너무 약하기 때문에 슬개골은 외측으로 강하게 당기어 슬개골의 안쪽 면이 대퇴골과 마찰되어 런너무릎에 통증을 야기시킨다. 조깅이나 런닝 실시 후에 슬개골 주변과 무릎의 안쪽 면에 위화감이나 통증이 있으면 이것은 런너무릎장해의 전 증상이 된다. 이러한 경우에는 달리는 속도를 줄이고 걸어서 무릎의 부담을 줄이는 것이 무릎 장해를 예방하는 것이다.

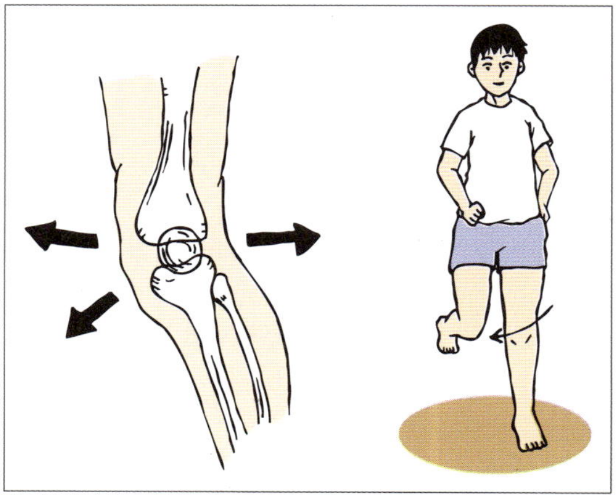

그림 2-28. 주행시의 무릎의 과내선

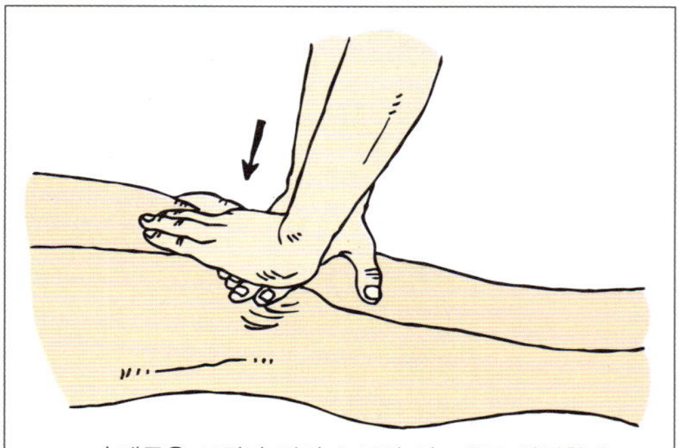

그림 2-29. 슬개골 검사

① 검사

그림 2-29에서 슬개골 검사를 나타내었다. 그림 2-29와 같은 자세에서 피검자의 무릎 즉 슬개골의 위를 누루면서 돌려본다. 그리고 슬개골 안쪽 면에 압통이 있으면 의심해 본다.

이 때에 안쪽인가 바깥쪽인가를 확인해 본다.

슬개골 주변에 위화감이 있다든가 무릎을 깊게 구부리면 슬개골의 통증이 있다. 또한 계단을 오르고 내릴 때에 슬개골 안쪽에 통증이 발생한다.

② 처방 코멘트

㉠ 대퇴 사두근의 강화

ⓛ 내측광근의 강화

ⓒ 달리는 자세 교정

③ 운동 처방

㉠ 대퇴사두근 강화를 위한 운동 종류 3가지를 소개하면 그림 2-30과 그림 2-31에서 등척성 운동과 등장성 운동의 스트레이트 레그 레이싱(straight leg raising), 그리고 그림 2-32에서 힌두 스쿼어트(Hindu-squat) 운동을 마지막으로 그림 2-33에서 레그 익스테이션(leg extension)을 소개한다.

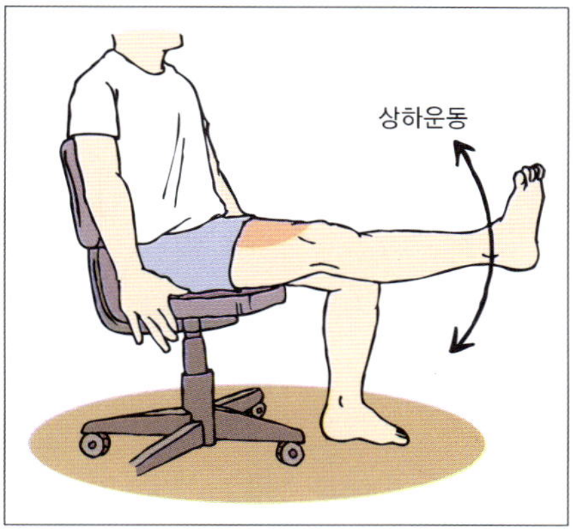

그림 2-30. 앉아서 Straight leg raising(등장성)

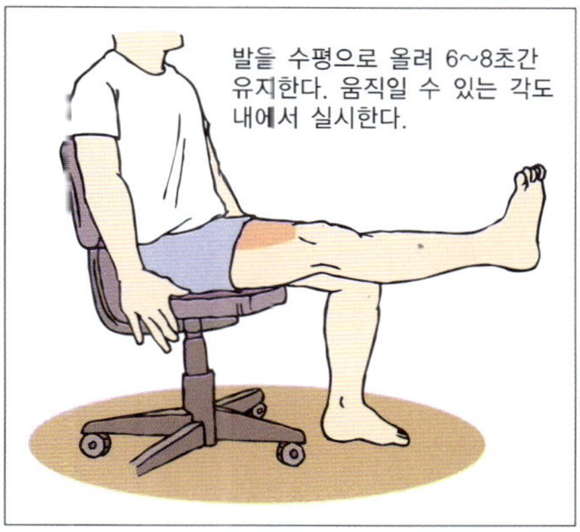

그림 2-31. 앉아서 Straight leg raising(등척성)

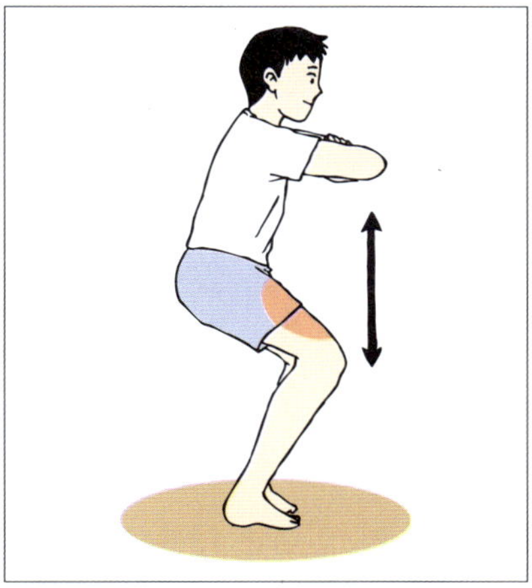

그림 2-32. Hindu-squat

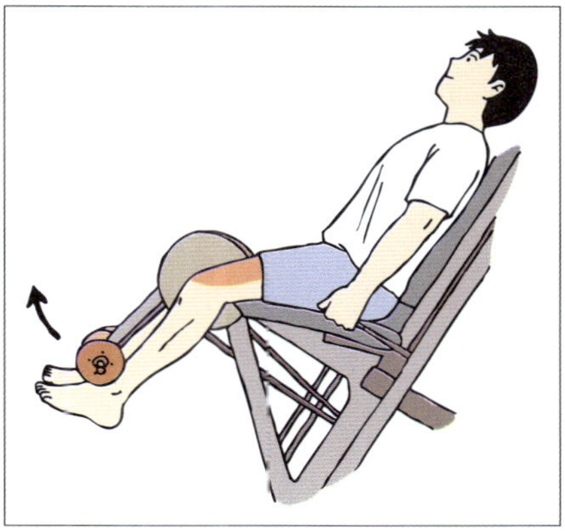

그림 2-33. Leg Extemsion

ⓛ 내측광근을 강화시키기 위한 운동종류의 예를 그림 2-34과 같은 숏 스쿼트(shut squat)와 바벨을 이용한 그림 2-35과 같은 숏 스쿼트(shut squat) 운동을 소개하였다.

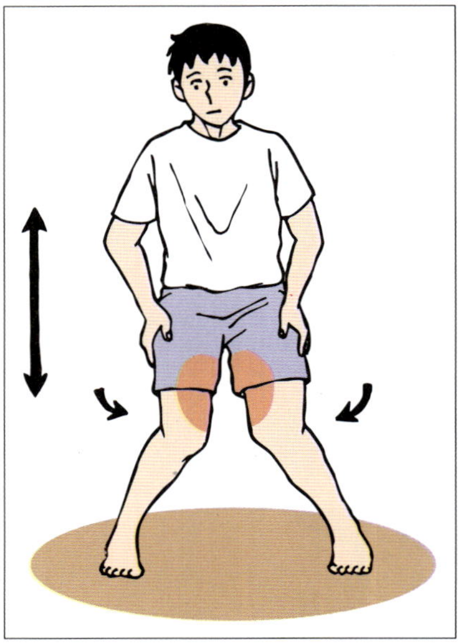

그림 2-34. Shut Squat

그림 2-35. 바벨을 이용한 Shut Squat

ⓒ 달리는 자세를 교정하는 방법 : 달리는 자세를 교정하는 방법에 이론성은 무릎의 Q각도가 너무 큰 X형 다리인 경우는 조깅, 런닝, 점프등을 할때에 과내선이 되기 쉽기 때문에 무릎이 안쪽으로 기우는 것을 예방할 필요가 있다.

하지의 배열이 나쁜 경우(말라이멘트, Malailign ment)는 자세의 교정 만으로는 충분하지 못하기 때문에 운동화에 아치 서포트 같은 것을 넣어서 보조효과를 얻는다.

(3) 전십자 인대 손상 예방을 위한 운동처방

그림 2-36에 전십자 인대의 위치를 나타내었다. 전십자 인대는 무릎 관절의 중앙에 십자 모양의 형태를 띤 두개의 인대가 있다. 그 가운데에 앞쪽이 전십자 인대(A.C.L, Anterior cruciate ligament) 뒷쪽에 후십자인대(P.C.L, Posterior cruciate ligament)가 있다. 전십자 인대는 대퇴골 하단의 외측으로 부터 앞쪽으로 나와 경골 상단의 움푹한 곳에 부

착되어 있다. 후 십자 인대의 크기는 엄지 발가락만 하고 전십자 인대는 새끼 손가락 만하기 때문에 강도는 후십자인대 보다도 약하고 전십자 인대의 손상은 후십자 인대 보다도 약 200배 정도가 된다. 전십자 인대의 역활은 대퇴에 대하여 경골이 앞으로 빠져 나가는 것을 방지 할 수 있도록 된 제어 장치이다.

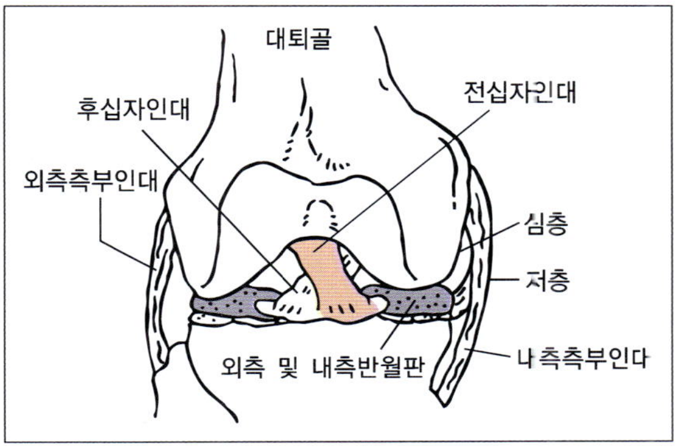

그림 2-36. 전십자인대의 위치

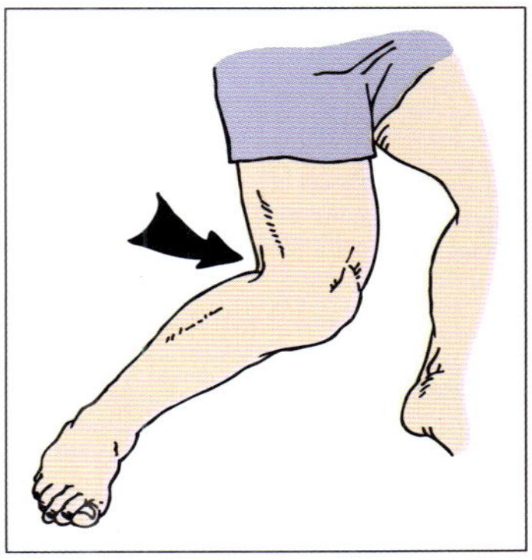
그림 2-37. 외력에 의한 무릎의 외반

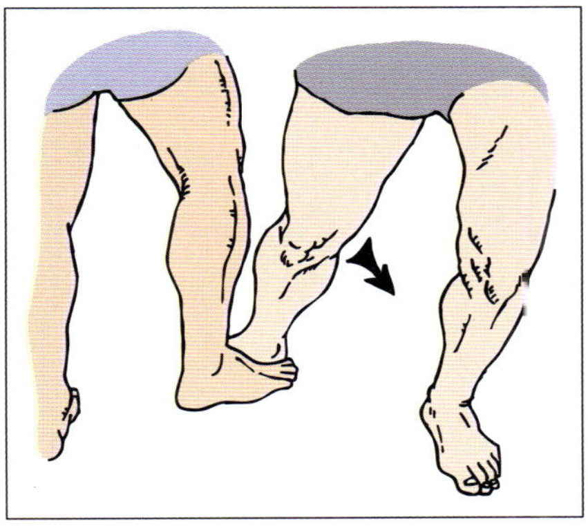
그림 2-38. 무릎의 외반이 제어되어
전십자인대를 손상시키는 한 예.

하퇴가 지면에 고정되어 있을 때에는 경골에 대하여 대퇴가 전방으로 나오는 것을 방지하는 역할을 한다. 그림 2-37에서 외력의 충격에 의한 무릎의 외반을 나타내었다. 무릎을 굽힌 상태에서 무릎의 외측에서 강한 충격 즉 외력이 가해지면 무릎을 과도하게 내측으로 깊게 구부려 진다(슬외반 : 외력에 대하여 무릎에 과내선이 강제로 이루어 진것). 그림 2-38에 나타난 봐와 같이 외력에 의한 무릎의 외반이 강하게 되면 대퇴골은 경골과의 결합부분에서 빠져 나온다. 여기에 대하여 전십자 인대는 이러한 두개의 골을 연결하는 역할을 한다. 인대도 그 강도의 한계를 넘게 되면 인대는 늘어 난다든가 단열 되고 만다. 인대가 완전 단열될 때에는 그 구조상으로 무릎의 내측 측부 인대 및 내측 반월에 손상을 가져온다.

손상을 일으키기 쉬운 동작의 한 예를 그림 2-38에서 무릎의 외반이 강제된 전십자인대를 손상시키는 한 예를 나타내었다. 그 밖에는 달린다든가 또는 달리면서 빠르게 방향을 전환한다든가 점프 또는 런닝 후나 조깅 후에 착지 문제라든가 다리에 힘을 주어 양 다리를 벌리고 있을 때나, 전력 질주를 하다가 급하게 정지한다든가 운동 중에 태클 또는 런닝이나 조깅시에 달리다가 급속하게 감속 동작이 이루어 질 때 등을 예로 들 수 있다.

① 전십자 인대의 검사

전십자 인대의 손상을 위한 검사의 예를 두가지 소개한다.

첫째, 그림 2-39에 전십자인대검사 방법을 소개하였다. 그림과 같이 무릎을 세워 앞으로 당기는 검사(전십자 인대 검사)이다. 이 방법은 하퇴를 앞으로 당겨보는 전십자 인대 검사 방법이다. 피검자를 일정한 장소에 눕게 하여 한쪽 무릎을 세워 고정 시켜 놓고 굽힌 무릎의 하퇴 뒷부분을 잡고 앞쪽으로 당겨본다. 앞쪽으로 당겨본 하퇴의 움직임이 큰 경우에는 전십자 인대가 늘어났다든가 전십자 인대의 단열을 의심해 본다.

둘째, 그림 2-40에서 일명 N 테스트(전십자 인대 검사) 검사방법을 나타내었다.

검사자가 굽힌 무릎의 안쪽 하퇴를 엄지손가락으로 슬개골의 상부의 어떤 곳에 대퇴를 잡고 강하게 눌러 보아 무릎의 외반과 하퇴에 힘이 가해질 수 있도록 무릎을 펴본다. 무릎 각도가 20~40도 정도 될때에 위화감이나 통증등을 느끼게 되면 무릎에 어떤 틈이 생기는 감이 있다고 생각 되면 인대의 손상을 의심해 본다. 지면을 강하게 밟을 때에 무릎의 동요

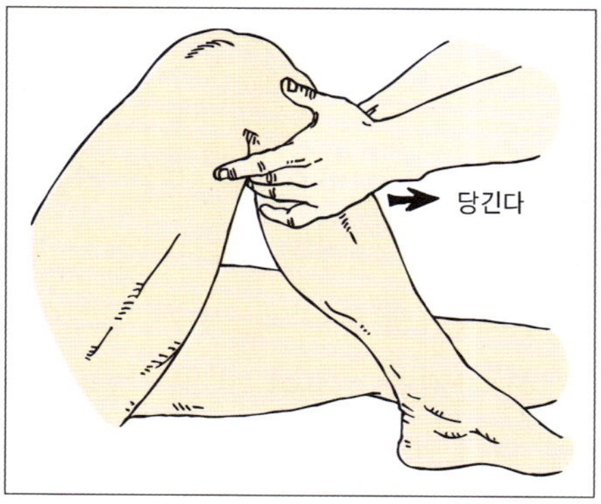

그림 2-39. 무릎을 앞으로 당겨서 검사(전십자인대의 검사)

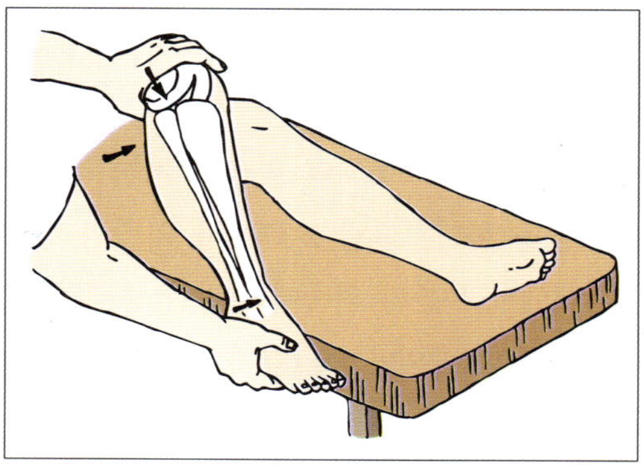

그림 2-40. N 테스트 검사(전십자인대의 검사)

나 흔들림, 어긋나는 느낌, 무릎이 빠진 느낌이라든가 달리다가 급히 감속할 때에 대퇴가 앞으로 나가는 느낌이 있으면 전십자 인대의 손상을 의심해 본다.

② 운동처방 프로그램

운동 처방의 목적은 대퇴굴근의 강화, 대퇴 사두근의 강화, 대퇴 내측광근의 강화이다.

㉠ 대퇴굴근의 강화를 위한 운동의 종류는 그림 2-41에 나타나는 레그 칼(leg curl) 운동이며 운동 방법은 등척성 운동과 등장성 운동방법으로 나누는데 등착성 운동 방법은 그림 2-41의 레그 칼(leg curl) 운동방법을 참고 하고, 등장성 운동방법은 그림 2-42에서의 레그 칼(leg curl) 운동방법과 주로 활동하고 있는 근의 근전도를 참고한다.

㉡ 대퇴사두근 강화를 위한 운동의 종류는 그림 2-43에 나타난 바벨에 의한 스쿼트(squat) 운동방법을 참고한다.

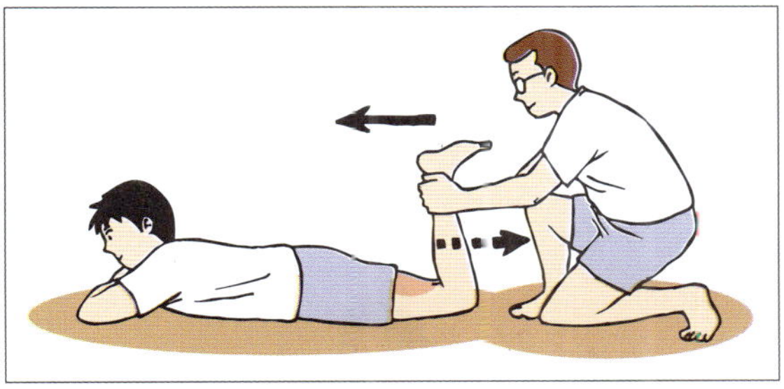

그림 2-41. Leg curl(등척성) 운동

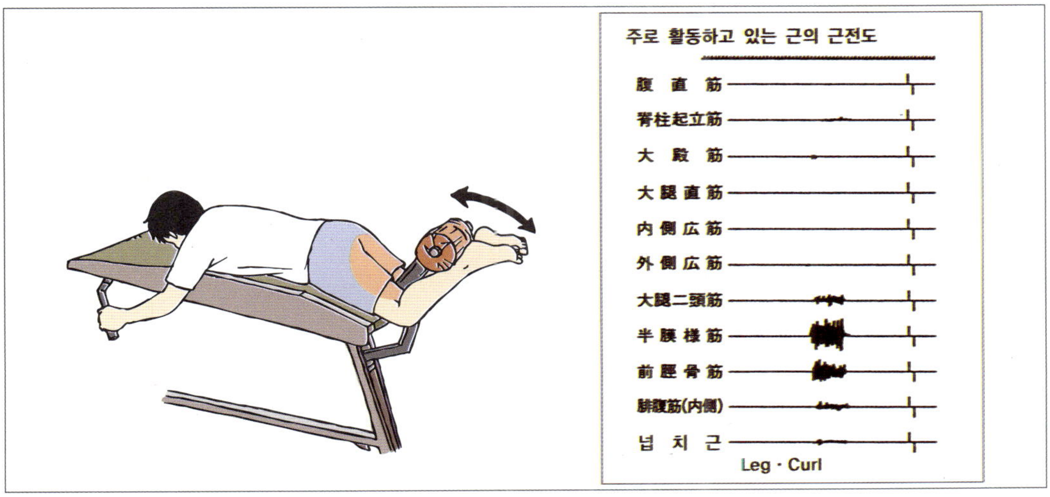

그림 2-42. Leg curl(등장성) 운동방법

㉢ 대퇴 내측광근의 강화를 위한 운동의 종류는 그림 2-44에 나타난 바벨을 이용한 숏트 스쿼트(shut squat) 운동을 참고한다.

그림 2-43. 바벨에 의한 squat 운동방법

그림 2-44. 바벨을 이용한 shut squat

(4) 무릎인대 염증(점프무릎) 예방을 위한 운동처방

일반적으로 점프에 의해서 생기는 무릎에 손상 문제는 슬개인대의 염증으로 인한 운동장해이다. 걷고, 달리고, 뛰고하는 동작이나 점프 동작등은 슬개골을 기준으로 하는 슬개신전기구(무릎신전기구)에서 이루어진다. 그림 2-45에서 무릎신전기구를 나타내었다. 특히 점프나 런닝에 의한 무릎의 압력은 슬개신전 장치에 의해서 흡수된다. 슬개신전 장치는 대퇴사두근에서 시작되어 사두근의 건, 슬개 인대를 거쳐 마직으로 슬개 인대에 부착되어 있는 경골조면에서 끝난다. 점프시에 무릎에서 문제가 되는 슬개 인대는 슬개골의 하단에서 나와 경골조면에 부착되어 있으며 인대의 크기는 엄지손가락 정도 이고 길이는 약 5cm 정도이다. 움직이는 범위는 약 0.6cm 정도 이다. 달릴 때에는 약 670kg의 힘이 가해지며 점프시에는 1,200kg의 힘이 슬개인대에 부담을 준다. 이와 같은 부담이 반복될 때에 슬개인대에 문제가 생기게 된다. 특히 슬개인대의 결합부에 미세한 손상이 생기면 염증과 통증이 생기는 것이 슬개인대의 염증이다. 즉 점프무릎 장해가 된다. 드믄 일이지만 인대에 미치는 부담으로 연결결합부가 경골조면에서 탁리현상을 일으키어 슬개골주변에 통증을 일으킨다.

어린학생들의 성장기에 무릎이 아픈 학생들은 슬개골에 변형이 생기는 경우이다. 발병률은 보통 10세 전후와 젊은 층에서 나타나는 것이 특징이다.

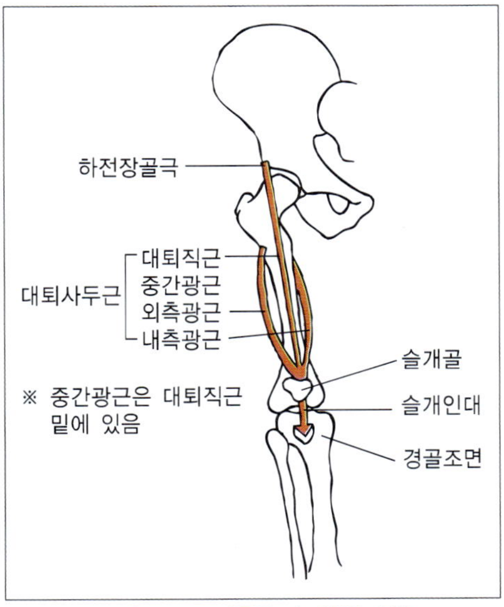

그림 2-45. 무릎의 신전기구

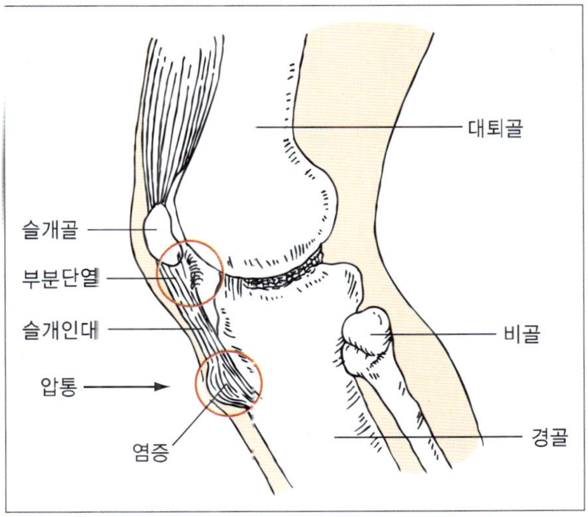

그림 2-46. 점프계 무릎의 검사(경골조면의 압통)

무릎 통증의 증상을 3단계로 나누면 다음과 같다.

제 1단계 : 운동에는 지장은 없으나 운동후에 통증이 있다.

제 2단계 : 운동 전에 통증이 있으나 운동을 실시하면은 완만하게 통증이 해소되어 운동은 실시 할 수 있으나 운동 후에 곧 통증이 생긴다.

제 3단계 : 항상 통증이 있으며 운동에 지장을 가져온다.

① 무릎인대 염증(슬개인대, 점프무릎) 검사 방법

그림 2-46에서 점프무릎(경골조면의 압통) 검사하는 방법을 나타내었다.

슬개골의 하단과 슬개인대를 엄지손가락으로 눌러보면 압통(자발통증)이 있다. 슬개인대가 경골조면(인대가 붙어 있는곳)에 접촉되면 압통이 생긴다. 그리고 운동 후에 슬개골의 하단에서 인대까지 통증이 있으며 운동 중에도 통증을 느낀다.

② 무릎인대 염증예방을 위한 운동처방

㉠ 스트레칭

그림 2-47에서 대퇴사두근의 스트레칭 방법을 나타내었다. 먼저 그림 2-47과 같이 대퇴사두근을 위한 스트레칭 방법을 상황에 따라서 본인이 선택하여 실시한다.

이유는 대퇴사두근의 스트레칭은 대퇴사두근이 경직되면 슬개골이 윗쪽방향으로 당겨져 슬개인대는 항상 긴장된 상태가 된다. 이것이 인대를 아프게 하는 원인이 되기 때문에 대퇴사두근의 유연성이 필요하여 대퇴사두근을 위한 스트레칭을 실시한다.

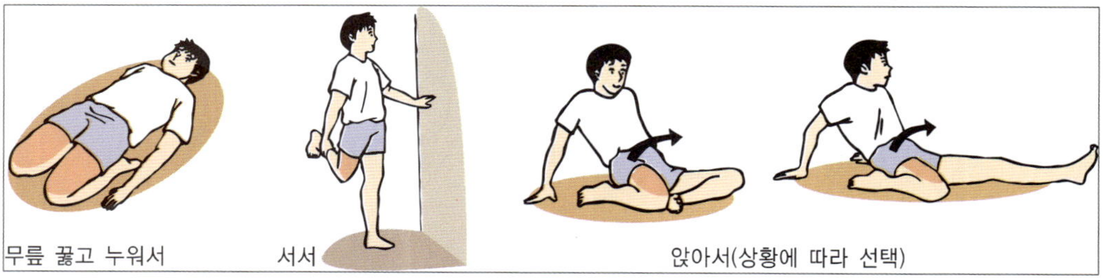

그림 2-47. 대퇴사두근의 스트레칭

㉡ 대퇴사두근의 강화

대퇴사두근을 강화시키기 위한 운동의 종류는 레그 익스텐션(leg extension)과 바벨을 이용한 스쿼트와 주로 활동하고 있는 근의 근전도를 그림 2-48과 그림 2-49에서 나타내었다.

㉢ 자세의 교정

하지의 과도한 오각형인 다리 X형과 하지의 배열이 나쁜 경우에는 무릎의 과내선과 과외선이 되지 않도록 자세를 교정할 필요가 있다. 또한 운동화에 깔창(orthotics)을 넣어 족저를 조절한다.

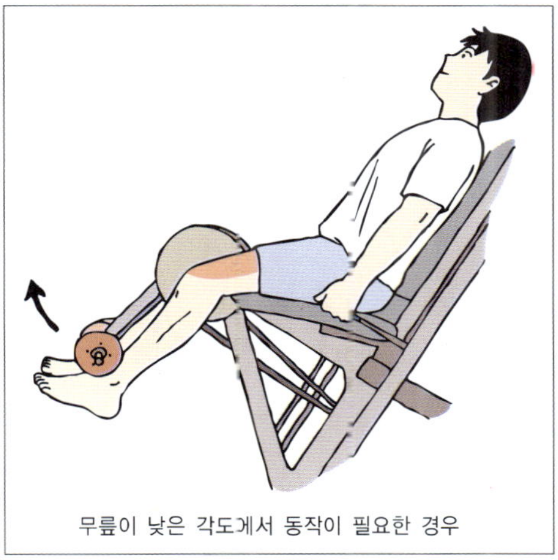

그림 2-48. Leg Exteusion.

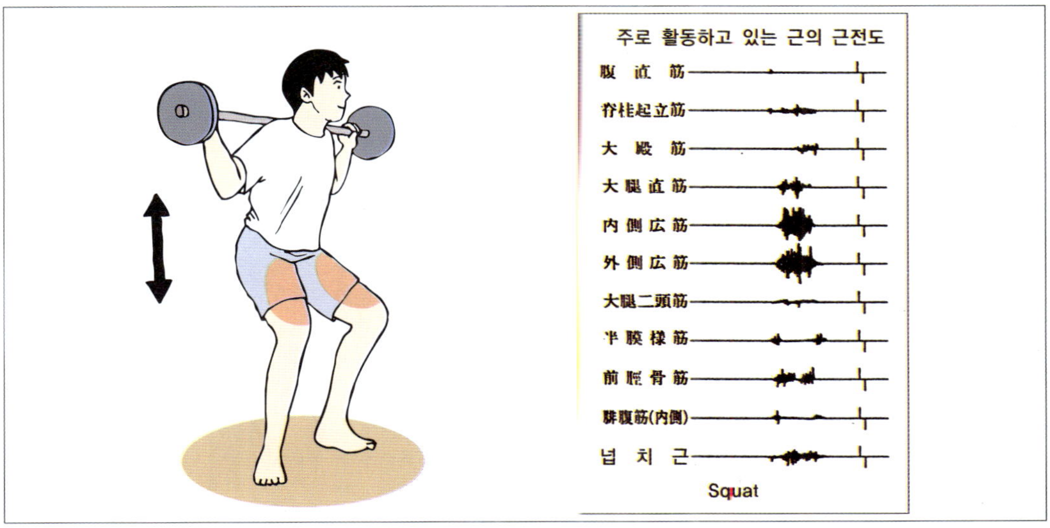

그림 2-49. 바벨에 의한 Squat

(5) 내측 측부 인대의 손상 예방을 위한 운동 처방

내측 측부인대 손상 예방은 좌측무릎의 동요를 방지하는 역할을 담당하는 내측 측부인대에서 생긴다. 그림 2-50에서 내외측 반월판과 내외측 측부 인대와의 관계와 그림 2-51에서 무릎에서의 일곱가지의 인대 종류, 그림 2-52에서 전십자인대의 위치를 나타내었다. 내측측부인대는 대퇴골 하단의 내측에서 시작하여 경골내면(경골내측과(顆), 내측측부인대)에 부착되어 있다. 내측측부인대는 심층부위에 있는 내측관절포인대와 저층에 있는 내

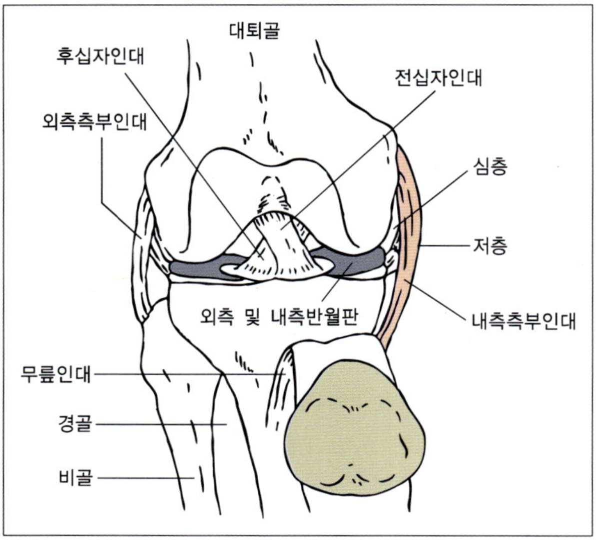

그림 2-50. 내·외측 반월판과 내·외측측부인대 관계

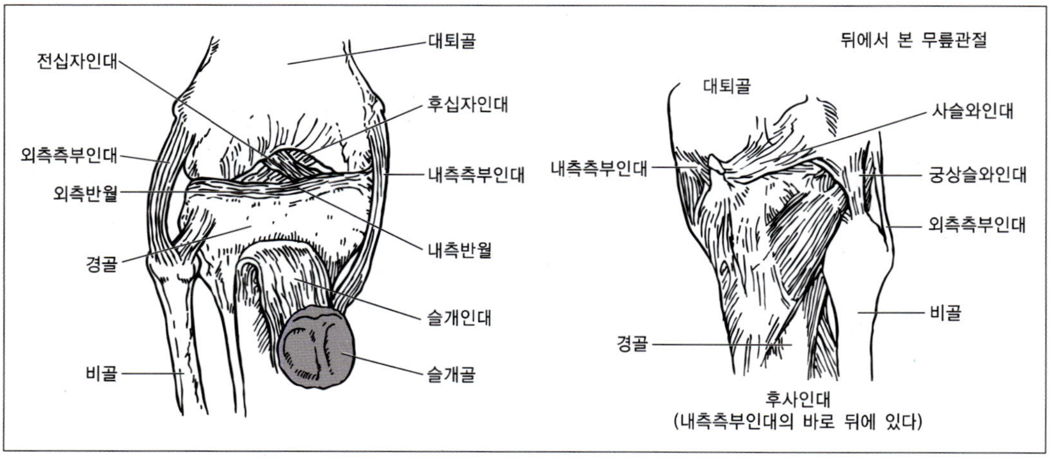

그림 2-51. 무릎의 7개의 인대

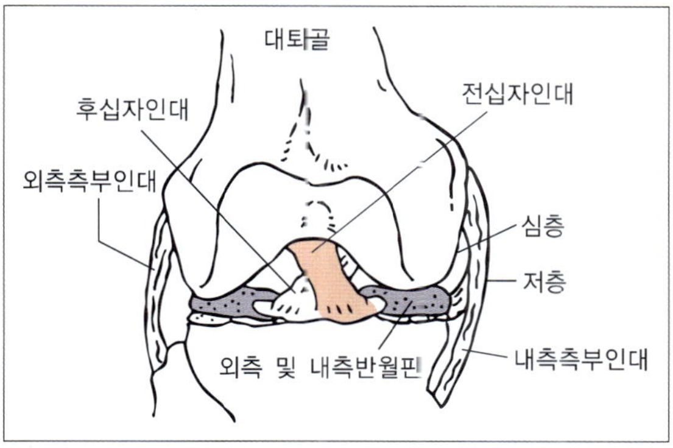

그림 2-52. 전십자인더의 위치

측측부인대로 나눈다. 심층부위에 있는 관절포인대는 관절의 회선을 제어하고 저층 즉 얕은 곳에 있는 인대는 무릎의 외반을 제어하는 역할을 한다. 운동에 의한 내측측부인대의 염좌와 단열의 원인은 주로 태클이나 직선적 외력데 의한 비틀림과 무릎이 외측으로 깊게 기울어지는 형태의 운동, 또는 스키 운동어 의한 과도의 무릎의 외반 및 무릎의 과내선에 의한 슬외반(무릎외반)의 경우가 많다. 따라서 스키, 미식축구, 레슬링, 유도, 축구, 배구, 농구 등의 구기종목에서 많이 일어난다. 이 내측측부인대는 무릎관절 가운데에 가장 강한 인대이다. 하지의 구조상 운동 중 무릎의 과내선이 가장 많이 나타나 인대 손상이 가장 많다. 따라서 운동 실시에 있어서 무릎의 과내선에 주의하여야 하며 반대로 무릎의 과외반은 전십자인대의 통증에 원인이 되기 때문에 주의가 필요하다.

① 내측 측부인대 손상여부 검사

내측측부인대의 손상여부 검사는 그림 2-53에서 무릎의 외전 스트레스 검사(내측측부인대 검사)와 그림 2-54에서 무릎의 내전 스트레스 검사(외측측부인대 검사) 방법을 나타내었다. 그림 2-53에서 무릎의 외전 스트레스 검사(Abduction stress test)는 피검자를 누운자세에서 대퇴외측부(슬개골에서 5~10cm 정도의 부위)에 손을 대고 한쪽 손으로 하퇴 및을 잡고 외측으로 당기는 듯 하면서 힘을 주어본다.

무릎 내측에 통증을 느끼면 인대의 손상을 의심해 보고 느슨한 느낌이 있으면 인대가 늘어난 것으로 생각한다. 그림 2-54에서 므릎의 내전스트레스 검사는 외측측부인대는 외전 스트레스검사 반대로 검사를 실시한다. 달리다가 착지 할 때나 또는 급히 정지할 때 무릎의 내전에 동요와 흔들림이 있다는 느낌이 있으면 인대가 늘어난 것으로 의심해 본다.

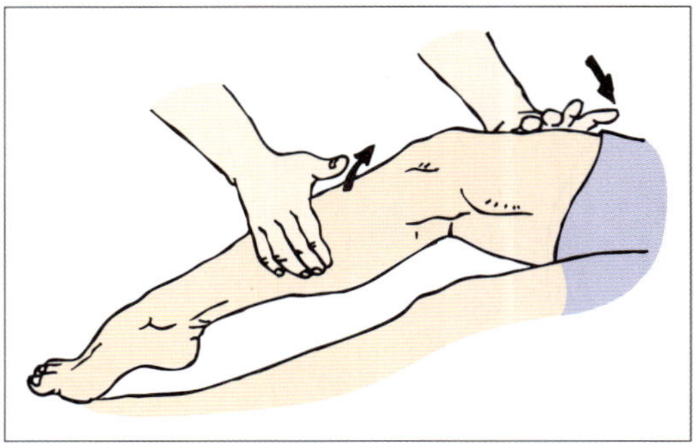

그림 2-53. 무릎의 외전 스트레스 검사(내측측부인대검사)

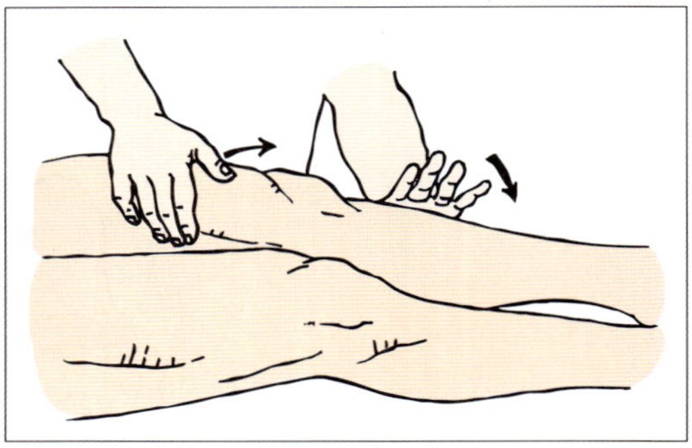

그림 2-54. 무릎의 내전 스트레스검사(외측측부인대검사)

② 내측 측부인대의 손상 예방을 위한 운동처방

운동처방의 목적은 내측측부인대의 강화와 대퇴사두근의 강화이다.

내측측부인대의 강화를 위한 운동의 종류는 웨이버 스쿼트(wave squat)를 그림 2-55와 1-56에서 등척성운동에 의한 방법과 등장성운동 방법을 나타내었다. 이때에 운동의 종류가 결정되면 운동의 양 즉 운동의 강도, 운동의 시간, 운동의 빈도 등은 일반적 운동처방 양식과 동일하다. 대퇴사두근의 강화를 위한 운동의 종류를 그림 2-57에서 바벨에 의한 스쿼트와 주로 활동하고 있는 근의 근전도를 나타내었다. 운동의 양은 앞에서 말한 운동의 강도, 시간, 빈도는 일반적 운동처방 양식과 동일하다.

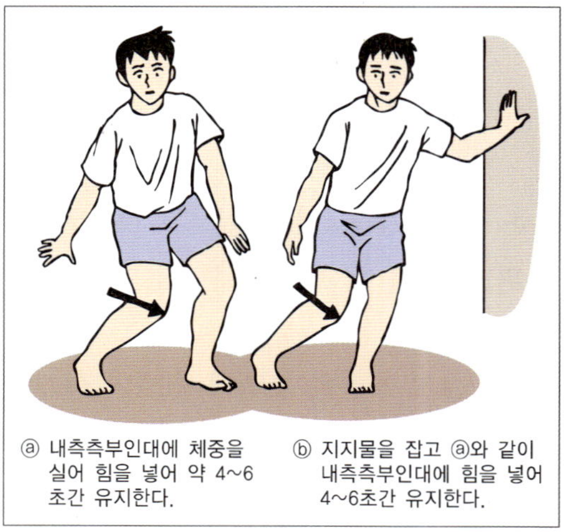

그림 2-55. Ware Squat(등척성)

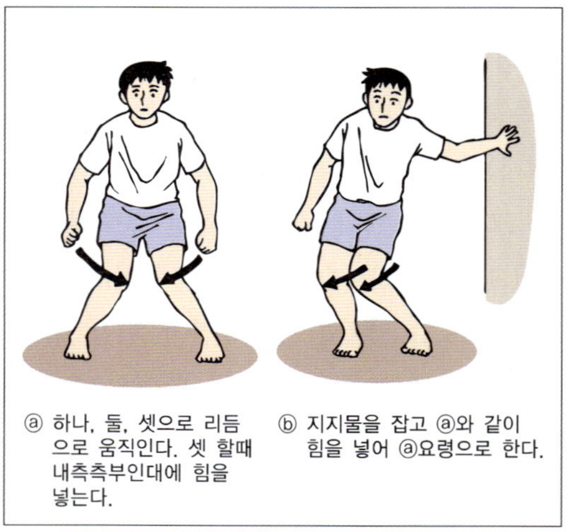

그림 2-56. Ware Squat(등장성)

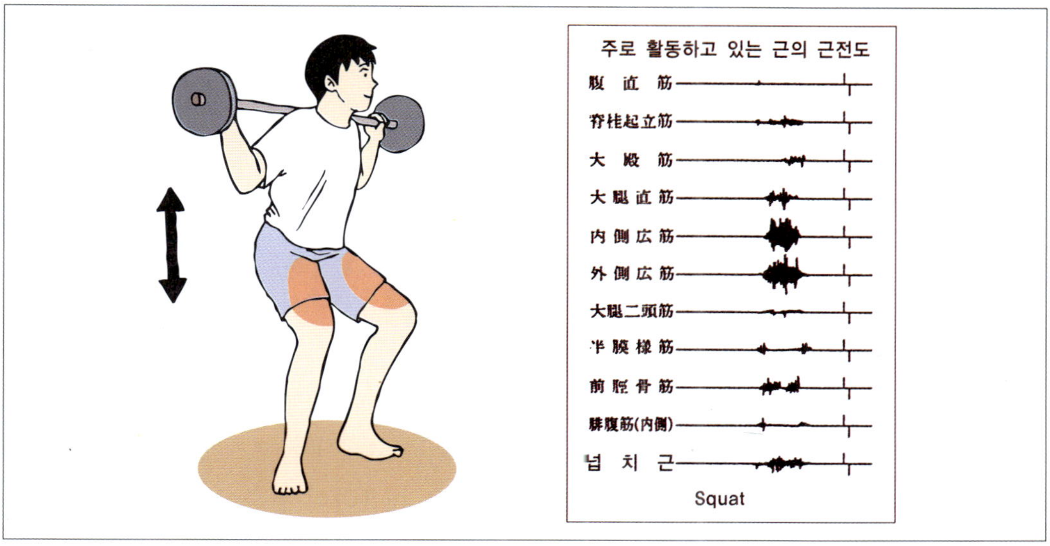

그림 2-57. 바벨에의한 Squat

(6) 무릎관절(슬관절)수종의 예방을 의한 운동처방

무릎관절(슬관절) 수종은 슬관절내에 관절액(골액)이 이상하게 슬관절에 흘러 나오는 상태를 말한다. 무릎에 강한 충격이나 타격을 받는다든가 무릎에 통증이 있는데도 불구하고 계속 운동을 실시한다던가 또는 배구, 농구 등 구기종목운동에서 점프등을 계속 반복한다든가 하면은 무릎에 수종 즉 물이차는 경우가 있다.

무릎에 강한 충격이나 타격 또는 쇼크를 받았을 경우 슬개골 안쪽의 대퇴골에 강한 충격이나 타격을 받으면 관절포 내면에 있는 골액막이 강하게 자극을 받아 다량의 골액이 흘러 나오게 된다. 또한 오랫동안 달린다던가, 배구 농구 등 구기계 운동종류에서나 점프등을 반복실시 하게 되면 무릎에 무리가 골액막에 과도하게 자극되어 골액이 이상하게 침출된다. 그 결과 관절내에 용액이 이상하게 흘러나와 무릎에 부종이 생기고 무릎 통증을 야기한다.

① 무릎관절(슬관절) 수종 검사

무릎관절 수종 검사는 무릎이 부어 올라와 있기 때문에 검사가 편하다. 그림 2-58에서 슬개골 조동검사 즉 슬관절수종검사를 나타내었다. 피검자의 다리를 쭉펴게 하고 슬개골의 상부를 눌러본다. 미량의 골액이 있으면 골액은 슬개골 하단 부위에 있기 때문에 슬개골에 수종이 나와 부어 있는 것을 알수가 있다. 슬개골을 대퇴골쪽으로 눌러 보아 소리가 나면 슬개골에 문제가 있다고 의심해 본다.

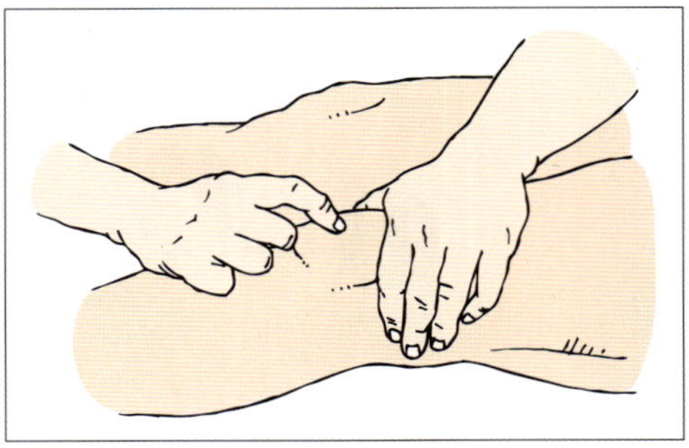

그림 2-58. 슬개골조동검사(슬관절수종검사)

② 무릎관절(슬관절) 수종 예방을 위한 운동 처방

무릎관절(슬관절) 수종 예방을 위한 운동의 종류는 그림 2-59에서 레그 익스텐션(leg extension) 그림 2-60에서 숏 스쿼트(shut squat) 그림 2-61에서 하프스퀘트 운동방법을 나타내었다. 만약 무릎에 통증이 있는 경우에는 바벨을 이용하여 통증이 있는 각도를 확인하고 통증이 없는 무릎각도 내에서 할 수 있는 스쿼트 방법을 소개하였다.

운동의 종류가 결정되면 운동의 강도, 시간, 빈도는 일반적 운동처방 양식과 동일하다.

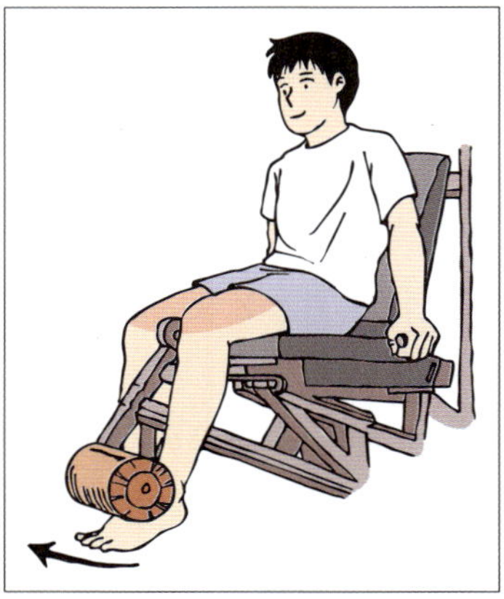

그림 2-59. Leg Extension

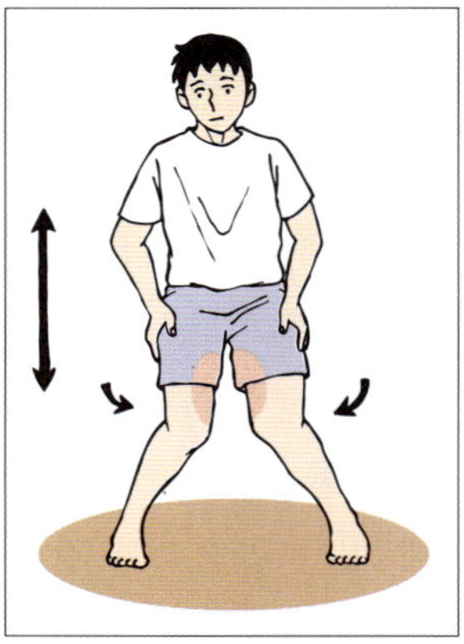

그림 2-60. Shut Squat

그림 2-61. 하프 Squat

(7) 반월판 손상의 예방과 운동처방

반월판은 대퇴골과 경골사이에 있는 관절 면 조직체로서 내측반월과 외측반월로 나누어진다. 반월판은 착지시에 충격력을 완충해주는 역활을 한다.

① 반월판손상의 원인

반월판 손상의 원인을 일곱가지로 구분하여 다음과 같이 소개한다.

㉠ 주로 런닝이나 조깅 시에 달려서 반월판에 손상이 생기는 것보다는 무릎을 너무 많이 굽히는 동작을 반복하는 것에서 생긴다(예를 들면 토끼뜀).

㉡ 운동중 우발적 또는 타율적으로 과내선 및 과외선 또는 과도의 무릎외반(슬외반)에서 생기는데 레슬링, 럭비, 미식축구, 태클, 체조, 배구, 농구등에서 착지의 실패 원인으로 생긴다.

㉢ 반월은 무릎의 이탈을 방지하는 쐐기형태이나 토끼뜀, 점프 등에서 무릎이 자기 체중과 비틀어지는 힘에 의해서 반월이 견디지 못하여 손상을 받는다.

㉣ 점프나 조깅 및 런닝시에 급 제동에 의하서 강한 충격력으로 손상을 받는다.

㉤ 각력이 약한 청소년의 경우에 한쪽발로 뛰기 또는 토끼뜀과 같은 동작에서 손상이 오기 때문에 이러한 동작은 피해야만 된다.

㉥ 각력은 본인 체중의 1.5배 이상은 무관하나 토끼뜀의 거리가 30m이상이 되면 문제가 발생하므로 만약에 토끼뜀을 실시할 경우에는 10~20m정도 뛰게 하는 것이 적정 거리이다.

㉦ 반월의 손상이나 단열이 되면 이탈된 반월의 한쪽이 대퇴와 경골 사이가 좁아져 무릎을 굽히는 것이 어려워진다. 즉 감돈증상(Locking knee, 룩킹니)이된다. 감돈증상은 다시 재활이 불가능 하다.

② 반월판 손상 검사

반월판 손상 검사는 그림 2-62에서 아프레이(Apley's compresson) 압박검사(반월판 검사)와 그림 2-63에서 마크 마레이(Mcmurray's)검사가 있다. 먼저 그림 2-62에 나타나는 것과 같이 피검자를 눕게 하여 통증이 있는 다리의 무릎을 90도로 굽혀서 굽힌 대퇴부를 고정시킨다. 그림과 같이 무릎에 힘을 주어 좌우로 돌려보아 외선과 내선에 통증이 있으면 반월판 손상을 의심해 본다. 그리고 그림 2-63에서 반월판 검사 방법은 슬개골의 상단을 잡고 천천히 신전시켜가면서 발목을 돌려보아 회건시에 어떤소리가 나는 느낌이나 통증이 있으면 반월판의 손상을 의심해본다.

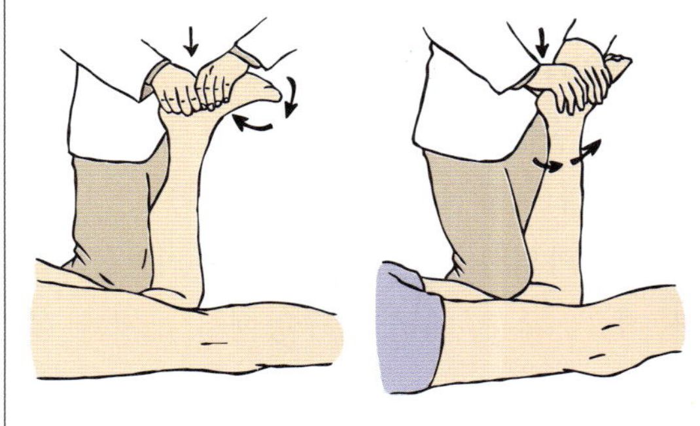

그림 2-62. Apley's 압박검사(반월판 검사)

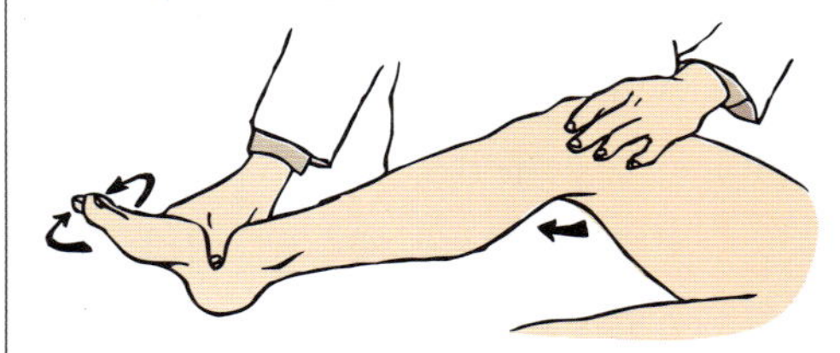

그림 2-63. Mc Murray's 검사(반월판 검사)

③ 반월판 손상 예방을 위한 운동처방

운동처방의 목적은 대퇴사두근의 강화, 대퇴굴근의 강화이다.

운동의 종류는 그림 2-64에서 대퇴사두근 강화를 위한 스쿼트 운동과 주로 활동하고 있는 근의 근전도와 그림 2-65에서 레그 익스테이션(leg extension) 그리고 그림 2-66에서 등척성에 의한 레그칼운동과 등장성에 의한 레그칼운동과 주로 활동하고 있는 근의 근전도를 나타내었다. 위와 같이 운동의 종류가 결정되면 운동의 양 즉 강도, 시간, 빈도는 일반적 운동처방 방법과 같다.

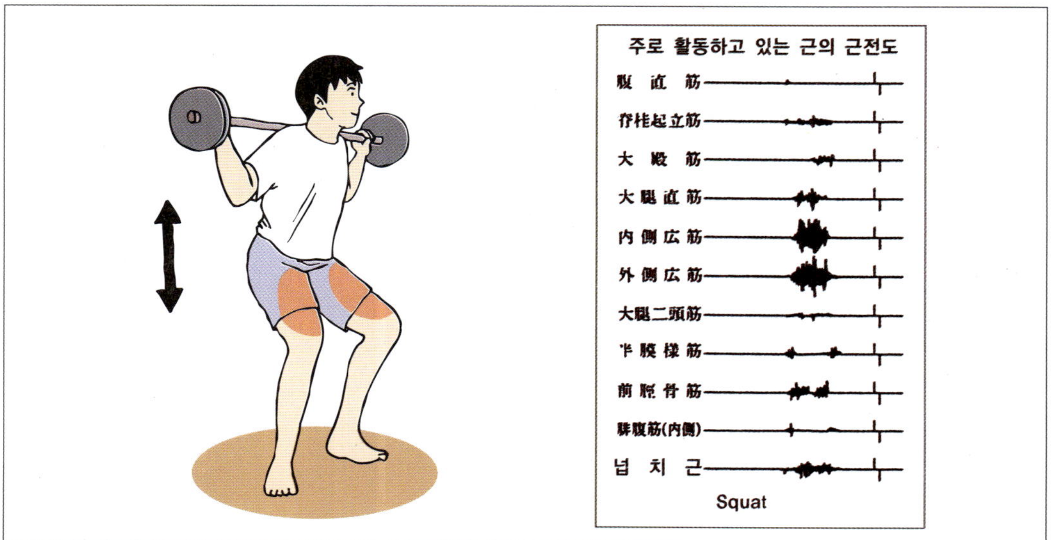

그림 2-64. 바벨에 의한 Squat

그림 2-66에서 등척성 레그칼운동과 그림 2-67어서 레그칼(등장성) 대퇴골 강화 운동은 슬와근(膝窩筋)(기시 : 대퇴골외측과(顆) 정지 : 경골조면 운동: 슬관절의 굴곡 하퇴의 내선)과 반막상근(半膜樣筋)(기시 : 좌골결절 정지 : 장경내측과(顆) 및 사슬와(窩) 인대 운동 : 고관절의 신전, 내전, 내선, 슬관절의 굴곡 및 내선)은 무릎의 굴곡을 보조하는 반월판을 고정시키는 역할을 한다.

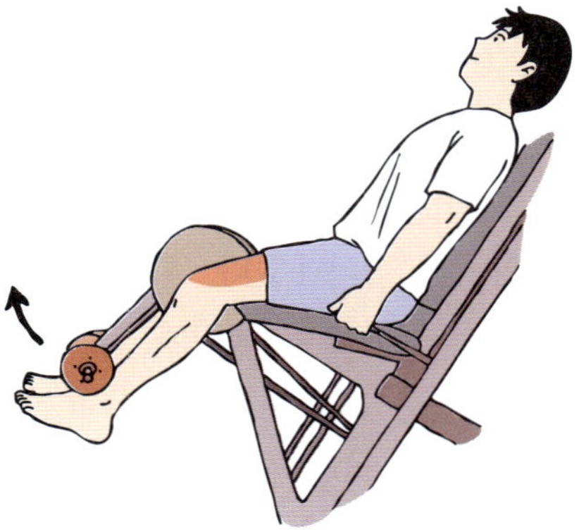

무릎이 낮은 각도에서 동작이 필요한 경우

그림 2-65. Leg Extension

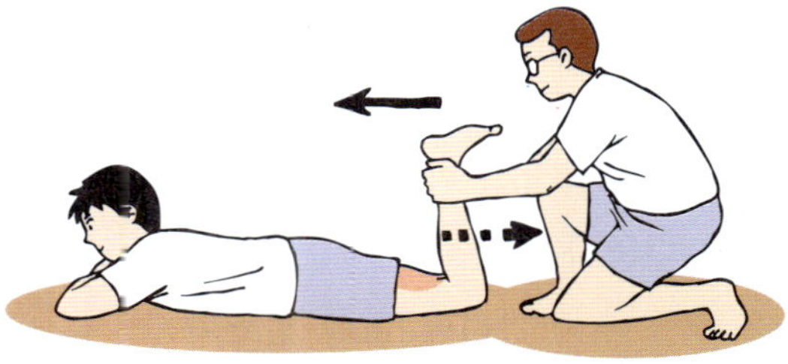

그림 2-66. Leg curl(등척성)

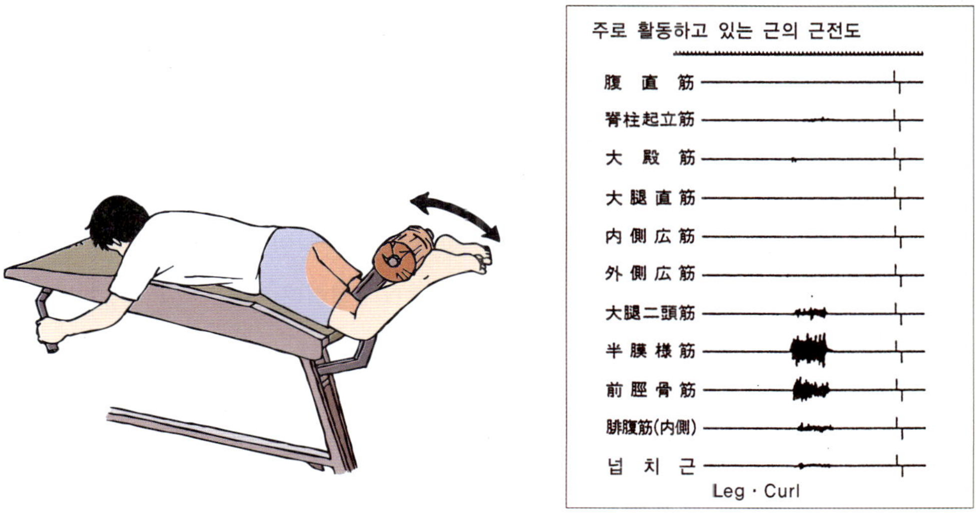

그림 2-67. Leg curl(등장성)

(8) 장경인대염의 예방과 운동처방

장경인대는 골반의 일부(장골능)에서부터 경골의 상부외과에 붙어있는 인대로서 가장긴 인대이다. 이 인대의 도중에 대전근과 대회근막장근이 붙어있다. 장골능(경골상단에 원으로 되어 있다) 대퇴근막장근(기시 : 상전장골극부근, 정지 : 장경인대를 지나 경골조면에 외측부, 운동 : 고관절의 굴곡, 외전 및 내선 슬관절의 굴곡, 신전 및 최대굴곡시의 회전)

대전근(hip)은 다리를 뒷쪽 방향으로 올리는 활동을 하며 대퇴근막장근(大腿筋膜張筋)은 다리가 윗쪽방향으로 올라간 다리를 앞의 방향으로 내리는 동작을 보조하는 작용을 한다. 즉 런닝에 의한 착지(kick) 후의 다리를 돌려 제자리로 오게 하는 역활을 한다. 장경인대의 무엇인가에 문제가 생기면 런닝이나 조깅 중에 이 인대가 대퇴골 외측의 상과(上顆)에 마찰을 일으키고 이것이 반복되는 가운데에 장경인대가 마찰되어 염증을 일으키는 것을 장경인대염이라고 한다. 그림 2-68에서 장경인대염의 위치를 나타내었다. 따라서 장거리 선수 조깅이나 런닝 애호가, 점프계의 운동 애호가들에게 주로 많이 생긴다.

다리가 오각형을 가진 사람의 다리 또는 펜싱 선수들에게는 대퇴골 외측 상과(上顆)의 붓기가 나타나 있는 경우에는 장경인대염을 의심해 본다. 보통 평상시나 일상생활 보다도 높은 속도나 장거리를 많이 달린다 든지 런닝중에 내리막길을 달리는 중에는 장경인대염을 일으킬 수 있다. 그리고 어린이들에게 있어서는 발육기에 일어나는 경우도 있다. 발육기에 신장이 급격하게 약 10~15cm 정도 크게되면 근과 건의 인대의 발달은 신장에 비해 늦게 발달된다. 소위 골격계와 근계의 발육상 균형이 맞지 않는 시기에 골이 급격하게 신장되면 장경인대에 강한 장력이 걸리어 그 영향으로 장경인대의 길이가 단축되어 버린다. 그 결과 장경인대는 대퇴골의 외측상과(上顆)의 봉기부와 마찰되기 쉬워져 이 시기에는 강한운동을 실시하면 장경인대는 대퇴골과 마찰되어 염증을 일으키는 것이 장경인대염이다.

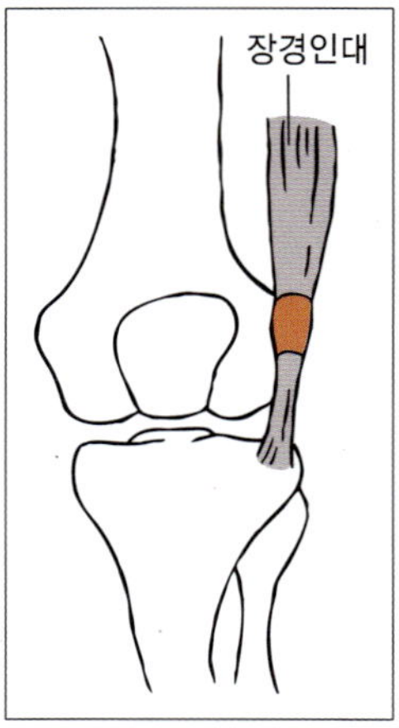

그림 2-68. 장경인대염

① 장경인대염의 검사 방법

그림 2-69에서 장경인대의 검사 방법의 포인트를 나타내었다. 피검자를 서서 혹은 앉아서 검사를 실시한다. 검사에 의해서 첫째, 대퇴골의 외측상과를 누르면 통증이 있다. 그리고 무릎을 굴신시켜 외측상과에 통증이 있다. 마지막으로 대퇴골의 외측상과에서 약 3cm 정도 밑을 잡고 엄지손가락으로 누르면서 무릎을 신전시켜 가면 통증이 생기어 일어설 수 없

게된다. 이 검사 방법을 그라스핑(grasping)검사 라고 한다.

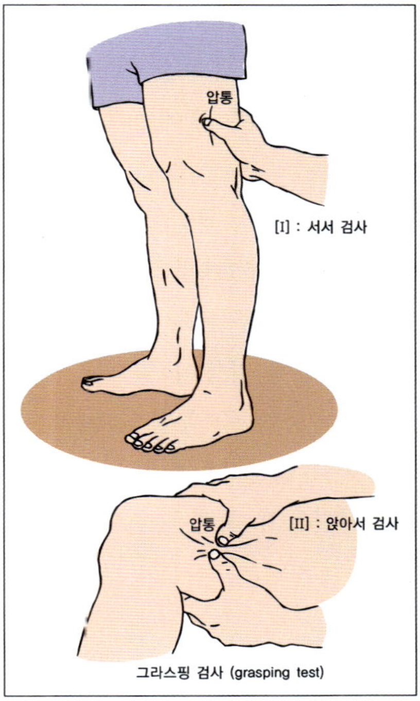

그림 2-69. 장경인대의 검사

② 운동처방

목적은 조깅이나 런닝 및 점프시에 대퇴의 외측에 하중이 걸리지 않도록 하며 장경인대가 대퇴골 상과에 마찰되지 않기 위하여 대퇴의 내측에 하중이 걸리지 않도록 자세를 교정시킨다.

그림 2-70에서 장경인대염 예방을 위한 스트레칭을 운동 전후에 실시하여 장경인대의 유연성과 피로를 풀어줘야 한다,.

결론적으로 장경인대가 경직되면 요부에 부담을 주어 요통의 원인이 되기도 하므로 장경인대에 스트레칭을 운동전후에 실시하여 장경인대의 탄력성을 강화시킨다.

(9) 골단의 무균성 괴사(오스굳 쉐라터, osgood schlatter)에 대한 예방과 운동처방

그림 2-70. 장경인대의 스트레칭

골단의 무균성 괴사의 증후군의 원인은 골화가 미숙인 뼈가 보통 10살에서 16살경 성장기에 주로 나타나는 질환이다. 보통 점프나 조깅이나 런닝시에 충격력은 성장기에는 300~500kg 정도로 보고되고 있다. 이와 같은 무릎에 충격력이 반복되면 무릎인대와 인대가 부착되어 있는 경골의 연결 부위에 염증이 생긴다.

무릎 하단에서 약 3~4cm의 경골 조면(경골 선상에 있는 조면, 슬개에 인대가 붙어 있는 부분) 가까이에 인대에 염증이 생기어 경골상단이 골 붕기가 일어난다. 이것이 골단의 무균성 괴사의 증후군이다. 그림 2-71에서 osgood schlatter 즉 골단의 무균성 괴사 증후군을 나타내었다.

초기에는 아침 기상시에 통증을 느낀다. 또한 슬개인대에 힘을 주어 무릎을 굽힐때에는 통증이 생기어 운동을 할 수 없게 된다. 이때에 이러한 증상을 무시하고 계속해서 운동을 실시하면 2~3주 후에는 무릎의 굴신시에 통증으로 인하여 운동을 할 수 없게 된다.

① 골단의 무균성 괴사 검사

위 그림 2-71에서 골단의 무균성 괴사의 증후군을 나타내었다. 무릎에서 3~4cm의 경골조면의 슬개인대의 부착부에 압통이 있다든가, 또는 슬개인대의 부담을 주는 동작 즉 무릎의 굴신, 무릎을 굽히면 동시에 통증이 유발한다든가 또는 경골조면 주변에 골 봉기가 나타난다든가 하면은 골단의 무균성 괴사의 증후군이다.

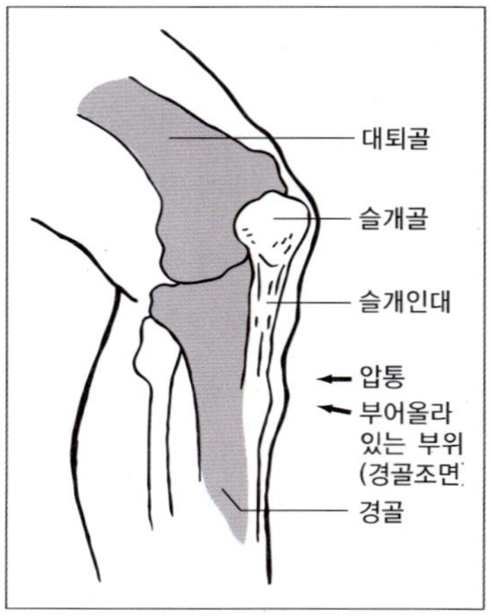

그림 2-71. Osgood, Schlatter 증후군

② 골단의 무균성 괴사를 위한 운동 처방

운동의 종류는 그림 2-72에 나타난 대퇴사두근의 스트레칭과 그리고 의자에 앉아서 스트레스 레그 레이싱을 등척성과 등장성(그림 2-73) 운동을 실시한다던가 그림 2-75과 같이 누워서 스트레스 레그 레이싱(등척성) 등의 운동을 실시한다. 그림 2-72에 나타난 대퇴사두근을 위한 스트레칭은 골의 성장보다도 근계의 발육이 늦기 때문에 대퇴사두근의 단축의 기미가 있는 경우에는 그림 2-72와 같은 스트레칭을 실시하여 유연성을 높이고 대퇴사두근의 단축을 최소화 한다. 발육기의 무릎의 굴신및 구부리는 동작에서 경골상단(경골조면)에 통증이 유발되면 운동을 2~3주 정도 휴식을 취한다.

③ 골단의 무균성 괴사 예방을 위한 운동처방

운동의 종류가 결정되면 즉 앉아서 스트레스 레그레이싱 그림 2-73(등척성)과 같이, 앉아서 스트레스 레그레이싱과 그림 2-74(등장성)와 같은 방법과 그림 2-75에서 누워서 스트레스레그레이싱(등척성)과 같은 운동 방법 중 세 가지의 운동 방법 중에서 운동의 종류를 선택하여 운동을 실시하며 3가지의 운동방법 가운데에 운동의 종류가 결정되면 운동의 양, 즉 강도, 시간, 빈도 등은 일반적 운동처방 방식과 동일하다.

그림 2-72. 대퇴사두근의 스트레칭

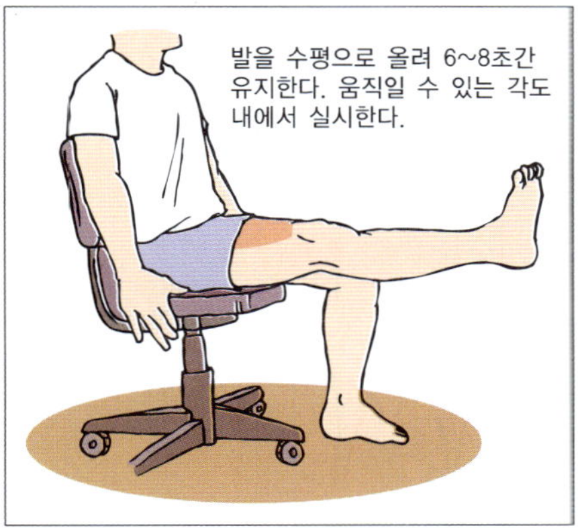

그림 2-73. 앉아서 스트레트, 레그, 레이싱(등척성)

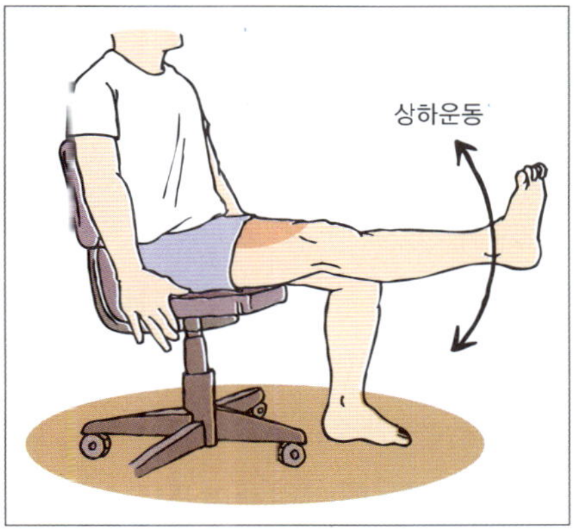

그림 2-74. 앉아서 스트레트, 레그, 레이싱(등장성)

그림 2-75. 누워서 스트레트, 레그, 레이싱(등척성)

5. 대퇴근 장해 예방과 운동처방

(1) 대퇴굴근의 역할와 기능

대퇴굴근은 대퇴전면을 둘러 싸고 있는 대퇴사두근과 대퇴후면에 있는 근을 대퇴굴근으로 나눈다. 전면의 대퇴사두근은 무릎을 펴는 역할을 하기 때문에 대퇴신근군(각력)이라 하며 대퇴후면에 있는 대퇴굴근은 무릎을 구부리는 역할을 하기 때문에 대퇴굴근근이라고 한다. 이 근에 발휘되는 힘을 각굴근력이라고 부른다. 이 대퇴 신근군과 대퇴굴군근의 양자에 의해서 걷고 뻗고 구부리고 하는 역활을 하는 근을 길항근 이라고 부른다. 그러므로 대퇴굴근의 대퇴사두근이 길항근이다. 대퇴근은 함스트룽(Hamstrings, 대퇴굴곡력) 대퇴근을 퀘더리세이프(Qusdriceps fomoris muscle; 각력)라고 부른다. 대퇴사두근을 구성하고 있는 근은 대퇴직근, 중간광근, 외측광근, 내측광근이며 대퇴굴근은 그림 2-76에서 대퇴굴근군을 구성하는 근군을 나타내었다. 대퇴굴근군은 대퇴이두근과 반막양근이다(기시 : 좌골결근, 정지 : 경골조면의 내선부와 사슬와(窩)인대, 운동 : 슬관절의 굴곡, 내선, 고관절의 신전 내선, 외선). 이와 같은 근 가운데에 특히 대퇴이두근은 보행이나 속보, 하이킹, 조깅등 약 1시간 정도 활동할 때에 무릎 뒷쪽에 외측부에 통증이 생긴다든가 위화감이 생기는 경우는 이 대퇴이두근의 부담이 크기 때문이다. 반막양근은 골반의 하단에서부터 시작하여 경골의 내측면의 상부에 부착되어 있다. 이 근은 빠른 동작을 할 때에 주로 사용되며 무릎의 내선의 동작을 크게 할 때에 동원되며 전력질주나 주로, 강한 점프에 시에 사용되는 근군이다.

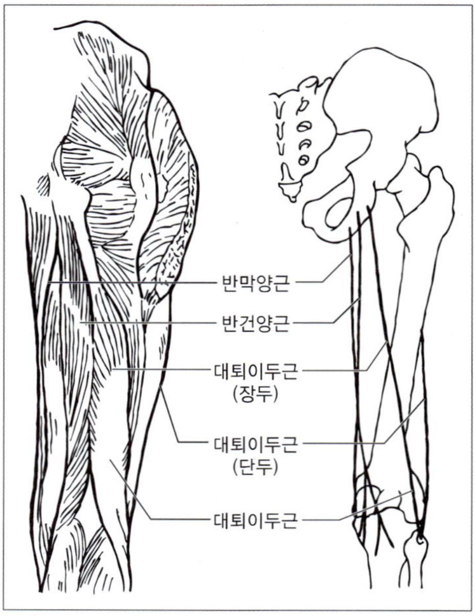

그림 2-76. 대퇴굴근을 구성하는 근군.

(2) 대퇴굴근의 피로 검사

대퇴굴근근의 피로검사는 속보나 조깅등을 실시한 후에 대퇴이두근 검사를 실시한다. 또는 대쉬(dash)나 점프등 운동을 실시한 후에서는 반건(半腱), 반막양근(半膜樣筋)을 검사한다. 그림 2-77에서 대퇴굴근군의 검사 방법을 나타내었다. 대퇴굴근은 느린동작보다는 빠른동작의 운동을 실시할 때에 주로 사용되기 때문에 운동을 실시 한 후에 피로한 상태에서 계속해서 근을 움직이게 되면 근이 경직되어 근에 탄력성이 소실되고 근의 파열되는 경우가 있기 때문에 근의 유연성을 높이기 위하여 근의 피로 검사를 실시할 필요가 있다. 조깅이나 런닝, 보행등 장시간 운동 실시 후에 그림 2-77과 같이 대퇴 이두근의 부위를 눌러서 압통이 생기면 근이 피로 하다는 증거이며, 대퇴굴군근 함스트롱(Hamstrings)근이 약한 상태가 된다. 점프와 전력질주를 보통 5~10회 정도 달린 후에 반건(半腱), 반막양근(半膜樣筋)의 부위를 그림 2-77와 같이 손으로 눌러서 압통이 있으면 대퇴신근군에 비해 대퇴굴근군이 약한 상태가 되며 이것은 반건(半腱), 반막양근(半膜樣筋)의 피로한 상태로 판정한다. 건은 근에 비교하여 모세혈관의 분포가 적기 때문에 건의 피로회복은 늦게된다. 따라서 그림 2-78에 나타나는 바와 같이 대퇴굴군근을 위한 스트레칭을 운동전후에 실시하여 근의 피로회복에 노력하는 것이 운동장해 예방의 지름길이 된다.

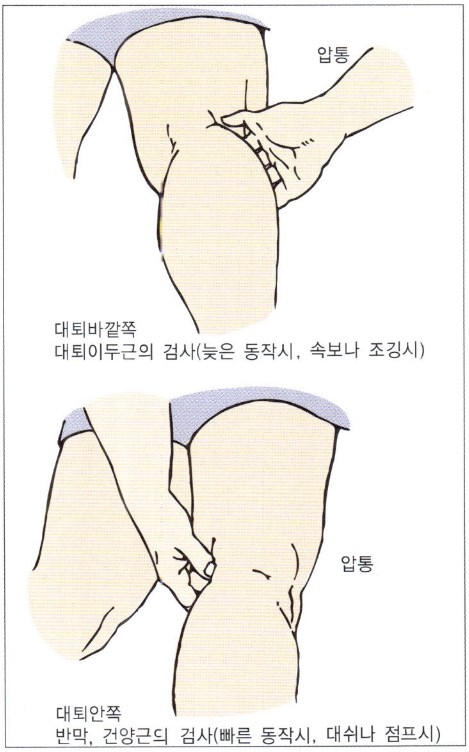

그림 2-77. 대퇴굴근군의 검사

그림 2-78. 대퇴굴근군의 스트레칭

(3) 대퇴굴근군의 단열검사

대퇴굴근군(함스트롱(Hamstrings))의 근 단열 검사 방법은 그림 2-79에서 나타내었다. 먼저 문제있다고 생각하는 부위는 좌상의 폭 1~1.5cm 정도에서 붓기가 있는 부위는 잘 나타나지 않으나 약간의통증이나 위화감이 있고 함스트롱(Hamstrings)을 수축할수 있는 정도인가를 확인하고 피검자의 무릎을 자유롭게 굴국시켜 함스트롱(Hamstrings)의 근을 자유롭게 굴곡 할수 있는 가를 검사한 후에 검사자는 발목을 잡고 무릎의 굴곡에 대하여 검사자가 가볍게 눌러본다. 피검사자가 약간의 통증이 있어도 무릎을 굴곡시킬수 있으면 경도의 상태이다. 이 경우는 보통 5일정도가 되면 회복되나 회복되었다고 해서 본격적인 운동을 실시하는 것은 금물이다. 중증인 경우는 고정시켜야만 된다. 문제가 있는 부위에 약 5~7cm 정도에서 통증으로 근 수축이 불가능한 경우를 말한다. 회복은 보통 7~10일 정도 걸리나 전문의사로부터 재활치료를 받는다. 단열된 시점에서 3~4일정도 경과되어도 청 흑색(피하출혈 때문에) 자국이 남는다. 그래도 약 2~3주 후에도 피하출혈로 인하여 생긴 부위가 서서히 정상으로 회복하면서 근을 수축할 수 있으나 문제는 부위에 계속 흔적이 남아 있으면 전문 의사와 상담한다.

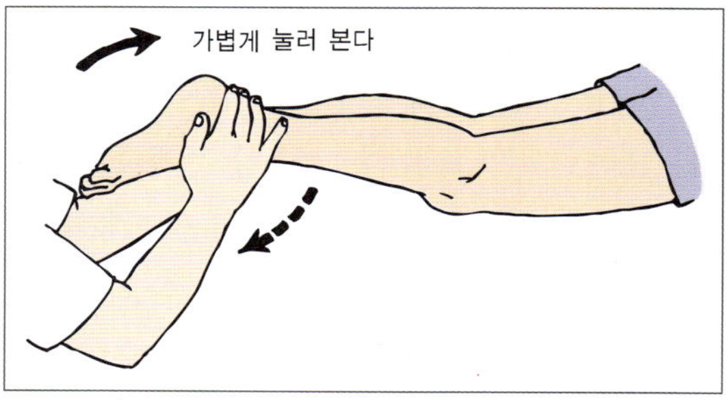

그림 2-79. 대퇴굴근군의 단열검사

(4) 대퇴신근군과 대퇴굴곡근군의 균형

보통 운동중에 대퇴근에 운동장해를 가져오는 원인중에 하나가 길항근인 대퇴신근군(대퇴사두근)과 대퇴굴근군인 함스트롱(Hamstrings)과의 양자에 근군의 균형이 맞지 않아 문제가 생기어 근 단열 등 운동 장해를 일으킨다. 운동장해는 대퇴신근군보다도 대퇴굴근의 근파열 사고는 보통 일반인 보다도 운동선수등에서 많이 나타난다. 대퇴신근군은 장시간의 보행이나 조깅, 런닝등의 신체활동이나 운동등으로 근비대 현상이 일어나 근 위축 현상은 적으나 운동 선수등의 경우는 준비운동이나 갑자기 근 위축등이 일어난 상태에서 갑자기 강한 전력질주나 강한 스피드로 인하여 근 수축등이 일어나 근 파열을 일으키는 경우가 있다. 최근 연구 보고에 의하면 각신전력(각력)과 각 굴곡력의 차이는 각 신전력에 비해 각 굴곡력은 미국사람은 66% 정도 일본 사람은 50%정도이며 보통 50~60%정도가 각 신전력 대비 각 굴곡력의 수준이다. 각신전력(각력)은 보통 장시간의 보행이나 조깅, 런닝

등에서 주로 활동하고 각 굴곡력은 킥력(kick), 질주능력, 도약력에 주로 사용된다. 따라서 운동시에 각 굴곡력이 약하면 함스트롱(Hamstrings)근에 문제가 생기는데 운동강도는 주로 중간 정도의 운동강도에서 일어난다. 결론적으로 대퇴근의 운동장해를 예방하는 길은 대퇴신전력과 대퇴 굴곡력의 길항근을 발달시키는 것이다. 대쉬(dash)계나, 점프계는 수직도로 측정하여 1m 정도 오를수 있다고 하면 세계 최고 수준이라고 말할 수 있다.

(5) 대퇴굴근군 강화를 위한 운동처방

대퇴굴근강화를 위한 운동의 종류는 그림 2-80에 나타나는 쿼터레그칼(quarter leg curl) 등척성에 의한 운동 방법이다. 운동의 방법과 운동의 양은 다음과 같다. 피검자를 그림 2-80과 같은 자세를 취하게 하고 무릎관절 각도가 30도 정도 될 수 있도록 한다. 그리고 무릎관절각도가 70도에서 110도 사이가 근력의 최대치가 발휘되므로 이 적정각도 범위에서 등장성운동을 실시한다. 그리고 무릎관절 몇도 정도에서 통증이 나타나는 가를 먼저 확인하고 통증이 확인된 각도에의 운동은 피하여야 한다.

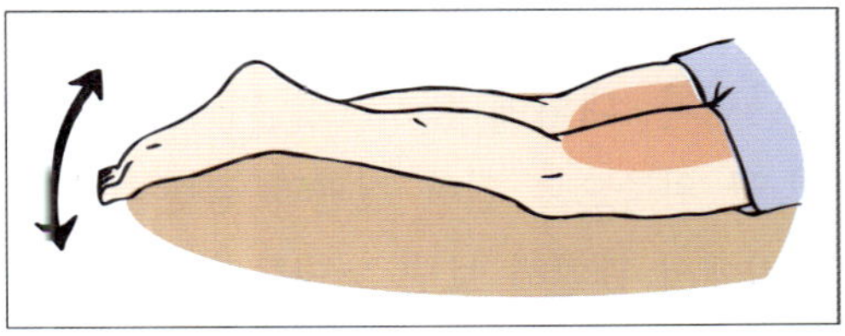

그림 2-80. Quarter leg curl

① 운동처방

운동의 종류는 그림 2-80과 같고 운동의 양은 먼저 무릎관절의 적정강도는 약 70~110도(통증확인)에서 운동의 유지시간은 2~3초부터 시작하여 4~6초 정도 실시한다. 처음에는 운동의 각도를 정해놓고 1, 2, 3하고 정지시키고 나중에는 5~10정도 셀때까지를 1회로 한다. 셋트 수는 처음에는 3~5세트 하다가 나중에는 7~10 세트 정도까지 실시한다. 휴식시간은 처음에는 1번하고 3분정도 휴식을 취하나 나중에는 휴식시간을 1분에서 30초 정도로 휴식을 실시하고 휴식시간 중에 스트레칭을 삽입하는 것이 좋다. 운동의 빈도는 처음에는 주당 2~3회 정도 하다가 5~6회 정도까지 늘인다.

6. 고령자의 전근(hip)군과 대퇴굴근군 강화를 위한 운동처방

(1) 전근(hip)군 강화를 위한 운동처방

중고령자가 되는 과정에서 부위별 근육별로 근 위축으로 인한 질환과 질병을 그림에 예로 나타 내었다. 그림 2-81에서 농촌에서의 농부들의 신체 가운데에 허리가 굽은 경우의 예, 그림 2-82에서 작업현장에서 작업하는 사람들의 신체 형태가 변형되는 경우의 예, 그리고 그림 2-83에서 나타난 바와 같이 일반인 가운데에 나아기 들어감에 따라서 신체의 형태가 변형되는 예를 부위별로 설명하면 먼저 좌측 승모근이 위축되면 좌측어깨가 내려간다던가, 대퇴에 봉공근이 위축되면 다리가 X자 형태로 변형된다든가 등으로 보통 폐용성 근 위축으로 인한 질환과 질병등의 예를 설명하였다. 특히 일반 노인들 가운데 목욕탕 등지에서 관찰해 보면 노인들의 걸음 걸이가 아장 걷는 다든가, 엉덩이(전근)가 가을 대추같이 쭈굴쭈굴해 진다던가 엉덩이가 축 쳐져 있는 것을 관찰 할 수 있다.

그림 2-81 농부의 허리모습(예)

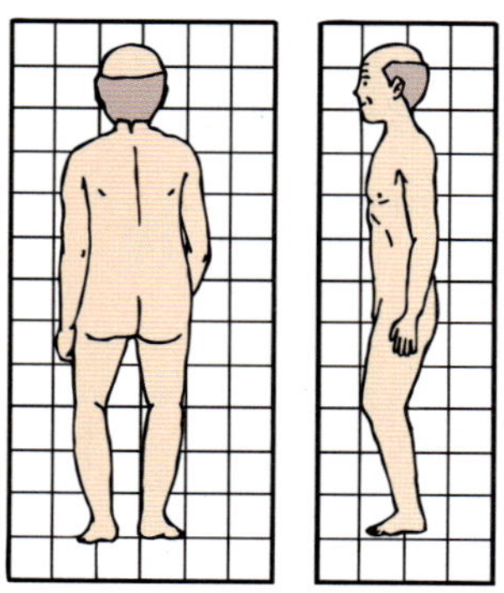

그림 2-82 산업체 종사자의 허리 모습(예)

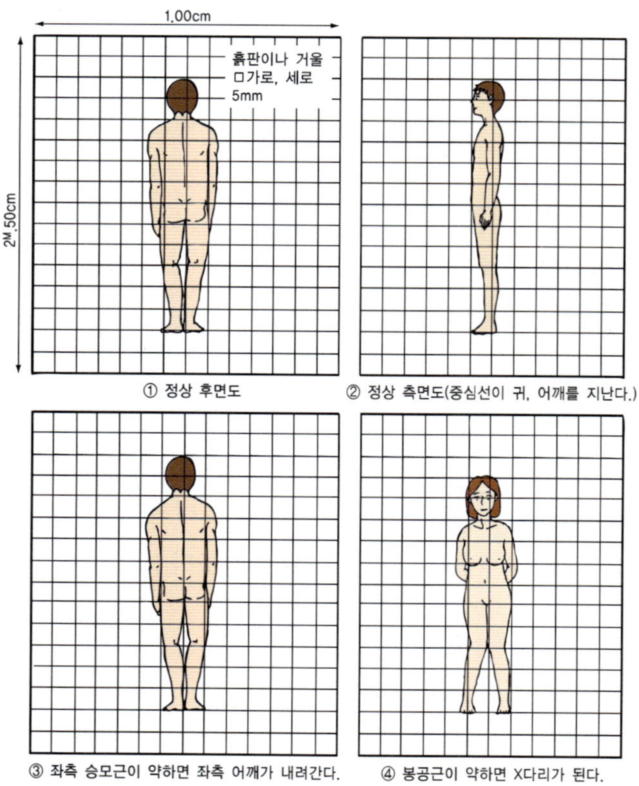

그림 2-83. 체형관찰에 의한 신체 형태의 관찰법

본장에서는 위에서 설명한 고령자들의 hip(전근, 엉덩이)의 근 위축 예방을 위한 운동처방은을 아래와 같이 설명한다.

엉덩이(hip, 전근)의 근군을 그림 2-84에서 전근군을 나타내었다. 전근(hip)을 대전근 중전근, 소전근으로 나누는데 이 세가지의 근군의 기시와 정지와 운동은 다음과 같다.

먼저 대전근(기시 : 장·선미골(腸·仙尾骨)의 후 외측, 선결절인대(仙結節靭帶), 정지 : 전근조면(殿筋粗面), 장경인대(腸脛靭帶), 외측대퇴근간 중격(外側大腿筋間 中隔) 운동 : 고관절의 신전, 외전, 외선), 중전근(기시 : 장골의 외면(腸骨의 外面) 정지 : 대전자, 운동 : 고관절의 외전, 내전, 외선, 굴곡, 신장), 소전근(기시 : 장골의 하전근선간의 외측면, 정지 : 대전자 운동 : 고관절 외전, 고관절에서 대퇴를 외전, 내, 외선, 굴곡, 신장), 즉 대전근은 골반의 후면에서 시작하여 대퇴골 상부(전근조면)에 부착되어 있고, 중전근은 골반의 후상부에서 시작하여 대퇴골의 상부(대전자)에 부착되어 있다. 소전근은 골반의 후면에서 시작하여 중전근의 부착부와 대전자에서 끝난다.

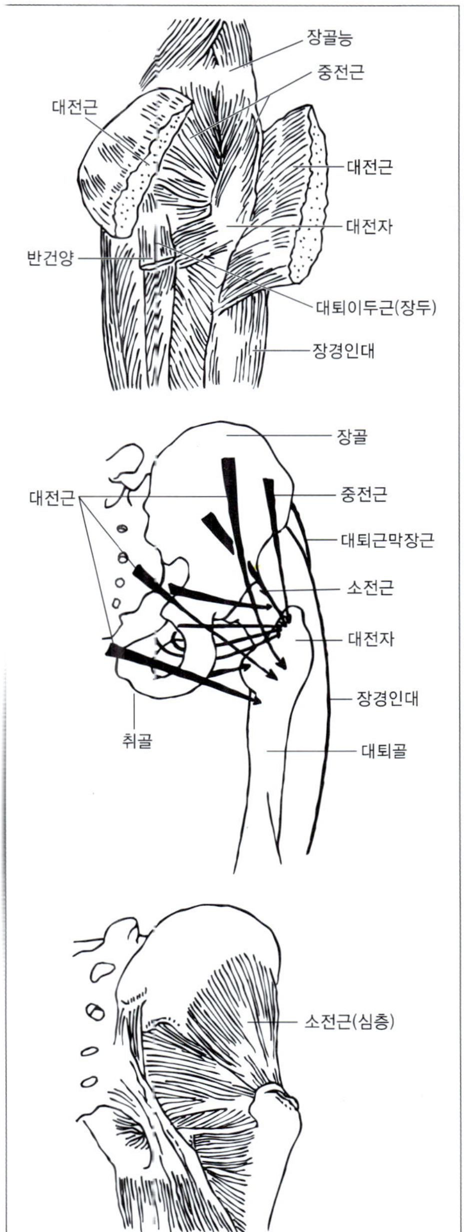

그림 2-84. 전근군

① 전근의 역할(hip의 역할)

전근의 역할은 대퇴를 후방으로 흔들어 올렸다가 내리는 동작과 뒤로 달리는 동작 그리고 대퇴를 바깥쪽으로 벌리는 동작을 하며 하지가 지면에 고정되었을 때에는 신체를 돌리게 한다든가 상체를 일으키게 한다든가 또는 신체를 옆으로 굽히게 하는 역할을 한다.

위와 같이 전근과 전근의 역할은 나이가 들어 가면서 어떻게 변화가 될까?

나이가 들어 갈수록 즉 고령자가 되면은 대퇴굴근군과 전근 그리고 대퇴신근군의 양자를 잘 사용할 수 있는 운동량의 확보가 어렵기 때문에 문제가 된다. 그 이유는 근의 종류에는 속근, 중간근, 지근이 있는데 젊었을 때에는 이 세가지의 근 종류를 골고루 사용하여 민첩하게 잘 움직인다. 그러나 나이가 들어 가면 운동부족에서 오는 속근의 근군의 감소가 36%까지 크게 감소되기 때문에 지근의 비율이 높아진다. 그리고 나이가 들어 걸을 때에는 고관절로 걷고 조깅 등으로 전근군을 발달시키는 운동등을 실시하여 대퇴 신근군을 잘 유지시킬 수가 있으나 대퇴 굴근군과 전근을 사용하는 것은 나이가 들면 극히 적기 때문에 문제가 된다. 그러기 때문에 나이가 들어 가면은 대퇴신근군의 유지도 중요하지만 대퇴굴근군과의 균형을 잘 맞추기 위하여 전근을 발달시킬 수 있는 속근과 중간근을 사용하여 운동을 실시하는 것이 운동처방의 포인트가 된다.

② 전근 강화를 위한 운동의 종류와 방법

전근 강화를 위한 운동의 종류는 그림 2-85에서 백킥1(back kick)과 그림 2-86에서 백킥2로 나눈다. 백킥1은 주로 전근군의 발달을 촉진하는 운동의 종류이고 백킥2는 전근군과 대퇴굴근의 근비대를 동시에 촉진시키는 방법이다. 백킥 제1의 운동방법은 한쪽 손으로 벽을 잡고 한쪽 다리를 후방한계까지 올렸다가 전근군의 강한 수축감을 느끼는 시점에서 전방으로 다리를 내리게 하는 반동으로 전근군을 강화시키는 방법이다.

이 운동 방법은 대퇴굴근군에 부담이 없는 것이 특징이다.

이때에 운동의 양을 결정하는 방법으로, 첫째, 운동의 강도는 한쪽 손으로 벽을 잡고 최대 몇 회정도까지 할수 있는 가를 측정해 본다. 예를 들면 100회 정도 가능하였다 하면 이것을 최대치로 정하여 놓고 30%로 운동 강도를 정한다고 할 때에는 1회 실시할 때에 30회가 운동의 강도가 된다. 즉 이것이 운동 강도의 30%가 되는 것이다. 운동의 횟수는 30%이기 때문에 횟수 30회가 되며 이것을 한 셋트로 정한다. 처음에는 2~3셋트 정도 하다가 익숙해지면 3~5셋트 정도로 늘린다. 운동의 템포는 한번 들어 올릴 때에 1~2초가 적당하나 본인에 맞는 속도를 정하는 것이 이상적이다. 휴식시간은 한번 하고서 최대 3분 정도이다. 빈도는 이틀에 한번 정도 기간은 3~4개월 정도이다. 백킥2도 이와 같은 방법으로 운동을 실시한다.

그림 2-85. 백킥 1

그림 2-36. 백킥2

③ 전근군과 대퇴굴근을 강화시키는 동작

전근군과 대퇴굴근군을 강화하는 동작은 먼저 한쪽다리를 후방으로 올렸다가 내렸다 하는 동작이다. 그리고 지면을 강하게 킥할수 있는 조깅의 스피드로 운동을 실시한다.

신체를 돌린다든가 옆으로 굽힌다든가, 상체를 일으킨다든가, 뒤로 달린다든가 하는 동작들은 전근을 주로 사용하는 것으로서 테니스, 배드민등 주로 구기 운동에서이다. 이런 경기를 실시한 후에 다음날 엉덩이에 통증이 오는 것은 주로 전근을 사용하였다는 증거이다. 야구에서 피쳐가 엉덩이(전근)가 유난히 큰 사람이 많다. 이것은 피쳐가 속공을 던지기 위해서 한쪽 다리는 투수판에 다른 한쪽 다리는 강하게 킥을 할 필요가 있기 때문에 전근을 사용하여 던짐으로 엉덩이가 크다고 사료된다. 결론적으로 고령자가 되면 지근군이 많고 민첩하게 움직이는 속근의 비율이 적기 때문에 속근을 사용하여 전근을 유지시켜 엉덩이의 주름살이 생기지 않도록 즉 늦가을의 대추가 아닌 한 여름의 복숭아같은 hip(엉덩이)를 만들 필요가 있다.

(2) 대퇴굴근근 강화를 위한 운동처방

전근군(엉덩이의 근육)은 대퇴굴근군과 하나로 되어 움직인다. 고령자가 엉덩이의 근군이 위축되어 hip가 작게되는 경향을 예방하기 위허서는 대퇴굴근군을 사용하는 속근 즉 빠른 동작을 일상생활에서 한다든가 운동중에 런닝이나 조깅등을 실시 하여야 한다. 운동

선수의 경우는 대퇴의 신근 즉 각력에 비해 대퇴의 굴근군이 1/2 미만인 경우는 근 단열 예방과 도약력의 수행속도의 관점에서 레그칼 운동 등을 실시하여 대퇴굴곡력을 향상시킬 필요가 있다. 평상시에 대퇴굴곡력을 알아보는 방법으로서는 첫째, 질주후에 대퇴굴근군의 일부가 떨리는 느낌이라든가 경련등을 일으킨다. 둘째는 질주후에 대퇴굴근군이 팽창되는 느낌은 대퇴근이 약하다는 증거이다. 대퇴굴근군의 강하고 약한것을 측정하는 방법을 그림 2-87에서 대퇴굴근력 검사 방법을 나타내었다. 이때에 대퇴굴근력 검사시에는 슬관절 즉 무릎관절이 100~110도에 최대 근력이 발휘된다는 사실이다.

그림 2-87. 대퇴굴근력 검사

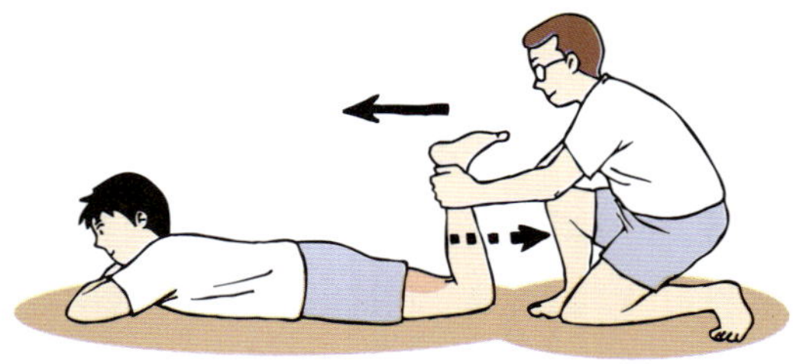

그림 2-88. Leg curl(등척성)

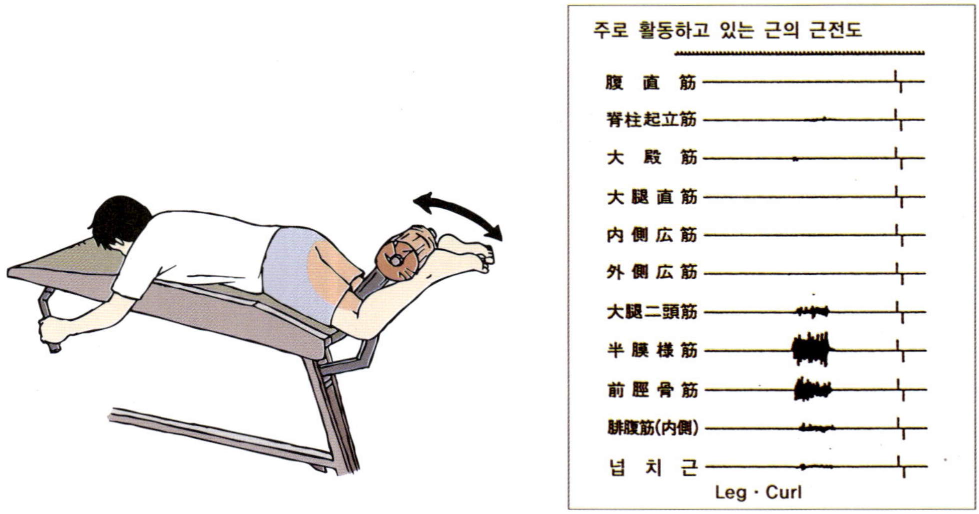

그림 2-89. Leg curl(등장성)

① 대퇴굴근군의 운동처방

대퇴굴근군을 강화하는 운동의 종류는 레그칼(leg currl)이다. 그림 2-88에서 등척성에 의한 운동방법과 레그칼 운동방법 중 그림 2-89에서 등장성에 의한 강화 방법과 주로 활동하고 있는 근의 근전도를 나타내었다. 그리고 등속성(레그칼, leg currl in isokinetic contraction)운동방법 등이 있다.

대퇴굴근군을 강화 시키기 위한 운동의 종류가 결정되면 운동의 강도, 운동의 시간, 운동의 빈도는 다음과 같다. 먼저 그림 2-88에서 운동 강도는 최대 근력의 80%를 최대치로 정하고 처음에는 50~60%정도로 운동을 시작하는데 이때에 근 경련에 주의를 하여야 한다. 운동의 횟수는 1초에 1회씩 5~10 정도를 한 셋트로 한다. 셋트수는 처음에는 2~3셋트에서 정도로 하다가 익숙해지면 3~5셋트 그리고 7~10셋트 정도 까지 셋트수를 늘린다. 휴식시간은 처음 최대 3분정도 휴식을 하다가 차츰 휴식시간을 줄이면서 중간에 스트레칭을 삽입한다. 운동의 빈도는 이틀에 한번정도 운동을 실시한다. 운동의 기간은 3~4개월 정도이다. 등장성 운동에 의한 운동 방법은 그림 2-89에 나타난 레그칼 방법으로 운동을 실시하며 처음에는 최대 운동강도를 80%정도(3~5R.M)르 정하고 운동실시 처음에는 50% 정도(13~20R.M) 정도로 운동을 시작하여 횟수를 많이 한다. 그리고 익숙하여 지면 차츰 차츰 10%씩 강도를 올린다.

운동을 실시할 때에 무릎 관절 각도가 80~120 범위를 유지하며 운동의 템포는 50~60% 강도일 때에는 1~2초에 한번 정도로 실시하고 80% 정도라면 2~3초 정도를 1회로 한다. 이때 단축시(positive, W)에는 하나, 둘로 세고 신장시(Negative, W)에는 셋, 넷의 방법으로 운동을 하는데 근 비대의 목적일 경우에는 늦은 템포(충혈법, flushing으로 근육내의 대사 과정을 항진시켜 근을 비례시키는 효과)로 운동을 실시한다. 운동의 강도, 셋트수, 휴식시간, 빈도, 기간 등은 일반적인 운동방법과 동일하다. 등속성 운동 방법은 전 관절의 일정한 운동 부하와 속도를 최대까지 발휘할 수 있는 것이 특징이다. 1회의 운동 강도는 저강도에서는 1초에서 38도까지 고강도에서는 1초에서 108도 이상을 말하며 근력을 향상시킬 경우에는 8~15RM, 근파워의 경우 저강도에서는 20~50RM 정도로 실시하며 나머지는 일반적 운동 방법과 동일하다.

7. 하퇴삼두근 강화를 위한 운동처방

보통 일반인들이 일상생활을 하다가 신체활동이나 운동을 실시한 후 그 다음날 장단지(종아리, The calf)의 통증을 한 두번 정도는 경험한다. 그 원인은 첫째, 하퇴삼두근의 피로와 과사용 둘째, 혈중의 칼슘부족에서 근 경련이 일어나는 경우가 보통이다. 특히, 여성의 경우에는 여성 홀몬 감소로 골에서 칼슘이 혈액으로 유출되어 골다공증과 요통의 원인이 되기도 한다. 셋째, 운동중에 하퇴삼두근의 경련은 탈수와 혈당치 감소와 마그네슘부족이다. 예방으로는 운동중 충분한 수분공급과 당질보급 마그네슘보급(두부, 콩종류 섭취) 등이 필요하다.

(1) 하퇴삼두근의 역할과 기능

그림 2-90에서 하퇴삼두근과 아킬레스건을 나타내었다. 하퇴삼두근이란 하나는 넙치근 혹은 가자미근(seleus muscle) 이라고 부르기도 한다. 하퇴삼두근은 두 개의 비복근이 좌우로 되어있다. 넙치근의 기시는 비골 및 경골의 상단에서 시작하여 아킬레스건에 부착되어 있다. 정지는 아킬레스건이고 운동은 족관절의 저굴 및 회외(내반) 기는을 가지고 있다. 또한 두개의 비복근은 넙치근외에 좌우로 나누어져 있으며 내측과 외측으로 나누어져 대퇴골로 시작하여 아킬레스건에 부착되어 있다.

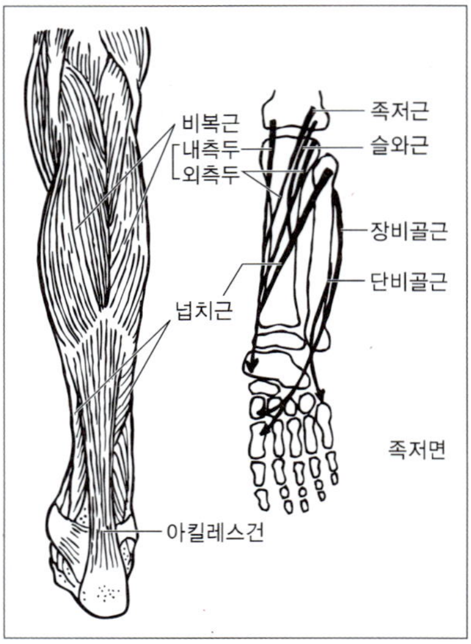

그림 2-90. 하퇴삼두근과 아킬레스건

근의 성질은 비복근은 근이 강하고 빠르게 수축하며 넙치근은 천천히 수축하는 지근군이 주체가 된다. 그리고 하퇴를 고정시키는 역할을 한다. 하퇴삼두근이 수축하면 아킬레스건이 수동적으로 당겨져 그 결과 족관절은 족저위(발가락이 세워져 있는 상태)가 되어 킥력(kick)을 발휘하게 된다.

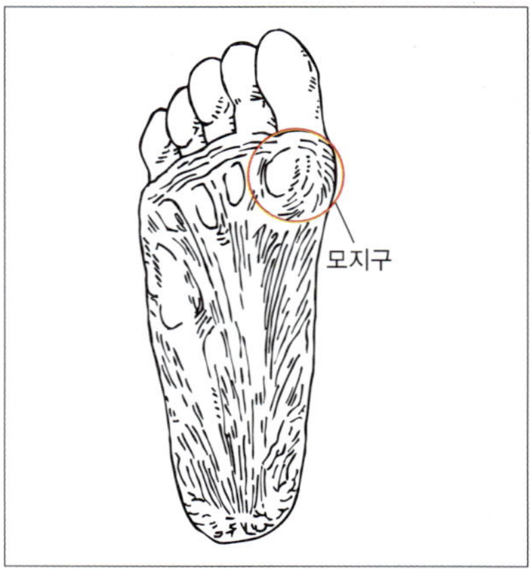

그림 2-91. 모지구의 위치

강한 킥력은 하퇴삼두근이 강하게 수축하여야 한다. 예를 들면 강한 점프 또는 전력질주, 빠른 움직임등은 강한 킥력이 요구되며 강한 킥력을 발휘하기 위해서는 내측비복근과 발바닥의 모지구(그림 2-91에서 모지구의 위치를 나타내었다.)에 힘이 들어간다. 모지구에 힘이 들어 가면 비복근의 내측두 밑에 있는 근, 건, 이행부(그림 2-92에서 비복근(내측두, 외측두)의 근, 건, 이행부)에 통증이 생긴다.

심한 운동을 실시한 후 이 부위를 누르면 압통이 생긴다. 이 압통은 근, 건, 이행부가 극도의 피로가 남아있다는 증거이다. 이러한 압통이 생기는 경우에는 점프력이나 전력질주 능력이나 움직임이 둔하여 진다. 넙치근의 근, 건, 이행부(그림 2-94에서 넙치근검사를 나타내었다.)를 그림 2-94와 같이 넙치근의 검사는 손가락으로 아킬레스건 측면을 잡고 조금씩 강하게 위쪽방향으로 만져가면은 비복근 하두에 압통이 생기면 하체전체가 너무 피로하다는 증거이다. 근, 건, 이행부에 만성적 피로가 쌓이게 되면 비복근의 좌상 부위의 근이 단열되어 버린다. 이러한 경우에는 부종을 방지하기 위하여 어름찜질이나 발목을 고정시키고 전문 의사와 상담하여야 한다.

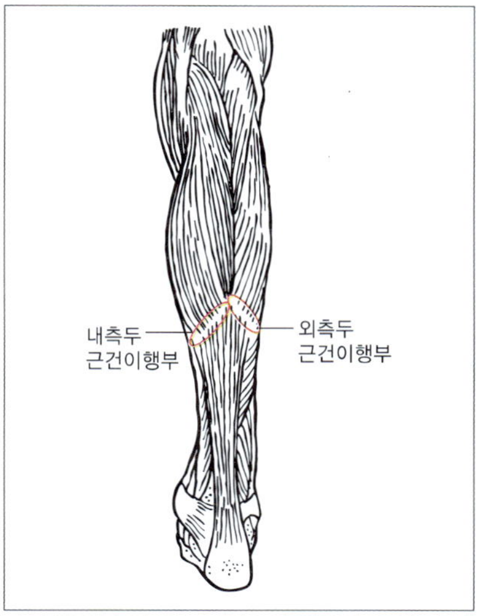

그림 2-92. 비복근(내측두, 외측두)의 근건이행부

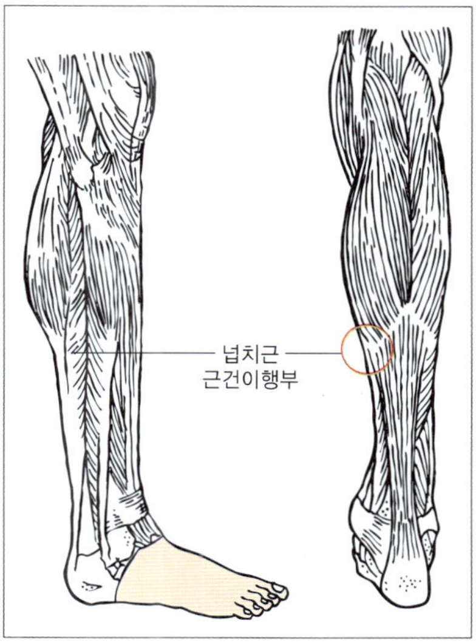

그림 2-93. 넙치근의 근건이행부

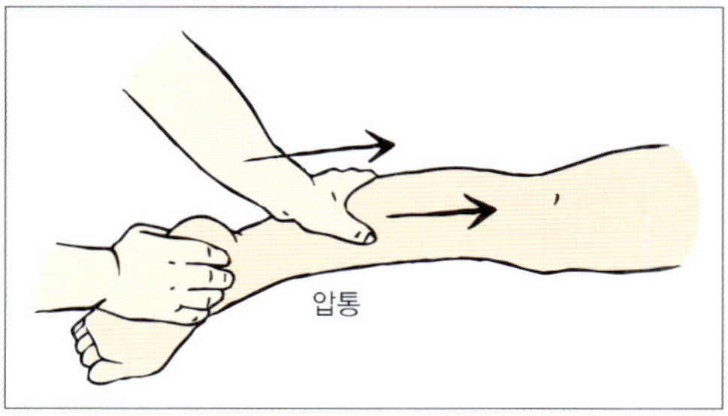

그림 2-94. 넙치근의 검사

(2) 하퇴삼두근, 건, 이행부의 단열검사

그림 2-95에 비복근의 내측두 단열검사 방법을 나타내었다. 그림 2-95와 같이 비복근의 내측두의 하부를 강하게 눌러서 압통이 있으면 근, 건, 이행부의 피로가 축적되었다는 증거이다. 이러한 경우에는 운동 전, 후에 그림 2-96과 같은 비복근에 스트레칭을 실시하여 피로를 풀어야 한다. 비복근의 근, 건, 이행부 및 단열 검사를 실시할 때에는 비복근의 하부에 근복 부위에 압통이 있으면 넙치근의 근, 건, 이행부에 피로가 축적되었던 증거이므로 그림 2-96과 같은 비복근의 스트레칭을 실시하여야 한다.

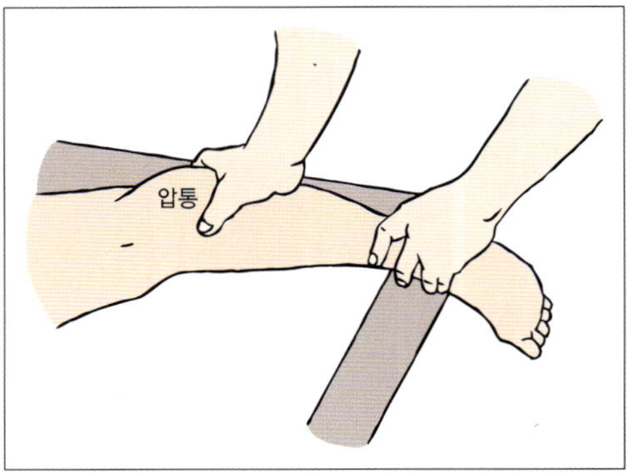

그림 2-95. 비복근의 내측두검사

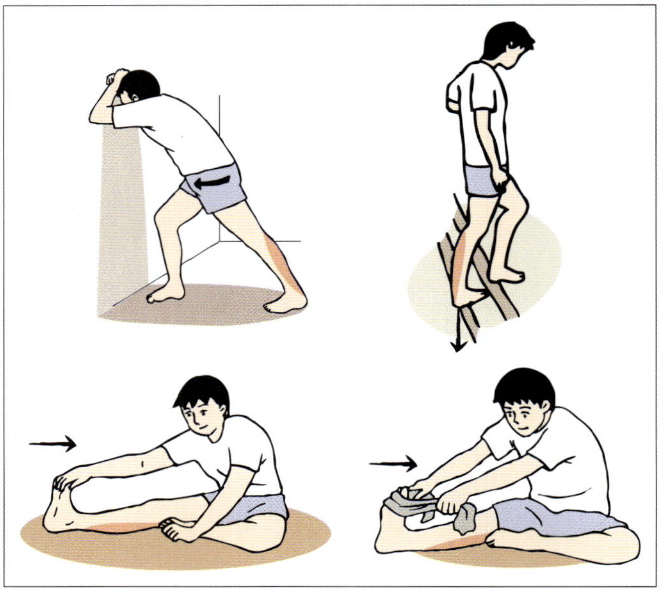

그림 2-96. 비복근의 스트레칭

비복근의 단열이 경도인 경우는 운동 중에 비복근의 어떠한 이상한 소리가 나는 느낌이 있은 후에 비복근의 부어 오른다든가 내출혈의 기미등으로 통증이나 불쾌감, 위화감이 나타나 비복근이 수축할수가 있는 경우를 경도라고 말한다.

비복근의 경도에서 근 단열이 생기는 경우에는 앞 발꿈치로 걷는다, 발목에 힘이 들어가면 단열부에 무리가 간다. 또한 앞 발꿈치로 걷기가 어려울 경우는 발 뒤꿈치(종골)로 걸으면 단열부위에 부담이 적기 때문에 근 단열이 생길 경우에는 앞 발꿈치나 종골로 걷게 되면 3~5일 정도면 정상으로 되돌아 온다.

중증인 경우는 하퇴삼두근의 근, 건, 이행부의 단열 부위에 붓기와 내출혈이 있으며 또한 내출로 인한 피부에 어떤 흔적과 통증이 생기는 경우는 경도 보다도 강하게 나타난다. 이 때에 비복근을 수축시키는 것은 무리이며 단열부에 부담이 안가도 보통 7~10일 정도 걸리기 때문에 이때에는 테핑이나 부목등을 사용한다.

중도의 경우는 비복근의 근, 건, 이행부에서 근을 수축할 수가 없고 붓기가 24시간에서 84시간(3~4일 정도)정도 경과해도 내출혈로 피하에 청흑색 흔적이 남게 된다. 2~3주간 경과 후에는 청흑색 흔적이 서서히 없어지기 시작하며 그 흔적은 발목까지 내려오게 된다. 이러한 경우 최소한 2주 이상 걸려야 원상상태로 되돌아가며 전문의사와 상담을 실시한다.

(3) 아킬레스(Achilles)건, 하퇴삼두근 및 족조굴 기구

걷고, 달리고, 점프를 하는 동작은 하퇴삼두근에서 발휘되는 근력을 아킬레스건에 전달되어진다.

아킬레스건은 하퇴삼두근과 종골(발뒤꿈치)과 연결되어있다. 하퇴삼두근에서 근이 수축되면 아킬레스건은 수동적으로 작용하여 발목을 족조굴부위가 강하게 작용하여 접지면(지면)을 누르게 되어 걷고, 달리고. 뛰고, 점프하는 등의 동작이 이루어진다. 이것을 하퇴삼두근과 아킬레스건의 족조굴 기구라고 말한다. 족조굴 기구를 알기 쉽게 설명한다면 건설현장에서 사용하고 있는 크레임과 같이 생각하면은 이해하는 데 도움이 된다. 즉 물건을 들어 올리는 기계는 하퇴삼두근이며 감아올리는 로프는 아킬레스건에 해당된다. 걷고, 달리고 점프하는 것은 하퇴삼두근에서 아킬레스건으로 아킬레스건에서는 발가락으로 이어져 동작을 하게 된다. 이 기구 가운데서 아킬레스건의 허용 강도는 450kg 정도이며 운동선수의 족저굴근력은 강한 사람은 보통 체중의 3.5배 정도가 된다. 운동 중 혹은 일상생활에서의 아킬레스건의 일부 단열 및 완전 단열이 되는 경우는 대게 아킬레스건의 수분이 나이가 들어감에 따라서 감소되고 이에 따라 아킬레스건의 허용 강도도 감소되기 때문에 일어나게 된다.

① 아킬레스건염

아킬레스건의 허용강도 이상의 힘이 가해진다든가 지나친 운동으로 인하여 아킬레스건을 단열시킨다든가 아킬레스건에 미세한 손상을 입게된다. 아킬레스건의 미세한 손상 상태에서 신체활동이나 운동을 계속해서 대쉬를 한다든가 점프를 한다든가 등 계속 반복하게 되면 아킬레스건에 염증이 생긴다. 아킬레스건에 염증이 생긴 상태에서도 계속하여 운동을 실시하면 아킬레스건의 단열을 일으키는데 그 원인을 보통 2가지로 정리한다. 첫째는 하퇴삼두근을 강하게 수축하게 되면 아킬레스건 자체의 허용강도를 넘어 문제가 되는 것이다. 둘째는 약한 강도라도 계속해서 운동을 반복하게 되면(조깅이나 런닝 등) 아킬레스건에 마찰을 일으키게 되어 과사용 증후군(overuse symdrome)이 발생되어 문제가 되는 것이다. 아킬레스건 단열 이전에 아킬레스건염이 발생되는데 초기에는 아침기상 시에 건염증이 발생된 부위가 딱딱하다던가 굳어진 느낌이 생기고 아킬레스건을 신전시키면 어떠한 저항감이나 작은 통증을 느끼게 된다. 이 때에 조금씩 움직이게 되면 딱딱하고 굳어진 느낌이라든가 통증도 감소하게 된다. 이때 이러한 위화감이나 부자유스러운 감을 감소하면서 계속하여 운동을 실시하게 되면 아킬레스건의 일부가 부어 오르고 통증도 더욱 심하여져 다음날 아침에는 아킬레스 건이 더욱 굳어지거나 딱딱하여져 아킬레스건을 신전 시킬 수가 없게 된다.

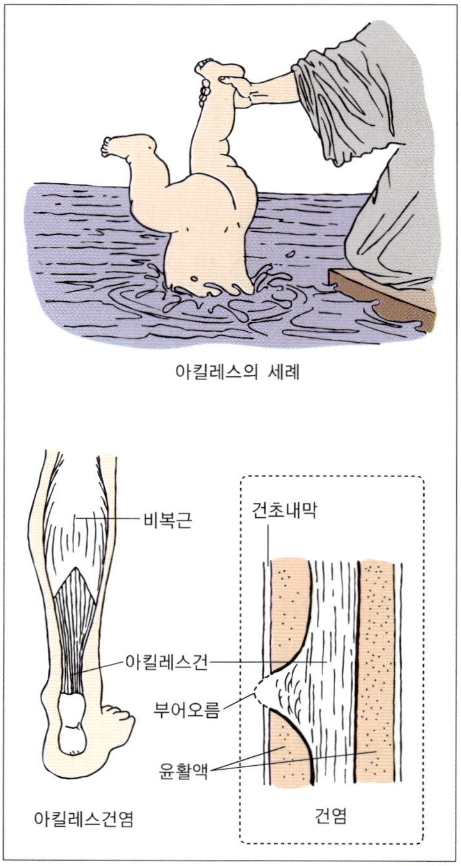

그림 2-97. 아킬레스건염과 건염의 모식도

그림 2-97에서 아킬레스건염과 건염의 모식도를 나타내었다.

그림 2-97에서 나타난 바와 같이 아킬레스건은 건초라고 부르는 관과 같은 속에 있다. 건초의 내막은 아킬레스건이 스무스하게 움직일 수 있도록 윤활액이라고 말하는 기름과 같은 액체로 둘러쌓여져 있다. 건초의 내막은 윤활액을 만드는 세포이다. 아킬레스건에 과격한 자극이나 너무 많이 신체활동이나 운동을 하여 사용하게 되면 건초의 내막에 손상

을 받아 그 결과로 발꿈치 부위에 염증이 생겨 건초내막 즉 관이 막히게 되어 아킬레스건이 스무스하게 움직일 수가 없게 된다. 아킬레스건염으로 인한 통증은 보통 건초내막의 염증과 과다하게 생성된 윤활액 때문이다. 급성 아킬레스건염이 발생하면 먼저 운동 실시자는 운동량을 줄이고 스트레칭 등을 통하여 건염을 경감시킬 필요가 있다. 아킬레스건염이 6주이상 계속 되게 되면 건초의 내막과 아킬레스건과 유착이 생기게 되어 새로운 모세혈관이 아킬레스건과 내막과의 사이에 새롭게 생기게된다. 그 결과 아킬레스건의 일부가 부어 올라오게 되는 것이 아킬레스건염이라고 말한다. 아킬레스건염이 생기면 건이 근 내막에서 움직일 수가 없는 상태가 되기 때문에 점프나 조깅이나 런닝등 실시할 때에 불안정 하여 킥력이 감소되고 점프나 질주능력등이 대폭 떨어지게 된다.

② 아킬레스건염의 검사

㉠ 급성 아킬레스건염 검사

아킬레스건염을 검사하는 방법을 그림 2-98에서 만성 아킬레스건염 검사포인트와 그림 2-99에서 아킬레스건의 마찰음을 나타내었다. 먼저 그림 2-98에서 만성 아킬레스의 검사방법으로 운동 후 아침에 일찍 일어나 아킬레스건이 부어 있다든가 딱딱하고 경직되어서 통증이 있는가를 그림 2-98과 같이 검사해본다. 만약에 아킬레스건의 딱딱하고 경직된 부위가 있으면 종골에서 약 3~4cm 부위 아킬레스건이 가늘어진 부위를 눌러보아 강한 압통이 있으면 아킬레스건염을 의심하여 본다. 그러나 보통 경직된 부위에 약간의 통증이 있어도 조금씩 움직여 보면 통증이 없어진다. 이러한 상태를 무시하고 계속하여 운동을 강행하게 되면 급성 아킬레스염으로 이어진다.

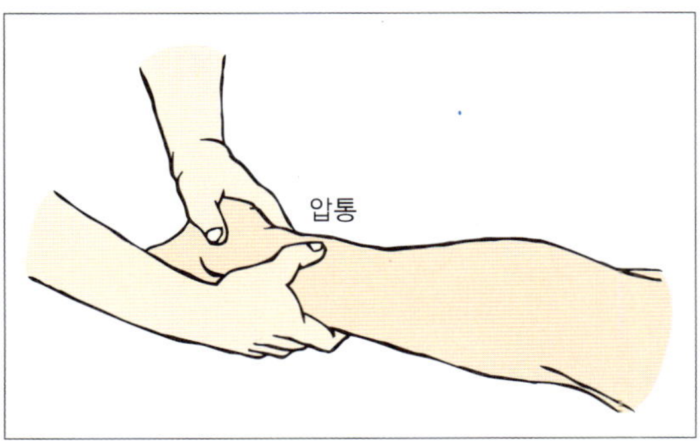

그림 2-98. 만성 아킬레스건 검사

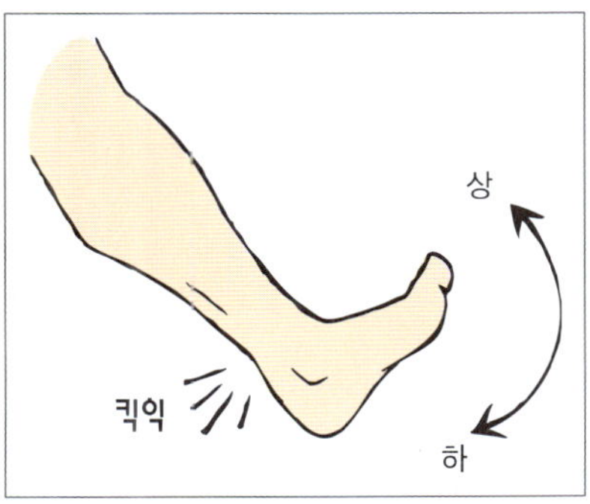

그림 2-99. 만성아킬레스건의 마찰음

㉡ 만성 아킬레스건염 검사

만성 아킬레스건염 검사는 그림 2-98와 같이 급성아킬레스건염과 같이 동일 방법으로 검사한다. 급성과 만성 아킬레스건염 검사 차이는 경직되고 굳어있는 상태와 통증에 차이가 난다. 그 이유는 아킬레스건과 건초와의 사이에 유착이 있기 때문에 여러가지 장해가 생긴다. 그것은 아킬레스건의 상태, 통증 정도 운동 실시 후 6~12시간 후에는 통증이 급성보다도 만성이 훨씬 심하다. 그리고 아킬레스건을 따라 위 아래로 관찰해 보면 아킬레스건이 좁아지는 부위에 염증을 일으키게 되어 부어 올라와 있는 것을 알 수가 있다.

만성 아킬레스건염이 중증으로 되면 발목을 그림 2-99와 같이 아킬레스건의 마찰음을 나타내었다. 그림 2-99와 같이 발을 상하로 움직여 보면 건염이 생기는 부위에 마찰음을 느낄 수가 있다.

㉢ 하퇴삼두근과 아킬레스건의 손상예방을 위한 운동처방

하퇴삼두근과 아킬레스건은 하나로 연결되어 있기 때문에 분리하는 것은 어렵다. 비복근과 넙치근의 근, 건, 이행부에 압통이 있으면 근, 건부에 미세한 손상이 있다는 증거이다. 이러한 경우에는 그림 2-100에서 하퇴삼두근의 스트레칭과 같이 서서 혹은 계단 등을 이용하여 하퇴삼두근의 전체를 스트레칭을 실시한다.

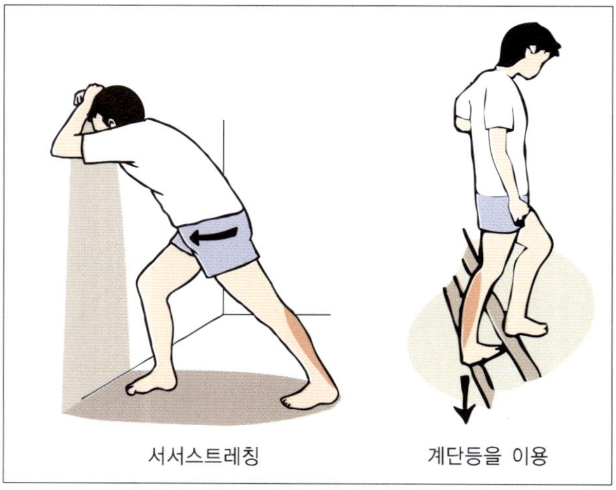

그림 2-100. 하퇴삼두근의 스트레칭

이때, 스트레칭 방법으로는 안락한 신전을 30~40초 정도 발전적 신전을 20~30초정도 가볍게 스트레칭을 실시한다. 1회에 3~40초 그리고 발전적 신전으로 20~30초 정도로 두번을 한세트로 하여 4~5세트 정도 반복스트레칭을 실시한다. 그리고 아킬레스건을 중심으로 하는 스트레칭을 그림 2-101에서 아킬레스건의 스트레칭 방법을 나타내었다. 그림 2-101과 같이 운동실시 전후 아니면 시간이 나는대로 스트레칭을 실시한다. 그림 2-102에서는 비복근의 내·외측두의 스트레칭 방법을 나타내었다. 이 스트레칭 방법은 하퇴삼두근 전체를 위한 스트레칭 방법이다. 하퇴삼두 근, 건, 이행부에 압통의 경감을 시키기 위한 스트레칭 방법이다. 만약에 비복근의 단열이 있는 경우에는 상태에 따라서 발가락 전체를 앞으로 당겨 비복근의 스트레칭을 실시하고 엄지발가락을 앞으로 당기어 내측 측두를 위한 스트레칭을 한다. 새끼발가락 부위를 앞으로 당겨 외측두를 위한 스트레칭으로 나누어 실시하면 효과적이다. 그림 2-103에서는 앉아서 하퇴삼두근을 스트레칭하는 방법을 나타내었다.

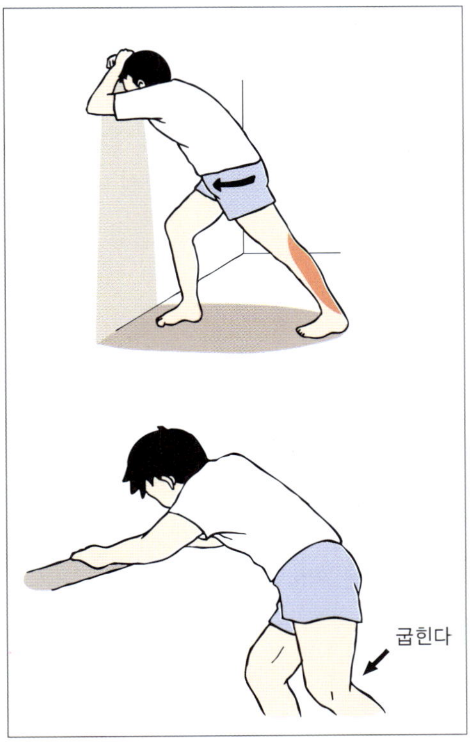

그림 2-101. 아킬레스건의 스트레칭

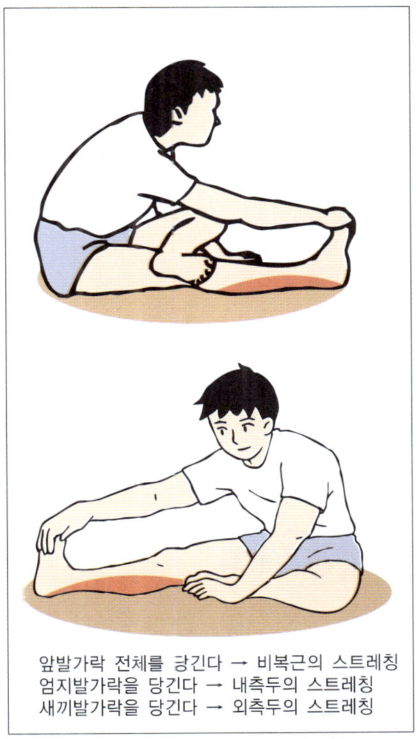

그림 2-102. 비복근의 내·외측두의 스트레칭

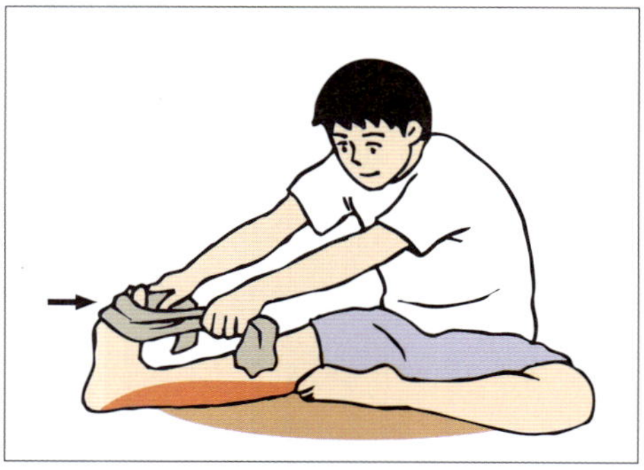

그림 2-103. 앉아서 하퇴삼두근의 스트레칭

이 스트레칭 방법은 대퇴굴근근이 경직되어 굳어있는 사람이라든가 앉아서 발가락을 잡을수가 없는 비만자 또는 허리의 유연성이 부족한 사람을 위한 스트레칭 방법이다. 이러한 경우에 있어서는 수건을 이용하여 발의 모지구 이외에 타월을 걸어 앞으로 당기면서 스트레칭을 실시한다. 지금까지의 하퇴삼두근 전체와 아킬레스건 또는 비복근의 내·외측두의 스트레칭 방법을 소개하였다. 운동 전, 후 또는 피로회복을 위한 스트레칭은 보통 2~4셋트 정도가 원칙이나 아킬레스건염이나 근 파열에 있어서는 그 시점에서 스트레칭을 속히 실시하여 피로회복이나 통증을 제거하기위하여 수시로 스트레칭을 실시하는 것이 최선의 방법이다.

③ 하퇴삼두근 강화를 위한 운동처방

하퇴삼두근(넙치근, 비복근의 외측과 내측)은 종아리의 내측두와 외측두의 비복근을 가르킨다. 넙치근과 비복근의 내·외측에서 발휘되는 힘은 아킬레스건을 사이에 두고 족저로 전하여져 족저굴근력을 내게한다. 즉 하퇴삼두근의 종합적인 근력이라고 말할 수가 있다.

이 족저굴근력은 지면을 힘차게 킥하는 킥력을 의미한다.

하퇴삼두근을 강화하여 운동장해를 예방하기 위한 운동방법 중에 하나를 그림 2-104에 나타내었다. 그림 2-104는 좌측 카프레이스(calf raise) 운동이다. 카프레이스라고 하는 말은 종아리를 들어올린다는 말에서 유래되었다. 종아리를 들어올리기 위해서는 발가락과 하퇴삼두근의 작용에 의해서 이루어진다. 특히 고령자 가운데 대퇴사두근의 근 위축은 현저하나 비복근 또는 하퇴삼두근은 대퇴사두근 보다는 근 위축이 보통적다. 그 이유는 걷고 계단을 오르내리고 하는 것만으로도 비복근의 근량을 유지 할 수가 있기 때문이다.

걷고, 계단을 오르내리고 하는 것만이 아니라 비복근의 내측두는 주로 사용되지 못하고 외측두를 사용하기 때문에 내측두의 근 위축이 현저하게 나타나 갑자기 강한 신체활동이나 운동을 실시하면 내축두가 문제가 된다. 그 결과로 근 단열을 일으킨다든가 어느날 갑자기 장시간 걷는다든가 하이킹 또는 운동을 실시한 후에 종아리에 통증이 오는 것은 이 때문이다.

이런 현상을 예방하기 위해서는 그림 2-104와 같은 카프리즈 운동을 할 필요가 있다. 하퇴삼두근 강화를 위한 운동의 종류는 위에 말한 카프리즈이다. 운동 방법은 서서 지지대나, 벽등에 손을 대고 모지구에 체중을 실어 비복근의 내측두에 운동 부하가 걸릴 수 있도록 한다. 예를 들면 본인의 체중을 상하로 올렸다 내렸다 반복을 실시한다. 운동 강도는 정확히 몇 번 최대까지 할 수 있는 가를 정하여 놓고 정해진 그 횟수를 100%로 하여 강도를 결정한다. 그리고 본인이 준비운동을 충분히 실시한 다음 처음에는 3~40회정도로 운동강도를 설정하고 이것을 한셋트로 정한다. 운동의 템포는 1~2초 한번 정도 실시하며 습관이 되면 하나에서 올렸다가 둘, 셋일때에 근 수축상태를 유지하면서 내리는 방법으로 하는데 1회를 3~4초의 템포 실시한다. 셋트수는 처음은 2~3셋트로 실시하다가 하퇴삼두근의 단열예방을 위해서 운동을 실시한다면 보통 3~5셋트 정도 실시한다. 셋트간의 휴식시간은 처음에는 최대 3분정도 하다가 습관이 되면 30초에서 1분정도 쉬고 한셋트를 실시한 후에 휴식시간 동안에 스트레칭을 넣어서 실시하면 더욱 효과적이다. 운동의 빈도는 보통 2~3일에 1번정도 실시한다.

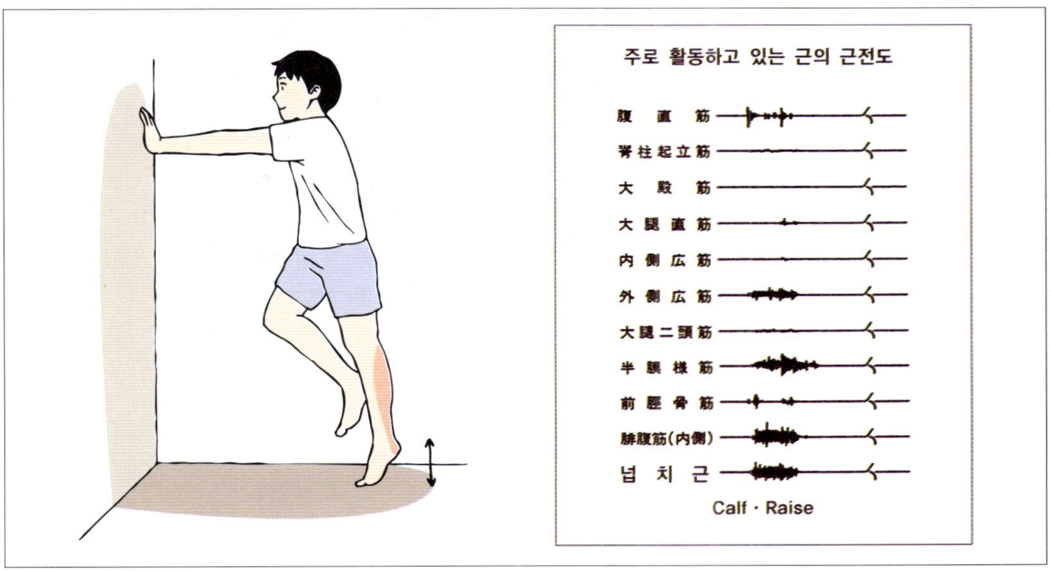

그림 2-104. 좌측 calf raise

④ 족저굴근력(kick) 강화시키기 위한 운동처방

족저굴근력이란 한마디로 킥력이라고 말할 수 있다. 킥력은 족저굴근력도 중요하지만 족저근 파워도 중요하다. 족저근 파워는 점프계 운동에서는 족저굴근력을 기초로하는 파워가 더욱 중요하나 본장에서는 족저굴근력 만을 한정해서 설명한다. 족저굴근력은 하퇴삼두근의 힘을 말하고 대퇴사두근은 각력을 말하는데 족저굴근력은 무릎을 조금 굽혀서 다리를 고정시키고 발가락의 모지구에 강한 힘을 넣어 지면을 누르고 올라오는 것을 말한다. 이 족저굴근력은 양다리가 다 좋은 사람도 있으며 한쪽이 강하고 한쪽이 약한 사람도 있다. 약한 사람의 경우는 한쪽 발로도 자기의 체중을 넘는 경우도 많이 있으며 강한 사람은 자기의 체중의 3~4배정도 있다. 족저굴근력을 강화하는 방법을 그림 2-105에서 레그프레스를 이용한 족저굴근의 강화법과 주로 활동하고 있는 근의 근전도를 나타내었다. 이 레그프레스(leg press) 운동 방법은 특히 근 단열예방을 위해서는 근의 단축과 근의 신장을 반복하면서 운동을 실시하면 더욱더 효과적이다. 운동 강도는 처음에 목표를 최대근력의 50~80%정도로 정한다.

처음에는 15~20R.M 정도의 운동 강도로 하퇴삼두근의 발달을 시킨다.

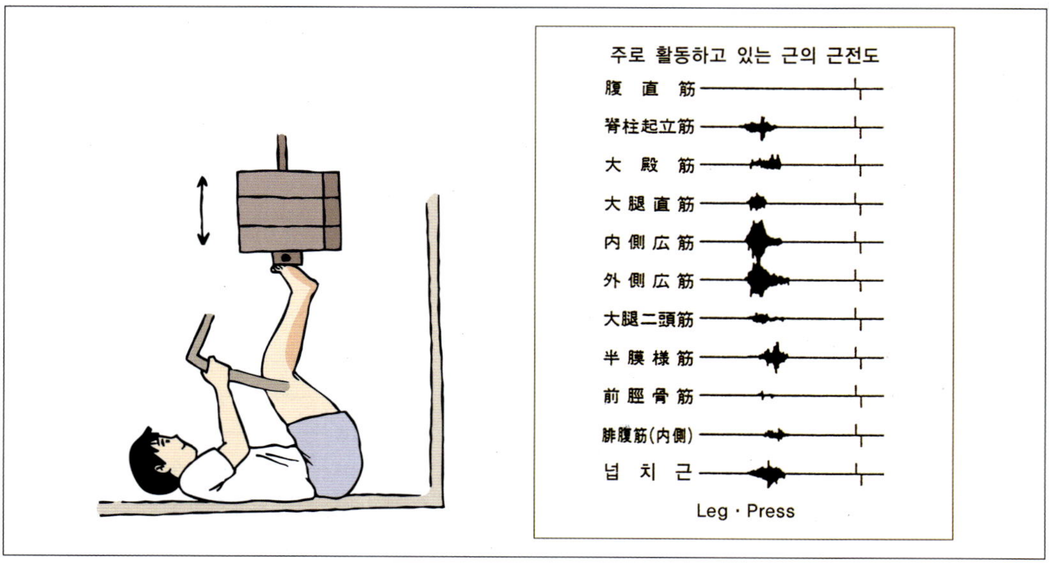

그림 2-105. Leg Press를 이용한 족저굴근의 강화법

그리고 익숙해지면 80%까지 강도를 올리는데 이 때 올렸다 내렸다고 하는 운동의 템포는 1초에 1회 정도로 단축과 신장을 동시에 실시한다. 차츰 자신이 생기게 되면 5~10R.M. 강도로 실시한다. 이때에는 하나에서 신전 둘, 셋에서 수축 즉 1회에 3회정도의 템포로 실시하는 것이 첫 단계이다. 다음 단계는 운동 목표를 하퇴삼두근과 대퇴굴근부와 연결한다. 세트수는 처음에는 2~3셋트 정도 하다가 3~5세트로 실시한다. 세트간의 휴식시간은 최대 3분이내로 하고 차츰 휴식시간을 줄이면서 휴식시간에 스트레칭을 삽입한다. 운동의 빈도는 1주에 2~3회정도 운동기간은 3~4개월 정도로 실시하는데 족저굴근력의 목표는 1단계에서는 자기체중의 1.5배정도로 하고 2단계에서는 2배정도 목표로 정한다. 3단계에서는 본인 스스로가 목표를 정하여 실시한다.

참고 - 다음 3차심화과정 내용은 척추→팔→목 순서로 연결되어짐을 알린다.

참고문헌

1. Heintz feneis著, 山田英智監訳 : 図解解剖学事典, 医學書院, 1992.
2. Pollock / Wilmore : Exercise in health and Disease, SAUNDERS, 1990.
3. Joseph J. Ciproano著, 斉藤昭義監修 : 写真で学ぶ 整形外科テスト法, 医道学の日本社, 1986.
4. 臨床スポーシ医学編集委員会編 : 臨床スポーシ医学臨時増刊号-スポーシ医学基本用語ゼミナール, 文光堂, 1988.
5. 市川宣恭編集 : スポーシ指導者のためのスポーシ外傷·障害, 南光堂, 1987.
6. 佐々木吉蔵編集 : 近代トレニソグの実枝と理論(ゥェィト·トレーニソグ編), 日本体育社, 1975.
7. 藤田恒太郎 : 生体觀察, 南山堂, 1976.
8. 藤田恒太郎 : 人体解剖学, 南光堂, 1989.
9. Bob Anderson著, 堀居昭訳 : ポブ·アンダーソンのストレシチング, ブシクハウス·エイチヂィ, 1981.
10. 窪田金次郎, G.H.Schumatcher : 図解体表解剖学, 朝倉書店, 1992.
11. 中村隆一, 斉藤宏 : 基礎運動学, 医歯薬出版, 1992.
12. 中嶋寛之編 : スポーツ外傷と障害, 文光堂, 1988.
13. 室田景之, 白井康正, 桜井実 : 図説整形外科診斷治療講座-腰痛, メジカルビュー, 1989.
14. Kahle, Leonardt, Plater著, 越後淳三訳 : 解剖学 アトラス, 文光堂, 1991.
15. William Southmayd, Marshal Hoffman著, 中嶋寛之総監修 : スポーツ·ヘルスブックハウス·エイチヂィー, 1984.
16. 高橋彬, 藤田紀盛 : 体育の解剖学, 日本体育社, 1976.
17. 靭田幸德編 : 臨床医のためのスポーツ医学-腰痛のスポーツ医学, 朝倉書店, 1984.
18. 日本体育協会スポーツ科学委員会編集 : 体力テストガイドブツク, ぎょうせい, 1986.
19. 市川宣恭偏集 : スポーツリハビリテーションプログラム-復帰のためのガイドライン, 文光堂, 1992.
20. アメリカ整形外科学会編, 林浩一郎監訳 : トレーニンググとスポーツ医学, 文光堂, 1990.
21. 内野滋雄, 田中重德ら監訳 : ヴォルフ人体解剖学アトラス, 西村書店, 1993.
22. 森田茂, 楠豊和 : グラント解剖学図譜, 医学書院, 1984.
23. R.M.H. McMinn, R.T.Hutchings, B.M.Logan著, 左藤達夫訳 : 足の解剖カラーアトラス,

南江堂, 1984.
24. 藤井亮輔 : オーバーユースのスポーツ傷害-その基礎と臨床-, エンタプライズ, 1992.
25. Harry F. Hlavac著, 中嶋寛之総監修 : ザ·フット·ブツク, 1982.
26. 黑田善雄監修 : 臨床スポーツ医学, メディカル葵出版, 1985.
27. 栗山節郎総監修 : トレーニンダ用語辞典, 森永製菓, 1991.
28. John H. Warfel著, 失谷令子, 小川惠子訳 : 図說筋の機能解剖, 医学書院, 1993.
29. Kenneth M. Back house, Ralph T. Hutchings著, B級 コーテ養成講習会(共通科目)教本 : B級コーテ教本[前期用], 日本体育協会, 広研印刷, 1992.
30. 左藤達夫監訳 : 体表カラーアトラス, 南江堂, 1990.
31. 藤村一, 高木博司 : エンケファミンドルフィン-通みの制をめぐつて, 講談社, 1982.
32. 英和人体用語編集委員会編 : 臨床に必要な英和和英人体用語集, ュリシス, 1992.
33. 加藤勝治 編 : 医学大辞典, 南山堂, 1975.
34. 東京都立大学体育額研究室 : 日本人の体力標準値第4版, 不昧堂, 1989.
35. 臨床スポーツ医学編集委員会編 : 臨床スポーツ医学 臨時増刊号-症例によるスポーツ外傷·障害の実際, 文光堂, 1987.
36. 中野昭一編 : - 運動·生理·生化学·栄養-図說·運動の仕組と応用, 医歯薬出版, 1992.
37. Richard S. Snell著, 山內昭雄, 飯野晃啓訳 : スネル臨床解剖学, メディカル·サイエンス·インターナショナル, 1993.
38. Ida Dox Biagio J. Melloni, Gibert M. Eisner著, 高久史監訳 : メローニ図解医学辞典, 南江堂, 1982.
39. アメリカスポーツ医学協会編集, 米本恭三, 栗原敏監修 : 運動処方の基礎と実際, 廣川書店, 1994.
40. 堀居昭 : だれにもわかる運動処方入門, 共榮出版, 1985.
41. 構堀大六, 堀居昭 : 咬合拳上裝置(Splint)の装着が運動選手の筋力及び平衡性に与之る影響, 体力科学, 42(3), 285~291, 1993.
42. 百武衆一, 後藤?雄 , 山縣正庸, 守屋秀繁 : 骨粗鬆症の子防としての運動効果の縱斷的研究, 臨床スポーツ医学, 11(11), 1273~1277, 1994.
43. 大森薫雄 : 丈夫な体づくりに欠かせないカルシウのすべて, テクマヘル文庫, 1982.
44. 近藤賢 : カルシウムは体にわろり 「健康神話」の危険な盲点, カツパ·サイエンス, 光文社, 1995.
45. 堀居昭 : 스포츠장해의 극복, 베이스볼마가진사, 1997.

제3장

해부근육학

3

I 두부 및 목 근육

(1) 안면근육

근육	작용	신경
추미근	눈썹 내림	안면신경
안륜근	눈을 감음	
대, 소협골근	입꼬리 올림	
소근	입꼬리 당김	
상순거근	윗입술 올림	
하순하제근	아랫입술 내림	
구각하제근	입꼬리 내림	
구륜근	입술 오므림	
이근	입술 오므림	
협근	입꼬리 당김	
경활근	얼굴 표정	

(2) 저작근

근육	작용	신경
교근	턱을 다문다	삼차신경
측두근	턱을 다문다	
내측 익돌근	음식을 간다	
외측 익돌근	음식을 간다	
협근	씹는다	안면신경

(3) 목근육

근육	작용	신경
이복근	설골상근육 연하하는 동안 설골과 후두를 상승	삼차신경 하악분지
경돌설골근		안면신경
악설골근		삼차신경 하악분지
이설골근		설하신경 C1
흉골설골근	설골하근육 연하하는 동안 설골과 후두를 하강	경수신경고리
흉골갑상근		
견갑설골근		
갑상설골근		
인두수축근	연하하는 동안 인두수축	인두의 신경총
흉쇄유돌근	머리 굴곡	부신경
사각근	1, 2번 늑골 올림	경신경

① **흉쇄유돌근**의 주요 작용은 목 굽히기, 흉골 및 늑골 올리기이고, 주로 이용되는 운동은 수영, 럭비, 미식축구 등이며, 손상 받는 운동은 갑작스런 목 돌리기이다.

② **사각근**의 주요 작용은 목 굽히기와 돌리기, 흡기 시 1번 늑골 올리기이고, 심호흡이 필요한 모든 운동에서 이용된다.

II 흉부 근육

근육	작용	신경
전흉부		
소흉근	견갑골 운동	C6-C8
전거근	견갑골 운동	C5-C7
쇄골하근	흉곽을 안정	C5-C6
후흉부		
승모근	견갑골을 들어올림	부신경,C3-C4
견갑거근	견갑골을 들어올림	C3-C5
능형근		C5
흉곽근		
외늑간근	흡기 보조	늑간신경
내늑간근	호기 보조	늑간신경
횡격막	흡기의 주동근	횡격막신경

① **승모근**의 주요 작용은 어깨 올리기, 견갑골의 내전, 하강, 회전이고, 주로 이용되는 운동은 복싱이다.

② **내외 갈비 사이근**의 주요 작용은 수축하여 흉곽의 안정성에 기여하는 것이고, 호흡이 필요한 모든 운동에 관여한다.

③ **횡격막**의 주요 작용은 호흡에 주로 관여하는 것으로 흉강의 바닥을 이루면서 들숨 시 흉강을 밑으로 당겨 흉강의 면적을 늘린다. 모든 육체적 운동에 이용된다.

III 복부 근육

근육	작용	신경
복직근	요부를 굴곡, 회전	늑간신경
외복사근	척추 굴곡, 외측굴곡	
내복사근		
복횡근		

① **복직근**의 주요 작용은 요추 굴곡, 흉곽의 강하, 걷는 중에 골반의 안정화이고, 모든 운동에 사용된다.

② **복사근(외, 내)**의주요 작용은 복부 압박, 허리 옆으로 굽히기이고, 주로 이용되는 운동은 조정, 럭비, 골프, 투창, 장대높이뛰기 등이다.

③ **복횡근**의 주요 작용은 숨 내쉬기, 재채기, 기침이고, 주로 이용되는 운동은 조정, 투창, 장대높이뛰기 등이다.

IV 척추근육

근육	작용	신경
표층		
머리널판근	측굴	경추신경 : 배측지
목널판근		
중간층 - 척추 기립근		
장늑근	척추를 신전	척수신경 : 배측지
최장근		
극근		
요방형근	척추를 외측으로 굴곡	T12 : 복측지
심층		
반극근	척추를 신전	척수 신경 : 배측지
다발근	측굴, 회전	
돌림근	회전	
극돌기 사이근	척추를 신전	
횡돌기 사이근	측굴	

① **척추기립근**의 주요 작용은 척추의 신전과 외측으로 굴곡이고, 주로 이용되는 운동은 모든 운동, 특히 수영, 체조, 레슬링 등이며, 무릎을 구부리지 않거나 허리를 편 채 물건을 들어올릴 때 잘 손상 받는다.

② **반극근**의 주요 작용은 힘 있게 머리 젖히기, 머리 돌리기이고, 주로 이용되는 운동은 럭비, 미식축구, 수영, 레슬링 등이며, 자동차 충돌(추돌) 사고 시 손상을 잘 받는다.

V 상지 근육

(1) 견갑부 근육

근육	작용	신경
대흉근	팔 굴곡	외,내측 흉신경
광배근	팔 신전	흉배신경
삼각근	팔 외전	액와신경 (C5-6)
견갑하근	팔의 내향, 내측회전	견갑하신경 (C5-7)
극상근	외전	견갑상신경
극하근	상완골 외측회전	견갑상신경
소원근	상완골 외측회전, 내향	액와신경
대원근	상완골 신전,내회전, 내전	
오구완근	상완골 굴곡, 내전	

① **대흉근**의 주요 작용은 물체를 위에서 아래로 잡아당기기이고, 주로 이용되는 운동은 테니스 같은 라켓 운동, 골프, 야구 투수, 유도, 레슬링 등이며, 잘 손상 받는 운동은 내회전과 내전 운동이다.

② **광배근**의 주요 작용은 팔을 신전, 굴곡, 상완골의 내회전, 내전이고, 주로 이용되는 운동은 등산, 체조(링, 평행봉), 수영, 조정 등이다.

③ **삼각근**의 주요 작용은 상완골의 굴곡과 내회전, 어깨 관절로부터 상완골의 외전이고, 주로 이용되는 운동은 라켓 경기, 윈드서핑, 역도 등이다.

※ 회전근개 파열

회전근 : 견갑하근, 극상근, 극하근, 소원근

원인 : 외상, 마멸, 허혈, 충돌

임상증상 : 능동적 외전불능, 외전 시 움츠림, 외전 모순, 상완 낙하 징후

치료 : 부분파열 - 보존적 치료 (상지건, 온열요법)

완전파열 - 수술적 치료

(3) 상완부 근육

근육	작용	신경
	상완전부근	
상완이두근	주관절 굴곡, 전완 회외	근피신경
상완근	전완 굴곡	근피신경
상완요골근	전완 굴곡	근피신경
	상완후부근	
상완삼두근	전완 신전	요골신경
주근	전완 신전	요골신경

① **상완이두근**의 주요 작용은 팔꿈치 관절 굴곡, 팔뚝의 외전이고, 주로 이용되는 운동은 복싱, 등산, 카누, 조정 등이며, 무거운 물건을 갑자기 들어올릴 때 잘 손상 받는다.

② **상완근**의 주요 작용은 팔꿈치 관절의 굴곡이고, 주로 이용되는 운동은 야구, 복싱, 체조 등이며, 손상 시 팔꿈치 굴곡 변형이 온다.

③ **상완삼두근**의 주요 작용은 팔꿈치 관절의 신전, 상완골의 내전과 신전, 어깨 관절의 안정화이고, 주로 이용되는 운동은 농구, 투창, 야구 투수, 배구 등이며, 잘 손상 받는 운동은 과다한 힘으로 던지기이다.

※ 내 상과염 (Golfer's Elbow)

원인 : 반복되는 외반 긴장으로 주관절 내측 인대 또는, 굴곡- 회전근 군의 시작부의 손상

증상 : 내 상과의 압통, 굴곡-회내전근에 긴장 시 동통유발

치료 : 던지기, 들기 피함, 진통소염제

- 수술적 치료 - 6개월 이상 지속, 신경마비증세

※ 외 상과염 (테니스 주관절)

정의 : 주관절의 외상과 부위에 생긴 동통 중 , 압통이 있으나, 특별한 원인이 없는 경우

증상 : 대부분 테니스와 무관, 40대 초, 남녀 비슷, 주관절 외측에 동통

"동통유발검사"

치료 : 90%에서 비수술적 치료로 호전

(4) 전완 전부 근육

근육	작용	신경
표층근		
원회내근	전완 회내, 굴곡	정중신경
요측수근굴근	손목 굴곡, 회전, 전완 회내	정중신경
수장근	손목 굴곡	정중신경
척측수근굴근	손목 굴곡, 내전	척골신경
천지굴근	2-5 중간 지골간 관절 굴곡	정중신경
심층근		
장모지굴근	엄지 원위 지골 굴곡	정중신경
심지굴근	2-5 원위 지골간 관절 굴곡	척골신경, 정중신경
방형회내근	전완 회내	정중신경

(5) 전완 후부 근육

근육	작용	신경
표층근		
장요측수근신근	손목 신전, 외전	요골신경
단요측수근신근	손목 신전, 외전	요골신경
지신근	손가락 신전	후골간신경
척측수근신근	손목 신전, 내전	후골간신경
심층근		
회외근	전완 회외	요골신경
장모지외전근	엄지 외전, 신전	후골간신경
장,단모지신근	엄지 신전	후골간신경
사지신근	2번 손가락 신전	후골간신경

① **원회내근**의 주요 작용은 상완의 내전이고 주로 이용되는 운동은 크리켓 경기에서 배트를 휘두르기이다.

② **손목 굴근**의 주요 작용은 손목 굽힘이고, 주로 이용되는 운동은 노 젓기, 수상스키, 골프, 야구 등이며, 잘 손상 받는 운동은 손목의 과다 신전이다.

③ **손가락 굽힘근**의 주요 작용은 각 손가락의 중간마디뼈 굴곡이고, 주로 이용되는 운동은 양궁이며, 잘 손상 받는 운동은 손목의 과다 신전이다.

④ **손목 폄근**의 주요 작용은 손목의 신전이고, 주로 이용되는 운동은 배드민턴의 백핸드이며, 잘 손상 받는 운동은 손목의 과다 굴곡이다.

⑤ **손가락 폄근**의 주요 작용은 손가락의 신전이고, 잘 손상 받는 운동은 손목의 과다 굴곡이다.

※ 드꾀르벵 병 (de Quervain' dis.)

정의 : 손목의 요측에서 요골과 배측 수근인대에 의해 형성되는 골섬유 관의 제1 구획을 통과하는 장무지 외전건, 단무지 신건의 협착성 건막염, 30~50세 성인 여자에 호발

진단 : 휭켈스타인 검사 (Finkelstein test)
무지를 굴곡한 위치에서 수근부를 강하게 척측으로 내전시키면 동통이 유발

치료 : 대부분 보존적 요법에 반응

VI 골반근육

근육	작용	신경
골반격막		
항문거근	골반내장 지지	S3,S4
미골근	항문거근 보조	S4,S5
비뇨생식격막		
심회음횡근	골반기관 지지	음부신경
요도괄약근	요도 수축	
표층공간		
좌골해면체근	발기 유지	음부신경
구해면체근	발기	
천회음횡근	정중선건 고정	

VII 하지 근육

(1) 대퇴부 근육

근육	작용	신경
장요근	고관절 굴곡	대퇴신경
대퇴직근		
봉공근		
대둔근	고관절 신전	하둔신경
슬와부 근육군		대퇴신경
즐상근	고관절 내전	대퇴,폐쇄신경
장,단,대 내전근		폐쇄신경
중둔근	고관절 외전, 내회전	상둔신경
소둔근		
대퇴근막장근		
이상근	고관절 외회전	S2,L5
내폐쇄근		폐쇄신경

① **대둔근**의 주요 작용은 고관절의 신전과 외 회전, 고관절의 내전을 돕는 것이며, 주로 이용되는 운동은 달리기, 서핑, 윈드서핑, 점핑, 역도 등이다.

② **중둔근**의 주요 작용은 고관절의 외전, 전방근 섬유는 고관절의 내회전이고, 옆으로 걷기가 필요한 모든 운동 (예) 아이스 스케이트)에서 주로 이용된다.

③ **소둔근**의 주요 작용은 고관절의 외전과 내회전이고, 옆으로 걷기가 필요한 모든 운동 (예) 아이스 스케이트)에서 주로 이용된다.

④ **이상근**의 주요 작용은 고관절의 외회전, 고관절의 굴곡 시 허벅지의 외전이고, 주로 이용되는 운동은 수영, 축구이며, 손상 시 이상근 증후군을 유발할 수 있다.

⑤ **햄스트링근**의 주요 작용은 무릎 관절의 굴곡, 고관절의 신전이고, 주로 이용되는 운동은 단거리 달리기, 허들, 축구, 점핑 등이며, 손상 받는 운동은 충분한 준비 없이 근육이 연장되는 경우(특히 forward kicking, splits)이다.

⑥ **내전근**의 주요 작용은 고관절의 내전과 외회전이고, 주로 이용되는 운동은 승마, 유도, 레슬링, 허들, 축구, 수영, 코트서 하는 운동 등이며, 손상 받는 운동은 충분한 준

비 없이 옆으로 다리 벌리기, 높이 차기 등이다.

⑦ **박근**의 주요 작용은 고관절의 내전이고, 주로 이용되는 운동은 승마이며, 손상 받는 운동은 충분한 준비 없이 옆으로 다리 벌리기, 높이 차기 등이다.

⑧ **봉공근**의 주요 작용은 고관절의 굴곡, 외회전과 외전, 무릎 관절의 굴곡이고, 주로 이용되는 운동은 발레, 스케이팅, 축구 등이며, 손상 받는 운동은 요가의 cross-legged or lotus 자세이다.

⑨ **대퇴 사두근**의 주요 작용은 무릎 관절의 신전, 고관절의 굴곡이고, 주로 이용되는 운동은 달리기, 스키, 모든 점프 활동, 차는 운동, 역도 등이다.

※ 전방십자인대 손상

정의 : 무릎의 전방 및 회전 고정부의 상해성 손상

증상 : 무릎이 뒤틀리는 손상, 병력, "뚝"하는 단열감, 출혈, 종창, 불안정, 동통

진단 : 전방 전위 징후, Lachman검사

치료 : 보존적 치료, 수술적 재건

(2) 하퇴 전부 근육

근육	작용	신경
전경골근	발의 배측 굴곡, 내번	심비골신경
장지신근	발의 배측 굴곡, 발가락 신전	
제3비골근	발의 배측 굴곡, 외번	
장모지신근	엄지신전, 발의 배측 굴곡	

① **전경골근**의 주요 작용은 걷기, 뛰기이고, 주로 이용되는 운동은 걷기, 뛰기가 들어가는 운동, 싸이클 등이며, 점핑 후 딱딱한 곳에 착지 시 잘 손상 받는다.

② **장지신근**의 주요 작용은 계단 오르기이고, 주로 이용되는 운동은 걷기, 언덕이나 산을 걷기, 수영, 싸이클 등이다.

(3) 하퇴 외측부 근육

근육	작용	신경
장비골근	족저 굴곡, 외번	천비골신경
단비골근		

① **장비골근과 단비골근**의 주요 작용은 발의 외번, 발목 관절의 족저 굴곡이고 주로 이용되는 운동은 달리기, 축구, 점핑 등이며, 발목의 부자연한 내전으로 인한 발목 관절의 불균형 시 손상 받는다.

(4) 하퇴 후부 근육

근육	작용	신경
표층근		
비복근	족저 굴곡	경골신경
가자미근	족저 굴곡	
족저근	무릎 굴곡, 족저 굴곡	
심층근		
슬와근		경골신경
장지굴근	족저 굴곡, 내번	
장모지굴근	족저 굴곡, 내번	
후경골근	발의 내번	

① **가자미근**의 주요 작용은 발목 관절의 족저 굴곡이고, 주로 이용되는 운동은 달리기와 점핑을 필요로 하는 모든 운동이며, 손상 받는 운동은 폭발적인 점핑, 점핑 후 잘못 착지하는 경우 등이다.

② **장지굴근**의 주요 작용은 외측 네 발가락의 모든 관절의 굴곡이고 주로 이용되는 운동은 발레, 체조, 가라데 등이며, 손상 시외측 네 발가락의 추족지(hammer toe) 기형이 생긴다.

③ **장모지굴근**의 주요 작용은 엄지 발가락의 굴곡, 발의 족저 굴곡과 내전을 돕는 것이

고, 주로 이용되는 운동은 달리기, 발굽치로 걷기, 체조 등이며, 손상 시 엄지 발가락의 추족지(hammer toe) 기형이 생긴다.

④ **후경골근**의 주요 작용은 발목을 굴곡, 내번 하는 것이고, 주로 이용되는 운동은 발가락으로 서기, 자동차 페달 밟기, 점프, 연속 점프 등이며, 걷거나 서있을 때 하지의 정렬이 좋지 않은 경우 잘 손상 받는다.

참고문헌

1. 대한정형외과학회 : 정형외과학, 제5판. *최신의학사*, 1999.
2. 안희경 : 인체해부학. *고문사*, 1997.
3. Basmajian JV and Sloneecker CE : Grant's Method of Anatomy, 11th ed. *Williams & Wilkins*, 1989.
4. Ferner H and Staubesand J : Sobotta Atlas of Human Anatomy. *Urban & Schwarzenberg*, 1983.
5. Jarmey C : The concise book of muscles. *Lotus Publishing and North Atlantic Books*, 2003.
6. Kendall FP and McCreary EK : Muscles. Testing and Function, 3rd ed. *Williams & Wilkins*, 1983.
7. Standring S : Gray's Anatomy. The Anatomical Basis of Clinical Practice, 39th ed. *Churchill Livingstone*, 2005.
8. Thompson JC : Netter's Concise Atlas of Orthopaedic Anatomy. *Icon Learning Systems*, 2001.

제4장 동통의학

I 통증(PAIN)의 정의

국제 통증 학회에서는 통증이란 실제적이거나 잠재적인 조직 손상과 관련되거나 혹은 그러한 손상으로 기술된 불쾌한 감각적인 그리고 감정적인 경험이라고 정의하고 있다. Sternbach(1968)는 통증이란 현재, 또는 다가오는 조직손상의 위험신호, 또는 인체의 감각적인 자극과 이로 인한 인체의 반응이며 주관적인 통감이다. 통증이란 추상적인 개념으로 개인적이고 사적인 통감이며 현재 또는 임박한 조직손상을 알려주는 유해한 자극으로 인체가 손상 받지 않게 보호하려는 반응형태를 포함한다고 정의했다.

Merskey(1980)는 통증이란 조직손상이 있을 때 경험하는 불쾌감 또는 고통이다 라고 정의했으며 Melzack과 Wall은 통증이란 유해 수용(nociception)에 의한 통감과 동기유발 정의적인 면에 의한 고통을 동반 하는 것이라고 했으며 McCaffery는 통증이란 겪는 사람이 통증이라고 말하는 바로 그것이며 그 사람이 통증이 있다고 말할 때마다 존재하는 것이다 라고 하며 통증의 주관적인 면을 강조 했으며 통증은 전적으로 주관적인 개인경험이므로 다른 사람의 통증을 완전히 이해할 수 있는 사람은 아무도 없으며 같은 통증자극이 주어지더라도 같은 정도의 통증을 느끼지 않으며, 반응도 각기 다르다고 했다.

역사적으로 통증은 질병의 시초를 이루는 것으로 인류가 가장 일찍부터 알게 된 경험으로 통증은 곧 질병이었다. 통증은 비교적 간단한 신경계통을 통해서 이루어지나 통증을 유발하는 질환, 부상으로 오는 불안과 공포, 통증에 대한 과거의 경험, 인격, 문화적 배경, 의사에 대한 신뢰, 경제적, 가정적, 안정상태등에 따라 달라진다.

즉, 통증이란 감각적인 측면에서 신체에 가해진 조직 손상과 관련된 불쾌한 느낌뿐만 아니라 감정적인 측면에서 느끼는 신체의 불안정한 감정의 상태라고 말할 수 있겠다. 사실 통증이란 몸의 안팎에서 일어나는 이상을 전달하는 중요한 경고 반응이다. 그런데 이러한 통증이 아주 오랫동안 만성적으로 지속된다든가 또는 통증의 자극이 너무 심하여 오히려 환자로 하여금 일상생활을 영위하는데 장애가 되고 심하면 강렬한 발작적인 통증으로 인해 오히려 불안과 공포에 빠지게도 된다.

통증이란 유해수용기(nociceptor)와 신경 섬유로 구성되어 있는 특별한 구심성 신경로를 통하여 대뇌피질과 변연계영역의 연접을 자극 함으로써 일어나는 통각과 감각장애를 말한다. 예를 들면 장소에 따른 통증은 Galen에 따르면 대장에서는 장천공시에 창으로 찌르는 듯한 심한 통증을 느끼고, 소장에서는 궤양시에 완만한 통증을 느끼고, 위에서는 뜨겁게 느껴지고, 담석, 뇨석, 신뇨관의 경색시에는 산통을 느끼며, 근육에서는 장력의 통증을 느끼며, 피하조직에서는 퍼져가는 둔통, 근육조직 속에서는 열어지는 듯한 통증을, 뼈의 감각 부위에서는 심부통증 또는 표재성 통증을, 정맥과 질, 간에서는 둔통을 느낀다고 하였다. 통증은 기계적, 온열적, 전기적, 화학적 자극에 의해 발생하며 전달속도에 따라 즉시통(fast pain)과 지연통(slow pain), 부위에 따라 피부통각, 심부체성통각, 장기통각, 연관통(referred pain)으로 나눌 수 있다.

II 통증의 분류

(1) 원인에 의한 분류

① 침해수용성 통증 : 체성통증 : 근육, 인대, 힘줄, 뼈등 근골격계 손상에 의한 통증
　내장통: 복부장기에 의한 통증

② 신경병증성 통증 : 중추(뇌, 척수), 말초, 자율신경의 직접적인 손상에 의한 통증

③ 심인성 통증 : 엄살, 보상성 통증등, 정신적 원인에 의한 통증

(2) 시기에 의한 분류

① 급성 통증(acute Pain) : 갑자기 발생하며 지속시간이 짧고, 병소나 그 주위에 국소화되며, 위험신호로 인지되므로 치료될 수 있다.

② 만성 통증(chronic pain) : 지속적인 조직손상이나 조직손상이 없이 신경계 자체의 기전에 의하여, 그리고 심리적 장애에 의하여 나타난다. 기간은 6개월 이상 통증이

계속된다. 요통은 3~6주 이상 지속된 경우를 말한다. 병소로부터 멀리 떨어져있고, 범위가 크며 간호중재하기 어려운 복합적인 요인이 많다.

III 통증의 전도과정

두 종류의 신경 섬유가 통증의 전도에 관계한다. 한 종류는 피부에 손상을 주는 기계적 자극(예를 들면, 꼬집거나 긁는 경우 같은)에만 선택적으로 짧게 반응한다. 그러나 화학물질이나 열에 의한 손상에는 반응하지 않는다. 또 하나의 다수를 이루고 있는 종류는 피부는 물론 거의 모든 내부 장기에서 가지치기를 하는 가장 미세한 섬유들로 이루어져 있다. 그들은 자극을 매우 느리게 전달한다. 발가락에서부터 나온 신호가 뇌에 도달하는 데는 1초 이상의 걸린다. 이렇게 어디에나 존재하는 신경 섬유들은 앞에서 언급한 일반 원칙에 위배된다. 각각의 섬유는, 예를 들자면, 가벼운 접촉이나 따뜻함과 고통스런 자극과 같이 많은 다양한 형태의 자극들에 반응을 보인다. 이들 중 거의 모든 섬유들이 통증을 일으키는 것에 반응한다.

전파 속도가 다른 두 가지 집단의 신경 섬유들이 존재하므로, 손상을 받았을 때 오는 통증도 대개 두 가지의 파장으로 오게 된다. 망치에 엄지손가락을 맞았을 때 먼저 닿는 느낌이 오고 거의 동시에 짧고 예리하며 잘 국재화된 통증을 느끼게 되는 것은 바로 굵은 섬유에 의해 손상을 알려주는 형태이다. 당신이 망치를 떨어뜨리고 망치에 맞은 손을 어루만질 때쯤이면 가는 신경 섬유에 의해 두 번째 통증의 물결이 도달한다. 즉, 불쾌하고 더 오래 지속되면서 넓게 퍼져있고 고동치는 깊숙한 통증이 오는 것이다.

두 종류의 신경 섬유에서 오는 충격들은 척수로 가서 신경끼리 연결된 경로를 지나 뇌로 올라가서 피질에 도달한다. 신호의 일부는 두정엽의 앞부분에 위치한 뇌 피질로 가는데, 여기서는 다른 감각들도 처리된다. 그러나 다른 일부는 전두엽에 도달해서 여기서 변연계로 연결된다. 변연계는 전뇌의 중심부에 위치해 있으면서 우리의 정서를 지배하는 신경망 구조이다. 간단하게 말해서 신경과 그 접속, 반응과 감각 모두가 슬개건 반사나 밝은 빛에 의한 동공 수축처럼 자동적이다.

① 통증에 관여하는 신경세포 : 구심성(감각성), 원심성(운동성), 개재 신경세포 → 말단에 수용체를 가지고 있다.

② 유해수용체 : 통증자극에 반응하는 수용체이다. 자극을 시작하는 매우 민감하고 특이한 수용체이다(세포나 조직이 손상 → 통증반응을 중개하는 화학 물질 방출(예 : histamin, substance P, cholinesterase, bradykinin, prostaglandin) → 유해 수용체 자극 → 통증자극 시작

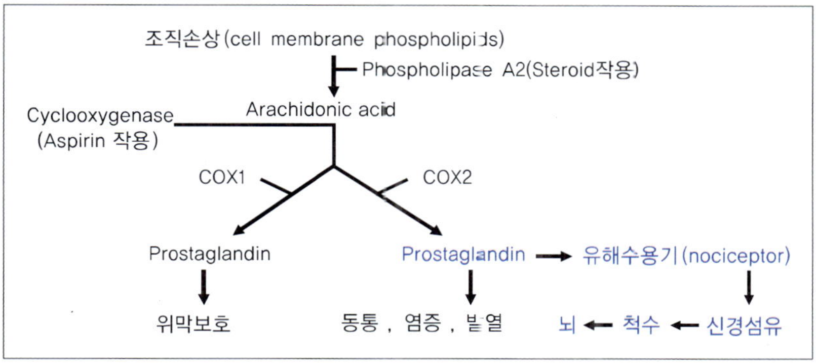

<침해수용성통증의 전달>

③ 말초신경섬유 : 통증자극을 중추신경까지 전도함. 크기와 전도가 각각 다르다.

㉠ A-α, β 섬유 : 큰 유수섬유, 경증의 촉각과 온각을 전달

㉡ A-δ 섬유 : 작은 유수섬유, 빠르고 날카롭고 찌르는 통증자극을 전달

㉢ C 섬유 : 작은 무수섬유, 느리며 둔하고 타는 듯한 통증을 전달, 만성통증에 관여

⇒ 통증자극은 A-δ 섬유를 통해 척수 후각에 있는 신경교질까지 빨리 전달되고, 그 후 느리고 아프고 타는 듯한 통증자극은 C섬유를 통해 서서히 전달된다.

④ 구심성(감각성) 자극이 척수후각에 들어오면 → 신경전달매체(예 : acetylcholine, norepinephrine, epinephrine, serotonin, dopamine)의 도움으로 신경 스냅스를 통해 전달 → 통증자극이 척수의 반대쪽으로 교차 → 척수시상로를 통해 뇌의 고위중추로 전달 → 시상까지 전달 → 피질과 다른 부위까지 전달됨

⇒ 통증전달이 뇌에서 교체된후 통증은 주관적으로 인지되고, 원심성 섬유의 하행경로를 통해 피질에서부터 척수수준에서 통증자극에 영향을 미친다. 뇌의 고위중추(시상, 시상하부, 피질, 뇌간)는 통증자극의 전달과정에 참여하는데 , 시상은 기억 회상,

정서적 반응에 관여한다.

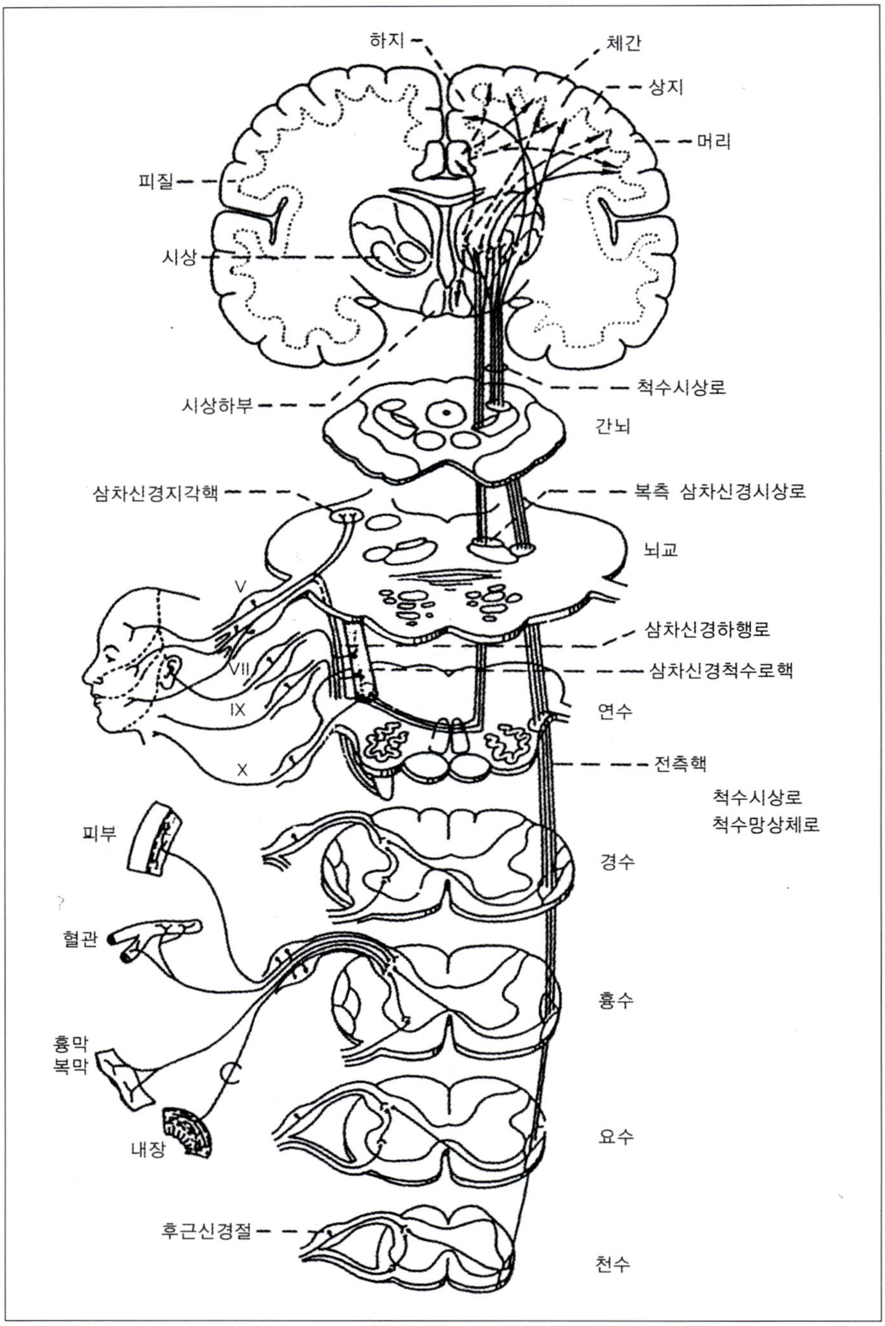
하지
체간
상지
머리
피질
시상
척수시상로
시상하부
간뇌
삼차신경지각핵
복측 삼차신경시상로
뇌교
V
VII
IX
X
삼차신경하행로
삼차신경척수로핵
연수
전측핵
척수시상로
척수망상체로
피부
경수
혈관
흉수
흉막
복막
내장
요수
후근신경절
천수

IV 신경과 감각기

1. 자극의 전달

- 자극의 전달 경로 : 자극 → 감각기 → 감각뉴런 → 중추(뇌, 척수) → 운동뉴런 →효과기 → 반응
- 효과기(반응기) : 자극에 의해 생긴 중추의 명령을 수행하는 기관, 근육, 샘 등이 있다.
- 뉴런(neuron) : 신경계에서 정보를 전달하는 기본 단위이며, 감각 뉴런, 운동 뉴런, 연합 뉴런과 같이 3종류가 있다.

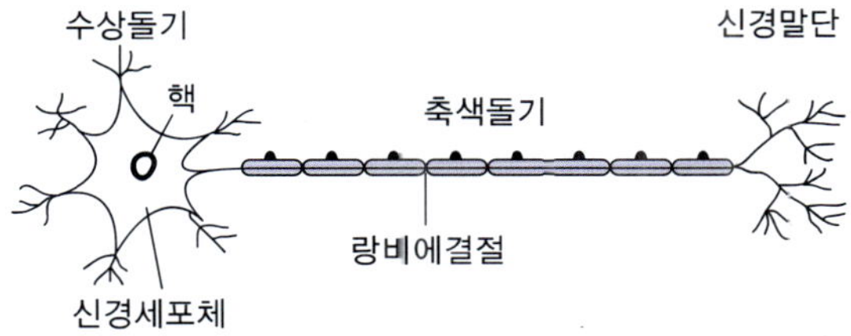

[뉴런의 구조]

*신경세포체 : 뉴런에 영양을 공급함, 핵, 미토콘드리아, 리보솜이 들어 있음.
*수상 돌기 : 자극을 받아들이거나 흥분을 유발하는 곳.
*축색 돌기 : 긴 축을 이루며 수상 돌기에서 들어온 자극을 다른 뉴런이나 근육등의 효과기에 전달한다.

2. 뉴런의 종류

*감각 뉴런 : 수용기가 느낀 자극을 받아들이는 뉴런이다.
*연합 뉴런 : 수많은 뉴런들끼리 서로 연합하여 연결되어 있는 뉴런들의 모임
*운동 뉴런 : 신경계의 중추에서 내린 명령에 따라 반응을 효과기(근육)에 전달한다.

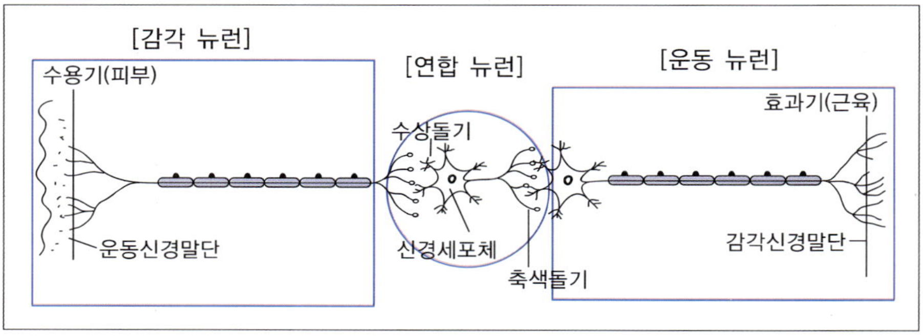

3. 신경의 흥분전도와 전달.

- 막전위 : 세포막을 경계로 약한 전위차가 유지되고 있는 것. 바깥쪽은 양전하(+), 안쪽은 음전하(-)를 띠고 있다.
- 휴지전위(정지전위) : 휴지상태에 있는 세포에서의 막전위.
- 휴지전위와 활동전위가 생기는 이유.
  ⇒ 세포막 안팎의 Na^+과 K^+의 분포차.
  ※휴지상태 : 막의 내부 ⇒ K^+, 막의 외부 ⇒ Na^+
- 나트륨 펌프 : 내부의 K^+, 외부의 Na^+이 존재하는 것은 ATP를 써서 Na^+은 계속해서 세포 밖으로, K^+은 내부로 끌어들이는 작용 때문인데 이러한 현상을 말한다.
- 활동전위의 발생: 세포가 자극을 받으면 세포막의 Na^+의 투과성이 갑자기 커져서 Na^+이 다량으로 세포내로 들어가 막전위가 일시적으로 바뀌어서 발생.

4. 뉴런에서의 흥분전도.

- 흥분 전도 : 뉴런에 발생한 흥분이 신경돌기를 따라 이동해 가는 것.
  ⇒ 휴지전위 : 신경돌기 바깥쪽은 양(+), 안쪽은 음(—)을 띠고 있는 것.
  ⇒ 탈분극 : 신경이 흥분하면 그 부분의 Na^+에 대한 투과성이 커져서 신경돌기 안으로 들어가고 전위가 바뀐다.
  ⇒ 흥분의 전도 : Na^+이 막안으로 들어오면 Na^+의 확산에 의해 탈분극이 신경돌기를 따라 이동해 가는 것.

⇒ 원상으로의 회복 : 흥분부위가 탈분극이 지난후 Na펌프가 작동하여 Na^+을 세포밖으로 방출, 원래의 상태로 회복.

5. 시냅스 전달

시냅스 : 축색돌기와 수상돌기의 접속부. 시냅스 틈은 약 20nm.
(시냅스에서의 흥분전달).

축색돌기 말단의 시냅스 소포→신경충격에의해 파괴→ 아세틸콜린 분비→ 이것이 수상돌기나 세포체의 막과 반응해서 Na+ 투과성을 높임→ 다음뉴런에 새로운 흥분 발생.

- 흥분전도 : 뉴런 1개에서의 흥분의 전도
- 흥분전달 : 뉴런과 뉴런으로의 흥븐의 이동

6. 사람의 신경계

사람의 신경계는 중추신경과 말초신경으로 이루어져있다.

- 중추신경계 – 뇌와 척수로 되어있다.
- 말초신경계
  - ① 체성 신경계 : 의식할 수 있는 자극과 반응에 관계하는 신경계
  - ② 자율 신경계 : 주로 내장기관에 분포. 의지대로 할 수 없다.
    교감신경과 부교감 신경의 길항적 작용에 의해 조절
- 감각기
  - –감각기 : 자극을 감각하는 조직이나 세포
    시각기, 청각기, 후각기, 미각기, 피부감각기 등
  - – 감각기관 : 감각기들이 모여 이룬 기관, 눈, 귀, 코 등
  - – 자극 : 소리, 냄새, 빛, 맛처럼 생물체에게 반응을 유발시키는 모든 변화
  - – 적합자극 ; 특정 감각기가 수용할 수 있는 특정 자극
  - – 역 치 : 반응을 일으키기 위해 필요한 자극의 최소값
  - – 실무율 : 자극의 세기가 역치 이상일 때 더 이상 강한 자극을 주어도 반응의 세기는 일정하다.

V 통증에 대한 기전

1. 말초기전

- 말초 신경계는 조직 손상을 탐지하고 접촉, 열, 냉, 통증, 압력의 감각을 전달하기 위해 특별화된 일차 감각신경을 포함.
- 통증수용기 · 유해수용기는 기계적, 온도 화학적 자극에 의해 홍분됨.

(1) **조정기(mediator)**

- 유해자극이 충분하면 유해수용기를 감작하거나 활성화시키는 생화학적 조정기가 유리됨.
- 조정기들에는 세로토닌, 히스타민, 포타슘, 브라디키닌, 물질 P(substance P) 포함.
- 브라디키닌
  - 유해수용기의 직접적인 활성화, 히스타민과 같은 염증성 화학물질 유리, 혈관 확장, 모세혈관 투과성 증가, 조직의 발적과 부종 및 압통을 유발.
  - 프로스타글란딘의 유리를 자극(통증 수용기를 감작시키고, 히스타민과 브라디키닌의 효과를 강화)
- 물질 P(substance P)
  - 손상된 부위의 혈관에 작용하여 유해수용의 전도에 기여하는 화학물질을 유리, 프로스타글란딘처럼 염증반응을 증가.
  - 척수의 후각에서 일차적 구심성 신경원으로부터 이차적 신경원으로 신경자극의 전도를 강화시키는 신경전달물질 작용을 함.

(2) **유해 수용기(nociceptors) : 통증감각을 전달하는 수용기**

- 유해하거나 고통스런 자극에 대해 거의 순응하지 않음.
- 말초적 민감성으로 기술하는 기전은 손상된 조직에서 통증 수용기의 역치를 감소.

(3) **통증자극의 전달 형식(신경섬유)**

① A섬유

- 상대적으로 큰 직경을 가진 유수신경으로 빠르게(12-80m/초) 자극을 전달.

– 날카롭고, 따끔따끔하게 아픈 통증과 관련.

② C섬유
– 직경이 작고 수초가 없는 무수신경
– 느리게(0.4-1m/초) 자극을 전달하고 오랫동안 지속되는, 화끈거리는 통증자극을 전달.

(4) **유해수용(nociception) : 통증지각과 관련된 생리적 과정들.**
- A delta와 C섬유에 의해 배근과 복근 모두를 지나 척수로 전도.

2. 중추기전

(1) 신경종말

A섬유와 C섬유의 신경종말은 척수의 후각에서 끝남.

① 빠른 A 섬유(일차적으로 기계적, 온도적 통증으로부터 자극을 전도)
– 척수신경의 반대편으로 즉시 교차하여 이차 신경원(긴 섬유)과 시냅스하고 신척수시상로(neospinothalamic tract)로 들어가 뇌로 올라감.
– 몇몇 섬유는 뇌간의 망양체 부분에서 끝나지만 대부분은 시상에서 끝남.
– 시상에서 통증신호(signal)들이 뇌의 기저 부위와 체성 감각피질로 보내짐.

② 느린 C섬유(기계적, 온도적, 화학적 자극을 전도)
– 구척수시상로(paleospinothalamic tract)에 의해 뇌까지 전달하며 그전에 하나 이상의 짧은 신경원을 더 통과함.

(2) 중추감작

- 척수 시냅스에서 장시간 작용하는 신경전달물질 방출에 의해 척수 신경원의 흥분이 증가된 결과.
- 이것은 확장된 반응을 일으키고 척수신경원의 흥분성을 강화시켜, 통증 자극이 제거된 후에도 통증감각이 지속.

3. 통증지각과 조절

- 유해수용은 망양체(reticular formation), 시상, 변연계, 피질을 통해 지속됨.
- 통증의 의식적인 지각은 뇌간과 시상수준에서 시작되는 것 같음.
- 통증의 해석, 위치 측정, 감각의 감시는 피질에서 일어나며, 다양한 요인들에 의해 조절.
- 통증자극이 중뇌영역을 자극하면, 뇌로부터 척수로 하행하는 신경섬유가 자극을 전도함
  - 내인성 아편물질이 유리되어 척수 후각의 첫 번째 시냅스에서 상행하는 자극이 억제.
- 내인성 아편물질 종류
  - 엔케팔린(enkephalins), 다이놀핀(dynorphins), 베타 엔돌핀(beta endorphins)
- 내인성 아편 물질
  - 중추신경계와 말초신경계에 있는 아편 수용기와 결합하여, 통증자극을 감소시키거나 차단
- 외인성 마약 진통제도 똑같은 부위에 결합하여 통증을 완화.

VI 통증의 발생기전 이론

(1) 특이성 이론(specific theory)

피부, 통각 수용체(자유신경종말)에서 통각자극이 발생 → 통각자극이 유수신경섬유(A-δ섬유) 와 무수신경섬유(C섬유)를 통하여 척수를 거쳐 뇌에 있는 중추로 통각신호를 전달 → 통각신호가 대뇌의 모든 영역에 전달 → 통증이 인지 됨

- 100년간 통증현상의 설명에 사용된 전통적이고 기본적인 통증이론
- Max Von Frey(1894)
  - 네 개의 주요 피부자극 양식(touch, warmth, cold, pain)이 있으며, 특정한 뇌중추에 대해 개별적인 투사계를 갖는다는 가정을 하였고 통증이 다른 감각과는 다

른 고유의 수용기를 가진 특별한 감각이라고 기술.

- 유해자극의 강도가 수정없이 그대로 통증으로 지각된다고 설명하고 있으나 실제로는 같은 자극에 대해 개인의 통증지각이 광범위하게 다르게 나타남.
- 완화되지 않는 심한 통증을 외과적으로 치료하는 방법을 설명 가능.
- 그러나 작열통이나 환상지통, 말초신경통 심인성 통증 등은 설명하지 못함. 동일한 통각자극에 대해 문화권, 개인의 과거 통증 경험 등에 따라 통증을 다르게 느끼는 이유 설명 못함.

(2) 형태 이론(morphologic theory)

① 사지에 강한 말초자극 → 척수가 자극 → 비정상적인 신경자극이 형성 → 작은 직경섬유를 통해 뇌에 전달 → 뇌에 전달된 신경자극이 쌓이면 뇌 중추에서 합해져서 통증으로 해석됨

② 큰 직경섬유는 작은 직경 섬유로 부터의 자극전달과 뇌 중추에서 자극이 합해지는 것을 막는 역할을 함.
큰 직경 섬유의 기능이 상실되면 통증 억제 기능이 저하되어 중추에서 비정상적인 통증현상이 일어난다는 이론이다.

- Goldscheider(1894)자극강도와 중추에서의 가중이 통증지각의 주요요인이라고 주장.
- 열이나 화학적·기계적 자극들이 시간적으로나 공간적으로 가중될 때 통증으로 지각된다고 봄
- 환상지통, 작열통, 신경통에서의 가중현상을 설명 가능.
- 감각 상호작용 개념이 첨가.

(3) 정서 이론

통증은 불안, 암시, 통증의 의미, 정서에 따라 달라지고 개인이 속한 문화집단의 행동규범에 따라 학습된다는 이론을 말함

- 통증은 불안, 암시 및 특수 상황적 의미 등의 수많은 변수에 따라 다르게 반응.
- 통각이란 통증 경험의 일부분이며 정서가 통증과 연결되어 있으므로 통각만이 통증의 주요 특성일 수 없다.
- 통증반응은 개인이 속한 문화 집단의 행동규범에 따라 학습되어 나타남.

(4) 관문통제 이론(Gate control theory)

척수후각의 관문에서 신경자극이 척수의 전도세포로 전달되는 것을 조절하는 생리적 기능을 활용한 이론이다.

온도와 통증에 대한 정확한 정보가 척수시상로에 전도된 후 뇌간 망상체와 변연계에 있는 관문이 열리고 닫히면서 통증을 느끼거나 억제된다. 촉각은 후주에서 교차된 후, 측 시상핵을 거쳐 대뇌중추로 자극을 보내면 통증이 억제된다. 또한 인지기능을 하는 대뇌 피질은 통증자극이 오면 심층분석하고 기억력을 활성화시키며 그 정보를 망상체와 변연계로 투사하여 통증을 조절한다.

① 관문통제이론(gate control theory)

㉠ 파급과 효과

- 1965년 Melzack 과 Wall 에 의해 소개, Casey와 Melzack 등에 의해 수정·보완.
- 통증경험의 개별성과 다양성 이해하는데 큰 도움이 됨
- 포괄적인 통증 완화법의 개발과 연구에 많이 기여함

㉡ 개념

- 특이성 이론과 형태이론의 개념 포함, 통각수용기의 특성에 관한 생각 포함
- 통증자극전달(pain impulse)은 중추신경계 따라 관문기전(gating mechanism)에 의해 조절될 수 있으며 통증자극은 상행과 하행 방향으로 나갈 수 있다고 함
- 통증을 조직 손상의 생리적 기능으로 뿐 아니라 강도와 질 면에서 통증 감지하는데 영향을 주는 정신적 요인들을 규명함

㉢ 원리

- 척수로 통증을 전달하는 말초 신경섬유들은 그 투입을 조절할 수 있음
- 후각의 시냅스는 자극이 뇌에 도달 못하도록 막거나 올라가도록 허락하는 관문의 역할
  - 가는 직경의 신경섬유는 관문을 통해 자극 전달하지만, 같은 관문을 지나가는 굵은 직경의 신경섬유는 그 통증 자극 전달을 방해해서 관문 닫힘
- 관문기전은 척수의 후각에 있는 교양질 세포(substantiagelatinosa cell)에 있다고 추정
- 주어진 시간 동안 제한된 양의 감각 정보만이 뇌에 전달될 수 있기 때문에 어떤 세포들은 통증 자극 방해할 수 있음

- 뇌도 관문이 열리거나 닫히는데 영향을 미치는 것으로 나타남
  - 통증에 대한 이전의 경험들은 개인이 통증에 어떻게 반응할 것인 지에 영향 미침
  - 뇌의 관여는 왜 아픈 자극이 사람마다 다르게 해석되는지를 설명하는 데 도움이 됨
- 열과 압력뿐 아니라 전기적 또는 기계적 중재가 통증을 완화시킬 수 있는 이유 설명하는데 도움이 됨
  - 등 마사지는 굵은 섬유의 전도 자극에 관여하여 요통에 대한 관문을 닫게 함

㉣ 내용

- 최초의 관문통제이론은 새로운 발견과 임상적 적용을 포함하는 것으로 받아들여져옴
- 말초 통증부위, 척수, 뇌간, 대뇌피질에서 통증이 감소되거나 조절될 수 있다고 여겨짐

ⓐ 상행전도 조절

- 척수에서 통증관문은 상행전도조절과 하행전도조절을 통해 닫혀짐
- 마사지, 온냉적용, TENS(전기피부자극) 사용, 침술, 박하연고제 도포 와 같은 방법으로 굵은 감각신경섬유를 자극함으로써 일으킬 수 있음
- 마약성 진통제 투약도 말초신경계와 중추신경계 내의 수용기와 결합하여 통증 자극 방해.

ⓑ 하행전도 조절

- 엔돌핀과 엔케팔린의 분비는 생화학적으로 통증자극의 하행 방해함
- 통증에 대한 인지적 정서적 반응은 불안이나 공포가 교육이나 정서적 지지를 통해 완화될 때 통증자극의 하행전도를 조절할 수 있음
- 이완요법, 유도된 심상요법, 최면술의 사용 통증 경험의 지각이나 해석 변화시킬 수 있음
- TV 시청, 음악감상, 노래부르기, 게임과 같은 통증으로부터 관심을 돌리는 전환행동도 통증지각을 조절하고 방해할 수 있음

ⓒ 수정 관문통제이론

- 통증전달을 억제하는 관문으로 작용하는 뇌간 내의 억제체계를 강조함
- 뇌간의 억제회로 - 중뇌, 연수, 척수의 구조와 관련 있음

– 중뇌의 도수관 측부회백질(periaqueductalgray, PAG)에 있는 세포가 활성화되면 연수에 있는 구조 자극시킴
– 이 연수 구조는 척수의 통증전달 섬유 억제함
– 통증 그 자체로서 이 체계는 활성화될수 있으며, 자연적 통증조절기전으로 작용하기도 함.
  예) 전쟁에서 심하게 부상당한 군인이 통증 느끼지 못하는 경우

- 척수후각에도 통증억제 복합기전이 있음
  – 대뇌에서 내려오는 신호에 의해 척수수준에서 통증이 차단될 수 있음
    - 신호에 의해 척수후각 신경섬유에서 세로토닌 분비, 척수뉴런에서 엔케팔린 분비 야기.
  – 엔케팔린
    - C 섬유와 A delta 섬유로부터 오는 통증전달을 후각연접부에서 연접전과 연접후에 억제

    → 자연적 진통과정에 의해 통증 신호가 척수로 들어올 때 이것 차단 가능

(5) 시상뉴론 이론

급성 통증과 외상에서 시상의 신경원이 과다 흥분한 후 오랫동안 흥분상태를 지속하면 만성화되어 상처부위에 말초자극이 없는 경우에도 비정상적으로 시상 신경원이 흥분되고, 통증을 느끼게 된다는 이론을 말한다. 시상뉴론은 만성통증을 지배한다.

- 신체부위별 통증을 대표하는 특정한 시상뉴런이 존재하여 만성통증 시 이들 뉴런이 통증의 근원이 된다는 것.
- 침술 진통, 대상포진 후 신경통, 테니스 선수의 상과염(epicondylitis), 골관절염시 통증설명.

(6) 내인성 통증통제 이론

① 중뇌, 연수, 척수에서 조직된 통증억제계에 의해 통증이 억제된다는 이론

② 통증억제계 : enkephalin, 연수의 대봉선핵과 nucleus reticularis magnocellularis로부터 오는 원심성신경섬유, catecholamine

- 내인성 통증조절체계는 엔케팔린과 엔돌핀 같은 물질이 뇌와 척수에서 활성화되어 통증전달뉴런을 방해하여 통증지각을 억제하는 것.

- 사람마다 체내 엔케팔린이나 엔돌핀 수준이 다르기 때문에 같은 우해자극에 대해 다르게 통증을 느낀다고 설명.
- 또한 침이나 TENS로 특정 부위를 자극하면 엔돌핀이 방출되어 통증완화.

VI 통증에 대한 반응

- 통증에 대한 신체반응은 특별한 행동이라기보다는 복잡한 과정으로 생리적, 심리사회적 측면이 관여.
- 초기에는 교감신경계가 반응하여 투쟁-도피반응(fight-or flight response)을 하지만 통증이 지속되면, 통증은 부교감신경계가 인계받아서, 최초의 생리적 반응의 많은 부분을 바꿈.
- 전환, 심상요법, 과도한 수면과 같은 인지적이고 행동적 활동을 통해 통증에 대처하는 법 배우며 진통제, 마사지, 운동과 같은 통증을 다루는 신체적 중재를 추구하면서 통증에 반응
- 고유수용반사(proprioceptive reflex)가 통증수용기의 자극으로 일어남.

VII 통증에 영향을 미치는 영향요인

(1) 질병요인

질병, 수술의 합병증은 세포의 병리적 변화를 일으키며 통증을 일으키는 가장 흔한 요인이 된다(예 : 암, 화상, 류마티성 관절염)

(2) 민족적/문화적 가치

- 통증과 관련된 행동은 사회화 과정의 일부분.
- 문화적 배경 : 개인이 인내할 수 있는 통증의 수준에 영향을 미침.

  예) 중동 일부와 아프리카 문화 : 통증을 스스로 가하는 것이 애도나 슬픔의 표시

- 사회·문화적 요인 : 문화, 통증부위, 성별, 종교, 인종, 언어, 사회경제적 수준이 포함된다.

(3) 발달단계

- 영아 : 통증을 지각. 통증에 대한 민감성 증가
- 유아/학령전기 : 통증의 위치와 강도에 대하 설명하는 능력 발달. 울음이나 분노로 반응
- 학령기 : 통증에 대한 설명을 합리화 함. 지속되는 통증으로 인해 발달 초기로 퇴보. 통증의 위치를 밝히고 통증에 대해 서술함.
- 청소년기 : 통증을 인식하거나 '알리는 것'을 허약한 것으로 간주. 통증을 호소하지 않음
- 성인기 : 통증이 허약함이나 실패의 증상으로 인지되기 때문에 무시
- 노년기 : 통증을 노화과정의 일부로 받아들임. 민감성 감소. 피로, 식욕 부진은 통증의 지표

(4) 환경과 지지자

- 병원과 같은 낯선 환경은 소음, 불빛, 활동 등으로 통증을 더 심하게 만들 수 있음.
- 지지망이 없는 외로운 사람은 통증을 더 심하게 느낄 수 있음.
- 의미있는 타인에 대한 기대나 가족역할은 통증지각과 반응에 영향을 미침.
- 보호자의 존재는 대상자의 통증에 대한 반응을 완화.
- 환경적 요인 : 병원환경, 공기오염, 기후, 습도가 포함된다.

(5) 이전의 통증경험

- 대상자의 민감성을 변화시킴.
- 통증완화 방법이 성공했는가의 여부 – 완화에 대한 기대에 영향.

(6) 통증의 의미

- 통증의 의미에 대한 해석과 주변의 상황에 의해 통증을 받아들임.
- 출산과 같이 긍정적인 결과를 보인 통증과 관계되는 사람들은 통증을 잘 견뎌냄.
- 만성 통증을 가진 대상자는 통증을 더욱 심하게 겪으며 절망감, 불안, 우울반응.

(7) 불안과 스트레스

- 불안은 흔히 통증과 동반됨
- 통증의 원인을 모르거나 통증이 조절되지 않는 것은 통증지각을 증가시킴.
- 통증의 수면방해하면, 피로, 근 긴장이 나타나고 통증이 증가 ⇒ 통증, 피로, 통증의 순환
- 통제력이 부족하고 무력감이 있으면 통증지각이 증가
- 심리적 요인 : 불안, 통증에 대한 정보, 통증과 관련된 과거의 경험, 개인의 성격이 포함됨

(8) 상황적 요인

의식수준, 인지능력, 연령, 타인의 존재, 태도, 감정 타인과의 신체적 접촉, 이차이득, 긍정적 사고, 스트레스 생활사건이 포함된다.

Ⅷ 운동 손상에 의한 통증

1. 급성손상

(1) 뼈

① 골절

(종류)

개방골절 : 뼈가 피부 뚫고 나옴

폐쇄골절 :

견열골절 : 건, 인대 붙어 있는 브위의 뼈조각이 떨어져 나감

(합병증)

감염

급성구획증후군

동반손상(혈관, 신경)

심부정맥/폐 색전증

지연유합/불유합/부정유합

② 골막손상

: 통증이 매우 심하다. 직접 타격에 의한 경골막 손상이 많다.

(2) 관절연골

① 골절 : 아탈구, 탈구의 경우 연골편이 골의 관절면으로부터 떨어져 나오기도 한다.

② 경미한 골연골 손상 : 체중부하 관절에서 연속적이고 반복적인 부하로 인해 치유 늦다. 골관절염을 초래하는 퇴행성변화의 유발인자

(3) 관절

① 탈구 : 관절의 접촉면이 완전히 분리

② 아탈구 : 관절면이 약간의 접촉 유지

(4) 인대

① 염좌/파열

최초의 처치는 출혈과 관절부종 최소화

1,2도 염좌 치료원칙 : 조직치유 증진,
관절강직 예방을 위한 운동,
더 이상의 손상방지를 위한 보호,
관절의 안정성 도모를 위한 근력강화운동

(5) 근육

① 스트레인/파열(Strain/tear)

가속과 감속시 근육 섬유에 무리한 힘이 가해질때 일어남

슬괵근(Hamstring), 대퇴사두근, 비복근 같이 두관절을 넘어가는 근육에 잘일어남

② 타박상

상대편의 직접가격 또는 기구외의 접촉으로 일어난다.

근육혈종의 합병증으로 화골성근염 있다

③ 경련(Cramp)

갑작스러운 불수의적인 통증성 근육수축

원인가설 : 탈수, 저칼륨, 저나트륨, 불충분한 탄수화물, 과도한 근육 굳음

④ 급성 구획증후군

(6) 건

종축으로 배열된 교원섬유로 이루어져 있으며 혈액공급이 좋지않기 때문에 손상받기 쉽다. 아킬레스건, 극상근건이 잘 파열된다

(7) 점액낭

뼈와 건 사이에 있는 적은 양의 액체로 채워진 주머니이다. 마찰을 줄이는 역할.

대부분 손상은 과사용과 연관 되지만 직접충격으로 점액낭속 출혈로 급성 외상성 점액낭염 일으킬수 있다.

(8) 신경

운동에 의한 손상은 드물지만 표재성 신경은 직접타격에 의한 손상이 일어날 수 있다.

그예는 주관절의 척골신경, 비골경부의 총비골 신경

(9) 피부

개방 창상에는 찰과상, 열상, 자상 등이 있다

치료원칙 : 출혈 막음, 오염물질 제거, 움직이는 부위면 고정해 잘 낫도록

2. 과사용 손상

(1) 뼈

① 피로골절 : 1회의 힘으로 골절을 일으키는 역치 이하의 반복되는 물리적인 힘으로 인해 뼈에 형성된 미세골절. 가장 흔한 증상은 국소적 통증과 압통. 경골, 중족골, 비골, 주상골, 대퇴골, 골반골에서 잘 나타나며 보통 훈련의 변화나 새로운 활동을 시작할 때 잘 나타난다(과부하 스트레스 두가지 기전).

1. 뼈의 한지점에 스트레스를 증가시키는 충격력의 재분포
2. 뼈를 넘어 작용되는 근육의 견인력

② 골염과 골막염 : 정확한 원인은 불확실하며 피로골절이나 스트레스 반응과는 달리

통증부위가 광범위하다. 경골의 내측연을 따라 잘 발생한다.

③ **골단염** : 강하고 큰 건의 소아 골성장부 부착부에서는 골의 염증과 분리가 일어날 수 있는 경우. 슬개건의 경골조면 부착부에 생기는 Osgood-Schlatter병이 대표적 예.

(2) 관절 연골

: 현미경적 염증에서부터 연화, 세동, 열형성, 결국엔 연골 연화증이라 불리는 육안적 변화까지 이르게 된다. 슬개골의 하면 부위가 흔하고 슬개 대퇴 증후군, 슬개골 연골증이라고도 부른다.

(3) 관절

: 활막염이나 관절막염으로 분류. 관절염은 관절의 염증으로 과사용의 장시간 후의 후유증으로 생각할수 있다.

(4) 인대

: 과사용 손상은 운동선수에는 드물다. 수영 평형 애호가에게 내측인대 염좌가 종종 있을 수 있고 인대나 마찬가지인 족저근막에 흔히 생기기도 한다.

(5) 근육

① 국소적 조직 비후/섬유화(thickening/fibrosis) :

과사용
↓
근/근막 굳음
↓
현미경적 근육손상
↓
만성염증
↓
섬유간 근육 유착
↓
증가된 근육의 장력과 굳음
↙ ↘
동통,기능감소 　 계속되는 과사용
↖ ↗
관련조직의 손상(뼈,건)

② 만성 구획 증후군

과사용
↓
국소조직종창
↙ ↘
감소된 혈액공급 팽팽한 구획
↑ ↓
(└──────────────┘)

③ 지연 발생 근육통

: 익숙치 못한 신체적 활동 24~48시간 후 나타나는 둔통, 새로운 운동 프로그램 첫번째, 두번째 시행후 잘 나타난다. 편심성 운동시에 더욱 악화되고 경사진 곳을 달려내려가는 운동후에 잘 생긴다.

(6) 건

: 건은 강한 장력에는 잘 견디나 전단력에 약하고 특히 압박력에는 견디기 어렵다. 직선상에서 움직이는 건은 혈관이 있고 부건에 의해 둘러 싸여 있으며 골융기 주위에서 방향을 바꿀 때는 건초에 의해 둘러 싸여 있으며 혈관은 없다. 건의 혈관은 마찰이나 염전, 압박에 노출된 부위에서 손상 받는다.

(7) 건염

: 건 내부의 현미경적 파열을 초래하는 만성 과부하가 염증 반응을 유발하여 발생. 호발부위는 아킬레스건, 슬개건, 장내전근, 극상근, 이두상완근, 후경골근, 장무지굴곡근. 특징적으로 운동후, 혹은 아침에 일어났을때 제일 처음 증상을 느끼며 국소압통이 특징이다. 사용하면 통증이 덜해지기도해 몸을 푼다고 운동을 계속하는데 이것은 손상을 지속 시키는 이유중 하나이다. 편심성운동(eccentric)이 동심성(concentric) 운동에 비하여 건을 강화하는데 효과를 가진다.

① 부건염

: 부건이나 건초의 염증이며 건이 골융기 위에서 건이 마찰하거나 직접 부건을 자극할 때 발생하기 쉽고 부분 파열과 건증과 동반되기도 한다. 부건염은 건활막염 혹은 건초염으로 불리기도 한다. de Quervain 건활막염이다.

② 건증(tendinosis)

: 퇴행상 변화는 과사용 건손상에서 많이 관찰됨. 염증이 아니고 혈액순환의 장애가 원인일 가능성이 높다

(7) 점액낭

: 뼈와 건 사이에서 건의 운동을 원활하게 한다.

견봉하점액낭, 대전자점액낭, 장경골대하 점액낭, 후종골 점액낭.

① 점액낭염

: 과사용 손상으로 흔하며 압통, 국소종창, 운동시 통증 재현

(8) 신경

① 신경포착 증후군

: 주위조직 종창이나 해부학적 이상으로 발생.

가장 흔한 Morton 신경종은 3~4번째 발가락 사이의 지간신경이다 이것은 신경종이라기 보다 오히려 신경압박이다

(9) 피부

물집예방 : 새 신발은 운동할 때 신을 수 있을 때 까지 점차 시간을 늘린다. 구멍 나지 않은 정확한 크기의 양말 신는다. 물집 징후 부위에 보호 패드 씌운다.

제5장 운동공학

I 인체 움직임의 각운동학

1. 각거리와 각변위

왜 골프의 1번 드라이버가 9번 아이언클럽의 길이보다 길까? 왜 야구의 타자는 번트를 할 때 손을 배트의 손잡이 위쪽으로 가져갈까? 와인드업 하는 동안 투원반이나 투해머의 각운동을 투사 이후 선운동과 어떻게 관련시켜 설명할 수 있을까? 이런 문제들은 축 주위를 회전하는 각운동 또는 회전운동과 관련이 있다. 회전축은 회전이 일어나는 평면에 수직인 선으로 차바퀴의 축과 같은 것이다. 선운동과 마찬가지로 각운동은 일반적인 운동의 기본 요소이다.

한 점에서 좌우로 움직이는 진자 운동을 생각해 보자. 진자는 운동면에 대하여 수직으로 통과하는 축 주위를 회전하고 있다. 만약 진자가 60도의 호를 그리며 진동한다면 그것은 60도 만큼의 각거리를 움직인다. 만약 원래 위치로 60도 만큼 다시 돌아온다면 전부 120도 만큼의 각거리를 움직인 것이다. 신체분절의 움직임에서 각거리를 측정하는 데도 같은 방법이 사용된다. 만약 팔을 굽히는 운동을 하는 동안 주관절에서 각이 90도에서 160도로 변했다면 여기서 각거리는 70도이다.

선운동과 같이 각변위(angular displacement)는 움직이는 몸의 처음과 마지막 위치의 차이로 나타낸다. 만약 지지하는 다리의 무릎에서 각이 큰 걸음으로 뛰는 동안 5도에서 12도로 변한다면 각변위는 7도이다. 만약 처음 5도 위치로 무릎을 다시 편다면, 전체 각거리는 14도 이지만, 각변위는 0도이다. 왜냐하면 무릎관절의 마지막 위치가 처음 위치와 같기 때문이다. 각거리와 각변위 사이의 관계를 그림 5-1에 제시하였다.

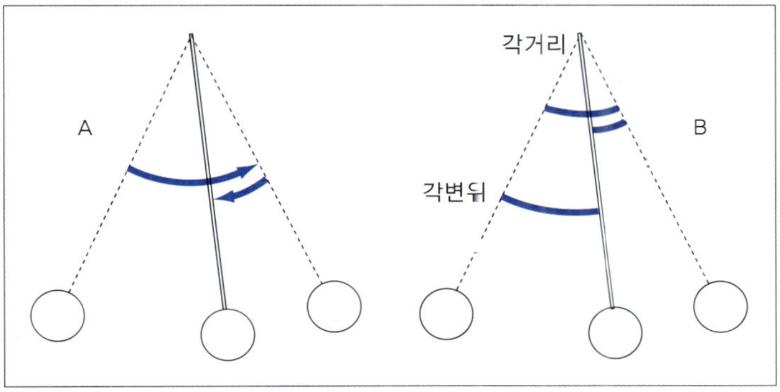

그림 5-1. A는 움직이는 진자의 운동경로를 나타낸 것이며, B에 제시된 각거리는 모든 각도변화의 합이고 각변위는 최초 위치와 마지막 위치 사이의 각을 의미한다.

직선에서의 변위와 같이 각변위 역시 크기와 방향을 갖는다. 회전이 시계방향 또는 반시계 방향으로 일어나기 때문에 반시계방향을 양의 방향(+), 시계방향은 음의 방향(-)으로 나타낸다. 각거리와 각변위를 나타내는 측정단위는 세 가지가 있는데 우리에게 가장 익숙한 것이 도(degree)이다. 한 번의 원운동은 360도 이다. 또 다른 측정단위는 라디안(radian)이다. 원의 중심에서 원주의 한 점까지 이어진 선을 반경이라 하고, 1 라디안은 원의 반경과 길이가 같은 만큼의 원호에 대한 각의 크기로 결정된다(그림 5-2 참조). 1 라디안은 57.3 도이며 2π 라디안이 360도가 된다.

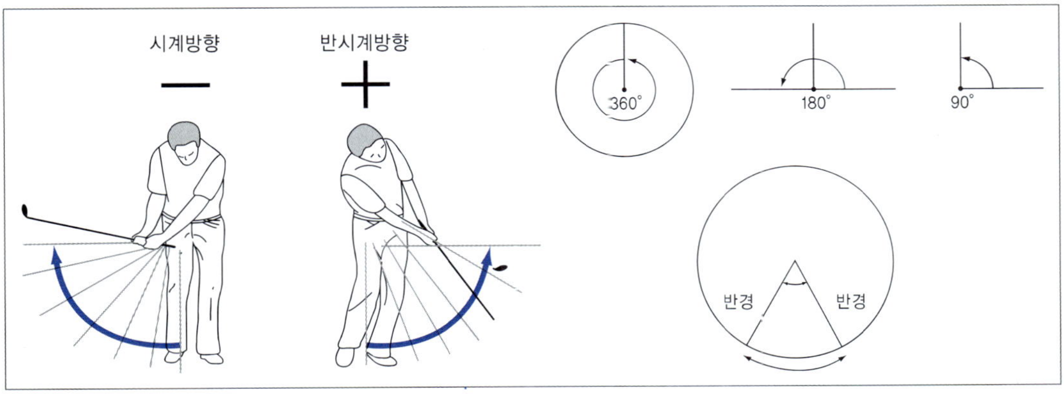

그림 5-2. 회전운동의 방향은 반시계방향(+)과 시계방향(-)으로 구분한다.

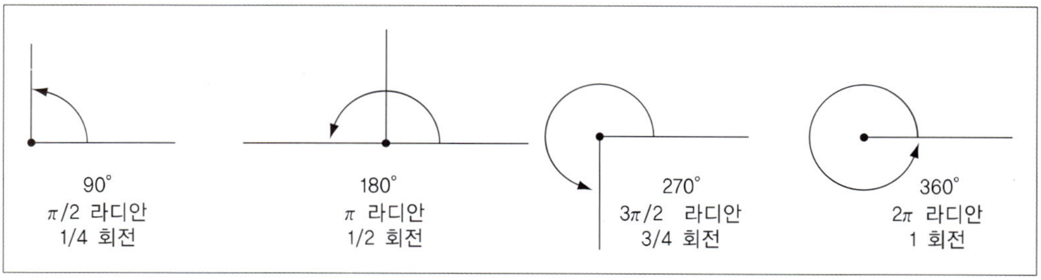

그림 5-3. 각변위의 단위인 각도와 라디안 및 회전의 비교

각거리나 각변위에 사용되는 세 번째 단위는 회전수이다. 1 회전은 한 바퀴와 같다. 다이빙이나 체조기술은 종종 운동을 수행하는 동안 일어나는 신체의 회전수로 설명된다. 한 바퀴 반 공중돌기 다이빙이 그 예가 될 것이다. 그림 5-3은 각 측정단위로 도, 라디안, 회전수를 비교하여 보여준다.

2. 각속력과 각속도

선운동에서의 빠르기를 속력과 속도로 표현하듯 원운동에서의 빠르기는 각속력과 각속도로 표현한다. 평균 각속력은 평균속력과 마찬가지로 움직인 각거리를 소요시간으로 나눈 것으로 회전운동의 빠르기를 나타낸다.

$$\text{평균 각속력} = \frac{\text{각거리}}{\text{소요시간}}$$

각속도는 주어진 시간 동안 변화하는 각변위($\Delta\theta$)로, 크기뿐만 아니라 방향(반시계반향은 양(+)의 방향이고, 시계방향은 음(-)의 방향)도 고려해야 한다. 각속도의 기호는 그리스 소문자 ω(오메가)로 쓴다.

$$\text{각속도} = \frac{\text{각변위}}{\text{소요시간}} \quad \text{또는} \quad w = \frac{\Delta\theta}{\Delta t}$$

각속력과 각속도의 단위는 deg/s(초당 각도의 변화량), rad/s(초당 라디안의 변화량), rev/s(초당 회전수), 그리고 rpm(분당 회전수)이다. 스포츠에서 숙련된 동작의 특징은 큰 각속도로 신체분절이 움직이는 것이다. 메이저리그 투수들의 던지는 팔의 관절 각속도는 어깨에서 6180 deg/s(108 rad/s)정도 이며, 팔꿈치에서 4595 deg/s(80 rad/s) 정도 된다.

인체가 점프하는 동안 투사체가 될 때 점프높이는 인체가 공중에 떠 있는 체공시간을 결정한다. 피겨스케이팅 선수의 3연속, 4연속 액슬 파울렌 점프(Axel Paulsen jump)가 1회, 2회의 연속 점프와 비교할 때 점프 높이와 회전속도에 있어서 더 크다는 것을 의미한다. 숙련된 스케이트 선수들이 3연속 엑슬 파울렌 점프를 해서 공중에 떠 있는 동안 5 rev/s의 각속도로 몸을 회전시킨다. 어려운 기술에서 몸의 회전속도를 더 높이는 것은 체조에도 적용된다. 핸드스프링에서 6.80 rad/s, 공중제비하면서 한 바퀴 반 비틀고 핸드스프링 하는 데는 7.77 rad/s, 그리고 두 번 비틀고 뒤로 공중제비를 돌면서 착지하는 것은 10.2 rad/s 만큼의 각속도가 필요하다.

회전체의 각속도 ω와 어떤 점에서 선(접선의)속도 v사이의 관계는 다음과 같다.

$$v = rw$$

위에서 r은 그 점에서의 회전반경이고, 각속도의 단위는 라디안에 기초한 단위(rad/s)를 사용한다. 몇몇 스포츠 활동의 주목적은 배트나 클럽 또는 라켓이나 스틱으로 공, 셔틀콕, 하키의 퍽과 같은 물체에 상대적으로 큰 속도를 전달하면서 그것들을 정확하게 다루는 것이다. 야구 배팅에서 스윙을 할 때 배트의 각속도에 따라 공을 페어지역으로 보낼 수 있는 정확한 타이밍을 잡을 수도 그렇지 않을 수도 있다. 구속이 40 m/s인 공은 투수의 손을 떠난 후 0.41초 후에 타자에게 닿는다. 배트 스윙을 할 때 0.001초 차이는 공이 중앙으로 갈지 파울선 밖으로 날아갈지를 결정하고, 0.003초보다 너무 이르거나 너무 늦게 스윙을 하면 공을 맞추지 못 할 수 있다.

그림 5-4와 같이 다른 모든 요소가 일정할 때 스윙하는 도구의 회전반경이 클수록 공에 전달되는 선속도는 커진다. 골프에서 긴 샷을 위해 더 긴 클럽을 선택하고 짧은 샷을 위해 짧은 클럽을 선택한다. 그러나 선속도를 결정하는데 각속도의 크기 역시 회전반경 만큼 중요하다. 단 배트, 라켓, 또는 클럽으로 맞춘 공의 선속도는 스윙하는 도구에 닿는 지점에서의 선속도와 동일하지 않다. 타격의 방향과 임팩트 순간의 탄력과 같은 다른 여러 요소들 역시 공의 속도에 영향을 미치기 때문이다.

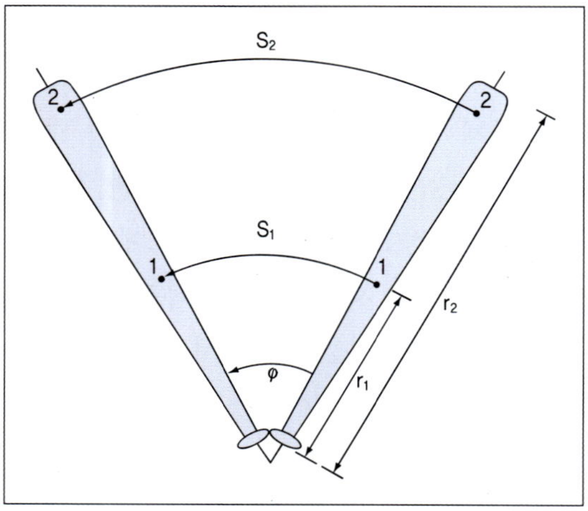

그림 5-4. 회전반경이 클수록 회전하는 물체가 한 지점에서 이동하는 선 거리도 증가한다.

3. 각가속도

각가속도는 각속도(angular acceleration)의 변화율 또는 주어진 시간 동안 일어나는 각속도의 변화를 말한다. 각가속도의 기호는 그리스 소문자 α로 쓴다. 따라서

$$\text{각가속도} = \frac{\text{각속도의변화}}{\text{소요시간}} \quad \text{또는} \quad \alpha = \frac{\Delta w}{\Delta t} = \frac{w_2 - w_1}{t_2 - t_1}$$

으로 표현한다.

각가속도는 직선운동에서의 가속도와 마찬가지로 양(+)의 수와 음(−)의 수 그리고 0의 값을 가질 수 있다. 등속원운동의 경우 각가속도의 값은 0이 되고, 시간이 경과함에 따라 각속도가 증가하면 양의 값, 각속도가 감소하면 음의 값을 갖는다.

직선운동에서 평균 가속도는 다음과 같이 정의한다.

$$a = \frac{v_2 - v_1}{t_2 - t_1} = \frac{\Delta v}{\Delta t}$$

만일 어떤 물체가 회전반경이 r인 원을 그리며 등속원운동을 한다고 가정하면 두 점에서의 선속도 v_1과 v_2는 서로 크기는 같지만 방향은 다르다. 따라서 Δv는 아래의 그림 5-5(a)처럼 A와 A′를 잇는 점선방향이 된다. 그러나 이 점선은 원의 중심을 향하고 있지 않다. 그 이유는 시간 간격인 Δt가 크기 때문인데(또는 각 θ가 크기 때문인데), 시간 간격을 줄일수록(또는 각 θ를 줄일수록) Δv(또는 가속도)의 방향은 원의 중심에 가까워진다. 그리고 Δt가 매우 작아지면 a는 평균 가속도가 아니라 순간 가속도를 의미하게 되며, a의 방향은 원의 중심을 향하게 된다.

또한 등속원운동을 하는 물체의 선속도는 매 순간 원의 접선 방향을 향하게 되므로 가속도와 늘 수직을 이룬다. 이것은 속도와 가속도가 언제나 같은 방향일거라는 생각이 잘못 되었음을 알려주는 좋은 예가 된다. 이와 같이 원의 중심을 향하는 가속도를 구심가속도라 부르고, 이 구심가속도는 원운동을 할 때 매 순간 선속도의 방향이 변하기 때문에 생긴 가속도이다. 물론 등속원운동이 아닐 경우에는 속도의 크기도 변하기 때문에 또 다른 가속도가 생긴다. 이것을 접선 가속도라고 부른다.

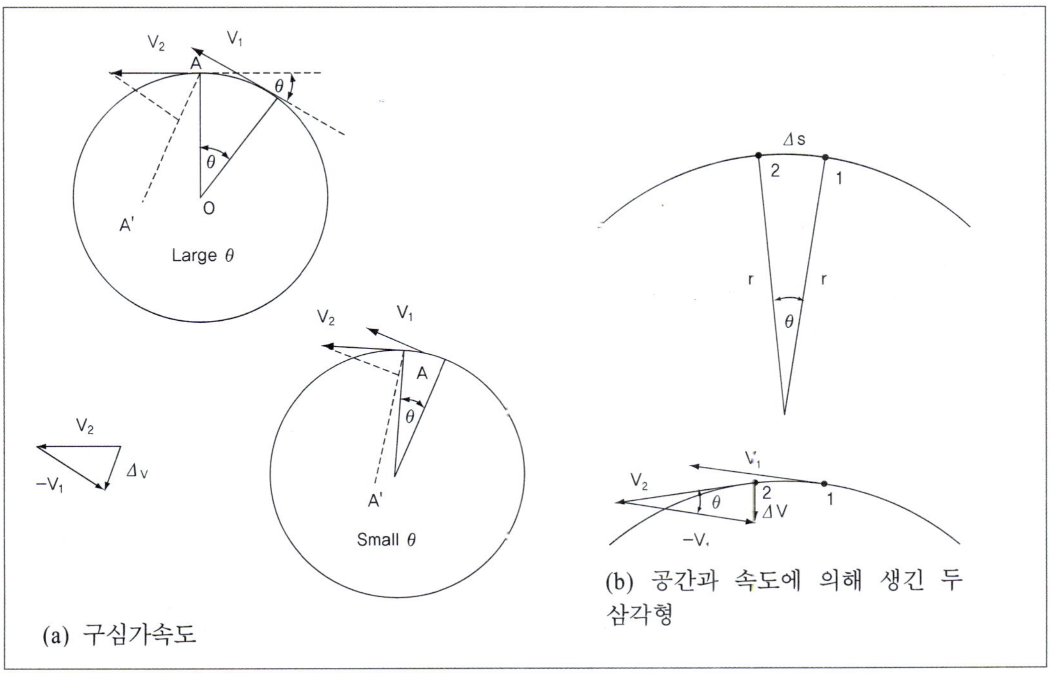

그림 5-5. 등속 원운동에서의 구심가속도와 속도 변화

구심가속도를 유도하기 위하여 우선 등속원운동을 하고 있는 물체가 두 점 1과 2의 위치에 있는 경우를 고려해 보자. 그림 5-5(b)와 같이 θ가 매우 작다면 Δs는 거의 직선에 가깝다. 그리고 두 점에서의 선속도를 각각 v_1과 v_2라고 하고, 방향을 고려한 두 속도의 차이를 Δv라고 하자. 그림 5-5(b)에서 볼 수 있듯이 등속원운동에서 두 속도의 크기는 $v_1 = v_2 = v$ 으로 같기 때문에 두 삼각형은 닮은꼴이 된다. 따라서 다음과 같은 식을 쓸 수 있다.

$$\frac{\Delta s}{r} \approx \frac{\Delta v}{v}$$

또는 $\Delta v = \frac{v}{r}\Delta s$이며, Δt로 양변을 나누면 다음과 같다.

$$\frac{\Delta v}{\Delta t} = \frac{v}{r}\left(\frac{\Delta s}{\Delta t}\right)$$

정의에 의해

$$a = \frac{\Delta v}{\Delta t} \quad \text{and} \quad v = \frac{\Delta s}{\Delta t}$$

로 표현된다. 따라서 다음과 같은 구심가속도 a_r를 얻을 수 있다.

$$a_r = \frac{v^2}{r}$$

이 식의 의미를 다시 정리하면, 회전반경이 r 인 원에서 일정한 속력 v로 회전하는 물체의 운동은 그 크기가 v^2/r이고 원의 중심을 향하는 구심가속도를 갖는다. 이 구심가속도는 속력과 회전반경에 의해 결정되는데, 속력이 클수록 속도의 방향 변화는 빨라지고 반경이 클수록 속도의 방향 변화는 느려진다.

400m 육상 트랙은 직선과 곡선으로 구성되어 있고 곡선주로를 달릴 때는 안쪽에 있는 1 레인 보다 8 레인에서 달리는 게 더 쉽다. 그 이유는 8 레인의 회전반경이 크기 때문에 선수에 작용하는 구심가속도가 감소하기 때문이다. 반면에 1 레인은 회전반경이 가장 작기 때문에 선수에게 작용하는 구심가속도가 가장 크다. 구심가속도가 증가하면 회전의 중심으로 향하는 힘이 작용하므로 육상선수는 앞으로 달리는 추진력 이외에 이 중심을 향하는 힘을 극복하기 위해서 더 많은 힘을 소모해야 한다.

공을 던지는 동안 사람이 팔과 손으로 공을 잡고 있기 때문에 곡선경로를 따라 공은 움직인다. 이 때 곡선의 중앙 방향으로 구심가속도가 생긴다. 공을 던지는 순간 일단 공이 손에서 떠나면 구심가속도는 더 이상 존재하지 않고 그 순간 공은 접선경로를 따라 움직인다.

골퍼의 스윙동작 중에서 임팩트 순간의 구심가속도는 얼마나 될까? 반경이 2m이고 선속도가 60m/s(=216km/h)라고 가정해 보자.

$$a_r = \frac{v^2}{r} = \frac{60^2}{2} = 1800\text{m/s}^2$$

만일 같은 속도에서 반경이 1.5m인 경우에 구심가속도는 다음과 같이 증가한다.

$$a_r = \frac{60^2}{1.5} = 2400\text{m/s}^2$$

계산된 가속도는 중력가속도의 약 180배 또는 240배 이다. 이와 같이 큰 구심가속도는 구심력을 발생시킨다. 클럽 헤드의 질량이 0.206 kg이라면 이때 생긴 구심력의 크기는 다음과 같다.

$$\begin{aligned} F &= ma \\ &= 0.206 \times 2400 \\ &= 494N \end{aligned}$$

이것은 골퍼가 스윙동작 중에 약 500 N의 힘으로 클럽을 잡고 있다는 것이고, 그래야만 클럽이 손에서 빠져나가지 않고 스윙동작을 마무리 할 수 있다.

원반던지기의 경우 한 손으로 원반을 잡은 채 회전운동을 한 후 원반을 던져서 그 비거리를 측정한다. 만일 원반을 놓는 순간 속도가 24 m/s 이고 회전반경이 1 m라고 가정하면 구심가속도는 다음과 같다.

$$a_r = \frac{v^2}{r} = \frac{24^2}{1} = 576\text{m/s}^2$$

여기서 원반의 질량이 2kg이라면 구심력은

$$\begin{aligned} F &= ma \\ &= 2 \times 576 \\ &= 1150N \end{aligned}$$

이다. 원반을 던지려면 오직 한 손으로 이만큼의 힘을 지탱해야 한다는 것을 기억해야 한다.

원운동에서 원둘레와 각 사이에는 다음과 같은 기하학적 관계가 있다.

$$\frac{\theta}{2\pi} = \frac{\Delta s}{2\pi r} \text{ or } \theta = \frac{\Delta s}{r}$$

이 식의 양변을 Δt로 나누어 변환하면, 앞에서 말한 선속도 v와 각속도 ω 사이의 관계를 유도할 수 있다.

$$\frac{\Delta s}{\Delta t} = r\frac{\Delta \theta}{\Delta t} or \quad v = rw$$

그리고 정의에 의해 접선가속도 a_t는 속도의 크기가 변해서 생긴 가속도이기 때문에 아래와 같이 쓸 수 있다. 여기서 가속도와 회전반경의 단위는 서로 호환할 수 있고 각가속도는 라디안에 기초한 단위로 표현되어야 한다.

$$a_t = \frac{\Delta v}{\Delta t} = \frac{r\Delta w}{\Delta t} = \frac{r(w_2 - w_1)}{\Delta t} = ra$$

위의 식을 이용하여 구심가속도를 다시 쓰면 다음과 같다.

$$a_r = \frac{v^2}{r} = \frac{(rw)^2}{r} = rw^2$$

이 식은 회전운동을 하는 어떤 물체에도 적용할 수 있다. 따라서 구심가속도는 회전축으로 멀어질수록 그 값이 증가한가. 그리고 회전하는 물체의 전체 선가속도는 구심가속도와 접선가속도의 합이며, 두 가속도는 서로 직각 방향이므로 그 방향을 고려해야 한다.

II 골프의 운동학

1. 골프에 숨어있는 과학

골프의 대중화가 되었다고 말하기는 이르나 골프는 이미 우리의 운동 문화에 매우 가까이 다가와 있다. 우리 주변에서 골프를 배우려는 사람들을 쉽게 만날 수 있으며, 웬만한 회사의 중견 간부나 사업을 하는 중장년층은 자의 반 타의 반으로 골프를 치고 있는 상황이다. 그러나 구력이 얼마큼 되었다고 하는 골프인 조차도 정도의 차이는 있을 수 있으나 골프를 하면서 고민에 빠지곤 한다.

그렇다. 헛스윙의 단계는 그럭저럭 넘어간 상태지만 골프공이 원하는 방향으로 제대로 날아가 주지 않는 것이다. 정면을 꼿꼿이 응시하고 골프채를 휘둘러보지만 골프공은 어이없게도 의도한 방향과는 전혀 다른 곳으로 날아가 버리는 것이다. 골프채를 휘둘러서 골프공을 그냥 때리기만 하면 될 줄 알았는데, 그게 아닌 것이다. 왜 이런 현상이 나타나는

지 골프 초보자에게는 무엇보다 그것이 피할 수 없는 궁금증일 뿐이다.

프로 골퍼의 경기를 시청하다보면 클럽(club)이라고 하는 골프채를 10개 이상씩 가방에 넣어 가지고 다니는 것을 볼 수가 있다. 골프를 전혀 모르는 사람의 시선으로는 우선 이것부터가 이해하기 쉽지 않다. 두세 개면 충분하지 않을까? 그렇다. 골프공을 때리기에 적당한 골프채 두서너 개 정도만 갖추고 경기에 임해도 시합하는 데는 별다른 지장이 없을 것 같은데 더구나 최고의 합금으로 제작한 것이어서 웬만한 충격에는 끄떡도 하지 않는 골프채를 그것도 아마추어도 아닌 그들이 왜 그리도 많이 갖고 다니는 건지 골프 문외한의 입장에선 우선 그것부터가 쉽게 납득이 가지 않는다.

골프채의 모양과 크기는 어떤가? 10개 이상이나 되는 골프채의 모양과 크기가 하나같이 제 각각이다. 골프채는 헤드(head)를 어떤 물질로 제작했느냐에 따라서 우드(wood)와 아이언(iron)으로 구분한다. 즉, 헤드의 재질이 나무면 우드, 금속이면 아이언이라고 한다. 그리고 우드와 아이언은 다시 골프채의 길이, 클럽 페이스(club face, 골프공을 때리는 면), 휘어진 각도(로프트, loft)에 따라 1, 2, 3…번으로 구분한다. 일반적으로 널리 사용하는 클럽의 종류와 특성, 평균 비거리는 표 5-1과 같다.

표 5-1. 클럽의 종류

클럽의 종류	명칭	길이(cm)	평균 로프트(도)	평균 비거리(m)
1번 우드	드라이버(driver)	109.2	10~12	180~240
2번 우드	브래시(brassie)	108	13~15	170~210
3번 우드	스푼(spoon)	106.7	16~18	160~200
4번 우드	배피(baffy)	105.4	19~21	150~180
5번 우드	클릭(cleek)	103.5	22~24	150~170
2번 아이언	미드 아이언 (mid iron)	97.8	20	160~180
3번 아이언	미드 매시(mid mashie)	96.5	24	150~170
4번 아이언	매시 아이언(mashie iron)	95.3	28	140~160
5번 아이언	매시(mashie)	94	32	130~150
6번 아이언	스패이드 매시(spade mashie)	92.7	36	120~140
7번 아이언	매시 니블리크(mashie niblic)	91.4	40	110~130
8번 아이언	피쳐(pitcher)	90.2	44	100~110
9번 아이언	니블리크(niblic)	88.9	49	90 이내
피칭 웨지(pitching wedge)		87.6	54	
샌드 웨지(sand wedge)		87.6	59	
퍼터(putter)		86.4	3	

골프 경기는 적은 타수로 남보다 빨리 홀컵에 공을 집어넣는 사람이 승리하는 게임이다. 그래서 장타와 정확성이 무엇보다 중요하다. 예를 들어 그린까지 가는데 남보다 멀리 공을 날려 보내서 한두 타를 줄일 수 있거나, 홀 앞에 정확한 샷을 구사하여 홀컵에 공을 넣을 수 있다면 우승은 보장된다. 그러므로 골퍼가 해결해야 할 최대의 난제는 당연히 다음의 두 가지로 압축된다.

(1) 어떻게 하면 남보다 공을 더 멀리 그리고 올바른 방향으로 날려 보낼 수 있을까?
(2) 어떻게 해야 홀컵 앞에서 흔들리지 않는 정확한 샷을 구사할 수 있을까?

물론 공을 치는 자세도 좋아야 하고, 체구가 큰 사람이 유리할 것이다. 그러나 타격자세도 기본기에 충실한 상태이고 신체적으로 동등한 조건이라면 그 다음으로 무엇이 중요할까? 바로 클럽이다. 공을 치는 매순간 재질과 길이와 클럽 페이스와 로프트가 다른 여러 클럽 중에서 상황에 맞는 가장 적확한 클럽을 사용하는 것이 중요하다.

장타를 치기에 가장 좋은 클럽은 어느 것일까? 이것은 '토크(torque)'의 개념으로 설명할 수 있다. 같은 힘으로 골프공을 때릴 때 공을 가장 멀리 보내기 위해서는 토크를 가장 크게 얻을 수 있는 길이가 가장 긴 클럽일 것이다. 그래서 골프경기를 하면서 첫 번째 공 때림은 특별한 예외가 없는 한 길이가 가장 긴 1번 우드로 드라이버 샷을 한다. 공의 비행거리(비거리)를 최대로 하기 위해서 이다.

18홀의 정규 골프 코스 가운데, 홀의 길이가 긴 코스에서는 대개가 첫 타를 티샷으로 하게 된다. 티(tee)란 골프공을 올려놓는 받침대로서 티에 공을 올려놓고 치는 것은 에너지 손실을 최소로 해서 공을 최대로 멀리 보내려는데 목적이 있다.

골퍼가 골프채를 휘두르기 위해선 어깨 너머로 클럽을 번쩍 들어 올려야 한다. 그러면 어깨 위에서 일단 멈춘 클럽은 위치에너지를 갖게 된다. 이 에너지에 골퍼가 클럽을 휘둘러서 생기는 운동에너지를 더하면 그것이 골프공을 때리는 총에너지가 된다. 물론 골프공은 이 두 에너지가 클수록 큰 충격을 받아서 더욱 멀리 날아가게 된다. 그러나 이러한 에너지를 소모 없이 전적으로 골프공을 치는 데만 사용할 수 없다. 우리 주변에는 공기를 포함한 여러 가지 저항력이 있다. 이러한 저항력을 줄이는 방법 중 하나가 바로 티 위에 공을 올려놓고 치는 것이다. 티샷을 하지 않고 잔디에 골프공을 내려놓은 상태에서 클럽을 휘둘러서 공을 완벽하게 때리기란 거의 불가능에 가깝다. 어쩔 수 없이 공과 함께 땅을 내려치기 마련이다.

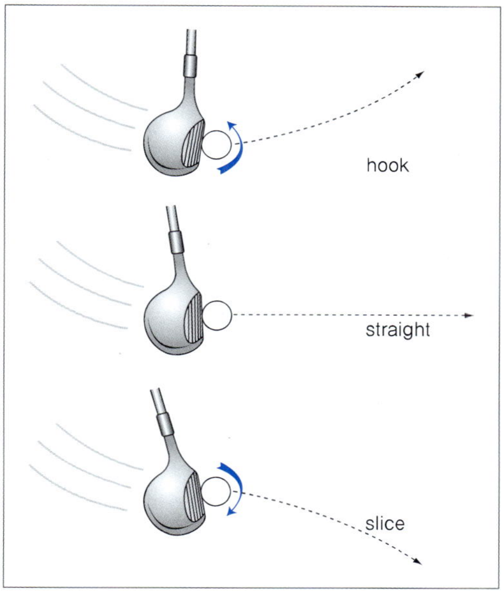

그림 5-6. 골프공이 날아가는 방향에 따라 세 경우로 구분할 수 있다.

또한 스윙하기 직전 팔의 위치도 비거리와 관계가 깊다. 왜냐하면 팔의 위치가 높으면 높을수록 위치에너지가 따라서 증가하기 때문이다. 골프공이 날아가는 방향에 따라 타구는 크게 3가지로 나누어진다. 직선으로 곧게 날아가는 타구를 스트레이트(straight), 오른쪽으로 휘는 타구를 슬라이스(slice) 그리고 왼쪽으로 휘는 타구를 훅(hook)이라고 한다. 이와 같은 현상은 베르누이의 원리로 설명할 수 있다.

2. 골프 스윙의 모델

능숙한 골퍼들이 골프 스윙을 하는 것을 보면 몇 가지 공통적인 특징이 있다. 첫째, 다운스윙을 하는 골퍼의 팔은 하나의 축을 중심으로 회전하고 있으며, 동시에 그 축 자체가 움직이고 있다는 것이다. 둘째로는 클럽이 골퍼의 손목 근처의 한 점을 중심으로 회전한다는 것이다. 따라서 이를 물리학적인 관점에서 본다면, 그 핵심적인 요소는 A(팔, arm)와 C(클럽, club)라는 두 개의 단단한 막대기가 골퍼의 손목이라는 경첩에 의해 단단하게 연결되어 있다고 볼 수 있다. 동시에 다운스윙에 있어서 막대기 A(팔)의 위쪽 끝(그림 5-7에서 점 O가 되는 곳)은 목표물 방향으로 수평운동을 하고 있다. 막대기 A의 위쪽 끝, 즉 그 회전축은 대체로 골퍼의 양어깨의 중간지점이라고 보는 것이 타당하다. 따라서 막대기 A란 이 회전축으로부터 골퍼의 손목까지를 의미한다. 이와 같은 골프 스윙의 모델을 그림 5-7과 같이 단순한 구성도로 표현하였다. 앞에서 이야기한 대로 다운스윙 도중 막대기 A의 위쪽 끝은 목표물 방향으로 가속도 a로 움직이는데, 이 가속도는 다운스윙의 초기에는 양의 값(+)을 가지다가 나중에 평행이동이 늦어지며 최종적으로 정지하기까지는 음의 값(-)을 가진다.

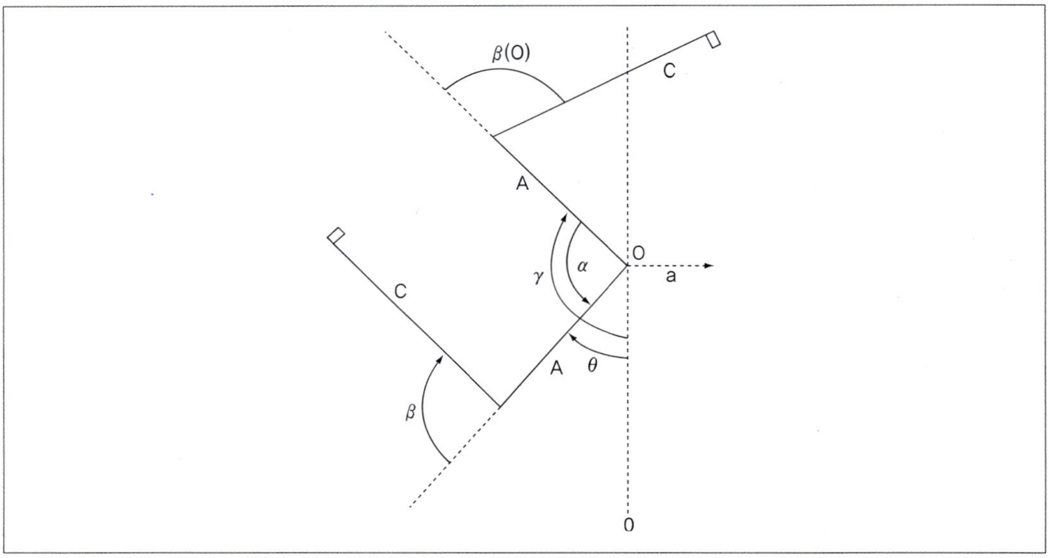

그림 5-7. 골프스윙을 나타내는 모델을 도표로 그려본 것이다(top view). 막대기 A는 골퍼의 팔을 의미하는데 역학적으로 이는 골퍼의 두 팔에 해당된다. 막대기 C는 골프클럽을 의미한다. 막대기 A와 C의 연결부분은 자연스럽게 움직일 수 있다. 두 막대기로 이루어진 전체 계는 점 O를 중심으로 회전하며 동시에 점 O는 오른쪽으로 a의 가속도 운동을 한다. 다운스윙의 시작점에서 막대기 A는 수직선과 γ의 각도를 이루며, 손목꺾임각 β는 β(0)값을 가진다. 다운스윙의 과정에서 막대기 A가 수직선과 이루는 각도는 θ, 손목꺾임각은 β이며 이들은 시간에 따라 변한다. 다운스윙이 시작되며 막대기 A가 회전한 각도가 α이다. 즉, α=0에서 다운스윙이 시작된다.

이와 같은 모델은 다른 연구에서의 모델들과 비교할 때 약간 더 복잡할 수 있다. 만일 이 모델에서 회전축이 목표물 방향으로 가속되는 브분을 제외시킨다면 팔과 손목은 단순한 원 궤도를 그리며 움직일 것이고, 이것은 좀 더 간단한 모델이 될 것이다. 그러나 회전 중심의 이동은 나름대로 물리적인 이유가 있으며, 왜 골퍼들이 다운스윙을 하면서 상체를 목표물 방향으로 이동시키는 지를 설명할 것이다.

백스윙의 탑, 즉 막대기 A가 시계방향으로 백스윙각 (Υ)만큼 돌아간 상태에서 다운스윙이 시작된다고 한다면 이때의 시간을 t=0으로 놓는다. 백스윙 도중에 물론 다운스윙에서도 마찬가지이지만, 손목의 꺾임에 의해 막대기 C는 막대기 A의 연장선으로부터 시계방향으로 일정한 각도가 돌아가게 되는데 이를 손목꺾임각(β)이라고 부르기도 한다. 따라서 다운스윙의 시작점 즉, t=0에서의 손목꺾임각은 $\beta(0)$가 된다. 또한 클럽헤드가 공과 접촉하는 임팩트 순간의 베타값은 $\beta(i)$로 표시하기로 한다. 다운스윙에 따라 막대기 A가 백스윙의 탑으로부터 회전한 각도를 α로 표시한다. 따라서 이 각도가 시간에 따라서 변화하는 비율 즉 각속도는 α의 시간에 대한 1차 미분이 되며, 이 각속도의 시간에 대한 변화율인 각가속도는 α의 시간에 대한 2차 미분이 된다. 각드 β에 대하여도 그 각도와 각가속도는 동일한 방법으로 기술된다.

골프 클럽에는 다섯 가지의 토크가 동시에 작용하고 있다. 첫 번째로 골퍼의 팔이 클럽에 토크를 작용하는데 이는 골퍼의 팔이 회전하게 되면, 클럽은 자연히 따라서 회전하게 되는 것으로 보아 알 수 있다. 다음으로 골퍼 스스로가 손목의 꺾임을 푸는 과정에서 작용하는 손목에 의한 토크이다. 세 번째는 원심력에 의한 토크인데 이는 전체계가 회전하기 때문에 작용하는 원심력에 의한 토크이며 손목의 꺾임각이 풀어지는 방향으로 작용한다. 네 번째로 중력에 의해 작용하는 토크가 있고, 마지막으로 골퍼 스스로가 그의 회전중심을 목표물 방향으로 가속도를 주어 수평이동하는 것으로부터 작용하는 토크가 있다.

신체의 큰 근육이 적당하게 이완된 상태에서 한번 수축할 때마다 낼 수 있는 역학적인 파워는 근육 1 파운드당 약 1/8 마력이라고 한다(1 마력은 745.7 와트W이므로 근파워는 대략 205 W/kg 이다). 표준스윙에서 프로골퍼가 발산하는 파워를 어림잡아 계산해본 결과, 그는 어떤 한순간 최대 2마력의 파워를 내고 있음을 알 수 있었다. 사람의 몸은 언제나 한쪽 방향으로 움직이도록 하는 근육과 함께 그 반대 방향으로 움직이도록 하는 근육을 동시에 가지고 있다(주동근과 길항근). 따라서 어느 한순간 2마력의 파워를 내기 위해서는 최소한도 32 파운드(대략 15 kg)의 근육이 있어야 한다는 계산을 할 수 있다. 또 근육들이 완전한 동작을 할 수 있도록 준비되지 못한 상태에서 운동을 하게 되면, 파운드당

1/8마력이라는 파워를 내지 못할 수도 있다는 점을 감안한다면 32파운드를 넘는 근육이 있어야만 스윙을 할 것이다. 평균적인 어른의 신체에서 팔과 어깨부분에서만 32파운드에 해당되는 근육을 찾는다는 것은 불가능한 일이다. 따라서 나머지 근육은 다리, 허벅지 그리고 심지어는 등으로부터 찾지 않으면 안 될 것이다. 골프의 스윙을 단순히 파워의 측면에서만 보더라도 스윙 시 필요한 에너지는 팔과 어깨뿐만 아니라 신체의 각 부위에 퍼져 있는 모든 근육으로부터 나오는 것이라는 사실을 확신할 수 있다.

3. 다섯 가지 실험

두 개의 막대기 모델로 다운스윙을 설명하기 위해서 우선 골퍼의 팔에 작용하는 토크는 주어졌다고 가정하자. 그리고 그것이 어디로부터 오는 것인지에 대한 자세한 내용도 일단 접어두기로 하자. 물론 다운스윙에 포함된 힘과 토크를 어떻게 골퍼가 신체로부터 생산하는 지를 알아보는 것은 골프 스트로크의 분석에 있어 중심과제 이다. 그러면 분석에 필요한 직관적인 감각을 익히기 위해서 막대기에 힘과 토크가 작용할 때 어떤 운동이 일어나는지 알아보기로 하자. 막대기는 골퍼의 왼팔을 의미하는 것이고 팔 끝에 매달린 클럽의 존재는 당분간 무시하기로 한다.

골프 스트로크를 힘차게 휘두르는 동안 작용하는 힘과 토크는 매우 커서 다운스윙을 하는 동안 중력에 의해 생긴 힘과 토크는 상대적으로 거의 무시할 수 있다. 만일 막대기를 손으로 잡고 이 막대기에 여러 힘과 토크를 작용시킨 후 생긴 운동을 연구한다면 중력의 효과가 이 연구를 방해하게 된다. 물론 중력이 없는 무중력 상태에서 실험을 하면 좋겠지만 그런 환경을 조성하기란 쉽지 않다. 따라서 매끄럽고 평평한 책상 위에 막대기를 놓고, 이 막대기에 여러 가지 힘을 작용시켜서 그 운동의 효과를 살펴보자. 물론 막대기와 책상 면 사이의 마찰을 고려해야 하지만 책상의 면이 충분히 매끄럽다면 책상 면과의 마찰력의 영향은 무시해도 좋다. 실제 실험은 미터자와 같은 막대기를 부드러운 책상 위에 놓고 여러 가지 힘과 토크를 작용시켜서 그 운동을 관찰하는 것이다.

막대기의 운동에 대하여 다섯 가지 경우에 대하여 알아보려고 하는데 그것들을 골퍼의 왼팔의 운동과 연관시킬 것이다. 그 운동 중에 네 가지 경우를 그림 5-8에 제시하였다.

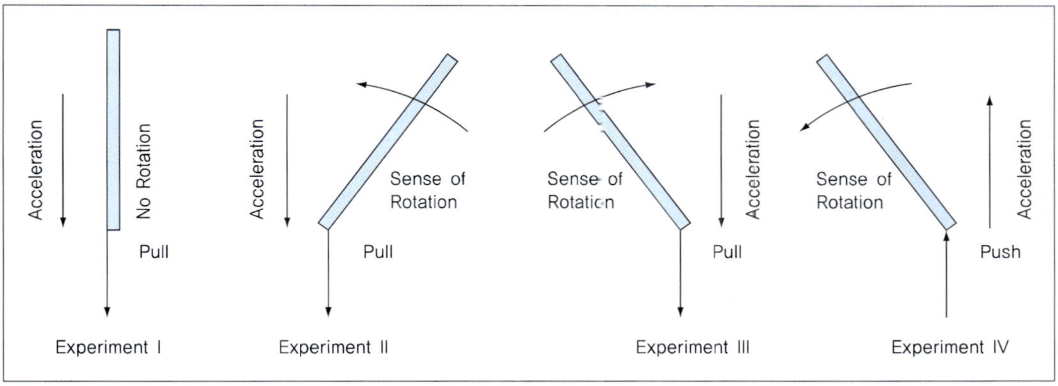

그림 5-8. 골퍼가 체중이동을 통해 어떻게 팔에 회전 각속도를 생산할 수 있는지 설명하는 그림.

이 실험에서 막대기는 골퍼의 왼팔을 표현하는 것이다. 그리고 골퍼가 적당한 스탠스를 잡고 섰을 때, 그가 바라보는 정면을 남쪽이라고 하자. 좀 더 쉽게 생각하기 위해서 골퍼의 스윙평면이 책상 면과 일치한다고 가정하면 이 면은 스윙동작에 의해 남쪽은 낮고 북쪽은 올라가는 경사가 생기게 된다. 그러면 테이블에서 동쪽에서 서쪽을 향하는 선은 바로 골퍼가 수평으로 백스윙을 했을 때의 왼팔의 방향을 표현하게 된다. 골퍼가 팔을 수평보다도 더 들어 올렸다면 즉, 최대로 허리를 틀어 뒤로 백스윙을 했다면 이는 동쪽에서 서쪽을 향하는 선보다 더 북쪽으로 치우친 방향이 될 것이다. 북쪽에서 남쪽을 향하는 선은 다운스윙의 최저점 즉, 공이 임팩트 되는 방향을 가리킨다. 따라서 다운스윙으로 인해 왼팔이 돌아가는 방향은 반시계 방향이다.

(1) 첫 번째 실험

막대자를 동쪽에서 서쪽 방향으로 매끄러운 책상 위에 놓고, 막대기의 동쪽 끝에 실을 매달아 동쪽으로 잡아당기는 것이다. 그러면 막대자는 그 힘이 작용하는 방향으로 가속도 운동을 하게 될 것이다. 그러나 막대자의 회전 운동은 관찰되지 않는다. 이로부터 우리는 골퍼가 그의 팔을 수평만큼만 백스윙한 상태에서 그의 어깨로 팔을 수평으로 끌어당기더라도 팔에는 회전 운동이 나타나지 않는다는 사실을 알 수 있다. 그의 팔은 단지 왼쪽으로 선형 가속도를 얻을 뿐이다. 왼팔이 이와 같은 위치에 있을 때 회전운동이 일어났다면, 이는 어깨로부터 팔에 작용한 토크 때문이거나 아니면 중력에 의한 것일 것이다. 첫 번째 실험 결과는 선형 가속도 이다.

(2) 두 번째 실험

이번에는 막대자를 동쪽에서 서쪽 방향보다 더 북쪽으로 치우치게 놓는다. 그리고는 실을 동쪽으로 잡아당기는 것이다. 그러면 막대자가 동쪽으로 가속도를 가지고 움직이면서 동시에 회전하기 시작하는 것을 관찰할 수 있다 즉 각가속도가 있음을 의미한다. 막대자가 회전하는 방향은 반시계방향이 된다. 이와 같은 결과로부터 다음과 같은 사실을 알 수 있다. 골퍼가 최대한 허리를 틀어서 탑까지 백스윙을 하여 왼팔이 수평보다 더 높은 위치에 있을 때 그의 왼쪽 어깨와 함께 왼팔을 수평으로 끌어당기면서 다운스윙을 시작한다면 팔은 왼쪽 어깨로의(동쪽으로) 선형가속도를 가지게 될 뿐만 아니라 동시에 양(+)의 각가속도로 회전을 하게 된다. 이 각가속도는 분명히 어깨의 근육이나 중력으로 인해 만들어진 것은 아니라 오로지 왼쪽 어깨가 왼쪽으로 수평 이동함으로써 유발된 것이다. 막대기를 동쪽에서 서쪽 방향보다 더 북쪽으로 향하게 놓되 여러 각도로 막대기를 놓아 반복해서 실험할 수 있다. 그 결과 치우쳐진 각도가 더 클수록 더 큰 각가속도를 얻게 된다.

(3) 세 번째 실험

이번에는 막대자를 동쪽에서 서쪽 방향보다 좀더 남쪽으로 치우치게 놓고 실을 동쪽으로 잡아당긴다. 막대자는 동쪽으로 선형 가속도를 가지고 움직이면서 앞의 실험과 마찬가지로 동시에 회전하기 시작한다. 그러나 막대자가 회전하는 방향은 앞에서와는 반대로 시계방향으로 움직일 것이며 이것은 음(-)의 각가속도가 된다. 이 실험의 결과로부터 다음과 같은 사실을 알 수 있다. 골퍼의 왼팔이 수평보다 아래에 있을 때 왼쪽 어깨를 이용하여 왼팔을 수평으로 당긴다면 이 때 생기는 각가속도는 원래 정지 상태로 아래에 있었던 팔을 올리는 방향으로 작용할 것이다. 정지상태가 아니라 팔이 다운스윙 중이라도 어떤 각운동이든 관계없이 팔을 천천히 위로 올리는 방향으로 작용할 것이다. 정리하면 팔은 양의(동쪽으로) 선형 가속도를 얻으면서 동시에 음의 각가속도를 얻게 된다.

(4) 네 번째 실험

이번에는 막대자의 위치를 앞의 세 번째 실험과 동일하게 놓은 다음 실을 잡아당기는 것이 아니라 거꾸로 서쪽 방향으로 밀어보자. 물론 막대자는 앞의 실험과 반대방향으로 선형 가속도를 얻게 될 것이다. 또한 각가속도는 막대기가 시계반대방향으로 돌아가도록 작용한다. 즉, 각가속도는 두 번째 실험에서와 마찬가지로 양수(+)가 된다. 이와 같은 실험결과에 의하면 팔이 수평보다 아래에 있는 상태에서는 왼쪽 어깨를 이용해서 왼팔을 더 이상 (동쪽으로)끌어당기면 안 되며, 오히려 왼쪽 어깨의 동작을 멈춤으로써 왼팔에 반대 방향(서쪽)의 선형 가속도를 주어야만 한다는 것이다. 이렇게 함으로써 팔은 양의 방향으로 각가속도를 얻게 되고 다운스윙을 하면서 일관되게 한 반향으로 회전 속도를 증가시킬 수 있다.

(5) 다섯 번째 실험

막대자를 테이블 위에 동쪽에서 서쪽으로 놓고 엄지와 검지로 막대자의 동쪽 끝을 잡은 다음 반시계방향으로 토크를 주어 손가락으로 잡은 지점을 중심으로 막대자가 회전 운동을 하도록 한다. 그러면 막대자는 이 축을 중심으로 양(+)의 각가속도를 가지게 된다. 이로써 골퍼의 어깨와 등의 근육에 의해 왼팔에 가해지는 토크는 다운스윙을 하는 동안 팔의 회전속도가 더욱 빨라지도록 작용하고 있음을 알 수 있다.

이상과 같은 다섯 가지 실험에서 우리는 골퍼의 팔 끝에 연결된 클럽의 존재를 의도적으로 고려하지 않았다. 그러나 실제로 골퍼가 왼팔을 끌어당길 때, 그는 왼팔뿐만 아니라 클럽도 동시에 끌어당기고 있다. 따라서 앞에서 한 여러 실험에서 왼팔이란 사실 왼팔과 클럽을 합친 '시스템'으로 바꾸어야만 할 것이다. 이 시스템의 무게중심은 항상 왼팔을 따라 그 위에 놓이게 된다. 골퍼의 왼팔로 표현된 테이블의 선은 이 시스템의 무게중심의 선으로 생각을 바꾸면 된다. 그러나 어찌되었든지 앞에서 논의한 결과에는 변함이 없다.

4. 왼쪽 어깨가 왼팔을 끌어당긴다.

그러면 위의 실험결과를 기초로 불필요한 동작으로 인해 생길 수 있는 힘의 손실 없이 골프 스트로크에 필요한 파워를 만들기 위하여 다운스윙의 전 과정을 어떻게 조직화해야 하는지에 대하여 알아보기로 하자. 먼저 왼팔과 클럽을 합친 질량계가 수평보다 더 돌아간 상태에서 왼쪽 어깨로 왼쪽 팔을 끌어당겨 줌으로써 양의 방향의 각가속도가 생길 수 있음을 알았다(두 번째 실험). 따라서 큰 근육은 질량계가 수평위치에 도달하기 전 즉, 다운스윙의 초기에 일을 해야 한다는 것이다. 만일 질량계가 수평위치를 이미 통과했는데도 불구하고 왼쪽 어깨가 질량계를 계속 끌어당긴다면 음의 방행의 각가속도를 생성하여 클럽의 회전속도를 감소시키는 결과를 주게 된다. 이것은 또한 다운스윙이 오직 어깨와 등의 근육으로 질량계에 토크를 작용시키는 것만으로 시작되어서도 안 된다는 점을 말해준다. 다운스윙은 어디까지나 큰 근육과 어깨 그리고 등의 근육이 동시에 작용하여 조화롭게 시작되어야 한다.

앞의 실험으로부터 다운스윙이 골퍼의 어깨와 등의 근육에 의한 주된 토크와 또 대퇴부와 허벅지의 큰 근육을 이용하여 몸체를 목표방향으로 평행 이동시켜 줌으로써 발생되는 토크를 조화롭게 조직화해서 이루어져야 함을 알았다. 후자의 토크를 극대화하기 위해서는 다운스윙의 초기에는 질량계의 끝부분에 해당되는 왼쪽어깨를 끌어당겨주어야 하지만, 질량계의 무게중심이 수평위치를 통과한 이후에는 즉, 다운스윙의 후반부에는 오히려 반대방향으로 밀어주어야만 한다. 이렇게 끌어주고 다시 밀어줌으로써 팔과 클럽의 회전 속도는 계속 증가될 수 있다. 물론 이렇게 끌어주고 밀어주는 것은 클럽이 공을 치기 이전에 모두 완료되어야만 한다. 즉, 임팩트 이전에 이미 어깨의 수평운동은 모두 끝이나 있어야만 하는 것이다. 이러한 어깨의 수평운동은 특별히 제한된 거리에서만 이루어져야 한다. 프로골퍼의 스윙사진을 분석한 결과 이 거리는 대체로 37.5cm정도였다. 물론 이 거리는 어깨가 그리는 곡선을 따라 측정한 것이다. 어떤 골퍼는 이 거리가 50cm에 이르기도 했다.

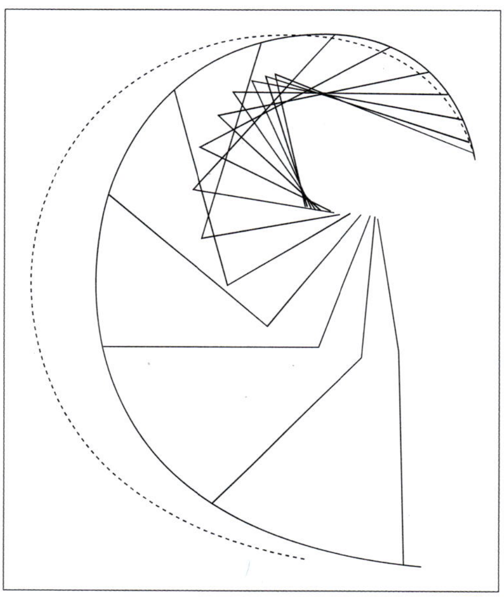

그림 5-9. 골프의 스윙

골프전문가인 바비 존스의 기술에 의하면 다운스윙의 초기에 신체를 왼쪽으로 빠르게 이동해야 한다고 명확하게 표현하였다. 잭 니콜라우스 역시 이와 같은 신체의 빠른 이동에 대해 언급하고 있으며, 체중이동이 빠를수록 더욱 힘찬 스트로크를 할 수 있다고 말하고 있다. 바로 이 체중이동이란 신체의 큰 근육을 이용해서 동작의 초기에 신체를 이동시키는 것이다.

어깨 근육에 의한 힘은 체중이동보다 좀 늦게 작용해야 한다는 사실은 아마도 전문가들이 지적하는 '다운스윙을 천천히 시작하라'는 말과 같은 맥락이라고 볼 수 있다. 거의 대부분의 능숙한 골퍼들이 다운스윙을 천천히 하는 것이 좋은 골프 스트로크를 위해서 필수적이라고 지적하고 있다.

III 무용의 운동학

1. 회전하는 동안의 균형

무용가가 균형을 유지하려고 애쓰면서 회전동작을 연기하는 상황에서 균형을 잡지 못하고 회전하고 있다고 가정해보자. 균형 상태로 되돌아가기 위해 무용가가 할 수 있는 적절한 방법은 무엇일까. 우선 비틀거리는 동작이든 올바른 신체조절에 의한 동작이든 간에 균형을 유지하는 것은 회전과 관계가 없다. 또한 균형을 잃고 돌고 있는 팽이와 같이 세차운동을 하는 좀 더 복잡한 동작에서도 균형을 유지하는 것은 회전과 관계가 없다.

회전하면서 불균형 상태에 있는 무용가는 몸의 위치를 적절히 이동시키기 위해 노력한다. 이런 동작이 회전 때문에 좀 더 어려운데, 그 이유는 신체에 대한 조절 방향이 신체가 회전함에 따라 변화해야만 하기 때문이다. 그러나 회전에 의해 그 방향이 계속 바뀌더라도 결과적으로는 회전축 중심으로 몸을 계속 움직여야 한다. 이렇게 무용가가 회전을 하면서 신체의 방향을 변환시키는 것이 쉽지 않다. 그러므로 1초에 2~3번 회전하는 무용가는 이와 같은 조절이 필요 없을 만큼 충분한 균형 상태에서 회전을 시작해야 한다. 이런 동작에서 유연한 상체는 몸을 적절히 조절하는데 필요하고, 튼튼한 하체는 불필요한 흔들림을 제거하여 신체를 잘 지지하는데 도움을 준다.

무용가가 한 번에 12번 정도의 회전을 쓰러짐 없이 수행할 수 있는 것은 여러 요인이 조화를 이룰 때 가능하다. 우선 무용가는 처음 몇 번의 회전에서는 적어도 몸을 조절할 필요 없을 만큼 충분한 균형 상태에 있어야 한다. 그 다음에 지속되는 회전은 각운동량 보존 법칙으로 설명할 수 있는데, 회전관성으로 인해 안정적이고 연속적으로 회전할 수 있는 효과를 준다. 마치 빠르게 돌고 있는 팽이나 자전가가 쓰러지지 않고 그 자체 회전 때문에 균형을 잡을 수 있는 것과 같다. 매우 빠른 회전을 하는 스케이터 역시 이와 같이 빠른 강체의 회전을 연출한다. 그러나 마찰력 때문에 회전이 느려지면, 회전에 따라 방향을 변환시키면서 신체 위치를 이동시키는 모습을 볼 수 있다. 이러한 것은 잘 훈련된 무용가가 거의 멈출 때까지도 회전을 유지하기 위해 몸을 조절하면서 회전하는 모습에서 찾아 볼 수 있다.

2. 신체의 크기와 잃어버린 균형과의 관계

단순하게 신체를 길이가 L이고 아래쪽보다는 위쪽 끝이 좀 더 무거운 이상적인 막대기라고 가정하자. 이 막대기는 바닥에서 수직방향으로 균형을 잡을 수가 있다. 이 막대기가 수직방향에서 Θ_o만큼 기울어졌다면 비틀거리기 시작할 것이다. 이 기울어진 각도가 가속되면서 커짐에 따라서 균형을 잃어가는 정도도 증가할 것이다.

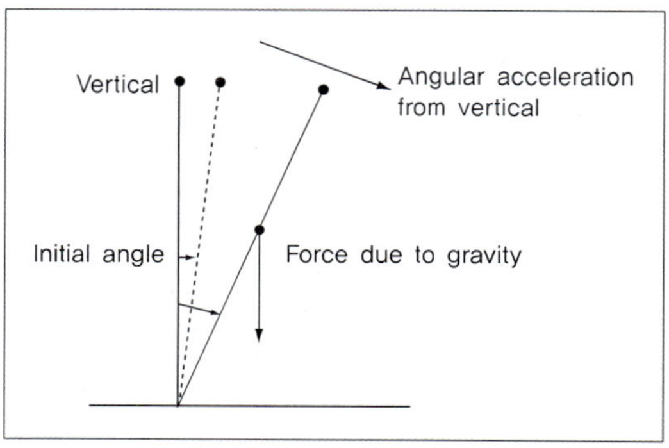

그림 5-10. 균형을 잃고 쓰러지는 막대기

그림 5-10에서 볼 수 있듯이 중력은 막대의 중심에서 작용하고 막대기가 수직으로부터 벗어나는 동안 지지점 주위에 토크를 생성한다. 수직축으로부터 멀어지는 막대기의 각가속도 α와 중력으로 인한 토크 T와의 관계식은 다음과 같다.

$$T = I\alpha$$

$$mgR_c\sin\theta = I\alpha = mR_g^2\alpha$$

위의 식에서 신체의 질량을 m, 중력가속도를 g, 지지점(발끝)에서부터 무게 중심까지의 직선거리를 R_c라고 할 때, 균형을 잃고 회전하려는 토크는 $mgR_c sin\theta$가 된다. 이때 신체의 관성모멘트를 I라고 한다면, 회전(gyration) 반경 R_g는 $\sqrt{I/m}$이고, α는 균형을 잃고 회전하는 각가속도이다. 만일 θ가 작다면 $\sin\theta$는 매우 적은 오차범위 내에서 Θ로 바꿔 쓸 수 있다. 따라서 위의 식은 간단한 미분방정식으로 쓸 수 있고, 초기조건이 고려된 다음의 해를 갖는다.

$$\Theta = \Theta_0 \cosh\sqrt{gR_c/R_g^2}\,t$$

그러므로 θ는 일정한 계수 $K(=\sqrt{gR_c/R_g^2})$를 포함하는 시간 t의 함수인 $cosh\ Kt$로 나타낼 수 있다.

길이가 1.78m(5피트 10인치)인 균질한 각대기의 경우에 무게중심의 중점인 R_c는 0.89 m이고, R_g는 1.03m가 된다. 위쪽 끝(머리)이 더 무거운 막대를 고려해서 임의로 15%정도 위로 질량을 증가시키면, 중점인 R_c는 1.02m이고 R_g는 1.18m로 가정할 수 있다. 그렇다면 위의 방정식에서 t의 계수는

$$\sqrt{gR_c/R_g^2} = 2.7/\sec$$

가 된다.

위의 결과를 이용하여 아래의 표 5-2에 키가 178cm(5피트 10인치)인 무용수와 그보다 15% 키가 작은 153cm(5피트)인 무용수가 균형을 잃고 비틀거릴 때, 시간의 경과에 따라 수직축으로부터 벗어나는 각의 증가량을 각각 계산해 놓았다. 키에 따라 K의 계수는 달라지고, 키가 작은 경우에 예상대로 균형을 잃고 수직으로부터 멀어지는 각도가 더욱 증가하게 된다는 것을 알 수 있다.

또한 수직축에서 벗어난 초기 각도가 0.5도, 1도, 2도, 4도로 증가할 때, 시간이 경과함에 따라 수직으로부터 벗어난 각도가 점점 더 증가하는 것을 보여주고 있다. 즉, 키기 큰 무용수의 경우, 초기에 거의 균형에 가까운 자세에 있더라도 1초를 경과하면 수직축에서 멀어진 각이 약 4배로 증가한 것을 알 수 있다. 초기각이 1° 일 때 1초 후 수직축에서 벗어난 각은 약 8° 정도이고, 초기각이 약 4° 일 때 신체는 수직축에서 30° 보다 더 많이 기울어질 것이다. 이 두 가지 예는 초기각의 차이로 인해 신체의 중심이 약 5 cm(2 인치) 정도 벗어났을 때의 차이점을 극단적으로 보여주고 있다. 그래서 지속적으로 균형을 잡고 회전하기 위해서는 신체의 초기 위치가 매우 정확해야 한다. 키가 작다면 시간 경과에 따

른 각도의 변화가 더 증가하기 때문에 회전하기 전 신체 초기의 위치에 더욱 더 주의를 해야 한다.

표 5-2. 키가 큰 무용수와 키가 작은 무용수가 균형을 잃고 수직축으로부터 벗어나는 각도

신장	경과 시간(초)	초기각도(°)			
		0.5°	1°	2°	4°
178cm (5피트10인치)	0.5	1.0	2.1	4.1	8.2
	1	3.7	7.5	15	30
	1.5	14	29	57	60이상
	2	55	60이상	60이상	60이상
153cm (5피트)	0.5	1.1	2.3	4.5	9.0
	1	4.6	9.1	18	36
	1.5	20	39	60이상	60이상
	2	60이상	60이상	60이상	60이상

3. 수직 도약

키가 크거나 발이 긴 무용가들에게는 공통적으로 숨어있는 어려움이 있다. 수직 도약은 음악의 리듬에 맞춰 적절한 높이로 수행해야 한다. 때때로 이러한 요구는 물리적으로 불가능하여 어느 정도 타협이 필요하다.

모든 도약은 수직가속도와 힘으로 이루어진다. 항상 우리 몸의 수직하방으로 중력이 작용하기 때문에 체중과 같은 크기의 지지력이 작용하면 정지 상태를 유지할 수 있다. 지면에서 수직으로 도약하기 위해서 우리는 체중보다 더 큰 힘을 마루 바닥에 작용해야 한다. 왜냐하면 우리가 원하는 충분한 수직상방의 속도를 얻기 위해서이다. 작은 수직속도는 발만 이용해서 얻어지지만 대부분의 도약은 다리를 구부려 얻는 가속도를 필요로 한다.

도약 높이는 바닥에 작용하는 하방 수직력과 그 힘이 작용하는 시간 또는 수직 거리에 의존한다. R을 마루에 작용하는 수직력과 무용수의 체중사이의 비(比)라고 하자(예를 들어, 두 힘이 같으면 $R = 1$ 이고, 무용수가 작용하는 힘이 체중의 2배이면 $R = 2$ 이다). 그 힘이 작용하는 수직거리를 d라고 하면, 도약 높이는

$$H = d(R - 1)$$

로 주어진다(일=힘×거리=mgH).

수직도약을 위해 무게중심을 1 피트 아래로 낮추면 무용가의 체중의 2배에 해당하는 수직력을 얻게 되어 무게중심을 평형점보다 1 피트 위로 올리는 도약이 가능하다. 물론 도약하는 동안 적용되는 힘은 일정하다고 가정하고 상방으로 가속되는 동안 평균력이 작용한다고 생각하면 이 동작의 일반적인 결과를 잘 설명할 수 있다.

도약할 때 고려해야 할 중요한 사항은 음악의 리듬에 따른 타이밍(도약시기)이다. 여기서 몸이 공중에 있는 체공시간은 오직 도약 높이와 관련이 있지, 신체의 크기나 체중과는 상관없다. 왜냐하면 중력에 의한 가속도는 체중에 의한 것과 같기 때문이다. 그러나 그 관계가 선형적이지는 않다. 즉, 공중에 있는 시간이 두 배가 되면 도약 높이가 두 배가 되는 게 아니라 두 배의 높이로 도약하기 위해서 그 이상의 시간이 필요하다.

표 5-3. 수직도약에서 점프높이와 체공시간의 비교

H(피트)	0.5	1.0	1.5	2.0	2.5	3.0	3.5	4.0
T(초)	0.35	0.50	0.61	0.70	0.79	0.86	0.93	1.00

도약 높이는 이륙 순간부터 도약의 최고 정점 순간까지의 신체의 무게중심이 이동한 수직 거리를 의미한다. 그리고 마루 바닥과 접촉해 있지 않는 동안의 체공 시간을 T라고 하면 위의 표 5-3이 참고가 될 것이다. 도약 높이와 체공시간의 공식은 다음과 같다.

$$H = \frac{v^2}{2g}, \quad T = \frac{2v}{g}$$

따라서 체공시간과 도약 높이와의 관계는

$$H = \frac{g}{8} T^2$$

이다. 여기서 중력가속도 g는 약 10m/sec 이고 높이의 단위는 m이며 시간의 단위는 초이다. 이 공식을 이용하면 체공시간이 2초일 때 도약 높이를 계산하면 약 5m가 된다.

보통 안무와 음악의 박자는 1/3초 안에 이루어지는 도약을 요구한다. 이러한 도약 높이는 모든 신체에 대해 약 5인치 정도일 것이다. 그래서 모든 무용가들은 도약하는 동안 발끝을 뾰족하게 하라는 말을 듣는다. 작은 발을 가진 무용가에게는 그 도약 높이가 마루 바닥위로 분명하게 뾰족한 발끝 모양을 하기에 충분하기 때문에 그것을 할 수 있다. 그러나 긴 발을 가진 무용가는 불행히도 그렇지 않다. 그런 무용가들은 허용된 시간 안에 발끝을 뾰족하게 할 방법이 없다. 바닥 위에 분명하게 뾰족한 발끝이 나타나게 하기위해 도약 높이를 증가시키면 도약의 시간이 길어져서 리듬에 맞춰 다음 동작을 할 수 없다.

4. 신체 크기의 영향

대부분 작은 키보다는 큰 키를 선호하지만, 큰 키와 긴 다리가 지니는 단점도 있다는 것을 키 큰 무용가들은 잘 알고 있다. 아다지오(adagio; 느리고 지속적인 움직임) 동작은 키 큰 무용가들의 연기를 더 부드럽게 보이도록 하지만, 알레그로(allegro) 동작에서는 같은 음악에 같은 동작을 하더라도 큰 키의 무용가들이 작은 무용가들보다 훨씬 더 많은 힘을 필요로 한다.

무용지도자는 무용 동작을 할 때 특히 어린이와 성인 간의 차이를 알고 있다. 성인들이 더 잘 발달된 근육과 조정능력, 이해력을 갖고 있을 지라도 어떤 종류의 동작에서는 어린이들이 더 쉽게 연기할 수 있다. 10대 초반에 급성장을 한 학생들은 보통 일시적으로 세련미와 신체 조정능력을 상실한 경험을 한다. 그리고 안무가들은 종종 큰 무용가와 작은 무용가들에게는 선이나 음악 템포, 동작의 일반적 스타일에 있어서 서로 다른 기대를 해야 함을 깨닫는다.

무용 동작을 수행하는데 있어서 신체 크기에 따라 나타나는 동작의 효과를 설명할 수 있는 물리학적 근거는 뉴턴의 제2법칙이다. 뉴턴의 제2법칙은 질량이 큰 물체를 가속할 때에 질량이 작은 물체를 같은 가속도로 가속할 때보다 더 큰 힘이 든다는 것을 말하고 있다. 그러나 일부 좀 더 미묘한 "크기(scaling)" 문제는 그렇게 명확하지 않다.

이제 더 큰 신체를 지탱하거나 움직이는 데 필요한 힘의 크기를 생각해 보자. 우리는 가는 다리를 가진 개미가 자신보다 무거운 물체를 쉽게 나를 수 있고, 벼룩이 자신의 키보다 몇 배나 더 점프할 수 있는 반면에 평평한 다리를 가진 코끼리가 자기 무게를 지탱하는 것 외에는 거의 아무 것도 할 수 없다는 것을 알고 있다. 이것은 물체가 커질 때 표면적보다 부피가 훨씬 빨리 커진다는 사실 때문이다. 강도는 단면적(길이의 제곱)과 관계되는 반면에 무게는 부피(길이의 세제곱)와 관계된다. 부피는 단면적이 증가하는 것보다 훨씬 더 크게 증가한다.

기하학적으로 유사한 두 동물, 어떤 모양을 가진 한 동물과 그 동물과 정확히 같은 모양(같은 신체 비율)을 가지고 있지만 각각의 길이가 두 배인 또 다른 동물을 생각해 보면 그 이유를 이해할 수 있다. 자연에서 체격이 큰 동물은 작은 동물의 다리에 비하여 비정상적으로 두꺼운 다리를 가지고 있다. 이것은 부피와 높이 사이의 관계 때문이다. 신체의 부피와 그에 따른 질량은 신체 길이의 세제곱으로 커지는 반면에 강도와 면적은 증가량의 제곱으로 커지기 때문이다. 따라서 길이가 두 배인 동물의 무게는 작은 동물의 여덟 배가 된다. 그러나 신체를 지지하는 다리의 단면적은 길이의 제곱에 비례하므로 큰 동물의 다리 단면적은 작은 동물의 네 배밖에 되지 않는다. 따라서 큰 동물은 네 배의 단면적으로 여덟 배의 무게를 지탱하게 되어서 다리는 두 배의 스트레스 또는 압력을 견디어야 한다.

신체에 부과되는 지나친 스트레스나 압력은 부상의 원인이 된다. 이것이 작은 사람들이 부상을 덜 당하는 이유이기도 하다. 물론 어린 사람들은 뼈와 조직이 더 유연하기 때문에 회복력이 좋다.

신체 크기(scaling)에 대한 중요한 효과 중 하나는 근육이 낼 수 있는 힘이다. 이것은 어떤 근육이 내는 근력은 대략 그 근육의 근섬유의 단면적에 비례한다. 이것을 근육의 법칙이라고 부른다. 만일 더 큰 동물의 근육 길이가 작은 동물의 두 배라면 근육은 네 배의 단면적을 갖게 되어 네 배의 힘을 낼 수 있다. 그러나 가속해야 될 질량이 여덟 배이기 때문에 큰 동물의 동작은 더 어려워질 것이고 작은 동물과 같은 속도로 움직이려면 더 많은 근력이 필요할 것이다.

이런 크기(scaling)의 원리를 사람에게 적용해 보자. 키가 160cm(5피트 3인치)인 어린 남자 무용가와 183cm(6피트)가 넘는 성인 남성 무용가의 경우(15% 더 크다)를 생각해 보자. 그리고 그들의 신체 모양(신체 비율)은 정확히 똑같다고 가정한다. 성인은 작은 아이보다 52%정도 더 무거울 것이고, 근육은 32%정도 더 강할 것이다. 따라서 성인이 30cm(1피트) 높이로 1/2초 동안 도약하려면 근육은 15%의 힘을 더 가해야 한다. 성인이 자신의 키의 1/5에 해당하는 높이(작은 아이의 경우에는 1피트)를 도약하려면 1.2피트를 도약하여야 하고, 근육은 작은 아이보다 32%나 더 힘을 내야한다.

이 동작에 대해서 신체를 움직이는데 필요한 칼로리와 직접적으로 연관되는 에너지를 생각해 보자. 수직 점프에 필요한 물리적 일은 무게와 높이의 곱이므로 성인이 한 일이 작은 아이가 한 일보다 52% 더 많다. 만일 자신의 키에 대해서 같은 비율로 도약하는 경우라면 성인은 75%나 더 많은 에너지를 필요로 한다.

5. 회전

신체 크기가 다르더라도 모양만 같다면 임의의 회전축에 대한 신체의 관성 모멘트

($I=mr^2$)는 신체 길이의 다섯 제곱에 비례한다. 따라서 수직축에 대한 성인의 관성 모멘트는 작은 아이의 두 배이다($0.15^5 \approx 2$). 작은 아이보다 훨씬 두꺼운 성인의 근육은 32% 정도 더 큰 힘을 낼 수 있다. 따라서 회전을 시작하기 위해 한 쌍의 힘을 만드는 두 발이 바닥에 가하는 수평력이 32% 더 커진다. 또한 같은 신체 자세라면 준비 자세의 앞발과 뒷발 사이의 거리가 15% 더 멀어지므로 성인이 가하는 가속 토크가 작은 아이보다 52% 더 커진다. 그러나 성인의 각가속도가 작은 아이보다 32% 더 작기 때문에 같은 비율로 회전을 하려면 성인의 근육이 32% 더 많은 힘을 내야 한다.

이제 바닥에서의 마찰력이 문제이다. 신발이 바닥에서 움직이지 않을 때 두 표면 사이의 힘은 $F=CW$로 최대일 수 있다. 여기서 C는 정지 마찰 계수이고 W는 체중이다. 그러므로 마찰 계수가 같다면 성인의 마찰력이 작은 아이보다 52% 더 크다. 준비 자세에서 두 발 사이의 거리를 더 벌림에 따라 성인의 토크는 75%정도 더 커질 수 있다. 그러나 작은 아이와 같은 각가속도를 얻기 위해 성인은 101%만큼 더 큰 토크를 가해야 한다. 따라서 큰 무용가가 작은 무용가와 같은 비율의 회전을 하기 위해서는 더 큰 마찰 계수-예를 들어 더 많은 송진의 사용-를 필요로 한다. 회전을 시작할 때 두 발의 미끄러짐은 작은 아이보다 성인의 경우에 더 큰 문제가 될 것이다.

6. 신체 크기의 효과

지금까지 논의된 신체 크기의 효과는 키가 큰 무용가들에게 불리한 것이었다. 그러나 때때로 키 큰 무용가들이 취하는 느린 동작들이 더 우아하고 부드러워 보이는 것이 사실이다. 키 큰 무용가의 동작이 더 부드러운 이유 중 하나는 큰 사람이 내는 근육의 힘에 의한 각가속도가 더 느리다는 것이다. 성인은 특정 동작에서 적당한 가속도를 얻기 위해 그의 힘의 90%를 사용한다. 작은 아이는 같은 비율로 그 동작을 하기 위해 그의 힘의 50%를 사용할 것이다. 사용되는 힘의 크기가 영에 가깝거나 최대치에 가까울 때 신체를 부드럽게 조절하는 것이 쉬워진다. 반면 절반 정도의 힘을 사용할 때에는 동작에 필요한 힘보다 많거나 적게 조절할 수 있는 폭이 커지므로 적당히 조절하는 것이 가장 힘들다. 따라서 더 적은 힘을 사용해야 하는 작은 아이는 느린 템포에서는 부드럽게 움직이기가 더 어려울 것이다.

신체의 크기(scaling) 요인을 분석함에 있어서 신체 크기가 다르더라도 모양 또는 비율은 같다고 가정하였다. 그러나 실제 키가 15% 더 크다 할지라도 측면 길이는 15% 보다는 작은 비율로 커질 것이다. 그리고 이런 경우에는 지금까지의 분석은 다소 달라질 것이다. 예를 들어 키 때문에 불리하였던 점들이 다소 덜 손각해 질 것이다. 그러나 신장이 커지는 비율에 비해 측면으로의 길이가 커지는 비율이 작다면 근육의 단면적 역시 길이의 제곱보다는 작은 비율로 커질 것이다. 즉, 키 큰 무용가들이 겪게 되는 어려움을 완화시키는 요인들이 사라지게 되므로 크기에 의한 불이익들이 여전히 남게 된다.

표 5-4. 큰 무용가와 작은 무용가의 신체 특징과 동작의 비교(Laws, 1984)

키	15%
체중	52%
지지하는 다리의 단면적	32%
근육의 단면적(과 그에 따른 근력의 세기)	32%
정해진 시간 간격동안에 가능한 도약 높이	동일
같은 높이를 도약하는데 필요한 에너지	52%
신장에 대해 같은 비율의 높이를 도약하는데 필요한 에너지	75%
임의의 회전축에 대한 관성 모멘트	101%
임의의 회전축에 대해 특정 각가속도를 얻는데 필요한 토크	101%
특정한 각가속도를 내는데 필요한 근력	32%

참고문헌

1. 김창국 역(2003), 생체역학, 대경북스.
2. 폴 휴이트(1994). 수학 없는 물리, 에드텍.
3. 송은영(2001), 교과서 밖에서 배우는 재미있는 물리상식, 맑은창.
4. 조영석 역(1998), 물리를 알면 골프가 보인다, 한승.
5. Griffith, W. Thomas(2001). The Physics of Everyday Phenomena, McGraw-Hill.
6. Jorgensen, Theodore(1994). The Physics of Golf, AIP Press.
7. Laws, Kenneth(1984), The Physics of Dance, Schirmer Books.
8. Skalak, Richard and Nihat Ozkaya(1999). Fundamentals of Biomechanics, Springer-Verlag.

제6장

임상의학의 기초
(면역 혈액 및 뇨와 운동)

I 운동과 면역기능

생명의 탐구에 가장 근접하고 있는 학문이 생명 과학이라고 한다면 그 중에서도 가장 핵심 분야가 바로 면역학이다. 자극에 대한 적절한 신체의 반응을 나타내는 신체의 항상성은 운동으로 건강을 유지하기 위한 적절한 반응을 나타내는 신체의 기능으로 이런 항상성은 외부자극에 대한 방어 및 적응의 개념으로 면역기능을 들 수 있고, 운동으로 면역기능을 향상시킬 수 있다는 긍정적인 효과 중 가장 중요한 의미로 받아들여지고 있다. 운동이 우리 인체에 주는 많은 이점들로 인해 질병에 걸리지 않고 건강하게 생활할 수 있는지에 대해 행동과학, 운동과학 분야의 학자들이 운동과 면역 기능과의 관계를 가지고 해석하려는 움직임으로 인해 많은 연구가 이루어지고 있다.

운동은 신체적·생리적 스트레스를 뜻할 뿐만 아니라, 인체의 항상성을 변화시키는 스트레스원으로 알려져 있다. 운동으로 인한 스트레스원이 저·중강도의 규칙적인 운동으로 면역학적 항상성을 유지하여 몸에 이로운 운동이 될 수 있는 반면에, 과도하거나 고강도의 탈진적인 운동으로 면역학적 항상성을 깨뜨리는 몸에 해로운 운동이 될 수 있다.

운동의 초기에 항상성은 분열되고 여러 가지 신경내분비, 대사물질 및 면역반응이 운동강도와 운동시간에 비례해서 초래되며, 운동 중과 후에 지속적으로 변화되는 백혈구, T세포, B세포, NK세포, 면역글로불린 및 사이토카인 등은 인체의 질병에 대한 내성에 심각한 영향을 미칠 수 있다는 것은 일반적으로 알려져 있다. 이러한 운동과 면역반응에 대한 관련성을 규명하기 위하여 많은 연구들이 행하여지고 있다. 운동면역학에서 강조되는 것은 급성 시간-제한성 스트레스의 상황과 만성적 운동 상황과 같은 두가지 운동 스트레스 상황에 근거를 두고 있다.

운동에 대한 급성반응이란, 한차례의 운동에 의해서 유발되는 면역체계의 갑작스럽고 일시적인 변화를 말하는 것으로, 그것은 운동종료 후 곧 사라진다.

그리고, 규칙적인 운동트레이닝 후 면역체계의 구조와 기능에 있어서 지속적인 변화를 운동에 대한 만성적인 적응이라고 한다.

1. 급성운동에 대한 면역기능

(1) 급성운동이 면역세포기능에 미치는 영향

최근에 운동과 트레이닝이 어떻게 면역체계에 영향을 미치는 가는 상당한 관심거리가 되고 있다. 실험동물과 사람을 대상으로 한 많은 연구들은 급성운동시 총백혈구수, 림프구아형의 상대적 비율, 호중구, 단구, 자연살해세포, T림파구 및 B림파구의 면역기능이 변형된다고 하였다. 그러나, 많은 보고들은 상반된 결과를 발표하고 있는데, 이러한 불일치는 운동강도, 운동시간에 기인한다고 보고하였다. 왜냐하면, 이런 운동강도와 운동시간은 세포수의 변화 혹은 활성, 대사적 반응, 신경전달물질과 호르몬 방출의 변화를 초래하기 때문이다. 급성운동에 대한 대부분의 면역학적 반응은 일시적이며 운동강도, 운동시간에 의존하여 일어나는 것으로 알려져 있다. 급성운동은 면역기능을 향상, 억압 혹은 변화시킬 수 없는 것으로 나타난다.

(2) 점증적 최대부하운동이 백혈구 및 백혈구아형에 미치는 영향

백혈구는 감염균에 대항해서 신체를 방어하는 혈구인데, 정상 백혈구수는 5,000~10,000/mm^{3}이다. 백혈구가 10,000개 이상 증가할 때 백혈구증가증(leukocytosis)이라고 한다. 보통은 감염된 유기체가 들어올 때 증가하지단, 단기간 그리고 장기간 운동시에도 백혈구증가증과 호중구증가증이 나타나는 것으로 보아서 운동이 자연면역을 향상시키는 것으로 시사하는 바가 크다.

신체운동이 말초백혈구와 백혈구아형의 재분배에 있어서 변화를 일으킨다는 것은 잘 알려진 사실이다. 즉, 단시간의 운동 후 총백혈구수는 운동강도와 피검자의 트레이닝 상태에 따라 증가하며, 증가의 기전은 혈액농축, 혈류량 증가와 재분배, 림프계와 호흡계의 순환기능 증가 및 호르몬 분비의 변화로 인한 순환의 재분배에 의존한다. 또한 백혈구아형에 있어 변화의 크기와 정도는 운동강도가 최대산소섭취량의 60% 이상 올라갈 때 강하게 증가하기 시작하는 에피네프린과 코르티솔의 운동유발성 변화에 매우 의존하는 것으로 알려져 있다.

호중구는 순환백혈구 중에서 가장 많은 비율(55~60%)을 차지하는 식세포(phagocyte)로서 자연살해세포와 더불어 인체에 바이러스 등 세균이 침범할 때 첫 번째로 막는 최전방 방어선의 역할을 맡는다. 많은 선행연구들은 운동 중과 후에 순환호중구의 즉각적인 증가를 보고하였다.

급성운동 후 관찰된 다형핵호중구 증가의 중요 기전은 혈류역학적 재분배에 기인하는 한계풀(marginal pool)로부터 백혈구의 동원과 코르티솔과 카테콜아민 분비에 의한 증가로 사료된다.

림프구는 순환백혈구 중 두 번째로 많은 세포로 (25~33%) 흉선에서 성숙되고 변형되어 면역항체를 보유하고 있어서 항원이 몸에 대한 이물질이라는 것을 인식해서 그 항원이 몸 안에서 해로운 반응을 하지 못하도록 인체의 면역반응에 일차적으로 반응하는 세포이다. 선행연구에서 관찰된 운동시 림프구의 증가는 8%, 31%, 88~148% 등 다양하게 보고되어 있다. 운동에 대한 림프구의 반응에서 이러한 큰 다양성은 운동강도, 운동지속시간 및 운동형태와 관계가 있는 것으로 사료된다.

전체 백혈구 중 3~7%의 비율을 차지하는 단구는 조직내 침입세균을 소화시키는 중요한 방어역할을 맡고 있다. 운동이 단구에 미치는 영향은 명확히 밝혀져 있지 않다. Lewicki 등(1987)은 급성운동에 따른 단구의 증가를 보고하였고, Moorthy와 Zimmerman(1978)은 운동 중 단구의 감소를 보고하였다.

호산구는 순환백혈구의 1~3%의 비율을 차지하고, 체내에 알레르기를 일으키는 이물질이 침범했을 때 대항하는 역할을 한다. 그리고 호염기구는 순환백혈구의 0.00~0.7%의 미세한 비율을 차지하고 있으며, 모세혈관에서 응혈방지 작용을 하는 것으로 알려져 있다. 유산소성 운동이 호산구와 호염기구에 미치는 영향에 관한 선행 연구는 미흡한 실정이며, 과립구/림프구비 혹은 호중구/림프구비는 면역체계에 관한 생리적 스트레스의 좋은 지표로 제시되고 있다.

점증적 최대부하운동은 백혈구 및 백혈구아형의 변화를 초래하는 것으로 간주되며, 이에 대한 기전과 운동에 의한 자연면역기능변화에 관한 연구는 필요한 것으로 사료된다.

(3) 점증적 최대부하운동이 림프구 및 림프구아형에 미치는 영향

T 및 B림프구와 T림프구아형인 T4림프구, T8림프구 등은 세포성 면역기능을 알아보는데 좋은 지표로 간주되고 있다. 대부분 T세포에 의하여 B세포의 유도 및 생물학적 평형조

절이 이루어지고, 숙주의 면역반응과 그 조절은 T4세포와 T8세포에 의하여 지배되며, 이러한 면역조절계에 이상이 생기면 자가면역질환이 초래될 수 있다고 하였다.

운동에 의한 T림프구의 변화는 많은 연구자에 의하여 발표되었는데, 진영수(1992)는 8명의 남성 피검자를 대상으로 80% VO_2max에서 25분간 자전거 에르고미터 운동결과에서 T, B림프구의 비율은 유의하게 ($p<0.05$) 감소하고 절대수는 증가하였다고 보고하였으며, 김수근(1995)도 일반군(n=6)과 선수군(n=6)을 대상으로 자전거 에르고미터를 이용한 점증적 최대부하운동과 환기역치에서의 올아웃 운동결과에서 일반군과 선수군 모두 T림프구의 절대수는 증가를 나타내었다고 보고하였다. 그리고 김복현(1997)은 대학축구선수(n=7)와 일반대학생(n=7)을 대상으로 자전거 에르고미터를 이용하여 운동강도를 점증하면서 (40%, 60% 및 80%VO_2max) 올아웃(all-out)에 따른 단기간의 점증적 최대운동 결과에서, 두 군 모두 T, B림프구의 수는 증가가 나타났다고 하였다.

T4세포의 조절(up-regulating)과 T8세포의 하향조절(down-regulating)의 부수적인 증가는 적절한 면역조절 유지을 위해 필수적이고 면역반응을 향상시키는 것으로 생각할 수 있는데, 대부분의 연구자들이 면역응답이 좋은 지표로써 제시되고 있는 T4/T8비는 점증적 최대운동, 고강도 최대하운동, 장기간 지구성운동 및 격렬한 트레이닝 후 감소하는 것으로 알려져 있다. T4/T8비의 정상적인 범위는 1.8~2.2 범위로, T4/T8의 적절한 비는 유사분열물질 유발성 림프구증식과 바이러스 저항성에 중요하다고 생각되며, 이런 비가 최대운동과 최대하운동에 대한 반응에서 임계치(critical value)가 1.5이하로 떨어지면 면역기능은 약화되고 감염에 대한 감수성은 증가한다고 하였다.

Kendall 등(1990), Landmann 등(1984), Nieman 등(1991), Ricken 등(1990) 및 Tvede 등(1989)은 60~85% VO_2max에서 최대하운동을 시킨 결과에서 T4/T8비가 6~44%의 감소를 나타내었다고 보고하였다. 반면에, Greenleaf 등(1995)은 4명의 탈수된 남성(30~46세)을 대상으로 71% VO_2max에서 최대하 자전거 운동을 시킨 결과에서 T4/T8비가 운동 전 0.8에서 운동 후 1.4로 75%의 증가를 나타내었다고 하였다.

이렇게 T4세포와 T8세포의 증감이 다르게 나타남으로써 비율이 달라지는데, 운동 직후의 결과와는 달리 회복기에서는 T4세포의 증가가 T4/T8를 결정하는 것으로 보인다. 이러한 관점에서 본다면 T4/T8비가 저하되는 현상이 면역억제상태를 나타낸다고 한 보고를 신뢰한다면, 점증적 최대부하운동은 면역저하를 초래하여 수치상으로는 면역반응의 부정적 방향을 보임으로써 기회감염증에 노출될 가능성이 높다는 것을 보여주고 있다.

NK세포 활성은 호중구와 단구에서 생산되는 프로스타글란딘에 의해 억제되고, 시험관

내에서 인도메타신에 의해 증가된다. 게다가 인터루킨-1과 인테페론-α는 NK세포의 잠재적인 자극제로서 알려져 있다. 세가지 주요 림프구아형(T, B 및 NK세포) 중의 하나인 NK세포는 운동에 대하여 가장 반응적인 것으로 알려져 있다. NK세포는 운동 직후 150~300% 증가하고 전체의 림프구증가증이 후속적으로 따른다. NK세포에 대한 운동의 효과를 밝히기 위하여 대부분의 연구자들은 최대 혹은 단기간 최대하운동 프로토콜을 사용하였다. 일반적인 발견은 여러 가지 운동강도와 운동시간에도 불구하고 신체운동에 의해 NK세포수와 활성은 운동 직후 상당히 증가한다는 것과 관련이 있다.

그러나 마라톤과 같은 탈진적인 지구성운동은 NK세포활성과 수의 감소와 관련이 있다. Targan 등(1981)은 10명의 젊은 피검자를 대상으로 5분간 최대운동을 시킨 결과에서, 운동 직후 NK활성이 20% 증가했다고 하였고, Field 등(1991)도 13분간 탈진적인 운동 직후 자연살해세포독성활성(NKCA)이 45% 증가하였다고 보고하였으며, Hoffman-Goetz 등(1990)은 1~3일 최대하 운동에 반복적으로 노출된 결과로서 NK세포의 비율에서 지속적인 증가가 나타났다고 하였다.

Maria 등(1989)은 젊은이 8명과 노인 9명을 대상으로 최대자전거에르고미터 운동을 실시한 결과에서, NK세포활성이 두 군 모두에서 증가하였다고 하였다. Nieman 등(1993)도 10명의 남성 피검자를 대상으로 80% VO_2max와 50% VO_2max에서 45분간 트레드밀 운동을 시킨 결과에서, NK세포의 비율은 고강도와 중강도 운동에서 증가하고, NKCA는 고강도에서 증가하였다고 보고하였다.

운동에 의하여 NK세포의 비율과 절대수가 증가하는 현상은 위에서 언급한 선행연구와 일치하는 현상인데, NK세포와 T8세포는 T4세포보다 β_2-아드레날린성 수용체의 더 큰 밀도를 가지고 있는데, 그것이 바로 왜 이러한 세포들이 고강도 운동후 그렇게 강력하게 증가하는가를 설명하는 기전이다. 이처럼 운동중 NK세포수와 기능에 있어 증가는 운동 스트레스 중 숙주방어능력의 첨가를 제공할 것이고, T4/T8비에 있어 일시적인 감소에 기인하는 가능한 면역취약성을 보상할 수 있는 것으로 사료된다.

(4) 중정도 지구성운동이 백혈구 및 백혈구아형에 미치는 영향

백혈구는 이물질에 대한 숙주방어의 일차적 세포성 인자이고, 림프구와 식세포(호중구와 단구)로 나눌 수 있다. 림프구는 특이면역과 관련이 있고, 식세포는 비특이 숙주방어와 관련이 있다. 운동강도와 운동시간은 백혈구의 수와 아형의 비율에 있어 변화의 크기나 방향을 나타낸다. 운동에 동반하는 백혈구증가증은 일반적으로 biphasic change의 특성을 나타내는데, 말초혈액에서 백혈구의 이러한 변화는 과립구증가증과 림프구증가증이 특징적이다. 그러나, 운동 후에는 과립구증가증과 림프구감소증이 일어난다.

이러한 변화는 운동형태, 운동강도, 운동시간에 의존해서 일어난다. 지구성 운동 후 림프구감소증과 과립구증가증 현상은 명확하게 밝혀져 있지 않지만, 스트레스 호르몬인 코르티솔이 순환 면역 세포수에 있어 운동 후 변화에 기인할 것이라는 가설은 설정되어 있지만, 생체내에서 그 가설을 뒷받침할 증거는 아직 제시되어 있지 않다.

운동유발성 백혈구증가증의 기전은 혈류역학적 요소로서 심박출량의 증가, 운동시 세포외액의 증가에 의해서 초래되는 혈액농축 및 아드레날린의 작용 등이 밝혀져 있다.

호중구는 총 순환백혈구아형의 50~60%를 구성하는 최상의 식세포로서 미생물 침입에 대한 최일선 방어를 구축하고 있을 뿐만 아니라 면역과 염증에 동시적으로 관계하는 비특이적 세포방어의 중요한 부분이고, T와 B세포에 영향을 미치는 인터루킨-1과 인터루킨-6와 같은 면역조절성 단백질인 사아토카인의 합성과 분비에 관계하는 것으로 알려져 있다. 그러므로, 이 면역세포는 원심성(식작용과 탈과립)과 구심성(면역조절성 분자의 방출) 면역반응에 교량적 역할을 하는 것으로 알려져 있다.

운동은 혈액다형핵 호중구치를 증가시킨다고 오랫동안 알려져 왔다. Benoni 등(1995)은 7명의 프로농구 선수를 대상으로 시합시즌 전·중 후의 혈액학적 변화에 관한 연구에서 백혈구 및 백혈구아형세포가 증가하고 특히 호중구의 살균성 활성과 과산화물 음이온이 증가하였다고 보고하였다. Suzuki 등(1996)은 10명의 비단련된 남성을 대상으로 70% VO2max에서 매일 1시간 30분동안 같은 부하에서 7일간 연속 운동을 실시한 결과에서 급성 지구성운동은 호중구증가증을 일으켰다고 하였고, Pedersen 등(1998)은 16명의 남성을 대상으로 75% VO_2max에서 60분 동안 자전거 운동을 실시한 결과에서, 운동중 림프구와 호중구는 증가를 보였고, 운동 2시간 후에 림프구는 감소하고 호중구는 4배의 증가를 나타냈다고 보고하였다.

Simon(1984)은 이러한 운동유발성 과립구증가증에 대한 세가지 가능한 기전으로서 첫째, 격렬한 운동은 세포외액을 유의하게 증가시켜 혈액농축을 초래하고, 둘째 운동은 카테콜아민치를 상승시키고 이 중 아드레날린은 marginal pool로부터 과립구(호중구, 호산구 및 호염기구)를 활성화시키고 순환으로부터 그들이 밖으로 나가는 것을 느리게 함으로써 일어난다고 하였다.

총백혈구수의 증가는 당연히 호중구와 림프구의 증가를 가져오는 경우가 많으며, 증가의 수가 다르기 때문에 호중구와 림프구의 비율이 다르게 된다. 호중구/림프구비의 증가는 면역체계에 관한 생리적 스트레스의 훌륭한 지표로서 제시되고 있다. 지구성 운동 후 이런 비가 증가하는 원인은 림프구감소증보다는 호중구증가증에 의해서 일어나게 될 뿐만 아니라, 동시에 코르티솔의 증가에도 기인하여 나타난다고 하였다.

(5) 중정도 지구성운동이 림프구 및 림프구아형에 미치는 영향

NK세포의 증가는 다양한 운동강도와 운동시간에서 보고되어 있는데, 운동 중 NK세포의 증가는 심박수의 증가, 내인성 혹은 에피네프린의 주입수준과 상관 및 혈류역학적 효과에 기인하여 일어난다. Mackinnon 등(1988)은 7명의 일류사이클 선수를 대상으로 70~75% VO_2max에서 2시간 동안 자전거에르고미터 운동을 실시한 결과에서, 회복기 중 NK세포 독성활성(NKCA)이 40% 증가했다고 보고하였다. Kendall 등(1990)은 성인 남성 30명을 대상으로 60% VO_2max-30분, 30% VO_2max-60분, 75% VO_2max-60분 및 65% VO_2max-120분 등 네 개의 체력수준 그룹으로 나누어 무작위로 자전거에르고미터 운동을 실시한 결과에서, 모든 체력수준에서 운동직후 T, T4림프구 비율의 감소 정도는 고강도군에서 더 컸고, T8림프구비율은 변화가 없었으며, 그 절대수는 증가를 나타냈다고 하였다. Shek 등(1995)은 6명의 건강한 남성을 대상으로 65% VO_2max에서 120분간 트레드밀 달리기 결과에서 B세포의 비율은 변하지 않았고, NK세포의 수는 40~50% 증가를 나타냈다고 하였다.

체액성 면역과 B세포기능에 관한 신체운동의 효과를 실험한 연구는 상대적으로 거의 없는 실정이다. 60% VO_2max에서 60분 운동 후 말초혈액에서 B세포농도는 변화가 없거나, 중정도 증가 혹은 억압되었다는 보고가 있다. 이처럼 급성운동은 말초혈액 림프구아형의 수와 비율을 변형시켜 면역기능을 억압할 수 있는 것으로 간주된다.

2. 운동트레이닝에 대한 면역기능

(1) 중정도 운동 트레이닝시 면역반응

Weiss 등(1995)은 13명의 중정도 훈련된 중년남성을 대상으로 4주 무산소 트레이닝(매주 역도 30분 2회, 인터벌트레이닝 1회)을 실시한 결과에서 T세포수는 변화가 없었으나, T4세포수(15%), T세포비율(60%)은 감소하고 T4/T8 비도 감소를 나타내었다고 하였으며, Nieman과 Nehlsen-Cannarella(1991)은 36명의 좌업생활양식의 가벼운 비만 여성들을 대상으로 15주 걷기운동(여유심박수 60%, 주당 5일, 45분 운동)을 실시한 결과에서, 6주 후 림프구의 비율과 절대수 및 T세포의 절대수는 감소하였지만, 6주와 15주 후 혈청 IgG, IgA, IgM 및 타액 IgA치는 증가를 나타내었고 T4/T8비는 변화가 없었다고 하였다.

Laperriere 등(1994)은 14명의 좌업남성을 대상으로 유산소운동트레이닝(10주, 70~80%, HRmax에서 주당 자전거에르고미터운동 3회, 45분)이 림프구아형에 미치는 영향에 관한 연구에서, 백혈구, 림프구, 단구, B세포, T4, T8세포, NK세포 및 T4/T8비가 증가를 나타냄으로써 유산소운동 트레이닝은 세포성과 체액성 면역기능에 대해 잠재적으로 유익한 효과를 초래하였다고 하였다. Nehlsen-Cannarella 등 (1991)도 15주간 운동트레이닝은 NKCA와 혈청면역글로불린치를 증가시켰다고 한다.

Ferrandez 등 (1996)은 장기간 트레이닝프로그램에 참가한 10명의 스페인 사이클선수를 대상으로 한 실험결과에서 트레이닝종료 후 베타엔돌핀, ACTH, 코르티솔과 같은 스트레스호르몬 농도는 증가하였지만 면역억압은 일어나지 않았다고 보고하였으며, Soppi 등 (1982)은 해군징집병을 대상으로 한 연구에서 6주 트레이닝 후 T세포수가 감소한 것으로 나타났다고 하였다.

전형적으로, 트레이닝은 좌업인들에서 탈진적인 운동에 동반하는 초기 순환림프구의 동원을 약화시킨다. T세포는 또한 트레이닝 후 총림프구의 비율을 더 크게 하는데 기여하지만 T4/T8비는 감소한다. 신체적으로 건강한 사람은 적절한 면역반응을 낳기 위해 림프구를 덜 동원시킨다. Mitchell 등(1996)은 12주 중정도 유산소 트레이닝은 안정시 림프구수, 비율, 면역글로불린치 및 유사분열물질 자극성 림프구 증식에 영향을 미치지 못했다고 보고하였다.

운동은 $CD3^+$와 $CD4^+$세포 비율을 항상 감소시킨다. 훈련된 선수들에서 운동은 $CD8^+$와 NK세포수를 현저하게 증가시킨다. $CD3^+$수 증가는 잘 훈련된 피검자가 최대운동을 겪을 때 나타나는데 그것은 좌업통제군이 최대하운동을 겪을 때 나타나는 것과 일치한다.

Evans 등(1986)은 운동은 훈련된 사람보다 비훈련된 사람에서 IL-1활성의 더 큰 증가를 유발시키지만, 이런 관찰은 조심스럽게 해석해야 하는데, 왜냐하면 훈련된 피검자들 중 어떤 사람은 48시간 전에 격렬한 운동을 겪을 수 있기 때문이다. MacNeil 등(1991)은 운동은 유사분열물질 유발성 림프구 증식을 감소시켰다고 하였다. 이런 효과는 잘 훈련된 피검자들에서 가장 컸다. 다른 연구자들은 잘 훈련된 사람들에서 유사분열물질 반응이 변화가 없거나, 증가한 것으로 나타났다고 하였다.

표 6-1. 저·중강도 및 고강도 운동이 면역기능에 미치는 영향

저·중강도 운동	고강도 장시간 운동
1) 백혈구수 및 호중구수 증가	1) 림프구아형(T,B 및 NK세포)비율 및 절대수 감소
2) 호중구 기능 활성	2) T4/T8비 감소
3) 대식세포기능 활성	3) 유사분열물질 자극에 대한 T림프구의 반응감소
4) 자연살해세포수 증가 및 자연살해세포독성활성 항진	4) 항체합성 약화
5) 유사분열물질 자극에 대한 림프구 증식	5) 타액면역글로불린 A치 감소
6) 감열질환, 종양성장 저항력 증가	6) 감염율의 증가
7) 혈청 면역글로불린 항진	7) 종양성장 저항력 약화
	8) 자기면역질환 유발
	9) 사이토카인의 면역조절기능 약화

(2) 격렬한 운동트레이닝시 면역반응

Fry 등(1992)은 높은 운동수행능력을 지닌 육상선수(7명)와 카약선수(7명)를 대상으로 트레이드밀을 이용한 격심한 인터벌 트레이닝을 실시한 결과에서 T세포비율과 T4/T8비가 감소를 나타내었다고 하였다. Pyne(1995)은 12명의 국가대표급 수영선수를 대상으로 격심한 12주 트레이닝 프로그램에서, 격심한 훈련을 겪고 있는 대표급 수영선수들은 같은 연령대의 좌업군과 비교해서 안정시에 더 낮은 호중구 산화성 활성을 가지고 있었다고 하였다.

Kramer 등(1997)은 음식섭취가 제한된 상태에서 신체적으로 격렬한 군대트레이닝을 받은 군인들에서 T림프구 반응이 억압된 것으로 나타났다고 보고하였다.

격렬한 트레이닝은 국제적 수준의 선수들에서조차도 역효과를 가진다. Liesen 등(1989)은 심리적 스트레스와 격렬한 인터벌 트레이닝의 결합은 독일 올림픽 필드하키팀에서 안정시 T세포수의 엄청난 감소를 유발시켰다고 하였다; 하키팀의 T4/T8비는 AIDS 환자 만큼 낮게 떨어졌다고 하였다. 마찬가지로, Verde 등(1992)은 3주의 매우 격렬한 트레이닝을 겪은 장거리 육상선수들에서 안정시 T세포 비율과 T4/T8비는 감소가 나타났다고 하였다. T세포 비율은 처음 3주 회복기에 감소하였지만, T4/T8비는 처음 수준 이상으로 증가하였다.

Pizza 등(1995)은 11명의 육상선수를 대상으로 트레이닝량의 200% 증가를 위한 10일간의 검증적 트레이닝 결과에서 T, T4 및 T8세포수와 T4/T8비가 감소하였다고 하였으며,

Glesson 등(1995)은 26명의 국가대표급 호주수영선수들(M : 15, F : 11)을 대상으로 7개월(4월~10월)의 트레이닝 결과에서 T, B세포의 비율과 절대수, NK세포의 비율과 절대수, WBC, 림프구수는 물론 IgA, IgG, IgM과 타액 IgA치에서 감소가 나타났다고 하였다.

면역계의 많은 성분이 격렬한 운동 후 다음과 같은 변화가 나타나는 것으로 알려져 있다.

- 호중구증가증과 림프구감소증은 혈장 카테콜아민, 성장호르몬 및 코르티솔의 증가에 의해서 유도된다.
- 혈액과립구와 단구 식작용은 증가하지만, 코호중구 식작용은 감소한다.
- 과립구 산화적 폭발활성의 감소
- 코점액섬모 청소율의 감소
- 자연살해세포 독성활성(NKCA)의 감소
- 유사분열물질 유발성 림프구 증식의 감소
- 지연형 과민성 반응의 감소
- 프로 및 항염증성 혈장 사이토카인 (예, 종양괴사인자α, 인터루킨-1β, 인터루킨-6, 인터루킨-10, 및 인터루킨-1 수용체 길항 물질) 농도의 증가
- 유사분열물질과 내독소에 의한 반응에서 사이토카인 (인터페론γ, 종양괴사인자α, IL-1, IL-2, IL-6 및 IL-10)의 생산의 감소
- 코와 타액면역글로불린 A농도의 감소
- 대식세포에서 주요조직적합유전자 복합체(MHC) II 표현과 항원제시가 무뎌진다.

II 혈액과 운동

혈액은 세포부분(유형성분)과 혈장성분으로 나누어진다. 세포는 적혈구, 백혈구, 혈소판이 있으며, 혈장 중에는 단백질을 위시해서 여러 가지 물질이 용해되어 있다.

1. 혈액의 기능

혈액은 다음과 같은 기능을 가지고 있다.

① 호흡작용 : 산소를 폐에서 각 조직에 운반하고 이산화탄소는 폐로 운반한다.
② 영양작용 : 흡수된 영양소를 조직에 운반하고, 혈액성분인 동시에 타 조직에 이용의 중요한 성분(포도당 등)을 보존한다.
③ 배설작용 : 최종산물을 신장, 폐, 피부, 장에서 제거하기 위하여 운반한다.
④ 조절작용 : 신체의 pH를 일정하게 유지하고 체온의 조절, 조직중의 수분함유량을 조절하고 있다.
⑤ 보호작용 : 질환이나 병균에 대한 백혈구에 의한 방어 및 출혈을 막기 위한 응고를 한다.
⑥ 호르몬 운반 : 내분비선에서의 호르몬을 신체의 각 조직에 운반한다.

2. 혈액의 물리적 성질

(1) 혈액량

순환 혈액량은 체중의 1/12~1/13 혹은 약 8%로 성인은 4.5~5.5이다. 체중 당 혈액량은 남자가 여자보다 많다. 남자는 체중 1kg당 80ml이고 여자는 63ml이다.

혈액에는 순환혈액 이외 골수, 간장, 비장 등에 체류하는 저장혈액이 약 2이다. 혈액량이 일정하게 유지되는 것은 생리적으로 중요한 일이다. 혈액량이 이상적으로 많아지거나 적어지는 것은 병적 상태를 나타내고 있다. 전량의 1/3 이상이 손실되면 사망하게 된다.

혈액량의 감소는 ① 체액의 정상적 소모에 대한 보급의 결여(예, 수분 섭취 부족에 따른 탈수증) ② 체액의 이상적인 상실(예, 출혈, 구토, 설사)등의 경우에 일어난다.

혈액량의 증가는 ① 격정에 따른 아드레날린의 과잉분비로 비장의 수축에 의해 저장혈액이 급속적으로 순환혈액으로 이행할 때 ② 조직액에 혈액이 희석될 때(예, 열성질환, 갑상선기능항진증, 임신 등) ③ 적혈구 수가 증가할 때 일어난다.

(2) 비중

혈액의 비중은 1.035~1.075(1.056)이고 혈장은 1.015~1.026이다.

(3) pH

pH는 7.3~7.5의 범위이다. 이와 같이 혈액 pH가 항상성이 있는 것은 생리적으로 정상이다.

(4) 점조도

혈구나 단백질을 함유하기 위하여 물보다 점조도가 높다. 상대적 점조도는 혈액 4.4~4.5, 혈청 1.8~2.1이다.

(5) 삼투압

혈액 삼투압은 혈장 삼투압과 같으며, 0.9% 생리 식염액에 동등하다. 주로 혈액 중에 용존한 무기질과 단백질에 의해 좌우된다.

3. 혈액의 화학적 성분

혈액에는 다음과 같은 화학적 성분이 함유되어 있다.

① 단백질 : 헤모글로빈, 피브리노겐, 알부민, 글로블린

② 지질 : 트리글리세라이드, 콜레스테롤, 지방산, 인지질

③ 당질 : 글루코스

④ 비단백성 질소 : 잔여질소로 부른다. 다음과 같은 질소 화합물이 속한다. 요소, 크레아틴, 크레아티닌, 헤모글로빈, 푸린, 마뇨산, 암모니아 등

⑤ 무기물 : Cl^-, HCO^-_3, $H_2PO^-_4$, HPO^2_{-4}, SO^2_{-4}, Na^+, K^+, Ca^{2+}, Mg^{2+}

⑥ 그 외 : 소량의 케톤체(ketone body), 담즙색소, 젖산, 요오드, 효소, 홀몬 등

4. 혈중 단백질과 운동

(1) 운동시의 혈청 단백치의 변화

① 총 단백치의 변화

혈청 총 단백치는 단시간의 100% VO_2max강도의 운동은 15% 정도 상승하고, 80% VO_2max는 약 10%, 60% VO_2max는 약 6%, 40% VO_2max 약 3%의 상승을 나타내는 것으

로 보고하고 있다. 그러나 그 회복은 단련자가 빠르고(30분), 비단련자는 느리다(60분).

장시간의 운동, 약 20km 보행은 5% 정도, 50km 보행은 10%의 상승으로 모두가 단시간의 운동보다 회복은 느리다.

이와 같은 변화는 혈중 수분의 상실에 기인하는 것이므로, 혈중 수분과는 높은 양의 상관을 보인다.

② 알부민, 글로불린 비의 변화

A/G는 단시간의 운동으로 변화하지 않는다. 장시간의 운동에는 약간 알부민이 증가하는 경향을 나타내며, 회복도 느리다.

③ 단백 분획치의 변화

단백 분획은 전기영동법에 의해 행해지고 있고, 알부민 분획 61.4~72.4%, 글로불린의 α_1 1.8~3.4%, α_2 4.8~9.0%, β 5.9~10.4%, γ 11.1~19.5%로 되어 있다. γ-글로불린은 면역 글로불린이라고 부르고 β-림프구가 형질세포에서 합성되었으나, 다른 단백질은 거의 간장에서 합성된다.

단백 분획치는 A/G비와 같이 운동의 영향은 적다. 장시간의 운동에는 약간 알부민의 증가가 나타나고 있으나, 회복은 느리다. 그 원인은 명확치 않다.

(2) 운동시의 혈중 아미노산치의 변화

① 총아미노산의 변화

운동시의 혈중 아미노산치는 아미노산의 종류에 따라 변동의 방식은 다르나 평균적으로 운동전의 식사의 상황, 내용, 체내의 영양상태에 따라 변해 간다. 운동전의 당질이나 지방의 섭취상태가 양호할 경우는 운동시에 필요한 에너지를 당질이나 지방에서 공급하기 때문에 혈중 아미노산치의 변동은 적다. 그러나 운동전의 당·지질의 섭취가 부족할 경우는 운동의 강도와 운동시간에 따라 영향을 받는다. 단시간의 격심한 운동 후는 총아미노산 중 알라닌만 증가한다. 그러나 2시간 이상의 장시간 운동에는 알라닌을 포함해서 총아미노산치가 저하한다는 보고가 많다. 이것은 아미노산의 산화가 활발해져서 체내의 아미노산 pool이 감소하기 때문이라고 한다.

② 필수 아미노산 변화

격심한 운동 시에는 분기쇄 아미노산인 류신(leucine), 이소류신(isoleucine)이 상승하는 경향을 나타내고 있으나, 다른 메티오닌(methionine), 페닐알라닌(phenylalanine) 등도 상승 경향을 보인다. 이것은 간장에서의 유입이 감소하여 혈중에의 방출이 증대하기 때문으로 사료된다.

분기쇄 아미노산(류신, 이소류신, 발린)은 근운동의 에너지원이 되는 한편, 근단백의 합성분해를 조절하는 특수한 아미노산이다.

(3) 그 밖의 아미노산

비필수 아미노산으로 운동의 영향이 가장 큰 것은 알라닌이다. 알라닌은 운동강도에 따라 증가하여 피루브산과 직선관계가 성립한다. 이 관계는 다른 아미노산에서는 성립하지 않는다.

격심한 운동 시에는 간장에서의 세린(serine), 티로신(tyrosin)의 유입이 감소한다. 이 때문에 티로신(tyrosin)의 상승을 설명할 수 있다.

5. 혈당치와 운동

(1) 운동 전의 혈당치의 고저가 운동 시의 혈당치에 미치는 영향

아침 공복시의 혈당치가 가장 낮은 시간에 운동을 실시할 때, 건강한 사람의 경·중등도의 운동에는 혈당은 거의 변화하지 않는다. 이것은 활동근에 당의 이용과 간에서의 당동원의 밸런스가 유지하고 있기 때문이다. 그러나 경도의 운동에도 장시간(90분 이상)이 되면, 15~30%의 저하가 나타난다. 당뇨병 환자의 경우에는 케톤증을 수반하는 사람은 저하하거나 저혈당이 될 위험성이 있다.

식사 섭취 후의 혈당치가 높은 수치를 나타낼 때, 운동을 실시하면 안정시와 비교하여 혈당치는 급격하게 감소한다. 이것은 활동근에의 당의 유입이 증대하여 인슐린 수치가 저하되었음에도 불구하고 혈당치의 저하는 빠르게 진행된다.

(2) 운동강도가 혈당치에 미치는 영향

운동강도의 설정은 최대산소섭취량을 기준으로 하여 상대적 강도를 사용하는 경우가 많다. 100g의 포도당을 경구 투여한 후에 VO_2max의 40, 60, 80, 100%에 상당한 운동강도로 전신 운동을 행할 때의 혈당치의 변화를 보았을 때, 100%의 VO_2max 강도의 경우는 아드레날린, 노르아드레날린의 호르몬 분비가 항진하여 간에서의 내인성의 당이 동원되기 때문에 외인성의 당과 상회되어 회복기의 반동적인 상승이 두드러져 혈당의 저하가 지연한다. 80% VO_2max 강도와 40% VO_2max강도의 경우는 같은 양상을 나타낸다. 60% VO_2max 강도의 경우는 운동직후 혈당치의 저하가 두드러지고, 반동적인 상승도 거의 나타나지 않아 회복기의 혈당치는 매우 낮은 수치를 나타냈다. 즉, 혈당치가 저하하기 쉬운 운동강도는 60% VO_2max정도이고, 운동에서 당의 이용이 제일 많이 항진하는 것은 알 수 있다.

(3) 운동의 지속시간과 혈당의 변화

마라톤과 같은 장시간에 걸친 운동은 글리코겐의 고갈이 일어나 저혈당을 일으키는 수가 있다. 그러나 12분 달리기나 5000m의 전력 달리기는 운동지속 시간이 비교적 짧은데도 불구하고 운동후의 혈당치는 일시적으로 상승한다. 운동의 지속시간과 혈당치의 관계는 그 운동의 강도에 따라 영향을 받기 쉬우므로, 지속시간만의 혈당치의 변화를 해석하는 것은 위험하다.

일반적으로 건강한 사람에는 트레이닝에 의하여 지방을 연소시키어 당대사를 조절할 수 있으므로 중등도의 운동을 60분 정도 행하여도 저혈당을 일으키는 일은 거의 없다. 그러나 중·장년층의 경우는 비교적 에너지 조절 능력이 비율이 나쁜 사람이 많아, 어느 때는 저혈당을 일으키는 사람이 있어, 도중에 당을 보충하는 것이 좋다. 또 경구 당부하 후의 경우는 60% VO_2max의 운동을 20분간 3 세트 행할 때는, 혈당치가 급격히 저하한다. 이것은 외인성 당에 의해 말초조직에의 당의 유입이 항진되는 것을 시사한다.

(4) 운동성 특이 고혈당 현상

운동 강도가 너무 강하면, 간장에서의 글리코겐의 분해가 항진하여 혈당치가 대단히 높은 수치를 나타내는 경우가 있다. 5000m의 전력 달리기 20~30분 후의 혈당치를 검토한 결과 경구 당부하 시험에도 나타나지 않은 200 mg/dl 이상의 고혈당치를 나타내는데 이를 운동성 특이 고혈당 현상이라고 한다. 이 현상은 20세 연령대에 7.3%, 30세 연령대 이상의 중·장년층에는 약 2배의 15.5%를 보여주었다. 중·장년층에서 운동성 특이 고혈당 현상을 나타낸 사람은 당대사 기능이 저하하고 있는 사람이 많이 포함되어 있다고 보고하고 있다. 이것은 당대사 기능저하인 사람은 보통 말초조직에 당 이동이 충분하게 행해지지 못하고, 격심한 운동을 실시하면, 내인성의 당이 동원되기 때문에 보다 많이 고혈당이 초래되는 것이다.

6. 혈중지질과 운동

(1) 혈청 중성지방

혈청 TG는 ① 외인성의 TG, ② 내인성의 TG(지방조직의 TG가 분해 되어 FFA가 되고, 이것이 간장에 운반되어 재합성된 TG), ③ 지방조직, 간장, 근육 그 밖의 조직에 유입한 TG의 동태에 의하여 좌우된다. 그 결과 운동에 의한 혈청 TG의 변화에 대하여서는 운동 전의 외인성 TG, 내인성 TG 수치는 운동의 강도와 지속시간에 따라 영향이 다르다.

① 운동전의 혈청 TG의 영향

외인성의 TG에서 혈청 TG가 높아지고 있는 경우는 보통, 식후 2시간 이상 경과하면 혈당치는 정상치로 돌아간다. 이와 같은 경우, 혈청 TG는 운동시간이 비교적 짧아도, 중등도의 강도의 운동 시는 다른 강도의 운동 시보다는 저하한다고 보고하고 있다.

공복시 혈청 TG가 저하하는 경우, 이것은 내인성 TG이므로, 혈당치는 높아지지 않는다, 그리고 혈청 TG가 개인에 따라 높지도 낮지도 않는 경우는 이 TG는 내인성과 외인성에 모두에 해당되므로, 혈당치는 각기 다를 수 있다. 고지방식 섭추후 단시간으로 운동을 개시 할 때는 혈청 TG의 상승이 억제된다. 이것은 지방의 흡수 저해에 의한 것이다.

② 운동강도의 영향

혈청 TG에 미치는 운동강도의 영향은 운동전의 혈청 TG나 혈당에도 좌우된다. 그리고 각종 운동강도간의 차이를 검토하는 것은 운동량을 동일하게 하여 비교하는 것이 필요하다. 일반적으로, 혈청 TG는 운동강도가 높으면 종증 상승한다. 앞서 말한 것처럼, 외인성의 TG가 보다 높아 진 혈청 TG를 비교적 단시간에 저하시키는 것을 목적으로 할 때는 중등도의 강도가 효과적이다.

③ 운동의 지속시간의 영향

혈청 TG에 미치는 운동 지속시간의 영향은 운동전의 혈청 TG와 혈당치로 좌우된다. 일반적으로, 혈청 TG는 운동강도가 낮더라도 운동시간이 길어지면 저하한다.

운동에 의한 혈청 TG의 저하는 지방조직에서 간장에로 FFA의 공급 저하, 간혈류량의 저하에 의한 간장에서의 TG 방출량의 저하, LPL 활성의 항진을 수반한 조직에서의 TG 유입의 증가 등에 의한 것이다.

운동에 의한 혈청 TG치의 상승은 카테콜라민의 분비 항진에 따라 간장에서의 TG의 방출량의 증가에 의한 것이다.

(2) 혈청 유리 지방산농도

혈청 FFA치는 FFA가 지방조직에서의 동원량과, 간장 또는 근육, 그 밖의 조직으로의 유입량에 의해 좌우된다. 조직에서의 FFA의 유입은 FFA의 혈중 농도에 비례하고 있어 혈청 FFA치가 높은 것은 에너지원으로서 FFA가 많이 쓰여지고 있는 것을 나타내고 있다(지방만 섭취에 의한 혈청 FFA의 상승은 제외).

그리고 혈청 FFA치는 혈당치의 영향을 받기 때문에 두 수치는 상반되는 양상을 보인다.

① 운동전의 혈청 FFA농도의 영향

운동전의 혈청 FFA농도가 높을 때는 많은 경우 공복 시로 호흡상(RQ)은 저하하여 이미 FFA가 에너지원으로서 활용되고 있다. 이때 혈청 FFA농도는 어느 강도에도 운동 개시 초기에 일과성으로 저하하여 그 후, 운동 전의 수치를 상회하여 상승한다. 혈청 FFA농도의 운동 개시 초기의 일과성의 저하는 근육에로의 FFA의 유입이 증가함에도 불구하고, 지방조직에서의 FFA가 혈중에로의 공급이 맞지 않기 때문에 생긴 현상이다. 그 후의 상승은, 수요량에 대해 동원에 따른 공급이 맞기 때문이다. 그리고 운동 전의 혈청 FFA농도가 공복으로 높은 수치의 상태일 때에 운동을 부하하면, 운동시간이 짧아도 혈청 FFA농도의 상승이 나타난다.

운동 전의 혈청 FFA가 낮을 때는 혈당치가 높아진다. 이 경우는 당질 섭취 후 얼마 시간이 경과되지 않을 때를 말한다. 이와 같은 경우 운동의 에너지원은 당질에 의존하기 때문에 혈당치가 저하하여 가는 장시간의 운동이던가, 또는 카테콜아민이 상승하여 FFA의 동원이 되는 강도의 운동이 아니라면, 혈청 FFA농도의 상승은 나타나지 않는다.

운동 전의 혈청 FFA가 개인에 따라 높지도 낮지도 않을 때는 당질의 에너지원이 어느 정도 이용되는 가에 따라 혈청 FFA치의 변화가 달라지고, 운동시간과 강도의 혈청 FFA치에 미치는 영향이 복잡하게 나타난다.

② 운동강도의 영향

혈청 FFA에 미치는 운동강도의 영향은, 운동 전의 혈청 FFA치와 혈당치에 의해 좌우된다. 일반적으로 운동에서 FFA가 에너지원으로서 이용되는 경우, 혈당의 동원이 되지 않는 강도는 강도에 비례하여 혈청 FFA치의 상승이 나타난다. 그러나 강도가 높아져서 혈당의 동원이 되면, 당이 에너지원으로 이용되고, 혈청 FFA치의 동태는 복잡하게 된다.

③ 운동의 지속시간의 영향

혈청 FFA치에 미치는 운동의 지속시간의 영향도 운동 전의 혈청 FFA치와 혈당치에 좌우된다. 이들의 수치에 따라 다르지만 모든 경우에 운동시간이 길어진다면, 혈청 FFA치가 상승한다. 어느 정도의 운동시간에 상승하는가는 혈당치의 저하에 따라 결정된다.

(3) 혈청 콜레스테롤 농도

혈청 콜레스테롤치는 콜레스테롤이 ① 섭취 후 흡수량, ② 체내에서의 합성량과 이용량, ③ 십이지장에서 배출된 후에 재흡수와 대변 중에 배설된 양의 밸런스에 따라 결정된다. 혈청 콜레스테롤치는 일과성의 식사와 운동에는 변화하지 않는다. 또 단기간에는 식사 내용의 변화와 운동에 따른 영향을 받기 어렵다.

혈청 총 콜레스테롤치가 높은 사람(230mg/*dl* 이상)이 장기간 운동을 실시하여도 혈청 총 콜레스테롤치의 저하는 용이하지 않다. 그러나, 식사요법과 병행하여 운동을 실시함에 따라 혈청 총 콜레스테롤치는 저하하게 된다. HDL-콜레스테롤치는 비교적 단기간의 운동으로 상승한다라는 연구 결과도 있다. 이것은 총 콜레스테롤치가 변하지 않아도 LDL-콜레스테롤 등에 포함된 콜레스테롤치의 저하를 의미하고, HDL-콜레스테롤치와 LDL-콜레스테롤에 함유된 콜레스테롤치에 대한 비율이 상승하는 것을 의미한다.

7. 혈청효소 활성치와 운동

혈청효소 활성치의 상승은 병적인 것 뿐단 아니고, 운동시에도 나타난다. 그 동태는 운동의 종류, 운동의 강도 및 시간, 개인의 체력수준에 따라 다르다.

운동에서 효소 활성치가 상승하는 이유, 그 동태가 다른 이유는 명확하지 않다. 그러나 그 이유의 하나로서는 운동이 각 조직에 미치는 부담의 영향이다. 다시 말해서, 운동이 조직의 손상, 세포막 투과성의 항진 등을 불러일으키어 세포내에 존재하고 있던 효소가 혈중으로 일탈하는 것이라 생각한다.

운동 시의 혈청효소 활성치의 변화는 이 운동이 각 조직에 어느 정도 부담되고 있는가를 알아내는 실마리로서 넓게 이용되고 있다.

(1) 혈청 LDH 활성치

① 운동의 종류에 의한 영향

혈청 LDH는 달리기 운동의 경우 단거리 경우는 거의 영향을 받지 않으나, 5~15분의 all-out와 같은 격심한 운동일 때는 종료직후 일과성으로 상승을 보이나, 그 회복은 빠르다. 5000m, 10,000m 달리기와 같이 운동시간이 길어지면, 운동직후의 혈청 LDH의 상승은 두드러지며 종료 후나 수시간, 수십 시간은 높은 수치를 나타낸다. 그러나, 장시간의 마라톤과 같은 강도는 낮으나, 50~100km 보행은 그 상승은 한층 더 두드러지고 상승의 peak도 운동 직후에서 다음날까지 나타나게 된다. 그리고 회복도 나쁘고 수일간 높은 수치를 나타내는 경우도 있다.

수영에서는 혈청 LDH의 상승은 달리기 운동에 비하여 적은 경향으로 나타났다. 한편 등척성 운동이나 웨이트 트레이닝과 같은 중량 부하운동은 운동 종료 후 일과성의 혈청 LDH 상승을 나타내고, 수 시간 또는 수십 시간의 높은 경향을 나타내고, 회복도 지연되는 경향으로 나타났다.

② 운동의 강도와 시간의 영향

혈청 LDH에 미치는 운동강도의 영향은 달리기 운동에서는 명확하지 않고, 앞서 말한 것처럼 운동시간의 영향이 크다. 한편 등척성 운동, 중량 부하운동은 부하중량이 무거울 경우 혈청 LDH는 수시간 높은 수치를 유지한 경우가 많으므로 운동강도의 영향을 고려할 필요가 있다.

③ Ioszyme, 그 밖의 혈청 효소 활성치에서 본 영향

혈청 LDH의 Isozyme은 12분 달리기의 all-out운동에는 LDH5는 조금 상승하나, LDH1~LDH4은 거의 변화하지 않는다. 그러나 마라톤이나 50~100km 보행에서는 LDH4, 5의 상승은 두드러진다. 그리고 중량 부하운동이나, 중량 부하가 무거울 경우는 LDH5의 상승이 인정되었다.

all-out운동에 비해 마라톤이나 50~100km 보행운동은 LDH4,5의 상승 이외 혈청 CK의 상승도 두드러지기 때문에 장시간의 운동에는 골격근의 부담이 증대한다고 생각된다. 그리고 중량 부하운동에는 부하 중량이 무거울 경우에 혈청 CK의 상승이 두드러지므로 골격근의 부담이 커지는 것이다.

④ 트레이닝에 의한 영향

트레이닝에 의한 혈청 LDH의 안정치의 영향은 거의 없다. 그러나 트레이닝량이 많으면 혈청 CK의 안정치가 상승할 경우 일반적으로 LDH의 안정치도 상승한다.

운동 부하시의 혈청 LDH의 동태에 미치는 영향은 반드시 일정하지 않아 명확하지 않다.

(2) 혈청 CK 활성치

혈청 CK는 운동과 관련이 깊은 골격근에 많이 존재하고 있는 것과 운동에 의한 변동이 크고, 운동의 강도나 시간, 트레이닝의 량과 밀접하게 관련하고 있기 때문에 혈청효소 중에 운동시 제일 많이 측정되는 효소이다.

① 운동의 종류에 의한 영향

달기기 운동의 10~15분 정도 all-out운동에 의한 혈청 CK의 상승은 일반적으로 적으나, 그 상승은 운동 직후 일과성으로 나타나는 것으로 수 시간 후에 운동직전으로 회복한다. 그러나 5000m, 10,000m 달리기 마라톤은 운동이 브다 장시간에 따라 혈청 CK의 상승정도는 두드러지고 그 상승의 peak도 운동 종료 8~24시간 후에도 나타난다. 그리고 회복도 나쁘고 운동 직전의 수치로 되돌아가기까지 수일에서 일주일 걸린다. 운동 강도가 낮은 장시간의 보행은 혈청 CK는 두드러지게 상승한다. 단, 이들 운동에 의한 혈청 CK의 상승의 정도나 회복 지연의 정도는 개인차가 크다. 철인 3종 경기의 혈청 CK는 운동 후 두드러지게 상승한다. 그 상승의 정도는 마라톤 보다 더 높다. 수영은 운동 후 혈청 CK의 상승의 정도는 달리기 운동에 비하여 적은 경향이나 그 동태는 유사하다.

한편, 등척성 운동이나 웨이트 트레이닝과 같은 브하운동의 경우는 운동직후의 혈청 CK의 상승은 적으나, 지연하여 상승한다. 이 상승은 발생한 장력이 클 경우나, 부하 중량이 무거울 경우, 또는 반복 회수가 많을 때 두드러진다.

② 운동의 강도와 시간의 영향

혈청 CK의 상승은 달리기 운동의 운동강도 보다 운동시간에 영향이 크다. 운동강도의 영향에 관해서는 단시간 운동에서 혈청 CK는 강도에 비례하여 상승하게 되어 있으나, 그 상승은 일반적으로 적다.

한편, 등척성 운동이나 중량 부하운동에 의한 혈청 CK는 운동강도 및 운동시간의 양자의 영향을 받는다. 그러나 이 영향은 운동강도가 강하다.

③ Isozyme에 따른 영향

CK isozyme에서 볼 때, 운동에 의한 혈청 CK의 상승은 거의 CK-MM(근육형)에 의한 것이다. 달리기 운동에는 운동시간이 길수록 골격근에 대한 부담이 크다. 등척성 운동이나 중량 부하운동도 골격근에 대한 부담이 크다. 그 중에 발생하는 장력이 크거나 부하량이 무거울 때 더 크다.

한편, 장시간의 달리기 운동은 CK-MM뿐 아니고 CK-MB(심근형)가 상승한다고 보고하고 있다. 이것은 심근에서의 일탈에 의한 것인가 아닌가에 대하여는 명확하지 않다.

④ 트레이닝에 의한 영향

일반적으로 단련된 운동선수는 단련되지 않은 일반인에 비하여 안정치의 혈청CK는 높다. 이것은 트레이닝량과 관계가 있고, 트레이닝량이 많을수록 안정시의 혈청 CK는 높다. 이것은 안정시의 혈청 CK는 신체 활동량이 많은 사람일수록 높다는 것을 의미한다.

단련자와 비단련자에 운동을 동일 부하한 경우 혈청 CK의 동태는 단련자에서 운동후의 혈청 CK의 상승이 적었다. 이 상승의 저하는 트레이닝에 의한 숙달로서 인정이 되었다.

(3) 혈청 GOT, GPT 활성치

① 운동의 종류에 의한 영향

혈청 GOT, GPT는 달리기 운동과 자전거 ergometer을 사용한 운동의 수분동안 짧은 운동으로 일과성으로 상승한다.

5,000m, 10,000m 달리기, 마라톤, 50~100km 보행, 철인 3종 경기 등의 장시간 운동에는 혈청 GOT는 두드러지게 상승한다. 이 상승의 peak는 운동의 다음 날에도 나타나는 경우가 많아 혈청 CK와 매우 흡사한 상황을 나타내고 있다. 혈청 GPT도 마라톤 운동후 수 일

에 걸쳐 높은 수치를 나타낸다.

한편 등척성 운동, 웨이트 트레이닝과 같은 중량 부하운동의 경우는 혈청 GOT의 상승은 비교적 적다. 이것은 혈청 CK와 같은 동태로 지연하여 상승하는 경향이다.

② 운동의 강도와 시간의 영향

10~20분 정도의 달리기와 자전거 에르고미터를 사용한 운동의 경우는 혈청 GOT, GPT는 운동의 강도에 비례하여 상승되고 있어 운동 강도의 영향을 받는다. 달리기 운동은 운동시간의 영향이 크다.

③ 트레이닝의 영향

트레이닝이 안정시의 혈청 GOT, GPT에 미치는 영향은 비교적 적다. 그러나 안정시의 혈청 GOT, GPT가 일반인에 비하여 높은 비만자와 중·장년층의 사람에게 유산소 운동을 계속 시킬 경우는 혈청 GOT, GPT는 뚜렷하게 나타났다. 이와 같은 경우는 트레이닝에 의해 지방간이 개선되어 간 기능에 좋은 영향을 가져오는 결과라 생각된다.

운동부하에 대한 혈청 GOT, GPT의 동태에 관해서는 트레이닝전에 비하여 후에 동일 부하에 대한 혈청 GOT, GPT의 상승은 적어졌다. 특히 이 경향은 비단련자에게서 두드러진다. 그리고, 동일 부하의 운동을 단련자와 비단련자에게 실시하면 단련자의 혈청 GOT, GPT의 상승은 비단련자에 비하여 적은 결과를 나타냈다.

III 뇨와 운동

신장의 주요한 기능은 수분, 미네랄, 최종대사산물, 이물질(foreign chemicals) 등을 배설하는 일에 따라 혈액 삼투압 및 산, 염기 평형을 항상 일정하게 유지한다.

1. 채뇨

(1) 뇨 검사의 의의

뇨는 최종 대사 산물, 체내의 과잉 성분, 병적 성분, 이물질 등이 함유되어 있어 그 량과 질은 끊임없이 크게 변동하고 있으나, 그 변동은 체액의 량과 조성을 일정하게 유지하여 행해지는 신장의 조절 작용에 의한 것이다. 뇨검사을 행하면, 직접 신장의 기능을 알 수 있을 뿐만 아니라 그 신장에 혈액을 보내고 있는 심장, 혈액이 환류하고 있는 전신의 장기의 상태도 간접적으로 알 수 있다.

이와 같이 하여, 뇨 검사는 여러 가지 질환의 진단에 도움을 주는 것이나 그것을 반복하는 것에 의해 예후, 치료 효과를 판정하는 것에 중요한 참고 소견도 얻을 수 있다.

(2) 24시간 뇨

검사는 24시간의 뇨를 채집하는 것이다. 뇨는 하루를 통하여 시간에 따라 배설량이 다르고, 병적 물질의 배출도 하루 중의 어떤 시간대에 적게 나오는 수도 있어 보통 배뇨한 후, 다음 배뇨를 모아 다음날의 제1회까지의 뇨를 1일 뇨로서 검사한다.

2. 뇨의 일반 성상

(1) 뇨량

건강한 성인이 1일에 배설한 뇨량은 1000~1500ml이다. 남자는 일반적으로 여자보다 많다. 수분 섭취, 외부기온, 식물, 정신 상태 등에 따라 그 양이 다르다. 야간의 뇨량은 주간에 비하여 적어 1/3, 1/4이다. 뇨량이 이상적으로 다량(2000ml 이상)인 경우는 다뇨라고 하고, 이상적으로 소량(300~500ml 이하)일 경우 핍뇨라 한다. 다뇨는 만성신염, 당뇨병, 요붕증 등에서 나타나며, 핍뇨는 발열, 설사, 급성신염에서 볼 수 있다.

(2) 색조

뇨는 보통 담황색이다. 그것은 주로 urochrome(요색소)이 신장에서 만들어진 색소 때문에 나타나지만, 그 외에 uroerythrin, urobilin도 뇨색조에 관계하고 있다.

(3) 청탁

정상의 뇨는 채뇨직후에는 투명하나, 얼마 안 있어 부유물질에 의해 혼탁이 일어난다. 그것은 상피세포, mucin, 핵단백질, 점액 등이 적출되는 것이다. 식물성식품을 많이 섭취한 후에는 알칼리성이 되어, 배뇨직후에는 인산염, 염산염에 의해 혼탁하게 된다. 그리고 농후한 산성뇨는 냉각에 따라 남색의 침전이 된다. 그것은 모두 정상뇨로 볼 수 있으나, 배뇨 직후에 탁해지는 경우는 병적인 것으로 점검이 필요하다.

(4) 냄새

특유한 냄새가 있다. 미생물의 작용으로 요소가 분해하여 NH_3를 발생한다.

(5) 반응

정상 신선뇨는 약산성(pH6 전후)을 나타낸다. 그것은 산성 인산염, 유기산에 의한 것이나, 단백질을 많이 섭취하면 거기에 유황과 인산으로 황산, 인산을 만들어 뇨의 산성이 강해진다. 반대로 과일을 많이 먹거나 탄산수소나트륨(중조)을 복용한 경우는 알칼리성이 강해진다. 그리고 식품을 다량으로 먹을 경우 위액에서 염산이 다량으로 배출되기 때문에 혈액이 정상보다 알칼리성으로 기울어져 그 결과 뇨가 알칼리성이 된다.

(6) 비중

비중은 보통 1.010~1.020으로, 뇨량에 따라 다소 변한다. 또한 뇨중의 고형성분의 함유량에 의해 좌우되기 때문에, 비중에서 뇨중의 고형성분을 추산할 수 있다. 예를 들면, 비중의 소수점 이하 2, 3의 숫자에 0.26(LONG의 계수)을 곱하면 g/dl로 고형성분이 계산된다. (1.020의 경우는 $20 \times 0.26 = 5.2$g/dl)

3. 뇨의 정상 성분

(1) 유기성분

① 요소

요소는 인체 질소 대사의 최종산물이다. 뇨중 질소의 80~90%는 요소이고, 단백질 섭취량이 많아지면 요소의 배설이 많아진다. 발열, 당뇨병, 부신피질호르몬 등에 의하여 증가하고, 간장의 질환, 산증(acidosis)일 때는 감소한다. 요소의 측정은 urease 효소에 의해 이산화탄소와 암모니아(NH_3)로 분해되는데, 이 암모니아 양을 측정한다.

② 요산

요산은 핵산의 최종 산물이며 1일량은 약 0.7g이다. 요산은 뇨의 산성이 강하면 결정으로서 적출된다. 핵단백질을 많이 섭취하던가! 체단백질이 파괴될 때 뇨중의 요산이 많아진다. 그 때문에 뇨 중의 요산은 백혈병, 폐렴일 때 증가하고, 신염, 통풍일 때 감소한다. 통풍일 때 혈중 요산은 증가하고, 관절이나 조직에 요산염이 침착하는데, 특히 엄지발가락 주변이 붉은색을 띠며 관절에 많이 침착한다.

③ 크레아틴(Creatine) 및 크레아티닌(Creatinine)

Creatine은 산과 열을 가하면 creatinine이 되고, creatinine에 알칼리성 용액을 가하면 일부는 creatine이 된다.

(2) 무기성분

① 염화물

뇨 성분 중에서는 염화물의 양이 많다. 특히 염화나트륨(NaCl)은 1일에 10~15g이 배설된다. 절식, 발열, 신염일 때는 감소한다.

② 인산염

인산염은 1일 약 1.8g이 나트륨염, 칼륨염, 마그네슘염, 칼슘염, 그 외에 유기 인산염으로서 배설된다. 뇨의 pH를 일정하게 유지하는데 관계가 있다.

③ 유황염

뇨중의 유황(S)은 주로 단백질에 함유된 함유 아미노산, 즉 메티오닌, 시스틴에서 유래한다. 따라서 그 배설량은 단백질의 섭취량에 따라 달라진다. 뇨 중의 총 유황은 무기황산, 에텔유황 및 중성유황 3가지로 분류되고, 그 농도는 SO_3^{2-}로 나타낸다.

④ 암모니아

암모니아의 배설량은 1일 0.5~0.7g으로, 보통 염산, 황산, 인산과 결합하여 배설된다. 암모니아가 많아지는 것은 산성의 식품을 많이 섭취한 것이고, 알칼리성 식품을 섭취할 때는 적어진다. 또한 암모니아는 혈중에서 acetoacetic acid, β-hydroxybutyric acid를 중화하고 있으므로, 암모니아만 배설되었을 때 산중이 일어난다.

4. 뇨의 이상 성분

정상뇨에 나타나지 않은 성분이 뇨에 나타나는 것이 있다. 이것은 체내의 대사에 이상이 있거나 신장 기능 부전으로 나타나는 것이므로 병의 진단, 치료에 중요한 지침이 된다.

(1) 단백뇨

단백뇨(proteinuria)는 뇨에 단백 반응이 나타나는 것을 말한다. 건강한 사람의 뇨에도 아주 적은 양의 단백질은 나타나게 되므로, 임상상 단백뇨라 하는 것은 보통 행하는 검사법에서 양성 정도 이상일 때를 말한다. 건강한 사람에는 분자량 50,000이하의 단백질은 여과되나, 근위요세관의 세포 식작용으로 완전히 재흡수 된다.

뇨에 배설된 단백질은 거의 혈장에서 유래한 것으로 albumin과 globulin에서 된 것이다. 그 중에 분자가 작은 albumin이 대부분을 차지한다.

(2) 당

건강한 사람도 당은 뇨로 배설되고 있으나, 그 양은 1일에 1g을 넘지 않아 보통의 방법으로는 검출되지 않는다. 넓은 의미의 당뇨(glycosuria)라고 부르는 것은 임상 검사법에서 양성 반응을 나타내는 정도를 말한다.

그 밖에 당뇨가 나타날 수 있는 경우로서, 특수한 당질을 함유한 식품을 다량으로 섭취할 때, 식품과 관계없이 선천적인 대사이상에 의하여, 또는 후천적 질환에 의해 부수적으로 나타날 수 있다.

① 유당뇨 (lactosuria) : 임신기 후반, 수유기, 이유기의 부인에게서 나타난다.

② 갈락토스뇨 (galactosuria) : 포도당으로 변환시키는 효소가 선천적으로 부족한 유아에게 갈락토스를 포유할 때 혈중에 갈락토스가 고이면서 뇨에 배출된다.

③ 5탄당뇨 (pentosuria) : 5탄당이 풍부하게 함유되어 있는 과일 등을 다량으로 섭취하면 xylose, arabinose 등의 오탄당이 배설된다. 또한 식품과 관계없이 특발성으로 나타나는 경우도 있다.

④ 기타 : 과당, 서당, 맥아당, glucuronic acid 등이 배설되는 경우도 있다.

(3) 케톤체(ketone body)

아세톤, 아세트초산, 옥시낙산 등 소위 케톤체는 당뇨병, 발열, 기아, 고지방식 등 일 때에 뇨중에서 이상성이 나타난다.

(4) 담즙

담관의 폐쇄가 있으면 황달의 발생과 동시에 뇨중에 담즙산염 및 담즙 색소가 배설된다.

(5) 혈액

뇨 중에 혈액이 나타나는 경우를 혈뇨라고 한다. 신장에서 요로의 어느 부분에 출혈이 있는 경우를 말한다. 체내에 어떤 원인에 의하여 용혈이 일어나는 경우는 hemoglobin 뇨로 배설된다.

5. 운동이 신기능, 뇨성상 및 함유질소 성분에 미치는 영향

(1) 신혈류량

안정시의 신혈류량 (renal blood flow, RBF)은 매분 1160±220 ml(약 1000 ml)이고, 심박출량은 매분 5 L이므로 이 량은 심박출량의 약 20%에 상당하며, 사구체 여과율 (glomerular filtration rate, GFR)은 RBF의 10~13%이다.

운동시에는 RBF는 감소하고 격한 운동시는 심박출량의 5%까지 저하한다. 운동시의 RBF 감소 정도는 운동강도에 영향을 받는다.

(2) Renin-angiotensin-aldosterone(RAA)

RAA계는 체액, 전해질 조절, 혈압 조절에 대한 승압 인자로서 중요하며, 특히 Angiotensin II가 생체 중 최강의 승압 물질이다. 강압 인자로는 Kellikrein-Kinin (KK계) prostaglandin(PG)이 있다.

레닌은 신장의 방사구체 세포 장치에서 분비되고, 그 분비 조절은 수입망 동맥압, 혈중 catecholamine 농도가 교감신경계 기능에 관여하고 있고 renin은 생리활동을 갖고 있지 않으나 angiotensinogen에 작용하여 Ang I, II의 혈중 농도를 높인다. Ang II 상승은 운동 후의 근수축의 저하 또는 중지에 의한 말초혈관 저항의 저하, 환류혈의 감소 등에 의한 혈압 강하, 즉 쇼크의 방지에 기여하는 것으로 생각된다.

Aldosterone (Ald)은 체액량 감소와 Ang II 농도 상승에 의해 분비 항진하지만, 운동후의 Ald 상승의 목적도 Ang II와 똑같이 체액량의 확보에 의한 쇼크를 저지한다.

(3) 뇨 성상

① 운동강도와 뇨량

운동 후의 뇨량 변화는 운동강도의 영향을 받으며, 80% VO_2max 이상에서는 운동 직후 감소하여 30분 후에 다시 증가하며, 100% VO_2max의 격한 운동직후에 뇨량이 감소하고 30분 후에는 안정시의 2~3배량의 다뇨로 나타난다. 60분 후에는 다시 안정시 수치로 돌아간다. 이와 같이 격한 운동후의 뇨량을 후운동이뇨(post-exercise diuresis)라고 한다.

② 운동강도와 뇨 pH

운동의 영향을 반영하는 뇨 sample은 운동직후에서 30분후 사이의 뇨이다. 이 뇨중 pH와 운동강도와의 관련을 보면, 80~100% 운동은 강도가 높을수록 pH의 저하가 두드러지게 나타난다. 80%이하는 뇨중 pH의 영향을 받지 않는다.

격한 운동 후 30분 후의 뇨 중 pH 저하는 운동에 의해 생긴 젖산, 초성 포도산 등의 유기산의 증가와 배설증가에 기인한 것으로 생각한다.

③ 운동강도와 뇨단백 및 그 분획

운동부하에 의하여 뇨중에 단백이 출현할 수 있다. 건강인의 경우 80~100% 운동후 30분시의 뇨 샘플에서 뇨단백이 현저하게 나타났다. 안정시 뇨 중 총단백 농도가 5~10 mg/dL이나, 100% 운동 30분 후에는 35~50 mg/dL, 80%에는 20~30 mg/dL였다. 그러나 모두 120분 후에는 나타나지 않았다.

격한 운동 후의 뇨단백은 거의 albumin이다. 따라서 뇨단백의 거의 대부분이 혈장에서 유래한 것이나, 그 밖에 r-GTP, NAG(N-acetyl-β-glucosaminidase), β_2-microbulin 뇨 중 배설량도 증가하고 있기 때문에 세뇨관 유래의 저분자량 단백도 증가한다. 이상의 것들을 볼 때, 격한 운동에 의하여 사구체뿐만 아니라, 세뇨관에서 일과성으로 장해를 받는 것으로 생각된다.

④ 뇨당

혈장 중의 glucose는 사구체에서 여과된 후, 뇨세관에서 재흡수된다. 혈장 glucose 농도가 늘어나 여과량도 증가되어 재흡수량에 한계가 있다. 이것을 당의 최대 재흡수량 Tm(maximum capacity of tubular transport)이라고 부른다. 정상 성인남자의 포도당 Tm은 375mg/min이고, 여자는 303mg/min이다. 혈장의 포도당 농도가 300mg/dL 이상되면, Tm을 초과되어 뇨 중에 당이 배설된다.

당뇨병 환자는 다량의 뇨당이 출현할 때 40~60% 강도의 전신적 운동을 약 1시간 실시하면, 혈당치가 저하하며 뇨당도 감소하거나 출현되지 않게 된다.

⑤ 뇨 케톤체

케톤체는 지질대사의 중간 대사산물로 간장에서 생성된다. 케톤체는 acetoacetic acid, β-hydroxybutyric acid, acetone의 총칭이다. 탄수화물 대사에서 지질대사 중심으로 이행할 때 혈중 케톤체가 증가하여 뇨중 배설도 높아진다.

정상적인 상태에서 케톤체가 과잉으로 생성되면 간조직 이외에도 활발하게 이용, 분해되는 한 혈중 농도는 상승되지 않는다. Insulin 결핍시에는 케톤체를 이용 못하게 되어 혈중 농도가 증가한다. 그래서 당뇨병 환자는 뇨중 케톤체 출현을 보이나, 식사 섭취에 의해 소실된다.

⑥ Hemoglobin 뇨 및 myoglobulin 뇨

격한 운동, 장시간의 운동 후 혈뇨, hemoglobin뇨 및 myoglobin뇨가 나타날 수 있다. hemoglobin뇨는 혈관내 용혈, 수혈의 부작용, 감염 등으로 출현한다. myoglobin뇨는 근육질환, 외상에 의한 근육 손상 등이 원인이 되어 출현한다. 운동에 기인하는 것인가, 병적인 것인가, 또는 잠재인자가 운동에서 유발되는 것인가 등에 대한 신중한 대응이 필요하다.

⑦ 뇨 urobilinogen

urobilinogen은 장내에서 세균의 작용에 의해 bilirubin이 환원되어진 물질이다. urobilinogen의 대부분은 대변 중에서 배설되고 있으나, 극히 소량이 장관내에서 흡수되어, 혈류 중에 들어가 뇨중으로 배설된다. 간기능 장해가 일어나면, 담즙 중에 배설되어 urobilinogen량이 감소하고 뇨중 배설이 증가한다. 건강한 사람에도 안정시에 뇨중에

urobilinogen이 다소 배설되나, 시험지에 의한 판정은 ±가 정상이다.

운동 후에는 양성이 된다. 안정시에는 간기능에 이상이 없으나, 운동강도 및 운동량에 의한 간기능에 영향을 받는 것인가, 또는 잠재 위험이 운동부하에 의하여 검출되는 것인가 이다. 간기능 장해 환자의 운동부하 시험일 때 브하 후의 뇨 urobilinogen 정량은 중요한 지표이다.

(4) 함유질소 성분과 운동

① 아미노산

뇨 중에 총아미노산의 배설은 7.3%인데 그 중에 글리신(glycine)이 가장 많고 다음으로 히스티딘(histidine), 3-메틸히스티딘(3-methyl histidine), 타우린 글루타메이트(taurine glutamate)이다. 글루타메이트는 혈중농도가 가장 높아, 뇨 중에서의 배설량도 비교적 많다.

땀 중에의 아미노산의 배설은 1.3~2.0%이고, 뇨 중에는 약 23%이다. 그러나 운동시의 최고 땀량은 1.5~2.0L/h라고 보고하고 있으므로, 평균적으로 약 0.3g/h가 배설되는 것이다.

근의 수축으로 단백인 액틴과 마이오신이 분해되면, 3-메틸히스티딘이 형성된다. 이 3-메틸히스티딘은 재이용되는 것이 아니고 모두가 뇨중으로 배설되기 때문에 근단백의 붕괴를 알기 위한 지표로써 쓰여지고 있다.

운동 후 뇨 중에 3-메틸히스티딘의 배설량이 증가한다. 특히 단시간의 격심한 운동 후 1시간의 뇨 중에는 운동 전의 1시간 뇨에서 보다 약 20μmole/L의 증가를 보여 근단백의 붕괴를 나타내준다.

② 요소질소

각 종의 아미노산이 체내 효소로 탈아미노(deamination)가 되어 50%가 NH_3, 50%가 아스팔테이트(aspartate)를 경유하여 요소 싸이클(urea cycle)에 들어가 오르니틴(ornithine)과 뇨소(urea)가 생성된다. 뇨 중 농도는 1.742%이고, 땀 농도는 0.086~0.173%로, 대부분은 뇨 중에 배설된다(성인에서는 12~26%/일). 그러나, 운동시의 땀 중 배설량은 평균 약 2.3 g/day에 달한다.

운동 후의 뇨 중에서의 배설은 운동강도, 운동량, 식사내용, 식사시간 등의 개인차이가 있어 증가할 때와 감소할 때가 있다.

이들 배설량의 변동은 운동에 의한 아미노산 대사의 지표가 된다.

③ 암모니아

NH_3는 아미노산 대사에 의한 것과 단백질 또는 아미노산의 일부가 장내세균에 의하여 분해되어 생성된 것이다. NH_3는 중추신경에 맹독하므로, 혈중에는 47~137 ㎍/dl로 적으나 일시적으로 운동에 의하여 증가한다.

뇨 중 농도는 4.1%, 땀 농도는 1.0~1.8%이므로 운동에 의한 땀 중 암모니아 배설량은 평균 약 0.25g/hr이다. 뇨 중 암모니아 배설은 야간에 많다. 이것은 호흡에 의한 acidosis와 K^+의 배출에 종속하여 2차적으로 변화하기 때문이다.

운동 후의 뇨 중 암모니아의 배설량은 일과성으로 증가한다. 특히 단시간의 격심한 운동 후에 두드러지게 상승한다.

④ 크레아티닌

크레아티닌은 크레아틴 인산에 비효소적으로 인을 유리하고, 탈수하여 크레아티닌이 되어 세뇨관에서 재흡수되는 것이 아니고 뇨 중에 배설된다. 크레아틴 인산은 크레아틴에서 생성된다. 크레아틴은 신장에서 아르기닌과 글리신에서 guanidoacetic acid이 만들어져서 glycocyamine로서 간장에 운반되어 여기에서 크레아틴이 된다. 크레아틴은 뇨 중으로 배설되지 않아 세뇨관에서 혈중에 재흡수 된다.

크레아티닌의 뇨 중 농도는 15.6%, 땀 중 농도는 0.05~0.2%이다. 운동시의 땀 중 배설량은 평균 약 0.022g/hr에 불과하다.

혈청 크레아틴은 격심한 운동에서는 상승하고 밤보다 낮에 높은 수치를 보인다. 식사 또는 가벼운 운동에는 변화하지 않는다. 그러나, 뇨 중 크레아티닌 배설량은 일차변동이 있고, 육식 섭취량과 높은 상관이 있다. 이 조건을 일정하게 한다면, 각 개인의 근육량에 비례하여 배설이 된다.

⑤ 요산

뇨 중 요산 농도는 12.9%, 땀 중 농도는 0.06~0.15%이다. 운동시의 땀 중 배설량은 평균 약 18.4 mg/hr에 불과하다.

뇨 중 요산 배설량은 40% VO_2max 강도 이상의 운동에서는 감소하고, 40% VO_2max강도 이하의 전신운동에서는 증가한다.

참고문헌

1. 곽이섭. 운동과 면역. 대한미디어, 2002.
2. 김복현. 운동강도에 따른 단련자와 비단련자의 면역세포에 관한 연구. 박사학위논문, 경희대학교 대학원, 1997.
3. 나재철. 운동면역학. 대경북스, 2002.
4. 박현. 운동생화학. 라이프사이언스, 2001.
5. 이수천. 운동영양생화학. 경북대학교출판부, 2003.
6. 진영수, 전태원, 김의수, 정성태. 운동강도와 운동지속시간이 인체의 면역반응에 미치는 영향. 대한스포츠의학회지 1992; 10(1): 53-62.
7. 현송자. 운동생화학. 세종출판사, 2001.
8. Benoni G, Bellavite P, Adami A, Chirumbolo S, Lippi G, Brocco G, Giulini GM, Cuzzolin L. Changes in several neutrophil functions in basketball players before, during and after the sports season. Int J Sports Med 1995; 16(1) : 34-37.
9. Evans WJ, Meredith CN, Cannon JG, Dinarello CA, Frontera WR, Hughes VA, Jones BH, Knuttgen HG. Metabolic changes following eccentric exercise in trained and untrained men. J Appl Physiol 1986; 61(5) : 1864-1868.
10. Ferrandez MD, Maynar M, De la Fuente M. Effects of a long-term training program of increasing intensity on the immune function of indoor Olympic cyclists. Int J Sports Med 1996; 17(8) : 592-596.
11. Field CJ, Gougeon R, Marliss EB. Circulating mononuclear cell members and function during intense exercise and recovery. J Appl Physiol 1991; 71(3): 1089-1097.
12. Fry RW, Morton AR, Keast D. Acute intensive interval training and T-lymphocyte function. Med Sci Sports Exerc 1992; 24(3) : 339-345.
13. Gleeson M, McDonald WA, Cripps AW, Pyne DB, Clancy RL, Fricker PA. The effect on immunity of long-term intensive training in elite swimmers. Clin Exp Immunol 1995 ; 102(1) : 210-216.
14. Greenleaf JE, Jackson CGR, Lawless D. CD4+/CD8+ T-lymphocyte ratio - effects

of rehydration before exercise in dehydrated men. 1995; 27(2) : 194-199.

15. Hoffman-Goetz L, Simpson JR, Cipp N, Arumugam Y, Houston ME. Lymphocyte subset responses to repeated submaximal exercise in men. J Appl Physiol. 1990 ; 68(3) : 1069-104.
16. Kendall A, Hoffman-Goetz L, Houston M, Macneil B, Arumugam Y. Exercise and blood lymphocyte subset responses - intensity, duration, and subject fitness effects. J Appl Physiol 1990; 69(5) : 251-260.
17. Kramer TR, Moore RJ, Shippee RL, Friedl KE, Martinez-Lopez L, Chan MM, Askew EW. Effects of food restriction in military training on T-lymphocyte responses. Int J Sports Med 1997; 18(Suppl 1) : S84-90.
18. Landmann RMA, Muller FB, Perini CH, Wesp M. Change of immunoregulatory cells inducedby psychological and physical stress: relationship to plasma catecholamines, Clin Ex Immunol 1984; 58 : 127-135.
19. LaPerriere A, Antoni MH, Ironson G, Perry A, McCabe P, Klimas N, Helder L, Schneiderman N, Fletcher MA. Effects of aerobic exercise training on lymphocyte subpopulations. Int J Sports Med 1994; 15(Suppl 3) : S127-130.
20. Lewicki R, Tchorzewski H, Denys A, Kowalska M, Goilnska A. Effect of physical exercise on some parameters of immunity in conditioned sportsman. Int J Sports Med 1987; 8(5) : 309-314.
21. Liesen H, Kleiter K, Mucke S. Leukocytes and lymphocyte subpopulations in players of the German field hockey team during the preparatory training period for the olympic games in 1988. Deutsch Zeischr Sportmed 1989; 40(1) : 41-52.
22. Mackinnon LT, Chick TW, van As A, Tomasi TB. The effect of exercise on secretory and natural immunity. Adv Exp Med Biol. 1987; 216A : 869-876.
23. MacNeil B, Hoffman-Goetz L, Kendall A, Houston M, Arumugam Y. Lymphocyte proliferation responses after exercise in men : fitness, intensity, and duration effects. J Appl Physiol 1991; 70(1) : 179-185.
24. Maria A, Fiatarone JE, Moroley ET, Bollm DB, Takashi M, Solomon GF. The effect of exercise on natural keller cell activity in young and old subjects. J Gerontol 1989; 44(2) : m37-m45.

26. Mitchell JB, Paquet AJ, Pizza FX, Starling RD, Holtz RW, Grandjean PW. The effect of moderate aerobic training on lymphocyte proliferation. Int J Sports Med 1996; 17(5) : 384-389.
27. Moorthy AV, Zimmerman SW. Human leukocyte response to an endurance race. Eur J Appl Physiol 1978; 38 : 271-276.
28. Nehlsen-Cannarella SL, Nieman DC, Balk-Lamberton AJ, Markoff PA, Chritton DB, Gusewitch G, Lee JW. The effects of moderate exercise training on immune response. Med Sci Sports Exerc 1991; 23(1) : 64-70.
29. Nieman DC, Nehlsen-Cannarella SL. The effects of acute and chronic exercise of immunoglobulins. Sports Med 1991; 11(3) : 183-201.
30. Nieman DC, Nehlsen-Cannarella SL, Donogue KM, Chritton DBW, Haddock BL, Stout RW, Lee JW. The effect of acute moderate exercise on leukocyte and lymphocyte subpopulations. Med Sci Sports Exerc 1991; 23(5) : 578-585.
31. Nieman DC, Henson DA, Gusewitch G, Warren BJ, Dotson RC, Butterworth DE, Nehlsen-Cannarella SL. Physical activity and immune function in elderly women. Med Sci Sports Exerc. 1993; 25(7) : 823-831.
32. Pedersen BK, Rohde T, Ostrowski K. Recovery of the immune system after exercise. Acta Physiol Scand 1998; 162(3) : 325-332.
33. Pizza FX, Flynn MG, Sawyer T, Brolinson PG, Starling RD, Andres FF. Run training versus cross-training : effect of increased training on circulating leukocyte subsets. Med Sci Sports Exerc 1995; 27(3) : 355-362.
34. Pizza FX, Mitchell JB, Davis BH, Starling RD, Holtz RW, Bigelow N. Exercise-induced muscle damage: effect on circulating leukocyte and lymphocyte subsets. Med Sci Sports Exerc 1995; 27(3) : 363-370.
35. Pyne DB, Baker MS, Fricker PA, McDonald WA, Telford RD, Weidemann MJ. Effects of an intensive 12-wk training program by elite swimmers on neutrophil oxidative activity. Med Sci Sports Exerc 1995; 27(4) : 536-542.
36. Ricken KH, Rieder T, Hauck G, Kindermann W. Changes in lymphocyte subpopulations after prolonged exercise. Int J Sports Med 1990; 11(12) : 132-135.
37. Shek PN, Sabiston BH, Buguet A, Radomski MW. Strenuous exercise and

immunological changes : a multiple-time-point analysis of leukocyte subsets, CD4/CD8 ratio, immunoglobulin production and NK cell response. Int J Sports Med. 1995 ; 16(7) : 466-474.

38. Simon HB. The immunology of exercise. JAMA. 1984; 252(19) : 2735-2738.
39. Soppi E, Varjo P, Eskola J, Laitinen LA. Effect of strenuous physical stress on circulating lymphocyte number and function before and after training. J Clin Lab Immunol 1982; 8(1) : 43-46.
40. Suzuki K, Naganuma S, Totsuka M, Suzuki KJ, Mochizuki M, Shiraishi M, Nakaji S, Sugawara K. Effects of exhaustive endurance exercise and its one-week daily repetition on neutrophil count and functional status in untrained men. Int J Sports Med 1996; 17(3) : 205-212.
41. Targan S, Britvan L, Dorey F. Activation of human NKCC by moderate exercise : increased frequency of NK cells with enhanced capability of effector--target lytic interactions. Clin Exp Immunol 1981; 45(2) : 352-360.
42. Tvede N, Heilmann D, Halkjaer-Kristensen J, Pedersen BK. Mechanisms of B-lymphocyte suppression induced by acute physical exercise. J Clin Lab Immunol 1989; 30 : 169-173.
43. Verde TJ, Thomas SG, Moore RW, Shek P, Shephard RJ. Immune responses and increased training of the elite athlete. J Appl Physiol 1992; 73(4) : 1494-1499.
44. Weiss C, Kinscherf R, Roth S, Friedmann B, Fischbach T, Reus J, Droge W, Bartsch P. Lymphocyte subpopulations and concentrations of soluble CD8 and CD4 antigen after anaerobic training. Int J Sports Med 1995; 16(2) : 117-121.

제7장 운동심리학

7

"건강은 有一無二의 보배이며 이것을 얻기 위해서는 생명 자체까지 내던진다."- 미셸 에켐 드 몽테뉴 Michel Eyquem de Montaigne (1533~1592, 프랑스 사상가)

건강은 인간에게 있어 무엇과도 바꿀 수 없는 소중한 것이다.
이러한 건강을 유지하는 방법은 여러 가지가 있으나, 그 중에서 운동은 다른 방법들에 비해 효과적이고 바람직하다는 것이 일반적인 견해이다.
그러나 그동안, 우리는 운동의 효과 중에서 신체적인 효과만을 강조하거나 관심을 가졌던 경향이 있었다. 운동은 신체적인 건강뿐만 아니라, 정신적인 건강에도 지대한 효과가 있음을 이번 장을 통해 알아봄으로써 운동지도사들이 운동을 지도하는데 기반이 될 수 있도록 한다.

I 현대인의 정신 건강

수렵, 채집 등이 삶의 방식이었던 오래전 과거의 인간들은 생명유지를 위해서 신체활동 *physical activity*이 필수적이었다. 그러나 급속도로 변화하는 현대사회는 기계화, 자동화, 전문화, 교통기관의 발달, 인터넷의 발달 등으로 현대인들은 신체활동이 구조적으로 줄어들 수밖에 없는 상황에 직면해 있다. 그럼에도 불구하고 현대인들은 신체활동의 한 형태이면서 구체적인 목적을 위해 행해지는 운동*exercise*, 역시 부족한 실정이다.

그림 7-1에서와 같이 1998년에 비해 2001년에는 대부분의 연령대에서 운동에 참여하지 않는 비율이 높아지고 있으며 전체적으로도 운동 비참여 비율이 67.2%에서 71.8%로 증가한 것으로 조사되었다. 또한 운동을 하지 않는 이유는 20대 연령층은 '귀찮아서', 30·40·50대 연령층은 '바빠서', 60대 이후 연령층은 '몸이 불편해서'인 것으로 나타났다.

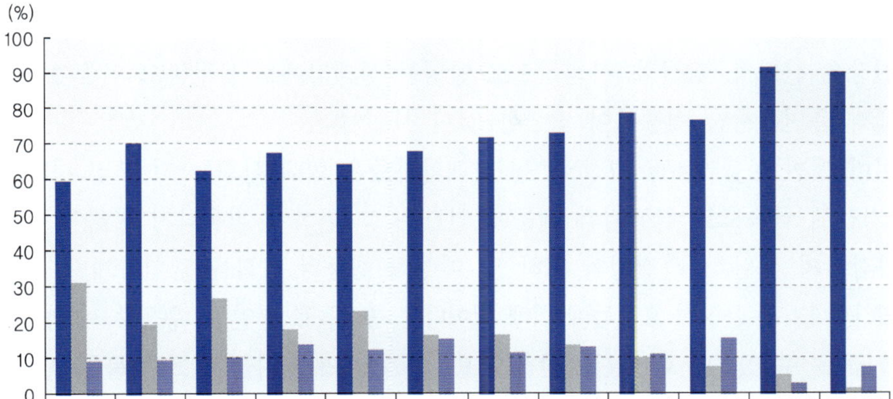

	1998년	2001년	1998년	2001년	1998년	2001년	1998년	2001년	1998년	2001년	1998년	2001년
	20-29세		30-39세		40-49세		50-59세		60-69세		70세 이상	
■비운동군	59.5	70.5	62.9	67.6	64.4	68.2	71.9	73.0	78.9	77.0	91.8	90.6
■낮은운동량군	31.4	19.7	26.8	18.2	23.3	16.2	16.5	13.6	10.0	7.6	5.2	1.8
■적절운동량군	9.1	9.8	10.3	14.2	12.3	15.6	11.6	13.4	11.0	15.5	3.0	7.7

그림 7-1. 연령별 운동량 추이(보건복지부, 2001년 국민건강·영양조사)

이러한 운동의 부족은 '운동부족병'이라고도 불리는 각종 성인병과 비만 등에 깊은 관련이 있다는 이야기는 이미 진부한 이야기이다.

규칙적인 신체활동 및 운동에 의한 건강 이득에 대해서는 생리, 대사, 심리 등 다방면에 걸쳐 입증되어 왔다(ACSM, 2000).

규칙적이면서 적절한 운동은 인간의 발육·발달과 건강유지에 필수적이지만 운동이 부족하게 되면 심폐기능의 저하, 근력저하 등 신체 기능의 약화와 수면 장애, 기분상태 부적절, 성인병의 원인뿐만 아니라, 성격 형성(특성불안, 자아존중감, 자기효능감 등)에도 운동이 관여하는 것으로 알려지고 있다.

세계보건기구(World Health Organization : WHO)의 헌장에는 "건강이란 질병이 없거나 허약하지 않은 것만 말하는 것이 아니라 신체적·정신적·사회적으로 완전히 안녕한 상태에 놓여 있는 것"이라고 정의하고 있다.

19세기 이전까지만 해도 질병이 없는 상태로 사람이 아프지 않으면 건강하다는 막연한 생각을 하였으나, 이후에는 건강의 개념이 심신(心身)을 모두 포함하는 개념으로 바뀌어 신체적, 정신적인 측면으로 접근되었다. 또한 1950년대 세계보건기구(WHO)에서는 신체적, 정신적 측면과 더불어 사회적인 역할과 임무를 효율적으로 수행할 수 있는 사회적인 측면까지 안녕한 상태에 놓여 있어야 인간의 최적의 상태라 보고 건강의 개념을 정의하였다.

■ 정신건강

건강은 신체적, 정신적, 사회적으로 안녕한 상태임에도 불구하고 지금껏 우리는 건강을 신체적 측면에서만 치중하여 접근한 것이 사실이다.

이미 앨빈 토플러*Alvin Toffler* 등 미래학자들은 현대 사회는 기술 및 사회적 변화가 짧은 기간에 급속도로 진행되기 때문에 인간은 그 변화에 적응하지 못하여 각종 스트레스, 방향감각의 상실, 의사결정의 저하 및 이성적 행동의 약화를 경험하게 될 것이라고 전망하였다. 이러한 환경적 요인들에 의해 일어나는 증상들로 불안증, 우울증, 수면 장애, 스트레스 등을 들을 수 있는데 이것은 정신적인 요소와 관계가 있다는 점에 주목할 필요가 있다.

정신건강은 본래 정신질환의 유무를 제시하는 정신병리학적 개념에서 시작하였으나 현재는 정상적인 개인의 정신상태를 나타내기 위한 보편적인 용어로 그 개념을 정의하고 있다(김정호, 1985).

임규혁(1991)은 정신건강이란 정신적으로 건강하다는 의미이고 정신이 건강한 사람이란 잠재능력을 성취시키고 난관을 극복할 수 있는 힘이 있다고 본다. 또 정신이 건강한 사람은 생활환경을 바르게 인지하고 잘 적응하며 능동적이고 생산적으로 자기 자신을 개선하고 발전시켜 나갈 수 있는 조화롭게 통합된 인간이다. 더 나아가 개인생활의 건전한 유지와 원만한 대인관계로 사회 발전에 공헌할 수 있는 사람을 뜻한다고 보았다.

미국 정신위생 국민위원회 보고에서 정의한 정신건강의 개념을 보면, "정신건강이란 다만 정신적 병에 걸려 있지 않은 상태만이 아니고 만족스러운 인간관계와 그것을 유지해 나갈 수 있는 능력을 의미한다."라고 되어 있는데, 이는 모든 개인적, 사회적 적응을 포함할 뿐만 아니라, 곤란한 생활조건에도 처리해 나갈 수 있는 건전하고 균형 잡힌 통일된 성격발달을 의미한다고 보고하였다.

결국, 정신건강은 개인적 측면, 혹은 정신적으로 건강하다는 것뿐만 아니라 사회적 적응능력까지도 포함되는 의미이다.

정신건강과 관련된 정신질환(우울증, 불안, 스트레스 등)의 통계적 수치를 확인해 보자.

Kessler 등(1994)의 조사 보고에 의하면, 미국의 경우 다섯 명 중 한명은 우울증을 경험하게 될 것이라고 발표하였다. 특히, 중요한 것은 청소년의 연간 우울증 발생률은 성인 25~44세의 연간 우울증 발생률보다 약 두배가 되며 65세 이상 노인의 연간 우울증 발생률보다 약 4배가 되는 것으로 보고되었다. 미국에서 우울증은 다른 어떤 심장질환보다 더 만연된 것이라고 할 수 있다. 사고에 의한 사망 다음으로 자살은 미국 대학생의 주요 사망원인임을 감안할 때 우울증을 비롯한 정신질환의 심각성을 인식할 수 있다.

2005년 미국 정부지원하에 실시된 한 조사결과에 의하면 미국 인구의 절반 이상이 평생 동안 정신질환을 앓을 수 있다는 보고를 한 것으로 알려졌다. 이는 미국 인구의 절반 이상이 정신 질환의 잠재성을 가지고 있다는 이야기이다.

우리나라의 경우, 정신질환자의 인구에 대한 정확한 기초 통계나 자료조차 충분하지 못한 것이 아쉽지만 그 인구가 점차로 늘어 가는 것은 확실하다.

보건복지부의 보건연감(1999)에 의하면 전체 인구의 2.5%인 1백 16만명이 각종 정신질환에 시달리고 있다고 잠정 집계하고 있다. 정신질환에 대한 정확한 통계자료가 없어 각종 질환에 따른 질환자수 및 치료경비는 알 수 없으나 정신과 의사들의 진료유형별 수치나 의료보험 수진자 통계로 추정하고 있다.

국민건강관리공단에서는 우리나라의 우울증 환자는 2000년에 23만 2,000명에서 2003년 37만 4,000명으로 추정하였으며 현재는 그 보다 훨씬 많을 것으로 전망한다. 중요한 것은 우울증 환자수가 점차로 늘어간다는 것과 더불어 우울증을 앓는 환자의 15%가 자살로 생을 끝낸다는 것이다(통계청, 1996). 세계보건기구가 21세기 3대 질병중 하나로 우울증을 꼽을 만하다.

스트레스 역시 현대인에게 있어 비중이 높은 정신질환 관련 요인이다.

심장병의 75%가 스트레스와 관련이 있고, 이밖에 당뇨병, 고혈압, 천식, 소화성궤양, 과민성대장증후군, 비만, 우울증, 수면장애, 공포증, 신경성피부염, 암 등 많은 질병과 관련이 되어 있는 것으로 알려져 있다.

통계청(2000)에 의하면 지난 1999년에 40대 남자 사망률이 여자 사망률의 3배가 넘어선 아주 이색적이면서도 참담한 현상이 확인되었다. 40대 전반(40~44세) 남성은 1,000명당 사망률이 3.8명, 40대 후반(45~49세)은 5.7명으로 같은 연령대 여성의 1.2명과 1.9명 보다 3배가 넘는다. 이는 당시의 경제위기 속에 경제적인 '짐'을 떠맡은 40대 남성의 정신적인 어려움 속에서 나타난 현상이라고 해석된다.

또한 2004년 청소년(15~24세)의 사망원인은 운수사고에 이어 고의적 자해(자살)가 2위로 나타났으며 이 중 20~24세에서는 고의적 자해가 사망원인의 1위로 나타나 그 심각성을 더한다(통계청, 2006).

이러한 현상과 통계들에서 볼 수 있듯이 현대 사회에서 정신건강의 문제에서 파생되는 폐해와 심각성들을 확인할 수 있으며 정신건강의 중요성을 인지하며 정신적·심리적 문제를 예방하고 해결할 수 있는 방법을 적극적으로 도색할 필요가 있다.

II 운동이 심리적 측면 및 기분에 미치는 효과

우리는 지금껏 운동*exercise*이라는 용어를 유사용어들과 특별한 구별 없이 사용하는 경우가 종종 있었다. 그러한 유사용어들로 신체활동*physical activity*, 체육*physical education*, 스포츠*sport* 등이 그러한 예이다.

신체활동이란 휴식시에 요구되는 에너지 소비량보다 높은 수준의 에너지 소비가 요구되는 골격근의 움직임을 말하는 용어이다. 반면, 운동은 체력향상, 신체 수행력 향상, 건강증진과 같은 구체적인 목적을 위해 사람들이 하는 신체활동의 한 형태이다(Bouchard & Shephard, 1991).

체육이나 스포츠가 운동과 구별되는 대표적인 차이는 교육적인 측면과 경쟁, 규칙*rule* 등의 의미 포함 유무이다.

이러한 유사용어의 구별에 따라 운동의 심리적 효과를 알아보도록 한다.

1. 운동과 불안 해소

(1) 불안이란

불안*anxiety*은 신체의 활성화 혹은 각성 상태*activation or arousal of the body*를 수반하는 초조함, 걱정, 우려 등의 부정적인 정서 상태이다.

과제가 과중하다고 느끼거나 불가능한 과제에 직면했을 때 과제 달성의 불확실성으로 인해 야기되며 초조함, 걱정, 염려의 감정으로 특징되는데 감정 변화, 심박수 및 호흡 증가 등이 동반되는 것을 쉽게 감지할 수 있다.

현대 사회에서 불안은 심각한 건강상의 문제를 초래하고 있다. 예를 들면 미국정신건강연구소*National Institute of Mental Health*(Regier et al, 1984)의 보고에 따르면, 불안신경증은 미국 사회에서 가장 큰 정신건강 문제로서 전 국민의 8%(1,310만명)가 이로 인해 고통당하고 있다.

불안은 상태불안*state anxiety*와 특성불안*trait anxiety*로 구분한다.

상태불안이란 특정 시점에서 상황에 따라 즉각적으로 변하는 초조함, 걱정, 우려 등의 부정적 정서이며, 특성불안은 특정 환경적 상황에서 비위협적인 상황을 위협적으로 인지하려는 개인의 행동 경향이다.

(2) 운동의 불안 감소 효과

① 어떤 형태의 운동이 효과적인가?

유산소성 운동이 불안 감소에 효과적이다.

Petruzzello 등(1991)은 1960년부터 1989년 사이에 발표된 104개의 연구논문을 대상으로 운동이 상태불안과 특성불안에 미치는 효과에 대해 연구하였다. 연구 결과, 운동은 상태불안과 특성불안의 감소에 긍정적인 영향을 미치는 것으로 나타났다. 구체적으로는 유산소성 운동과 무산소성 운동 모두 효과적인지만, 유산소성 운동(예 : 걷기, 조깅, 달리기, 수영, 자전거 타기)이 무산소성 운동에 비해 상태불안과 특성불안을 감소시키는 효과가 크다 것을 보고하였다.

유산소성 운동이 상태불안을 감소시키는 것에 대하여 학자들은 몇 가지 설명 가능한 이론들을 제시하고 있다. 첫째, 운동이 불안을 일으키는 생각으로부터 탈피하게 해 준다는 것이다. 둘째, 신체 및 운동수행 기술의 향상으로 자긍심*self-esteem*을 고취시키게 되며, 이로 인해 불안을 야기하는 특정 상황에 대해 통제력을 제공하기 때문에 걱정이 감소하게 된다는 것이다. 셋째, 운동 중에 일어나는 사회적 상호작용의 기회와 관련하여 설명하고 있다. 연간 많은 인원이 사회적 공포증(예: 집단에 대한 두려움)을 지니고 있다는 것을 생각하면, 신체활동이 제공하는 사회적 환경의 잠재적 특성을 과소평가해서는 안 된다.

② 어느 정도의 강도, 지속 시간, 기간이 효과적인가?

Petruzzello 등(1991)의 연구에서는 최대산소섭취량(VO2max)이 80% 이상으로 운동했을 경우가 다른 조건(40~59%, 60~69%, 70~79%)으로 운동했을 경우 보다 효과적인 것으로 나타났다. 나이별로는 상태불안의 경우, 31~45세 사이의 연령층이 제일 큰 효과를 보는 것으로 나타났고, 그 다음이 18세 미만, 18~30세 순으로 나타났으며, 특성불안은 18~30세를 제외한 모든 연령층(18세 미만, 31~45세, 45세 이상)에서 중간 정도의 효과를 가지는 것으로 보고했다. 운동지속 시간에 관한 연구결과도 밝혀 놓았는데, 이 결과를 보면, 20분 미만의 운동은 상태불안을 감소시키는 데에 그 효과가 미미한 것으로 나타났으며, 21~30분 사이의 운동시간이 가장 큰 효과가 있는 것으로 나타났고, 31~40분 사이와 41분 이상이 그 다음 순이었다. 훈련기간에 대해서는 특성불안의 경우, 4~6주, 또는 7~9주 일 때보다 10~12주, 13주~15주 일 때가 더 효과가 있었고, 16주 이상이었을 때가 가장 큰 감소 효과가 있는 것으로 나타났다. 이를 바꾸어 말하면 운동으로 특성불안의 감소효과를 갖기 위해서는 최소한 4개월 이상 운동을 해야 한다는 것이다(한명우, 1999).

불안의 증상을 완화시키기 위한 방법들로는 조용한 휴식, 점진적 이완, 명상, 바이오피드백, 최면 등이 있다. Petruzzello 등(1991)에 의하면 운동을 포함한 각각의 요법간에는 차이가 없는 것으로 나타나고 있으므로 운동지도사들은 다른 요법들 만큼 운동이 불안 감소에 효과가 있다는 것을 알아두어야 한다.

2. 운동과 우울증 감소

(1) 우울증이란

대부분의 사람들은 때때로 우울하게 된다. 인간은 슬프고, 무기력하고, 재미있는 활동들일지라도 아무런 흥미가 없다고 느끼는 기간들을 갖는다. 우울증*depression*은 많은 생활 스트레스들에 대한 하나의 정상적 반응이다(홍대식, 1998).

김훈기(2001)는 일반적으로 인생과 장래에 대한 비관, 염세, 주관적인 불행감, 무기력, 자기 무가치감에 젖어 있거나 잘 울며, 심히 슬퍼하고, 우울해 하고, 수줍어하거나 불안해 하며, 피해의식 등의 증상을 나타내는 장애라고 우울증을 정의하였다. 이러한 심리적인 증상 이외에 식욕상실, 수면 장애, 피로, 활력 부족 등의 신체적인 증상이 수반될 가능성이 높다.

- 우울증의 원인은 무엇인가?

우울증의 원인은 아직 현대 의학에서 정확하게 밝혀내지는 못하고 있다.

그러나 생물학적, 심리적, 사회적 요인들 혹은 이들이 복합적으로 작용하여 발생한다는 것이 일반적인 견해이다.

생물학적 원인을 뒷받침 해 주는 주요 근거로는, 우울증은 가족력이 있을 경우 발병의 위험성이 높다는 점과 우울증을 치료하는 항우울제의 주요 성분이 신경전달 물질의 활동의 강화하는 물질이라는 것이다.

우울증을 일으키는 심리적 원인으로는 특정한 성격을 지닌 사람이 우울증에 걸리기 쉽다는 것을 우선 들 수 있다. 우울증에 걸리기 쉬운 성격으로는 '순한 성격'을 들 수 있다(Kretschmer, 1888~1964, 독일의 정신의학자·심리학자). 즉, 조용하고 침착하며 모든 일이 걱정스럽고 쉽게 감동하는 성격이다. 또한, 우울증 발병 이전 성격 가운데 많이 나타나는 것으로 지적되는 유형은 '집착 성격'이다. 즉, 강한 의무감과 책임감, 업무에 대한 열성, 철저함, 꼼꼼함 등이 특징이다.

또한, 낮은 자기 존중감의 소유자나, 쉽게 허무감을 느끼는 사람, 심한 스트레스를 받는 사람이 우울증에 걸리기 쉽다.

심리적 원인의 근거로 제시되는 또 하나의 현상으로 여자가 남자보다 우울증의 발병률이 높으며(김헌수, 1976; 보건복지부, 2002 등), 남자와 여자의 우울증 유발 요인이 다르다는 것이다. 일본 국립 정신 신경 센터에 의하면 남자는 업무의 과로, 정신적 타격, 경제문제 등이며, 여자는 임신, 출산, 가정불안, 근친자의 사망 등으로 나타났다. 특히 이들 중에는 집착성격과 관련지어 설명할 수 있는 것들이 있다. 예를 들면 오랫동안 익숙했던 환경을 떠나 새로운 '질서'속에 살게 되었을 때 발병하는 경우를 들 수 있다(건강길라잡이, 2006).

다음으로 사회적 요인이다. 근래 들어 우울증의 주요 원인으로 사회적인 구조를 들고 있는데, 도시화, 핵가족화, 개인 중심의 생활, 업무의 과중화, 사회의 구속과 억압 등을 들 수 있다. 이것이 우울증을 구체적으로 어떻게 유발하는 지에 대해서는 아직 증명하기 어렵기 때문에 추측의 단계를 넘지 못하고 있지만, 상당히 설득력 있는 요소임에 틀림없다.

(2) 우리나라의 우울증 현황

우울증은 현재 발병률이 날로 증가하는 질환으로서, 우리나라의 경우도 2001년 국민건강 영양조사(보건복지부, 2002)에서는 20세 이상 성인의 8.87%인 약 320만명이 항상 우울증상에 시달리고 가끔 우울증상을 느끼는 사람도 53.6%나 되는 것으로 조사되었으며, 20세 이하의 청소년들도 6.23%가 항상 우울증상을 보이며 가끔 우울증상을 보이는 비율도 49.92%나 되는 것으로 나타났다.

표 7-1. 20세 이상 성인의 1년간(2001년) 우울증 인지도 (단위 : %)

구 분	계	항상 느낌	가끔 느낌	거의 안 느낌	전혀 안 느낌
전 체	100	8.87	53.60	27.21	10.32
남 자	100	6.17	47.27	33.39	13.17
여 자	100	11.02	58.64	22.27	8.07

출처 : 보건복지부, 2001년 국민건강 영양조사.

앞서 이야기 한바와 같이 여자가 남자보다 우울증상을 많이 보인다는 것을 재확인할 수 있다.

청소년, 역시 우울증상을 호소하는 비율이 높게 나타났는데, 성인과 같이 여자가 남자보다 높고 나이가 들어감에 따라 우울증상은 높게 나타난다는 것이 주목할 만한 결과이다.

표 7-2. 청소년의 1년간(2001년) 우울증 인지도 (단위 : %)

구 분	계	항상 느낌	가끔 느낌	거의 안 느낌	전혀 안 느낌
전 체	100	6.23	49.92	30.68	13.17
남자	100	3.29	44.20	36.94	15.57
여자	100	9.24	55.76	24.28	10.72
12~14세	100	3.54	41.50	36.16	18.80
15~19세	100	7.91	55.18	27.25	9.66

출처 : 보건복지부, 2001년 국민건강 영양조사.

(3) 운동의 우울증 감소 효과

North 등(1990)은 80편의 연구에 대해 메타분석을 통해 운동이 우울증 감소에 긍정적인 효과를 나타내는 것으로 확인하였으며, 이후 Craft와 Landers(1998)가 17편의 연구들을 추가로 조사한 결과도, 역시 운동이 항우울작용에 효과가 있다고 보고하였다.

North 등(1990)의 연구 결과를 토대로 성별, 운동 기간, 운동 유형별로 우울증 감소 효과를 알아보면 다음과 같다.

운동은 남·녀 모두에게 효과적으로 나타났으며 비교적 남성이 여성 보다 효과적인 결과를 나타낸다. 운동기간은 4주 이상이면 모두 우울증 감소에 효과가 있는 것으로 나타났는데 17주 이상이면 현저하게 큰 효과를 나타내고 21~24주가 가장 큰 효과를 나타내는 것을 감안한다면 4개월 이상의 운동이 우울증 감소에 효과적이라는 것을 알 수 있다.

운동의 유형에서는 불안 감소의 경우와는 다소 차이가 있는데, 불안 감소에서는 무산소성 운동보다는 유산소성 운동이 효과적인 것으로 되어 있으나, 우울증 감소에서는 유산소성 운동과 무산소성 운동 모두가 우울증의 개선에 효과가 있다는 것이다(Craft, Landers, 1998; North, McCullagh, & Tran, 1990, LaFontain, DiLorenzo, Frensch, Stucky-Ropp, Bargman & McDonald, 1992).

또한, North 등(1990)은 우울증세를 감소시키는 방법 가운데 운동은 긴장이완*relaxation* 이나 재미로 하는 신체활동*enjoyable activities* 보다는 더 효과적이고 심리치료와 비슷한 효과를 가지며 운동과 심리치료를 병행하는 것 보다는 덜 효과적이었다는 것이다. 따라서 가장 바람직한 우울증세 감소를 원한다면 유산소성 운동을 장기적으로 실시함과 아울러 심리치료를 병행하는 방법을 사용하는 것이 효과적일 것이다.

그러나 현재로서는 운동이 어떤 기제*mechanism*에 의해 우울증에 영향을 미치는 지에 대해서는 확실한 설명이 어려운 실정이다.

3. 운동과 스트레스 해소

(1) 스트레스란

스트레스*stress*는 "과제 성취의 실패가 중요한 결과를 수반하는 상황에서 심리적 혹은 신체적 과제 요구의 수준과 그에 대한 반응 능력간의 실질적인 불균형"(McGrath, 1970)으로 정의된다.

스트레스로 인한 질병은 스트레스와 이에 대해 정신·신체적 항상성을 유지하려는 사이에서 발생된다. 항상성을 유지하고 있다는 것은 우리가 생존하고 있다는 것을 의미하며, 항상성 회복 능력이 크다는 것은 인체가 환경에 적응할 수 있는 능력이 크다는 것을 위미한다. 스트레스를 극복하여 항상성을 완전히 회복하였을 경우, 인체의 적응력은 커지고 심신의 발달을 꾀하지만, 스트레스를 극복하지 못하면 인체의 기능이 조화를 이루지 못하고 이로 인해 인체의 적응력이 감소하여 건강을 잃게 된다.

스트레스로 인한 증상은 다양한데 다음의 4가지로 분류하여 제시할 수 있다.

표 7-3. 스트레스의 증상

구 분	증 상
신체적	피로, 두통, 불면증, 근육통/경직(특히 목, 어깨, 허리), 심계항진(맥박이 빠름), 흉부 통증, 복부 통증, 구역, 전율, 사지 냉감, 안면홍조, 땀, 자주 감기에 걸림
정신적	집중력이나 기억력 감소, 우유부단, 마음이 텅빈 느낌, 혼동, 유머감각 소실
감정적	불안, 신경과민, 우울증, 분노, 좌절감, 근심, 걱정, 불안, 성급함, 인내부족
행동적	왔다 갔다함, 안절부절함, 신경질적인 습관(손톱깨물기, 발떨기), 먹는 것, 마시는 것, 흡연, 울거나 욕설, 물건을 던지거나 때리는 행동이 증가

출처 : 건강길라잡이. http://www.hp.go.kr(인터넷 홈페이지).

이렇듯 스트레스는 인간에게 여러 가지 증상을 유발시키는 원인이 되지만 적당한 스트레스는 적절한 긴장감을 유지하면서 각종 자극을 처리해주는 수행능력을 증진시켜 주는 원천이 되기도 하며, 스트레스는 나쁜 스트레스*distress*와 더불어 크리스마스나 여행 등을 준비하며 들뜬 마음과 같이 좋은 스트레스*eustress*(Selye, 1974)도 존재한다.

(2) 우리나라의 스트레스 인식 현황

스트레스는 신체뿐만 아니라 정신건강에도 큰 영향을 미치는 것으로 알려져 있다. 따라서 현대사회에서 주요관심사 중의 하나이며 우리나라에서도 스트레스에 대한 관심과 대처방안에 대해서 점차 증가하고 있다.

① 한국인의 스트레스 인식 정도

보건복지부(2002)는 한국인의 스트레스 인식 정도를 알아보기 위해 2001년 실시된 국민건강 영양조사에서 20세 이상의 성인의 경우, 스트레스를 '대단히 많이 느낀다'는 비율이 6.2%, '많이 느끼다'는 집단이 28.4%, '조금 느낀다'는 집단이 48.2%로 나타나 스트레스를 인식하고 있는 성인이 82.8%에 이르는 것으로 집계되었다.

거주지역별로는 20세이상 성인의 경우, 남자에서는 동지역거주자, 여자에서는 읍면지역거주자에서 스트레스인식도가 '대단히 많이 느낌' 및 '많이 느낌'의 비율이 높았고, 남·녀 모두 사무직 및 판매서비스직에서 높았으며, 남자는 소득수준이 높아짐에 따라 점차 증가하는데 비해서 여자는 소득수준이 낮은 층에서 높게 나타났다.

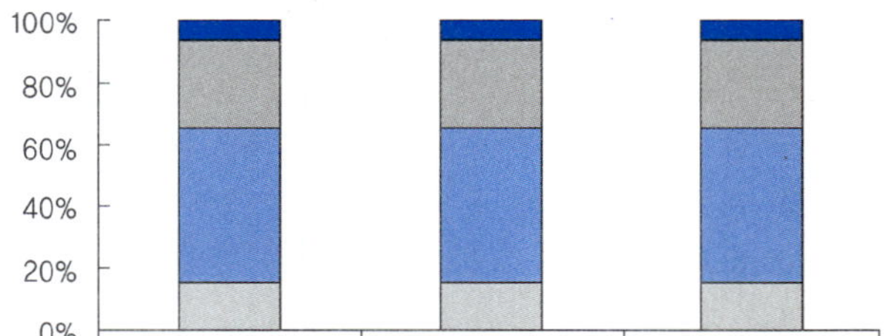

	남자	여자	전체
■대단히 많이 느낌	6.0	6.4	6.2
■많이 느낌	28.2	28.6	28.4
■조금 느낌	48.7	47.9	48.2
□거의 느끼지 않음	17.2	17.1	17.2

그림 7-2. 한국인의 스트레스 인식정도(출처 : 보건복지부, 2001년 국민건강 영양조사)

20세 이하(12~19세)의 청소년들도 성인의 스트레스 인식 정도와 비슷하게 나타났는데 '대단히 많이 느낀다'라는 비율이 5.61%, '많이 느낀다'가 28.20%, '조금 느낀다'는 비율이 51.97%로 전체의 85.78%가 스트레스를 인식하고 있는 것으로 확인되었다.

표 7-4. 청소년의 평상시 스트레스 인식 정도 (단위 : %)

구 분	계	대단히 많이 느낌	많이 느낌	조금 느낌	거의 느끼지 않음
전 체	100	5.61	28.20	51.97	14.22
남자	100	4.35	25.84	51.45	18.36
여자	100	6.90	30.61	52.50	9.99
12~14세	100	4.46	23.64	53.32	18.58
15~19세	100	6.33	31.04	51.12	11.51

출처 : 보건복지부, 2001년 국민건강 영양조사

그러나 청소년들의 양상이 성인과 다른 점은 성인의 경우, 남·녀의 차이는 나타나지 않았지만 청소년들은 여자가 남자보다 많은 스트레스를 인식하는 것으로 나타났다.

② 한국인의 스트레스 원인

스트레스의 원인은 성별, 연령별 등에 따라 차이를 보인다.

우리나라 성인과 청소년으로 구분하여 스트레스 원인을 확인해 보자.

20세 이상의 성인의 경우, 전체적으로는 경제문제, 직장생활, 부모·자녀의 순으로 스트레스 원인이 확인되었다. 성별로 구분하여 보면 남자의 경우, 직장생활(36.66%)로 인한 스트레스가 가장 높았으며 다음으로 경제문제(28.16%), 대인관계(12.35%) 순으로 나타난 것에 비해, 여자의 경우는 경제문제(28.05%)가 가장 큰 스트레스 원인이었고 다음으로, 부모·자녀(20.94%), 직장생활(15.18%) 순으로 나타나 스트레스 원인이 성별에 따라 차이가 있음을 알 수 있다.

표 7-5. 성인의 스트레스 원인 (단위 : %)

구 분	전 체	남 자	여 자
대인관계	10.56	12.35	9.11
건강과 질병	9.50	7.44	11.20
경제문제	28.10	28.16	28.05
부모 · 자녀	14.19	5.90	20.94
임신 · 출산 · 육아	2.50	0.12	4.43
직장생활	24.82	36.66	15.18
주거생활환경	5.31	3.61	6.70
진로(학업, 진학)	3.59	4.46	2.88
기타	1.43	1.31	1.51

출처 : 보건복지부, 2001년 국민건강 영양조사.

성인과 비교하여 청소년들의 스트레스 원인에는 차이가 있는데, 청소년이 느끼는 스트레스의 원인은 학업문제(54.26%)가 가장 높게 나타났으며 진로문제(14.0%), 친구문제(11.3%), 가정문제(9.0%), 금전문제(4.4%), 이성문제(2.3%), 건강문제(2.0%)의 순이었다.

표 7-6. 청소년의 스트레스 원인 (단위 : %)

구 분	전 체	10~12세	13~15세	16~19세
학업문제	54.26	58.75	62.3	46.6
진로문제	14.0	—	12.70	21.4
이성문제	2.3	2.0	0.6	3.6
친구문제	11.3	21.2	10.2	7.4
가정문제	9.0	11.9	8.1	8.3
금전문제	4.4	1.3	2.2	7.3
건강문제	2.0	2.6	2.0	1.6
기타	2.9	2.2	1.9	3.8

출처 : 보건복지부, 2001년 국민건강 영양조사.

(3) 운동의 스트레스 감소 효과

운동이 스트레스 감소에 기여하는 두 가지 일반적인 과정은 대처*coping*와 면역*inoculation*이다(Crews & Landers, 1987). 운동은 자율신경계의 회복 시간을 감소시킴으로써 효과적인 대처 시스템을 제공할 수 있다. 이와 유사하게, 면역은 장기간 운동이 스트레스에 대처할 수 있는 신체적, 심리적 능력을 향상시킬 때 일어날 수 있다. 예를 들면, 스트레스 요인에 직면했을 때, 자율신경계는 도피 혹은 투쟁 반응을 통해 이에 대처한다. 운동 참여자의 경우, 스트레스성 반응의 정도가 감소하며, 스트레스 상태에 머무는 시간도 적을 것이며(스트레스 수준도 낮을 것이다), 스트레스성 반응으로부터의 회복도 더욱 빠를 것이다(김성옥 등, 2004).

Crews와 Landers(1987)는 스트레스 반응성과 관련된 34편의 연구를 분석하였는데, 그 결과 유산소성 운동을 한 사람이 심리적인 스트레스에 덜 민감하게 반응할 뿐만 아니라 스트레스를 받은 후에도 평상시의 수준으로 빨리 되돌아간다는 것을 결론을 얻었다. 또한, 단기간의 운동 보다는 장기적인 운동이 훨씬 큰 효과가 보이는 것으로 보고하였으며 스트레스를 받는 동안보다는 스트레스를 받은 후 회복시에 더 효과적이었고, 높은 수준의 스트레스를 견디는 데에도 효과적이지만 낮은 수준의 스트레스를 더욱 잘 견디는 것으로 나타났다.

① 어떤 운동 종목을 선택할 것인가?

스트레스 해소가 목적이든 아니든 간에 운동 자체가 스트레스를 가중시키는 경우가 있기 때문에 스트레스 해소에 적합하고 자신에게 알갖은 종목을 선택하는 것이 중요하다.

따라서, 스트레스 해소를 위한 운동 종목의 선택 방법을 요약하면 다음과 같다.

첫째, 재미를 느낄 수 있는 운동을 선택한다.

둘째, 다른 사람과 능력의 비교가 적은 비경쟁적 운동을 선택한다.

셋째, 개방적인 공간(산, 바다, 강 등 자연과 함께하는 장소)을 운동의 장소로 선택한다.

넷째, 본인의 성격(내성적, 외향적 등)에 따라 운동을 선택한다.

다섯째, 본인의 여건(시간, 경제 등)에 적당한 운동을 선택한다.

② 어떠한 방법과 태도를 취해야 하는가?

스트레스 해소를 목적으로 운동에 임하게 된다던, 방법과 태도를 올바로 취하는 것이 무엇보다 중요하다.

그러한 방법과 태도는 다음과 같다.

첫째, 본인의 능력(신체적, 시간적 등)에 맞게 적절한 목표를 설정하여 운동에 임한다.
둘째, 혼자보다는 여럿이 함께 하여 지루함 없이 재미있게 하는 바람직하다.
셋째, 규칙적이고 장기간의 운동이 체력 증진뿐만 아니라 스트레스 해소에 바람직하다.
넷째, 운동의 강도를 점차적으로 높여 나감으로써 숙달될 수 있도록 한다.
다섯째, 경쟁적인 의미보다는 운동 참여 자체에 의미를 둔다.

4. 운동과 수면 장애 극복

수면은 인생의 3분의 1을 차지할 정도로 인간에게 있어 자연스러우면서도 필수적이며, 신체적·정신적 성장과 안정, 그리고 두뇌의 발달을 위한 기초적인 생리적 현상이다.

그러나 인간은 많은 원인들로 인해 수면 장애를 겪고 있으며 이러한 수면장애는 우울, 불안, 심한 스트레스, 내과 혹은 신경계 질환 등과 같은 특별한 원인이 있기도 하지만, 원인이 밝혀지지 않는 경우도 많이 있다.

수면장애를 나타내는 증상으로는 불면증, 주간 졸림증, 이상 행동증(야뇨증, 이갈이, 악몽, 야경증, 몽유병 등)이 그 대표적인 예이다.

이러한 수면 장애는 정신의학적 장애, 생산성의 감소, 사고*accident*의 증가를 초래할 수 있다(미국수면장애연구위원회*National Commission on Sleep Disorders Research*, 1993). 실제로 체르노빌 핵발전소 사고와 같은 심각한 재난도 근로자의 수면증에 그 원인이 있었다는 견해가 있다.

(1) 우리나라의 수면 장애 현황

한국보건사회연구원(2000)에서는 우리나라 20세 이상 전국에 거주하는 성인 500명을 대상으로 수면장애에 대해 전화 조사한 결과, 지난 한달 간 불면증을 경험한 사람의 비율은 73.4%로 나타났다. 성별로는 남자가 73.1%, 여자가 73.7%로 나타났으며, 연령별로는 20대가 57.7%, 30대 74.1%, 40대 77.5%, 50대 83.6%, 60대 이상이 88.4%로 나타나 연령이 높아질수록 불면증 경험률이 높았다. 또한, 소득수준별로는 중상층이 66.1%, 중하층 73.8%, 하층이 89.3%로 소득수준이 낮을수록 불면증 경험자의 비율이 높게 나타났다.

이러한 불면증을 극복하고 잠을 자기 위하여 술을 복용한 사람의 비율은 6.6%(남자 9.2%, 여자 4.0%), 잠을 자기 위하여 수면제 등 약을 복용한 사람의 비율도 3.4%(남자 3.6%, 여자 3.2%)로 불면증으로 인하여 술, 수면제 등을 복용한 사람의 비율도 인구 10명당 1명의 비율로 높았다.

불면의 원인으로는 자다가 중간에 깨거나(45.2%), 자다가 화장실에 가는(40.2%) 수면유지에 대한 어려움이 높았고, 30분 이내에 잠들기 어려운 수면도입에 장애를 보이는 경우도 33.0%를 차지하였다. 이외에도 코골이, 호흡곤란, 악몽 등의 원인이 있었다.

이 조사 결과에 의하면 지난 한달 간 조사대상의 20.4%가 '운전, 식사, 사회 활동을 할 때 졸려서 깨어있기 힘듦' 즉, 주간의 과도한 졸림을 경험한 것으로 조사되었다.

또한, 수면이상행동들을 경험한 비율은 조사 기간 기준으로 지난 한달 간, 악몽을 경험한 사람의 비율이 19.8%, 몽유증, 잠꼬대, 야뇨증의 각각의 경험률은 2.5%, 5.3%, 2.1%이었다.

(2) 운동의 수면장애 극복 효과

운동이 수면에 미치는 영향과 관련된 연구들은 긍정적인 영향을 미친다는 견해와 그렇지 않다는 부정적인 견해가 비슷한 분포를 보이며 공존해 왔었다. 이와 같은 대립되는 연구 결과를 보다 정확하게 분석하기 위하여 Kubitz 등(1996)은 64편의 연구물을 대상으로 메타분석을 실시하였다. 이들의 연구 결과를 간략하게 종합하면 다음과 같다.

이 연구에 의하면 정기적인 운동은 전반적으로 수면에 긍정적인 효과를 미친다. 또한, 운동의 효과는 의약품을 복용하여 수면을 취하는 것과 같은 효과를 나타내며 유산소성 운동이 무산소성 운동보다 수면에 더 효과적인 것으로 나타났다. 뿐만 아니라 운동은 빨리 잠에 들게 해 주며 총 수면 시간을 길게 해주고 숙면을 취할 수 있도록 해주는 것으로 나타났다(한명우, 1999).

(3) 수면 장애 극복을 위한 운동이 되려면?

수면 장애에 운동이 긍정적인 영향을 미친다면, '언제, 어떻게 운동을 할 것인가?'가 관건이다.

취침 전의 활기찬 운동은 수면을 방해한다는 것이 일반적인 견해이다.

잠들기 전에 운동을 하는 것은 자율신경을 흥분시키므로 숙면에 도움이 되지 않고, 잠들기 5~6시간 전에 운동을 하는 것이 좋다는 것이다. 그러나 Youngstedt(2000)는 이러한 견해를 지지하지 않는 연구결과들이 있다고 주장하면서 현대인들의 다수가 저녁시간을 이용해서 운동을 하는 현상을 지적하였다.

'운동에 참여하는 시간이 길어지면 수면 시간이 증가한다'는 것이 여러 연구 결과를 종합한 결과(Youngstedt, O'Connor, & Dishman, 1997)이다.

결국, 위의 내용들을 모두 종합하면, 유산소성 운동이 효과적이며 지속시간이 비교적 길고 취침 시간 직전을 피하는 운동이 숙면에 도움을 준다고 할 수 있다.

5. 운동과 기분 상태 향상

기분은 지속시간이 불규칙하며 영속적이지 않는 하나의 감정상태이다. 일반적으로 정서보다 넓은 개념이며 강도가 약한 감정 상태를 의미하기도 한다.

Reeve(2004)는 정서는 짧은 사건들로 인해 발생하여 행동을 편향되게 하지만 기분은 몇 시간 또는 그 이상의 불명확하고 종종 알려지지 않은 과정과 사건들로부터 일어나며, 사고와 인지를 편향되게 만든다고 한다. 기분은 다차원적이고, 가역성이 있는 잠재적인 성향과 태도로 구성되어 있으며 인지를 포함하고 있다(Thayer, 1989).

(1) 운동의 기분 향상 효과

McDonald와 Hodgdon(1991)은 운동이 기분에 미치는 영향을 조사한 연구들을 대상으로 메타분석을 실시하였다. 이 연구의 결과, 기분상태질문지(Profile of Mood States; POMS)의 분노, 긴장, 피로, 우울, 혼란의 다섯 가지 부정적인 기분 상태가 모두 유의하게 감소하였고, 긍정적인 기분 상태인 활력은 상승하는 것으로 보고하였다.

Arent, Landers, & Etnier(2000)가 노년층(65세)의 기분 상태에 대한 운동의 효과를 조사한 32편의 연구들을 대상으로 메타분석을 실시한 결과, 운동은 긍정적인 기분상태를 향상시키고 부정적인 기분상태를 감소시키는 효과를 보였다, 또한 기분상태의 긍정적인 변화는 인센티브*incentive*가 제공된 실험집단이나 운동처치가 이루어지지 않은 통제집단, 그리고 요가 프로그램 집단과 비교하여 유산소성 운동과 근력 운동집단에서 더욱 유의하게 나타났다.

또한, 최근 전현정(2005)이 대학생들을 대상으로 한 연구에서 에어로빅, 헬스, 축구에 참여한 연구 대상자들이 긍정적 행복감이 향상된 것으로 나타났다. 그러나 축구에 참여한 집단의 경우는 심리적 부정 스트레스가 오히려 높아지는 것으로 나타나 운동이 심리적 이익을 얻기 위해서는 비경쟁적이어야 한다는 Berger 등(1988)의 주장을 뒷받침 해주는 결과라 할 수 있다.

결국, 위와 같은 연구 결과와 더불어 격렬한 운동과 스포츠 활동이 기분 전환에 유용하다는 연구 결과들(McAuley & Rudolph, 1995; Petruzzello et al., 1991)을 본다면 어떠한 강도의 운동도 기분 상태 향상에 도움을 주는 것을 알 수 있다. 다만, 경쟁적인 운동이나 스포츠 활동은 부정적 기분이나 스트레스 향상을 초래할 수 있다는 것을 감안해야 한다.

6. 운동과 자기존중감 향상

(1) 자기존중감이란

자기존중감*self-esteem*은 한 개인이 자신에 대해 긍정적으로 느끼는 정도를 반영하는 총제적이며 상대적으로 안정되어 있는 평가적 구성 개념이다(Fox, 1998). 자기존중감은 자신에 대한 개인의 평가, 즉 개인의 긍정적 혹은 부정적 자기지각의 정도를 반영한다.

자기존중감은 자기개념*self-concept*과 특별히 혼동되어 사용되는 경우가 종종 있다. 그러나 자기개념은 판단적 개념이 아니라 일련의 기술적인 개념으로서 자신의 특성에 대한 긍정적 혹은 부정적 감정이 포함되지 않는 반면에 자기존중감은 자신의 특성에 대한 판단과 평가를 포함한다(이미련, 1999).

(2) 운동의 자기존중감 향상 효과

Gruber(1986)는 과거 20년 동안 이루어진 연구들을 대상으로 메타분석을 실시한 결과, 스포츠와 신체활동 참여가 자기존중감에 긍정적인 영향을 미친다고 보고하였다. 장애 및 비장애 아동 집단에서 모두 운동의 효과를 확인하였는데 비장애 아동에 비하여 장애 아동들이 비교적 더 큰 효과를 보이는 것으로 나타났다. 또한 운동 유형으로는 체력 및 유산소성 운동이 가장 큰 효과를 나타냈다.

McDonald와 Hodgdon(1991)도 연구대상을 연령별로 구분하여 메타분석을 실시하였는데, 청년층(30세 이하), 중년층(30~60세), 노년층(60세 이상)에 있어서 운동과 자기존중감 간의 중간 정도의 효과가 있음을 밝혀냈다.

Gruber(1986)는 운동 지속시간에 따라 4주 이하, 5~8주, 9주 이상의 세 범주로 연구들을 분류하여 메타분석을 실시하였다. 자기존중감의 변화는 최소한의 운동 지속기간(4주 이하) 후에도 나타났다. 5~8주 혹은 9주 이상으로 운동 프로그램을 지속기간을 늘이더라도 긍정적 효과는 더 커지지 않았다.

종합하면, 운동은 유산소성 운동과 웨이트 트레이닝이 운동에 비교적 더 효과적이고, 비장애아 보다 장애아에게 더욱 효과적이며 애초에 자기존중감이 낮은 사람에게서 더욱 큰 효과를 보이는 것으로 여러 연구에서 밝히고 있다. 그러나 결론적으로는 남·녀 모두와 모든 연령층, 장애·비장애 모두에게 어떠한 형태의 운동이든 자아존중감에 긍정적인 영향을 미치는 것으로 정리할 수 있다.

참고문헌

1. 건강길라잡이(2006). http://www.hp.go.kr. 네이버 지식검색.
2. 김성옥, 김병준, 김경원, 한명우, 송우엽(2004). 운동심리학. 대한미디어.
3. 김정호(1985). 인지과학에서 본 정신건강의 개념, 정신건강 연구 제3집, 12~13. 한양대학교 정신건강연구소.
4. 김헌수(1976). 우울증의 유발요인에 관한 임상적 연구. 신경정신의학 제15권 4호.
5. 김훈기(2001). 심리학의 이해. 형설출판사.
6. 보건복지부(1999). 보건연감.
7. 보건복지부(2002). 2001년 국민건강·영양조사.
8. 이미련(1999). 자기노출, 자아존중감, 가족환경지간간의 관계. 경북 간호과학지, 3(2)
9. 임규혁(1991). 고등학생의 정신건강에 관한 분석적 연구, 고려대학교 교육문제연구소.
10. 전현정(2005). 운동 활동 후 느끼는 주관적 기분 변화, 한국스포츠리서치, 제16권 3호.
11. 통계청(1996). 장래인구추계.
12. 통계청(2000). 1999년 인구동태 조사.
13. 통계청(2006). 2006 청소년 통계.
14. 한국보건사회연구원(2000). 내부자료.
15. 한명우(1999). 운동심리학. 도서출판 태근.
16. 홍대식(1998). 현대 심리학 개론. (주)청암미디어.
17. ACSM(2000). *ACSM's guidelines for exercise testing and prescription(6th ed.)*. Baltimore, MD : Lippincott, Williams, & Wilkins.
18. Arent, M.F., Landers, D.M., & Etnier, J.L.(2000). The effects of exercise on mood in older adults : A meta-analytic review. *Journal of Aging and Physical Activity*, 8,

pp. 416-439.

19. Berger, B.G., & Owen, D.R.(1998). Stress reduction and mood enhancement in four exercise modes : Swimming, body conditioning, hatha yoga, and fencing. *Research Quarterly for Exercise and Sport*, 59, pp. 148-159.
20. Bouchard, C., & Shephard, R. J.(1991, August 22). *Physical activity, fitness, and health : A model and key concepts*(Consensus Doc-017). Document prepared for the International Consensus Symposium on Physical Activity, Fitness, and Health. Toronto, ON.
21. Craft, L. L., & Landers, D. M.(1998). The effects of exercise on clinical depression and depression resulting from mental illness : A meta-analysis. *Journal of Sport and Exercise Psychology*, 20, 339-357.
22. Crews, D.J., & Landers, D. M.(1987). A meta-analytic review of aerobic fitness and reactivity to psychosocial stressors. *Medicine and Science in Sports and Exercise*, 19(Suppl. 5), S114-S120.
23. Fox, K. R.(1998). Advances in the measurement of the physical self. In J. L. Duda(Ed.), *Advances in sport and exercise psychology measurement*(pp. 295-310). Morgantown, WV : Fitness Information Technology.
24. Gruber, J. J. (1986). Physical activity and self-esteem development in children: A meta-analysis. In G. A. Stull & H. M. Eckert (Eds.), *Effects of physical activity on children : A special tribute to Mabel Lee*(pp. 30-48). Champaign, IL: Human Kinetics.
25. Kessler, R., McGonagle, K., Zhao, S., Nelson, C., Hughes, M., Eshleman, S., Wittchen, K., & Kendler, K.(1994). Life-time and 12-month prevalence of DSM-III-R psychiatric disorders in the United States. *Archives of General Psychiatry*, 51, 8-19.
26. Kubitz, KA., Landers, D.M., Petruzzello, S.J., Salazar, W., & Han, M.W.(1996). The effects of acute and chronic exercise on sleep: A meta-anaytic review. *Sports Medicine*, 21(4), 277-291.
27. LaFontaine, T.P., DiLorenzo, T.M., Frensch, P.A., Stucky-Ropp, R.C., Bargman, E.P., & McDonald, D.G.(1992). Aerobic exercise and mood: A brief review,

1985-1990. *Sports medicine*, 13(3), 160-170.

28. McAuley. E., & Rudolph, D.L.(1995). Physical activity, aging, and psychological well-being. *Journal of Aging and Physical Activity*, 3, pp. 67-96.
29. McDonald, D. G., & Hodgdon, J. A.(1991). *The psychological effect of aerobic fitness training : Research and theory*. New York : Springer-Verlag
30. McGrath, J. E. (1970). Major methodological issues. In J. E. McGrath (Ed.), *Social and psychological factors in stress*(pp. 19-49). New York : Holt, Rinehart, & Winston.
31. National Commission on Sleep Disorders Research.(1993). *Wake up America: A national sleep alert*. Executive Summary and Executive Report. National Heart, Blood, and Lung Institute. Bethesda, Maryland.
32. North, T. C., & McCullagh, P. & Tran, Z.V.(1990). Effect of exercise on depression. In K.B. Pandolf & J.O. Holloszy (Eds.), *Exercise and Sport Sciences Reviews, Vol. 18*(pp. 379-415). Baltimore : Williams & Wilkins.
33. Reeve, J.(2004). *Understanding motivation and emotion*. FL: Harcourt Brace & Company.
34. Petruzzello, S. J., Landers, D. M., Hatfield, B. D., Kubitz, K. A., & Salazar, W.(1991). A meta-analysis on the anxiety-reducing effects of acute and chronic exercise. *Sports Medicine*, 11, 143-182.
35. Regier, D. A., Myers, J. K., Kramer, M., Robins, L. N., Blazer, D. G., Hough, R. L., Eaton, W. W., & Locke, B. Z.(1984). The NIMH epidemiologic catchment area program. Archives of General Psychiatry, 41, 934-941.
36. Selye, H.(1974). *Stress without distress*. NY : American Library.
37. Thayer, R. E.(1989). *The biopsychology of mood and arousal*. New York: Oxford University Press.
38. Youngstedt, S. D. (2000). The exercise-sleep mystery. *International Journal of Sport Psychology*, 31, 241-255.
39. Youngstedt, S. D., O'Connor, P. J., & Dishman, R. K.(1997). The effect of acute exercise on sleep : A quantitative synthesis. *Sleep*, 20, 203-214.

제8장

영양학
(임상영양, 운동과 영양)

I 일반인 영양 처방

1. 건강과 올바른 식생활

무엇을 어떻게 먹을 것인가 하는 문제는 건강을 좌우하는 중요한 요소의 하나이다. 인간 수명이 현저하게 연장된 데에는 의학과 과학의 발달이 기여하였지만 풍부한 식생활도 중요하게 작용하였음은 잘 알려진 사실이다. 식생활이란 인간이 생존하기 위해 음식을 섭취하는 생활상으로 무슨 음식을 어떻게 만들어서 어떤 방법으로 어떻게 먹는가에 따른 인간의 생활 전반을 가르키는 용어이다. 양질의 식사가 건강 유지와 퇴행성 질환, 전염성 질환에 대처하는 필수적 요소라는 사실은 특정질환과 영양의 관계에 대한 연구로 밝혀졌다.

우리나라는 가사노동의 간소화, 외식 증가, 여성의 사회참여, 간편 식품 섭취 증가 등 급격한 식생활 변화를 겪고 있다.

국민의 영양상태를 파악하는 국민 영양 조사 결과에 따르면 총 열량 섭취량은 매년 감소하고 있으며, 1995년의 경우 권장량의 88.6%를 섭취하였으나 외식에서 열량을 추가적으로 섭취하는 것을 감안할 때 총 섭취 열량은 부족하지 않은 것으로 판단된다. 비타민 A, 칼슘은 섭취량이 권장량의 67.2%, 75.4%로 섭취가 부족한 상태이므로 섭취를 증가시키기 위한 홍보가 필요하다. 철은 섭취량이 권장량의 159.2%이나 철의 급원식품 자체가 생체이용률이 낮은 식품으로서 철이 체내에서 전부 흡수되지 않으므로 부족하지 않은 상태이다. 그리고 비타민 C는 조리시 손실되는 양을 감안할 때 과잉 섭취의 우려는 없다.

우리나라 국민 전체의 소득 수준의 향상에 따라 절대 빈곤은 감소하고 있으나 최저 생계비의 50~60% 이하에 속하는 상대 빈곤층은 증가하고 있다. 최저 생계비에 대한 연구결과 66.7만원으로 이중 식품비는 27.5만원이었으며 노인가구와 저소득층의 비중이 높은 2인 가구의 최저 생계비는 35.6만원으로 조사되었다. 현재 인구의 4.3%에 해당하는 생활보호 대상자의 전체 생계비 지원 수준이 1인당 월 평균 6.5만원임을 감안할 때 저소득층의 식생활 수준은 매우 불량일 가능성이 높다. 이것은 최저 식생활 수준을 유지하지 못하고 있는 저소득층에서 아직까지도 영양섭취 불량이 상당 수준 존재할 가능성을 시사하는 것이다.

이를 종합하여 볼 때 우리 사회에는 영양을 과소 섭취하는 계층과 과다 섭취하는 계층이 생활 양식, 사회 경제 상태, 연령에 공존하고 있음을 시사하는 것으로 이러한 계층 간의 불균형 섭취를 해소하기 위한 다각적인 사회적 노력이 필요함을 보이고 있다.

2. 성장·발달과 영양

성장과 발달은 개인의 유전 범위 내에서 일정기간에 정해진 순서에 의하여 이루어진다. 이 과정은 되돌아갈 수 없으므로 일정한 기간에 이르어지지 못하면 치명적 결과를 초래하게 된다. 다세포 유기체는 각 기관과 계통이 매우 다른 발달과정을 거치므로 중요시기를 명백히 결정하기는 어렵다. 정상적 성장·발달에는 영양섭취가 매우 중요하며 신체는 영양섭취의 형태와 정도에 매우 민감하게 반응하고, 결핍되는 영향의 형태와 정도를 결정한다.

(1) 수정과 태아기 영양

임신은 남성의 정자 가운데 하나와 여성의 난자 하나가 결합되어 수정란이 되고 이것이 여성의 자궁내막에 착상되므로서 새로운 생명체가 형성되며 이와 같이 난자를 보유하고 있는 상태가 임신이다. 수정란이 자궁내막에 착상하고 분만에 이르기까지 약 10개월이 소요된다. 이 기간에 태아 성장은 태반을 통하여 어머니로부터 영양분을 받아 성장하게 된다. 임신의 성립과 유지 그리고 출산을 위해서는 유전인자상의 어떤 결함이나 환경장애(질병 감염, 영양 결핍, 공해)가 없어야 하며, 평소의 건강관리와 태아를 양육하기 위한 충분한 영양소가 필요하다. 임신의 경우 정상인과 비교했을 때 임신으로 인한 양적 차이만이 문제가 되는 것이 아니라 임신 자체의 독특한 생리를 고려해서 영양소량을 결정해야 한다. 임신부가 영양불량인 경우 임신부 자신의 건강에 지장이 있을 뿐 아니라 태아의 건강에도 영향이 있다.

① 임신기 모체의 생리적 변화

임신 중의 적당한 체중 증가는 영양관리에 중요한 지표가 된다. 건강한 임신부는 임신 기간 동안 약 10~12kg 정도 증가하는데 이중 수분이 7kg, 지방이 3kg, 단백질이 1kg 정도이다. 또한 기초 대사량이 임신 4개월부터 15~20%정도 증가하며 분만 후 5~6개월이 되면 정상 수준으로 돌아간다.

기초대사율이 증가하는 이유는 모체와 태아, 태반에서의 산소 소모량이 증가하기 때문이고 또 임신에 의한 말초 혈관의 확장으로 열 방출량이 많아지기 때문이다. 임신 말기가 되면 태아는 필요 열량의 50~70%는 탄수화물에서 20%는 단백질에서, 나머지는 지질로부터 공급을 받으므로 태아는 탄수화물을 열량원으로 이용하고 모체의 탄수화물이 감소되면 지방산이나 케톤체를 열량원으로 이용한다.

임신 중에는 30여 가지 이상의 호르몬이 분비되며 이중 일부는 임신으로 인해서 분비되는 호르몬이다. 호르몬은 주로 태반에서 생성되며 임신 유지, 태아 성장, 그리고 분만에 중요한 역할을 하고 영양소, 산소, 노폐물을 운반해 주는 기능도 가지고 있다. 임신 중 가장 큰 영향을 주는 호르몬은 에스트로겐과 프로게스테론이다. 에스트로겐은 자궁 내막의 선상피 조직을 증식시키고 자궁의 평활근의 발육을 촉진시키며 결합조직 내의 다당류 구성에 변화를 가져와 조직을 유연하게 하고, 수분 보유를 유도하며, 자궁 근육을 수축시켜 분만이 잘 이루어지게 한다. 프로게스테론은 자궁 내막에 수정란이 착상하기 좋도록 하고 에스트로겐과 반대로 자궁근육을 이완시켜 임신의 유지를 돕는다.

임신을 하면 혈장량이 점점 증가하며 임신 34주가 되면 약 50%정도 증가되는데 개인에 따라 증가량에 차이가 있다. 적혈구량도 임신 초기부터 꾸준히 증가하여 비임신 여성(1.4L)에 비하여 18% 정도가 증가하는데 이때 철분을 공급해 주면 30% 까지 증가한다. 혈액 내 주요 영양소의 수준은 임신부의 나이, 분만 경력, 임신 전의 영양상태, 흡연, 약제 복용 등에 따라 달라질 수 있다.

임신 중에는 신장으로 흐르는 혈류량이 30% 이상 증가되며 사구체 여과율도 임심 전에 비해 50% 정도 증가한다. 그 이유는 태아와 모체의 대사산물인 크레아틴, 요소, 기타 다른 노폐물 등을 용이하게 배설하기 위해서이다. 즉 임신을 하고 있는 동안에는 정상적으로 당질이나 아미노산, 수용성 비타민과 무기질들이 사구체를 통해서 다량 여과되고 세뇨관에서 이들 영양소를 모두 흡수하지 못한 채 소변으로 배설하기 때문에 임신부의 영양은 이와 같은 여러 가지 생리적 변화를 고려하여 정하는 것이 바람직하다.

② 임신부의 영양

임신 2~3개월에는 입덧으로 메스꺼움, 구토를 잘 일으키므로 식사를 하기가 어렵고 심할 때에는 물을 마셔도 구토를 일으키고 위액이나 혈액까지 나올 수 있다. 영양유지를 위해서 입에 맞는 것을 소량씩 식사 횟수를 늘려서 먹는 것이 좋다. 임신 4개월부터는 입덧이 자연 없어지고 식욕이 나기 시작하므로 양질의 식품을 균형이 이루어지도록 섭취하는 것이 중요하다.

후반기에는 전반기보다 성장이 왕성한 시기이므로 단백질의 섭취량을 증가시킨다. 이 시기에는 변비, 빈혈, 임신 중독증도 잘 일어나므로 영양관리와 임신성 질환의 예방에 노력해야 된다. 임신 말기에는 자궁이 팽대하여 위와 장을 압박하므로 식사량이 감소되고 질적으로 우수한 것을 섭취하도록 한다. 임신 후반기에는 부종을 일으키기 쉬우므로 염분이나 수분이 많은 것을 제한하도록 한다.

③ 수유부의 영양

영아는 출생 후 모체로부터 영양을 공급받아 성장한다. 좋은 유즙 분비는 수유부의 충분한 영양 공급에 의해 가능하므로 영양소가 고루 함유된 균형 있는 식사가 필요하다. 수유 중의 영양섭취는 영아의 건강과 직접적인 영향을 미치므로 위생적으로 안전한 식품을 선택하고 가공식품이나 인스턴트 식품 등은 첨가물에 유의한다. 육류, 생선 ,콩류는 단백질과 철분 등의 우수한 급원이므로 매일 섭취하도륵 한다. 과일과 야채를 충분히 섭취하되 자극적인 식품을 피하면서 다양하게 식품선택을 한다.

에너지 공급원인 탄수화물, 지방, 단백질의 양적 비율을 바르게 유지하여야 학고 그 이용을 최대로 하기 위해 그 중량비를 4 : 1 : 1로 하는 것이 좋다. 탄수화물은 에너지 섭취량의 55~65%를 차지하며, 지질은 20~30%, 단백질은 14~18%를 차지한다.

수유 중의 영양소 섭취는 영아의 건강과 성장에 직접적인 영향을 미치며 일반적인 식사지침은 다음과 같다.

- 위생적으로 안전한 식품을 선택할 것
- 양질의 단백질을 섭취할 것
- 신선한 과일과 채소를 섭취할 것
- 너무 달고, 짜고, 자극적인 식품을 피할 것
- 식품을 다양하게 섭취할 것

(2) 따라잡기 성장(catch-up growth)의 개념

인체의 성장은 개인에 따른 차이가 있기는 하지만 어떠한 성장 곡선의 범위 내에서 이루어진다. 성장에는 유전과 영양적 요인이 많은 관여를 한다. 우선 모체의 체중이나 체격이 자녀의 체중 및 크기에 중요한 영향을 미치는데 즉 유전적 요인은 동물의 성장에 어떤 틀을 제공하는 것으로 여겨진다. 영양은 유전적인 잠재력의 범위 내에서 예상되어지는 성장곡선에 중요한 역할을 한다. 만일 질병에 걸리거나 영양 섭취가 불량하여서 성장이 부진하였다면 그 이후 건강이 회복되고 충분한 음식을 섭취하면 체중 증가 속도가 빨라져서 원래의 성장곡선에 이르게 된다. 다시 말하면 한 개인의 유전적 요인에 의하여 성장곡선이 낮은 범위에 속한다면 높은 범위로 끌어 올릴 수 없지만 다른 이유에 의한 것이라면 성장 속도를 빠르게 할 수 있다. 이를 따라잡기 성장이라고 한다.

일반적으로 출생시 체중이 평균보다 약간 낮은 유아는 출생 시 체중이 많은 유아에 비하여 생후 6개월 동안의 체중 증가량이 훨씬 크다. 이는 따라잡기 성장이 일어났기 때문이라고 짐작된다. 또한 자궁 내에서 미지의 어떤 요인이 출생 시에 일정한 크기에 도달하도록 되어있는 태아의 유전적 잠재력을 인식하지 못하게 만들어서 출생 시 체중이 적었고 출생 후 이를 만회하였다고도 본다.

따라잡기가 되지 않고 영구적 영향이 남는 영양제한의 기간 및 정도, 또 신체성장의 결정적 시기에 관한 논란은 계속되어 오고 있으나 아직 확실한 답은 없다. 다만 세포의 수가 증가하는 성장시기에 영양제한이 있어 세포의 수가 적게 발달되면 다시 회복할 수 없을 것이며 세포의 크기가 증가하는 시기에 제한이 가해진다면 세포의 크기는 쉽게 회복되어 질 수 있을 것으로 본다.

그러나 인간은 다세포 유기체이므로 신체 각 기관별 세포수 및 크기의 증가시기가 동일하지 않아서 성장 발달의 중요시기를 결정하기가 어렵다. 대표적 두 가지 예로 피하조직과 뇌를 들 수 있다.

동질적 조직인 피하지방 조직은 생후 1년간과 사춘기 전에 그 양이 증가하며 이 시기는 세포의 수가 증가하는 증식 단계라고 짐작된다. 따라서 이 시기를 중요시기라고 한다면 그 이후 지방조직의 증가량은 오로지 세포크기의 증가로 고려되어야 한다. 그러나 20대 이전에 비만하지 않던 많은 사람이 그 이후에 비만하게 되는 것을 볼 수 있으며 특히 복부의 비만증은 심순환계 질환이나 당뇨병, 여성암과 밀접하게 관련되는데 이는 지방세포 수의 증가와 함께 시상하부에서의 식욕조절과 관련되는 것으로 생각된다. 이와 같이 결정적인 시기라고 예상되는 기간 이후에도 세포 수의 증가 단계가 나타난다.

반면에 뇌세포의 경우, 급성장기의 영양불량에 의한 뇌의 무게와 세포 수가 감소하게 되면 그 이후에 영양을 충분히 보충하더라도 회복되지 못한다.

3. 성숙과 영양

청장년기는 성장 발달이 끝나고 성숙이 이루어지면서 인간으로서 생물학적 기능과 사회적 기능을 완전히 수행하는 시기에 해당한다. 청년기에는 성숙을 마무리 짓기 위한 충분한 영양공급이 필요하나 성숙을 위한 영양의 역할은 실제로 사춘기 이전의 어린이 시절부터 시작된다.

젖먹이 동물에서 성숙이란 생리적 기능의 성숙, 그 가운데서도 성적 성숙을 가리키는 것으로서 동물이 완전한 생식 잠재력을 발휘하기 시작하는 때를 말한다. 생물체의 성장은 엄밀한 의미에서 절대 크기가 증가하는 것을 말하는 것으로서 신체의 어느 부분이 되었건 크기가 늘어나고 있음을 뜻한다. 생물체는 성숙 시기에 가까워지면 성장이 점차 둔화되고 결국에는 더 이상 성장이 일어나지 않는 성숙된 신체 크기에 도달하게 된다.

개인의 성숙과정에는 체격, 기후, 인종, 유전, 영양, 사회문화적인 배경 등 여러 요인이 영향을 미치는 것으로 생각되며, 이 중에서 가장 큰 영향을 미치는 것은 영양 섭취상태인 것으로 여겨지고 있다.

영양은 성숙과정에 직접적인 영향을 미친다. 영양불량인 어린이들의 신체 성장과 성적 성숙이 현저히 지연된다는 것은 연구에서 밝혀졌다. 단백질-열량 결핍이 만연되어 있는 지역 소녀들의 초경 개시 연령은 높고, 콰시오커(kwashiorkor) 증세를 가진 소년들의 성숙은 정상보다 늦어졌다. 또한 경제 수준이 높은 선진국에서도 식사불량으로 인한 체중감소와 저체중이 초경을 지연시킴을 확인하였고 초경 전에 운동 훈련을 시작한 소녀들은 초경 후에 시작한 경우에 비하여 지방과 단백질 함량이 낮고 생식 기능의 이상이 초래되기 쉽다고 보고되었다.

4. 신체 유지와 영양

골격의 성장과 성적인 성숙 등의 신체적인 성장과 발달이 다 이루어진 시기에 좋은 식품 섭취와 운동 습관이 이루어져야 신체 건강을 유지할 수 있다. 20대 중반이 되면 대부분의 신체 기능은 완전히 발달하여 신장, 근육의 강도, 신체 내 각 기관들 간의 협동, 건강상태, 신체 효율 및 지구력이 최대치에 달하게 된다. 이 기능들은 20~30년에 걸쳐서 서서히 감소하게 되며 그 감소되는 정도는 개인의 영양상태, 운동량 및 작업량, 기후 등에 따라서도 큰 차이를 보인다.

성인의 신체적 성장이 완성되었다 해도 신체의 조직과 세포는 동적인 상태에 있다. 대사적으로 보아서는 이화작용이 동화작용을 약간 초과하게 되므로 세포의 수가 서서히 감소한다. 성인기에는 어떤 연령이든지 신체 대사의 속도만 약간 느려질 뿐 대사과정이 같기 때문에 같은 영양소가 요구된다. 어떤 한 두가지의 식품이나 영양소가 수명을 연장시키는 것은 아니며 전 생애를 통한 영양의 질이 건강에 큰 영향을 준다.

많은 사람들이 성인기에 들어서서 식품 섭취량이 매일 다양한데도 불구하고 자신의 체중을 큰 변화없이 그대로 유지한다. 이것은 신체에 에너지 균형을 조절하는 작용이 일어나고 있기 때문이다.

시상하부는 다량의 에너지 섭취량을 지각하는 힘이 소량의 에너지 섭취량을 지각하는 힘보다 둔하여 체지방량이 증가할 때 에너지 섭취량을 감소시키기 위한 작용을 예민하게 개시하지 못하는 경향이 있다. 또 성인기에 들어서면서 나이와 더불어 기초 대사량이 낮아지는데 사람들이 보통 젊었을 때의 식사량을 그대로 유지하므로 체지방량이 늘어나기 쉽다. 근래의 경제 수준의 향상, 음식이 풍부한 환경과 일상생활의 기계화 및 자동화도 에너지 섭취량의 증가와 소모량의 감소를 일으키는 요인이 된다. 경우에 따라서는 갑상선 기능 저하나 기타 다른 내분비선의 분비 이상으로 에너지 대사에 장애가 초래되어 체중이 비정상적으로 늘기도 한다.

앞에서 서술한 바와 같이 성장이 끝난 성인에게서 체중이 증가하는 것은 양의 에너지 균형으로 인하여 체지방량이 증가하기 때문이다. 영양학적 또는 의학적 견지에서 볼 때 과다한 체중이 성인에게 불필요할 뿐 아니라 오히려 해가 될 수 있다. 그러므로 성인 남녀를 위한 적정 체중은 25세 전후의 체중을 그대로 유지시켜야 한다는 뜻이며 이는 매일의 에너지 균형을 통해서만 가능한 일이다.

성인의 신체에서 하루에 교체되는 칼슘의 양은 약 600~700mg으로 이 정도는 일상식사에서 섭취하는 칼슘량을 훨씬 초과하는 것이며, 인의 교체율은 성인보다 훨씬 높아 하루 5,000mg 또는 그 이상이 될 수도 있다.

이와 같은 사실은 체내에 칼슘과 인이 재사용됨을 의미한다. 그러나 한편 매일 소량의 칼슘과 인이 소변, 땀, 피부, 소화관으로의 분비를 통하여 손실되기 때문에 불가피한 손실량은 식사를 통하여 매일 섭취해야 한다. 식이 칼슘이 이러한 손실분을 대치시키기에 부족하다면 혈청의 칼슘 농도는 낮아지고 혈청의 칼슘 농도가 낮아지는 것을 막기 위하여 골격 칼슘과 인 함량이 점차 감소된다. 그러므로 성인의 골격량이 일정하게 유지되려면 뼈조직의 동화작용이 요구되는 칼슘과 인의 적절한 공급이 뒷받침되어야 한다.

성인기 골격은 또한 나이와 더불어 점차 상실된다. 이러한 상실은 성, 인종, 직업, 신체활동, 식습관, 경제 수준 등 유전적 또는 환경적 요인에 상관없이 누구에게나 일어나는 보편적인 현상이다. 인체에서 골격량은 25~30세 경에 최대치에 달하며 여러 요인에 따라 얼마간 그 수준을 유지한 후에 점차 감소되기 시작한다. 보통은 골 형성과 골 용출간의 균형이 30대와 40대 사이에 척추의 망상골에서부터 변화되는데 우선 여자들의 척추 골격량이 감소되기 시작한다. 남자들의 골 손실은 여자보다 5~10년 뒤에 시작된다. 이와 같은 남녀간의 차이는 골 성숙에 도달했을 때의 골격량이 남자에 비하여 여자가 낮기 때문이며 또한 식사를 통한 칼슘 섭취량도 여자에게서 더 부족되기 때문이라고 본다. 또 여성 호르몬인 에스트로젠의 분비량도 저하되면서 골 상실이 촉진된다고 본다.

칼슘과 인의 영양상태는 이들 두 무기질의 균형 상태(섭취량과 배설량의 차이)를 측정하므로서 평가될 수 있다. 만일 어떤 사람의 칼슘 섭취량과 배설량이 동일하다면 칼슘 균형을 이루고 있다고 하며 이는 정상적으로 활동하고 있는 건강한 성인으로서 적절한 양의 칼슘, 인, 비타민 D가 함유된 식이를 섭취하고 있는 경우에 볼 수 있다. 성인에게서 하루에 교체되는 단백질량은 약 240g이며 이 양은 보통 식사를 통하여 하루에 섭취하는 단백질량(70~80g)을 훨씬 초과한다. 체세포들은 식사를 통하여 들어온 아미노산과 신체 조직의 분해에 의해서 제공된 아미노산을 구분하지 않고 사용하면서 신체 단백질을 재합성한다. 그러나 재사용되는 조직 단백질만으로는 단백질 생합성을 위해 요구되는 아미노산을 충분히 제공하지 못한다. 식이 단백질의 기능은 바로 이러한 아미노산의 종류와 필요량을 아미노산 풀에 채워 넣는 것이다.

질소균형은 개인의 총체적인 단백질 영양상태를 반영하며 건강한 성인은 질소 균형상태를 보인다. 즉 질소 함유 화합물의 체내 동화작용이 이들의 이화작용 및 손실과 같은 비율로 일어나면서 신체 내 질소의 순수한 보유나 손실이 일어나지 않는다. 만일 어떤 사람이 정상적으로 활동하고 건강하나 성장하지 않으며 보층하지 않는다면 그리고 필수 아미노산 및 총 단백질량과 열량을 비롯한 모든 영양소들이 적합하게 균형된 식사를 한다면 이 사람은 신체 세포질량을 일정하게 유지하면서 질소균형을 이루게 된다. 그러나 성장, 임신, 근육조직의 회복, 보디빌딩 운동 등으로 인하여 신체 세포질량이 증가될 때에는 체내에 순수한 질소의 보유가 일어나면서 양의 질소 균형상태를 나타내고 식품의 결핍, 부적절한 단백질 섭취, 질병, 외상, 운동불능 등으로 인하여 신체 세포질량이 감소할 때는 체내 손실이 일어나면서 음의 에너지 균형상태가 된다. 음의 질소균형상태가 계속되면 근육량이 줄고 근육의 약화가 초래된다.

이처럼 성인에게서 극도의 질소 결핍은 음의 질소균형을 초래하지만 과량의 질소 섭취를 한다고 하더라도 양의 질소 균형상태가 되지는 않는다. 과량의 질소를 섭취할 때는 요소형태로 질소 배설량을 증가시키므로서 질소균형을 이룬다. 그러므로 고단백 식이를 정기적으로 섭취하더라도 건강한 성인에게서 특별한 경우를 제외하면 양의 균형상태가 되지도 않으며 근육량도 늘어나지 않는다.

5. 노화와 영양

노화란 수정에서 시작되어 사망할 때까지 계속되는 과정이며 세포와 신체조직 전기관에 걸쳐 일어나는 기능적·구조적·생화학적 변화라고 본다. 즉 노화는 신체의 기능이 쇠퇴해 가는 과정으로서 출생, 성장, 성숙이 모두 정상적인 노화과정의 일부분이라고도 할 수 있다.

노화가 나타나는 시기는 유전적·환경적 요소들에 의하여 결정되며 수태되는 순간에 결합한 유전인자가 노화의 속도 및 수명을 결정짓는 1차적 요인이 된다.

환경적인 요인에 의해서도 유전자가 변한다고 한다. 환경조건 중에서도 영양상태가 큰 영향을 미친다. 열량 제한시 여러 조직에서 세포의 변화가 지연될 수 있다. 즉 신경전달물질인 도파민 수용체의 손실이 지연되고, 면역반응이 오래 유지될 수 있으며, 갑상선 크기가 계속 증가한다. 당질, 단백질 및 지방의 조성비율은 퇴행성 질환의 출현과 수명에 영향을 준다. 성장기 때 저단백·저당질 식사를 할 경우 사망률이 높아지지만 성인기에는 오히려 이런 식사가 수명을 연장시킬 수 있다. 고지방 식사는 열량 밀도가 높아짐으로 인해 체중이 증가하게 되며 이것은 곧 수명의 단축을 초래한다. 유리 라디칼을 생성하는 산화반응은 여러 가지 퇴행성 질환과 관련이 있으므로 수명을 연장시키는 방법의 하나로 식사에 항산화제를 첨가하는 문제에 대해 연구가 진행되고 있다.

II 질병관리와 영양

1. 건강과 올바른 식생활

1980년대 이후 사망 및 질병 동향을 보면 식이 섭취와 생활양식이 발병 원인에 큰 영향을 미치는 것으로 밝혀지고 있으며, 순환기계 질환 및 암으로 인한 사망이 전체 사망 중 우선 순위를 차지하고 있다.

만성 퇴행성 질환은 치료가 어렵고 사망에 이르기까지 지속되어 의료비 부담을 가중시키며 의료보험 재정에 부담을 주어 사회적인 문제로 대두되고 있다. 이에 따라 국민의 질병 예방과 건강관리에서 보다 예방적이고 비용 절감적이며 삶의 질을 높이기 위한 접근 방법의 필요성이 강조되면서 영양과 식사섭취의 중요성이 부각되고 있다.

경제발전에 따른 물질적 풍요와 생활양식의 변화로 인한 동물성 지방의 과다 섭취, 사회 환경의 복잡에 따른 정신적 스트레스의 증가, 흡연 인구의 증가, 활동량 부족 등으로 만성 퇴행성 질환의 증가와 더불어 심장질환 또한 증가 추세에 있는 실정이다. 심장 질환은 그릇된 식생활과 불건강한 생활습관이 중요한 위험 요인으로 작용하는 것으로 알려져 최근 심장 질환의 위험 요인들을 규명하고 심장혈관계 질병과의 연관성을 밝혀내는 연구들이 활발히 진행되어 실제로 미국에서는 고혈압, 흡연, 콜레스테롤의 조절로 심장질환에 의한 사망률을 7.1% 감소시켰다는 보고가 있다.

모든 질병이 치료보다는 예방이 중요한 것과 같이 심장질환 또한 질병이 진행된 단계에서는 치료도 쉽지 않을 뿐만 아니라 완치가 어렵다는 치료의 한계성 때문에 예방이 중요하다.

2. 관상동맥(심장) 질환

관상동맥 질환은 관상동맥 내막이 좁아져 심장근육에 혈류가 감소하여 심근세포의 작용이 떨어져 생기는 질환으로 허혈성 심장질환이라고도 한다. 동맥경화증은 나이가 들어감에 따라 발생하지만 혈압이 높거나 흡연을 하거나 혈액 속에 콜레스테롤이 상승되어 있으면 더욱 촉진된다. 이것을 관상동맥의 3대 요소라 하며 이외에도 비만, 당뇨병, 운동부족, 정신적 스트레스, 식생활 등 우리의 일상 생활 습관 등으로 인해 수년에 걸쳐 생기는 질환이다. 그러므로 이러한 위험요인들을 조절하고 제거하므로서 관상동맥질환의 위험을 감소시킬 수 있으며 정기적인 검사를 받으면서 꾸준히 관리하는 것이 최선의 예방책이다.

(1) 관상동맥질환 유발 요인

관상동맥 질환의 유발 요인 중에는 환자나 의사의 노력에도 불구하고 교정하기 힘든 요인이 있는 반면 생활 양식을 변화시켜 높은 위험 요소들을 줄임으로서 교정 가능한 요인이 있다. 교정하기 힘든 요인으로는 연령, 성별, 유전적 요인이 있는데 연령이 높을 수록 심근 경색증 위험이 높으며 남자가 여자보다 높다. 다만 여자가 폐경기에 들어서면서 위험이 더 높아지며 70세가 되면 남.여 위험도가 비슷하다. 최근에는 젊은 여성층에서도 심근경색이 보이는데 피임약, 흡연, 직업, 스트레스가 그 원인이라 생각되며 유전적인 요인으로는 고혈압, 당뇨 질환이 있는 가계에 잘 생기고 있다.

교정 가능한 요인으로는 위험요인 자체로서 기본병이 된 요인들로 고혈압, 당뇨, 고지혈증, 비만 등이 있고 사회적 생활방식, 문화에 따른 위험요인으로 흡연, 운동부족, 스트레스 등이 있으며 이러한 위험요인의 수가 많으면 많을 수록 질병 발병율과 사망률이 높아진다.

역학조사 결과 심근경색 유발 개연성을 높이는 요인들로 흡연, 고콜레스테롤 혈증, 당뇨, 비만, 운동부족, 스트레스 등이 위험요인으로 간주되고 있다. 흡연을 계속하면 관상동맥질환의 발생 위험도가 2배로 증가하며 본인이 흡연을 하지 않아도 담배 연기를 흡입하면 흡연자와 마찬가지로 관상동맥질환과 폐암의 발생 위험도가 높아진다.

식이적인 요인으로 열량, 지방, 콜레스테롤 및 당류의 과잉 섭취를 들 수 있다. 이중 가장 위험 인자로 꼽히는 혈중 지방의 농도를 낮추기 위한 식이 조절이 권장되고 있는데 열량 및 총 지방, 포화 지방, 콜레스테롤의 섭취를 줄이고 그 대신 다가 불포화 지방산의 섭취를 늘리는 것이다. 역학조사에서도 포화 지방과 콜레스테롤 섭취가 낮은 인구집단이 혈중 콜레스테롤 농도가 낮고 또 관상 심장병의 발생빈도가 낮은 것으로 나타났다.

(2) 고혈압

혈관에 대한 압력의 증가로 인해 이 압력을 지탱하기 위해 혈관 내층이 점점 두꺼워지며 따라서 혈관은 더욱 좁아지게 된다. 비정상적으로 수축된 세동맥으로 고혈압이 되고 이 때문에 심장은 보통 이상으로 강하게 움직여야 하고 이 결과로 심장은 점차 비대해지고 확장된다.

고혈압의 원인은 세가지로 분류되며 물리적 요인과 신경성 요인은 본태성 고혈압과 관련되며 체액성 요인은 이차성 고혈압과 관련된다.

물리적 요인으로 혈액의 점성, 혈류량, 심박출량, 혈관 반경 등에 영향을 받고 혈중 지질량의 증가로 혈액의 점성은 커지고 혈류 속도는 떨어진다. 또한 소금의 과잉섭취, 강심제 사용 등으로 심박출량이 늘어나면 혈압도 상승한다. 혈압 조절의 주요 역할을 하는 교감신경은 스트레스를 받거나 화가 났을 때, 또는 긴장이나 불안 등으로 자극받으면 아세틸콜린을 통하여 카테콜라민을 분비한다. 이로 인해 심박이 항진하고 심장 수축력 증가로 심박출량은 증가하고 혈관은 수축하여 혈압을 상승시킨다. 이는 신경성 요인으로 분류된다.

고혈압은 체중 조절 식이, 염분 제한, 혈액의 칼륨 조절, 영양소의 균형을 고려해야 한다. 고혈압의 예방으로 소금을 하루 10g 이하를 섭취할 것을 권장하나 식습관으로는 하루 20~30g을 섭취하고 있으므로 저염식을 한다. 고혈압의 발병율과 비만과는 상관관계가 있으므로 비만이 수반된 고혈압인 경우에는 체중을 표준체중으로 유지하는 것이 혈압조절에 가장 중요하다. 일반적으로 1일 체중 kg당 25~30kcal로 열량을 공급하는데 저지방 식이를 권장한다. 단백질 섭취 부족으로 혈관벽이 약해지고 저알부민 혈증이 있으면 뇌졸중 발생 빈도가 높기 때문에 충분한 양의 단백질을 보충하여 정상의 신장 기능을 위한 질소균형을 유지시키기 위해서 단백질의 분해물인 질소를 배설할 수 있도록 한다. 단백질은 체중 kg당 1~1.5g이 적당하고 포화 지방산이나 콜레스테롤이 많은 동물성 단백질의 섭취를 조절해야 한다. 지질 대사 및 혈중 지방산 조성에 이상이 생기기 쉬워 동맥 경화증이 유발될 수 있다. 포화 지방산이 많은 동물성 지방을 줄이고 식물성 지방의 다가 불포화 지방산의 섭취를 높이면 동맥 경화증을 방지할 수 있다.

알코올이 고혈압의 원인이 되는 이유는 아직 명확하게 규명되고 있지는 않지만 알코올로 인한 다른 영향을 생각하여 주량을 줄여야 한다. 커피나 다른 차의 사용도 소량은 무방하나 환자의 신경이 예민할 때는 금해야 한다. 너무 많은 양의 물은 혈압을 더욱 높이는 결과를 초래하는데 이는 과중한 부담을 가진 심근육에 더욱 일을 부담시키기 때문이다. 그러나 환자에게 특별히 물을 제한하거나 많은 양을 줄 필요는 없다. 담배를 피우는 것은 극도로 해로우며 갑자기 사망하는 경우 뇌일혈을 일으키는 수가 있다. 칼륨은 체세포와 체수분간의 균형을 유지하는데 필수적인 무기물이고 동시에 신경자극 반응에도 중요한 역할을 한다. 칼륨 함량이 높은 음식의 섭취는 고혈압 환자에 흔히 발생하는 뇌일혈의 위험을 감소시킨다. 따라서 나트륨 함량이 낮고, 칼륨 함량이 높은 과일이나 야채 섭취를 증가시키는 것이 좋다.

체중 감소, 금연, 규칙적인 운동이 식이요법, 약물치료와 더불어 병행되는 것이 바람직하다. 아울러 편안한 마음으로 삶을 영위하려는 자세와 노력이 수반되는 것이 좋으며 권장사항은 다음과 같다.

- 체중이 초과된 경우에는 우선적으로 체중을 줄인다.
- 나트륨 섭취량을 제한하되 칼륨 섭취는 적절히 한다.
- 식이 섬유소와 불포화 지방산을 섭취하도록 한다.
- 알코올을 제한한다.
- 규칙적인 운동을 한다.
- 심리적으로 안정하여 편안한 생활자세를 갖는다.

(3) 동맥경화증

동맥경화증은 콜레스테롤, 인지질, 칼슘 등을 함유한 지방성 물질이 혈관에 축적되어 동맥벽이 두꺼워져 혈관이 탄력을 잃고 딱딱해진 상태를 말하고 이로 인해 심장근육에 충분한 혈액공급이 되지 못한다. 주요 원인은 고콜레스테롤 혈증, 고혈압, 흡연이고 기타 당뇨병, 고중성 지방혈증, 비만, 좌식생활, 심리적 긴장감, 식이요인 등이 있다.

지방 섭취량을 감소시키므로서 혈중 콜레스테롤 농도와 심장병의 발병을 낮출 수 있다. 혈관 내의 지질 축척을 결정하는 섭취한 전체 식사 내의 포화지방산과 다가불포화지방산의 섭취 비율이 1 : 1 공급되도록 한다. 식이 중의 콜레스테롤 양은 식이 내 다가 불포화 지방산과 비교할 때 중요한 영양적 인자이다. 다가 불포화 지방산은 식이 내 콜레스테롤의 양이 감소할 경우 혈중 콜레스테롤 감소효과는 더욱 크기 때문이다. 다량의 당질 공급은 혈중의 중성지방의 양을 증가시키는데 전분보다 이당류나 단당류의 형태가 고지방혈증의 자극제로 효과적이다.

다량의 당질공급은 혈중의 중성지방의 양을 증가시키는데 전분보다 이당류나 단당류의 형태가 고지방혈증의 자극제로 효과적이다. 그리고 당질의 섭취로 인해 유발된 고지방혈증은 손상된 내당력, 당뇨병, 비만과 관련이 있다. 펙틴 같은 식이 섬유소는 혈중 콜레스테롤 농도를 낮춘다.

미량 원소류에 대한 연구는 편식, 운동 부족 등의 결과로 신체 내 아연과 구리의 비율이 비정상적으로 되고 이러한 불균형은 혈중 콜레스테롤 농도를 높인다는 보고가 있다. 비타민 C가 지방의 분해와 동맥경화증의 방어 기능을 가지고 있을 것이라는 설과 비타민 E의 심장질환 가능성이 현재 연구 중이며 아직 명확한 결과는 없다.

동맥경화 예방을 위한 식이 지침은 다음과 같다.

- 지방을 소량 함유한 고기를 조금씩(170g/1일) 섭취할 것
- 아이스크림, 경질의 치즈, 크림, 버터, 전유 등과 같은 모든 전지유 유제품은 금식할 것
- 지방, 소금과 콜레스테롤을 포함하지 않은 빵류, 곡류와 밀가루 제품을 섭취할 것
- 달걀과 고콜레스테롤 식품들을 1주에 3회까지로 제한시킬 것
- 포화지방산을 삼가고 다가 불포화지방산을 사용하여 조리할 것

(4) 고지단백혈증(hyperlipoproteinemia)

지방이 혈액으로 운반될 때는 지방을 단백질로 싸서 지방 단백질 운반 복합체를 형성하는데 지방과 단백질의 비율에 따라 카이로 마이크론, 초저밀도 지단백, 고밀도 지단백, 저밀도 지단백으로 나뉘어진다. 혈액 내 이러한 지단백의 하나 또는 그 이상의 농도가 비정상적으로 높은 경우 고지단백혈증이라 한다. 혈중 지단백질 농도 조절은 유전적인 요인과 대사성 요인이 관여한다. 고지단백혈증은 유전전인 것일 수도 있고 당뇨, 신장 증후군, 갑상선 기능 저하증, 췌장염과 같은 다른 질병에 의한 2차적인 것일 수도 있다.

가장 중요한 것은 환자가 정상 체중을 유지하는 것으로 체중 과다자들의 체중 감소는 혈중 중성지방의 농도를 낮추는 일과 연결될 수 있다.

고지단백혈증의 형태는 4가지가 있고 다음은 식이를 통한 조절을 한다.

1형태에는 아주 적은 양의 지방 식사로 혈중 중성지방의 양을 줄이고 복통을 방지하도록 한다. 2형태는 콜레스테롤의 섭취를 하루 300mg 이하로 낮추고 불포화 지방산과 포화지방산의 비를 높여 지방의 섭취를 조절하는데 육류의 섭취나 전유로 만든 유제품의 섭취를 금한다. 3형태는 체중을 정상 체중으로 유지하면서 콜레스테롤의 섭취를 1일 300mg 이하로 유지하고 다가 불포화 지방산, 식물성 지방의 섭취를 권장한다. 4형태는 정상 체중의 유지가 중요하고 당질이나 알코올, 콜레스테롤의 섭취를 제한하며 다가 불포화 지방산의 섭취를 권장한다. 5형태는 유전적인 요인을 지니고 있고 당뇨성 산독증, 췌장염, 알코올 중독증, 신장병 같은 질환의 2차적인 결과로 초래된다. 칼로리 제한과 정상 체중 유지가 강조되며 다가 불포화 지방산의 섭취와 총 칼로리의 20~25%의 고단백 식사가 권장된다. 당질과 알코올 섭취는 제한한다.

3. 암과 영양

암은 아직 인류가 정복하지 못한 대표적인 질병으로 현재 전 세계 인구의 약 1/5이 암으로 사망한다. 암의 발생에 있어서 식생활은 중요한 변수로 생각되고 있으므로 암과 영양소 및 식품의 관계를 알아보고 암을 예방하기 위한 식생활 및 식이요법에 대해 살펴보고자 한다.

(1) 암의 정의 및 발생빈도

암은 종양 가운데 특별히 악성인 것만을 나타내는 일반적인 말로 악성 신생물이라는 용어를 사용하기도 한다. 암세포는 정상세포와 매우 다른 몇 가지 특성이 있다. 암세포는 정상세포와 비교할 때 모양이 불규칙하고, 핵의 크기도 매우 다양하며, 염색체도 비정상적이다. 뿐만 아니라 매우 빠르게 분열하는 특징이 있고, 주변의 정상조직을 파괴하면서 성장하게 되는데 정상세포는 일정 수까지 증가하면 분열이 중단되지만 암세포는 브레이크가 고장 난 차처럼 멈추지 않고 성장을 계속한다. 따라서 정상적인 기능을 할 수 있는 조직들은 모두 암조직으로 변화되어 필요한 기능을 수행할 수 없게 되고 결국 사망하게 되는 것이다.

암은 신체의 모든 조직과 기관에 걸쳐 광범위하게 발생할 수 있는데 일반적으로 위암, 간암, 폐암, 유방암, 대장암, 갑상선암, 담낭암, 자궁암, 난소암, 피부암 등이 흔히 발생하는 암으로 꼽힌다. 전세계적으로 볼 때 암으로 인한 사망은 전체 사망의 약 20%를 차지할 정도로 심각한 상태이며 우리나라의 경우에도 1995년 현재 암은 주 사망원인 중 1위이다.

암의 발생 빈도 및 종류는 전체적으로 위(21.6%), 간(11.5%), 폐(11.2%), 자궁경부(9.4%), 대장(2.3%) 순이며 성별로 나누어보면 남자는 위(26.1%), 간(16.3%), 폐(15.7%), 대장(8.1%) 순이며 여자는 자궁경부(21.1%), 위(16.1%), 유방(11.9%), 대장(8.4%), 간(5.4%), 폐(5.6%) 순이었다.

(2) 암의 발생기전

암을 발생시키는 원인은 화학물질, 바이러스, 방사선, 자외선 등, 외적인 요인 즉 환경적인 요인과 유전, 노화 및 호르몬의 부조화 같은 내적인 요인 등 매우 복잡하고 다양하다. 그 중 환경적 요인이 70-80%를 차지할 정도로 중요하게 생각되는데 담배, 알코올, 오염 및 식품에 의한 문제, 각종 농약 사용 증가로 인한 문제 등이 암을 유발하는 기회를 증가시킨다.

빌암 물질은 암 발생과정 중 개시단계에서 작용하는 물질을 개시물질이라 하고 촉진작용에서 작용하는 물질을 촉진 물질이라 한다. 개시물질과 촉진물질의 특징은 반드시 개시물질에 노출된 후 촉진물질에 노출되어야만 암을 유발할 수 있다는 것이다. 암을 일으키는 화학물질에 대한 연구는 18세기 영국 굴뚝 청소부에 대해서이고 코올타르 성분 중 번조피렌이 암을 유발하는 성분임이 밝혀졌다.

(3) 암과 식생활

암의 원인이 될 수 있는 몇 가지 식이요인을 살펴보면 첫째, 식품을 통해 직접적으로 발암물질을 섭취하게 되는 경우가 있다. 고사리처럼 천연의 식품 중에 발암성 물질이 존재하거나 저장단계에서 아플라톡신 B1 등 암을 유발하는 곰팡이가 번식한 경우이다. 또한 발암성 물질이 있는 농약을 사용한 식품을 이용하거나 식품 가공시 사용하는 보존료, 착색료 등의 식품 첨가제에 발암성이 있는 경우 과량을 반복적으로 사용하게 되면 결국 직접적으로 발암물질을 섭취하는 결과를 초래하므로 암에 걸리게 된다. 또한 조리시 생성되는 발암물질로는 지나치게 태운 음식을 많이 먹게 되면 위암에 걸릴 확률이 높아지게 된다. 간접적인 식이 요인은 훈제품 제조시나 기타 저장식품의 가공에 이용되는 첨가물(질산염, 아질산염 등)이 체내에서 대사될 니트로사민이라는 발암 물질을 생성하게 된다.

두 번째로 특정 영양소의 결핍 또는 과잉 섭취가 있는데 그 결과 신체 각 세포내의 물리, 화학적 환경에 변화를 초래하여 체내 독성물질을 대사시키는 효소계의 활성과 호르몬 균형 등에 영향을 주게 된다. 이러한 변화로 인하여 신체가 발암물질에 노출되었을 때에 이에 대응하는 신체의 방어기전을 변화시킬 수 있음을 의미한다. 즉 세포막 투과성의 변화는 발암물질의 유입을 촉진시킬 수 있고 발암물질의 대사를 담당하는 효소들의 활성도 변화는 발암 믈질의 대사속도를 변화시켜서 암을 촉진하게 된다. 따라서 특정 영양소의 결핍이나 과잉 섭취는 간접적으로 암의 발생을 촉진시킬 수도 있다.

(4) 암과 영양소

암발생과 특정 영양소의 섭취와 상관관계는 국가나 지역별 식품 섭취량과 암의 발생을 통계적으로 연구하는 역학조사의 결과로부터 시작된다. 역학조사 결과 두인자간의 관련성에 대한 가능성이 제기되면 동물실험을 비롯한 다양한 연구방법으로 가설을 검증하게 된다. 다음에 언급되는 영양소들은 거듭되는 연구 결과 어느 정도 일치되는 결론을 얻는 것으로 보이지만 아직도 논쟁의 여지가 있다.

과잉의 열량 섭취는 암의 발생을 촉진시키는 것으로 보고 있고 동물실험 결과 열량을 제한하였을 때 암의 생성을 지연시키고 생명을 연장하였으며 암의 발생률도 현저히 낮아지는 것을 알 수 있다. 특히 비만의 경우 암으로 인한 사망률이 증가하게 된다. 여성의 경우 에스트로겐 분비와 관련된 유방암과 자궁암 발생률이 정상 여성에 비해 2-5배 높아진다. 지속적으로 열량을 과잉 섭취하게 되면 체내 지방조직의 증가로 에스트로겐 민감성 조직의 증가를 초래하여 에스트로겐이 과다 분비되고 이는 자궁 경부세포와 유방 상피세포의 증식을 자극하여 자궁암과 유방암의 발생이 촉진되는 것이다.

탄수화물은 지방이나 단백질에 비해서 그다지 밀접한 관련성을 갖고 있지 않지만 다당류는 대장암의 발생을 감소시킬 수 있고, 단당류와 이당류는 대장암 발생을 증가시킬 수 있는 것으로 관심이 고조되고 있다. 육류와 같은 동물성 단백질의 섭취와 밀접한 관계가 있으며 이는 지방과 열량의 과다 섭취로 인한 작용과 따로 떼어서 단백질만의 영향으로 평가하는 것은 어렵다. 지방의 섭취량이 높은 나라에서 이것으로 인한 사망률이 높고 고지방 식이를 이용한 동물실험에서도 비슷한 결과를 초래했다. 고지방 식이는 유방암, 대장암, 전립선암 등의 발생을 촉진하는 것으로 알려져 있다. 알래스카나 그린랜드 에스키모인들은 총 열량의 40%를 지방으로 섭취하고 있는데도 불구하고 암발생률이 낮게 나타났는데 이들은 다가 불포화지방산 중에서도 오메가-3 계열의 지방산인 EPA와 DHA가 다량 함유된 생선기름을 주된 지방원으로 섭취하는 것으로 나타났다. 그리스 등의 지중해 연안국가 등에서도 식이 중 지방 함량이 높았음에도 불구하고 암의 발생률이 낮았는데 이는 단일 불포화 지방산인 올레인산이 다량 함유된 올리브유를 사용하고 있었다. 따라서 생선기름의 오메가 3계 지방산과 올리브유의 올레인산은 암의 발생을 억제하는 효과가 있음을 알 수 있다. 암을 촉진시키는 지방산은 오메가 6계 지방산인 리놀레산인데 이 지방산은 옥수수유에 많이 들어있다. 그러나 리놀레산은 암세포의 성장에도 필요하지만 동시에 필수 지방산으로 우리 몸에도 반드시 필요하기 때문에 부족하게 섭취하면 필수 지방산 결핍을 초래할 수 있다.

식이 섬유소는 암 중에서도 대장암의 예방에 효과적인 것으로 알려졌다. 식이 섬유소가 대장암의 발생을 감소시킬 수 있는 이유는 장내에서 발암물질과 결합하여 이를 불활성화시키거나 대장을 통과하는 시간을 단축시켜 체외로 빠르게 배설시켜서 결과적으로 발암물질이 대장의 조직과 접촉하는 기회를 차단하기 때문으로 설명된다.

우유, 계란, 버터, 치즈, 간 등에 풍부하게 들어있는 비타민 A는 암을 유발하는 물질이 우리 몸에서 발암 물질을 생성할 때 이 과정을 억제하는 것으로 알려져 있다. 특히 피부암, 식도암, 췌장암, 폐암 등의 예방에 효과가 있는데 동물실험의 결과 비타민 A가 결핍된 쥐의 경우 암의 발생이 현저히 증가하였으며 비타민 A를 보충하였을 때 암의 발생을 억제하였다. 비타민 A의 전구체인 베타카로틴은 그 자체가 항암효과가 있는 것으로 알려져 있다. 베타카로틴이 어떤 기전을 통해서 발암을 억제하는지는 명확하지 않지만 유해산소를 불활성화시키고 유리 래디칼은 없애주어 세포막 지질의 과산화를 막고 DNA의 손상을 억제하기 때문으로 이해되고 있다.

신선한 야채, 과일 등에 풍부하게 들어있는 비타민 C는 항산화제로서 암의 발생을 억제시키는 작용을 한다. 특히 비타민 C는 니트로사민이라는 발암물질의 형성을 억제하는 것으로 알려졌다. 비타민 C는 위암과 식도암에 효과가 있다고 하며 흡연에 의한 비타민 C의 부족현상은 구강, 식도, 폐 등의 상피세포에 영향을 미쳐서 암을 유발시키기도 하므로 흡연자의 경우에는 비타민 C의 충분한 섭취에 더욱 신경을 써야 한다.

엽산의 섭취가 증가하면 대장암의 발생이 감소될 수 있다는 연구와 함께 엽산 결핍시 자궁 경부암, 폐암, 구강암 등 상피세포와 관련된 각종 암의 위험성을 증가시키는 것으로 알려져 있다.

면실유, 옥수수유 등 식용 유지류에 풍부하게 들어있는 비타민 E는 항산화 작용을 통해 암을 예방한다. 비타민 E의 가장 중요한 항산화 작용은 세포막의 불포화 지방산을 보호하는 것인데 세포막의 지방산이 산화되면 말로다이알데히드와 유리기가 만들어져서 DNA를 손상시키게 된다. 따라서 비타민 E의 세포막 보호작용은 DNA를 보호하는 것이고 결국 암을 예방할 수 있게 되는 것이다. 비타민 E의 또 다른 역할은 카로티노이드와 셀레늄을 환원형으로 유지시켜서 그들이 체내에서 항산화제로 작용할 수 있도록 도와주는 것이다. 또한 비타민 E는 비타민 C와 마찬가지로 니트로사민의 형성을 억제하여 위암의 발생위험을 줄여준다.

칼슘 섭취 증가가 대장암의 발생을 억제시킨다는 역학조사 결과가 발표되어 골다공증뿐만 아니라 암의 예방을 위해서도 칼슘의 섭취는 충분히 이루어져야 할 것으로 생각된다.

셀레늄이 각종 암을 억제할 수 있다는 가능성이 제기되고는 있지만 아직 충분한 증거가 수집된 상태는 아니다. 암환자의 혈청 내 셀레늄 함량은 정상인에 비해 아주 낮게 나타나며 혈청의 셀레늄 함량이 낮은 경우에 암 발생의 위험률이 증가하는 것으로 생각된다. 셀레늄의 항암작용은 항산화 작용을 통해 이루어지는 것으로 생각되는데 셀레늄은 글루타치온 과산화효소의 구성요소로 산화에 의한 세포손상을 막아주는 역할을 한다. 항산화 작용 이외에도 셀레늄은 세포의 분화를 억제하고, 면역 반응을 증진시키며, 발암 물질의 대사를 변화시켜서 독성이 적은 물질을 생성하도록 유지하는 등의 다양한 작용을 하므로써 발암의 억제에 관여하는 것으로 생각되고 있다.

요오드의 섭취는 갑상선암과 밀접한 관련이 있는데 과잉 섭취와 결핍 모두 갑상선암의 발생을 증가시킨다고 한다.

철분의 과잉 섭취가 간암과 대장암, 직장암의 발생을 증가시킬 수 있다는 가능성이 제기되었으며 증거는 아직 불충분한 상태이다.

알코올은 간암의 직접적인 원인이 되는데 대부분 간경화를 거쳐서 간암에 이르게 된다. 알코올에 직접 노출되는 구강이나, 인두, 후두, 식도 등의 소화관 상부에서 암의 발생이 현저하게 증가되는 것으로 나타난다. 대장암, 유방암, 직장암 등도 알코올에 의해 발생이 증가되는 경향이 있고 폐암도 연관성이 있는 것으로 생각되고 있다. 알코올은 그 자체가 발암물질이라고 할 수는 없지만 발암 물질의 작용을 도와주는 보조적 역할을 하며 대사산물인 아세트 알데히드는 DNA를 손상시킬 수도 있다. 알코올은 직접적으로는 장점막 세포의 발암물질에 대한 투과성을 변화시키고 발암물질의 대사를 변화시킬 수 있고, 직접적으로는 지속적인 영양 결핍상태를 초래하고 간 기능을 손상시키며 에스트로겐 분비를 증가시켜서 암의 발생을 증가시키게 된다.

(5) 암 예방 식품 및 식생활 지침

녹황색 채소(배추, 양배추, 브로커리, 컬리풀라워, 케일, 호박, 당근 등) : 식이 섬유소가 풍부하고 비타민류가 많기 때문

마늘, 양파 : 함유된 유황 화합물이 발암물질의 독성을 억제

고구마, 감자 : 고구마의 베타 카로틴설과 프로테아제 억제 물질설

콩, 된장 : 프로테아제 억제물질이 암의 진행을 억제하고 특히 피토에스트로겐이 폐암 예방

버섯류(영지, 운지, 상황버섯, 표고, 느타리, 목이, 송이) : 신체의 면역기능을 향상시키므로서 암의 진행 억제

해조류 : 푸코이단(fucoidan)이라는 물질에 의해 면역체계를 활성화시켜서 항암작용

등푸른 생선(꽁치, 정어리, 고등어, 참치 등) : n-3계 지방산의 항암효과

기타 식품 : 우유, 요구르트, 녹차, 견과류, 감귤류 등

암 예방을 위해 권장되는 식생활 지침은 다음과 같다.

- 총 열량 섭취를 제한하여 정상 체중을 유지한다.
- 총 지방 섭취량은 20% 이내로 하고 n-3 지방산과 단일 불포화 지방산 섭취를 늘린다.
- 불용성 식이섬유소의 섭취를 늘리기 위하여 정제되지 않은 곡류나 신선한 야채를 많이 먹는다.
- 항산화 비타민이 부족되지 않도록 한다.
- 염장식품과 훈제된 가공육의 섭취를 줄인다.
- 식품 첨가제가 들어간 식품 섭취를 줄인다.
- 지나친 알코올 섭취는 줄인다.
- 탄음식과 곰팡이가 핀 음식을 섭취하지 않는다.

참고문헌

1. 모수미 등, 생활주기 영양학, 효일문화사, 서울, 1994.
2. 서울대학교 의과대학편, 종양, 서울대학교 출판부, 서울, 1993.
3. 송병춘 등, 현대인과 식생활과 건강, 건국대학교 출판부, 서울, 1996.
4. 우순임 등, 현대인과 영양, 서울여자대학교 출판부, 서울, 1998.
5. 이기열 등, 식이요법, 수학사, 2002.
6. 이기열 등, 특수영양학, 신광출판사, 서울, 2002.
7. 장유경 등, 임상영양관리, 효일문화사, 서울, 2002.

제9장 운동생리학

9

I 운동과 근육(Movement & Muscle)

1. 근육의 생리

어떠한 신체운동도 근육의 수축이 없이는 일어날 수 없다. 즉 우리 몸의 운동은 근육이 수축하는 힘에 의해서 이루어진다. 자동차에 있어서는 엔진, 인체에 있어서는 근육이 운동을 위한 원동력인 힘을 낸다.

힘의 발생은 아주 미세한 근섬유(muscle fiber)의 활동에 의하며, 근섬유에서 산출되는 힘의 합성이 골격이나 관절을 통하여 신체운동을 일으키고 달리기, 뛰기, 던지기와 같은 여러 가지의 운동을 가능 하게 한다. 이와 같은 근육의 작용(기능)을 단적으로 표현해 보면 "화학적 결합 에너지를 기계적 운동 에너지로 전환하는 것"이라고 할 수 있다.

근육(muscle)은 일반적으로 횡문근(striaghted muscle : 가로무늬근), 평활근(smooth muscle : 민무늬근), 심장근(cardiac muscle)의 3가지로 나눌 수 있다. 이들 세 종류는 조직학상으로는 그 구조가 서로 다르며, 해부학 상으로 볼 때도 그 위치가 각기 다르고, 신경도 그 분포가 서로 다르다.

횡문근은 명암의 무늬가 뚜렷이 횡으로 되어 있으며, 골격근(skeletal muscle)과 심장근(cardaic muscle)이 이에 속한다.

횡문근인 골격근은 양단이 골격에 부착되어 관절운동을 일으키고, 심장근은 심장벽을 구성하여 심장이 박동을 하며, 평활근은 종적인 무늬는 약간 있으며, 심장 이외에 내장의 여러 기관(위, 장, 혈관, 자궁, 소화관, 방광, 수뇨관 등)의 벽을 형성하고 있어 일명 내장근(visceral muscle)이라고도 한다.

근육의 신경 지배를 관찰하면, 골격근은 우리의 의지에 따라 움직이기 때문에 이를 수의근(voluntary muscle)이라고 하며, 내장근과 심장근은 자율신경의 지배하에 자기의 의지와는 상관없이 수축하므로 불수의근(involuntary muscle)이라고 칭한다.

- 횡문근(Strighted Muscle), 골격근(skeletal muscle) …… 수의근(voluntary muscle)
- 평활근(Smooth Muscle), 내장근(Visceral Muscle), 심장근(cardiac muscle) …… 불수의근(involuntary muscle)

2. 성질에 따른 골격근의 분류

(1) 백근과 적근(Pale and Red Muscle)

근섬유가 갖는 붉은 색소의 농도에 의하여 구별되며, 그 또한 성질도 다르다. 붉은 색소의 농도는 근육 속에 함유되어 있는 myoglobin의 양에 의하며, 적근(red muscle)에는 myoglobin의 양이 많고, 백근(pale or white muscle)에는 myoglobin의 양이 적게 함유되어 있다.

적근에는 사립체(mitochondria)와 모세혈관이 많고, APT분해 효소도 활발하다. 이 양자의 근육은 조직 성분과 신경 지배에 차이가 있으며, 이에 따라 특유한 성질을 가지고 있다. 즉 적근 섬유는 지구성이 풍부하지만, 수축 속도가 늦고, 백근 섬유는 수축 속도가 빠르나 지구성이 결여 되었다. 따라서 적근은 피로가 늦게 오기 때문에 정적인 동작이나 자세를 유지하고 장시간 그대로 지속하는데 필요한 부위에 위치하고, 반대로 백근은 동체나 팔, 다리의 위치를 변동하는 것과 같은 국부적인 동작에 필요한 부위에 많다. 또한, 같은 근육이라도 적근 섬유는 근육의 내층부에, 백근 섬유는 근육의 외층부에 많다.

(2) 민속근과 완서근(Fast and Slow Muscle)

민속근(속근 : Fast Muscle)은 완서근(지근 : Slow Muscle)에 비하여 수축 속도가 빠르고 장력의 발생도 빠르다. Buller와 Eccles는 두 근육의 지배신경을 교환하여 접합시킨 실험에서 두 근육의 성질의 차이는 운동신경의 발사 패턴의 차이에 의한다고 하였다. 그러나 대체적으로 민속근은 백근으로, 완서근은 적근이라고 생각할 수 있다.

	적 근	백 근
구성	◆ 근원섬유가 굵다. ◆ 횡문(橫紋)이 적다. ◆ 주로 긴장성 신경·근단위로 구성된다. ◆ 전주세포(前住細胞)가 작고 낡았다. ◆ 신경 지배 비(比)가 크다.	◆ 근원 섬유가 가늘다. ◆ 횡문이 많다. ◆ 주로 운동성신경·근단위로 구성된다. ◆ 전주세포가 크고 새롭다. ◆ 신경 지배 비가 적다.
기능	◆ 주로 추체외로성. ◆ 자세 조절을 관장하는 완서근(緩徐筋) ◆ 긴 잠복기를 갖고 천천히 반응한다. ◆ 장시간의 수축 또는 지속적 수축을 필요로 한다. ◆ 흥분성이 낮고 수축의 강도가 크다. ◆ 호흡효소성이 강하다.	◆ 주로 추체로성. ◆ 민첩한 운동을 관장하는 속근(速筋) ◆ 짧은 자극 간격으로 반응하고 우수한 기교적인 작용에 분화 ◆ 단시간의 수축을 말한다. ◆ 흥분성이 높고, 수축의 강도는 적다. ◆ 호흡효소성이 약하다.
화학적 성분	◆ 미오글로빈 양이 많다. ◆ 미토큰드리아가 크고 수도 많다. ◆ 크레아틴 및 크레아티니네 양이 적다. ◆ 글리코겐 양이 적다. ◆ 고 에너지 인산 보유량이 적다. ◆ 단백질 75% ◆ 많은 과립을 함유함.	◆ 미오글로빈 양이 적다. ◆ 미토콘드리아가 작고 수도 적다. ◆ 크레아틴 및 크레아티니네 양이 많다. ◆ 글리코겐 양이 많다. ◆ 고 에너지 인산 보유량이 많다. ◆ 단백질 85% ◆ 과립이 적다.

3. 골격근의 수축(Contractions of Skeletal Muscle)

(1) 근수축의 기전(Mechanism of Muscle Contractions)

근육은 신경의 자극에 의하여 수축한다. 근육 내에는 지각신경과 운동신경이 분포되어 있는데 운동신경과 근육이 접합점을 운동 종판(motor end-plate)이라고 하는데, 신경의 자극은 이 운동을 종판을 통해 근육에 전달됨으로써 근수축이 가능하게 되는 것이다. 근육은 신경의 자극이 있을 때마다 수축하므로 한 번의 자극에 한 번 수축 하지만 계속적인 자극이 있으면 근육은 이완할 사이가 없기 때문에 수축된 상태를 오래 지속한다. 자극이 없으면 근육은 다시 원상으로 회복된다.

골격근이 수축할 때 그 속도는 1초에 그 골격근 길이의 약 10배 정도이다. 이때 내는 힘은 골격근 1cm당 약 4~6kg이라고 한다.

① 필라멘트의 움직임

앞에서 말한 바와 같이 근 수축은 근섬유 안에 있는 filament의 움직임으로 가능하다. Filament에는 두 종류가 있는데 하나는 myosin이고 다른 하나는 actin이다. Myosin이 actin 보다 약 2배 가량 굵다.

수축시를 관찰해 보면 굵은myosin은 변화가 없고, actin이 이동함으로써 수축이 된다. Myosin의 길이와 동일한 A-band는 일정하고 I-band는 수축과 이완 시에 근육의 길이가 변화함에 따라 변동한다. 이때 A-band내에 있는 H-zone도 길이가 늘었다 줄었다 한다. 이러한 관찰을 통해 볼 때 근육 길이의 변화는 두개의 filament인 myosin과 actin이 서로 부딪치지 않고 사이 사이로 미끄러져 이동하기 때문이라고 볼 수 있다.

만일 수축이 최대로 되면 filament의 끝은 서로 닿게 되는데, actin의 끝이 먼저 닿은 다음 myosin이 닿는다. 다음 근육이 이완될 때는 원상태로 돌아간다. 근육이 수축할 때 필요한 에너지는 근육내의 ATP가 ADP와 인산(Phate)으로 분해되면서 충당된다.

(2) 근수축의 에너지 (Energy of Muscle Contractions)

근육이 수축될 때 actin과 myosin의 상호작용이 생기는데, 이작용에는 에너지로서 아데노신3인산인 ATP(adenosine triphos phate)의 고 에너지 인산 화합물의 분해 작용이 필요하다. ATP는 1개의 인산(-P)을 방출하여 ADP(adenosine diphos phate)가 되고, 다시 1개의 인산(-P)을 방출하여 AMP(adenosine monophos phate)가 되면서 에너지를 공급한다.

다시 말하면 ATP는 근세포내의 glycogen 및 포도당의 분해에 의하여 생산된다. 이 ATP의 생산에는 산소가 필요하므로 심한 운동을 하였을 경우에는 산소의 소비량도 증가하고, 따라서 호흡도 심하여 진다.

만약 산소의 보급이 불충분하게 되면 근은 무산소적 해당(anaerobic glyco-lysis) 만으로 작은 양의 ATP를 만들게 되는데 이러한 상태가 오러 계속 되면 ATP가 부족하게 되어 근이 충분히 수축할 수 없게 된다.

(3) 근수축의 기본원리(Principle of Muscle Contractions)

① 자극에 의해서만 수축 한다

골격근은 신경의 자극에 의해서만 수축한다. 물론 외적인 자극으로 전기나 인공적인 자극을 가해도 근 수축은 가능하지만 의지적인 근 수축은 신경 자극에 의해서만 가능하다. 이렇게 인체의 정상 상태에서는 신경의 자극에만 반응을 보이는 것이므로, 만일 신경의 자극이 없다면 근육이란 아무런 기능도 발휘하지 못하는 덩어리에 불과하다. 골격근과 신경은 하나의 생리적인 단위로서 항상 같이 기능을 발휘하는 것으로 생각해야 한다.

② 부하량에 따라 수축한다.

무거운 물체를 들 때는 힘을 더 내야 하고 가벼운 것을 들 때는 힘을 적게 해도 된다. 이렇게 부하에 따라 근력을 조절할 수 있는 것은 어떤 이유에서 일까? 골격근의 수축력은 필요에 따라 그 정도를 달리한다.

골격근의 수축력은 ① 수축 전 근섬유의 길이, ② 근육의 대사 작용, ③ 수축에 동원되는 근 섬유수에 직접적인 관계가 있다.

처음 수축할 대 근육의 상태가 완전히 이완되어 있으면 수축력이 크다. 근육내의 대사작용은 섭취하는 산소와 음식물에 많은 영향을 받는다. 이와 같은 두 가지 조건이 있을 때 근 수축력은 커지게 되는데, 만일 세 번째의 조건인 근 수축시 섬유수를 더하면 근 수축력은 더욱 커지게 된다. 수축되는 근섬유의 수는 동원되는 운동단위(motor unit)의 수에 의해 결정되는데 운동 단위의 동원은 자극의 강도와 빈도에 따른다. 다시 말해서 자극의 강도와 빈도가 증가될수록 더 많은 근섬유가 수축되어 더 큰 힘을 낸다. 수축력은 이 외에도 먼저 행한 수축에도 관계가 있다.

근 수축에 영향을 미치는 또 다른 요인으로서는 근육에 주는 부하량이다. 어떤 한계 내에서는 부하량이 무거울수록 수축력은 강해진다. 연필을 들었을 때와 두꺼운 책을 들었을 때 근육 강력이 다르다는 것을 우리는 쉽게 느낄 수 있다.

③ 근육은 당기기만 하고 밀지는 않는다.

골격근은 인접한 두 개 이상의 뼈에 부착되어 있다. 근육이 수축하면 관절을 기점으로 해서 뼈를 잡아당김으로써 동작이 가능하게 된다. 마치 인형극에서 끈을 당기면 끈에 매달린 인형의 부분이 움직이는 것과 흡사하다. 근 수축시 두개의 뼈가 동시에 움직이지 않고 그 중 하나만이 움직이는 이유는 다른 하나의 뼈가 또 다른 근육의 수축으로 안정이 되어져 있거나 뼈의 생김새로 보아 잘 움직이지 않기 때문이다.

④ 골격과 관절은 지렛대의 역할을 한다.

근육이 수축하면 지렛대가 움직이는 것과 같다. 뼈는 지렛대의 팔이 되고 관절은 지렛목의 역할을 하여 일련의 동작이 이루어지거나, 우리 몸이 이동할 수 있게 된다. 근육과 신경은 합해서 하나의 생리적 단위하고 했는데, 여기서 보면 근육·신경은 뼈와 함께 생리적으로 근골 신경단위(neuro musculer skeletal unit)를 이루고 있다고 말할 수 있다.

근수축으로 인한 동작에는 신경, 골, 근육을 따로 데어 생각 할 수는 없다. 근육이나 신경, 골 어느 한 부분의 질병이나 상해가 있으면 동작 전체가 비정상이 되거나 혹은 동작을 할 수 없게 되는 경우가 생긴다.

⑤ 근육은 집단적으로 협응하여 수축한다

근육은 집단적으로 협응된 상태로 동시에 수축하여 어떤 동작을 일으킨다. 같은 뼈에 있는 서로 다른 근육일 때, 어떤 근육은 수측하고 어떤 근육은 이완한다. 이러한 근육 집단으로서의 기능을 다음과 같이 구분 할 수 있다.

ⓐ 주동근(Prime Mover)

동작을 일으키는 주 역할을 하는 근육

ⓑ 길항근(Antagonists)

주동근이 수축하여 동작을 일으킬 때 이완되는 근육이다. 길항근은 주동근과 반대로 움직이며, 또 위치도 반대쪽에 있는 것이 보통이지만, 주동근이 수축할 때 길항근도 동시에 수축하는 예외가 있는데, 이는 우리 몸이 서 있을때 무릎관절에 있는 주동근과 길항근이다.

(4) 근수축의 기본 형태(Basic From of Muscle Contractions)

신경과 근육이 흥분되어 전체의 근섬유에 흥분이 전도되면 일련의 화학적 반응이 일어남과 동시에 근육의 수축 현상이 일어나는데, 그 수축의 형태에 따라 연축(攣縮), 강축(强縮), 경축(硬縮), 및 경직(硬直)으로 나누어 볼 수 있다.

① 연축(Twitch)

근은 단일 자극을 가하면 오직 1회 수축하고 이완한다. 이것은 연축(twitch)이라고 한다. 연축시 자극을 가할 때는 즉시 수축이 일어나지 않고, 아주 짧으나마 시간이 조금 경과한 후에야 장력이 발생하여 수축된다. 이와 같이 자극 후 수축까지의 시간을 잠복기(latent period)라 하며, 이 시간에 전기적 변화, 열 발생 및 기계적 변화가 일어난다.

잠복기간 후 근육은 수축하였다가 다시 이완하게 되는데, 근육이 수축을 시작하여 곡선이 최고봉을 이룰 때까지를 수축기(contraction period)라 하며, 곡선이 하강하여 다시 원위치로 돌아가는데, 이 시기를 이완기(relaxation period)라 한다.

② 강축(Contracture)

자극이 연달아 반복되면, 하나의 연축이 끝나기 전에 다음의 연축이 선행하는 연축에 가중되어서 가세(summation)가 되며, 그 결과 큰 수축으로 된다. 이를 강축(tetanus)이라 한다.

강축은 자극이 계속되는 동안은 지속되지만, 자극이 그치면 곧 근은 이완된다. 체내에 보통 생기는 수축은 대부분은 강축이다. 강축이 오래 계속 되면 근의 수축력이 점차로 감소된다. 이를 근의 피로(fatigue)라 한다.

③ 경축(Contracture)

심한 운동을 한 다음에는 잠시 근이 굳게 수축된 상태를 계속하는 수가 있다. 이런 종류의 수축을 경축(contracture)이라 한다. 경축은 강축과 달라서, 지속성이 있어서 갑자기 시작하여 갑자기 그치는 것이 아니다. 그러나 시간이 지나면 본래의 상태로 돌아갈 수 있다. 이런 점에서 다음의 경직과는 다르다.

④ 경직(Rigor Mordis)

사망 후 일정한 시간이 지나면 근의 지속적인 수축이 생겨서, 관절이 움직이지 않게 된다. 이를 사경직(rigor mordis)이라 한다. 사경직은 안면, 동체, 사지의 순으로 생긴다. 더 시간이 지나면 근이 다시 부드럽게 된다. 이를 해경(解硬)이라 한다.

사경직이 생기는 것은, 사망 후 호흡이 멎기 때문에 근 세포내에 다량의 유산이 축적되어, 그것이 근세포의 수축을 일으키는 것이다. 시간이 지나면, 근세포내의 단백질이 변성되어, 유산에 의해서도 수축 할 수 없게 되는 결과, 근은 다시 이완되어 해경으로 된다. 경직은 비가역적 변화이며, 한번 생기면 본래의 근 상태로는 회복되지 못한다.

5. 골격근과 운동

(1) 등장성 수축 (동적 수축 : Isotonic Contraction)

근육이 수축할 때, 근육에 주는 부하는 변하지 않는데, 근육 자체의 길이가 짧아지는 경우를 등장성 수축 혹은 동적 수축(isotonic contraction)이라고 한다. 예를 들어 턱걸이 운동을 쉽게 한 두번 한다든지, 공을 던지는 동작, 달리기와 같은 동적 운동은 모두 근육의 등장성 수축으로 되는 것이며, 이때 내는 힘은 순발력(power)이라고 한다.

(2) 등척성 수축(정적수축 : Isometric Contraction)

엄밀한 의미에서 수축이라고 할 수 없는 것으로서, 근육에 주어지는 부하는 변하더라도 근육의 길이는 변하지 않는 상태의 수축이며, 정적 수축(isometric contraction)이라고도 한다. 예를 들어 양손을 벽에 대고 밀거나 줄다리기에서 양 팀이 팽팽히 맞서면 끌리지도 않고 끌지도 못하게 되는데, 이를 때 줄다리기 선수들은 모두 전신적인 등척성 운동을 하고 있는 상태이며, 이때 내는 힘은 근력(strenght)이라고 한다.

(3) 등속성 수축(Isokinetic Contraction)

운동 자체는 등장성 수축과 비슷하나, 기계의 장력 변화에 따른 근육의 수축으로서 근력증강을 위한 가장 효과적인 수축방법이다. 즉, 등력성 수축은 보조기구를 사용하여 근수축을 가능케 하는 것이다. 정적훈련 중 관절운동에 나타나는 저항부하의 결격요인을 보완하여 근육의 각도에서 장력의 최대효율이 나타나도록 등속성 근수축(Isokinetic muscular contraction)에 의한 등저항운동방법을 연구해 낸 데서 비롯되었다 할 것이다. 간단히 말해서 동작의 전 각도를 통해 근육이 낼수 있는 힘에 따라 기계장치에 의해서 자동적으로 조절된다.

등속성 수축은 Cybex라고 하는 운동기구를 사용하여 관절운동을 할 때 근육의 수축각도가 변하더라도 수축저항은 자동적으로 일정하게 조정되도록 함으로써 근력을 강화시키는 수축 방법이다. 다시 말해서 움직임의 모든 각도에서도 근육이 힘을 낼 수 있도록 자동적으로 저항을 조절하여 근력을 크게 강화시키는 수축 방법이다. 등속성 수축에 사용되는 Health 기구는 Cybex 770(Norm), Orthotron KT1, KT2 등을 많이 사용하고 있다.

등장성 수축에서는 부하는 같으나 근육의 길이가 변했고, 등척성 수축에서는 부하는 변하지만 근육의 길이에 변화가 없었던 점을 기계장치로 보완하여, 근육 수축으로 인한 길이의 변화에 맞추어 힘의 변화에 맞추어 부하를 변화시키는 것이다. 운동의 형태는 등장성 수축과 흡사하다. 이 기계장치에 의한 등력성 수축은 지금까지 알려진 근력 증강을 위한 근수축방법으로서는 가장 효과적인 것으로 보고되고 있다.

근수축의 유형 비교

수축의 종류 / 특성	등장성 수축	등척성 수축	등력성 수축
근육의 길이	변한다	거의 변하지 않는다	변한다
부하량	변하지 않는다.	변한다	변한다

6. 근력트레이닝의 조건

근력증가를 일으키는 트레이닝 방법을 연구할 때, 트레이닝 자극으로서 부하 강고, 시간, 빈도의 조건을 고려하지 않으면 안 된다. 특히 근력을 강화시키기 위하여는 근육에 과부하를 하지 않으면 안 된다.

그 가장 전형적인 방법이 웨이트 트레이닝(wight training)이다. 이것은 동적 근력 트레이닝과 정적 근력 트레이닝(isotonic training)의 두 가지 형식으로 나누어진다. 따라서 어느 방법을 취하는가에 따라 트레이닝의 내용도 다소 달라지는 것은 당연하지만, 강화된 근력에는 트레이닝의 방식에 의한 차이는 없다. 따라서 근력강화를 위한 트레이닝의 처방을 할 경우에 꼭 지켜야 할 조건은 다음과 같다.

(1) 강도의 조건

강도의 조건은 근력을 강화하는 트레이닝에 있어서는 상당히 강한 힘을 발휘하지 않으면 안 된다.

Hettinger나 Muller의 연구에 의하면, 정적 트레이닝에 있어서는 최대근력의 100%를 주당 1회 정도 발휘하는 것이 좋으며, 특히 1/3이하의 부하에서는 근력이 효과가 없고, 2/3 이상의 load를 주면 효과가 나타나서 근비대가 생기며,1/5부하는 근력을 저하시킨다고 말하였다. 그리고 동적인 트레이닝에 있어서는 최대근력의 100%를 사용하는 것은 주 1~2회로, 보통은 60~70%정도의 근력으로, 트레이닝은 2/3부하는 10회, 1/2 부하에서는 30회, 1/3부하에서는 60회로 증가하여야 효과가 나타난다고 말하였다.

(2) 시간의 조건

Hettinger는 근력 트레이닝에 필요한 근력과 시간과의 관계에 대하여 아래 표와 같이 보고 있다. 최대 근력을 100% 이용하는 경우는 2초 이하의 단시간으로는 효과가 없다.

트레이닝 시간은 각각 그 힘을 최대한까지 지속시키는 시간의 20~30%정도라고 할 수 있다. 이를테면 최대근력을 유지할 수 있는 것은 약 10초인데 대하여 필요한 트레이닝 시간은 2~3초이므로, 최대 지속시간에 대한 %는 20~30%라고 할 수 있다.

Hettinger의 성적을 참작하여 조금 여유 있게 고려하여 하루 한 번은 최대근력을 약 6초간 발휘하는 운동을 하는 것으로 그 효과는 충분하다고 할 수 있고, 그 이상 지칠 때까지 운동해도 근력증강에는 별 차이가 없다. 그러나 지구력의 증강에는 효과가 있다.

트레이닝 강도(최대근력에 대한 %)	트레이닝 시간(수축 지구시간:sec.)
40 ~ 50	15 ~ 20
60 ~ 70	6 ~ 10
80 ~ 90	4 ~ 6
100	2 ~ 3

(3) 반복의 조건

근력 트레이닝은 매일 행하는 것이 좋다. Muller나 Josenhans의 연구에 의하면, 1일 1회 트레이닝의 효과는 근력이 약 5~6% 상승된다고 보고 있다. 그러나 하루 건너 하면 그 효과는 줄어들고, 이틀 건너하면 약 70%정도로 떨어지며, 1주간 건너 하면 50%로, 2주간 지나면 0%가 된다. 트레이닝 효과란 전의 트레이닝 효과가 남아 있는 곳에 다음 트레이닝의 효과가 쌓이고 쌓이는 것이므로, 전후의 트레이닝의 간격이 넓어지면 앞의 트레이닝 효과가 소멸되므로, 효과의 축적을 기대할 수 없게 된다.

근력 트레이닝은 너무 짧은 간격으로 여러 번 되풀이하는 것보다 하루의 간격으로 규칙적인 반복운동을 하는 것이 바람직하다. 근육에 피로 현상이 나타나기 시작하는 정도가 근을 비대하게 하는 데 효과가 있다.

7. 근력트레이닝의 성별, 연령별 차이

트레이닝에 의한 효과의 정도(트레이닝의 가능성)는 성별 및 연령에 따라 다르다. 트레이닝에 의한 근력 증가의 속도는 연령이 증가함에 따라서 커지며, 남자가 여자보다 크다.

즉, 트레이닝 기간 중의 남자의 근력증가를 100%로 했을 때, 여자의 증가는 93%(11~12세), 88%(13~14세), 75%(15~16세)라고 한다.

트레이닝의 가능성의 성별·연령별 차이는 연령에 따라 남자의 최대 트레이닝 가능성(20~30세)을 100으로 하고 다른 연령 때는 거기에 의해 산출 한다.

여기서는 10세 정도에서는 남녀의 트레이닝 가능성이 큰 차이가 없지만, 연령이 증가함에 따라 남자의 트레이닝 가능성이 급속히 고조되고, 20~30세에 이르러 최대치에 도달하며, 그 후 다시 저하된다.

여자의 체지근(體肢筋)의 트레이닝 가능성은 연령에 의해 별로 큰 변화를 볼 수 없다. 20~30세에서 여자의 트레이닝 가능성이 남자의 50%에 달한다. 그 이상의 연령에서는 남녀간에 차이가 점차로 감소되며, 60세 이후에서는 다시 같은 정도가 되며, 65세 경에는 10세의 트레이닝 가능성 보다도 열등한 것으로 나타났다.

8. 근력발달의 기전

근력 트레이닝에 의하여 최대 근력(maximal muscle strength)은 증가한다. 그 근력 증가의 중요한 요인은 근력 트레이닝의 결과 근육의 생리학적 단면적이 커진다는 것이다. 즉 근육의 실질(질량)이 증가한다는 것을 의미한다.

그러나 역도 선수가 자기가 속하는 체급을 변경하지 않고, 기록을 점차적으로 높여가는 예도 또한 사실로서 잘 알려지고 있는 것이다. 이 경우, 기록의 향상은 근육의 실질 증가보다는 주로 운동협응능(運動協應能)의 개선에 의해 이뤄졌다고 생각하는 것이 옳은 것이다. 그러므로 근력 트레이닝은 근의 실질을 증가함과 동시에 운동의 협응능을 개선하여 근력을 증가시킴을 알 수 있다. 그런데 Weight training의 결과 근육의 실질만이 현저하게 증가하는 것을 바라는 경우가 있다. 소위 body builder들의 트레이닝 수단은 그것을 목적으로 하고 있다. 육체미를 만드는 것을 주목표로 해서 서구에서 발달한 body builder들은 그 원리 자체는 우리들로서 받아들일 수 없는 것이지만, 신체의 외형을 균형 잡힌 것으로 만들기 위해 근력 트레이닝을 행하는 자체는 결코 비난할 것은 못된다. 그러나 체육활동 전반 중에는 그것만을 지상 목적으로 한다면 일방적인 것이 되므로 옳다고 할 수 없으며, 다른 체력 요소도 똑같이 발달시킬 필요가 있는 것이다.

근육의 실질 증가에 병행해서 획득한 근력은 오래 유지가 된다. 반대로 근육의 실질은 변하지 않고 근력이 증가했다면 그 근력은 빨리 잃어버린다. 더구나 투척과 같은 경기 종목에 있어서는 선수의 체중을 증가시키는 데도 배려할 필요가 있다. 이때에도 상기의 트레이닝 법은 참고가 된다.

(1) 근비대의 원리

골격근의 근 비대과정을 간추려서 설명하견 다음과 같다. 즉 생리현상의 기본적 특징은 산소화학반응에 의해서 세포내에서 단백질이 중단 없이 재생을 되풀이하고 있다는 것이다. 이 과정이야말로 생물과 무생물을 구별하는 특결한 형태인 것이다. 단백질의 합성에는 대량의 에너지가 필요하기 때문에 인산화합물로부터 막대한 에너지를 소비한다. 그러나 일반적으로 생체에서 소비되는 에너지는 무엇보다도 우선 외적 운동 때문에 사용되고, 분해된 단백질의 합성에 필요한 에너지는 그 다음으로 사용된다.

그러므로 ATP(adenosine triphos phate)에서 생성되는 에너지의 사용을 둘러싸고 한쪽에선 기능적 활동 때문에, 다른 한쪽에선 증식성 대사 때문에 소비하려고 해서 2종의 과정이 전개된다.

단시간의 강한 운동에 있어서는 산소 부채량(O_2 debt)이 산소 수요량을 상회하므로 ATP의 재합성은 에너지 생성에 있어서 효율이 나쁜 무산소적 가인산반응에 의해 이루어진다.

이 때 해당 작용이 강화되고 단백질 분해도 촉진되며, 또 한 해당 작용(Glycogenolysis)의 효율이 나쁘기 때문에 근육내의 ATP가 감소하게 되어 증식성 대사에 사용되는 에너지는 가장 불리한 조건이 된다. 즉 증식성 대사에 사용될 에너지가 여분이 없는 상태가 된다.

ATP는 근 활동의 에너지만을 제공하기에드 부족하므로 증식반응 쪽은 희생되어 버리고 단백질의 합성은 분해를 쫓아 갈 수가 없게 된다.

그 결과 활동근의 단백질은 양적 조성이 감소하고, 단백질과 총 질소량의 저하가 나타난다. 그러므로 근력 트레이닝은 일차적 분해 과정을 촉진하게 되고 이와 같은 현상은 생리학적으로 재합성을 수반하든지, 그것을 강화하게 되므로 휴식에 의해서 단백질 함량의 회복 혹은 초과회복이 일어나 최종적으로는 근실질의 증대가 보이게 되는 것이다. 이때 초과 회복이 일어나는 현상을 과보상(super compensation)이라고도 한다.

(2) 근의 실질을 증가하기 위한 트레이닝

골격근의 운동성 비대에 관한 이론을 통해서 특히 근조직의 실질을 증가시키기 위한 트레이닝의 방법에 대해서 다음과 같은 결론을 내릴 수 있다.

첫째, 사용하는 부하 량을 충분히 무겁게 하지 않으면 안 된다. 그렇게 함으로써 비로소

개개의 근세포의 활동이 현저하게 증가되고 대량의 인산화합물인 ATP를 사용하게 된다. 아주 강한 운동 하에서 필요한 에너지의 보급량이 시간적으로 맞지 않기 때문에 단백질의 합성이 현저하게 늦어진다.

결국 단백질의 소비가 합성을 상회하고 근육중의 단백질 함량은 감소한다.

이때 혈액 중에는 비단백 질소의 함량이 증가한다. 그 결과로서 그 후의 회복 또는 과보상 때문에 잠재능력이 높아지는 것이다.

둘째, 근육의 긴장도를 한계까지 높이는 것은 좋지 않다. 한계까지 높이면 결국은 단시간 밖에 운동이 안 되기 때문에 운동량은 줄고 대사치는 비교적 작은 것으로 되어 버린다.

셋째, 하고 있는 운동이 유산소적이냐 무산소적이냐를 결정하는 요인이 되는 것은 주로 시간적인 요인이다. 더 정확하게 표현하자면 산소를 근육에 보내는 역할을 하고 있는 호흡 순환계의 활동이 얼마만큼 늦어지는가에 따라서 정해진다. 그러므로 근력운동의 부하량을 처방하는 중요한 방법은 그 운동의 지속시간이 문제가 된다.

(3) Body Building의 특징

들어 올리는 부하 량의 기존적 중량은 연속해서 10회 운동할 수 있는 것을 기준으로 하고 있다. 각 set 마다 가능 한계에 이르기까지 계속한다. 가장 대표적인 트레이닝 방법은 대근군(大筋群)을 포함한 각 신체부위를 단조롭고 느리게 움직인다는 것이다(스크윗트 벤치프레스등). 트레이닝은 하루 걸러서 행한다.

운동 후 효과로서의 동화 과정을 촉진하기 위해서 만 1일 동안의 휴식을 필수로 하고 있다.

(4) 근실질과 근육육성

근육의 실질을 늘리지 않고 근력만을 증가시키는 것을 목적으로 한 트레이닝 법의 기반은 모든 근군을 통틀어서 협응성을 높이기 위한 조건반사(conditioned reflex) 결합을 형성하는 것이다.

이 목적을 달성하려면 당연히 될 수 있는 대로 부하량을 무겁게 해서 반복 횟수를 줄이고 시행간의 휴식은 길게 하도록 해야 할 것이다. 그렇게 하면 임계부하에 완전히 적응한 협응능력이 육성된다. 또한 중추신경 기능이 피로(fatigue)에 의해서 억제를 받지 않는 지적상태에서 트레이닝을 할 수가 있으므로 피질 내에 극히 미묘한 조건반사 결합을 효과적으로 만들 수가 있는 것이다.

(5) Plyometric Training 방법

현재 선수들의 Jump 능력을 신장시키기 위한 training 방법으로 plyometric training이 적용되고 있다. 사실 이와 유사한 훈련 방법은 이미 오래전부터 소련, 독일 등의 유럽지역에서 실시되고 있었지만 과한적인 연구를 바탕으로 한 plyometric 의 실시는 불과 20여년 전부터이며 선수나 지도자들에게 흥미를 끌게 된 것은 최근에 이르러서이다.

Plyometric이란 more, greater, increase를 의미하는 그리스어의 “plethyein”과 measured quantity lenght의 뜻인 “metric”의 합성어이고 plyometrics란 근육의 신장 반사(strech reflex)를 불러 일으키는 등척성(isometric)근육 운동의 과부하(over load)를 제공하는데 사용되는 훈련을 뜻한다.

Plyometric의 실시방법은 depth jumping, Hopping, bounding, Box를 이용한 Jumping 방법 등이 있다. 점프력 신장을 위해 이러한 트레이닝이 강조되는 이유는 트레이닝을 통해 폭발적, 반동적 근육 및 파워(power)가 효율적으로 종합 개선되기 때문이다.

Plyometric training은 각종 운동 경기 중 그 능력을 고도로 요구하는 육상의 도약 종목뿐 만 아니라 배구의 블로킹, 스파이크, 그리고 농구의 jump shoot, 레이업슛, 리바운드 볼을 잡을 때, 역도의 중량을 들어 올 릴 경우 등의 순간적인 각근 파워 향상에 크게 공헌하는 것으로 알려졌다.

9. 근력과 체력요소와의 상관관계

(1) 근력과 스피드

근력과 스피드(speed)의 관계는 단거리 경주에서 관찰하여 보면 쉽게 이해할 수 있다. 단거리 경주에 능숙하려면 근력을 증강시켜야 함은 두말할 나위도 없으나 과연 어느 정도까지 증강시키느냐 하는 것이 문제이다. 왜냐하면, 단거리 선수에게 필요한 근육은 근력뿐 아니라, 근육이 빠른 수축(收縮)을 할 수 있지 않으면 안 되므로, 근력과 스피드는 서로 상반되는 성질이 있다. 즉 단거리 선수가 가져야 하는 근력은 역도선수와 같은 근력을 필요로 하는 것이 아니기 때문이다.

(2) 근력과 순발력

영어의 근력(筋力 : strength)과 순발력(瞬發力 : pcwer)은 다 같은 우리말로 힘(力)이란 뜻을 가지고 있다. 순발력이란 힘(力:force)과 속도(速度 : speed)를 포함하는 개념이고, 근력이란 힘만을 뜻한다. 즉, 근육의 길이를 단축하지 않는 수축인 등척성 수축(等尺性收縮 : isometric contraction) 시에 내는 힘이 곧 순발력이다. 그러므로 실제 도약(跳躍 : jumping), 투척(投擲 : throw), 달리기에서는 순발력이 결정적인 인자이다.

(3) 점탄성 과긴장

생리학적으로 명백하게 밝혀진 바에 의하면 외견상으로는 아무런 운동을 하지 않을 때에도 근육은 항상 얼마만큼의 긴장(tension)을 하고 있다.

첫째, 근육 자체의 점탄성(粘彈性)에 의한 것인데, 이것이 있기 때문에 운동신경을 통해서 보내지는 자극 없이도 장력이 발생하고 있는 것이다. 그러므로 이것을 고유 근긴장(固有筋緊張)이라고 부른다. 생체 내에서의 근육의 점탄성 요소는 중추신경계의 지배하에 있으며 그 지령은 영양신경과 내분비선의 작용에 의해 전달된다.

둘째, 근육에 끊임없이 운동 신경 자극이 전해져 약한 홍분이 일어나는데서 온다. 이와 같은 자극이 일어나는 직접적인 원인은 근 신장 반사(筋伸長反射)이다. 즉, 근의 길이가 변화하면 근섬유의 신경종말(伸經終末)을 홍분 시키고 이것이 반사적으로 근육에 일정한 홍분을 끼치기 때문에 반사성 장력(reflex tone)이라 부르고 있다.

II 운동과 근지구력(Movement & muscular endurance)

운동을 얼마나 오랫동안 지속시키느냐 하는 능력을 일반적으로 중요한 체력 요소의 하나로서 지구력(endurance)이라고 한다.

신체 운동은 부분적인 운동이든지, 전신적은 운동이든지 정적(static)으로 이루어지기도 하고 동적(dynamic)으로 이루어지기도 한다. 따라서 지구력이라고 해도 여러 가지의 경우가 있다. 특히, 운동에 참가하는 근육의 다소에 의하여 전신지구력(whole body endurance)과 근지구력(muscular endurance)으로 크게 나눈다. 그런데 근 수축은 신경계에 의하여 지배되며, 또한 근 수축에 의해 생성된 물질 처리를 위하여 순환기계가 첨가하게 된다.

이와 같이 운동의 지구능력은 신경계, 근육계, 순환기계의 작용에 의하여 이러한 신체계통의 지구 능력에 의해 좌우 된다. 그러나 근수축의 강도에 따라서 관여의 정도가 다르며, 수축력이 크게 발휘 되는 시간이 짧은 운동에서는 신경, 근육계가 주역이 되며, 수축력이 적고, 시간적으로 길게 발휘되는 운동에서는 순환기계가 주역이 된다. 특히 전신운동의 지구능력에 있어서 운동을 발현시키는 기능은 신경, 근육계이지만 산소(O_2)공급이 운동을 지속시키는 지구력에 커다란 영향을 주기 때문에 호흡기계(respiratory system), 순환기계(circulatory system)가 주역을 담당하여 운동한다.

체력(physical fitness) 요소(factor)의 하나로서 나타내는 근지구력(muscular endurance)은 근군이 얼마나 오래 작업을 계속할 수 있는가 하는 능력을 말한다. 즉, 비교적 가벼운 중량을 어느 한동안 계속 들 수 있는 근육의 능력이라고 할 수 있다.

1. 근지구력의 종류

(1) 절대적 부하(Absolute load)와 상대적 부하(Relative load)에 의한 근지구력

근지구력을 평가할 때에는 정적 운동(static motion)이나 동적운동(dynamic motion)이나, 첫째로 들 수 있는 문제는 운동을 행함에 있어서의 부하 방법이다.

크게 나누어 두 가지 종류로 분류 할 수 있으며, 이 분류의 기준은 부하 시에 개인의 근력을 고려하지 않느냐 하는 것에 의한다. 성(sex)이나 연령(age)에 관계없이 동일 부하를 부과하여 지속시간(continuance)혹은, 동일 리듬에서의 반복 작업의 횟수를 구하고 근지구력을 표시하는 것으로, 이 부하의 부하방법을 절대 부하법이라고 하며, 이에 의하여 표시된 근지구력을 절대적 부하에 의한 근지구력(absolute loading muscle endurance)이라고 한다. 개개인의 최대 근력에 대한 일정한 비율의 부하를 부과하는 방법을 상대 부하법이라고 하며, 이것에 의해 표시된 근지구력을 상대적 부하에 의한 근지구력(relative loading muscle endurance)라고 한다. 근지구력은 어떠한 운동을 얼마나 오랫동안 계속할 수 있느냐 하는 것으로 그 능력을 반복 횟수 또는 운동시간으로 평가되고 있다. 그런데 여기에는 부하되는 운동이 강도의 영향을 크게 받는다. 예컨대, 운동의 강도가 가벼우면 가벼울수록 반복 횟수나 운동시간은 연장될 수 있는데 반해, 강도가 무거우면 무거울수록 반복횟수나 운동시간은 단축될 수밖에 없다.

절대적 부하에 의한 근지구력을 절대적 근지구력(absolute muscle endurance)이라고 하며, 개인의 최대 근력의 차이를 고려하지 않고 일반 스포츠의 경우와 같이 일정한 부하에 대하여 얼마나 오랫동안 지탱할 수 있느냐 하는 근지구력을 의미한다. 따라서 근지구력이 큰 사람은 근력이 적은 사람에 비하여 일정한 부하에 대하여 가볍게 느끼며, 물론 피로의 출현도 비교적 늦어 오래 지탱 할 수 있다. 그리고 상대적 부하에 의한 근지구력을 상대적 근지구력(relative muscle endurance)이라고 하며, 개인의 최대 근력의 차이를 고려하여 그 사람의 최대 근력의 몇 %의 부하에 대하여 얼마나 오랫동안 지탱할 수 있느냐 하는 근지구력으로 참다운 의미의 근지구력을 의미한다. 따라서 체력이 크든지 또는 작든지, 혹은 근력이 크든지 또는 작든지 간에 자기가 지니고 있는 생리적 요인에 의한 근지구력을 평가할 수 있는 기준이 된다.

(2) 정적 근지구력(Static Muscle Endurance)

근수축의 강도는 하중과 같다고 간주되므로, 일정한 하중을 부하하여 운동을 포기할 때까지의 시간을 갖고 근지구력을 표시할 수 있다.

절대부하법이거나 상대 부하법이거나 이 운동 포기에 이르기까지의 시간을 나타내려고 할 때 근지구력은 부하된 하중에 의해 좌우된다.

상대 부하법에 의해 여러 가지 부하량을 바꾸어 줄여가면, 운동 포기가 생기지 않는 하중점이 존재한다. 이것을 근지구력의 임계점(臨界点 : critical point of muscle endurance)이라고 한다. 이것은 정적 지속작업에서는 최대 근력의 14%에 상당하는 하중일 때이며, 정적 반복 작업에서는 최대 근력의 40%에 상당하는 하중이라고 한다(Monod).

(3) 동적 근지구력(Dynamic Muscle Endurance)

동적 근지구력은 일정한 중량을 일정한 속도(tempo)로 all-out(전력을 다한 상태) 상태에 이르기까지 몇 회 반복 할 수 있느냐 하는 능력으로 운동의 반복 횟수로 평가된다. 그러나, 이 경우에는 수축과 이완이 반복되므로 근육 중에 흐르는 그 형류량에 크게 좌우된다. 한편, 근력이나 근지구력이나 힘을 발휘한다는 점에서는 같이 취급하며, 시간적 요서가 크게 관여 한다. 그러면 하중(load) 및 운동속도(motion tempo)와 운동 횟수에 관하여 알아보기로 한다. 동적 운동에서는 하중과 들어 올리는 거리, 그리고 반복의 속도에 의하여 운동을 포기 할 때까지의 횟수와 시간이 달라진다.

관절각(joint angle)의 이동범위를 30° 로 하고 운동 템포를 1분간에 60회, 30회, 20회, 15회 그리고 12회 등으로 하고, 하중(load)은 최대 근력의 1/3, 1/2그리고 2/3에 상당하는 중량으로 하여 이것을 운동을 포기할 때까지 들어 올리게 하여 그 횟수를 측정하였다.

2. 근지구력의 생리학적 배경

근육의 지구력이 발휘되기 위한 조건으로서 다음과 같다.

첫째로, 근육의 내부에 저장되어 있는 에너지원을 들 수 있다.

아데노신 3인산(APT), 크레아틴인산(CP), glycogen 등의 근 수축에 필요한 energy원이 다량으로 존재하면, 그만큼 근육은 오랜 시간 운동을 지속할 수 있다. 특히 glycogen이 분해하여 피루브산(pyruvic acid:초성포도산)에 이르기까지의 과정을 해당(glycogenolysis)이라고 하며, 산소에 관계가 없는 무산소성 반응으로 이 단계의 근지구력을 무산소성 근지구력(anaerobic muscular endurance) 이라고 한다.

둘째로 근육 내부에서의 모세혈관의 기능을 들 수 있다.

산화반응(oxide reaction)에 필요한 근육에의 산소 운반은 호흡·순환기의 경로를 통하여 운반되지만, 부분 운동에서는 산소운반계의 주도로는 근육의 운동지속에 있어서 별로 큰 요소는 아니다. 오히려, 근육내부의 모세혈관(capollaries)의 발달이 산소, glycogen, 유기인산염 등의 energy원을 근육에 공급하며, 운반에 의해 발생되는 이산화탄소, 젖산, 무기인산 등의 제거를 촉진시킨다.

셋째로, 신경계의 관여를 들 수 있다.

중추신경계에 있어서의 집중성 및 원심성 신경로의 절전섬유(presynaptic fiber), 시냅스(synapse), 절후섬유(postsynaptic fiber), 신경근 종말판(neuro-muscle endplate)의 흥분성이나 물질 전달은 근육의 운동 지속 능력에 현저하게 관여한다. 특히 synapse는 가장 피곤하기 쉬운 부분이다.

(1) 혈류량(Blood Flow Volume)과 근지구력(Muscular Endurance)

근육 운동에 의하여 근육 내부의 모세 혈관은 확대되고 혈류량은 증대된다. 따라서 근육 수축의 지속력에 필요한 energy원으로서의 glycogen이나 젖산의 처리를 위한 산소 등의 운반이 용이해진다. 피로 상채에 이르기까지의 전완(前腕)이 근군에서는 혈류량이 성인인 경우 안정시보다 약 5배가 증가하며, 산소 섭취량도 안정시보다 약 12배의 증대를 가져왔다고 조사되었다.

(2) 피로(fatigue)와 지구력

피로(fatigue)라 하면 부하에 의하여 일어나는 운동능력의 일시적 저하를 말한다.
지구력(endurance)이란 어떤 작업을 능률의 저하 없이 지속하는 능력을 말한다.

(3) 피로측정의 기준

① 정신피로(精神疲勞) : 수학 문제를 푼다든가 장기를 둔다든지 하였을 때 일어난다.
② 지각피로(知覺疲勞) : 분석기를 과도로 긴장시켰을 때 일어난다. 예를 들면 사격에 있어서 시각 분석기의 피로.
③ 정서피로(情緖疲勞) : stress가 주어졌을 때 일어난다. 예를 들면, 큰 시합을 앞두고 있을 때나 공포와 싸우는 행동 등에서 항상 정서 피로가 일어난다.
④ 육체피고(肉滯疲勞) : 근 활동에 의하여 일어난다.

(4) 지구력의 종류

① 국소피로(국소피로) : 운동에 참가하는 근육이 전체 근군의 1/3 이하인 경우.
② 영역피로(영역피로) : 운동에 참가하는 근육이 전체 근군의 1/3 이상 2/3 이하인 경우.
③ 전신피고(전신피로) : 운동에 참가하는 근육이 전체 근군의 2/3 이하인 경우.

3. 근지구력의 발달

(1) 근지구력의 Training

근지구력(muscle endurance)이란 근운동의 최대 반복 횟수를 의미한다. 즉, 중량부하의 상태로 어떤 신체부위에 근운동을 계속적으로 반복 실행함으로써 극한에 이르러, 더 이상 그 운동을 지속할 수 없을 때까지의 근운동을 근지구력이라고 말하게 된다. 피로해진 부위가 뚜렷해서 어느 곳인지를 쉽게 느낄 수 있게 되는데, 이럴 때의 경우를 근지구력이라고 우리는 말하게 되는 것이다.

근지구력의 증가란 곧 근육 중 모세혈관의 분포가 좋아짐을 의미하게 되는데, 실제로 training에 의하여 근 모세혈관의 분포가 40~45%정도 증가된다고 한다. 근지구력의 효과가 가장 큰 시기는 10~15세 인데, 이것은 체내에 분비되는 성장 호르몬의 분비가 증가되므로 인하여 오는 현상이라고 생각하는 학자가 많다.

(2) 근지구력의 Training 효과의 생리적 기초

효과적인 부하를 주면 근육은 그 지구성을 증가시킨다. 근 지구력의 증가를 위한 운동 부하량은 최대 근력의 1/3정도로 하되 비교적 장시간 계속함이 좋다고 한다.

근지구력이라 함은 근육이 피로하지 않고 운동 할 수 있는 시간을 의미하는 것으로 이는 근 수축에 필요한 에너지원의 적절한 보급과 근 수축에 의하여 생성된 대사물질을 조속히 제거하여 근육 내에 노폐물이 축적되지 않도록 근육 내 혈관분포가 좋아야 한다.

(3) 근육피로를 지연시키는 근력강화(anpease 복용)

Anpease(일종의 근육피로 지연제)는 일정기간동안 체내에 알칼리성분의 양을 증대시켜 폭발적인 근력 및 근지구력을 발휘 시에 수반되는 산성증을 지연시킴으로써 경기력을 향상시켜 주는 알칼리성 유발물질이다.

격렬한 신체적 운동 뒤엔 항상 피로가 쌓인다. 이는 운동과정에서 인체 근육에 다량의 젖산이 생성돼 근육 및 혈액의 산성도(ph)를 급격히 저하시키기 때문이다.

따라서 인체의 산성증을 완충시켜주는 알카리 성분의 양을 일시적으로 증대시킴으로써 운동력을 향상시킬 수 있다는 단순한 원리에서 출발했다.

앤피아제(Anpease)는 일정 기간 동안 체내에 알칼리성분의 양을 증대시켜 폭발적인 근력 및 근지구력을 발휘 시에 수반되는 산성증을 지연시킴으로써 경기력을 향상시켜 주는 알칼리성 유발 물질이다.

특히, 40~90초 내에 경기가 종료되는 스포츠(육상 4백m · 4백m 허들, 수영 1백m, 사이클 1km독주)와 1분 30초~6분 정도가 소요되는 스포츠(육상 8백m · 1천5백m, 수영 2백m · 4백m, 사이클 4km 추발, 카누 1km, 조정, 레슬링, 복싱, 유도)에 탁월한 효과가 있음이 실험을 통해 입증됐다.

성분은 과일(알칼리성이 강한 과일) 엑기스를 추출해 이를 분말로 만든 후 흡수 및 소화 촉진효소와 기타 성분을 첨가해 분말이나 액체음료로 만들어 선수들이 복용하게 되어 있다. 한국스포츠과학연구소에서는 앤피아제(Anpease)를 동물(쥐) 실험을 통해 이 식품의 효능이 의외로 탁월한데 비해 부작용이 전혀 없다는데 자신감을 갖고 일부 고교선수들을 통해 실험, 인체에도 전혀 무해한 물질임을 밝혀냈다. 또한 인체 내에 존재하고 있는 완충 성분과 동일한 알칼리성 유발 물질이므로 도핑문제와는 무관할 뿐 아니라 인체의 신경계

· 내분비계를 자극하는 스테로이드 및 암페타민 종류의 의약품과는 근본적으로 다르다.

1970년대부터 일부 스포츠과학 선진국에서는 이 같은 식품의 조제가 가능하다는 이론을 스포츠 과학 저널지에 소개하기도 했으나 그 효능에 대해서는 각국이 함부로 일관하고 있어 막연하나마 일부 국가에서는 이를 생산, 선수들의 경기력 향상에 이용하지 않느냐는 추측만이 가능했었다.

스포츠과학연구팀은 1980년 고교 육상, 핸드볼, 사이클 선수 14명을 대상으로 앤피아제를 투여한 결과 혈중PH가 0.098 증가하고 젖산을 무려 0.48이나 떨어지는 결과를 도출해 냈다.

이 같은 결과를 가지고 1989년 10월엔 모 고교 사이클 선수 7명을 대상으로 1km와 3km 독주를 실험한 결과 각각 0.75초와 3.85초의 기록단축 효과를 얻었다.

사이클 독주에서 0.75초 단축하면 거리로 12m 이상, 3.85초이면 400m 이상의 차이가 난다는 것이다.

자신감을 얻은 연구팀은 1990년 4월부터 육상 · 카누(카약 및 캐나디언) · 조정 · 수영(경영) · 레슬링(자유형) · 복싱 · 유도 등의 한국대표선수에게 투여한 결과 45초~2분30초가 소요되는 기록경기에서는 1~3초의 기록단축이, 2분30초~6분이 소요되는 기록 종목에서는 2~5초 이상의 기록 단축이 각각 가능하다는 진단을 내렸다.

또 투기 등 대인경기 역시 일선 코치 · 선수들은 투여 후 현저하게 파워가 향상된 것으로 나타났으며, 종반 파워의 지속능력이 두드러졌다는 것이다.

특히, 육상 중거리의 경우와 수영은 선수들이 한결같이 ① 마지막 질주능력이 좋아졌다. ② 경기 후 에도 피로하지 않다. ③ 힘이 남아돌았다고 말하고 있어 이 식품의 효능을 직접적으로 뒷받침했다.

다만 투기종목의 경우 체중감량(공복) 상태에서의 효과가 아직 미지수인 것으로 나타났을 뿐이라고 연구팀은 밝혔다.

III 호흡과 운동(Respiration & Movement)

1. 호흡의 개요

인간의 신체는 운동을 하지 않아도 단순히 생체의 생명을 유지하기 위해서는 외계로부터 산소(O_2) 를 잠시라도 섭취하지 않으면 안 된다. 음식물과 물은 며칠 동안 먹지 않아도 살 수 있지만, 산소는 단 몇 분이라도 흡입하지 못하면 생명에 위협을 받는다.

외계로부터 산소를 섭취하여 체세포에 보내어 물질대사(metabolism)를 일으키도록 하며, 이 대사 작용의 결과로 생긴 탄산가스(CO_2)를 체외로 배출시켜야 한다. 이렇게 생명유지에 필요한 산소를 들이마시고, 체내에서 필요치 않은 탄산가스를 내보내는 작용을 호흡(respiration) 이라고 한다.

이 호흡에 관하여 1774년에 Pristly가 호흡가스(respiratory gas) 중에서 탄산가스의 증가와 산소의 감소를 발견하였고, 1777년에 Lavoisier가 발견하지 전까지는 호흡을 하는 것이 단순히 우리 몸의 혈액을 식히고, 또는 소리를 내게 하기 위한 것이라고만 생각하여 왔다. 그 후 호흡은 산소를 얻고, 조직에서 형성된 탄산가스를 제거하는 데 그 역할을 한다는 것이 밝혀졌다.

호흡에 의해서 제일 먼저 하여야 할 일은 대기로부터 산소를 받아들인 다음 이를 혈액에 보내고, 여기서 다시 세포에 보내면 세포 안에서 대사 작용이 가능하게 되어 생활에 필요한 에너지를 만들어 낸다. 운동을 하게 되면 인체가 필요한 에너지 량은 더 많아지게 되므로, 에너지 생성을 위해 산소 소비량 역시 증가한다.

우리가 필요한 에너지는 섭취한 음식물에서 생겨나는데 음식물은 탄소를 포함하고 있다.

그러므로 음식물이 우리 몸속에서 산화되면 부산물로 CO_2와 H_2O가 생겨난다.

따라서 호흡의 두 번째 중요한 기능은 체내에서 생겨난 CO_2를 체외로 내보내는 것이다.

2. 호흡운동(Respiratory Movement)

호흡은 외부의 공기를 폐포 내로 들여보내는 흡식(흡기 : Inspiration)과 폐포 내에 있는 공기를 외부로 내보내는 호식(호기 : expiration)으로 이루어져 있다. 흡식은 흡식 운동에 관여하는 근육의 수축에 의거하기 때문에 흔히 능동적 운동(active movement)이라 하고, 호식은 흡식 운동 때에 수축되었던 근육들이 이완되는 과정에 나타나기 때문에 수동적 운동(passive movement)이라고 부른다.

(1) 흡식 운동(Inspiratory Movement)

호흡은 외부의 공기를 폐포 내로 들여보내는 흡식(inspiration)과 폐포내에 있는 공기를 외부로 내보내는 호식(expiration)으로 이루어져 있다. 흡식(吸息)은 흡식 운동에 관여하는 근육의 수축에 의거하기 때문에 흔히 능동적 운동(active movement)이라 하고, 호식(呼息)은 흡식 운동 때에 수축되었던 근육들이 이완되는 과정에서 나타나기 때문에 수동적 운동(passive movement)이라고 부른다.

흡식 운동에 의한 공기의 흡입은 다음과 같은 네 가지 요인에 의해서 일어난다.

첫째, 횡격막(diaphragm)의 수축에 의한다.

횡격막은 말초신경인 횡경막 신경(phrenic nerve)의 흥분에 의하여 수축이 된다. 횡격막이 수축되면 흉강(thoracic cavity)내로 불룩하게 올라와 있던 횡격막의 복강(abdominal cavity)쪽으로 내려가면서 흉강을 넓히므로 자연히 흉강내압이 더욱 낮아지며, 폐포는 확장된다.

둘째, 외늑간근(external intercostal muscle)의 수축에 의한다.

늑간근은 늑골(rib)과 늑골사이에 있으며, 이것은 늑골 사이의 바깥쪽에 있는 외늑간근과 내측에 위치하고 있는 내늑간근(internal intercostal muscle)으로 나누어져 있다. 내외늑간근은 섬유의 배열방향이 서로 직각을 이루고 있다. 이 두 근육 중에서 외늑간근이 수축되면 활 모양으로 구부러져 있던 늑골이 위쪽으로 끌려 올라가며, 또한 펴지기 때문에 흉강의 좌우 및 상하의 지름이 커지게 된다. 따라서 흉강이 넓어지고, 그 내압이 낮아지므로 폐포는 팽창된다.

셋째, 복부 근육(abdominal muscle)의 이완에 의한다.

복부 근육의 이완은 횡격막의 수축에 도움을 주며, 또한 복강내의 압력 상승을 억제하는 데 큰 도움을 준다.

넷째, 호흡기도의 상피세포(epithelium)에서 분비되는 지질단백질(lipoprotein)의 일종인 계면활성체(Surfadant)의 역할에 의한다.

이 화학물질은 폐포의 내면에서 surfactant와 공기의 계면(interface)을 형성하여 폐포의 표면장력(surface tension)을 약화시켜서 폐포를 쉽게 확장시킨다. 만일에 surfactant가 분비되지 않으면 폐포는 surfactant가 있을 때보다 7~14배의 힘이 가해져야만 확장된다. surfactant부족의 원인은 잘 알 수 없지만, 신생아(new born baby)인 경우, 심장수술을 시행하는 도중 순수한 산소를 흡입시킨 후 또는 동물에서는 미주신경을 완전히 제거할 경우 등에 나타난다.

위에서 말한 네가지 요인에 의하여 흉강의 부피가 현저하게 커지므로, 흉강내압이 낮아져지고, 또한 폐포의 포면장력이 약화되므로 손쉽게 폐포가 팽창된다.

따라서 폐포 내압이 낮아지기 때문에 호흡기도를 통하여 외부의 공기가 폐포 쪽으로 이동하게 된다.

(2) 호식운동(Expiratory Movement)

호식 운동은 내늑간근(internal intercostal muscles)의 수축에 의한 흉곽의 침하(沈下) 및 복벽근(muscle vectus abdominis)의 수축에 의한 횡격막 거상(擧上)에 영향을 받는다.

다시 말해서 외늑간근이 수축하면, 늑골이 올라가 흉곽이 넓게 되어 폐포로 공기가 들어가게 되고, 내늑간근이 수축하면 늑골이 내려가기 때문에 흉곽을 좁혀서 폐안의 공기가 나오게 된다. 이와 같이 내외 늑간근의 상호수축에 따라서 호흡운동이 행하여지는데, 이러한 호흡을 흉식 호흡(胸式呼吸)이라 한다.

3. 호흡기관의 구조

외호흡의 첫 단계인 외부의 공기가 폐포(alveolus)내로 들어가기까지의 호흡기도(air passage)는 그림 8-2에서 보듯이 코(鼻腔;nasal cavity), 혹은 입(mouse)을 통하여 체내로 들어온 공기는 인두(pharynx)와 후두(larynx)를 통하여 기관(trachea)으로 들어온 다음, 둘로 나뉘어진 기관지(bronchus)를 통해 폐장 내에 있는 기관세지(bronchiole)로 들어가서 폐포까지 들어간다. 폐포 주위에는 수많은 모세혈관이 있어서 공기와 혈액 사이에 가스교환(gas exchange)이 이루어진다.

그러나 코(혹은 입)에서 기관세지에 이르는 부위의 점막에서는 가스교환이 전혀 이루어지지 않고, 다만 공기의 온도와 습도를 조절하고 이물질을 제거하는 작용도 하며, 발성과 공명통(resonance box)의 역할을 한다.

그러면, 공기가 폐포로 들어가는 경로를 따라 설명하면 다음과 같다.

(1) **비강**(Nasal Cavity)

호흡기계에서 공기가 처음으로 접촉하는 곳이며, 공기를 가온(加溫), 가습(加濕)하여 공기의 먼지를 제거하는 일도 하는데, 점막표면(粘膜表面)의 분비된 점액에 의해 입자(粒子)가 붙잡히고 갑개 부위에 공기가 통과될 때, 기류에 소용돌이가 일어나서 먼지가 원심력에 의해 점막에 부딪치게 된다. 또한 비강의 입구에는 털이 있어 큰 먼지를 여기서 여과하고 중앙에 있는 비중격(鼻中隔; septum)에 의해 둘로 나누어진다. 그림 8-2에서 보듯이 상갑개의 점막에는 후각(olfactory sense)의 감수체의 구실을 하는 신경 말단이 분포되어 있어서 냄새의 자극을 감수하게 된다. 후각은 다른 감각에 비해 순응이 매우 빠르므로 상당히 강한 냄새도 오래 계속 맡으면 느끼지 못하게 된다.

(2) **인두**(Pharynx)

인두는 비강에 계속되는 기구로서 흔히 목구멍(throat)이라고 부른다. 두 개골 밑에서 시작해서 식도에 이르기까지 약 7cm길이의 점막이 있는 근육으로 공기의 통로와 소화관의 역할을 하며, 인두의 넓이에 따라서 소리가 다르게 나기도 하므로 발성의 역할을 하기도 한다.

(3) **후두**(Larynx)

후두는 후두개(epiglottis)에서 시작하여 성문(聲門; glottis)의 주위조직이 언덕 모양으로 약간 융기되어 좁혀져 있고, 여기에 성대(聲帶; vocal cord)가 2장이 있다. 후두는 인두와 기관중간에 있으며, 목의 중앙선에 돌출되어 있는데, 이것을 일명 아담의 사과(Adam's apple)라고 한다.

후두의 모양이 상자와 같이 소리상자(voice box)라고도 한다. 후두의 기능은 담음과 같다.

첫째, 후두는 음식을 먹거나 물을 마실 때 후두개(喉頭蓋; epiglottis)가 공기 통로를 덮어서 음식물이 기관으로 들어가지 못하도록 한다.

둘째, 후두는 발성에도 중요한 역할을 하여 음질에 영향을 준다.

(4) **기관**(Trachea) **및 기관지**(Bronchus)

기관 및 기관지는 후두에 연결되어 직경 2~2.5cm, 길이 약 11cm의기 관과 두 갈래의 기관으로 갈라진다. 이 두 개의 가지를 기관지라고 한다. 오른쪽에 있는 기관지가 왼쪽 기관지 보다 약간 크고 또 수직으로 되어있다. 그래서 외부에 들어온 이물이 왼쪽 보다는 오른쪽 기관지에 많이 끼게 된다. 기관지의 기능은 기관의 기능과 같이 폐내로 공기가 들어갈 수 있도록 통로가 되는 것이다. 기관지는 기관세지로 나누어지며, 맨 끝에는 폐포로 끝난다. 폐포는 모세혈관으로 둘러싸여 있어서 여기서 가스교환이 가능하게 된다.

그리고 기관에는 고리 모양의 연골이 있어 항상 열려진 상태를 유지하며, 여기에는 강인한 결합질막과 평활근이 붙어 있어 긴장도에 의해 구경(口徑)의 변화를 조절한다. 특히, 교감신경 흥분으로 이완되고 부교감신경 흥분으로 수축하며 내강이 좁아진다.

기관 및 기관지 내면에는 섬모(纖毛; cilia)를 가진 상피세포로 덮여있다. 이 세포들 사이에는 배상세포(goblet cells)가 끼여 있어 점액 분비를 한다. 즉 비강 후두부에서 제거되지 않는 미립자(微粒子)를 흡착하고 섬모운동과 함께 인두 쪽으로 이송하는데 이것을 객담(sputum)이라 한다. 객담(喀痰)이 인두에 도달하면 반사운동에 의해 몸 밖으로 배출되는데 이때 일어나는 반사운동을 기침이라 한다.

(5) 폐(Lung)

폐는 흉강 내에 있다. 쇄골 아래서부터 횡격막까지 차 있다. 그러나 가운데는 심장의 위치 때문에 움푹 들어가 있다. 폐 안에는 기관지, 기관세지, 폐포, 모세혈관 등이 들어차 있다. 폐는 좌우 양쪽에 두 개가 있는데 왼쪽 폐는 아래, 위 두 개의 엽(葉; lobe)으로 되어있고, 오른쪽 폐는 아래, 위, 중간의 세 개의 엽으로 되어있다. 폐는 흉막 혹은 늑막으로 둘러싸여 있는데, 폐와 늑막은 마치 사과와 사과껍질 같다. 이러한 폐는 혈액과 공기간의 기체를 교환할 수 있게 무한히 넓은 장소를 제공하고 있다. 폐내에서 폐포와 모세혈관 사이에 한기가 이루어지는데 폐안에 있는 모세혈관 망의 전체 넓이는 약 90~100m^{2}이나 되어 이는 single tennis court의 절반에 해당하는 넓이다.

(6) 흉곽(Thoracic Cage)

흉곽은 늑골로 둘러싸여져서 흉곽내에 있는 폐와 심장을 보호한다. 늑골 호흡시 흉곽내의 용적을 크게 한다. 폐는 자체 내에 근육이 없기 때문에 폐밖에 있는 근육의 힘으로 공기의 유통이 가능한데 이러한 근육을 호흡근이라 한다.

호흡근육에는 횡격막(diaphragm), 외늑간근(external intercostal muscles), 내늑간근(internal intercostal muscles)이 있다. 이밖에 흉곽 상부에 있는 근육과 어깨근육을 호흡보조근이라 한다. 이밖에 복벽에 있는 근육도 호흡에 중요하다.

이들 호흡근은 모두 수의근이다. 호흡근의 작용으로 흉곽의 용적을 변화시킴으로써, 공기가 폐내에 꽉 차게도 하고 공기를 다 내보내기도 한다.

근 수축으로 흉곽내의 용적이 커지기도 하고 적어지기도 한다. 즉 외늑간근이 수축하면, 늑골이 위로 약간 올라감과 동시에 밖으로 나오기 때문에 흉곽 내 전체의 직경을 크게 하여 용적을 늘리게 된다. 흉곽의 용적은 횡격막의 수축으로도 변화한다. 횡격막이 이완되어 있을 때는 솥뚜껑같이 위로 둥그스럽하게 되어 있다가 수축이 되면 위로 올라간 둥그스럼한 분이 밑으로 내려앉으면서 평평해지기 때문에 흉곽 내 용적을 크게 한다. 횡격막이 수축하면 동시에 간, 위, 기타 내장기관은 아래로 밀려지게 되므로 그 대신 배가 앞으로 나온다. 숨을 들이마실 때, 근육활동으로 말미암아 흉벽과 횡격막 또 폐가 각각 탄력성 있는 후진을 했기 때문에 숨을 내쉴 때에는 별다른 근육활동이 없어도 원만하게 이루어질 수 있어서 다시 흉곽 내 용적이 정상으로 복귀된다. 그래서 숨을 내쉴 때를 수동성 호기라고도 한다. 운동을 해서 호흡을 자주 해야 할 필요가 있을 때는 숨을 들여 마시는 것은 물론 수동적으로 숨을 내쉬는 것도 능동적으로 되어야 한다. 능동적이 될 때는 내늑간근이 수축하여, 외늑간근과는 반대 운동을 한다. 즉 내늑간근이 수축함으로써 늑골을 밑으로, 안으로 잡아당겨 흉곽 내 용적을 적게 한다. 또 복근은 위·간·비장 등의 내장기관을 횡격막이 있는 위로 밀어 올리게 된다. 이렇게 해서 숨을 들여 마시는 것은 물론 내보내는 것도 능동적으로 할 수 있다.

표 9-1. 호흡근과 그 작용

호 흡	휴식시 호흡근	작 용	운동시 호흡근
흡기	횡격막 외늑간근	팽창 늑골을 위로 제1늑골과 제2늑골을 위로, 흉골체를 위로	횡격막 외늑간근 사각근 흉쇄유돌근
호기	없 음	늑골을 아래로, 하늑골을 아래로 하고 횡격막은 흉강쪽으로 밀어냄	내늑간근 복근

4. 폐의 용적(Lung Volumes)과 용량(Capacity)

휴식 시 들여 마시고 내쉬는 공기량은 폐의 최대용적 보다는 훨씬 적지만, 심한 운동을 하면 유동하는 공기의 양은 휴식시보다 훨씬 많아서 폐의 최대 용적에 거의 가까울 정도로 된다. 이렇게 평상시 폐의 활동하는 용량이 적다는 것은 운동할 때 사용할 수 있는 여유가 많이 있음을 말해준다. 휴식 시나 운동 시 호흡의 길이와 빈도에 따라 변화하는 폐의 용적을 설명하면 다음과 같다.

(1) 1회 환기량(Tidal Volume : 일호흡 용적)

안정 시 호흡주기에 따라 한 번의 흡식 운동으로 폐로 들어가는 공기량을 1회 환기량이라고 한다. 휴식 시 성인의 평균 1회 환기량은 약 500㎖정도이다. 휴식시 성인의 호흡수가 1분에 14~16회라고 할 때 1분에 흡식 하는 공기의 양은 6~8 *l* 가 된다.

(2) 흡기예비량(Inspiratory Reserve Volume, IRV : 흡식성 예비용적)

심한 운동을 하거나 의식적으로 심호흡을 하면 1회 환기량 이외에 더 많은 공기를 폐포로 흡식 할 수 있게 되며, 약 3 *l* 의 공기량을 흡기 예비량이라 한다. 흡기 예비량은 1회 환기량이 증가하면 감소된다.

(3) 호기예비량(Expiratory Reserve Volume, ERV : 호식성 예비용적)

의식적으로 숨을 내몰아 쉴 때 1회 환기량 이외도 약 1.2 *l* 의 폐포내의 공기를 밖으로 내보낼 수 있는 것을 호기 예비량이라 한다. 호기 예비량도 흡기 예비량과 같이 1회 환기량이 증가하면 감소한다.

(4) 잔기용적(Residnal Volume, RV : 잔기량)

호기 예비량을 밖으로 내보내고도 폐속 속에 남아있는 약 11.5 *l* 의 공기량을 잔기용적이라고 한다. 이 잔기량이 있음으로써 혈액과 폐내 공기간의 gas교환이 계속해서 이루어질 수 있다.

잔기용적은 태아에서는 전혀 없으나, 출산한 후 단 한 번의 흡식이 있은 후에는 잔기량이 폐포내에 남아있게 된다. 따라서 법의학(forensic medicine)에서 흔히 사산(still birth)이냐 또는 타살(homicide)이냐를 구분하는데, 이 잔기용적이 이용되기도 한다.

(5) 전폐용량(Total Lung Capacity)

최대흡입이 끝났을 때, 폐 내에 들어 있는 공기량으로 폐활량과 잔기용적을 모두 합하는 것으로 약 6*l* 가 된다. 폐활량에도 개인차가 있듯이 전체용량 역시 개인에 따라 차이가 있다.

표 9-2. 폐의 공기용적 및 용량

구 분	남 자(l)	여 자(l)
일호흡 용적	0.66	0.45
흡식성 예비용적	2.01	1.41
호식성 예비용적	1.62	0.89
잔기용적	1.51	1.02
총폐용량	5.82	3.80
폐활량	4.30	2.79
기능적 잔기용량	3.14	1.90

표 9-2. 폐포에 대한 측정치

종 목	측 정 치
폐포 수	200×106
폐포 직경	280μ
총폐표면적	70m²
폐포벽의 두께	0.36-2.5μ
모세혈관 길이	10.3×10-4cm
모세혈관 용적	140ml
혈액경과시간	
· 안정 시	0.75sec
· 운동 시	0.34sec

(6) 호흡사강(Respiration Dead Space)

호흡 시 공기가 코, 입, 인두, 후두, 기관, 기관지, 기관세지 등에 차 있는데, 이 공기통로에 차있는 공기는 실제 가스 교환에는 참가하지 않는다. 이것을 사강이라 하고 사강의 용적은 약 150*ml* 라고 한다. 즉 500*ml*의 공기를 들여 마실 때 가스 교환에 참여하는 것은 350*ml*뿐이고, 나머지 150*ml*는 공기통로에 남아 있게 된다.

사강의 용적을 알려면, 1회 호흡량을 알고 숨을 내쉴 때 섞인 CO_2의 함량과 숨을 내쉴 때 마지막으로 나오는 공기, 즉 폐포 내에서 나오는 공기에 섞인 CO_2의 함량을 알면 간접으로 측정할 수 있다.

사강 = 1회 호흡량-(1회 호흡량×호기중 CO_2함량%/폐포공기중 CO_2함량%)

예를 들어, 1회 호흡량이 500*ml*이고 공기중 CO_2의 함량이 4%, 폐포공기 중 CO_2의 함량이 6%이면 사강의 용적은 들여 마시는 공기의 약 70%만이 가스 교환에 참여하고 나머지는 30%는 사강내에 남아있는 폭이 된다.

$$500-(500\times4/6)=167ml$$

운동을 심하게 해서 숨을 깊게 빨리 할 때, 호흡기의 공기통로는 더 넓어져서 사강 역시 커지므로 이때의 사강 용적은 약 250*ml*정도라고 한다.

폐포환기는 1회 호흡량과 호흡수 또는 사강에 의해서 결정된다. 분당 환기량만 가지고는 폐포환기량을 알 수 없다.

5. 폐활량(Vital Capacity)

숨을 들이마시는 것을 평상시보다 훨씬 더 힘있게 하여 최대로 숨을 들이마신 다음, 또 최대의 힘으로 내뿜을 때 공기의 양을 폐활량이라고 한다. 휴식시 성인의 평균폐활량은 3,500~4,000cc라고 하지만, 개인에 따라 차이가 많아서 1,400cc부터 6,500cc까지 다양하다. 폐활량의 측정은 폐활량측정기(spirometer)로 측정한다. 폐활량은 개인에 따라 다른데, 폐활량에 미치는 개인차의 요인은 다음과 같다.

(1) 체격(Physique)

폐활량에 미치는 영향 중 제일 중요한 요인이며, 폐활량과 폐표면적과는 비례한다. 남자의 경우 $1m^2$당 1 l 로 표시되는 폐활량은 약 2.5이고, 여자의 경우 약 2라고 한다. 이 비율은 운동선수인 경우 2.8이다. 예를 들어 남자인 경우, 신장이 170cm이고 체중이 70kg일 때 체표면적 계산표에 의하면 1.8m2이다. 그러면 이 사람의 폐활량은 1.8×2.5=4.5 즉 약 4,500cc라고 할 수 있다.

체표면은 체중과 상관 관계가 높은 것은 이미 아는 바인데 체중에 따라 폐활량을 측정하는 공식에 따라 보면 다음과 같다.

폐활량=체중(g)0.72 / 0.69

또 키에 따른 폐활량 측정치는 다음과 같다.

	남 자	여 자	운동 선수
폐활량 cc/cm	25.0	20.0	29.0

예를 들어 신장이 170cm인 사람의 폐활량 측정치는

170×25.0=4,250cc이다.

즉 남자는 cm로 표시한 키에다 25를 곱해주고 여자는 20, 운동선수는 29를 곱해주면 폐활량을 추정할 수 있다.

과거에는 폐활량이 기초체력과 관계가 있다고 생각하기도 했지만, 점차 그 관계는 신뢰성이 약해져서 지금에는 그런 관계를 믿는 사람이 거의 없다.

(2) 자세(Posture)

폐활량은 서 있을 때가 누워있을 때보다 200~500cc만다. 그 이유는 명확하지 않으나 서 있으면 숨을 들이마실 때 횡격막 작용에 지구인력이 영향을 미치는 것이 아닌가 생각된다. 이러한 차이는 정상적인 사람에게는 크게 영향이 없지만, 병이 나서 폐활량이 상당한 정도로 떨어지게 되면 주목할 만 한 사실이다. 자세에 따른 폐활량의 차를 수식으로 나타낸 것을 보면 다음과 같다.

누워있을 때 폐활량×1.075 = 앉아 있을 때의 폐활량

예를 들어 누워있을 때의 폐활량은 4,000cc라면, 앉아 있을 때는 4,000×1.075 = 4,300cc가 된다.

(3) 연령(Age)

앞서 말한 바와 같이, 폐활량은 체중, 키, 체표면과 관계가 있다. 즉 폐활량은 인체의 성장발달과 관계가 있는 것으로 연령에 따른 성장과 발달에 비례해서 폐활량도 커진다. 폐활량이 커지는 시기는 대략 6세부터 18세인데, 이 시기는 생후 1년 동안을 제외하고 키와 몸무게가 제일 많이 증가되는 시기이다.

구분 / 성별	연 령	피검사	평균연령	폐활량(l)
남 자	20~29	10	25.4	4.07
	30~39	10	33.9	3.99
	40~49	10	45.9	3.67
	50~59	10	53.0	3.65
	60~71	8	66.1	3.35
여 자	20~29	10	17.5	3.04
	30~39	10	27.5	2.81
	40~49	10	34.5	2.81
	50~59	10	46.5	2.52
	60~71	8	.68.5	2.53

(4) 심폐의 질환

심장에 이상이 있으면 폐활량은 약 40%가량 감소한다. 심장의 상태와 폐활량은 밀접한 관계가 있어서 심장질환으로부터 회복이 되면, 폐활량은 다시 정상의 약 95%로 된다. 그러므로 심장질환의 진행 상태를 알아보는데 폐활량의 측정은 좋은 방법이다. 폐결핵을 앓던 사람도 병이 점점 회복되면 폐활량도 동시에 증가한다.

(5) 운동(Motion)

최대의 생리적 기능을 발휘해야 하는 운동을 장시간 하면 폐활량이 증가한다는 것은 이미 알려진 바이지만, 계속적인 훈련계획을 세워 운동을 하면 틀림없이 폐활량에 영향을 미친다는 것은 확실치 않다.

여자의 평균 폐활량보다 남자의 평균이 높고, 보통 사람보다는 운동선수의 평균이 높은데 이 사실은 운동으로 인한 것인지, 체중이나 체표면적 때문인지 역시 분명치 않다.

폐활량과 숨멈추기 시간과의 관계는 그리 크지 않다. 폐활량이 제일 컸던 어떤 사람의 숨멈추기 시간은 55~69초였는데 비해, 폐활량이 가장 적었던 사람의 숨멈추기 시간은 74종 있으며, 보통 정도의 폐활량을 가진 사람의 경우 128초였다. 마라톤 선수의 경우도 폐활량과 기록과의 관계는 없었다. 그러므로 폐활량을 기초체력이나 심폐기능의 지수로 사용하기는 어렵다.

6. 폐포에서의 Gas교환(Gas Exchange)

흡식 운동으로 대기의 공기가 폐포 내로 이동하며, 폐포 내에서 가스교환은 각종 gas의 분압에 의해 확산(diffusion)에 의해 일어난다. 혼합기체 또는 액체 속의 기체압(gas pressure)을 가스분압(gas partial pressure)이라 하는데, 분압은 혼합기체 속의 가스 농도에 따라 좌우된다. 대기 속의 산소의 함량은 20.96%이므로 산소분압(酸素分壓; Po_2)은 대기압 760mmHg×20.96%=159.2mmHg이다. 폐포속의 산소분압(Po_2)은 100mmHg이고, 동맥 혈액의 산소분압(Po_2)은 100mmHg, 정맥혈의 산소분압은 37mmHg이다.

또 혼합액체 속에서의 가스 분압은 액체 속에 용해되어 있는 가스량에 좌우되는데, 가스 분자(O_2, CO_2)가 폐포내에서 얇은 폐포벽과 폐포 모세혈관 벽을 확산에 의해 폐포 주위 모세혈관의 혈액에 용해되므로 혈액의 가스 분압이 생기게 된다. 대기 속에 CO_2의 가스분압은 0.3mmHg, 폐포내의 Pco_2는 40mmHg, 동맥혈의 Pco_2는 40mmHg이고, 정맥혈액의 Pco_2는 46mmHg이다. 가스 분압차에 의해 혈액 속에 들어온 산소는 99.5%가 적혈구의 Hb(헤모글로빈)과 화학적으로 결합되어 산화혈색소(酸素血色素; hemoglobin)가 되고, 나머지 0.5%는 물에 용해되어 수송된다.

표 9-4. 안정상태에서의 공기의 분압(mmHg)

표 본	산 소	탄산가스	질 소	수 증 기	합 계
흡식공기	158	0.3	596	5.7	760
호식공기	116	32	565	47	760
폐포공기	100	40	573	47	760
동맥혈액	100	40	573	47	760
정맥혈액	40	46	573	47	706
조 직	30	50	573	47	700

조직에 이른 혈액은 산소분압을 100mmHg로 유지하고 있는데, 조직은 30mmHg이므로 분압차 70mmHg에 따라 산소해리곡선(酸素解離曲線)으로 해리되어 조직 쪽으로 확산되어 나간다.

한편 CO_2의 조직분압은 50mmHg이다.

동맥혈액의 탄산가스(CO_2)분압은 40mmHg, 즉 10mmHg만큼의 분압차에 의해 조직에서 확산되어 혈액 속으로 들어온 탄산가스는 탄산가스 자체로 물에 용해되어 탄산(HCO_3)을 만든다. 탄산이 포화상태(飽和狀態)가 되면 탄산은 수소이온(H^+)과 탄산이온(HCO_3^-)으로 해리 된다. 탄산 이온상태로 총 탄산가스 운반의 약 65%가 운반된다.

표 9-5. 모세혈관에서의 가스교환

① 폐포 모세혈관의 정맥혈액의 Pco_2=46mmHg

↓ ↓

폐포공기 Pco_2=40mmHg [혈액에서 폐포공기로 CO_2가 확산 4표 8-7. 모세혈관에서의 가스교환만큼]

[폐포 모세혈관의 동맥혈액은 Pco_2=40표 8-7. 모세혈관에서의 가스교환]

② 폐포공기의 Po_2=100표 8-7. 모세혈관에서의 가스교환

↓

[폐포주위 모세혈관의 정맥혈액 Po_2=37mmHg]

↓

[폐포주위 모세혈관의 동맥혈액 Po_2=100표 8-7. 모세혈관에서의 가스교환]

③ [폐포공기에서 폐포주위 모세혈관으로 혈액이 확산되는 산소량]

↓↑ ↓↑

[폐포공기와 정맥혈액과 산소분압차] [매분 동안 호흡하는 공기량]

[폐포 주위 모세혈관막의 총표면적]

그리고 적혈구의 헤모글로빈과 결합하여 약 25%($HbCO_2$)가 운반된다. 조직의 모세혈관에서 가스교환(내조직 호흡)을 보면 표 8-7과 같다.

7. 혈액 Gas의 운반

혈액이 폐포 공기에 접하여 어느 정도의 가스(산소와 이산화탄소)를 교환하는가를 알아보기로 한다. 혈액을 진공 중에 방치하면 혈액은 포함되어 있는 유리(遊離)가스나 종합가스가 방출된다. 이와 같은 진공상태에서 혈액으로부터 방출되는 가스를 혈액가스라 하는데, 이때는 물론 물과 질소도 방출되지만, 생리적으로 중요한 것은 산소와 이산화탄소인 것이다. 일반적으로 기체가 유리의 가스로서 액체이 용해하는 양은 그 가스의 분압에 의한다. 폐포기의 산소를 평균 14%라고 하면, 이때의 분압은,

$$(760mmHg-47mmHg) \times 14/100 \fallingdotseq 100mmHg$$

이산화탄소를 평균5.5%라고 하면, 이 때는,

$(760mmHg-47mmHg) \times 5.5/100 \fallingdotseq 30mmHg$

윗 식에서 47mmHg를 빼는 것은 폐포 공기 중에는 체온(37℃)에서 수증기가 포함되어 있기 때문이다. 혈액이 폐를 통해서 동맥혈이 될 때의 가스는 평형에 달한다. 다시 말해서 포화되어지면 혈액 100㎖중에 용해하는 유리 가스량은 다음과 같다.

표 9-6. 혈액 가스량

구 분		전 량	유 리 가 스	결 합 가 스
O_2	동 맥 혈	17~20	0.3	16.5~19.5
	정 맥 혈	12~14	0.12	12~14
CO_2	동 맥 혈	48~53	2.7	45~50
	정 맥 혈	53~58	3.4	50~55

O_2량 = $dO_2 \times 100/760 \times 100(ml) \fallingdotseq 0.3ml$

CO_2량 = $dO_2 \times 40/760 \times 100(ml) \fallingdotseq 2.7ml$

그러나 이정도(O_2, 0.3Vol%, CO_2, 2.7Vol%)의 유리가스의 양으로는 도저히 가스운반능력을 담당할 수 없다고 생각된다. 그러므로 혈액은 유지에서 용해한 가스 이외에 O_2는 용이하게 가급적으로 결합하며, CO_2는 그 대부분이 혈장이나 적혈구 내에서 중 탄산 이온

HCO_3^-의 형으로 존재하여 방출되어지는 결합형의 가스를 stock하는 방법으로 이 문제를 해결하고 있다.

8. 산소의 운반(O_2 Transport)

산소는 거의 모두가 적혈구의 주성분을 차지하는 헤모글로빈(hemoglobin)과 용이하게 결합해서 운반된다.

hemoglobin은 단백부분의 글로빈(globin)과 비단백부분의 헴(hem)으로 구성되어 있다. 이 globin과 hem의 결합은 거기에 포함되어 있는 철을 매개로 하여 이루어지는데, 산소나 이산화탄소도 철에 결합한다. hemoglobin 1분자는 철 4원자를 함유해서 가역결합(可逆結合)을 하고 있다.

$$Hb + 4O_2 \rightarrow Hb(O_2)4$$

이러한 반응을 조정하는 인자는 주로 혈액이 이동되는 환경내의 산소분압인 것이다. 폐포 내에서는 이 산소분압이 혈액의 그것보다 높아 혈액 중으로 잘 확산된다. 조직 내에서는 반대로 산소분압이 혈액보다 얕아서 산화 헤모글로빈은 해리 되어 혈장 내로 산소를 유리하고, 따라서 모세관에서 확산해서 조직세포로 들어간다.

9. 산소해리곡선(O_2 Dissociation Curve)

산소의 용해량을 그림으로 표시할 수 있는데, 이것을 산소해리곡선 이라 한다. hemoglobin과 결합한 산소와 혈액의 산소분압과의 관계는 모두 혈액의 산소해리곡선에 의해서 나타난다. 다시 말해서, 혈액을 어느 분압의 산소와 평형 시켰을 때, 어느 정도의 산소를 흡수하는 가를 표시하는 것이고, 그 분압에서의 흡수의 최대를 혈액의 산소포화도(O_2 saturation)100%로 한다. 폐포기와 폐모세관 혈액의 접촉시간은 극히 짧지만, 폐포를 통과하는 정맥혈은 산소를 95~98% 포화해서 동맥혈로 된다. 또 폐포에 있어서 산소의 확산은 폐포 공기의 산소분압 이외에 혈액 pH, 혈액온도 등의 영향을 받는다. 폐포의 산소분압과 hemoglobin의 산소포화도의 관계를 표시하는 해리곡선은 S형으로 나타나는데, 이것은 Hb 1분자내에 4개의 hem에 대하여, 4분자의 O_2가 결합하여 갈 때 촉진작용이 있기 때문이라 보겠다. 그러나 해리곡선은 다음과 같은 특성을 갖고 있다.

① 폐포의 산소분압 100mmHg에 대해 hemoglobin의 95%이상이 포화한다.
② 곡선의 가장 커브가 심한 부분에 상당하는 산소분압은 조직의 분압에 일치하는 압의 조직으로 다량의 산소를 공급하더라도 압의 강하가 현저하지 않다.
③ 혈액내의 이산화탄소가 많게 되면 pH가 내려가게 되어 곡선은 우로 향한다. 즉 CO_2에 의해 산소의 방출이 촉진된다. 이것을 Bohr effect라고 한다.
④ 온도가 높아지면 해리곡선은 우로 향한다. 실제로 혈액의 hemoglobin은 100㎖중에 16g이 된다. hemoglobin 1g은 1.34㎖의 산소와 결합하기 때문에 완전히 포화될 때는 약 20㎖의 산소를 운반할 수 있는 것이다. 즉, 1.34㎖×16g=20㎖이다.

MEMO

> pH (수소이온농도)
> 용액의 산도, 또는 알칼리도를 표시하는 것으로 보통 '페하'라는 독일어로 불리고 있다. 수소이온지수를 말하며, 깨끗한 증류수인 경우, pH가 7이고, pH값이 적을수록 즉, 7이하로 내려가면 산성을 나타내는 것이고 7이상으로 올라가면 알칼리성을 나타내는 것이다. 우리 몸속의 혈액 pH는 약 7.4이어서 약간 알칼리성을 띤다.

10. 이산화탄소의 운반

CO_2도 간단히 물리화학적으로 용해하는 양은 극히 적다. 용적 %로서 약 3%정도이다. 그러므로 대부분은 탄산 H_2CO_3로 된다.

$$CO_2 + H_2O \leftrightarrow H_2CO_3$$

더욱이 이것은 혈장단백질의 염(鹽)이나 적혈구내의 hemoglobin과 다음과 같이 반응한다.

$$H_2CO_3\text{+단백질의 Na} \rightarrow NaHCO_3\text{+단백질의 H}$$

$$H_2CO_3 + KHb \rightarrow KHCO_3 + HHb$$

중탄산소다($NaHCO_3$)나 중탄산칼륨($KHCO_3$)은 실제로 완전히 이온(ion)화 되어 있어서 CO_2는 주로 중탄산이온 $H_2CO_3^-$로서 존재한다. 또 CO_2의 어떤 것은 Hb과 결합은 서로 완만히 결합체가 된다. 이 반응은 CO_2가 조직모세관 속에서 오른쪽으로 향하고, 폐에서는 이산화탄소는 중탄산염이나 CO에서 유리되어 폐포 내로 확산된다. 이 경우도 CO_2농도가 반응의 방향을 결정하는 것이다. 즉 대량의 CO_2가 조직모세관으로 들어가는 경우에는 평형점이 중탄산염 형식의 방향으로 이동하고, 폐의 모세관에는 CO_2유리의 방향으로 이동한다. 이 반응은 원래 늦은 것이나, 혈중에는 탄산탈수효소(carbonic anhydrase)가 있으므로 이 촉매반응에 의해서 실제에는 상당히 빠르게 진행된다. 이 효소는 적혈구 중에 있기 때문에 이 반응은 주로 적혈구 중에서 일어난다. 이와 같이 효소반응에서 생탄산(H_2CO_3)은 더욱이 수소이온(H^+)과 중 탄산 이온(HCO_3^-)으로 유리되면, H^+은 Hb에 의해 완충되어 HCO_3^-은 적혈구에서 혈장 중으로 확산해서 나온다.

적혈구막은 H^+이외의 양이온을 통과시키지 않으므로 전기적 중성을 갖고 있는 등량의 염소이온 Cl^-이 적혈구내로 들어간다. 즉, HCO_3^-와 Cl^-의 교환이 일어난다. 이것을 함버겔 효과 또는 염소이동, Cl^-쪽이 HCO_3^-보다도 빙화가 크기 때문에 그때는 부분이 적혈구내로 들어가 적혈구가 팽화(膨化)한다. 따라서 이러한 반응의 결과로서 적혈구내에서 생긴 HCO_3^- 은 대부분 혈장 중에서 존재하게 된다. 혈장단백질의 경우도 똑같이 CO_2의 일부는 적혈구내에서 헤모글로빈과 결합해서 carbamino hemoglobin을 생성한다. 이상이 말초에 운반되어지나, 이산화탄소는 주로 혈장에 의해 운반되면, 또 혈장으로 섞여 퍼져 들어가기까지는 적혈구의 헤모글로빈이 중요한 역할을 한다. 폐에서는 조직과 전혀 반대의 반응에 의해서 혈액에서 CO_2가 방출되어진다.

11. 호흡운동의 조절

우리가 쉬고 있을 때와 격심한 운동을 할 경우, 또는 평지에서 살고 있을 경우와 고산지대에서 살고 있을 때의 호흡운동의 빈도나 호흡의 깊이가 같을 수는 없다. 즉, 산소의 필요량이 많으면 많은 만큼 호흡운동의 빈도와 호흡의 깊이가 증가되어 폐환기량을 증가시키고, 산소가 적게 필요하면 그 정도에 맞추어 역시 폐환기량을 감소시킨다. 이와 같은 현상을 호흡조절(respiratory regulation)이라 한다. 호흡운동의 빈도와 호흡의 깊이 조절은 신경성 조절과 화학적 조절의 두 가지 기전으로 설명하는 것이 통상적인 방법이다.

12. 신경성 조절(Nervous Regulation)

신경성 조절은 반사기전(reflex mechanism)으로서, 중추는 연수(medulla)와 뇌교(pons)에 있으며, 이것을 호흡중추(respiratory center)라고 하며, 이 연수에 있는 호흡중추는 다시 흡입중추(inspiratory center)와 호출중추(expiratory center)로 나눈다. 이들은 율동적(rhythmic)이고, 주기적(cyclic)인 공기의 흡입 및 호출을 일으킬 수 있는 기능을 가지고 있다.

이 호흡중추에서 나오는 원심신경(efferent nerves)은 횡격막의 운동을 지배하는 횡격막 신경과 늑간근의 운동을 지배하는 흉수의 척수신경들이다. 이들 신경은 주로 운동섬유(motor nerve fiber)들로 되어있지만, 일부는 호흡중추에 정보를 전달하는 감각신경섬유(sensory nerve fiber)도 함유되고 있다. 한편 호흡중추에 들어가는 구심 신경섬유(afferent nerve fiber)는 미주신경(迷走神經; vagus)내에 들어있으며, 폐에서 시작하는 것이 주된 것이다. 그밖에 피부·비강·후두·복부·내장에서 시작하여 호흡중추에 이르는 것도 있다. 피부를 바늘로 찌르거나 찬물을 전신에 끼얹으면 재채기나 기침이 난다. 이런 일은 일상생활에서 흔히 경험하는데, 이것들은 피부나 점막의 자극이 위에서 말한 구심로를 통해서 호흡중추에 영향을 주고 있는 좋은 예가 되는 것이다.

그러나 정상시에 주로 호흡운동을 조절하고 있는 것은 폐에서 일어나는 자극이다. 이것은 미주신경을 거쳐서 호흡중추에 영향을 준다. 흡식을 하여 폐가 팽창하면 폐에 있는 감수체(感受體)가 흥분하여 호흡중추에 신경흥분을 보낸다. 그러면 호흡중추는 이때까지 외늑간근과 횡격막에 일어난다. 이와 반대로 호식의 끝에 가서는 폐에 있는 신장감수체(stretch receptor)의 흥분이 멎고 호흡중추는 횡격막과 외늑간근에 수축성 흥분을 보내서 흡식이 시작된다. 정상시에 흡식과 호식성 조절을 하는 호흡중추의 일부는 호흡의 촉진 역할을 하고, 일부는 억제 역할을 하며, 다음과 같이 요약할 수 있다.

(1) Hering-Breuer의 반사

호흡운동에 율동성(rhythmic)을 주고 있는 하나의 기구이며, 3가지의 반사작용이 있다.

① 평상시 숨을 들여 마시는 것이 끝났을 때, 다시 숨을 들여 마시게 되는 것을 억제한다.

② 폐장의 극대팽창에 의해 자극을 받는다. 고로 심호흡을 크게 해야 할 경우 호흡중추의 활동을 크게 한다.

③ H-B의 반사는 숨을 내쉬어 폐장 내가 거의 텅 비었을 경우 호흡중추를 자극한다. 이때 폐장의 기능장애가 오지 않도록 한다. 운동시, 심호흡을 극대로 할 경우가 많으므로 H-B는 운동선수에게 중요한 반사이다.

(2) 압력수용기의 반사

순환조절에서 본 것과 마찬가지로 이 수용기는 경동맥동(頸動脈洞)과 대동맥궁(大動脈弓)에 있다. 이 압력수용기의 억제반사는 혈압이 별안간 상승될 때 호흡을 일시적으로 중단시킬 정도로 강하다.

(3) 화학수용기의 반사

순환에서 본 바와 마찬가지로 화학 수용기는 경동맥동(頸動脈洞)과 대동맥체에 있으며, 이 수용기는 산소 부족시나 CO_2가 많을 때, 혹은 H^+이온이 많을 때 대단히 민감하게 호흡중추를 자극한다. 이 수용기의 반사는 긴급한 상태에서 강력한 작용을 하여 호흡을 조절한다. 평상시는 아무런 반사적용도 없지만 운동을 할 때, 혹은 다른 조건으로 산소의 분압이 낮을 대나 CO_2의 분압이 높을 때 반사작용을 일으킨다.

(4) 근·관절반사

근·관절반사를 일으키는 수용기는 근육·건·관절에 있으며 이 수용기는 운동시, 기계적 동작에 의해 자극이 되며 반사작용은 호흡중추에 강력한 자극을 준다. 가만히 드러누운 다음 팔이나 다리를 수동적으로 움직이며 호흡수나 심도가 증가하는 것을 알 수 있는데 이는 근·관절반사의 좋은 증거이다.

(5) 대뇌피질

호흡중추의 활동을 촉진하는 신경과 억제하는 신경이 대뇌피질에 연결되어 있기도 하다. 그러므로 호흡증가가 실제로 일어나기 이전에 대뇌피질은 호흡중추를 자극할 수 있는 곳이다. 숨을 멈추는 것은 호흡중추 활동을 억제하여, 일시적으로 일어난다. 이러한 일시적인 호흡중절의 대뇌의 자극으로 일어나면, 대뇌피질의 호흡중추 억제를 능가하는 다른 요인의 호흡중추 촉진현상이 일어나게 되므로, 어떠한 호흡중절도 일시적인 것에 지나지 않게 된다.

(6) 기타 여러 가지 감각 수용기

통감각(通感覺), 온냉(溫冷), 촉감등의 수용기는 호흡중추와 연결되어 호흡활동에 영향을 미친다. 그래서 사람이 찬물에 빠지게 되면 호흡을 더 빨리 하게 되며, 여자의 손과 같은 부드러운 접촉이거나 서늘한 접촉은 어떤 경우 호흡률을 감소시키고 어떤 경우에는 호흡률을 증가시키기도 한다. 이밖에 재치기, 기침, 꿀꺽 삼키는 것 등도 역시 호흡에 영향을 미친다.

13. 화학적 조절(Chemical Regulation)

일반적으로 호흡운동은 화학기전으로도 조절된다. 이 조절은 주로 혈액 속에 있는 이산화탄소가 호흡중추의 흥분성에 영향을 끼쳐 이것을 높이는 방향(역치는 낮아진다)으로 작용하기 때문이다. 가령 심호흡을 빠른 빈도로 5~6회 하고 난 후에 자연히 흡식(吸息)이 시작되는 시간을 보면, 정상 시에 호식(呼息)의 끝에서 다음 흡식이 시작하는 시간의 6~7배가 걸린다. 이것은 심호흡에 의해서 혈액 중에 있는 이산화탄소가 다량으로 배출되고, 따라 혈액중의 이산화탄소의 농도가 낮아진 결과로써 호흡중추의 흥분성이 내려갔기 때문이다. 또한 심한 운동을 할 때는 호흡이 촉진된다. 이것은 운동에 의하여 전신의 골격근에서 다량의 이산화탄소가 생산되고, 이것이 혈액을 통해 호흡중추를 자극하는 것이 그 원인의 일부이다. 여기서 알 수 있는 바와 같이 이산화탄소는 호흡을 정상적으로 유지하는 데 일정한 농도로 반드시 있어야 할 필수 성분이며, 신진대사의 결과로 생긴 배설물로서, 불필요한 성분은 아닌 것이다. 또한 산소의 결핍도 호흡중추에 자극이 되며, 이산화탄소의 작용에 다음간다. 이밖에 혈액이 산성으로 기울어지면 호흡중추에 작용하여 호흡이 촉진된다.

14. 운동과 호흡

지금까지 호흡작용, 호흡 시 기체교환과정, 호흡 조절 등을 살펴봤는데, 이러한 호흡활동이 운동을 하게 되면 어떻게 변화적응하며, 장기간의 운동효과는 무엇인지를 알아본다.

운동 시 호흡활동의 적응반응은 운동능력에도 중요한 영향을 미친다. 앞에서 말한바와 같이 운동을 하면 우선 필요한 산소량을 공급하기 위해 폐포 환기량이 증가하고, 동시에 폐포에서 기체교환이 활발해지게 된다.

(1) 환기량의 변화

일상생활에 있어서의 작업을 할 때나, sports활동을 할 때도 근활동의 증진에 따르는 물질대사는 항진한다. 특히 운동에 관여하는 근육에서는 화학변화가 촉진되어 산소의 소비량과 이산화탄소의 생산량도 증가하기 때문에 생체는 호흡 순환기능의 작용이 심해져서 그 운동자세에 응하도록 되는 것이다. 매분 환기량은 호흡수의 증가나 1회 환기량은 증가하더라도 늘어나지만, 일반적으로 근운동에 있어서는 호흡수의증가와 1회 환기량도 증가한다. 성인의 안정시는 매분 14~18회 정도의 호흡을 하며, 1회 환기량은 대개 300~500㎖이므로, 1분간의 환기량은 400㎖×15=6,400㎖이다. 운동량의 증가에 따라서 매분 환기량도 증가해 나간다. 예를 들면, 안정시의 보행동작으로, 빠른 보행동작으로 운동량이 점차 커지면 호흡기능의 반응상태도 나타난다. 그러므로 운동 시에 있어서 환기량의 증가는 어느 정도까지는 운동의 강도에 비례하고, 운동 환기량이 매분 100 l 까지는 매분 환기량과 산소 소비량과의 사이에 직선 관계가 성립하여 산소소비량의 증가와 함께 환기량은 증가한다. 그러나 100 l 보다 운동이 강도에 달하면 직선관계는 이루어지지 않는다.

Training에 의하여 최대 환기량의 뚜렷한 발달은 반복된 training에서 얻어지는 흉곽운동에 따르는 호흡근의 발달과 1회 환기량의 증대에서 오는 결과이다.

운동 시 최대 환기량은 매분 남자의 경우 평균 80~100 l , 여자는 50~70 l 정도라고 말해지고 있다. 안정시의 매분 환기량은 5~7 l 이므로, 운동시의 최대 환기량은 그 15~20배가 되는 것이다. 최근에는 120~130 l 이상을 나타내는 사람도 있으나, 이와 같이 큰 환기량은 오래 계속할 수 없는 것이다.

표 9-7. 운동증가와 호흡과의 관계

조건	O_2 소비 (ml/min.)	CO_2 생산 (ml/min.)	호 흡 수 (분)	폐환기량 (ml/1분)	폐포 Pco_2 (mmHg)
안정	237	197	16.8	7.67	42.6
보행 2km/시	780	662	14.7	18.6	43.0
보행 3km/시	1,065	722	16.2	24.8	43.5
보행 4km/시	1,595	1,395	18.2	37.3	45.7
보행 5km/시	2,386	2,386	19.5	69.9	43.5

(2) 환기량과 호흡효율

운동 시의 매분 환기량은 호흡수와 1회 환기량의 증가에 의해서 늘어나지만, 특히 전신지구성 운동에 있어서는 1회 환기량이 문제가 된다.

빈 호흡(頻呼吸)에서는 환기량이 적고, 얕은 호흡에서는 사강(死腔; dead space)이 커지게 되며, 폐포에 있어서 확산능력이 저하되어 호흡 효율에 나쁜 영향을 주기 때문이다. 표

8-10는 일반 청년이 tread mill을 all-lut될 때까지 달렸을 때의 산소 섭취율을 나타낸 것이다. 이것을 보고 관찰 해 볼 때 비훈련자의 운동 시에 있어서 섭취율은 그 감소가 뚜렷하며, 섭취율의 저하는 유력한 지구성 한정인자인 것으로 추정되어진다.

중등도의 운동에서는 매분 환기량과 산소 소비량은 비례적으로 증가하며, 따라서 호흡기능의 효율은 일정하지만, 더욱 심한 운동을 하면 그 평형관계가 깨지고, 환기량의 증가가 있어도 산소 소비량의 증가가 거기에 따르지 못하여 호흡효율을 저하되어 간다.

표 9-8. 운동과 산소섭취률

측정치 \ 조건	지구성	안정시	운동시 1분	운동시 2분	운동시 3분	all-out시
최 고	8분 13초	44.9	54.6	49.3	43.6	43.9
최 저	4분 00초	28.2	34.3	40.2	36.3	32.4
평 균	5분 36초	36.3	46.6	44.9	40.0	35.9

(3) 운동시의 최대 환기량

안정 시에 있어서의 호흡운동을 수의적(隨意的)으로 최대한으로 행하였을 때의 1분간의 환기량을 분시 최대 환기량 (分時 最大 換氣量; maximal breathing capacity=MBC)이라고 하며, 사람의 최대 환기능력을 나타내는 데 사용된다. 일반적으로 12초간을 단위로 하여 호흡수는 12초간에 15~20회, 1회의 호흡량을 폐활량의 약 1/2정도로서 계량하여 이것을 1분간의 값으로 산출하면 올바른 값을 얻을 수가 있다.

격심한 운동을 할 경우에는 호흡수가 매븐 30~40이 되고, 1회 호흡량이 2.0~3.0 l 정도까지도 될 수 있으며, 매분 호흡량이 100 l 를 넘는 경우도 있다. 그러나 매분 호흡량을 100 l 이상으로 한다는 것은 쉬운 일이 아니다. 매분 호흡량 100 l ~120 l 는 일반적으로 인간의 호흡기능의 한계라고 하여도 좋다. 운동 시에는 다량의 산소를 필요로 하기 때문에 호흡이 격하게 되지만, 중정도의 운동의 경우에는 산소 소비량과 매분 호흡량 사이에는 간단한 비례관계가 성립한다. 즉 환기당량(換氣當量)의 산소를 섭취하는 데 필요한 호흡량은 거의 일정하다. 그 때문에 일정 시간당의 호흡량을 알면 산소 소비량, 즉 운동의 강도를 알 수가 있다. 그러나 운동이 격해지면 이 관계는 성립되지 않게 된다.

이것은 심장의 활동에 한계가 있으며, 따라서 호흡이 아무리 증강되어도 조직에다 산소를 운반할 수 없기 때문인 것이다. 매분 호흡량을 늘리는 것은 운동에 유리하며, 트레이닝에 의해서 그 효과를 얻을 수 있다.

최대한으로 흡식(吸息)하여 최대한으로 호식(呼息)하면 평균 100㎖정도의 호흡기(呼吸氣)를 배출 할 수가 있다. 이것을 폐활량이라고 하는데, 폐활량의 대소와 운동능력의 우열성은 반드시 직접관계가 있는 것은 아니다.

(4) 운동 시의 호흡조절에 영향을 주는 인자

호흡수가 1회 환기량의 증가에 따르는 매분 환기량의 증대의 정도는 운동의 강도가 강해짐에 따라서 커진다는 것은 이미 말한 바가 있다.

이 호흡기능의 항진은 호흡중추를 흥분하도록 하여 일어나도록 하는 것으로서, 호흡중추는 다음과 같은 인자에 의하여 영향을 받게 되는 것이다.

① 이산화탄소(CO_2)

운동에 의해 조직의 활동성이 높아지고 대사가 촉진되어지는 결과, 혈액의 CO_2장력이 증가해서 호흡중추를 자극한다. 호흡중추는 CO_2에 극히 예민해서 2~3%의 흡입에 의해 생긴 혈중 CO_2분압의 상승(1~3mmHg)에 따라서 호흡량은 2배가 된다. 이러한 점을 고려하여 Haldance는 폐포기분압, 특히 동맥혈 중의 CO_2분압이 호흡조절의 주요인자라고 생각했지만, 운동시의 호흡촉진인자로서도 CO_2분압의 상승이 주인자인 것이다.

② pH(수소이온농도 "페하")

인공적으로 혈액 pH를 저하시킬 때 폐포기의 CO_2분압에 관계없이 어느 정도 호흡이 촉진되어 진다. 그러므로 혈액 pH의 저하가 호흡중추를 자극한다고 생각한다. Winterstein and Gesell은 혈액 CO_2 분압 또는 pH의 변화의 효과는 중추세포내의 pH의 변화에 의한다고 주장하고 있으며, Nielsene은 호흡중추의 CO_2에 대한 감수성은 pH에 의해서 변화하기 때문에, 운동 시에는 CO_2의 호흡중추 쪽의 자극작용이 강하다고 말했다.

③ 산소(O_2)

근운동을 행함에 따라 조직의 산소 수요가 높아지기 때문에 일어나는 저 산소 혈압이 호흡중추를 자극하게 된다. 높은 산에 올라가 공기의 산소분압이 저하했을 경우에는 안정해 있어도 호흡이 촉진되어 폐환기량이 증가한다. 이러한 경우에는 근운동이 없기 때문에 혈중의 CO_2는 증가하지 않는다. 다시 말해서 혈중의 CO_2저하는 대동맥이나 경동맥의 결핍에 민감한 화학 수용기에서의 의식을 상실할 정도의 저 산소 흡입에는 약 3배 촉진되어지며, 혈중 산소의 저하는 어느 정도 심한 운동에 들어가서부터 나타나기 때문에, 일반적으로 저 산소혈증은 운동 시의 호흡촉진의 주역은 되지 않는다.

④ 체온의 상승

안정 시에도 체온의 상승은 폐환기량의 증대를 가져온다. 따라서 근운동을 행함으로써 energy의 항진은 두말할 것 없이 체온을 상승시켜 당연히 호흡중추를 흥분시킨다. 체온을 36.5℃에서 39.4℃로 상승시키면 환기량은 1분에 7.5 *l* 에서 22 *l* 로 된다는 연구보고가 있으며, 체온의 상승은 CO_2에 대한 호흡중추의 흥분성의 역치를 저하시킨다고 생각되고 있다. 그러므로 운동에 의한 체온상승은 호흡중추의 직접적 촉진작용 이외에 O_2에 대한 호흡중추의 흥분성을 높이는 원인이 된다고 하겠다.

⑤ 호르몬(Hormone)의 작용

부신수질에서 분비되는 adrenaline, noradrenaline은 호흡중추의 자극효과를 갖고 있다. 운동시에는 이들의 hormone의 분비가 촉진되기 때문에 이 영향을 무시할 수 없을 것이다. 동물에 있어서 보여진 정동반응에도 이 adrenaline, noradrenaline이 강한 영향을 미치며, 운동할 때 의지적 노력감이 이 hormone의 분비를 가져오므로 호흡을 촉진시킨다.

⑥ 상위중추

대뇌피질이나 변연계 등의 상위중추부터의 흥분이 호흡중추에 영향을 준다. 운동을 직접 행하기 전에 "준비"라는 언어자극이나 "출발"등에 의해 정서적 흥분이 호흡과 순환중추를 작용한다. 따라서 운동이 개시되어 CO_2는 처음 대사물질이 혈액의 화학 변화를 일으켜 수용기를 자극하고, 호흡중추의 흥분작용에 의해 말초 자각 신경부터의 impulse와 함께 상위 중추에 운동수행의 impulse가 호흡중추를 작용하여 호흡을 촉진시키는 것이다.

⑦ 근·건에서의 반사

근이나 건에 있는 지가신경의 종말에서의 구심성 impulse는 호흡중추에 의해서 반사적으로 호흡을 증가시킨다.

근과 관절을 수동적으로 움직여도 호흡의 촉진이 약간 일어나며, 더욱이 운동근의 혈류를 차단하고 대사물질이 순환혈액에 환류 되지 못하도록 해도 호흡촉진이 온다. Harrison

은 200mmHg의 압에서 혈류를 차단해도 손을 움직임에 따라 폐환기가 증가하는 것을 증명하였다. 따라서 이러한 경우, 호흡의 촉진은 혈액의 변화에 의하는 것이 아니고 말초의 구심성 impulse에 의한 것이다. 이와 같이 운동 시에는 근방추, Golgi기관 또는 관절의 기계적 변형에 감수성을 가진 수용기부터의 반사가 호흡을 촉진시키는 것이다.

15. 운동의 지속과 산소

근 활동에 있어서 energy원이 되는 물질이 화학적 변화의 과정을 거치지만, 최종적으로는 산화반응이 일어나는 것이 틀림없는 사실이다.

이 O_2는 인체에서의 호흡에 의해 혈액으로 들어가므로, 인체의 O_2섭취가 충분치 않으면 무산소중의 근수축 실험과 같이 근 활동은 오래 지속할 수 없다. 그러므로 필요한 O_2를 조절한다는 것은 인체의 운동에 대해서는 결정적인 의미를 자고 있는 것이다.

(1) 산소(O_2)의 역할

우리들이 안정 상태에 있을 때는 조직세포의 대사에 필요한 산소를 공급해 주어야 한다. 근운동을 할 때는 산소의 수요량을 높여야 하고, 호흡 순환 기능은 반사적으로 항진시켜 여기에 응하도록 하는 것이다.

근은 그 자체 산소 없이 무산소적(anaerobic) 수축이 되는 것이다. 따라서 근 활동의 에너지원인 adenosine triphosphate(ATP), glycogen등이 유산소적(aerobic)분해를 하여 에너지를 방출할 때도 있다. 그러나 이때 무산소적 대사를 하는 것은 에너지원의 소모에 조그만한 분야이고, 에너지원의 재합성에는 산소과정을 갖지 않으면 안 된다. 무산소적인 근수축에는 한도가 있고, 그 양상도 운동 시에 수분(數分)에 불과하다.

(2) 산소 섭취량과 산소 부채량

인간의 신체는 운동을 하지 않아도 자신의 생명을 유지하기 위한 energy를 필요로 한다. 이것을 기초 대사량(basal metaboism rate)이라고 한다.

이 기초 대사량은 식사 약 15시간을 경과한 후에 덥지도 춥지도 않은 최적 온도의 조용한 방에서 누운 자세로 측정하는 것을 말한다.

수면시의 대사량은 기초 대사량보다는 더욱 낮고, 안정시 대사량은 기초 대사량보다 약 20%정도가 많다. 이 안정 상태(stady state)라는 표현은 누운 자세에서의 안정, 의자에 앉은 자세의 안정, 서있는 자세의 안정 등이 있지만, 일반적으로 의자에 앉은 안정 상태를 의미한다. 우리들이 신체활동을 시작하게 되면 안정 상태 이상으로 산소가 필요하게 되기 때문에 호흡기계나 순환기계가 활동을 개시하여 호흡수, 매분시의 호흡량이 증가하게 된다. 따라서 산소섭취량(oxygen intake)은 운동의 강도에 따라서 증가한다. 운동의 강도가 비교적 낮을 때는 운동에 필요한 산소의 양, 즉 산소수요량과 섭취하는 산소의 양인 산소섭취량이 똑같아지며, 산소의 소비와 공급의 balance가 취해져 장시간에 걸쳐 운동을 지속하게 된다.

이러한 산소섭취의 안정과 거의 때를 같이 해서 호흡량이나 분시용량, 맥박수도 거의 일정하게 된다. 이런 상태를 정상 상태라고 한다.

지속적인 운동을 행하기 위해서는 이 정상상태의 성립이 필수적 조건이며, 정상상태의 파괴는 지속적 운동의 조건으로 좋지 않다고 할 수 있다. 그리고 운동의 부하 강도가 커지면 정상상태가 파괴되게 되며, 이것은 산소섭취량이 산소 수요량에 미치지 못하기 때문이다. 따라서 Fletcher의 실험에서 보듯이 근육은 산소가 없어도 수축하며, 산소의 부족분(oxygen deficit)을 운동 후에 보충하게 되는 상태로서 산소가 부족한 채 운동을 계속하게 된다.

이렇게 산소가 부족한 채 운동을 진행하게 되면 근육에 유산(lactic acid)이 축적되기 때문에 지속시간이 짧아진다. 운동 후의 회복기에 높은 산소 소비가 일어나는 것은 체내에 축적되어진 유산을 산화하기 위해서 필요한 산소이며, 이 산소를 산소부채(oxygen debt)라고 한다.

즉 산소공급이 가능한 한계이상으로 다량의 산소공급을 필요로 하는 과격한 근운동을 하면 산소부채(O_2 debt)를 지게 되며, 이 산소부채는 운동 후에 갚아 주게 된다. 단거리나 중거리 경주에서와 같이 과격한 운동을 단시간에 끝내는 경우에는 산소부채를 많이 지게 되나, 장거리나 마라톤 주파의 경우에는 적은 양의 산소부채를 질뿐이어서 운동 중에 직접 산소를 섭취하여 운동을 행한다.

즉, 일반적으로 운동을 할 때는 정도의 차이는 있으나, 운동초기에 일단 산소부채를 지게 되며, 일정한 시간이 경과한 후에 정상상태에 도달하게 된다. 그러나 부하 강도가 낮은 정상상태가 성립되는 운동에서도 운동의 초기에는 산소부족이 생긴다.

이것은 산소공급의 역할을 담당하는 호흡 순환계가 운동에 적응하는 데는 약간의 시간이 걸리기 때문이다. 따라서 가벼운 운동도 초기에는 산소부족의 상태이며, 그 이후에는 곧 정상상태를 유지한다.

(3) 최대 산소 섭취량(VO_2 max)과 최대 산소 부채량(max O_2 ddbt)

운동 중 산소섭취량의 최대값을 최대산소섭취량(maximum oxygen consumption)이라고 하며, 신체가 견딜 수 있는 산소부채의 최대한계값을 최대 산소 부채량(max, oxygen debt) 이라 한다.

최대산소섭취량과 최대 산소 부채량이 운동능력에 미치는 영향은 다음 계산으로 쉽게 설명할 수 있다. 즉, A, B 두 선수가 다음과 같은 능력을 가지고 있다고 하자.

표 9-9. VO_2 max.& Max. O_2 debt

산 소	최대산소부채량(l)	최대산소섭취량(l/min)
A	10	3
B	9	5

이 두 선수가 1분간 전속력으로 뛰었을 경우, A는 (3×1)+13=16 *l* , B는 (5×1)+9=14 *l* 의 산소를 사용할 수 있으므로, 더 많은 에너지를 낼 수 있고, 더 빨리 뛸 수 있다. 그러나 두 선수가 15분간 계속 뛰었을 경우, A는 (3×15)+13=58 *l* , B는 (5×15)+9=84 *l* 의 산소를 사용할 수 있으므로, 거꾸로 B가 A보다 빨리 뛸 수 있다. 이와 같은 결과 단시간에 끝내는 운동경기에서는 최대 산소 부채량이 많을수록 유리하고, 장시간 지속하는 운동경기에서는 최대산소섭취량이 많은 편이 유리함을 의미하는 것이다. 최대 산소 부채량이 많기 위하여는 다음 조건이 필요하다.

근육의 발달이 좋고, 그 분량이 많을 것.

근육에 아데노신 3인산(ATP), 크레아틴인산(creatine phosphate)이 많을 것.

근육의 혈관 발달이 좋아서 근 수축을 방해하는 젖산 등의 물질을 신속히 제거할 것 등이다.

그러므로 산소 부채량이 중요시되는 단거리, 장거리, 그리고 역도선수들에서는 신체구조가 세장을 증가시킬 수 있기 때문이다. 따라서 최대 산소 부채량의 증가는 우선 근육의 육성을 필요로 하게 되는데, 이는 중량훈련(weight training)이나 회로훈련(circuit training)이 많이 이용된다.

한편 최대산소섭취량을 증가시키기 위한 조건은 다음과 같이 구분할 수 있다.

폐환기량이 많을 것.

혈액 중에 혈색소량이 충분할 것.

심 박출량이 많을 것.

조직에서의 산소 이용률이 클 것.

이와 같은 요인들은 적당한 훈련에 의하여 개선될 수 있으므로, 훈련에 의하여 최대산소섭취량을 증가시킬 수 있다. 그러므로 최대산소섭취량을 증가시키기 위한 훈련은 상기 요인을 규명하여 실시함이 이상적이다.

(4) 운동의 강도에 따른 산소공급의 비교

각종 운동속도(강도)의 달리기 운동에 수반하는 산소섭취량 및 산소부채의 변동을 고찰해 보기로 한다.

400m달리기는 약 60초 사이에 실시되지만, 400m달리기에 필요한 산소량의 약 20%는 주행 중에 섭취되고, 나머지 80%는 주행후의 회복 시 산소부채에서 공급한다. 그리고 중거리인 1,500m달리기는 약 5분간에 달릴 수 있으며, 이 경우 주행 중 산소섭취량은 약 60%, 회복 시 산소 부채량은 약 40%가 된다. 한편 장거리 종목인 마라톤 경주에서는 필요한 산소의 98%가 주행 중에 섭취되며, 산소 부채량은 불과 2%정도에 지나지 않는다.

따라서 400m달리기와 같이 순간적인 power가 필요한 단시간의 종목에서는 운동직후 1분간에 섭취하는 산소의 양이 운동 중(주행 중)의 산소섭취량보다 큰 경우가 많이 생기지만, 그 산소의 양은 그 사람의 최대산소섭취량에 드달하는 경우는 없다.

1,500m 달리기에서는 주행 끝 무렵(finish상태)에, 그 사람의 최대산소섭취량이 나타난다.

정상상태에서는 산소섭취량은 산소 수요량과 같아지므로 유산(lactic acid)의 축적은 생기지 않는다. 비교적 가벼운 부하강도의 운동에서는 운동초기 energy는 근육이나 혈액에 저장되어 있는 산소에 의하여 유산소적(aercbic)으로 공급되므로, 산소부족이 생기는 운동초기에도 무산소적 energy의 공급을 필요로 하지는 않는다.

다시, 부하강도가 좀 더 커지면, 운동초기의 energy공급은 무산소적 과정(anaerobic process)도 관여하게 되고, 혈중에 젖산의 출현이 생긴다. 그러다가 더욱 커다란 부하 강도의 운동을 하게 되면 무산소적 energy의 공급이 많아지고 혈중 젖산도 증가한다.

운동 종료 후의 산소섭취량은 자연히 운동을 하기전의 상태로 회복되지만, 이 시기의 산소섭취량이 안정상태의 산소섭취량을 초과하는 것은 체내의 산소 재 충족과 젖산의 분해, 조직온도의 상승에 의하여 생기는 대사촉진 및 호흡근과 심장의 산소 수요량의 증가에 대처하기 위하여 사용되는 것이다. 따라서 가벼운 부하강도의 운동에서는 회복기의 초과 산소량 정체가 산소부채의 보충에 사용되는 것은 아니라고 할 수 있다.

한편, 단거리 질주중의 인체의 유산 축적속도는 2~5%/sec라고 말해지고 있다. 예로서 체중 60kg, 그 40%가 근육인 사람이 72g의 유산축적을 나타내는 시간은 20~40sec이므로 무산소적 같은 최대한의 운동을 요구하는 운동에서 어느 정도가지 운동을 계속할 수 있을 가는 운동을 하고 있는 사람의 최대산소섭취량과 최대 산소 부채량이 결정적인 요소가 된다.

어느 운동선수를 예를 들면,

최대 산소 섭취량 : 4 *l* /min, 최대 산소 부채량 : 15 *l* 운동시간 : 15분이라고 할 때, 15분간의 운동 중에 사용된 산소의 총량은 4×15 *l* +15분=75 *l* 가 된다.

이 선수의 1분간 소비되는 산소는,

$$75\,l \,/\, 15\text{분} = 5(\,l\,)$$

다시 말하면, 이 사람은 매분 15 *l* 의 산소를 소비하는 속도로 달리면, 15분 후에는 올아웃상태로 된다.

이상의 관계를 Hill은 Y=mt+d/t로 표현했다.

y : 1분간의 산소소비량

m : 1분간의 최대산소섭취량

d : 최대 산소 부채량

s : 달리는 시간(운동시간)

(5) Second Wind

격심하며, 오랜 시간 운동을 할 때, 운동을 시작해서 얼마가 지나면 숨이 벅차서 가슴을 죄는 것 같은 매우 괴로운 시기가 온다. 이 상태를 사점(死点 : dead point)이라고 한다. 그러나 견디어가면서 운동을 지속하면 이윽고 갑자기 괴로움은 사라지고, 심신이 편해진다. 그 후에는 같은 상태에서 오랫동안 운동을 계속할 수 있게 된다. 이와 같이 숨쉬기가 편하게 된 상태를 세컨드윈드(second wind)라고 한다. 사점에서는 숨이 중단되는 것이 강하고 호흡이 얕고 바르며, 맥박도 불규칙해지고 때로는 근육에 통증을 느끼게도 된다. 또한 땀이 나는 현상이 수반된다.

사점은 중, 장거리 경주나 마라톤의 경우, 달리는 속도가 빠르면 빠를수록 빠르게 나타난다.

환경온도가 고온인 경우에도 이러한 현상이 빨리 나타난다. 사점에서의 호흡곤란이 일어나는 원인은 혈액의산, 알칼리의 밸런스가 깨어지기 때문인 동시에 활동근으로 부터의 정보에 의한 반사성의 호흡증강 때문이라고 생각할 수 있다. 안정 시에서 격심한 운동으로 들어갈 경우, 전신의 기능이 동원되지만 사점은 아직도 운동에 대하여 적응할 수가 없어 언밸런스의 상태에 있다.

- 사점(Dead Point)이 생기는 이유

① 운동에 의해 내장혈관이 수축하여 혈관의 공급이 제한되기 때문이다.
② 축적된 유산(젖산: lactic acid)때문에, 혈액이 산성화되어 호흡이 곤란해지기 때문이다.

세컨드 윈드는 격렬한 운동에 적응하여 신체의 여러 기능이 새로운 평형상태를 만들어낸 상태 인 것이다. 따라서, 중, 장거리 경주나 마라톤의 경우에는 일찍이 세컨드 윈드의 현상이 출현한 쪽이 유리하며, 그것은 평상시의 트레이닝의 경우에도 생각해 두는 것이 바람직하다.

그리고 second wind의 발현까지의 시간은 운동의 강도에 따라 틀리며,

개인차, training의 차도 있다. 또 100m달리기와 같이 R.M.R.(relative metabolic rate: energy대상률)가 높은 종목에서는 second wind가 나타나지 않는다. Second wind의 발현을 다시 요약하면 다음과 같이 설명할 수 있다.

① 근 활동에 혈류가 충분하게 되어 근수축의 화학반응이 원활하게 행하도록 한다.
② 사점에서 나타나는 호흡곤란은 혈액의 산·염기평형의 실조와 활동근에서의 반사적인 호흡증강이 있기 때문(유산 : latic acid의 축적)이라고 생각되고 있는데, 이것도 혈류의 원활한 조정에 의해서 원활해진다.
③ 발한(sweat)의 촉진에 의해 체열 발산도 원활해진다.
④ 사지근의 리드미컬(rhythmical)한 수축에 의해, 환류정맥혈의 증가에 따르는 Bainbridge반사등에 따라 혈류 구출량의 조정이 개선되어진다.

표 9-10. 운동 강도와 second wind가 나타 나는 시기

역주거리 (m)	달리는 속도 (m/sec)	second wind가 나타나는 시기	
		거리(m)	시간(sec)
400	8.0	250	30
800	6.9	550	80
1,00	6.3	1,150	180
3,000	5.3	2,000	380
10,000	5.3	2,000	380

(6) 최대산소섭취($VO_2max.$)의 측정기준(criteria)

$VO_2max.$는 호흡 순환계 기능의 가장 객관적인 척도이므로 운동생리학에서 가장 중요시 되는 지표이다. $VO_2max.$의 정확한 측정에는 여러 가지 문제점이 있으며, 측정되어진 VO_2 max.가 정말인가 하는 의문의 해결책으로 몇 가지의 판정규준을 제시하고 있다.

첫째로, 산소섭취량의 levelling off의 기준은 운동부하량의 측정 VO_2의 차가 150㎖/min. 평균치 54㎖/min, 80㎖/min. ±3%또는 ±5%일 때 levelling off규준으로 정한다.

둘째로, 혈중유산농도는 성과 연령에 따른 차이를 고려하여야 하지만 기준치로서 혈액 100㎖당 유산 70~80mg이상, 100mg이상 또는 65mg이상, 운동전보다 60mg이상과 연령에 상응하여 Criteria로 삼는다.

셋째로, 심박수가 180beat/min.일 때 Optinal work capacity가 되었고, 피검자의 연령에 따라 최고 심박수 ±2sp이내를 이용하고, 연령에 상응한 측정치로 삼는다.

넷째로, 호흡상이 1.15이상, 또는 1.0일때를 VO_2max의 criteria로 삼는다.

지금까지 고찰해 본 VO_2max의 판정규준이 많이 이용되고 있지만, 선행 연구의 어느 학자도 그 구체적인 기준치를 제시하지 못하고 있는 실정이며, VO_2max의 판정이 될 수 있는 단일 criteria를 확립하여야 하며, 현 상태로는 될 수 있는 한 criteria를 check해 두는 것이 좋다.

16. 유산소적 운동과 무산소적 운동

운동 시 energy공급에 있어서의 산소 섭취량과 산소 부채량과의 비율은 운동의 강도 및 시간에 따라 변화한다. 여러 가지 다른 속도의 treadmill에서의 all-out달리기(all-out running on a treadmill)실험에서, 지속하여 달리는 시간과 달리는 도중에 산소 수요량 중

에서의 산소섭취량은 속도가 크고, 지구 시간이 짧은 주행에서는 산소섭취량의 비율이 낮고, 지구시간이 길어질수록 산소섭취량의 비율은 높아진다.

그리고 운동에 필요한 산소의 대부분을 운동 중에 섭취한다는 것은 활동근의 energy가 산소공급이 되어 있는 상태에서 생산되고 있는 것을 의미하고, 산소부채의 비율이 크다는 것은 산소부족의 상태에서 활동근의 energy가 생산되는 것으로 크게 분류할 수 있다.

전자의 상태에서의 운동을 유산소적 운동 혹은, 유산소적 작업(aerobic work)이라고 하며, 후자의 상태에서의 운동을 무산소적 운동, 혹은, 무산소적 작업(anaerobic work)이라고 한다.

그리고 이러한 작업(또는 운동)을 실시할 능력을 각각 유산소적 작업능력(aerobic working capacity), 무산소적 작업능력(anaerobic working capacity)이라는 용어로 나타내고 있다.

유산소적 작업능력은 지금가지 사용되고 있는 지구력(endurance)과 거의 같은 의미를 갖고, 유산소적 작업능력은 speed의 능력에 가까운 의미를 갖고 있다. 일반적으로 작업 중에 산소가 섭취되면 유산과정이 진행되고 있다는 증거이다. 사람이 1분간에 취할 수 있는 최대산소섭취량은 그 사람의 유산소적 생산력, 또는 유산소적 작업능력의 지표로 되어 있다.

무산소과정은 체내에 불완전 분해산물(分解産物)을 축적시킨다. 이들의 산물은 운동 중 뿐만이 아니고 운동 후의 휴식 중에 환원되어 제거된다. 그러므로 운동 후에 있어서는 안정시보다 많은 산소섭취가 필요하게 된다. 이 여분의 산소섭취량을 산소부채(酸素負債)라고 부르며, 이 산소부채가 무산소반응의 표준이 된다.

(1) 무산소적 운동의 생리적 반응

무산소적 운동에는 다음과 같이 2가지 반응으로 분류할 수 있다.

그 하나는 크레아틴인산(creatine 燐酸)의 분해효소(分解酵素)의 작용에 의한 것으로 크레아틴인산의 분해를 촉진하여 인산(phosphate)을 아데노신2인산(ADP)에 공급하여 아데노신 3인산(ATP)을 재합성시키는 것이다.

CP → C + P

ADP + P → ATP

또 하나는 해당 작용(解糖作用)이다. 결국 효소의 활동에 의하여 탄수화물을 젖산으로 분해하는 작용인 것이다. 여기에서 생성된 에너지의 일부는 ATP의 재합성에 도움이 되는 것이다. 이에 따라 무산소적 운동은 50m전력 질주 같이 수 10초간을 지속시키는 운동으로 유산성운동으로 크게 분류하여 생각할 수 있으며 즉, APT나 CP와 같은 인산화합물(燐酸化合物)의 재합성에 관계하는 비유산성 산소부채와 유산이 산호분해를 방여하는 유산성 산소부채인 것이다.

$C6H12O6 \rightarrow$ lactic acid + P

ADP + P $\rightarrow$ ATP

비유산성 산소부채는 재빨리 보상된다. 보통 운동 후 30초의 휴식으로 최초 수치의 반이 산화된다. 이에 대하여 유산성 산소부채를 환원하는데는 수분부터 1시간 반이나 소요하는 경우도 있다.

① 비유산성 운동(Alactic Movement) : 수초간 지속의 전력운동

비유산성 운동으로는 50m 전력질주와 같은 단시간(수 초간)의 폭발적인 운동을 말한다. 이러한 운동의 지속은 ATP의 분해에 따라 생기는 energy에 의하여 제한을 받는다. 분해된 ATP는 근육 속의 CP(creatine 인산)에 의해 곧 재합성된다. 전력으로 폭발적인 운동을 하면 근육속의 ATP와 CP의 양은 급속히 감소한다.

예를 들면, 전력으로 자전거 ergometer를 밟거나 계단을 한단씩 뛰어 올라갈 때는 수초 이내에 최고 파워와 최고속도에 도달하며, 그 이후에는 점차 감소한다. 이것은 근육 속의 ATP와 CP가 분해하여 감소하기 때문이다. 이와 같이, 매우 짧은 시간의 유산의 심한운동은 해당 작용(glycogenolysis)이나 산소과정(oxidation process)의 영향을 받지 않고, 유산(lactic acid)의 생산도 볼 수 없으므로 비유산성운동(alactic movement)이라고 칭한다.

따라서 이와 같이 수초동안 지속하는 운동에서는 신경의 지배뿐만 아니라 근육 속의 ATP, CP의 양이 순발력과 speed의 능력을 결정하는 체력요인이 된다. 보통 근육 속의 ATP, CP의 양은 근량에 비례한다고 생각되므로 단거리 선수나 자전거 선수에게서 흔히 볼 수 있는 대퇴(大腿; femoral)의 근군이 비대한 것은 생리학적으로 볼 때 유리한 조건이 된다.

② 유산소운동(Lactic Movement) : tn 10초간 지속의 전력운동

유산성의 운동으로는 150m에서 400m의 거리를 전력으로 달릴 경우와 같이 수 10초간의 운동의 지속을 말한다. 이러한 운동을 행할 경우에 필요한 energy는 ATP나 CP의 분해에 의하여 생산되는 것으로는 불충분하여 산소도 거의 공급되지 않는다. 따라서 부족은

energy의 보충은 근육속의 glycogen의 분해에서 생기는 energy에 의하여 ATP와 CP의 재합성이 실시되는데 따라서 보충된다.

무산소 상태에서의 glycogen의 분해는 유산을 생산하기 위함이다. 운동 강도가 낮을 경우에는 산소의 공급이 충분해지고 유산은 생기지 않는다. 운동 강도와 유산의 생산과의 관계를 일반인과 운동선수를 비교하여 보면 운동 강도가 어느 수준을 넘으면 유산은 직선적으로 증가한다. 이때는 운동선수와 일반인과의 차이는 없지만, sports선수는 산소섭취능력이 높기 때문에 보다 강한 운동 강도가 아니면 유산의 발생은 볼 수 없다.

생산된 유산은 근육 속에 축적되고, 0.24~0.43%에 달하면 근육이 수축되지 않는다. 체중 60kg인 사람의 활동근을 25kg으로 하고 최대로 피로한 상태의 유산의 농도를 0.3%로 가정하면 전유산량은 75g이 된다. 산소 1 *l* 에서 8.1g의 유산이 산화되므로 이때의 산소부채량은 9.3 *l* 로 추정된다.

이상과 같이 수 10초간 지속하는 전력운동의 에너지공급은 근 glycogen의 양과 유산축적에 대한 근육의 인성이 좋고, 나쁜 것이 따라 그 능력의 차이가 생긴다.

한편, 100m전력질주는 비유산성 및 유산성의 복합적인 운동이다. 100m달리기에서 단거리 선수와 일반인의 성적을 비교하면, 단거리 선수 쪽이 100m달리기의 시간(기록) 및 최고속도에서 우수하며, 또한 후반에서의 속도의 저하율이 적다. 양쪽을 그때의 산소부채량으로 비교하면, 운동시간이 짧은데도 불구하고 단거리 선수군이 많으며, 이 산소부채량 중에 비유산성은 선수가 26.1%, 일반인이 30.9%를 차지하고, 단거리 선수에게서는 유산성 산소부채가 많은 것으로 나타났다.

그러나 혈중 유산농도에서는 양자의 사이에 차이를 나타내지 않았다. 그리고 100m 질주중의 산소 섭취량은 단거리 선수가 318.8㎖, 일반인이 413.9㎖로 일반인이 많다.

이와 같이 단거리 달리기에서 우수한 자는 무산소적인 energy의 발생기구가 잘 발달되어 있음을 잘 보여주었다.

③ 산소부채량의 측정

무산소적인 운동능력은 100~400m달리기의 성적(기록)에서 평가할 수도 있지만, 생리학적으로는 최대 산소 부채량의 크기가 지표로서 사용된다. 달리기의 기록은 운동성(performance)로 능력을 평가하고, 최대 산소 부채량은 신체자원(physical resources)으로 측정하는 것이 된다. 최대 산소 부채량(maximum oxygen debt)의 측정에는 단시간의 심한 전신운동을 해야 한다.

지금까지의 모든 보고에서 운동은 warming-up(준비운동)을 충분히 실시한 후의 40~60초간의 전력질주가 가장 적합하다고 본다(일반적으로는 300~400m의 거리의 전력질주 직후에서 호기를 채집하여 분석하고, 최대 산소 부채량을 구하고 있다.)

운동 후의 채기(採氣)시간은 산소부채가 보충되기에 충분하여야 한다. 심한 운동 후에는 안정대사가 운동전보다도 높은 상태에서 몇 시간에 걸쳐 계속되는 수가 있지만, 이것은 운동에 의해 대사가 높아졌기 때문에 채기 시간은 45~60분간으로 끝내어야 할 것이다. 부채량은 운동 후에 얻어진 산소섭취량과 같은 시간의 안정 시 산소 섭취량과의 차이에 상당한다. 따라서 안정 시 산소 섭취량은 산소 부채량 산출의 기초가 되면 이 산출 방법에는,

① 운동전의 측정치

② 회복기의 종말의 측정치

③ 이미 나온 성, 연령별 기초 대사량의 표 등에서 사용되고 있다.

위에서 ②가 사용되는 이유는, 운동전의 피검자의 안정상태가 반드시 용이하게 얻어진다고 단정할 수 없다는 데 기인한다. 그러나 ②의 경우도 위에 서술한 운동 후의 대사의 고조에 의하여 안정 상태에의 회복을 정확히 알 수 없다는 문제점이 있다.

③을 사용할 경우도 측정치가 평균치로서 개인차가 무시된다는 결점이 있다. 이에 관련하여 안정시의 대사, 회복시의 대사의 측정에 있어서의 피검자의 자세를 취하는 방법에 따라서 측정치에 적지 않은 영향을 준다고 볼 수 있다.

달리기 운동은 중심의 이동이 실질적인 것이므로, 앉은 자세보다는 서 있는 자세에서의 안정시 대사가 더욱 더 타당하다고 하겠지만, 일반적으로 energy 대사율 연구위원회협정에 따라 앉은 안정 상태를 사용하는 경우가 많다.

(2) 유산소적 운동의 생리적 반응

유산소적 운동은 체내에로의 산소공급과 조직에서의 산소사용을 촉진하는 신체기능의 특성에 의하여 결정된다.

다시 말한면, 유산소적 운동능력은 외호흡계, 혈액순환계, 혈액조성, 조직 호흡 등 모든 활동의 조정능력에 의하여 결정된다.

외호흡계는 그 지표로서 매분환기량, 최대환기량, 폐활동, 폐포확산 속도 등이 측정되며, 혈액순환계는 그 지표로서 매분 심박출량, 일회 심박출량, 심박수, 혈류속도 등이 측정되고, 혈액조성은 그 지표로서 혈색소량 적혈구수가 측정되며, 조직호흡은 그 지표로서 조직 내 산소 소비량, 말초혈류속도, 말초혈류량, 동맥·정맥산소 분압차 등이 측정된다.

① 산소운반계의 Mechanism

근 수축을 장시간 지속시키기 위해서는 O_2공급이 있어야 한다. 이것은 이미 서술한 것처럼, 근수축의 결과로 생긴 유산을 분해하는데 O_2가 필요하기 때문이다. 앞에서 서술한 유산소적 운동은 O_2의 공급이 있는 상태에서 실시되는 운동이므로, 이 운동 능력의 대소는 산소공급이 충분히 실시되고 있는가의 여부에 의해 결정된다. 따라서 지구운동에서는 O_2운반계의 기능이 중요한 생리적 요인이 된다.

O_2의 운반은 폐의 기능, 심장·혈관계의 기능 등에 의해 이루어지지만, 운반된 O_2를 어떻게 소비하는가 하는 것은 근육 등의 조직의 능력에 의해 결정된다. 따라서 O_2운반계와 O_2 소비계의 종합된 기능이 지구운동의 규제인자(limiting factor)가 된다고 할 수 있다. O_2운반계와 소비계의 종합된 기능은 산소섭취능력이며, 그 최고의 섭취능력이 최대산소섭취(maximum oxygen consumption)능력이다.

여기에서 최대 산소 섭취량은 폐, 심장, 혈관계의 순환계 기능과 폐에서 혈액, 혈액에서 활동조직에의 산소의 확산능력에 의해 결정되는 것으로 나타내고 있다. 즉, 폐가 외기를 들이마시고, 폐포에서 확산에 의해 혈액에 O_2가 섭취되고, 그 혈액은 심장과 혈관의 활동에 의하여 조직에 운반되고, 조직에서는 확산에 의허 O_2의 섭취가 이루어진다. 폐(lung)는 환기를, 심장 혈관계는 순환을 담당하고 있지만, 이러한 능력은 기관을 구성하는 여러 가지 인자의 크기와 그 기능에 의하여 결정되며, 다시 그것은 신체의 크기에 의해서도 영향을 받고 있다.

지구력(endurance)을 측정하는 척도로서, 일반적으로 운동중의 환기량(VE), 호흡수(f), 심박수(HR), 산소 섭취량등을 사용한다.

그리고 이러한 측정치에서 1회 환기량(Vt), 산소맥(O_2pulse), 산소섭취량(O_2, removal), 호흡상(RQ)등을 산출해 낸다.

② 단시간의 지구성 운동

유산소적 운동에 있어서 산소섭취량은 어느 단계까지는 운동부하강도의 증가에 따라서 직선적으로 증가한다. 수분간의 지속적인 달리기를 할 때 호흡, 순환 기능의 변화를 보면, 심박수와 호흡수가 주행 개시 직후의 급격한 상승, 그 이후의 완간한 증가, 그리고 all-out 시에 있어서의 최대치를 나타낸다.

그리고 환기량과 산소섭취량은 주행초기의 증가와 그 이후에는 외관상으로는 정상상태를 유지하는 것이, 주행 10분 이내의 최대의 지속적인 달리기에서 나타나는 호흡, 순환계의 일반적인 반응이다.

표 9-11. all-out 상태의 호흡·순환기능의 측정치

호흡 · 순환기능	성인남자(20~24세)	초등학생남자(11~12세)
심박수(박/분)	190~200	200~210
호흡수(회/분)	50~70	50~70
환기량(l/분)	80~140	50~70
환기량(l/kg/분)	1.6~2.0	1.2~1.6
산소섭취량(l/분)	2.5~3.5	1.5~2.0
산소섭취량(ml/kg/분)	40~50	40~50
산소 섭취율(ml/l)	30~35	30~35

한편, 단시간의 지구운동을 제한하는 인자로서, Inokai는 all-out시의 산소섭취량의 저하에 따라 운동의 지구성에 불리한 조건이 된다고 하였다. 그리고 산소 섭취량의 저하에는 심 박출량의 저하, 폐 확산 용량의 저하, 근육의 확산용량의 저하가 크게 관여한다고 하였다. 그러나 아직까지 이 문제에 관해서는 확실하게 규명하지 못하고 있는 실정이다.

③ 장시간의 지구성운동

장시간의 운동에서는 지금까지 서술한 호흡, 순환 기능의 변화와는 약간 다른 반응을 나타낸다. Astrand는 중정도의 부하강도를 1시간 정도 시켰을 때의 호흡·순환기능의 변동을 조사하여 보고한 것에 의하면 산소섭취량, 심박수, 심박출량은 운동개시 5분 후의 상태를 유지하였으며, 혈중 유산은 증가하지 않고 정상상태를 나타내고 있다. 그러나 같은 강도의 운동을 똑같이 8시간 동안 실시하였을 경우에는 산소 섭취량이나 심박수는 점차 증가하고, 피검자는 피로상태에 처해 있었다고 보고하였다.

이와 같이 장시간의 지구운동에서는 최대산소섭취량의 출현은 나타나지 않고, 그 이하의 산소 섭취량으로 운동이 유지된다. 예를 들면, 최대산소섭취량이 평균 71.5*ml*/kg/분인 중·장거리 선수의 1,500m, 5,000m, 10,000m, 20km, 30km, 42km달리기 시의 산소 섭취량은 주행거리가 길어짐에 따라 산소섭취량 비율이 낮아진다.

즉 5,000m달리기는 최대산소섭취량의 약 90%수준이며, 마라톤 경주는 최대산소섭취량이 약 63%의 수준으로 유지되고 있다.

장시간의 운동을 할 때에 지구성을 저해하는 생리적 인자는 산소의 운반능력의 저하에

의한 것만이 아니라, 명확하지는 않지만 일반적으로 발한(發汗)에 의한 체내의 수평형(水平衡)의 문란과 energy원인 저장, glycogen의 감소 등에 의하지 않나 생각할 수 있다.

즉, 지구력 운동 시의 피로감은 혈액의 glucose양의 감소, 근육의 저장 glycogen의 고갈 등에 의하며, 운동 시 심 박출량의 저하에 수반되는 심박수의 증가는 발한에 의한 수분부족으로 설명할 수 있으며, 물과 당을 투여하여 수분과 혈당의 저하를 방지하면 지구성 운동은 장시간에 걸쳐 실시할 수 있다. 그밖에 지구성 운동을 저해하는 인자로는 근육의 세포막에 있어서의 K^+와 Na^+의 비율과 같은 전해질의 balance의 문란, 효소(enzyme)계의 변화, 심리적 요인, 기온과 기압 등의 환경 조건 등을 들 수 있다.

신체운동의 energy원으로서 이용되는 영양소는 당질(탄수화물), 지방질, 단백질 등이지만 이 중에서 단백질은 당질, 지방질을 충분히 섭취하고 있는 상태에서만 운동의 energy로서 이용된다. 단백질이 연소하면 그 속에 포함되어 있는 질소는 배설되므로 질소의 배설량을 측정하면, 반대로 단백질의 소비량을 알 수 있지만, 근육의 glycogen이 고갈된 상태에 있어서는 질소 배출량의 현저한 증가는 찾아볼 수 없으므로, 일반적으로 운동의 energy원으로서는 당과 지방을 생각하면 된다. 운동중의 energy대사에 대한 당질과 지방의 비율은 CO_2의 배출량을 O_2의 섭취량으로 나눈 호흡상(RQ: Respiratory Quotient)에서 계산할 수 있다. 여기서 정확하게 O_2의 섭취량은 단백질대사에 사용된 O_2소비량을 뺀 측정치를 사용하는 것이지만, 실제로는 거의 질소대사로 생각할 수 없으므로 그때의 측정치를 사용해도 무방하다.

한편, 신체 내에서의 당질은 glycogen으로서 근육이나 간장에 저장된다. 성인의 경우 간장에 저장되는 양이 약 300g, 근육에 저장되는 양이 약 300g이므로 전체 600g의 glycogen이 체내에 저장되는 것이 된다. Glycogen 1g은 4cal의 열량을 내므로 2,400cal의 energy를 체내에 축적시키는 것이 된다.

Marathon경기는 약 2,300cal의 energy를 소비하기 되므로, 체내의 glycogen은 거의 소비되는 것이 되며, Marathon경기의 후반에는 호흡상(RQ)의 저하가 현저히 생긴다.

④ 유산소적 작업능력(Aerobic Working Capacity)과 무산소적 작업능력(Anaerobic Working Capacity)과의 관계

유산소적 작업능력과 무산소적 작업능력은 다음과 같은 조직으로 관계성을 지니고 있다.

즉, 호흡기능은 무산소적 작업능력을 발달시키기 위한 기초이며, 해당기능(解糖機能)은 CP(creatine 인산)반응 기구를 발달시키기 의한 기초이다. 다시 말하면 유산성 반응(乳酸

性反應)은 비유산성 반응을 촉진시키기 위한 기초이다.

만일 무산소적 작업능력은 잘 발달되어 있지만, 호흡기능이 미발달한 선수가 있다고 한다면 산소부채능력은 충분히 있지만 축적된 무산소적 분해산물을 처리하는데, 긴 시간이 걸리게 된다. 이와같은 것은 산소부채를 상환하는 속도는 호흡기능에 의존하고 있기 때문이다.

따라서 이런 경우에는 휴식시간을 충분히 취하지 않고, 무산소적 부하를 너무 많이 반복하면 완전한 회복이 되지 않기 때문에 피로가 급격히 나타나 축적된 무산소적 산물을 처리치 못하여 실패하고 말게 된다.

그러므로 여기에서 다음의 트레이닝의 원칙이 세워진다. 즉, 무산소적 작업능력을 육성하려고 하는 선수는 먼저 호흡기능을 일정한 수준으로 양성하여 그 토대를 구축하지 않으면 안 된다.

다시 말하면, 유산소적 작업능력의 트레이닝에 들어가지 않으면 안 된다.

이상의 설명에서 알 수 있는 바와 같이, 무산소적 작업능력이 승부를 가리는 경기종목의 선수일지라도 유산소적 작업능력을 발달시켜 놓는 것이 경기성적을 좌우할 수 있는 중요한 관건이 된다.

일류선수에 있어서 100m경영의 소요시간은 약 1분이며, 이때 에너지공급은 주로 무산소 과정에 의하여 이루어진다.

만일 유산소적 작업능력의 토대가 불충분한 수영선수가 있다고 하면, 그는 1회의 race만은 어려움 없이 헤엄칠 수 있을 것이다. 그러나 몇 회고 race를 반복하여 실시하는 경우에는 회복하는데 많은 시간이 필요하기 때문에 점차 condition이 무너져 버린다. 그러므로 일류 단거리 수영선수라 할지라도 적어도 3~7km라는 긴 거리를 중등정도의 속도로 헤엄치는 트레이닝을 하여야 하는 것이다.

또 하나의 예를 들어보자. 아이스하키의 시합에서는 1~2분마다 선수의 교대가 이루어진다.

그러므로 아이스하키의 시합에서는 운동 그 자체는 주로 무산소적 에너지 공급에 의하여 이루어진다고 볼 수 있다. 짧은 시간에 얼마나 강렬하게 움직일 수 있느냐, 없느냐는 선수의 무산소적 작업능력의 정도에 달려있다. 그러나 3~4분간의 휴식을 취한 것만으로 재차 필드에 등장하지 않으면 안 되기 때문에, 여기에서도 호흡기능이 중요시되는 것이다.

무산소적 작업능력이 2가지 구성인자에 대해서도 이와 같은 관계가 성립된다. 다시 말하면 크레아틴인산의 반응에 의한 에너지 공급능력 즉, 비유산성 지구력을 육성하는데 앞서 먼저 해당과정에 의한 에너지 공급능력 즉, 유산소성 지구력을 육성해 두지 않으면 안 된다.

이것은 해당 작용에 의하여 생성되는 에너지 회복의 제 1 단계인 크레아틴인산의 재합성에 쓰이기 때문이다. 따라서 해당능력의 발달이 불충분한 사람에서는 격렬한 운동 후에 크레아틴인산의 회복속도가 느려서 휴식후의 운동능력에 나쁜 영향을 미친다.

트레이닝계획 가운데 지구성 트레이닝의 순서는 다음과 같이 작성하는 것이 바람직하다.

최초에, 호흡기능 즉, 전신지구성을 육성하고,

다음에, 해당능력을 양성하며,

최후에, 크레아틴인산의 반응에 의하여 에너지가 공급되는 비유산성 능력을 육성하는 방향으로 끌고 간다.

즉, 실제의 운동에서 나타나는 생리학적 현상과는 반대의 순서로 강화해가는 것이 합리적인 트레이닝이다.

IV 순환과 운동(Circulation & Movement)

Harvey가 "혈액순환의 원리"를 발표한 것은 지금으로부터 약 350년 전의 일로서, 이때부터 순환계에 관한 연구는 활발히 진행되어 왔다. 우리의 체내에는 맥관(vascular)이라는 관이 분포되어 그 속을 체액(body fluid)이 끊임없이 일정한 방향으로 흐르고 있는 것을 순환(circulation)이라고 한다.

즉, 순환이라는 말 자체가 의미하듯이 혈액은 심장(heart)에서부터 나와 정해진 혈관(blood vessel)을 순환하면서, 다시 심장으로 들어가는 것을 말한다. 따라서 우리 몸에서의 순환계(circulatory system)의 역할은 생명을 유지하는데 매우 중요하다.

순환계의 가장 중요한 역할은 우리 몸의 각 조직에 필요한 혈액(blood)을 계속해서 공급하는데 있으며, 이 혈액공급은 우리 몸의 생존에 필요한 산소와 영양물질 등을 조직세포에 공급하여 energy를 생성하고, 성장에 필요한 물질을 합성할 수 있게 한다.

그러므로 산소공급량이 증가되는 것은 심장운동이 더욱 활발해짐을 의미하며, 심장으로부터 나오는 혈액은 혈관을 통하기 때문에 혈관은 증가된 양의 혈액을 신속히 필요한 조직(근육)에 공급하고 다시 심장에 되돌려 보내는 기능을 한다.

혈액이 순환되지 못하는 혈류(blood flow)의 단절은 곧, 생명의 단절을 의미한다. 예를 들면, 대뇌로 가는 혈액순환이 잠시 멈춘다면 불과 몇 초 만에 의식을 잃고 약 20~30초 만에는 온몸의 근육이 경련을 일으키고, 3분 이상이 경과된다면 대뇌피질에 있는 모든 신경세포들은 쉽게 손상을 입게 된다. 이와 같은 현상은 대뇌피질에만 국한된 것이 아니고, 비교적 산소의 공급을 덜 요구하고 있는 기관(organ)도 산소의 공급이 차단된 후에 경과하는 시간이 길어진다는 것뿐이지 손상되기는 마찬가지이다.

혈액은 고압에서부터 저압으로 이동한다. 심장의 수축으로 생긴 압력으로 혈액은 심장에서 혈관을 따라 각 조직에 공급한다.

순환계는 우리 몸의 수송을 담당하며, 혈액은 앞에서 말한 바와 같이 산소와 영양물질(음식물) 및 염분을 조직에 공급하는 외에, 조직으로부터의 energy 대사 작용으로 인해 생긴 노폐물(waste products), CO_2, 남아 돌아가는 염분을 배설기관(excretive organ)으로 운반하는 기능을 갖고 있다.

순환계는 크게 혈관계와 임파계로 나눌 수 있다.

혈관계는 심장과 혈관으로 구성되며, 혈관은 동맥(artery)과 정맥(vein)으로 나누고, 이 혈관의 한쪽은 심장에서 연결되고 다른 쪽은 극히 섬세한 모세혈관(capillary)으로서 서로 결합하며, 혈관내를 혈액이 순환한다.

그리고 임파계는 임파관(lymphatics)과 임파절(lymph node)으로 구성되며, 임파관은 임파모세관으로 조직의 여러 곳에서 시작하며, 생체의 방어기전의 하나인 면역체(immune body)와 항체(antibody)를 만들어내는 기능을 갖고 있다.

1. 순환계의 개요

순환계는 좌심실(left ventricle)에서 시작하여 대동맥(aorta)을 통해 복강의 여러 기관, 체간, 체지, 뇌 등의 조직을 지나 상하의 대정맥(vena cava)을 거쳐, 우심방(right atrium)으로 되 돌아 오는 폐쇄된 회로를 체순환(systemic circulation) 또는 대순환(greater circulation)이라고 하며, 우심실(right ventricle)에서 시작하여 폐동맥(pulmonary artery)을 통하여 폐모세관, 폐정맥(pulmonary veins)을 지나 좌심방(left atrium)으로 되돌아가는 폐쇄된 회로를 폐순환(pulmonary circulation) 또는 소순환(amall circulation)이라고 한다.

혈액은 폐 순환계를 통하여 사이에 폐포에서 O_2, CO_2의 교환을 하는 것이며, 심장의 pump작용에 의하여 순환하는 혈액은 각 기관의 수요에 따라 공급되어지지만, 대부분의 장기 쪽의 공급은 체순환의 병렬회로에 따르기 때문에 순환 혈액량은 심장의 활동성과 말초 순환에 의해서 조정되어지는 것이다. 체 순환계와 폐순환계의 혈액 용적비는 3 : 1의 비율이다.

2. 심장(Heart)

병원에서 진찰을 받을 때 제일 처음 의사는 청진기(stethoscope)를 가슴에 대는데, 이는 가슴위에서 심장의 상태, 즉 심장의 고동소리를 들어보기 위함이다. 심장은 일생동안 쉬지 않고 계속하여 율동적으로 수축과 이완을 반복한다. 그러므로 심장의 건강상태가 곧 신체의 건강을 의미한다고 해도 과언이 아닐 것이다.

(1) 심장의 구조

사람의 심장은 성인에 있어서는 약 12cm, 가장 넓은 곳의 폭이 약 8~9cm, 두께 약 6cm인 가슴의 좌측중앙에 놓인 자기 주먹보다 약간 큰 독립된 근육기관이다.

심장은 심낭(pericardium)이라는 견고한 섬유막으로 싸여있고, 심낭과 심장근 사이에는 심낭액(potential fluid)이라는 액체가 들어있다. 이것은 심장의 수축과 이완을 반복할 때, 마찰을 적게하는 하나의 윤활액의 작용을 한다. 심장은 근육성의 막에 의하여 좌우 두 부분으로 나누어져있다. 따라서 오른쪽을 우심장, 왼쪽을 좌심장이라 부르기도 한다. 우심장과 좌심장 사이에 있는 근육성의 막을 심중격(heart septum)이라고 하는데, 태아기에는 이 막의 중앙에 구멍이 있기 때문에 우심방(right atirum)과 좌심방(left atirum)이 서로 연결되어, 혈액이 우심방에서 좌심방으로 흘러 들어간다. 이 구멍을 난원공(foramen ovale)이라 한다. 이것은 태아가 출산된 직후, 곧 막혀서 우심방에 있던 혈액이 좌심방으로 직접 들어오지 못하고, 폐순환(pulmonary circulation)을 경유하게 된다. 만일 태아가 출생 후에도 난원공이 막히지 않으면 우심방의 정맥혈(venous blood)의 일부분은 폐순환을 하고, 일부분은 직접 좌심방으로 들어가게 된다. 좌심방은 폐순환을 거친 산소의 함유량이 많고, 탄산가스의 함유량이 적은 동맥혈(arterial blood)과 우심방에서 직접 들어온 산소의 함유량이 적고, 탄산가스의 함유량이 많은 정맥혈의 혼합혈액을 받게 되어 산소의 부족현상을 나타낸다. 이것을 선천성 심장병(congenital heart disease)이라고 한다.

좌심장과 우심장은 다시 각각 두 개의 방으로 나누어져 있다. 위쪽에 있는 방을 심방(atrium), 아랫쪽에 있는 방을 심실(bentricle)이라고 부른다. 심방과 심실 사이에는 판막

(valve)이 있다.

우심방과 우심실 사이에 있는 판막은 세 개의 판막으로 이루어져 있기 때문에 삼첨판(tricuspid valve)이라 한다. 또한 좌심방과 좌심실 사이에 있는 판막은 두 개의 판막으로 이루어져 있기 때문에 이첨판(bicuspid valve)또는 승모판(mitral valve)이라고 부른다.

이들 판막은 심방에서 심실로 들어온 혈액이 심방 쪽으로 역류하는 것을 막는 역할을 한다.

그러나 질병에 의하여 판막에 이상이 생기면 혈액이 역류한다. 예를 들면, 류머티스(rheumatism)라는 알레르기성 질환(allergic disease)에 걸린 후, 판막에 유착(adhesion)이 생기면, 판막이 완전히 닫혀 지지도 않고 또한 완전히 열려지지도 않아서 흔히 폐쇄부전(insufficiency)또는 협착(stenosis)이 된다. 이것을 심장판막증(valvular disease)이라 한다.

우심방은 상대 및 하대정맥(superior and inferior veins)에 연결되어 있고, 좌심방은 폐정맥(pulmonary veins)에 연결되어 있다. 우심방이나 좌심방은 모두 정맥에 연결되어 있지만 우심방은 정맥혈을 받는데 비하여, 좌심방은 동맥혈을 받는 것이 다르다.

좌심실은 대동맥(aorta)에 연결되어 있고, 우심실은 폐동맥(pulmonary artery)에 연결되어 있다. 따라서 좌심실은 혈액을 전신으로, 우심실은 폐로 보내게 된다. 심실과 동맥의 혈관 연접 부위에는 대동맥판(aortic valve)과 폐동맥판(pulmonary valve)이 있어서 동맥내에 있는 혈액을 심실 쪽으로 역류하지 못하게 한다.

(2) 심장주기(Cardiac Cycle)

심장의 주기는 심장이 수축을 시작할 때부터 다음에 오는 심방의 수축이 시작될 때까지를 말한다.

성인 남장의 안정 상태에서 심장의 박동은 1분에 70회이므로, 심장의 1주기는 60/70=0.8초가 된다. 즉, 심장주기는 좌우심방의 수축기(artial systoric period)의 좌우심실의 수축기(ventricular systoric period)의 심방 및 심실의 확장기(이완기 : diastoric period)의 세 과정으로 구별되어 이루어진다. 안정 상태에서 심방수축기를 0.11초, 심실 수축기를 0.27초, 심실 확장기를 0.42초가 되어 성인 남자의 심장 1주기는 0.8초가 된다.

(3) 심음(Heart sound)

심장근처의 흉벽에 청진기(steroscope)를 대거나 귀를 대면, 심장주기가 지날 때마다, 독특한 소리가 들리는 것을 알 수 있다. 이것은 심음(heart sound)이라고 한다. 청진기를 통하여 처음으로 심음을 듣는 사람은 "뚜우 딱, 뚜욱 딱"하는 소리로만 들리지만 훈련된 의사들은 두 소리를 구분할 수 있다. 즉, 하나의 긴 소리로 저음이고, 다른 하나는 짧고 고음인 것을 제 2음(second heart sound)이라고 한다. 청진기로는 듣기 어렵지만 가슴 우에 아주 예민한 마이크로폰을 부착시키면 제 2음이 지난 다음에 또 하나의 진폭을 얻을 수 있다. 이것은 제3음 (third heart sound)이라고 한다. 따라서 심음에는 세 가지 음이 있다고 말할 수 있다.

심음의 발생기전은 심장근의 수축과 판막의 폐쇄 및 혈액의 흐름 등으로 발생되는 진동 때문에 생긴다고 설명하고 있다. 즉, 제 1심음은 심실근의 수축의 시초에 방실판막이 닫힘과 동시에 혈액이 판막벽에 부딪침으로서 생긴 진동음이라고 한다. 앞에서 말한 바와 같이, 방실판막의 폐쇄부전 또는 협착증이 있을 때는 제 1심음이 제2심음이 나기까지 계속하여 들린다. 제 2심음은 심실 확장기의 시작 직후 대동맥 판막과 폐동맥 판막이 닫힘으로서 일어나는 진동음이다. 대동맥과 폐동맥 판막의 파손이 있을 경우에는 역시 제2심음이 계속하여 나타나서 다음 심장 주기의 제 1심음이 일어날 때까지 이어진다. 제3심음은 아주 약하고, 짧은 기간 동안 나타나기 때문에 청진상으로 듣지 못하고, 심음 발생기전도 명확하게 알 수가 없지만, 대략 대동맥궁의 구부러져 있는 부위에 혈액이 부딪침으로써 발생되는 진동음이라고 추측하고 있다. 심음의 발생기전은 잘 알 수 없지만 심음을 청진함으로서 심장의 상태를 파악할 수 있어서 질병의 진단에 많은 도움을 주고 있다.

(4) 심전도(Electrocardiogram : ECG)

심장이 활동할 때 즉, 수축과 이완을 할 때는 전기적 변동이 일어난다. 심장이 수축하는 것은 많은 근섬유가 모두 수축하기 때문이며, 이 수축이 일어나기 전에는 반드시 세포막의 탈분극이라는 과정을 거친다. 즉, 인체는 전기에 대하여 양도체이므로 심장에서 일어나는 탈분극 과정이 신체의 모든 곳에 전달된다.

피부에 두 개의 전극을 대고 이 두 전극 사이에 예민한 전류계(電流計)를 연결하면 심장에서 일어나는 전기적 변동에 유래하는 전기적 파동을 알아낼 수 있다. 이것을 간접적으로 graph로 나타낸 것을 심전도라 부르며, 1903년 네덜란드의 아이토벤(Einthoven)이 처음으로 고안하여 실험하였다.

심전도에 관한 여러 가지 약속이나 용어는 Einthoven이 처음 사용한 것을 그대로 현재도 사용하고 있다.

심전도에서 공통된 약속은 전기적 변화를 기록하는 유도법, 즉 그라프 횡축은 1초동안에 25mm가 이동하도록 조정하고, 그라프의 종축은 1mV(1볼트의 1/1000)의 전압발생에 대하여 10mm가 올라가게 조정하였다.

기록된 심전도에는 P파(P-wave), QRS파(QRS-complex)와 QT파(QT-complex), T파(T-wave)등으로 이름을 붙였으며, 다음과 같이 표시된다.

· P파 : 심장의 흥분을 표시

· PQ : 흥분이 심방에서 심실로 전달하는 시간

· QT : 심실의 전기적 흥분의 표현으로 심실군(ventricular complex)이라고 함.

· ST : ST는 Q,R,S에 다음 T가 시작하기까지 직선부분

· T : 심실군의 최후의 파로서 최후동요(termial deflexion)라 함.

· U : T에 계속해서 작은 파가 일어나는 것으로, 없을 때가 보통이다.

유도법에는 표준사지유도법(標準四肢誘導法; standard limb lead)또는 쌍극유도법(雙極誘導法; dipolar lead)과 심장앞 단극유도법(precardial unipolar lead) 및 증폭단극유도법(argumented unipolar lead)등이 있다.

표준사지유도법은 쌍극유도법으로 전극을 좌우 팔목과 좌측 발목에 부착시키고 오른쪽 팔목과 왼쪽 팔목사이의 전기적 변동을 기록한 제1유도(laed Ⅰ), 오른쪽 팔목과 왼쪽 발목에 부착한 전극사이의 전압차를 기록한 제2유도(lead Ⅱ), 왼쪽 팔목과 왼쪽 발목에 부착한 전극 사이의 전압차를 기록한 제3유도(lead Ⅲ)로 구성된 ECG를 말한다.

3. 심박출량(Cardiac Output)

심장운동의 결과 심장에서 혈액을 심장 밖으로 분출해낸다. 좌심실에서 한번에 분출되는 혈액의 양을 심장의 1회 박출량(stroke volume)이라고 한다. 한국인의 안정시에 있어서 1회 박출량은 누워있는 자세에서 60~75㎖, 앉아있는 자세에서는 55~72㎖라고 한다.

일반적으로 심박출량(cardiac output)이라고 하는 것은 매분 박출량으로 1분간 심장이 박출해내는 혈액의 양을 말한다. 그러므로 심박출량은 심장의 1회 박출량에다 1분간의 심박수(heart retes)를 곱해주면 된다. 즉,

C.O. = S.V. × H.R.

C.O. : 심박출량(cardiac output)

S.V. : 심장의 1회 박출량(stroke volume)

H.R. : 1분간의 심박수(heart rates)

이 된다.

따라서 안정 시 성인의 1분간의 심박수는 60~80회/분이므로, 누워있는 자세에서의 심박출량은 4.2~5.3 l , 앉은 자세에서는 3.9~5.0 l 로 나타났다. 심박출량은 체위 자세에 따라 약간의 차이가 있다. 이는 체위의 전환에 따르는 내장혈관의 조절 또는 호흡의 심도나 빈도, 횡격막의 위치 변화 등에 의해 차이가 생기는 것으로 볼 수 있다.

(1) 심박출량과 운동

운동을 시작하면 심장의 활동은 고조된다. 더구나 운동이 강화됨에 따라서 심장에서 분출되는 혈액량, 즉 심박출량도 증가한다. 이 심박출량의 증가는 폐포, 모세혈관을 통과하는 혈류량을 증대시키고, 폐포에서의 산소의 확산을 빠르게 하고, 그러므로 조직으로서의 산소운반을 용이하게 한다.

심박출량의 증가는 심장의 수축 속도, 즉 심박수(heart rates)와 1회 박출량(stroke volume)의 증가에 따른다. 일반적으로 성인의 안정시 심박수는 60~80회/분으로 연령, 성별, 체위, 환경의 온도, 습도, 기압, 정서 등에 의하여 민감하게 반응하여 약간의 차이를 나타낸다.

특히 운동강도의 증가와 함께 심박출량도 증가한다. 그 증가율은 운동강도에 비례하지만 어느수준(약 170~180회/분)을 넘으면 고원상태가 나타나, 최대 심박수에 이른다. 같은 운동강도를 부하할 때, 비단련자의 심박수의 증가율은 단련자보다도 높게 나타난다. 산소섭취량의 증가에 대한 심박수의 증가는 거의 비례하는 것으로 나타났다.

한편, 1회 박출량의 증가는 산소섭취량이 약 1.0~1.5 l 분의 운동강도(최대 산소섭취량의 40~50%정도)일 때, 고원상태에 이르고, 그 후는 현저한 변화를 볼 수 없다. 따라서, 심박출량의 증가는 운동강도가 비교적 가벼운 경우에는 심박수와 1회 박출량의 증가에 의하지만, 그 이상의 심한 운동에서는 주로 심박수의 증가에 의한다. 안정시의 심박수가 정상치보다도 높을 경우를 빈맥(頻脈; tachy cardia)이라고 하며, 적을 경우를 서맥(徐脈; brady cardia)이라고 한다. 스포츠 선수는 일반적으로 서먹을 많이 볼 수 있으며, 약 30~40회/분이 되는 경우도 있다

따라서 스포츠 선수의 서맥으로 인한 심박출량의 부족은 1회 박출량의 크기에 의해 충당된다고 볼 수 있다. 이 1회 박출량의 크기는 정맥귀환(venous return)과 심장의 크기(heart volume), 심근의 발달 정도에 따라 다르다. 정맥귀환이란 정맥에서 심장의 우심방에 되돌아오는 혈액량을 말한다.

그리고 일반성인의 1회 박출량의 최대치는 남자가 약 120~130㎖, 여자가 약 100~110㎖이다. 남자 운동선수는 160~170㎖에 달하며, 일반 성인과 운동선수의 최대 작업시의 산소섭취량, 심박수, 1회 박출량, 동정맥산소 교차와의 관계를 나타내면 다음과 같이된다. 즉,

최대산소섭취량 VO_2max(l /분)=

심박수(HR)(회/분)×1회 박출량(SV)(㎖/회) ×동정맥 산소교차(㎖/ l)(VO_2d)이 된다.

따라서 일반성인은 2.96 l /분 = 190회/분 × 120㎖/회 ×130㎖/ l 이고,

운동선수는 4.25 l /분 = 190회/분 × 160㎖/회 ×140㎖/ l 이 된다.

(2) 심장용적(Heart Volume)

1회 박출량은 심장의 크기와 거기에 알맞은 심장근 및 혈관의 발달에 따라서 차이가 있다.

1899년에 스웨덴 의사인 Hanschen은 스키 선수들이 굉장히 큰 심장을 갖고 있는 것을 진단하고, 이것을 스포츠심장(sport heart)이라고 처음 사용하였다.

이것은 고혈압, 심장판막증 등의 환자에게서 볼 수 있는 병적인 심장비대와는 다른 생리적인 현상이라고 발표하였다.

Sports heart는 그 후 New York의 Albert S. Heymans의 연구로써 확인되어 sports의 과학화에 크나큰 도움을 주었다.

Kitamura(北村)는 마라톤, 자전거, 수영, 보트, 축구, 레슬링, 복싱, 역도선수의 순서로 시장이 큰 것을 관찰하였으며, 독일의 Reindell은 독일 성인남자의 심장 용적은 약 790㎖라고 보고하였다.

현재, 심장용적의 측정은 주로 X-ray에 의하며, 한국인의 성인 남자는 약 620㎖이며, 심장용역은 신체의 크기(신장 및 체중)에 따라 커다란 차이가 있다.

따라서 운동선수와 같이 지구력이 우수한 사람의 심장은 일반인의 심장과 비교해서 횡경, 종경, 심용적이 크다. 또 training을 쌓고 있는 선수는 일반인에 비교해서 크기가 증가되고 있지만, 특히 지구적 인자가 강한 운동종목일수록 크다고 인정하고 있다. Training에 의해서 심비대가 일어난 스포츠맨의 심장을 스포츠 심장이라 부르고 있다.

4. 심박수와 운동강도

(1) 심박수와 O_2섭취량

심박수와 물리적 부하강도, 심박수와 산소 섭취량 간에는 직선관계가 성립하지만, 그것은 체력에 따라 변한다. 심박수와 물리적 부하강도에 보여지는 개인차는 스텝테스트 등에 의한 체력평가를 가능하게 한다. 한편, Ryhming과 Astrand와 Ryhming은 심박수-산소섭취량(H.R.-VO_2)관계는 VO_2를 %VO_2max로서 나타내면 개인차는 더욱 작게 되는 것을 밝혔다. 조비나 등도 지적하듯이 %VO_2max는 생체에 대한 부하의 강도를 나타내는 지표로 생각해도 좋다.

Rhyming의 실험에서는 50%VO_2max.에 상당하는 심박수는 남자 128, 여자 138박/분, 70% VO_2max.는 남자 154, 여자 164박/분이었다. 또한 Astrand등은 산소섭취량(%VO_2 max.)과 심박수, 심박출량, 일회 박출량의 관계를 밝히고, 40% VO_2max.시 심박수는 110박/분이었고, 일회박출량은 거의 최대에 도달해 있다고 술(述)하였다. 山地도 일본인에 대해서 조사하였다.

그리고 심박수가 100박/분시 40% VO_2max, 120박/분시 50%VO_2max.에 상당하고 있다고 보고하고 있다.

또한 Astrand등의 보고와 같도록, VO_2가 40~50% VO_2max.시 일회 박출량은 최대의 95%에 달하고, 이때 심박출량은 최대의 50~60%였다고 한다.

Inokai의 피검자는 올림픽 출전선수를 포함한 중장거리선수로서, 후자의 VO_2max.는 아주 높았음에도 불구하고, HR-%VO_2관계는 트레이닝 전후에 변하지 않았다고 보고하고 있다. 한편, 사이다마현 교육 센타에서는 초중고 남녀학생에 대해서 조사하고, 어느 학년에서도 HR과 %VO_2max.사이에 유의한 직선회귀가 존재하는 것을 확인하고 있다. 따라서 성·연령별로 회구식을 결정하면, 트레이닝에 관계없이 심박수로부터 산소섭취수준을 아는 것이 가능하게 된다.

(2) Training 강도로서의 목표 심박수(Target Heart Rate)

심박수는 트레이닝 강도의 지표로서 많이 이용된다.

운동강도(Training Intensity)는 목표 심박수에 의해 운동 강도를 설정하는 것이 타당하다고 할 수 있다. 즉 목표 심박수(Target Heart Rate)는 최대심박수의 70-80%정도 되며, 목표심박수는 9최대심박수 -안정시 심박수)×운동강도 +안정시 심박수로 계산한다.

여기에서 최대 심박수는 A)안 : 220 - 나이/min.과 B)안은 일본의 미야시다 공식 Y: 205 -0.78(age)와 한국 성동진 공식 Y: 205 - 0.49(age)을 사용하여 산출한다.

예를 들면

- Ex1) 나이 22세이고 안정시 심박수가 78박/min.인 'A'씨의 경우, 이 사람의 가장 안전한 운동 범위는?

ⓐ 운동 강도 50%일 경우

(198 - 78)×0.5 + 78 = 138박/min.

ⓑ 운동 강도가 70%일 경우

(198 -78)×0.7 +78 =162박/min.

따라서 'A'씨의 운동범위는 138박/min.에서 162박/min까지이다.

- Ex2) 'A'씨가 지금 jogging을 하고 있다. 현재 심박수를 재어보니, 174박/min.이었다. 이 때 'A'씨의 운동 강도는?

(198 - 78)×( )+ 78 = 174박/min.

120×( )+78 =174, 120( ) = 174 -78

120( ) =96 96/120 = 0.8

'A'씨의 현재 운동 강도는 80%이다.

이렇게 운동을 할 때에는 운동 강도를 고려하여 과도한 운동 강도로 운동을 하면 스포츠 돌연사가 발생할 수 있으며, 자기 체력에 알맞은 운동 강도로 운동을 하는 것이 바람직하다.

가장 바람직하고 안전한 운동 강도는 자기의 체력과 운동숙련도에 따라 다르겠지만 50~70%정도라고 할 수 있다.

5. 운동과 혈압(Blood Pressure)

혈압이란, 혈관내의 혈액이 혈관 벽에 작용되는 압력을 가리키며, 동맥압(arterial pressure), 정맥압(venous pressure), 모세혈압(capillary pressure)으로 구별되지만 보통, 혈압이라고 칭하는 것은 상완동맥혈압을 의미하며, 이 동맥혈압은 오로지 심장의 박동에 연유한 것이고 혈액순환의 원동력이 되는 것이다.

혈압을 측정한 최초의 사람은 Hales(1933)라 하며, 말의 하퇴동맥의 혈압이 직접 측정된 데서 비롯되었다. 동맥혈압은 심장이 심장주기 중, 심장수축기에는 혈액을 대동맥내로 밀어내어 혈압이 고조되고, 이완기에는 혈액을 대동맥으로 밀어내지 않아 혈압이 저하된다. 전자의 혈압을 수축기혈압(systolic pressure) 또는 최대혈압(maximal blood pressure)이라고 하고, 후자의 혈압을 이완기혈압(diastolic pressure) 또는 최소혈압(minimal blood pressure)이라고 한다.

이 양자의 차를 맥압(脈壓; pulse pressure)이라고 하며, 맥압은 보통 최고혈압의 1/3정도이며, 동맥의 탄력성과 매우 밀접한 관계가 있다

그리고 혈압은 혈관의 부위에 따라 달라진다, 대동맥, 동맥, 세동맥, 모세관, 세정맥, 정맥, 대정맥의 순으로 저하된다.

(1) 혈압의 생리적 반응

혈압은 연령, 운동, 자세, 말초저항, 체중, 회화, 흡연, 식사, 온도, 습도 등의 환경적 요인, 신경적 요인, 혈류 역학적 요인, 내분비성 요인 외에 유전적 요인 등의 생리적 변화에 의해 좌우되며, 특히 다음의 요인에 따라 영향을 받는다.

① 연령(Age)

갓난아기의 혈압은 55/40mmHg이다. 한달이 지나면 80/50mmHg이 되고, 점차 혈압이 증가하여 사춘기에 이르면 성인의 혈압에 이르게 된다. 이후, 혈압은 일반적으로 50세나 60세에 이르기까지 같은 정도를 유지하게 되지만, 대동맥 혈관벽에 경화증세가 생기면 혈압이 오르게 된다.

동맥 혈관벽은 정맥혈관벽보다 빨리 손상을 입는다. 동맥 혈관벽은 계속적인 긴장하에 놓여 있으면서도 혈액의 공급은 잘 받지 못한다. 외냐하면, 동맥혈관에 분포되어 있는 모세혈관은 동맥 혈관이 팽창할 때마다 혈류가 끊기고, 임파선의 작용 역시 효율적으로 되지 못하기 때문이다.

② 운동(Training)

운동부하에 의한 최대혈압은 안정상태보다 매우 높은 상승을 나타낸다. 그러나 최소혈압은 최대혈압보다 적은 폭으로 상승을 타나낸다.

따라서 맥압의 상승은 주로, 최대혈압의 상승에 기인하는 것이라고 볼 수 있다. 맥압의

상승은 주로 심박출량의 증가에 의한 것으로 생각된다.

Inokai(?)는 "운동에 의해서 교감신경이 흥분하고 심장의 수축력이 강하여지고 박동수도 늘므로, 최대혈압이 높아지나 최대혈압의 높아짐은 근육중의 혈류증가 여하에 따라 다르다. 최소 혈압은 피부 및 내장혈관 수축에 의한 말초저항이 높아짐과 동시에 근육 내의 소혈관 확장이라는 조건이 상쇄되어서 별로 변화하지 않는다."라고 했다.

운동부하에 의한 혈압반응은 신체의 부하부위(활동부위)에 의해서도 영향을 받는다고 볼 수 있다. 일반적으로 손작업과 다리작업에 의한 혈압상승은 모두 운동부하중의 산소섭취량에 비례하지만, 손작업쪽이 다리작업보다도 커다란 상승을 나타낸다. (Astrand:1965)

그것은 손 작업 쪽이 말초 저항이 높고 정적 근부하가 크기 때문이다.

③ 자세(Posture)

자세의 변화에 의해 혈압은 매우 가변적이다. 일반적으로 선 자세, 의자에 앉은 자세, 똑바로 누운 자세의 순으로 낮아진다.

그 외에, 이러한 자세 변화에 수반되는 혈압반사에서 자율신경계의 조정에 의해 이루어지는 것은 체위혈압반사법(Hukuda), Schneider Test에서 볼 수 있다.

④ 말초저항(Peripheral Resistance)

말초저항(mmHg/ l /min)은 평균혈압(mean blood pressure)을 심박출량(cardiac output)으로 제하여 구한다. 즉, 운동부하 강도가 높아지는데 따라서, 말초저항은 낮아지고, 심박출량은 증가한다. (Carlsten, 1966). 공식은,

$$\frac{\text{평균혈압(mean blood pressure)}}{\text{전말초저항(total peripheral resistance)}} = \text{심박출량(cardiac output)}$$

이다.

⑤ 체중(Body=Weight)

40대 이후 체중의 증가는 혈압의 증가와 연관성을 갖는 경우가 많으므로, 체중은 혈압 변화에 중요한 요인이 되고 있다. 그러나 체중의 증가가 고혈압의 직접적인 원인으로는 생각되지 않는다.

⑥ 정서(Emotions)

정서의 변화는 수축혈압에 미치는 요인으로서 중요하다. 경우에 따라 공포나 분노를 심하게 느끼는 경우, 약 40mmHg까지도 오를 수가 있다. 정서적으로 급박한 경우 에피네프린이 분비되어 심장의 박동수의 수축력이 증가되고, 소동맥혈관을 축소시켜 혈압을 높이게 된다.

(2) 운동시의 혈압의 변화

근운동에 의해 혈압의 상승은 주로 최고혈압에 나타나고, 최저혈압의 상승은 경도이다. 따라서 운동에 의한 맥압의 평균혈압은 증가한다. 최저혈압의 상승은 넓은 범위로 말초혈압이 확장해있는 것을 의미하는 것이며, 최고혈압의 상승 맥압의 증가는 심박출량의 증대를 표시하는 것이다. 그러면, 본 저자가 발표한 논문 "운동 부하 후 혈압의 회복에 관한 연구"에서 살펴보면, 운동 부하량에 따라 혈압치는 상당히 차이가 있으며, 단련자는 비단련자에 비하여 정상 혈압치로의 회복도 빨리 되는 것으로 나타났다. 운동으로 인한 혈압치의 상승을 살펴보면, 보통사람의 최대혈압은 안정치 120mmHg정도에서 최대 작업시에는 30~70mmHg의 상승이 되고, 이 상승은 운동 강도가 크면 클수록 커지며, sprint(전력질주)와 같은 심한 운동에서는 200mmHg이상에 달하는 수도 있다. 질주거리와의 관계를 보면 200~400m에서 최대의 상승을 볼 수 있지만, 거리의 연장에 따라 상승도는 낮게 되어, 마라톤의 경우에는 오히려 저하되는 일도 있다. 최소혈압의 경우는 표준치 80mmHg에서 10~20mmHg의 상승을 타나내며, 맥압에서는 20~60mmHg상승하는 것이 보통인데, 이것은 박출량에 대응하는 것으로 생각된다. 운동중의 최대혈압의 변동을 좀더 관찰해보면, 자전거 ergometer를 이용한 신체의 자연스러운 동적 운동에서,

① 운동개시 후 2분간에서 급격히 상승한다. 즉, 40mmHg정도

② 5~7분간에서 최고치에 달한다. 일시 저하하지만, 그 후는 거의 지속한다.

③ 운동중지 후 2분간에서 급속히 안정치까지 내려간다. 더욱이 안정치보다 5~10mmHg 낮게 되고, 그 후 재차 안정 시 정상치로 회복된다.

이와 같이 최고치의 저하 및 회복기의 안정치 이하의치는 운동에 의한 체온상승으로 피부혈관이 확장되어 혈류저항이 감소하는 것이 큰 요인이라고 생각된다. 운동선수와 비운동자의 운동시 혈압의 차이는 최고혈압은 약간의 차이가 있으나 거의 비슷하고, 최저혈압은 운동선수가 낮다. 그러므로 맥압은 선수 쪽이 크다. 따라서 운동 후의 혈압의 회복은 운동선수가 현저하게 빠르다.

6. 운동과 맥박(Pulse)

심장이 수축할 때마다 혈액을 박출해 내면서 파동을 일으키게 되는데, 맥박은 동맥의 확장과 반동수축(expansion and recoil)이 바뀌지면서 일어나는 것을 말한다. 맥박의 수는 건강한 사람의 경우 심박수와 같으나, 부정맥(不整脈)환자인 경우에는 심장박동으로 인한 박출량이 적어서 맥박을 느낄 수 있을 정도가 되지 못하기 때문에 심박수와 맥박수는 꼭 같지 않을 수도 있다.

그리고 운동을 하면 숨이 차고 땀이 나고 또 심장의 1회 박출량이 증가하며 동시에, 맥박수도 빨라지는 것은 누구나 느낀다. 운동의 부하가 증가할수록 심박수와 심장의 1회 박출량은 증가하는데, 격렬한 운동을 하면 심박수는 최고로 되고, 그 속도(시간)은 운동의 강도, 지속시간, 심리적 요인, 주위환경, 온도, 습도 또 운동하는 사람의 신체적인 조건 등에 따라 다르다.

운동시 최고 심박수는 200이 넘는 경우도 있으나, 보통 180이상이 된다. 운동을 시작한 다음 심박수가 최고로 오를때까지 걸리는 시간은 1분 이내에서부터 최고로 1시간 이상인 경우도 있다.

근육수축의 형태로 보아 등척성 수축시 맥박수의 증가가 더 컸다. 이러한 차이가 생기는 이유는 아직 확실히 알려지고 있지 않다. 운동중 일단 안정 상태에 이르면, 맥박수의 증가는 운동부하에 비례한다.

(1) 시합직전의 맥박

시합을 앞둔 선수의 맥박은 휴식 시 맥박보다는 훨씬 빠르다. 앞에서 말한 바와 같이 맥박수는 심리적인 영향을 받으므로, 시합에 임한 선수의 맥박수가 증가하리라는 것은 예상된다. 예를 들어, 휴식 시 맥박수가 72정도의 역도선수가 시합 바로 전에 맥박수가 135~160으로 증가하였다.

(2) 시합중의 맥박

시합직전에 시합을 예상함으로서 오르기 시작한 맥박은 시합이 시작되면 계속 오른다.

맥박수가 최고로 오르는데 걸리는 시간은 운동의 강도에 따라 다르지만 보통 1분 이내이다. 빨리 오르면 15초 만에 최고로 오를 수도 있다. 이렇게 증가된 맥박수는 운동 후 4

분정도 지나면, 그 후 거의 변화 없이 시합이 끝날 때까지 지속된다.

운동의 종류는 심박수 증가에 영향을 미친다. 최대로 심박수를 촉진하는 운동은 단거리 달리기이며, 그 다음이 지구력을 요하는 장거리 달리기이고, 심박수의 촉진을 제일 적게 하는 운동은 역도나 던지기 같은 힘을 요하는 종목이다.

최대운동 부하를 주었을 때의 심박수가 195라고 한다면, 다시 말해서 산소 섭취능력이 최대로 발휘했을 때의 심박수가 195일 때, 산소 섭취능력이 50%정도 발휘했을 때는 맥박수가 25세의 남자인 경우 130정도였고, 여자의 경우 140정도였다.

같은 운동이라 할지라도 다리운동 보다는 손을 많이 움직이는 운동을 할 때, 맥박수가 많다.

(3) 시합이 끝난 다음의 맥박수

시합이 끝나면 최고로 200이 넘었던 맥박수가 급격히 떨어진다. 맥박수가 운동 후 평상시의 정상 맥박으로 회복하는데 걸리는 시간은 먼저 행한 운동부하에 따른다. 운동을 장시간 격렬히 해서 거의 기진한 상태에 도달하면 회복시간은 길다. 운동했을 때 사용한 팔이나 다리에 붕대를 꽉 조이게 감으면 정상 맥박으로 회복하는 시간을 짧게 할 수 있는데, 그 이유는 정맥혈을 빨리 심장에 되돌려 보내서 심박출량을 증가시켜 심박수를 감소시키기 때문일 것이다.

한편, Harvard step test에 의하여, 실시 후 회복시의 심박수에서 하나의 지수(index)를 구하여, 지구성 운동 능력과의 상관관계를 나타내는데 많이 이용되고 있다.

Harvard step test의 실시 요령은 약 50cm높이의 의자나 튼튼한 받침대로 승강운동을 2초에 1회의 속도로 5분간 실시하여, 총 150회의 승강운동을 부하하여 Hervard step test 지수를 산출하며, 그 판정기준은 다음과 같이 5단계로 나눌 수 있다.

· 맥박수가 55이하 … Poor (약함)
55~64 … Low average (보통보다 약함)
65~79· … Right average (보통)
80~89 … Good (양호)
90이상 … Excellent (우수)

MEMO

가. 운동으로 인한 혈류의 변화

운동을 하면 활동근에 산소가 많이 소요되는데, 평상시 산소의 약 20%만을 소모하던 근육 에서의 소비량으로서는 모자라기 때문에, 뇌 · 심장 · 내장 · 신장 등에서 소비되던 산소로 보 충하게 된다. 따라서, 신경의 자극과 홀몬의 영향으로 혈류에 변화가 오게된다.

나. 운동으로 인한 동·정맥 산소차

안정시 혈액 중의 산소는 동맥이 95%정도이고, 정맥이 75%정도이나 운동시에는 정맥중의 산소량이 급격히 떨어진다. 이는 근육이 동맥중의 산소를 운동중에 빨리 탈취하여 소모하기 때문이다.

다. 운동으로 인한 그림 Hemoglobin의 양

Hemoglobin의 총량은 최대산소 섭취 능력과 관계있는 것으로서 운동시에는 Hemoglobin이 증가하여(5~10%정도) 정맥내의 부족한 산소를 보충 해 주어 운동에 적응하게 된다.

• 표준한국인의장기별 중량

한국인의 인체 장기별 중량이 한국 Energy연구소 방사선 생물학연구실에 의하여 조사 분석, 1982년 11월 26일 대한방사선방어학회에 보고되었다. 이 표준 한국인의 장기별 중량은 구립과학수사연구소의 부검자료를 분석, 조사한 것으로, 1979년에서 1981년 사이에 병사가 아닌 불의의 사고로 숨진 20~50세의 사망자 1,921명을 조사대상으로 하였다.

표 8-12. 인체 장기별 중량 (단위:g)

장 기 \ 국 별		한국인		일본인		유럽인	
		남	여	남	여	남	여
신장	좌	126.0	114.2	168	145	310	275
	우	125.6	113.5	159	135		
폐	좌	548.8	435.7	539	415	1,169	886
	우	652.6	521.7	623	478		
심장		348.8	301.6	352	284	345	275
간		1,864	1,610.9	1,600	1,363	1,831	1,477
췌장		56.4	54.0	135	111	96	84.8
비장		67.3	58.2	127	122	192	153

본 자료에 의하면, 한국인의 장기 무게는 일본인이나 유럽인과 큰 차이가 없으나, 신장(Kidney)의 경우는 좀 가벼운 것으로 나타났으며, 신장은 좌측이, 폐는 우측이 더 무겁고, 또 전체적으로 여자의 장기가 남자보다 신장은 9.5%, 폐는 20%, 심장과 간은 13.5%정도가 적은 것으로 나타났다.

제 10 장 심폐재활과 운동

I 폐 질환의 관리(Management of Pulmonary Conditions)

심폐 물리치료(cardiopulmonary physical therapy)는 급성이나 만성 및 일차적 또는 이차적 심폐 장애를 앓고 있는 모든 연령층의 환자관리를 다루는 전문적인 치료의 한 분야이다. 비록 심혈관과 폐 시스템이 본래부터 다른 모든 신체 시스템과 연결 되었다 하더라도, 여기서는 폐 기능장애를 가진 환자의 관리를 위해 사용된 검사절차와 중재에 대해 설명하고 있다. 특히, 환기와 기도 정화(air clearance)를 향상시키는 운동 중재들과 도수기법들을 설명하였다. 호흡기능장애를 가진 환자들을 위한 심폐 물리치료의 목표는 다음과 같다.

- 정상 호흡을 방해하는 기도 폐쇄와 분비물의 축적을 예방한다.
- 가동화와 분비물 배액을 통하여 기도 정화와 환기를 향상시킨다.
- 지구력과 전체적인 운동 내성을 향상시킨다.
- 호흡 재훈련을 통해서 호흡동안에 에너지 소비를 감소시킨다.
- 호흡장애와 관련된 자세기형을 예방하거나 교정시킨다.
- 이완을 촉진시킨다.
- 흉부 가동성을 유지하거나 향상시킨다.
- 기침의 효율성을 향상시킨다.

1. 호흡기의 구조와 기능의 복습(Review of Respiratory Structure and Function)

호흡은 신체 내에서 가스교환을 설명하는데 이용되는 일반적인 용어이며 외호흡이나 내호흡으로 분류될 수 있다. 외호흡은 폐포의 모세혈관 막과 폐동맥 모세혈관에서의 가스교환을 말한다. 환자가 들이마실 때 공기는 기관지 가지(tracheobronchial tree)를 경유하여 폐포로 전달되며 산소는 폐포벽과 폐포 틈의 공간과 폐동맥 모세혈관 벽을 통한 혈류내로 확산한다. 이산화탄소 운반은 반대로 일어난다. 내호흡은 폐동맥의 모세혈관과 주변의 조직세포 사이의 가스교환을 말한다. 내호흡은 동맥혈에서의 산소가 적혈구 세포로부터 산소가 요구되는 조직으로 확산될 때 발생한다. 외호흡과 마찬가지로 이산화탄소 운반은 반대로 일어난다. 호흡 계와 관련 있는 환기(ventilation)는 외호흡과 내호흡동안 신체 내·외에서 일어나는 가스교환이다. 이 주기적인 과정은 잘 조절된 환기근육 활동 흉곽 움직임, 그리고 상부와 하부 호흡로의 적절한 구조와 기능이 요구된다.

(1) 흉곽과 흉벽 : 구조와 기능
(The Thorax and Chest Wall : Structure and Function)

흉벽(chest wall)으로도 간주되는 흉곽(thorax cage)의 주요 기능은 호흡 순환 그리고 소화기계 내장기관을 보호하는 것이고 폐의 환기에 관여한다. 흉곽은 역학적으로 흡기시 흉곽 팽창이나 호기시 흉곽을 압축시키는 환기근들의 부착면을 제공한다. 또한 흉곽은 들어올리고 당기거나 누르는 활동에 작용하는 상지근육의 부착면이 된다. 이런 활동들은 보통 흡기 운동과 결합하여 수행된다. 흉곽의 후면을 따라서 늑골의 배부는 늑횡돌관절(costotransverse)과 늑추관절(costovertebral)에서 12개의 흉추와 관절한다. 흉곽의 전면을 따라서 제 1~7늑골은 늑연골(costal cartilage)을 통하여 흉골(sternum)과 직접적으로 관절한다. 제 8~10늑골이 상부 늑골에 연골성 부착을 가지는 것에 반해서 제 11~12늑골은 부유늑골(floating ribs)이다.

(2) 환기근(Muscle of Ventilation)

흉곽에 부착하는 많은 근육들은 호흡의 흡기나 호기 동안에 폐 안팎에서 공기의 움직임에 영향을 끼친다. 또한 호흡근으로도 간주되는 환기근은 주동근이나 보조근으로 분류될 수 있다. 환기의 보조근이 오직 깊고 강제적이거나 힘든 호흡 동안에만 동원되는 것에 반해서 환기의 주동근은 평온한(tidal) 호흡 동안에 동원된다. 평온한 흡기 동안에는 횡경막(diaphragm), 사각근(scalenes) 및 부흉근(parasternals)이 활성화 된다. 대조적으로, 안정시호기 동안에는 환기 주동근은 수축하지 않는다. 깊거나 강제적인 호흡동안에는 서로 다른 환기의 보조근들이 동원되고, 흡기나 호기 둘 중 하나에 의존하여 발생한다.

① 흡기(Inspiration)

횡격막(Diaphragm) : 흡기시 주동근인 횡격막은 횡격막 신경(phrenic nerve, C-3, C-4, C-5)의 지배를 받는다. 이완된 흡기 동안에는 공기의 움직임을 담당하는 주동근이며, 평온한 조건 아래에서는 호흡의 약70~80%를 수행한다. 횡격막이 수축할 때 흉곽의 용량을 증가시키기 위해서 안정시에 돔모양(dome-shaped)의 자세에서 하방으로 움직인다.

사각근(Scalenes) : 근위로는 하부 5개의 경추의 횡돌기에 부착하고 원위로는 처음 2개의 늑골 상부에 부착하는 사각근 또한 평온한 호기 동안에 작용한다. 사각근은 흡기의 초기에 수축을 시작하고 그 이후에 횡격막의 장력 생산 용량이 감소하는 흡기 주기에서 더 많은 장력을 생산한다. 사각근은 흉곽의 상부의 상방 및 외측 동작을 유발하는 펌프핸들(Pump handle)작용으로 흉골과 12번째 늑골을 들어올린다.

부흉근, 내측 늑간근(Parasternals intercostals) : 내측 내늑간근의 일부인 부흉근(parasternals)은 안정시 흡기 동안에 작용한다. 그들은 늑골을 고정시키고 흉벽 상부의 내부 움직임을 방지하는 역할을 한다.

흡기의 보조근(Accessory muscles of inspiration) : 흉쇄유돌근(sternocleidomastoid,SCM), 상승모근(upper trapezius), 대흉근(pectoralis major)과 소흉근(pectoralis minor), 및 쇄골하근(subclavius)은 깊거나 숨을 크게 들이 쉴때 작용한다. 이런 근육들은 왕성한 신체 활동 동안에 발생하는 더 큰흡기 활동이 나타나게 된다. 흡기의 보조근들은 횡격막이 병리학적인 결과로 비효율적이거나 약해졌을 때는 흡기의 주동근이 되기도 하며, 안정 시 흡기동안에 작용할 수 있다. 예를 들어, 척수손상의 결과로 인한 복근의 마비는 내장의 지지를 감소시키며(환자가 상체를 세운 자세일 때), 횡격막이 정상적인 돔 모양의 자세를 취하기보다는 오히려 납작한 모양을 취하게 한다. 그래서 흡기의 보조근의 동원을 필요하게 하는 횡격막의 탈선이 감소되고, 호흡은 효율적이지 못하게 된다. 흉쇄유돌근은 흉곽의 전후(anteroposterior, AP) 직경을 증가시키기 위해서 흉골을 들어올린다. 횡격막의 약증이 있는 환자에 있어서는 흉쇄유돌근이 흡기의 주동근으로서 작용한다. 상승모근은 어깨를 들어올리고, 숨을 크게 들이쉬는 동안에 흉곽을 들어올린다. 흉쇄유돌근은 사각근이 안정하게 고정되도록 목을 유지시켜 준다. 대흉근은 팔이 머리 위에 있을 때 흉곽을 들어올리는데 작용할 수 있고 흡기에 기여할 수 있다.

② 호기(Expiration)

호기는 사람이 휴식을 취하고 있을 때 나타나는 수동적인 과정이다. 수축 후 횡격막이 이완될 때 횡격막은 올라가고 늑골은 내려간다. 흡기가 유발되어 조직의 탄력적인 반동이 흉곽 내부를 감소시키고 흉곽 내부 압력은 증가시킨다. 조절되고, 강제적이거나 연장될 수 있는 능동적인 흡기 동안에는 보조근군이 작용한다.

복근(Abdominals) : 복직근(rectus abdominis), 내·외복사근(internal and external oblique), 복횡근(transverse abdominis)은 흉곽을 아래로 끌어당기고 횡격막 안에서 복부장기(abdominal contents)를 위로 끌어올리도록 수축한다. 복근이 수축할 때 흉곽내 압력은 증가하여 공기는 폐 밖으로 나가게 된다. 복근의 강한 수축은 강한 기침을 위해서 필요하다. 복근은 T-10, T-12 레벨의 척수신경에 의해 지배받는다. 대흉근(원위 정지부가 쇄골의 아래에 있고 팔이 고정된 자세일 때), 요방형근을 포함하는 호기의 기타 보조근들은 열두번째 늑골에 부착하기 때문에 발성동안에 횡격막을 고정시키는 작용을 가능하게 하며, 내늑간근(internal intercostals)은 흉곽을 내리도록 작용할 것이다.

(3) 환기의 기전(Mechanics of Ventilation)

① 환기시 흉곽의 움직임(Movements of the Thorax During Ventilation)

각늑골은 고유한 패턴이 있으나 움직임을 일반화(generalizations)해서 설명할 수 있다. 늑골은 전방으로는 흉골에 부착하고(제11늑골과 12늑골은 제외)후방으로는 추체, 디스크, 그리고 횡돌기에 부착하여 닫힌 운동 사슬(closed kinematic chain)을 형성한다. 흡기 동안에 흉곽은 움직임의 3가지면 모두에서 확장된다.

전·후 직경의 증가(Increase in the AP dimension) 흉골과 상부 늑골이 전방과 상방으로 움직인다. 이것을 펌프 핸들 동작(pump handle motion)이라고 한다. 흉추가 늘어나면서(똑바르게 하면서) 흉골의 더 큰 돌출(excursion)이 나타난다.

횡 직경의 증가(Increase in the transverse (lateral) dimension) : 늑골외측(midshaft)의 거상과 바깥쪽으로 팽창된다. 이것을 부켓 핸들 동작(bucket handle motion)이라고 한다. 흉골에 직접적으로 부착하지 않는 하위 늑골(제 8~10 늑골)도 바깥쪽으로 퍼지거나 열려서 늑골하각(subcostal angle)이 증가한다. 이것은 캘리퍼 동작(caliper motion)이라고 부른다. 늑연골 접합부(costochondral junction)의 각(angle) 또한 증가하여 흡기동안에 늑골분절을 더욱 길게 만든다.

수직 직경의 증가(Increase in the vertical dimension) : 횡격막의 중심 건(central tendon)은 근육이 수축함에 따라 하방으로 내려온다. 이것을 피스톤 작용(piston action)이라 한다. 늑골의 거상은 흉곽의 수직 면적을 증가시키고 횡격막의 효율성을 향상시킨다. 흡기의 마지막 단계에서 근육들은 이완하게 된다. 탄력적 반동은 횡격막이 상부로 움직이도록 유발한다. 늑골은 원래 위치로 돌아온다.

② 공기의 이동(Movement of air)

환기는 신체 내·외에서 일어나는 가스교환이다. 흡기 동안에 흉곽이 팽창됨에 따라 폐 안의 압력(폐포압)은 대기압보다 더 낮아지게 되어 공기가 폐 안으로 들어간다. 흡기의 마지막 단계에서 근육은 이완하고 폐의 탄력적 반동은 공기를 밖으로 밀어내며 그 결과가 호기이다.

참고 : 신경근 질환이나 근골격 질환 뿐만 아니라 심폐 질환을 가진 환자의 관리를 위한 일반적인 중재인 호흡운동은 폐에서 그리고 폐로부터의 공기의 이동에 영향을 끼치도록 만들어진다.

③ 순응(Compliance)

순응은 흡기 시 조직의 팽창성이나 폐가 어떻게 쉽게 팽창하는지와 관계한다. 환기에 관해서는 흡기 동안에 폐가 어떻게 쉽게 팽창하는지 또는 흉벽이 확장하는지와 관계가 있다. 정상적인 폐는 팽창성이 많이 있으나, 순응은 나이와 질환의 존재여부에 따라 변화한다. 정상적인 노화 과정 동안에 폐조직은더욱 순응하게 된다. 예를 들어, 폐의 질환은 조직(폐포 또는 늑막)의 섬유화를 일으켜 폐를 딱딱하게 만들어서 순응을 적게 하고, 반면에 만성 폐쇄성 폐질환의 하나인 기종(emphysema)은 폐조직이 압력에 대해 더욱 순응하도록 만든다.

④ 기도저항(Airway Resistance)

기도를 통과하는 공기 흐름에 대한 저항의 양은 많은 요소들이 영향을 미친다. 기도의 분기점(bifurcation)과 분지(branching)는 기도 저항의 근원이다. 각 기도의 관강의 크기 또한 저항에 영향을 끼친다. 관강(lumen)의 직경은 기도의 점액이나 부종, 평활근의 수축, 그리고 폐 실질의 탄력성이나 팽창성의 정도에 의해 감소될 수 있다. 정상적으로, 기도는 흡기시 넓어지고 호기시 좁아진다. 기도의 직경이 감소됨에 따라 기류에 대한 저항은 증가한다. 기관지 경련(천식, asthma)이나 증가된 점액생산(만성 기관지염, chronic bronchitis)을 일으키는 질환에서 기도 저항은 특히 호기 동안에 정상보다 훨씬 더 많이 나타난다.

⑤ **환기율**(Flow Rates)

환기율은 정해진 시간 내에 기도 안팎으로 이동되는 공기 양을 나타낸다. 기류저항과 관계되는 환기율은 환기의 용이함을 반영한다. 기류저항과 관계되는 환기율은 환기의 용이함을 반영한다. 호기 환기율은 배출된 기체의 양을 기체가 배출되는데 걸리는 시간으로 나눈 것으로 결정한다. 환기율은 호흡기 가지(respiratory tree)와 흉벽에 영향을 주는 질환의 결과로 인해 변화된다. 예를 들어, 만성 폐쇄성 폐질환에서는, 호기 환기율이 정상과 비교해 볼 때 감소된다. 즉, 일정한 양의 공기를 내쉬기 위한 시간이 정상적인 기간보다 더 오래 걸릴 것이다.

(4) 호흡기도의 해부와 기능(Anatomy and Function of the Respiratory Tracts)

① **상부호흡기도**(Upper Respiratory Tract)

상부 기도의 구조는 비강(nasal cavity), 인두(pharynx), 후두(larynx)이다. 공기가 신체로 들어감에 따라 비강과 인두는 공기 안에 있는 분자들을 여과하고 제거하며, 체온으로 공기를 따뜻하게 하고 축축하게 하기 시작한다. 이런 구조들의 점막 내층은 점액을 분비하는 세포와 섬모가 있는 세포를 가진다. 섬모와 점액은 분자를 거르며, 재채기는 큰 분자들을 제거한다. 질병으로 체온이 상승되면 점막이 건조하게 되는 경향이 있다. 그래서 신체는 더 많은 점액을 분비한다. 점액이 건조해지고, 한 주기는 시작한다. 섬모의 작용은 점액이 건조해짐에 따라 억제된다. 환자는 입으로 호흡하는 경향이 있어서 점액의 가습화가 저하되어 점액의 점도를 증가시킨다. C-3에서 C-6에 위치하는 후두는 기류를 조절하고 후두가 빠르게 수축하면서, 후두개는 음식, 액체, 또는 이물질이 기도로 들어가는 것을 방지한다.

② **하기도**(Lower Respiratory Tract)

하기도는 기도로 통하는 기관지 가지와 종말 호흡 단위로 구성된다. 기관에서부터 종말 호흡단위에 달하는 기관지 가지 안에 있는 구조들의 약23개의 분지가 있다. 기관지 가지의 처음의 분지들은 그림 10-1에 묘사되어 있다. 하부 호흡기도의 기도 분지들의 처음 16개는 공기를 전도함에 반해서 마지막 6개는 약3억 개의 폐포가 존재하는(성숙한 폐에서) 호흡기도이다. 기도의 직경은 기관지 가지의 잇따른 생성과 함께 더욱 더 작게 된다.

기관(Trachea) : 기관은 반원형의 연골 고리에 의해 지지되는 유연성이 있는 타원체이다. 그 분기점에서 하방 사선 방향에서의 C-6로부터 제 2늑골과 T-6레벨의 흉골각까지 퍼져있

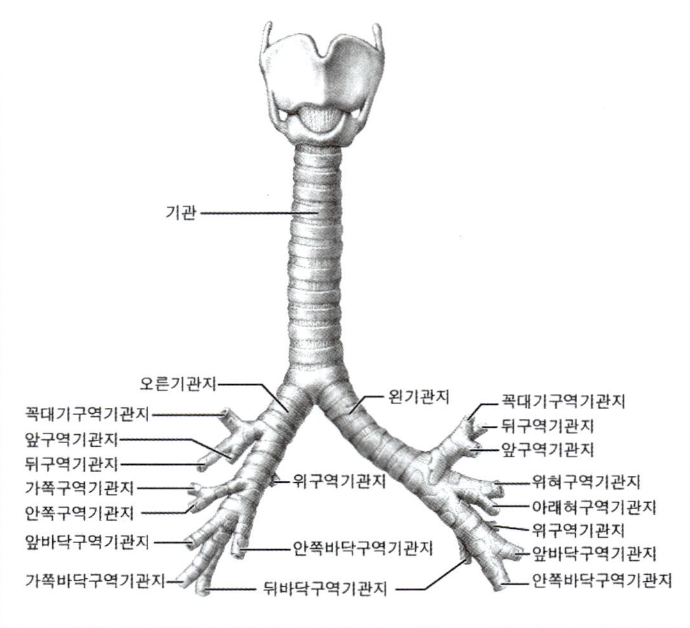

그림 10-1. 하기도-기관기관지 문지

다. 후벽은 평활근이며 같은 수의 섬모상피세포(ciliated epithelial cells)와 점액을 함유한 배상 세포(mucus-containing goblet cell)가 분포되어있다.

주기관지(Manistem bronchi) : 기관 가지는 두개의 주기관지로 갈라진다. 우측은 거의 수직으로 향해있고 좌측은 우축보다 더 비스듬히 경사져 있다.

엽기관지(Lobar bronchi) : 2개의 주기관지는 5개의 엽기관지로 나누어지는데, 우측에 3개이고 좌측에 2개이다. 주기관지와 엽기관지는 기도 개방의 유지를 돕는 더 많은 연골을 가지고 있다.

분절기관지(Segmental bornchi) : 각각의 엽기관지는 2개 또는 그이상의 분절기관지로 나누어지는데 우측에 10개가 있고 좌측에 8개가 있다. 분절기관지는 드문드문 있는 연골, 평활근, 탄력섬유 및 모세혈관망을 가지고 있다. 주기관지, 엽기관지 및 분절기관지는 기관에서와 같이 점막을 가지고 있다.

세기관지(Bronchioles) : 분절기관지는 연골과 섬모상피세포를 더 적게 가지는 하분절기관지(subsegmental bronchi)와 세기관지(bronchioles)로 나눈다. 이런 세기관지들은 종말세기관지(terminal bronchioles)로 나누어지며, 기관지 가지의 마지막 연골인 종말세기관지는 섬모세포가 없다. 종말 세기관지는 호흡세기관지(respiratory bronchioles)로 나누어지고 세기관지와 폐포 사이의 과도구역(transitional zone)을 제공한다.

폐포(Alveoli) : 호흡세기관지는 폐포관(alveolar duct)과 폐포낭(alveolar sacs)으로 나누어진다(그림 10-2). 하나의 폐포관은 여러개의 낭들이 달려있다. 폐포관은 수축으로 관의 내강을 좁히는 평활근을 포함한다. 폐포는 폐포관과 폐포낭의 말단부에 위치하며, 모세혈관(폐포-동맥 막, alveolar-arterial membrane)망이 둘러싸고있으며, 가스교환은 여기에서 일어난다.

③ 상부호흡기도와 하부호흡기도의 기능의 요약(Summary of Function of the Upper and Lower Respiratory Tracts)

- 가스교환을 위해 폐포로 공기를 운반한다.
- 습기를 제공하고 공기를 정화하기 위해 작은 분자들을 거르는 데 돕는다.
- 혈관공급에 의해서 공기를 따뜻하게 한다.
- 섬모를 이용하여 점액을 위로 이동시킨다.
- 더 넓은 기도를 정화하기 위해 기침반사를 유도한다.

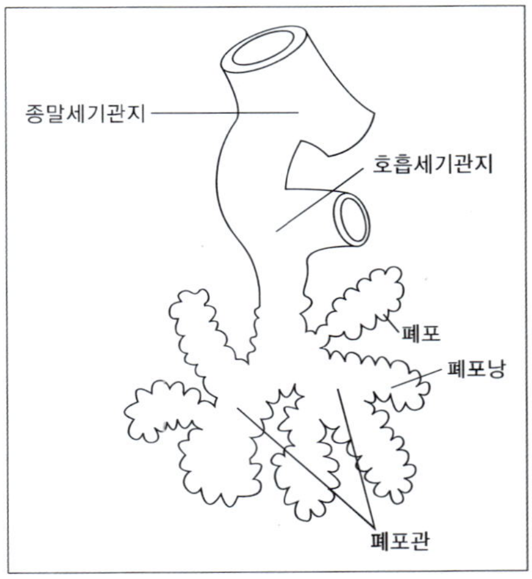

그림 10-2. 기관지폐 구역 (bronchopulmonary segment)

폐와 늑막(The Lung and Pleurae) : 폐와 늑막은 다음의 구성요소 구성되어 있다. 우폐는 3개의 엽(상엽, 중엽, 하엽)과 10개의 폐구역(bronchopulmonary segment)을 가진다. 좌폐는 2개의 실제엽(상엽과 하엽)과 폐의 "실제"엽으로 고려되지 않는 소설(lingula)이라 불리는 폐의 단층을 가진다. 좌폐는 8개의 폐구역을 가진다. 폐의 엽은 그림 10-3에 묘사되어 있다. 각각의 폐는 내장성 늑막(visceral pleura)이라고 알려져 있는 장막인 늑막(pleura)으로 덮여있다. 이 막은 각 폐의 모든 표면에 부착한다. 체성늑막(parietal pleura)은 흉곽벽의 안을 가득 채우고 있다. 체성늑막은 동통에 민감하지만 내장성늑막은 감각이 둔하다. 늑막 사이의 아주 작은 공간에서 음압은 팽창된 폐를 유지하도록 한다. 늑막액(pleural fluid)은 늑막사이에 있으며, 환기동안에 늑막이 서로서로 미끄러지도록 윤활작용을 한다.

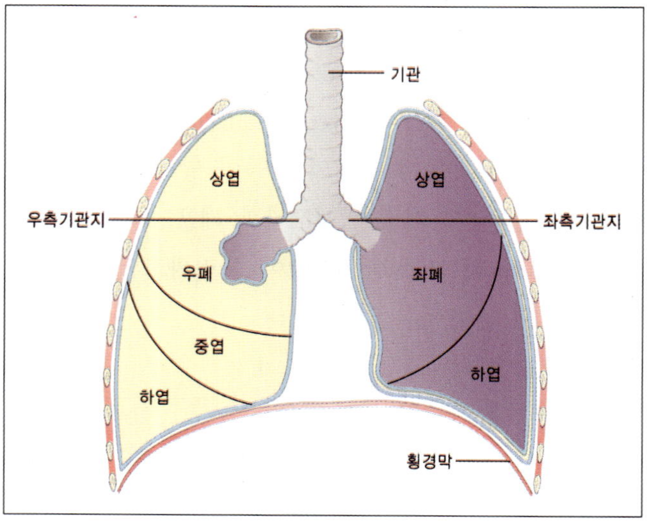

그림 10-3. 좌폐와 우폐의 구조

폐의 용적과 용량(Lung Volumes and Capacities) : 폐의 용적과 용량을 측정하는 폐기능 검사는 폐의 역학적인 기능 상태를 평가하기 위하여 수행된다(그림 10-4). 폐 용적과 용량은 검사대상자의 나이, 체중, 성별, 신체자세와 관계되며 질환에 의해서 달라지게 된다. 두 개 혹은 그 이상의 폐 용적이 결합될 때 용량이라고 말한다. 이런 측정들의 기본적인 이해와 치료사가 폐 기능장애를 가진 환자를 치료하는 데 유용한 가치가 무엇인지를 반영한다.

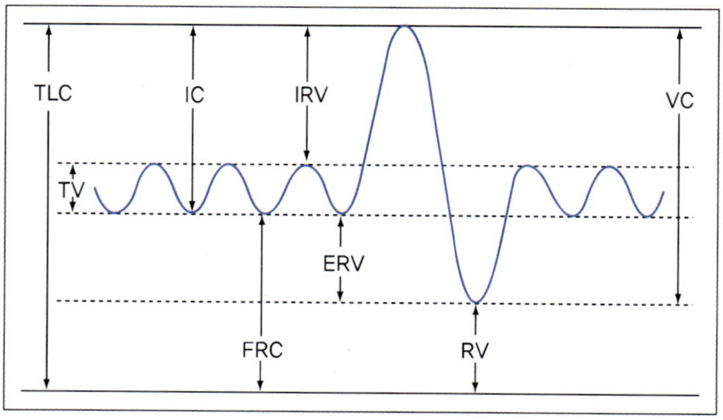

그림 10-4. 정상 폐 등급(values)과 용량 (capacity)

④ 총폐활량(Total Lung Capacity, TLC)

- 총폐활량은 최대 흡기 후 폐안에 함유된 공기의 총량을 말한다.

- 총폐활량은 4가지의 용적으로 다시 나뉠 수 있는데, 1회 환기량(tidal volume), 흡기보전용적(inspiratory reserve volume), 호기 보전용적(expiratory reserve volume), 잔기량(residual volume)등이 있다.
- 폐활량(vital capacity)과 잔기량(RV)의 합은 총폐활량이다.
- 총폐활량은 건강한 젊은 성인에서 약 6000mL이다.

⑤ 1회 호흡량(Tidal Volume, TV)

- 이완된 호기에 연이어 일어나는 이완된 흡기 동안에 교환된 공기의 양.
- 건강한 젊은 성인의 1회 호흡량은 매 흡기마다 약 500mL이며, 1회 호흡량의 약 350mL가 폐포에 도달하여, 가스교환에 참여한다(호흡).

⑥ 흡기예비용적(Inspiratory Reserve Volume, IRV)

- 흡기예비용적은 안정시 흡기 후에 들이 마실 수 있는 공기의 양이다(약3000mL). 호기예비용적(Expiratory Reserve Volume, ERV).
- 호기예비용적은 정상적인 안정 호기 후에 내쉴 수 있는 공기의 양이다(약1000mL).

⑦ 잔기용적(Residual Volume, RV)

- 잔기량은 최대 호기 후에 폐에 남는 공기의 양이다(약1500mL).

⑧ 흡기량(Inspiratory Capacity, IC)

- 흡기량은 안정시 호기 후에 들이 마실 수 있는 공기의 최대양이다.

⑨ 기능적 잔존량(Functional Residual Capacity, FRC)

- 기능적 잔존량은 안정 시(주기적인, tidal) 호기 후에 폐에 잔존하는 공기의 양이다 (약3500mL).
- 호기예비용적(ERV)과 잔기량(RV)의 총합이다.
- 이 용량은 흉벽을 확장하는 힘이 폐 허탈을 쉽게 하는 힘과 균형을 이루어 환기 동안에 그 범위를 나타낸다.

⑩ 폐활량(Vital Capacity, VC)

- 폐활량(vital capacity)은 1회 호흡량(TV), 흡기예비용적(IRV) 및 호기예비용적(ERV)의 총

합이다. 폐활량은 최대 호기에 뒤이어 일어나는 최대흡기에 의해 측정된다(약4500mL).

- 폐활량은 연령에 따라 감소하며 기립자세(앉기 또는 서기)에 비하여 바로 누운자세에서 더 적다.
- 폐활량은 제한성 및 폐쇄성 질환의 존재로 감소한다.

2. 검사(Examination)

폐 기능장애를 가진 환자의 검사와 진단, 예후의 결정과 중재계획은 병력, 계통검토(system review), 그리고 특정한 검사 및 측정을 포함하는 포괄적인 검사에서 유래하는 결과에 기초를 두게 된다. 이 섹션에서 논의된 평가절차들은 일차적 혹은 이차적인 폐 기능장애를 가진 환자의 검사 동안에 치료사에 의해 일반적으로 수행되는 것들이다. 기타평가절차들은 치료사에 의해 수행되지 않으며 폐 질환으로 알려졌거나 의심된 환자의 평가에 일반적으로 사용되는 방사선 사진, 혈액 기체의 평가(evaluation of blood gases), 단층촬영법, 혈액학적 검사와 같은 것들은 이 섹션에서 논의되지 않는다.

(1) 목적(Purpose)

- 환자의 일차적 및 이차적인 호흡과 환기의 손상이 어떻게 그들의 신체적 기능을 제한하는지 결정.
- 환기 펌프의 적당함과 안정 시와 기능적 활동 시에 요구되는 산소를 만나기 위한 산소흡수/이산화탄소 배출 기전을 결정.
- 폐 재활 프로그램에 환자를 참여시키는 것이 적합한지를 확인.
- 환자에게 적합한 수준의 치료계획을 계발.
- 환자의 진행과 치료의 효율성을 측정하기 위한 기초 정보를 수립.
- 특정한 치료를 중단하는 시기를 결정.
- 자가관리(self-management)를 위한 기본원리로써 가정프로그램의 계획과 이행.

(2) 검사의 구성요소(Components of the Examination)

폐나 흉부 장애와 연관된 기능장애를 가진 환자의 포괄적인 검사에는 많은 요소들이 있다. 이 섹션에서 기술된 절차들은 초기 또는 진행 중인 평가나 운동치료중재의 수정을 위해서 치료사에 의해 가장 빈번히 사용된다. 더 광범위한 검사절차의 설명과 치료사에 의한 감별진단의 목적을 위한 이런 결과들은 관련된 출처에서 알 수 있다.

① 병력과 시스템리뷰(History and System Review)

검사과정은 가능하다면 환자뿐만 아니라 가족 구성원들과의 면담을 포함하는 환자의 병력으로 먼저 시작한다. 면담동안에 치료사는 환자나 가족 구성원들이 어떤 기능적 제한이나 무능의 자각을 확인할 수 있으며 환자의 주된 호소와 환자가 치료를 받으려는 목적을 확인할 수 있다. 면담을 위한 준비로써 의학적 병력(medical history)과 의학적 진단(medical diagnosis)은 이용가능하다면 환자의 의무기록으로부터 얻게 되거나 더 일반적으로 환자나 가족으로부터 얻게 된다. 문제가 되는 직업적 및 사회적 경력은 특별히 환자의 직업에 따른 신체적 요구도 작업환경뿐만 아니라 흡연과 음주와 같이 환자의 건강에 영향을 미치는 사회적 습관들에서 획득된다. 가정 또는 가족환경의 평가는 환자의 가족 내 위치, 가정형편 및 유효한 가족 부양 시스템을 포함하야 한다. 간단한 시스템 리뷰는 병력(history)을 따라야한다.

② 환자의 전반적인 상황(General Apperance of the Patient)

표 10-1은 환자의 시진과 이런 관찰들의 상당한 암시에 의해 획득될 수 있는 정보의 유

표 10-1. 환자의 전반적인 상황과 암시

전반적인 상황	암시
자각의 수준(의식의 수준) : 명료성, 반응성 또는 협조성대 기면성(lethargic),무분별성(disoriented) 또는 부주의함(inattentive)	호흡의 산혈증(acidosis), 과탄소증(증가된 Pco_2 수준)이나 저산소증(감소된Pco_2 수준)은 의식수준을 변화시킬 수 있다.
체형: 정상, 비만 또는 약태증(cachectic)	운동에 대한 과민성을 반영할 수 있다.
색깔: 청색증(푸른빛을 띠는 상태) 말초적으로(손톱) 또는 중심부로(입술)	말초는 낮은 심장 출력이 나타날 수 있다: 중심부는 폐에서의 가스교환이 부적합하게 나타날 수도 있다.
얼굴 모습이나 표정 : 동공의 축소나 확대, 비강 확장, 땀 또는 지친 기색	호흡의 고통, 피로나 폐 또는 근골격계 통증의 증상
경정맥의 충혈: 45°의 베개위에 환자의 척추와 머리와 목에서의 경정맥압의 투시	선천적인 심장쇠약/오른쪽으로 치우친 심장과 연관된 잉측 팽창
환기근의 비대나 휴식시 사용 : 흉쇄유돌근, 상승모근	조기의 만성적 폐 질환이나 횡격막의 약증이 있는 환자에게서 나타난다.
흡기와 함께 발생하는 상부쇄골이나 늑간의 후인	호흡에 어려움이 있는 환자에게 나타난다.
오므린 입술 호흡의 사용(대개 호기시)	호기에서 어려움이 나타난다. 만성 폐쇄성 질환을 가진 환자에게서 종종 나타난다.
손가락의 곤봉모양 : 손톱과 원위지절관절 사이의 각도 소실	증가된 환류(perfusion)와 연결된다.
말초부종	우심실 쇠약이나 림프 기능장애의 증상

형을 설명하고 있다. 이러한 많은 결과들은 병력(history)의 진행 동안이나 시스템리뷰 동안에 나타나게 될 수도 있다.

③ 흉곽모양과 면적의 분석(Analysis of Chest Shape and Dimensions)

흉곽과 체간의 대칭성(Symmetry of the chest and trunk) : 전·후방 그리고 외측을 관찰한다. 흉곽은 대칭적이어야 한다.

체간의 가동성(Mobility of the trunk) : 모든 방향에서 능동적인 움직임을 검사하고 특히 흉추에서 움직임의 어떠한 제한이 있는지를 확인한다.

흉곽의 모양과 면적(Shape and dimensions of the chest) : 전후면적(AP dimension)과 외측면적은 보통 1 : 2이다. 일반적인 흉곽기형은 다음을 포함한다.

- 술통형가슴(Barrel chest). 상부 가슴의 둘레가 하부 가슴의 둘레보다 더 크게 나타난다. 흉골이 돌출되고, 흉곽의 전후 면적은 정상보다 더 크다. 대개 상흉부로만 호흡하는 만성 폐쇄성 질환을 가진 많은 환자들에게서 술통형 가슴이 발생한다.
- 누두흉(깔대기가슴)[[Pectus excavatum(funnel brest)]. 흉골의 하부는 내려앉고 하부 늑골은 나팔꽃 모양처럼 펴진다. 이 기형이 있는 환자는 횡격막 호흡을 하며, 숨쉬는 동안에 과도한 복부 돌출과 약간의 상흉부 움직임이 발생한다.
- 돌출가슴(새가슴)[Pectus carinatum(pigeon breast)]. 흉골은 돌출되고 전방으로 튀어나온다.

④ 자세 또는 자세조절(Posture or Preferred Positioning)

만성 폐 질환의 결과로 호흡의 어려움을 가진 환자들은 종종 앉거나 서있을 때 그들의 손이나 전완을 앞으로 기울여서 흡기를 보조하기 위해 견갑대를 거상시킨다(그림 10-5). 이것은 대상작용에 의해서 흡기의 보조근으로서 작용하는 흉근과 전거근의 효율성을 증가시킨다. 흉곽 움직임과 환기가 제한시킬 수 있는 흉곽 수술로 인한 후만증과 측만증 및 자세의 비대칭과 같은 자세 기형들을 주목한다. 심폐 기능 장애를 가진 환자들은 쉴 때나 잘 때 종종 완전히 기댄 자세보다 오히려 머리를 위로 올린 자세를 선호하게 된다. 수평 자세를 취하게 하면 결과적으로 호흡의 단축이 발생 할 수도 있다.

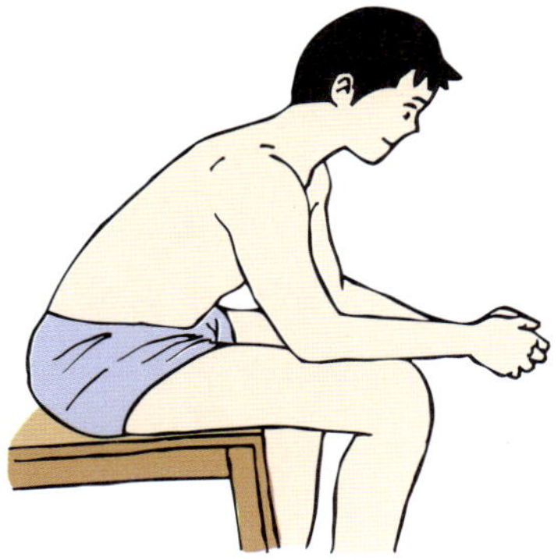

그림 10-5. 휴식이나 활동 후에 호흡의 부족이 있는 환자는 종종 증후를 감소시키거나 경감시키기 위해서 대퇴위에 손과 주관절을 안정시킨 상태로 앞으로 구부린 자세를 취한다.

⑤ 호흡양상(Breathing Pattern)

휴식시나 활동에 따른 환기율과 환기의 규칙성 및 환기의 위치를 평가한다. 정상적인 호흡률은 분당 12~20회의 호흡이다. 이것은 맥박률을 잴 때처럼 환자가 자신의 호흡률이 측정되고 있다는 것을 눈치 채지 못할 때 정확하게 측정된다. 정상적인 흡기 대 호기의 비율은 휴식시에 1 : 2이며 활동 시에는 1 : 1이다. 만성 폐쇄성 폐 질환(COPD)을 가진 환자들은 휴식 시에 1 : 4의 비율이며, 이것은 호흡의 호기 양상을 가진 이런 환자들의 어려움을 반영한다. 휴식시 정상적인 흡기의 순서는 (1) 횡경막이 수축하면서 하강하고 복부(상복부, epigastric area)는 올라가며, (2) 이것은 늑골이 위로 올라갈 때 외측 늑골 팽창이 뒤이어 일어나고, 마지막으로 (3) 상흉부가 올라간다. 흡기 보조 근으로 작용하는 경부 근육들은 이완된 흡기 동안에 활성화 되지 않아야 한다. 그 순서를 평가하기 위해서는 환자가 편안한 자세를 취하게 해야 한다[반 기대기(semireclining) 또는 바로누운자세]. 치료사의 손을 환자의 상복부와 흉골에 놓고 이 두 부위에서 움직임을 관찰한다.

비정상적인호흡양상(Abnormal Breathing Patterns)

다음 용어들은 비정상적인 호흡 양상의 변화를 설명한 것이다.

- 호흡곤란증(Dyspnea) : 호흡의 단축의 결과로서 어려움이 있고 힘든 호흡.
- 빈호흡(Tachypnea) : 빠르고 얕은 호흡이며, 1회 호흡용적은 감소되나 호흡율은 증가한다. 제한성 또는 폐쇄성 폐질환과 연관되며 흡기의 보조근을 사용한다.
- 호흡완서(Bradypnea) : 얕거나 정상적인 깊이의 느린 비율과 규칙적인 리듬, 약물 과다복용과 연관될 수 있다.
- 과잉환기(Hyperventilation) : 깊고 빠른 호흡. 1회 호흡용적이 증가되고 호흡률도 증

가된다. 규칙적인리듬.

- 좌위호흡(Orthopnea) : 바로 누운 자세에서 호흡의 어려움.
- 무호흡(Apnea) : 호기단계에서 호흡의 정지(cessation)
- 지속성흡식(Apneusis) : 흡기단계에서 호흡의 정지.
- 체인-스톡호흡(Cheyne-Stokes) : 1회 호흡용적이 점차적으로 증가하다가 다시 감소하는 일련의 주기성을 보이다가 무호흡의 기간이 있다. 이것은 때때로 중증 두부 손상을 가진 환자에게서 나타나게 된다.

⑥ 흉곽가동성(Chest Mobility)

흉곽 움직임의 대칭성(Symmetry of chest movement) : 호흡동안에 움직이는 흉곽의 대칭성에 관한 분석은 치료사에게 흉곽의 가동성에 대한 어떠한 정보를 주며 폐의 어떤 부위와 일치하는지 아닌지를 간접적으로 나타낸다. 절차 : 치료사의 손을 환자의 가슴에 놓고 흡기와 호기 동안에 가슴 양 측면의 운동을 평가한다. 엽(lobes)의 각부위도 검사될 수 있다.

- 상엽의 확장(upper lobe expansion)을 검사하기 위해서는 환자와 마주보고 흉골절흔에서 흉골중간부(midsternal)에 치료사의 양손 엄지 끝을 올려놓는다. 나머지 손가락을 쇄골 위로 편다. 환자에게 완전하게 내쉰 후 깊게 들이 마시도록 한다.
- 중엽의 확장(middle lobe expansion)을 검사하기 위해 계속해서 환자와 마주보고 검상돌기에 치료사의 양손 엄지끝을 놓고 나머지 손가락들은 늑골 주위에 측방으로 편다. 다시 환자에게 깊게 숨을 쉬도록 요구한다.
- 하엽의 확장(lower lobe expansion)을 검사하기 위해서는, 극돌기(하흉부)에서 환자의 등을 따라 치료사의 엄지 끝을 놓고, 늑골 주위에 나머지 손가락들을 편다. 환자에게 숨을 깊게 쉬도록 요구한다.

운동의 범위(Extent of excursion) : 흉곽 가동성의 범위는 두 가지 방법으로 측정될 수 있다.

- 세 부위의 높이(액와, 검상돌기, 하부 늑골)에서 줄자로 가슴둘레를 측정한다. 최대 흡기후와 최대 호기 후에 둘레는 변화한다.
- 앞에서 기술되었던 것처럼 양손을 환자의 가슴이나 등에 올려놓는다. 최대 흡기 후에 치료사의 양쪽 엄지 사이의 거리를 측정한다.

⑦ 촉진(Palpation)

흉곽의 촉진은 폐와 흉벽, 그리고 종격을 포함하여 피하조직의 기능 장애의 징후를 제공한다.

촉각(음성) 진탕음[Tactile(vocal)fremitus] : 이것은 환자가 말하고 있을 때 치료사가 흉벽 위를 촉진함으로써 느껴지는 진동이다. 절차 : 흉벽에 치료사의 손바닥을 가볍게 올려놓고 환자에게 몇 개의 단어를 말하게 하거나 "99"를 여러번 반복하게 한다. 정상적으로, 진탕음은 흉벽에서 균일하게 느껴진다. 진탕음은 기도에 분비물이 있을 때 증가하게 되고 공기가 폐쇄된 기도로 인하여 막히게 될 때는 감소하거나 없어진다.

흉벽통(Chest wall pain) : 흉벽의 전방, 후방 또는 측방위에 특정한 통증점이나 통증 부위는 촉진으로 확인할 수 있다. 절차 : 근골격 기원의 잠재적인 통증의 어떤 특정한 부위를 확인하기 위해 치료사의 손으로 흉벽에 대항하여 꽉 누른다. 환자에게 숨을 깊이 쉬도록 요구하고, 흉벽의 어느 통증 부위를 확인한다. 근골격 기원의 흉벽통은 종종 촉진하는 동안에 혹은 깊은 흡기동안에 직접적인 압박으로 증가한다.

참고 : 흉곽의 전방, 후방, 또는 측방 부위의 통증은 근골격, 폐 또는 심장에서 기원될 수 있다. 폐 기원의 통증은 보통 흉곽의 부위로 국소화 되지만 목이나 어깨에서 또한 느껴질 수도 있다. 폐나 심장의 상태는 색전증(embolism), 늑막염(pleurisy), 폐렴(pneumonia), 기흉(pneumothorax)과 대동맥 고혈압과 같은 것들은 근골격 통증을 유발할 수 있다.

종격의 이동(Mediasternal shift) : 기관의 위치는 정상적으로 종격의 대칭성을 나타내는 상흉골절흔(suprasternal notch)에 대하여 중앙으로 향해 있다. 비대칭적인 흉곽내 압력이나 폐 용적으로 인해서 기관의 위치는 변화한다. 예를 들어, 만약 환자가 폐를 제거했었다면(폐절제술, pneumonectomy), 수술한 쪽의 폐 용적은 감소될 것이며, 기관은 수술한 쪽을 향해 이동할 것이다. 반대로, 환자가 혈흉(hemothorax)(흉곽내 혈액)이 있다면, 혈흉이 있는 쪽의 흉곽내 압력은 증가하며, 종격은 건측 가슴쪽으로 이동할 것이다. 절차 : 종격의 이동(mediasternal)을 확인하기 위해서는 머리를 정중앙으로 하여 환자를 마주 앉힌 후에 흉쇄유돌근을 이완하기 위해서 목을 약간 굴곡하게 한다. 치료사의 시지로 상흉골절흔에서 기관의 양측 위에 연부조직 공간을 부드럽게 촉진한다. 기관이 정중앙에서 촉지될 수 있는지 아니면 좌·우로 이동되었는지를 결정한다.

⑧ 간접타진(Mediate Percussion)

이것은 폐의 밀도, 특히 폐 속의 공기 대 고형질의 비율을 평가하기 위해 만들어진 검사 기법이다. 절차 : 비우성 손의 중지를 늑간 공간을 따라 흉벽에 놓는다. 반대쪽 손의 중지 끝으로 흉벽에 위치된 손가락 위를 강하게 두드린다. 흉벽의 오른쪽과 왼쪽 면 그리고 전방과 후방 면의 여러 지점에서 이 절차를 반복한다. 이 방법은 공명음(resonance)을 유발하는 검사로서 피하조직의 밀도에 따라 음의 높낮이가 달라진다. 높낮이의 주관적인 결정은 다음을 나타낸다.

- 공기에 비해 폐에서 고체물질[종양, 고질화(consolidation)]의 양이 정상 보다 더 크다면 소리는 둔탁하고 저음으로 들리게 된다.
- 그 부위에서 공기의 양이 정상보다 더 많다면 소리는 높은 공명음(hyper-resonant, tympanic)을 듣게 될 것이다(기종이 있는 환자에서처럼)
- 만약 비대칭적이거나 비정상적인 소견들이 나타났다면, 환자는 흉부 x-ray와 같은 부가적인 주관적 검사를 위해서 의사에게 의뢰해야 한다.

⑨ 호흡음의 청진(Auscultation of Breath Sounds)

청진은 신체 내의 소리를 듣는, 특히 폐 검사에서 호흡음을 듣는 과정과 관계있는 일반적인 용어이다. 호흡음은 흡기와 호기 동안에 기도에서 공기의 움직임으로 인해 발생한다. 청진기는 이런 소리들을 증폭시키기 위해 사용된다. 호흡음은 다음과 같이 평가되어야 한다.

- 울혈(congestion)이 존재하는 폐의 부위를 확인하여 기도정화기법(airway clearance technique)을 수행해야 한다.
- 모든 기도정화중재의 효율성을 결정한다.
- 폐가 깨끗한지 아닌지와 치료를 마쳐야 하는지 아닌지를 결정한다.

절차 : 호흡음을 평가할 때, 주위는 조용하게 해야 한다. 흉벽으로 진입을 허용하기 위해 환자를 편안하고 이완된 자세로 앉게 한다. 청진기의 진동판을 흉벽의 전·후방을 따라서 직접 환자의 피부에 올려놓는다. 이 접촉이 무관계한 소리를 만들기 때문에 청진 동안에 옷과 함께 문지르거나 옷과 접촉하지 않아야 한다. 흉부의 체계적인 패턴(그림 10-6-A와B)을 따르며 흉벽의 우측과 좌측을 따라서 청진기를 특정한 흉곽 표식과 마주 대하여 놓는다. 치료사가 한 점에서 다른 점으로 청진기를 움직일 때 환자가 입으로 깊고 빠르게 숨을 내쉬도록 한다. 호흡음의 음질(quality), 강도(intensity) 및 높낮이를 기록한다.

주의 : 한 부위에서 다른 부위로 느리게 청진한다. 과도 환기로 인한 현기증을 예방하기 위해 환자가 여러 번 깊이 숨쉰 후에 이완된 방식으로 숨을 들이마시도록 허용한다. 몽롱함(lightheadedness)이 나타난다면 균형의 상실을 예방하기 위해 환자를 가까이에서 보호한다.

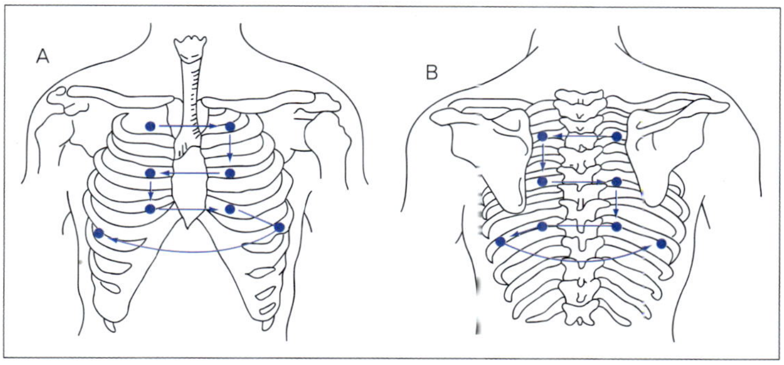

그림 10-6-A,B 청진을 위한 흉부표시점의 특정한 패턴, 청진기의 진동판은 T-2, T-6, T-10에서 A전방흉벽과 B후방흉벽을 따라 오른쪽과 왼쪽으로 옮겨진다.

호흡음의 분류(Classification of breath sounds) : 호흡음은 위치(location), 높이(pitch) 및 강도(intensity) 그리고 흡기 대 호기에서 들렸던 소리의 비율로 분류된다. 호흡음은 또한 정상일 때나 우발적일 때(여분의 것, extra)에도 확인된다. 정상 호흡음은 병의 부재로 발생하며 흡기 동안에 압도적으로 들리게 된다. 정상적인 호흡음은 위치와 호흡음의 질에 근거하여 폐포낭음(vesicular), 기관지음(bronchial), 기관지폐포낭음(bronchovesicular)으로 분류된다. 호흡음은 표 10-2에서 설명된다. 우발성(adventitious)호흡음은 청진기에 의해 들리는 폐에서의 비정상적인 소리이다. 비록 문헌에서의 용어가 일치하지 않는다고 해도 가장 빈번히 사용되는 용어는 미국흉부대학의사협회(joint committee of America College of Chest Physicians)와 미국흉부협회(America Thorcic Society)에 의해 제시되었다. 우발성 호흡음은 부식음(crackles)또는 천식호흡음(wheeze)으로 분류된다. 호흡음은 또한 폐 부위를 지나서 전체적으로 없어지거나 실질적으로 감소될 것이다. 이것은 전체적이거나 부분적인 폐쇄와 폐 조직 통기(aeration)의 결핍을 나타낸다. 공기의 부재와 폐조직의 허혈은 확장부전증(atelestasis)으로 알려져 있다. 그것은 기도의 폐쇄, 액체(fluids), 점액(mucus), 기관지경련(bronchospasm) 또는 종양에 의한 압박에 의해서 유발 될 수 있다. 호흡음은 확장부전증 부위를 지나서 없어진다.

표 10-2. 정상호흡음과 우발적 호흡음

정상 호흡음
■ 폐포낭음(Vesicular). 부드럽고, 낮은 높이의, 산들바람이 부는 듯한 소리(breezy) 그러나 약한 소리는 기관과 주기관지 근처를 제외한 대부분과 견갑골 사이에서 들린다. 폐포낭음은 호기보다 흡기에서 매우 더 길게 청취 될 수 있다(약3:1 비율). ■ 기관지음(Bronchial). 크고, 텅빈 듯한 또는 파이프를 부는 듯한, 높은 높이의 소리는 주기관지와 기관을 지나서 들린다. 기관지음은 흡기와 호기동안에 똑같이 들린다; 소리의 약간의 정지는 흡기와 호기 사이에서 일어난다. ■ 기관지 폐포음(Bronchovesicular). 기관지음보다는 더 부드럽다. 또한 흡기와 호기에 똑같이 들리지만 주기 사이에서 소리의 정지는 없다. 소리는 쇄골상부, 견갑상부 및 흉골방 부위에서 전방에서 들리고 견갑골 후방 사이에서 들린다.
우발적 호흡음
■ 부식음(Crackles). 예민한, 끊어진 소리(기포가 부글부글 끓는 소리나 귀 옆에서 손가락으로 머리카락을 비빌 때 나는 소리와 비슷하다). 예민하거나 조잡할 수 있는 부식음은 기도에서나 빠르게 다시 열리는 폐쇄된 기도에서 움직이는 분비물로 인한 결과로써 흡기 동안에 주로 들린다. 부식음에 대한 전자의 용어는 수포음(rales)이 된다. ■ 천식음(Wheezes). 지속적인 높거나 낮은 높이의 소리 혹은 때때로 음악적 음성(musical tones)은 호기 동안에 들린다. 그러나 가끔 흡기 동안에도 청취될 수 있다. 기관지 경련이나 분비물로 인한 좁은 기도내강은 천식음을 일으킬 수 있다. 천식음에 대해 전에 사용되었던 용어는 나음(rhonchi)이라고 불렀다.

⑩ 기침과 분비물(Cough and Cough Production)

환자의 기침의 강도(strength), 깊이(depth), 길이(length) 및 빈도(frequency)는 반드시 평가되어야 한다. 효과적인 기침은 날카롭고 깊다. 현재 또는 잠재적인 폐 기능장애를 지닌 환자에게서 기침은 약하고, 얕고, 부드럽거나 목 쉰소리처럼 나타나게 될 수 있다. 환자는 통증이나 마비의 결과로써 약하고, 얕은 기침을 가질지도 모른다. 갑작스런 기침의 발병이나 계속된 기침은 발작적이거나(paroxysmal) 경련성으로(spasmodic) 나타나게 될 수 있다. 만약 기침이 실질적으로 약하거나 비효율적이라면, 흡입(suctioning)이 기도를 청결하게 하기 위해서 요구될지도 모른다. 기침은 병의 실재에서 발생할 수도 발생하지 않을 수도 있다. 기침의 생산성과 기침에 의해 생성된 분비물은 반드시 평가되어야 한다. 분비물은 다음을 검사하여야 한다.

- 색깔(투명한, 황색의, 푸른, 피가 섞인)
- 농도(끈적이거나, 묽거나, 거품성의)
- 양(소량에서 대량까지)
- 냄새(불결한 냄새 같은 악취가 없음)

일상에 기초한 맑거나 흰 분비물의 적은 생산은 정상이다. 매우 많지만 맑은 분비물은 만성 기관지염(chronic bronchitis)에서 흔하다. 강한 악취와 더불어 황색의, 푸르고, 화농성의(purulent) 분비물은 감염의 어떤 유형을 나타낸다. 객혈(hemoptysis)로 알려진 건강하지 않는 혈액의 분비물은 폐 안의 출혈의 정도를 나타낸다. 거품성의 흰 분비물은 폐부종과 심장쇠약(heart failure)과 연관된다. 운동이나 기도정화(airway clearance)와 같은 중재의 과정 동안에 분비물이 생산될 때에는 치료사가 분비물의 특성을 기록할 책임이 있다.

⑪ 기타검사부위(Other Areas of Examination)

- 특히 견관절과 체간의 관절가동범위
- 근력
- 전체적인 지구력과 등급화된 운동검사
- 기능적 능력이나 제한; 환자의 무능력의 지각(perceptions)
- 호흡보조장비의 사용

3. 호흡운동과 환기훈련(Breathing Exercise and Ventilatory Training)

호흡운동과 환기훈련은 급성 혹은 만성 폐 장애의 예방이나 포괄적인 관리를 위한 필수적인 치료적 훈련이다. 예를들어, 이런 중재들은 만성 폐쇄성 폐 질환(만성 기관지염, 기종, 천식 및 낭포성 섬유종)을 가진 환자, 그리고 흉곽이나 복부 수술을 경험했었던 환자와 급성 폐 합병증에 대한 높은 위험이 있는 환자, 또는 장기간동안 침대에서 지내야만 하는 환자들에 대한 문헌에서 빈번히 주장된다. 조사연구는 비록 호흡운동이나 환기근 훈련이 효과적이고 아마도 환자의 환기율이나 환기의 깊이가 변화더라도 이런 치료적 훈련들은 폐수준에서의 가스교환이나 산화(oxygenation)에 반드시 영향을 주는 것은 아니라는 것을 나타낸다. 그러므로 호흡운동이나 환기훈련은 폐 상태 향상시키고 환자의 전체적인 지구력을 증가시키며 일상생활 활동에서의 기능향상을 위한 유일한 관리방법이다. 환자의 지병과 손상에 의존하게 되는, 환기를 향상시키기 위한 운동들은 투약(medication), 기도정화(airway clearance), 호흡 치료 장치의 사용 및 등급화된 운동(조건화) 프로그램과 결합되어 적용할 수 있다.

호흡운동과 환기훈련의 유형 : 횡격막 호흡(diaphragmatic breathing), 분절 호흡(segmental breathing), 환기근 훈련(ventilatory muscle training), 흡기 저항 훈련(inspiratory resistance), 자극적 폐활량 측정 및 노력(incentive spirometry), 호흡곤란증(dyspnea)의 경감을 위한 호흡기법

(1) **호흡운동 교육을 위한 지침**(Guidelines for Teaching Breathing Exercise)

1. 가능하면, 안정을 취하도록 하여 환자와 상호작용을 할 수 있도록 교육을 위한 조용한 장소를 선택한다.
2. 환자 자신의 특정한 손상과 기능 제한에 대한 호흡운동나 환기훈련의 목적과 이유를 환자에게 설명한다.
3. 환자로 하여금 편안하고 이완된 자세를 취하게 하고 제한하는 옷은 느슨하게 한다. 처음에는 머리와 체간을 약 45° 상승시킨 등을 반 기대선 자세(semi-Fowler's position)가 바람직하다. 머리와 체간이 전체적으로 지지되고 고관절과 슬관절을 굴곡하여 베개로 바로 누운 자세, 앉기, 또는 서기와 같은 기타 자세들은 치료의 초기나 환자 경과에 따라서 사용될 것이다.
4. 휴식하는 동안이나 활동 후에 환자의 자연스런 호흡패턴을 관찰하고 평가한다.
5. 환기훈련이 필요한지 아닌지를 결정한다.
6. 중재의 변화, 경과 및 결과에 대한 평가를 위한 기준을 설정한다.
7. 필요하다면, 환자에게 이완기법을 가르친다. 이것은 환기 보조근의 사용을 최소화하기 위해 상흉부, 목, 어깨의 근육을 이완시킬 수 있다. 특히 흉쇄유돌근, 상승모근과 견갑거근의 이완에 유의한다.
8. 환자의 질병과 상해에 의존하며 환기의 흡기나 호기 단계를 강조하는지를 결정한다.
9. 환자에게 요구되는 호흡패턴을 시범하여 가르친다.
10. 환자로 하여금 휴식이나 활동시 다양한 자세변화에 따른 정확한 호흡패턴을 연습하게한다.

주의 : 호흡운동을 가르칠 때의 주의사항

- 강제적인 호기를 환자에게 절대 허용해선 안 된다. 호기는 이완되고 수동적이거나 조절되어야 한다. 강제적인 호기는 기관지 경련에 이르게 하고 기도제한을 증가시킬 수 있는, 단지 기도의 교란(turbulence)만을 증가시킨다.
- 환자가 매우 오랜 시간의 호기를 갖도록 하지 않는다. 이것은 다음 흡기시 환자가 숨이 차게 한다. 그러면 환자의 호흡패턴이 불규칙적이고 비효율적이게 된다.
- 과환기를 피하기 위해 3번이나 4번의 흡기와 호기시 마다 심호흡을 수행하도록 환자

에게 지도한다.

(2) 횡격막 호흡(Diaphragmatic Breathing)

흡기의 주동근으로서의 횡격막의 역할에서 횡격막이 효과적으로 기능할 때 환기는 효과적이며 환기에 대한 근육의 산소 소비는 조용하고 이완된 호흡등안에는 매우 낮다. 환자가 대체로 흡기의 보조근에 의지할 때, 호흡의 노력(work)은 증가한다. 횡격막이 불수의적인 수준에서 호흡을 조절할지라도, 만성 폐쇄성 폐질환과 같은 일차적인 폐질환을 가진 환자는 최적의 횡격막 이용과 보조근의 이완에 의한 호흡조절을 가르치게 될 수 있다. 횡격막 호흡을 강조하는 통제된 호흡기법은 환기의 효율을 향상시키고 호흡의 노력을 감소시키고, 횡격막의 운동(하강이나 상승)을 증가시키며, 가스교환과 산화를 증가시키기 위해 사용할 수 있다. 또한 횡격막 호흡운동은 체위배담컵 동안에 폐분비물을 가동화(잘 움직일 수 있도록)하기 위해 사용된다.

① 절차(Procedure)

- 등을 반 기댄(Semi-Fowler's) 자세와 같이 중력이 횡격막을 보조하는 이완되고 편안한 자세로 환자를 준비시킨다.
- 만약 치료사가 검사에서 환자가 호흡의 보조근으로 호흡패턴을 시작한다는 것을 알았다면 그 근육들을 어떻게 이완하는지를 환자에게 가르침으로써 훈련을 시작한다(이완과 결합된 어깨 구르기나 어깨 으쓱하기).
- 치료사의 손을 전방 늑골연 바로 아래의 복직근에 올려놓는다(그림 10-7). 환자에게 코로 느리고 깊게 숨을 들여 마시도록 요구한다. 환자가 어깨를 이완시켜 유지하게 하고 상흉부는 움직이지 않게 하며, 복부의 상승만 허용한다. 그 다음 조절된 호기를 이용하여 천천히 모든 공기를 밖으로 내보내도록 지시한다.
- 환자가 이것을 3번이나 4번 연습하게 한 후 쉬게 한다. 환자가 과도한 호흡을 하지 않도록 주의한다.
- 만약 환자가 흡기 동안에 횡격막을 이용하는 데 어려움이 있다면, 환자가 코를 킁킁거리는 행동(sniffing action)을 이용하여 연달아 여러 번 숨을 들이 마쉬게 한다. 이 행동은 대개 횡격막의 움직임을 촉진시킨다.
- 이 순서를 어떻게 자기 감시(self-monitor)하는지를 배우기 위해서는, 환자로 하여금 자신의 손을 전방 늑골연 아래 놓게 하고 움직임을 느끼게 한다(그림 10-8). 환자의

손은 흡기동안에 올라가야 하고 호기 동안에는 내려가야 한다. 또한 한 손을 복부에 올려놓음으로써 환자는 조절된 호기나 기침으로 발생하는 복근의 수축을 느낄 수 있다.

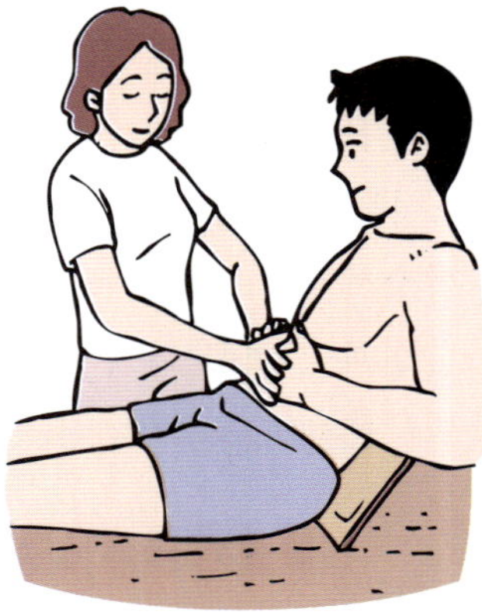

그림 10-7. 반 기댄 자세(semireclining)(보았듯이)와 등을 반 기댄(semi-Fowler's) 자세는 횡격막 호흡을 가르치기에 편안하고, 이완된 자세이다.

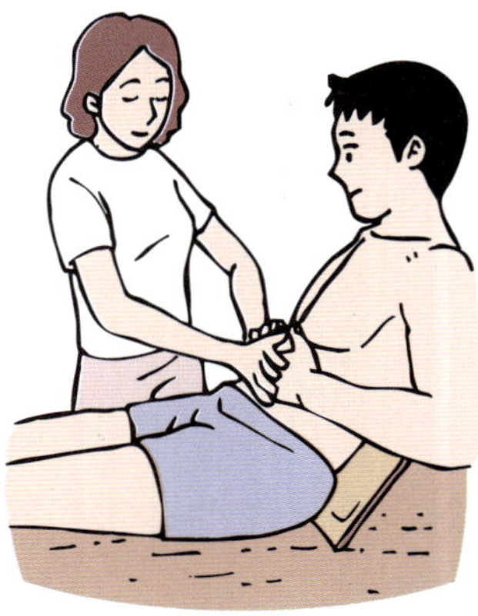

그림 10-8. 적절한 횡격막 호흡의 움직임을 느끼기 위하여 복부에 환자의 손을 올려 놓는다. 손을 복부에 올려놓음으로써 환자는 조절된 호기나 기침을 일으키는 복부근의 수축 또한 느낄 수 있다.

- 환자가 이해한 후 횡격막 패턴을 이용하고, 어깨를 이완되도록 유지하여 호흡을 조절할 수 있으면 다양한 자세(바로 누운 자세, 앉기, 서기)와 활동(걷기와 계단 오르기) 동안에 횡격막 호흡을 연습한다.

(3) 호흡저항훈련(Respiratory Resistance Training)

환기근의 근력이나 지구력을 향상시키는 방법은 호흡저항훈련(RRT)으로 알려져 있다.

호흡 운동의 이런 유형을 나타내는데 사용되는 다른 용어는 흡기저항훈련, 횡격막 강화운동 또는 흐름이 조절된(flow-controlled) 지구력 훈련이다. 호기근의 훈련에 대한 효과가 연구되었고 주장되었다 할지라도 이 기법은 보통 흡기근의 훈련에 초점을 맞춘다. 호흡저항훈련은 호흡근의 약증, 위축 또는 비능률을 가진 환자의 치료에서 가장 빈번하게 주장되었다. 동물연구로부터의 입증으로 인해 과부하의 원리와 환기근을 포함하는 신체 전반에 걸친 골격근에 적용하는 훈련의 특이성을 제시해 왔다. 사람에서는 침습성의(invasive) 진행과 더불어 근력이나 지구력 훈련의 결과로 일어날 수 있는 횡격막에서의 형태학상이나 조직화학적인 변화를 평가하는데 적합하지 않다. 대신에, 근력이나 지구력 변화는 간접적으로 평가될 수 있다. 호흡근의 지구력 증가는 최대 수의적 환기에 의해 측정되었으며 흡기 보조근에 대한 신뢰(reliance)는 감소되었다. 호흡근의 근력은(흡기나 호기) 흡기 용량, 강제적 호기 용적, 폐활량계를 이용한 흡기 구강압력, 폐용량 및 증가된 기침의 효율성의 측정으로 인해 간접적으로 평가되었다.

① 흡기저항훈련(Inspiratory Resistance Training)

환기근 훈련의 한 형식으로 흡기근의 근력과 지구력을 향상시키고 흡기근 피로의 발생을 감소시키기 위해서 특별히 고안된 호흡 장치(저항기, resistors)를 사용하는 훈련.

절차(Procedure)

- 환자는 자신의 입에 위치한 손으로 받친 저항 훈련 장치를 통하여 숨을 들이 마쉰다. 흡기 저항 훈련 장치는 흡기 동안에 공기흐름을 위한 저항을 제공하는 다양한 직경의 좁은 관이다. 그러므로 근력이나 지구력을 향상시키기 위해서 저항은 흡기근에 놓는다. 기도의 직경이 좁을수록 저항은 더 커진다.
- 환자는 매일 여러 차례씩 특정한 시간동안 관을 통해서 숨을 들여 마쉰다. 시간은 흡기근의 지구력을 증가시키기 위해 각 훈련회기마다 20~30분씩 점차적으로 증가시킨다.
- 환자의 근력과 지구력이 향상함에 따라, 손에 든 관의 직경은 감소시킨다. 상업적으로 이용할 수 있는 저항 장치들은 각각의 환자를 위해 적절한 저항 수준을 제공하는 6개의 다양한 직경이 있다.

② 추를이용한 횡격막훈련(Diaphragmatic Training Using Weights)

횡격막의 강화나 지구력을 향상시키기 위해서 모래주머니와 같은, 작은추를 사용하는 훈련.

절차(Procedure)

- 환자가 약간 머리를 들어올린 자세를 취하게 하거나 가능하다면, 수평위 자세를 취하게 한다.
- 작은 추(3~5lb)를 환자의 상복부 위에 올려놓는다.
- 상흉부를 조용하게 유지하도록 시도하는 동안 숨을 깊게 들이마시는 것을 환자에게 지시한다. 저항은 횡격막의 완전한 운동 및 상복부의 정상적인 상승을 방해하지 않아야 한다.
- 환자가 추의 저항에 대항하여 호흡하는 시간을 점차적으로 증가시킨다.
- 환자가 15분 동안 흡기 보조근의 사용 없이 횡격막 호흡 패턴을 계속할 수 있을 때 추는 증가될 수 있다.
- 트렌델렌버그자세(trendelenburg positioning) 또한 횡격막을 강화하는데 사용될 수 있다. 머리가 아래로 내려간 자세에서는 복부 장기가 위로 이동하며 횡격막이 수축할 때와 하강 할 때 횡격막에 저항을 제공한다.

③ 폐활량촉진호흡법(Incentive Respiratory Spirometry)

폐활량촉진 호흡법은 지속적인 최대 흡기를 강조하는 환기훈련의 한 형태.

절차(Procedure)

- 환자를 편안한 자세를 취하게 한다(가능하다면 반 누운 자세).
- 환자가 3~4번의 느리고, 편안한 호흡을 하게 하고 4번째 호흡에서 최대로 숨을 내쉬게 한다.
- 그 다음 환자의 입에 폐활량계를 위치시키고 폐활량계를 통해서 최대로 숨을 들이 마시게 하고 몇 초 동안 흡기를 유지하게 한다.
- 이 순서를 하루에 여러 번 5~10회 반복한다.

④ 폐분절호흡법(Segmental Breathing)

체위배담법이나 흉곽수술 이후에 폐와 흉벽의 문제 부위에 대한 확장을 강조하는 것이 중요할 경우에 쓰이는 훈련.

⑤ 늑골측방팽창법(Lateral Costal Expansion)

만성 기관지염, 기종 또는 천식이 있는 환자에게서 종종 나타나는 딱딱한 하부 늑곽을 가진 환자들에게 특히 유용한 기법.

절차(Procedure) : 환자는 앉은 자세나 무릎을 세워 누운 자세(hook-lying position)를 취한다. 움직임이 일어나는 부위에 환자 주의를 집중시키기 위해서 하부 늑골 외측면을 따라서 치료사의 손을 올려 놓는다(그림 10-9, 9-10).

- 환자에게 숨을 내쉬게 하고, 늑골이 아래 방향과 안쪽으로 움직이는 것을 느낀다. 환자가 숨을 내쉴 때 치료사의 손바닥으로 늑골 안쪽에 압력을 가한다.
- 흡기 바로 전에 흉곽에 하내방의 빠른 신장을 적용한다. 외늑간근의 수축을 촉진시키기 위해 외늑간근에 빠른 신장을 적용한다.
- 환자가 숨을 깊게 들이 마실 때 감각을 인식(awareness)하게 하고 흉곽 확장 및 늑골 퍼짐(flare)을 향상시키기 위해 하부 늑골부에 부드러운 도수 저항을 적용한다.

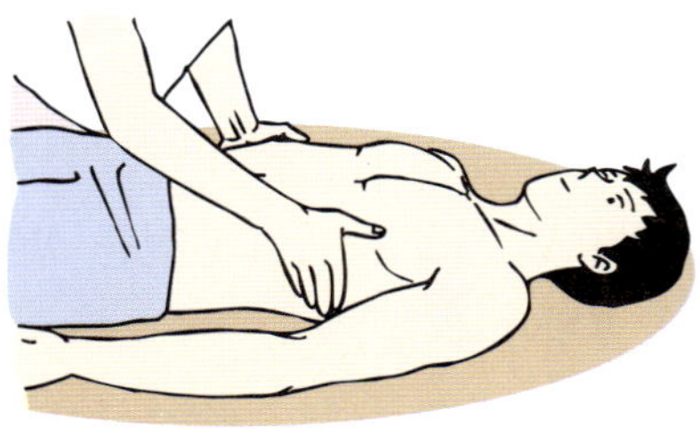

그림 10-9. 바로누운 자세에서의 양측 측방늑골 팽창

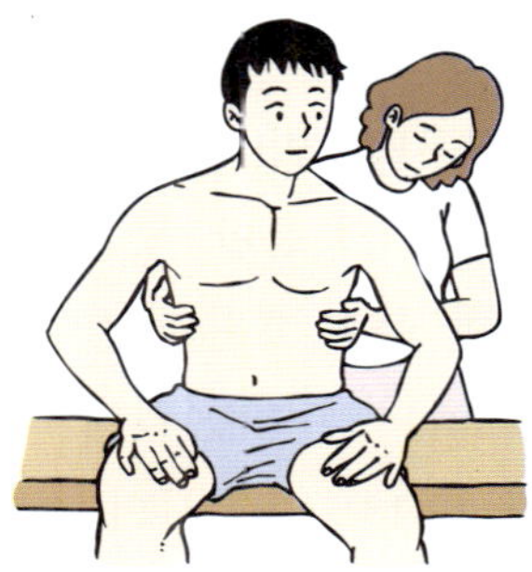

그림 10-10. 앉은 자세에서의 양측늑골팽창 자신의 도수적 압력을 제공한다

- 그 다음 환자가 숨을 내쉴 때 늑골을 아래쪽과 안쪽 방향에서 부드럽게 짜면서 호흡을 보조한다.
- 그러면 환자는 그 방법을 독립적으로 수행하는 것을 배우게 될 것이다. 환자가 자신의 손을 늑골에 올려놓고(그림 10-11) 수건이나 벨트를 사용하여 저항을 적용할 수 있다(그림 10-12A와B).

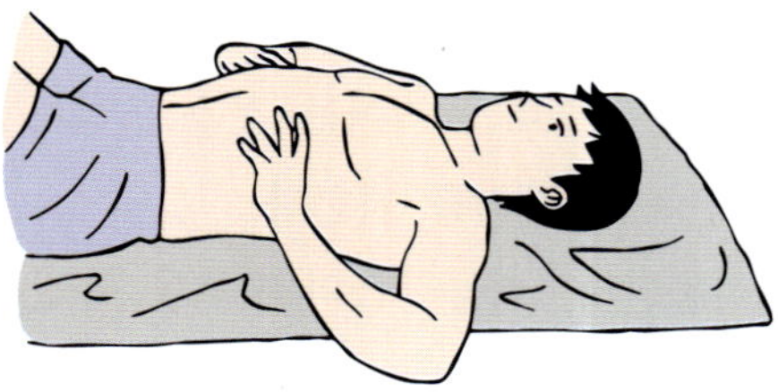

그림 10-11. 환자는 외측 늑골팽창 동안에 환자

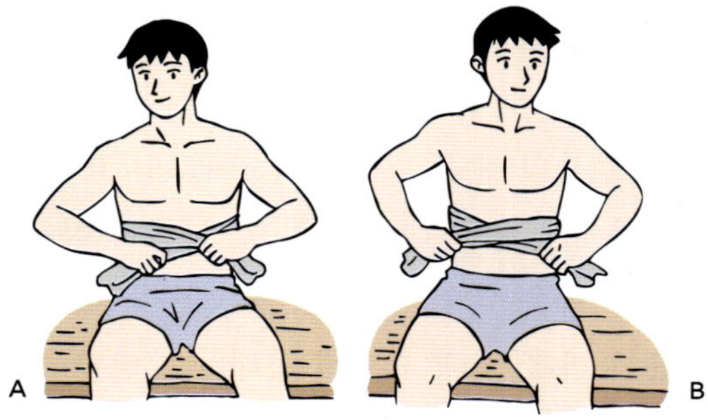

그림 10-12 벨트운동은 A흡기시에는 저항으로 적용되고 B호기시에는 늑곽을 따라 압력을 보조함으로써 외측 늑골 호흡을 보강한다.

⑥ 후폐기저구팽창법(Posterior Basal Expansion)

수술 후 오랜 기간 동안 침대에서 반기댄 자세(semi-reclining position)로 지낸 침상 환자에게 중요한 분절 호흡의 한 형태.

절차(Procedure) : 환자를 앉게 하고 베개 위에 앞으로 기울여서, 고관절을 살짝 구부리게 한다(그림 10-13). 치료사의 손을 하부 늑골의 후방부에 놓는다.

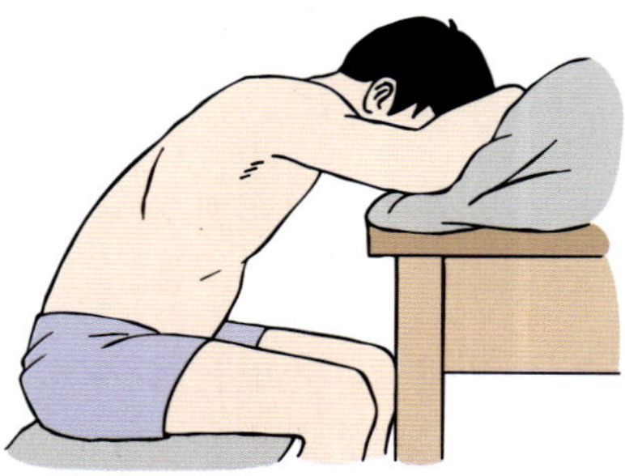

그림 10-13. 환자는 호흡곤란 증의 증상발현을 이완시키고 경감시키기 위해서 앉아서 베개위에 전방으로 기댈 수 있다.

⑦ 우측중엽또는폐소설팽창법(Right Middle Lobe or Lingula Expansion)

절차(Procedure) : 환자가 앉아있는 동안, 치료사의 손을 환자의 흉곽의 오른쪽이나 왼쪽, 액와 바로 아래에 놓는다. 폐기저 확장에서 기술했던 것과 같은 절차를 따른다.

⑧ 설인두호흡법(Glossopharyngeal Breathing)

설인두호흡은 흡기근이 상당히 약화되어 있을 때 환자의 흡기능력을 증진시키는 호흡운동법이다. 예를들어, 심호흡이나 기침을 환자에게 가르친다. 이 호흡 패턴의 유형은 원래 중증의 근육 약증이 있는 소아마비 환자를 보조하기 위해 개발되었다. 오늘날에는 배우기가 꽤 어렵기 때문에 호흡 합병증이 쉽게 발생할 수 있는 상위 척수 손상을 가진 환자들에게 주로 가르친다.

절차(Procedure) : 환자는 공기를 여러 번 한입에 머금는다. 그 다음 입을 다물고 혀로 공기를 뒤로 밀어서 인두로 내보낸다. 그러면 성문(glottis)이 열릴 때 공기는 강제로 폐로 밀려들어 간다. 이것은 흡기의 깊이와 환자의 폐용량을 증가시킨다.

⑨ 오므린 입술 호흡법(Pursed-Lip Breathing)

환자에게 오므린 입술 호흡을 가르치는 것이 적절한지는 아직 논란의 여지가 있다. 대부분의 치료사들은 통제된 호기로 인한 부드럽게 오므린 입술 호흡법이 적절히 수행된다면 유용한 절차라고 생각한다. 기도내의 후압(backpressure)을 일으킴으로써 기도를 열리게 하는 것이라 생각된다. 그것은 호흡곤란증의 증상발현과 관계하는 만성 폐쇄성 폐 질환(COPD)을 가진 환자에게 유용하다고 생각된다. 몇몇 연구에서는 오므린 입술 호흡법이 호흡률을 감소시키고, 1회 호흡용적은 증가시키며, 운동 내성을 향상시킨다고 제안하고 있다. 어떤 환자들은 이런 호흡 양상이 자연스럽게 증가하고 있다면 그들이 그러한 방법을 못하도록 할 필요는 없다고 하였다. 주의 : 오므린 입술 호흡법 동안에 강제적인 호기의 사용은 반드시 피해야 한다.

절차(Procedure) : 환자가 가능한 한 편안한 자세와 이완된 자세를 취하게 한다. 호기는 반드시 이완되어야 하고(수동적) 복근의 수축은 반드시 피해야 한다는 것을 환자에게 설명한다. 복근의 어떤 수축을 느끼기 위해서 치료사의 손을 환자의 복부 근육 위에 올려놓는다. 환자가 느리고 깊게 숨을 들이 마시도록 지시한다. 그 다음 환자는 입술을 느슨하게 오므리고 숨을 내쉰다.

⑩ 호흡곤란증의 예방과 증상발현의 경감 (Preventing and Relieving Episodes of Dyspnea)

만성폐쇄성 폐질환(COPD; 예를 들어 기종과 천식)을 가진 많은 환자들은 특히 신체적 활동이나 알레르기 물질과 접촉되었을 때 주기적인 호흡곤란증의 증상발현으로 (호흡의 단축)괴로워할 수 있다. 환자의 정상 호흡 패턴이 방해될 때는 언제든지 호흡의 단축이 발생할 수 있다. 그것은 호흡곤란을 유발하는 활동이나 보행활동 등으로 인해 나타나는 호흡곤란과 얕은 호흡을 조절하고 예방하는 방법을 환자에게 알려주는 데 유용하다. 보행은 환자의 호흡량의 한계 내에서 걷기, 계단 오르기, 또는 일과 관계된 업무와 같은 기능적인 활동의 수행이다. 어떤 환자는 어떤 제한이 기능적 활동을 방해 할 수 있는지를 직관적으로 이해할 것이며, 다른 환자들은 호흡곤란증의 조기 증후를 깨닫도록 가르쳐야만 한다. 만약 환자가 약간의 호흡 단축이 있다면, 환자는 반드시 활동을 중단하고 호흡곤란이 가라앉을 때 까지 조절된 오므린 입술 호흡을 사용하는 것을 배워야 한다.

절차(Procedure)

- 환자가 이완되고 전방으로 구부린 자세를 취하게 한다(그림 10-13,14 또는 그림 10-5). 전방으로 구부린 자세는 횡격막 호흡을 자극한다(내장기가 앞으로 내려가서 횡격막을 더 쉽게 하강하게 한다). 처방되었다면 기관지 확장기(bronchodilators)를 사용한다.
- 환자가 자신의 호흡을 조절하면서 호기 동안 오므린 입술호흡법을 사용하여 호흡률을 감소시키도록 한다. 환자에게 강제적인 호기를 피하도록 주의시키는 동안 호흡의 호기를 강조한다.
- 각각의 오므린 입술 호기 후 환자에게 횡격막으로 숨을 들이 마시게 하고 보조근의 사용은 피한다.
- 그 다음 환자가 이 자세를 유지하게 하고 가능한 한 이완된 방법으로 계속 숨을 들이 마시게 한다.

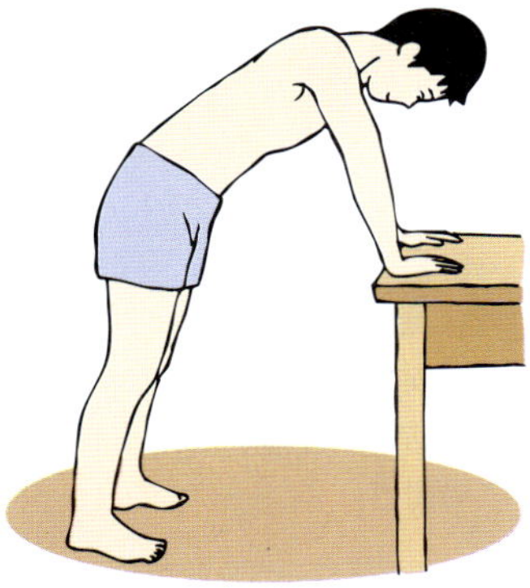

그림 10-14. 서 있는 동안, 호흡곤란을 경감시키기 위해서 환자는 전방으로 기댈 수 있고 손위에 추를 올려놓을 수 있다.

4. 흉부 가동성 운동(Exercise to Mobilize the Chest)

흉부 가동성 운동은 심호흡과 더불어 체간이나 사지의 능동적인 움직임과 결합된 전신 운동이다. 그것은 환기나 자세정렬이 영향을 미칠 때 흉벽, 체간 및 견갑대의 가동성을 유지하거나 향상시키도록 고안되었다. 예를 들어, 신체의 한쪽에 체간 근육들의 저가동성을 가진 환자는 흡기 동안에 흉부를 완전히 확장시키지 않을 것이다. 심호흡과 더불어 이런 근육의 신장과 결합된 운동들은 흉곽의 그쪽에 환기를 향상시킨다. 흉부 가동성 운동은 또한 흡기의 깊이나 조절된 호기를 보강하거나 강조하는데 사용된다. 예를 들어 환자는 호기시 척추를 구부리거나 고관절을 전방으로 구부리게 함으로써 호기를 향상시킬 수 있다. 이것은 내장을 횡격막에서 상부로 밀며, 더 나아가 호기를 보강시키게 된다.

(1) 특수한 기법들(Specific techniques)

① 흉곽의 편측을 가동화하기(To Mobilize One Side of the Chest)

- 앉아 있는 동안에 환자가 저가동성의 구조들을 늘리기 위해서 팽팽한 쪽과 반대측으로 상태를 구부리게 하고 흡기 동안에 흉곽의 팽팽한쪽을 확장시킨다(그림 10-15A).
- 그 다음 호기시 단축된 쪽으로 상체를 기울이면서 주먹을 쥔 손으로 흉부외측을 밀게 한다(그림 10-15B).
- 환자가 머리 위로 흉곽의 팽팽한 측의 팔을 올리게 함으로써 진행하고 팽팽한 쪽으로부터 떨어져 측방굴곡 한다. 이것은 저가동성 조직위에 부가적인 신장이 놓여질 것이다.

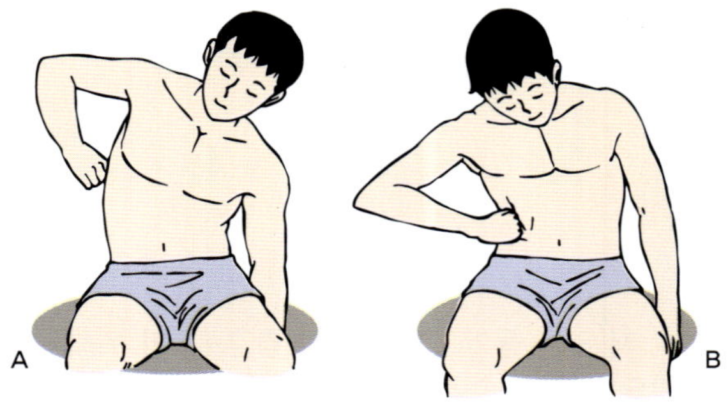

그림 10-15 흡기와 호기 동안에 흉곽 가동술. 양측 늑곽을 가동화하기 위해서 (A)흡기 동안에 팽팽한 쪽으로부터 떨어져 구부리게 하고 (B)호기 동안에 팽팽한 쪽으로 구부린다.

② 상부흉곽을 가동화하고 흉근을 신장시키기(To Mobilize the Upper Chest and Stretch the Pectoralis Muscles)

- 환자가 머리 뒤에 손을 깍지 낀 채로 의자에 앉게 하고 싶은 흡기 동안에 팔을 수평 외전(흉근을 연장한다)하게 한다(그림 10-16-A).
- 그 다음 환자가 주관절을 함께 가져오게 하고 호기 동안에 앞으로 구부리도록 지시한다(그림 10-16-B).

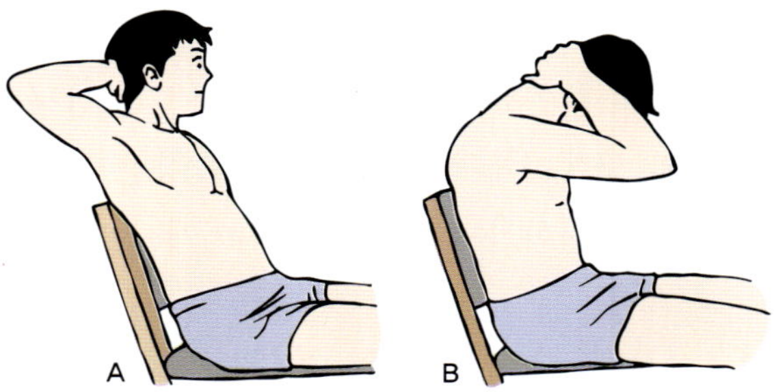

그림 10-16 (A) 신장은 흡기 동안에 흉근에 적용된다. (B) 환자는 호기를 촉진시키기 위해서 팔꿈치를 함께 모은다.

③ 상부흉곽과 견관절을 가동화하기(To Mobilize the Upper Chest and Shoulders)

환자가 의자에 앉은 채로 흡기 동안에 머리위로(180° 양측 견관절 굴곡과 약간의 외전) 양 팔이 서로 닿게 한다(그림 10-17-A). 그 다음 환자가 고관절을 앞으로 구부리게 하고 호기 동안 바닥에 닿게 한다(그림 10-17-B).

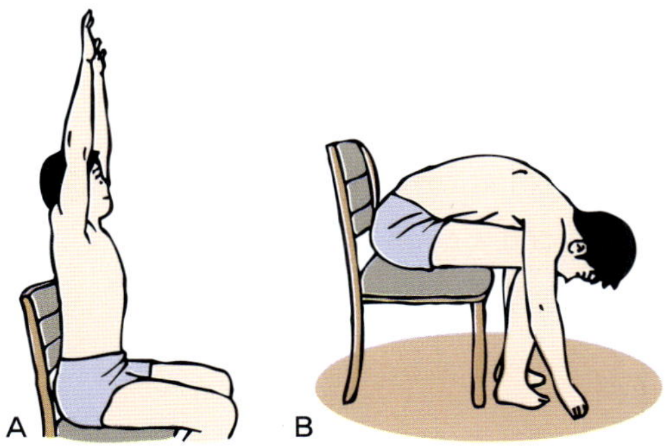

그림 10-17. (A)흉곽 확장은 흡기 동안에 머리위르 올린팔의 양측성 움직임으로 인해 증가된다. (B)그 다음호기는 바닥에 팔을 닿게 함으로써 보강 된다.

(2) **부가적 활동**(Additional Activities)

- 자세교정
- 흉벽, 체간 및 사지의 도수 신장

5. 기침훈련(Coughing)

효율적인 기침은 호흡기 장애를 예방하고 폐를 깨끗하게 유지하기 위해서 필요하다. 기도 정화는 급성 또는 만성 호흡 상태를 가진 환자 치료의 중요한 부분이다.

(1) **기침기전**(The Cough Mechanism)

다음 일련의 생리적 반응은 사람이 기침할 때 일어난다.

- 깊은 흡기가 일어남.
- 성문이 닫히고 성대가 팽팽해짐.
- 복근이 수축하고 횡격막이 올라가, 흉곽내압과 복부내압의 증가를 일으킴.
- 성문이 열림.
- 공기의 폭발적인 호기가 일어남.

(2) **정상적인 기침 펌프**(The Normal Cough Pump)

기침은 반사적이거나 수의적으로 나타날 수 있다. 정상적인 사람에서는 기침펌프는 기관지의 7번째 분지에서 효과적이다(기관지관지 문지에서는 기관지의 총23개의 분지가 있다). 장상적인 사람에서 섬모상피세포는 종말세기관지까지 존재하며 분비물은 더 작은 기도에서부터 더 큰 기도로 올라간다.

(3) 기침 기전과 기침펌프의 효율성을 감소시키는 요인(Factors That Decrease the Effectiveness of the Cough Mechanism and Cough Pump)

기침 기전의 효율성은 다음의 이유로 절충될 수 있다.

① 다음으로 인해서 흡기 용량이 감소된다.

- 급성 폐 질환, 늑골 골절, 흉부에 외상, 또는 최근의 흉곽 혹은 복부 수술의 결과로 인한 통증.
- 상위 척수손상이나 신경병증 또는 근육병증 질환의 결과로 인한 횡격막이나 흡기의 보조근에 영향을 미치는 특정근 약증.
- 전신마취나 통증 약물치료와 연관된 호흡중추의 억제.

② 다음의 결과로 인해서 공기를 강력히 배출하는 것에 대한 환자의 무능

- T-12 위의 척수손상
- 근이영양증(muscular dystrophy)과 같은 근육병 질환과 약증
- 기관절개술(tracheostomy)
- 과도한 피로를 유발하는 위급한 질병
- 흉벽과 복부 절개

③ 다음에서 이차적으로 기관지 문지내의 섬모의 작용이 감소된다.

- 전신 마취나 삽관(general anesthesia and intubation)
- 기관지에서의 감소된 섬모상피세포의 수와 관련된 만성기관지염과 같은 만성 폐쇄성 폐질환(COPD)
- 흡연

④ 다음으로 인해서 점액의 양이나 밀도가 증가된다.

- 낭포성 섬유종(cystic fibrosis)
- 만성 기관지염(chronic bronchitis)

- 폐렴과 같은 폐 감염
- 탈수증(dehydration)
- 삽관(intubation)

(4) 효율적인 기침의 교육(Teaching an Effective Cough)

효율적인 기침은 기도 정화에 있어서 필수이기 때문에, 환자에게 반드시 효율적인 기침의 중요성, 어떻게 효율적이고 조절된 수의적 기침을 생산하는지, 언제 기침을 하는지를 가르친다. 다음의 절차들은 효율적인 기침을 가르칠 때 사용된다.

1. 환자의 수의적 또는 반사적인 기침을 우선 평가한다.
2. 심호흡과 기침을 위해 이완되고 편안한 자세로 환자를 위치시킨다. 기침을 위해서 앉기나 앞으로 기울이기는 최고의 자세이다. 환자의 목은 더 편안한 기침을 만들기 위해서 약간 굴곡 시켜야 한다.
3. 깊은 흡기를 강조하여 조절된 횡격막 호흡을 가르친다.
4. 날카롭게 깊게, 연속적으로 두 번 기침하는 것을 시범 해보인다.
5. 기침의 더 적절한 근육작용을 시범 해 보인다(특히 복근의 수축). 복근의 수축을 느끼게 하기 위해서 환자가 복부에 손을 올려놓게 하고 호기와 함께 3번 강하고 짧게 숨을 내쉬도록 한다(그림 10-7 참조). 성대를 팽팽하게 하고, 성문을닫고, 복근을 수축하는 것을 경험하게 하기 위해서 환자에게 "크(K)" 소리를 내도록 연습시킨다.
6. 환자가 이런 행동에 놓여지게 될 때, 깊지만 이완된 흡기를 가르치고 날카롭게 연속적으로 두 번 기침하도록 환자에게 가르친다. 한 번의 호기 동안에 두 번째 기침은 대개 더 생산적이다.
7. 필요하다면 기침을 향상시키기 위해 호기근이나 복부 근약증이 있는 선택된 환자들에게서 복부 붕대나 설인호흡을 사용한다.

주의 : 기침기법 수행시

(5) 기침을 촉진하는 부가적인 수단(Additional Means of Facilitation a Cough)

기도 정화를 최대화하기 위한 몇 가지 기법들은 더 강한 기침을 자극하고, 더 편안한 기침을 만들거나 분비물의 정화를 향상시키는데 사용된다.

① 도수적으로 보조된 기침(Manual–Assisted Cough)

만약 환자의 복근이 약하면(예를들어, 중간흉추나 경수 손상의 결과로), 복부에 적용된 도수적 압력은 더 강한 기침을 위해 사용될 것이다. 기침 보조를 위한 도수적 압력은 치료사에 의해서나 환자에 의해서 적용될 수 있다.

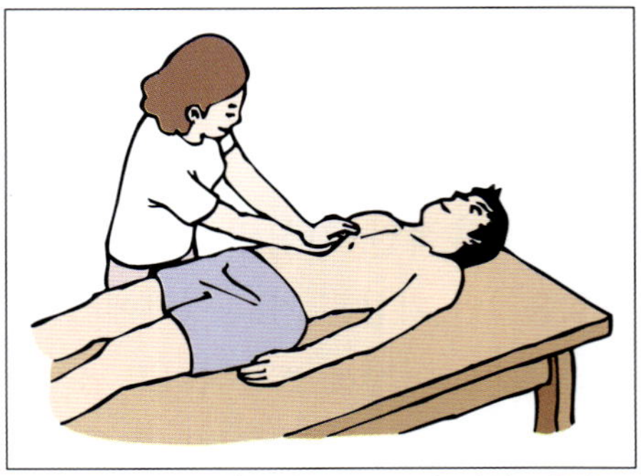

그림 10-18. 치료사-보조 도수기침 기법

치료사가보조한기법(Therapist-Assisted Techniques)

- 환자가 바로 누운 자세나 반 기댄 자세의 상태로, 치료사는 검상돌기에서 바로 원위부인 환자의 상 복부에 한 손 뒤꿈치를 놓는다. 다른 한 손은 첫번째 손 위에 놓고, 손가락을 펼치거나 서로 깍지 낀다(그림 10-18). 환자가 가능한 한 깊게 흡입한 후 환자가 기침을 시도할 때 치료사의 손으로 환자를 보조한다. 복부는 안쪽과 위쪽의 힘으로 압박되고, 더 강하고 효과적인 기침을 일으키기 위해 횡격막을 상방으로 민다.
- 이 같은 방법은 환자가 의자에 앉은 상태로 수행될 수 있다(그림 10-19). 치료사나 환자의 가족이 환자의 뒤에서 있을 수 있고 호기 동안에 도수적 압박을 적용할 수 있다.

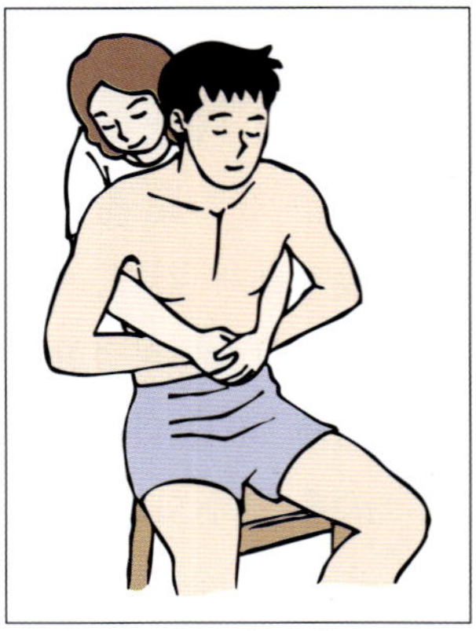

그림 10-19. 치료사-보조 도수기침 기법

자가보조된기법(Self-Assisted Techniques) (그림 10-19 참조)

- 환자가 앉은 자세에 있는 동안에, 자신의 팔을 복부에서 엇갈리게 교차하거나 검상돌기 아래에 손을 깍지 껴서 놓는다.
- 깊은 흡기 후에 환자는 손목이나 전완으로 복부를 내상방으로 밀며, 동시에 기침을 시도하는 동안에 몸을 앞으로 기울인다.

② 부목대기(Splinting)

최근의 수술이나 외상으로 흉벽에서의 통증이 기침을 제한한다면, 기침하는 동안 통증부위에 부목을 대도록 환자에게 가르친다. 환자는 기침 시 통증부위 지지를 위해 절개부위 위에 손이나 베개로 단단히 누른다(그림 10-20). 환자가 통증 부위에 닿을 수 없다면 치료사가 보조해 준다(그림 10-21).

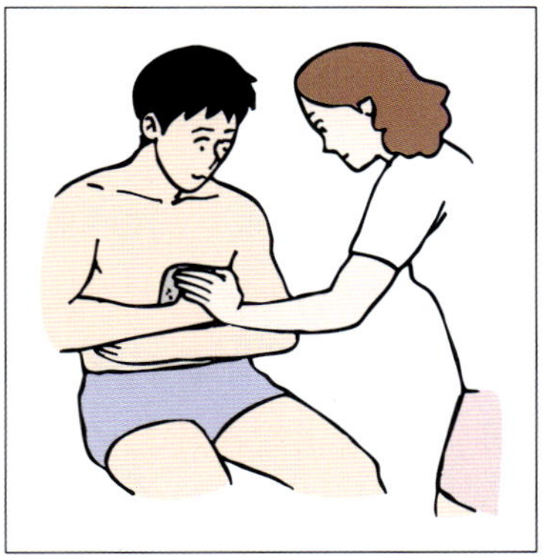

그림 10-20. 전방수술 절개부위 위에 부목대기

그림 10-21. 후외측 절개부위 위에 부도대기

③ 가습(Humidfication)

분비물이 너무 탁하면 가습치료나 초음파 분무기(ultrasonic nebulizer; USN)로 일단 분비물을 습하게 만든 후에 기침훈련을 수행하며, 점액 운반 시스템을 향상시키고 기침생산을 촉진시킨다.

④ 기관자극(Tracheal Stimulation)

이 방법은 치료에 협조할 수 없는 유아나 의식불명인 환자에게 사용된다. 이것은 다소 불편한 방법이고, 반사적인 기침을 유발하기 위해 수행된다. 치료사는 흉골절흔에 두 손가락을 놓고 반사적 기침을 촉진하기 위해 기관에서 하방으로 압력과 함께 원을 그리는 동작을 적용한다.

흡입하기 : 기침에 대한 대안(Suctioning: Alternative to Coughing)

기관내 흡입(endotracheal suctioning)은 기침이나 수의적으로 강하고 짧게 숨쉬기를 할 수 없거나 기침기전의 반사 자극이후에도 기침을 할 수 없는 환자에서 기도를 깨끗하게 하는 유일한 수단일 것이다. 흡입하기는 인공기도를 한 모든 환자에게 적용된다. 흡입 절차는 오직 기관과 주기관지만 깨끗하게 한다.

주의 : 적절한 흡입 기법을 교육받은 사람만이 기도를 깨끗하게 하는 이런 대안적인 수단을 사용하여야 한다. 흡입을 잘못 수행하면, 기관속에 감염을 일으킬 수 있거나 기관과

기관지의 민감한 점막의 내층에 상처를 일으킬 수 있다. 또한 부적절한 흡입은 저산소증, 심박수의 이상과 확장부전증을 유발할 수 있다.

6. 체위배담법(Postural Drainage)

체위배담법(기관지배담법)은 기초 정화를 위한 또 다른 중재이며, 중력이 배담 과정을 보조하게 하기 위해서 다양한 자세로 환자를 위치시킴에 따라 하나 또는 그 이상의 폐 분절에서의 분비물을 중심 기도로 이동시키는 하나의 수단이다. 분비물이 더 큰 기도로 움직일 때, 분비물은 기침이나 기관내 흡입에 의해서 정화된다. 체위배담치료는 또한 수의적 기침뿐만 아니라, 타진법(percussion), 흔들기(shaking)와 진동법(vibration)과 같은 도수 기법의 사용을 포함한다. 표 10-3은 체위배담을 위한 목표와 적응증을 열거하였고 표 10-4는 체위배담에 대해서 약간 관련 있는 금기증을 열거하였다. 체위배담의 위험에도 불구하고 여전히 불안정한 환자에게 필요할 것이다. 머리가 아래로 내려가거나 완전한 수평자세를 피하기 위한 수정된 자세는 가장 높은 위험이 있는 환자를 위해 필요하다.

표 10-3 체위배담법의 목적

폐 합병증의 위험이 있는 환자에게 분비물의 축적을 예방
■ 만성 기관지염과 낭포성 섬유증과 같은 점액의 생산이나 점성 증가와 관련된 폐 질환을 가진 환자 ■ 장기 침상 안정환자 ■ 일반적 마취를 받은 환자와 수술 후 심호흡과 기침을 제한하는 절개 부위 통증을 가진 환자 ■ 환기장치에 의하여 환자가 치료를 견디기 위해 충분한 안정을 갖게 되는 어떤 환자
폐에서 축적된 분비물 제거
■ 폐렴, 확장부전증, 급성폐감염, 그리고 COPD와 같은 급성 또는 만성 폐 질환을 가진 환자 ■ 전체적으로매우 약하거나 상당히 나이가 든 환자 ■ 인공 기도를 가진 환자

표 10-4. 체위배담법과 관련된 금기증

심한 객혈
치료를 하지 않은 급성상태 ■ 심한 폐부종, 울혈성 심부전증, 광범위한 늑막의 상출, 폐색전증, 기흉
심혈관계의 불안정
■ 심부정맥, 심한 고혈압이나 저혈압, 최근에 심근경색증, 불안정한 협심증(unstable angina)
최근에 신경외과적 수술
■ 머리-하강 자세는 뇌압상승을 야기시킬 수 있다; 체위배담법(PD)이 요구되고, 수정된 자세는 사용된다.

(1) 체위배담치료 동안에 사용하는 도수적 기법들
(Manual Techniques Used During Postural Drainage Therapy)

신체 자세의 사용에 더하여, 심호흡과 기도 정화를 촉진시키기 위한 효율적인 기침, 다양한 도수적 기법들은 점액섬모 운송 시스템의 효율성을 최대화하기 위한 체위배담과 결합되어 사용된다. 타진법, 진동법, 진탕법 및 늑골 반동법(rib springing)을 포함한다. 이런 도수기법의 효율성을 평가하기위해 수행되었던 연구들로부터의 결과는 서로 일치하지 않는다.

① 타진법(Percussion)

기도 정화 기법은 폐에서 점성의 또는 유착성 점액을 역학적으로 이동시킴에 따라 분비물을 보다 많이 움직이는데 사용된다. 타진법은 배담되는 폐 분절 위에서 양손으로 수행된다(그림 10-22-A). 치료사의 양 손은 율동적인 방식으로 환자의 흉벽을 번갈아가며 두드린다(그림 10-22-B). 이 때 치료사는 어깨, 주관절, 손목을 느슨하게 유지시켜 움직이도록 시도해야 한다. 기계적 타진법은 도수 타진법에 대한 하나의 대안이다. 타진법은 몇 분 동안 계속되거나 기침을 위해서 다른 자세를 요구 할 때까지 계속 된다. 이 절차는 통증을 일으키거나 불

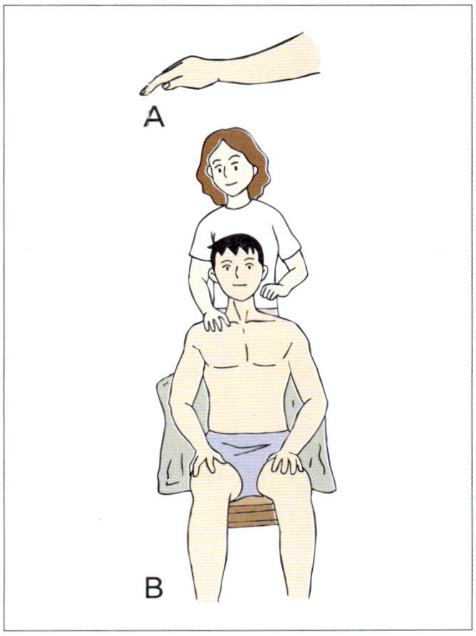

그림 10-22 (A)타진법 적용을 위한 손의 자세. (B)치료사는 배담시키려는 폐 분절 위에 교대로 타진한다.

편하게 하지 말아야 한다. 민감한 피부의 자극을 예방하기 위해서는 환자에게 가벼운 가운이나 셔츠를 입게 한다. 여성의 가슴조직 위나 뼈의 돌출부 위의 타진은 피한다.

② 진동법(Vibration)

이 기도 정화 기법은 체위배담 시 타진법과 함께 협력하여 사용된다. 이것은 환자가 큰 기도로 분비물을 이동하기 위해 심호흡을 할 때에 오직 호기하는 동안에만 적용한다. 진동법은 양 손을 직접적으로 피부와 흉벽 위에 놓고(또는 다른 한 손 끝에 한손을 놓고) 환자가 숨을 내쉴 때 흉벽을 부드럽게 압박하면서 빠르게 진동하는 것에 의해 적용된다(그림 10-23). 압박은 흉곽이 움직이는 방향과 같은 방향으로 적용한다. 진동 동작은 치료사 어깨에서 손까지 상지의 근육의 등척성 수축(tensing)에 의해 이루어진다.

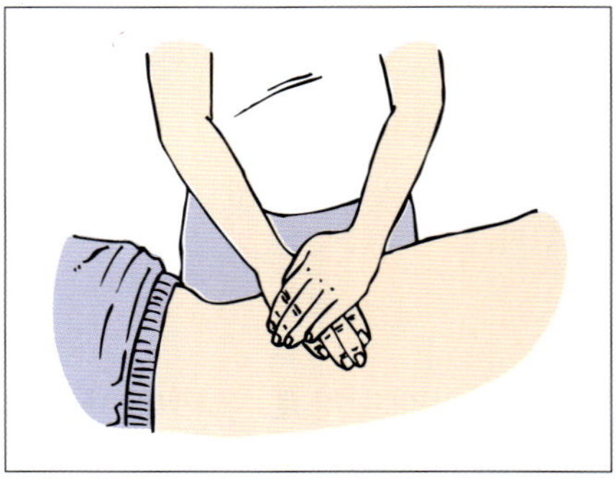

그림 10-23 체위 배담 시 진동법을 위한 손의 위치

③ 흔들기(Shaking)

흔들기는 치료사의 손의 넓은 움직임과 결합된 간헐적인 반동방법을 이용하는 호기 동안 적용된 진동의 더 강력한 형태이다. 치료사의 무지는 함께 맞붙이고 손은 벌려 환자의 피부 위에 직접적으로 대고, 손가락은 흉벽 주위를 감싼다. 치료사는 동시에 압박을 하고 흉벽을 흔든다.

(2) 체위배담자세(Postural Drainage Positions)

자세는 폐와 기관기관지 문지의 해부학에 근거한다. 각 폐엽의 각 분절은(그림 10-24~35)의 묘사된 자세를 이용하여 배담된다. 각각의 그림에서 어두운 부위는 타진법이나 진동법이 적용되는 흉벽의 부위를 나타낸다. 환자는 한쪽 끝을 올릴 수 있는 체위배담용 테이블이나 경사 테이블(tilt table), 리프트로 보강시킨 패드를 덧댄 테이블(reinforced padded table with a lift), 병원용 침대에서 적용 시킬 수 있다. 어린 아이는 치료사나 부모의 무릎에 위치시킬 수 있다.

우측과 좌측상엽들(RIGHT AND LEFT UPPER LOBES)

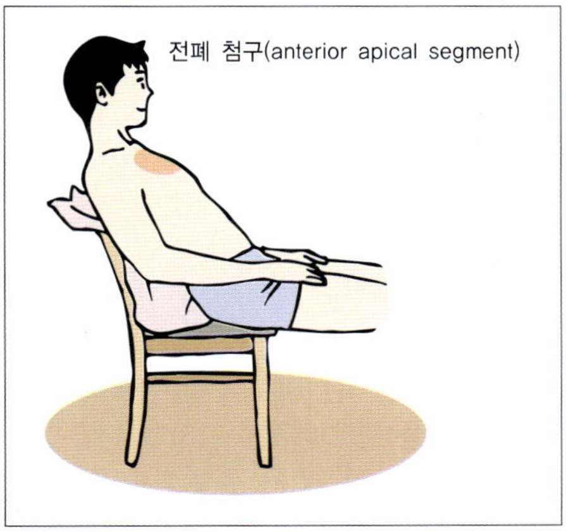

그림 10-24. 타진법을 쇄골 아래에 직접적으로 적용한다.

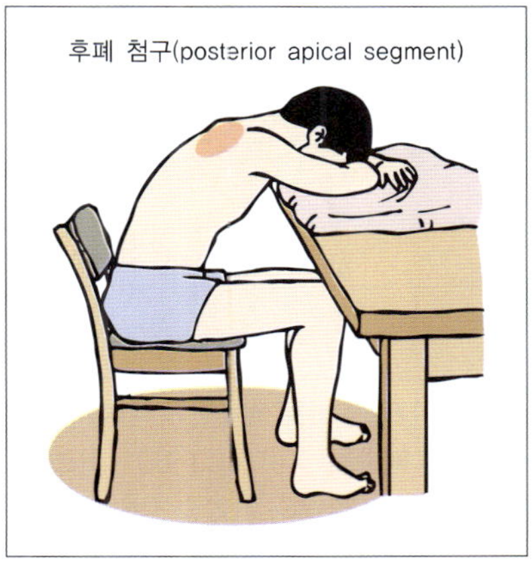

그림 10-25. 타진법은 견갑골 위에 적용한다. 치료사의 손가락을 구부려 견관절의 끝 위에 놓는다

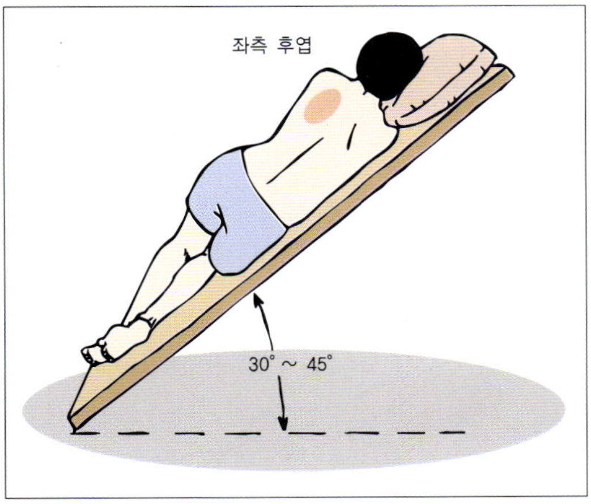

그림 10-26. 환자는 후방으로부터 $\frac{1}{4}$ 돌아누워 우측으로 기울인다. 머리와 견관절은 45° 올리거나 베개 사용시 18인치정도 적용한다. 타진법은 좌측 견갑골에 직접적으로 타진한다.

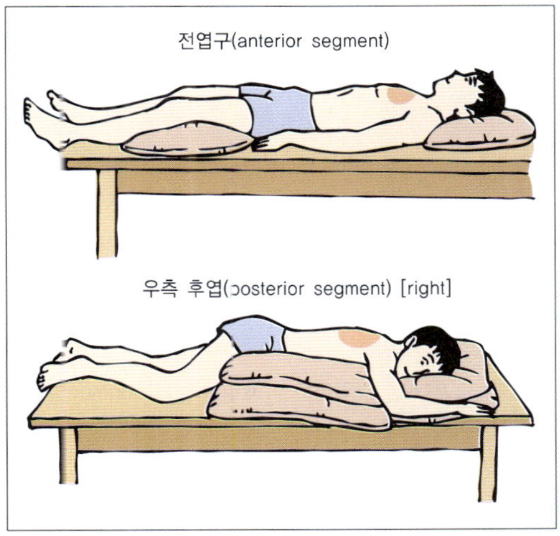

그림 10-27. 환자는 평평하게 누워 엎드린 자세에서부터 왼쪽으로 $\frac{1}{4}$ 돈다. 타진법은 우측 견갑골에 직접적으로 사용한다.

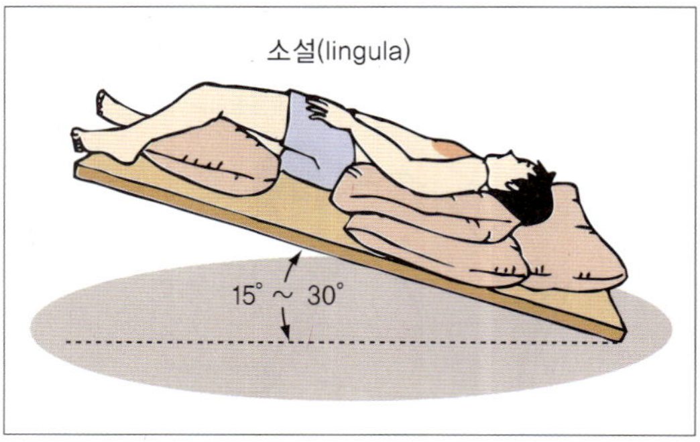

그림 10-28. 환자는 바로 누운 자세에서 오른쪽으로 $\frac{1}{4}$돌아누워 베개로 지지하고 30° 머리-하강 자세를 취한다. 타진법은 좌측 가슴 밑에만 적용한다.

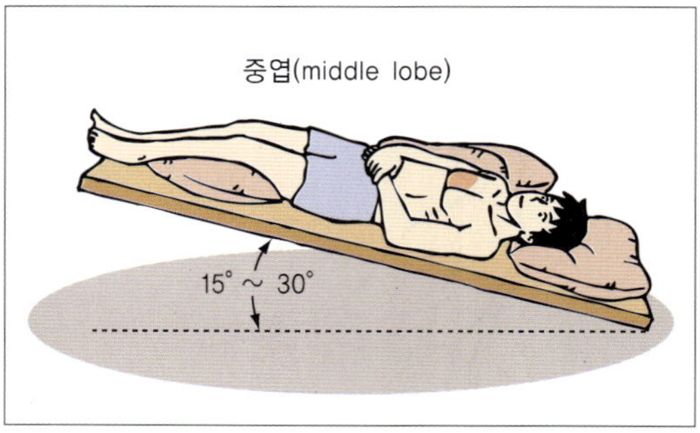

그림 10-29. 환자는 바로 누운 자세에서 왼쪽으로 $\frac{1}{4}$돌아누워 등 뒤에 베개로 지지하고 30° 머리-하강 자세를 취한다. 타진법은 우측 가슴 밑에 적용한다.

우측과 좌측 하엽들(RIGHT AND LEFT LOWER LOBES)

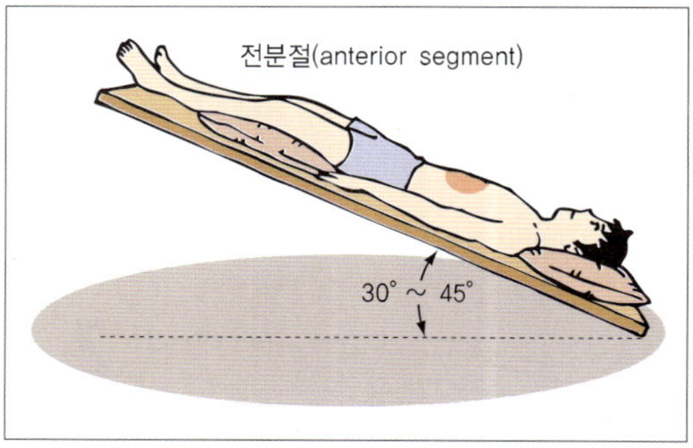

그림 10-30. 환자는 바로 누운 자세에서 무릎 밑에 베개를 넣고 45° 머리-하강 자세를 취한다. 타진법은 하부 늑골 양쪽 위를 적용한다.

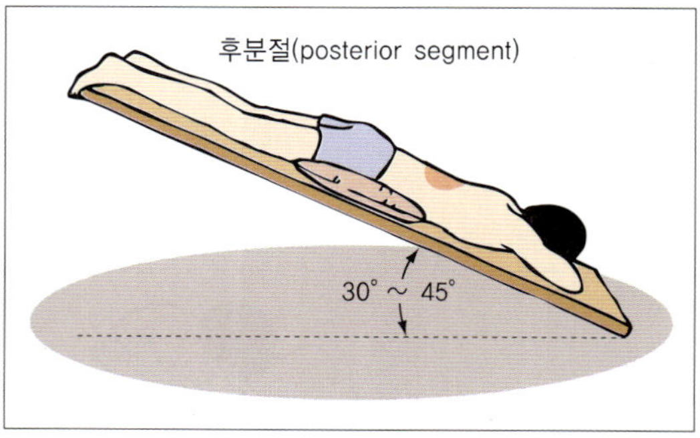

그림 10-31. 환자는 엎드린 자세에서 복부 밑에 베개를 넣고 45° 머리-하강 자세를 취한다. 타진법은 하부늑골 양쪽 위를 적용한다.

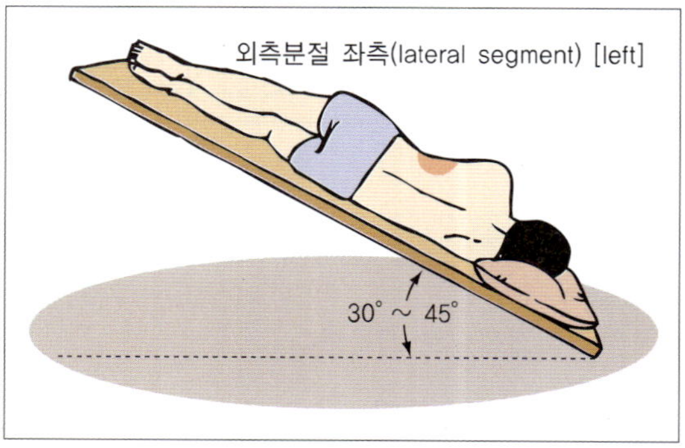

그림 10-32. 환자는 45° 머리-하강 자세에서 오른쪽으로 눕는다. 타진법은 좌측 늑골의 하 외측면 위에 적용한다.

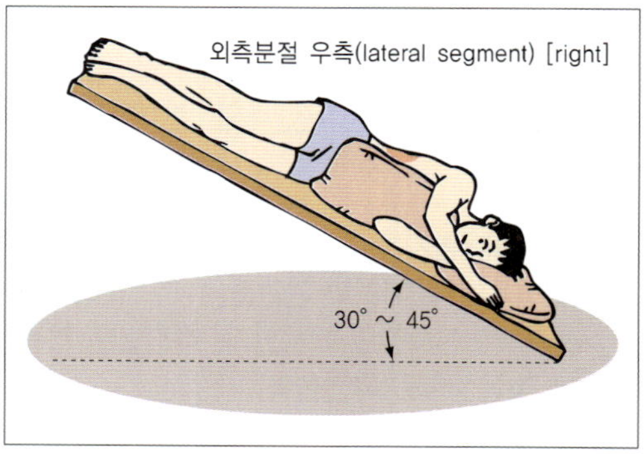

그림 10-33. 환자는 45° 머리-하강자세에서 왼쪽으로 눕는다. 타진법은 우측 늑골의 하외측면 위에 적용한다.

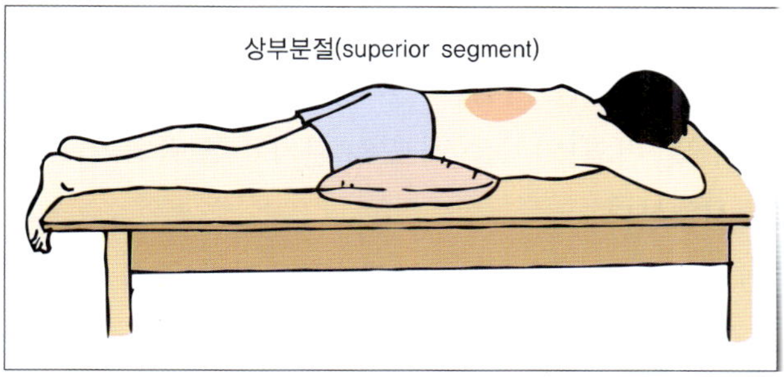

그림 10-34. 환자는 엎드려 누운 자세에서 허리를 평평하게 하기 위해 복부 밑에 베개를 놓는다. 타진법은 견갑골 아래에 직접적으로 양측에 적용한다.

(3) 체위배담의 수행을 위한 지침
(Guidelines for Imlpementation of Postural Crainage)

① 일반적인 고려사항(General Considerations)

기일의 시간(Time of day).

- 절대로 식사 후 바로 체위 배담법을 시행하지 않는다.
- 에어로졸 치료(aerosol therapy)와 함께 치료를 병행한다. 어떤 치료사는 체위배담 전에 가습과 결합된 에어로졸 치료가 분비물을 해체하는데 도울 것이며 생산의 가능성을 증가 시킬 것이라고 생각한다. 다른 치료사들은 에어로졸 치료가 환자의 폐를 더욱 깨끗하게 할 때의 체위배담 후에 가장 좋고 에어로졸 치료를 통해 약물 치료에서 최대 이익을 얻을 수 있다고 믿는다.
- 환자에게 가장 좋은 치료시간(또는 때)을 선택한다. 환자의 기침은 전날 밤에서의 분비물의 축적 때문에 이른 아침에 매우 많이 발생하는 경향이 있다. 초저녁의 체위배담은 취침 전에 폐를 깨끗이 할 수 있고 환자가 더 쉽게 휴식을 취하도록 도울 것이다.

치료의 빈도(Frequency of treatments) : 매일 또는 매주의 기본적인 빈도는 환자병증의 상태에 의존한다. 분비물이 탁하고 다량이면, 폐가 깨끗해 질 때까지 하루에 2~4회가 보통 필요하다. 환자가 유지프로그램의 상태이면, 빈도는 감소될 것이다.

② 환자의 준비(Prepare the Patient)

- 꼭 끼거나 부피가 큰옷은 느슨하게 한다. 피부를 노출시킬 필요는 없다. 환자는 가벼운 셔츠나 가운을 입는다.
- 이용가능한 객담 컵이나 휴지를 준비한다.

- 자세를 잡고 편안하게 하기 위해 베개를 충분히 준비한다.
- 환자에게 치료절차를 설명한다.
- 체위배담법을 시작하기 전에 심호흡과 효율적인 기침을 환자에게 가르친다.
- 환자가 많은 양의 객담을 생산한다면, 몇 번의 기침을 하도록 환자를 교육하거나 자세를 취하기 전에 환자에게 흡입을 시행한다.
- 흉관(chest duct), ECG 줄(심전도 줄) 또는 도뇨관(catheters)과 같은 관과 줄을 조정하여 자세를 취하는 동안에 그것들을 깔끔하게 유지한다.

③ 치료순서(Treatment sequence)

- 배담시켜야 하는 폐의 분절을 결정한다. 낭포성 섬유증(cystic fibrosis)과 같은 만성 폐질환을 가진 어떤 환자들은 모든 자세에서 배담이 필요하다. 다른 환자들은 분비물이 축적된 몇몇 분절만의 배담을 요구할것이다.
- 환자의 생체징후(vital sign)과 호흡음을 검사한다.
- 배담을 위한 교정자세에 환자를 위치시킨다. 환자가 가능한 편안하고 이완되어 있는지 잘 살핀다.
- 가능하다면 언제든지 환자의 앞에 서서 환자의 안색을 관찰한다. 환자가 견딜 수 있다면 5~10분간 각 자세를 유지한다.
- 환자가 배담 동안 이완된 자세에서 심호흡을 하게 한다. 그러나 과환기나 호흡의 정지를 허용하지 않아야 한다.
- 환자가 정확한 자세에서 있는 동안에 배담되는 분절에 타진법을 적용한다.
- 필요하다면 환자가 깊고 날카롭고 이중 기침을 하도록 격려한다. 그것은 잠깐 동안 반 수직 자세(한쪽 팔꿈치로 기대기)를 취하고 나서 기침하는 것은 환자를 더 편안하게 할 것이다.
- 타진법과 함께 자세를 취하는 동안 환자가 자연스럽게 기침을 하지 않는다면, 호기 동안에 진동법을 적용하듯이, 차례로 여러 번의 심호흡이나 여러 번의 강하고 짧은 호흡을 하도록 환자를 지도한다. 이 방법은 기침유발을 도울 것이다.
- 자세를 취한지 5~10분 후에 환자의 기침이 일어나지 않는다면, 다음 자세를 계속한다. 치료 동안에 이동했던 분비물들이 치료 후 30분에서 1시간이 경과할 때 까지 환자에 의해서 뱉어내지 못할 수도 있다.
- 절차가 환자에게 상당한 피로이기 때문에 어떠한 치료라도 기간은 45~60분을 넘지 않

는다.

④ 치료의 마무리(Concluding the Treatment)

- 치료 후에 환자를 천천히 앉히고 잠깐 휴식을 취하게 한다. 환자가 바로 누운 자세나 머리를 아래로 한 자세에서 앉은 자세로 올라을때 자세성 저혈압의 징후를 관찰 한다.
- 비록 치료동안 기침이 일어나지 않더라도, 치료 후에 한동안은 기침이 일어날 수 있다고 환자에게 조언한다.
- 호흡음 재검사에 의해 치료의 효율성을 평가한다.
- 배출된 분비물의 형태, 색깔, 농도 그리고 양을 기록한다.
- 치료 후 환자의 생체징후(vital sign)를 조사하고 어떻게 환자가 치료를 견뎠는지 기록한다.

⑤ 체위배담법을 중단하기 위한 기준(Criteria for Discontinuing Postural Drainage)

- 흉부 x-ray가 비교적 깨끗할때
- 환자가 24~48시간 동안 열이 없을때
- 청진으로 정상이나 정상에 가까운 호흡음이 들릴때
- 환자가 규칙적인 가정 프로그램 중일때

7. 만성 폐쇄성 폐 질환을 가진 환자의 관리(Management of Patients with Chronic Obstructive Pulmonary Disease)

만성 폐쇄성 폐 질환(COPD)은 하부 호흡기도의 전도되는 기도에서의 공기의 흐름을 방해하고 환기와 가스교환을 변화시키는 모든 많은 폐 상태에 적용하는 광의의 용어이다. 많은 특정환 질환들은 사실상 폐쇄성으로 분류된다. 각 질환들은 그것의 독특한 상태와 임상적 명시(manifestation)를 가지며 기류의 폐쇄, 질환의 발병기, 폐쇄의 위치 및 폐쇄의 가역성의 원인에 의해 구별된다.

(1) 폐쇄성 폐 장애의 유형(Types of Obstructive Pulmonary Disorders)

전형적으로 말초기도질환, 만성기관지염, 폐기종은 만성 폐쇄성 폐질환(COPD)으로 분류되지만, 천식, 기관지 확장증, 낭포성 섬유증, 그리고 기관지폐 이형성증(bronchopulmonary dysplasia)과 같이, 사실상 만성인 기타 폐쇄성 폐 질환들 또한 포함될 것이다. COPD(특히, 만성기관지염과 폐기종)에서 시간이 지나면서 일어나는 병리학적 변화는 기도의 점액막의 염증; 점액의 증가된 생산과 정체(retention); 기도의 협소와 파괴; 그리고 폐포와 기관지 벽의 파괴이다. 환자의 폐 상태에서의 이런 변화는 환자로 하여금 빈번한 급성 호흡기 감염을 일으키기 쉽다.

(2) COPD의 관리(Management of COPD)

평생관리는 무능력한 증상을 작게 하기 위한 적절한 의학적 관리, 감염예방, 금연, 그리고 포괄적인 폐 재활프로그램의 참가를 포함한다. 관리의 중요한 부분은 기도 정화의 진행과 개별적으로 설계된 운동 등급 프로그램에 참여를 포함한다.

8. 제한성 폐장애를 가진 환자의 관리(Management of Patients with Chronic Restrictive Pulmonary Disorders)

제한성 폐장애는 폐외부 또는 폐의 질환이나 제한의 결과로써 완전한 확장을 위한 폐의 무능으로 특징지어진다. 다른말로, 환자는 심호흡에 어려움을 가진다.

(1) 제한성 폐장애의 급성과 만성의 원인
(Acute and Chronic Causes of Restrictive Pulmonary Disoredrs)

① 제한성 장애의 폐 원인

- 종양, 간질성의 폐섬유증(폐렴, 결핵 그리고 석명 침착증과 같이)또는 확장부전증과 같은 폐 실질의 질환
- 폐부종이나 폐색전증과 같은 심혈관/폐 기관의 질환
- 불충분하거나 비정상적인 폐 발달(유리질막 질환)
- 정상적인 노화

② 제한성 장애의 폐외부 원인

- 외상이나 수술에 의한 2차적인 흉벽의 통증
- 폐 외의 질환(공피증이나 강직성 척추염과 같은)과 관련된 흉벽의 경직

- 자세적 기형(척추측만증, 척추후만증)
- 신경증의 또는 근육증 기원의 환기근 약증(척수손상, 뇌성마비, 파킨슨병, 근이영양증)
- 늑막의 질환
- 복수(ascites)나 비만으로 인한 불충분한 횡격막의 편기 운동

(2) **폐시스템의 병리상 변화**(Pathologic Changes in the Pulmonary System)

폐나 폐 외 상태의 결과는, 많은 변화들은 폐 기능검사에서 반영된다. 폐용량과 용적 변화에 기여하는 심폐계 내에서의 요소들은 감염이나 섬유증(폐포, 기관지, 또는 흉막의 비후), 폐울혈에 의해 유발된 감소된 폐 합병증과 감소된 동맥혈 가스(저산소증)이다.

(3) **관리 : 흉곽 수술 후**(Management: Post-Thoracic Surgery)

비록 많은 급성이나 만성 질환이 제한성 폐기능 장애의 근본적 원인이 될 수 있더라도, 이 부분에서는 하나만 토의할 것이다. 수술적 중재가 필요한 심장이나 폐의 상태를 가진 환자는 수술 후 제한성 폐 합병증에 요인이 높다. 흉벽을 절개하는 개흉술은 폐엽절제술(폐엽의 제거), 폐절제술(폐의 제거) 또는 분절절제술(폐엽의 분절의 제거)을 포함한 폐 수술의 많은 형태에서 필요하다. 심장의 하나 또는 二 이상의 판막들의 대체, 격막 결함의 치유 또는 심장이식 또한 흉곽절제술이 필요하다.

폐나 심장수술후 폐 합병증과 제한성 폐 질환의 위험증가요인(Factors That Increase the Risk Pulmonary Complications and Restrictive Lung Dysfunction After Pulmonary or Cardiac Surgery) : 개흉술 후 환자는 흉벽의 고정, 불충분한 폐의 팽창, 그리고 비효율적인 기침을 이끄는 상당한 흉부통증을 경험하게 된다. 폐 분비물 또한 정상적인 수술 후 보다 많아지는 경향이 있다. 그 결과, 환자는 좀더 폐 분비물이 축적되기 쉽고 이차적으로 폐렴이나 확장 부전증으로 발전한다. 수술 후 폐 합병증의 위험 증가에 요인으로는 다음과 같은 것 들이 있다.

(4) **일반적 마취**(General Anesthesia)

- 기관지계의 정상적인 섬모 운동 감소
- 중추 신경계의 호흡 중추가 억제되고, 얕은 호흡 패턴이 야기된다(총폐활량과 폐 활량의 감소)

- 기침 반사 억제

(5) **삽관(기관내관삽입)**[Intubation(Insertion of an Endotracheal Tube)]
- 근경련과 흉부의 고정 야기
- 기관지계의 점액선을 자극하여, 점액의 생산에 증가를 야기 시킨다.
- 기관지계의 정상적인 섬모 활동을 감소하여, 분비물의 정체를 이끈다.

(6) **절개부위의 통증**(Incisional Pain)
- 근육에 부목을 대면 흉벽의 순응이 감소되어 차례로 얕은 호흡패턴이 유발된다. 결과적으로 폐 확장이 제한되고 분비물이 충분히 이동되지 못한다.
- 깊고 효율적인 기침이 제한된다. 환자는 보통 분비물을 효율적으로 이동하고 깨끗하게 할 수 없는 약하고, 얕은 기침을 가진다.

(7) **진통제**(Pain Medication)

비록 진통제 복용으로 수술 후 절개부위의 통증이 감소되는 경향일 지라도, 그것은 또한 중추신경계의 호흡중추를 억제하고 기관지계 내의 정상적인 섬모활동을 감소한다.

(8) **수술후 일반적인 비활동성**(General Inactivity Postoperatively)
- 분비물, 특히 하엽의 후폐 기저구에 고이는 원인이 된다.

(9) **일반적 약화와 피로**(General Weakness and Fatigue)
- 기침 펌프의 효율성 감소
- 수술 후 기능적 움직임 감소

(10) **수술과 직접적으로 연관되지 않은 다른 위험요소**(Other Risk Factors Not Directly elated to the Surgery)
- 환자의 나이(50세이상)
- 흡연의 병력
- 신경근 약화로 인한 COPD나 자한성 폐질환의 병력
- 비만

- 저하된 정신상태와 적응

(11) 흉곽수술 후 : 관리지침

주의 :

- 치료동안 생명 징후를 관찰한다.
- 기침 시 최소 절개부위 통증을 위해 절개부위 위에 부목을 어떻게 대는지 환자에게 반드시 보여준다.
- 환자를 움직일 때 흉관이 신장되는 위치에 놓이는 것을 피한다.
- 외측 절개를 받은 환자를 위한 흉관이 빠지는 것을 방지하기 위해 흉관이 제거될 때까지 며칠 동안 수술 측 견관절 굴곡은 90˚로 제한된다.
- 체위배담법이 반드시 수행되어야 할 때는 머리-하강 자세를 피하기 위해 수정된 자세를 취한다.
- 절개 부위 위에는 타진법을 사용해서는 안된다.
- 환자가 몸을 돌릴 때, 절개부위의 최소신장을 위해 통나무 굴리기 기법을 사용한다.

II 심장재활 프로그램(cardiac Rehabilitation program)

1. 핵심용어(Key Terms)

피트니스(Fitness) : 피트니스란 신체활동을 수행하는 능력을 설명하는 일반적인 용어이다. 신체 활동의 수행에는 심폐계의 기능, 근육의 순발력 및 지구력, 근골격계의 유연성이 필요하다. 신체적으로 적합한 상태가 되기 위해서는 개개인이 대근육군의 사용과 심폐계에 자극을 주는 형태의 신체활동을 규칙적으로 해야 한다. 모든 연령층의 개개인은 걷기, 자전거 타기, 달리기, 수영, 계단 오르내리기, 크로스컨트리 스키, 웨이트 트레이닝 등을 포함한 활동에 참여함으로써 자신의 전반적인 피트니스를 향상시킬 수 있다.

최대 산소 소비량(Maximum Oxygen Consumption) 최대 산소 소비량은 신체의 산소 사용능력을 측정한 것으로, 대개수영, 걷기, 달리기 등과 같이 많은 대근육군을 사용하는 한

바우트의 운동할 때 측정된다. 이것은 개개인의 운동이 최대치에 도달했을 때 분당 소비되는 산소의 최대량을 말한다. 통상 분당 체중 kg당 산소 mL와 같이 체중과 관련지어 표현한다(mL/kg per minute). 최대 산소 소비량은 산소공급, 혈액의 산소함량, 심장기능, 모세혈관의 산소소비, 근육의 산화량 등에 달려있다.

지구력(Endurance) : 지구력은 오랜 시간 작업을 할 수 있는 능력이며, 또한 피로를 견뎌내는 능력이다. 여기에는 근육의 지구력과 심혈관계의 지구력이 포함된다. 근 지구력이 특정 근육군의 장시간 반복수축하는 능력인데 비하여 심혈관 지구력은 대근육의 동적 운동 즉, 장시간 걷기, 수영, 자전거 타기 등을 수행하는 능력을 말한다.

유산소 운동 훈련(컨디셔닝){Aerobic Exercise Training (Conditioning)}

유산소 운동 훈련은 운동 프로그램을 통하여 근육의 에너지 이용을 증가시킬 수 있다. 에너지를 사용하기 위한 근육의 능력 증진은 증가된 미토콘드리아(mitochondria) 밀도와 크기, 증가된 근섬유 모세관의 공급은 물론 증가된 근육의 산화 효소 수준이 직접 작용한 결과이다. 훈련은 충분한 강도, 기간, 횟수에 달려 있다. 그리고 훈련은 심혈관계와 근육계가 적응되어야 하며 개개인의 지구력이 반영되어야 한다. 특정 스포츠나 경기를 위한 훈련은 특수성의 원리(specificity principle)에 따라 달라진다. 즉, 한 훈련으로 발달시킨 운동종목이 다른 종목을 발달시키지는 않는다. 예를 들어, 수영은 수영 경기력을 향상시킬 수는 있으나 트레드밀에서 달리기의 수행력을 향상시키지는 못한다.

적응(Adaptation) : 심혈관계와 작용근육의 효율성 증가는 적응의 결과이다. 적응이란 심혈관계와 근육계의 다양한 신경학적, 물리학적, 생화학적 변화들의 결과에 부응하는 수행능력의 향상을 말한다. 똑같은 양의 작업을 하더라도 훈련 후에는 수행력이 향상되어 생리학적인 손실이 낮아진다.

적응은 유기체의 변화능력과 훈련자극역치(훈련반응을 일으키는 자극)에 달려있다.

심근의 산소소비량(Myocardial Oxygen Consumption) : 심근의 산소소비량은 심근의 산소소비를 측정한 것이다. 산소 요구량은 심박수, 혈압, 심근의 수축정도, 후부하(afterload)에 따라 결정된다. 건강한 사람은 최대로 운동하는 동안에도 심근의 산소 공급량과 요구량 사이에 균형이 유지된다. 심근은 안정시에도 혈액의 산소 중 70~15%를 소비하기 때문에 운동 중의 주된 산소공급은 관상동맥 혈류증가에 의해 이루어진다.

탈컨디셔닝(Deconditioning) : 탈컨디셔닝은 장기간의 침상안정으로 인하여 발생하며, 이 영향은 주로 급성 질환이나 장기간의 만성질환이 있는 환자에게 폭넓게 볼 수 있다. 이러한 환자들은 최대산소소비량, 심박 출량(1회 박출량) 및 근력의 저하가 빠르게 저하된다.

이러한 영향은 또한 그 정도는 작지만 생활습관이나 노화로 인해 아무 질병이 없어도 장시간 누워 지내거나 앉아서 지내는 사람에게서 볼 수 있다.

에너지 체계(Energy Systems) : 에너지 체계란 아데노신 삼인산(adenosine triphosphate; APT), 이산화탄소(carbon dioxide), 물(water)의 조성결과로 인한 일련의 생화학적 반응을 포함한 대사체계이다. 대사작용은 ATP가 아데노신 이인산(adenosine diphosphate; ADT)과 인(phosphate; P)으로 분해되면서 발생되는 에너지를 세포가 이용함으로써 이루어진다. 근세포는 이 에너지를 근수축시 일어나는 액틴-마이오신 교차성 교각(actin-myosin cross bridge)형성에 사용한다. 아래는 3가지의 주요 에너지 체계이다. 각각의 대사체계가 작용하는 시기와 정도에 따라 운동의 강도와 지속시간이 결정된다.

- 인원질 또는 ATP-PC 체계 (phosphagen or ATP-PC system)
- 무산소 해당 체계 (anaerobic glycolytic system)
- 유산소 체계(aerobic system)

2. 유산소 운동의 생리적 반응(Physiologic Response to Aerobic Exercise)

(1) 운동에 대한 심혈관계의 반응(Cardiovascular Response to Exercise)

① 운동의 촉진반응

골격근의 작은 유수신경섬유(myelinated fiber)와 무수신경섬유(ummyelinated fiber)를 자극하면 교감신경계(sympathetic nervous system; SNS)가 반응하는데 그 중심경로는 알려져 있지 않다.

- SNS의 반응은 비활동근육 전체의 말초혈관수축, 심근수축 증가, 심박수 증가, 수축기 혈압 증가 등이다. 이 결과로 심박출량의 현저한 증가와 재분배가 나타난다.
- 반응의 정도는 운동에 참여한 근육의 양과 운동강도에 비례한다.

② 심장의 반응

- 동방결절(sinoatrial node)의 탈분극 횟수가 증가하고 심박수도 증가한다. 이것은 SNS 자극이 증가함에 따라 미주신경의 자극이 감소되기 때문이다.
- 심장 근섬유 힘의 발달이 증가하는데, 이것은 SNS의 직접적인 근수축성 반응(inotropic response)으로 심근의 수축력을 증가시키는 것이다.

③ 말초의 반응

- 전반적인 혈관수축은 비활동근육, 신장, 간, 비장, 내장 등의 혈액을 문합(shunt)하여 작업하는 근육으로 보낸다.
- 독자적인 자율신경계는 Mg^{2+}, Ca^{2+}, ADP, Pco_2와 같은 대사산물에 의해 활동근육의 동맥혈관저의 저항을 집중적으로 감소시킨다.
- 비활동근육뿐 아니라 활동근육의 정맥을 수축된 상태로 만든다.
- 전체적인 말초저항이 순전히 감소된다.

심박출량이 증가되는 이유

- 박출량 증가에 따른 심근의 수축력 증가
- 심박수 증가
- 활동근육의 혈류량 증가
- 말초 정맥압을 상승시키는 활동 및 비활동 근육의 정맥순환에 대한 혈관수축의 증가
- 전체 말초저항의 순수한 감소

수축기 혈압의 증가는 심박출량이 증가된 결과이다.

(2) 운동에 대한 호흡계의 반응(Respiratory Response to Exercise)

운동을 시작하기 전부터 호흡은 변하기 시작한다. 가스교환(O_2, CO_2)은 첫 번째나 두 번째 호흡에 의해 폐포의 모세혈관막을 통해 증가된다. 운동을 하는 동안 증가된 근육의 대사는 동맥혈액에서 O_2를 더욱 많이 해리시키고, 정맥의 Pco_2와 H^+의 증가, 체온 상승, 에피네프린 증가, 관절과 근육수용기의 자극 증가가 일어난다. 이러한 요소들이 단독으로나 복합적으로 호흡계를 자극하게 된다. 압수용기(baroreceptor)반사, 보호반사, 동통, 감정, 호흡의 수의적인 조절 등도 호흡의 증가에 관여한다. 분당 환기량(minute ventilation)은 호흡횟수와 폐활량이 증가함에 따라 증가한다. 모세혈관과 폐포막 사이의 가스 확산으로 발생하는 폐포환기(alveolar-ventilation)는 강한 운동에 필요한 산소를 공급하고 과도하게 생성된 이산화탄소를 배출하기 위해 10~20배로 증가한다.

(3) 근육에 대한 산소공급의 반응(Responses Providing Additional Oxygen to Muscle)

활동근육에 증가된 혈류는 산소를 더 많이 공급한다. 이것은 혈액 리터(liter)당 더욱 많은 산소를 해리한다. 이를 위해서는 여러 가지 변화가 일어나게 된다.

- 활동근육은 더욱 많은 산소를 사용하기 때문에 국소조직에 Pco_2 감소가 일어난다. 산

소 분압이 감소됨에 따라 해모글로빈에서 산소해리가 촉진된다.

- 이산화탄소가 더욱 많이 생성될수록 그 조직은 산성화되고(수소이온 농도의 증가로) 조직의 온도도 상승하게 된다. 이러한 결과로 어느 일정 분아에 도달하게 되면 헤모글로빈으로부터 해리되는 산소량은 증가하게 된다.
- 운동시 해당과정에서 생성되는 적혈구내의 2, 3-diphosphogiycerate(DPG)의 증가도 산소해리를 증가시키는 역할을 한다.

① 산소소비량을 결정하는 인자

- 근육의 혈관분포도
- 근섬유의 분포도
- 미토콘드리아의 수
- 근섬유에 존재하는 미토콘드리아의 산화효소. 근육의 산화능력은 동맥혈과 정맥혈의 산소 함량 차이인 동정맥 산소함량차에 좌우된다.

3. 운동프로그램을 위한 기초검사(Testing as a Basis for Exercise Program)

(1) 회복기 환자와 잠재적 위험이 있는 사람의 스트레스 검사 (Stress Testing for convalescing Individuals and Individual at Risk)

스트레스 검사를 받을 사람은 심전도(ECG)모니터로 안정 시, 운동 시, 회복 시의 상태를 세밀하게 살펴보는 신체검사를 받도록 한다.

① 스트레스 검사의 원칙

- 트레드밀의 속도 및 경사도 또는 자전거 역량계의 저항을 증가시킴으로써 부하량(work load)을 조정한다.
- 초기 부하량은 피검자의 예상되는 유산소 역치보다 낮게 잡는다.
- 각각의 부하량은 1분 이상 유지되도록 한다.
- 증후가 발생하거나 ECG에 비정상적인 것인 나타나면 검사를 중단한다.
- 가능하면 피검자의 최대산소소비량을 측정한다.

② 스트레스 검사는 운동수준이나 운동처방을 결정하는 기초자료 외에도 다음과 같은 것을 제공한다.

- 명백한 심장질환이나 잠재성 심장질환을 진단하는데 도움이 된다.
- 격렬한 작업이나 운동처방에 참여할 피검자의 심혈관계의 기능능력을 평가한다.
- 신체작업능력을 kg-m/min, 기능능력을 METs로 측정한다.
- 운동훈련 및 예방프로그램에 대한 반응을 평가한다.
- 심장질환의 적절한 치료방법을 선택하고 평가하는 것을 보조한다.
- 운동프로그램에의 참여와 지속하는 동기를 높인다.
- 관상동맥질환 가능성이 있는 흉곽감각이나 흉통 병력이 있는 환자의 임상평가에 이용된다.

③ 스트레스 검사를 받는 모든 사람이 해야 할 것

- 사전에 신체검사를 받는다.
- 안정 시, 운동 시, 회복 시의 ECG 모니터와 세심한 관찰을 받는다.
- 검사동의서에 서명을 한다.

④ 검사를 중단하여야 하는 종료지표

- 진행성 협심증.
- 부하량 증가시 수축기 혈압의 유의한 감소.
- 가벼운 두통, 정신착란, 창백, 청색증, 오심, 말초순환부전.
- 심전도상 4mm 이상의 ST파 하강을 포함한 비정상적인 ECG반응.
- 과도한 혈압상승.
- 피검자가 중단을 바랄 때.

※ 스트레스 검사와 운동프로그램의 주의사항

심박수가 비정상적으로 증가하는 것을 사정하기 위해 맥박을 모니터한다. 혈압은 신체활동 MET당 약 7~19mmHg 상승한다.

- 수축기압은 220~240mmHg를 넘지 않아야 한다.
- 확장기압은 120mmHg를 넘지 않도록 한다.

운동을 하면 호흡수와 깊이가 상승된다.

- 호흡이 힘들어서는 안된다.
- 호흡이 가빠지는 것을 느껴서는 안 된다.

운동 중에는 체온조절과 활동근육의 요구에 상응하기 위해 혈류가 증가되어 뺨, 코, 귓불의 피부가 분홍빛으로 촉촉하고 만지면 따뜻한 상태로 변한다.

4. 운동프로그램의 결정요소(Determinants of an Exercise Program)

운동의 중요한 3요소는 강도(intensity), 기간(duration), 횟수(frequency)이다.

(1) 운동강도(intensity)

운동의 적절한 강도의 결정은 과부하 원리와 한정성 원리를 기초로 한다.

- 과부하의 원리(overload principle) : 과부하란 일상생활에 서 부딪히는 정상적인 스트레스보다 더욱 큰 스트레스가 가해지는 것을 말한다. 심혈관계와 근육의 지구력을 향상 시키기 위해서는 이들 계통에 과부하가 가해져야만 한다. 운동부하(과부하)는 적응이 훈련 자극역치(training stimulus threshold; 훈련이나 컨디셔닝 반응을 일으키는 자극) 이상이어야 한다.
- 주어진 부하에 적응이 되면 더욱 향상시키기 위해서는 훈련강도(운동부하)를 증가시켜야한다.
- 훈련자극역치는 다양하여 개개인의 건강수준, 활동수준, 연령, 성별에 따라 다르다.
- 피트니스의 초기수준이 높을수록 신체변화를 일으키는 데 필요한 운동강도는 더욱 커진다.
- 컨디셔닝 반응은 개인과 피트니스 수준에 따라 대개 최대 심박수의 60~90%에서 발생한다.
- 관상동맥질환의 위험이 있는 사람, 관상동맥질환자, 만성질환자, 노인 등의 운동처방에 사용되는 최대심박수와 운동심박수는 스트레스 검사로 결정하는 것이 이상적이다.
- 단시간의 고강도운동은 장시간의 중강도 운동에 비해 최대산소소비량이 더욱 크게 향상된다. 그러나 단시간의 고강도 운동은 최대 한계치로 접근할수록 심혈관계 합병증과 근골격계 상해의 위험성이 상대적으로 증가한다.
- 운동강도가 높을수록 그리고 운동시간이 길수륵 훈련효과는 더욱 빨리 나타난다.
- 최대산소소비량은 운동강도를 측정하는 가장 좋은 척도이다. 유산소 능력과 심박수는 직선적인 관계가 있기 때문에 최대심박수는 운동강도의 한 기능으로 볼 수 있다.
- 훈련의 특성과 관계가 있는 한정성 원리(specificity principle)는 계획된 부하량에 따라 대사체계 및 생리적인 체계의 적응을 유도한다. 여기에는 근력을 위한 운동과 지구력을 위한 운동이 겹치지 않도록 한다.

(2) 운동기간(Duration)

심혈관계 컨디셔닝을 위한 최적의 운동시간은 전체적인 운동량, 운동강도 및 횟수, 피트니스의 레벨에 좌우된다. 일반적으로 운동의 강도가 클수록 적응에 필요한 시간은 짧아지며, 운동 강도가 낮을수록 적응에 필요한 시간은 길어진다.

일반적으로 최대심박수의 60~70%에 도달하기에는 20~30분의 운동이 적절하다. 운동 강도가 심박수 역치 이하일 경우에는 45분 동안의 계속적인 운동이 적절한 과부하를 주게 된다. 고강도 운동은 10~15분 동안이 적당하고, 탈컨디션 환자라면 하루에 5분씩 3번 운동하는 것이 효과적이다. 45분 이상의 운동은 근골격계에 합병증을 일으킬 위험이 커지게 된다.

(3) 운동횟수(Frequency)

운동시간과 마찬가지로 신체적응을 일으킬 수 있는 가장 효과적인 운동 횟수에 대한 명확한 정보는 없는 편이다. 훈련프로그램에서의 운동 횟수는 운동 강도나 시간보다는 덜 중요한 요소이다.

운동 횟수는 개개인의 건강상태와 연령에 따라 다르다. 최적의 훈련횟수는 대개 주당 3~4회이다. 만약 운동 강도가 낮다면 횟수를 늘이는 것이 좋다. 주당 2회의 운동은 일반적으로 심혈관계에 변화를 일으키기에는 미흡하지만 노인이나 회복기 환자들에게는 유익할 수도 있다. 운동 횟수가 최적횟수 이상이면 근골격계 합병증의 위험이 높아진다. 건강한 사람이라면 30~45분 동안 적어도 주당 3회 운동(200Kcal/week)이 관상동맥질환을 예방하는 것으로 나타났다.

(4) 운동형태(Mode)

심폐계 피트니스를 증진시키는 데에는 많은 종류의 운동이 있다. 운동형태의 중요한 요소는 대근육군이 유동적이고도 유산소 상태로 활성화 되어야 한다는 점이다. 그러나 변화의 크기는 사용되는 형태에 의해 결정된다.

자전거 타기나 달리기와 같은 특정한 유산소운동을 위해서는 심폐계에 스트레스를 주는 것은 물론이고 활동에 필요한 근육에 과부하가 걸려야 한다(한정성의 원리). 만약 직업에서 수행되는 활동이 상지의 지구력이라면 운동프로그램은 상지의 근육운동이 주목표가 되어야 한다. 훈련된 근육은 그 부위에 혈류가 증가하고 산화력도 더욱 커진다. 혈류의 증가는 미세순환의 증가와 심박출량의 더욱 효율적인 분배로 이루어진다.

훈련의 이익은 운동프로그램이 개개인의 욕구와 능력에 부합될 때 최적화된다. 그러므로 개개인의 숙련도, 경쟁심과 적극성, 다양한 환경상태 등이 고려되어야 한다.

(5) 역전성의 원리(The Reversibility Principle)

훈련을 중단하면 탈훈련(detraining)현상이 빠르게 나타난다. 훈련을 중단한지 2주만 지나도 운동능력에 유의한 감소를 측정할 수 있으며, 수개월 이내에 향상되었던 운동능력이 상실된다. 이와 비슷한 현상을 질병이나 장애로 인하여 누워 지내는 사람에게서 볼 수 있으며, 이러한 사람은 심하게 컨디션이 저하되어 정상적인 일상생활을 할 능력을 잃게 된다. 유산소 피트니스를 일정 수준 유지하는데 필요한 신체활동의 횟수나 시간은 그것을 증진시키는데 필요한 것보다는 적다.

5. 운동프로그램(The Exercise Program)

계획된 운동프로그램은 건강한 사람에게는 더 높은 피트니스 수준으로 끌어올리며, 노인에게는 기능능력의 감퇴를 늦추며, 질병을 앓고 있거나 만성질환을 가진 환자에게는 신체를 재조절할 수 있도록 한다. 운동프로그램은 준비운동, 유산소운동, 정리운동의 세과정으로 구성된다.

① 준비운동(Warm-Up Period)

생리학적으로 신체활동이 일어나서 신체가 필요한 운동에 적응하도록 조절되기까지에는 어느 정도의 시간이 필요하다. 준비운동의 목적은 신체활동을 하기에 앞서 일어나야 할 여러 적응력을 향상시키는데 있다.

㉠ 준비운동의 목적

- 근육의 온도상승 - 온도가 높을수록 근육의 점성도가 감소되고 신경전도율이 증가됨으로써 근수축의 효율성이 증가한다.
- 산소요구량의 증가 - 헤모글로빈으로부터의 산소해리는 근육의 온도가 높을수록 더욱 커지고, 운동을 할 때 산화과정이 활발해진다.
- 혈액순환의 증가 - 수축되었던 모세혈관이 확장되어 활동근육에 산소공급을 증가시켜 산소결핍과 젖산의 생성을 최소화한다.
- 운동자극 - 다양한 운동자극에 따른 호흡신경중추의 민감도에 적응한다.
- 정맥 환류의 증가 - 혈류가 신체의 말단부에서 중심부로 활발하게 이동.
  준비운동은 다음과 같은 것들을 예방하거나 감소시킨다.
- 유연성을 증가시켜 근골격계의 상해
- ECG의 허혈성 변화 및 부정맥의 발생

ⓛ 준비운동기의 특징

- 10분 동안의 유연한 체조, 정적인 신장, 천천히 달리기와 같은 전신동작운동이다.
- 분당 목표심박수에 20회 이내의 심박수에 도달하도록 한다.

② 유산소 운동(The Aerobic Exercise Period)

유산소운동은 운동프로그램의 컨디셔닝 부분이다. 구체적인 훈련방법을 선택하는데 가장 고려하여야 할 것은 운동강도인데 심박출량과 심박수를 증가시키기에 충분한 자극이며, 의도한 근육군의 국소순환 및 유산소 대사작용을 강화시키기에 충분히 큰 강도인가 하는 점이다. 운동시간은 개개인의 인내력 범위 내에서 신체적응이 일어나는 역치 이상이어야 하며, 임상 증후를 일으키는 운동 수준 이하이어야 한다. 유산소체계의 훈련방법에는 지속훈련, 간격훈련, 순환훈련, 순환-간격훈련의 네 가지가 있다.

지속훈련 (Continuous Training)	■ 훈련시간 내내 최대하의 에너지가 요구된다. ■ 일단 안정된 상태가 되면 근육은 유산소 대사에 의해 에너지를 얻는다. 스트레스는 주로 느린 연축섬유(slow-twitch fibers)에 부과된다. ■ 운동은 산소운반체계가 고갈되지 않는 범위 내에서 20~60분 동안 지속 될 수 있다. ■ 일률(Work rate)은 훈련 성취도에 따라 점진적으로 증가된다. 과부하는 운동시간을 증가시킴으로써 달성시킬 수 있다. ■ 건강한 사람의 지속훈련은 지구력을 향상시킬 수 있는 가장 효과적인 방법이다.
간격훈련 (Interval Training)	간격훈련은 작업이나 운동 후에 적절한 이완이나 휴식 간격을 정하여 훈련하는 것이다. 이 훈련은 지속훈련보다는 에너지 요구가 적다. 건강한 사람의 간격훈련은 지구력보다는 순발력(strength)과 파워(power)를 증진시키는 경향이 있다. ■ 이완간격(relief interval)에는 휴식이완(rest relief: 수동적 이완)과 작업 이완(work relief: 능동적 이완)의 두가지가 있다. ■ 작업간격이 길수록 유산소체계는 더욱 스트레스를 받는다. ■ 고강도 작업량은 작업-이완 간격을 적절히 배치시켰을 경우에 간격훈련이나 간헐적 훈련방법으로 수행할 수 있다.
순환훈련 (Circuit Training)	순환훈련은 연속적인 운동동작으로 구성되어 있다. 마지막 동작이 끝나면 처음부터 다시 일련의 운동동작과정을 밟게 된다. 이러한 일련의 운동을 여러 차례 반복한다. ■ 대근육군과 소근육군 및 정적인 운동과 동적인 운동 등을 혼합한 다양한 운동형태를 사용 할 수 있다. ■ 순환훈련은 유산소체계와 무산소체계 모두에 스트레스를 줌으로써 순발력과 지구력을 증진시킬 수 있다.
순환-간격훈련 (Circuit - Interval Training)	■ 순환훈련과 간격훈련을 결합한 형태로서 ATP를 생성하는 유산소체계 및 무산소체계의 상호작용 때문에 효과적이다. ■ 다양한 동작으로 유산소체계와 무산소체계가 자극되는 것외에도 적절한 이완간격은 ATP를 공급하는 산소를 이용하기에 앞서 해당 작용과 젖산의 생성을 지연시킨다.

③ 마무리운동(The Cool-Down Period)

마무리운동은 모든 훈련이 끝난 뒤에 필요하다.

목적

- 정맥의 환류를 유지하기 위하여 근육을 계속 사용함으로써 사지의 울혈을 예방한다.
- 심장과 뇌로 가는 혈류량을 증가시킴으로써 심박출과 정맥환류의 감소에 의한 어지러움을 예방한다.
- 대사산물의 산화 및 에너지가 보충되는 회복기를 촉진시킨다.
- 심근허혈(myocardial ischemia), 부정맥(arrhythmia) 그 밖의 심혈관의 합병증을 예방한다.

특징

- 유연한 체조와 같은 전신운동이 적당
- 5~10분정도 실시

※ 유산소 훈련프로그램의 일반적 적용기준

- 목표심박수와 최대심박수를 설정한다.
- 5~10분 동안 점진적으로 준비운동을 한다. 느린 속도로 스트레칭을 포함한 반복동작은 점차 힘을 증가시킨다.
- 운동의 속도를 증가시켜 20~30분 동안에 목표심박수에 유지되도록 한다. 운동의 예로는 빨리 걷기, 달리기, 자전거 타기, 수영, 크로스컨트리 스키 에어로빅댄스 등이 있다.
- 마무리운동은 5~10분 동안 천천히 전신의 반복동작과 스트레칭을 한다.
- 유산소운동은 주당 3~5회 실시한다.
- 스트레스로 인한 상해를 피하도록 잘 맞는 신발과 충분히 생역학적인 지지를 위한 적절한 기구를 사용하여야 한다. 아스팔트나 콘크리트와 같은 단단한 곳에서 뛰거나 에어로빅댄스는 피하도록 한다.
- 근골격계에 과사용증후군이 생기지 않도록 근육의 충분한 준비운동과 스트레칭을 하도록 한다. 운동의 진행은 개개인의 인내력 이내여야 한다. 과사용은 각 운동사이에 충분한 휴식(회복)시간이 없이 운동시간이나 운동강도를 높였을 때 공통적으로 일어난다.
  주당 10% 이상의 반복이나 시간을 증가시키지 말아야한다. 운동 중에 통증이 시작되거나 운동 후 4시간이상 끌면 경고상황이므로 즉시 스트레스를 줄여야 한다.
- 운동프로그램은 개별적이어야 한다. 모든 사람은 모두 똑같은 피트니스 수준이 아니므로 같은 운동을 할 수는 없다. 적절하게 수행할 수 없는 운동을 시도하는 사람은 단 하나의 운동이라도 해가 된다. 상해나 수술 후 회복기에는 취약한 조직에 스트레스를 주지 않는 운동을 선택해야 한다. 개개인에 안전한 수준에서 시작하고 원하는 목표에 도달할 때까지 점진적으로 진행하여야 한다.

6. 관상동맥질환자의 유산소 컨디셔닝 프로그램(Application of Principles of and Aerobic Conditioning Program for the Patient with Coronary Disease)

물리치료에서 심근경색(myocardial infarction; MI)환자나 관상동맥 우회술(coronary artery bypass surgery)환자를 위한 프로그램을 계획하는 경우에 유산소 컨디셔닝 프로그램이 가장 보편적으로 적용된다.

(1) 입원기간(1기)[In-Patient Phase (Phase Ⅰ)]

이 프로그램은 MI 또는 관상동맥 우회수술 후 환자의 심혈관 상태가 안정됨에 따라 병원에서 실시된다. 왜냐하면 과거에 몇 년씩 걸리던 병원관리 기간이 이제는 3~5일로 단축되었기 때문이다. 입원기간을 길게 잡았을 때 이 기간은 대개 7~14일로 이때 심장 재활의 1기 프로그램을 적용한다.

① 심장재활프로그램의 초기목적

- 위험 요인에 대한 교육부터 시작하여 식습관과 흡연과 같은 특정 행동을 수정한다.
- 탈컨디셔닝을 최소화하기 위하여 자조활동부터 시작하여 앉은 자세에서 일어서기로 진행한다(수술 후 1~3일).
- 심혈관계를 위하여 똑바로 서(orthostatic)보도록 한다(수술 후 3~5일). 이것은 통상 감독하에 실시된다. 보행은 심박수, 호흡수, 혈압 등 맨손측정은 물론이고 심전도로 모니터하면서 감독 하에 걷게 한다.
- 지속적인 재활과 가정에서의 생활을 위하여 환자와 가족을 준비시킨다.

② 외래기간(2기)[Out-Patient Phase (Phase Ⅱ)]

이 프로그램은 퇴원하였거나 진단정도에 따라 6~8주 후에 시작된다. 이 시기는 심근의 회복상태나 새로운 식이요법의 반응에 따라 연기될 수도 있다. 환자는 원격측정법(telemetry)으로 휴식과 운동 중의 심박수, 리듬, 혈압, 호흡 등이 관찰되고 기록되어야 한다. 이 프로그램은 대개 8~12주까지 이다.

목적

- 안전하고 점진적인 방법으로 환자의 운동능력을 증진시켜 심혈관계의 적응과 근육의 변화가 일어나도록 한다. 프로그램의 초기에는 낮은 수준의 운동으로 훈련한다.

- 심장의 기능을 강화시키고 작업 시 심장의 부담을 경감시킨다. 이것은 관상동맥 질환자의 협심증이나 ST-segment 변화와 같은 증후를 제거하거나 지연시키는데 도움이 된다.
- 바람직한 대사변화를 일으킨다.
- 활동수준을 증가시키는 약물의 효과를 판단한다.
- 불안과 우울증을 완화시킨다.
- 운동프로그램을 혼자서 할 수 있도록 환자를 발전시킨다.

운동프로그램은 주로 유산소 운동으로 구성된다. 일반적으로 환자의 기능적인 능력을 5METs 이상으로 향상시키기 위하여, 운동처방은 증후제한 운동스트레스검사를 기초로 설정한다.

- 초기 운동수준이나 훈련강도는 최대심박수의 40~60% 또는 설정된 METs의 40~70%fh 낮게 잡는다. 시작강도는 환자의 연령이나 피트니스 수준을 고려한 진단에 따라 낮은 수준으로 시작하지만 환자가 훈련프로그램에 적응함에 따라 강도를 점진적으로 증가시킨다.
- 한번의 운동시간은 처음에는 10~15분으로 제한하여 시작하지만 환자의 상태가 향상됨에 따라 30~60분으로 늘여간다. 운동을 할 때마다 대개8~10분의 준비운동과 마무리 운동 등이 포함된다.
- 환자는 대개 주당 3회 운동을 하도록 한다.
- 운동 형태는 자전거 타기나 걷기와 같은 주로 대근육군을 사용하는 운동을 지속적으로 한다. 이러한 활동은 원격측정법으로 심전도를 모니터 해야 한다.
- 순환-간격훈련이 2기에서 일반적으로 사용되는 방법이다. 자전거나 트레드밀에서 계속 운동하는 것과 달리 환자는 정해진 작업부하에 따라 각각의 양식으로 운동을 할 수 있다. 그 결과로 환자는 다음을 할 수 있다.
  - 신체적인 작업을 더 많이 수행한다.
  - 더 높은 강도로 운동을 한다. 피트니스가 단기간에 향상된다.
  - 젖산과 산소결핍을 최소 수준으로 유지한다.
  - 더 적은 노력으로 같은 운동을 한다.
- 낮은 수준의 중량훈련은 환자가 증후제한 스트레스 검사를 받은 후에 외래환자 프로그램 중에 시작되기도 한다. 저항운동으로 심박수와 수축기 혈압의 증가와 관련된 허혈성 증후가 일어나서는 안된다. 그러므로 운동 전 과정 동안 주기적인 심박수와 혈

압이 모니터 되어야만 한다. 처음 시작하는 무게는 1RM의 40%로 한다.

- 작업 부하량의 증가는 최고 심박수가 목표심박수 바로 아래에 도달하는 것이 격일제 운동으로 세 번 계속 이어지면 올릴 수 있다.

(3) 외래기간(3기)[Out-Patient Program(Phase Ⅲ)]

심장재활의 3기는 잘 지도된 컨디셔닝 운동프로그램을 병원에서나 지역사회에서 계속 하도록 하는 것이다. 심박수와 리듬은 더 이상 원격측정기로 관찰되지 않는다. 환자는 자신의 심박수와 혈압을 관찰할 것을 마음에 되새긴다. 이 프로그램의 목적은 2기 프로그램에서 성취한 피트니스 수준을 지속적으로 향상시키거나 유지하는 것이다. 2기에서 성취한 수준을 유지하기 위해서는 다음과 같은 여가활동(recreational activities)이 포함된다.

- 두팔과 다리를 모두 사용하는 수영을 하는데, 수영이 미숙하면 수영을 하는 동안 빈혈증 후의 인식이 저하된다.
- 실외 하이킹을 하는데 지면이 평탄한 것이 좋다.

(4) 고려사항(Special Considerations)

관상동맥질환자를 위한 컨디셔닝 프로그램을 개발할 때에는 운동 형태와 환자의 요구와 결부시킨 특별히 고려하여야 할 점을 염두에 두어야 한다. 상지의 운동은 하지의 운동보다 다른 반응이 나타난다.

- 외적인 작업량과 열량 소비량의 비율에 기초한 역학적인 효율성이 하지에 비해 낮다.
- 주어진 작업량에 따른 산소섭취량이 하지운동보다 상지운동이 유의하게 높다.
- 심근의 효율성은 상지운동보다 하지운동이 더 낮다.
- 심근의 산소소비량(심박수×수축기 혈압)은 하지운동보다 상지운동이 더 높다.

(5) 적응의 변화(Adaptive Changes)

훈련 후 심장질환자에게 일어나는 신체의 적응에는 다음과 같은 변화가 일어난다.

- 심근의 유산소 작업능력이 증가한다.
- 동정맥의 산소차이가 크게 벌어짐으로써 최대 유산소 능력이나 기능적인 능력이 증가한다.
- 훈련프로그램을 6~12개월 동안 고강도 훈련을 한 후에는 1회 심박출량(stroke volume)이 증가한다.

- 심근의 산소요구량이 증가한다.
- 심박수 감소와 심실의 확장기가 길어져 심근에 혈액공급이 증가된다.
- 협심증이 일어나기 전에 주어진 신체 작업량에 대한 인내력이 증가한다.
- 최대하 작업량에서 심박수가 유의하게 낮아지게 됨으로써 예비 심박수는 더욱 커지게 된다. 활동에 직접 관여하지 않는 근육을 사용할 때에는 심박수가 크게 감소되지 않는다.
- 전반적으로 우울증, 히스테리, 심기증(hypochondriasis), 신경쇠약(psychoasthenia) 등 정신적인 지남력이 향상된다.

제11장 건강관리론

I 머리말

우리사회 전반의 변화 및 발전은 질병양상과 사망원인에 변화를 초래하여 전염성 질환 중심에서 만성퇴행성 질환 중심으로 질별 및 사망구성이 변환되었다. 만성퇴행성 질환의 특징은 병의 원인이 여러 가지 복합적인 요인에 의하여 발생하며 오랜 기간 진행된다. 따라서 과거의 치료중심 관리방식으로는 효과적으로 대응하기 어렵다. 또한, 건강에 대한 관심의 확대, 보건의료에 대한 권리의식의 증가는 건강에 대한 가치와 논의를 사회적으로 확대하였고, 건강에 대한 개인의 책임은 물론 건강증진 및 효과적인 질병예방과 관련하여 정부의 보다 적극적인 역할을 요구하고 있다.

이와 같은 변화에 대응하여 최근에 "건강증진"이 개인의 건강 향상과 지역사회, 나아가서는 국가의 국민보건 향상을 보장할 수 있는 핵심적 수단으로 이해되고 있다. 세계보건기구는 1986년 건강증진에 대한 제1차 국제회의(오타와 선언) 이후 여러 차례 국제회의를 통해 건강증진을 보건의료와 건강수준 발전을 위한 사회적 실천 차원으로 확대하고 있으며, 미국, 캐나다, 유럽 국가 등은 건강증진을 보건의료의 핵심 정책과제로 채택하여 실천하고 있다. 이들은 현재 직면하고 있는 국민의 건강과 관련하여 보건의료부문 뿐만 아니라 사회 전 부문과 연계하여 문제를 해결하고자 다양한 시도를 하고 있다. 이러한 접근은 건강 중심적 사고에 기반을 둔 것으로 건강증진의 활성화에 기여할 수 있다.

세계보건기구는 오타와 선언에서 건강증진사업의 성공적인 추진을 위한 필수 전략으로 다음과 같은 5가지 전략을 권장하고 있다. 첫째, 건강을 증진시킬 수 있는 공공정책을 수립한다. 둘째, 건강증진을 지원할 수 있는 환경을 조성한다. 셋째, 건강증진을 위한 사회활동을 강화한다. 넷째, 건강증진을 할 수 있도록 개인의 능력을 개발한다. 다섯째, 보건의료서비스를 건강증진에 적합하도록 방향을 재설정한다. 한편, 자카르타 선언(1997년, 제4차 국제대회)에서는 그 동안의 건강증진을 위한 실천과 평가로브터 21세기에 건강증진을 위해 우선적으로 실천해야 할 과제로 다음과 같이 권고하고 있다. 첫째, 건강을 위한 사회적 책임을 촉진한다. 둘째, 보건 분야 개발을 위한 트자를 증가한다. 셋째, 건강을 위한 동반자 관계를 공고히 하며 확대한다. 넷째, 건강증진 위한 지역사회의 역량과 개인의 능력을 강화한다. 다섯째, 건강증진을 위한 하부구조를 확보한다.

세계보건기구는 건강증진사업을 새로운 공중보건(New Public Health)이라고 표현하고 있으며 회원국들에게 건강증진사업에 새로운 건강믄제에 대한 도전들을 극복할 수 있는 대안으로 제시하고 있다. 우리나라의 공공보건의료사업이나 정책도 변화된 환경에 효과적으로 대처하기 위해 다양한 모색을 시도하였으며, 건강증진사업을 공공보건의료사업의 활성화 방안으로 제시하는 움직임들이 있다. 건강증진은 공공보건의료부문 뿐 아니라 민간부문 그리고 건강과 관련되는 사회의 제반 부문들과 연계하여 공동으로 추진할 것을 권고하고 있다. 이와 같은 새로운 움직임에 대하여 공공보건의료의 최 일선 기관인 보건소가 중심적으로 건강증진사업을 수행할 것으로 기대된다.

우리나라에서는 1995년에 『국민건강증진법』이 제정되었으며 법에 근거하여 건강증진기금이 조성되어 1998년부터 보건소를 중심으로 건강증진사업이 운영되고 있다. 그런데, 건강증진에 관한 이론이 정립된 후 관련 법령이나 사업이 시작된 것이 아니라 이들이 동시에 진행됨에 따라 일선 현장에서는 사업운영과 관련하여 많은 혼란을 겪고 있는 실정이다. 건강증진 사업이 초창기라는 점을 고려할 때, 올바른 사업방향을 설정하는 것은 무엇보다 중요하다. 건강증진 개념의 등장은 보건사업에 대한 새로운 패러다임의 변화이며, 이러한 변화에 부응하기 위한 일선 보건조직의 노력이 요구되고 있다. 『국민건강증진법』에서도 국가와 지방자치단체가 국민들의 건강을 증진하는 지역사회 보건사업을 적극적으로 추진하도록 규정하고 있다. 지역사회 건강증진사업은 주민의 건강 향상을 위하여 1차 예방에 초점을 둔 건강관리 서비스가 주요 활동으로 이는 지역사회의 참여를 필요로 하는 활동이다.

건강증진사업은 스스로의 건강관리 능력을 향상시켜 최적의 건강상태를 누릴 수 있도록 하는 것이다. 건강인은 더욱 건강하게, 질병을 가진 이는 그 상태에서 더 이상의 악화나 불구를 예방하고 건강능력을 개발하여 궁극적으로는 삶의 질을 향상시키는 것이다. 이러한 목적을 달성하기 위해서는 지역사회 자원을 연계하여 운영하지 않을 수 없다. 지역 주민과 단체의 적극적인 참여가 필수적이며, 보건소는 지원기관으로서 역할을 수행하게 된다. 향후 보건소에서는 개인의 건강행위실천을 유도하기 위하여 사회적 분위기를 조성하고, 필요한 경우 구체적인 서비스 프로그램을 운영하게 된다. 주민들의 건강증진을 위한 다양한 접근이 필요하며, 일차적으로 지역주민의 건강생활실천을 위한 분위기 조성이 이루어져야 한다. 또한, 기존 보건사업이 제공자 중심의 사업이었다면 건강증진사업은 소비자와 제공자가 함께 운영하며, 특히 주민의 실제적인 참여에 의하여 프로그램 개발이 이루어져야 한다. 건강증진 개념의 등장은 건강관리에 대한 변화로 인식되며, 개인이나 지역사회가 가지고 있는 건강잠재력을 최대한 이끌어 내도록 역량을 강화하는 사업으로 간주된다.

II 건강관리에 관한 이해

1. 적극적 건강관리

만성퇴행성 질환의 발생은 과거처럼 자연의 병원체에 의한 것이 아니라 주로 사람들의 잘못된 건강습관이나 생활양식 등 건강과 관련된 행동적인 병인에 의한 것으로 병원치료만으로 해결할 수 없는 것들이 대부분이다.

비록 치료를 하더라도 병에 걸리기 이전의 건강한 상태로 회복될 수가 없으며, 다만 더 이상의 악화를 예방하기 위한 질병관리이므로 개인의 사회생활에 치명적인 문제를 일으킬 뿐만 아니라 적지 않은 경제적 및 사회적 손실을 가져오게 된다. 따라서 건강관리를 하는 효과적인 방법은 질병발생 후 치료에 의존하는 소극적인 대응이 아니라 질병발생 이전에 건강생활 실천을 통해 건강을 향상시키거나 질병에 대한 대응 능력을 키우는 적극적 자세이다.

건강향상이라는 관점에서 볼 때 질병예방이 단지 질병발생 예방이나 질병의 악화 및 후유증 예방을 목적으로 하고 있어 소극적인 의미의 건강향상 방법이라고 한다면, 적극적 건강관리는 건강할 수 있는 잠재력을 길러 건강을 유지 증진시키는 것으로 전문적인 치료보다는 건강할 때 자신의 건강을 스스로 관리하는 데 역점을 두고 있다.

건강을 결정하는 요인을 크게 나누어 보면, 환경, 생활양식, 보건의료, 유전요인 등이 있으며, 과거처럼 주요 건강문제가 급성전염병 시대에는 건강관리에 치료중심의 의료가 강조되었으나 오늘날 건강문제 해결에는 보건의료 문제보다는 환경 및 생활양식의 개선에 관심이 집중되고 있다.

미국의 캘리포니아 주 Alameda County에서 1965년부터 시작된 조사는 생활습관이 건강수준이나 수명에 중요한 영향을 준다는 것을 보여준 대표적인 사례이다. Belloc와 Breslow 교수는 건강실천과 신체 건강수준에 영향을 주는 7가지 생활습관 변수를 찾아내었는데, ① 아침식사를 한다, ② 간식은 피하거나 전혀 하지 않는다, ③ 밤에는 7~8시간 정도 수면을 한다, ④ 술은 적당량을 마시거나 안 마신다, ⑤ 금연을 한다, ⑥ 정상적인 체중을 유지한다, ⑦ 규칙적인 운동을 한다 등이다. 또한, Breslow 와 Belloc 교수는 5년반 동안 6,928명을 추적조사 한 결과, 45세의 남자가 7가지 건강생활 습관 중 3개 이하만을 실천할 경우는 평균기대여명이 21.6년인데 비하여 6가지 이상을 실천할 경우는 평균기대여명이 33.1년으로 11년 6개월이나 더 연장되는 것을 밝혔다. 1900년에서 1970년 사이의 생명과학 분야의 발달이 45세 남성의 기대여명을 단지 4년 연장한 것과 비교할 때 건강행위 실천이 건강관리에서 얼마나 중요한지를 보여주는 사례이다. 아울러 이러한 결과는 적극적 건강관리의 실천방향이 무엇인가를 보여주고 있다. 우리나라에서도 개인의 적극적 건강관리를 유도하기 위하여 1984년 7월 『국민건강생활지침』을 마련하여 바람직한 건강생활 습관을 유도하고 있으며, 1993년 10월에 새롭게 개정하여 현재는 8개의 실천과제(표 11-1 참조)를 강조하고 있다.

표 11-1. 국민건강생활지침

항 목	항 목
① 청결을 생활화 합시다.	⑤ 규칙적인 운동으로 신체의 활력을 유지 합시다.
② 음식은 싱겁고 가볍게 골고루 먹읍시다.	⑥ 일하며 보람 찾고 즐거운 마음으로 살아갑시다.
③ 예방접종과 건강진단은 때 맞추어 받읍시다.	⑦ 공공질서 지키며 안전사고를 예방합시다.
④ 과음하지 말고 담배는 피우지 맙시다.	⑧ 아껴 쓰고 적게 버려 건강한 환경을 만듭시다.

이러한 실천과제는 새로운 내용이기 보다는 누구나가 중요성을 인식하고 있으면서도 실제 생활에서 간과하고 있는 부분들이라 할 수 있다. 적극적 건강관리는 자신의 건강을 유지 증진시키기 위하여 일상생활 속에서 제시된 건강실천과제를 평소에 생활화하는 것이다. 그런데 적극적 건강관리를 위한 건강생활 실천은 쉽게 성취되지 않는다. 왜냐하면, 우

리가 가지고 있는 건강생활 습관은 어떤 것이든지 오랜 시간 속에서 습득된 것이므로 설사 그것이 건강에 해롭다고 하더라도 쉽게 바뀌지 않기 때문이다. 여기에 적극적 건강관리에 대한 보건교육 홍보의 어려움이 있다.

따라서 적극적 건강관리를 위해서는 개인뿐만 아니라 국가의 역할도 중요하다. 질병예방이 건강진단이나 조기치료, 예방접종 등의 의료서비스와 건강 보호적 환경위생 및 안전시설 등이 주요 수단이 되고 있는데 비하여, 적극적 건강관리에서는 개인의 행동개선을 유도하기 위한 보건교육이나 법규제정과 운동 및 휴양시설 확충 등 사회적, 환경적 조치가 필요하다.

질병예방서비스가 대부분 의료전문인에 의하여 주어지는 것인데 비하여 적극적 건강관리를 위한 행동변화는 개인자신의 의지와 노력에 의하여 좌우되며, 이러한 행동변화를 유도하고 지속적으로 자기건강관리(self-care)를 할 수 있는 사회적 기반이 필요하다.

2. 자기건강관리(Self-care)

자기건강관리는 보는 관점에 따라 광의의 의미와 협의의 의미로 구분된다. 광의의 자기건강관리에는 예방적인 부분(preventive self-care)과 치료적인 부분(medical self-care)이 포함되는데, 예방적인 부분은 자신의 건강을 유지하거나 혹은 회복하기 위해서 하는 행동을 의미한다. 경미한 질병을 가정에서 치료하는 것, 운동, 스트레스 조절, 음식량조절, 체중조절, 정기적인 건강검사 등이 여기에 포함된다. 치료적인 부분은 의사가 처방한 치료조치를 환자가 충실히 따르는 것을 의미한다.

협의의 자기건강관리는 질병을 느끼는 사람이 건강을 회복하기 위하여 하는 행동으로 예방적인 부분(preventive self care)만을 의미한다. 협의의 자기건강관리는 질병을 느끼는 사람이 자신의 건강유지와 회복을 위하여 하는 행동이라 할 수 있다. 조사연구에 의하면 우리나라 국민의 약 63%가 건강을 위한 노력을 하고 있는 것으로 나타나고 있다. 그 구체적인 행위로는 먹는 습관, 운동, 건강검진 등이다. 이렇게 볼 때 일반국민들 사이에서 자기건강관리는 새로운 개념이 아니라고 할 수 있다. 문제점은 국민들의 효과적이고 체계적인 자기 건강관리를 위하여 보다 체계적이고 구체적인 프로그램을 국가가 뒷받침하지 못하고 있다는 점이다.

어떤 사회이든지 건강증진, 예방, 심지어 경미한 질병의 치료 등은 대부분 개인이나 가족에 의해서 실시되어 왔으며, 이렇게 본다면 자기건강관리는 역사 이후 인간사회에서 계속되어 왔다고 할 수 있다. 이러한 건강행위는 오래 동안 일상적인 것이었고, 다만 질병과 치료의 개념으로 자기건강관리를 이해하기 시작한 것은 만성퇴행성 질환이 주요 건강문제로 등장하면서부터 이다. 특히 i) 건강 상식에 대한 언론의 보도 증가, ii) 비처방전 약의 보급, iii) 일반 가정에서도 이용이 가능한 의료기기의 보급, iv) 의학적 치료방법의 대중화, v) 보험료부담의 증가에 따라 국가나 기업의 관심이 치료에서 예방으로 변화 등의 이유로 자기건강관리에 관심이 높다.

자기건강관리의 두드러진 특징은 첫째는 건강증진에서 개인의 책임이 강조된다는 점이고, 둘째는 공식적인 의료체계 밖에서 이루어진다는 점이다. 자기건강관리의 이론적 배경은 의료에 대한 지식이나 기술을 일반 국민들이 알그 있음으로 해서 더 적절한 치료를 받을 수 있다는 것이다.

Illich는 도구적인 수단으로서의 기술적인 의료가 인간의 자율성을 마비시키고 자신의 건강문제를 의료전문가에게 의존하게 만들어 의료의 발전이 오히려 건강에 위협이 된다고 지적한 바 있는데, 이러한 문제를 예방할 수 있는 대안이 될 수 있을 것이다. 이것은 치료중심의 의료 한계를 극복하고 개인의 주체성을 높일 수 있는 방법이 되는 것이다. 또한 전문 치료인에게 지나치게 의존하지 않고 환자 자신이 할 수 있는 자조적인 질병치료 및 건강관리를 함으로써 국민의료비를 절감시킬 수 있다.

그런데 자기건강관리에서 특히 문제가 되는 것은 의사를 방문하지 않고 환자 자신이 진단하고 건강문제를 다룰 때이다. 왜냐하면 어느 시점에서 전문 의료인을 찾아 갈 것인가를 결정하는 것은 쉬운 일이 아니기 때문이다. 만약 적절한 치료시기를 놓쳐 질병이 악화된다면 오히려 역효과가 될 수 있다. 이런 점 때문에 자기건강관리가 전문 의료인의 도움 없이 환자 자신만의 힘으로 가능할 것인가에 대한 의문이 제기되곤 한다.

한편, 치료를 받고 있는 환자들의 자기건강관리에 있어서도 평소에 습득한 의료에 대한 지식이나 기술이 치료과정에서 긍정적으로 작용하기보다는 오히려 모든 증상의 치료에 대한 의료체계의 역할을 불신하게 되고 심지어 의료전문가 마저 불신하게 되는 경우가 있다.

분명한 것은 자기건강관리가 건강문제를 해결하는 만병통치약이 될 수는 없다는 점이다. 이것은 건강을 관리하는 하나의 방법일 뿐입니다. 질병을 경험하고 있는 사람이 완전한 건강을 회복하기 위해서는 예방과 치료가 동시에 이루어질 때 더욱 효과적이라고 할 수 있다. 따라서 자기건강관리는 전문 의료인과 조화를 이룰 때 더욱 의미가 있다.

그 동안 일반인들은 자기 건강을 의료 전문인들에게 지나치게 의존함으로써 건강관리에 대한 권리와 의무를 간과해 온 것이 사실이다. 건강의 중요성을 인식하면서도 질병에 걸리면 당연히 의료 전문인이 자신의 건강을 돌보아 줄 것으로 생각하고 일상생활은 건강관리와는 거리가 먼 경우가 대부분 이었다. 적극적 건강관리는 그 동안 건강 행태에 대한 새로운 변화를 의미한다. 건강생활 습관의 실천은 치료중심의 건강관리의 한계를 극복하고 각 개인의 주체성을 높일 수 있는 방법일 뿐만 아니라 자신의 건강을 자신이 책임질 수 있는 실질적인 수단이 될 수 있다. 또한, 지나치게 전문화 되어있는 의료의 영역을 일상적인 생활의 영역으로 바꾸는 것이다. 적극적 건강관리 방법은 멀리 있거나 어려운 것이 아니라 우리 일상생활 속에 있으며, 그 실천은 자기 스스로 하는 것입니다. 무엇보다 중요한 것은 자기 건강은 자신이 책임진다는 의식이며 건강할 때 건강을 지키는 것이다.

3. 건강보장에 대한 국가와 개인의 역할

국민의 건강보장에 있어서 국가와 개인이 책임을 어떻게 나누어야 하는가는 철학에 따라 크게 차이가 있다. 평등주의자(egalitarian)는 국가의 적극적인 개입의 필요성을 강조하고 자유주의자는 취약계층에 대한 최소한도의 개입을 주장하고 있다. 대부분의 나라는 평등주의와 자유주의의 양극단의 중간에 위치하고 있을 것이다.

우리나라 헌법 36조 3항에도 "모든 국민은 보건에 관하여 국가의 보호를 받는다"라고 규정하여 건강에 대한 국가의 책임을 명시하고 있으나 이 조항이 건강에 대한 국가 책임을 선언적으로 표현하는 것인지 아니면 국민 건강에 대한 구체적인 의무를 갖는 것인가에 관해서는 이견이 있을 수 있다. 그러나 선언적인 차원이라 하더라도 "모든 국민(일부 국민이 아닌)은 보건"에 대해 "국가의 보호"를 받는다는 헌법규정은 국가가 국민의 건강에 어떤 방식으로든 역할을 해야 한다는 것을 의미한다.

건강을 결정하는 요인으로서 라론데는 생물학적 요인, 환경적 요인, 생활양식 요인과 보건의료 요인을 제시하면서 그 동안 보건의료의 발전에 쏟은 만큼 많은 노력을 환경적 요인과 생활양식 요인에 대해서 노력이 기울어져야 한다는 건강장(health-field)의 개념을 강조하였다. 그러나 생활습관은 독립적으로 결정되는 것이 아니고 사회경제적 요인과 밀접한 관계를 가지고 있다. 흡연, 음주, 식이 등 건강에 영향을 주는 주요한 생활습관은 낮은 사회계급에서 더 흔하게 분포된다. 대표적인 것이 흡연이다. 사망률과 유병률에 가장 큰 영향을 주는 요인인 흡연의 경우 사회계급별 흡연율의 격차가 매우 크다. 영국의 자료를 보면 남자의 경우 전문직종의 흡연율은 14%인데 비해 비숙련 노동자의 흡연율은 42%에 달한다. 또한 낮은 사회경제계급이 비교적 덜 해로운 저타르 담배를 이용하는 비율이 높은 사회계급에 비해 낮다. 미숙련 노동자 중에서 저타르 담배를 흡연하는 사람은 11%인데 비해 전문직종 중 저타르 담배를 이용하는 사람은 29%였다. 낮은 사회계층에 있는 사람은 더 나쁜 식이 습관을 가지고 있으며 폭음을 하는 경향이 더 높다는 사실도 잘 알려져 있다.

한편, 개인이 생활습관을 어느 정도나 개선할 수 있는가는 큰 쟁점이 되고 있다. 의료사회학자는 개인이 생활습관을 통제할 수 있는 능력에는 크게 두 가지 점에서 한계가 있다고 본다. 첫째, 생활습관이 건강과 관련이 있기는 하지만 그러한 습관을 둘러싼 환경보다는 건강에 대한 영향력이 적다는 이유 때문이다. 블랙스터에 의하면 건강과 생활습관의 연구를 통해 해로운 생활습관을 고쳐서 영향을 받을 수 있는 집단은 환경적으로 혜택을 받은 사람들이라는 사실을 발견하였다. 그러므로 건강한 행동을 강조하는 방식으로 건강증진을 강조하면 건강의 불평등이 심화되는 결과가 빚어질 가능성이 있다. 개인이 생활습관을 바람직하게 바꿀 수 있는 능력에 한계가 있는 두 번째 이유는 모든 사회적 행위가 사회적 환경 속에 뿌리 박혀 있으며 또한 환경에 의해 제한을 받기 때문이다. 여성과 흡연의 관계를 보면 서구선진국에서는 지난 10년간 전체 흡연인구는 감소했지만 여성흡연자의 감소는 상대적으로 미미했다. 여성의 흡연은 자신에게 부과되는 다중적 과제에 직면해서 취하는 중요한 대응전략일 수도 있다. 한 가구당 자녀수 특히 편모가 세대주인 가구의 자녀수와 여성 흡연율은 상관이 있는 것으로 보고되고 있다. 이러한 이유로 개인의 건강보장에 국가 개입의 필요성이 제기되며, 실제로 국가의 역할이 매우 중요하게 취급되고 있다.

III 건강증진의 개념 이해

1. 건강의 의미

건강증진의 개념을 이해하기 위해서는 건강의 개념을 이해하는 것이 선행되어야 한다. 건강을 증진시킨다고 할 때 어떤 건강을 의미하는가를 알아야 하기 때문이다. 또한, 건강증진 대상자를 어떻게 규정하느냐 하는 것도 건강의 개념을 이해해야 가능하다.

건강의 개념은 가장 소극적으로는 질병이 없는 상태로 정의하는 것부터 가장 적극적으로는 세계보건기구의 이상적이고 규범적인 정의에 이르기까지 대단히 다양하다. 그러나 건강증진과 관련되는 건강은 연속성(continuum), 총체성(holistic approach), 안녕(well-being) 등으로 이해되는 개념이다. 이것은 생의학적 모형(biomedical approach)과는 구분되는 것으로 건강의 포괄적 성격을 강조한다. 이러한 건강의 개념은 건강증진뿐 아니라 보건의료의 여러 영역에서 영향을 미치고 있다. 이러한 건강개념을 이해하기 위하여 세계보건기구의 건강개념을 살펴보도록 한다. 세계보건기구는 건강의 개념에 대해서 "건강이란 단순히 질병이나 상해가 없는 것에 끝나지 않고 신체적, 정신적, 사회적으로 안녕한 상태를 말한다"라고 규정하고 있는데 구체적으로 살펴보면 다음과 같다.

(1) 육체적 건강

치료를 받아야 할 질병이 없고 신체의 외형과 기능이 어느 수준보다 나은 상태를 의미한다. 각종 임상검사를 통하여 생물학적, 생리학적 수준에서 이상이 없는 상태를 일컫는다. 그런데 이상 유무를 결정하는 기준이 일반적인 통계 표현이므로 각 개인별 특성이 반영되지 못하는 단점이 있다.

(2) 정신적 건강

정신건강의 범위는 인간관계, 가정생활, 직장생활, 사회생활에 있어서 특히 감정관계에 관한 온갖 문제와 행동에 관계되는 모든 문제가 포함된다. 신체적 질병은 통증이 있다든지 신체적 기능장애가 온다든지 때로는 생명까지 잃게 되는 것에 비하여 정신적 질병은 사회에 적응하는 능력이 침해되는 것이다. 즉, 각자가 가지고 있는 기능을 발휘하여 타인과 협조하면서 삶의 보람을 만들어 가는 기능을 상실하게 되는 것을 의미한다.

(3) 사회적 건강

사회에서 각자가 맡은 역할을 충분히 다 할 수 있고 사회생활을 영위할 수 있는 수준을 의미한다. 개인은 각자에게 부여된 사회적 지위가 있는데 그가 속한 사회의 일반적인 가치기준이나 규범에 따라 역할을 수행하는 것이다. 사회가 복잡하면 할수록 개인에 기대되는 역할도 복잡해진다. 특히 오늘날은 가정, 직장, 학교, 지역사회 혹은 특별한 단체에서 한사람이 동시에 많은 사회관계를 유지해 나가게 되는데 여기에 큰 무리 없이 적응해 나가는 것 혹은 그것이 가능한 것을 사회적 건강이라고 할 수 있다.

(4) 건강증진에서 건강의 의미

앞에서 살펴본 건강개념은 건강이란 육체적, 정신적, 사회적 요인들이 복합적으로 관련되어 있다는 점과 건강이란 생활의 개념으로 이해되어야 한다는 것을 강력히 시사한다. 우리는 건강증진이 추구하는 건강은 신체적, 정신적, 사회적 건강을 포함하는 매우 포괄적인 것이며 아울러 그 실천방법은 일상생활 속에서 진행되어야 한다는 것을 알 수 있다. 또한, 세계보건기구의 건강 개념에서 제시하는 건강인은 질병이 없는 상태의 사람을 말하는 것이 아니라 자기 일상생활을 할 수 있는 사람을 의미한다.

건강증진사업의 대상자인 건강인의 개념은 육체적으로 질병이 없는 건강한 사람을 의미하는 것이 아니라 일상생활을 할 수 있는 사람을 의미한다. 즉, 비록 육체적 질병을 가지고 있더라도 주어진 자기 역할을 수행할 수 있다면 건강인으로 분류된다. 그러나 똑 같은 증상으로 자기 역할을 수행하지 못하고 가정에서 요양하거나 병원에 입원한 경우는 환자로 분류되는 것이다. 건강증진사업은 육체적 질병이 없는 대상자에게는 질병발생을 예방하고 육체적 질병이 있는 대상자에게는 필요한 건강증진 서비스를 제공하여 건강한 일상생활을 할 수 있도록 하는 것이다.

2. 건강증진의 의미

세계적으로 건강증진에 대한 정책적 관심이 높아지고 정책 활동을 강화하는 건강증진시대가 도래되기 시작한 것은 현대 산업사회로 발전하면서 인구의 고령화와 함께 생활양식 및 환경변화로 국민건강을 저해하는 주요 보건문제가 급성감염성질환에서 만성퇴행성질환으로 상병양상이 변화되었기 때문이다.

1796년 Edward Jenner가 예방접종 백신을 발명한 후 19세기와 20세기 초반까지를 '예방의학 시대'라고 한다면 20세기 후반 산업사회로의 발전과 함께 상병이환 및 사망양상의 변화와 삶의 질 향상에 대한 관심과 정책 활동이 증가된 오늘날을 '건강증진 시대'라고 할 수 있다. 특히 1974년 캐나다의 보건복지부가 70세 이전의 조기사망원인에 대한 분석 자료를 중심으로 '캐나다 국민의 건강에 관한 새로운 시각'이라는 보고서를 발간하였으며, 이를 계기로 세계적으로 건강증진에 대한 정책적 관심이 높아졌다. 이 보고서에서는 현대 국가에서 전반적인 국민건강을 향상시키기 위해서는 무엇보다도 환경이나 생활양식과 같은 의료외적 요인을 개선할 필요가 있다는 점을 강조하였다. 보고서는 국민의료보험 실시로 보건의료서비스의 접근성이 크게 개선되었음에도 사망률이나 상병이환율에는 별로 영향을 미치지 못하였다는 결론을 내리고 환경요인과 생활양식이 사망 및 상병이환에 크게 기여하므로 이들 요인을 효과적으로 관리하는 것이 건강관리의 핵심이라는 사실을 지적하고 있다.

미국 보건후생성은 1976년의 사망원인을 분석한 결과 사망원인의 1/2이 잘못된 건강행동 즉, 생활양식 요인이며, 환경과 생물학적 요인이 각각 20%이고 부적절한 보건의료 요인은 10%에 불과한 것으로 보고하였다. 이후 미국, 영국, 일본 등 선진국에서 국가 보건정책으로 건강증진에 대한 관심과 사업 활동이 강화되기 시작하였다. 미국은 1979년 국민의 건강향상을 위한 건강증진 및 질병예방 목표를 설정한 제1차 보고서를 발간하였으며, 1990년에 2차 보고서를 발간하였다. 이 보고서에서 제시한 목표와 전략들은 연방정부와 각 주정부가 국민건강증진 및 질병예방사업을 추진하는데 기본지침서 역할을 하고 있다.

일본은 1978년 고령화 사회의 도래에 대비한 종합적인 건강대응책으로서 1차 및 2차 예방을 중시하는 「제1차 국민 건강 가꾸기 대책」을 발표하고, 건강진단제도의 충실과 시정촌 보건센터의 정비를 통한 국민건강을 위한 기초적 여건을 마련하였으며, 1988년에는 영양, 운동, 휴양 등을 중심으로 활력 있는 장수사회의 건설을 목표로 한 「제2차 국민 건강 가꾸기 대책」을 발표하였다.

우리나라도 1980년대 이후 현대산업사회로 발전하면서 인구의 고령화 추세와 함께 환경과 생활양식의 변화로 국민건강을 저해하는 주요 상병이 급성감염성 질환에서 만성퇴행성 질환 및 사고에 의한 손상으로 바뀌었다. 1980년대 중반까지만 해도 전체 유병자중 만성질환자보다는 급성질환자가 많았으나 1990년대 이후부터는 만성질환자의 비율이 훨씬 높고, 암, 뇌혈관 질환, 사고, 심장병, 간질환, 당뇨병, 고혈압등이 주요 사망원인으로 등장했으며, 이들 7가지 상병에 의한 사망비율이 전체 사망의 70%를 넘고 있다. 이처럼 만성퇴행성질환과 사고 손상을 중심으로 하는 상병양상의 변화는 이들 상병의 치료의 어려움으로 국민건강을 저해하는 주요 요인이 되고 있을 뿐만 아니라 국민들의 삶의 질 저하와 국민의료비 증가요인이 되고 있다. 정부에서는 이러한 건강문제의 해결과 국민건강 욕구에 부응한 적극적인 정책실현을 위하여 1995년에 국민건강증진법을 제정하고, 국가와 지방자치단체로 하여금 국민건강증진을 위한 여러 가지 시책의 강구와 함께 국민들의 건강생활 실천을 위한 교육 및 환경여건 조성과 질병예방 관리 사업을 추진토록 규정하고 있다. 우리나라도 국민건강증진법의 제정 시행으로 건강증진에 대한 사회적 관심이 높아지고 국가적 차원에서 국민건강증진을 위한 정책과 사업을 강화할 수 있는 제도적 기틀이 마련됨으로써 중앙이나 지방에서의 건강증진사업추진과 건강증진을 위한 사회적 여건조성 등으로 보건사업의 일대 전환기를 맞고 있다.

지금까지 문헌에 소개된 건강증진의 개념을 살펴보면 적극적 건강(positive health) 향상을 위한 1차적 예방수단으로 제한하는 협의의 건강증진과 1차적 예방수단 외에 질병위험요인의 조기발견·관리를 위한 2차적 예방수단을 포함하는 광의의 건강증진으로 구분할 수 있다. 적극적 건강은 신체적·정신적·사회적 안녕 및 활동능력이 발휘되는 건강상태를 말하며, 이와 대칭이 되는 부정적 건강은 불건강(ill health)으로 아픔이나 질병이환 등 원하지 않는 건강상태를 말한다. 적극적 건강 향상을 위한 1차적 예방수단으로 국한하는 협의의 건강증진의 개념에 대한 내용을 살펴보면 다음과 같다.

미국 캘리포니아대학교의 L.W. Green 교수는 1979년 국제보건교육학술지에 게재한 논문에서 "건강증진은 건강에 유익한 행동과 환경변화를 촉진하기 위한 보건교육과 관련조직, 정치적·경제적인 프로그램의 조합이다"라고 정의하였으며, 미국의 보건후생성도 이러한 건강증진의 정의를 준 공식적 정의로 공표하였다. 같은 해에 미국 보건후생성이 발간한 『Healthy People: The Surgeon General's Report On Health Promotion And Disease Prevention』과 1990년의 『Healthy People 2000』이라는 미국인의 건강증진 및 질병예방에 관한 목표설정 보고서에서는 미국인의 건강향상을 위한 수단으로 건강증진, 예방보건서비스, 건강보호 등 3가지를 제시하고 있다. 이 보고서에서 건강증진은 기본적으로 건강한 사람들을 대상으로 건강상태를 유지·증진시킬 수 있는 생활양식을 개발하는 데 도움이 되는 지역사회 및 개인의 수단개발에 초점을 두고 있으며, 건강에 영향을 미치는 건강증진사업 대상으로 흡연, 알코올 및 약물사용, 영양, 운동, 스트레스 관리 등 5가지 건강행위를 제시하고 있다. 여기서의 건강증진은 건강상태를 유지·증진시킬 수 있는 생활양식의 개발에 제한된 협의의 건강증진이라 할 수 있다.

Green은 1982년의 저서인 『Community Health』에서 건강행동을 강조하여 "건강증진을 건강에 유익한 행동을 유도하기 위한 보건교육적·사회적·환경적 지원의 조합"으로 정의하였으나 1991년의 『Health Promotion Planning : An Educational and Environmental Approach』에서는 "건강증진을 건강에 유익한 행동과 생활여건을 만들기 위한 교육적·환경적 지원의 조합"으로 정의하고 여기서의 행동의 주체는 건강의 결정요인에 영향을 주거나 통제하는 개인, 집단, 지역사회, 정책결정자, 사업주, 교사 등을 포괄하는 것으로 기술하고 있다.

미국의 건강증진학술지(American Journal of Health Promotion)의 편집자인 M.P. O'Donnell은 동 학술지에 실린 논문(1986)에서 "건강증진을 최적의 건강상태를 지향하기 위하여 사람들로 하여금 생활양식을 변화시키도록 하는 데 도움을 주는 과학과 기술" 로 정의하고 생활양식의 변화는 좋은 건강생활실천을 지지하는 의식의 향상, 행동의 변화 및 환경의 조성을 통해서 촉진시킬 수 있다고 하였다.

지금까지 기술한 협의의 건강증진의 특징을 살펴보면 사업대상이 건강인 이라는 것과 그 수단으로서 보건 교육적 수단과 환경적 수단(사회, 경제, 정치, 조직적 개입 활동)을 제시하고 있는 것이 공통점이다. 그러나 건강증진의 목적을 건강에 유익한 생활양식의 변화만을 제시하고 있는 것과 생활양식의 변화 외에 건강에 유익한 생활환경의 변화를 제시하고 있는 정의가 있다. 후자의 경우는 건강보호를 위한 환경적 접근수단을 포함하는 건강증진의 개념이다. 협의의 건강증진은 건강에 유익한 생활양식 및 환경변화를 통하여 건강의 잠재력을 키워 적극적으로 건강을 향상시키는 것으로 1차 예방 중심의 개념이다.

한편, 광의의 건강증진은 1차 예방 수단 외에 질병예방 서비스 등 2차 예방 수단을 포함한다. 광의의 건강증진은 "적극적 건강향상과 불건강의 위험요인을 감소시키기 위한 보건교육, 건강 보호적 환경조성, 질병예방서비스 등의 조합"으로 본다. 사업대상은 건강인 뿐만 아니라 병원성 초기 또는 불현성 감염기에 있는 사람도 포함하게 되며, 사업목적은 건강에 유익한 생활양식 및 환경의 변화 외에 질병위험요인의 조기발견 관리를 위한 예방서비스의 개선도 포함한다.

Breslow(1983)는 논문 "The Potential of Health Promotion"에서 "건강증진은 질적·양적으로 충분한 삶의 가능성을 향상시키기 위한 모든 수단"이라고 정의했다. 그는 신체적·정신적 기능을 유지·증진시키고 건강에 해로운 요인에 대한 저항력을 기르기 위한 수단으로 예방적 수단, 환경적 수단, 행동적 수단 등을 제시하였다. 세계보건기구 유럽지역 사무소는 1985년 「2000년까지의 모든 사람들의 건강달성 목표」라는 보고서에서 "건강증진을 사람들로 하여금 건강에 대한 관리를 증가시켜 건강을 향상시키도록 하는 과정"으로 정의하고, 건강목표 달성을 위한 전략으로서 건강에 유익한 생활양식의 증진, 예방될 수 있는 질병의 감소, 적절한 건강보호의 제공 등을 위한 사업 활동을 정비할 것을 권고하고 있다.

1986년 제1차 건강증진에 관한 국제회의에서는 2000년까지 모든 사람들에 대한 건강달성을 위한 조치로서 건강증진에 관한 「오타와 헌장」을 채택하였으며, 오타와 헌장은 건강증진을 통하여 모든 사람들의 건강평등 실현에 초점을 두어 현재의 건강 불평등을 줄이고 모든 사람들이 건강 잠재력을 최대한 발휘할 수 있도록 동등한 기회와 자원을 확보코자 하는데 목적을 두고 있다. 여기서 건강증진은 대중 참여의 유도, 지역사회 보건서비스의 강화, 건강한 공공정책 수립, 건강 지원적 환경조성, 개인의 건강관리 기술개발, 보건의료체계를 전반적인 건강향상을 위한 보건서비스로의 역할전환 등을 포함하고 있다.

우리나라 국민건강증진법(제2조)에서는 건강증진사업을 "보건교육, 질병예방, 영양개선, 건강생활실천 등을 통하여 국민 건강을 증진시키는 사업"으로 정의하고 있어 2차 예방 서비스가 포함되는 광의의 건강증진을 의미하는 개념이다.

지금까지 살펴 본 건강증진의 개념을 종합해 보면 건강증진은 건강인을 대상으로 건강에 유익한 생활양식 및 환경의 변화와 예방서비스의 개선을 통하여 건강 잠재력을 함양하고 건강 위험요인을 조기발견·관리함으로써 적극적 건강을 향상하고 불건강의 위험요인을 감소하려는 데 목적을 두고 있다. 여기에서 건강인은 단순히 육체적 질병유무로 구분되지 않으며 일상생활에서 자기 역할을 수행할 수 없는 상태에 있는 사람을 의미한다. 또한, 적극적 건강은 신체적·정신적·사회적 안녕 및 기능이 발휘되는 긍정적 차원의 건강을 의미한다. 이는 건강잠재력 함양을 통해서 달성될 수 있으며, 건강잠재력은 사람들이 사회·경제적으로 생산적이고 창의적인 삶을 가능케 하는 신체적·정신적 활동능력의 발휘

표 11-2. 건강증진의 영역 및 접근 방법

문헌	건강증진 영역	건강증진 방법	특기 사항
Lalonde (캐나다, 1974)	영양, 운동, 담배, 알콜, 약물, 관상 동맥질환, 정신질환, 성병	개인, 조직이 건강에 대한 책임을 갖고 행동을 하도록 정보의 제공, 개입, 지원	건강증진은 목표 달성을 위한 전략
Ottawa헌장 (WHO, 1986)	상품서비스, 환경, 자연자원, 생활, 노동, 여가, 건강	건강에 도움이 되는 공공정책, 건강한 환경가꾸기, 지역활동 강화, 개인기술 개발,보건서비스의 방향 전환	건강의 형평, 보건외부문과의 협력 강조
Healthy People 2000 (미국, 1991)	운동, 영양, 담배, 알콜과 약물, 가족 계획, 정신보건, 폭력과 학대, 교육 프로그램	개인, 가족, 지역보건전문가, 언론, 정부 등과의 협력이 중요	건강증진, 건강보호, 예방서비스를 구별
Active 90 Health Plan (일본, 1988)	영양, 운동, 휴식	운동지도프로그럼, 운동지도자, 운동시설·설비의 정비, 민간 활동의 도입	

나 질병요인에 대한 저항력을 의미하는 것으로 이는 주택, 식량, 안전한 물, 공기, 소득보장 등 생활의 기본적인 필요 요건의 충족은 물론 건강과 관련된 생활양식의 개선, 건강한 환경조성, 적절한 예방서비스의 제공 등을 통해서 함양될 수 있다. 따라서 건강증진은 생활양식 및 환경과 예방서비스를 개선하여 적극적 건강을 향상하고 불건강의 위험요인을 감소시켜 최적의 건강상태를 유지·증진하려는 건강향상 방법이다.

한편, 캐나다 보건협회가 1996년에 발표한 건강증진의 전략적 원리를 살펴보면 다음과 같다.

첫째, 건강증진은 특정한 상황에 알맞은 쟁점들을 겨냥해야 한다. 많은 개인적, 사회적, 환경적 요인들이 서로 상호 작용하여 건강에 영향을 미치므로 사람들의 건강을 최대한 향상시키기 위해서는 이들 요인들이 어떻게 상호작용하는지를 설명하는 방법을 찾아 이에 따라 대처해야 한다.

둘째, 건강증진은 건강의 신체적, 정신적, 사회적, 문화적, 생태학적 그리고 영적 측면을 인정하고 포괄하는 전체론 접근 방법으로 해야 한다.

셋째, 건강증진은 장기적 전망을 가지고 있어야 한다. 일반인들을 건강의 결정요소에 대하여 인식하게 하고 이해시키는 데에는 상당한 시간이 소요되기 때문이다.

넷째, 건강증진은 일상생활을 영위하며 일하고 여가를 보내는 사람들에게 영향을 미치는 정책에 관한 의사결정이 중앙과 지방에서 균형 있게 이루어지도록 해야 한다.

다섯째, 건강증진에 관여하는 부문은 다양해야 한다. 건강증진 부문의 시작은 보건 부문이 할 수 있으나 건강에 이롭지 못한 생활환경을 바꾸는 데는 보건 부문이 할 수 있는 것이 거의 없고 사람들의 생활습관을 개선하는 데도 공공정책, 교육, 기타 여러 다른 부문의 지원이 필요하다.

여섯째, 건강증진은 사회학, 경제학, 정치학, 의학, 환경학 등의 여러 다양한 과학적 이론에서는 물론이고 사람들의 실천적 경험에서도 지식을 얻어야 한다.

일곱째, 건강증진은 개인에 대한 책임을 강조해야 한다.

참고문헌

1. 남철현, 김덕성, 박천만, 이주열. 보건교육론, 2005.
2. 이주열. 일반보건학, 진우, 1995.

3. 이주열, 이순영, 조홍준 외. 평생국민건강관리체계 구축방안에 관한, 한국보건사회연구원, 2000.
4. 이주열 외. 지역단위 건강증진사업 추진체계 구축, 건강증진사업지원단, 2005.
5. Abelin T, Brezezinski ZJ, Carstairs VDL. *Measurement in Health Promotion and Protection*. WHO. 1989.
6. Bracht N, Kingsbury L.. *Health Promotion at the Community Level*. Newbury Park: Sage. 1984.
7. Breckon DJ, Harvey JR, Lancaster RB. *Community Health Education*, Setting, Roles and Skill. Rockvill : Aspen. 1989.
8. Chechoway, B. Community participation for health promotion : Presciption for public policy. *Wellness Perspectives : Research, Theory and Practice*, 1989 : 6(1), 18-26.
9. Dhillon HS, Philip L. *Health Promotion and Community Action for Health in Developing Countries*. PP 5-6, Geneva: WHO. 1994.
10. Dines A, Cribb A(eds). *Health Promotion : Concepts and Practice*. London: blackwell Scientific Publications. 1993.
11. Dines A, Cribb A(eds). *Health Promotion : Concepts and Practice*. London: blackwell Scientific Publications, 1993; Abelin T, Brzezinski ZJ, Carstairs VDL. Measurement in Health Promotion and Protection. WHO, 1987.
12. Frasure-Smith N, Lespeance F, Ralajic M : Depression following myocardial infarction : Impact on 6-month survival. JAMA 1993; 270 :1819-1825.
13. Miner, K.J. & Ward, S.E. Ecological health promotion : The promise of empowerment deuaction. *Journal of Health Education*, 1992; 23(7), 429-432.
14. Mossey JM, Shapiro E: Self-rated health : A predictor of mortality among the elderly. American Journal of Public Health 1982; 72 : 800-807.
15. O'Donnel, M., *Health Promotion : An Emerging Strategy for Health Enhancement and Business Cost Savings in Korea*(Unpublished), 1988.
16. Reppucci ND, Woolard JL, Fried CS : Social, community, and preventive interventions. Annual Review of Psychology 1999; 50 : 387-418.
17. Roter D, Stewart M, Putnam SM, Lipkin M, Stiles W, Inui TS : Communication patterns of primary care physicians. JAMA 1997; 277:350-356.

제 12 장

예방의학 (운동, 영양, 휴식)

I 노화의 정의

노화를 정의하는 대표적 주장은 2가지가 있다. 하나는 수정(受精)에서 죽음까지의 생체변화를 이른 넓은 의미의 노화이고, 다른 하나는 성숙기 이후의 생체변화만을 일컫는 좁은 의미의 노화이다. 일반적으로 좁은 의미의 노화를 '노화'라 한다. 반변에 넓은 의미의 노화는 '가령(加齡)현상'이라 칭하는 것이 보통이다. 굳이 영어로 표현하면 가령 현상은 aging, 노화는 senescence이다. 그렇다면 노화의 본질적 정체는 무엇인가? 이에 대한 해답만큼 궁한 것도 없다. 다만 여러 학설들만이 이곳저곳의 작은 부문으로서 노화현상을 설명하려 애쓰고 있을 뿐이다. 많은 학설들 중에 대표적인 몇 가지를 소개함으로써 노화에 대한 설명을 하도록 하겠다.

(1) **예정설**(Program Theory)

말 그대로 인간의 생애와 수명은 이미 결정되어 있어 거기에 맞추어 늙고 변한다는 것이다. 소위 운명시계가 있다는 설이다. 최근 발전한 유전, 분자 생물학의 도움을 받아 '유전자의 수명시계'라고도 불리는 프로그램이 이미 노화를 예정하고 잇다는 주장이다. 이에 관한 근거로 섬유아세포의 세포분열이 50회로 제한되어 있음을 자주 들고 있다.

수명시계를 좀 더 구분하여 내분비계면 내분비 시계, 뇌면 뇌 시계 식으로 각 장기마다 각각의 시계를 갖고 있어서 빨리 늙는 신체의 부위도, 늦게 노화되는 신체 부위도 있다는 가설이다. 여하튼 우리의 늙음과 죽음은 운명적으로 예정되어 있다는 논리이다. 이를, 학자들 중에는 '운명설'이라고 칭하기도 한다.

(2) 소모설

우리의 심신은 소모되고 자연히 보수와 재생이 일어나는데 연령의 증가에 따라 보수·재생의 능력을 넘어 소모가 일어나면서 노화는 두드러진다는 것이다. 이 소모설에는 분자구조의 손상, 돌연변이, 외적 환경자극, Free radical의 작용 등의 세분화된 학설들이 포함된다. 특히 순조롭게 진행되는 세포증식분열에서 얼마간의 잘못들이 누적되어 노화가 온다는 'error theory'는 그런 대로 많은 공감을 불러내고 있다.

(3) 대사산물(유해산물) 축적설

세포들의 대사과정에서 생긴 불용성 산물이 침착되어 세포의 대사에 장해를 주고, 이것이 노화를 일으킨다는 논리이다. 대표적인 예로 lipofuscin(리포푸신)이 있다. 그 생성과 존재기전에 대해서는 불명확 하지만 노인의 신경세포, 심근, 간, 부신 등에 쌓여 조직중량의 30%에 달하는 경우도 있다. 일명 소모색소, 노화색소라고도 불린다. 그러나 노년기 이전부터 발견되기 때문에 노화에서만의 독특한 특징으로, 인정하기는 어렵다. 리포푸신이외에도 아밀로이드, 지방산대사물 등이 거론되고 있다.

(4) Stress설

생존기간에서 받은 스트레스의 축적에 의해 노화가 온다는 Selye의 주장이 주축을 이룬다. 그러나 스트레스의 막연함 등으로 점차 의의가 상실되어 가고 있는 학설이다.

(5) 결합 조직설(Cross-linkage theory)

가교총합설이라고도 불린다. 생체의 결합을 담당하는 콜라겐(collagen)이 가령에 따라 변화되어 Cross-linkage라는 단단한 가교결합을 하는 것이 노화라고 주장하는 것이다. 가령에 의해 나이가 들면서 혈관, 피부의 탄력이 떨어지는 것을 예로 든다.

(6) 자가 면역설(Autoimmune Theory)

자신의 세포, 조직을 남의 것으로 인식하여 스스로 면역반응을 일으켜 노화가 일어난다는 학설이다. 그러나 자가 면역 질환이 여자에게 많은데도 여자가 남자보다 오래 사는 것부터 이 학설은 설명(모순된 부분)을 못하고 있다.

(7) Free radical 설

최근 국내에서 자주 언급되는 논술이다. 특히 일부 비타민의 항산화 효과에 기댄 노화 방지란 측면에서 많은 홍미를 끌고 있다.

이상 몇 가지 노화학설들을 조금씩 소개하였다. 크게 program과 error의 두 가지로 대별되는 노화학설들은 최근 놀랍게 발전하는 분자생물학에 의해 보다 깊게 다듬어지고 있다.

〈동물과 인간의 평균 수명〉

사자와 소는 평균수명이 23년 정도, 곰은 20년, 고양이, 원숭이, 개는 15년, 정도로 인간의 평균수명이 70년, 최장수 명이 150년 정도로 가장 긴 것으로 알려져 있다.

2001년 기준 일본인의 평균수명이 여자가 84.07세, 남자가 78.07세로 세계 제일의 장수 대국의 지위를 유지했다. 일본후생노동성이 2002년 31일 발표한 2001년 간이생명표에서 여자는 평균수명이 전년보다 0.33년, 남성은 0.35년 늘어난 것으로 산출됐다. 또 최근 10년 동안 여자는 3년 남자는 2년 늘어난 것으로 조사 됐다.

간이생명표는 현재의 사망률이나 사망원인이 변화하지 않는다는 가정 하에 각 연령의 남녀가 앞으로 몇 년 살 것인지를 나타내는 평균수명을 산출한 것.

남녀 모두 평균수명은 해마다 늘어나고 있지만 1999년에는 중년 및 고령 남성들의 자살이 늘고 2000년에는 독감 유행으로 한 때 수명이 짧아졌었다. 장래의 사인을 확률로 보면 남녀 모두 암 심장질환 뇌혈관질환 등 3대 사인이 전체의 절반을 넘었다.

앞으로 의학이 발달해 3대 질병을 극복할 경우 남자의 평균 수명은 현대보다 8.82년, 여성은 7.98년 늘어날 것으로 추산된다. 여자의 평균수명은 홍콩의 83.9세(2000), 프랑스(99년) 및 스위스(98년)의 82.5세를 웃돌아 17년 연속 세계 제일을 기록했으며 남자도 홍콩의 78.0세, 아이슬란드의 77.6세(99-2000)를 근소한 차로 눌렀다.

한국은 2000년 기준 여자 79.2세, 남자 71.7세로 일본보다 여자는 4.87년, 남자는 6.37년이 짧다.

II 노인대사의 특징

노인의 대사를 노인의 내분비 특성과 별도로 생각할 수는 없으므로 함께 살펴본다.

1. 혈중 호르몬의 변화

(1) 뇌하수체전엽 호르몬

① 성장호르몬

혈중농도의 변화는 없으나 자극에 의한 분비능력과 말초 수용체에서의 감성은 저하되어 있다.

② ACTH – 부신피질계

ACTH, cortisol의 양자 모두 일중변동(circadian rhythm)에 변화가 없다. 다만 부신피질의 예방능이 감소된다.

③ TSH – 갑상선계

가령에 따라 TSH, 갑상선 호르몬의 혈중 농도는 변화가 없으나 TRH부하에 따른 반응이 둔하다.

④ Gonadotropin – 성선계

남자에서 혈중 FSH농도는 60~80세에 유의하게 증가한다. 특히 70대엔 현저하게 증가한다. 80대에는 다시 정상수준으로 돌아온다. 반면에 여자에선 50~70대에 증가했다가 80대에 저하된다. 혈중 LH농도는 남자에선 30대에 비하 50~80대에 유의하게 높고, 여자에서 50~70대에 현저하게 증가한다.

(2) 뇌하수체후엽 호르몬

항이뇨호르몬의 분비는 가령에 따라 항진되는 경향이 있다.

(3) 칼슘대사조절 호르몬

① 부갑상선호르몬(PTH) : 남녀 공히 증가한다.
② Calcitonin : 감소된다.
③ 1,25(OH)2D(비타민D) : 비타민 D의 농도는 감소된다.

2. 대사기능의 변화

(1) 당대사

가령에 의해 내당능(glucose tolerance)은 감소된다. 보고에 따르면 10년마다 공복 혈장 혈당은 50mg/dl, 식후 2시간 혈당은 10mg/dl씩 상승한다는 결과드 있다. 여하튼 노인에서 당대사의 교란으로 국내의 경우에도 65세 이상에서 10%정도의 당뇨병 유병률을 보이고 있다.

노인에서의 내당능 이상이 오는 이유를 정리하면 다음과 같다.

① 영양불균형

② 운동부족

③ 동반질환의 영향

④ 인슐린 분비 저하

⑤ lean body mass의 감소

⑥ 체지방의 증가

⑦ 말초조직 수용 체에서 인슐린 감수성의 저하

⑧ 수용체후 당대사의 변화

(2) 지질대사

① 콜레스테롤 : 가령에 따라 증가한다.

② 중성지방 : 증가한다.

(3) 단백질 대사

① 혈중 단백

- 혈청 총단백 : 일반적으로 감소된다.
- 혈청 알부민 : 감소된다.

② 조직내 단백질

콜라겐의 양은 증가한다. 또한 dyhydrogenase를 포함한 효소들의 변화도 있다.

이상으로, 방대한 내용을 축약하여 노인의 대사변화를 설명하였으나, 이 장에서 논하지 않은 각 개인마다의 차이를 고려하여야 하며, 단지 노인에서의 내분비 대사는 전혀 다른 척도로 이해되어야 한다는 점을 역설하였다고 본다.

III 노인의 신체적 특성

(1) 심장혈관계(cardiovascular system)

노인은 일반적으로 혈압이 높다. 노인은 운동 시 혈압이 쉽게 상승하기 때문에, 팔이나 다리 근육에 큰 부담이 가는 운동이나 등척성(等尺性)운동은 혈압을 상승시키는 작용을 하므로 피하는 것이 좋다. 따라서 운동 지도 시에는 이와 같은 종류의 운동을 피하는 것이 좋으며, 사전 운동검사 시는 필히 혈압을 측정할 필요가 있다.

운동 시 심박수의 절대치는 연령과 평소 운동 실시여부에 따라 달리 해석해야 한다. 운동에 의해 높아질 수 있는 최대 심박수는 연령증가에 따라 저하되지만, 운동 중에는 젊은 사람보다 최대심박수가 높게 나타난다. 그러나 평소에 운동을 해온 경우에는 다소 심박수가 낮게 나타나고, 그렇지 않을 경우에는 높게 나타난다. 안정시 심박수는 나이에 따라 변화가 없지만 최대운동심박수는 점점 감소해 간다. 기능적이고 구조적인 변화가 심장근에 영향을 미치게 되는데, 그 중의 하나가 심박출량의 감소이며, 그것은 부분적으로 심장의 근 비대에서 오는 안정시 1회 박출량의 저하 때문이기도 하다.

청년과 노인을 비교하면 최대운동강도시 노인은 청년보다 20~30% 더 적은 심박출량을 나타낸다. 주요 혈관의 신축성도 연령증가에 따라 쇠퇴한다. 이것은 안정시와 운동시의 혈압증가 때문인데 안정시와 운동시 혈압의 증가는 65~70세 때 최고이고, 그이상은 변하지 않는다.

최대산소섭취량은 나이와 함께 일정하게 감소하지만 신체활동의 유무에 따라 증가될 수 있다. 노화로 인한 $\dot{V}O_2max$ 감소는 무엇보다도 최대심박출량과 관계있는 심장근에서의 변화 때문이다. 이러한 감소에는 말초혈관의 변화와 골격근의 산소추출능력과 관계가 있다.

건강한 심장혈관에 위협을 주는 것은 관상동맥질환이다. 노화와 밀접한 심혈관계 내의 많은 제약들은 관상동맥이나 그 합병증으로부터 발생한다.

(2) 호흡계

잔기용적(recidual volume)은 30~50%로 증가하고. 폐활량(vital capacity)은 70세 노인의 경우 40~50%로 감소한다. 호흡계에서의 변화는 노화현상과 함께 발생하는데, 잔기용적(殘氣容積)은 30~50%로 증가하고, 폐활량은 70세 노인의 경우 40~50%로 감소한다. 따라서 운동 중 증가된 호흡량보다는 증가된 호흡빈도수에 크게 의존한다. 이러한 의존현상은 모든 운동에서 증가하게 된다.

운동은 최대산소섭취량을 증가시켜 노화현상으로 인한 폐기능의 감소에도 운동능력은 크게 떨어지지 않는다. 호흡기능은 그 기능이 만성 폐동맥 폐쇄증과 같은 손상에도 불구하고 훈련능력까지 방해하지 않는다. 노화와 함께 나타나는 환기방식의 변화는 트레이닝 후 $\dot{V}O_2max$에서 상당한 향상이 나타나므로 운동능력을 감소시키지는 않는다.

(3) 신경계

반응시간은 점점 늦어지고 신경전도(神經傳導) 속도도 10~15%의 감소를 나타낸다. 특히 감각기의 결함이 더욱 심화되기 마련이다.

나이가 듦에 따라 시각과 청각이 퇴화되는데, 규칙적인 운동은 이로 인한 불안감을 해소시킨다. 손상된 청각작용과 감소된 소리 판별력으로 인한 청각퇴화, 렌즈는 투명해지고, 원추제와 간상체의 수도 감소하며, 조리개의 능력을 상실하게 된다.

(4) 근 골격계

노인의 규칙적인 근력훈련은 근비대를 가져와 근력을 강화시키고 뼈의 밀도, 유연성 등을 증가시킬 수 있다. 22세 청년과 65세 노인의 근력을 비교해보면 약20% 차가 나타난다. 이러한 근력의 감퇴는 노화 때문만이 아니고 근육을 사용하지 않는 데에도 이유가 있다. 이러한 감소 문제는 주로 여자에게서 일어나지만 남자도 예외는 아니다. 35세의 여자인 경우 뼈 질량의 감소는 대략 연간 1%에 가깝고, 남자는 약55세부터 감소현상이 나타나며, 70세에서는 10~15%로 감소한다. 규칙적인 중량운동(근력운동)은 중장년의 남녀에 있어서의 뼈의 밀도를 증가시킬 수 있다.

유연성 훈련을 강조하는 노년기의 훈련 프로그램은 목, 어깨, 허리, 등, 둔부, 무릎, 발목을 포함한 모든 관절운동범위를 개선시킬 수 있다.

(5) 기타 기관계

노화에 따른 수분 감소는 탈수현상을 일으키므로 노인 훈련시 고려되어야 한다. 70세 노인은 30세 때보다 약30~50%의 신장기능 감소현상이 나타난다. 이는 전체 세포 수준의 일반적 감소로 노화에 따라 10~15% 수분 감소가 일어나는데, 이와 같은 변화는 노인이 더운 환경에 직면하거나 설사시에 빠른 탈수현상이 일어나도록 하기 때문에 수분증발감소와 발한은 노인 훈련시 주의 또는 고려되어져야한다.

(6) 대사

규칙적인 신체활동을 할 경우 $\dot{V}O_2max$의 증가, 제지방 체중의 증가 및 체지방을 감소시킨다. 규칙적인 신체활동을 하는 사람의 경우 $\dot{V}O_2max$는 10년간 5%의 감소가 있는 반면에 앉아서 일하는 사람은 10%의 감소를 보여준다. 또한 포도당 내 독성은 노화에 따라 감소되는데, 그 노화는 비인슐린의 의존에 따라 제지방 체중을 감소시키고 %체지방을 증가시킨다. 반대로, 운동의 실시는 $\dot{V}O_2max$의 증가, 제지방 체중의 증가 및 %체지방의 감소를 가져올 수 있다.

IV 노인의 사회 심리적 특성

은퇴 후 늘어난 여가시간을 의미 있게 보내지 못하는 경우가 많다. 노년기에 이르면 일선에서 은퇴하여 여가시간을 늘어나지만 과거에 자신의 취미를 가질 여유나 오락을 즐기는 방법도 알지 못한 채 은퇴를 맞이하는 사람이 많아, 늘어난 여가시간을 의미 있게 보내지 못하는 경우가 많다. 또한 노년층을 위해 마련된 시설물이나 장소, 각종 운동 및 오락프로그램이 부족하며, 노년층에 대한 후세대들의 관심마저 부족한 실정이다.

노년기의 심리적 특성은 정신적인 노화현상이 두드러진다. 노년기에는 기억력이 저하되어 말을 되풀이하는 경우가 많아지고 사고능력에 있어서도 독창성이 결여되며, 판단이 주관적으로 되는 경향을 보여 일단 한 번 내린 결정은 잘 바꾸려 하지 않는다.

〈노년기에 나타나는 정식적 노화의 일반적인 특징〉

- 최근의 일에 대한 기억력이 떨어진다.
- 쉽게 불안해진다.
- 자기중심적 사고를 하게 된다.
- 과거의 일에 대하여 열중해서 말한다.
- 과거의 일에 자주 후회한다.
- 소음을 싫어한다.
- 매사에 망설이거나 주저하는 경향이 많아진다.
- 사회의 변화에 대해서 잘 적응하지 못한다.
- 자기의 기분과 감각에 따라 행동한다.
- 과거의 고생을 이야기하고 싶어 한다.

정서 및 성격도 생활환경과 노화상태에 따라서 개인차가 있지만 대체로 불안, 불만, 열등감, 고립감이 나타나며, 이러한 것은 일종의 방어 반응으로 인한 변화로 나타난다.

V 노년기의 건강특성

노년기의 건강은 질병 및 고통이 없는 상태에서 신체적으로 일상생활을 불편 없이 영위할 수 있는 상태라고 할 수 있다.

(1) 노년기의 건강 조건

건강한 생활을 영위하기 위해 갖추어야 할 조건은 여러 가지가 있으며, 그 중 우리의 생활 조건 즉 날씨, 공해, 생활 장소, 다양한 사람들과의 접촉 등은 건강의 유지에 상당한 영향을 준다. 그러나 이와 같은 환경이 개선이 개인적인 노력에 의해 이루어지기는 어려우며 결국 가장 중요한 것은 노인의 신체의 상태이다. 신체를 최상의 상태로 유지하는 것이 이 모든 것을 극복할 수 있는 방법이라고 할 수 있다. 이를 위해 필수적으로 요구되는 것은 적당한 운동, 알맞은 영양섭취, 충분한 휴식을 등 수 있다. 그러나 노년기에 있어서 이보다 더욱 중요시되어야 하는 것은 규칙적이고 적극적인 생활 자세라고 할 수 있다.

(2) 노년기의 건강과 장수

인간의 수명은 여러 가지 요인에 의해 영향을 받는데 이에는 주로 유전적인 요인과 생활환경, 습관 등이 있다. 장수를 누린 사람들은 대부분 그 생을 마칠 때까지 건강한 생활을 한 것으로 알려졌다. 장수를 위해서는 무엇보다도 건강해야 하는데 신체적 건강뿐만 아니라 정신적 건강과 사회적 건강이 모두 갖추어져야만 한다. 지금까지 장수를 누린 사람의 경우를 토대로 장수를 위한 생활습관을 살펴보면 다음과 같다.

-일찍 자고 일찍 일어난다.
-항상 마음을 편안하게 갖는다.
-육류음식은 되도록 피한다.
-식사 시간을 지키며 과식이나 과음하지 않는다.
-규칙적으로 꾸준하게 운동을 한다.
-흡연을 하지 않는다.

노인에서의 신체적 변화는 백발, 주름살 등으로 몸 어느 곳에나 다 분명하게 나타난다. 따라서 모든 노화를 풀어쓰기보다는 부위별로 정리하고자 한다.

① 일반소견
— 자세, 걸음걸이 : 약간 낮음
— 음성, 언어능력 : 느리고 약함

② 피부
— 온도 : 약간 낮음
— 감촉 : 엷은 피부, 낙설(scaly)
— 긴장도 : 감소, 주름살
— 얼굴 등에 노인반점(age spot)

③ 손톱
— 강인하고 잘 깨짐

④ 머리털
— 희고 촉감이 좋다.
— 머리숱이 적어지고, 여자에선 안면부 털이 증가

⑤ 눈
— 안와 주변의 지방소실로 눈이 들어가 보임
— 눈물 감소로 안구 건조
— 노안, 백내장의 빈발

⑥ 귀
- 귓볼이 늘어지고 고막이 두꺼워짐.
- 노인성 난청(특히 빠르고 높은 소리의 청각이 약함)

⑦ 후각의 감소
- 이는 미각의 감소와 관련

⑧ 호흡기
- 기침반사 감소
- 호흡용적의 변화 : 이는 흉곽의 변형과 관련

⑨ 유방
- 늘어지고 지방이 축적됨

⑩ 심장
- 부정맥이 흔하게 발견되나 대개 임상적 의의는 희박하다. 아울러 심장 판막의 경화로 심잡음이 들릴 수 있다.

⑪ 말초혈관계
- 혈관벽의 탄력 감소로 두껍고 딱딱한 혈관

⑫ 복부, 소화기능
- 복부비만이 많고, 음식물의 저장, 소화기능이 저하, 변비가 잦다.

⑬ 근육 골격계
- 근육의 강도, 관절의 운동범위, 탄력성이 줄어 관절염이 잦다.

⑭ 미각
- 전반적으로 저하되는데, 짠맛이 가장 떨어지고, 단맛의 변화에 대해선 논란이 남아 있다.

⑮ 신경계

– 일반적 기능이 저하된다. 특히 자율신경기능의 변조로 기립성 저혈압, 발한 장애 등이 온다.

⑯ 비뇨 생식계–남자의 경우, 고환 위축, 전립선 비대가 잦다.

– 여자에선 외부생식기 위축, 치모의 감소.

VI 노인병

노인병을 통상 노화로 혼동하는 수가 많다. 나이 들어 자연의 순리에 따라 육체적 또는 정신적 기능이 떨어지는 것을 노인병이라 여기는 것은 잘못된 것이다. 노인병은 노인의 독특한 생리현상인 노화와 깊은 관련을 갖는 오인에서 발생한 신체적, 정신적 질병이라 일컬어진다. 즉, 노화자체가 아닌 질병 자체인 것이다.

그러나 노인병을 위와 같이 설명하기보다는 노인병의 특징들을 설명함이 더 편하리라 생각된다. 노인병의 첫 번째 특징은 병이 생기면 대개 두 가지 이상의 질병이 함께 온다는 점이다. 실례로 치아가 안 좋으면 곧 위장병이 온다. 소화가 안된 음식이 위장에 부담을 주어 두 가지 병이 같이 드러나게 된다. 이때에 치아는 두고 위장 기능만 좋게 하려하면 참으로 엉성한 치료가 된다. 따라서 노인에서의 병은 온몸을 두루 살펴 진찰해야 한다. 물론 병원을 찾아 진찰을 받을 때에는 반드시 모든 블편을 알려주어야 한다.

노인병의 두 번째 특성은 그 증상이 없거나 애매한 것이다. 맹장염인데도 열도 안 나고 배도 안 아프기도 하며, 협심증인데도 가슴이 안 아픈 적이 있다. 그저 몸이 다소 불편하다는 정도다. 여기에 문제가 있다. 막연한 증상이거나 무증상이어서 이런 저런 진찰과 검사로 얻은 진단명을 소홀히 여기는 수가 있다.

세 번째 노인병 특성은 많은 경우에서 심리적 이유로 발생하는 것이 많다는 사실이다. 가족 내의 처지, 정신적 중압감 등에 의해 생기는 병이 의외로 많다. 노인병을 관찰하고 치료할 때에는 단순히 의학적 방법만으로 접근해서는 안 되고 사회적, 경제적, 정신적 측면들이 함께 고려되어야 한다.

또한 노인에서의 약물 투여는 매우 신중해야 한다. 잘 알고 있듯이 노인의 콩팥 기능을 포함한 약물의 대사는 느려져서 똑같은 약을 먹더라도 쉬이 축적이 일어나서 여러 부작용이 생긴다. 따라서 노인병 치료는 노인병 전문의의 도움을 받는 것이 이롭다. 노인병 특징의 또 하나는 병이 있는 노인의 경제 능력이 어려운 경우가 대부분이라는 점이다.

이와 같은 여러 특성을 갖는 노인병에는 대부분의 성인병들이 모두 포함된다. 몇 가지 예를 들면, 고혈압, 동맥경화, 만성호흡기병, 노인 당뇨병, 퇴행성관절염, 노인성 골다공증, 우울, 불면증 등이다. 이외에도 많다.

이러한 특징을 가진 노인병의 관리 또한 몇 가지의 주의할 점이 있다. 다소 원칙적인 논리를 바탕으로 하여 노인병의 관리에 대하여 설명한다.

먼저 들 수 있는 노인병의 관리방안은 활동량의 증가이다. 이는 관리뿐 아니라 예방의 측면에서도 강조된다. 육신은 움츠리면 움츠릴수록 더 약해진다. 되도록 정기적인 운동을 실시하는 것이 좋다. 그러나 노인의 운동은 젊을 때와 달리 운동 전후의 의학적 상태 점검이 각별히 필요하다. 심장검사, 폐기능 검사 관절검사들이 철저히 이루어져야한다.

일반적으로 심장의 최대박동수의 70~80%에 미치는 박동수까지 운동하기를 권하고 있으나 노인에게는 그렇지 않다.

노인의 운동 강도는 특별한 경우를 빼고는 최대심장박동의 50~60%에 달하는 정도의 운동을 하도록 해야 한다. 노인의 심폐기능이 어떻게 변했는지를 생각하면 쉽사리 이해되는 것이다. 즉, (220 - 자신의 나이) × (0.5~0.6)회/분의 심장박동[맥박]수까지의 운동을 30분 정도 하면 된다.

다음으로 고려할 노인의 건강관리는 정신적 활성화이다. 중년이 지나 하루에 10만개 가량 소진해 가는 뇌세포를 가능한 기운차게 이용하려면 끊임없는 적극적 사고가 필요하다. 친구간의 모임, 사회활동에 힘닿는 데까지 참여하는 것이 좋다.

마지막으로, 영양의 균형이다. 이를 위해서 먼저 할 것은 계획적 생활이다. 직장을 은퇴하고 나서 자유스러운 계획을 스스로 다듬질하다보면 자칫 정규성이 흐트러진다. 정확한 끼니의 섭취가 요구된다. 동시에 변해버린 입맛만 믿고 자극적인 것만을 찾는 것은 안 좋으며, 또한 편식도 안 좋다.

이와 함께 약물을 복용할 때에 많은 주의가 필요하다. 간략히 정리하면 다음과 같다.

① 정확한 진단 후에 복용한다.

② 여러 약을 함께 쓸 때는 타당성을 알아본다.

③ 가능한 복용중인 약의 명칭과 방법, 용량을 알고 있도록 한다.

④ 필요한 최소량만 쓴다.

⑤ 혹시 부작용이 적고 더 효과가 나은 약이 개발되어 쓰이는지 여부를 의사와 자주 상의한다.

⑥ 정기적인 검사, 전문의와의 상담을 통해 용량을 계속 조절해간다.

그러나 무엇보다 중요한 것은 노인, 노인병의 관리는 가정의 화목한 분위기에 있다. 노인의 가정에서의 위치와 역할은 온 가족이 서로 도와야 한다.

〈치매의 예방법〉

세계 치매 노인수는 2002년도에는 약 2,000만 명이 될 것으로 측정된다. 2002년 우리나라 치매노인 수는 약 25만 명으로 측정되며 치매는 정상적인 노화과정에서 발생하는 단순한 기억력 저하 및 건망증과는 구분된다.

치매를 예방하려면 첫째, 뇌가 노화되기 쉬운 부분을 계속 사용하여 산소와 영양소를 충분히 공급한다. 둘째, 식사량은 평소의 80%정도로 줄이고 매일 각종 영양소를 골고루 섭취한다. 음식은 가능한 한 싱겁게 먹고 수분은 충분히 섭취한다. 수분이 부족하면 영양소 운반이나 배설에 지장을 받으며 뇌의 혈류량을 감소시켜 뇌경색을 유발한다. 셋째, 뇌위축을 예방하도록 힘쓴다. 손을 자주 움직이고 될 수 있는 대로 많은 사람들과 사귀며 자주 말을 걸고 이야기 하는 것이 좋으며, 걷기 운동 또한 몸 전체의 근육을 사용하므로 뇌를 자극하게 된다.

VII 노화 예방과 장수

노화예방은 앞에 언급한 모든 학설에 연관된 것으로 교정 가능한 것은 모두 실행되고 있다고 생각해도 무방하다. 식사 섭취량, 영양소 배분, 영상소의 질, 미량영양소의 구성, 황산화 기능을 지닌 비타민C, 카로틴 등이 섭취를 포함하여 많은 연구결과가 발표되고 있다. 최근에는 유전공학, 분자생물학의 발전에 힘입어 유전자 수준에서의 노화예방, 장수에 기대가 모아지고 있다.

그러나 신체적 노화예방, 장수와 함께 더욱 비중을 두어야 할 것은 바로 정신, 심리적 노화의 예방이다. 이를 위해서는 가정적, 사회적 뒷받침이 반드시 있어야 한다.

〈장수와 유전〉

100세 이상 장수자의 형제자매 역시100세 이상 장수할 가능성이 매우 높은 것으로 보고 되었다. 미국 보스턴 의과대학의 펄스 박사의 연구보고서에 의하면 100세 이상 장수자 444명의 형제자매 2092명이 100세까지 살 가능성은 형제인 경우 17배, 자매인 경우 8배나 일반인에 비해 높은 것으로 각각 나타났다. 특히 100세 이상의 장수자의 형제자매는 20세 이상 어떤 나이에서건 일반인들에 비해 사망률이 절반 밖에 안 된다는 점도 관심을 끌었다. 이는 100세 이상 장수자는 100세 이전에 사망하게 되는 주요원인인 뇌졸중, 심장병, 암 등과 같은 질병을 피하게 해주는 유전자를 지니고 있을 수 있다는, 앞서 발표된 연구 보고서를 뒷받침하고 있다.

펄스 박사는 흡연·음주·과식 등 건강에 좋지 않은 습관을 버리면 거의 누구나 85세까지 살 수 있는 유전자 구조를 가지고 있으나, 100세 이상 장수하기 위해서는 특정 유전자 배열을 가져야 하는 것으로 보인다고 말했다. 펄스 박사는 제4번 염색체에 있는 유전자들이 100세까지 장수하는데 도움을 주는 것으로 생각된다고 밝히고, 그러나 어느 유전자가 어떤 역할을 하는지는 앞으로 규명해야 할 과제라고 말했다.

Ⅷ 고령자의 운동기능

고령자의 운동기능은 저하되어 있는데 그 특징은 다음과 같이 정리할 수 있다.

(1) 체력, 생리적 예비력의 저하

선자세 체전굴(유연성)은 이미 30~40세부터 급격히 저하한다. 서전트점프(순발력), 사이드스텝(민첩성)이나 각근력도 해마다 저하하고 있으며, 고령자에게는 럭비, 축구 등 운동강도가 높고 민첩성을 필요로 하는 스포츠 경기의 실시는 좋지 않다는 것을 이해할 수 있다.

호흡 순환기능 특히 전신지구력의 지표인 최대산소섭취량($\dot{V}O_2max$)도 연령증가와 함께 저하되고 있으며 50세가 되면 20세 측정치의 약40~50%가 된다. 한편 약력의 저하는 비교적 적어 무거운 물건을 운반하는 것과 같은 일상생활행동이 일종의 트레이닝이 되고 있을 가능성이 있다.

(2) 개인차의 증대

각 개인의 라이프 스타일에 따라 저하 속도가 다르며 활발한 라이프스타일의 유지는 어느 정도 체력의 저하 방지가 가능하다.

(3) 조직의 취약화

연령증가에 따라서 장기, 조직의 유연성이나 탄력성이 저하된다. 예를 들면 뼈의 칼슘이 감소하여 골다공증이 되고 전 도시에는 골절(주로 대퇴골경부골절)이 일어나기 쉬우며 운동을 실시할 때에는 충분한 준비운동이 필요하다. 또한 근력뿐만 아니라 근육량도 저하한다. 또한 혈관도 동맥경화의 상태가 되면 유연성이 저하하고 약화 된다.

(4) 회복의 지연

고령자의 운동에 따른 피로로 부터의 회복이 늦어지기 때문에 운동 후에는 충분한 휴식을 필요로 한다.

(5) 혈압의 상승

연령증가에 따라서 수축기혈압이 상승한다. 따라서 역도와 같은 등척성운동(저항성 운동)을 실시할 때에는 혈압 상승이 현저해지기 때문에 덤벨, 튜브체조 등의 저항성운동은 저강도에서 유산소운동적으로 실시한다.

(6) 최고 심박 수의 저하

운동에 의하여 증가하는 최고 심박수는 연령증가에 따라 저하한다. 따라서 운동중의 심박수가 동일하여도 고령자는 젊은 사람과 비교하면 최대운동(최대 심박수)에 대한 상대적 부하강도가 커진다.

(7) 운동허용량 폭의 감소

고령자에서 강도가 높은 운동의 실시는 위험성이 따른다. 이상 고령자의 신체적 특징을 성명했지만 고령자에게는 획일적인 운동지도는 피해야 한다. 성별, 연령, 체력, 질병유무 등의 의학적 소견, 각 개인의 트레이닝 경험 등을 충분히 고려하여 각 개인에게 맞춤식의 운동처방을 작성하고 개별적으로 지도하지 않으면 안 된다는 것은 쉽게 이해할 수 있다.

IX 고령자의 운동요법

(1) 골격근의 구조

보행이나 스포츠 활동 등, 인간의 신체활동에서 관찰되는 운동은 골격에 맞대어 이어있는 근(골격근 : skeletal muscle)이 수축함에 따라 관절을 움직인 결과로 이루어진다. 그 직접적인 에너지는 아데노신 3인산(adenosine triphosphate : ATP)의 가수분해로 얻어진 화학적 에너지이다. 이 화학적 에너지를 운동이란 물리적 에너지로 변환하기 때문에 근은 종종 엔진에 비유된다.

사람의 골격근은 400개 이상으로, 근외막(epimysium)이란 막으로 덮여있다. 중앙부분은 두꺼워 근복이라 불리며, 양단은 가늘고 근외막과 근조직이 뒤섞여, 건을 형성하여 골막에 맞대어 이어있다. 근을 형성하는 세포는 다핵세포며, 얇고 가는 원통형을 하고 있기 때문에 일반적으로 근섬유(muscle fiber)라고 불린다. 근섬유는 약 150개씩 다발(근속)이며, 근주막(perimusium)으로 쌓여있다. 단일 근섬유는 근섬유초(sarcolemma)라는 막으로 쌓여있다. 근섬유내부에는 근원섬유(myofibril), 근소포체(sarcoplasmic reticlum), 횡행소관(T관:transverse tubule), 핵, 미토콘드리아, 효소, 지방, 글리코겐 입자 등이 존재한다. 근원섬유는 미오신(myosin)이란 단백질 집합체인 두꺼운 미오신 필라멘트와 액틴(actin), 트로포닌(troponin), 트로포미오신(tropomyosin)이란 3종류의 단백질로 구성된 가는 액틴 필라멘트로 형성되어있다.

근섬유를 전자현미경으로 관찰하면, 밝은 I대(I band)와 어두운 A대(A band)의 일과성 횡문이 보인다. 그 때문에 골격근은 횡문근이라고도 불린다. 이것은 미오신 필라멘트와 액틴 필라멘트가 부분적으로 겹쳐져 있기 때문에 관찰된다. 즉, 양 필라멘트가 겹쳐진 부분은 어둡고, 겹쳐지지 않은 부분이 밝게 보이는 것이다. Z선(Z line)은 액틴 필라멘트에 서로 맞대어 이은 근원섬유를 가로지르는 막으로 본다. 이 Z선에서 Z선까지 사이를 근절(sarcomere)라고 한다. 미오신 필라멘트 중앙부분은 M선(M line)이라고 하며 필라멘트의 적절한 배열을 유지하는 기능을 하고 있다.

(2) 골격근의 수축

골격근의 수축은 미오신 필라멘트와 액틴 필라멘트가 서로 미끄러져 들어가, 근장이 단축한 결과, 생긴다는 학설이 있다(필라멘트 활주설 : sliding filament theory). 그 메커니즘에 대해 여전히 불명확한 부분도 남아있지만 대개 아래와 같이 말하고 있다.

골격근 활동을 컨트롤하는 운동신경 축색에서 근섬유로 흥분(전기적 자극)이 전달되고, 이어서 흥분이 근섬유에 도달하여 양 필라멘트가 미끄러져 들어가 전체의 근이 단축한다. 이 일련의 과정을 흥분수축연관(excitation-contraction coupling)이라 한다. 신경의 축색과 근섬유의 접합부(운동종판)에는 간격이 있어, 아세틸콜린이란 화학물질에 의해 정보가 전달된다. 근 섬유초에 전달된 흥분은, T관을 통해 근섬유 내부로 보내져 근소포체로 전달된다. 근소포체 내부에는 칼슘이온(Ca_2^+)이 저장되어 있어, 흥분이 전달되면 Ca_2^+가 세포내로 방출된다. 이 Ca_2^+가 액틴 필라멘트 상의 트로포닌과 결합하면, 액틴과 미오신의 친화성을 제어하고 있던 트로포미오신이 변화해, 미오신과 액틴이 상호적으로 작용할 수 있게 된다. 이렇게 액틴과 미오신의 양 필라멘트가 미끄러져 들어와, 근절이 단축하므로 수축이 발생한다. 이 상호작용에는 ATP의 가수분해에 의해 생성된 에너지가 필요하다. 이 반응을 촉매하는 미오신 ATPase이라는 효소는 미오신의 일부에 편재되어 있다. 수축한 근은 근소포체 내부로 Ca_2^+를 재흡수하여 재차 이완된다. 이 때, 세포 내에 ATP가 존재하지 않으면 근은이완할 수 없다. 또한 ATP는 근소포체 내외로 Ca_2^+의 능동수송을 위해 필요한 에너지도 공급하고 있다. ATP없이는 근은 수축도 이완도 할 수 없는 것이다.

(3) 근 수축 타입

근이 수축하여 탄력을 발휘할 때, 근의 길이가 변하는 경우와 변하지 않는 경우가 있다. 전자를 등장성 수축(isotonic contraction), 후자를 등척성 수축(isometric contraction)이라 한다. 손에 쥔 덤벨의 무게(부하)가 근력을 넘지 않는다면, 팔꿈치를 늘인 상태에서 굽힌 상태로 움직일 수 있다. 이와 같은 운동은 수축에 의해 근의 길이가 짧아지기 때문에 등장성 수축 가운데에서도 단축성 수축(concentric contraction)으로 분류된다.

한편, 팔꿈치를 구부린 상태에서 팔꿈치가 늘어진 방향으로 근력이상의 부하를 준 경우, 팔꿈치를 구부리려 노력해도, 근은 수축력과 반대방향으로 늘어난다. 이 타입의 수축은 신장성 수축(eccentric contraction)으로 분류된다. 주관절을 일정각도로 움직이지 않고 덤벨을 그 상태로 유지하는 경우가 등척성수축이다. 또한 수축속도가 일정하게 유지되는 특별한 경우에는 등속성 수축(isokinetic contraction)으로 분류된다.

이와 같이 다른 타입의 근수축이 발현되는 기구에 대해 생각할 때, 근을 수축요소(contractile component : CC), 직렬탄성요소(series elastic component : SEC), 병렬탄성요소(parelle elastic omponent : PEC)란 3요소에 모델화하면 이해하기 쉽다. CC는 액틴 필라멘트와 미오신 필라멘트에 의해 수축한다. SEC은 건과 미오신자체의 탄성으로 본다. 한편 PEC는 근섬유초, 근섬유외의 결합조직, 근섬유의 구조를 유지하기 위한 단백질(콜렉틴 등)로 생각된다. CC가 수축하면 SEC가 늘어나, 그 탄성력과부하가 조화하기 까지, 근은 장력을 발휘하면서 그 길이를 바꾸지 않는다. 탄성력과 부하가 조화하는 시점에서 단축이 일어난다.

한편 PEC는 근의 과도한 신장을 방지하는 역할을 하고 있다. 실제 운동 시에는 이들 타입의 근수축이 복잡하게 조화되며 기능하고 있다.

(4) 근력과 근 파워

근력은 한 개의 근군(筋群)이 발휘한 최대장력(張力)으로 측정된다. 일반적으로 동적근력은 단축성 수축시, 정적근육은 등척성수축시 발휘되는 최대장력을 측정한다.

등척성 최대근력은 그 근의 횡단면전에 비례한다. 사람의 단위횡단면적 당 근력은 6.3 kg/cm^{2}으로 보고되고 있어, 이 수치는 발육이나 성별에 따라 변하지 않는다. 그러나 근력은 근의 크기만으로 결정되지 않고 신경계의 기능에도 영향을 받는다. 즉, 근력의 변화에 따라 신경 자극의 발사빈도, 동원되는 운동단위 수나 그 패턴에 변화가 생긴다.

스포츠 종목 가운데서 많은 종목이 정적인 근력발휘보다 빠른 움직임으로 얼마나 큰 힘을 낼 수 있는가라는 요소를 중요하게 여긴다. 근력에 속도라는 요소를 가미하여 측정하는 경우에 근 파워가 산출된다.

파워=일/시간=(탄력×거리)/시간=

탄력×(거리/시간)=탄력×속도

최대파워는 최대등척성 근력의 약 1/3로 발휘된다.

(5) 운동단위

골격근을 지배하는 운동 뉴런은 단일로 복수의 근섬유를 지배하고 있다. 그 때문에 한 개의 운동뉴런이 흥분하면, 그것에 속하는 여러 근 섬유가 동시에 수축한다. 하나의 운동뉴런과 그것이 지배하는 전근섬유를 통틀어 운동단위(motor unit)라 한다. 운동단위는 그 기능적인 특성으로 두 타입으로 분류된다. 하나는 상동성(phasic, fast-twitch(F) type)운동단위로 불리며, 축색이 자극전도속도가 빠르고 형태도 크다. F타입 운동단위에 속하는 근섬유는 수축 속도가 빠르고 큰 장력을 발휘할 수 있어, 속근섬유(fast-twitch fiber : FT혹은 Type II)라고 불린다. 또 다른 타입인 긴장성(tonic, slow-twitch(S) type)운동단위는 수축

속도가 느리고, 작은 장력만 발휘될 뿐이나 피로내성이 있어, 지속적으로 활동할 수 있는 지근섬유(slow=twitch(ST) fiber : ST 혹은 Type Ⅰ)을 가진다. F타입운동단위에는 피로내성의 sv는 운동단위(fast-twtch fatigue resistant(FR) type)가 존재한다. 전자에 속하는 근섬유는 Type Ⅱa, 후자의 근섬유는 Type Ⅰb로 분류된다.

운동에 동원 된 운동단위 타입은 그 운동의 강함(강도)나 지속시간에 따라 다르다. 강도가 낮은 운동에는 S타입운동 단위가 동원된다. 운동이 오래 지속되거나, 강도가 높아지면 FR타입운동단위가 동원되며, 게다가 피로감을 주는 고강도 운동시에는 FF타입 운동단위가 동원된다.

(6) 근섬유 타입

근섬유 타입의 분류방법은 분절수법에 따라 몇 가지 존재하지만, 미오신 ATPase활성 pH에 대한 안정성에 기반한 조직화학적 방법이 자주 이용된다. 일반적으로 현미경 화상에 나타난 조직표본을 보면 검게 보이는 섬유는 FT섬유(Type Ⅱ), 하얗게 보이는 섬유는 ST섬유(Type Ⅰ)로 같이 정해진다. 또한 Type Ⅱa와 Type Ⅰb로 세분류(細分類)할 수 있으며, 이것은 중간 pH에서의 전처리에 의한 것이다. 면역학적 수법을 조합한 연구에 따르면 앞에서 말한 방법으로 분류된 근 섬유 타입은 근 섬유에 포함된 미오신 단백의 종류와 일치한다고 본다.

한편, 다른 타입의 근섬유는 각각 특색 있는 대사능력을 보인다. ST섬유는 산화능력에 뛰어나며, FT섬유는 해당능력이 우수하다. 이들 특성은 ST섬유에 보이는 미토콘드리아 고농도, 산화계 효소활성, 모세혈관밀도, 미오글로빈 농도, 지방저장량 등이 관여한다. 한편 FTT섬유에서는 글리코겐 저장량이나 해당계 효소의 활성이 높다.

(7) 근섬유 타입 조성

사람의 골격근에 대한 근섬유 타입이나 대사능력을 측정하기 위해, 외과수술을 통해 인체 근육의 일부를 채취하는(근생검) 연구가 행해졌다.

운동생리학 분야에서 자주 그 대상이 되는 근육은 외측광근(外側廣筋)이다. 이 ST 섬유와 FT 섬유 수의 비례(근섬유 타입 조성)는 대략 1 1로, 성별의 차이는 없지만 개인차는 크다(%ST 섬유 = 13~98%). ST섬유는 산화능력이 뛰어나며, 강도가 낮은 운동을 장시간 지속하는 운동(유산소성 운동)에 동원된다. 한편 FT 섬유는 단시간에 강한 힘을 발휘하는 운동(무산소성운동)에 적합하다. 이러한 것은 운동의 지속시간과 강도가 다른 다양한 경기스포츠에서 성공한 일류선수의 근섬유 조성 연구에 의해 확인되었다. 특히 유산소성 능력을 필요로 하는 크로스컨트리(cross country) 스키어나 육상경기의 장거리 선수에게서 ST섬유의 점유율을 보인다. 반대로, 무산소성능력을 필요로 하는 육상단거리 선수에서는 ST 섬유의 비율은 낮다.

근섬유 타입의 조성은 어떠한 요인에 의해 결정되는 것인가. 일란성 쌍둥이와 이란성 쌍둥이의 근섬유조성을 조사한 연구에서 일란성 쌍둥이에게서 훨씬 높은 유사성을 보였으므로 유전에 의한 영향이 크다고 생각되어 왔다. 그러나 장기간에 걸친 훈련을 통해 FT 섬유 일부가 ST섬유로 변하는 연구도 있어 근섬유조성이 후천적으로 변할 가능성도 나타나고 있다.

(8) 트레이닝에 의한 골격근의 적응

지속적인 트레이닝 결과 발생하는 운동수행능력(퍼포먼스)의 향상은 골격근의 적응변화에 의한 부분이 크다. 골격근의 적응은 트레이닝내용에 따라 크게 차이가 있다. 즉, 운동강도가 높고, 반복횟수가 낮은(계속시간이 짧다)타입(근력트레이닝 등)과 강도는 낮으나 반복횟수가 높은(계속시간이 길다)타입(지구성 트레이닝)으로 크게 나뉘고 각각의 효과를 생각해보면 이해하기 쉽다. 또한 이 양자의 중간 타입으로 다양한 강도와 시간조합을 하여 트레이닝을 설정하는 것도 가능하다(예를 들면 스프린트 트레이닝). 이상으로 아래에 전형적인 트레이닝 효과로 일반적으로 인정되는 항목에 대하여 서술한다.

① 근력트레이닝 효과

근력과 근의 크기 사이에는 밀접한 관계가 있다는 것을 앞서 말했다. 근력 트레이닝을 통한 근력 증강도 근 비대에 의해 뒷받침 된다. 근비대는 주로 근섬유의 비대에 의한 것으로 근 섬유의 수가 증가하는 것이 아니다. FT섬유의 비대율은 ST 섬유에 비례하여 증가하며, 트레이닝 후의 근섬유조성을 근섬유수의 비율로 보면 변화가 없으나, 면적비로 보면 FT 섬유의 점유율이 상승한다.

한편, 근력증대에는 중추신경계의 기능변화도 관여한다. 이것은 한쪽 팔만을 트레이닝하여도 트레이닝하지 않은 팔의 근력이 상승하는 것이나 근횡단면적의 변화 없이 근력의 증대가 나타나는 연구에 의해 확인되고 있다.

산화능력의 지표가 되는 미토콘드리아 농도는 근력 트레이닝에 의해 저하된다. 이것은 미토콘드리아 수가 감소하기 때문이 아니라, 근원섬유의 단백질의 증대가 두드러지는 것에 의하여 미토콘드리아가 희석되기 때문에 발생한다.

② 지구성 트레이닝 효과

지구성 트레이닝에 의한 골격근의 적응은 산화능력의 현저한 상승으로 나타난다. 미토콘드리아의 수와 크기의 증가는 미토콘드리아 내에 함유된 산화계 효소의 활성상승과 거의 평행하여 일어난다. 트레이닝강도가 충분히 높아진 경우에는 산화계 효소의 활성상승은 모든 타입의 근섬유에서 나타난다. 즉, 산화능력의 낮은 FT 섬유도 훈련을 통해 대사기능을 개선할 수 있기 때문이다. 지방산 산화경로에 속하는 효소도 상승하기 때문에 대사기질인 글리코겐보다도 지방을 선택적으로 이용하는 기능이 상승한다.

근섬유내의 지방산 저장량 및 글리코겐 저장량의 증가가 부분적으로 나타난 것으로 보고되었으나 이 수치는 훈련보다는 식사내용에 따라 크게 변동하는 것으로 트레이닝 효과로 파악하기는 힘들다.

근섬유를 둘러싼 모세혈관의 밀도도 상승한다.

이것은 혈액중의 헤모글로빈과 근섬유 내의 산소를 이용하여 ATP 의 재생산을 관여하는 미토콘드리아의 산소 확산거리가 짧아져, 산소공급 능력이 상승한 것을 의미한다. 산화능력의 향상은 미토콘드리아의 증대로 인한 산소 소비능력의 상승과 함께 산소 공급 능력의 개선으로도 이어진다. 근섬유 내에 존재하며, 산소저장의 역할을 수행하는 미오글로빈 농도에는 트레이닝을 통한 뚜렷한 증가를 보이지 않았다.

③ 스프린트 트레이닝 효과

전형적인 스프린트 트레이닝은 30초 정도 지속가능한 강도에서의 운동을 전력하고, 휴식시간을 둔 뒤, 이것을 반복하는 것을 말한다.

1회 운동시간이나 반복횟수, 운동과 휴식의 시간비율의 설정에 따라 다양하게 바꿀 수 있다. 따라서 앞서 말한 근력 트레이닝이나 지구성 트레이닝의 경우를 비교하여, 생리학적 효과를 검토한 연구결과가 일치하지 않는 부분도 많다.

지구성 트레이닝과 비교하여, 높은 강도에서 운동이 이루어지기 때문에 FT섬유를 동원할 수 있다. 그 때문에 FT섬유의 산화능력의 상승을 기대할 수 있다. 그러나 운동의 지속시간은 지구성 트레이닝보다도 대단히 짧아, 산화효소활성의 상승률은 낮다.

고강도 운동은 에너지 대사의 기질로써 지방보다도 글리코겐을 이용된다. 그러므로 스프린트 트레이닝을 통해, 해당계 효소활성이 촉진할 것으로 예측된다. 그러나 해당의 율속

효소(律速酵素)인 젖산탈수소 효소활성의 상승은 보이지 않거나 대단히 적다. 이것은 사람의 골격근 해당능력이 다른 대사경로의 능력에 비해, 선척적으로 충분히 높아 트레이닝 효과가 나타나기 힘든 결과로 생각된다.

ATP와 크레아틴 산(creatine phosphate : CP)의 저장량은 약간 증대한다.

(9) 고령자의 근력트레이닝 효과

① 선행연구

과거 고령자를 대상으로 한 저항성 트레이닝연구에서는 근비대등의 형태학적 변화를 인정하지 않지만 근력이 증가한다는 보고가 있고, 신경성 인자의 개선이 기대된다는 견해가 제시되어 왔다. 최근에는 고령자도 젊은 사람과 마찬가지로 근비대가 인정되고 있으며 근 생검에 의한 근섬유 구성의 변화에 대해서도 검토가 진행되어 속근섬유(fast twitch fiber), 지근섬유(slow twitch fiber)의 구성에 변화가 보고되고 있다. 이렇게 고령자도 젊은이와 마찬가지로 근육 자체의 변화나 효과를 기대할 수 있다고 한다.

선행연구를 종합하면 운동 강도 트레이닝의 전의 최대근력(1-RM)의 50~80%상당의 강도 설정이 많고 최근에는 고강도트레이닝이 이용되어 왔다.

운동 빈도는 2~3회/1주간이다. 한편 운동기간은 8주에서 2년으로 폭이 넓다. 트레이닝 부위는 1980년에서 1990년 전반까지는 대퇴부나 상완부를 대상으로 한 보고가 많으나 최근에는 전신의 대근군을 이용한 것이 많다. 연령증가에 의한 근의 위축이나 근 기능의 감퇴가 인정되고 있는 가운데 고령자의 훈련 가능성이 검토 되고 있다. 그렇기 때문에 측정이 용이한 부위가 선택되었지만 현재에는 고령자의 운동효과에 대한 인식이 정착되어 있다. 또한 운동에 의한 건강 만들기를 위해서는 전신의 강화, 유지가 중요하다는 인식으로부터 전신을 대상으로 한 운동 프로그램이 이용되고 있다고 보인다. 앞으로 어떻게 하면 운동을 효율적으로 수행하고, 많은 성과를 얻기 위해서는 어떻게 하여 구체적 방법을 확립 하는가 라는 과제에 대한 연구가 필요하다고 말할 수 있을 것이다.

건강 만들기를 위한 운동은 유효할 것과 안전성이 높을 것이 요구된다. Westcott(1999) 등에 의하면 고령자에게는 최대근력의 70~80%가 적당하다고 하고 최대근력의 75%정도로 1회 운동은 8~12회 정도가 적당하다고 한다. 고령자도 젊은이와 마찬가지로 이 정도의 운동 강도가 안전하고 효과가 크다고 하는 이해가 배경으로 존재하고 있다고 생각된다. 그러나 Roth(2000)등에 의하면 젊은이와 비교하여 고령자가 고강도의 저항성트레이닝을 할 경우에 근섬유의 손상이 크다는 것을 지적하고 있다. 한편 Taaffe(1995)등은 1-RM의 40%

강도에 있어서도 효과를 보고하고 있다. 이러한 피로를 문제나 저강도에 있어서의 효과로부터 본다면 가능한 낮은 강도에서 큰 효과를 얻을 수 있는 것이 이상적이다.

고령자는 체력수준이나 건강도의 개인차가 크기 때문에 모든 사람이 높은 강도에서 운동이 실시될 수 있는가 하는 실용성에서 판단하는 것은 곤란하다. 또 완전 감시형 운동을 실시하는 체제를 항상 설정하는 것도 어렵다.

일반적으로는 고령자의 일상생활 활동 강도가 낮기 때문에 과부하의 원칙을 생각한다면 일상생활보다 높은 수준의 강도를 적용하면 운동효과가 기대될 수 있을 가능성도 높다고 생각할 수 있다. 그러나 고령자의 능력은 낮고 생리적 예비력이 적기 때문에 모두 일률적으로 하나의 원칙, 원리를 적용하는 것이 아니라 개인에 맞는 다채로운 프로그램이 필요하다고 생각된다.

② 고령자의 운동지도

㉠ 운동빈도

고강도의 저항성운동을 할 때에 발생하는 것으로 보이는 근조직내의 미세한 손상의 회복에는 48~96시간을 필요로 하기 때문에 특히 운동 강도가 높은 경우에서는 보다 긴 회복시간이 필요하다고 한다. 그러나 중·고령자의 경우에서는 그 정도의 높은 수준에서의 강도 설정은 하지 않을 경우가 많기 때문에 주 2~3일의 빈도가 추천되고 있다. 또한 운동효과의 관점에서는 주1일보다는 명백히 2일 쪽이 개선의 정도는 크지만 주 3일과 비교하면 변하지 않는다는 Demichele(1977)등의 보고도 있어 효과의 면에서도 이 정도의 빈도가 권장되어진다.

㉡ 셋트수

Feigenbanum과 Pollock(1997)등 에 의하면 일반인 특히 중고령자가 실시할 경우에는 1세트에서도 2 또는 3세트의 효과와 거의 같아서 1세트의 운동으로도 좋다고 서술하고 있다. ACSM에서도 비슷한 견해가 있다.

㉢ 운동 강도, 운동 횟수

운동효과를 올리는 것에 가장 중시되고 있는 것이 강도이지만, 최대근력의 60~90%의 범위에 있다면 좋다는 견해가 있다. 한편 40~60%라는 범위(Low resistance)에서도 효과가 있다는 보고도 있다. 실제로는 과부하의 원칙(다음날의 서술)을 따르는 운동이라면 효과를 기대할 수 있기 때문에 일상생활의 활동량 또는 운동초기의 근력수준에 따라 결정된다. 그러나 근비대를 기대할 경우는 높은 강도설정이 필요하다. 한편 근지구력의 개선을 기대할 경우에는 강도를 낮게 하고 빈도를 늘리는 프로그램의 조정이 필요하다.

운동의 횟수에 대해서는 앞에서 서술한 강도와의 관련으로부터 10~15회 정도 반복이 가능한 무게에서의 설정이 바람직하다고 보인다. 또한 호흡을 멈추지 않고 1회에 필요한 시간(동적수축의 경우에)이 굴곡시에 2~3초, 신전시에 2~3초와 같은 리듬으로 행하는 것이 좋다. 지구성의 개선을 기대하는 경우에는 강도를 낮추고 횟수를 늘리는 것이 프로그램으로서는 적당할 것이다.

③ 근력운동시의 유의점

㉠ 트레이닝의 3원칙

트레이닝에 있어서는 3원칙이 있다. 과부하, 특이성 그리고 가역성이 있다. 과부하는 일상 발휘하고 있는 수준보다도 높은 수준에서의 트레이닝 설정이 필요하다는 것이다. 고령자에서는 일상 활동량이나 활동 강도다 낮다고 생각되기 때문에 별로 높지 않은 활동 강도, 운동 강도의 트레이닝에 있어서도 근력이 높아질 것으로 추측된다. 특이성이라는 것은 만일 저강도의 트레이닝을 할 경우에는 근에 있어서 미토콘드리아수, 모세혈관수 등에 따른 산화능력이나 국소지구성 등이 높아질 것으로 생각되며 고강도의 경우에는 단백질 등의 질적 향상이나 비대 등이 기대될 수 있는 등 채용한 운동에 따라서 효과는 차이가 있다는 것이다. 가역성이라는 것은 운동을 그만둔 경우에는 곧 효과가 소실되어 간다고 하는 것이다.

㉡ 점증부하의 원칙

운동을 계속하면 근력은 유의하게 향상된다. 운동의 방법이나 근력 등을 체크하고 시작 후 조금씩 익숙해지면 운동프로그램을 재설정하여 운동 강도를 서서히 높이는 것이 효과를 높이는 중요한 요소이다.

㉢ 최대가동역에서의 운동

근력운동을 할 때에는 바른 운동 또는 움직이는 방법을 몸에 익혀 가능한 최대가동력에서의 운동이 권장되고 있다. 이것은 위에서 서술한 바와 같이 근력은 관절각도에 따라 차이가 있기 때문에 가능한 모든 각도에 있어서 운동을 실시하는 것이 여러 각도에 있어서 최대근력을 높여주며, 일상생활에 있어서의 신체활동의 동작은 가능한 큰 동작을 하는 것이 바람직하며, 관절가동력에 있어서도 큰 동작에 의하여 개선되는 것으로 보인다.

㉣ 사고, 안전성의 배려

근력운동은 안전한가라는 질문을 자주 듣는다. 미국의 쿠퍼에어로빅센터와 플로리다대학 운동과학센터에서는 저항성 트레이닝을 적극적으로 도입하고 있지만 정형외과적인 문제나 순환기계의 장해나 사고는 거의 관찰되지 않는다고 하며 Gordon등(1995)의 보고에서도 14,000명을 대상으로 벤치프레스, 레그프레스, 니익스텐션의 최대근력을 실시하여 왔지만 심장혈관계의 장해는 없다고 하였다.

또한 최근의 연구 에서는, 만일 심질환 환자에 있어서 1-RM의 60% 또는 그 이상의 저항성 트레이닝을 실시하여도 더블 프로덕트(수축기혈압과 심박수의 곱, 심근의 산소소비량과 비례)는 점증부하에 따른 최대산소섭취량 측정시의 85%이하였으며, 부정맥이나 우려되는 허혈상태는 전혀 일어나지 않았고, 확장기혈압은 높아지지만 수축기 혈압의 특별한 항진은 없는 것 등이 보고되어 안정성이 높다는 것으로 평가받고 있다.

(10) 고령자의 지구성트레이닝 효과

① 면역계의 기능

고령자에게는 T세포이 기능저하로 인한 면역기능이 저하되는 것이 잘 알려져 있지만 운동에 의해서 개선되어진다면 고령자의 건강유지에 중요한 의미를 가지게 된다. 횡단적인 연구에 따르면 마라톤이나 보트 등의 유산소적 요소가 강한 경기종목의 선수에서는 일반인보다도 NK세포의 활성이 높다. 또한 체력수준이 높은 고령자에서는 NK세표의 활성이 높고 연령증가에 의한 T세표의 기능저하가 적다. 그러나 고령자에 대한 10주간에서는 6개월 정도의 유산소트레이닝에 있어서는 명확한 면역기능의 개선은 일어나지 않는 것으로 나타났다. 이런 횡단연구나 개입 실험만으로 보면 트레이닝에 따른 고령자의 면역기능의 개선 가능성은 있어도 상당한 고강도의 트레이닝 또는 장기간의 지속적 트레이닝이 필요할 것이다. 그러나 고강도의 장기간 운동에서는 일시적으로 면역기능의 저하가 일어나 감염증의 위험이 증가하기 때문에 고령자의 트레이닝으로서 적합하지 않다. 현재의 지식으로는 인생의 빠른 단계에서부터 적절한 운동을 습관적이며 장기간 계속하는 것이 가장 좋은 방법이라고 생각한다.

② 중추신경계의 기능

고령자에 있어서 중추신경계의 기능저하는 주로 뇌신경세포의 위축이나 감소, 대사의 저하, 전기화학적인 기능저하에 의해 일어난다. 대사면에 관련해서는 뇌의 혈류량, 산소섭취량, 혈당섭취량의 연령증가에 의한 저하가 많은 연구에서 보고되고 있다. 이것은 반대로 유산소트레이닝에 의한 순환계의 개선이 중추신경계의 기능개선에 기여할 가능성을 나타내는 것이라 생각할 수 있다.

동물실험에서는 유산소 트레이닝이 연령증가에 의한 도파민 감소를 줄이거나 정보의 신경전달 속도를 증가시키거나 잘 행동하기 위한 학습능력의 개선을 불러일으킨다는 것이 보고되어 있다. 사람에 관한 횡단적 연구에서는 장기간운동을 실시하고 있고 체력적으로도 우수한 사람이 비우동군에 비해서 반응시간과 인지기능에 관한 베터리 테스트의 결과가 좋은 것과 젊은이보다도 고령자 쪽이 그 차이는 더 크다는 것 등이 보고 되어있다. 그렇지만 유산소트레이닝을 이용한 개입실험에서는 확실한 효과는 나타나지 않았다.

Dustman등 에 의한 같은 종류의 연구 총설에 의하면 12연구 중 10개의 연구에서 체력이 증가하고 있고 4개의 연구에서는 반응시간과 인지기능의 개선이 인정되었고 그 외는 변화가 없거나 아주적은 개선에 머무르고 있다는 것이 보고되어 있다. 이러한 결과는 중추신경계의 기능개선에는 면역기능과 같이 장기간의 운동지속이 필요하다는 것을 시사하고 있을지도 모른다. 최근에는 걷기운동을 반년이상 지속한 고령자에게 인지기능의 개선이 나타나고 스트레칭 군에서는 나타나지 않았다는 보고도 있어 유산소운동이 중추신경계의 기능개선에 영향을 미치고 있을 가능성이 높은 것 같다.

또 고령자에게 많이 보이는 우울증상에 대해서도 걷기운동을 지속하는 쪽이 증상의 발현이 적다는 사실이 보고되었다. 그러나 양자의 관계에는 다른 많은 요소가 관련되어 있다고 생각되며 유산소운동이 우울증상에 발명을 억제하거나 증상을 개선하거나 하는 것을 직접 나타내고 있다고는 할 수 없다. 운동과 우울증과의 관계를 과학적으로 해명하기 위해서는 더 많은 연구가 필요하다.

X 고령자의 일반적 운동효과

(1) 운동의 효과

규칙적인 신체운동은 에너지 균형을 도와주고, 체구성 성분을 개선시키며, 심폐 기능을 좋게 하고, 혈청지질 수준에도 좋은 영향을 준다.

운동 중에는 인체에 일시적인 변화가 온다. 그러나 규칙적이고 지속적으로 운동을 하면 신체는 오랫동안 지속되는 변화를 나타낸다. 운동에 의한 인체의 변화는 운동에 대한 인체의 적응에 의해 발생하는 것으로써, 구체적으로 체력의 증진, 노인성 질환의 예방 및 노화방지, 사회 정서적 만족을 들 수 있다.

(2) 고령자에게 적합한 운동

고령자에서 노화를 방지하기 위해서는 먼저 건전한 생활습관을 가져야 한다. 항상 규칙적인 생활을 하고, 충분한 휴식을 취하며, 과욕을 버리고 즐거운 마음과 남을 사랑하는 마음을 갖는 것이 중요하다.

다음으로 운동을 통해 노화를 늦추어야 한다. 운동이 건강증진에 도움이 된다는 것은 다 알고 있으나, 어떻게 하는 것이 가장 좋은 방법인지를 모르고 있다. 운동을 맹목적으로 하게 되면 건강을 오히려 해치거나 심지어 불의의 사고를 당하는 수가 많다.

운동은 숨이 찰 정도로 하루에 30~60분 정도로 일주일에 3~5일을 하는 것이 바람직하다.

운동을 평소에 열심히 한 경우의 모든 생리학적 기능이 운동을 하지 않은 경우의 생리학적 기능보다 더 높음을 나타낸 것으로, 운동을 한 60대의 생리학적 기능이 운동을 하지 않는 30대의 기능과 거의 같음을 알 수 있다.

고령자에게 적합한 운동으로서 다음과 같은 종목을 들 수 있다.

- 보 행
- 게이트볼
- 골 프
- 요 가
- 유연체조
- 스트레칭
- 수영(온수 풀 안에서 물에 떠 있으면서 헤엄치는 유영)

(3) 건강한 고령자의 최대산소섭취량

선행연구(Robinson, 1987)에 따르면 건강한 일반성인 남성(25~75세)의 최대산소섭취량을 10년을 두고 보았을 때 4~5mL/kg/분 씩 감소한다고 보고하고 있다.

이 수치는 횡단적 데이터로부터 도출된 것으로, 이것에 의하면 1년마다 약 1%의 감소한다고 한다. 이 감소율은 오래달리기, 오래 수영하기, 자전거 오래타기 등의 퍼포먼스의 저하율과 거의 같다. 최근에는 Inbar(1994)가 남성 1,424명(20~70세)의 최대산소섭취량을 횡단적으로 추론하여, 1년의 저하률을 0.33mL/kg/분으로 보고하였다. 동일인을 추적 조사한 횡단적 연구는 충분하지 않으므로, 횡단적 데이터로 도출된 추론이 어느 정도 타탕한지는 분명하지 않다. 小林(1987)의 보고에 따르면 60대 일반인의 최대산소섭취량은 평균 1.74L/분, 체중당 28.8mL/kg/분이라고 한다. 田中(1995)의 데이터에는 남성 60대전반 31mL/kg/분, 후반 29mL/kg/분, 70대 전반 27mL/kg/분, 여성 60대전반 21mL/kg/분, 후반 19mL/kg/분, 70대 전반 18mL/kg/분으로 보고하였다. 竹島(1989)는 중고생 달리기 선수의 횡단적 데이터로 1년당 저하률이 약 0.74mL/kg/분으로 추계하며, 다른 횡단적 자료와 비교하여 큰 편이지만, 종단적 자료보다는 여전히 작다는 점을 고찰하고 있다.

최대산소섭취량의 가령에 따른 감소율은 남성보다도 여성이 적은 듯하다. Buskirk와 Hodgson(1987)는 여성은 1년 당 0.2~0.3mL/kg/분 정도라고 한다. 감소율에 성차는 없다는 보고도 있다. 최대산소섭취량의 감소는 30세 이후에 제지방조직량(주로 근육량)이 현저히 감소하는 것과 관계가 깊다. 근육량의 감소에는 일반적으로 식사량(단백질 섭취량) 감소, 신체활동량의 감소 등에 의한 것이라고 본다. 또한 Forbes(1976)의 천연 칼륨 동위원소(40k)의 계측법으로 수집한 종단적 데이터를 보면 제지방 조직량은 10년간 약 3kg(6%)의 감소를 보이고 있다.

(4) 고령운동자의 최대산소섭취량

60세를 넘긴 고령임에도 4시간 이내에 풀 마라톤을 달리는 사람이 있다. 그러한 고령자의 최대산소섭취량과 무산소성 대사역치는 현저히 높다. Cantwell(1974)가 보고한 60세부터 주행훈련을 시작한 76세주자의 최대산소섭취량 56.7mL/kg/분(3.43L/분)은 그 연령대에 있어 세계 최고치다. 이 사실은 고령기부터 훈련을 시작해도 꽤 높은 수준의 유기적 작업능력에 도달할 수 있다는 피훈련성(Trainer ability)을 시사하고 있다. Pollock(1987)는 50~82세의 육상경기선수 24인에 대해 10년간 추적측정을 행하였다. 경기생활을 이어온 11인에게서는 최대산소섭취량에 큰 변화가 보이지 않았으나 경기를 그만둔 13인은 뚜렷이 저하를 보이고 있다고 보고한다. 또한 최고심박수는 약 7박 감소, 체지방률은 약 2%증가, 체중은 약 1kg감소하였다. Seals(1994)는 masters경기자 9인(64 ± 2세)의 최대산소섭취량(50.4 ± 1.7mL/kg/분)을 측정하여, 같은 연령 때의 일반 고령자(29.6 ± 1.4mL/kg/분)에 비하여 현저히 높다는 사실을 밝혔다.

Asano(1976)는 정기적으로 달리기를 지속한 중고년 남성 주자 41인(40~81세)에 대하여 트레드밀(treadmill)로 최대유기적 파워를 측정하여 일반인과 비교하였다. 최대산소섭취량 및 최대 심박출량은 두 집단 모두 가령에 따라 직선적으로 감소하고 있으나 주자는 일반인보다도 각 연대에서 25~30% 높은 최대산소섭취량을 나타내었으며, 10%높은 최대심박출량을 보였다. 최대산소섭취량의 절대치를 보면, 60대 주자의 2.2L/분은 40대 일반인의 수치에 근접하며, 70대 이상의 주자 약 2.0L/분은 50대 일반인의 수치에 상당하여, 적어도 주자가 일반인에 비해 20세는 젊은 수치를 보이고 있다. 또한 체중별로 본다면 70~81세(5인)의 주자 39mL/kg/분은 일반인의 40대 수치를 상회하고 있다. 최대 심박출량도 50~70대의 주자 15~18L/분은 40~50세의 일반인의 수치에 상당하고 있다.

(5) 운동의 노화지연효과

1회 4km 이상 주 3회 이상 달리며, 2년 이상 지속한 20세부터 80대에 이르는 중년 마라톤 주자의 다리 근력과 제자리 뛰기를 측정하였을 때 일반인보다도 높은 수치를 나타냈다는 보고(浅野, 1977)가 있다. 이 연구결과에서는 정기적인 달리기는 노화의 지표인 다리 근력저하를 억제한다는 사실을 하였다.

크라렌스 데마르(Clarence DeMar, 1888-1958)는 1909년 21세토 달리기를 시작해, 1957년까지 거의 50년간 걸쳐 달리기를 지속한 "마라톤 아저씨(Mr. DeMarathon)"다. 그는 매일 평균 12마일을 달려, 보스톤 마라톤에 모두 34회 출장한 가운데 7회나 우승을 거머쥐고, 통상 1000회 이상의 레이스에 참가했다. 안정시 1회박출량은 약 140mL를 나타냈으며, 매분 2.0L의 산소섭취의 운동강도는 약 180mL/박에 달하였다. 일반인의 수치를 대단히 상회하는 분명한 스포츠 심장이었다. 그는 42세에 7번째 보스톤 마라톤 우승을 차지하고 50세에는 7위, 65세에는 153인중 78위로 완주하였다. 그의 약 50년간에 걸친 마라톤 주행기록의 가령변화를 보면, 32세 전후를 피크로 하여 가령에 따라 시간이 연장되어, 50세 이후에는 급격한 연장을 보이며 3시간 이상이 걸린다. 60대에는 3시간 반~4시간의 기록을 보이고 있다. 1958년 직장암으로 사망한 수주 전까지 주행 훈련을 지속했다. 사후, 하버드대학 병리학교실에서 시행한 해부결과에 따르면 심중량은 340g(일반인 300g), 좌실벽 두께는 18mm(일반인 3~4mm)로, 관장동맥의 크기(周徑)가 일반인의 2~3배였다. 더욱이 내막의 죽종은 일반인과 비교하였을 때 확연히 경미하였으며, 내강이 넓었다.

즉, 적절한 훈련은 언제부터 시작하여도 효과적이며 체력수준의 향상으로 인해 보다 나은 삶의 질을 유지하며, 활력수명을 연장시킬 수 있다고 말할 수 있을 것이다.

(6) 노화도, 건강도의 지표인 활력연령으로 본 운동효과

노인의 건강효과를 관찰하면 가장 특징적인 사실이 역연령이 동일해도, 실제 건강도에는 큰 차이를 보이는 것이다. 운동이 노화예방이나 건강에 좋다는 가설을 검증하는 데는 회춘의 정도, 노화도 또는 건강도를 나타내는 것이 적당하며 타당한 기준이 필요하게 된다. 일반적으로 노화도는 중회귀분절, 인자분절, 주성분분절이란 다변량 해석을 적용하여 표준득점(노화 점수)을 구하여, 그것으로 생물학적 연령(biological age)과 같은 연령척도로 변환한 연구에 로 측정된다. 현재 개인의「활력연령」,「건강 체력 연령」,「기능지수」등을 구하는 계산식을 작성하여, 그것을 중심으로 앞서 말한 가설을 검증하고자 한 연구가 보고되고 있다.

(7) 건강수명을 연장하는 시책(운동)의 필요성

1975년도 일본의 고령자 의료비는 9천억 엔(국민의료비 : 6조 5천억 엔)이었으나 20년이 채 안 되는 사이에 9배에 뛰어올라 현재 고령자 의료비는 당시 국민의료비의 총액을 넘어서고 있다. 현시점에서 70세 이상의 노인인구는 전체 1할에 불과하지만, 70세 이상의 의료비는 45%로 전체의 반을 점유하고 있다. 후생성(1994)이 정리한 최근 국민의료비의 추이와 장래추계에서도 30년 후에는 의료비가 현재의 약 6배로 상승하여, 전체를 점유하는 노인의료비는 50%에 이를 것으로 예상하고 있다. 수치의 정확성은 별도로 하더라도, 중요한 것은 국민의료비의 상승을 억제하기 위해서는 고령자의 QOL수준을 양호하게 유지하며, 활력수명을 연장하는 시책이 필요할 것이다.

1997년 7월 30일에는 공중위생번의회 건강증진영양부회 성인병 난병대책부회 합동부회로부터 동부회에 설치된 생활습관병 대책전문위원회의「금후의 생활습관병대책에 대하여(중간보고)」가 제출되었다. 다음 8월에는 문부성(現문부과학성), 노동성(現후생노동성)등의 참가를 얻어 후생성(現후생노동성)이 사무국으로「생활습관병에 관련된 각성청(省廳)연락회의」가 설치되어, 구체적인 시책의 체계화를 향한 움직임이 시작되었다. 이런 움직임으로 금후는 고혈압증, 내당능이상, 고지혈증 등의 위험인자를 보유한 자에 대해서는 연령, 건강도, 합병증의 유무, 유전력 등을 총합적으로 고려하여 각각의 병태에 대한 일상생활지침의 책정이 나와야 할 것이다. 종래의 성인병 대책은 치료 진단기술의 발전을 배경으로 질병의 조기발견으로 이어지는 검진을 중심으로 보건서비스 및 환자의 수명이나 활력 있는 수명을 주안점으로 한 의료기술의 개발 보급이 도모되고 있으나, 생활습관의 개선으로 질병의 발병이나 진행을 방지하는 대책, 개인의 QOL을 개선시키는 시책은 불충분했다. 자신의 건강이나 QOL은 스스로 지켜야 한다는 방향으로 행정시책이 전개되므로, 생활습관(특히 운동면)의 개선은 개인의 노력(기호) 여하에 달렸다. 운동의 습관화가 활력수명이나 건강수명의 연장으로 미치는 결과에 대해서는 금후에 보다 상세히 검토되어야 할 것이다. 일본의사회의 반응은 미묘하지만, 이것은 21세기 사회행정으로 나아가야만 한다.

현재는 고령자의 종합적QOL을 높이는데 마땅히 고려해야 할 운동처방 프로그램으로, 전신지구성 체력과 근골격근 강화로 이어지는 복합적 Exercise가 적당하다고 생각한다. 즉, 복수 훈련(crosstraning)을 행하여 복수 근육군(예를 들면 허벅지(上肢)와 하지(下肢)의 체간)이나 복수 신체기능(유산소능력과 무산소계능력, 심폐기능과 근골격계기능)을 강화할 수 있게 된다. 이러한 생각은 스포츠 훈련 현장에서 나온 것으로 유질병자나 고령자를 대상으로 한 운동요법에서도 그 기본을 충분히 적용할 수 있을 것이다.

XI 고령자 운동처방의 유의점

고령자의 운동처방도 원칙적으로 같지만 고령자의 신체적 특징이 있으므로 아래와 같은 여러 가지 문제점을 특별히 배려할 필요가 있다.

고령자는 겉보기에는 건강한 것처럼 보이지만 숨어있는 질환이나 기능이 저하되는 것이 많으므로 의학검사를 엄격하게 할 필요가 있다. 특히 호흡기계, 순화기계, 신장, 간 등은 스크린 테스트를 반드시 해야 하며 의심이 날 때는 정밀검사도 같이 해야 한다.

체력이 떨어지고 조직이 약해져서 기능적 유연성이 낮기 때문에 무리하지 않는 운동으로 몸에 맞는 운동을 선택해야 한다. 특히 안정성에 특별한 배려를 할 필요가 있으며 운동이 안정한계를 넘지 않도록 항상 조절하고 어떤 효과를 기대하는 범위 안에서 될 수록 가벼운 운동을 처방하는 것이 좋다.

개인차가 크기 때문에 일반적인 공식적 처방에 따르면 위험이 있다. 반드시 개인의 검사성적에 따라 개별적으로 운동을 처방하여야 한다.

무리하게 오랫동안 운동을 하면 컨디션에 맞는 즐거움을 느낄 수 없으므로 항상 자기 몸에 맞도록 운동을 진행하는 것이 좋다.

자기에게 맞는 자기수준의 운동을 빨리 습득하고 즐겁게 운동하는 것이 가장 중요하다. 고령자가 운동을 하는 습관을 오래 지속할 때 성공하는 사람은 자기 수준을 습득해서 이것을 지키는 사람이다. 경쟁이나 기록의 도전은 사로를 일으킬 수 있기 때문에 조심해야 한다.

운동 시에 혈압이 상승하기가 쉬우므로 혈압상승이 안 되는 가벼운 종목을 선택할 필요가 있다. 그러므로 근력훈련, 무산소 운동, 강한 운동은 피하는 것이 좋다.

민첩성을 필요로 하는 궁동은 삼가는 것이 좋다. 빠른 속도로 계단을 올라가는 운동이나 탁수, 정구, 구기 등은 충분한 컨디션이 맞지 않은 사람은 시작하는 것이 위험하다.

몸보다 마음가짐이 중요하다, 젊었을 때는 신체적인 자극을 주어도 건강을 유지하는데 특별한 조심을 하지 않아도 되지만 고령이 되면 신체적 자극뿐만 아니라 마음의 기쁨과 스트레스 해소 등의 정신적 요인이 건강유지에 중요한 의미를 갖는다.

아주 추울 때나 더울 때는 운동을 피해야한다. 체온조절 기능이 낮으므로 기후에 주의하지 않으면 안 된다. 겨울에는 아침 일찍 운동하는 것을 피하고 해가 높이 떴을 때 운동하는 것이 좋으며 여름에는 대낮에 운동을 피하고 아침 일찍 운동하는 것이 좋다. 계절에 따라서 햇빛이 강할 때는 모자를 쓸 필요가 있다. 고령자일 때는 체력을 단련하는데 중점을 두지 말고 밖에 나가서 몸을 움직이고 사회와 접촉하고 우정의 폭을 넓힘으로써 스트레스를 해소하고 기쁨을 느끼는데 중점을 두어야 한다. 이것은 오락효과로서도 중요하다.

XII 운동과 생활습관병

1992년 일본의 후생성(현후생노동성) 「국민생활 기초조사」에 따르면 입원자, 입소자, 1개월 이상 취상자를 제외한, 건강상의 문제로 일상생활에 영향이 있는 자가 65~74세에서 17%, 75~84세가 24%, 85세 이상이 26%(65세 이상을 총합하여 20%)이었다. 일상생활에 영향을 받는 것에는 여러 가지가 있겠지만 본인이나 가족의 「직장 · 가사 · 학업」 및 「운동 · 스포츠」에 지장을 받는다. 또한 병이나 상처로 원인을 알 수 없는 증상을 감지하고 통원하고 있는 사람의 수는 약 2,200만인(4인 가운데 1인)에 도달하였으며 65세 이상이 반수이상을 차지하였다고 한다.

1973년 국민의료비는 약 4조엔 이었으나 20년 후, 1993년에는 약 24조엔, 1995년에는 27조엔으로 그 액수는 매년 1조엔 전후로 증가하고 있다. 1995년 일반 1인당 의료비가 평균 16~17만엔이었으나 고령자는 60만엔을 넘어 4억에 가까운 고액이 되었다. 10대와70대 이상을 비교하면 10배 이상으로 그 차가 벌어져 있다. 고령자 의료비 총액은 8조엔을 상회하여 이미 전체 3할 이상을 점유하고 있으니, 15년 후인 2010년에는 28조엔(42%), 2025년에는 71조엔(50%)에 도달할 것이라는 추측이 나온다.

고령인구가 최고조에 달하는 21세기 상반기에는 현 고령자뿐만 아니라 앞으로 고령자로 될 개개인의 의료비 감소에 대한 노력이 필요할 것이다. 후생노동성 문부과학성 등이 주체가 되어 시행되는 자치제 시책에도 기대가 크지만 그것만을 의존하는 태도를 바꾸어야 한다. 21세기를 정확하게 예상하기는 어렵지만, 개거인들은 각자 행동에 무리 없고 심신을 건강하게 유지하며 보람 된 인생을 살아가고 싶어 할 것이다.

최근, 선진국의 일상생활 구조는 복잡한 양상이 강하다. 이 복잡한 구조는 이후에도 크게 변동해 개인차가 벌어질 것이며, 반면에 일상생활 가운데 신체활동은 양적으로 점점 감소할 것을 쉽게 예상할 수 있다. 그 결과, 노약에 관계없이 신체활동 능력 수준이나 체력수준의 저하는 불가피하여, 생활습관과 관련된 병이 고령화에 박차를 가할 것이라고 쉽게 예상할 수 있다. 이러한 사회정세를 우려하여 행정 측에서는 국민의 건강보고, 증진에 크게 기여해야만 하며 다양한 시책이 강구해야 할 것이다. 그 시책의 하나로 건강증진을 위한 소위 피트니스(fitness) 또는 운동(exercise), 신체활동(physical activity)을 들 수 있다. 젊은 시절의 운동습관화는 건전한 건강관 형성에 기여한다. 그러나 무리한 운동훈련은 위험하다. 격렬한 운동은 노화를 앞당기며 노쇠하기 시작한 관절이나, 뼈 또는 근육이나 건을 상하게 하므로 주의를 해야 할 것이다.

(1) 운동의 중요성을 인정하는 행정

건강은 자신의 마음가짐에 의해 유지된다는 점을 분명히 자각하는 것이 중요하다. 많은 질병은 태어날 때부터 보유하고 있던 유전적 요소에 더하여, 각 개인의 라이프스타일(lifestyle : 생활습관)이 복잡하게 교착되어 발병한다. 즉, 발병에는 유전적 요인도 크게 관여하고 있으나 부적당한 생활습관이 이어지면 발병 연령이 낮아져, 발병 이후 급속히 진행되어 치료가 어려워진다. 라이프스타일의 개념은 사회과학자인 Max Weber가 처음으로 구체화하여 오늘날 보편화되었다.

「고령사회=누운 상태(거동불가능의 상태)노인증가」라는 이미지를 떠올리기 쉬우나 "누운 상태(거동불가능의 상태)"란 개념은 일본만이 가진 특유한 사항일지도 모른다. 유럽에서는 뇌졸중으로 쓰러진 노인들도 휠체어 등을 이용하여 신체를 적극적으로 움직이게 하고 있어, 누운 상태(거동불가능의 상태)는 빈사상태나 의식 없는 경우에 한한다고 한다. 병 말기를 제외하고, 고령자일수록 오랜 시간 누워지내지 않도록 노력하며, 빨리 일어나기 위해 신체를 적극적으로 움직여야 한다. 복지선진국 스웨덴에서는 조기 회복프로그램을 통해 누운 상태로 보내는 일이 거의 제로에 가까운 실적을 가지고 있다고 한다.

일본의 경우에는, 적절한 리하빌리테이션 이란 것으로 해석하며, 후생성(현 후생노동성)에서 1988년에 책정한 「고령자 보건복지추진 10개년 전략」의 주요 방침중 하나로 「누운 상태(거동불가능의 상태) 0전략」을 추진하고 있다. 「누운상태(거동불가능의 상태) 0상태 10개조」는 이 일환으로 책정되어 계몽을 위해 넓게 활용되었다. 이 10개조 가운데는 제 2조 「…과도한 안정은 역효과」제 3조 「…침상위에서 훈련을」, 제 6조 「…자립할 마음을 중요시」, 제 10조 「나아가 이용, 기능훈련」등의 문구가 있다. 그리고 누운 상태의 정의를 새롭게 하기 위해 헤세 3년에는 장해노인의 일상생활 자립도 판정기준이 후생성(현 후생노동성)에 의해 작성되었다.

고령자나 병이 있는 자에게 운동의 중요성을 인정한 행정시책의 가장 대표적인 예는 1996년부터 고지혈증으로 힘든 환자의 치료에 1개월에 1회에 한하여 운동요법 지도 관리료가 산정할 수 있게 되었다. 운동요법 지도 관리료를 산정 가능한 의료기관은 200병상미만의 병원 또는 진료소에 에 잇는 보건의료기관에 한정되지만 원외처방(원외약국)에서 900점, 원내처방(원내약국)에서 1,200점의 보험점수가 제도화된 것은 획기적이라고 말할 수 있다. 대상질환을 고혈압으로 한정한 것에 의문을 가질 수 있으나 이것은 1보일뿐 2보, 3보로 나아갈 행정시책의 실시라고 말할 수 있다. 그 4년 후(2000년)에는 고지혈증(각각 850점,1,200점)과 당뇨병(각각1,000점, 1,450점)에 대해서도 운동요법 지도 관리료의 적용이 인정되었다. 체육과학, 스포츠 건강과학, 건강운동학, 생활과학 등을 전공한 약자나, 전공 연구자에 대한 사회기대는 점점 커질 것이라 생각되었다. 유전의 영향력 등 개인차를 충분히 고려하여 운동적응가능과 적응 불가의 고혈압자를 능숙하게 선별할 수 있는 방법을 확립하는 등, 보다 전진한 시책이 나옴과 함께 운동 적응 가능한 대상 질환종류의 확대(진료보험제도의 개혁)가 기대되었다.

1996년 12월에는 후생성이 의학이나 체육(운동생리학), 또한 현장이 운동지도자 등의 전문로 구성된 검토회를 발족시켜, "건강형성을 우한 연령 대상별 신체 활동지침"을 나타냈다. 또한 1996년 12월 10일에는 보건체육심의회가 문부대신에서 「생애에 걸쳐 심신의 건강의 보호 증진의 위한 금후의 건강에 관련한 교육 및 스포츠의 진흥의 의의에 대하여」라는 자문을 얻어, 1997년 9월 22일에 심의결과를 정리하여 답신하고 있다.

이 답신은 1972년의 「아동학생 등의 건강의 보지증진에 관련하는 시책에 대하여」이래의 학교보건과 관계된 중요한 것이라 말할 수 있다.

(2) 생활습관병의 예방책

각종질환의 재활이나 만성신부전의 인공투석과 같은 재발이나 악화를 방지하기 위한 예방을 「3차 예방」이라고 한다. 인간 독은 병을 빠른 시기에 발견하는 수단이기 때문에 「2차 예방」이라 한다. 건강이양호한 상태에 병의 근원을 차단하는 것이야말로 진정한 의미의 예방, 즉 「1차 예방」이다. 여기에서 바른 생활습관의 습관화가 얼마나 중요한 가 인정되는 것이다. 양호한 생활습관을 지니면, 숙명적인 단성병 발병을 늦출 수 있다는 견해가 옳을 것이다.

나쁜 습관을 개선하는 것은 어디까지나 그 필요성을 충분히 인식한 후의 자발적 행위에 의한 것이지, 결코 강요로 되는 것은 아니다. 일본 후생성은 의사나 간호사 등의 의료관계자들에게 아래내용을 요구하고 있다.①성인병이란 모든 병은 자신이 만든 습관병이라는 의식을 확실히 해 둔다. ②이러한 의식을 철저히 하여 나쁜 습관을 지닌 사람이 그 시점부터 탈각할 수 있도록 요령을 지도한다. 운동은 흡연이나 과음, 스트레스로부터 벗어나도록 간접적으로, 때로는 직접적으로 관여하지만 대부분의 의료관계자들은 이것을 납득하고 있지 않다. 후생노동성 등 국가나 지방자치제의 시책과 의료장소, 더 나아가 국민 개개인의 의식에 보다 연계성이 필요하다.

(3) 건강형성을 위한 좋은 생활습관

그렇다면, 좋은 생활습관이란 무엇인가. 이 대답을 하기 앞서 "좋은 식습관"이란 어떤 것인가에 대해 생각해 보자. 예를 들면 ①적당량을 지켜 배부를 때까지 먹지 않을 것. ②조미료는 전체적으로 적게 쓰고, 특히 염분을 피할 것. ③동물성기름이 많은 음식이나 단 음식, 에너지가 높은 음식은 피할 것. ④인스턴트식품이나 레토르트 식품 등으로 편식하지 말 것 등을 들고 있다.

운동은 식사처럼 적절한 방법을 가지고 있다고 생각하면 될 것이다. 운동생리학 스포츠 의학의 연구성과를 기반으로 ①어느 정도 운동을 한다면 좋은가. ②어느 정도의 강도로 하면 좋은가. ③어느 정도의 기간 동안 하면 좋은가, ④어떤 운동을 하면 좋은가. ⑤어떤 용구, 기기를 사용하면 좋은가, 등에 대한 검토가 가능할 것이다. 또한 현대인에게 있어 중요한 것은 운동이 자신에게 맞는지 그렇지 않은지 어떤 운동조합이 가장 바람직한가, 스스로 주의해야만 할 점은 무엇인가 등 주치의나 영양사, 운동지도전문가에게 적절한 조언을 얻어 자기진단, 자기관리를 통해 자신에게 맞는 방법을 확립해 가는 것이다. 또한 자신에게 맞는 건강형성 방법은 나이가 들어갈수록 미묘하게 변해간다. 캘리포니아 대학의 Breslow 교수는 다음 7가지 건강습관이 연대별 사망률에 영향을 미치는 사실을 확인하였다.

① 적정한 수면(7~8시간)을 취한다.
② 흡연을 하지 않는다.
③ 적정체중을 유지한다.
④ 과도한 음주를 피한다.(음주를 적당히 하던가, 전혀 하지 않는다.)
⑤ 정기적으로 제법 격렬한 운동을 한다.
⑥ 아침식사를 매일 한다.
⑦ 불필요한 간식은 하지 않는다.

Breslow 교수의 7가지 건강습관 중 두 가지만 지킨 자의 평균 불건강도의 지수인 RIDIT(누적 상대 도수)수치는 0.5에 이른다.(건강파탄이 일어난다.) 연령은 약 30세라고 한다. 한편 7가지 건강습관을 모두 지킨 자의 평균 불건강도(RIDIT 수치 0.5)로 떨어진 연령은 약 60세로, 단순히 본다면 이 사람들은 나쁜 건강습관을 형성하는 사람에 비해 가령의 진행이 대단히 늦다고 해석할 수 있다. 더 나아가 Breslow 교수는 미국 지방의 주민을 코호트로써 9년간에 걸쳐 추적 조사한 결과, 건강습관이 불량한 군의 사망률은 30~49세 남성이 8.4배, 50대가 2.4배, 60대가 1.7배라는 성적이 나왔다고 한다.

(4) 생활 습관병이란

「생활습관병」은 지금까지 일반적으로 사용되어 온 「성인병」이란 명칭으로 바꾸어 말하자면 1996년 10월에 후생대신의 자문기관인 공중위성심의회성인병 난병대책부회(대곡등

랑부회장)의 도입으로 검토가 시작되었다. 1957년 2월의 제 1회 성인병 예방대책 협회연락회가 개최된 이래, 지금껏 『조기발견, 조기치료』로 진척되어 온 성인병대책을 병기예방에 중점을 두고 전환했기 때문에 제1보하였다고 생각된다. 즉 "나이가 들면 걸리는 병"(나이가 들면서 주목되는 성인병 : 40세 이후)에서 "젊어도 걸리는 병"(라이프스타일에 착안한 생활습관병 : 30세 이후)라는 사고로 전환되어 온 것이다.

Lifestyle-related diseases란 표현이 가능한 이 생활 습관병은 병리학적 의학용어가 아니라 행정적 용어다. 일본 후생성은 1977년부터 성인병은 좋지 않은 습관으로 발생하는 것이란 PR을 시작하여 1977년에는 중앙공론의 12월호에 문화에 의한 식습관으로 심장병이 증가함을 알리며 경보를 울렸다. 이듬해 1978년에는 「성인병으로 바뀌는 『습관병』이란 단어의 제창과 대책」이란 논설을 발표했다. 성인병에 포함된 주요병은 간, 뇌졸중, 고혈압, 동맥경화, 심장병, 당뇨병, 만성 간장병이나 호흡기병, 신장병 등으로 생활습관병도 이 가운데 포괄적인 개념으로 생각할 수 있다. 병을 예방하는데 가장 증요한 것은 식생활과 운동, 흡연, 음주, 수면, 스트레스 란 생활습관 상태를 양호하게 유지하는 것이다. 이 개념모델에 따르면 생활습관의 의한 병을 예방할 수 있게 된다. 스트레스 해소에는 놀이(레크레이션)나 운동이 효과적이다. 스트레스는 면역력이 약하며, 간이나 동맥경화를 촉진시킨다. 운동은 스트레스의 경감으로 이어질 뿐만 아니라, 흡연습관의 개선이나 쾌면, 식욕증진에도 공헌한다.

(5) 운동의 필요성 -역학적(疫學的) 연구결과로부터-

「생활 속에서 건강 만들기를 위한 신체활동의 의의」를 검토할 필요성이 높아졌으나, 그 배경에는 최근의 급속한 고령화에 따른 개호를 필요로하는 사람과 골다공증환자의 증가, 소아의 비만증이란 생활습관병의 증가 등 사회정세의 큰 변화가 관계하고 있으며 후생노동성이나 문부과학성은 중·고년의 생활습관병 예방뿐만 아니라, 고령자의생활의 질(QOL)의 향상을 위한 신체기능의 유지 향상이나 여성의 골다공증예방, 더 나아가 장년기에 있어 건강형성 등도 고려하고 있다. 여기에서 말하는 신체활동이란, 골격근의 활동에 의해 안정시보다도 많은 에너지를 소비하는 몸의 기능이라 생각되며, 일상생활활동, 취미, 레저활동, 스포츠로 포함된 모든 신체활동을 대상으로 한다. 고령인구가 피크가 되는 20~30년 후이지만, 그 무렵의 세상의 정세를 정확하게 예상하는 것은 어렵다. 각자가 즐기고 싶다고 생각하는 것을 자유롭게 할 수 있도록 심신의 상태를 양호하게 보존하는 것은 만족한 인생을 살아가기 위해 불가결할 것이다. 심신의 상태를 양호하게 유지하는 것은 무엇보다도 몸을 자주 움직여 주어야 한다. 몸을 적극적으로 움직이면 기능적 노화속도를 완화시킬 수 있다. 최근, 노화, 가령, 건강, 체력, 운동, 신체활동이란 단어를 조합한 대규모 국제학회(국제연구집회)가 유럽제국에서 성대하게 개최되었다. 그 배경에는 운동 습관화의 중요성이 신체활동 계발로 인한 역학적 연구(physical activity epidemiological study, exercise gerontology study, interdisciplinary gerontology study)로 분명해졌기 때문이다.

운동습관화가 질병예방으로 이어지는 것은 다양한 연구로 점차 분명해졌다. 미국의 Paffenbargar 박사는 1962년부터 1978년에 걸쳐 하버드 대학을 졸업한 약 17,000인을 대상으로 신체활동량과 사망률의 관계를 종단적으로 조사하고, 60~69세와 70~82세에서는 신체활동에 의한 소비 에너지량이 1주일 당 500kcal이하에 비해, 2,000kcal이상으로 사망률이 반감하였다고 말하는 흥미로운 연구를 보고하고 있다. 또한 Blair 교수의 연구에 의하면 남성 60세 이상, 여성 40세 이상으로 체력수준이 높을수록 사망률이 감소하는 경향이 보인다. 이것은 현재 체력(신체활동)수준과 사망률의 관계는 밀접하다. 그러나 양자의 인과관계를 증명할 수 있다는 것이 아니고, 선행연구 대상자 가운데서는 본래 병약하여 신체활동량이 적은 사람이나 그 반대의 입장의 사람도 적지 않게 있었을 것이다. 계산상으로 이러한 초기 개체차(個體差)를 정확하게 보정한 연구는 나타나지 않는다. 이러한 것에서부터 신체활동량을 많이, 체력수준을 높이면 건강하게 오래 살수 있다는 단순한 논리에 입각한 계발(啓發)활동에는 신중이 필요하다는 것을 충분히 인식하여야 한다. 암과의 관계에서는 비활동적인 직업에 종사하고 있는 사람의 결장암 발병률이 신체 활동량이 많은 직업에 종사하는 사람의 약 1.3배라는 보고가 잇다. 운동에 따라 장의 연동촉진에 의해 결장의 점막과 식물내 발암유기 물질과의 접촉시간이 단축되고, 그것이 발암율을 저하시키는 것으로 파악되고 있다. 운동에 의해 산소섭취의 증대가 다량의 활성산소를 발생시켜, 이것이 세포막의 불포화지방산으로 풍부한 인지질을 산화시켜 과산화지질을 발생하여, DNA에 손상을 주기 때문에 「스포츠는몸에 나쁘다」제언이 일부에서 있으나, 인체에는 활성산소 제거(방위)기구가 갖추어 있어, 적당한 운동의 발생된 과산화지막의 제거를 촉진한다는 견해도 있다. 허혈성 심질환에서는 항동맥경화작용을 가진 고비중 리포단백 콜레스테롤이 현저히 낮아, 조깅 등을 습관화하는 사람에게는 2~3배의 높은 수치를 나타낸다. 운동을 습관화하는 사람의 관동맥의 내막에 있어서 죽종(죽처럼 지방이 쌓임)은 경미하여, 내공이 넓다고 생각된다. 이들 사실은 운동의 습관화를 권장하는 유용한 정보가 될 것이다.

(6) 후생성 검토위원회의 신체활동지침

「생활 속에서 건강 만들기를 위한 신체활동의 자세」를 생각하는 후생성(현 후생노동성)의 검토위원회는, 국민의 건강복지 · 증진 · 질병의 예방 · 개선 · 스트레스 경감 · 소아의 발육 촉진 · 고령자의 자립 향상 · 삶에 대한 가치 대책 갱년기 증상의 경감 등, 대상이 되는 성 · 연령을 고려하여 보고서를 작성하였다. 이 보고서 가운데는 연령 · 성에 따른 차이를 고려하여 「성장기」「청 · 장년기」, 「고령기」「여성」으로 네 구분으로 나뉘어있다. 저자도 생활습관 개선을 위해 이용할 수 있는 각종 운동요법 용구, 건강운동 기기, 더 나아가 운동처방의 지침을 소개하고자 한다. 개인차가 큰 것이 사실이지만, 일반적으로 하루섭취 에너지량(1,500~2,500kcal)을 1주일 동안 전신의 근육을 사용하는 신체활동으로 소비하면 좋다는 견해가 강하다.

(7) 생활습관개선의 효과 -비만자에 대해-

일반적으로 운동부족과 과식을 주요인으로 하는 비만은 생활습관병으로 이어진다고 말할 수 있다.

부적절한 생활습관에서 오는 비만을 조기에 예방 개선하는 것은 병으로 이환(罹患)할 확률을 낮출 수 있다. 인체가 두개로 구성되었다고 가정할 때 체중은 지방조직량(fat mass)과 제지방조직량(수분량과 fat-free dry mass)로 크게 나눌 수 있지만, 식사제한(다이어트)을 하게 되면, 지방조직 외에도 근육을 중심으로 한 제지방 조직량(fat-free mass)까지 감소한다. 실제로 선행연구에서는 식사요법에 따른 감량효과가 크게 나타나지만 특히 운동요법을 병용하지 않은 경우, 골격근이나 내장의 실질조직이 손실할 가능성이 높다고 보고하고 있다. 여기서 운동요법과 식사요법을 중심으로 생활습관의 개선을 노력한 경우에는 어떠한 효과가 있었는지를 예로 들어보자. 타나카(田中, 1991)가 대상으로 한 중년비만여성의 활력연령은 운동 + 식사요법을 시작하기 전에는 역연령(暦年齢) 43세에 비해 48세인 상태였다. 4개월에 걸친 운동요법과 평균 1,600kcal 정도의 식사요법을 병용 지도하자, 체중이 8.2kg 감량되었으며 그 가운데 지방이 6.0kg감소한 사실이 발견되었다. 그 결과 활력연령은 10세나 젊어졌다.

이 후에는 역연령과 활력연령과의 차(건강도 또는 노화도의 일지표)도 경년적으로 줄어드는 경향이 있었으며 활력연령은 일관하여 역연령은 하회했다. 5년 후에도, 역연령 47.7 ± 5.7세에 반하여, 활력연령은44.1±11.0세로 산출되었다. 운동+식사요법 프로그램 종료 후에도 자기관리로 하루섭취 에너지량을 약 1,500~1,600kcal/day로 제한하고 주 2~3일은 유산소성 운동(최초 1년간 : 90~120분/일, 그 후의 4년간 : 30~120분/일)을 지속한다면 비만자의 형태, 신체조성, 혈압, 혈정 지질, 유산소 능력, 그 외의 체력요소는 저하되지 않고 상승효과에 의해 활력연령이 젊게 유지된다고 생각된다.

나카니시(中西, 1996)는 체중(4개월에 -2.6kg, 12개월에 1.6kg)이나 신체조성(각각 -3.3%, -1.9%)개선이 현저하지 않으나, 활력연령(각각 -6.6세, -8.3세)은 젊어진다는 사실로, 신체적 건강도와 정신적 건강도의 양면이 개선되기 때문에 비만자가 운동을 습관화할 필요성을 강조하였다. 지도자는 비만자의 건강지도를 행할 경우, 운동과 식사뿐만 아니라 건강 상담실을 열어 마음의 처방(케어)이나 스트레스 경감에 대한 지도를 중요시하여야 한다. 그 결과, 체력측정으로나 혈액분석에는 나타나지 않는 '마음의 health benefits'을 가져오는 것을 관찰할 수 있다.

Hayakawa(1996)는 운동+식사요법이 비만자의 건강도나 내장지방의 개선에 효과적이라는 가설을 세우고 시판되는 마이크로 다이어트와 스텝운동을 처방했다. 마이크로 다이어트는 한 끼에 50g의 과립을 35~400cc의 물에 타 식사대용으로 마시는 드링크 타입 다이어트 식품(일본원산)으로 에너지량은 한끼 169~173kcal 이다. 이 타입의 원재료는 바나나맛일 경우, 유단백, 대두단백, 식물유지, 난소화성 데키스트린, 차케인나트륨, 탈지분유, 포도당, 포리데키소트로스, 바나나분말, 쿠엔산 칼륨, 미소성 칼슘, 향료, 식염, 아스파르테므(감미료 L페닐 아라린 화합물)이다. 영양성분은 단백질 21.5g, 당질 15,0g, 지질 2.9g, 비타민 A 1010IU, 비타민 $B_2$0.7mg, 비타민 $B_2$0.7mg, 나이마신 5.0mg, 판트텐산 2.7mg, 비타민 B61.0mg, 비타민 B12 1.7ug, 엽산(葉酸)133ug, 비타민C23.3mg, 비타민D 136IU, 비타민E 3.3mg, 철 6.7mg, 칼슘 298mg, 마그네슘 116mg, 칼륨 664mg 등이 있다. 다이어트군과 운동+다이어트 군에 대해서는 원칙적으로 마이크로 다이어트를 초기 2~3주간은 하루에 1~2식, 그 후에는 하루에 1식을 섭취하는 것으로, 그 외의 식사는 1식당 400~600kcal 의보통식을 섭취하도록 지도했다. 실제 식사기록으로 추정하면, 하루 섭취에너지량은 개인차가 큰 초기 800~1,400kcal와 후기1,100~1,600kcal로 생각된다. 스텝운동에 의한 운동요법은 원내감시형과 자기관리형(비감시형으로 두 종류가 있다. 하나는 전문가의 지도를 바탕을 60~70분간의 벤치 스텝운동을 중심으로 프로그램이 있으며, 그 내용은 ①10분간 도수체조 유연성운동 또는 스트레칭(워밍업), ②40~50분간 전신을 움직이는 벤치스텝운동, ③5~10분간 도수체조나 스트레칭(쿨다운)라는 내용이다. 빈도는 주 3회다. 운동 강도는 RPE에서 11~15(평균 13당)이다. 또 하나는 자택 혹은 자택부근에서 자기 통제적으로 행하는 프로그램이다. 빈도는 주2~6회, 1회당 평균시간은 약 20~60분으로 개인차가 보이지만,

전원이 운동을 실행하였다. 이 프로그램은 개인의 기회나 가정 사정에 따라 내용에 다양성을 가지는 것을 기본으로 한다. 그 결과, 복공내(내장)지방면적의 감소는 식사요법군이 19.9±19.2cm^2, 운동 요법군에서는 25.7±24.2cm^2, 병용한 군에게서는 40.5±15.2cm^{2}로 세 군 모두가 유의차이 보였다. 식사 요법군과 병용군 사이에는 복공내(내장) 지방면적의 감소에 2배의 차이가 보인다. 체중감소량은 식사요법군에서 5.6±1.7kg, 운동요법군에서 6.1±3.8kg, 병용군에서 10.0±3.2kg으로 세 군사이에서 유의차가 인정되기(식사, 운동<식사+운동) 때문에 공복내(내장)지방면적의 감소량을 체중감소 1kg당 해당하도록 보정하였을 때, 3군 사이의 개입방법 차이에 따라 유의차를 인정할 수 없었다. 이 연구의 요점으로 중등도 이하의 단순성 비만여성에게 식사제한, 운동 및 양자병용은 모두 복공내(내장)지방면적의 감소에 공헌하기 때문에 체중감소량을 고려한 상대치에서 보면 방법이 달라도 효과에 현저한 차는 보이지 않는다고 생각되었다. 개입 전후의 활력연령의 변화량을 세 군으로 비교하였을 때, 병용군의 약령화(若齡化)가 식사군보다도 큰 것이 발견되었다.

(8) 생활습관개선 효과 -고혈압에 대해-

고혈압에 걸리기 쉬운 생활환경요인으로는 과잉식염섭취, 과도한 스트레스, 비만, 지나친 운동부족 등을 들 수 있지만, 이들은 독립하여 작용하기보다는 상호 연관되어 있다고 생각하는 편이 옳을 것이다. 보다 정확히 말하자면 레닌안지오텐신계 유전자나 인슐린 저항성 유전자 등의 이상, 혹은 미지의 유전자이상 몇 가지와 환경요인의 복잡한 구조에 의해 고혈압이 발병한다고 말할 수 있다. 따라서 하나의 환경요인을 조작하여 고혈압이 개선할 수 있다고 보는 것은 옳지 않다. 그 가운데 고혈압환자를 단순히 운동부족으로 해소하여 혈압이 낮아진다는 해석은 일부에게는 해당할지 모르지만, 개인차가 큰 점을 이해해야만 할 것이다. 운동습관으로 고혈압 환자의 혈압이 정상치까지 내려갔다는 보고가 몇 차례 나오지만, 유전자이상의 개성과 환경요인의 개선의 상승작용이라고 생각한다.

Hahberg(1990)는 25편의 운동요법에 관한 연구논문을 정리하여, 약 2/3의 문헌에서 혈압의 저하가 보이는 것, SBP에서는 평균 10.8mmHg(7%), DBP에서는 평균 9.9mmHg(10%)저하하는 것을 보고하였다. Tipton(1991)도 100편 이상의 문헌을 레뷰하여, 운동을 중심으로 한 생활습관의 개선으로 강압효과를 보고하고 있다. 이것에 의하면 대상자나 운동조건에 따라 다르지만 SBP에서 5~2mmHg, DBP에서 3~15mmHg정도의 강압효과가 얻어지는 것, 또는 운동요법만으로 정상혈압으로 돌아가는 예는 본태성고혈압의 경증이나 경계 혹은 해당하는 환자이고, 중증 이상의 환자에게서는 그 효과를 얻을 수 없다고 한다.

이 결과를 바탕으로, 운동부족상태의 고혈압환자가 식생활 개선과 함께 전문가에 의한 적절한 운동요법 프로그램에 지속적으로 참가한다면, 비록 혈압이 떨어지지 않아도 활력연령으로 본 건강도의 개선효과는 기대할 수 있다고 말할 수 있을 것이다. 고혈압의 개선과 운동효과의 인과관계에 대해서는 반드시 의견이 일치하지 않고, 운동의 유효성이나 의의에 대해서도 선명하지 않은 부분이 적지 않기 때문에 재검토가 기대된다.

(9) 생활습관개선의 효과 -허혈성 심질환 환자에 대해-

안정협심증과 심근경색 환자를 대상으로, 생활습관 개선을 목표로 한 원내 감시형 운동요법을 실시하고, 그 효과를 위험인자와 활력연령 등에서 평가한 선행연구가 보인다(田中, 1992, 1994). 이 원내 감시형 운동요법에서는, 이름그대로 운동지도가 주목적이지만, 이밖에 식사, 영양, 마음가짐, 스트레스해소법 등에도 지도범위를 확대하였다. 운동군과 대조군(운동습관이 없는 허혈성심질환자)의 역연령, 활력연령, 체중, 비만도, 혈압, 혈청지질, 호흡기능과 유산소성 능력 및 그 외 체력요소에 대한 유의차 검정결과, 모든 항목에서 통계적 유의차는 발견되지 않았다. 또한, 일상생활내용에 거의 개선을 보이지 않았던 대조군에서도, 검사한 모든 항목에 대하여 유의한 경시적 변화는 없었다. 대조군의 활력연령(63.5±6.5세)은 역연령(57.7±8.0세)보다 평균치에서 6세정도 높았고, 6개월 후(63.8±7.1세)에도 변화는 없었다. 운동군은 운동요법개시전의 활력연령(62.9±10.2세)이 역연령(57.8±8.0세)에 비하여 평균치에서 5세정도 높았고 유의차는 보이지 않았다. 그러나 운동요법 6개월경과 후, 참가전원의 활력연령은 약(若) 연령화 되었고(54.7±9.3), 그 변화의 범위는 -3.8~-12.1(-8.2±2.6)세이었다. 1년경과 후에는, 그이상의 활력연령 변화는 없었다. 활력연령의 추정식을 구성하는 11변수 중, 젖산성역치에 상응하는 산소섭취량, 젖산성역치에 상응하는 심박수, 사이드스텝, 한쪽 눈감고 외발서기(계수의 부호가 부(負), 즉 활력연령을 낮은 방향으로 이동시킴), 그리고 수축기혈압, 복부둘레, 중성지방(계수의 부호가 정(正), 즉 활력연령을 높은 방향으로 이동시킴)등 7변수에 유의한 개선이 발견되었다. 허혈성심질환 환자의 최대(최고)산소섭취량과 젖산성역치에 상응하는 산소섭취량이 증가하는 것은, 그 증가분에 반응하는 운동강도(운동량)의 한계점이 높아지는 것을 시사하고, 이것은 환자에 있어 생활의 질을 향상시키는 결과를 가져온다. 이처럼, 젖산성역치에 해당하는 산소섭취량과 최대(최고)산소섭취량을 증가시키는 것은 중요하며, 그것들의 현저한 개선(4 또는 5mL/kg/min)에는, 하루 20~30분(주당140분이상)정도의 유산소성 운동이 필요하다.

그 외의 변수에서는, 체중, 복부피하지방층, 체지방율 등에 유의한 변화가 있었다. 고비중 리포단백 콜레스테롤과 아포 리포단백A-I은 증가를, 콜레스테롤은 저하경향을 보였지만, 통계적 유의차는 없었다. 또한, 운동요법의 참가에 따른 내성보고에 의하면, 여러 부정기적인 증상(흉통, 가슴의 압박감, 기침 등의 출현빈도와 지속시간)이 현저하게 개선되었다. 여러 체력요소, 건강 및 활력연령을 한층 더 개선시켜야할지 충분한 논의가 필요하지만, 계속적인 개선이 바람직하다고 한다면, 운동개시 수개월이 경과하면 운동프로그램 내용을 대폭수정하고, 운동량을 더욱 증가시키지 않으면 안될 것이다. [운동량=운동강도×운동시간×운동빈도]로 보면, 특히 운동강도와 운동빈도의 증가가 필요하지만, 이점에 대해서는 금후 자세한 검증이 필요하다.

(10) 생활습관개선의 효과 -당뇨병 환자에 대해-

당뇨병의 발병에는 유전적 요인이 크게 관여하지단, 비만 고지혈증 고혈압 허혈성 심질환 등과 같이 생활 환경요인의 영향도 크게 받는 것으로 밝혀졌다. 최근 당뇨병환자의 빈도가 40세 이상에 10%에 가까울 정도로 증가하고 있으며 앞으로도 증가할 것으로 예상하고 있다. 당뇨병은 중년기를 중심으로 인슐린 의존형과 중년이후에 발병하기 쉬운 인슐린 비의존형으로 크게 나눌 수 있다. 일본의 당뇨병환자 대부분이 후자에 속한다. 인슐린 비의존형 당뇨병에 대한 생활습관개선의 기본은 식사요법과 운동요법을 병용으로 하고 있어, 많은 병원이나 연구기관에서 그 지도가 시행되고 있다. 저자도 인슐린 비의존형 당뇨병환자를 대상으로 병원 내에서 집단운동+식사요법고실을 실시하고 있다. 이 교실은 당뇨병 조절을 양호상태로 유지함과 동시에 자기관리의 인식, 종합적인 건강도의 개선, 양호한 QOL유지를 목표로 행하고 있다.

집단적 지도는 그 자체에 QOL이나 컨프라이언스를 양호하게 하는 효과가 있으나, 종합적인 건강도를 알기 쉬운 지표로 하여 환자에게 제공 할 수 있다면 그 정보는 자기관리 인식에 도움을 주어 QOL과 컨프라이언스를 보다 더 양호하게 조절할 수 있다고 생각된다.

당뇨병환자에게 있어 적당한 운동은 식후 혈당상승을 억제하며, 혈당 조절을 개선한다. 또한 식사량을 적당히 유지시키고, 운동의 지속은 체내의 지방을 감소시켜, 인슐린의 감수성을 개선하기 때문에 체중이 감소하는 동시에 혈당조절이 양호한 상태로 유지된다. 그러나 운동 강도가 너무 높으면 카테콜아민, 글루카곤, 코르티솔 등이 상승하여 간장의 당신생이 항진하기 때문에 혈당치는 반대로 상승하는 것에 주의해야만 한다. 이들 호르몬은 적당한 운동을 계속하는 동안 점차 상승하고, 이전보다도 높은 강도의 운동을 쉽게 할 수 있게 된다.

XIII 노인의 영양

전 세계적으로 60세 이상의 노인들이 급격하게 증가하고 있고 개발도상국일수록 젊은 사람들이 많은 인구구조에서 선진국 형태의 노령화된 인구구조로 빠르게 변화하고 있다. 그러나 선진국에서는 노령화된 사회에 대비한 가정간호, 노인병 전문의, 가정간호사, 노인 영양프로그램, 노인센터 등과 같은 프로그램이 잘 갖춰져 있으나 개발도상국에서는 준비가 부족하여 노인 문제가 중요한 이슈로 대두되고 있다. 또한 선진국과 개발도상국 모두에서 인구의 노령화는 노인층의 영양 상태에 대한 중요성을 인식하게 되는 계기가 되었다. 그러나 개발도상국에서는 만성 질환의 위험을 높이는 고지방 고 칼로리 식이의 증가를 보이고 있고 이미 만성 질환의 유병률이 빠르게 증가하는 추세이다. 고령사회에서 영양부족과 비만이라는 이중 부담은 개발도상국들에 대한 거대한 도전으로 나타나고 있으나 이들 국가들의 정책과 제도는 아직까지 준비가 되어 있지 못한 실정이다.

서구 사회에서는 인구통계상의 변천과 노령 인구의 증가로 인해 노인들의 육체적 정신적 행복과 관련된 요소에 대한 필요성이 대두되고 있다. 그러나 노인들은 균질한 집단이 아니며 다양한 생활능력과 기능의 차이를 보인다. 영양은 건강과 기능에 기여하는 중요한 요인이고, 영양상태가 육체적 및 정신적 안녕에 미치는 영향은 특히 노인들에서 더 크다. 또한 노인들은 젊은 사람들에 비하여 영양상태의 장애를 보이기 쉽고 공중보건학적인 관점에서 영양결핍의 위험성이 높다.

건강한 노인들도 생리적인 식욕부진(physiologic anorexia)을 가지고 있어 질병을 앓게 되면 심각한 체중 감소를 가져오게 되는 주요한 위험 인자로 작용하게 된다는 것이 잘 알려져 있다. 노인들은 또한 갈증에 대한 감각이 감소되어 있어 탈수되기 쉬운 위험성이 높다. 노화는 근육 감소증(sarcopenia)라고 표현하는 근육량, 특히 IIa형 근육섬유의 감소와 관련되어 있다. sarcopenia의 원인으로는 식이 섭취의 감소, 운동 부족, 호르몬 농도의 감소, 사이토카인 생산의 감소 등을 들 수 있다. 단백질-에너지 영양실조는 노인에 있어서 사망률 증가, 욕창, 면역기능저하, 감염, 고관절골절, 낙상, 인지능력감소, 피부 열상, 빈혈,

부종, 그리고 생활의 질 저하를 포함한 파괴적인 효과를 가져 올 수 있다. 또한 영양실조의 징후는 노령의 장애자에게 추가적인 기능적인 장애를 예측하게 하고 약점의 한 원인으로 작용할 수 있다. 게다가 식이 섭취의 감소는 비타민과 미네랄 섭취의 감소를 가져오게 되고, 상기 요소들을 악화시키고 섬망이 생길 가능성을 증가시킨다.

1. 영양상태의 변천(nutrition transition)

전 세계적으로 노령 인구에서 가장 많은 사망원인으로는 혈관질환 및 만성 질환을 들 수 있다. 이러한 질환을 예방하기 위해서는 신체적 활동, 영양식이 및 흡연이나 약물중독의 회피를 포함한 건강한 생활습관이 중요한 의미를 지닌다. 불행하게도 연령구조의 극적인 변화와 더불어 식이 습관 및 신체적 활동 패턴이 만성 질환의 위험성을 증가시키는 방향으로 특징적인 변화를 보여주고 있다. 영양상태의 변천(nutrition transition) 이라고 표현하였고, 전 세계국가들을 통틀어 빠르게 그리고 예측 가능한 패턴으로 나타나고 있다. 기본적으로 전통적인 농촌 사회에서 인구 밀집된 도시사회로의 변화와 더불어 고 섬유 저지방 식이로부터 동물성 지방, 당류, 그리고 식이 섬유가 적은 정제식품이 풍부한 식이로의 변화를 보인다. 음식물의 다양성에 따라 전체적인영양소 섭취는 호전되지만, 고지방, 고당류 식품과 정제식품으로의 변화는 적절한 영양 상태를 넘어서 비만과 만성질환을 빠르게 증가시키는 방향으로 결과를 초래하게 된다.

① 단백질 - 에너지 영양과다

최근의 여러 연구들에서 비만과 모든 종류의 사망원인과의 관련성에 대하여 보고하고 있으며 비만의 중요성이 주요한 사회적 이슈가 되고 있다. 비만은 관상동맥질환, 중풍, 당뇨병, 고혈압, 이상지혈증, 그리고 일부 악성종양의 위험인자이면서 동시에 이로 인한 사망의 원인이기도 한다. 이상체중의 125% 이상에 해당하는 남성에서의 체질량지수 27.3 이상, 여성에서의 27.8 이상으로 비만을 정의하였을 때 1990년대 초에 이미 서구 성인의 1/3이 비만으로 진단되었고, 특히 여성과 유색인종에서 더 높은 유병률을 보였다. 체중은 흔히 나이가 증가함에 따라 증가하고, 과거에는 노인에서의 적당한 비만은 오히려 도움이 된다는 보고가 있어 권장되기도 하였다. 그러나 이런 결과를 보였던 초기의 연구들은 고위험군의 과도한 배제와 과거의 흡연으로 인한 야윈 상태, 그리고 체중감소와 관련된 인식하지 못한 질병 등에 의해 통계학적인 오류를 범하였고, 이에 관련하여 최저 사망률을 보인 최적의 체중은 다소 논란의 여지가 있다.

2. 노화와 관련된 영양실조의 병태생리

연령의 증가가 반드시 영양상태의 악화와 관련된 것은 아니다. 그러나 연령과 관련된 내과적, 정신과적, 사회적, 경제적 문제들이 영양상태가 악화될 가능성을 증가시키게 된다. 영양부족의 위험인자들로는 식욕감소, 연하곤란, 치매, 우울증, 사회적 고립, 스트레스 등이 될 수 있다.

(1) 식욕부진 및 음식섭취 감소

나이가 증가함에 따라 음식 섭취량의 감소를 보이게 된다. 이것은 매우 건강한 노인에서도 나타난다. 음식물 섭취의 절대량에서뿐만 아니라 20~30세 때와 비교하여 백분율로 표시한 수치 모두에서 남자가 여자보다 음식 섭취량의 더 큰 감소를 보인다. 음식의 즐거움은 맛과 향에 따라 결정된다. 나이가 증가함에 따라 정비측 후각(orthonasal smell)과 후비측 후각(retronasal smell) 모두가 감소된다. 후비측 후각은 구강 후부로부터 코인두 쪽으로 방향족 아미노산을 밀어내는 능력과 관계된다. 이것은 적절한 씹는 힘을 필요로 하고, 따라서 치아 기능의 장애를 보이고 교근의 기능이 감소되어 있는 사람들에서는 떨어져 있게 된다. 후비측 냄새 감지의 기능은 음식의 즐거움과 관련된 중요한 요소로 여겨진다. 선행연구(Ritchie 등)는 치아 상태가 지역사회에서 거주하는 노인에서 체중 감소의 중요한 예측인자라고 보고한 바 있다. 노화에 따른 먹는 즐거움의 감소에 있어서 미각의 역치는 상대적으로 작은 요인으로 생각되지만, 나이가 증가함에 따라 미각의 역치가 높아진다. 미각이 노화의 식욕부진에 있어서 중요한 역할을 하는지를 알아보기 위하여 Mathey 등은 글루탐산 나트륨 첨가 향미증진제(flavor enhancer)를 16주 동안 식사에 첨가하였다. 향미증진제를 투여받은 노인들은 식사량이 증가하였고 대조군에 비하여 체중의 증가를 보였다. 따라서, 연구자들은 음식에 향미증진제를 첨가하는 것이 노인들에서 식이 섭취를 증가시키는 효과적인방법이라고 보고하였다.

노화로 인한 식욕부진에 관련된 두 번째 요인으로는 노화가 진행함에 따라 나타나는 위장관 기능의 변화를 들 수 있다. 많은 양의 음식에 대한 위장의 배출(emptying)이 나이가 증가함에 따라 지연되고, 이것이 젊은 사람에서보다 노인들에서 같은 양의 음식에 대해서 더 큰 포만감을 느끼는 것과 관련이 있다. 노인에서는 위장 기저부에서 반응성이완의 감소를 보임으로써 전정부로 더 빨리 음식물의 이동을 일으키게 된다. barostat를 이용한 실험에서는 노인들에서 기저부 탄성(fundal compliance)이 더 감소되었음을 보고하였다. 기저부 이완은 음식물에 의한 NO(nitric oxide)의 국소적인 유리(release)와 관련되어 있고, 동물 연구에서는 위장 기저부에서 nitric oxide synthase의 감소가 보고되었다. 전정부 확장(antral stretch)이 식사 중에 포만감을 유발하는 주요한 신호로 생각된다. 그래서, early filling과 delayed emptying이 젊은 사람들에서보다 노인들에서 조기에포만감을 유발하게 된다.

콜레시스토키닌(cholecystokinin)은 위장관 포만감 유발신호로 잘 알려져 있다. 콜레시스토키닌 농도는 젊은 사람에 비하여 노인에서 기저치 및 십이지장 내 지방 주입에 의한 자극치 모두 증가되어 있다. 동물 연구에서도 콜레시스토키닌이 젊은 쥐보다 늙은쥐에서 더 효과적인 포만유발인자라고 제시되었다. 이것은 젊은 사람보다 노인에서 십이지장 내 포도당이 지방보다 포만감을 덜 일으키는 이유를 설명해 준다. 그러나 또다른 식욕부진성 위장관 호르몬인 글루카곤유사펩티드-1(glucagon-like peptide-1I)은 나이가 증가함에 따라 혈중 농도가 변하지는 않는다.

렙틴(leptin)은 지방세포에서 분비되는 펩티드 호르몬의 일종으로, 음식물 섭취를 감소시키고 에너지 대사를 촉진시킨다. 중년에 비만이 증가함에 따라 렙틴 농도가 증가한다. 그 후에 노인 여성에서는 체지방량이 감소함에 따라 렙틴 농도가 감소한다. 그러나 노인 남성에서는 체지방량이 감소함에도 불구하고 렙틴 농도는 여러 연구를 통하여 실제적으로 증가한다고 보고되었다. 남성은 나이가 증가함에 따라 테스토스테론이 감소하고 테스토스테론 치료는 렙틴 농도의 감소를 가져온다. 남성이 나이가 증가함에 따라 렙틴이 증가한다는 단면조사연구 및 추적연구에서 이러한 증가를 예측하는 주요한 요인으로는 테스토스테론 농도의 감소이다. 여성에 비하여 남성에서 나이가 증가함에 따라 보여지는 과도한 식욕부진은 남성에서의 렙틴 증가로 설명할 수 있다. 동물 실험에서는 가령(aging)에 따라 식욕 조절과 관련된 중추신경계 신경전달물질(neurotransmitters)의 변화를 제시하기도 한다. 특히 kappa opioid system 활성의 감소가 관련이 있다. Dysnorphin은 이 시스템에 대한 내인성 리간드(endogenous ligand)이다. 노인에서 영양부족의 주요한 원인은 음식섭취의 감소이며, 대부분 복합적으로 나타나는 몇 가지 요인에 의한다. 식욕 저하가 흔히 관찰되고 그 외에 신체활동의 감소나 고정(immobilization), 통증, 사회적인 고립, 많은 질병들(악성종양, 우울증, 치매 등)과 관련되어 있다. 치매에서는 식사장애 그 자체가 질환 초기 단계의 한 증상이다. 미각이나 후각의 장애는 가령에 따라 흔히 관찰되고 식욕 감소에 기여하게 된다. 건강한 일부 노인들에서 식이제한과 장수 사이의 믿음 또는 콜레스테롤공포증으로 인해 부적절한 음식섭취를 보이기도 한다.

신체활동의 감소, 고정, 편측마비(hemiplegia) 뿐만 아니라 시각장애나 파킨슨병을 앓고 있는 환자에서의 심한 진전 등이 음식을 준비할 수 있는 능력을 감소시킬 수 있다. 중풍 환자들은 연하곤란과 자가 급식 능력(self-feeding ability)의 장애로 인해 음식섭취감소의 높은 위험성을 보인다. 음식물 섭취 감소의 다른 흔한 원인으로는 입안건조, 통증, 또는 치아손실이나 부적절한 치아 관리로 인한 저작장애와 같은 구강 문제를 들 수 있다. 그 외에 의인성 원인으로는 요양소 등에서 단조로운 또는 맛없는 음식과 불충분한 간호 및 식사의 보조를 들 수 있다. 최근의 한 연구에서 Sullivan 등은 입원 (또는 병원스태프의 부주의)이 노인병 환자의 부적절한 영양 섭취의 한 위험인자라고 보고하였다. 조사된 497명의 환자 중 21%에서 계산된 에너지 요구량의 50% 미만으로 병원 내 일일영양 섭취량의 부족을 보인다는 것이다. 이 저자들은 또한 환자들이 흔히 금식을 하도록 지시를 받으면서도 다른 경로를 통한 적절한 영양 보조를 받지 않았다고 하였다. 낮은 음식 섭취를 보이는 또 다른 의인성 원인으로는 다중약물요법(polypharmacy)을 들 수 있는데, 이것은 노인들에서 병원에 입원한 모든 원인의 10% 정도로 추산된다. 몇 가지약물은 식욕과 미각의 감소, 오심, 또는 정신장애로 인하여 음식의 섭취를 감소시킨다. 항암화학요법을 받는 환자들에서 점막염(mucositis), 식욕감소, 오심과 구토가 종양 그자체로 인한 불량한 영양 상태를 더욱 악화시킬 수 있다.

(2) 소화기 질환, 소화불량 및 흡수장애

소화기 질환이 불량한 영양 상태를 일으키는 위험인자라는 것은 분명하다. 일반적으로 설사는 흡수장애와 관련되며, 또 일부 환자에서 설사는 회피 전략(avoidance strategy)으로 인해 음식물 섭취의 감소를 보일 수 있다. 그러나 노인에서만 특별히 발생하는 몇 가지 소화기 질환이 있다. 일반적으로 연령이 증가하더라도 장 흡수가 영향을 받을 정도로 저하되지는 않는다. 그러나 무위산증(achlorhydria)은 노인에서 더 흔하다. 위축성 위염은 흡수장애의 흔한 원인 중 하나로 증명되었으며, 이 질환은 나이가 증가함에 따라 유병률이 증가한다. 위산 분비의 감소는 소장에서의 세균 과증식의 위험성을 증가시키고, 칼슘, 철, 엽산, 비타민 B6, 단백결합 비타민 B12의 수용성과 생체이용률에 장애를 가져온다. 그럼에도 불구하고 이 환자들에서는 소화불량 증상이 덜 흔하기 때문에 위염, 식도염, 궤양질환 등이 노인에서는 과소평가될 수 있다. 많은 다른 악성종양에서처럼 소화기 종양의 발병률은 연령이 증가함에 따라 증가한다. 위암과 대장 직장암은 폐색이나 식욕감소로 인해 경구 음식물 섭취의 감소를 보일 뿐만 아니라 소화와 영양소의 흡수에 장애를 보인다. 영양실조의 극적인 진행이 췌장암 증상 중의 하나이며, 식욕감소, 소화불량, 종양으로 인한 단백분해의 증가 등이 관여한다. 물론 만성 염증성 장질환, 짧은 창자증후군(short bowelsyndrome), 췌장염 또는 만성 소화장애증(celiac disease)과 같이 노인에서 더 흔하지는 않은 다른 질환들도 소화에 장애를 일으키고/또는 영양소의 흡수에 장애를 가져올 수 있다. 만성적인 설사제의 사용도 흡수장애를 일으킬 수 있다.

(3) 탈수(dehydration)

노인들은 수분 제한에 대한 적절한 갈증반응을 갖고 있지 못하다. 이것은 부분적으로는 mu opioid drinking drive의 변화에서 기인한다. Ritz 등은 bioelectrical impedance 방법을 이용하여 건강한 노인들과 병든 노인들 모두 건강한 젊은 사람에 비하여 총체액(total body water), 세포외액, 세포내액 모두 더 낮았다고 보고하였다. 그리고 Lindeman등은 노인에서 하루에 6잔 정도의 음료수를 복용하면 탈수를 예방하는 데 충분하다고 하였다.

(4) 대사과다증(hypermetabolism)

기초 에너지 소모(resting energy expenditure)의 증가가 호흡기 또는 요로계 감염, 패혈증, 간경화, 갑상선기능항진증 또는 치매나 파키슨병과 관련된 과다활동과 같은 몇가지 질환에서 관찰된다. 일부 소모성 질환(cardiac cachexia 또는 만성폐쇄성 폐질환과 같은)과 일부 악성종양에서는 대사과다증이 식욕부진과 관련되어 있다. 기초 에너지 소모의 증가는 수술 후 기간 또는 외상 및 화상 후에 또는 욕창이 있는 환자에서 잘 나타난다. thyroxine이나 theophylline으로의 부적절한 치료도 대사과다증을 유발할 수 있다.

3. 영양실조의 유병률

노인 인구에서 영양부족에 대한 유병률 데이터는 선택된 인구집단, 공공시설의 환경, 정의에 사용된 진단기준에 따라 연구자들마다 다양한 범위를 보여주고 있다. 넓은 범위의 정의-하나 또는 그 이상의 영양 지표의 비정상-를 이용하면, Adil 등은18개의 다른 연구들을 고찰하여 요양시설에 있는 노인병 환자들에서는 2~83% 정도, 가정에서 거주하는 비교적 건강한 노인들에서는 2~32% 정도로 보고하였다. 단백질-에너지 영양실조로 정의한 경우 유병율은 병원에 있는 환자의 30~65%, 다른 요양시설에 있는 경우에는 25~60% 정도이다.

비타민 상태와 관련하여 Volkert와 Stehle 등은 1980년대에 독일에서 시행된 건강한 노인들과 노인병 환자들을 대상으로 한 네 가지 다른 연구를 분석하였다. 그들은 건강한 노인들은 젊은 성인에 비하여 비타민 결핍의 위험성이 더 높지는 않다고 결론지었다. 일반적으로 단지 5%의 건강한 노인들에서 낮은 혈중 농도를 보였고, 일일 비타민섭취량은 실제적인 권장량을 거의 대부분 만족시키고 있었다. 한 가지 예외는 남성의 12%에서 비타민 B12 부족을 보였는데, 이것은 아마도 대부분 위축성 위염에 의한 것으로 생각되었다. 반대로, 노인병 병동에 입원한 환자의 2/3에서 다섯 가지 비타민 A, C, B1, B2 , B6 중에 적어도 한 가지 이상에서 비정상적인 수치가 관찰되었다. 이들은 심혈관계 질환, 당뇨병, 폐 질환, 위장관 질환 등이 복합적으로 이환되어 있었다. 이들의 절반은 입원하기 전까지 외출이 없었으며 2/3의 환자들은 입원 당시에 정신황폐(mentaldeterioration)의 징후를 보였다. 그래서, 노인에서의 비타민 상태의 장애는 독립적인 현상이 아니고 질병의 이환과 밀접하게 관련되어 있다. 최근에 브라질에서 노인병 환자들을 대상으로 수용성 비타민의 상태에 대한 연구에서 비타민 상태의 장애는 영양이 좋은 환자들보다는 단백질-에너지영양상태가 불량한 환자들에서 더 흔하다고 보고하였다. 이러한 결과들을 요약해 보면 심한 의학적인 문제들을 가지고 있는 노인들은 단백질-에너지 영양부족이 발생할 위험성이 높으며 또한 미세영양소의 부족을 동반하기 쉽다고 결론지을 수 있다.

4. 영양상태의 평가

Keller에 따르면 영양실조(malnutrition) 는 포괄적인 용어로서 정상적인 영양 상태를 벗어난 경우에 사용된다. 즉 malnutrition은 영양부족의 상태(단백질-에너지 영양실조, 비타민과 미네랄 부족)부터 과영양상태(비만), 또는 불 균형된 섭취로 인한 불균형(과도한 알코올 섭취)까지를 모두 포함한다.

노인들에서 영양부족을 정의하는 것은 영양평가 지표의 정상범위가 대개 젊은 성인들에 대한 수치로부터 유래하기 때문에 특수한 문제를 제기한다. 많은 경우에 있어서 체액량, 근육량, 비타민 또는 미량원소 농도의 감소와 같은 정상 범위로부터 벗어난 어떤 변화가 가령(aging)에 따라 일어나는 생리적인 현상인지 또는 영양부족의 징후인지를 구별하는 것이 어렵거나 불가능하다. 이러한 고려사항은 80서 환자의 영양 지표를 20세의 상태로 되돌리고자 치료하는 것이 바람직하지 않기 때문에 치료 전략을 수립하는 데 있어서도 관련이 있다. 환자들의 일반적인 임상적 평가에 따르면 영양상태를 평가하는 데 2가지 주요한 접근방식으로 구별할 수 있다(병력 청취/관찰과 신체적 또는 기구를 이용한 검사).

(1) 병력(history)

최근의 체중감소, 씹거나 삼키는 데 대한 어려움, 신체적인 장애, 정신혼동, 약물 사용력에 대한 병력이 영양부족의 위험성에 대한 중요한 정보를 제공해 줄 수 있다. 영양섭취의 정량화는 여러 방법을 통하여 알 수 있으며, 숙련된 영양사에 의해 가장 잘 수행될 수 있다.

① 24시간 회상법(24-hour recall)

이것은 가장 흔히 사용되는 방법으로 면접에 기초로 두고 있다. 면접 동안에 지난 24시간 동안 섭취한 모든 음식물을 기억하도록 하여 기록한다. 모든 식이 정보가 면접자의 능력과 환자의 기억력에 따라 부정확해지기 쉽기 때문에 24시간 회상법은 치매가 있는 환자들은 사용할 수 없다. 또한 이 접근법은 하루 동안 얻어진 정보가 환자의 전형적인 영양 습관을 반영하지 못한다는 단점을 가지고 있다.

② 식품기록법(food records)

환자가 일정기간, 대개 7일 정도 동안에 섭취한 모든 음식과 음료의 종류와 양을 기록하도록 하는 방법이다. 이것은 식이 섭취의 일간 변동에 따른 영향을 적게 받으며 환자의 기억력에 대한 의존이 적다. 그러나 식품기록은 비만한 환자에서 보고되는 것처럼 환자의 기록이 신뢰할 수 없거나 음식 섭취가 과소평가된다면 가치가 떨어지게 된다.

③ 식품빈도질문표(food frequency questionnaire)

오랜 기간에 걸쳐 (1년 이상) 많은 항목의 질문을 통하여 식이 섭취를 조사하기 위하여 이용되나 개개인보다는 집단의 평가를 하는 데 보다 적절하다.

④ diet history

매우 숙련된 영양사에 의하여 자유로이 생각대로 대답할 수 있는(open-ended) 질문으로 구성된 매우 자세하고 시간을 소모하는 면접을 통하여 이루어지기 때문에 실용적인 선별검사로서 이용되지는 못한다.

이러한 모든 방법들은 이미 임상적으로 중요할 수 있는 작은 변화의 감지에는 제한점을 가진다.

⑤ 의도하지 않은 체중감소(unintentional weight loss)

의도하지 않은 체중감소는 좋지 않은 임상적인 결과를 나타내는 좋은 영양지표 중의 하나로서, 과거 6개월 동안에 10% 이상의 체중감소가 술후 합병증의 증가와관련이 있고 특히 노인에서의 의도하지 않은 체중감소는 이환율과 사망률의 증가와 관련이 있다.

(2) 신체적 검사(physical examination)

영양 부족을 나타내는 많은 임상적인 징후가 있다. 전체적인 인상(쇠약, 여윔), 피부의 변화(건조, 인설, 상처치유의 지연), 체모(얇음, 쉽게 뽑힘), 손톱(숟가락 형태, 탈색), 눈(야맹증, 결막염), 구강(설염, 잇몸출혈), 사지(골압통, 관절통, 근육소실, 부종) 등이 단백질-칼로리 영양실조나 비타민, 미네랄, 그리고 미량원소의 부족을 암시할 수 있다. 그러나 영양소 부족의 인지는 임상징후와 영양문제와의 관련성을 파악할 수 있는 검사자의 인식이나 능력과 관련이 있다. 병원 스태프에 의한 영양 문제의 과소평가를 보고한 연구들이 있으며, 이 연구에 따르면 이들에게 영양에 대한 더 많은 교육이 필요하다는 것을 시사하고 있다.

(3) 체구성 분석(body compos ition analysis)

현대에는 과학기술의 발전에 따라 직접적인 또는 간접적인 체구성 분석이 가능하게 되었다. 한 가지 또는 몇 가지 신체 구성성분의 직접적인 측정을 가능하게 해주는 대부분의 방법들(MRI, CT, neutron activation, underwater weight densitometry 등)은 비용을 많이 소모하고 비침습적 이다. 이것은 단순하고 간접적인 방법들보다 신체 구성성분의 보다 정확한 측정을 가능하게 하지만, 선별검사법으로나 일반적인 임상수단으로서 이용하기는 부적절하다.

① 인체계측법(anthropometry)

체중과 신장의 기초적인 인체계측 정보는 영양 평가에 있어서 필수항목이다. 체질량지

수(body mass index, BMI=체중/신장2)는 영양부족과 과잉 영양의 대략적인 측정을 가능하게 해 준다. 최근에 평균 연령 81세의 532명의 환자를 대상으로 한 연구에서 낮은 체질량지수(≤20 kg/m^2)가 1년 사망률의 증가와 관련되어 있다고 보고되기도 하였다. 그러나 체액량 과부하 상태(fluid overload)에 있는 환자에서는 전체 체단백 성분 (즉, 근육량이나 체세포 질량)의 상당한 감소가 이미 존재함에도 불구하고 체중이나 체질량지수는 정상일 수 있다. 그래서 환자가 영양부족이 의심되나 정상 체중을 갖고 있다면 추가적인 평가가 필요하다. 상완근 중간둘레(mid-arm circumference, MAC)와 삼두박근 피부주름두께(triceps skinfold thickness, TSF)는 체지방저장량과 근육량에 대한 대략적인 측정량을 제시해주며, 특히 체중을 측정할 수 없는 환자들에게 적절하다. 상완근 중간둘레와 삼두박근 피부주름두께는 상완근중간 근육둘레와 상완근 중간 근육면적을 계산하는 데 사용될 수 있으며, 근육량의 보다 예민한 지표로 이용될 수 있다. 5% 미만의 삼두박근 피부주름두께는 노인에서 나쁜 예후를 보이는 좋은 지표로 여겨지고 있다.

② 크레아티닌 평가(creatinine approach)

24시간 크레아티닌 배설량의 측정은 제지방 체중이나 골격근량의 지표로 이용되고 있으며 실제로 임상에서 흔히 사용되고 있다. 이 방법은 두 가지 가정에 기초하고 있다. (1) 크레아틴은 근육의 킬로그램당 일정한 비율로 거의 전체적인 골격근 및 평활근 내에서 발견된다, (2) 크레아틴은 비가역적인 반응에 의해 일정한 비율로 크레아티닌으로 변환된다. 그러나 이 방법은 정확한 소변 수집의 어려움으로 인한 높은 일간 변동으로 인해 이용이 제한되고 있다. 비노인 환자의 약 12% 정도가 소변 수집을 제대로 못하는 것으로 조사되었으며, 노인 환자들에서는 완전한 소변 수집이 더 어렵다. 또한 신장기능의 저하는 근육량에 맞지 않게 낮은 크레아티닌 배설량을 보일 수 있다. 그래서, 크레아티닌 평가는 아마도 개별적인 영양 평가보다는 환자 집단에 대한 평가로 더 적절하다.

③ 생체전기임피던스법(bioelectrical impedance analysis, BIA)

생체전기 임피던스법은 총체액량, 세포외액량, 제지방량, 체세프량을 측정하기 위한 단순하고 비 침습적이며 저렴하고 신속한 방법이다. 이 방법은 지방조직이 수분이 적다는 것을 이용하여 지방이 많을수록 전기전도도(electrical conductivity)가 낮아지고 임피던스가 커지는 원리를 응용함으로서 체지방량을 측정하는 방법이다. 이 방법 자체의 타당성과 또한 다른 임상 상황, 특히 비만이나 체액량 과부하 상태에서 제지방량을 측정하기 위한 특수한 공식의 타당성에 대한 일부 논란이 있다. 그러나 여러 연구들이 영양불량 환자에서 생체전기 임피던스 법으로 측정한 체세포량 감소의 예후에 대한 영향을 보고한 바 있다. 그러나 노령 환자에서는 아직 적절한 참고치가 없어 노인에서 생체전기임피던스 수치의 해석은 어렵다. 그러므로 영양실조를 발견할 수 있는 가치에도 불구하고 생체전기 임피던스 법은 적어도 현재까지는 일차적으로 과학적인 목적으로 사용되어야 하고 노인들의 임상적인 평가에서의 진단 도구로서 권장될 수는 없다.

(4) 검사실 검사(laboratory tests)

단백질-에너지 영양실조는 알부민 합성의 감소를 가져오므로 혈청 알부민 농도가 영양상태의 평가인자로서 흔히 사용되고 있다. 저 알부민 혈증은 신부전, HIV 감염, 중풍, 또는 중환자와 같은 많은 다른 임상 상황에서 나쁜 예후를 나타내는 인자로 여겨진다. 그러나 환자들에서 영양부족과는 별개로 낮은 알부민 농도를 보이는 몇 가지 원인들이 있다. 위장관을 통한 알부민 소실이 위장관 및 일부 심장 질환의 흔한 특징 중의 하나이다. 만성 간질환이나 만성 염증에서는 알부민 합성의 감소가 관찰된다. 화상, 상처, 복막염 등은 손상된 부위로 알부민의 손실을 가져올 수 있다. 중환자에서는 혈관투과성의 증가로 인해 혈관내 및 혈관외 알부민 사이의 광범위한 교환이 증가한다. 이런 상황에서는 혈청 알부민 농도에 대한 영양학적인 영향을 거의 무시할만하다. 그러므로 많은 임상 상황에서 알부민이 영양부족의 지표로서 고려되기는 어렵고, 일차적으로 기관기능이상의 한 지표로 여겨진다. 그럼에도 불구하고 알부민은 임상적인 결과의 평가와 질환의 심한 정도를 평가하는 중요한 지표이고, 각 임상 평가의 항목으로 고려되어야 한다. 프리알부민(prealbumin), 트랜스페린(transferrin), 또는 레티놀결합단백(retinol-bindingprotein)과 같은 더 짧은 반감기를 가진 혈청 단백질들은 단백질 섭취의 단기 변화에 대한 정보를 제공해 주는 것으로 생각된다. 그러나 노인에서 이러한 단백질의 임상적인타당성은 아직 적절히 연구되지 못하였다. 총 임파구수(total lymphocyte count)는 비타민 B12, 엽산, 또는 니코틴아미드(nicotinamide)와 관련이 있고, 치료 후 2개월 정도까지 과거의 영양부족을 측정하는 데 이용될 수 있다. 1500/mm^3 미만의 임파구 수는 영양부족의 지표로서 이용될 수 있고, 나쁜 예후의 위험성이 있는 환자를 찾아내는 데 도움이 될 수 있다. 900/mm^3 미만의 임파구수는 심한 영양실조를 암시한다. 미세영양소 중에서 철과 아연의 부족은 낮은 육류 섭취로 인해 노인 환자의 60%까지 관찰된다. 혈청 전해질의 측정은 모든 노인 환자들에서 반드시 시행해야 한다. 병들거나 영양불량인 환자에서 비타민 상태와 엽산의 측정도 고려되어야 한다.

(5) 기타 혈청 단백질, 영양, 그리고 가령

불행히도 노인에서 영양상태를 평가하기 위하여 혈청 단백질 농도를 이용하는 것은 어려움이 따른다. Arai 등은 100세 이상의 사람들에서 인슐린양 성장인자-1(insulin-like growth factor-1, IGF-1)이 감소한다고 하였으나 이것은 연령뿐만 아니라 질환과 영양 상태에 따라 영향을 받는다. IGF-1의 유사한 감소가 보다 젊은 노인에서도 발견된다. 당뇨병과 같은 질환들은 nephritic syndrome과 혈청 알부민 농도의 감소를 유발할 수 있다. IL-6과 같은 사이토카인은 노인들에서 더 흔히 증가한다. 사이토카인은 간에서 알부민 합성을 중단시키고 식욕부진을 유발할 뿐만 아니라 알부민 및 프리알부민과 같은 혈청 단백질을 혈관 밖으로 유출시키기도 한다. 이로 인해 알부민 및 프리알부민의 혈중 농도가 극적으로 감소하게 된다.

(6) 비타민

농촌사회거주 노인들에서는 엽산, 비타민 D, 칼슘과 같은 비타민과 미네랄의 섭취 부족이 흔하다. 이것은 총 에너지 섭취의 부족 및 식사에서의 다양성 부족과 관련되어 있다. 식이 결핍이 없는 사람들은 결핍이 있는 사람에 비하여 비타민과 미네랄의 보충이 더 용이하다. 이러한 소견은 특히 비타민 D에 있어서 차이를 보인다. 25(OH)2 비타민D는 가령에 따라 비례하여 감소되고, 비타민 D 결핍은 노인에서 대퇴골절의 중요한 기여 인자가 된다. 엽산과 비타민 B12 투여는 노인에서 인지기능의 향상을 가져온다.

5. 노년기 영양관리

우리나라는 2000년 현재 65세 이상 인구가 전체 인구의 7.1%에 달하고 있으며 앞으로 계속 증가하여 2022년에는 14.3%에 이르니 고령화 사회에 접어들 것으로 여겨진다. 현재 우리나라 노인은 영양취약집단으로 영양상 문제가 발견되었으며 청·장년기 까지는 식량의 부족시대를 지내고 중년이후의 풍요로움을 누린 후 노년기를 맞고 있는 등 전체 인구집단과는 상이한 양상을 보이고 있어 관리가 요구되고 있다.

① 노인의 경우 여러 가지 신체기능의 변화와 사회생활의 변화로 영양 요구량이 달라지

고 있으며, 신체기능의 변화는 식품섭취에 영향을 주고 있어서 적절한 관리를 필요로 한다.

② 그래서 이 달의 건강길라잡이에서는 첫째, 노년층의 영양 문제가 다른 연령층과 어떻게 다른가 이해하고, 둘째, 노년기의 노화 현상이 노인들의 건강문제와 영양문제에 어떤 영향을 미칠 것인가를 살펴보며 셋째, 일반적으로 노년기의 영양필요량이 청. 장년기의 영양 필요량과 무엇이 다른가 이해한 후 마지막으로 노인의 식생활은 어떻게 계획할 것인가에 대해 알아보고자 한다.

(1) 우리나라 노인의 영양문제

노인들의 영양문제는 일반인들과 많이 다르다. 특히 우리나라의 현재 노인들이나 노년기로 진입하는 인구집단은 독특한 역사를 지니고 있다. 이들은 대부분일제시대에 태어나 6.25전쟁을 겪어 청 장년기 이전에는 전체적으로 식품 부족상황에 처해있었으며, 우리나라 경제부흥시기에 청장년층을 보냈다. 즉, 모체 내에서나 영유아기, 어린이시기, 청소년기 등 신체가 성장 발달할 시기에 전체적으로 식품 부족상황에 처해있었음을 알 수 있다. 태아시기의 영양 상태나 성장시기의 영양상태가 노년기의 건강에 어떻게 영향을 미치는가는 아직 잘 연구되어 있지 않으나, 이런 시기의 영양상태가 성년 후 노인기까지의 건강과 질병에 많은 영향을 미친다는 연구 결과들이 많이 발표되고 있다. 그래서 노인의 영양문제를 살펴볼 때는 이들이 지나온 시기도 고려해서 살펴보아야 할 것이다. 여기에서는 우리나라 인구 전체의 영양문제로 꼽히고 있는 문제들과 관련하여 노인들의 영양 상태는 어떠한가를 비교하면서 살펴보아 노인 특유의 영양문제에 대해서 알아보고자 한다.

① 에너지 과잉 및 영양부족 인구비율이 높음

한국보건사회연구원의 1998 국민건강. 영양조사결과에 의하면 에너지 과잉섭취 인구가 17.7%이고 에너지 섭취 부족 인구비율이 33.4%라고 한다. 그 외 지방과 나트륨은 과잉 섭취되고 있고, 칼슘과 철분 등은 부족해서 문제가 되고 있다.

우선 영양권장량에 대비한 영양소 섭취비율은 우리나라 전체로 단순히 평균만 본다면 칼슘을 제외하고는 80% 이상으로 대체로 무난한 것으로 보인다. 그러나 65세 이상의 경우에는 그 기준량에 미달되는 정도가 염려스러운 수준이며, 특히 여자노인의 경우에는 더욱 염려스러운 수준이다. 이 결과는 영양권장량의 75% 미만을 섭취하는 인구 비율을 보면 우리나라에 전체적으로 영양부족이 많은 것이 잘 나타나고 있다. 특히 65세 이상의 인구에서영양소별로 영양권장량의 75% 미만을 섭취하는 인구비율을 보면 단백질의 경우 50% 이상, 칼슘이 80% 이상, 철분이 50% 이상, 비타민 A가 75% 이상, 리보플라빈이 80% 이상, 나이아신이 50% 이상인 것을 볼 수 있다. 이는 우리나라 전체로 보면 영양과잉과 영양부족이 공존하고 있으나, 노인 인구를 대상으로 본다면 영양부족이 더욱 심각한 문제인 것을 잘 나타내 준다.

표 12-1. 우리나아 1세 이상 전체인구와 65세이상 인구의 영양 권장량에 대비한 영상소 섭취율 (단위:%)

	전연령(1세이상)			65세 이상		
	전체	남	여	전체	남	여
에너지	94.5	96.8	92.3	88.7	88.8	88.6
단백질	117.8	122.5	113.3	84.2	84.3	84.1
칼슘	72.8	78.6	67.4	56.8	116.1	82.9
인	152.9	169.4	137.3	116.1	128.0	108.9
철분	91.9	111.0	73.7	82.9	88.8	79.3
비타민A	95.6	105.0	86.7	57.0	61.5	54.3
타아민	126.3	129.2	123.6	93.0	101.7	87.6
리보플라빈	86.2	88.9	83.9	55.2	62.0	51.1
나이아신	110.8	113.5	108.3	88.4	98.7	82.2
비타민C	234.0	232.4	235.3	170.0	178.5	164.8

② 결식률이 심각함

1998년 국민건강영양조사에 의하면 우리나라 전체로 볼 때 평균적으로 하루에 한 끼 이상 결식하는 사람이 21.3%나 되고, 특히 자라나는 청소년들에서의 결식률은 매우 높아서 우려되는 수준이다. 그러나 노인으로 갈수록 결식률은 떨어져서 65세 이상의 경우는 젊은 층 보다는 훨씬 낮은 것을 볼 수 있다. 그러나 65세 이상의 노인 중에서 하루에 한 끼 이상결식 하는 비율이 10.4%로 나타났다. 2000년에 전국적으로 15개 도시에서 2,650명의 50세 이상 노인을 대상으로 수집된 한국보건산업진흥원의 조사결과에서도 한 끼 이상 결식하는 비율이 12%로 나타났다. 특히 이들의 결식 이유가대부분 식욕이 없거나 소화가 안되기 때문으로 나타나 노인의 소화력 저하가 영양둔제를 야기하는 원인임을 알 수 있다.

표 12-2. 연령별 결식률 (단위:%)

	평균	13~19세	20~29세	30~49세	50~64세	65세이상
한끼이상 결식률	21.3	24.1	41.7	20.5	13.7	10.4

③ 체중과다 및 저체중 인구 비율이 높음

우리나라의 경도이상 성인 비만 인구비율이 전 국민의 22.8%이고, 저체중 성인인구비율은 전 국민의 10.1%로 나타나 심각한 건강문제로 고려되어야 할 것이다.

이것을 연령별로 살펴보면 노년층으로 갈수록 비만보다는 저체중이 문제가 된다는 것을 알 수 있다. 특히, 70세 이상의 남자 노인에서 18.3%가 저체중 문제가 심각한 것을 알 수 있다. 저체중은 여러 가지 건강상의 문제를 일으킬 수 있으므로 계속적인 관리가 필요하다.

표 12-3. 성인의 성별 · 연령별 비만자 분포 (단위:%)

	전연령(1세이상)				65세이상			
	저체중	정상	과체중	비만	저체중	정상	과체중	비만
전체	5.1	68.7	23.9	2.4	4.5	69.6	24.3	1.7
20~29세	9.2	74.3	14.1	2.4	5.5	74.8	16.7	3.0
30~39세	3.4	71.7	22.6	2.3	2.5	68.4	27.2	1.9
40~49세	2.1	65.0	30.0	2.9	2.2	64.9	30.8	2.2
50~59세	2.5	62.7	32.1	2.7	3.4	70.0	25.3	1.3
60~69세	5.6	65.6	26.0	2.8	8.1	73.3	18.3	0.2
70세이상	13.8	64.2	20.0	2.0	18.3	72.1	9.6	0.0

④ 지방섭취량 증가와 나트륨 섭취 과다

우리나라 사람들의 지방 섭취량은 1980년 21.8g에서 1990년 28.9g, 그리고 1998년 41.4g 으로 늘어났고 전체 에너지 구성에서 지방이 차지하는 비율은 71년 6.3%에서 91년 16.6%, 98년 19.0% 까지 늘어났다. 현재 영양학자들의 권장선은 20%로서 아직까지는 평균적으로 적당한 수준이나, 현재의 증가 속도나 또 젊은 층의 지방 섭취율을 보면 지방섭취량의 증가가 염려된다. 한편 노년층을 살펴보면 남자의 경우 65세 이상은 지방이 차지하는 에너지 섭취 비율이 13%이고, 여성의 경우는 11%로, 현재 노년층의 경우에는 지방의 섭취가 오히려 부족해 지방의 섭취를 증가시켜는 것이 바람직하다. 또한 나트륨 섭취량은 노년층을 포함한 모든 연령층에서 미국의 권장수준인 240mg/일/1인당 보다 높아서(전체 인구의 나트륨 섭취량 평균 : 4542.8mg/일/1인당) 섭취량을 줄여야 할 것이다.

(2) 노화와 건강 상태에 따른 노인 영양

노인의 경우 실제 연령과 생리학적인 연령은 개인마다 매우 달라서 신체 상태를 한마디로 정의하기는 매우 어렵다. 어떤 노인은 건강해서 젊은이 같은 생활을 즐길 수 있고, 어떤 노인은 다른 사람한테 절대적으로 의존해야만 한다. 여기서는 노화가 영양 상태에 문제를 일으킬 수 있는 여러 가지 요인들을 살펴보고자 한다.

① 식욕의 감퇴와 식품섭취량 감소

노인들의 경우 65세가 넘으면 대부분 체중이 감소한다. 체중의 감소는 많은 경우에 필요한 에너지를 충분히 섭취하지 않아서 생긴다. 노인들의 식품섭취량이감소하는 원인에는 여러 가지가 있다. 생물학적으로 식품섭취량에 영향을 미치는 우리 몸 안의 인자들의 변화로 식품섭취량 감소의 일부 설명이 가능하다.

미각과 후각의 변화 또한 식품섭취에 중요한 역할을 하며, 사회적인 격리로 식품섭취량이 감소하는 환경에 처할 수도 있을 것이다.

노인에 있어서 건강 유지를 위해서는 체중감소는 반드시 주의를 요하는 문제이다. 노인에게서 체중감소가 큰 경우 질병의 위험이나 사망의 위험이 증가하게 된다. 체중감소는 어쩌면 질병이 진행되고 있거나, 현재 치료 중인 질병 치료가잘 안 되고 있거나, 어쩌면 사망에 이르는 단계일 수도 있다. 아주 건강한 노인에 있어서도 적절한 체중의 유지를 위해서는 계속적인 관찰과 관리가 필요하다. 그래서 노인의 경우 에너지 밀도가 높은 견과류 같은 것을 끼니 사이에 간식으로 섭취하는 것도 좋을 것이다.

표 12-4. 노년기의 대표적인 신체적 변화와 권장되는 식생활 형태

변화	대응
식욕과 식품섭취량감소	건강한 체중을 유지하기 위해 체중을 모니터하고 충분한 식사를 하도록 노력한다.
맛과 냄새의 감각 쇠퇴	식이의 종류를 다양하게 하고 허브와 향신료를 함께 먹도록 한다.
치아 손실	저작 능력을 극대화하기 위해 치과의사와 함께 노력한다. 필요에따라 식품의 단단한 정도를 조절한다.
갈증 감각 쇠퇴	1일 약 6.8컵의 물을 섭취하고, 탈수(최소 요소 배출)에 주의한다.
변비	1일 20.35g의 식이섬유소를 섭취한다. (과일, 채소, 곡류 섭취). 식이 섬유소와 함께 수분도 섭취하도록 한다.
유당분해효소 생산 감소	우유 섭취량을 제한하고 요구르트나 치즈를 섭취하거나 다른 칼슘공급원을 섭취한다.
철분 결핍성 빈혈	식이에 지방이 적은 고기 포함 ; 혈중 철분 상태를 모니터하기 위해의사에게 자문을 구한다.
간 기능 저하	가능한 한 알코올 섭취를 자제한다.
인슐린 기능 저하	적절한 체중유지와 규칙적인 신체 활동을 한다.
신장 기능 저하	의사가 권고할 때 식이에서 단백질과 다른 영양소 섭취를 수정한다.
면역 기능 저하	영양소 요구량을 충족시킨다. 특히 단백질, Vit.E, Vit.B6, 아연
폐 기능 저하	금연과 규칙적인 신체활동을 한다.
시력 저하	Carotenoid와 Vit. C를 얻기 위해 채소와 과일을 충분히 섭취한다.
근육조직의 감소	영양소 요구량을 충족하고, 규칙적인 신체활동을 한다.
심혈관계 기능 쇠퇴	필요시에 식이와 의료를 통해 적당한 범위의 혈액 내 지질과 혈압을 유지하며, 신체 활동을 계속하도록 한다.
골 질량 감소	적절한 영양소 섭취가 필요하다. 특히 칼슘과 Vit.D 섭취와 규칙적인신체 활동을 하도록 한다.

우리가보는 노화와 관련된 신체적 변화는 자연적인 과정이고 생활습관의 결과이다. 성인기에 신체기능의감소를최소화하는데도움을주는행동들에의해우리는미래건강을영위할수있다.

② 미각과 후각의 감퇴

미각과 후각 기능은 연령의 증가와 함께 60세 정도부터 감퇴된다. 미각의 감퇴는 적절하지 못한 식이와 아연의 부족이 그 원인이 아닐까 의심되고 있으므로 노년의 식욕감퇴는 노년기의 증상이라고 그냥 넘겨서는 안 될 것이다. 식사의 내용이 적절한지 확인하고, 양념류를 적절히 사용해서 미각 기능의 감퇴로 인한 섭취량 감소가 일어나지 않도록 하여야 할 것이다.

③ 치아건강

우리나라의 노인들의 대부분이 치아에 문제가 있다고 한다. 치아 관리는 어려서부터 꾸준히 하여야만 하나, 그렇지 못한 경우 노년기에 치아에 문제가 생겨서 노년기의 식생활에 많은 문제가 생긴다. 인조치아를 사용했을 경우 정상적인 식생활은 할 수 있으나, 대부분의 노인에서 여러 가지 문제가 발생하고, 지속적인 관리를 필요로 한다. 또, 저소득층 노인에서는 인조치아를 사용하는 데에는 여러 가지 경제적인 문제가 따르게 된다. 그래서 노인의 경우, 개인의 저작능력에 따라, 거기에 맞게 조리된 음식이 제공되어야 한다. 씹는데 어려움이 있는 경우, 식사와 식사사이의 영양소밀도가 높은 간식들이 도움을 줄 수 있으며, 이런 노인의 경우 충분한 시간적 여유를 가지고 식사를 하도록 하여야 할 것이다. 식사의 내용이 적절한지 확인하고, 양념류를 적절히 사용해서 미각 기능의 감퇴로 인한 섭취량 감소가 일어나지 않도록 하여야 할 것이다.

④ 갈증

노인들의 경우, 갈증을 느끼는 능력이 감소 될 수 있다. 이럴 경우 수분을 충분히 섭취하지 않게 되어서 탈수 현상을 일으킬 수 있다. 탈수가 일어나면 여러 가지 의료적 긴급상황이 일어날 수 있으므로 이것을 막기 위해서는 수분을 충분히 섭취하도록 해야 한다. 매일 6잔에서 8잔의 물을 마시는 것이 필요하다. 물의 섭취가 충분한가는 소변의 양을 보도록 하고, 만약에 이뇨제가 들어있는 약품을 섭취하는 경우에는 물의 양을 더욱 신경 써서 조절해야할 것이다.

⑤ 위장기능 저하

노인들에 있어서 가장 문제가 되는 소화관의 문제는 변비일 것이다. 장이 효과적으로 기능을 수행할 수 있도록 섬유질을 충분히 섭취해 주어야 한다. 보통 외국에서는 1000kcal에 10.13g의 식이섬유소 섭취가 권장되고 있으며, 하루에 35g을 넘지 않도록 하고 있다. 우리나라 노인들의 경우 섬유소는 충분히 섭취하는 경우가 많으나, 섬유소의 섭취뿐만 아니라 장에서 섬유소의 이동을 위해 충분한 수분을 섭취해 주어야 한다. 또 신체 운동도 장의 운동에 도움을 준다. 노인들의 경우 여러 가지 이유로 약을 복용하게 되는데 이 약이 변비를 일으킬 수 도 있으므로, 변비가 있는 경우 의사와 상의하여야 한다. 노인의 경우 우유에 들어있는 유당의 분해에 필요한 유당분해효소(Lactase)의 분비가 잘 안 된다. 우리나라 노인의 경우 우유를 소화시키지 못하시는 분들이 많은데, 요구르트, 아이스크림 등 다른 형태의 유제품을 섭취하는 것이 도움이 된다. 유제품은 좋은 영양소 급원이고 소화 흡수도 비교적 용이해 노인들에게 섭취가 권장된다. 나이가 들면 위에서 위산의 분비도 적어진다. 위산의 분비가 감소하면 위산의 도움으로 흡수되는 비타민 B12의 흡수가 제한되어서 악성빈혈을 일으킬 수 있다. 그래서 50세 이상의 경우 비타민 B12의 섭취에 신경을 써야 한다. 또 위산의 분비 감소는 철분 흡수를 방해할 수 있다. 노인들이 진통제로 많이 쓰는 아스피린의 경우 위에서의 출혈을 일으키기도 하고, 제산제의 경우 철분과 결합하기도 하며, 위장관의 궤양이 출혈을 일으킬 수도 있다. 이런 모든 위장관의 상황이 노인의 철분 영양 상태에 영향을 줄 수 있으므로 적절한 관찰과 관리가 필요하다.

⑥ 간, 쓸개, 췌장의 기능 저하

간, 쓸개, 췌장은 소화에 있어서 없어서는 안 되는 기관들인데 연령이 증가되면 그 기능이 떨어진다. 간은 우리 몸에서 아주 중요한 기관으로 연령이 들수록 그 기능이 효과적으로 발휘되지 못한다. 젊어서 술을 많이 마셨다면 간에 지방이 생겨서, 그 기능을 방해할 수도 있다. 우리나라의 경우 술의 소비가 상당히 많아서 술로 인한 간의 문제가 노인은 물론 장년층에도 상당히 만연하고 있는 것으로 알려져 있다. 젊어서 술을 많이 하는 경우 나이 들어서 알코올 중독 수준의 술 소비로 나날을 보내는 노년층도 있다. 또 젊어서는 적당히 술을 마시다가도 은퇴로 인한 사회적 격리와 배우자와의 사별 등으로 인한 외로움을 달래기 위해서술의 소비가 증가되고 심하면 알코올 중독으로 발전할 수도 있다. 술과 관련된 질병을 노년기에서 많이 볼 수 있으며, 이것으로 인한 폐해는 상당한 것으로 알려져 있다. 물론 노인들의 경우 질병으로 인해 약을 복용하는 경우가 많아서 알코올과 약성분의 상호작용으로 인한 술의 폐해는 더욱 크다. 그리고 이것이 간경변으로 진행되면 간의 기능은 더욱 저하된다. 간의 기능이 심각하게 저하되면, 간의 중요한 역할인 독성물질의 분해를 못하게 된다. 비타민 A 같은 영양소도 간의 기능이 효과적으로 발휘되지 못하면, 그 독성이 나타난다. 노인의 경우 간 기능이 약해진 상태에서 영양제 같은 형태로 너무 많은 양의 비타민 A를 섭취하면 좋지 않다. 노인이 되면 쓸개의 기능도 저하한다. 담석이 쓸개관을 막아서 쓸개즙이 내려오지 못하게 되면 쓸개즙이 간에 고여 있게 된다. 쓸개즙은 지방의 소화에 꼭 필요해서, 쓸개관에 문제가 있는 경우는 저지방식이를 하면서, 외과적인 치료방법을 써야 한다. 췌장의 경우, 연령이 증가하면서 그 기능이 저하되지만 췌장의 일부가 일을 못해도 나머지 부분들이 그 기능을 보완해주어서 별 증상이 없을 수 있다. 보통은 혈당의 증가가 처음으로 나타난 증상이다. 혈당의 증가는 두 가지 상황에서 생길 수 있는데 하나는 췌장의 기능 감소로 인슐린이 적게 분비되어 혈당이 세포에 의해 사용되지 못하는 경우이고, 또 하나는 비만인 사람에게서 볼 수 있는 경우로 세포가 인슐린 작용에 반응하지 않아서 혈당이 높아지는 경우이다. 두 번째는 크롬의 섭취가 부족해서 인슐린이 잘 작용하지 못하는 경우이다. 두 가지 모두 적절한 운동, 적절한 영양소 섭취, 체중 조절 등을 통해서 조절해야 한다.

⑦ 신장의 기능 저하

신장에는 중요한 기능 단위인 네프론이 무수히 많아서 우리 몸의 폐기물을 걸러내게 된다. 연령이 증가할수록 이 네프론의 수가 점점 감소하게 되어서 신장의 기능이 저하된다. 많은 연구에 의하면 신장의 기능 저하는 단백질을 너무 많이 섭취하는 사람에게서 빨리 일어난다고 한다. 신장의 기능이 떨어지면 단백질의 분해에 의해서 생긴 산물을 제대로 걸러낼 수 없어서 여러 가지 문제를 일으켜 치료를 받아야 하게 된다. 젊어서부터 과량의 단백질을 섭취하지 않도록 해야 할 것이다. 우리나라 노인들의 경우에는 일부를 제외하고는 단백질 과량 섭취의 염려는 적은 편이다.

⑧ 폐의 기능 저하

폐의 기능은 연령과 함께 저하되는데 특히 흡연을 했거나 계속하는 노인에게서 현저하다. 폐 기능의 저하는 전반적인 신체의 기능을 저하시킨다. 폐의 기능 저하는 호흡 곤란을 유발하고, 이것은 신체활동을 제한하게 되며 식품섭취량을 감소시킨다. 금연과 함께 충분한 신체 활동을 계속적으로 하는 것이 폐의 문제를 예방하는 데 도움이 된다. 깊은 호흡을 할 수 있도록 해야 하며, 유산소 운동을 정기적으로 하는 것이 폐기능의 유지에 도움을 준다.

⑨ 청각과 시각의 감퇴

연령의 증가와 함께 시각과 청각이 감퇴되는데 산업화된 사회에서 도심의 교통소음, 비행기 소음, 큰 음악 소리 등에 의해서 청각기능의 손실이 일어난다. 노인들의 경우 청각기능의 손실은 사회적인 격리를 가져올 수 있다. 시각의 감퇴는 식품을 사러 가는 일, 원하는 식품을 찾는 일, 식품표시를 읽는 일, 내용물을 보는 일, 집에서 음식을 준비하는 일 등에 영향을 미칠 수 있다. 녹황색채소 같이 카로티노이드가 풍부한 채소를 충분히 섭취하는 것도 시각의 감퇴를 막는데 도움이 되며, 당근, 호박, 귤 같은 음식이 대표적이다. 이런 채소들에는 베타카로틴 뿐 아니라 루테인이나 제아잔틴 같이 노화에 의한 시력감퇴와 관련 있다고 알려진 카로티노이드가 많이 들어 있다. 시력이 감퇴되면 사람들과 어울리기 싫어하게 되고 활동적이지 못하며 장보기 같은 일상생활의 수행에 자신이 없게 되어서 식품섭취량에 영향을 미치게 된다. 비타민 C도 백내장의 감소에 도움을 준다고 알려져 있어서 이 또한 노인들이 채소와 과일을 충분히 섭취해야 하는 중요한 이유 중의 하나이다.

⑩ 근육의 감소

연령이 증가되면 근육 세포의 크기가 줄어들고 수도 줄어든다. 또 근육의 수축과 이완이 되는 능력이 줄어들고, 지방과 콜라겐이 쌓이게 된다. 생활습관이 근육의 감소 속도를 결정하게 되는데 활동적인 노인의 경우에는 근육을 비교적 잘 유지할 수 있다. 따라서 운동을 정기적으로 해주는 것이 좋은데 역도 같은 무게를 이용한 저항운동 같은 것이 근육의 감소에 도움을 준다. 근육이 충분히 유지되는 것이 질병이 걸렸을 때나 회복 시 도움이 된다. 노인들은 처방을 받아서 운동을 하는 것이 건강을 위해서 권장된다. 이렇게 운동을 하게 되면, 운동으로 인한 에너지의 소모로 식품섭취량이 증가되기 때문에 도움이 된다. 식품섭취량이 어느 정도 이상 되어야 적절한 영양소의 섭취가 가능하다. 전반적으로 신체활동이 부족한 경우, 노화와 관련된 신체변화가 가속화 되므로 꾸준한 운동이 권장된다.

⑪ 지방저장증가

연령이 증가되면서 근육이 감소하면, 그 대신 지방을 저장하게 되는 수가 많다. 그 이유는 신체활동은 부족하고 상대적으로 식품섭취량은 많아져서 생긴다. 그 결과 비만이 된다면 상황은 더욱 나쁘게 된다. 당뇨, 고혈압 등이 생길 수 있고 비만은 또한 걷기나 임상생활에 필요한 임무수행을 어렵게 한다. 과체중 또는 경도비만 정도는 건강에 해가 별로 없으나, 비만은 건강 유지에 문제가 된다.

⑫ 심장 기능 감소

심장의 기능은 혈액을 온 몸으로 펌프질하는 것인데 연령이 증가되면 이 기능이 떨어지며 보통은 신체활동이 충분하지 못해서 생긴다. 심장기능이 충분하지 못하면 지방과 결합조직이 심장근육에 침투하게 되고 이것이 심장의 혈액박출량을 줄이게 되는데 운동을 적절히 하는 경우 이것을 피할 수 있다. 심장병이나 뇌졸중은 우리나라 주요사망원인 중의 하나이다. 이것은 주로 동맥경화와 고혈압에 의해서 일어나며 이를 막기 위해서는 혈중 콜레스테롤 수준을 잘 조절해야 한다. 이미 동맥경화가 생긴 경우라도 저지방식이, 특히 식물성을 이용한 저지방식이가 이것을 완화한다는 보고가 있다. 즉 식이와 약으로 어느 정도의 완화는 가능한 것으로 알려져 있다. 또 심장병 위험 요소 중 하나인 혈중 호모시스테인이 높아지지 않도록, 비타민 B6, 엽산, 비타민 B12의 충분한 섭취가 필요하다. 고혈압은 심장병과 뇌졸중 모두와 상당한 관련이 있다. 고혈압의 예방과 관리에 있어 식이의 중요성은 잘 알려져 있으며 채소나 과일을 충분히 포함한 균형 잡힌 식사와, 적절한 운동, 적정 체중유지, 술 섭취 제한 등이 고혈압의 예방과 관리에 있어서 아주 중요하다.

⑬ 뼈의 건강

뼈의 손실은 여성의 경우 폐경기 이후에 나타난다. 남자의 경우에는 속도는 느리나 중년부터 지속적으로 뼈의 손실이 일어난다. 여성의 경우 에스트로겐 요법이 뼈의 손실을 막는 가장 확실한 방법이다. 뼈의 손실을 방지하기 위한 다른 방법은 일생을 통해 칼슘과 비타민 D를 충분히 섭취하고, 금연하며 술 섭취량을 절제하는 것이다. 특히 저체중 여성의 경우 골다공증을 일으킬 위험이 높다. 산책이나 등산같이 체중을 느끼는 운동이 뼈의 건강에 좋다. 골다공증이 심한 경우 노인들의 활동을 제한하여, 장보기, 음식 준비하기 등 정상적인 생활의 영위가 어렵다. 움직이지 않으면 적게 먹게 되어 영양소 섭취 또한 적게 된다. 특히 노인의 경우, 시력의 저하나 균형능력상실, 약복용 등 여러 가지 이유로 넘어지는데 골다공증이 있는 경우는 위험하므로 넘어지지 않도록 환경을 정비하여야 한다.

⑭ 약복용

노인들은 여러 가지 이유로 약을 복용하게 된다. 이런 약은 건강과 삶의 질을 증진시킬 수 있으나 때로는 영양소의 흡수 및 이용과 식욕에 영향을 줄 수 있다. 노인들이 약을 계속 복용할 경우 반드시 의사와 상의하고 영양소의 흡수. 이용에 미치는 영향을 고려하여야 한다.

⑮ 사회 심리적 건강요인

노인들의 경우 은퇴, 배우자와의 사별, 친구의 죽음 등의 이유로 인해 우울증에 걸릴 수 있다. 이럴 경우 식사를 거르거나, 제대로 먹지 않아서 영양문제가 초래될 수 있다. 식사를 제대로 하지 않으면 건강이 안 좋아져서, 이동이 어려워지고, 이것은 다시 우울증을 불러올 수 있다.

이렇게 되면 점점 더 사회와 격리되고 외로워지게 된다. 특히 혼자 사는 노인의 경우 이것을 해결하기 위해서는 개인의 노력뿐만 아니라 사회의 도움도 필요하다. 노인 영양 필요량의 변화

노인의 영양필요량이나 이를 기준으로 한 권장량을 정하는 것은 쉽지가 않으며 노인들의 경우 건강이 좋아서 젊음을 유지하고 있는 사람과 질병을 가지고 있어서 약을 복용하고 있는 사람 등 그 성향이 다양하다. 질병에 걸린 경우에도 다양한 질병의 종류가 있으며 그 정도가 다르고, 여기에 따라서 영양필요량이 달라지며 복용하는 약의 종류에 따라서도 영양필요량이 달라진다.

6. 노인에서의 영양학적인 치료

(1) 경구 섭취의 증가

위에서 언급한 것처럼 노인 환자에서는 흔히 경구 영양 섭취가 감소된다. 그러므로 노인에서의 일차적인 영양학적인 전략은 경구 음식의 섭취를 증가시키는 데 목표를 두어야 한다. 입원 환자를 대상으로 한 다른 연구자들의 최근 연구에 의하면 병원 음식의 40% 이상이 버려지고 있으며 그로 인해 필요로 하는 에너지와 단백질 섭취량의 80%미만 정도만이 섭취되고 있다고 보고되었다. 흥미로운 것은 노인 환자의 42%가 음식량이 너무 많다는 것이다. 한 연구에서 노인들을 두 군으로 나누어 일반적인 식단과 작은 크기의 강화된 식단(정상 식단보다 14% 정도 에너지를 더 많이 제공)을 각각 제공하였다. 영양 섭취는 강화 식단 군에서 25% 정도 더 높았으며, 이것은 병원 식단의 단순한 변화를 통하여서도 권장량에 근접한 음식 섭취를 유도할 수 있다는 것을 보여주었다. 강화 식단을 통한 또 다른 연구에서는 식사 중간의 간식이 노인에서 에너지 섭취를 향상시키는 데 도움이 된다고 보고 되었다. 그러나 앞에서 언급한 것처럼 낮은 경구 음식 섭취를 야기하는 몇 가지 다른 의학적, 사회적 그리고 정신과적인 요인들이 있다. 많은 경우에서 음식 섭취를 증가시키기 위하여 환자와 그 가족들을 상담하고 동기를 부여하는 것이 도움이 될 수 있다. 요양소에 거주하는 노인들에서 영양지원(nutritional support)의 효용성은 주로 요양소 스태프의 인식과 동기 부여에 의존한다. 어떤 경우에는 언어치료사, 물리치료사 또는 다른 전문가에 의한 부가적인 지원이 환자가 먹을 수 있는 능력을 향상시키는 데 필요할 수 있다.

(2) 특정한 영양소의 보충

미세영양소의 결핍이 확인된 환자에서 그에 따른 공급이 임상적인 결과를 향상시키는데 특히 권고된다. 많은 연구들에서 대퇴골절의 발생율에 대한 칼슘과 비타민 D의 긍정적인 효과가 보고되었다. 흔히 관찰되는 혈청 비타민 B12 농도의 감소도 교정이 필요하다. 철이나 아연 섭취의 감소는 육류나 낙농식품의 섭취 증가에 의해 예방될 수 있다. 약물 치료는 권장되는 경구 섭취를 충족시키지 못하는 일부 환자들에서 필요할 수 있다. 임상적인 측면에서 미세영양소의 결핍은 진단하기 어렵기 때문에 보충이 충분히 이루어져야 한다.

(3) 경구영양(enteral nutrition)

고밀도 에너지와 고품질 단백질의 경구유동식을 통한 보충이 현재 이용될 수 있고 병원식에 효과적으로 추가될 수 있다. 과거에 튜브영양(tube feeding)을 고려했던 많은 환자들에서 이러한 유동식이 적절한 대체방법이 될 수 있다. 최근의 다기관 임상시험에서 경구유동식을 이용하여 노령의 중환자에서도 에너지와 단백질 섭취를 증가시킬 수 있다는 것이 보고되었다. 그러나 경구영양은 심하게 영양불량 상태에 놓인 환자에서나 의학적 상황이 일주일 이상 적절한 경구영양소섭취가 제한될 때에 적응증이 된다. 비위 영양관(nasogastric tube)을 통한 주입은 일정 기간 동안 경구영양을 받고 있는 환자의 대부분에서 적절한 방법이다. 두경부암, 식도암 또는 장기간의 연하장애를 보이는 환자와 같은 일부 질환에서 장기간의 경구영양이 예상될 때에는 경피적 내시경 위조루술(percutaneous endoscopic astrostomy, PEG)의 적응이 된다. 경피적 내시경 위조루술을 통한 급식은 신경학적 질환이나 진행된 치매를 보이는 환자에서 흔히 이용된다. 그러나 진행된 치매 환자에서 튜브영양의 광범위한 이용은 최근에 의문시되고 있다. 한 연구에서 Finucane 등은 진행된 치매가 있는 환자에서의 튜브 영양이 흡인성 폐렴의 위험성을 증가시키고 그 외에 전신적인 또는 국소적인 감염, 위장천공, 누공, 출혈, 위식도 역류의 증가 등을 보일 수 있다고 보고하였다. 그러나 이러한 다소 실망스러운 분석은 특수한 적응증에만 해당되는 것이라는 것을 염두에 두어야 하고, 향후 치료 방침을 결정하는 데 도움을 얻을 수 있도록 보다 잘 고안된 영양치료에 대한 연구들의 필요성이 제시되고 있다.

(4) 식욕촉진제(orexige nic agents)

노인에서 식욕촉진제의 사용이 연구되고 있다.

항세로토닌물질인 cyproheptadine acetate는 효과가 별로 없으며 섬망(delirium)을 유발할 수 있다. Megestrol acetate는 암과 AIDS가 있는 환자에서 체중 증가를 보여주었다. Yeh 등은 요양원에 살고 있는 영양불량의 노인들에게 megestol acetate를 매일 800mg의 용량으로 주었을 때 체중의 증가를 보였다고 보고하였다. 칸나비스(cannabis)의 식욕 촉진 효과는 역사적으로 오래 전부터 알려져 왔다. 그러나, 이 효과의 과학적인 증거는 1970년대에 여러 연구들을 통하여 처음으로 증명되었다. Dronabinol (Mannol)은 합성 tetrahydrocannabinol로서 AIDS 및 암 환자에서 오심을 감소시키고 식욕을 촉진시킨다. 한 작은 규모의 연구에서는 이 약제가 치매를 보이는 요양원 환자들에서 체중을 증가시키고 초조한 행동의 개선을 보인다고 보고하였다. 유럽에서는 oxoglutarate가 허약한 노인들에서 체중 증가를 가져온다고 연구되었다. 성장호르몬은 수 년 전에 노인에서 영양 상태를 호전시키는 것으로 알려졌다. 성장호르몬의 동화작용은 그 후 수년 동안 재확인되었다. 그러나 위독한 환자들에서의 연구에서는 성장호르몬 투여가 사망률을 증가시키는 것으로 보고되어 아직 연구가 더 필요한 실정이다.

(5) 식이제한과 장수(longevity)

많은 동물 실험들에서 식이제한이 수명을 연장시킨다는 것이 보고되었다. 칼로리 제한은 자유기(free radicals)와 당화(glycation)를 감소시키고 T 세포 매개성 면역기능을 향상시킨다고 알려져 있다. 영장류에서 칼로리 제한은 내장비만을 감소시키고 공복혈당, 인슐린, 24시간 에너지 소모량을 감소시킨다. 또한 칼로리 제한 영장류에서는 콜레스테롤 감소, 고밀도 지단백 2B의 증가, 골밀도의 감소를 보였다.

식이제한에 대한 풀리지 않는 한 가지 의문은 식이제한이 포획된 동물들에서 단지 과도한 비만을 감소시키는 것인가, 아니면 정말로 체지방을 정상 수치 이하로 감소시키는가 하는 것이다. 야생의 에티오피아 개코 원숭이에 대한 실험에서 체지방의 지표로서 렙틴 농도를 이용하였다. 이 연구에서는 렙틴 농도가 미국의 포획된 개코 원숭이에서 보다 현저히 낮았으며 식이제한 동물에서 기대되는 수치보다도 낮았다. 이것은 칼로리 제한이 단지 과도하게 비만한 동물을 정상 상태로 되돌릴 뿐이라는 사실을 말해준다.

7. 에너지 대사

(1) 기초 신진대사량 감소

35~55세 사이는 매 10년마다 5%감소하고, 55-75세 사이는 매 10년 마다 8%, 75세 이상에서는 매 10년마다 10%가 감소한다.

(2) 활동대사량 감소

활동량의 저하에 따라 에너지 소비량이 저하된다. 그러나 근육량이 감소하고 심장기능이 저하되며, 운동신경이 느리게 되어 일의 효율이 감소하므로 같은 일을 할 때에는 에너지 요구량이 많아지게 된다.

(3) 단백질 대사

노년기는 신체 단백질량이 감소되면서 성인의 60~70%수준으로 떨어진다. 그러나 각종 전염성질환 및 만성대사성 질환의 위험이 증가하고 소화기능이 저하되므로 단백질의 필요량은 줄어들지 않는다. 소화되기 쉬운 양질의 단백질이 필요하다.

(4) 지질대사

노년기는 소화액 및 담즙액의 분비가 감소하면서 지질의 소화 및 흡수가 저하된다. 지질의 경우 과잉 섭취하면 동맥경화증 및 심혈관계 질환의 발생이 증가하므로 적당량 섭취하는 것이 좋다. 필수지방산 및 지용성비타민의 활용을 위해 식물성 급원의 지질을 적절한 양 섭취하는 것이 좋다.

(5) 식이섬유소

식이 섬유소는 사람의 소화기관에서 분해되지 않는 셀룰로오스, 헤미셀룰로오스, 펜톤산 및 펙틴 등을 말하며, 동맥경화증이나 암, 당뇨병 등의 예방 및 치료에 도움이 된다고 알려져 있다. 또한 노인에게 자주 나타나는 변비의 해소에 도움이 되므로 부드러운 섬유소가 들어있는 신선한 채소나 과일을 섭취하는 것이 좋다. 그러나 너무 다량의 섬유소 섭취는 미량영양소인 비타민이나 무기질의 흡수를 방해하므로 삼가는 것이 좋다.

(6) 비타민 대사

신체의 조절작용을 하는 비타민은 충분한 양 섭취하는 것이 좋다. 특히 곡류 위주의 식사형태인 우리나라 노인에게는 비타민 B 군의 섭취가 부족하기 쉽다. 또한 비타민 A의 경우, 국민영양조사 결과 섭취량이 영양권장량에 미달인 것으로 보고 되었으며, 섭취형태도 생체효율이 높은 동물성 급원보다는 식물성 급원에서 주로 섭취하므로 이의 섭취를 늘려야 할 필요가 있다. 비타민 C는 감기 등 감염성질환의 예방에 도움을 주는 것으로 나타났고, 비타민 E도 항산화기능이 밝혀졌으므로, 충분한 섭취가 필요하다. 또한 실내 활동이 많은 노인의 경우 비타민 D도 충분히 섭취하여야 한다. 그러나 보충제 형태의 과잉 섭취에 의한 건강상의 이득은 아직 명확히 밝혀지지 않았다.

(7) 무기질 대사

① 칼슘대사

노년기는 칼슘의 흡수율이 저하되고, 배설량이 증가함에 따라 요구량이 증가한다.

특히 뼈의 칼슘 손실량이 증가하면 골다공증 등의 위험이 증가하므로 양질의 칼슘급원을 섭취하도록 한다.

② 철분대사

노년기는 위산분비의 감소 등으로 철분의 흡수율이 감소되고, 소화기관의 출혈 및 설사 등에 의한 혈액 손실 등이 우려된다. 그러나 여자노인은 폐경에 의해 철분 손실이 적어지므로 체내 철분 보유량이 오히려 증가하기도 한다. 그럼에도 불구하고, 노인의 경우 철분의 체내 이용율이 저하되었으므로, 흡수율이 좋은 동물성 급원으로의 섭취가 필요하며, 식물성 급원의 철분의 경우, 신선한 비타민 C를 같이 섭취하여 철분 흡수율을 높이는 것이 필요하다.

③ 나트륨대사

우리나라 성인의 1일 소금섭취량은 약 20~30g 으로서 필요량의 4~8배 섭취하고 있다.

노인은 미각이 둔화되어 짠맛에 대한 감도가 낮아져 짜게 먹기 쉬우므로 이의 제한이 필요하다.

8. 노년기의 특정 에너지 섭취

노년기는 에너지 요구량을 감소하나 체내 이용율이 저하되므로 충분한 양의 에너지 섭취가 필요하다. 특히 정상범위의 체중에 비해 과체중이거나, 체중미달인 경우, 사망률이 크게 증가하므로 적절한 체중을 유지할 수 있도록 에너지를 섭취하도록 한다.

(1) 곡류식품

비타민 B군이 풍부한 현미와 잡곡을 위주로 하여 섭취한다. 특히 콩에는 좋은 단백질과 콜린, 레시틴 등 노화를 방지하는 물질이 들어있으므로 자주 섭취한다. 사탕이나 설탕 등의 당류는 체내 당질대사를 어렵게 하므로 되도록 먹지 않는다.

(2) 어육류 식품

필수 아미노산이 고루 들어있는 닭고기, 생선, 등을 중심으로 소화되기 쉬운 형태로 조리하여 충분한 양 섭취하여야 한다. 붉은 살코기는 꼭 기름 부분을 제거하여 섭취하며, 특히 동맥경화증 등의 심혈관계 질환의 위험이 있는 경우에는 쇠갈비, 돼지갈비, 삼겹살, 내장고기, 꼬리 햄, 베이컨 등 은 되도록 먹지 않는다. 생선은 소화가 잘되므로 자주 먹도록 한다. 단, 생선 내장에도 콜레스테롤이 많으므로 주위 하도록 한다.

(3) 채소 · 과일류

상추, 시금치, 깻잎 등의 푸른 잎채소와 김, 미역 등의 해조류는 생채나 나물 형태로 식사 때마다 섭취한다. 과일도 하루 1~2회 섭취하나, 늦은 저녁에는 먹지 않는다.

(4) 우유

칼슘이 풍부하므로 우유나 요구르트, 치즈 등을 하루 1~2회 섭취하는 것이 좋다. 단 유당 불내증으로 소화가 잘 되지 않는 경우에는 한 번에 소량씩 섭취하거나, 저 유당 우유, 요구르트 등 다른 우유제품을 섭취하도록 한다.

(5) 유지류

쇼트닝이나 돼지기름 등은 되도록 섭취하지 않는다. 식물성 기름(옥수수기름, 참기름, 들기름 등)으로 하루 1~2회 나물이나 부침에 넣어 먹는다.

(6) 알코올(술)

음주는 주 1회 이내로 제한하며, 한 번에 맥주 1캔(350ml), 소주 1잔, 양주 1잔 정도로 줄여 섭취한다. 술안주로 즐겨 먹는 고기나 생선회의 경우 콜레스테롤이 많으므로 주의한다.

〈노년기의 건강한 식이 섭취〉

- 규칙적으로 적은 양을 자주 먹는 것이 좋다. 식사 때마다 영양소 밀도가 높은 음식을 포함시키는 것이 좋다.
- 도움을 줄 수 있는 편의 식품과 조리 시에 작업량을 줄일 수 있는 도구들을 찾는다.
- 새로운 식품, 새로운 조미료와 식품을 저장하는 새로운 방법을 찾도록 하고, 즉석식품이나 통조림 상품은 되도록 사용하지 않는다.
- 피곤할 때 음식을 준비하고자 한다면, 과일 통조림과 요구르트 같이 준비하기 쉬운 음식을 먹도록 한다.
- 햇볕이 잘 들거나 밝은 곳에서 식사를 하고, 상차림을 보기 좋게하고, 풍미, 색, 형태, 질감, 냄새가 다른 음식을 사용한다.
- 식사 준비와 설거지하는 도구는 쉽게 사용할 수 있게 배치하도록 한다.
- 가능하면 친구나, 친지 혹은 노인복지센터에서 다른 사람들과 함께 식사를 하도록 한다.
- 요리를 이웃과 함께 나누어 한다.
- 일상 필수품을 쇼핑하거나 또는 매일의 일과에 도움을 주는 지역사회 자원(프로그램이나 기관 등)을 활용한다.
- 신체적인 활동을 유지한다.
- 가능하다면, 식욕을 돋우기 위해 식사 전에 걷도록 한다.
- 필요한 경우 씹기에 너무 단단한 식품은 자르고 빻거나 섞는다. 치아 기능이 좋지 못해 정상적인 식이 섭취가 제한되는 경우에는 단백질이 풍부한 식품들은 육류 대신 더 부드러운 것을 사용할 수 있다.
- 만약 식사하는 움직임이 제한된다면 미리 식품을 자르고 깊거나 손잡이를 가진 기구를 사용하고 필요하다면 보다 특별한 기구를 사용하도록 한다.

① 노인 식생활 지침 (국민영양개선을 위한 식생활지침연구팀, 2000년 제안)

첫째로, 다양하고 부드러운 음식을 골고루 제시간에 먹는다.

노인은 에너지 필요량이 감소되어 식사량이 적어지므로 다양한 음식으로 미량영양소를 섭취해야 하며, 치아상태가 좋지 못하므로 부드러운 음식을 선택하여야 한다. 또한 한꺼번에 많은 양을 먹지 못하므로 최소한 세끼의 식사와 간식으로 조금씩, 자주 섭취해야한다.

둘째로, 활동적인 생활 습관으로 식욕과 적당한 체중을 유지한다.

노인의 경우 활동량과 섭취량의 균형을 유지하도록 하여야 한다. 활동량이 줄어들면 근육량이 감소되고 식욕도 감소된다. 그리고 급격한 체중 감소나 체중 증가, 과체중 등은 건강에 해로우므로, 가능한 한 많이 움직이고 필요한 양만큼 섭취한다. 즉 신체질량지수(Body Mass Index : BMI=체중(kg)/신장(m)2)로18.5~25를 유지하도록 한다. 친구나 가족과 함께 운동하고 함께 식사를 하면 더욱 건강할 수 있다.

셋째로, 두류와 우유 및 유제품의 섭취를 늘린다

두류와 우유, 유제품은 뼈의 건강에 중요한 칼슘을 공급해 주는데, 우유 및 유제품의 섭취는 노인에게 결핍되기 쉬운 리보플라빈의 좋은 급원이기도 하다. 두류는 소화되기 쉬운 형태로 조리하여 섭취하고 우유 및 유제품의 섭취는 단계적으로 늘린다.

넷째로, 신선한 녹황색 채소와 과일을 충분히 섭취한다.

신선한 채소는 노인에게 부족 되기 쉬운 비타민 A를 비롯한 여러 비타민과 무기질의 좋은 급원이며, 채소와 과일은 섬유소의 좋은 급원으로 배변에도 도움을 주고 소화가 될 되므로 충분히 섭취한다.

다섯째로, 동물성 식품은 어류와 육류, 가금류를 고루 섭취한다.

철분의 좋은 급원인 육류를 소화하기 쉽고 많이 씹지 않아도 되는 형태로 조리하여 섭취하도록 한다. 일부 고지혈증이 있는 노인의 경우이도 기름기가 적은육류와 가금류를 섭취하도록 한다. 한편 어류는 소화하기 쉽고, 어류에 동물성지방은 순환기계질 환자에게도 좋은 효과가 있다.

여섯째로, 음주량을 제한하고 충분한 양의 물과 음료를 마신다.

알코올은 식욕을 저하시키고 복용하는 약물과 상호작용을 일으킬 수 있다. 과다한 음주는 여러 가지 면에서 건강에 해로우며, 하루 한잔 정도의 반주가 넘는 양은 영양 상태나 병의 치료 등에 나쁜 영향을 미친다. 노인이 되면 물을 덜 마시는 경향이 있는데, 물의 필요량은 노인이 되어도 감소되지 않으므로 하루 6.8잔의 충분한 양의 물 또는 다른 음료를 마시도록 하여 탈수를 방지하도록 한다.

XIV 휴식의 관리

21세기는 창의성의 시대이다. 모든 사람이 다 천재가 될 수는 없겠지만 남들과는 구분되는 독특한 재능을 가진 사람들은 의외로 쉽게 발견된다. 하지만 이러한 재능은 어느 날 갑자기 생기는 것은 아니다. 창의성을 키우는 방법에 대해 여러 가지 주장들이 있지만 그 중 가장 중요한 것은 휴테크 즉, 적절한 휴식의 관리라고 하겠다.

휴테크는 말 그대로 잘 쉬자는 의미이다. 그 동안 우리가 휴식에 대해 가지고 있는 이미지의 일부는 일과 마찬가지로 고단한 것이었다. 폭음, 차량 정체 속에서의 이동, 휴가지에서의 바가지요금과 쓰레기 더미, 말이 휴가이지 사실 고생이라는 말이 절로 나오는 휴가를 보내는 사람들이 그만큼 많았던 것이다.

그렇다면 진정한 휴식이란 무엇일까? 우선 휴식에 대한 생각을 바꿔야 한다. 휴식에 대해 죄의식을 갖는 사람들이 더러 있지만 휴식은 창의성과 생산성을 위해 반드시 필요한 것이다. 시간을 내어서 억지로라도 쉬어야 한다. 인간은 늘 긴장된 상태로는 살 수 없기 때문이다. 기업이건 사람이건 때때로 쉬면서 과거를 정리하고 미래를 생각해야 한다. 휴식은 대나무에 비유하자면 마디에 해당하는 것이다. 마디가 있어야만 대나무가 자랄 수 있는 것처럼, 사람도 기업도 중간 중간에 쉬어야 강하고 곧게 성장할 수 있다.

가장 좋은 휴식을 달성하기 위해서는 첫째로, 몰입할 수 있는 인생의 테마를 찾아야 한다. 어린 시절 몰입의 기쁨을 보존하고 있는 성인은 드물다. 나이를 먹으면서 몰입의 능력을 점차 잃어버리는 것이다. 격렬한 운동이건, 영화이건, 만화책이건 무슨 일이든지 몰입할 수 있는 인생의 테마를 찾아 거기서 행복을 느끼는 것이 필요하다. 둘째, 일상에서 빠져 나오는 것이 중요하다. 무엇보다 가장 큰 휴식은 일상을 떠나 새로운 일을 경험하는 것이다. 사람들이 여행을 좋아하고 꿈꾸는 이유도 바로 이 때문이다. 일상을 떠나 새로운 일을 해 보는 것이 다름 아닌 휴식이다.

오랫동안 일을 해도 성과가 나지 않는 것, 인생이 늘 지루하고 답답하게만 느껴지는 사람들은 많은 부분 휴식의 중요성을 간과하고 쉴 줄 모르기 때문에 발생하는 문제라고 볼 수 있다. 억지로라도 시간을 내서 쉬어 봄으로써 휴식을 자기 몸속에 체화 시킬 수 있는 능력도 중요한 자기관리 능력임을 인식하고 자기만의 휴식 노하우를 개발할 필요가 있다.

(1) 건강에 좋은 수면, 휴식 방법

수면은 사람에게 가장 기본적인 휴식의 시간을 제공한다. 체력을 축적할 수 있는 에너지의 공급이 이루어지는 것도 바로 잠을 통해서이다. 수면은 우리가 낮 동안에 활동하느라 사용한 에너지를 보충하는 시간이다. 성장기의 아이들에게 꼭 필요한 성장 호르몬이 가장 많이 분비되는 시간도 바로 수면시간이다. 우리 몸에서 뇌는 생명유지를 위한 모든 생물학적 기능을 총괄하는 곳이다. 뇌가 적절한 활동의 균형을 유지하기 위해서는 휴식이 필요하다. 이러한 휴식은 대부분 수면시간에 이루어진다.

① 적당한 양의 수면을 취해야한다.

수면의 시간은 무조건 길다고 좋은 것은 아니다. 졸릴 무렵 잠자리에 들어서 7~8 시간 정도의 수면을 취하고 매일 아침 일정한 시간에 기상하는 습관을 들여야 한다. 또한 주말이나 공휴일 과 같은 휴식을 취하는 것은, 다음날에 불면을 초래할 뿐 아니라 출근하는 날 아침의 피로를 발생시키므로 이는 피하도록 하고 일상적인 생활에서 벗어나 여가를 즐기거나 취미 생활을 함으로써 좀 더 유용한 형태의 휴식을 취하는 것이 좋다.

② 일정한 수면 계획을 세워야한다.

규칙적인 시간표를 짜되 충분히 융통성 있게 하며, 이에 지나치게 신경이 쓰는 것은 좋지 않다. 신체적, 정신적으로 긴장을 푸는 시간을 갖도록 하고, 취침 직전에는 각성 효과를 일으킬 수 있는 활동을 피하도록 하며, 수면에 방해가 되는 모든 자극을 제거하여 적절한 수면 환경을 조성 하도록 미리 준비해야 한다.

③ 충분한 숙면을 위한 운동 계획을 세워야한다

운동과 환경 조건의 강도는 점차 높이도록 하며, 규칙적인 운동은 숙면에 도움이 되나 취침 직전의 운동은 오히려 각성효과를 나타내므로 피하도록 한다.

④ 자연적인 생체 리듬을 잘 활용하여야한다.

신체의 기본적인 활동-휴식 주시는 24시간 동안 90~100분 그리고 10~20분의 간격으로 진행되는 성질을 지니므로 가능하면 이 주기의 변화에 맞추어 집중력이 떨어질 때 작업을 중단하고 휴식을 취하도록 한다. 이렇게 하면 휴식 동안에 의식이 다시 맑게 회복되므로 집중을 위한 담배나 커 피 등의 기호품에 의존할 필요가 없다.

⑤ 스트레스를 적절히 조절하여야한다.

침실환경을 조용하고 보다 쾌적하며 어둡게 하도록 하고, 이완요법을 활용하는 것도 좋다. 긍정적인 생각을 하거나 마음의 평정을 찾을 수 있는 자신의 문제로부터 관심을 다른 곳으로 돌리게 되면 좀 더 쉽게 수면을 취할 수 있을 것이다.

⑥ 자신의 감정을 적절히 표현한다.

마음에 있는 감정을 적절하고 성숙된 방법으로 표현함으로써 만성적으로 감정을 억제하지 않도록 할 수 있으며, 자신의 분노를 표현할 때는 확실하고 적절하며 지나치게 공격적이지 않도록 유의한다.

⑦ 의사가 처방하지 않은 약물의 복용을 피해야한다.

알코올과 시중에서 판매하는 수면제는 바람직하지 못한 부작용을 가져올 수 있으며 정상적인 수면 습관을 방해하게 되므로 수면 장애가 발생했을 때 이들을 섭취해서는 안 된다. 우유나 크래커와 같은 따뜻한 차 한잔과 가벼운 스낵이 종종 기분을 진정시켜서 긴장을 풀게 할 수 있다.

⑧ 의학적인 문제를 잘 해결해야한다.

예를 들어 관절염의 경우처럼 통증과 불편함이 동반되는 의학적인 문제가 있는 경우 수면장애가 나타날 수 있다. 이런 경우 의사와의 상담을 통해 자신의 문제와 해결 방법을 알아보도록 하고, 적극적으로 그 치료를 위해 노력한다.

⑨ 나이가 들수록 밤에 잠자리에서 쉽게 깨고 한 번 깨면 좀처럼 잠이 들기 어렵기 때문에 체적인 수면 시간이 단축된다.

이 같은 변화를 극복하기 위해서는 매일 아침 일정한 시간에 규칙적으로 일어나는 계획을 세우고 매일 오후에 걷기 운동을 하도록 한다.

⑩ 시차를 극복해야 하는 경우

시차를 극복해야 하는 경우에는 자신의 시계를 목적지의 시각에 맞추어서 목적지에서 생활하는 것처럼 일상생활과 밤낮을 조정하도록 한다. 또한 낮잠을 너무 오랜 시간동안 취하거나 커피를 과량으로 마시는 것, 혼자 외톨이로 지내는 것은 피해야 한다.

참고문헌

1. 고령자의 운동처방 가이드라인. 박상갑외 5인. 동아대학교 출판부. 2004.
2. 성인병 예방을 위한 운동처방. 전재완. 형설출판사. 1997.
3. 小林寛道：運動生理学からみる高齢者と運動° 臨床スポーツ医学′ 4：1361-1366, 1987.
4. 운동과 보건. 윤진환 정일규. 도서출판 홍경. 2002.
5. 운동생리학 개론. 선우섭 김준동. 도서출판 홍경. 2004.
6. 田中喜代次, 他：冠動脈硬化性心疾患患者の活力年齢及び院内個別監視型運動療法の効果. 動脈硬化, 20：597-603, 1992.
7. 田中喜代次, 他：中年肥満女性の活力年齢の経年的変化. 体力研究, 77:73-81, 1991b.
8. 田中喜代次, 他：質問紙によるヒトの全身持久性体力の簡易評価方に関する提案° 臨床スポーツ医学, 12：438-444, 1995.
9. 田中喜代次, 他：虚血性心疾患患者に対する1年間の院内監視型運動指導の有用性一活力年齢について一. 教育医学, 40：136-144, 1994.
10. 竹島伸生, 他：中高年ランナーの最大摂取量と乳酸性閾値一加齢に伴う変化一. 体力科学′ 38：197-207, 1989.
11. 中西とも子, 他：肥満女性に対する院内監視型運動指導の有用性について一健康度指標"活力年齢"の改善という視点に着目して一. 肥満研究, 2：28-33, 1996.
12. 현대인의 건강관리를 위한 운동처방. 유승희, 박수연. 태근문화사. 1997
13. 浅野勝己：中高年マラソンランナーの体力. 体育の科学, 27: 721-727, 1977.
14. Asano K, Ogawa Y, Yano T, Tomihara M：Aerobic work capacity and blood constituents in middle and old-aged runners. Bull. Inst. Sport Sci. (Tokyo Univ. of Educ.) 14：21-34, 1976.
15. Buskirk ER, Hodgson JL：Age and aerobic power：The rate of change in men and women. Fed. Proc. 46: 1824-1829, 1987.
16. Cantwell JD, Watt EW：Extreme cardiopulmonary fitness in old age. Chest 65: 357-359, 1974.
17. Forbes GB：The adult decline in lean body mass. Hum. Biol. 48：161-173, 1976.
18. Hagberg JM：Exercise, Fitness, and Hypertension. In：Exercise, Fitness, and

Health : A Consensus of Current Knowledge. (Ed) by Bouchard, C. Shephard, RJ. Stephens, T, Sutton, J. R. and Mcpherson, B. D. Human Kinetics, p455-466, 1990.

19. Hayakawa Y, Isono K, Tanaka K, Asano K : Metabolic responses during bench stepping exercise. J Educ Health Sci, 41 : 351-358, 1996.
20. Inbar O, Oren A, Scheinowitz M, Rotstein A, Dlin R, Casaburi R : Normal cardiopulmonary responses during incremental exercise in 20-to 70-yr-old men. Med. Sci. Sports Exerc. 26 : 538-546, 1994.
21. Pollock ML, Foster C, Knapp D, Rod JS, Schmidt DH : Effects of age and training on aerobic capacity and body composition of master athletes. J. Appl. Physiol. 62 : 725-732, 1987.
22. Robinson S : Experimental studies of physicall fitness in relation to age. Arbeitsphysiologie, 10 : 251-323, 1938.
23. Seals DR, Hagberg J, Spina R, Rogers M, Schechtmen K, Ehsani A : Enhanced left ventricular performance in endurance trained older men. Circulation 89 : 198-205, 1994.
24. http://www.joinshr.com/
25. http://unicorn.pknu.ac.kr/
26. www.hp.go.kr/pds/book/2001healthguide/h10.pdf

제13장 성인병 예방과 운동

I 성인병이란

- 40세 이상의 향로기(向老期)에 발병률이 증가하는 병을 총칭
- 3대 성인질환 (대사 증후군)
  - 당뇨
  - 고지혈증
  - 고혈압

1. 당뇨병이란?

- 세포에서 당이 잘 이용되지 못해서 혈액 속에 당이 증가 되는 질환
- 소변에서 당이 나오는 것을 의미하지는 않음

<정상인의 당대사1>

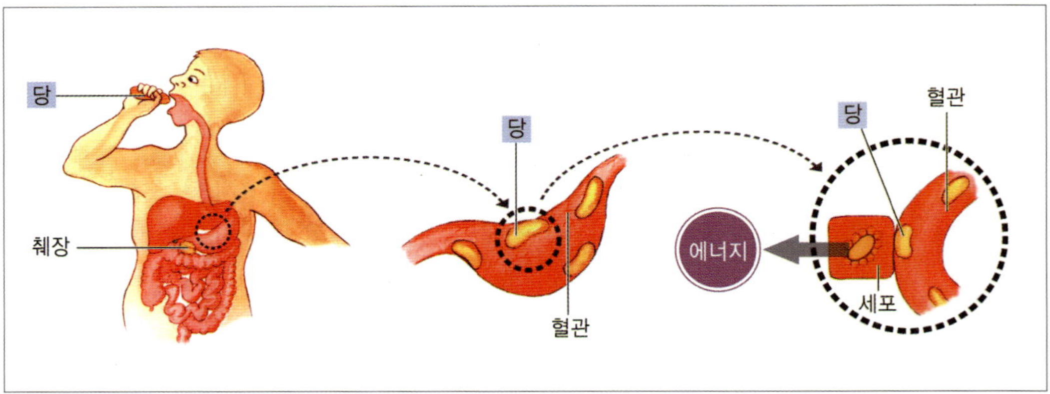

<정상인의 당 대사 2>

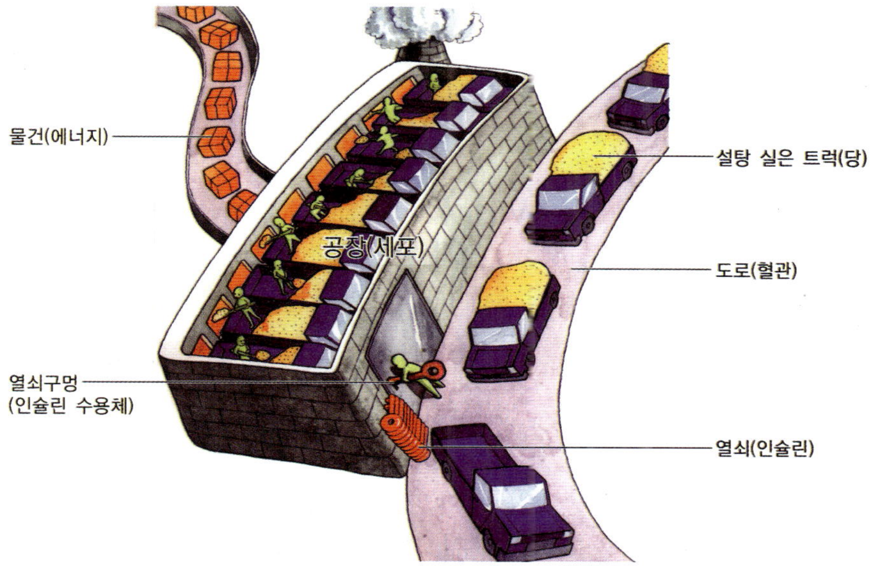

(1) 인슐린

- 췌장에서 분비되는 호르몬
- 분비시기; 식사후 혈당 상승시
- 작용; 혈중의 당을 세포 내로 이동
  - ─인슐린 수용체; 인슐린이라는 열쇠에 맞는 자물통
  - ─세포; 당이라는 원료로 에너지를 만드는 공장

<당과 인슐린>

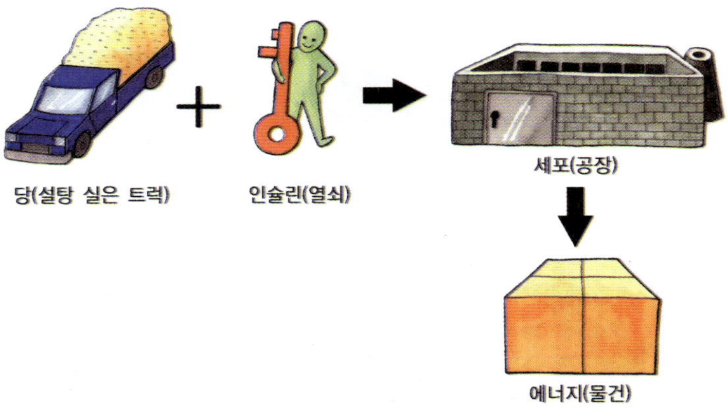

<췌장과 인슐린>

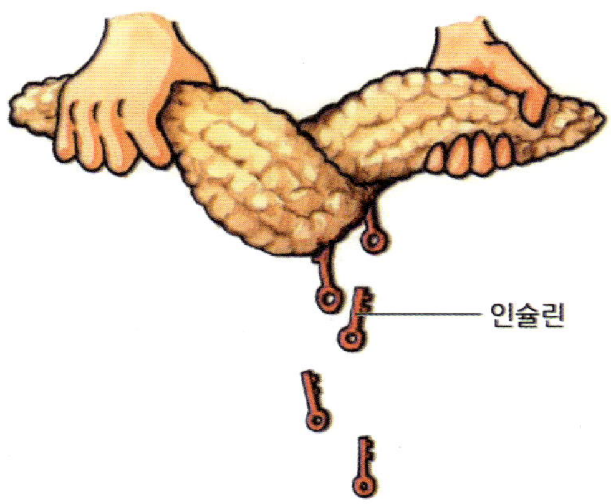

(2) 당뇨병의 분류

- 제1형 당뇨 – 소아 당뇨 – 인슐린 의존형 당뇨
- 제2형 당뇨 – 성인 당뇨 – 인슐린 비의존형 당뇨

<제 1형 당뇨>

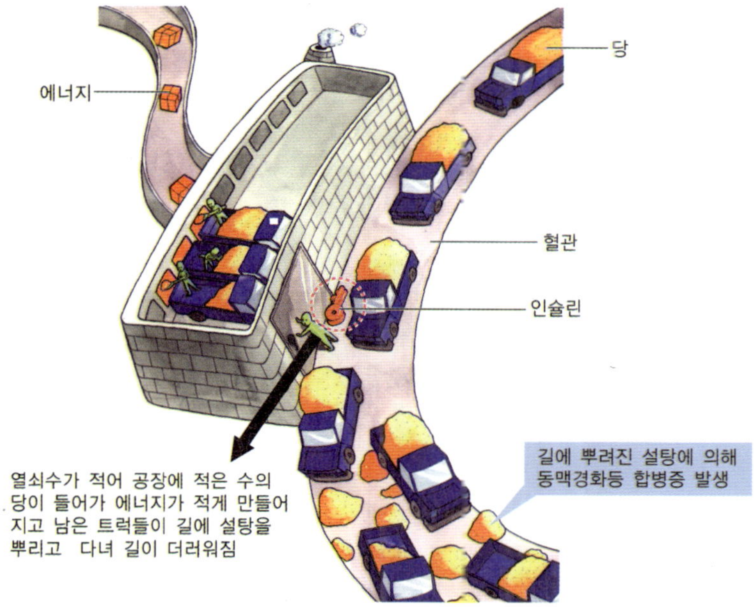
에너지
당
혈관
인슐린
열쇠수가 적어 공장에 적은 수의 당이 들어가 에너지가 적게 만들어지고 남은 트럭들이 길에 설탕을 뿌리고 다녀 길이 더러워짐
길에 뿌려진 설탕에 의해 동맥경화등 합병증 발생

<제 2형 당뇨>

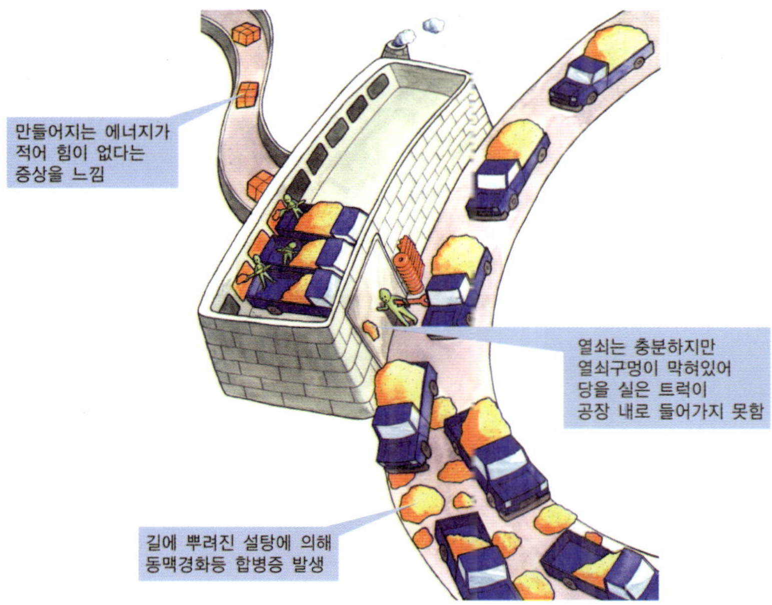
만들어지는 에너지가 적어 힘이 없다는 증상을 느낌
열쇠는 충분하지만 열쇠구멍이 막혀있어 당을 실은 트럭이 공장 내로 들어가지 못함
길에 뿌려진 설탕에 의해 동맥경화등 합병증 발생

<합병증의 기전>

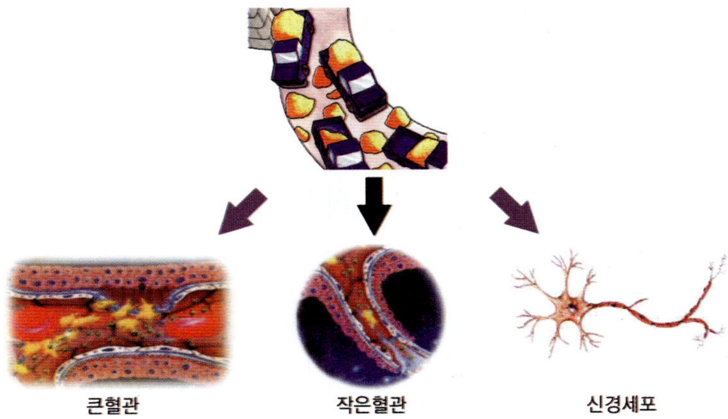
큰혈관
작은혈관
신경세포

<합병증>

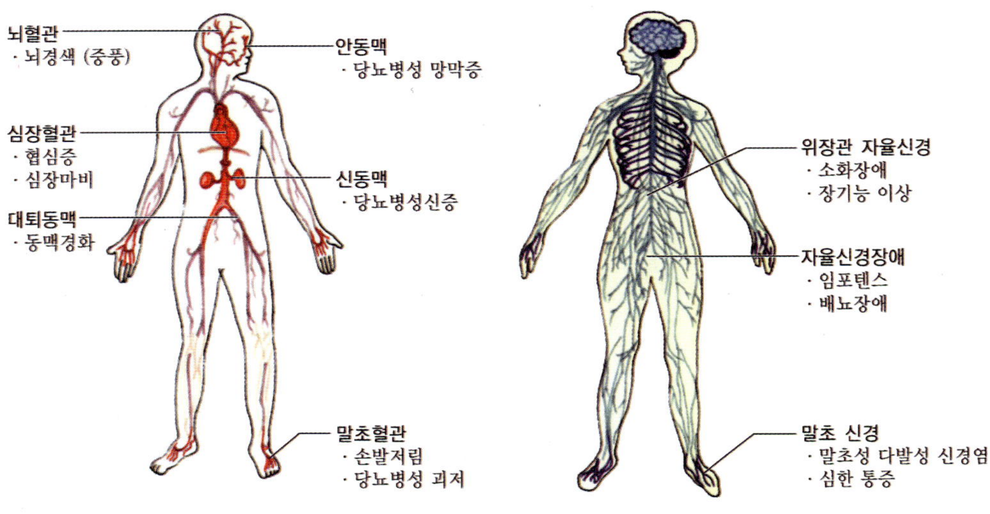
뇌혈관
· 뇌경색 (중풍)
안동맥
· 당뇨병성 망막증
심장혈관
· 협심증
· 심장마비
신동맥
· 당뇨병성신증
대퇴동맥
· 동맥경화
말초혈관
· 손발저림
· 당뇨병성 괴저
위장관 자율신경
· 소화장애
· 장기능 이상
자율신경장애
· 임포텐스
· 배뇨장애
말초 신경
· 말초성 다발성 신경염
· 심한 통증

<당뇨병의 특징>

	제1형	제2형
발생연령	40세 이전	40세 이후
체 중	마른 체격	과체중
증 상	갑자기 발생	서서히 발생
가 족 력	없음	있음
인슐린 치료	필요	필요치 않음
약물치료	효과 없음	효과적

(3) 당뇨병의 유발인자

- 유전성
- 비만
- 연령
- 스트레스
- 잦은 임신
- 외상
- 약물남용
- 바이러스
- 면역체계변화

① 증상

- 소변을 자주 본다.
- 갈증을 자주 느낀다.
- 언제나 배고픔을 느낀다.
- 체중이 감소한다.
- 항상 피곤하다.
- 피부가 건조하고 가렵다.
- 상처가 잘 낫지 않는다.
- 발이 저리다.

- 시력이 감퇴된다.
- 변비등의 장 기능 장애
- 국부 소양감

② 검사 방법

- 공복시, 식후 2시간 당검사
- 경구 당 부하검사
  - 방법 : 75g 포도당 + 물300cc 먹고
    30분 간격 5회 혈당 측정
  - 스트레스가 없는 상태
  - 3일 이상 충분한 음식 섭취
  - 12시간 이상 금식

③ 당화 혈색소(HgA1C)

- 오랫동안 고혈당에 노출된 적혈구의 혈색소에 포도당이 결합된 것
- 최근 3~4주간 혈당 조절 정도 반영
- 정상 4~6%

④ 요당

- 진단목적으로 사용 불가
- 혈당농도가 180mg/dl 이상 되어야 소변에서 당이 검출된다.
- 몸의 탈수 상태에 따라 달라진다.
- 당뇨병이 없어도 당이 검출될 수 있다.
- 치료도중의 혈당 조절을 대강 파악하는데 도움을 준다.

(4) 당뇨병 진단

- 공복시 정맥혈당 농도
  - 140mg/dl 이상이 2회 이상
- 부정기 정맥혈당검사
  - 200mg/dl 이상이 2회 이상

① 진단(정상)

- 공복시 혈당 ≤ 140mg/dl
- 식후 2시간 혈당 ≤ 140mg/dl
- 검사중 200mg/dl이상 혈당이 없는 경우

③ 진단 (종합)

<당뇨병의 진단> (단위 : mg/dl)

	정상	내당능 이상	당뇨병
공복시 혈당치 75g 경구당부하 검사 HbAlc	7~110 140≤ 6.0%≤	111~125 140~199	≥126 200≥이상 6.0%≥

(5) 합병증

① 합병증1(급성합병증)

- 케톤 산혈증
- 고삼투압성 혼수

② 합병증2(저혈당성 혼수)

- 저혈당성 혼수
  - 혈당이 60mg/dl 이하
  - 증상
    - · 허기진다, 어지럽다
    - · 가슴이 두근거리고 손 발이 떨린다
    - · 의식이 흐려짐

③ 합병증2(급성합병증)

- 저혈당성 혼수
  - 원인
    - · 약물과용, 식사 거름, 심한 운동
  - 치료
    - · 주스 설탕복용, 병원 후송

④ 합병증2(만성합병증)

- 큰 혈관
  - 동맥경화증
  - 심근경색증
  - 중풍
- 작은 혈관
  - 당뇨병성 망막증
  - 당뇨병성 신증
- 신경합병증
- 감염; 당뇨병성 족부 괴사

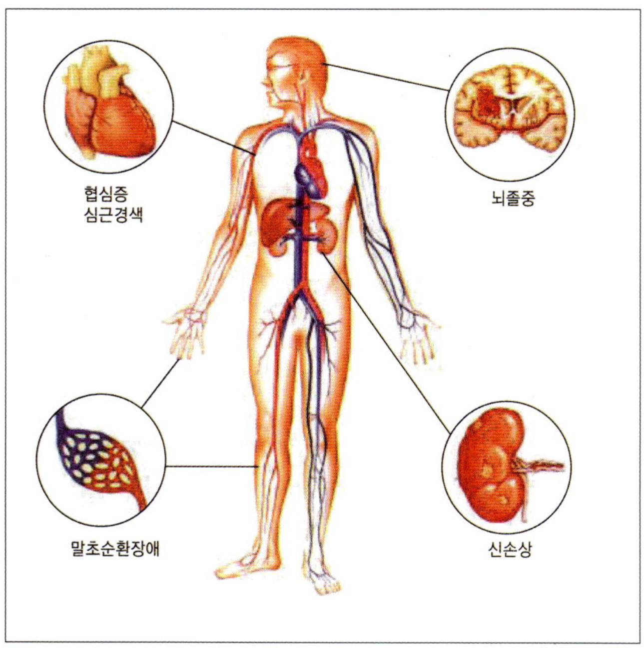

(6) 치료의 종류

- 혈당조절
  - 식사요법
  - 운동 요법
  - 약물요법
- 합병증치료

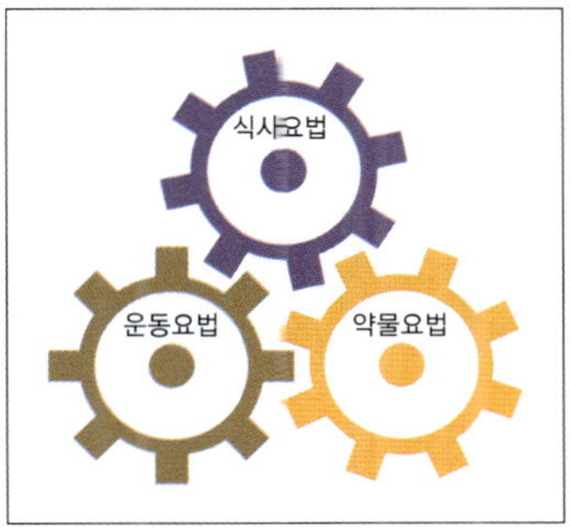

※ 치료목표

- 혈당조절 목표
  - 공복시 혈당 ≤ 110mg/dl
  - 식후 2시간 혈당 ≤ 140mg/dl
  - 허용한계
    - · 공복시 혈당 ≤ 140mg/dl
    - · 식후 2시간 혈당 ≤ 160mg/dl
  - 60세 이상에서는 200mg/dl를 기준으로 함

▶ 혈당조절

① 식사요법

- 표준 체중 유지
- 적절한 열량 섭취
- 3대 영양소 골고루 섭취
- 규칙적인 식사

㉠ 식사요법

규칙적인 식사

규칙적으로 정해진 시간에 하루 세번 한다.

편식 금지

영양소를 골고루 섭취할 수 있도록 영양보충을 섭취한다.

당분섭취는 피한다.

설탕을 비롯하여 꿀, 사탕 등의 당분은 혈당의 급상승을 초래하므로 삼가한다.

지방질 음식 섭취 제한

육류의 기름은 제거하고 식물성 기름은 적당히 사용한다.

섬유소를 충분히 섭취한다.

채소류를 충분히 섭취하고 잡곡으로 식사하는 것이 혈당조절에 도움을 준다.

짜고 매운 자극성이 강한 음식을 피한다.

염분의 농도가 높은 자극적인 음식은 피한다.

체중은 표준체중을 유지하도록 한다.

체지방량을 줄이고 제지방량을 늘리도록 한다.

㉡ 식사요법

- 필요 에너지량 : 각 개인의 표준체중 1Kg 당 25~30Kcal
- 비만 : 표준체중 1Kg당 20~25Kcal
- 마른경우 : 표준체중 1Kg당 35Kcal

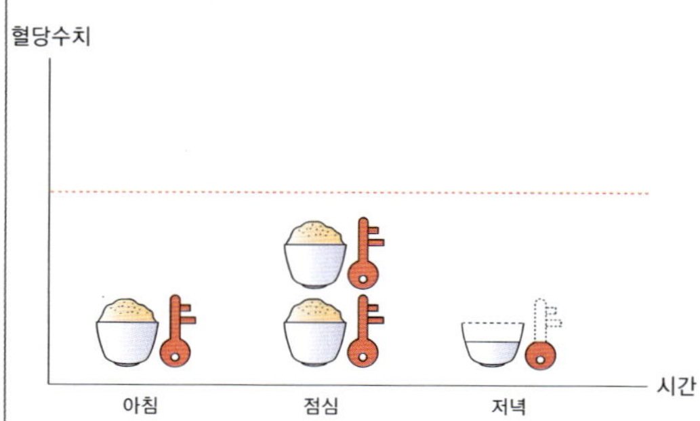

<정상인의 식사와 혈당>

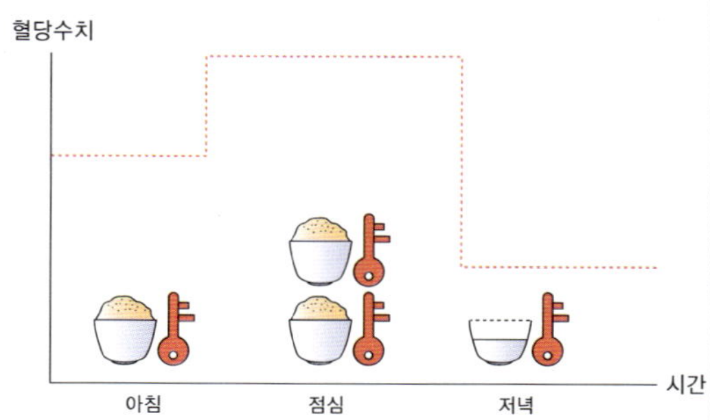

<당뇨병환자의 식사와 혈당>

② 약물치료

- 경구용 혈당 강하제
- 인슐린

<1형 당뇨 약물치료의 기전>

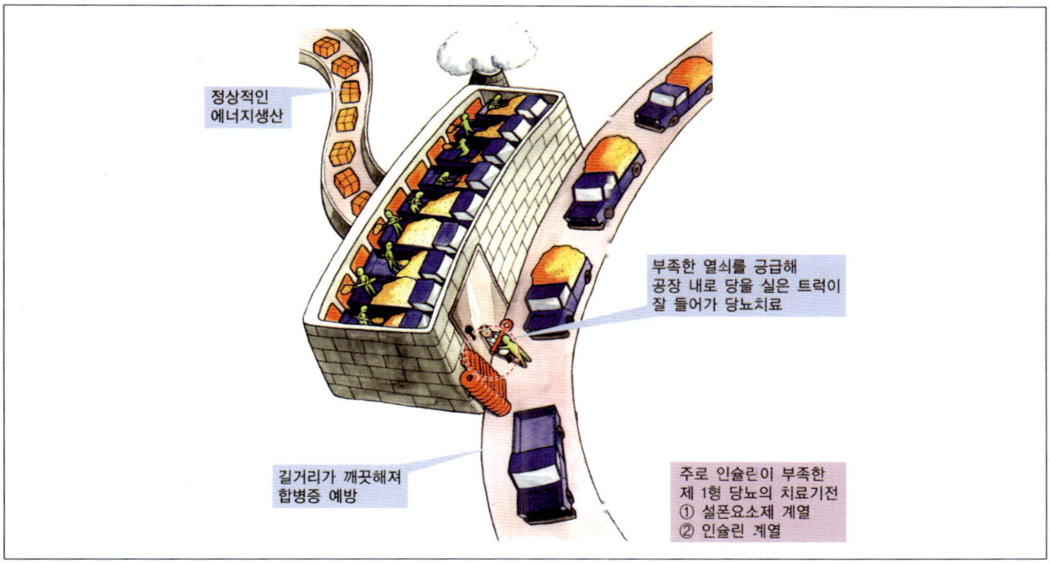

<2형 당뇨 약물치료의 기전>

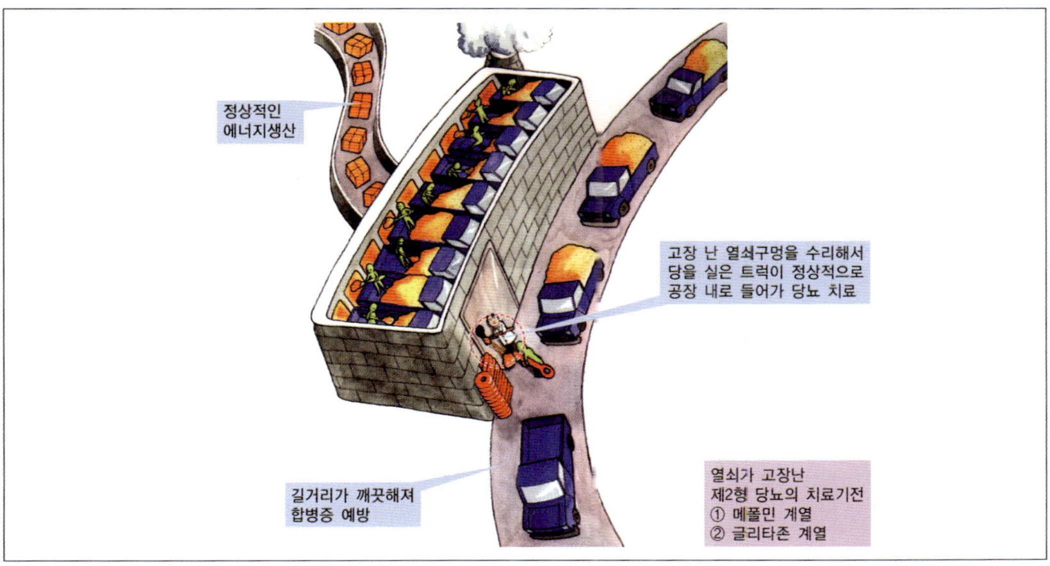

<약물치료의 기전 3>

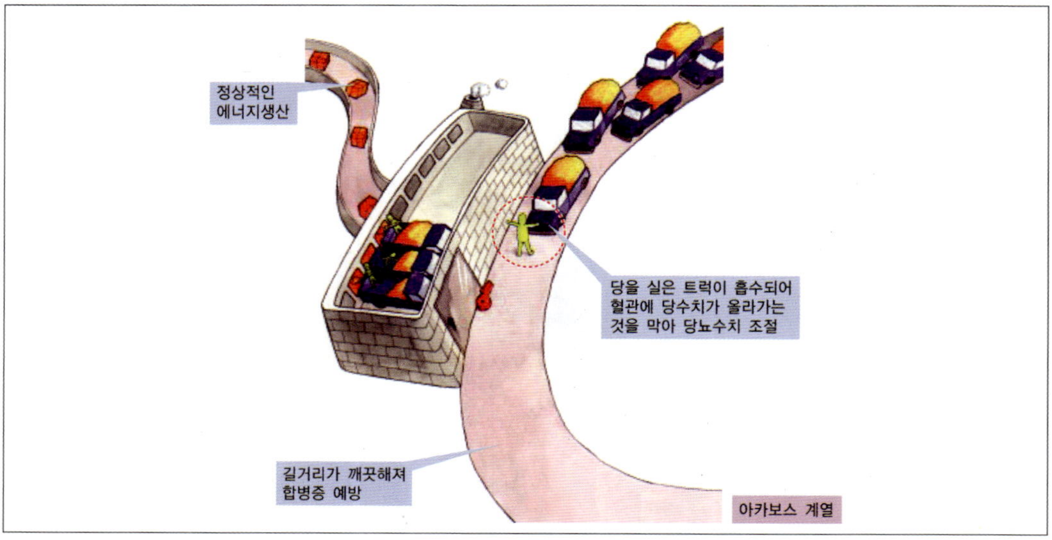

㉠ 경구용 혈당 강하제

ⓐ 경구용 혈당 강하제

- 인슐린 분비를 촉진하는 약
  - 설폰요소제 계열
- 인슐린 수용체 반응을 증가시키는 약
  - 바이구아나이드 계열
    - · 메트폴민
    - · 피오글리타존

ⓑ 경구용 혈당 강하제 2

- 설폰요소제
  - 다이아 미크롱
  - 다오닐
  - 다이그린
  - 다이아비네스

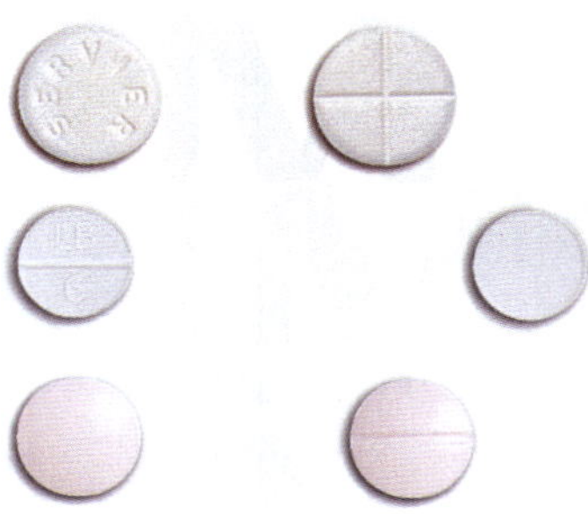

— 아마릴

ⓒ 경구용 혈당 강하제 3

- 설폰 요소제 금기
  - 인슐린 의존형 당뇨병
  - 임산부
  - 수술중인 환자
  - 심한 감염이나 스트레스가 심한 상태
  - 외상환자
  - 심한 간, 신장질환으로 저혈당 발생가능성이 많은 환자

ⓓ 경구용 혈당 강하제 4

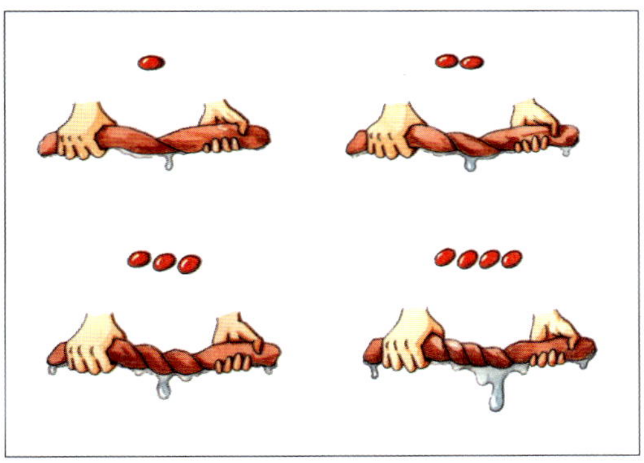

ⓔ 경구용 혈당 강하제 6

- 바이구아나이드계열
  - 메트폴민
    - 글루코파지

  - 글리타존
    - 아반디아
    - 액토스

ⓕ 경구용 혈당 강하제 7

- 아카보스
  - 글루코바이

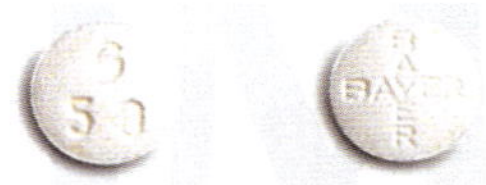

㉡ 인슐린

ⓐ 인슐린의 작용시간

	시작	최고	지속
휴마로그	15~30분	2시간	4~6시간
NPH	1~2시간	6~10시간	18~24시간
혼합형	15~30분	2~3시간	18~24시간

ⓑ 정상

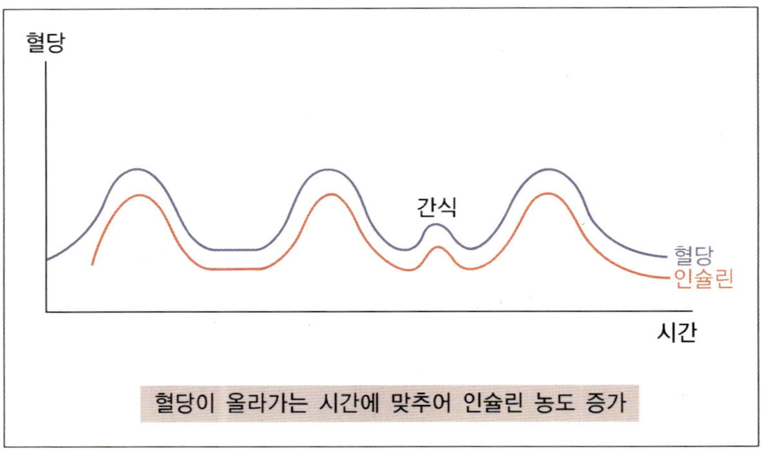

ⓒ 중간형 인슐린 & 경구용 혈당 강하제

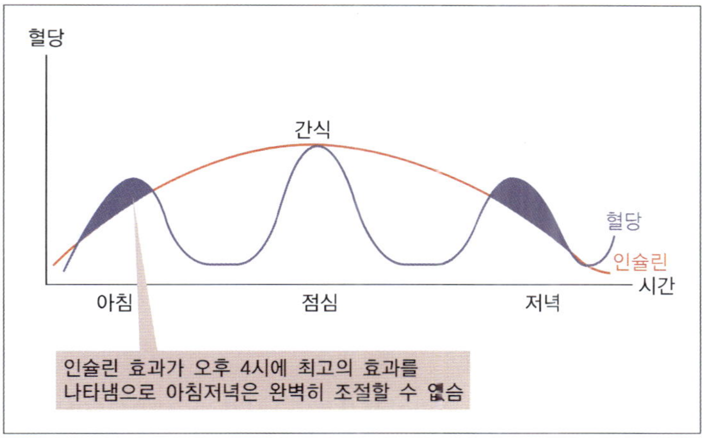

ⓓ 속효성 인슐린

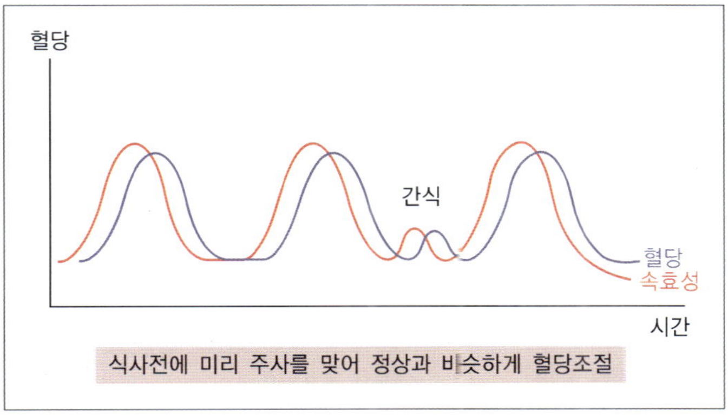

ⓔ 인슐린 펌프 적응증

- 혈당조절의 개선이 필요할 때
- 저혈당이 빈번히 발생
- 임신
- 간이나 신장의 기능이 약한 경우
- 조기 당뇨병성 합병증
- 신장이식
- 환자의 상황이나 업무에 변동이 심한경우

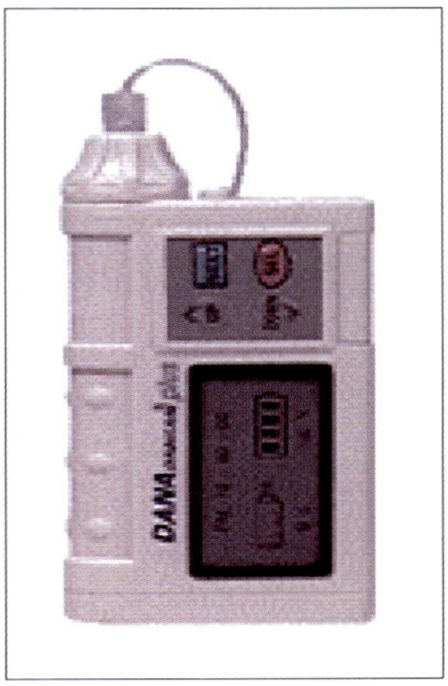

- 인슐린에 민감한 경우
- 여명현상

ⓒ 운동요법

ⓐ 운동 생리 1

- ATP생성 경로
  - Creatine Phosphate에의한 ADP인산화
  - 미토콘드리아에서 ADP의 산화적 인산화
  - 세포질에서 포도당분해
- Creatine Phosphate에의한 ADP인산화는 단시간에 ATP를 만들어줌
- 운동 지속시 근육내 축적된 Creatine Phosphate만으로 ATP생성 부족 → 세포질에서 포도당분해

ⓑ 운동 생리 2

- 안정시 유리 지방산에서 필요열량의 90% 공급
- 5~10분 : 근육내 저장되어있는 글라이코겐이 주 열량 공급원
- 15분이상 운동지속시 간의 포도당 신생이 포도당의 공급원
- 30분이상 지속시 글라이코겐이 고갈되고 혈중 포도당과 지방세포에서 유리되는 지방산으로 열량원 대체
- 이후로도 운동 지속시 열량공급원으로 지방산으로 점차 대체

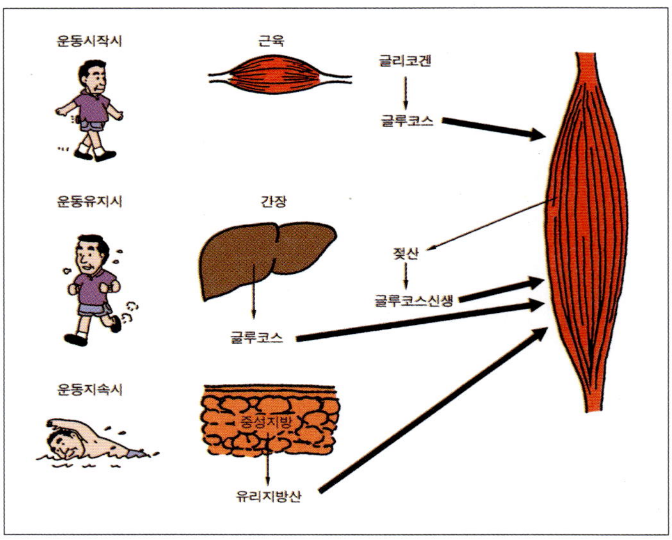

ⓒ 운동요법

- 규칙적인 운동; 주 5회 이상
- 식사 후 운동
- 운동시간; 20~40분
- 운동 강도;
  - 최대 심박수 = 220 -나이
  - 최고 예비 심박수 = 최대 심박수 - 안정시 심박수
  - 목표 심박수 = 예비 심박수 × 0.7 + 안정시 심박수

ⓓ 운동효과

- 단기적효과
  - 근육에서 에너지 소비증가
  - 혈당이 이용되어 혈당치 상승억제
  - 지방연소, 비만개선
  - 인슐린수용체의 기능개선
  - 운동회복기에 당질합성 증가 → 당질축적
  - 악영향
    - 지방산 산화 항진 → 글루카곤 분비 항진 → 혈당치 상승,
    - 인슐린 부족 심화 혈중 케톤체 생성 증가

- 장기적효과
  - 근육의 인슐린 감수성을 높인다.
  - 당뇨합병증의 진전인자를 약화
  - 중성지방 저하, HDL 콜레스테롤 상승 → 동맥경화 위험인자 감소
  - 심혈관 확장 → 협심증과 심근경색 예방
  - 뼈에 칼슘 상실 예방

자각증상의 개선
질병과 생활에서 유발된 스트레스 등의 정신적인 긴장을 해소하는 효과가 높고 생활의 활력도 얻을 수 있다.
당뇨병의 보다 나은 혈당 조절
근육에서의 당 이용률 향상으로 혈당의 감소와 규칙적인 장기간 운동에서는 당화혈색소치가 낮아진다.
인슐린의 감수성 증대
체내 인슐린의 민감성이 높아져 보다 소량의 인슐린으로도 혈당 조절이 잘 되므로 혈중 인슐린 농도가 낮아진다.
혈중 지질 성분의 개선
혈중 중성지방, 콜레스트롤농도를 낮추어 고지혈증을 예방하고 동맥경화의 진행을 지연하는 효과가 높다.
운동시 혈압 상승 감소와 심장기능 개선
장기간의 규칙적인 운동에서는 심장기능의 향상으로 혈압감소와 심혈관계 합병증 등의 발생이 지연되거나 개선된다.
운동 능력 및 체력의 향상
체력의 향상으로 동일한 강도의 작업량에서는 피로를 유발하지 않고 작업의 효율성을 높인다.
체중은 표준체중을 유지하도록 한다.
체중에서 체지방량을 줄이고 제지방량을 늘리도록 한다.

ⓔ 운동의 효과와 문제점

- 운동의 효과
  - 인슐린 감수성의 개선과 당대사의 개선
  - 열량섭취 제한에 의한 근육위축의 방지
  - 체중 및 체지방 감소

- 운동의 문제점

  통제가 되지 않는 상태에서는 오히려 체내 산성화를 가중시킴(특히 제I형 당뇨병)
  - 저혈당의 유발(운동 후 6~24시간 사이에서 일어나는 경우가 있음)
  - 합병증이 있을 때는 악화시킬 우려가 있음
  - 합병증의 정도에 따라서는 금기

ⓕ 당뇨병에 대한 운동전 검사항목

대사이상의 유무확인	
• 요당 • 케톤체 • 혈당치(공복시 및 식후)	• HbAlc • 혈청지질농도 • 요산
합병증의 유무확인	
• 안저검사 • 뇨단백검사 • 신장기능검사 : BUN, Creatinine, Creatinine clearance • 말초신경장해 : 아킬레스건 반사, 말초신경전도 속도 등 • 자율신경기능 : 기립 내성 테스트, 심전도상의 R-R간격의 변동계수 • 하지혈류장해 : 말초 맥박촉지의 유무, 다리의 X-선검사(석탄화의 유무), 혈압측정 • 정형외과적 검사 : 뼈와 관절의 검사	
치료의 유무	
• 식이요법의 처방열량과 횟수 • 경구혈당강하제사용의 유무 • 인슐린 주사의 유무 : 신장기능검사-BUN, Creatinine • Creatinine clearance • 다른 약물요법	

ⓖ 혈당조절 상태별 운동

- 식이요법만 하고있을때
  - 비만의 경우 보통 강도의 가벼운 운동 (1분에 120 ±10보정도의 걷는 속도 보행)
  - 최대 심박수의 60~75% 범위의 운동강도 유지
  - 1주일에 1kg당 10~20Kcal정도 소비되는 운동량 결정

- 경구 혈당 강하제 사용하고 있을 때
  - 최대 심박수의 60~75% 범위의 운동강도 유지
  - 주당 3~5일
  - 에너지 소비량
    - 남자 1회당 300Kcal
    - 여자 1회당 200Kcal
    - 일주에 1,000~1,500Kcal

- 인슐린 요법을 실시하고 있을 때 식사는 운동 1~3시간 전
  - 인슐린투여는 적어도 1시간전
  - 대퇴부에 인슐린 주사시 근육혈류량증가로 인슐린 흡수량 빨라져 저혈당 가능성 증가
  - 짧은시간의 운동의 경우 인슐린 량을 줄이는 것보다는 보충 식을 쓰거나 필요시 운동중 당질섭취
  - 간이나 신장에 이상이 있는 경우 인슐린 주사량 10~20 % 감량
  - 45분 운동 지속시 30% 감량
  - 90분 운동 지속시 50% 감량
  - 3시간 이상 지속시 80% 감량

ⓗ 당뇨인에 있어서 운동시 주의점

- 일시적으로 운동을 중단해야 되는 경우
  - 공복시 혈당이 300mg/dl 이상 초과하여 혈당조절 상태가 나쁜 경우
  - 뇨중에 케톤이 36mg/dl 혹은 beta-hydroxybutyic acid가 9mg/dl 이상 나타날 때
  - 운동 전에 저혈당 증세가 나타나는 경우

- 장기간 운동을 금지해야 하는 경우
  - 운동 후에 저혈압증세가 나타나며 자율신경병증이 있는 경우
    - 조깅 등을 피하고 고정식 자전거나 수영 같은 운동을 실시한다.
  - 족부에 심한 신경증이 나타는 환자의 경우
    - 하지에 부하 량이 집중되는 저항성 운동을 금한다.
  - 망막증 환자의 경우
    - 무산소성, 저항성 운동을 금지한다.

ⓘ 당뇨병 조절 상태에 따른 운동의 적용

- 적극적으로 운동을 해야 하는 경우
  - 혈당 조절이 양호하고 합병증이 없는 제I형 및 제II형 당뇨병 환자
- 주의하면서 운동을 해야 하는 경우
  - 노인과 비만자로서 제I형 및 제II형 당뇨병 환자

- 대사장애를 갖는 제I형 및 제II형 당뇨병 환자
- 단순성망막증, 당뇨병성 신경병증, 초기의 당뇨병성 신증
- 초기 고혈압증 및 동맥경화증 등의 합병이 있는 환자
- 인슐린 및 경구혈당강하제를 사용하는 당뇨병 환자로서 식사를 불규칙적으로 하는 경우

- 운동을 금지해야 하는 경우
  - Ketosis, ketoacidosis가 있는 경우
  - 급성 감염증, 급성 합병증이 나타날 때
  - 심한 혈관합병증(신부전, 심부전, 출혈성망막증 등)이 보일 때

ⓙ 운동의 종류와 양

- 보행속도와 보행기간을 지표로한 지도
  - 트레드밀 실시 3~4분씩 점진적으로 부하를 늘리고 마지막 1분간 심박수 측정
    - 트레드밀 맥박수가 환자연령에 상당하는 75%Hrmax가 될 때까지 증가시켰을때 보행속도 결정
    - 20~30대 130/분
    - 40~50대 120/분
    - 60~70대 110/분
  - 1회보행시 10분에서 점차로 30분까지 늘림

- 보행거리와 보행수를 지표로 한 지도
  - 1일 보행수를 1,000~1,500보로 증가 시켜 최종 1일 10,000보로

ⓚ 당뇨병 개선 및 예방을 위한 운동 프로그램

<table>
<tr><th colspan="2">형식</th><th>준비 운동</th><th>유산소 운동</th><th>근력 운동</th><th>정리 운동</th></tr>
<tr><td colspan="2">종류</td><td>스트레칭 및 체조</td><td>수중운동, 걷기, 달리기, 계단오르기, 댄스스포츠, 고정식 자전거, 수영 등</td><td>기구, 밴드, 지지물 등을 이용한 운동</td><td>스트레칭 및 체조</td></tr>
<tr><td rowspan="3">강도</td><td>입문</td><td rowspan="3">• 충분한 근육의 유연성이 확보되는 정보
• 몸에 땀이 날 정도</td><td>최대심박수 50% 정도의 가벼운 강도</td><td>최대 근력의 50% 정도</td><td rowspan="3">준비운동과 비슷한 정도</td></tr>
<tr><td>초·중급</td><td>최대 심박수 60% 정도의 약간 힘든 강도</td><td>최대근력의 60% 정도</td></tr>
<tr><td>상급</td><td>최대 심박수 70% 정도의 힘든 강도</td><td>최대 근력의 70% 정도</td></tr>
<tr><td rowspan="3">빈도</td><td>입문</td><td rowspan="3">운동실시 전마다</td><td>주당 2~3일 정도</td><td>주당 1~2일 정도</td><td rowspan="3">운동실시 후마다</td></tr>
<tr><td>초·중급</td><td>주당 3~4일 정도</td><td>주당 2~3일 정도</td></tr>
<tr><td>상급</td><td>주당 5일 정도</td><td>주당 3~4일 정도</td></tr>
<tr><td rowspan="3">시간</td><td>입문</td><td rowspan="3">10분 전후</td><td>15분 정도</td><td>10분 정도</td><td rowspan="3">10분 전후</td></tr>
<tr><td>초·중급</td><td>15~30분 정도</td><td>10~20분 정도</td></tr>
<tr><td>상급</td><td>30~60분 정도</td><td>20~40분 정도</td></tr>
<tr><td rowspan="3">기간</td><td>입문</td><td rowspan="3">운동 실시 전마다</td><td>8~12주</td><td>8~12주</td><td rowspan="3">운동실시 후마다</td></tr>
<tr><td>초·중급</td><td>8~16주</td><td>8~16주</td></tr>
<tr><td>상급</td><td>계속 유지</td><td>계속 유지</td></tr>
<tr><td colspan="2">주의점</td><td colspan="4">• 혈당이 300mg/dl 이상이거나 240mg/dl이상이면서 케톤체가 있는 경우에 운동을 연기한다.
• 인슐린 투여 또는 경구혈당강화제를 사용한 경우 운동 전, 중, 후에는 항상 혈당 체크를 한다.
• 혈당 < 80~100mg/dl 정도이면 탄수화물(사탕, 쵸콜릿 등)을 섭취한다.
• 공복 시 운동은 저혈당이 발생할 수 있으므로 식 후 1시간 후 정도의 운동을 실시한다.
• 저녁 늦게 운동을 하면 야간에 저혈당이 발생할 위험성이 있다.
• 날씨가 너무 덥거나 추울 경우 운동 시 주의한다.
• 근력운동 시 입문과정은 기구 사용 시 주의한다.
• 비만 및 당뇨 환자는 주로 대근육(하체)를 많이 이용한다.</td></tr>
</table>

▶합병증 치료

① DCCT(당뇨병 조절과 합병증 연구)

- 29개 센터, 총 9000명
- 치료군
  - 전통적 치료군
    - · 1일 1~2회 인슐린 주사
    - · 1일 2회 자가 혈당 측정
  - 강화치료군
    - · 일일 다회 인슐린 주사 (3~4회/일)
    - · 인슐린 펌프
    - · 1일 3~4회 당검사

<결과 1.>

	평균 혈당	평균 HgA1c
강화 치료군	155mg/dl	7.3%
전통적 치료군	231mg/dl	8.8%

<결과 2> (강화치료군에서)

위험인자	감소율
망막병증	76%
신경병증	66%
신증	56%

② UKPDS

- 대상
  - 23개 병원에서 새로 진단된 2형 당뇨환자
  - 총 7616명중 4209명
  - 연령 : 25~65세
- 연구기간 : 1977~1997년

ⓐ 결과

- 당화 혈색소
  - 전통적 치료군 : 7.9%
  - 강화 치료군 : 7.0%

- 위험도 (강화 치료군에서)
  - 당뇨병관련 합병증 : 12% 감소
  - 당뇨병 관련 사망 : 10% 감소
  - 미세혈관 합병증 : 25% 감소

- 평균 혈압
  - 엄격하게 조절한군 : 144/82mmHg
  - 덜엄격하게 조절한군 : 154/87mmHg
- 위험도
  - 당뇨병관련 합병증
    - · 합병증 : 24% 감소
    - · 사망 : 32% 감소
  - 중풍 : 44% 감소
  - 미세혈관 합병증 : 37% 감소
  - 망막 증식증 : 34% 감소

2. 고혈압

(1) 고혈압의 정의

- 혈압 : 심장에서 뿜어낸 혈액이 혈관벽에 미치는 압력
- 혈압의 일내 변동 : 수축기 혈압은 30~40mmHg, 확장기 혈압은 20mmHg변화

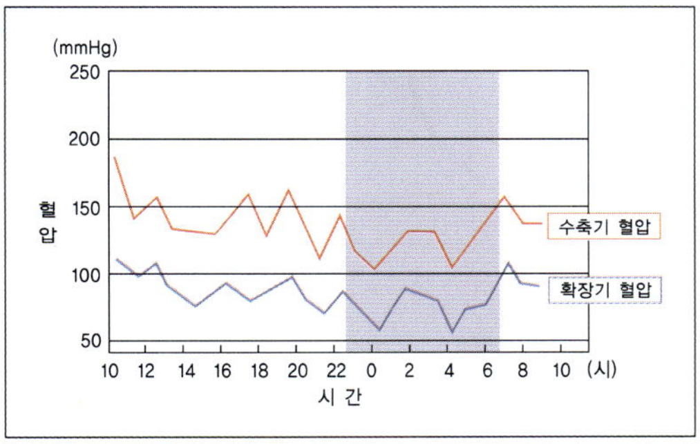

<2차성 고혈압의 원인>

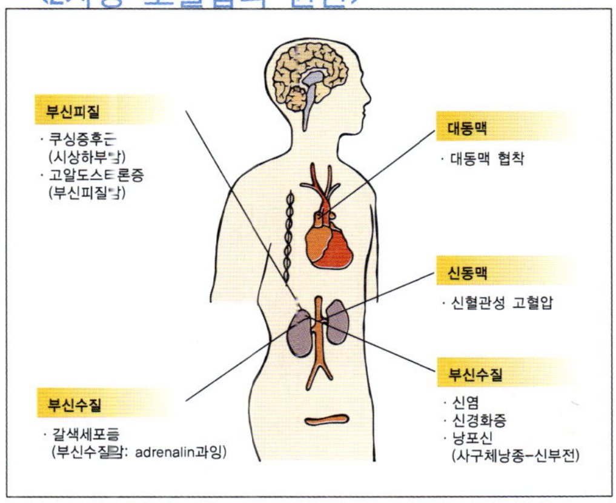

(2) 본태성 고혈압의 원인

- 유전적 요인 : 부모 한쪽이 고혈압이면 30%, 모두 고혈압이면 60%
- 노화
- 식염
- 한냉한 환경
- 비만
- 스트레스
- 흡연

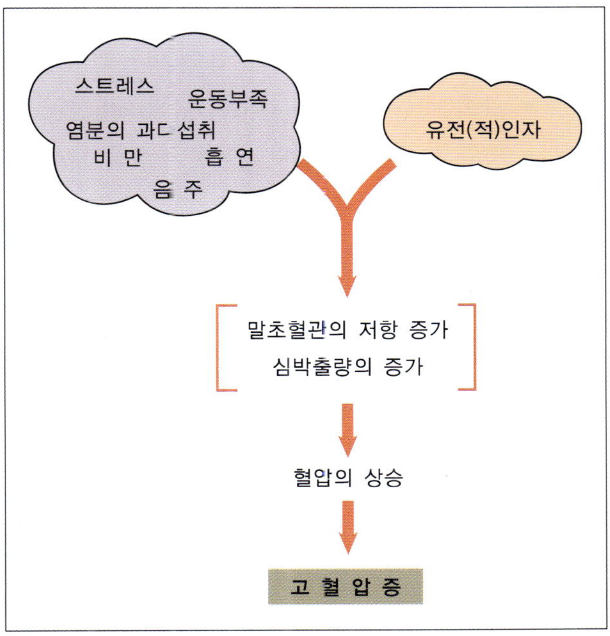

<혈압측정법>

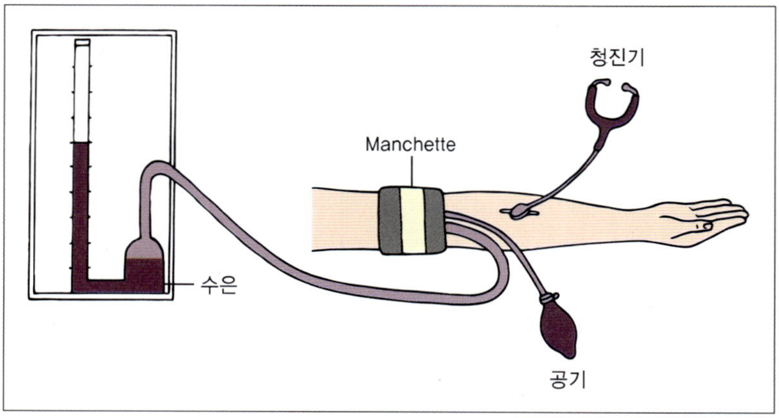

(3) 안정시 혈압측정시 주의사항

- 측정자는 측정 부위의 팔의 위치가 심장 높이에 오도록 하고 등을 기댈 수 있는 의자에 앉아 최소한 5분 이상은 안정을 취해야 한다.
- 혈압 측정 30분전에는 흡연이나 카페인 복용을 피해야 한다.
- 팔의 상완 부분을 견고하게 80%이상 cuff로 감아야 한다.
- 정확한 측정을 위해 적절한 cuff를 사용한다. 즉, 팔의 상완부분을 2~3번 감을 수 있는 cuff를 사용한다.
- 천천히 압력을 1초에 2~3mmHg씩 균등한 비율로 감소시킨다.
- 청진기에 소리가 들리기 시작할 때의 압력이 수축기 혈압이고 압력이 내려가면서 소리가 잘 들리지 않을 때(제4점), 소리가 완전히 들리기 않을 때(제5점)가 확장기 혈압을 나타낸다.
- 혈압은 2분 간격으로 2번 이상 측정하며 평균치가 5mmHg이상 차이가 나면 다시 측정한다.

<고혈압의 분류>

혈압 분류	수축기 혈압 (mmHg)	확장기 혈압 (mmHg)	비 고
정상혈압	<130	<85	2년 이내 재검사
높은 정상혈압	130~139	85~89	1년 이내 재검사
고혈압			
stage 1	140~159	90~99	2개월 이내 확인
stage 2	160~179	100~109	1개월 이내 진찰 또는 전문의에게 소개
stage 3	180~209	110~119	1주일 이내 진찰 또는 전문의에게 소개
stage 4	≥210	≥120	즉시 진찰 또는 전문의에게 소개

<심혈관 질환의 위험인자>

- 고혈압*
- 흡연
- 비만* (BMI ≥ 30kg/m2)
- 운동부족
- 이상지질혈증*
- 당뇨*
- 미세알부민뇨증 또는 GFR < 60ml/min
- 연령(남자 55세 이상, 여자 65세 이상)
- 조기 심혈관질환의 가족력(남자 55세 이하, 여자 65세 이하)

*대사증후군의 구성요소

<고혈압의 합병증>

고혈압 자체에 의한 합병증	동맥경화 촉진에 의한 합병증
• 악성고혈압 • 심부전 • 뇌출혈 • 신경화증 • 대동맥질환	• 관동맥질환 • 급사 • 부정맥 • 뇌경색 • 말초혈관질환

<고혈압의 치료>

비약물요법	약물요법
금연 절주 체중조절 적절한 식사요법 규칙적인 운동	칼슘길항제 ACE(angiotensin converting enzyme) 억제제 알파차단제 베타차단제 이뇨제

혈압 단계	위험군A	위험군B	위험군C
높은 정상	생활습관 교정	생활습관 교정	약물치료
고혈압 단계1	생활습관교정 (12개월 이상)	생활습관 교정 변경(6개월 이상)	약물치료
고혈압 단계 2,3	약물치료	약물치료	약물치료

위험군 A : 위험인자(−), 표적장기 질환 및 임상적 심혈관질환(−)
위험군 B : 당뇨 외 적어도 한 개의 위험인자(+), 표적 장기질환 및 심혈관질환(−)
위험군 C : 위험인자에 상관없이 표적 장기질환 및 심혈관질환(+) 또는 당뇨(+)

<생활개선의로 기대되는 강압효과>

개선내용	기대되는 수축기 혈압의 강하정도
체중감소	5~20mmHg/10kg 체중감소
DASH 식이요법	8~14mmHg
염분제한	2~8mmHg
규칙적 운동	4~9mmHg
절주	2~4mmHg

<약물요법에 의한 강압효과>

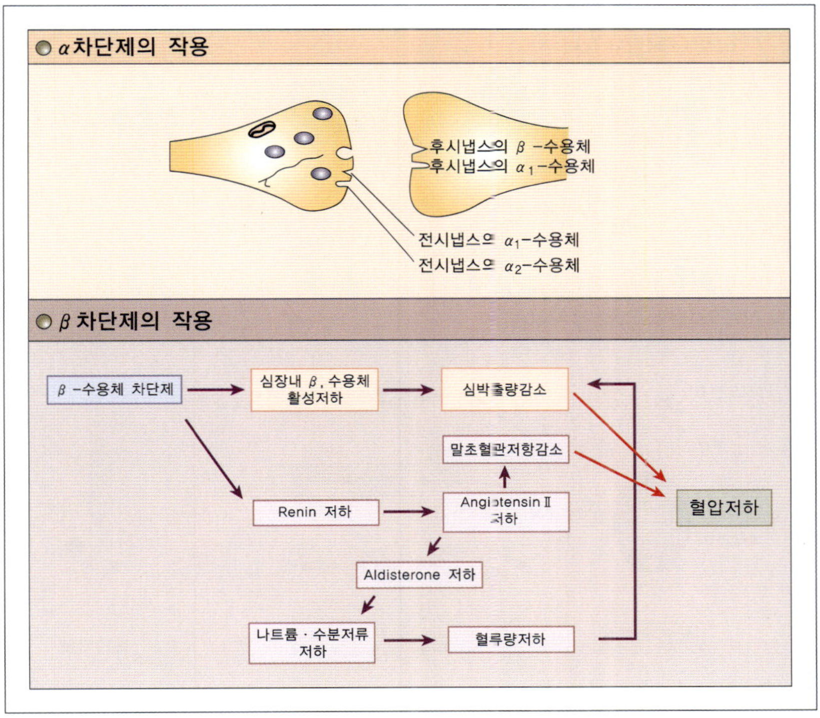

<고혈압의 치료 경로>

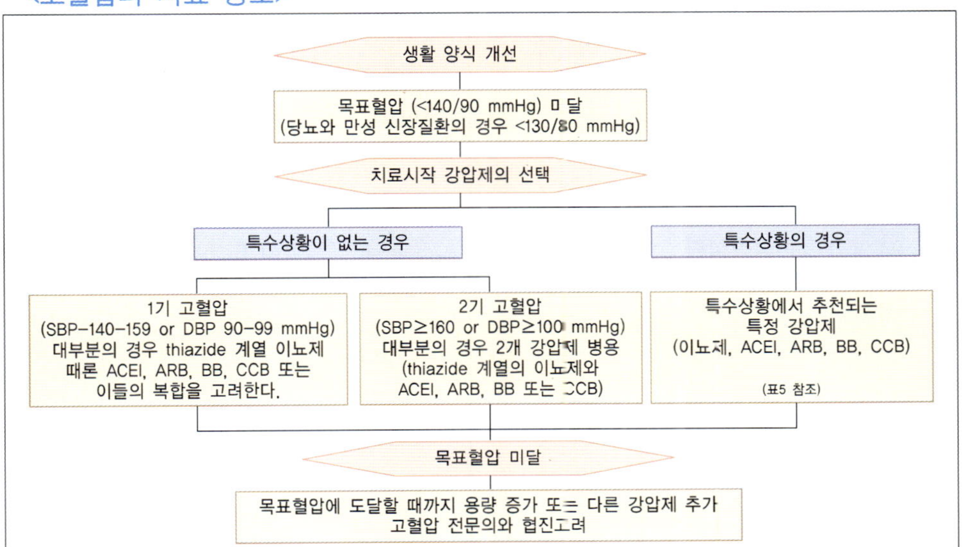

ACEI = angiotensin converting enzyme inhibitor ; ARB = angiotensin Ⅱ receptor blocker ; BB = beta blocker ; CCB = calcium channel blocker

<약물요법에 의한 강압효과>

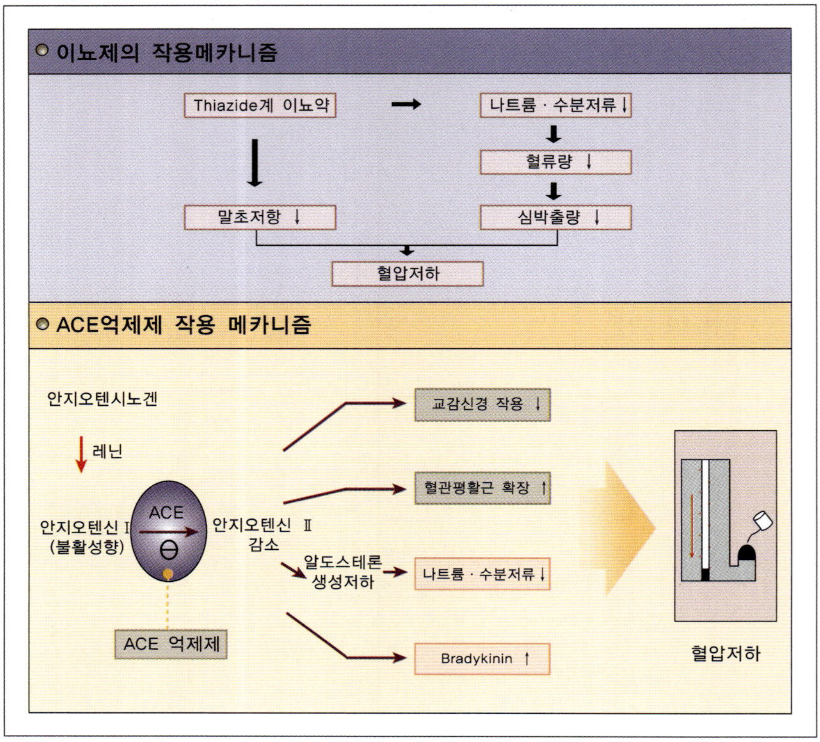

특수상황	치료시작 강압제 선택
심부전	Thiazide, BB, ACEI, ARB, ALDO ANT
심근경색	BB, ACEI, ALDO ANT
고위험 관동맥질환	Thiazide, BB, ACEI, CCB
당뇨	Thiazide, BB, ACEI, ARB, CCB
만성신질환	ACEI, ARB
뇌졸중 예방	Thiazide, ACEI

<유럽학회에서 권고한 병합요법>

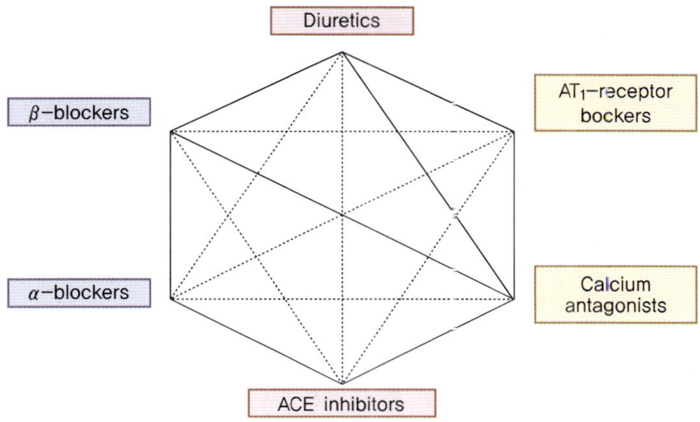

Possible combinations of diifferent classes of antihyoertensive agents. The most rational combinations are represented as thick lines. ACE, angiotensin-converting enzyme. the frames indicate classes of antihypertensive age proven be benefical in controlled interventional trials.

<유럽학회가 제안하는 고혈압 치료 방법>

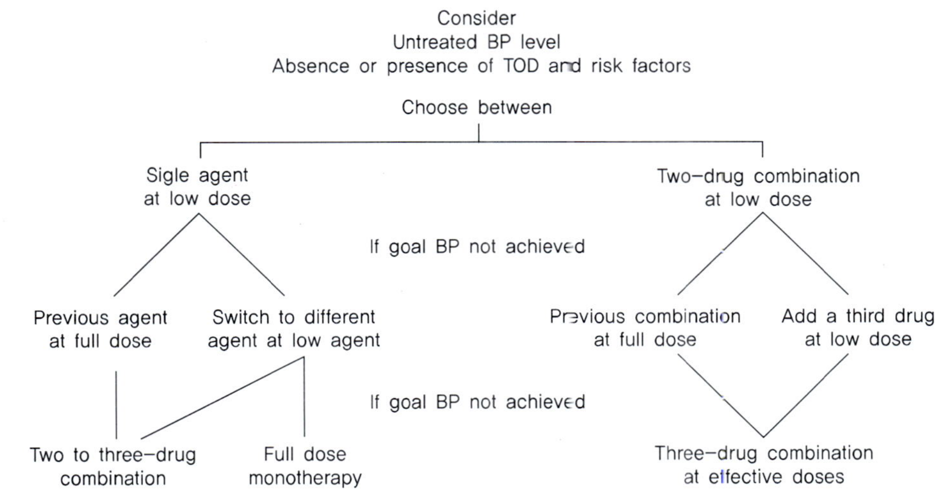

Choice between monotherapy and combination therapy. BP, blood pressure; TOD, target organ damage

<병합요법 평가>

병합요법	평가의 근거
권장되는 병합요법	
칼슘길항제/ACE 억제제	강압효과 증가, 빈맥억제(ACE억제제), 부작용 감소, 소량병용 유용
베타차단제/칼슘길항제	강압효과 증가, 빈맥억제(베타차단제), 말초순환장애 감소(칼슘길항제)
ACE억제제/이뇨제	강압효과 증가, 전해질이상감소, 대사이상 상쇄(ACE억제제), 심부전 치료효과 증가
베타차단제/이뇨제	강압효과 증가, 소량 병용 유용
베타차단제/알파차단제	강압효과 증가, 대사이상 상쇄(알파차단제), 말초순환장애 감소(알파차단제)
이뇨제/알파차단제	강압효과 증가, 수분저류 감소(이뇨제), 대사이상 상쇄(알파차단제)
베타차단제/혈관확장제	강압효과 증가, 빈맥억제(베타차단제), 말초순환장애 감소(혈관확장제)
Thiazide/K저장형 이뇨제	전해질이상 감소
이뇨제/clonidine, methyldopa 등	강압효과 증가, 수분저류 감소(이뇨제), 용량감량과 부작용 감소
칼슘길항제/clonidine, methyldopa	강압효과 증가, 용량감소와 부작용 감소
평가가 충분치 않은 병합요법	
이뇨제/칼슘길항제	강압효과 증가가 보고되고 있다.
베타차단제/ACE억제제	효과가 일정치 않다. 기관수축이 증가된다.
칼슘길항제/알파차단제	강압효과는 증가되나 기립성저혈압이 증가된다.

위의 표에 포함되어 있는 내용은 금년의 유럽고혈압학회에서의 권고와 약간의 차이점이 있다. 즉 이뇨제/칼슘길항제의 병합은 강압효과가 있어도 일정하지 않다고 생각되었었으나 유럽학회의 권고에 포함되었다.

(4) 운동이 혈압을 저하시키는 이유

- Noradrenaline저하 → 말초 혈관 확장
- 순환기는 향상
- 에너지 소모 → 체중감소 →말초혈관저항 감소
- 고밀도지단백 농도 증가 → 동맥경화 방지

① 식사원칙

- 정상체중유지
- 염분이 많은 저장, 가공식품 및 조미료의 사용을 줄임

- 포화지방산 섭취를 줄임
- 튀김이나 부침요리는 피함
- 섬유소가 풍부한 식품을 충분히 섭취
- 지나친 알코올 섭취를 제한
- 단당류의 섭취를 제한

② 조리 및 식사시 요령

- 음식을 간할 때 쓰는 소금이나 간장의 양을 평소 사용량의 절반으로 줄이도록.
- 식초, 레몬즙, 오렌지즙 등의 신맛을 내는 소스를 이용.
- 겨자, 후추, 와사비 등의 향신료를 이용.
- 생선요리는 조림보다는 구이로 조리하며 음식에 간을 미리 하지 않고 찍어먹도록.
- 식탁위에 소금 간장, 젓갈, 장아찌 등의 고염식품을 따로 놓지 않습니다.

- 권장메뉴
  - 된장, 고추장을 적게 넣은 비빔밥, 쌈밥, 생선구이, 김밥, 초밥, 국수(국물 제외)

- 피할 메뉴
  - 찌개백반, 자장면, 짬뽕 등 각종 중국음식, 육개장, 꼬리곰탕, 설렁탕, 도가니탕, 부대찌개, 해장국, 곱창전골, 추어탕, 보신탕 등 기름기 많은 탕류

③ 운동요법

- 장점
  - 혈압을 낮춘다.
  - 나쁜 콜레스테롤을 낮추고 좋은 콜레스테롤을 증가시킨다.
  - 체중을 감량 시킬 수 있다.
  - 심장을 튼튼히 한다.
- 운동 시 주의 사항
  - 서서히 시작 할 것.
  - 규칙적으로 할 것.

— 좋아하는 운동 선택
— 파트너와 함께해서 지속성을 높일 것

④ 올바른 운동방법

- 충분한 휴식을 통해서 안정 상태에 있을 때 시작하며 적어도 식전 2시간과 식후 2시간이 지났을 때 합니다.
- 5분간 워밍업기간을 거친 후 운동 시작
- 걷기, 수중 걷기, 자전거 타기, 에어로빅, 스포츠 댄스, 조깅, 수영과 같이 일정시간동안 지속할 수 있는 운동에 중점
- 보디빌딩, 윗몸일으키기, 계단 오르기, 승마, 경쟁적구기경기 등은 혈압이 높은 환자에는 적당치 않음
- 1주에 적어도 4회, 지속적으로 20~30분동안 실시

<고혈압환자에 적합한운동>

적당한 운동	운동강도에 주의하면 적당한 운동	부적합한 운동
보행(평지-속보) 수중보행 사교댄스 TV체조 태극권 사이클링	조깅 재즈댄스 에어로빅댄스 탁구 캐치볼 골프 하이킹 승마 스케이트 스쿠버다이빙 승강운동 게이트볼	테니스 배구 배드민턴 축구 볼링 농구 가파른 등산 무도 덤벨체조 근력운동 줄넘기

⑤ 운동강도

- 최대 산소섭취량의 50~70%
- 다소호흡이 가쁘지만 힘들지 않는 상태

<주요 운동강도에 대한 연령별 심박수>

연령(세) / 강도(%)	20~29	30~39	40~49	50~59	60이상
100	190	185	175	165	155
90	175	170	165	155	145
80	165	160	150	145	135
70	150	145	140	135	125
60	135	135	130	125	120
50	125	120	115	110	110
40	110	100	105	100	100

⑥ 운동 지속시간과 주의점

- 1회 운동시간을 비교적 길게 설정 30~60분
- 운동 빈도는 주 2~4회
- 운동시주의점
  - 수축기 160mmHg이상 확장기 95mmHg이상이면 운동 중지가 좋다.
  - 돌연사 주의 : 흉통을 심하게 느끼거나 심하게 숨이 차거나 심한 피로를 느낄 땐 운동 중단.

<고혈압 개선 및 예방을 위한 운동 프로그램>

형식		준비 운동	유산소 운동	근력 운동	정리 운동
종류		스트레칭 및 체조	수중운동, 걷기, 달리기, 계단오르기, 댄스스포츠, 자전거, 수영 등	기구, 밴드, 지지물 등을 이용한 운동	스트레칭 및 체조
강도	입문	• 충분한 근육의 유연성이 확보되는 정보 • 몸에 땀이 날 정도	최대심박수 40% 정도의 가벼운 강도	최대 근력의 40% 정도	준비운동과 비슷한 정도
	초·중급		최대 심박수 50% 정도의 약간 힘든 강도	최대근력의 50% 정도	
	상급		최대 심박수 60% 정도의 힘든 강도	최대 근력의 60% 정도	
빈도	입문	운동실시 전마다	주당 2~3일 정도	주당 1~2일 정도	운동실시 후마다
	초·중급		주당 3~4일 정도	주당 2~3일 정도	
	상급		주당 5일 정도	주당 3~4일 정도	
시간	입문	10분 전후	15분 정도	10분 정도	10~20분 전후
	초·중급		15~30분 정도	10~20분 정도	
	상급		30~60분 정도	20~30분 정도	
기간	입문	운동 실시 전마다	8~12주	8~12주	운동실시 후마다
	초·중급		8~16주	8~16주	
	상급		계속 유지	계속 유지	
주의점		• 수축기 혈압 200mmHg 또는 확장기 혈압 115mmHg 이상일 경우 운동을 중지한다. • β-차단제는 심박수를 약하게 하며 α_1-차단제, α_2-차단제 및 칼슘경로 차단제 그리고 혈관확장제는 운동 후에 저혈압을 유발하기 때문에 저 강도에서 정리운동을 확실히 실시한다. • 이뇨제는 칼륨저하에 따라 부정맥을 유발한다. • 근력운동은 낮은 부하로 반복횟수가 많도록 저 강도로 운동을 실시한다. • 추운날씨에 운동 시 주의한다. • 근력운동시 입문과정은 기구 사용을 주의한다. • 무산소적인 운동과 순발력이 요구되는 운동은 삼가 한다.			

⑦ 기타 생활요법

- 음주량을 줄인다.
- 담배를 피우지 않는다.
- 일은 계획적으로 무리하지 않는다.
- 체중감량
- 충분한 수면과 휴식

- 추위에 대비
- 알맞은 목욕 법 익힙니다.
- 당질이나 카페인이 많은 청량음료나 커피 홍차 등은 삼가 한다.

<허용식품과 제한식품>

고려사항	허용식품	제한식품
염분	· 신선한 어육류, 채소류 · 소금이 첨가되지 않은 냉동 육류, 생선, 채소류 · 식빵과 하드롤	· 저장식품 : 김치류, 젓갈류, 굴비, 자반고등어, 건어물 · 가공식품 : 치즈, 베이컨, 햄, 어묵, 통조림, 인스턴트식품(라면, 스프 등) · 염분이 많은 스낵류 : 포테이도쎄, 팝콘, 크래커(솔티), 염분이 많이 함유된 호콩 · 빵종류 : 비스켓, 머핀, 도너츠, 케익, 버터빵, 치즈빵팬케익, 와플, 과자류
	후추가루, 식초, 레몬쥬스, 마늘, 파, 생강, 겨자, 와사비	소금, 간장, 된장, 고추장, 우스터 소스, 바베큐 소스, 데리야끼 소스, 베이킹 파우더, 소다, 화학조미료, 케첩
콜레스테롤	· 저지방어육류:하루 200g 미만으로 제한, 육류(살코기), 닭(껍질제거), 굴, 게, 조개류(피조개 제외), 참도미, 가자미, 광어, 동태, 갈치 등, 계란흰자 · 저지방유제품 : 저지방우유, 락토우유, 두유, 탈지분유, 저지방요구르트 · 식물성 단백질 식품 : 두부류, 콩류	· 고지방어육류 : 갈비(소, 돼지), 삼겹살, 돼지머리, 기름기 많은 등심, 안심, 닭껍질, 장어, 미꾸라지, 소시지, 핫도그, 스팸, 쇠고기 같은 것(포장육) · 기타콜레스테롤 식품 : 육류의 내장부위, 생선알, 새우, 전복, 오징어류(물오징어, 마른오징어, 오징어채), 계란노른자(주2회이상) · 고지방유제품:목장우유, 치즈, 생크림, 전지분유, 밀크쉐이크, 아이스크림, 블루치즈드레싱 · 고지방빵류 : 케익, 비스켓, 패스츄리, 머핀, 도우넛
포화지방산	옥수수기름, 면실유, 참기름, 들기름, 카놀라유, 소프트마가린 (하루 15~20cc : 3~4찻술로 제한)	버터, 라아드, 베이콘기름, 돼지기름, 닭기름, 코코넛기름, 야자유, 팜유, 쇼트닝, 비유지방, 커피크림, 다카데미아넛, 캐슈넛, 하드마가린
조리법	삶기, 찌기, 굽기	· 튀김 : 고기, 닭, 생선튀김, 후렌치후라이 · 부침 : 전, 부침, 빈대떡, 달걀후라이
섬유질	싱싱한 채소, 과일 등 전곡류(현미, 잡곡밥)	염분이 첨가된 야채쥬스, 토마토쥬스(고염), 치즈나 버터, 크림이 첨가된 채소, 냉동식품
음료	생수, 라이트콜라, 쥬스	소주, 맥주, 포도주, 정종, 위스키, 막걸리 등
당분		사탕, 꿀, 엿, 케첩, 아이스크림, 과자, 콜라, 사이다 등

(5) 콜레스테롤의 종류

- 총 콜레스테롤 :
  - Recommended 〈 200mg/dL
  - Moderate risk : 200-239 mg/dL
  - High risk : 〉240
- LDL 콜레스테롤 : TC - TG/5 - HDL
- HDL 콜레스테롤
  - M 〉 29 mg/dL
  - F 〉 25mg /dL
- 중성지방
  - M 40~160 mg/dL
  - F 35~135 mg/dL

<주위험인자>

- Cigarette smoking
- Hypertension(BP≥140/90mmHg or on antihypertensive medication)
- Low HDL cholesterol(〈40mg/dL)[1]
- family history of prernattre CHD(CHD in male first degree relative 〈 55 years; CHD in female first degree relative 〈65 years)
- Age(men ≥45 years; women ≥55 years)[2]

[1] In ATP III, diabetes is regarded as a CHD risk equivalent

[2] HDL cholesterol ≥60mg/dL counts as a “negative” risk factor; its presence removes one risk factor from the total count.

(6) ATP (adult treatment panel)

- ATP I(1988)(adult treatment panel)
  - LDL cholesterol01 160mg/dL 이상인 환자
  - 위험인자가 2개 이상인 사람 중 경계 LDL cholesterol(130~159mg/dL) 환자 →

심혈관질환을 예방하는 outline 제시

- ATP II(1993)

  —심혈관질환이 확인된 환자 → LDL chol. 목표치 100mg/dL 이하로 제시

- ATP III(2001)

  —심혈관질환자와 위험인자가 많은 환자 군에서 심혈관질환예방에 초점

<ATP III Classification>

LDL cholesterol	
<100	optimal
100~129	Near optimal/above optimal
130~159	Borderline high
160~189	High
≥190	Vory high
Total cholesterol	
<200	Desirable
200~239	Borderline high
≥240	High
HDL cholesterol	
<40	Low
≥60	High

<LDL에 따른 치료종류>

Risk Category	LDL Goal	LDL Level at Which to Initiate Therapeutic Lifestyle Changes(TLC)	LDL Level at Which to Consider Drug Therapy
CHD or CHD Risk Equivalents (10year risk >20%)	<100mg/dL	≥100mg/dL	≥130mg/dL (100-129mg/dL: drug optional)*
2+ Risk Factors (10-year risk ≤20%)	<130mg/dL	≥130mg/dL	10-year risk 10~20%: ≥130mg/dL 10-year risk <10% ≥160mg/dL
0-1 Risk Factor[1]	<160mg/dL	≥160mg/dL	≥190mg/dL (160-189mg/dL) LDL-lowering drug optional

<치료 step>

A Model of Steps in Therapeutic Lifestyle Changes (TLC)

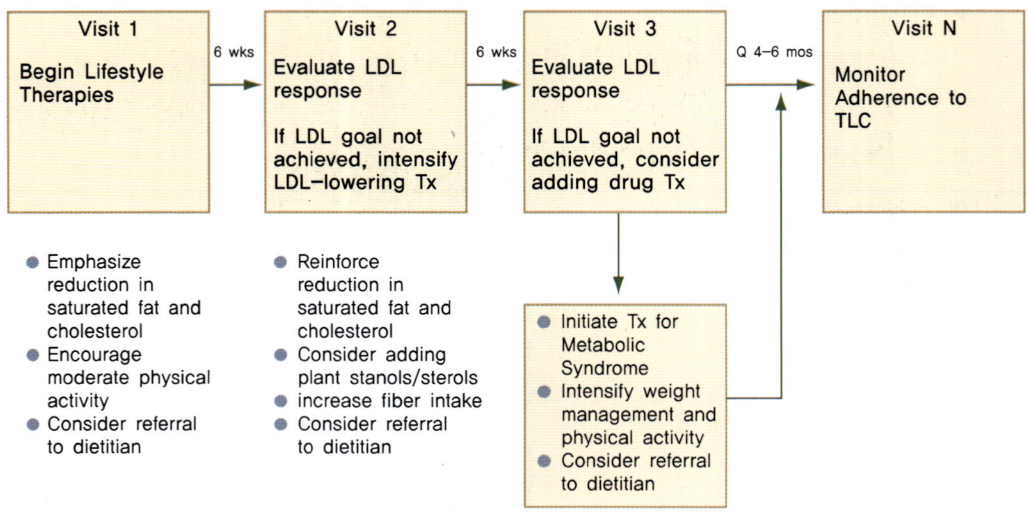

<각 위험 인자에 따른 치료목표>

Risk Category	LDL Goal (mg/dL)
CHD and CHD risk equivatents	<100
Multiple(2+) risk factors*	<130
Zero to one risk factor	<160

*Risk factors that modify the LDL goal are listed in Table 3

제14장 요실금과 운동

14

많은 사람들이 원하지 않을 때 소변을 보게 된다. 이처럼 자신의 의지와는 무관하게 소변이 나와 속옷을 적시는 모든 경우를 요실금이라 한다. 요실금은 위생상의 문제를 넘어서 수치심 등을 유발하는 정서적인 문제를 야기하며, 이로 인하여 사회활동에도 제약을 받게 된다. 뿐만 아니라 개인위생의 악화로 인한 가족의 갈등이나 삶의 질 저하에 이르게 되어 최근에는 사회적 암이라고 까지 불리게 되었다. 요실금은 15세부터 64세의 인구 중 남자는 1.5~5% 여자는 10~30%에서 유발된다고 알려져 있다. 노인층의 경우에는 정상적인 활동이 가능한 인구의 30%, 입원중인 경우 약 50%에서 발생하며 연령이 높아짐에 따라 유병률과 증상의 정도도 증가하는 것으로 알려져 있다.

요실금의 원인은 다양하며 요로감염, 질 감염 또는 자극, 변비, 약물 등이 원인인 경우에는 요실금 증상이 일시적인 경우가 대부분이지만 방광을 지탱하는 근육이나 방광자체가 약화되었거나, 방광 근육의 활동과다, 폐쇄 요도, 폐경여성, 신경학적인 이유로 발생한 요실금은 지속적으로 문제를 야기 할 수 있다. 요실금의 위험인자로는 장기적인 만성 퇴행성 질환과 부동(immobility), 감소된 인지적 상태와 섬망상태, 약물, 흡연, 환경적인 장벽, 고 충격 신체 활동, 당뇨병, 뇌졸중, 에스트로겐 고갈, 골반근육 약화, 다산, 회음절개술 등을 들 수 있다.

I 비뇨기계의 해부 및 생리

비뇨기계는 신장, 수뇨관, 방광, 괄약근, 요도로 구성되어 있으며 요실금에 주된 영향을 미치는 곳은 하부요로계인 방광, 괄약근, 요도가 된다.

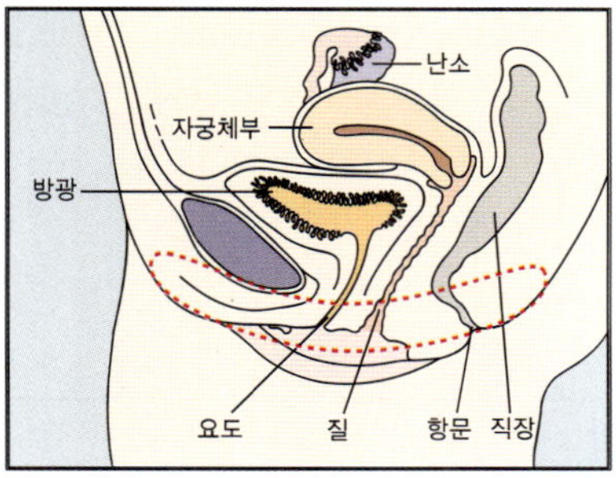

배뇨기전을 살펴보면 소변이 점차로 모이는 과정을 충만기라고 하는데 이때 방광의 근육은 느슨해져 있고 요도의 괄약근은 수축하고 있는 상태이다. 소변이 방광 안에 차게 되면 방광에서 골반신경을 통해 천수를 거쳐 상부의 배뇨중추에 신호가 전달된다. 그러나 충만기에는 흉요수에서 나오는 교감신경이 요도를 조이는 역할을 하는 내요도괄약근은 수축시키고 방광근육을 이완시켜 소변을 계속해서 저장하게 한다. 배뇨기는 모아진 소변을 배출하는 시기로, 방광에 300-500cc정도의 소변이 찼을 때 요의를 강하게 느끼게 되면 뇌의 뇌간에서 배뇨의 명령을 내리게 되고 이 신호는 골반신경을 통해 방광으로 전달되어 방광근육이 수축하고 음부신경 자극이 억제되어 외요도괄약근이 이완되어 소변을 보게 된다. 연령이 증가함에 따라 방광의 용적, 소변을 참을 수 있는 능력, 요속이 감소하고 불수의적인 방광배뇨근 수축과 배뇨후 남는 잔뇨의 양은 점차로 증가하는데 특히 여성의 경우 최대요도폐쇄압과 요도괄약근의 기능이 떨어지게 된다. 노인은 하루에 섭취한 수분을 취침 전에 소변으로 충분히 배출할 수 없으므로, 질환이 없는 경우라 할지라도 취침중간에 1-2회 정도의 배뇨가 필요하다. 따라서 배뇨기능이 정상적이라고 평가하려면 다음의 조건이 충족되어야 한다.

① 소변이 모아진 것을 느낀다.
② 요의를 느낀 뒤에도 방광에 더 소변을 모을 수 있다.
③ 소변이 새지 않는다.
④ 배뇨는 의식적 의도적으로 시작된다.
⑤ 소변이 강하게 나온다.
⑥ 배뇨는 중간에 멈추지 않고 잘 나오고 잔뇨가 없다.
⑦ 배뇨중간이나 배뇨 후에 통증이나 불쾌감, 잔뇨감이 없다.

II 요실금 유형

요실금은 정신적인 문제나 감염 약물복용 등과 같은 원인으로 인해 발생하는 일시적 요실금과 방광과 요도의 기능이상으로 지속적으로 증상이 나타나는 만성요실금으로 구분할 수 있으며, 일시적인 요실금인 경우에는 원인 질환이 치유되면 대부분 증상 또한 사라지게 된다.

표 14-1. 일시적 요실의 원인과 증상

원인	증상
섬망	감각 기능이상으로 요의 파악이 안 되거나 화장실위치를 모르는 경우
감염	방광염이 일차적으로 발생하여 배뇨통과 긴급요의를 느끼는 경우
위축성요도염 및 질염	폐경으로 에스트로겐이 저하되어 발생하며 배뇨통, 긴급요의, 성교통 등을 호소함
약제	이뇨제, 항콜린성 약물, 항정신약물, 항우울제, 진정제, 마약성 진통제, 교감신경 길항제, 칼슘통로 차단제 등
정신질환	노인보다는 젊은 층에 많으며 우울증이나 정신분열증 등에서 나타남
요량의 증가	이뇨제, 수분섭취과다, 고혈당, 과칼륨혈증, 요붕증 등의 대사성 질환의 경우
운동장애	화장실까지 이동이 어려움
분변매복	변실금을 동반

표 14-2. 만성 요실금의 원인과 증상

원인	증상
중추신경계장애나 배뇨근불안	배뇨근 과활동으로 긴급요의와 요배출이 나타남 실금량이 많으며 빈뇨를 동반하는 경우가 많음 남성의 경우에는 전립선 비대 등의 질환과 감별이 필요함
척추손상, 당뇨병 종양 파킨슨씨병 등으로 인한 신경손상	연령에 관계없이 나타나며, 배뇨근 활동저하로 소변량이 방광의 용량을 초과하는 경우에 소량의 소변누출이 자주 일어남 빈뇨나 야뇨를 동반함
골반근육의 약화, 요도의 기능부전	노인여성의 경우에 흔하며 방광출구 기능부전으로 복압이 상승되는 상황에서 발생함 남성의 경우에는 수술로 괄약근의 손상이 있는 경우에 나타남
전립선비대, 요도협착	노인남성의 경우에 흔하며, 방광출구폐색으로 배뇨 후에도 소량의 소변이 계속 배출되거나 긴급요의 및 요배출과 일류성요실금이 복합적으로 나타남

또한 긴박성 요실금, 긴장성 요실금, 일류성 요실금, 혼합성 요실금 등 원인과 증상에 따라 분류하여 치료 및 예방적 접근이 시행되고 있다. 노인층에서 호발 하는 요실금은 긴

박성 요실금, 긴장성요실금, 일류성 요실금 등이더 간단히 그 내용을 살펴보면 다음과 같다.

(1) 긴박성 요실금

방광의 용적의 감소와 방광 근육의 과활동으로 인하여 소변을 보고 싶다고 느낀 후에 곧 바로 소변이 유출되는 요실금으로, 방광에 소변이 조금만 차도 화장실에 가야하며 ,갑작스럽게 소변을 보고 싶다는 요의를 느끼거나 소변이 자주 마려워 하루에 8회 이상 화장실에 가는 경우, 야간에도 2~3회 정도 일어나 화장실에 가는 경우, 소변을 보려고 화장실에 가는 도중에 속옷을 적시는 경우와 같은 증상이 나타난다.

(2) 긴장성 요실금

방광이나 요도 주위의 골반 근육의 약화되어 기침, 웃음, 구토, 무거운 물건 들기와 같이 복압을 상승시키는 활동을 할 때 자신의 의지와는 관계없이 방광내부의 소변이 배출되는 경우로 흔히 복압성 요실금이라고 하며, 임신이나 분만횟수와 비만정도, 폐경여부가 중요한 원인이 된다.

(3) 일류성 요실금

심하게 팽창된 방광으로부터 소변이 넘쳐 나오는 것으로 방광출구가 좁아져 있거나 방광의 수축기능이 약해졌을 때 나타나며, 방광출구가 좁아지는 원인 중 가장 흔한 것은 전립성 비대증이나 요도협착이 있고, 방광수축력이 약해지는 원인으로는 신경이 다치거나 말초신경질환(당뇨병, 자궁암 수술 후, 척추손상) 및 약물복용 만성변비 등이 있다.

평소에 소변을 오래 참는 습관이 있는 여성의 경우 늘어난 고무풍선처럼 방광근육이 힘이 빠진 상태이기 때문에 방광이 수축을 못해 소변을 조금밖에 배출할 수 없거나 잔뇨가 늘 있으며, 소변을 보는데 힘이 약하고 시간도 오래 걸리게 되거나, 심지어 수면 중에 소변이 조금씩 흘러나오기도 한다.

표 14-3. 요실금의 형태와 그에 따른 증상들

형 태	정 의	병태생리	증상 및 징후
긴박성	강한 요의 및 긴박감, 불수의적인 소변 배출	· 불수의적인 방광압박근의 수축 · 손상된 방광수축력을 동반한 압박근의 과활동성 · 불수의적인 괄약근 이완	· 갑작스럽고 강한 배뇨 욕구와 이에 따른 소변 배출 · 배뇨 후 잔뇨량의 증가 · 불수의적 뇨배출(무증상)
긴장성	복압상승 및 요도괄약근 손상으로 인한 소변의 배출	· 해부학적 변화로 인한 요도의 과운동성 · 내요도괄약근 부전	· 기침, 재채기, 웃음 또는 다른 신체적 활동시 소량의 소변배출 · 휴식시 또는 최소한의 움직임에도 지속적인 소변배출
혼합형	긴장성과 긴급성 요실금의 조합형태	· 위에서 언급한 긴장성과 긴박성 형태의 조합 · 여성에서 흔하며, 특히 나이든 여성들에게 발생	· 긴박성과 긴장성 요실금 증상의 조합
일류성	방광의 과도팽창	· 수축력이 없는 방광 남성의 경우 전립선의 비대, 전립선암 또는 요도협착으로 인한 이차적인 폐쇄 여성의 경우 심한 생식기 탈출 또는 요도박리의 외과적 교정 등으로 인한 폐쇄	· 배뇨시 똑똑 떨어짐 긴박성 또는 긴장성 요실금의 증상 긴급뇨, 빈뇨등의 다양한 증상이 나타남

III 요실금의 평가

(1) 병력

병력을 조사할 때는 위험 요인의 치료와 약물 복용, 그리고 비뇨생식계의 병력에 초점을 맞추어야 하고, 요실금의 기간과 특성, 하부비뇨기계의 기타 증상 유무, 카페인, 수분 섭취 용량 또는 형태, 배변 습관, 이전에 요실금 치료를 받은 적이 있다면 그 효과, 패드 등의 사용유무, 정신 상태, 기동성, 생활환경, 사회적 요인증상 등을 알아본다.

이때 수일동안의 실금의 횟수, 시간, 누출양을 기록하도록 하거나 자가진단설문지를 활용하면 요실금의 종류 및 정도를 파악하는데 도움이 된다.

요실금 자가 진단설문지

1. 기침이나 재채기를 하면 자기도 모르게 소변이 새서 옷을 적신 적이 있습니까?
   ① 없다 ② 한달에 한 번 ③ 일주일에 한 번 ④ 매일
2. 소변이 새는 양이 얼마나 됩니까?
   ① 찻숟가락 정도 ② 속옷에 묻을 정도 ③ 속옷을 적실 정도 ④ 다리로 흘러 내릴 정도
3. 소변이 마려우면 참지 못하고 그대로 속옷에 적시지 않습니까?
   ① 없다 ② 한 달에 한 번 ③ 일주일에 한 번 ④ 매일
4. 소변을 볼 때 아랫배에 통증이 있거나 항상 하복부가 묵지근하고 소변을 본 후에도 시원하지 않은 적이 있습니까?
   ① 없다 ② 한 달에 한 번 ③ 일주일에 한 번 ④ 매일
5. 찬물에 손을 담그거나 물 흐르는 소리를 들을 때 또는 추운 겨울에 속옷을 소변으로 적신 적이 있습니까?
   ① 없다 ② 한달에 한 번 ③ 일주일에 한 번 ④ 매일

(출처:http:// www.medcity.com)

배뇨기록지의 예

시간	화장실에서 배뇨	소량요실금	다량요실금	요실금의 원인	수분섭취형태/양
오전 6 - 8시					
오전 8 -10시					

(2) 신체검사

신체 검사의 내용으로는 부종, 신경학적 이상, 기동성, 인지력 등을 파악하는 일반적인 검사와 복압, 방광 수축근의 생리에 영향을 주는 복직근 이개, 장기비대증, 종양, 복막염 등을 검사하기 위한 복부검진, 항문 주위 감각, 휴식시와 활동시 괄약근의 긴장도, 분변 감염이나 양, 전립선의 형태와 견고성을 검사하기 위한 직장 검사, 남성의 경우 생식기 피부상태와 포피, 귀두, 항문 주위피부를 검사하기 위한 생식기 검사, 여성의 경우 항문 주

위, 생식기 위축, 골반내 장기의 탈출, 골반종양, 질근육 긴장도 등을 검사하기 위한 골반 검사가 이루어진다.

(3) 기타 검사

그 밖의 검사로는 신장 기능이 손상 받거나 다뇨(polyuria)가 있는 경우 질소, 크레아틴, 포도당, 칼슘농도를 측정하기 위한 혈액 검사, 요실금을 야기하거나 동반되는 증상인 당뇨, 단백뇨, 혈뇨(감염, 암, 또는 결석), 농뇨, 세균뇨를 감별하기 위한 소변검사, 방광암의 사전 검사에 해당하는 요세포 검사 등이 시행된다. 이러한 기본평가 후에도 원인을 찾을 수 없는 경우에는 배뇨근수축으로 방광내압이 올라가는 동시에 반사적으로 외요도괄약근의 압력이 저하되어 최초로 방광내압과 외요도괄약근의 압력이 일치하는 순간부터 배뇨가 일어나는지 여부와 관련하여 방광과 요도괄약근의 관계를 측정하기 위한 요역동학 검사, 방광요도조영술, 방광경검사, 방사선검사, 초음파 검사, MRI검사 등의 정밀검사가 이루어져야 한다.

IV 요실금의 치료

요실금의 치료방법으로는 방광 경부 주위의 조직고정술, 요도 괄약근의 기능을 강화하기 위한 슬링수술과 같은 수술방법과 요실금의 원인에 따른 약물요법, 약한 전류를 골반근육과 방광에 흐르게 하여 요도 괄약근의 수축이나 방광의 수축을 조절하는 전기자극요법이나 자기장 요법, 바이오피드백, 행동요법, 골반근육운동 등이 있다. 수술이나 기타 치료방법을 사용하여 요실금을 치료하더라도 스스로 행동요법이나 골반근육운동을 꾸준히 시행하는 것이 요실금의 재발을 막고 치료효과를 높이는데 도움이 되므로 방광훈련과 골반근육운동에 대하여 살펴보기로 한다.

(1) 방광훈련

방광훈련은 일종의 행동요법으로 소변이 방광에 차는 일정한 시간 간격으로 소변을 보도록 훈련하는 방법으로 요실금 중에서도 긴박성 요실금 치료에 효과적인 치료 방법이다. 대상자가 "나는 화장실을 자주 가는 것 같다", "먼 길을 갈 때는 화장실 가기가 비교적 쉬운 지하철이나 기차를 탄다", "직장에서나 모임에서 자주 화장실 가는 게 눈치 보인다"라고 느끼는 경우 먼저 자신의 하루 중 소변보는 횟수를 파악하기 위하여 소변 본 시간과 소변 양을 기록하도록 한다. 1일 배뇨회수가 8회 이상이고 한번 볼 때의 소변양이 평균 200cc가 안되는 경우 방광훈련법이 요구된다. 습관적으로 화장실을 자주 가게 되면 방광 용적이 점점 줄어들어 화장실을 찾는 횟수가 더욱 늘게 되고, 소변양도 적고 소변본 후 개운한 느낌도 없어 화장실에 계속 있게 되는 악순환에 빠지게 되는 경우가 흔하다.

이처럼 배뇨 간격 시간이 짧은 대상자에게 일정 시간 소변을 참게 하는 방법으로 예를 들면 방광 훈련 처음 일 주 동안은 1시간 간격으로 소변을 보게 한 후에 1주일 단위로 배뇨 간격 시간을 30분씩 늘려 배뇨 간격 시간이 4시간이 될 때까지 실시한다. 훈련 중에는 소변이 보고 싶다하더라도 예정된 시간이 될 때까지 의도적으로 소변을 참게하고, 시간이 되면 신속하게 배뇨할 수 있도록 보호자나 가족이 돕도록 한다. 즉 대상자가 인지 능력이 낮아 참을 수 없는 경우 신속하게 배뇨할 수 있도록 화장실로 모시고 가거나 변기를 가까이에 준비하여 정상적으로 소변을 볼 수 있도록 한다.

소변을 볼 때마다 양을 측정할 수 있는 컵을 이용하여 소변을 본 시간과 소변 양을 배뇨일지로 기록하도록 하면 훈련에 도움이 된다. 수면시간 동안에는 실시하지 않으며, 낮 동안에는 수분섭취를 충분히 하도록 하되 밤 8시 이후에는 되도록 수분섭취를 피하는 것이 바람직하다. 또한 방광을 자극하는 음료(커피, 홍차, 코코아, 콜라, 술 등)은 삼가도록 하고 요실금을 자극할 수 있는 과격한 활동이나 흐르는 물에 손을 담그는 것과 같은 자극을 피하며 심호흡이나 전환요법을 병행하면 도움이 된다. 방광훈련을 나름대로 열심히 해도 소변보는 횟수가 줄지 않는 경우에는 무리하게 진행하지 말고 반드시 비뇨기과 전문의와 상의해야 한다. 방광훈련이 효과적으로 이루어지면 소변보는 간격이 길어져 소변횟수가 하루 8회 이하로 감소하게 되고 이에 따라 소변양은 증가한다. 대상자가 스스로 훈련효과를 평가하는 것이 어려운 경우가 많으므로 지도자가 배뇨일지를 통하여 훈련효과를 평가하고 대상자를 격려하여 훈련을 지속하도록 하는 역할을 하는 것이 훈련의 성공여부에 중요한 열쇠가 된다.

(2) 골반 근육 강화

골반 근육은 방광과 자궁, 질, 직장을 지탱해주는 근육으로 골반근육의 수축은 요도와 항문 괄약근에 영향을 미치므로 골반근육을 강화시키는 것이 요실금의 치료와 예방에 있어서 매우 중요하게 작용하는 경우가 많다. 골반 근육 운동은 긴장성 요실금의 경우에 치료 및 예방효과가 가장 크지만 긴박성 요실금을 포함하여 기타 요실금의 경우에 있어서도 많은 도움이 된다. 골반근육을 강화하는 방법으로는 스스로 하는 골반저부근육 운동, 바이오피드백을 이용한 골반저근육 운동, 전기자극치료, 질내 추삽입 등의 방법이 있다.

적당한 모양과 부피의 추를 선택하여 질 내의 좁아진 부위에서 걸리게 질 안에 끼워 넣고 추가 빠지지 않도록 근육을 수축시키는 질 내 추 삽입을 이용한 방법이나 전기자극을 이용한 바이오피드백 자기장 요법 등은 한국인의 정서에 맞지 않거나 남성에게는 적절치 않고, 병원을 이용해야 하거나 기구를 구입하기 위한 비용이 비싸다는 등의 어려움이 있는 반면 스스로 골반근육을 강화하는 골반근육강화운동은 비용 효과적이며 한번 숙련이 되면 장소와 시간에 구애받지 않고 실시할 수 있으며 성별에 관계없이 효과적이라는 측면에서 권장된다.

자가 골반 근육 훈련은 Kelgel 운동이라고도 불리는데 골반 근육을 훈련시키기 위해 처음 해야 할 일은 훈련시킬 근육을 파악하는 것이며 근육수축시에 가능한 한 복근, 엉덩이, 대퇴내전근은 수축시키지 말아야 훈련효과가 제대로 나타날 수 있다. 훈련방법은 처음에는 앙와위를 취하도록 하고 몸 전체의 근육을 이완시키도록 한다. 질 혹은 항문을 위로 당겨 올린다는 느낌으로 조이면서 10초간 유지하고 10초간 이완하도록 하고 1초간씩 수축과 이완을 10회 반복하는 것이 한 세트로 구성된다. 한번 실시할 때 마다 적어도 3세트이상, 하루 3번 이상 시행하도록 하는 것이 바람직하다. 이 동작이 잘되면 엉덩이를 들어올리는 방법이나 앉은 자세 혹은 선 자세에서 시행 하도록 한다. 10초간 수축하는 것이 어려운 경우에는 가능한 시간만큼 유지하도록 하고 점차로 시간을 늘려가도록 하면 된다. 수축 시에 숨을 참게 되면 운동효과가 떨어지고 오히려 복압을 상승시키는 원인이 되어 요실금 증상이 악화되기도 하므로 자연스러운 호흡을 유지하도록 지도하는 것이 중요하다. 선 자세에서도 무리 없이 시행가능하면 일상생활중 여유 있을때마다 시간과 장소를 가리지 않고 시행하도록 한다. 훈련을 통하여 요실금치료 및 예방의 효과를 얻으려면 올바른 방법의 시행과 꾸준히 시행하려는 대상자의 의지가 매우 중요하므로 숙달될 때까지 지도자가 골반근육이외의 근육에 긴장이나 수축이 있는지 확인하고 자연스러운 호흡을 하도록 계속 관찰하고 잘못된 부분을 수정하며 대상자의 근육훈련정도에 맞추어 다양한 프로그램을 계획하여 대상자가 흥미를 잃지 않도록 해야 한다.

참고문헌

1. 강경자(1996). 노인여성의 긴장성 요실금에 관한 연구. 서울대학교 대학원 석사학위논문.
2. 김계현, 홍재엽(1993). 여성요실금의 유병률에 대한 기초연구. 대한 산부인과학회지, 36(7), 1001-1007.
3. 김효정(1997). 성인여성의 요실금에 관한 연구. 이화여자대학교 대학원 석사학위논문.
4. O'Brien J., Austin M., Sethi P., O' Boyle P. (1991). Urinary Incontinence: prevalence, need for treatment and effectiveness of intervention by nurse. BMJ. 303, 1308-1312.
5. 대한 노인병학회(1998). 노인병학, 의학출판사.
6. 송미순, 하양숙(1999). 노인간호학. 서울대학고 출판부.
7. 송미순, 김은심, 박오장, 서순림, 신재신, 정승희(1999). 가정간호사를 위한 노인간호학, 현문사.
8. 양광희외(2001). 노인 건강관리의 실제와 전망, 수문사.
9. 윤혜상(1998). 여성요실금에 대한 방광훈련과 질회음근 운동의 효과 비교. 가톨릭대학교 박사학위논문.
10. 윤혜상, 노유자(1997). 여성의 요실금 빈도와 관련요인에 대한 조사연구. 대한간호학회지, 27(3), 683-693.
11. 의학교육연수원(1997). 노인의학, 의학연수고육총서 제6집, 서울대학교 출판부.
12. 주명수(2000). 노인성요실금, 제5차 노인병학회 연수강좌
13. 최영희외(2000). 노인과 건강, 현문사.
14. 최영희, 총재엽, 김문실, 김애정, 김정아, 백성희.(1988). 성인여성의 요실금에 관한 기초연구. 대한간호학회지, 28(1), 171-183.
15. Abrams P., Blaivas J, G., Stanton S. L., Andersen J. T.(1988). The standardization of terminology of lower urinary tract function. Scand J Urol Nephrol, Suppl 114.
16. Burgio K. L., Mattews K. A., Engel B. T.(1991). Prevalence, incidence and correlates of urinary incontinence in healthy, middles-aged women. J Urol, 146, 1255-1259.

17. Charolotte Eliopoulos(1997). Gerontological Nursing (4th ed.) Lippincott.

18. Consensus Conference(1989). Urinary incontinence in adults. J Am Med Assoc, 261, 2685-2690.

19. Roberts R. O., Jacobsen S. J., Rhodes T., Reilly W. T., Girman C. J., Talley N. J., Lieber M. M.(1998). Urinary incontinence in a community based cohort: prevalence and heath-care seeking. J Am Geriatr, 46, 467-472.

20. Rosenthal A. J., McMurtry C. T.(1995). Urinary incontinence in the elderly: often simple to treat when properly evaluated. Postgrad Med, 97, 109-116.

제 15 장 응급의학

15

I 개요 및 중요성

우리는 각종 위험에 노출된 상태에서 생활하고 있지만, 대부분의 사람들은 이러한 위험에 대하여 비교적 무관심한 형편이다. 교통사고로 5만명 이상이 사고현장에서 1시간 이내에 사망하고, 갑자기 발현하는 심근경색증 환자의 많은 경우는 가족이 지켜보는 가운데 응급처치도 받지 못하고 사망하고 있다.

응급의료체계가 구축되어, 일반인들은 119라는 전화번호에 매우 익숙한 상황이며, 응급환자를 신고한 후 5분 이내에 구급차가 현장에 도착하므로 일반인들은 응급처치가 단순히 의료인의 분야라고 생각하고 있다. 또한, 응급 처치에 대하여 관심을 갖고 있더라도 그릇된 응급처치를 시행하는 일반인이 많기 때문에 오히려 환자상태를 악화시키는 경우도 빈번 하다.

최근에는 일반적인 생활을 영위하는 과정에서 발생할 수 있는 신체적인 응급상황에 대하여 일반인들이 알아야 할 상식, 대처하는 방법, 기본적인 응급처치 등을 생활응급이라고 정의하고 있다. 호흡마비나 심장마비와 같은 응급상황에서는 최초의 5분이 매우 중요하며, 교통사고 등과 같은 외상에서는 최초의 1시간이 환자의 생명과 직결되므로, 이미 선진국에서는 일반인들에 대한 생활응급의 보급에 정부가 막대한 비용을 투입하고 있는 실정이다.

즉, 의료인에 의한 전문적인 응급처치도 중요하지만, 응급상황이 발생한 현장에서 일반인들이 어떠한 판단을 하고, 어떻게 행동하는가가 더욱 중요 하다는 것이다. 그러므로, 선진 외국에서는 응급의료에 대한 상식, 응급환자 신고방법, 현장에서의 응급처치법 등을 일반인들에게 교육시키고 있으며, 생명과 직결된 응급처치법에 대하여는 중 · 고등학교의 정규 수업시간에 매년 15시간을 할애하고 있다.

미국에서는 일반인들에 의한 생활응급처치의 중요성을 이미 인식하였기에, 심장질환에 의한 심장마비 환자에게도 일반인들이 현장에서 제세동(전기충격)을 시행할 수 있는 연구(public access defibrillation)를 진행하고 있는 실정이다.

간단한 응급처치를 일반인들에게 보급함으로써, 일반인들은 자신 혹은 가족의 생명을 최대한 지키면서 막대한 의료비용을 최소화할 수 있으며, 국가는 사망자나 장애인들을 지원하는 보건의료비용(의료보험 지원비용을 포함)을 절감하는 효과를 얻을 수 있는 것이다.

어느 누구도 언제 어디서 돌발사고와 질환에 의해 생명이 위험에 처할지 알지 못한다.

갑자기 사고가 발생 했을 때 의사의 치료를 받을 수 있기 전 주위에 있는 사람과 상호 협력하여 생명을 구하지 않으면 안 된다. 그러기 위해서는 적절한 응급처치 요령을 숙지해두어 응급환자 발생시 환자상태의 악화방지와 생경을 유지시키기 위한 응급처치를 취해야한다.

II 응급처치의 의의

응급처치란 갑작스런 사고나 질병에 의한 부상자나 환자가 전문적인 의료서비스를 받기 전까지 적절하게 돌보아 줄 수 있는 지식과 기능이며 의료기관에서 전문적인 치료를 받기 전에 사고현장에서 행해지는 즉각적이고 임시적인 처치를 말한다. 응급처치는 병원치료를 하는데 반드시 도움이 될 수 있어야 하며 올바른 응급처치를 하는 것이 무엇보다도 중요하다.

III 응급처치의 중요성

1) 환자의 생명을 구하고 유지한다.
2) 사고 및 질병의 예방한다.

응급처치법을 배움으로써 위급상황에 대한 대응방법과 그 상황의 발생 원인은 알게 되므로 사고나 질병의 예방에 힘쓰게 된다.

생활 안전에 대한 높은 의식을 갖게 되어 항상 자신과 다른 사람의 안전에 관심을 갖고 대비한다.

3) 적절한 응급처치

적절하게 실시된 응급처치와 적당한 구조(운반)방법은 부상자나 환자가 입은 손상의 악화를 방지하며 그의 회복에 도움이 된다.

응급처치의 잘못에 따라 그 환자의 생사, 회복 또는 입원기간, 신체의 불구정도가 결정된다.

응급처치법 교육은 각기 상황이 다른 부상자나 환자에게 무엇을 해야 되며, 무엇을 해서는 안 된다는 것을 알 수 있게 한다.

4) 환자의 고통을 경감시킨다.

5) 기타 불필요한 의료비의 지출들을 절감 시킬 수 있다.

IV 응급처치의 일반 원칙

어떤 위급한 상황일지라도 응급처치의 일반원칙을 침착하게 준수하여 환자를 보다 좋은 상태로 의료인에게 인도할 수 있도록 사전에 철저한 대비를 하여야한다.

1) 아무리 긴급한 상황이라도 구조자 자신의 안전에 주의를 기울인다.

2) 당황하지 않는다. 침착하고 냉정한 판단이 응급처치의 최우선이다.

3) 부상상태에 따라 의료기관에 연락한다.

(사고의 경위, 환자의 상태, 환자의 발견 장소 및 시간, 응급처치의 실시 내용 등의 상황, 주위의 환경 및 여건)

4) 모르는 치료법은 시행하지 하지 않는다.

5) 안정을 취한다.

악화되는 것을 막기 위해서는 의사나 구급차가 올 때까지 환자를 움직이지 않게 한다.

6) 긴급을 요하는 환자부터 우선 처치한다.

부상과 질병의 정도를 냉정하게 판단하고 어떤 종류의 질병인가, 환부는 어딘가 등을 재빨리 조사하여 처치한다.

심장정지에는 인공호흡과 심장마사지, 출혈이 심한 경우에는 지혈법, 약물을 마셨을 때는 토하게 한다.

7) 기도를 확보한다.

구토하고 있다던가, 의식불명인 경우에는 질식할 위험이 있기 때문에 기도를 확보한다.

8) 의식이 없을 때는 음료를 주지 않는다. 액체가 기도에 들어가기 쉽고, 위험하다.

9) 체온유지에 주의하고 몸이 식지 않도록 충분히 보온한다.

10) 환자를 격려한다. 환자를 불안하게 하는 말은 금물이다.

11) 이동 할 경우에는 올바른 방법으로 옮긴다.

V 인공호흡법

구조대에 연락을 한 후 환자를 관찰하였을 때 의식이 없는 상태라면 다음과 같은 순서로 인공호흡을 실시한다.

① 제 1단계

환자의 이마에 한 손을 대고 이마를 가볍게 젖힌다.

이때 엄지와 검지는 환자의 코를 막는다. 다른 한 손으로 턱을 가볍게 들어 올린다.

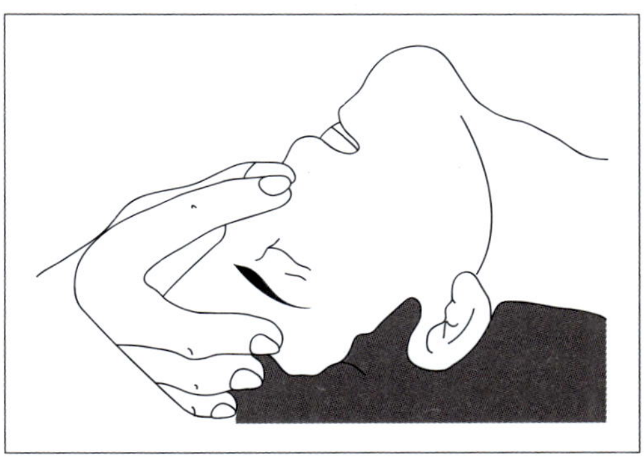

② 제 2단계
천천히 2번 숨을 불어 넣어 준다.
이때 환자의 가슴이 부풀어 오르는 것을 확인 하면서 숨을 불어넣는다.

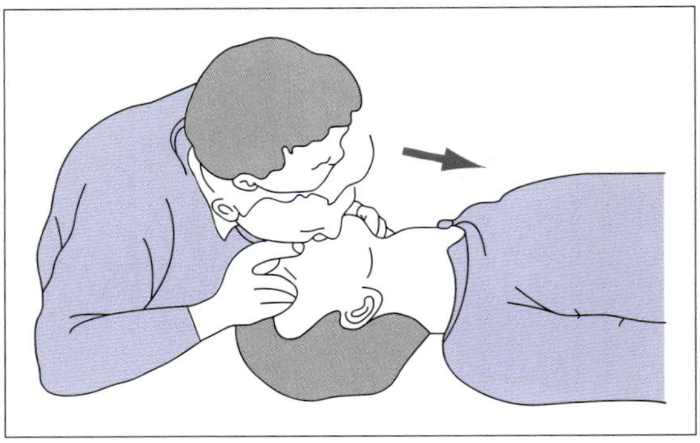

<환자의 호흡>

③ 제 3단계
만약 맥박이 있는데 환자가 호흡을 하지 않을 경우 맥박을 확인한다.
④ 제 4단계
5초에 한번씩 천천히 숨을 불어넣는다.(1분에 12회)
⑤ 제 5단계
맥박과 호흡을 1분마다 다시 확인한다.
환자가 호흡은 없지만 맥박이 있는 한 계속 인공호흡을 실시한다.

※ 인공호흡법(영아)

구조대에 연락을 한 후 환자를 관찰하였을 때 영아가 의식이 없는 상태라면 다음과 같은 순서로 인공호흡을 실시한다.

① 제 1단계
영아의 이마에 한 손을 대고 이마를 가볍게 젖힌다.
② 제 2단계

구조자의 입이 영아의 입과 코를 모두 덮도록 한다.

③ 제 3단계

천천히 2번 숨을 불어넣어 준다.

이때 환자의 가슴이 부풀어 오르는 것을 확인하면서 숨을 불어넣는다.

④ 제 4단계

맥박(상완동맥)을 확인한다.

만약 맥박은 있는데 영아가 호흡을 하지 않을 경우

⑤ 제 5단계

3초에 1번씩 천천히 숨을 불어넣는다.(1분에 20회)

⑥ 제 6단계

맥박과 호흡을 1분마다 다시 확인한다.

환자가 호흡은 없지만 맥박이 있는 한 계속 인공호흡을 실시한다.

VI 운반법

1. 들것으로 옮기기의 장점

상처가 크거나 의식이 없는 사람을 옮기는데 가장 알맞은 들것은 다른 방법에 비해 다친 사람을 안전하고 편안하게 옮길 수 있는 것이 가장 큰 장점이다. 다친 사람이 머리나 가슴, 등골, 허벅지 뼈가 부러지는 따위의 큰 상처를 입었을 때 고통은 이루 말할 수 없다.

이런 중상자를 좋지 않은 방법으로 옮기는 것은 차라리 내버려 두는 것보다 못한 결과를 가져올 수도 있다. 따라서 다친 사람의 상태를 냉정하게 검토해서 될 수 있는 대로 들것으로 옮기는 방법을 택하는 것이 바람직하다. 들것으로 옮기 위해서는 가까운 구조대의 도움을 받거나 사고가 난 곳에서 들것을 직접 만들 만한 재료가 있어야 한다. 또 들것으로 옮기기 위해 사람들이 충분히 있어야 하고, 내려가는 길이 좁거나 경사가 급할 때는 들것을 들고 걸어 내려오기가 어려울 때도 있다.

그러나 다친 사람을 옮길 때 가장 먼저 생각해야 할 안전을 고려해 본다면 들것으로 옮기는 방법을 가장 좋은 방법으로 꼽을 수 있다.

2. 들것으로 옮길 때 기본원칙

① 다친 사람의 발을 앞(아래쪽)으로 해서 옮기는 것을 원칙으로 함.
단, 발을 다쳐서 피가 많이 날 때는 머리를 앞으로 한다.
② 다친 사람의 옷이나 신발, 허리띠를 느슨하게 하고 다친 사람을 따뜻하게 한다.
③ 다친 사람의 상처와 얼굴을 자주 살펴보고 갑자기 더 나빠지는 것에 주의한다.
④ 다친 사람은 원래 바로 눕혀서 옮기지만 의식이 없을 때나 토할 염려가 있을 때는 옆으로 눕혀서 토한 것이 호흡을 막지 않도록 한다.
⑤ 다친 사람을 들것과 완전하게 붙들어 매어 어떤 경우에도 떨어지지 않도록 한다.
⑥ 경사가 급한 곳이나 바위 능선같이 위험한 곳을 지날 때는 들것에 로프를 묶어 안전하게 확보하고 들것을 들고 있는 사람들도 들것에 자기 몸을 묶어 떨어질 것에 대비한다.

3. 들것을 만들 때 주의할 점

① 먼 거리를 옮길 때나 험한 곳에서도 망가지지 않도록 튼튼하게 만든다.
② 내려갈 길을 생가해서 들것의 폭과 길이를 정한다.
③ 가지고 있는 장비와 사고가 난 곳의 여건, 그리고 구조할 수 있는 사람 수를 생각해서 들것의 모양과 크기를 정한다.
④ 다친 사람을 들것으로 옮겨 놓기 전에 들것이 튼튼한지 꼭 확인한다.
(더 무거운 사람을 눕혀서 들고 움직여 본다.)

4. 다친 사람을 들것에 고정방법

① 다친 사람을 가장 편안한 자세로 눕힌다.
② 가슴과 허리, 다리와 발을 들것과 수직으로 묶는다.
③ 몸 전체를 윗몸과 다리 2부분으로 나누어 비스듬히 여러 번 묶는다.
④ 들것이 어느 방향으로 기울어져도 묶여 있는 사람이 빠져 나오지 않도록 확실하게 붙잡아 맨다.

⑤ 들것이 곧게 세워져도 빠져 나오지 않도록 발을 걸칠 수 있어야 한다.

⑥ 중상자를 붙잡아 맬 때는 배를 피하는 것이 좋고, 붙잡아 맨 줄이 상처 가까이에 걸쳐지지 않도록 한다.

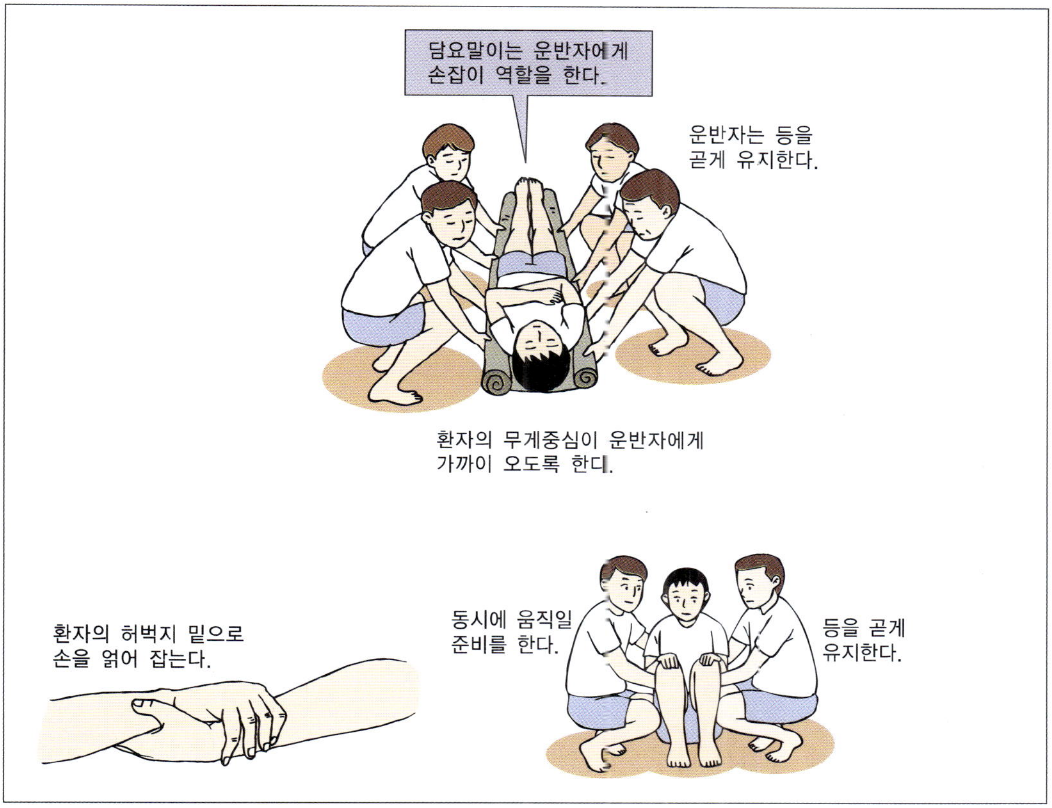

VII 산악 사고 시 구조기술

1. 환자 이송법

(1) 장비가 없을 때

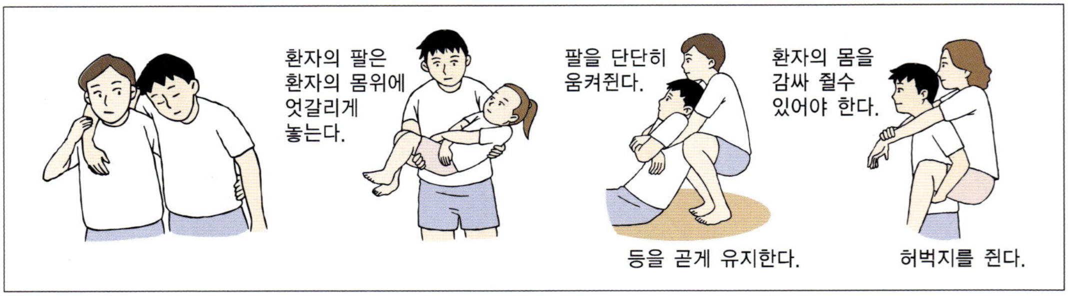

① 두 사람이 추켜들어 옮기기

–뼈가 부러지지 않은 사람을 짧은 거리에 옮길 때 사용

–한 사람은 다친 사람의 뒤쪽에서 겨드랑이 아래로 손을 넣어 다친 사람의 윗몸을 추켜든다.

–두 손을 길게 뻗쳐서 다친 사람의 무릎 위에서 바지를 움켜잡아 다친 사람의 두 다리를 자기 쪽으로 당기면서 두 무릎을 벌린다.

–한 사람은 다친 사람의 두 다리사이에 서서 무릎을 꿇고 앉아 다친 사람의 무릎 뒤를 두 팔로 낀 다음, 두 사람이 동시에 일어선다.

② 손 맞잡고 걸터앉기

–두 사람이 손을 엇갈리게 해서 맞잡고 그에 다친 사람을 걸터앉도록 한다.

–무릎을 펴면서 같이 일어선다.

–다친 사람은 균형을 잡기 위해서 구조하는 사람의 어깨를 감싸 잡는다.

–힘이 많이 드는 방법으로 발목이나 정강이뼈가 부러졌을 때, 짧은 거리 이동에 사용된다.

③ 엇갈려 안아 올리기

—두 사람과 한 사람이 서로 반대로 선 다음 다친 사람의 몸 아래로 손을 넣어 손목을 맞잡고 다친 사람을 안아 올리는 방법이다.

—다친 사람을 안아 올렸을 때 편안한 느낌을 줄 수 있다.

—산 아래로 옮길 때는 다친 사람의 다리가 아래쪽으로 향하도록 하는 것이 좋다.

(2) 장비를 이용한 방법

① 로프를 이용해서 업어 나르기

—로프를 지름이 1m정도 되게 둥글게 사려서 둘로 나누어 8자 모양으로 만든다.

—매듭부분이 다친 사람의 엉덩이에 걸치도록 다친 사람의 두 다리에 끼운다.

—업는 사람은 배낭을 메듯이 두 어깨에 로프를 끼고 몸을 앞으로 숙이면서 천천히 일어선다.

—주의할 것은 로프를 사릴 때 전체 길이를 득같이 해야 한다.

—다친 사람의 두 손을 가슴 앞에서 엇갈리게 해서 잡거나, 윗몸을 자기에 긴 연결줄로 묶는다.

② 배낭을 이용해 업어 나르기

—작은 배낭을 거꾸로 해서 배낭 등판과 멜빵사이에 다친 사람을 걸친 다음 멜빵끈을 늘려 다친 사람을 업는다.

—멜빵끈이 없으면 옷 같은 것을 끼워 넣어 아프지 않도록 해야 오랫동안 업고 다닐 수 있다.

—큰 배낭은 배낭 아래 부분의 박음질 실을 뜯어내고 다친 사람을 배낭 안에 넣어 두 다리를 배낭 바깥으로 나오게 해 업는다.

—지게배낭을 쓸 때는 받침대에 침낭이나 매트를 깔고 그 위에 다친 삶을 앉힌다.

—다친 곳을 따라 다친 사람을 앞쪽 또는 뒤쪽으로 향하도록 하고 다친 사람의 몸과 발을 묶어 두기 위해 또는 편안하게 해주기 위해 줄사다리나 연결 줄을 건다.

—다친 사람의 안전과 업는 사람을 바꾸기가 쉬워 먼 거리를 갈 때 쓸 수 있다.

(3) 들것 만들기

① 넓은 천과 받침목을 이용하는 방법

-넓게 펼친 천에서 1/3되는 곳에 받침목을 세로로 놓고 좁은 쪽 천을 넓은 쪽으로 접는다.

-그 위에 또 다른 받침목을 천 가운데에 놓아 좁은 쪽 천이 받침목 위로 겹쳐지도록 천을 접는다.

② 웃옷과 받침목을 이용하는 방법

-3m쯤 되는 굵고 긴 받침목을 한 사람이 두 손으로 잡고 허리를 깊이 숙인 다음, 다른 사람이 옷자락을 두 손으로 움켜잡고 받침 목 쪽으로 벗긴다.

-벗겨진 웃옷은 몸 부분과 소매가 받침목 가운데까지 끼워지도록 당긴 다음 다시 받침목 끝으로 당겨 몸 부분과 소매가 겹쳐지도록 만든다. 한 사람 옷을 다 끼웠으면 다음 사람이 앞사람과 같은 방법으로 웃옷을 끼워 넣는다.

(4) 들것이용 하강법

※ 간이 들것으로 끌어내리는 방법

-받침목과 두터운 천으로 만든 간이 들것으로 다친 사람을 들것에 담아 내리는 방법

-천에 달려 있는 긴 연결 줄로 다친 사람을 받침목에 묶고 어느 한쪽으로 치우치지 않도록 무게 중심을 잘 잡으면서 내린다.

-바위에 닿거나 걸리지 않도록 구조하는 사람이 들것을 잡아 주면서 같이 하강한다. 매듭의 끝은 꼭 절반 매듭으로 마무리해야 한다.

Ⅷ 환경 및 위험물에 의한 응급

1. 화상

화상은 열에 의해 피부세포가 파괴되거나 괴사되는 현상을 말하는 것으로 직접적인 열 손상, 방사선, 부식성 화학물질, 전기 등에 의해서 신체조직이 손상된 상태를 말한다. 즉

신체가 손상 받지 않고 흡수할 수 있는 에너지의 양보다 많은 에너지에 노출된 경우에 발생하며 불이나 뜨거운 물에 의한 피부조직의 상해(傷害)로 흔히 열상(熱傷)이라고도 한다.

(1) 화상의 증세

화상환자를 발견한 경우 확인해야 할 사항은 다음사항을 고려해야한다.

① 화상의 원인이 무엇인가?

② 화상의 범위는 어느 정도이며 얼마나 심각한 상태인가?

③ 화상 외에 손상 받은 곳은 없는가?

④ 호흡곤란의 증상이나 징후가 있는가?

⑤ 화상환자의 나이 및 병력을 확인한다.

화상으로 인한 손상은 유발물체(원인)이나 온드, 접촉시간, 연령층, 피부두께에 따라 달라지므로, 같은 열에 노출되더라도 피부 구조물이 성숙하지 않아 피부두께가 얇은 어린 아이들이 피부 구조물이 퇴화되는 상태인 어른에 비해 훨씬 심각한 후유증을 겪는다. 비교적 낮은 온도인 44도 이하라도 장시간 접촉되면 세포가 파괴되며, 70도를 넘으면 조직이 즉시 파괴된다.

피부조직의 손상정도를 보다 더 잘 알 수 있도록 1도(표피)화상, 2도(부분층)화상), 3도(전층)화상으로 표현한다.

① 제1도 (표피)화상 보통

㉠ 피부의 표피층만 손상 받은 경우로 60.0℃ 정도의 열에 의해 생긴다.

㉡ 홍반, 부종, 심한 통증이 있으나, 일주일이 지나면 흉터 없이 자연 치유된다.

㉢ 피부의 색깔은 붉게 되면서 약간의 부종이 있다

예) 해수욕장에서 피부가 햇볕에 타서 화끈거리고 껍질이 벗겨지는 정도

② 제2도화상(부분층화상)

㉠ 상피세포층과 진피세포층의 일부까지 손상 받은 경우

㉡ 혈장(plasma)과 비슷한 내용물(국소혈관 즉, 임파관과 모세혈관에서 나온)로 크고 작은 수포(水疱,blister)가 형성된다.

㉢ 작열감(灼熱感)과 상처는 습(moist)하고 통증이 심하며 부종(浮腫)이 뚜렷하다.

㉣ 화상 입은 면적이 체표면적의 약 15~30 % 이상에 이르는 경우에는 특히 주의를

요한다.

ⓜ 얕은 2도와 깊은 2도 화상으로 구분된다. 예) 거운 물 등에 의한 열탕화상

③ 제3도(전신층)화상

㉠ 피부전층(진피와 피하지방) 까지 손상 받은 경우

㉡ 피부는 건조하고 피부색이 하얗게 되거나 화염에 그슬려서 검게 되거나 가죽같은 형상을 띤다.

㉢ 1도와 2도 화상을 동반하면 화상 부위에서 심한 통증을 느낄 수 있다.

㉣ 말초신경과 혈관이 파괴되면 감각이 마비되어 통증을 느낄 수 없다.

ⓜ 시간이 경과됨에 따라 체액 손실 발생. 예)화염에 의한 화상

(2) 화상의 응급처치

화상을 치료하는 데는 별다른 기술이 필요하지는 않다.

최대의 목표는 고통경감. 충격처치, 감염예방에 있다.

다만 기본적인 처치 법에 따라 충격과 감염의 기회를 줄여 주는 것이 중요하고 화상을 당한 후 하루 이틀 사이에 사망하게 되는 것은 충격에 의한 것이고 그 후에 사망은 주로 감염이 원인이다.

화상당한 범위가 좁고 깊은 것보다 가벼우나 넓은 화상이 더욱 위험하다.

(3) 화상 치료의 4 단계 방법

—화상 부위에 더 이상의 손상이 진행되지 않도록 식혀 준다.

—화상 부위를 깨끗한 소독 드레싱으로 덮어서 공기가 직접 닿지 않게 한다.

—감염예방을 위한 적절한 조치를 한다.

—넓은 화상 부위는 건조한 소독 시트나 천 등으로 덮어 준다.

—환자의 체온을 정상으로 유지하여 쇼크에 빠지지 않게 한다.

① 가벼운 경우(1도와 얕은 2도 화상)

㉠ 불에 그슬렸거나 뜨거운 물질에 젖어 있는 옷이나 양말을 신속히 제거한다. 의복이나 양말을 벗기는 경우는 함부로 벗기면 피부의 일부가 의복과 함께 벗겨져서 오히려 상태가 나빠지므로 열탕에 의한 경우는 찬물을 부어 충분히 냉각시

키고 나서 서서히 벗긴다. 달라붙은 경우는 그 부분을 남기고 잘라내며 무리하게 벗기지 않는다.

ⓒ 화상 부위를 심장 높이보다 높게 해 주면 부종이나 통증이 감소할 수 있다.

ⓓ 화상부위 근처에 착용하고 있는 시계나 반지, 목걸이, 귀걸이 등은 풀어 준다.

ⓔ 일단 통증이 가라앉을 때까지 흐르는 물에 화끈거리는 부위의 열기를 식힌다. 흐르는 물에서 열을 식힐 경우엔 수압이 너무 강하지 않도록 주의해야 하며 수돗물을 틀어 둔 채로 가능한 한 오랫동안 식히도록 하는 것이 좋으며 너무 오랫동안이 아닐까라는 생각이 들 정도로 20~30분 동안 상처 부위를 흐르는 물에 식힌다(이때 약품화상 시 강산은 30분, 알칼리는 1시간, 안구는 8시간 세척한다).
수돗물이 너무 차가우면 동상에 걸릴 수도 있으므로 받아 놓은 찬물에 담그고 있는 게 좋다. 이때 물에 소금을 1% 정도 넣으면 더 좋다. 물 1리터에 티스푼으로 2숟가락의 소금을 넣어 주면 된다.
화끈거리는 것이 멎을 때까지 한 시간 가량 기다려도 좋다. 화기를 제거하기 위한 경우를 제외하고 신체 표면의 20%(어린아이는 10%) 이상을 차갑게 하지 않도록 한다. 얼음물에 상처부위를 넣거나 차가운 물수건 또는 얼음주머니를 만들어 냉찜질하는 방법도 좋다. 얼굴이나 머리 등 직접 냉수를 끼얹을 수 없는 곳의 화상은 얼음주머니를 환부에 살짝 대서 열기를 식힌다. 얼음주머니는 쉽게 구할 수 있는 비닐봉지에 얼음과 약간의 물을 넣어 만든다. 계속 새 얼음으로 교체해 주는 것이 좋다. 열기를 식힌 후, 희미하게 붉은 기가 남고 아프지만 물집이 생기지는 않는 정도라면 집에서 치료 좋다.

ⓜ 2차 감염을 방지하여야 한다.
물집은 터트리지 말고 소독가제를 대고 붕대를 감아 준다.
단, 연고같이 바르는 약은 바른 뒤가 불결하지기 쉬우므로 피하는 것이 좋다. 청결한 거즈를 대고 밴드를 붙여서 경과를 지켜보는 것이 최상이다. 멸균 드레싱이나 깨끗한 천으로 상처를 감싼다. 신경의 말단에 공기가 닿는 것을 막아 고통을 덜어 준다. 화상에 드레싱을 하는 이유는 상처를 깨끗이 하고, 수분증발을 막고, 통증을 줄이기 위해서이다. 청결하게 하여 화상 부위에 균이 들어가지 않도록 방지한다. 환부에 청결한 가제나 천을 가볍게 대 물집이 늘러져 터지지 않게 하면서 붕대를 감는다. 환부 주위를 가제로 도넛 형으로 높여 붕대를 감는 것도 좋다.

ⓑ 1도 화상은 대개 드레싱이 필요 없으므로 드레싱은 하지 않아도 된다.

화상 부위에 젖은 드레싱은 사용하지 않도록 한다. 젖은 드레싱은 쉽게 말라 버리고, 부위가 넓을 경우 저 체온증을 유발시킬 수 있다. 처음에 화상부위를 식히려고 찬 물수건등을 사용할 수는 있지만 드레싱 용도로 사용해서는 안 된다. 드레싱용으로 비닐을 사용하지 않는다. 비닐은 피부에 붙지는 않지만 공기가 통하지 않아 감염의 우려가 있다.

ⓢ 화상 부위의 열기가 다 식기 전에는 연고, 기름, 버터, 크림, 분무기, 민간약제 등을 바르지 않는다. 이러한 것들은 살균되어 있지 않아서 감염의 위험이 있고 열기를 내보내지 못해 상처를 악화시킨다. 또한 중증의 화상일 경우 상처 위에 바른 것을 긁어내야 하기 때문에 환자에게 상당한 고통을 주게 된다.

② 중증 2도 또는 3도 화상 처치

㉠ 3도 화상의 경우 대부분은 고통을 느끼지 못하기 때문에 차게 할 필요가 없다. 3도화상인데도 불구하고 환자가 고통을 호소하면 1도, 2도 화상을 동반한 경우이므로 이 부위는 차갑게 하는 것이 좋다.

㉡ 마르고 붙지 않는 살균 드레싱이나 깨끗한 천으로 상처를 감싼다.

㉢ 쇼크를 막기 위해 다리를 높여 주고, 깨끗한 천이나 담요로 환자를 따뜻하게 한다.

㉣ 3도 이상의 화상과 넓은 범위의 중한 화상에는 의복을 느슨하게 하되 상처부위는 억지로 벗기려 들지 말고 몸을 따뜻하게 해주며 소다수(물1 *l* 에 중조 5숟갈)에 담근 헝겊을 대준다.

※ 집에서 관리만 잘해주면 굳이 병원에 가지 않아도 다리에 화상은 일주일정도면 흉터 없이 완치될 수 있다.

③ 관리

㉠ 다리에 생긴 물집은 저절로 터질 때까지 절대로 미리 터트리지 않도록 주의한다.

㉡ 다리에 화상은 완전 완치될 때까지는 햇빛을 받지 않도록 하며, 외출할 때는 긴 바지를 입도록 한다.

㉢ 피부가 건조하지 않도록 수시로 씻어 주고 간혹 얼음덩어리로 살살 문지르듯 마사지를 해준다.

㉣ 피부 즉 다리에 허물이 벗겨졌을 경우, 바지와 살에서 비벼지는 부분에만 가볍게 붕대로 감아주고 저녁에는 붕대를 풀러 준다. 물론 외출을 하지 않을 시에는 붕

대는 가급적 안 하는 것이 좋다.

*9의 법칙(role of 9's)

화상을 입은 손상범위를 신체구역별로 구분을 지어 퍼센트화 시켜 놓은 법칙입니다. 그래서 이 9의법칙에 따라서 총 몇 퍼센트가 손상을 입으면 생명에 위험하기도 하다고 판단지어지는 근거가 됩니다.
성인과 소아의 구분방법에는 약간의 차이가 있습니다. 화상에 의한 손상범위는 수액요법에 있어 중요한 기준으로 작용합니다.

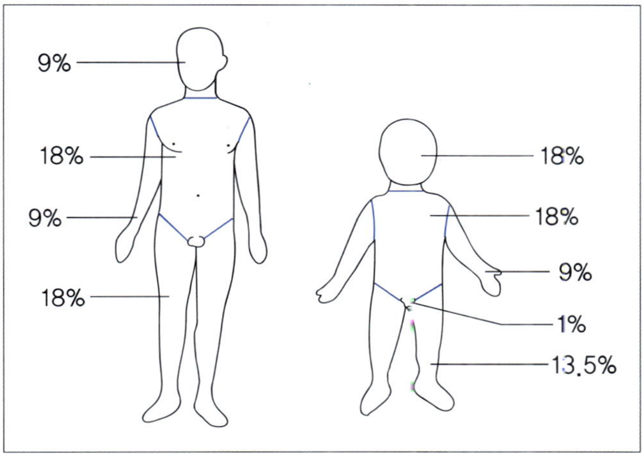

<화상 범위 - 9의 법칙>

2. 중독

(1) 소아 중독의 예방

대부분의 사람들은 자신의 집을 어지러운 세상과 비교해 안전한 천국이나 고요한 오아시스로 간주한다. 그러나 사고로 일어나는 중독사건, 특히 소아 중독의 경우는 집에서 발생하는 경우가 가장 많다. 어떤 약물은 단 한 알을 복용해도 소아를 치명적인 상태 또는 사망에까지 이르게 할 수 있다. 철제제의 과량투여로 인한 소아의 중독이 중독 관리 전문가, 소비자보호단체, 건강관리자들에게 가장 크게 고려되고 있다. 미국에서 발생하는 6세

이하 소아의 중독 사망 대부분이 철 제제(빈혈약이나 비타민제제)에 의한 것으로, 미국 중독관리협회의 보고에 따르면 1986년부터 1994년까지 9개월에서 3살의 소아 38명이 철 제제를 삼켜 사망하였다. 이들 어린이가 복용한 양은 단 5정에서부터 98정까지 다양하였다. 철 중독이 소아 중독에 있어 가장 큰 문제이지만, 다른 약물에 관해서도 소아 중독의 문제가 발생된다. 소아용 비타민제의 시판도 간과할 수 없는 문제다. 왜냐하면 이들 비타민제는 사탕이나 만화 인물 모양을 하고 있어 전혀 약으로 생각되지 않는다. 게다가 대개 어린이들은 부모의 행동을 따라 하는 경향이 있어 부모가 복용하는 모습을 따라 할 수 있다. 이런 경우 치명적인 결과가 초래될 수 있다.

(2) 소아 중독에 대한 우리집 안전진단

철 함유제제가 집에 있다면, 집을 한번 둘러보는 것이 소아 중독을 예방하는 지름길이다.

① 복용을 마친 후 꼭 용기를 닫아 두며 어린이가 열 수 없는 포장에 담아 보관한다.

② 약은 본래의 용기에 보관한다.

③ 모든 철 함유제제와 약물은 어린이의 손이 닿을 수 없는 곳에 보관하고, 눈에 띄지 않게 한다.

④ 조리대 위나 침실 · 책상 등에 절대 놓지 않는다.

⑤ 약물 복용 지시법대로 따라 과량 투여나 잘못된 투여를 피한다.

다른 물질의 경우도 될 수 있으면 덜 위험한 상품으로 구매한다. 예를 들어 미술용구의 경우 어린이에게 해가 없도록 만들어진 제품으로 사도록 한다.

휘발유 · 석유 · 신나같은 위험한 물질은 필요한 양만큼만 구매하며, 사용치 않는 것은 안전하게 처리한다. 일반적으로 남은 신나 등을 컵이나 음료수병 또는 우유팩에 담는 경우가 많은데, 컵이나 병에 든 것을 먹을 것으로 간주하는 어린이에게는 매우 위험할 수 있다. 부엌과 화장실은 가장 위험한 곳으로 볼 수 있는데(화장실은 습하고 따뜻하여 약물이 변하거나 분해 할 수 있으므로 어떤 이유에서든 약물을 화장실에 보관해서는 안 된다), 중독의 가능성을 가진 물질을 보관하는 곳은 모두 잠가 두거나 아이들의 손이 닿지 않는 곳에 보관하는 게 제일 좋다. 또한 마시고 남은 주류를 상 위나 조리대 위에 올려 놓는 행위도 절대 하지 말아야 한다. 알코올은 어린이에게 있어 심각한 중독만큼의 작용을 나타낼 수 있는데, 경련 · 혼수 · 사망에까지 이를 수 있다. 어린이는 알코올에 성인보다 민감하므로 적은 양으로도 독작용을 일으킬 수 있다. 알코올 함유 제품들, 즉 구강세척제나 면도거품들도 같은 작용을 일으킬 수 있으므로 주의한다.

(3) 중독 응급처치의 일반적 원칙

중독물질을 삼킨 경우 중독물질은 짧은 시간 동안 위장에 머무르고 위장에서는 소량만 흡수되고 대부분의 중독물질은 소장에서 흡수된다. 환자가 갑자기 설명할 수 없는 증상, 특히 복통 · 오심(토할 것 같은 증상) · 구토 등의 증상을 호소하는 경우에는 일단 중독을 의심해 보는 것이 안전하다. 중독물질을 삼켰을 경우 가능한 한 중독물질이 소장에 도달하기 전에 신속하게 중독물질을 배출시키는 것이 중요하다.

이때 가장 효과적인 방법은 구토를 유발하는 것이다. 외국의 경우 구토를 유발하는 구토제(Ipecac 시럽)를 약국뿐 아니라 슈퍼마켓에서 누구나 쉽게 구입할 수 있지만 우리나라는 구토시럽을 구하기가 쉽지 않다. 구토시럽이 없을 때는 미지근한 물에 소금을 섞어 마시면 구토유발에 도움이 된다. 일반적으로 구토를 하기 위해 목에 손가락을 넣고 구역질 반사를 자극하곤 하는데, 이는 기도흡인의 위험이 갖으므로 조심해야 한다.

(4) 주요 중독물질의 응급처치

① 진정제(수면제) 과다 복용 시

—기도유지/호흡이 없을 때 인공호흡 실시

—의식이 없으면 절대 구토 유발 금지!

—입으로 아무 것도 먹이지 않는다.

—즉시 병원으로 이송하여 위세척 실시

② 락스 (치아염소산 나트륨)

—구토나 위세척 금지

—우유, 아이스크림, 달걀을 먹여 표백제를 희석 · 분해시킨다.

—즉시 병원으로 이송, 식도경 검사 후 식도 외상을 치료한 후 해독제 투여

③ 석유제품 (등유, 라이터액, 휘발유, 가구윤택제, 페인트, 신나 등)

—구토 금지

—50cc 이상의 휘발유나 석유를 마셨을 경우 대뇌와 심장에 미치는 독성이 강하므로 가능한 한 신속하게 병원으로 이송하여 전문적인 기도유지 처치 후 위세척을 실시한다.

※먹어도 큰 영향이 없는 것들

껌(gum), 땀띠 분, 바셀린(Vaseline, petrolatum), 볼펜잉크(1개 이하 분량), 백묵(calcium carbonate), 실리카(silicon dioxide), 성냥, 어린이 크레용, 점토, 초, 철분이 들어 있지 않은 비타민

3. 기도 폐쇄

(1) 원인

음식, 구토, 이물질, 손상받은 인후부종, 의식없는 환자에서 뒤로 말린 혀 등

(2) 증상

- 시끄럽고 힘든 호흡 (쌕쌕거리는 호흡)
- 가슴과 배의 호흡이 정상으로 안되고 반대로 움직인다. (흉곽은 안으로 빨려 들어가는데 배는 앞으로 나옴)
- 피부가 파랗게 됨 (청색증)

(3) 응급처치

① 성인의 기도폐쇄

- 구급요청을 합니다.
- 환자를 안심시키고 앞으로 고개를 숙여 가슴보다 낮게 합니다.
- 환자의 양 어깨 사이를 손바닥으로 평평 두드린다. 이때 환자에게 기침하도록 격려합니다.
- 그래도 안되면 오른쪽 그림과 같이 등 뒤에서 환자를 껴안고 양손을 깍지 끼고 상복부를 힘껏 빠르게 당겨 올린다. 서너 번 시도합니다(복강 압박법).
- 계속되는 호흡곤란시 심폐소생술을 시행합니다.

② 소아의 기도폐쇄

- 아이를 무릎위로 거꾸로 엎드리게 한 후 머리를 아래로 내리게 한다. 소아의 등을 어른에서 사용하는 반 정도의 힘으로 내리 친다.

③ 유아의 기도폐쇄

–유아를 팔을 따라 엎드린 상태로 놓고 어깨사이를 소아 보다 약하게 두드린다. 의식이 없으면 심폐소생술을 시행한다.

※주의 : 유아에서는 성인과 같은 복강 압박술을 시행해서는 안된다.

4. 출혈의 지혈법

(1) 출혈이 심하지 않은 경우

–출혈이 심하지 않는 상처에 대한 처치는 병균의 침입을 막아 감염을 예방한다.

–상처를 손이나 깨끗하지 않은 헝겊으로 함부로 건드리지 말고 엉키어 뭉친 핏덩어리를 떼어 내지 말아야 한다.

–흙이나 더러운 것이 묻었을 때는 깨끗한 물로 상처를 씻어 준다.

–소독된 거즈를 상처에 대고 드레싱 한다.

–의사의 치료를 받게 한다.

(2) 출혈이 심한 경우

–출혈이 심하면 즉시 지혈을 하고 출혈부위를 높게 하여 안정되게 눕힌다.

–출혈이 멎기 전에는 음료를 주지 않는다. 수술 받게 될지도 모르기 때문이다.

–지혈 방법은 직접압박법, 지혈점 압박법, 지혈대 사용법 등이 있다.

(3) 출혈을 지혈시키는 방법

① 직접 압박법

–상처부위를 직접 압박하면 대부분의 출혈을 멈추게 할 수 있다.

–출혈이 멈춘 후에도 소독거즈를 덮고 압박붕대로 감아준다.

–만약 출혈이 멈추지 않으면 더 세게 압박하여 본다.

–사지에서 출혈이 될 때는 출혈부위를 심장보다 높여 줌으로써 출혈량을 줄일 수 있다.

② 지혈점 압박법

–팔이나 다리에서 직접압박으로 지혈되지 않으면 동맥의 근위부를 압박함으로써

심한 출혈을 조절 할 수 있다.

—상지의 출혈은 상완동맥을 압박하고, 하지의 출혈은 대퇴동맥을 압박하여 지혈시킬 수 있다.

—상지나 하지는 여러 동맥에 의하여 혈액을 공급하므로 하나의 동맥을 차단하여도 지혈되지 않는 경우가 있으므로 가급적 사용하지 않는다.

③ 지혈대 사용법

—지혈대는 다른 방법으로도 출혈을 멈출 수 없을 때 사용되는 방법이다.

—출혈부위보다 심장에 가까운 부위에 지혈 띠를 감는다.

—손과 팔은 상완부에 다리의 출혈은 대퇴부에 감는다.

—지혈띠는 5cm너비의 삼각건, 타올, 스카프, 넥타이 등을 이용한다.

—가느다란 끈과 철사는 사용하지 않는다.

—지혈 시간을 기록한다.

—지혈대는 신경이나 혈관에 손상을 줄 수 있으며, 팔이나 다리에 괴사를 초래할 수 있으므로 30분에 한 번씩 느슨하게 한다.

※ 지혈점

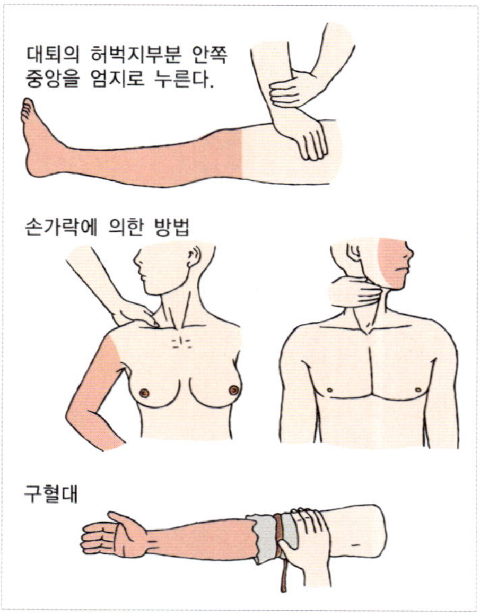

※ 지혈대

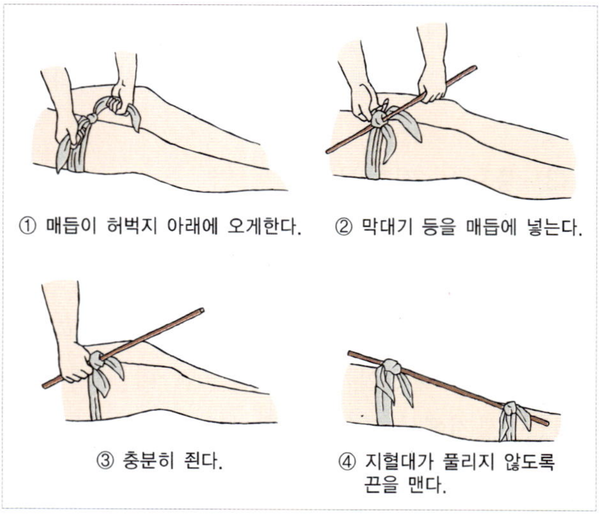

※ 삼각건 사용법

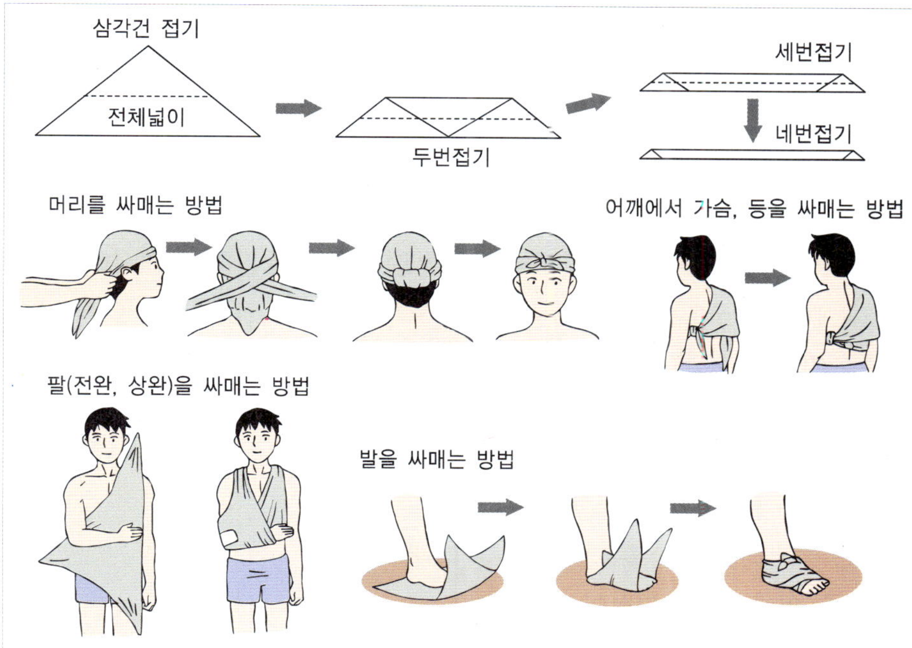

5. 일상 생활에서 응급을 요하는 증상의 응급처치

(1) 혼수상태

의식의 변화는 간단한 사고의 장애로부터 완전히 의식이 없는 상태까지 매우 다양하게 나타나며, 혼수상태는 아무리 강력한 외부 자극을 주었을 지라도(예 : 환자를 꼬집어 보는 등) 전혀 반응하지 않고 깨어나지 못하는 경우를 말한다. 일반적으로 의식변화는 다음과 같은 원인들로 오게 된다.

① 구조적 병변 : 외상, 뇌종양, 간질, 두 개내 출혈 등
② 대사성 : 무산소증, 저혈당, 당뇨성 케토산증, 간부전, 신부전
③ 약물
④ 심혈관계 : 고혈압성 뇌중, 쇽, 과민성 쇽, 부정맥, 심정지, 신부전
⑤ 감염

원인이 이와 같이 다양하므로 일반인들이 이를 감별하기란 어렵다. 그러나 이런 상태

에 놓여져 있는 사람을 발견했을 경우 가장 먼저 확인해야 할 상황은 그 사람이 숨을 쉬고 있는지에 대한 여부이다.

원인이 어떠하건 간에 의식이 없는 사람은 혀가 목구멍 뒤로 쳐지기 쉬우며 기도를 막아서 숨을 쉬지 못하여 생기는 것이 가장 시급하게 해결해야 되는 사항이다. 만일 호흡이 좋지 못하다면 기도를 유지하여 환자의 호흡이 가능하도록 한다. 만일 환자가 호흡이 없다면 기도유지를 다시 하고 인공호흡을 통하여 그 사람에게 산소를 공급할 수 있도록 한다.

또한, 이런 경우에 처해 있는 사람의 주변인들은 다음과 같은 것에 주의하여 정보를 모아 처치자가(예 : 응급구조사, 119구급대원 등) 도착하였을 때 정보를 제공하는 것이 중요하다. 처치자가 여유시간이 좀 있다면 환자를 더욱 자세히 관찰하여야 하는데 이때에는 자극에 반응하는지, 호흡의 상태나 횟수, 깊이 정도를 알아보아야 한다. 또한 가능하다면 다음도 확인하는 것을 잊지 않도록 한다.

① 의식변화의 기간이 얼마나 되는가?
② 갑자기 시작 되었는가 혹은 서서히 시작되었는가?
③ 최근 4주 이내에 두부외상이 있었는가?
④ 현재 치료 중인가?
⑤ 술을 마셨다거나 약을 먹었는가?
⑥ 변화이전의 특별한 행동이 있었는가?
⑦ 현재 먹고 있는 약이 있는가?

— 이때 행할 수 있는 처치는 다음과 같다.
① 기도를 열어 주기 위해 고개를 들어준다.
② 호흡이 없다면 인공호흡을 실시한다.
③ 만일 경추(목)손상이 의심되는 사람이라면 함부로 건드리지 말고 전문 처치사에게 조언을 받아서 행동 할 수 있도록 한다.

환자의 머리와 신체가 정앙에 오게 한 후 환자의 이마는 눌러 주고 턱은 검지와 중지 두 손가락으로 들어준다.

기도유지를 해준 상태에서 환자의 얼굴에 구조자의 얼굴을 가져가대고 구조자의 눈은 환자의 가슴을 보며 환자의 10초간 호흡유무를 확인한다.

• 구강대 비강법 : 구조자는 손으로 환자의 입을 막고 환자의 코에 구조자의 입을댄 후

공기를 불어넣는다.

• 구강대 구강법 : 구조자의 손가락으로 환자의 코를 마고 환자의 입에 구조자의 입을 댄 후 공기를 불어 넣는다.

• 경련

경련은 흔히 간질이라고 이야기되는 대발작부터 소아의 열성 경련, 그 외 다양한 형태로 나타나므로 평소 경험이 없던 일반인들은 당황하기 십상이다. 어른은 간질이 원래 있던 사람은 평소에 약을 잘 복용하는 것이 중요하고 갑자기 처음으로 생기는 경련은 의료기관에 가서 궁극적으로 원인을 알아서 처치해야 한다. 소아는 열이 심하게 날 때 경련이 생기기 쉬우므로 해열제나 옷을 벗기고 물로 닦아 주는 노력을 해야 한다.

경련의 증상은 갑자기 이상한 행동이 나타나는데 눈이 뒤집힌다던가, 온 몸을 부르르 계속하여 떨고 거품을 물며 신체가 비정상적인 행동이 반복하는 등이다. 물론 이러한 증상 중의 일부는 진짜 경련이 아니고 정신적인 문제 때문에 나타날 수도 있어 겉으로만 급한 것 같고 내용적으로는 응급환자가 아닐 수도 있다. 이는 일반인으로서는 감별하기 힘들다.

㉠ 처치

무엇보다도 숨을 쉴 수 있도록 기도확보가 중요하다. 원인적 치료는 의료기관에 이송하여 실시할 수 있지만 도착하기 전까지 숨을 쉴 수 있도록 기도확보를 잘 실시하여야 한다.

대발작 환자 중에는 쓰러져서 다른 물체에 부딪히기 쉽고 혀를 깨무는 동시에 혀와 구강 내 손상을 최소화 할 수 있도록 경구기도기를 입 속에 삽입하도록 하며 없을 때에는 임시로 딱딱하고 부드러운 막대같은 물체로 이를 대신할 수 있다.소아는 이와 더불어 열성경련이 많으므로 미지근한 물로 몸을 닦아 주도록 하며 이에 앞서 옷을 전부 벗겨서 수분의 증발 시 체온이 떨어질 수 있도록 한다.

㉡ 주의

대발작 시는 환자가 발작하며 다칠 수 있으므로 주위에 부딪쳐서 다치거나 찔릴 만한 물건을 치워주어야 한다. 무엇보다도 경련 자체보다도 기도확보를 통하여 숨을 계속 쉴 수 있게 하여야 하며 경련 중에는 호흡이 멈출 수도 있으므로 인공호흡을 하며 신속히 이송한다.

• 두통

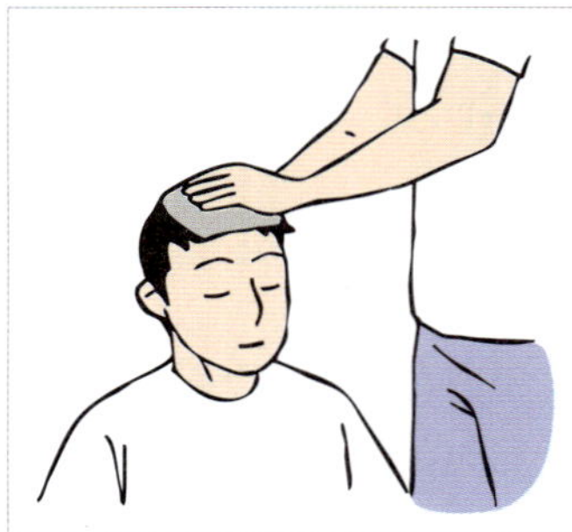

두통의 흔한 원인은 축농증, 감기, 긴장, 눈의 피로, 수면부족, 배가 고플 때 등 다양하다. 그러나 머리나 척추에 손상이 있을 때도 역시 두통을 유발한다. 그 증상은 머리의 아무 부분이나 지속이거나 가끔씩 통증이 오는데, 처치는 환자의 이마에 찬 것이나 뜨거운 물을 담은 병을 싸서 누르며, 환자로 하여금 어두운 방에 누워 있도록 권한다.

만약 두통이 계속되고, 구역질 구토, 열, 목이 뻣뻣해지거나, 시력이 혼란스럽거나, 두부손상, 혼란, 점진적인 의식의 소실이 동반된다면, 의학적 도움을 요청하여야 한다. 평소 느끼던 두통과 느낌이 다르고 너무나 심하고 오래 간다던지, 상기한 다른 심한 증상이 같이 있을 때는 뇌수막염, 뇌졸중, 뇌출혈 등 다양한 뇌의 병변이 동반될 수 있을 가능성이 있다. 이는 응급상황이므로 빨리 이송하여야 한다.

• 귀의 통증

귀의 통증은 그 통증이 굉장히 심하다. 이것은 귀 안이나 귀 주위의 감염에 의해 초래되다. 즉, 귀의 종기나 농양 등에 의해 초래된다. 그러나 가장 흔한 이유는 특히 어린아이에 있어서 목을 통해 세균이 귀로 퍼져 유발된 중이염에 의한 것이다.

이런 종류의 감염은 편도선염, 홍역, 감기 등을 앓고 나서 잘 온다. 귀의 통증은 귀지가 너무 많을 때 또는 비행기 여행이나 잠수 시 갑자기 고막에 가해지는 압력의 변화가 있을 때도 잘 나타나며, 그 증상은 지속적이거나 가끔 귀의 통증이 생기고, 지속적인 통증을 해소하기 위하여 아픈 쪽 귀에 뜨거운 것을 다물고 침을 삼키거나 양 볼이 불룩해지도록 불게하며, 통증이 지속적이건, 분비물, 열, 청각의 이상이나 들리는 정도가 다를 때는 즉시 의학적 도움을 구하도록 한다.

• 기절

기절이란 잠깐동안 의식을 잃는 것이다. 흔히 뇌로 가는 혈액의 일시적 감소로 인해 생기는 현상으로 회복은 빠르고 완전하게 된다. 통증이나 공포에 대한 신경반응으로 올 수 있으며 혹은 감정적 혼란의 결과, 탈진, 굶었을 때도 일어날 수 있다. 그러나 실제로 오랫동안 움직임이 없었을 때 신체의 다리에 많은 양의 피가 고이게 되어 다른 부분의 순환을 감소시킬 때가 더 흔하다. 이런 사람의 특징적인 증상은 매우 창백해 보이고 맥박이 느리고 약한 것을 알 수 있으며 그 처치는 다음과 같다.

㉠ 처치

ⓐ 만일 환자가 불안정해 하면 앉히고 두 무릎 사이에 머리를 앞으로 기울이게 하여 심호흡을 하도록 한다.

ⓑ 목이나, 가슴, 허리의 쪼이는 옷을 풀어 준다.

ⓒ 의식을 찾으면 환자를 안심시키고 점차 앉은 자세로 일으킨다.

ⓓ 의식을 완전히 찾을 때까지는 입으로 아무것도 주지 말고 회복 후 찬물을 조금씩 마시도록 한다.

㉡ 주의

일반인들은 졸도한 것과 다른 심각한 질병으로 인하여 의식을 잃은 것과 구별하기 힘들다. 따라서 기절한 현장에서 회복을 바라고 너무 오래 시간을 끌지 않도록 하며 의료기관에서 확인하는 과정이 필요하다. 중간에 환자의 호흡과 맥박은 계속 확인하고 없으면 신속히 그에 대한 조치를 해야 한다.

• 치통

치통의 가장 흔한 원인은 이빨의 에나멜질의 부식에 의한 것이다(즉, 이빨이 썩는 것). 그러나 농양, 잘못 깨물어서 가해진 압박에 의해서 유발 될 수도 있으며, 안면신경의 염증으로 인해 유발된 통증이 방사되어 치통을 유발할 수 있다. 그 증상은 치아와 턱의 통증이 있으며 지속적이거나 가끔 통증이 있고, 이 통증은 찬 것이나 뜨거운 것을 먹거나 하면 더 심해진다. 치료는 심하고 지속적인 통증이 있으면 뜨거운 물을 넣은 병을 싼 것이나 뜨거운 헝겊으로 상한 이가 있는 쪽의 얼굴에 댄다. 만약 증상이 계속되면, 혹은 그 이 주위로 열이 나고 부으면 지체하지 말고 의사나 치과 의사를 찾아가도록 한다.

• 목이 아플 때

가벼운 통증이나 경직이 목의 근육에 발생하는 경우로는, 장시간 한 자세로 앉아 있거나 누워있는 경우나 장기를 두거나 정신적 긴장이 계속될 때 생길 수 있지만 바이러스성 질환이나 타박에 의해서도 유발 될 수 있다. 그 증상은 목 부위의 통증이 있고 움직이면 심해진다는 것이고, 치료는 통증을 해소하기 위해서 아픈 부위에 뜨거운 것으로 찜질을 하고 목을 부드럽게 움직이도록 한다. 증상이 계속되거나, 목이 붓고 구역질이나 구토, 두통, 혼란, 의식의 상실, 명백한 목의 외상이 있을 때 의학적 도움을 구하도록 한다.

• 눈의 이물 - 귀나 눈의 이물질, 낚싯바늘, 못

㉠ 처치

눈에 가해지는 손상은 모두 심각할 가능성이 있다. 왜냐하면 이물이나 조각들이 안구에 손상을 주고 그 결과 안구 내부의 손상과 감염을 일으킬 가능성이 있기 때문이다. 눈은 자극적인 이물질을 씻어내기 위하여 눈물의 생성과 분비가 증가하여 계속 눈물을 흘리는데, 대부분의 경우에 눈물로 이물을 제거 될 수 있다.

환자의 대부분은 눈에 이물이 들어가면 눈을 비비게 되는데, 그것을 멈추게 하고 환자를 의자에 앉힌 후 불빛을 마주보게 하고 뒤로 기대게 한다. 환자의 뒤에 서서 손가락으로 환자의 눈을 상하로 벌린 후 가능한 눈의 모든 부위를 살펴본다. 만약 눈속의 이물이 보이면 소독된 물이나 생리식염수를 이용하여, 머리를 이물이 들어간 눈 쪽으로 기울여서 눈을 씻어낸 물이 다른 쪽 눈으로 가지 않고 뺨을 따라 흘러내리도록 한다.

만약 이것이 어렵거나 물이 없고, 또 이물이 눈에 박혀 있지 않으면 젖은 솜이나 깨끗한 손수건의 구석을 적셔 이물을 제거한다. 만약 이물 제거가 실패하면 상처받은 눈에 안대나 거즈를 대고 그 반대편 눈도 가려 병원으로 신속히 온다.

㉡ 주의

눈에 들어간 이물질 중에서 날카로운 것은 절대로 물로 닦거나 문지르지 않도록 한다. 예를 들어서 유리조각이 튀어 들어갔을 때 눈이 입는 손상은 유리조각의 오염보다는 유리조각에 긁히거나 찔리는 것이 더 심각할 것이다. 이러한 상황에서 물로 씻던지 비비면 눈의 상처만 더 증가시킬 뿐이다. 이는 의료기관에서 전문 장비를 갖고 해결해야 할 문제이다.

• 코의 이물

㉠ 처치

코의 이물은 자갈이나, 공깃돌, 또는 가지고 놀던 장난감 등을 코에 집어넣을 수 있는 어린아이들에게서 흔히 일어 날 수 있는 일이다. 부드러운 것은 코 안에서 꽉 끼게 되지만 날카로운 것은 코의 조직에 손상을 줄 수 있다. 이때 환자는 코로 숨쉬는 게 힘들고 코가 붓게 되는데, 입으로 숨을 쉬고 코로 공기를 밖으로 배출하게 한다. 이것으로 이물이 밖으로 빠져 나오면 좋지만, 그렇지 못할 경우 당황해져서 코의 이물을 가정에서 흔히 집게나 기타 도구로 제거하려는 시도를 많이 하게 되는데 이 방법은 코의 이물을 코 속으로 더욱 깊이 들어가게 할 수 있다. 그러므로, 환자를 입을 통해 숨 쉬게 하고, 안심시킨 후 병원으로 빠르게 이송한다.

㉡ 주의

이물질이 겉에서 보인다고 억지로 잡아 빼려고 너무 노력하지 않는다. 쉽게 나오는 것은 괜찮지만 반복하고 힘을 가할 때는 코에 상처를 주게 된다. 특히 날카로운 물질이 들어갔을 때에는 이러한 노력을 시도하지 말고 병원에서 처치 받아야 한다.

• 귀의이물

귀의 이물은 어린 아이들에게 있어서 가장 흔한 형태이다. 귀의 이물은 일시적으로 귀가 들리지 않지만, 깊은 침투는 고막의 손상을 유발한다. 예를 들어 바퀴벌레나 파리 또는 콩 등이 귀에 들어가는 경우가 그것이다. 귀에 이물이 들어가면 환자는 귀의 통증을 호소하고 벌레가 들어간 경우에는 귀 속에서 진동을 느끼게 되거나 이물이 들어간 쪽의 청각에 이상을 호소한다. 벌레가 들어가서 움직일 때에는 그 통증은 매우 심하다. 우선 환자를 안심시킨 후 만약 벌레가 들어갔으면, 미지근한 물을 귀에 부어 흘러넘치게 한다. 미지근한 물을 사용하는 것은 환자에게 차가운 물로 귀를 씻어 낼 경우 환자가 떨림이나, 어지러움을 호소할 수 있기 때문이다. 다른 이물이 들어갔을 때 애써 가정의 도구로 제거하려 할 경우에 이물이 더욱 깊이 들어갈 수 있으므로 제거하려 하지 않도록 하고 병원으로 빠르게 이송한다.

• 뱀에 물렸을 때

뱀에 물린 사고가 많지만 독사의 종류는 세 종류 정도이다. 생물학적 분류 상 논란은 있지만 대략 우리나라에는 살모사, 까치살모사, 불독사의 세 가지 독사가 있는 것으로 알려져 있다. 독사는 머리가 위에서 보았을 때 삼각형 모양으로 생겼고 일반적으로 독이 없는 뱀과 구별된다.

환자를 안정시킨다. 물린 부위를 물로 씻어내고 깨끗한 넓은 천 같은 것으로 물린 부위의 위, 아래쪽에 적당한 압력으로 묶는다. 이 때 너무 꽉 묶어 전혀 피가 통하지 않게 하면 안되고 정맥피는 몸으로 되돌아가는 것을 막고, 동맥피는 어느 정도 흐를 수 있는 적당한 압력이 좋다. 몸을 고정시키고 손상부위를 심장보다 낮게 한 다음 빨리 병원으로 이송한다. 단 입으로 어떤 것도 주지 않는다. 환자를 안정시키고 움직이지 않게 하는 것이 중요하며 자꾸 움직이면 독이 몸으로 더 퍼질 수 있다. 뱀에 물린 상처를 빨아내는 것은 도움을 줄 수도 있지만 아직 확인된 사항은 아니다. 특히 입에 상처가 있는 상태에서 시행하면 구조자의 몸에도 독이 흡수될 수 있다는 것을 명심한다. 상처 자체의 처치에는 여러 민간요법이 내려오지만 가능하면 된장 등 다른 물질을 상처에 바르는 것은 결코 도움이 되지 않는다. 오히려 상처를 자극하고 더럽히는 결과가 되기 쉽고, 또한 칼로 상처를 절개하는 경우도 있는데 학문적으로 반드시 도움이 되지 않는다고 이야기되는 부분이므로 이러한 처치를 절대적으로 할 필요는 없다. 오히려 처치 때문에 의료기관으로의 이송시간이 늦어지는 것이 환자에게 해로울 수 있다는 것을 명심하고, 전문가의 처치에 따라야 한다.

• 개에 물렸을 때

개한테 물린 사고는 겉보기 작은 상처라도 이빨에 찍힌 상처라 좁고 깊은 상처가 생긴다. 개나 동물의 입안은 세균 등으로 파상풍 및 기타 감염에 걸릴 수 있어 주의해야 한다. 파상풍 말고 조심해야 할 질병은 광견병인데 광견병 예방접종을 했는지 알아보고 만약 확인이 되지 않으면 의료기관에서 향후 치료를 상의한다.

입 속에는 세균이 많으므로 심한 감염이 발생할 수 있으며 우선 환자를 안심시킨 후 비누나 물로 씻고 난 후 깨끗한 거즈로 덮어주고 병원으로 이송한다. 개의 물린 상처에 된장을 바르거나 피가 난다고 지혈가루를 뿌린다면 상처 치료에 도움이 되지 않으므로 바르지 않는다. 아기들은 피부 조직이 부드럽고 두께가 얇아 개에 심하게 물리면 목숨이 위험할 수도 있다. 따라서 현장에서 얼른 개와 격리하고, 단순한 상처만 보지 말고 숨쉬고 맥박 뛰는 것을 확인하는 것이 급선무이다.

• 벌에 쏘였을 때

벌에 쏘이면 그 부위는 붓고 아프다. 벌에는 꿀벌과 말벌이 있어 침을 쏘는 방식이 다른데 꿀벌은 침이 계속 살에 꽂이는 방면 말벌은 그냥 찌르기만 한다. 어떤 벌이든 쏘인 자리가 붓고, 가렵고, 아픈 경우가 대부분이고 때로는 두통, 어지럼증, 구토, 호흡 곤란 및 심하면 쇽 증세까지 보인다. 물론 이러한 전신 증상까지 보이면 신속히 의료기관으로 이송하여야 한다. 벌에 쏘인 자리는 얼음주머니를 대주면 독에 의한 붓기를 가라앉히고, 아픔이 가시는데 도움이 된다. 꿀벌은 침이 박혔나 살펴 침을 제거해 주는 것이 좋은데 침 제거는 바늘로 살살 긁어 주어 시행한다. 여러 곳을 쏘인 후 온 몸이 붓고 가렵고 숨쉬기가 힘들어지면 빨리 병원으로 가서 치료를 받는 것이 좋다. 벌침이 박힌 자리는 핀셋이나 손톱으로 제거하다 보면 벌침이 더 들어가는 경우가 많다. 바늘이나 칼로 긁어주는 것이 좋으며 없으면 신용카드 등으로도 긁어서 제거할 수 있다.

• 감전되었을 때 처치

전기 손상 즉, 감전은 가정에서 쉽게 일어날 수 있는 사고이다. 물에 젖은 손으로 전기제품을 만진다거나 아이들의 장난으로 생길 수 있다. 사고가 일어나면 환자에게 바로 접근하지 말고 전원을 차단하는 등 환자 주변의 위험 물질은 없애야 한다.

만약에 전원을 차단할 수 없다면 전기가 통하지 않는 막대나 고무장갑 등으로 위험 물질을 환자의 주변에서 치운다. 특히 고압전선에 감전된 사람에게는 구조자가 절연물질로 구조하는 지혜가 필요하며 구조자가 감전되지 않도록 주위의 환경, 안전에 신경 써야 한다.

환자가 위협에서 벗어나면 119에 신고하여 구조 요청에 하고 정신이 드는지, 숨은 쉬는지 맥박이 뛰는지 살핀다. 환자를 안전한 장소로 옮겨서 다시 의식, 호흡, 맥박을 확인하고 즉시 병원으로 옮겨야 한다. 만약 환자가 숨을 쉬지 않고 심장이 뛰지 않는다면 심폐소생술을 시행한다.

엄청난 에너지를 발생하기 때문에 신체내의 신경, 심장, 혈관 등에 손상을 주며 심정지를 초래할 수 있다. 낙뢰 손상은 전기가 지나가는 것이지만 일반 감전과 달리 몸의 표면으로 지나가는 경우가 많고, 엄청난 에너지와 열을 발산하므로 물이 갑자기 수증기로 변화하면서 부피의 팽창으로 옷이 터지고 화상의 흔적이 있다. 따라서 비오는 날 번개가 치고 이러한 환자가 의식이 없이 발견되면 한번쯤 낙뢰 손상을 의심할 수도 있다. 번개에 맞아 모두 죽는 것은 아니며 기억 상실, 시력 상실, 말을 할 수 없게 되는 경우도 있다. 이런 증상들은 일시적으로 나타났다가 사라지지만 부정맥(심장이 불규칙하게 뛰는 것)을 유발하는 경우가 있다. 또한 뼈에 손상을 입을 수 있기 때문에 함부로 옮기지 말고 119에 신고한다. 보통 현장에서 심정지에 이르는 사람이 많고, 그렇지 않더라도 큰 손상을 입기 쉬우므로 기본소생술에 입각하여 처치하게 된다. 꽉 끼는 옷가지는 제거하고 신속히 의료기관으로 이송한다. 번개에 맞는다고 다 사망하는 것은 아니므로 조기에 처치에 임하고, 최선을 다한다.

- 물에 빠졌을 때 응급처치

물에 빠진 사람을 발견하였을 때는 무조건 뛰어들면 안 된다. 왜냐하면 물에 빠져 겁에 질린 사람으로 인해 구조하러 들어간 사람까지도 위험해 질 수 있다. 물에 빠진 사람은 급하여 아무 것이나 손에 잡히는 것은 붙잡기 마련인데 구조자가 환자에게 잡혔다가 행동이 제한되면 같이 위험하다. 그러므로 제일 좋은 것은 줄이나 긴 막대, 튜브를 이용하거나 배로 다가가야 한다. 하지만 이 방법으로 구조할 수 없을 때는 환자의 앞이 아닌 뒤로 접근해서 구조하여야 한다. 만약 환자가 숨을 쉬고 있지 않다면 수면에서라도 인공호흡을 하여야 한다. 물에서도 인공호흡은 가능하나 흉부압박은 되지 않으므로 신속히 육지로 인공호흡을 하며 이송하여야 한다.

환자의 체온이 낮다면 담요로 보온을 해주어야 한다. 그러나 가장 중요한 것은 숨을 쉬고 맥박이 뛰는 것이므로 기본심폐소생술에 의거하여 처치를 시행한다. 그리고 환자가 토한다면 얼굴을 한 쪽으로 돌리게 한다. 환자가 물을 마셨다고 하여 물을 빼는 것은 도움이 되지 않고 산소 공급이 더 중요하다.

물의 빠진 사람을 구조한 다음을 흔히 배를 눌러 마신 물을 토해내는 것이 필요하다고 생각하기 쉬운데 하지 말아야 할 행동이다. 물에 빠져 의식이 없는 사람에게 배를 눌러 위 속의 내용물이 역류하여 올라가면 기도 유지가 되지 않아 숨을 못 쉬게 될 수도 있고 이러한 구토물로 인하여 화학성 폐렴이 생겨 환자가 살아도 중하게 될 가능성이 있다.

6. 흔한 응급질환

(1) 급성 복통

급성복통은 흔한 배앓이로 쉽게 생각할 수도 있지만 다양한 질환이나 손상에 의하여 발생될 수 있으므로, 증상이 복통을 유발하는 원인에 따라 다르게 나타날 수 있다.

※ 급성복통의 증상과 증세

- 국소적 또는 전반적인 복통
- 국소적 또는 전반적인 복부 압통 (배를 누르면 통증이 생김)
- 식욕감퇴, 메스꺼움, 구토.
- 움직이면 통증이 심해지므로 환자가 반듯이 누워 있는 경우도 있다.
- 복통 때문에 빠르고 얕은 호흡을 한다.
- 복부강직, 복부팽만
- 전이통 (등이나 옆구리 등이 같이 아프기도 하다.)
- 열
- 변비 혹은 설사

※ 급성복통환자의 응급처치

- 환자의 증상만으로 특정한 질환으로 추정하지 않는다.
- 기도를 유지한다.
- 구토에 대비한다.
- 입으로 아무 것도 투여하지 않는다.
- 진통제나 진정제를 무조건 복용하면 안 된다.
- 편안한 자세를 취해주며, 병원으로 이송한다.

(2) 당뇨병

당뇨병은 혈중의 당을 조절하는 능력이 약화되어 에너지원으로서 당을 이용하지 못하게 되는 질병을 말한다. 당뇨가 있는 사람은 근본적으로 당뇨를 없애기는 어려우나 평소에 식사, 운동, 생활습관, 적절한 처치에 의해 문제없이 살아갈 수 있다. 그러나 평소에 혈당조절을 게을리 했다든지 당뇨 자체가 심해져 응급상황을 맞이할 수도 있는데, 당뇨가 있는 환자는 당뇨성 혼수와 저혈당증이라는 두 가지 응급상황에 빠질 수 있다. 이는 하나는 혈당치가 높고 또 하나는 혈당치가 낮은 대비되는 상황이지만 실제로 둘 다 혼수상태로 발견되기 쉬우므로 혈당치를 측정하여 감별할 수 있다. 따라서 당뇨가 있는 분은 집 안에 혈당측정기를 갖고 있는 것이 좋으며 가족들에게도 혈당 측정법을 가르쳐주어야 한다.

① 당뇨성 혼수

고혈당에 의한 당뇨성 혼수는 실제 의학적으로는 케톤성, 비케톤성이라 하여 두 가지로 다시 구분되나 일반인이 쉽게 구별하기는 어렵고 그것보다는 빨리 발견하여 기도, 호흡을 제대로 유지하면서 이송하도록 하는 것이 더 중요하다.

* 원인

① 당뇨에 대한 치료를 받지 않은 경우
② 과식, 식사조절을 하지 않은 경우
③ 인슐린 투여량이 심하게 적은 경우
④ 당뇨환자로 다른 질환이 발생한 경우

* 징후

① 깊은 호흡을 하고 호흡시에 달콤하고 향긋한 냄새가 난다.(케톤성 혼수의 특징)
② 맥박은 약하고 빠르게 뛰며, 의식 장애가 있다.
③ 혈압은 정상이거나 약간 저혈압인 경우가 있다.

* 처치

① 기도, 호흡의 유지가 가장 중요하다.
② 혈당측정기로 혈당을 측정해본다.
③ 혈당이 높다고 무조건 인슐린을 투여하지 않는다.
④ 혼수상태인 사람에게는 먹을 것을 주지 않는다.
⑤ 신속히 병원으로 이송한다.
⑥ 혼수상태에 있다가 깨어났다고 해도 혈당 조절 및 기타 문제의 처치를 위하여 병원으로 이송해야 한다.

② 저혈당증

저혈당증은 보통 당뇨 환자는 자신이 그 증상으로 보아 어느 정도 느끼는 것이 보통이나 그 느낌이 항상 맞는 것은 아니다. 게다가 심한 저혈당증으로 혼수상태가 되었을 때 주위 사람들은 의식이 없어진 이유를 제대로 알지 못하기도 한다. 따라서 가까운 사람은 환자가 당뇨가 있음을 알고 대처해야 하며 혈당측정기 사용을 할 줄 알아야 한다. 혈당 측정기가 없는 경우에 설탕물이나 사탕 같이 당분을 섭취하면 증상의 호전이 있을 수 있다. 그러나 완전히 의식이 없어진 사람에게는 기도 확보 문제가 더 시급하므로 오히려 당분 섭취는 금해야 한다.

* 원인

① 너무 많은 인슐린을 투여한 경우
② 식사를 거르거나 적게 한 경우
③ 과다한 운동이나 스트레스로 혈액 내의 당의 고갈된 경우

* 징후

① 정상이거나 빠른 호흡을 한다.
② 창백, 차고 축축한 피부, 식은 땀, 어지러움과 두통, 실신, 발작, 혼수 등이 있을 수 있다.
③ 신경이 날카로울 수 있고 술에 취하거나 정신이상처럼 보일수도 있다.

* 처치

– 식사 여부를 묻는다.
– 의식이 있는 경우 : 각설탕, 가루설탕, 꿀, 과일시럽, 음료수, 쵸콜렛 등을 먹인다.
– 의식이 없는 경우 : 입으로는 아무 것도 먹이지 않는다. 병원에서 치료를 받아야 한다.
  어떤 경우라도 병원에 이송하여 계속적 처치를 받아야 한다.

③ 쇼크

더 정확히 이야기하면 여러 원인으로 심장혈관계통이 정상적인 혈압, 맥박 등의 유지를 하기 힘든 상태라고도 이야기할 수 있다. 정신이 아찔한 상태부터 졸도까지 다양한 증상이 나타나나 이 정도로 쇼크라고 하지는 않고 몸에서 정상상태를 유지하려고 해도 그러한 보상 작용이 잘 일어나지 않는 상태이다. 쇼크는 대표적으로 혈액이나 체액손실에 의하여 일어날 수 있지만 균에 감염되어 전신에 염증이 심하거나 척추를 다쳤을 때, 심장에 문제가 생겼을 때도 일어날 수 있다.

* 증상

— 전신이 약해지고, 아찔하며, 현기증이 나고 불안하여 안정을 취하지 못한다.

— 환자는 아프거나 토한다.

— 갈증을 느낄 수도 있다.

— 피부가 창백해지고 빨라지며, 환자는 하품을 하거나 한숨을 쉰다.

— 호흡이 약해지고 때로 혈액이나 체액의 부피가 감소함에 따라 불규칙해진다.

— 의식이 없어질 수도 있다.

— 외부나 내부손상과 연관된 증거가 있을 수도 있다.

* 치료

— 즉각 안정시키고 환자를 편안하게 한다.

— 만일 환자의 상태가 허락하면 환자를 모포 위에 눕힌다.

— 혈압계가 있다면 혈압을 측정하여야 한다.

— 다리골절이 의심되지 않으면 다리를 든다.

— 환자를 따뜻하게 한다.

— 꽉 조이는 옷을 풀어주어 순환과 호흡이 용이토록 한다.

— 환자가 갈증을 호소하면 물로 입술을 적셔주되 절대로 마시게 해서는 안 된다.

— 만일 호흡이 어려워지거나 토할 것 같으면 회복자세로 둔다.

— 호흡과 맥박이 정지하면 즉시 심폐소생술을 실시한다.

— 치료 자세를 유지하면서 즉각 병원으로 이송한다.

* 정신적인 쇼크

흔히 사람들은 놀라거나 심한 정신적 충격을 받았을 때 실신하거나 온 몸을 떨거나 주위 사람들이 놀랄만한 증상을 보일 때가 있다. 때로는 진짜로 심한 질병이 있어서 온 몸을 어쩔 줄 몰라 하는 경우도 있지만 정신적인 원인이 처음에 작용하여 숨을 가쁘게 몰아쉬고 온 몸이 마비되는 듯 한 증상을 호소하는 경우가 많다. 이럴 때에 사람들은 '쇼크 먹었어요'라고 흔히 표현하지만 실제로 이는 의학적 용어가 아니고 과호흡증후군인 경우가 많다. 이러한 과호흡증후군은 숨을 가쁘게 쉬다 보니 몸 안의 이산화탄소를 숨을 내쉴 때 과도하게 배출시켜 몸의 산염기의 균형이 깨지게 되는 것이 근본적 문제이므로 이러한 균형을 교정하는 것이 치료의 원칙이 된다.

* 원인

① 정신적인 충격
② 심장, 폐, 신경계 질환
③ 과도한 운동이나 스트레스
④ 불분명한 경우도 있음.

* 증상

① 숨을 매우 가쁘게 쉰다.
② 손발이 마비되는 느낌이 들며 저리다.
③ 손발이 뒤틀리고 움직이지 않는 경우도 있다.
④ 가슴이 답답하다.
⑤ 숨이 막혀 죽을 것 같은 느낌이 든다.

* 치료

① 비닐봉지로 입과 코를 중심으로 얼굴을 느슨하게 덮어주어 자기가 내쉰 숨을 도로 들이마실 수 있게 해주어야 한다. 너무 비닐봉지를 얼굴에 꽉 밀착시켜 질식을 시킬 정도가 되어서는 안 되니 주의 하여야 한다.
② 환자를 최대한 안정시켜야 한다.
③ 신속히 병원으로 이송한다.

* 치료

– 즉각 안정시키고 환자를 편안하게 한다.
– 만일 환자의 상태가 허락하면 환자를 모포 위에 눕힌다.
– 혈압계가 있다면 혈압을 측정하여야 한다.
– 다리골절이 의심되지 않으면 다리를 든다.
– 환자를 따뜻하게 한다.
– 꽉 조이는 옷을 풀어주어 순환과 호흡이 용이트록 한다.
– 환자가 갈증을 호소하면 물로 입술을 적셔주되 절대로 마시게 해서는 안 된다.
– 만일 호흡이 어려워지거나 토할 것 같으면 회복자세로 둔다.

- 호흡과 맥박이 정지하면 즉시 심폐소생술을 실시한다.
- 치료 자세를 유지하면서 즉각 병원으로 이송한다.

7. 심각한 응급질환

(1) 협심증

심장근육으로의 산소공급이 결핍되면 환자는 가슴에 통증을 느끼게 되는데 이것을 협심증이라 한다. 이는 심장으로 혈액을 공급하는 관상동맥이 좁아지거나 막히는 것 때문에 나타나며 때로는 심근경색증으로 갈 수도 있다. 정신적 스트레스, 과다한 식사, 흥분상태 등에서 잘 유발된다.

* 증상

급작스럽게 발생하고 "가슴을 쥐어짜는 듯한"통증을 호소한다.

* 특징

- 휴식을 취하면 통증이 없어지기도 한다.
- 통증이 3~8분(드물게 10분) 지속된다.
- 호흡 곤란, 메스꺼움, 식은땀이 동반되기도 한다.

* 처치

- 환자에게 휴식을 취하도록 한다.
- 편안한 자세를 취하도록 한다.
- 니트로글리세린을 환자의 혀 밑을 넣는다(복용하고 있는 약).

(2) 심근경색

사람은 어떤 원인이든 사망 시에 심장이 정지되어 사망하게 된다. 따라서 심장 자체에 문제가 있어 갑자기 심장이 멎어버리고 다시 돌아오지 않으면 그 사람은 신속히 사망에 이르게 되는데 이렇게 되는 흔한 원인이 심근경색증이다. 심장은 온 몸에 혈액을 공급하지만 심장 자신도 혈액 공급을 받아 에너지를 얻는데 이 관상동맥이 어떤 원인으로 막혀 버려 혈액을 받지 못하고 시간이 지나 심장이 썩게 되는 것이 심근경색증이다. 이러한 원인으로는 담배, 스트레스, 고혈압, 비만, 당뇨나 콜레스테롤이 높은 경우 등 다양하므로 심근경색증의 예방을 위하여 식사, 운동, 생활습관의 조절 등을 통하여 갑작스러운 심근경색 발현을 막아야 한다. 심근경색증은 식사 습관의 서구화, 사회 발전으로 인한 스트레스의 증가 등으로 증가 일로에 있으므로 모든 응급질환 중에 가장 주목해서 알아두어야 한다.

* 증상

- 갑작스럽게 짓누르는 조이는 것 같은 통증이 앞가슴 중앙에 있으며, 팔이나 목과 턱 혹은 어깨 등이 같이 아프기도 한다. 증상 중에는 앞가슴의 통증이 가장 중요하다.
- 갑작스러운 어지러움이나 현기증으로 주저앉거나 벽에 기대게 된다.
- 피부는 잿빛 같고 입술이나 사지는 푸르스름해진다.
- 토하고 싶거나 식은땀이 나기도 한다.
- 숨이 차서 헐떡거릴 수도 있다.
- 의식이 없어질 수 있다.
- 갑자기 호흡과 맥박이 정지할 수 있다.

* 치료

갑자기 앞가슴의 통증을 호소하는 모든 이는 신속히 응급실로 가야 한다. 증상 시작 시간부터 전문 치료의 시작 시간이 그 환자의 장래를 결정짓는 중요한 요소이다. 이 시간이 짧을수록 환자가 생존할 확률은 높아지며, 그 사회의 응급의료체계가 제대로 되어 있는지의 평가 기준이 되기도 한다.

※ 병원 도착 전 구체적 치료

환자를 적절한 안정 자세로 하여 이송한다. 환자가 움직이거나 여러 환경적 요인에 의하여 스트레스를 받게 되면 심근경색을 악화시키게 되므로 조용하게 움직이지 않도록 하며 즉시 병원으로 옮기도록 한다. 산소를 줄 수 있는 상황이면 산소를 흡입하도록 한다. 의식이 있으면 부드럽게 받쳐주고 머리와 어깨를 지지하고 무릎을 구부린 반쯤 앉은 자세로 유지한다. 또한 목이나 가슴, 허리를 조이는 옷을 풀어준다.

때로 갑자기 환자가 의식을 잃으며 심박동이 중지할 수 있으므로 이때는 즉각 심폐소생술을 실시한다. 이러한 경우에 119구급차를 통해 이송 중이라면 자동제세동기를 통하여 응급구조사가 전기쇼크를 주어 처치할 수도 있다.

(참고) 자동제세동기에 의한 제세동

급성심근경색증 같이 갑작스럽게 심장마비를 유발하는 환자는 심폐소생술을 시행하여함은 물론이다. 그러나 심폐소생술 만으로 다시 소생할 가능성은 매우 낮고, 때때로 전기적 충격을 주어야만 하는 경우가 심장마비 환장에게는 많다. 이러한 처치를 제세동이라 하는데 최근에는 일부 구급차에 자동제세동기라고 하여 일반인도 짧은 시간 동안 터득하여 안전하게 전기속을 줄 수 있게 하는 기계가 개발되어 사망할 수도 있는 환자가 심장이 뛸 수 있을 가능성이 높아졌다. 따라서 자동제세동기를 사용한 제세동은 전문적 처치가 아닌 비의료인도 할 수 있는 기본심폐소생술에 포함되는 추세이다. 아직은 일반인이 법적 보호를 받지 못하여 사용할 수는 없으나 선진국에서는 PAD(Public Access Defibrillation) 운동이라 하여 의료인이 아닌 많은 사람에게 자동제세동기를 교육하고 사용할 수 있게 하여 병원에 오기도 전에 사망하는 수많은 사람을 구하게 하자는 움직임이 확산되고 있다. 우리나라도 법적 보호 문제, 기기의 보급 문제 등 많은 현안을 해결함에 따라 일반인에 의한 현장에서의 제세동으로 많은 생명을 구할 날을 기대해 본다.

(3) 뇌졸중.

뇌졸중은 뇌에 있는 혈관이 터지거나(뇌출혈) 막혀서(뇌경색) 생기는 병이다. 흔히 중풍이라고 들 말하지만 그 결과는 다양하다. 멀쩡해 보이는 사람은 어느날 갑자기 쓰러져 사망하거나 반신불수가 되는 등 치명적인 결과를 가져올 수 있기 때문에 공포의 대상이다. 실제로 50대 이후 사회적으로 어느 정도 성취하여 중추적인 역할을 할 시기에 뇌졸중을 포함한 뇌혈관 질환이 사망 원인 중 수위를 차지하고 있어 그 예방과 처치를 잘 알아두어야 한다. 뇌졸중은 사망하지 않더라도 평생, 혹은 오랜 기간 동안 식물인간, 반신불수, 언어장애 등 그 후유증이 심각하기 때문에 사회적으로 미치는 손실은 실로 크다 할 것이다. 뇌졸중과 관련하여 식사, 운동, 담배 등 생활 전반이 규칙적이고 합리적이라야 한다. 이로 인한 고혈압, 심장질환, 고지질혈증 등으로 뇌졸중 발생의 확률을 높일 수 있기 때문이다. 예를 들어 고혈압 환자는 혈압 조절, 식사, 운동, 적절한 투약으로 뇌졸중의 발생을 최소화할 구 있다. 또한 심한 뇌졸중은 종종 치명적이지만, 많은 사람들이 미소 뇌졸중인 경우 성공적인 회복을 한다. 따라서 나이 드신 분들이 잠시 행동이 이상하거나 마비 증상을 겪으면 보지 말고 의료기관으로 가서 치료에 임하여야 한다.

* 증상

뇌졸중은 다음과 같은 증상이 있을 수 있다.

– 갑작스럽고 심한 두통이 있다.
– 심한 구토를 한다.
– 환자는 방향감각을 잃고 혼동하며, 불안해하기도 한다.
– 현기증과 의식소실도 가능하다.
– 입가가 밑으로 처지고 침을 흘리며, 말을 더듬거나 발음이 어눌해진다.
– 한쪽 내지 양쪽 사지가 약해지거나 움직이지 못한다.
– 눈동자는 한쪽만 확장될 수 있고 동공이 좁아질 수도 있다.
– 방광과 장 조절이 약해질 수 있어 소변을 잘 보지 못하고 변비가 생긴다.
– 의식이 없어진다.

* 치료

뇌졸중은 시간이 경과함에 따라 급격히 악화될 수 있다. 따라서 환자의 의식 상태와 관계없이 즉시 응급의료체계에 도움을 요청한다. 호전될 수 있는 환자가 상태가 안 좋아지는 상황의 많은 수가 뇌졸중인지 모르고 집에서 방치하고 있다가 치료의시기를 놓치는 것이다. 뇌혈관이 막힌 경우에는 증상 발생 후 빨리 치료에 임하게 되면 적절히 막힌 혈관을 뚫어주는 약물요법을 사용할 수도 있지만 시간이 지나면 약물을 사용해도 소용없게 되고, 뇌출혈인 경우에는 신속히 수술 등의 치료를 해야 할 상황인데도 적절한 수술의시기를 놓칠 수 있다. 일반적으로 일반인이 병원 도착 전 할 수 있는 뇌졸중의 응급치료는 보완적인 것이다. 그러나 그러한 처치가 없어 사망할 수도 있다. 치료의 원칙은 간단하고 일반적이다. 기도를 확보하고 심폐소생술이 필요하면 시작한다. 그러면서 가능한 빨리 병원에 후송한다. 뇌졸중 환자는 의식이 떨어진 상태에서 구토를 하게 되는 경우가 많다. 이런 경우에 기도가 막혀 제대로 된 치료도 못해보고 숨을 못 쉬어 사망하게 되는 수도 많다. 병원에 도착할 때까지 의식이 없는 뇌졸중 환자는 기도를 확보하여 숨을 잘 쉬게 해 주는 것이 가장 중요한 것임을 명심하여야 할 것이다.

※ 병원 도착 전의 구체적 치료

의식이 있다면 환자의 머리와 어깨를 약간 올리고 지지한 채로 환자를 눕힌다. 머리를 한쪽으로 기울인 상태로 이물이 입으로 흘러나오게 한다. 목이나 가슴을 조이는 옷은 풀어 순환과 호흡을 원활하게 한다. 환자에게 입으로 아무 것도 주지 않는다. 환자가 의식을 잃으면 회복자세로 둔다. 호흡과 심박동이 멈추면, 즉시 심폐소생술을 시행한다. 치료자세를 유지하면서 즉시 병원으로 이송한다.

8. 특수한 상황에서(1) -여행 중 일어날 수 있는 응급 상황

여행 중 일어날 수 있는 응급 상황은 아주 다양하다. 일반적으로 뼈가 부러지는 골절사고, 기도가 막혀 숨을 못 쉬는 기도 폐쇄, 심한 운동으로 인한 심장 마비, 더운 날씨에 체온이 심하게 올라가는 열사병, 추운 곳에 오래 방치된 경우 체온이 떨어지는 저체온증 등 일어날 수 있는 상황은 많다. 따라서 평소에 생각하지 못하는 예기치 못한 응급상황에 대처하기 위하여 일반적 응급처치법과 아울러 예방도 중요하다고 하겠다.

* 해외여행자를 위한 안전한 식사 요령

관광여행, 상용여행, 또는 기타 목적의 해외여행 시, 오염된 식사나 음료는 건강에 치명적인 영향을 줄 수 있다. 많은 여행자들이 식중독에 의한 설사에 자주 시달린다. 더욱 언어의 장벽 때문에, 적절한 치료를 받을 수 없게 되면 육체적인 아픔과 불쾌감 때문에 해외여행의 즐거움을 망치게 되는 수도 있다. 이러한 경우에 대비하여 미리 예방법과 대처법을 알아야 한다. 다음은 세계보건기구의 식품안전 및 설사증 관리국에서 권장하는 여행 중 설사, 복통의 대처법이다.

비위생적인 식사나 음료에 의한 질병의 예방과 식중독 발생시 조치요령

* 집 떠나기 전

먼저 가고자 하는 여행목적지에는 어떤 질병이 많은지, 예방은 필요한지 기타 예방방법은 무엇인지에 대해 의사의 조언을 구하는 것이 좋다. 또한 탈수보충용 염류제제(Oral Rehydration Salts, ORS : 설사 시 깨끗한 물에 녹여서 마심)와 식수소독약을 다른 구급약품과 함께 반드시 준비한다.

* 안전한 식사법

다음의 사항은 노상의 간이음식점에서 뿐만 아니라 호텔에 있는 고급 음식점에서도 지키도록 한다.

① 조리 된 음식이라 하더라도 실온에서 3~5시간 이상 방치되면 식중독을 일으킬 위험이 대단히 높아진다. 따라서 드시는 음식이 완전히 조리 된 것인지, 먹을 때 아직 뜨거운 상태인지 아닌지를 확인한다.

② 껍질을 벗기거나 깎을 수 있는 과일과 채소 이외에는 조리 되지 아니한 어떠한 음식도 피하도록 한다. 또한 껍질이 손상된 과일도 피한다. "익히거나, 껍질을 벗길 수 없으면 버리시오"라는 격언을 기억해야 한다.

③ 제조회사 또는 제조원료가 확실하지 않은 아이스크림은 보통 오염되어 있어 질병을 일으킬 수 있으므로 의심이 되면 먹지 않는다.

④ 어떤 나라에 있는 특별한 어패류는 충분히 가열된 경우에도 치명적인 독을 가지고 있을 수 있다. 현지 사람에게 조언을 구하도록 한다.

⑤ 살균 안된 우유는 반드시 끓여서 먹는다.

⑥ 음용수의 안전성이 의심되면 끓이거나 식수소독약으로 소독하며 먹는 식수소독약은 약국에서 구입할 수 있다.

⑦ 안전한 물로 만들어졌다고 확신되지 않은 얼음은 먹지 않는다.

⑧ 뜨거운 홍차, 커피 등 음료와, 병 등에 포장된 포도주, 맥주, 탄산음료, 과일 주스는 일반적으로 안전하므로 마셔도 된다.

* 설사 시 대처방법

대부분의 설사는 자연 치유되어 2~3일 안에 낫는다. 중요한 것은 탈수증상이 나타나지 않도록 하는 것이다. 설사가 멎으면 병으로 포장된 것, 끓인 것 또는 처리된 음용수나 약하게 탄 홍차를 많이 먹는다.

안전한 물로 희석한 과일 주스나 스프를 먹어도 좋다. 만약 설사가 하루 이상 지속되면 탈수보충용 염류제제용액을 아래와 같이 마시고, 식사는 정상적으로 한다.

탈수보충용 염류제제용액 또는 섭취하여야 하는 수분량

2세 미만의 어린이 : 1/4~1/2컵(50~100*ml*)

2세~10세 어린이 : 1/2~1컵(100~200*ml*)

10세 이상의 어린이 및 성인 : 제한량 없음

설사가 3일 이상 지속되면서, 물 같은 설사가 자주 나오거나, 대변에 피가 섞여 나오거나, 구토가 반복되거나 열이 있을 경우에는 의사의 치료를 받도록 한다. 예방을 위하여 항생제를 복용하는 것은 필요하지 않다. 지사제(예를 들어 loperamide)의 복용은 필요하지 않지만, 성인에 한하여 증세를 완화시킬 목적으로 물이나 스프와 같이 복용할 수 있다. 어린 아이에게는 어떠한 경우에도 지사제를 사용하여서는 안 된다. 만약 다른 증상이 나타나면 의사의 도움을 구한다.

9. 특수한 상황에서(2) -항공기 탑승 중 응급

항공여행 중에 발생하는 응급상황은 전문인의 도움을 구하기 어려운 경우가 많다. 그러나 통계에 의하면 일반 여객기 내에는 탑승자 중에 의료인이 동승하는 경우가 많으므로 일단 항공사 직원에게 도움을 청하는 동시에 기내의 의료인을 찾을 수 있도록 부탁해본다. 또한 항공여행 도중의 상황은 지상에서의 상황과 다른 경우가 많으므로 미리 위험요소가 있는 사람은 자문을 구하여 탑승할 지를 결정해야 하며 여행에 앞서 몸 상태를 점검해 보아야 한다.

* 해외 항공여행 건강안전 10대 수칙

① 출발 전 과음을 삼가자.
② 과중한 업무로 출발 전 과로를 하지 말자.
③ 목적지 지역의 풍토병을 예방 하자.
④ 기내에서 충분한 수분을 섭취하자.
⑤ 기내에서 혈액순환 촉진을 위해 운동하자.
⑥ 도착시간에 맞추어 음식섭취를 조절하자.
⑦ 건강과 쾌적한 기내환경을 위해 금연하자.
⑧ 첫출발부터 시차극복을 위한 노력을 하자.
⑨ 무리한 수면유도를 위해 과음을 피하자.
⑩ 끓인 물 마시고 평소 개인위생을 실천하자.

* 병약승객에 대한 항공의약적 지침

항공여행을 함에 있어 여객의 신체적, 정신적 적합여부를 판정함에는 아래와 같은 기준이 있다. 허약한 승객은 항공기 객실 내에는 아래와 같은 상태가 야기된다는 점을 명심하여야 할 것이다.

① 비교적 산소분압이 떨어짐.
② 비교적 기압이 떨어짐(내장 내의 가스가 팽창될 수 있음)
③ 가벼운 거칠은 기류(불안을 초래할 수 있음)
④ 타 여객에 대한 안전과 쾌적성을 염두에 두어야 함.
⑤ 상기한 여러 조건에도 불구하고 때에 따라서는 여객의 생명을 구하기 위하여 이송치 않으면 안될 경우가 있음.

물론 개별적으로 각 항공사의 재량에 따라 다르나 아래에 속하는 경우에는 원칙적으로 항공여행에 부적합한 것으로 되어 있다.

① 대단히 심하고 중태에 빠져있는 심장질환, 예컨대 심한 대체 불능성 심부전 환자, 또는 심근경색으로 관상동맥폐색을 일으켰던 환자, 상기의 경우에는 그 상태가 중하지 않더라도 보통 발병 후 약 6주 이내에는 적합하지 않다.
② 생후 14일 미만의 초생아.
③ 36주(9개월) 이상 된 임부.
④ 중증 중이염환자.
⑤ 최근에 기흉 또는 뇌실조영으로 뇌신경 계통에 공기주입 등 체강내에 기체가 포함되어 있는 환자.
⑥ 거대한 종격실 종양, 또는 처치되지 않는 거대한 탈장증, 장폐쇄증, 뇌압 상승을 수반하는 두부질환, 두개골 및 비골골절, 또는 하악골절로 최근 하악을 금속으로 영구식 고정을 한 환자.
⑦ 다량의 진정제 사용을 요하는 정신질환 또는 경백히 알코올, 약품 등의 중독상태에 있는자.
⑧ 항상 치료에 충분히 시간을 못 가진 최근 수술환자(흉부 및 복부수술 후10일 미만인자).
⑨ 발병 후 1개월 미만의 소아마비환자, 연수성 소아마비환자의 경우에는 특수한 조치를 하지 않는 한 항상 부적합함.
⑩ 급성감염성 질환 또는 전염병 환자.
⑪ 감염성을 가진 또는 타 승객에게 혐오감을 일으키게 하는 피부질환 환자.
⑫ 객혈, 토혈, 신음 정도가 심한 환자.

참고문헌

1. "http://www.kra.co.kr/magazine/200102/health.htm"
2. 임경수 외 3인 : 응급구조와 응급처치, 군자출판사, 1999년
3. 대한응급구조사협회
4. 중앙응급의료 센터
5. 박창열외 3인 : 안전교육과 응급처치 워크법, 대경북스, 2003년

제16장 상담학

16

I 스포츠상담의 방법

1. 자신의 능력을 믿게 한다.

미국에서 스포츠상담의 최근 동향을 방법 중심으로 소개하겠다.

우선. 지적 심리학이라 해서 스스로 생각하고 느낌을 납득한 후에 자신의 문제에 대처해 가는 방법이 최근 미국에서는 행동요법과 한데 묶여 내면을 소중히 하는 심리요법으로서 성행해가고 있다. 또한 근래 크게 클로즈업되고 있는 것은 자기존중(Self-Esteem)의 문제다. 일본어로는 '자존심'이라고 번역하면 좋을 말을 '나는 하면 할 수 있다'라는 자신을 갖느냐, 갖지 못하느냐의 문제로 과대해석하여 자신에 대해 긍지를 갖고 있지 않으면 나는 쓸모없는 인간이라고 생각하고 불안감에 사로잡히거나, 실제 능력이하로 자신을 평가하고 여러 상황에서 자신의 능력을 충분히 발휘할 수 없는 상황으로 자신을 몰고 가 버리는 경향이 생겨나고 있다.

이러한 자신의 잠재능력을 믿을 수 없게 된 사람이 현재 늘어나고 있으며 이러한 것은 스포츠상담에 있어서도 커다란 과제로 되어 있다.

2. 다양한 방법

방법에 대해서는 시청각 교재의 활용이 활발하다. 여러 잡지나 광고로부터 오려내어 자신의 카드를 만드는 것과 같은 수공예, 비디오를 사용하여 30분 정도의 소개영상을 제작하고 사용하는 경우(이것은 일반적인 레크리에이션 센타에서 자주 사용되어지고 있다),

롤·플레이(상담원이 대상자의 역할을 연기하여 객관적으로 자신을 보는 기회를 준다)등, 여러 가지 수단이 활용되고 있다. 특히 이야기보다도 그림이나 사진을 사용하는 쪽이 이해하기 쉬운 어린아이, 고령자, 정박자 등에게는 이러한 방법이 효과적일 것이다(Wheaton, 1977; Steers, 1977; Torrington, 1989; James, 1973; Ilgen, 1984)

컴퓨터 이용에 의한 스포츠상담을 시작한 곳도 있다. 대상자의 취향을 알 수 있도록 정보를 넣고 다음에 '흥미진단 테스트'의 결과를 넣는다. 그러면 그 사람의 흥미에 따른 분야가 나온다.

희망지역에서 제공되는 그 분야의 활동일람표를 체크하고 대상자에게 맞는 것을 인쇄한다. 단지 이러한 컴퓨터 도입에 대해서는 상담이 아닌 단순한 정보제공에 지나지 않는다는 비판도 있다. 이미 스포츠에 대한 태도가 정립되어 있고 최근의 정보를 원하는 사람에게는 이 방법이 유익할 것이다. 스포츠에 대한 태도가 서 있지 않고 무엇을 하면 좋을까라는 불안감을 갖고 있는 사람에게는 역시 개인적인 상담이 중요하다. 이제부터는 기계로 할 수 있는 부분은 컴퓨터에 맡기고 인간이 아니면 안되는 부분에서는 상담원이 차분히 상담해 간다고 하는 어떤 의미에서의 역학분담이 진행되어 갈 것이다.

또 한 가지 스포츠상담에 자주 사용되는 방법에는 24시간의 사용방법을 기입해 받는 방법이 있다. 이 방법은 무엇을 했는지 알지 못하는 부분(시간)을 상담원과 검토하고 스포츠의 수행방법이나 태도를 함께 생각해 간다. 분명하지 않은 자유시간이 많은 것은 그 사용방법을 몰라서 당황하고 있는 경우가 많으며 자신의 생활을 수정하는 한편, 이 방법은 매우 효과적이다.

3. 스포츠 상담을 실시하고 있는 장소

통계적으로 보아 미국에서 스포츠상담이 어느 정도 정착하고 있는가의 자료는 유감스럽게도 정리되지 않고 있다. 그러나 정신병원을 비롯한 시설에 상담원을 두고 있는 곳은 많은 것 같다.

한편 지역사회에서 보면 지역 스포츠 센타에 종사하고 있는 지도원인 비공식적인 형식으로 시민의 스포츠상담에 차명하고 있는 경우가 대브분으로 조직적으로 스포츠상담을 하고 있는 곳은 아직 적다. 그러나 상담원으로서의 훈련을 받은 지도원은 늘고 있고 그러한 움직임 속에서 지역 레크리에어션 센타도 시설 제공이나 프로그램 제공에 그치지 않고 개인의 질적 생활에 어떻게 관여할 것인가를 생각하기 시작하고 있다.

4. 스포츠상담의 역할

스포츠상담은 앞서 말한 바와 같이 심리요법과 직업발달의 양쪽 기술을 도입해서 지금까지 중시되지 않았던 인간의 삶의 기술에 있어서 소중한 스포츠시간을 하나의 대들보로 내세운 것이다.

스포츠라는 단어는 최근 시각적 인식이 아닌 인생의 질적문제, 자기실현, 자기가 하고 싶은 것을 하고 능력을 충분히 발휘했을 때의 기쁜 상태를 의미하게 되었다. 심리적 갈등은 그 사회의 스포츠 행동이나 스포츠 태도에는 나타난다. 스포츠 상담의 역할은 그 심리적 갈등을 제거하기 위해 도와주고 그 사람이 스포츠생활을 충실히 할 수 있는 행동을 하도록 원조해 가는 것이라 말할 수 있겠다.

그러나 스포츠활동이라고 해도 마찬가지다. 앞서 소개한 'LAB'도 그중 하나이지만 크게는 다음과 같이 분류할 수 있다. 게임, 스포츠, 자연활동, 수집, 공예, 음악예술, 문화적·교육적 활동, 자원봉사활동, 조직활동, 경기, 사교활동, 자연활동은 우리들에게 무한한 마음의 안식을 준다. 물건을 만드는 창조에의 욕구는 인간의 기초적 욕구 중 하나이다. 문화적, 교육적 활동은 인간혼의 정수라고도 말할 수 있다. 자원봉사 활동은 사는 기쁨을 가져다주는 커다란 요소이다. 이와 같이 제각기 중요한 것이지만 마지막의 사교활동은 많은 심리적 문제가 인간관계로 인해 빚어진다는 것으로부터도, 심리요법에서도 이 사교 활동의 중요성이 지적되고 있다.

어쨌든 스포츠 상담은 대상자의 취향과 문제를 충분히 파악하면서 그 사람에게 어울리는 활동을 소개하고 도움을 주는 것이 중요하다.

5. 스포츠상담의 과제

본문에서는 필자가 만난 24세의 여성의 일을 기술하고자 한다. 그녀는 18세 때의 교통사고로 하반신 마비가 되었다. 다른 사람보다 몇 배 일하는 것을 좋아했었기 때문에 일시적으로 눈이 보이지 않게 되었다고 한다. 그러나 병원의 스포츠 상담원과 마음을 열고 이야기하는 사이에 문이 보이기 시작했다.

휠체어 탁구, 배구, 마라톤에 차례차례 도전해서 자신이 붙은 그녀는 지금 교사를 목표로 신체 장애자의 리더가 되려고 대학원에서 공부를 계속하고 있다.

'신체장애자의 레크리에이션과 스포츠 상담원에 대해서는 좀 더 신체장애자 사이에서 지도자가 나와야 바람직 할 것이다'라고 말하며 부지런히 대학생활을 보내는 그녀를 보고 있으면 인생을 풍요롭게 하는 스포츠 레크리에이션의 소중함이 느껴짐과 동시에 그를 위한 상담원으로서의 역할이 중요함을 알게 된다.

Ⅱ 스포츠 상담의 체계

스포츠상담은 개인의 스포츠생활에의 지원활동을 광범위하게 포함하지만 그 내용을 정리하면 다음의 3가지로 나눌 수 있다.

① 스포츠 상담

② 스포츠 생활 설계

③ 스포츠 정보 서비스

모든 경우에서 상담하는 사람에 대해 상담을 받는 사람이 1대 1의 대응으로 상담자의 스포츠 자립을 원조한다는 원칙이다. 3가지의 차이는 상담자가 안고 있는 문제점에 의한다.

1. 스포츠 상담

우리나라에 있어서 아직 명확히 확립된 영역이라고는 말하기 어렵다. 그러나 앞으로는 심리학 상담의 일환으로서 중요한 의미를 가지게 되리라 생각할 수 있다. 그 목적은 스포츠에 관한 마음의 괴로움을 갖고 있는 사람들에게 그 고통으로부터 빠져나올 수 있도록 지원하는 상담활동이다. 지금까지의 근대 사회에서는 일하는 것이야말로 가치의 원천이었으며, 노는 것과 쉬는 것은 게으름이고 나쁜 것으로 여겨져 왔다. 그 때문에 스포츠와 놀이에 대한 죄악감을 갖고 자유롭게 즐기고 놀 수 없는 사람이 적지 않다. 스포츠 상담은 그러한 사고방식, 느낌으로부터 탈출하여 스포츠나 놀이를 연간 가능성을 넓히는 활동으로서 받아들이고 적극적으로 여유있는 생활 자체를 만들어 내려는 것이다.

2. 스포츠 생활 설계

스포츠에 대한 적극적인 자세가 되어 있어도 그 실제의 사용방법이 되면 당황하는 사람이 적지 않다. 스포츠는 자유영역이며 무엇을 해도 좋고 하지 않아도 좋은 시간이다. 개인의 개성을 토대로한 자유로운 설계가 행해질 수 있어야 하겠다. 그 때문에 스포츠의 조립방법을 자원하는 것이 스포츠 생활 설계이다. 여기서는 개인의 스포츠생활의 현상분석(스포츠생활 진단)을 처음으로 새로운 목표 정립 방법이나 활동 계획을 세우는 법, 실현에 임했을 때의 저해요인의 제거방법 등이 주제가 된다.

3. 스포츠정보 서비스

스포츠생활을 자유자재로 지내기 위해서는 스포츠에 대한 적극적인 자세와 계획에 부가된 좋은 정보가 필요하다. 더욱이 다종다양한 정보가 쏟아지고 방송매체의 힘이 상대한 현대의 정보사회에 있어서는 스포츠에 관한 정보를 정확히 포착하는 것이 무엇보다 좋은 스포츠생활의 조건이 된다. 광의의 스포츠상담 가운데도 정보서비스가 차지하는 가치는 상당히 높다. 스포츠 생활개발사, 상담원의 실제 일로서, 스포츠에 관한 정보서비스(스포츠상담소)의 운영이 확대되어 간다. 스포츠 생활 상담은 이상의 3가지가 유기적으로 서로 연결, 조화되어 종합화됨으로써 진정한 힘을 모을 수 있다. 어느 쪽으로도 치우치지 않고 광범위한 학습과 연구가 요구되어 진다.

III 스포츠정보의 사고방식

1. 정보와 행동

인간의 행동을 결정하는 요인은 인간이 갖는 내면에서 시작되는 동기이다. 욕망이라던가 원망(怨望)으로 불려지는 '무엇인가를 하고 싶다', '무엇인가가 갖고 싶다'라는 강한 의지가 행동을 낳게 한다. 배가 고프면 공복감을 느껴 먹을 것을 구하는 행동을 재촉한다.

애정에 굶주리면 그것을 충족시킬 수 있는 상대를 찾는다. 내부로부터 끓어오르는 욕망의 욕구야말로 행동의 원동력이 된다.

그러나 그것만으로는 불충분하다. 내발적 동기에 추가하여 외부로부터 줄 수 있는 정보가 행동을 일으키는 측면을 간과할 수 없다. 공복을 느꼈다고 해도 '어디에 먹을 것이 있는가'라는 정보가 없으면 정확한 식량을 찾을 수 없다. 동기와 정보가 종합되어 비로소 합리적인 행동이 나오는 것이다.

그것뿐이 아니다. 사실은 내발적으로 보이는 욕구 그 자체도 외부로부터의 정보에 의해 만들어지는 일면이 있다는 것을 잊어서는 안 된다. 생명유지에 직접 관련되는 식욕과 같은 요구는 확실히 외계(外界)의 움직임에 관계없이 신체로부터 저절로 나오는 것이지만, 사람과 즐기고 싶다는 차원의 높은 요구는 외부로부터 정보에 의해 촉발되는 면이 크다. 즐거운 놀이의 존재를 모르면 그 놀이를 하고 싶다고 원할 수 없다. 그러나 한번 그 놀이를 알아 버리면 놀고 싶다라는 강렬한 요구가 생기지 된다. 놀이와 스포츠에 관한 행동의 동기가 되는 것은 외부로부터의 신선한 정보인 것이다.

2. 옛날의 정보활동과 현대의 스포츠정보

보다 잘 놀기 위해서는 정보가 빠져서는 안된다는 것을 보아왔다. 그런데 우리는 그 정보를 어디에서 얻은 것일까.

우선 최초에 했던 어릴 적 놀이를 생각해 보자. 옛날에는 개구쟁이가 대장에게 이끌렸던 지역의 놀이 집단이 풍부한 놀이정보를 축적하고 있다. 아이에게로 여러 가지 정보가 전달되고, 실천되며 그것들을 겪은 아이들이 새롭게 만들어 놀이가 또 다음 세대의 아이들에게 전달되었던 것이다.

사실로부터 지식으로의 과정	
사 실	객관적으로 실제하는 내용
↓	
자 료	객관적 실제의 반영으로, 그것을 전달할 수 있도록 기호화한 것
↓	
정 보	자료를 특정 목적과 문제 해결에 도움이 되도록 가공한 것
↓	
지 식	정보를 직접 체계화하고, 장래의 일반적 사용에도 가능한 보편성을 첨가한 것

그러나 현대의 아이들은 그러한 자유로운 지역의 놀이집단을 잃고 말았다. 놀이정보는 이미 스스로 조달할 수 없게 되고 그 대신 어른들이 생각해 낸 여러 가지 놀이도구가 아이들 세계에 침범하게 되었다. 아이들이 옛날과 같은 놀이를 그만두고 게임용 컴퓨터에 열중인 것은 아이들의 취미가 변했다기 보다는 놀이 정보의 전달 방식이 변화해 버렸다는 점으로부터 이해할 필요가 있다.

실은 어른들의 놀이와 스포츠에 대해서도 비슷하게 말할 수 있는 것은 아닐까. 옛날에는 지역사회의 전통적인 생활 속에 일과 함께 담겨왔던 놀이와 즐거움의 정보(예를 들면 축제라든가 향토예능이라든가)를 잃고, 그것에 대신해서 눈부시게 발달한 매스컴을 타고 서울로부터 공급되는 계층적인 스포츠 정보가 우위에 서게 되었다.

새로운 스포츠는 대도시권으로부터 온다고 해도 과언이 아니다. 많은 사람들은 그것을 쫓아서 모두가 골프를 시작했다면 골프를 하고, 모두 해외여행을 간다고 하면 서둘러 여행회사에 여행신청서를 내는 상황을 의미한다.

3. 정보의 수신자로부터 발신자로

스포츠신간이 늘어남에 따라 스포츠에 대한 관심이 높아지고, 스포츠 욕구도 다만 조용히 휴양하고 싶다는 수준에서 보다 적극적인 즐거움을 구하는 행동을 추구하는 수준으로, 그 위에 단순한 기분전환으로 끝나는 것이 아닌 자기 자신의 교양을 쌓고 싶다는 단계로 발달하고 있다. 그것과 함께 스포츠정보도 보다 높은 수준의 상세한 것이 요구되어지고 있다. 그러한 고차원적 스포츠정보는 어디로부터 얻을 수 있는 것일까. 그것은 이미 동경과 같은 대중문화의 중심지로부터만 일방적으로 제공받을 수 있는 것은 아니다. 획기적으로 대량 제공된 것은 개성적으로 질이 좋은 것은 있을 수 없다. 스포츠란 고차원이 될수록, 개인의 창의와 개성을 연결짓게 한다고 할 수 있다. 그리고 스포츠를 가진 사람들이 모르는 사이에 외부로부터 주어지는 활동을 자기 나름대로 변형해서 새로운 스포츠를 만드는 것이다. 그렇다고 한다면 스포츠정보의 흐름을 바꾸어 누구나가 수신자일 뿐 아니라 스스로 실천을 겪은 발신자도 될 수 있는 새로운 스포츠정보의 수행방식을 생각해 보아야 할 것은 아닌가. 스포츠의 현장으로부터 생겨난 신선한 정보가 교환되면 그 자극에 의해 스포츠행동은 점점 풍요롭게 되어갈 것이다.

IV 상담기법

근래 운동에 관련된 상담의 수요가 증대하고 있다. 운동 상담에 응해야 하는 지도자는 상담에 필요한 기본적 지식과 기술을 잘 갖추고 있어야 한다.

상담은 우선 공식 상담과 비공식 상담으로 나눌 수 있다. 처음 시작시 상담자는 내담자의 현재 상태(baseline condition)를 파악해야 하고 내담자도 알고 싶고 관심있는 것 많은데 주로 이때가 공식 상담이 이루어지는 때이다. 내담자의 운동 목표를 결정하는데 있어서 상담자와 내담자는 그 목표를 달성하는데 영향을 줄 수 있는 내담자의 여러 요인들(예: 내담자의 생활 스타일, 행동양식, 버릇, 식사, 불안정도, 흡연, 음주 등등)을 함께 고려해야 한다. 비공식 상담은 운동 프로그램 참가 중 참가자가 도움이 필요할 때, 또 상담자가 참가자에 있을 수 있는 문제점을 알고자 할 때 이루어지는 상담이다.

내담자의 문제가 생활 체육 상담자의 관할 밖인 것이면 다른 해당 상담자에 협조 의뢰해야 한다.

1. 의사교환

의사교환의 중요한 세 요소로는 주시(attending), 경청(listening)과 공감각적 대응(empathic responding)을 들 수 있다.

(1) 주 시

효과적인 주시(注視)의 핵심은 상담자가 얼마나 자신의 에너지, 주의(主意)와 생각을 내담자에 집중시키는 가에 있다. 내담자에 열의를 갖고 진정으로 함께 하려하면 내담자는 존중감을 받게 되고 이는 양자의 관계를 신뢰롭게 만들어 효과적인 상담이 이루어지는 기초가 된다.

① 주시의 기술

가능하면 모든 경우에 내담자를 정면으로 보고 이야기한다. 공심 상담이건 비공식 상담이건 정면으로 보지 않으면 내담자가 자신에 홍미가 크지 않거나 거부하는 것으로 느낄 수 있다.

열의를 갖고 내담자를 대한다. 열의가 없으면 내담자는 이를 쉽게 알아차리며 이를 자신에게 홍미 없거나 다른 선입견이 있는 것으로 간주한다. 상담자의 첫인상은 아주 중요한데 이를 결정하는 가장 중요한 요소 중의 하나가 바로 상담자의 열의이다.

팔짱을 끼는 것, 다리를 꼬는 것, 다리를 떠는 것 등의 동작은 내담자로 하여금 여러 가지로 이상하게 해석하게 한다.

가장 자주 일어나면서 가장 강력한 비언어적 행동은 내담자와 눈을 맞추는 것이다. 자연스러운 눈빛으로 내담자를 꾸준히 바라다 보아야한다. 연구에 의하면 내담자가 멀리 떨어져 앉아 있을수록 이야기 주체가 편안한 것일수록 상호간의 이야기에 몰입해 있을수록 말할 때 보다 들을 때 여자들이 보다 자주 눈을 맞추며 무엇을 숨기거나 당황했을 때 눈을 맞추지 않는다고 한다.

표정, 몸짓, 목소리 크기와 말 속도, 버릇 등 비언어적 행동이 어떤 메시지를 전달 할 수 있다. 상담자는 우선 자기 자신의 비언어적 행동을 잘 파악하고 있어야 한다. 친구들 비디오 등을 통해 자신의 비언어적 행동을 개선해야 한다.

비언어 차 원	관찰된 행동	상담자(상)와 내담자(래)의 상호작용의 예/(상황)	가능한 효과 혹은 의미
[몸 움직임]			
눈	눈을 직접 맞춤	-래가 상에 공감하기 시작 상, 응대/래, 눈맞춤 유지	-상호의사교환에 기꺼이 응할 준비가 됨. 주목함
	지속적인 눈맞춤이 부족함	-상이 래의 가족 얘기를 할 때마다 래는 다른데를 봄 -래가 상에게 이야기 하면서 가끔씩 눈맞춤을 갖음	-상호 의사교환 회피나 철회/또는 경외 -경외
	지속적인 눈맞춤이 부족함	-래가 성문제를 얘기하고 바로 다른데를 봄 상이 그 얘기를 시작하면 래가 다시 딴데를 봄	-화제의 철회/편안치 못함, 당황함 바로 다른데를 봄/또는 선입견 있음
	눈을 내리깜 -밑을 보거나 다른데를 봄	-래가 얼마간 현직업에 대한 다른 대안을 얘기함/잠시 얘기를 끊고 밑을 봄/그리고 나서 다시 얘기를 계속하여 상을 봄	-선입견
전신	사람이나 물건에 고정하고 응시함	-상이 래에게 어떤 결정의 결과에 대해 생각해 보아라 고 함. 래는 아무 말 없이 벽에 있는 그림을 응시함.	-선입견/몸이 굳어 있거나 초조해 하고 있을 수도 있음
	눈을 획돌리거나 빠르게 눈을 깜박거림 빠른 안구운동/이마에 작은 경련	-래가 어떤 화제에 대해 얘기하고 싶으나 망설임. 상이 질러보자 래가 빠르게 방을 한 바퀴 둘러봄.	-흥분이나 불안/콘택즈 렌즈를 했을 수도 있음.
	곁눈질하거나 이마주름	-래가 상에게 조언을 구했음 상은 역할을 설명하고 래는 곁눈질하고 래의 이마에 주름이 나타남. -상이 래에게 부모님과의 어려움에 관해 탐색해 볼 수 있는 것들을 제시함. 래는 대답하지 않음/이마에 주름이 나타남.	-생각이나 당혹해함/사람이나 화제를 회피함 -사람이나 화제를 회피함
	눈이 젖거나 눈물	-래가 최초 아버지 죽음을 얘기함/눈물이 솟음 -래가 결혼생활의 의사소통에 관해 지난주 확실한 진보가 있었음을 얘기함/눈이 젖음	-슬픔/(절)실망/민감한 관심영역 -행복

비언어 차 원	관찰된 행동	상담자(상)와 내담자(래)의 상호작용의 예/(상황)	가능한 효과 혹은 의미
전신	눈길을 움직임	-상이 래에게 이번주의 중요했던 일을 기억해 내라고 함. 래는 잠시 멈춤 다른데를 보고 다시 보며 대답함	-어떤 생각을 진행시키거나 기억해 내고 있음/혹은 날카로운 흥미를 보임/만족
	눈동자 확장	-래가 남편(아내)의 갑작스런 무관심을 얘기하며 눈동자확장 -래가 상이 얘기하는 동안 몸을 앞으로 기울이며 눈동자가 확장	-놀람 : 또는 날카로운 흥미 -날카로운 흥미 : 만족
	다른사람을 마주보거나 몸을 앞으로 기울임	-래가 공감하고 상을 곧바로 마주보고 말함/상이 대응할 때 상을 똑바로 마주봄	-상호의사 교환에 마음을 열고 있음
	마주보지 않고 비스듬히 방향을 잡거나 자리에 단정치 못하게 앉음	-래가 면접에 몰입하는데 어려움이 있음. 상이 원인들을 찾고자 할때 래는 방향을 틀어 앉음.	-상호의사 교환에 아직 마음을 열지 않고 있음.
	의자에서 앞뒤로 흔들거나 꿈틀거림	-래가 다가오는 골치 아픈 상황에 대해 많이 노심초사 하고 있음.	-관심/걱정/불안
	자꾸 머리카락을 꼬고 손가락으로 무언가 두드림.	-래가 짧고 간단한 대응, 무언가 다털어놓지 않은 대응을 하고 있음	-주의 산만, 지겨움, 불편을 느끼고 있음. 또는 무언가 표현하지 못한 감정이 있음.
	숨을 점점 느리게 깊게 쉼.	-래가 의자에 편히 기대기 시작하고 주중에 일어났던 좋은 일을 말함.	-래가 더욱 더 편안함과 이완감을 느끼고 있음. 호흡이 변하는 것은 각성 수준이 낮아짐을 나타냄.
	사람이나 물건에 고정하고 응시함	-상이 래에게 어떤 결정의 결과에 대해 생각해 보아라 고 함. 래는 아무 말 없이 벽에 있는 그림을 응시함.	-선입견/몸이 굳어 있거나 초조해 하고 있을 수도 있음
	눈을 획돌리거나 빠르게 눈을 깜박거림 빠른 안구운동/이마에 작은 경련	-래가 어떤 화제에 대해 얘기하고 싶으나 망설임. 상이 찔러보자 래가 빠르게 방을 한 바퀴 둘러봄.	-흥분이나 불안/콘택즈 렌즈를 했을 수도 있음.

비언어 차 원	관찰된 행동	상담자(상)와 내담자(래)의 상호작용의 예(상황)	가능한 효과 혹은 의미
전신	곁눈질하거나 이마주름	-래가 상에게 조언을 구했음 상은 역할을 설명하고 래는 곁눈질하고 래의 이마에 주름이 나타남. -상이 래에게 부모님과의 어려움에 관해 탐색해 볼 수 있는 것들을 제시함. 래는 대답하지 않음/이마에 주름이 나타남.	-생각이나 당혹해함/사람이나 화제를 회피함 -사람이나 화제를 회피함
	눈이 젖거나 눈물	-래가 최초 아버지 죽음을 얘기함/눈물이 솟음 -래가 결혼생활의 의사소통에 관해 지난주 확실한 진보가 있었음을 얘기함/눈이 젖음	-슬픔/(절)실망/민감한 관심영역 -행복
	눈길을 움직임	-상이 래에게 이번주의 중요했던 일을 기억해 내라고 함. 래는 잠시 멈춤 다른데를 보고 다시 보며 대답함	-어떤 생각을 진행시키거나 기억해 내고 있음/혹은 날카로운 흥미를 보임/만족
	눈동자 확장	-래가 남편(아내)의 갑작스런 무관심을 얘기하며 눈동자확장 -래가 상이 얘기하는 동안 몸을 앞으로 기울이며 눈동자가 확장	-놀람 : 또는 날카로운 흥미 -날카로운 흥미 : 만족
	다른사람을 마주보거나 몸을 앞으로 기울임	-래가 공감하고 상을 곧바로 마주보고 말함/상이 대응할 때 상을 똑바로 마주봄	-상호의사 교환에 마음을 열고 있음
	마주보지 않고 비스듬히 방향을 잡거나 자리에 단정치 못하게 앉음	-래가 면접에 몰입하는데 어려움이 있음. 상이 원인들을 찾고자 할때 래는 방향을 틀어 앉음.	-상호의사 교환에 아직 마음을 열지 않고 있음.
	의자에서 앞뒤로 흔들거나 꿈틀거림	-래가 다가오는 골치 아픈 상황에 대해 많이 노심초사 하고 있음.	-관심/걱정/불안
	자꾸 머리카락을 꼬고 손가락으로 무언가 두드림.	-래가 짧고 간단한 대응, 무언가 다털어놓지 않은 대응을 하고 있음	-주의 산만, 지겨움, 불편을 느끼고 있음. 또는 무언가 표현하지 못한 감정이 있음.

비언어 차 원	관찰된 행동	상담자(상)와 내담자(래)의 상호작용의 예/(상황)	가능한 효과 혹은 의미
전신	숨을 점점 느리게 깊게 쉼.	-래가 의자에 편히 기대기 시작하고 주중에 일어났던 좋은 일을 말함.	-래가 더욱 더 편안함과 이완감을 느끼고 있음. 호흡이 변하는 것은 각성 수준이 낮아짐을 나타냄.
어깨	으쓱함	-래가 자기 남편(아내)가 아무 설명 없이 외출했다고 이야기하고 있을 때.	-확실히 알지 못함 또는 애매모호함
	앞으로 기울임	-래는 의자 뒤로 기대고 앉아 있었음. 상이 래에 관해 무언가를 털어놓자 래는 몸을 앞으로 기울이고 상에게 그런 경험에 관해 물음.	-열심히 주목하고 있음 의사교환에 마음을 열고 있음
팔과 손	축늘어지고, 꾸부정하고, 휘게하고, 사람에 마주하지 않음.	-래가 학점이 나빠서 무능감, 패배감을 느끼고 있다고 말하고 있을 때.	-슬픔 또는 애매모호함/상호의 사교환에서 수용의 부족을 느끼고 있음.
	축늘어지고, 꾸부정하고, 휘게하고, 사람에 마주하지 않음.	-래가 말하는데 어려움을 느끼고 있음. 상이 이걸 추궁하자 래는 의자에서 축늘어 뜨리고 어깨방향을 다른곳으로 돌림	-상호의사 교환에서 수용의 부족을 느끼고 있음
	팔짱 낌	-상이 막 이야기를 시작했음. 래는 묵묵히 팔장을 끼고 앉아 있음.	-의사교환을 회피함. 좋아하지 않음
	떨고 손을 안절부절 못함.	-래가 자살공포를 나타내고 있을 때 -래가 큰소리로 분노를 나타내고 있을 때	-불안 또는 분노 -분노
	무언가에 대해 주먹을 꼭 움켜쥠.	-래가 처음 면접을 위해 이제 막 들어 섰을 때, 불편을 느낀다고 말하고 있을 때 -래가 상사에 대해 분노를 나타내고 있을 때	대화중 무언가 중요한 것을 강조하고자 함. 또는 상호의사교환에 마음을 염.
	팔을 벌리고 말할 때 제스추어를 함.	-상이 새로운 화제를 올림. 래가 바로 대응함.	-긴장 또는 분노
	제스추어를 잘하지 않고 손과 팔이 굳어 있음	-래가 처음 상담을 받기위해 옴. 상의 질문에 짧은 대답만함.	-분노

비언어 차 원	관찰된 행동	상담자(상)와 내담자(래)의 상호작용의 예/(상황)	가능한 효과 혹은 의미
		[몸 움직임]	
목소리의 침착한 정도와 높이			
	속삭이거나 잘 알아들을 수 없음.	-래가 오랫동안 아무말없이 있었음. 상이 묻자 경우 들릴락 말락하는 소리로 대답	-툭 털어놓고 얘기하는데 어려움이 있음.
	소리높이가 변함	-래가 자기일을 얘기할 때는 보통 목소리로 했으나 상사 얘기가 나오게 되자 목소리가 상당히 올라감.	-화제에 따라 임하는 감정이 다름
말의 유창한 정도			
	더듬거림, 머뭇거림 실수가 남.	-래가 어떤 사회적 상황에서의 초조함을 빠른 속도로 얘기할 때.	-화제에 대해 민감함. 또는 불안과 불편
	우는 소리를 하거나 혀 짧은 소리를 함.	-래가 체중감량의 어려움을 말함	-의지하고 싶음. 또는 감정적으로 강조함.
	말의 속도가 느렸다 빨라짐.	-래가 면접에서 좋지 않았던 지난 주말을 천천히 얘기하다 화제가 자신의 느낌으로 돌아가자 빨리 얘기함.	-화제에 대해 민감함. 화제에 따라 임하는 감정이 다름.
	침묵	-래가 들러와서 상이 얘기하도록 했으나 침묵하고 있음. -상이 이제 막 질문함.	-말하기 싫음. 또는 선입견 있음. -선입견 있음 또는 계속 계속 하고 싶어함.

위는 미국의 문헌에서 발췌한 것으로 우리와 문화적 차이로 약간 다를 수도 있음을 고려해야 함.

② 내담자의 비언어적 행동

비언어적 행동이란 말 혹은 글을 통하지 않은 모든 의사 전달 방법을 말한다. 어떤 학자들은 이 비언어적 요소가 보다 중요할 때가 많으며, 또 어떤 학자는 전하는 메시지의 65%가 비언어적 행동을 통해 이루어진다고 한다.

비언어적 행동은 자기 자신의 "검열"을 받지 않은 경우가 많기 때문에 자신의 속뜻을 표현할 수가 많다. 따라서 내담자가 스스로 말하지 않은 문제거리를 파악하는데 중요하다.

내담자가 말하지 않는 문젯거리를 내담자의 불일치 점으로 파악하는데 그런 불일치 점들로는,

㉠ 내담자의 말과 그 때 보이는 언어적 메시지의 불일치

㉡ 방어적 행동들의 불일치(예 : 웃으며 동시에 불안한 몸짓)

㉢ 전에 한 말과 나중에 한 말이 불일치 등이 있다.

(2) 경 청

열의를 갖고 내담자의 말을 들어야 효과적인 대응을 해 줄 수 있다. 열의를 갖고 경청(敬聽)을 해야 내담자의 말과 비언어적 행동의 일치, 불일치를 찾을 수 있고, 내담자의 속뜻을 알 수 있으며, 내담자에 보다 더 공감하는 반응을 해줄 수 있다.

① 말의 내용

그 상황이나 일에 대한 정보를 전하는 메시지가 "내용(content)"이다.

내담자의 말을 들을 때는 육하원칙에 따라 정확히 파악되도록 신중하게 들어야 한다. 정확히 들어야 정확한 견해가 선다. 종종 3분 이야기 후 다시 옮겨라 해보면 부분적으로 잊고 틀리는 경우가 있다. 기록이 필요하면 꼭 해야 한다.

이야기를 듣다 보면 공통되게 흘러가는 논지(論旨)가 있는데 그것을 파악한다.

② 말에 실린 감정

통상 감정(affect), 특히 나쁜 감정은 본인이 감춤으로 잘 드러나지 않는다. 내담자의 어떤 경험은 이해하는데 처음 해야 할 일은 그 경험에 숨은 감정 덩어리들과 그 감정 강도를 파악하는 것이다. 말에 실린 감정과 내용을 정확히 파악하는 것은 내담자의 뜻하는 바를 이해하는 기초를 제공한다.

말하는 데에는 개인차가 있다. 어떤 사람은 주로 자기 생각에 의존해 내용을 이야기하기 좋아하고 어떤 사람은 자기 느낌에 의존해 내용 얘기는 않고 느낌을 이야기하기 좋아한다. 상담자는 이런 개인차를 이해하고 그 사람의 말에서 빠진 부분을 찾아내야 한다.

(3) 내담자에 공감하는 대응

공감(empathy)이란 다른 사람의 경험을 그 사람의 입장에서 이해하는 능력이다.

내담자가 주는 비언어적 표현을 잘 이해하여 내담자에 공감하는 대응(empathic responding)을 하는 과정은,

① 내담자의 몇 가지 비언어적 행동을 파악하여
② 그 비언어적 행동들에 일관성이 있는지 주목하고
③ 그 행동들이 어떤 공통이 되는 주제를 중심에 갖고 있는지 확인
④ 상담자 자신의 내담자에 대한 비언어적 반응을 잘 파악하고 내담자가 그것을 어떻게 해석하는지도 잘 알아야 하고
⑤ 내담자가 제공하는 어떠한 내용 중복에도 주목하며
⑥ 내담자가 말한 경험 내용과 그 이전의 경험 내용, 이미 밝혀진 것들과 비교하여
⑦ 상담자는 이런 경험이 자신에게 있었다면 어떠했겠는지, 내담자와 같은 비언어적 행동을 했다면 어떠했겠는지 스스로에게 물어 보아
⑧ 공감하는 반응으로 당신의 감정을 표현하고 그것이 맞는지 시험하는 것이다.

많은 연구들이 계속 입증하는 바는, "내담자에게 변화와 배움이 일어나게 하는데 가장 힘있는 요소는 내담자에 공감하는 것"이다. 상담자가 내담자에 공감하는 대응을 할 때는 내담자가 경험했던 수준보다 조금 더 강도가 높게 해주어야 내담자가 쉽게 이해하고 동의한다.

상담자의 공감하는 대응을 통해 내담자는 자신의 몰랐던 감정, 행동 방식, 밑에 흐르는 주제 등을 스스로 파악하게 된다.

깊은 공감을 통해 내담자의 말, 내용, 감정, 비언어적 행동들에 흐르고 있는 속에 깔린 어떤 형태를 파악하는 능력이 상담자에게 꼭 필요하다. 그를 통해 내담자가 보다 전체적으로 보다 깊이 파악되고 따라서 내담자에 변화를 일으킬 구체적 전략을 세우는데 기초가 된다. 또 내담자는 상담자가 자신의 얘기를 정말 경청하고 있구나, 나에게 정말 도움을 줄 수 있구나하고 느껴 상담자에 대한 신뢰감이 높아진다.

2. 효과적인 상담의 핵심적인 특징

효과적인 상담에 꼭 필요한 요소들을 상담자의 특성과 상담 자체의 특성으로 나누어 정리한다.

(1) 유능한 상담자의 특성

연구에 의하면 어떤 상담자가 유능한가! 아닌가는, 상담자의 성별, 나이, 교육 정도보다는 상담자의 성격에 더 깊은 상관이 있다고 한다.

① 상담자는 정직해야 하고, 따뜻한 마음이 있어야 하며, 스스로를 존중하고, 참고 기다릴 줄 알며, 예민함을 갖추어야 한다.

② 상담자는 스스로의 성장을 위해, 스스로를 보다 잘 이해하는 데에 항상 전념해야 한다.

③ 상담자는 내담자의 복지를 위해 기꺼이 사심 없이 자신의 노고를 바칠 준비가 되어 있어야 한다.

④ 상담자는 항상 내담자에게 희망을 주고 내담자가 스스로 독립해 자신을 통제할 수 있도록 하게 하는 쪽으로 지원해야 한다.

⑤ 상담자는 어떤 틀에 맞춘 치료 방법이나 계획을 그대로 적용하기보다는 내담자의 구체적 문제와 상황에 맞도록 창의적이고 유연성 있게 대처하려 해야 한다.

⑥ 상담자는 내담자와의 관계에 항상 열의를 갖고 임하는 것이 극히 중요하다.

⑦ 상담자는 자기 업무에 관계되는 학문적 지식을 충분히 갖추고 있어야 한다.

⑧ 상담자는 내담자에게 신뢰감을 주어야 한다. 자기가 상담자에게 제공한 정복 절대 남에게 공개되지 않는다라고 믿을 수 있어야 한다. 상담자가 믿고 의지할 만하다고 내담자가 느낄 수 있어야 한다.

⑨ 상담자는 자기 권위의 사용에 신중해야 한다.

⑩ 내담자가 상담자에게 자기 속마음을 정확하게 이해시킬 수 있다고 믿도록 해야 한다.

(2) 성공적인 상담의 필수적 요소

성공적인 치료나 상담에 반드시 필요한 요소는 공감, 존중, 따뜻함, 진술됨, 구체적임,

솔직히 털어놓음, 즉시성, 대립 등 8가지 정도로 정리된다.

① 공 감

공감(empathy)에는 2가지 형태가 있다. 감정 공감(emotion empathy)과 입장공감(role-taking empathy)이다. 감정 공감은 내담자의 감정 경험을 알고 거기에 감정적으로 영향을 받는 능력을 말한다. 내담자와 상담자 사이에 감정이 서로 다를 수도 있다. 입장공감은 내담자의 감정적 관점 즉 왜 그런 감정이 일어났는지를 이해하는 능력이다. 상담자는 내담자를 이해하고 그것을 내담자에게 전하는 것만으로도 내담자를 도울 수 있다.

② 존 중

내담자는 자신의 독특함이 그 자체로서 인정받고 있고 존중되고 있다고 느껴야 한다. 남과의 비교를 통한 상대 열위(劣位)는 상담에 악 영향을 준다.

③ 따뜻함

따뜻함(warmth)은 주로 몸짓, 목소리, 접촉, 얼굴 표정 등으로 전해져 오는 내담자를 배려하고 있다는 신체적 표현이다. 내담자는 이것을 느껴야 마음을 열게 된다.

④ 진솔함

진솔함(genuineness)은 말과 행동을 사이에 일관됨을 보이는 것이다. 상담자는 돕는 사람이고 내담자는 도움을 받는 사람이라는 것을 너무 강조 말아야 한다. 가능하다면 조작없이 생각하는 대로 말하고 행동해야 한다. 상담의 방향을 잡는 것은 상담자이다. 확실하게 의사 표현해야 한다. 수동적이지 말아야 한다. 일관성 있게 말하고 행동해야 한다.

⑤ 구체적임

내담자는 감정 표현이 모호하고 너무 일반적으로 이야기하기도 하고 문제와 상관없는 감정표현도 하기 마련이다. 상담자는 이런 상황에서 항상 구체적이려고 해야 한다. 그 구체성에 기대어 내담자 자신도 자신의 경험을 보다 정확히 이해하게 된다.

⑥ 솔직히 털어놓음

상담자는 자신의 경험이 내담자의 문제 해결에 도움을 주고 필요하다고 판단될 경우,

상담자 스스로 자신의 관련 이야기를 솔직히 털어놓는 것이 좋다. 이때 이야기 중심이 내담자에서 상담자로 이동하지 않도록 유의한다.

⑦ 즉시성

상담자는 내담자와의 대화에서 상담자가 느끼거나 관찰한바 또는 알고 싶은 것을 가능하다면 즉시 표현하고 알아내는 것이 좋다.

⑧ 대 립

대립(confrontation)은 상담 관계에서는 흔히 도전(challenge)으로 규정된다. 여기서 도전이란 내담자의 불일치들(incongruitites)을 찾아가는 과정이다. 즉 내담자가 말하고, 느끼고, 경험하고, 비언어적으로 표현한 것들 사이의 불일치 점, 상담자가 관찰한 바와 내담자가 말한 바와의 불일치 점, 내담자가 이전에 했던 것과 현재 하는 것과의 불일치 점을 찾아가는 것이다. 내담자의 감정이 상할 수 있으므로 상담자와 내담자의 믿음과 상호 존중 관계가 상당히 단단해진 후에 시작해야 한다. 내담자의 불일치점을 찾아 그 속뜻을 알고 결국 문제를 극복한다는 속마음을 늘 유지해야 한다.

3. 지원 모형

자주 쓰이는 세 가지의 주요 지원 모형들(helping models)로 인간 자원 개발(Human Resource Development)모형, 생활기술훈련(Life Skills Training) 모형, 통합적 문제 해결(integrative Problem-Solving) 모형이 있다. 먼저 문제를 정확히 파악하고, 적합한 모형 고른 후, 다른 모형의 요소들도 더하여 가장 효과적인 형태로 만들어야 한다.

(1) 인간자원개발모형

Carl Rogers를 근거로 Robert Carkhuff가 개발했다. 지원 전 단계, 제1단계, 제2단계, 제3단계의 네 단계로 구성되어 있으며, 각 단계에 상담자와 내담자의 역할이 기술되어 있다. 간단히 정리해 설명하면 아래와 같다.

① 지원 전(Pre-helping)단계 : 상담자의 주시(attending)와 내담자의 몰입(involving)

- 상담자는 내담자에 지정한 관심과 열의를 갖고 주시한다. 그렇게 해야 이후 바람직한 관계의 기초가 되는 신뢰가 구축된다.

- 내담자는 상담자의 적절한 대응으로 상담자를 신뢰하고 상담에 깊이 몰입하게 된다.

② 제1단계 : 상담자의 반응(responding)과 내담자의 탐색(exploring)

- 상담자는 내담자가 하는 말의 내용(content), 거기에 실린 감정, 비언어적 행동을 명확하게 하려함으로써 내담자의 관심이 무언가 정확히 이해하도록 최대한 노력한다.
- 내담자는 상담자의 도움으로 자신의 자기 상황에서 얼마나 잘 기능하고 있나, 문제점이 무엇인가 탐색하게 된다.

③ 제2단계 : 상담자의 개인화(personalizing)와 내담자의 이해(understanding)

- 상담자는 1단계에서 얻은 이해를 기반으로 문제점에 대해 내담자 자신이 부여하는 의미가 무엇인지 확실히 하려 한다.
- 내담자는 상담자의 도움으로 자신의 목표와 바라는 바를 알고 현 상태와 목표하는 바의 차이를 이해하게 된다.

④ 제3단계 : 상담자의 주도(initiating)와 내담자의 행동(acting)

- 상담자는 앞 단계에서 밝혀진 목표에 기초해 내담자와 함께 그 목표를 구체적으로 실현할 전략을 개발한다.

<예>

① 운동 지도자(상담자)의 주시

지도자가 체력 훈련 프로그램을 시작했는데 35세 여자 A씨가 등록했다. 지도자는 활발한 경청과 공감을 통해 A씨는 그냥 건강한 생활 방식을 개발하고 싶다고 하였으나 그것이 행동으로 나타나지 않아 말과 행동 사이에 불일치를 보이고 있었다.

② 내담자 몰입

A씨는 지도자가 자신의 말을 경청하고 자신을 이해한다고 생각되었다. 지도자가 자신을 도우려 하며, 이 운동 프로그램에서 자신이 목적 달성하기를 바라고 있다는 느낌을 받았다.

③ 지도자 반응

지도자는 탐색과 명료화를 통해 A씨가 운동에 참가하는 데 대해 양면적인 감정이 섞여 있음을 알게 되었다. 즉 자신의 체력을 꼭 향상시키고 싶고 따라서 운동도 열심히 하고 싶으나 자기 남편은 운동도 하지 못하고 직장에서 힘들게 일만하고 있는 데 대한 죄책감이 겹쳐 있었다. 또 남편이 거기에 대해 의기소침해 하지 않은가, 가정을 덜 돌본다고 비난하지 않을까 하는 걱정도 있었다.

④ 내담자 탐색
A씨는 운동에 대해 느끼는 바를 이전에 충분히 생각해 보지 않았다. 그녀는 자신도 모르게 여러문제들이 거기에 결부되어 있다는 걸 알고 놀랐고 그 느끼는 바를 보다 자세히 탐색해 보려 했다.

⑤ 지도자의 개인화
지도자는 A씨는 도와 그녀가 경험한 바가 스스로에게 어떤 의미가 있는지 파악하도록 했고 그런 문제 상황에서 그녀 자신이 할 수 있는 바를 알도록 했다. A씨는 자기의 생각을 남편에게 이야기하지 않고 자기 멋대로 남편이 이렇게 생각할 것이다, 느낄 것이다, 할 것이다 하고 혼자 생각해 버리고 있다는 것을 알았다.

⑥ 내담자 이해
지도자와 A씨는 함께 깊이 탐색해 감에 따라 문제는 A씨 자신의 운동에 대한 죄책감이나 남편과의 시간 마찰 등이 아니라 A씨가 남편에게 자기가 중요하다고 생각하는 바를 솔직히 털어놓지 않았다는 데 있다는 걸 알았다.

⑦ 지도자 주도
지도자는 A씨를 도와 그녀가 남과의 의사 소통을 보다 개선해야 한다는 것, 나아가 자신의 삶에 가치를 주는 바와 중요하다고 느끼는 부분들을 스스로 명료화해야 한다는 것 등의 목표를 찾아내도록 했다.

⑧ 내담자 행동
A씨는 상호 의사 교환 그룹에 참가하여 남편과 보다 자유롭게 이야기하는 법을 배우기로 했고, 남편에게도 그 그룹에 참여하도록 할 것인지 고려해 보았다. 독서나 남과 대화 등을 통해 자신이 가치있게 생각하는 바를 보다 명료화하기로 했다.

(2) 생활 기술 훈련 모형

생활 기술 훈련 모형은 George Gazda에 의해 개발되었다.

이 모형의 기본 가정은, 사람의 발달의 어느 단계에서 주어진 과제를 성공적으로 처리하는 데 필요한 극복 기술을 충분히 습득하지 못하므로 써 생활의 어느 측면들에 있어 결핍(deficits)을 얻게 된다는 것이다. 이런 결핍을 여러 차원에서 분석, 파악하고 이를 극복하는데 필요한 도움을 제공하려는 것이 이모형의 목적이다.

이 모형은 우선 세 가지 다른 차원을 사정하는 데 우선 인간 발달의 영역, 포괄적 생활 기술 영역, 그리고 상황이다. 즉 인간 발달의 어떤 영역에서 어떤 포괄적 기술 영역에 문제가 있는데 그것이 일어나는 공간적 상황은 어떤 것이다라고 분석 파악하려 하는 것이다.

이 모형은 인간 발달을 심리 사회적, 도덕적, 감정적, 자아적, 인지적, 직업적, 신체적,

신체/성적영역 등의 7가지 영역으로 분류했다.

이 7가지 발달 영역에서 포괄적으로 인간관계/상호의사 전달 측면, 체력/건강, 유지 측면, 정체성 발달/삶의 목적 측면, 문제 해결/의사 결정 측면 등 4가지 측면의 생활 기술을 상정한다.

또, 가정, 학교, 직장, 일반 사회 등의 네 가지의 주요 환경에서 그런 기술들이 발달 또는 그 환경에 적용된다고 하였다.

상담자는 내담자의 결핍된 생활 기술을 개발하는데 훈련자, 상담자, 교사, 모델, 평가자, 동기화 시키고 촉진시키는 등의 여러 가지 역할을 해야 한다. 운동 상황에서는 체력/건강 유지의 생활 기술 개발 측면에서의 교사/상담자 역할이 주가 될 것이나 상담 진행 과정에서 필요에 따라 다른 역할도 해야 하며 자기 영역을 벗어난 부분은 거기에 관련된 다른 상담자에 거기에 관련된 상담과 지원을 의뢰해야 한다.

<예>

B씨는 40세 먹은 사업가로 운동 프로그램에 등록했다. 지도자는 운동이 진행됨에 따라 B씨가 약간 우울해 있고 불안해하며 자주 불면에 시달리는 것을 알게 되었다. 그는 운동 프로그램에 적응하는데 자꾸 신경 써 하는 것 같았다. 지도자는 B씨가 그룹 상황에서 자의식을 강하게 느낀다는 걸 알게 되었고, 후에 B씨가 직장에서의 자기 미러 문제와 "이제 한물 갔어"라는 농담에 신경쓰는 것도 알게 되었다.

① 제1단계

B씨는 감정 영역(우울증, 불안), 신체 영역(불면증), 심리 사회 영역(집단내 상호 관계에 신경쓰임), 직업 영역(직장에 대한 관심)과 자아 영역("한물 간"것에 대한 공포)에 약한 혹은 보통 정도의 관심을 보이는 것으로 나타났다.

② 제2단계

B씨는 불면증(신체 영역), 그룹으로 있을 때 신경쓰임(심리 사회영역), 정력 상실에 대한 공포(자아 영역)가 포괄적인 체력 측면과 직접 관계가 있었다. 지도자는 B씨와 함께 이런 문제 거리들을 극복할 전략을 세웠다.

③ 제3단계

B씨는 집에서는 불면증으로, 직장과 사회생활에서는 그룹 상황에서의 자의식으로, 집과 직장에서는 정력 상실의 공포로 시달리는 것을 알게 되었다. 지도자는 그런 여러 상황에서의 변화를 점검하여 그런 곤란한 문제들에 어떤 개선된 변화가 있는지 측정하였다. 감정 영역과 직업 영역은 체력과 직접 상관이 없어 B씨에게 그쪽 부분의 전문가 도움을 받도록 하였다.

(3) 통합적 문제 해결 모형

통합적 문제 해결 모형은 Gerald Egan이 개발하였다.

이모형에서는 내담자가 상담을 통한 자기 변화에 대해 일차적인 책임을 지며, 상담자는 내담자의 상호 협력이 장점인 모형이다.

이모형은 크게, 현재 상황, 바라는 상황, 행동의 3단계로 이루어져 있으며, 각 단계는 다시 3개의 소 단계로 이루어져 있다. 이를 간단히 정리하여 설명하면 다음과 같다.

① 제1단계 : 현재 상황(Present scenario)

내담자는 흔히 자신에게 문제가 있는 것은 알고 있으나, 상담자의 도움없이는 그 문제를 구체적으로 파악하는데, 명료화하는데, 이해하는데 어려움을 겪는다. 상담자는 내담자가 문제를 명확히 파악하고 이해하도록 도와야 한다. 적극적으로 경청하고 공감하는 것이 중요하다.

- 단계1-A : 이야기하기(telling the story)
  내담자가 상담자에 자기 문제를 이야기한다. 상호 신뢰감이 구축된다.
- 단계1-B : 초점 맞추기(focusing)
  내담자가 문제를 정확하게 파악하고 명료화하도록 돕는 단계이다.
- 단계1-C : 맹점 찾기(identifying blind spots)
  내담자를 도와 내담자가 문제에 관해 전에 갖지 못했던 새로운 해석, 새로운 시각을 갖도록 도움을 준다.

② 제2단계 : 바라는 상황(Preferred scenario)

내담자의 문제를 이해하고 이제 목표를 설정할 때이다. 적절한 목표가 설정되도록 상담자는 효과적으로 의논 상대를 해주고, 관련 정보를 제공해 주고, 목표를 세우도록 자극한다.

- 단계2-A : 새 시나리오 작성(constructing new scenarios)
  변화가 있게 되면 어떤 상황이 될지 내담자 자신이 그려본다.
- 단계2-B : 새 시나리오 비판(critiquing new scenarios)
  새로 그리고 있는 선택들이 내담자가 원래 바라던 바에 보다 근접시킬 수 있는 것인지, 그런 선택이 야기 시킬 수도 있는 결과는 어떨지 다시 생각해본다.
- 단계2-C : 목표 선택과 달성 다짐(choosing & commiting to goals)
  목표를 갖게 되면 내담자가 책임감을 갖게 되고 변화를 시도한다. 상담자는 목표 추구에 충분한 동기가 유지되도록 도와야 한다.

③ 제3단계 : 행동(action)

이제 내담자와 상담자는 목표를 여러 가지 행동 계획들로 바꾸고, 그 중 가장 적절한 프로그램을 찾아서 시행해야 한다. 상담자는 내담자가 그 일을 하는데 창의력을 갖고 할 수 있도록, 구체적이고 현실 가능한 전략을 가지도록 드와야 한다.

- 단계3-A : 전략 개발(developing strategies)
  목표에 이를 구체적인 전략을 개발한다.
- 단계3-B : 계획 짜기(formulating a plan)
  내담자의 욕구, 가치, 능력을 고려하여 전략을 선택하고 구체적 계획 세운다.
- 단계3-C : 계획 이행(implementing the plan)
  이제 계획을 실행에 옮긴다.

<예>

① 1-A

운동 프로그램에 등록하기를 꺼려하고 있는 C씨는 지도자에게 그 꺼리는 것이 무엇 때문이지 모르겠다고 털어놓고 얘기했다.

② 1-B

지도자와 C씨는 함께 그 이유를 찾아보았는데 그것은 C씨가 어렸을 때 운동 못하는 바보로 놀림감이 되었었고 그것을 몹시 싫어했었는데, 운동을 시작하려 하니 이제 다시 남들이 자기를 같은 식으로 대할까 봐 겁내고 있다는 걸 알았다.

③ 1-C

지원자 C씨에게 지금 꺼리는 감정을 어렸을 때의 경험과 그리고 자신의 자아개념에 관련된 느낌과 연관지어 생각해 보도록 했다. C씨는 자신의 자아 개념이 좋지 않고 이것 때문에 남과의 관계도 좋지 않을 수 있다는 것을 알게 되었다.

④ 2-A

지도자는 C씨를 도와 문제는 자신이 남의 생각을 겁내는 것이기보다는, 자기의 자신에 대한 느낌에 있다는 것을 이해하도록 했다. 지도자는 C씨와 이 자아 개념을 개선시킬 수 있는 방법을 찾았다.

⑤ 2-B

C씨는 개인 상담을 할까, 아내와 친구들에게 솔직히 털어놓기를 할까, 개인 발전 그룹에 참여할까 생각했다. 이런 것들을, 운동을 계속하면서 해 나가며 그 결과를 볼 것인지 생각했다.

⑥ 2-C

C씨는 운동도 하며 위의 것들을 해나가기로 결정했다.

> ⑦ 3-A
> 지도자는 C씨를 도와 위의 것을 이행하는데 적절한 지원과 서비스 무언지 살펴보았다. 전문상담자를 찾아가 도움받기, 자기스스로 해 볼 수 있는 책, 자료들, 비슷한 문제에 봉착한 남들과 얘기해 보기, 상호 의사 교환 그룹에 참여하기 등이 거기에 적당한 것들이었다.
> ⑧ 3-B
> 지도자는 C씨와 함께 생각하여 개인 상담을 받는 것과 의사 교환 그룹에 참여하는 것이 가장 적절하다고 결정했다.
> ⑨ 3-C
> 지도자는 C씨를 적절한 전문가에게 보내 도움을 받도록 했다.

4. 상담과 윤리

상담자는 상담의 시행에 있어 특히 윤리적인 여러 측면을 소홀히 하지 않아야 한다. 여기서는 가장 많이 인용되고 있는 미국 심리학회(American Psychological Association)의 윤리 규범을 중심으로 상담의 윤리를 간단히 살펴보고자 한다.

① 상담자는 자기의 행동과 결정이 공공에 미치게 될 영향에 대해 책임을 져야 한다.

② 상담자는 상담에 적절한 전문 능력과 기술을 갖추고 그 능력과 기술의 사용 한계에 대해 잘 알고 있어야 한다.

③ 상담자는 그 사회의 도덕적 법적 기준을 확실히 이해하고 있어야 하며, 거기에서의 일탈이 일으키게되는 위험을 잘 인식하고 있어야 한다.

④ 상담자는 자기가 갖춘 자격을 명확히 제시하고 공공에 제공하는 정보는 반드시 진실된 것이어야 한다.

⑤ 상담을 통해 얻은 정보는 존중되고 소중하게 다루어져야 하며, 적절한 절차를 거치지 않고 쉽게 공개되어서는 안 된다.

⑥ 상담자는 자신이 내담자에게 줄 수 있는 직업상의 서비스와 그 한계를 명확하게 알고 있어야 한다.

⑦ 상담자는 다른 상담직의 사람들과 또 다른 직업의 사람들과 상호관계에 있어 받아들여 질 수 있는 것과 없는 것을 정확히 알고 있어야 한다.

⑧ 내담자를 측정해야 할 경우 적절한 측정 도구를 사용해야 하고, 그 결과를 적절하게 해석해야 한다.

⑨ 상담자는 내담자의 인권이 침해되지 않도록 극히 민감하여야 한다.

제 17 장

운동부하검사

17

I 운동부하검사란?

운동의 조건 3가지인 유희성, 안전성, 효과성 중 과연 어느 것이 가장 중요한가는 운동을 하는 대상자의 체력과 환경에 영향을 받을 수 있다.

운동을 적절히 하면 심폐기능의 증진, 근골격계의 발달 등 여러 가지 효과적인 이점들을 가져오지만 운동을 과도하게 하면 심장에 부담을 초래할 수 있으므로 안전성을 확보하여 적정한 운동 강도를 결정하기 위해서는 운동중의 호흡순환기능을 평가하는 일이 필요하다. 트레드밀이나 자전거 에르고미터 등을 이용하여 인위적으로 점증적인 부하를 주는 운동부하검사를 함으로써 운동에 따른 안정 시에는 관찰할 수 없었던 여러 가지 임상소견들을 발견할 수 있으며, 운동 시의 안전성 여부도 판단하게 된다. 또한 동시에 건강체력의 주요인이 되는 심폐기능을 정밀하게 평가할 수 있어 이러한 결과들은 운동처방시의 중요한 자료로 활용하게 된다.

(1) 운동부하검사의 역사

① 트레드밀을 처음 개발한 사람은 영국인 William Cubbit이며 그의 발명품인 "stepping wheel"은 현대 우리가 사용하는 검사기계의 모체라 할 수 있다.

② 1846년 Edward Smith는 운동수행력, 호흡수, 1회 박출량, 심박수, 산소소비량을 연구하기 위해 현재의 운동부하검사기와 비슷한 측정장비를 사용하여 정상인과 관상동맥 질환자(coronary heart disease)들의 운동능력을 측정하여 현재 운동부하검사시 ST분절의 저하가 심근허혈(myocardial ischemia) 증상을 나타낸다는 사실을 실험적으로 증명하였다.

③ 1918년 Blousfield는 ST분절의 저하가 협심증과 상관이 있다는 것을 밝혔다.

④ 1928년 Feil과 Siegel은 ST분절 변화가 협심증 증상으로 나타나는 것을 확인하였다. 그들은 ST분절의 저하가 심장으로 흐르는 혈류량의 감소를 가져오기 때문에 발생하는 것이라고 주장하면서 허혈증상이 나타나기 전과 후의 심전도 파형을 제시하였다.

⑤ Master는 1929년에 자신의 걸음걸이 속도를 이용한 운동부하검사를 하였으며, 심장기능을 평가하기 위해서 심박수와 혈압을 기록하였다. 그는 12년이 지난 후에 심전도 이용법을 연구·보고하였으며 관상동맥질환의 진단을 위한 "step test"를 보급시켰다.

⑥ Katz, Wood, Hellerstein은 심장의 허혈증상을 가진 환자들이 운동을 하는 동안 나타나는 생리학적 기전의 변화에 대한 이론을 한층 더 높이는 노력을 하였다.

⑦ 1959년 Hellerstein은 심근경색(myocardial infarction) 증상을 보였던 환자들의 작업능력을 평가하기 위해 트레드밀(treadmill)을 이용하기 시작했다. 이러한 "작업능력분류(work classification)"를 이용한 임상분류법은 미국심장학회(American Heart Association)가 공인을 하였으며, 현재의 심장재활프로그램으로 발전하게 되었다.

⑧ 1956년 Bruce는 운동생리학에 관한 많은 연구를 하였으며, 미국에서 기준이 되었던 프로토콜(protocol)을 전 세계에 보급시켰다. 그 때 이후로 운동부하검사는 허혈성 심장질환을 가진 환자들에게는 반드시 필요한 검사가 되었다.

운동부하검사는 운동처방을 하는데 있어 기초가 되는 임상 스포츠의학 검사로서, 운동에 대한 심장의 이상 반응과 기능적 운동능력을 진단할 수 있어 ACSM에서는 45세 이상의 건상한 사람이나 강도가 높은 운동프로그램에 참가하기 원하는 사람은 운동부하검사를 받도록 권장하고 있다.

(2) 운동부하검사의 필요성 및 목적

운동부하검사가 과연 운동을 하고 있는 건강한 사람이나 운동프로그램을 시작하려고 하는 건강한 사람들에게도 꼭 필요할 것인가는 논란의 여지가 있다. 하지만, 예방의학이 강조되는 시점에서 운동부하검사는 다음과 같은 이유이서 필요성이 있다.

① 예방의학적 기능

증상이 없는 건강한 사람을 대상으로 위험인자 분석을 할 때는 운동에 대한 반응 결과가 질병예방과 생활양식의 변화가 필요한 환자들을 분류하는데 이용될 수 있다. 또한, 관상동맥질환의 악화나 재발을 방지하기 위해 관상동맥 재활프로그램에 참가하고 있는 환자들에게도 유용한 평가가 될 수 있다.

② 관상동맥질환의 증상유무 진단

Master가 "step test"를 한 이후로 운동부하검사는 관상동맥협착의 발견이나 진단을 내리는데 이용되어 왔으며, 현재는 심장기능 평가에 있어 가장 일반적이고 실용적으로 이용되는 검사가 되었다 관상동맥경화증은 질병 발생초기에는 증상을 나타내지 않을 수도 있게 때문에 운동부하검사를 통하여 특정한 증상을 나타내지 않는 관상동맥질환자의 질병유무에 대한 정확한 정보를 제공받을 수도 있다.

③ 관상동맥질환의 악화정도 진단

운동능력, ST분절 변화, 혈압반응, ST반응의 크기와 형태는 허혈증상의 악화를 예측하는데 이용된다.

④ 부정맥의 진단

운동에 의해 부정맥이 나타나는 시기 혹은 종료되는 것을 발견함으로써 진단의 확실성을 높일 수 있다. 이 같은 결과가 환자의 증상과 함께 나타날 때 의학적 유의성을 더욱 확실하다.

⑤ 불안정성 고혈압의 발견

운동부하검사를 통하여 운동 중에 고혈압반응을 나타낼 경우 이후에 고혈압이 될 가능성이 있다는 것을 암시할 수 있다.

⑥ 수술 후의 예후

최근 연구에서는 관상동맥 우회로술 (coronary bypass surgery)을 받은 환자들의 수술결과가 수술 전 운동부하검사를 통해 예측할 수 있다는 것을 보여주고 있다. 또한, 혈관성형술(angioplasty) 후에 운동부하검사를 하는 것은 혈관재협착의 가능성을 예측하는데도 도움이 된다고 한다.

⑦ 치료과정의 평가

약물이 허혈 증상을 완화하거나 부정맥, 고혈압을 조절하는 역할을 할 때, 효능을 판정하는 가장 효율적인 방법은 운동부하검사를 하는 것이다.

⑧ 운동처방의 기초자료

운동부하검사는 운동처방을 하기 전에 환자의 심폐운동능력을 정확하게 평가하는데 이용된다. 특히, 강도 높은 운동프로그램에 참가하기 전에는 운동의 안전성을 평가하기 위해서 운동부하검사가 꼭 필요하다.

앞에서 언급한 필요성에 더해서 운동부하검사 결과가 운동프로그램을 시작하려고 하는 사람에게 동기부여를 줄 수 있는 중요한 역할을 한다는 것도 강조할 필요가 있다. Bruce가 동료연구가들은 운동부하검사는 건강생활의 패턴을 변화시키고 관상동맥질환의 위험요소를 변화시키는데 도움이 된다고도 하였다.

운동부하검사의 목적은 크게 3가지로 나누어 볼 수 있다. 첫 번째는 안정시에는 잠재하고 있어 발견할 수 없었던 이상과 질병을 운동이라는 스트레스에 의해 현재화하고 그것을 발견하고 평가하는데 있다. 특히 심장기능과 혈압 등 순환기계의 평가에 주안점을 둔다. 두 번째는 그 사람이 견디어 낼 수 있는 운동강도의 한계 및 순환기능의 운동에 대한 적응능력을 파악하는데 있다. 대부분의 경우 최대산소섭취량을 직접법 또는 간접법으로 측정함으로써 이루어진다. 만약 검사도중 어떤 증상이 나타났을 때에는 그 시점을 견디어 낼 수 있는 운동강도의 한계로 한다. 첫째와 둘째는 운동처방에 있어서 운동 강도의 상한(안전한계) 및 하한(유효한계)를 경정하는데 중요한 정보가 된다. 세 번째 목적은 운동의 순환기능과 유산소능력에 미치는 효과를 판정하는 것이며, 일정강도 운동시 심박수와 심전도소견 혹은 최대산소섭취량 등이 그 지표가 된다.

(3) 운동부하검사의 내용

운동부하검사는 관상동맥 질환의 이상 유무를 진단하고 호흡 순환 기능을 측정하여 운동처방 시 직접 운동 강도를 결정할 수 있는 중요한 정보를 얻기 위한 과정으로 주요 측정내용은 다음과 같다.

① 심박수

심박수(heart rate)는 운동수행에 따른 신체 반응의 가장 기본적인 지표로서 산소 및 영양소를 신체의 각 부위에 운반하는 혈액공급을 위하여 심장이 1분 동안에 박동하는 횟수를 말하며, 심장의 기능을 비롯한 지구성능력을 평가하는 지표이다. 안정시 심박수와 동일한 운동 강도에서 심박수가 낮게 나타날수록 심폐기능이 우수한 것으로 평가된다.

② 혈압

혈압(blood pressure)은 혈관을 통과하는 혈액의 압력을 나타내는 것으로 심장을 비롯한 순환기능의 평가 지표가 되며 심장이 수축할 때(수축기 혈압)와 이완할 때(이완기 혈압)의 혈압으로 표시한다.

③ 산소섭취량

산소섭취량(oxyen uptake)은 안정 시 및 운동수행 시 필요한 에너지 생성을 위하여 체내에서 이용하는 산소의 섭취량을 말하며, 운동수행 시 운동강도에 대한 체내 에너지생성 정도를 나타내는 지표로 이용되기 때문에 일정한 운동강도에 대한 반응지표로 이용된다. 최대로 운동을 수행할 때 산초섭취량(최대산소섭취량이 높을수록 심폐기능이 우수한 것으로 평가된다. 체중을 비롯한 체격과 관련성이 높기 때문에 체중 1kg당 산소섭취량을 이용하여 상대적으로 평가된다.

④ 환기량

환기량(minute ventilation)이란 안정 시 및 운동수행 시 산소공급을 위해서 1분동안 들이마시는 공기량으로서 운동강도에 비례해 증가하며 폐를 통한 공기의 공급능력과 다소 관련성이 있으나 체격의 크기와 관련성이 높기 때문에 심폐기능의 정확한 평가 지표로서는 적절하지 못하다.

⑤ 무산소성 역치

무산소성 역치(anaerobic threshold; AT)는 피로를 느끼지 않고 장시간 운동을 계속할 수 있는 운동강도로서 생리학적으로 보면 혈액 내 젖산이 급격히 증가하기 시작하는 지점, 또는 환기량이 산소섭취량에 비해 급격히 증가하기 시작하는 시점과 일치한다. 운동부하검사 중 시간이 경과하면서 체내에 산소공급이 적절히 이루어지지 않으면서 피로가 생성되기 시작하는 수준으로서 이때 피검자는 '힘들다'는 것을 느끼게 된다. 이 수준은 최대강도의 산소소비량을 기준으로 이 수준의 산소소비량이 몇 %에 해당되는가로 나타낸다. 이 수준이 높을수록 피로를 늦게 느낀다는 점에서 이 결과가 높을수록 심폐기능이 우수하다고 판단할 수 있다. 따라서 이때 나타나는 심박수, 산소섭취량, 운동대사량 등에 의한 운동강도는 운동처방시 적정운동강도 설정에 활용이 가능하다.

⑥ 호흡교환율

호흡교환율(respiratory quotient; RQ)은 운동부하검사 중 호기시 이산화탄소의 양과 흡기시 산소량과의 비율(VCO_2/VO_2)로 우리 인체에서 어떤 영양소(지방, 탄수화물 등)를 에너지원으로 사용했는지를 알 수 있다. 이는 운동강도를 간접적으로 대변 해준다.

⑦ 안정 시 대사량

안정 시 대사량(1MET)은 휴식 시 1분 동안에 소비하는 산소량으로 3.5ml/kg/min에 해당된다. 이것은 운동 시 소비에너지 안정 시 대사의 몇 배에 해당되는가를 나타낸 수치이다. 이 수치가 높을수록 운동능력이 우수하다 또는 운동강도가 높다는 의미이므로 운동처방 시 운동강도 설정에 활용이 가능하다.

⑧ 자각적 운동강도

자각적 운동강도(rating scales of perceived exertion : RPE)는 운동수행 시 심리적으로 느끼는 운동의 강도를 나타내주는 지표이다. 안정 시에서부터 최대 힘들 때까지 15단계로 구분되며 자신의 느낌정도를 단계적인 의사표시로서 나타낸다. 이것은 실제 운동프로그램을 수립할 때 적절한 운동강도의 기준으로 이용된다.

자각적 운동강도는 표 17-1에서 보는 바와 같이 운동시 주관적 부담도를 기준으로 6부터 20까지의 정수로 표시한 것이다. 운동장비에 의한 운동을 수행할 때는 자각적 운동강도정수에 10배한 것이 심박수에 의한 운동강도의 수준과 비슷하도록 설정되어 있다. 운동을 규칙적으로 수행한 피검자는 자각적 운동강도에 의한 척도이용이 신뢰성이 높고 실용성도 있다.

⑨ 심전도

심전도(electrocardiography : ECG)는 혈액공급의 중심부인 심장의 전기적 기능을 나타내는 그래프로서 심장의 부위별, 단계별 기능에 따라서 P파, QRS파, T파로 구성된다. 안정 시에 주로 측정하지만, 특히 운동중의 심전도는 운동수행에 따른 심장의 기능적인 상태를 나타내주는 중요한 지표가 된다. 안정상태에서는 협심증, 심근경색증, 부정맥 등의 소견을 발견할 수 없는 경우가 많기 때문에 점증적 운동부하검사 중의 심전도 기록을 통해서 S-T저하현상 등을 비롯한 심장기능의 이상 유무를 진단할 수 있게 된다.

표 17-1. 자각적 운동강도 차트

6	
7	아주 매우 가볍다.(Very Very Light)
8	
9	매우 가볍다.(Very Light)
10	
11	가볍다.(Fairly Light)
12	
13	조금 힘들다.(Somewhat Hard)
14	
15	힘들다.(Hard)
16	
17	매우 힘들다.(Very Hard)
18	
19	아주 많이 힘들다.(Very Very Hard)
20	

⑩ 목표심박수

목표심박수(target heart rate : THR)는 운동수행시 신체적 반응의 지표가 되는 심박수 정도를 설정하는 것으로 최대심박수와 안정시 심박수를 이용해서 산출된다. 즉 『(최대심박수 - 안정시 심박수) × 목표비율 + 안정시 심박수』의 수식으로 산출된다. 목표심박수는 운동강도의 설정에 중요한 지표가 된다.

(4) 운동부하검사 프로토콜

일반적으로 운동부하검사에 가장 많이 이용되는 장치는 트레드밀, 자전거 에르고미터, 스텝테스트, 암 에르고미터가 있다. 트레드밀은 주로 구미 지역에서, 자전거 에르고미터는 유럽지역에서 널리 이용되고 있고 스텝 테스트는 비용 절감과 장소의 구애를 받지 않고서도 가능하고 암 에르고미터는 하지 장애자나 특수한 실험 시에 효과적이다. 특정 기구를 선택하여 검사를 할 때는 먼저 합당한 프로토콜의 선택이 필요한데 이는 검사의 목적과 대상에 일치되어야 하며 최대 또는 최대하 검사, 단일단계인지 다단계인지, 지속적인 방법인지 간헐적인지를 그리고 단계별 지속시간 정도 등을 고려하여 결정하여야 한다.

① 트레드밀 프로토콜

가장 일반적인 활동 동작의 형태가 걷기와 달리기 자세이므로 운동부하감사도 가장 일반화되어 있는 동작으로 검사하는 것이 측정의 정확도가 높기 때문에 트레드밀 방법이 가장 널리 이용되고 있다. 이 검사방법은 동작수행에 편리한 점이 있는 반면 측정에 따르는 경제적 부담도가 크고 상체가 불안정하여 혈압과 산소섭취량 측정이 어렵다는 단점이 있다.

㉠ Bruce 프로토콜

Bruce 프로토콜(1973)은 정상인이나 위험요인이 높은 사람에게 적합한 프로토콜로 정상인 경우 최초 운동시작 부하를 경사도 10%에서 1.7mph로 3분 동안 실시하며 이후 매 3분마다 경사도 2%, 속도는 아래 그림에서와 같이 약 0.8~0.9%mph씩 증가시키는 방법으로 단계별로 약 2~3METs씩 증가해서 피검사가 all-out 될 때까지 한다. 위험요인이 높은 사람을 대상으로 할 경우에는 경사도를 5%에서 속도를 1.7mph로 3분간 실시하는 것으로 시작하여 이후는 정상인의 방법과 동일하게 실시한다(그림 17-1).

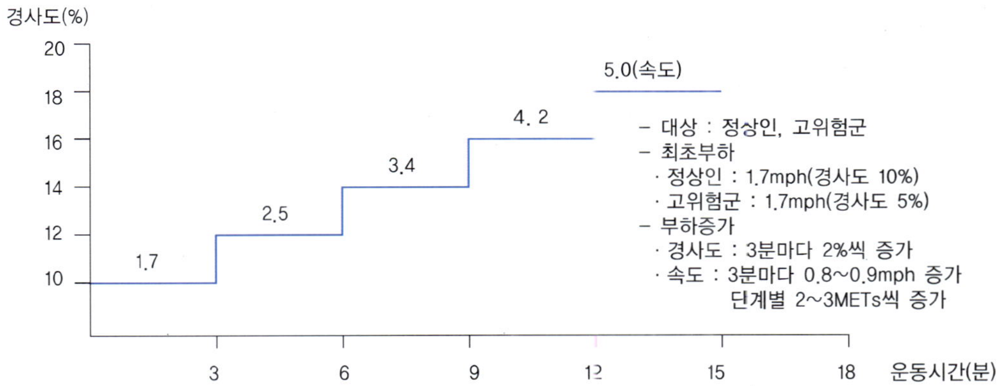

그림 17-1. Bruce protocol

㉡ Modified Bruce 프로토콜

Modified Bruce 프로토콜은 기존의 Bruce 프로토콜 최초 부하나 단계별 증가폭이 지나치게 높아 성인병이나 고위험 요인이 있는 사람들에게 부담이 많기 때문에 이를 수정하여 증가폭을 적게 한 것이 특징이다. 운동 속도는 1.7mph로 일정하게 한 상태에서 최초 운동시작의 부하를 경사도 0%에서 3분동안 실시하는 것으로 하였으며 9분동안 지속할 때까지는 매 3분마다 경사도를 5%씩 증가시켜가도록 하고 이후에는 3분마다 2%씩 증가해 나가도록 하였다(그림 17-2).

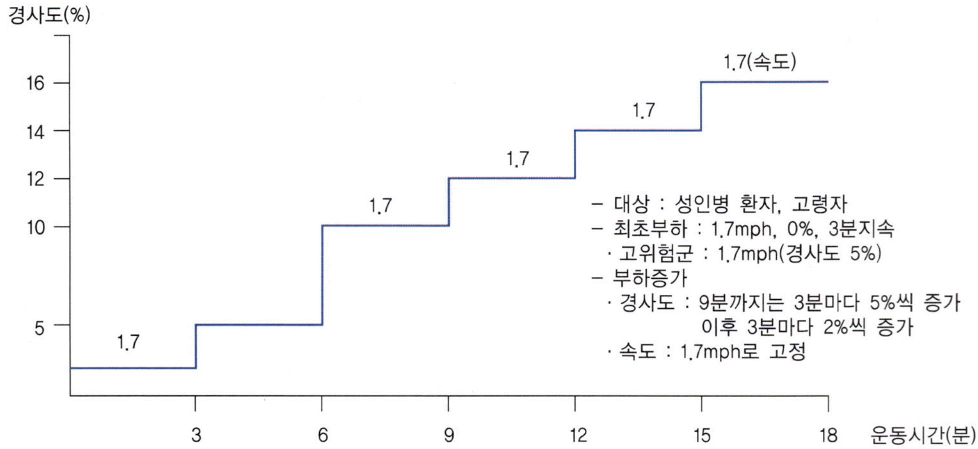

그림 17-2. Modified Bruce protocol

㉢ Balke 프로토콜

Balke 프로토콜은 여성들에게 적합한 프로토콜로 최초 운동시작 부하를 경사도 0%에서 3.4mph로 1분 동안 실시하며 이때의 에너지소비량은 4METs이다. 이후 단계별 증가폭은 속도를 고정한 상태로 경사도 2%씩 1분마다 증가하는데 이때의 소비량이 1MET씩 증가하는 것이 된다(그림 17-3).

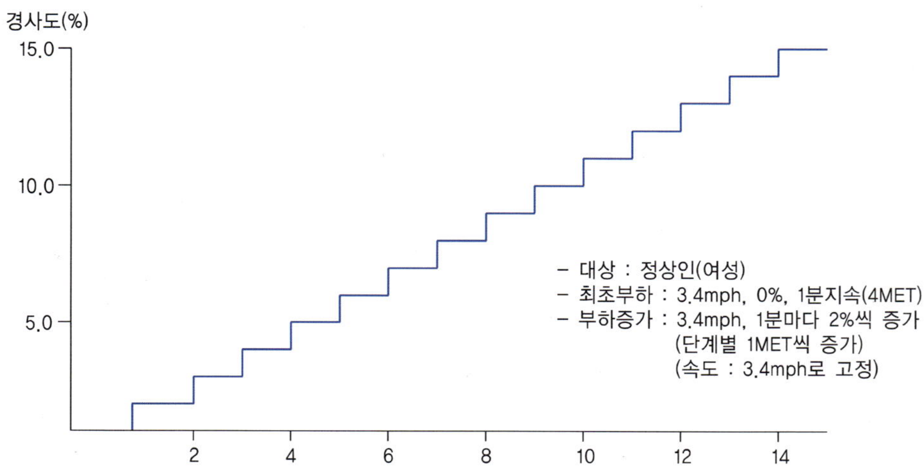

그림 17-3. Balke protocol

㉣ Modified Balke 프로토콜

Modified Balke 프로토콜은 노인을 대상으로 운동부하검사를 할 때 적합한 프로토콜로 최초 운동시작 부하는 경사도 0%에서 2.0mph로 3분간 실시하며 단계별 증가폭은 2.0mph의 속도로 3분마다 2.5%씩 증가하여 18분이 될 때까지 실시하며 18분 이후부터는 2.0mph의 속도로 매 3분마다 2.5%씩 증가시켜 나간다(그림 17-4).

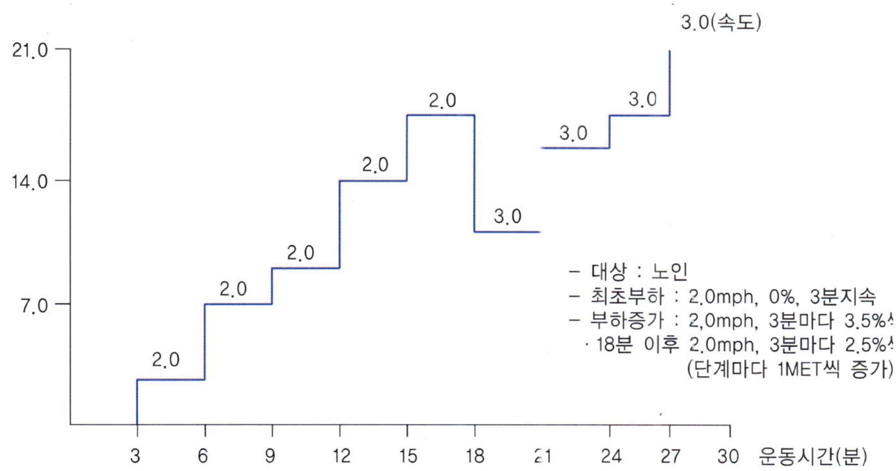

그림 17-4. Modified Balke protocol

㉤ Ellested 프로토콜

Ellested 프로토콜은 정상인들의 검사에 적합하도록 구성하였으며 최초 부하는 Bruce 프로토콜의 방법과 동일하게 경사도 10%에서 1.7mph로 3분간 실시하며 단계별 증가폭은 운동 지속시간이 11분까지는 경사도 10%로 고정하고 속도만을 증가시킨다. 11분 이후에는 경사도를 15% 증가시키고 동시에 속도를 6mph로 증가시킨다(그림 17-5).

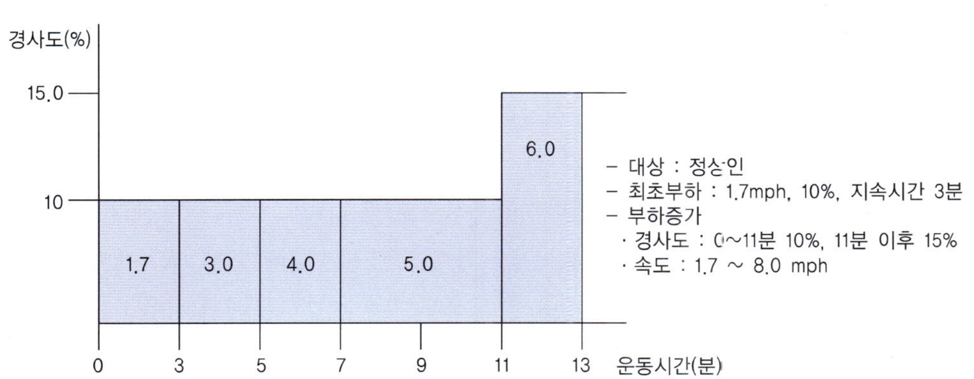

그림 17-5. Elested protocol

ⓗ 한국체육과학연구원 프로토콜

한국체육과학연구원(KSSI) 프로토콜은 체력수준이 좋은 건강한 사람이나 운동선수들을 대상으로 실시하기에 적합한 프로토콜로 최초 부하는 일반인의 경우 경사도 3%에서 분단 80m속도로 시작하며, 운동선수는 경사도 5~6%에서 분당 80m 속도로 시작한다. 이후 매 2분마다 20m/min씩 증가시켜 나가도록 하는 방법이다(그림16-6).

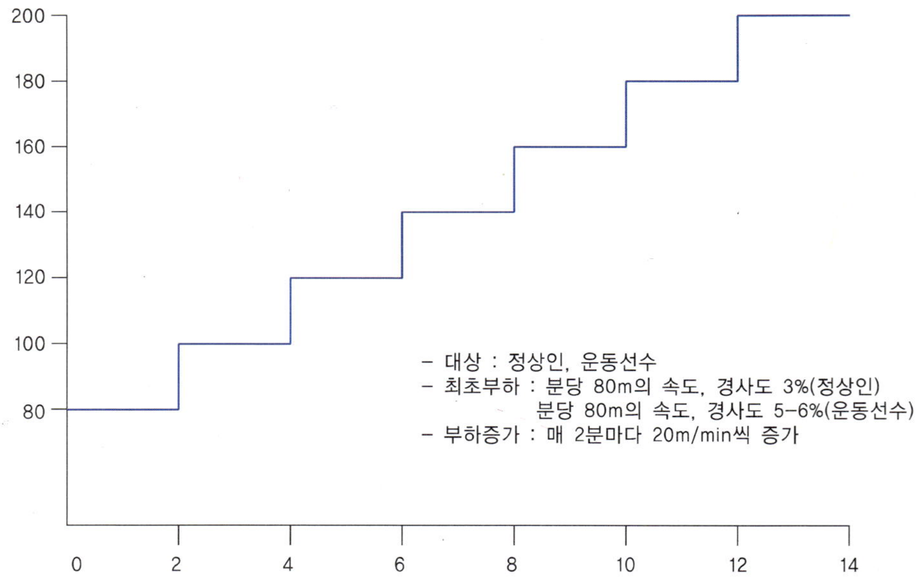

그림 17-6. KSSI protocol

② 자전거 에르고미터 프로토콜

자전거 에르고미터는 자전거 바퀴의 회전수와 페달에 가해지는 장력(KP)을 변경하여 운동강도를 조절하는 운동부하기구로 운동강도가 체중과 무관하여 종적연구에 적합하고 상체가 고정되어 있어 심전도 측정이 비교적 용이하여 정확도가 높으므로 운동강도와 심박수를 이용한 최대산소섭취량 추정에 적당하다. 그러나 다리근육만을 사용하도록 되어 있어 산소섭취능력이 최대치에 도달하기 전 국부 근육에 먼저 격심한 피로가 나타나게 되어 운동을 중단하여야만 하는 단점이 있다. 일반적으로 유럽지역에서는 자전거 사용에 익숙하므로 이 검사방법을 많이 이용하지만 보편적으로 트레드밀에 의한 검사방법을 많이 이용하는 특징이 있다. 자전거 에르고미터에서 이용되는 프로토콜에서는 Åstrand 지속부하법, McAdle 지속부하법, Fox 단속부하법, Åstrand 단속부하법 등이 있으며 각 프로토콜

방법과 구체적인 특징은 다음과 같다.

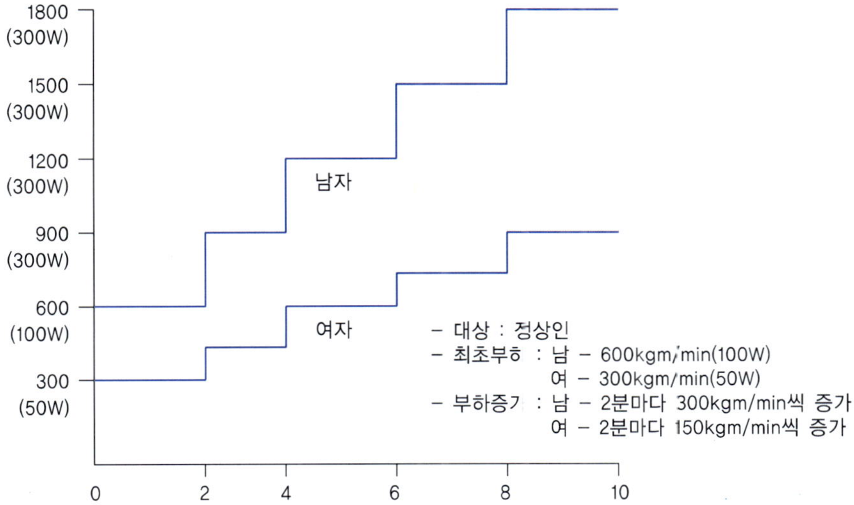

그림 17-7. Åstrand 지속부하법

㉠ Åstrand 지속부하법

Åstrand(1956)가 개발한 지속부하 방법의 이 검사는 정상인에게 적합한 검사이며 구체적으로 최초 시작 운동부하가 남자는 600kg·m/min(50rpm, 2kp ; 100W)이고 여자는 300kg·m/min(50rpm 1 kp ; 50W)로 하여 점증적인 증가부하는 남자가 매 2분마다 300kg·m/min(50W)씩 여자는 2분마다 150kg·m/min(25W)씩 증가하여 all-out에 이를 때까지 실시하도록 하는 방법이다(그림 17-7).

㉡ McAdle 지속부하법

McAdle(1973)이 개발한 자전거 에르고미터 최대운동부하검사는 정상인을 대상으로 하는 지속운동 부하 방법으로 널리 이용되고 있으며 처음 시작하는 운동부하가 남녀 모두 900kg · m/min(150W)로 하여 2분간 실시하며 이후 대 2분마다 180kg · m/min(30W)씩 증가하여 all-out에 이르게 하는 방법이다(그림 17-8).

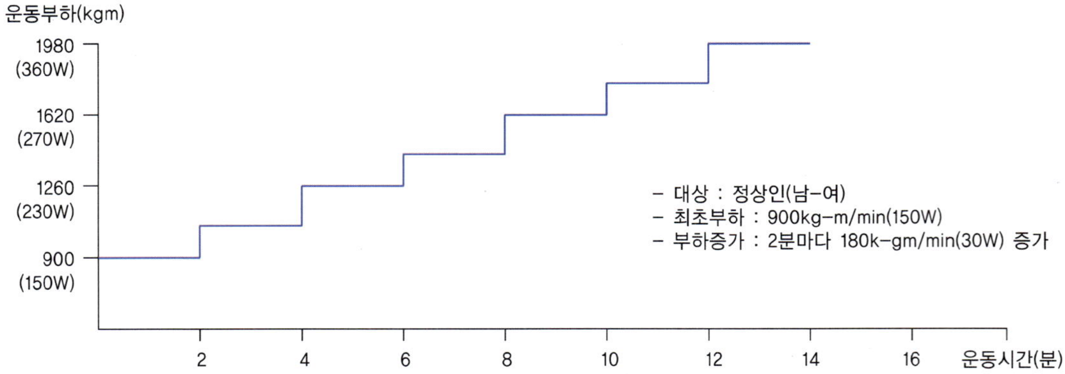

그림 17-8. McAdle 지속부하법

㉢ Fox 단속부하법

Fox(1973)가 정상인을 대상으로 운동과 휴식을 혼합하여 실시하는 간헐적 방법을 개발하였는데 60rpm으로 고정하여 시작 운동부하가 남자의 경우 750kg·m/min(2.5kp, 125W)이고 여자는 450kg·m/min(1.25kp, 75W)로 하여 5분간 실시한다. 이후 10분간 휴식을 취한 다음 다시 남자는 180kg·m/min, 여자는 120kg·m/min을 증가시켜 동일한 방법의 시간대로 운동하고 휴식을 취한다. 이러한 방법으로 계속해서 진행하도록 한다(그림 17-9).

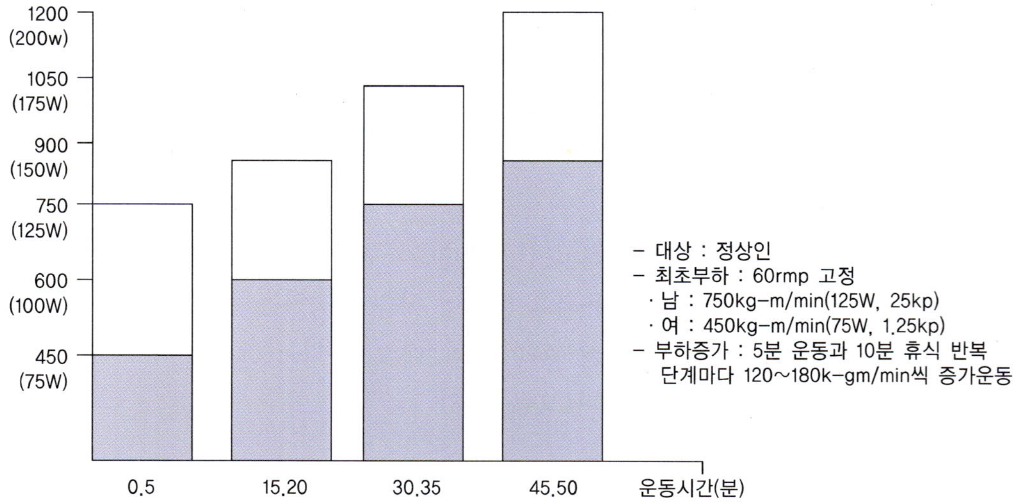

그림 17-9. Fox 단속부하법

㉣ Åstrand 단속부하법

Åstrand(1956)가 정상인과 위험요인이 있는 사람들을 대상으로 하여 운동과 휴식을 혼합한 단속적인 방법인데 최초의 부하가 남녀 모두 60rpm으로 720kg·m/min (120W)으로 시작하여 5분간 실시하며 이후 10분을 휴식한 후 다음 단계로 180kg·m/min (30W)씩 증가하여 동일한 방법의 운동시간과 휴식시간을 지속하도록 한다(그림 17-10).

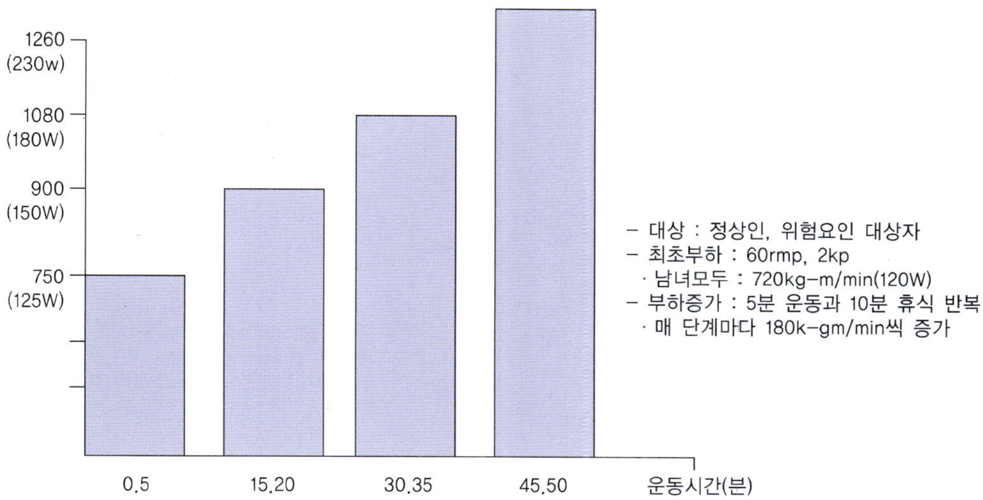

그림 17-10. Åstrand 단속부하법

③ 암 에르고미터 검사

암 에르고미터는 국부적 상해나 골격근 장애로 트레드밀이나 자전거 에르고미터 운동을 수행하기 곤란한 피검자에게 사용되며 때에 따라서는 상지운동을 이용한 상지운동을 이용한 운동능력을 평가하고자 하는데 유용하게 이용된다. 암 에르고미터를 사용한 운동검사에 이용되는 기본원리는 하지운동 평가와 유사하지만 운동검사에 의한 생리적 반응은 하지 운동시와 유사하거나 나른 결과를 초래하기도 한다. 팔운동은 다리운동에 비해 동원되는 근육량이 적고 운동초기에 이용되는 운동단위의 수가 적으며 다리 근육에 비해 유산소성 효소농도가 부족하기 때문에 최대산소 섭취량이 다리 운동시의 60~70% 수준에 불과하다. 최대심박수 또한 유사하거나 낮게 나타난다.

㉠ 검사방법

암 에르고미터의 검사방법은 지속적인 방법과 단속적인 방법이 이용되는데 지속적인 방법은 시간적인 절약을 가져올 수 있다는 장점이 있는 반면 단속적인 방법은 휴식시의 상태를 알아볼 수 있다.

지속적인 운동검사 방법은 운동강도를 0kpm부터 600kpm(100W)까지 25W(150kpm) 또는 12.5(75kpm)씩 1분부터 6분에 변화시켜 실시하며, 단속적인 운동검사 방법은 운동강도의 변화 사이에 1분에서 20분까지의 휴식시간을 두어 실시한다. 정상인을 대상으로 하여 일반적으로 실시하는 프로토콜은 매분 75kpm씩 부하를 증가시킨다(그림 17-11).

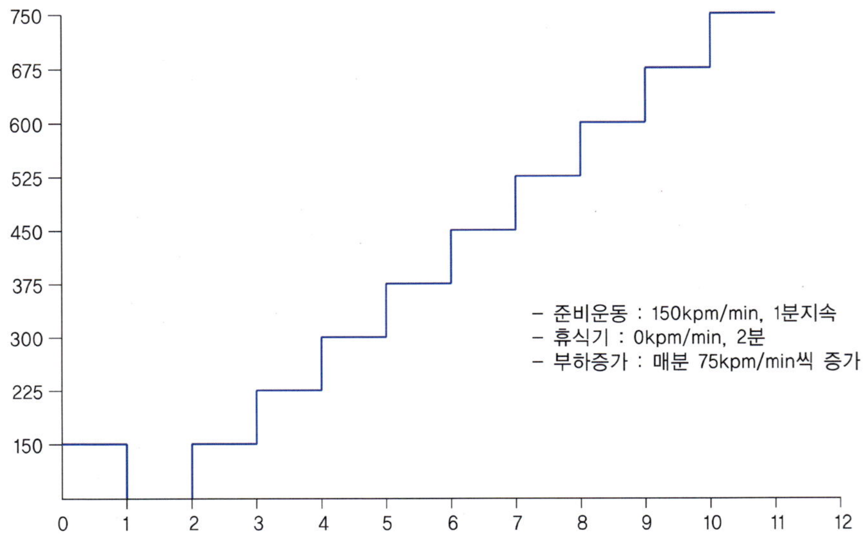

그림 17-11

④ 스텝 테스트

스텝 테스트는 계단의 높이와 스텝 횟수를 변경하며 운동강도를 부과하는 방법이다. 스텝 테스트의 장점은 운동시에 많은 근육이 이용되어 트레드밀 테스트와 거의 동일한 수준의 최대산소섭취량에 도달한다는 점이다. 또한 측정 도구가 상대적으로 간편하여 비실험실 상황에서 심박수를 이용한 최대산소섭취량 간접추정에 적당하기 때문에 짧은 시간에 많은 인원을 검사할 수 있다. 그러나 운동강도를 표준화 하기가 어렵고 점증 강도 조절이 곤란할 뿐 만 아니라 검사중에 피검자가 넘어질 위험성이 높으며 심전도기록 상태를 정확하게 판별하기가 어려운 단점이 있다. 스텝 테스트를 이용한 최대운동부하 검사로 가장 널리 이용되는 방법은 Nagle 등(1965)에 의해 개발된 프로토콜로서 다음과 같다.

> ▷ 측정 장비 : 자동 높이 조절 상자(2~50cm), 메트로놈
> ▷ 운동 방법 : 분당 30회 승강운동(메트로놈 120회 ÷ 4)
> ▷ 종　　료 : all-out 상태나 정해진 박자를 맞추지 못할 때

⑤ 프로토콜의 비교

각 단계별로 산소섭취량을 예측하기 위해서 가장 널리 이용되고 있는 운동 프로토콜은 〈그림 17-12〉에 제시하였다. Bruce 프로토콜이 가장 많이 이용되고 있는 방법 중의 하나이나 3분 1단계마다 상대적으로 증가 폭이 크고 증가도가 일정하지가 않아(METs/stage) 운동능력을 과대 평가할 우려가 있다. 단계별 증가도가 큰 프로토콜(예 : Bruce, Ellesrtad)은 청년층이나 활동적인 사람들을 측정하는데는 적합하지만 반면에 증가도가 작은 프로토콜(예 : Balke-Ware, USAFSAM)은 노인층, 허약한 사람 또는 심폐계 질환을 가진 환자들에게 적합하다. 최근에는 속도는 일정하게 한 상태에서 경사도만을 증가시키는 프로토콜이 운동검사에 많이 이용되고 있다.

기능적 등급	임상적 상태	산소 요구량	스텝검사	METs	트레드밀검사 BRUCE		트레드밀검사 KATTUS		트레드밀검사 BALKE	트레드밀검사 BALKE	자전거 에르고미터
			NAGLE BALKE NAUGHTON		3-min satage		3-min satage		%grade at 3.4mph	%grade at 3mph	
			2분단계 30steps/min		mph	%gr	mph	%gr			For 70kg body weight kgm/min
정상 - I	신체적으로 활동적인 피험자	56.0	(step hight	16					26		
		52.2	increased	15					24		
		49.0	4cm q 2min)	14			4	22	22		
		45.5	Height(cm)	13	4.2	16			20		1500
		42.0	40	12			4	18	18	22.5	1350
		38.5	36	11					16	20.0	1200
	건강한	35.0	32	10	3.4	14	4	14	14	17.5	1050
		31.5	28	9					12	15.0	900
		28.0	24	8			4	10	10	12.5	750
	질병을 가진자 회복기 환자 / 환자	24.5	20	7	2.5	12	3	10	8	10.0	600
II		21.0	16	6					6	7.5	450
		17.5	12	5	1.7	10	2	10	4	5.0	
III	좌업생활자	14.0	8	4					2	2.5	300
		10.5	4	3						0.0	150
		7.0		2							
IV		3.5		1							

그림 17-12. 다양한 프로토콜과 산소섭취량의 관계

특정한 프로토콜과 산소 섭취량의 관계를 살펴보면, Bruce 프로토콜을 4단계까지 수행하였을 때의 산소 섭취량은 45.5ml/kg/min 정도가 된다. 또한 Balke 프로토콜을 10단계(3.5mile/h, 20%경사) 까지 수행하였을 때도 산소섭취량은 45.5ml/kg/min 정도로 비슷하게 유지된다. 또한, 70kg의 피검자가 자전거 에르고미터 운동을 1,350kpm/min으로 수행했을 때에도 거의 비슷한 수준의 산소섭취량을 나타낸다. 스텝테스트에서는 40cm의 계단 높이에서 분당 30회 승강운동을 수행하였을 때에 45.5ml/kg/min의 산소섭취량을 나타낸다. 따라서 운동검사에 이용되는 프로토콜은 개인의 체력수준이나 운동능력에 따라 선택되는 것이 바람직하고 전체 검사 시간은 5~12분 정도 소요되도록 하는 것이 좋다

참고문헌

1. 법인단체 의료보험조합(1995). 성인병예방.
2. 진영수 외(1998). 스포츠의학, 홍경.
3. 한국체육과학연구원(1998). 1급생활체육지도자 연수교재(운동처방편), 한국체육과학연구원 생활체육지도자 연수원, 동원사.
4. 국민체육진흥공단 체육과학연구원(2000). 전문가를 위한 최신운동처방론, 도서출판 21세기교육사.
5. ACSM(1995). ACSM'S guidelines for exercise testing and prescription, 5th ed. philadelphia : Williams &Wilkins, A Warerly Company.
6. ACSM(1998). ACSM'S resource manual for guidelines for exercise testing and prescription, 3rd ed. philadelphia : Williams &Wilkins, A Warerly Company.

제 18 장 조정운동 (체조, 스트레칭)

18

I 개요

WHO 헌장에서 건강이란 "단순히 질병이나 허약상태를 벗어난 상태가 아닌 신체적, 정신적, 사회적으로 완전히 안녕을 지키는 상태"라고 정의하였다. 건강은 인간생활에 있어서 가장 기본적이고 중요한 요소이다.

최근 산업이 발달하고 평균 수명이 길어짐에 따라 많은 사람들은 건강하고 아름답게 살고 싶은 인간의 관심과 욕구가 매우 커지고 있으며 규칙적인 신체활동은 조정운동을 통하여 비만, 고혈압, 고지혈증, 당뇨병 등의 예방 및 개선에 유효하다고 보고되고 있다.

조정운동이란 신체의 컨디션을 유지시키는 운동으로 오늘날에는 보통 준비운동(Warming up), 정리운동(Cooling down), 라디오체조, 직장 체조, 유연체조, 스트레칭, 에어로빅스 체조 등이 있으나 운동 부족자, 병상에서 회복기를 위한 신체활동, 어린이, 노약자, 비만자, 운동과 거리가 먼 사람으로 지금부터 운동을 하고자 하는 사람들의 입문과정 등 주로 일상생활을 영위할 수 있는 신체활동 영역에 포함된 운동처방 용어로 도입되고 있다.

오늘날 현대사회 구조와 생활양식의 변화에 따라 기존의 조정운동이 기피되는 현상이 심화되었고 보다 자유스러운 형태의 여러 가지 스포츠가 다양하게 개발 보급되고 있다. 그러나 조정운동은 다른 어떤 운동종목 보다도 경제적이고 효율적이며 효과적인 운동으로 누구나 쉽게 다양하고 재미있게 언제어디서나 장소나 기구에 크게 구애받지 않고 할 수 있는 운동으로 운동의 효과적인 측면이나 실용적인 측면에서 권장될 수 있는 가장 기본적이고 중요한 신체활동이라고 할 수 있다.

이러한 조정운동 중에서 우리는 현대적인 감각으로 누구나 쉽게 따라할 수 있는 건강증진체조를 알아보도록 하자. 건강증진체조는 목, 어깨, 가슴, 등, 허리, 옆구리, 허벅지, 종아리 부위의 근력운동의 효과로 근육발달을 시키고 유산소 운동으로 체지방 분해에 도움을 주어 우리가 일상생활 뿐만 아니라 운동을 하기 전후로 반드시 필요한 체조이다. 또한 심폐기능 강화와 혈액순환에 도움되며 운동능력 향상에도 도움을 주는 조정운동이라고 할 수 있다.

Ⅱ 목 적

건강증진체조는 국민건강증진을 위한 한 종목으로서 바쁜 일상생활 속에서 일반인 들이 때와 장소를 가리지 않고 간단하고 쉽게 운동을 접할 수 있도록 건강증진체조를 구성하여 국민건강증진을 목적으로 구성하였다.

국민건강증진을 위한 조정운동의 효과를 다음과 같다.

1. 피로방지
2. 스트레스해소
3. 건강증진
4. 우울증해소
5. 바른자세
6. 근육상해와 같은 스포츠상해 예방
7. 근력, 지구력, 순발력 등의 체력육성
8. 비만, 고혈압, 척추, 흉추, 고관절, 어깨관절 등의 유연성 향상
9. 족관절, 슬관절, 척추, 흉추, 고관절, 어깨관절 등의 유연성 향상
10. 기분을 좋게 하고 혈액순환을 촉진하며 창조활동을 가능하게 한다.

※ 조정운동

①

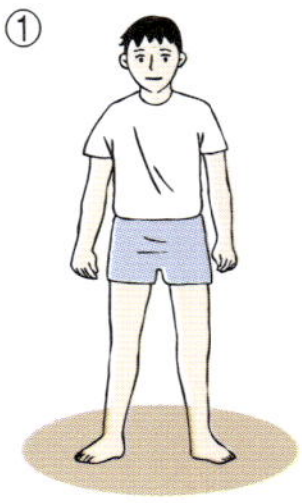

천천히 호흡한다.
다리는 어깨너비보다 좀 더 벌리고 두 팔은 편하게 아래로 둔다.

②

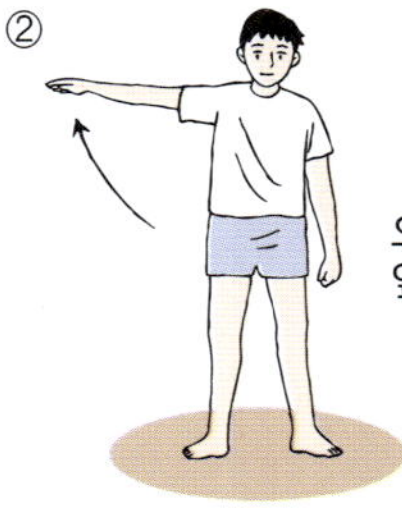

오른팔을 어깨 높이까지 옆으로 들었다가 내린다.

③

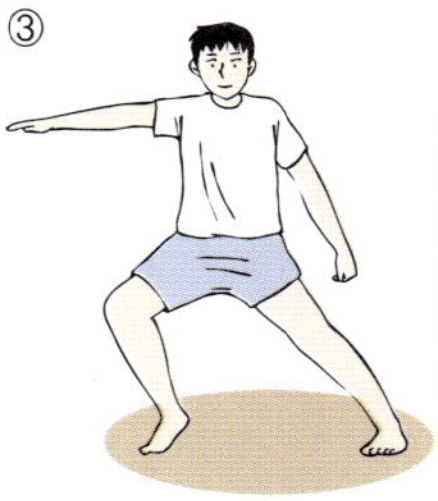

오른팔을 어깨 높이까지 옆으로 들고, 오른쪽 다리는 무릎을 오른쪽 옆 방향으로 굽히고 발 뒤꿈치를 들어준다. 옆으로 따라가지 않고 상체는 똑바로 한다.

④

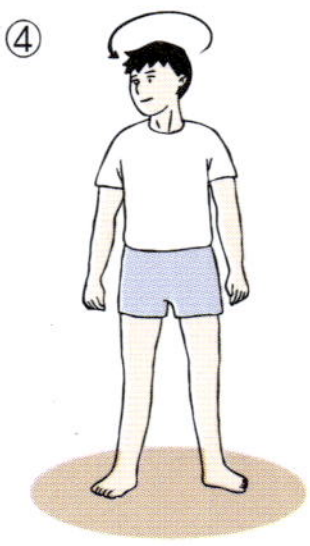

①번 자세에서 천천히 오른쪽에서 왼쪽으로 목을 크게 돌린다.

*왼쪽도 똑같이 한다.
목돌리기는 왼쪽에서 오른쪽으로 크게 돌린다.

⑤

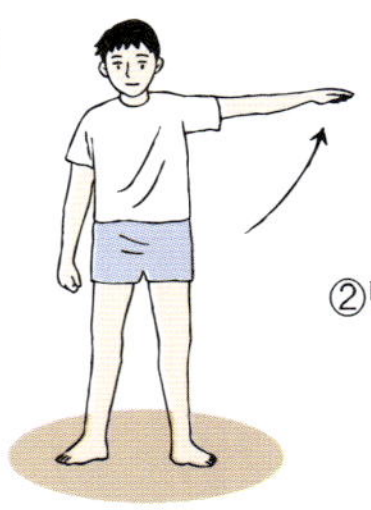

②번과 같이 한다.

⑥

천천히 두팔을 크게 왼쪽에서 오른쪽으로 돌리면서 오른쪽 무릎은 굽히고 상체는 오른쪽으로 기울인다. 팔은 왼쪽팔을 왼쪽귀 옆으로 오른팔은 오른쪽어깨 높이까지 든다. 오른발 뒤꿈치가 바닥에서 떨어지지 않도록 주의한다. 시선은 정면 또는 오른쪽을 본다.

⑦

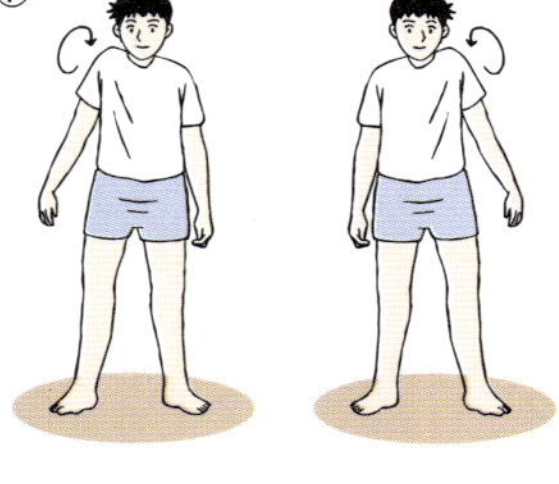

①번 자세에서 어깨를 앞에서 뒤로 천천히 두 번 돌린다.

*왼쪽도 똑같이 하고 어깨돌리기는 왼쪽에서는 밖에서 안으로 두번 돌린다.
두 어깨를 동시에 같이 돌려도 상관없다.

⑧

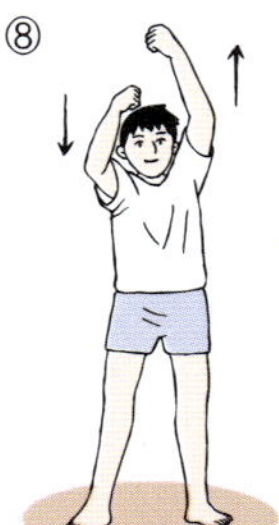

두팔을 머리위로 올리고 밧줄을 타고 올라가듯 한다.
시선을 위로 한다.
왼팔이 잡아 당기는 동작을 할 때 오른팔은 더 위로 올려주고 오른팔이 잡아 당기는 동작을 할 때 왼팔을 더 올려준다.

※ 조정운동

⑨

두팔과 허리를 곧게 펴고 천천히 아래로 내려간다. 등이 구부러지지 않게 똑바로 펴서 내려간다. 두다리를 구부리고 앉아 등을 동그랗게 만든다. 두팔은 무릎안쪽에 놓고 턱은 가슴에 붙인다. 3초정도 정지한 상태에서 천천히 힘을 빼고 일어난다. 이 때는 등을 동그랗게 말아서 천천히 일어난다. 턱은 맨 나중에 든다.

---

⑩

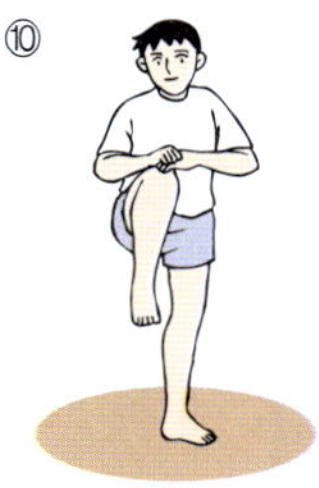

두손을 가슴 또는 배꼽 앞에 포개고 팔꿈치와 바닥이 평행을 이룬다.
왼다리는 무릎을 펴고 오른다리 무릎을 굽히고 손바닥에 무릎을 붙인다.
상체는 똑바로 한다.

⑪

상체를 약간 숙이고 두팔은 머리 위로 든다.
왼다리는 무릎을 굽히고 오른다리는 펴서 뒤에 내려놓는다.
오른 발바닥을 바닥에 완전히 댄다.
*두 손을 포게도 좋다.

*변형동작

⑩번 자세 후 오른다리를 그대로 뒤로 들고 균형을 잡는다.
왼다리는 무릎을 굽혀도 되고 펴도 좋다.

⑫

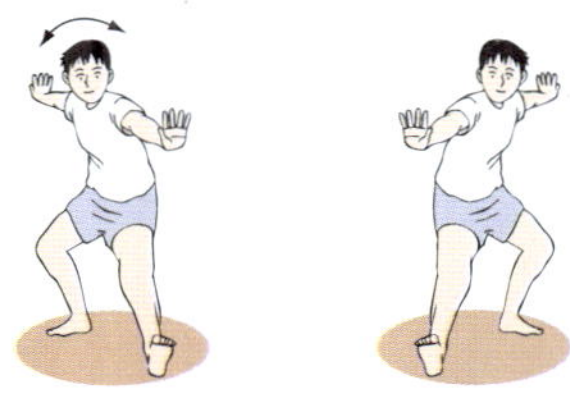

오른다리는 무릎을 굽히고 왼다리는 무릎을 펴고 발뒤꿈치만 바닥에 대고 발끝을 들어준다. 상체는 약간 앞으로 숙이고 두팔은 오른팔은 들고 왼팔을 내려 사선으로펴고 손목도 꺾어준다. *왼쪽반복

※ 조정운동

⑬

두 무릎을 옆으로 하고 앉는다. 두팔은 아래서부터 머리위로 둥글게 올리고 두팔을 내리면서 천천히 일어난다.
앉는 자세에서는 상체를 똑바로 세운다.

⑭

몸을 오른쪽 옆으로 틀어서 오른다리는 앞으로 구부리고 왼다리는 뒤로 무릎을 편다. 두손을 앞으로 포개고 큰 원을 그리듯 뒤로 보내 두손을 마주잡고 가슴은 내밀고 시선은 하늘을 본다. 상체가 앞으로 기울지 않도록 한다. 뒷 발의 뒤꿈치가 바닥에서 떨어지지 않도록 주의한다.

⑮

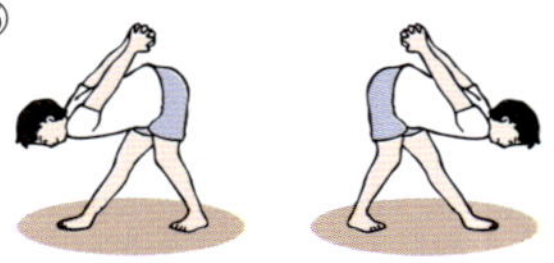

오른다리 무릎을 펴고 왼다리 무릎을 구부린다. 왼발 발바닥이 바닥에서 떨어지지 않도록 주의한다.
두팔은 등뒤로 깍지 끼고 상체를 천천히 내린다.

*변형동작

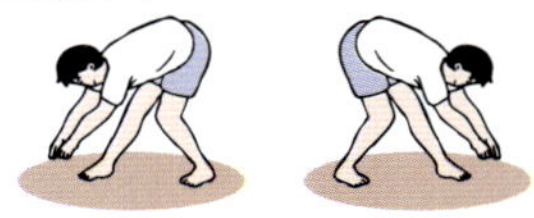

두팔은 등뒤로 깍지 꼈을 경우 중심잡기가 힘들면 두팔을 앞으로 한다.

⑯

정면에서 왼다리무릎은 옆으로 구부리고 오른다리는 편상태에서 상체를 오른쪽 옆으로 숙이고 두팔은 왼팔은 위로 오른팔은 아래로 하고 길게 위 아래로 늘린다.

⑰

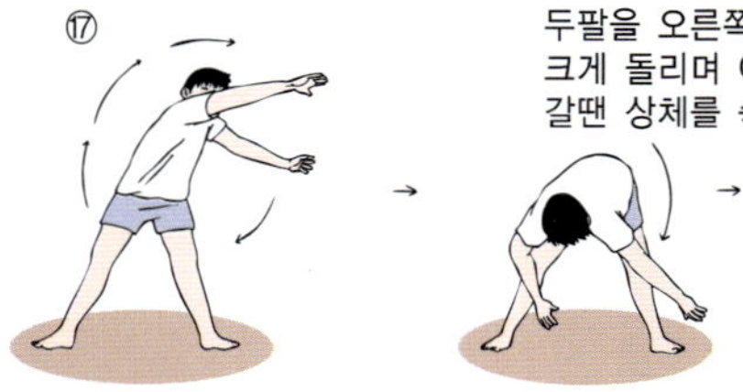

두팔을 오른쪽에서 부터 크게 돌리며 아래로 내려 갈땐 상체를 숙인다.

크게 팔을 돌리다 상체도 같이 돌린다.

반대쪽도 똑같이 한다.

⑱

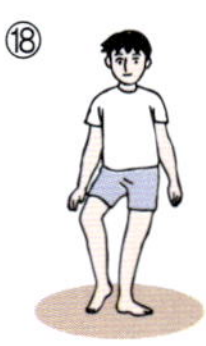

①번 자세로 돌아온 뒤 발목을 돌려준다.

I 마음교류

「운동에 참가하는 것이 즐겁게」라는 과제는 고령자에게 아주 중요하다.

즐겁다고 생각하는 것이 계속해서 참가하는데 도움이 되고 운동효과를 확실한 것으로 여기게 된다. 즐기면서 움직이면 마음이 가벼워지고 알맞은 신체접촉을 통하여 마음도 서로 통하게 되는 것도 중요하다. 외롭게 느끼는 많은 노인들 경우에 운동중에도 따뜻한 분위기를 느끼고 마음도 풍성하게 되는 시간으로 프로그램을 만들고 싶은 것이다.

어깨를 두드리고 서로 찾고 손을 잡고 손맞춰 둘러앉아 동아리가 되고 둘이서 협력하는 등 마음에 들게 교류하는 체조를 몇가지 들어본다.

① 손잡고 원을 만들어 어깨 두드리기

- 움직임구성 = A-B-C를 5회 반복
- 박자수 = 32 32 8
- 곡목 = October fest song
- 빠르기 = 120박자/분

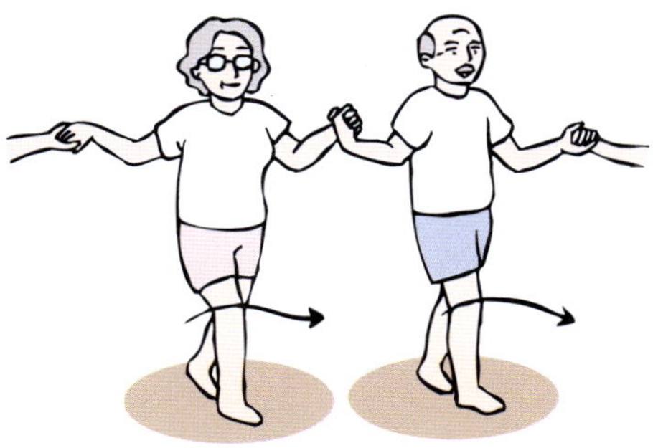

A

모두 손잡고 만들고 왼쪽으로 8보(1-8) 오른쪽으로 8보(9-16), 원안으로 8보(17-24) 걷는다. 원을 갖추면서 제자리 걸음을 한다.

B

왼쪽사람 어깨를 8번(1-8), 오른쪽 사람 어깨를 8번(9-16) 두드린다. 왼쪽을 4회, 오른쪽을 4회, 왼쪽을 4회, 오른쪽을 4회(17-32) 두드린다.

① 손잡고 원을 만들어 어깨 두드리기

C

손을 이어잡아 원을 크게 넓힌다.(1-8).

② 서로를 보면서 2인조

- 움직임구성 = A-B를 8회 반복
- 박자수 = 32 32
- 곡목 = 올 아메리칸 프롬네이드
- 빠르기 = 120박자/분

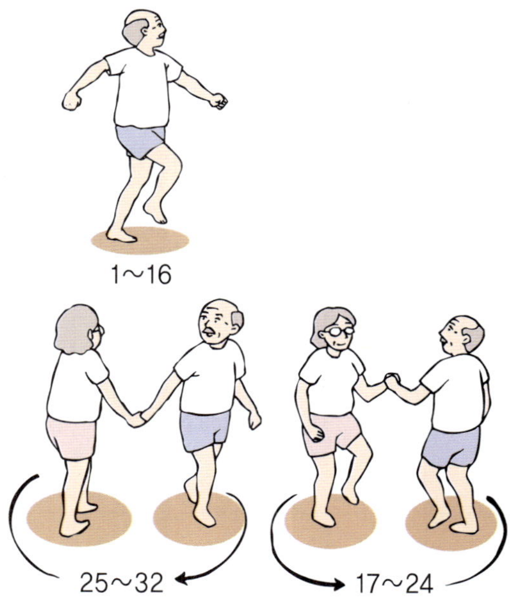

A

자유롭게 걸으면서 상대방을 마주본다.(1-16).
오른손끼리 잡고 오른쪽으로 한바퀴 돈다.(17-24)
왼손끼리 잡고 왼쪽으로 한바퀴 돈다.(25-32)

② 서로를 보면서 2인조

1 · 2, 5 · 6

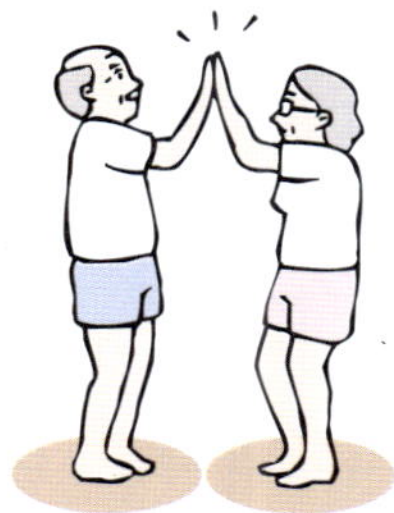

3 · 4, 7 · 8

10 · 14

9 · 11, 13 · 15

12 · 16

B

상대방과 마주보며 각자 2회 박수(1-2), 상대방과 마주보며 같이 2회 박수(3-4)
다시한번 한다(1-8)

상대방과 마주보며 각자가 박수(9), 오른손끼리 박수(10)
각자가 박수(11), 왼손끼리 박수(12)
다시한번 한다.(13-16)
이상을 2회 반복한다.(1-32)

③ 가락에 맞춰서 가로한줄

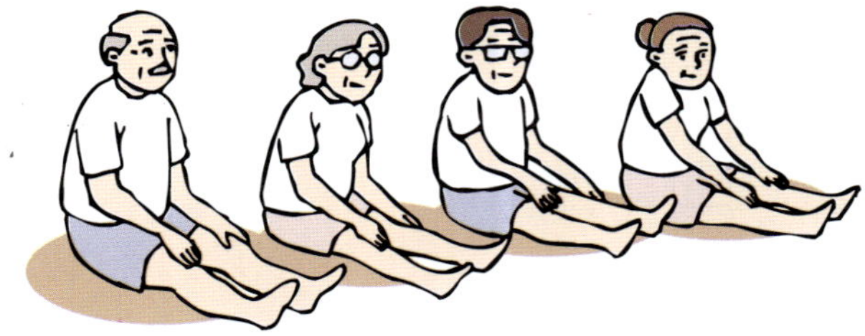

- 움직임구성 = A-B-C-D를 3회 반복
- 박자수 = 32 32 32 32
- 곡목 = Komm in d' Jodlerhutt'n
- 빠르기 = 120박자/분

5-6명이 한줄로 옆으로 나란히 앉는다.

1 · 2 · 3 · 4　　5 · 6 · 7 · 8

A

두팔로 두다리를 두드리며 몸을 앞으로 굽힌다.(1-4)
다시 두팔로 두다리를 두드리며 상체를 세운다.(5-8)
4회 반복한다.

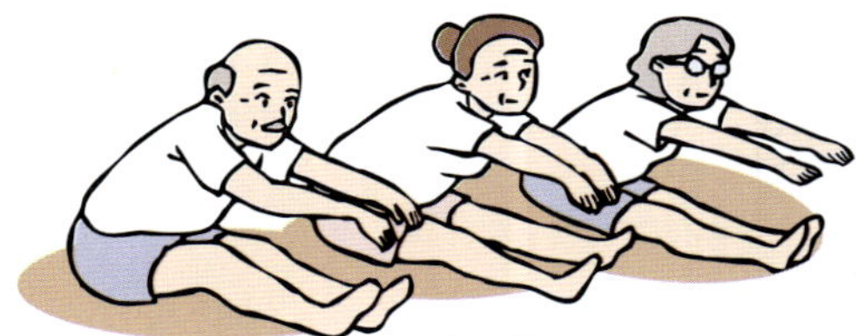

1 · 2

B

왼쪽사람 무릎을 두 번 두드린다(1-2)
자신의 무릎을 두 번 두드린다(3-4)
반대측에도 한다(5-8)
4회 반복한다(1-32)

1 · 2, 5 · 6　　3~4　　7~8

C

두 손을 어깨위로 하고 두 팔꿈치를 바닥과 평행하게 들고 팔꿈치가 원을 그리듯 앞에서 뒤로 2회 돌린다.(1-2)
두 팔꿈치를 뒤에서 앞으로 원을 그리듯 2회 돌린다.(3-4)
왼팔을 편다.(5-8)
4회 반복한다(1-32)

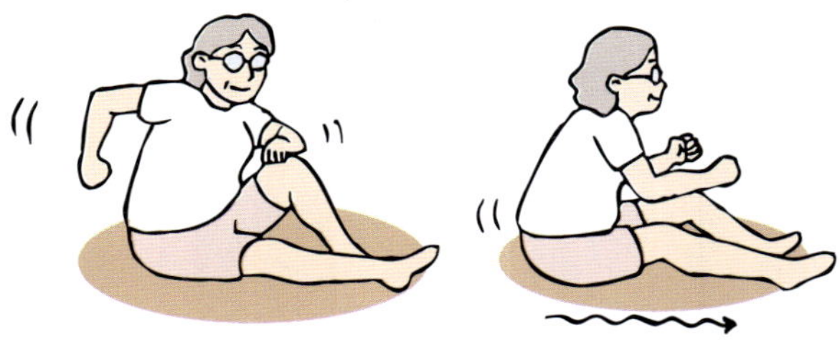

1~8　　9~16

D

오른쪽 왼쪽 교대로 팔을 앞뒤로 8회 흔든다(1-8)
힙 워크로 전진한다(9-16)
마찬가지로 팔을 앞뒤로 8회 흔든다(17-24)
힙 워크로 후퇴한다(25-32)

④ 스텝으로 즐겁게 마주보기

- 움직임구성 = A-B-C-D를 4회 반복
- 박자수 = 32 32 32 32
- 곡목 = 다운 바이 더 리버사이드
- 빠르기 = 168박자/분

리드역할(Ⓛ)과 파트너 역할(Ⓟ)가 2인조로 마주보고 선다.

A

앞뒤로 걷기

2박자에 한걸음씩 Ⓛ은 왼발부터 4보 전진하고 Ⓟ는 오른발부터 4보 후퇴한다(1-8)

반대측으로도 해서 원래자리로 되돌아온다(9-16)

다시한번 한다(17-23)

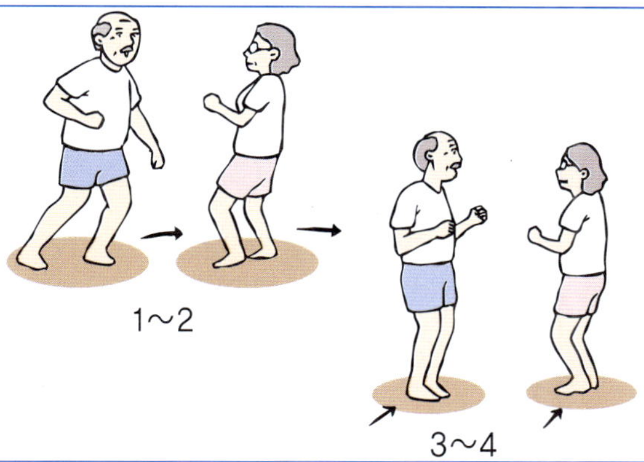

B

스텝 클로즈

Ⓛ은 왼발부터 왼쪽으로 2스텝, Ⓟ는 오른발부터 오른쪽으로 2스텝.

클로즈를 2회 한다(1-8).

반대측으로도 한다(9-16)

다시한번 한다917-32)

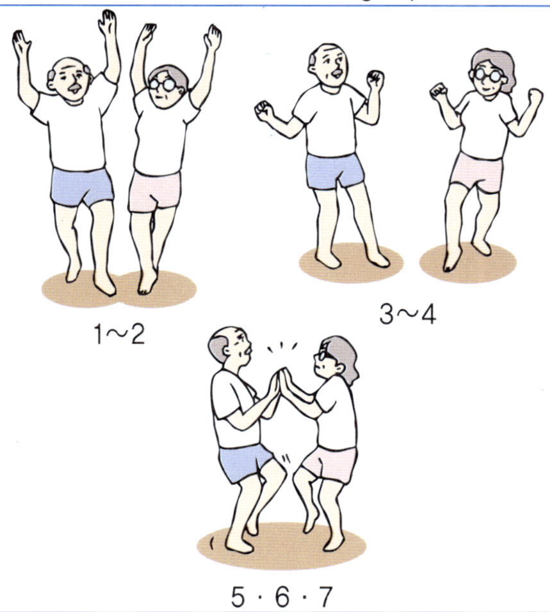

C

밟고 들어가기와 발구르기

두사람이 마주하고 Ⓛ은 왼발을 우측 앞에, Ⓟ는 오른발을 왼쪽 앞으로 찍는다.(1-2) 뒷발에 체중을 싣는다.(3-4)

Ⓛ은 왼발부터, Ⓟ는 오른발부터 발 구르기를 하고 마주보며 박수를 3회 한다(5-7)음 쉰다(8)

반대측에서도 한다(9-26)

다시한번 한다(17-32)

D

8자 걸음

16보로 8자 걸음을 걷는다(1-32)

Ⅱ 노래하며 움직인다. 노래, 체조

노래하면서 체조하면 좋은 것이 많이 있다.

- 스스로 노래하면 음악준비가 필요 없다.
- 스스로 노래하면 움직임에 맞춰서 빠르기를 조절할 수 있고, 반복도 스스로 가능하다.
- 손박자를 넣는 기분으로 가락맞게 움직인다.
- 노래하면 숨을 참지 않으므로 쉴 새 없이 즐겁게 체조된다.
- 확실히 목소리를 내는 것은 좋은 호흡근육운동이라서 건강에도 좋다.
- 낭낭하고 염려없이 노래하면 기분도 좋다.
- 노래하는 것도 훌륭한 운동, 노래하며 움직이면 일석이조.

① 원숭이 울타리(발걸음 가볍게)

4-5명이 줄서서 나란히 하는 것도 좋다.

웃사웃사 웃사 호이웃사
원숭이 울타리는 호이웃사
해저무는 산골길 가느다란 길
고하라 데죠 : 매달려서
그건 이놈아 이영차 흐유 얼른 흐유
휘휘 휘딱 얼른

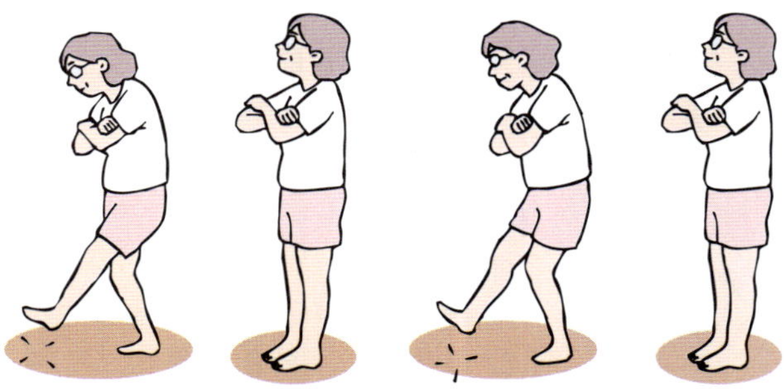

1 2 3 4

(이영차 이영차 이영차 얼른 후유 얼른)
두팔을 팔짱을 끼우고 오른발과 왼발을 교대로 발끝을 위로 들고 발뒤꿈치를 바닥에 댄다(1-8)
(원숭이의 울타리에 흐유 얼른)
제자리 걸음(9-16)
(1 코스로)
3회 반복한다(1-48)

① 원숭이 울타리(발걸음 가볍게)

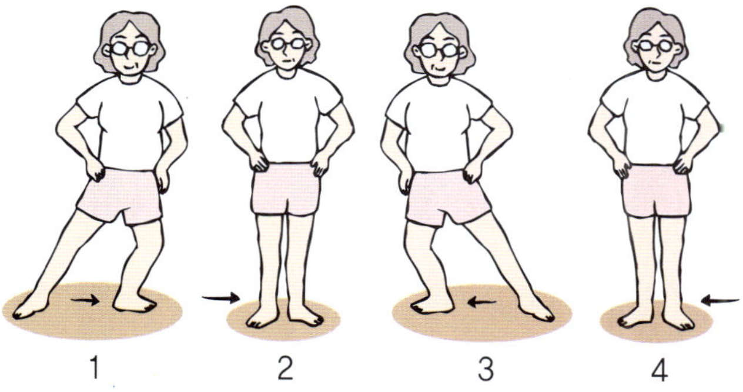

(마찬가지로 노래하면서)
두손을 허리에 얹고 오른발 옆으로 찍고 제자리, 왼발 옆으로 찍고 제자리를 교대로 한다(1-8)
제자리 걸음(9-16)
3회 반복한다(1-48)

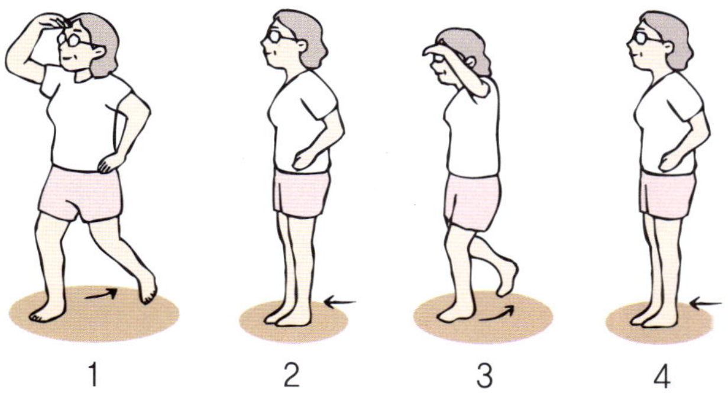

(마찬가지르 노래하면서)
오른손을 펴서 이마위에 대고 오른발, 왼발 뒤로 1스텝 한다(1-8).
제자리 걸음(9-16)
3회 반복한다(1-48)

② 조용한 호반(움직이며 륜창)

조용한 호반의 숲속 그늘에서
이제는 일어나면 어떨가하고 뻐꾸기가 운다.
뻐꾹 뻐꾹 뻐뻐 뻐꾹

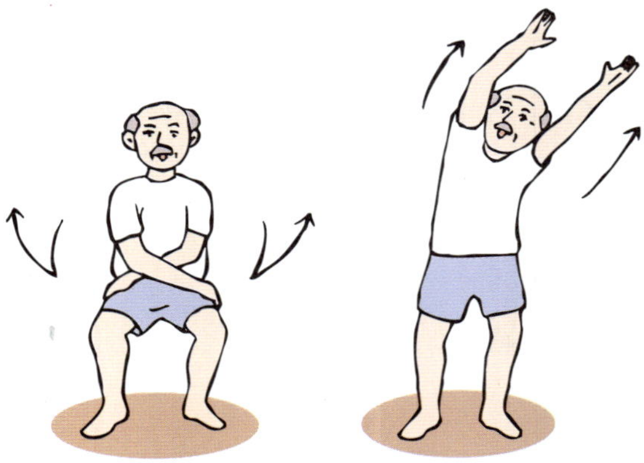

1~2　　3~4

A

(조용한 호반의 숲속 그늘에서)
두팔을 내리고 흔들며 교차(1~2)
옆에서 위로올려 왼쪽으로 편다(3~4)
반대측으로도 한다(5~8)

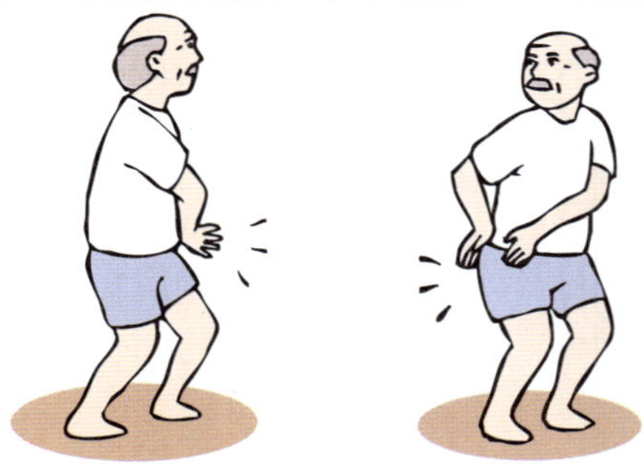

1~2　　3~4

B

(이제는 일어나라고 뻐꾹뻐꾹 운다)
왼쪽으로 몸을 비틀고 두손으로 허리를 두 번두드린다(1-2)
오른쪽으로 비틀고 허리를 두드린다(3-4)
다시 한번 한다(5-8)

1~2　　3~4

C

(뻐꾹 뻐꾹 뻐꾹 뻐꾹)
두팔을 옆으로 날개짓하듯 위로 아래로 올렸다 내리면서 왼쪽(1-2), 오른쪽(3-4)로 체중을 이동시킨다.
다시 한번 한다95-8)

발전
A, B, C의 노래와 율동을 그룹별로 륜항형식으로 한다.
제1그룹 A-B-C-A-B-C
제2그룹 A-B-C-A-B-C
제3그룹 A-B-C-A-B-C

③ 여수(旅愁)(천천히 펴기)

고향길 가을밤 하늘을 날며
외로운 생각, 나혼자 만이
사랑하는 고향, 그리운 부모
꿈길에 따라 고향길 따라

1~16

17~32

(고향길 나혼자만이)
책상다리를 하고 두 팔꿈치를 맞잡고
왼쪽 옆으로 기울인다(1-16)
반대측으로도 한다(17-32)
(사항하는 고향길)
다시한번 한다(33~64).

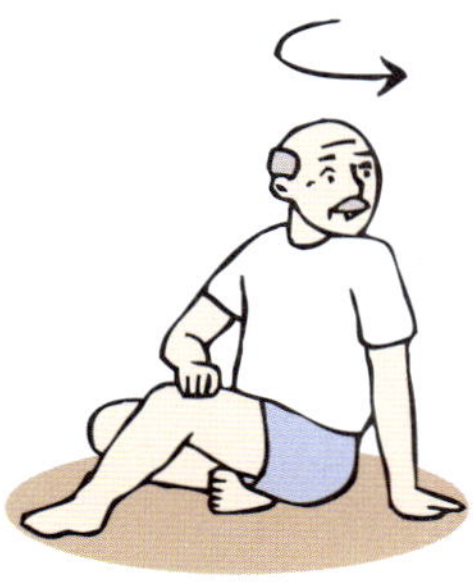

1~16

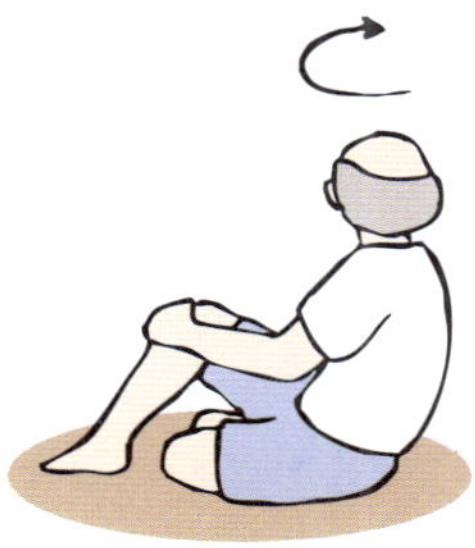

17~32

(마찬가지로 노래하면서)
왼쪽 무릎을 세우고 몸을 왼쪽으로 비틀면서 오른손으로 무릎 바깥쪽을 누른다(1-16)
반대측으로도 한다(17-32)
다시 한번 한다.(33-64)

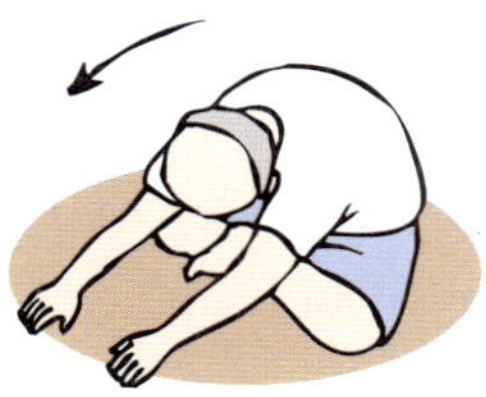

1~16

17~32

(마찬가지로 노래하면서)
책상다리 자세로 두손을 앞으로 뻗으면서 아래로 내려간다(1~16)
상체를 일으키고 두 손을 뒤로하고 턱을 들고 가슴을 내밀며 가볍게 편다(17~32)
다시 한번 한다(33~64)

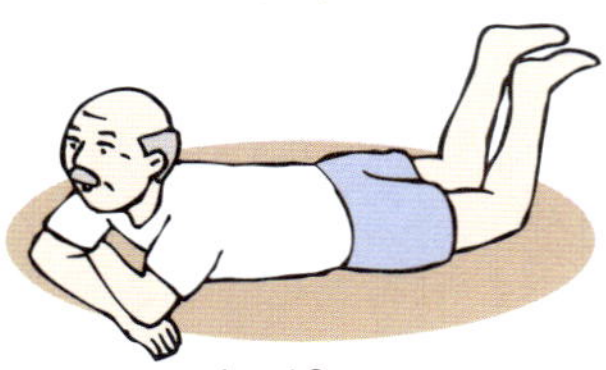

1~16

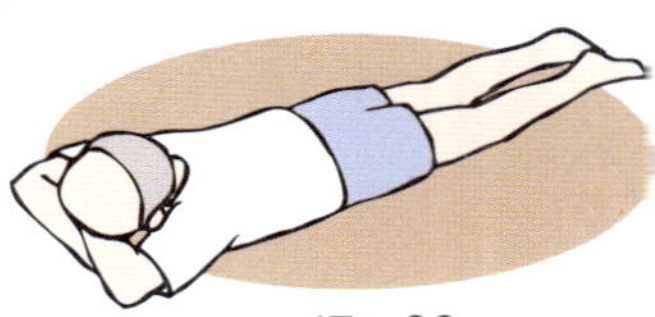

17~32

(마찬가지로 노래하면서)
엎드려서 두 무릎을 가볍게 굽히고 두 턱을 들며 상체를 일으킨다(1-16)
되돌린다(17-32)
다시한번 한다(33-64)

④ 노세노세(즐겁게 노래하며)

술은 술술 마실때는
해가 뜨는 아침에 노세노세

1~2 3~4

(술은 술술 마실때는)
두팔을 내리면서 몸을 숙이고(1-2)
흔들어 올리면서 몸을 세운다(3-4)
4번 한다(1-16)

1~2 3~4 5~6 7~8

(해가 뜨는 아침에 노세노세)
왼팔을 왼쪽으로 뻗으면서 오른손을 가슴에 대고 왼발로 한발 내딛는다(1-2)
오른발에 체중을 싣는다(3-4)
다시한번 왼쪽에 체중을 싣는다(5-6)
되돌린다(7-8)
반대측에도 한다(9-16)

1 2 3 4

(노래하면서)
왼쪽으로 몸을 비틀면서 두손을 어깨에 얹는다(1-2)
두팔을 오른쪽으로(3), 왼쪽으로(4)에 돌린다(3-4)
반대측에도 한다(5-8)
다시 한번 한다(9-16)

1~2 3~4

(노래하면서)
무릎을 앞으로 굽히면서 두손을 무릎에 댄다(1-2)
두 팔을 쳐들고 오른발을 들고 한발로 일어선다93-4)
반대측에도 한다(5-8)
다시 한번 한다(9-16)

III 다른 세대가 함께 한다. 모두가 함께하는 체조

연령층별로 체조 모임이 생기는 한편 세대간의 차이를 없애기 위해 함께 체조를 하는 장면 만드는데 적극적으로 실시되게 되었습니다.

여기에서는 세대간의 벽을 허물고 함께 운동을 즐기는 가운데 개개인에게 맞는 운동이나 강도를 선택하고 건강 만들기에 유용한 것, 고령자간뿐만 아니라 모든 지역에서 할 수 있는 것 그리고 모임장소에 모인 전원에게 운동을 등을 소개합니다.

이러한 체조는 리더의 재량으로, 개개인에 맞는 움직임부터 모두 함께 즐기는 형태의 것까지 넓게 취급할 수 있습니다.

① 모두하는 체조

- 움직임 구성 = A-B-D-E-F-G
- 박자수 = 64-32-32-32-32-32-32-
- 곡목 = 콜롬비아 EH-1036
- 빠르기 = 움직임에 맞춰서 다른 템포로

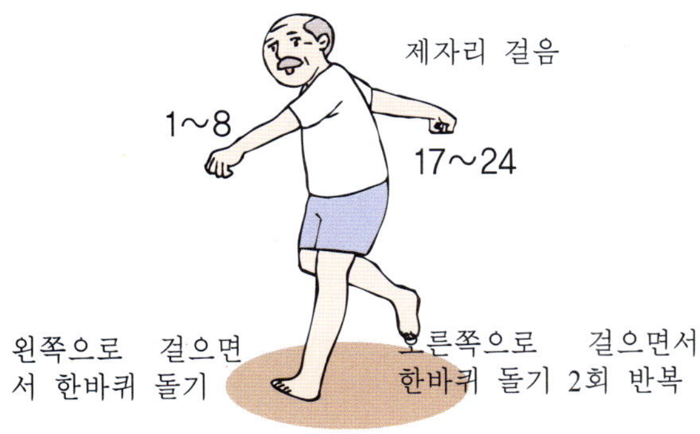

A

제자리 걸음을 한다(1-8)
왼쪽으로 걸으면서 한바퀴돈다(9-16)
반대측으로도 한다(17-32)
2회 반복한다(1-64)

B

몸을 왼쪽(1-2), 오른쪽(3-4)으로 옆으로 굽힌다.
다시 한번 한다(5-8)
오른팔을 위로 펴면서 왼쪽으로(9-10), 오른쪽으로(11-12) 옆으로 굽힌다. 다시한번 한다(13-16)
2회 반복한다(1-32)

① 모두하는 체조

1~2 3~4

C

준비한다(1-2)
두손을 주먹을 쥤다 머리위로 높이 올리면서 편다(3-4)
8회 반복한다(1-32)

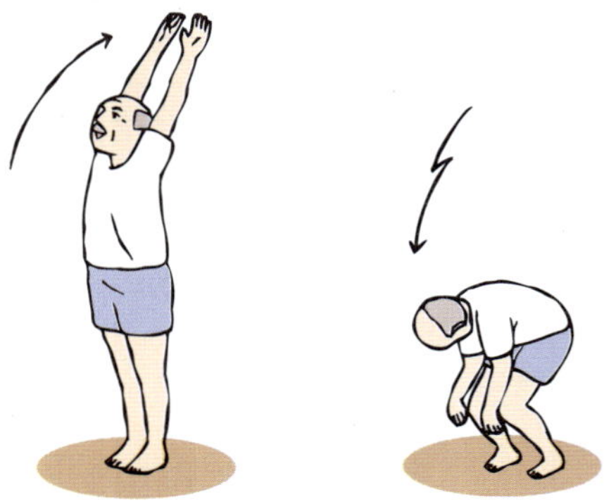

1~2 3 · 4

D

두손을 올리고 턱을 들고 가슴을 편다(1-2)
상체의 힘을 뺀다음 두발로 11자로 하고 무릎을 두 번 두드린다(3-4)
8회 반복한다.

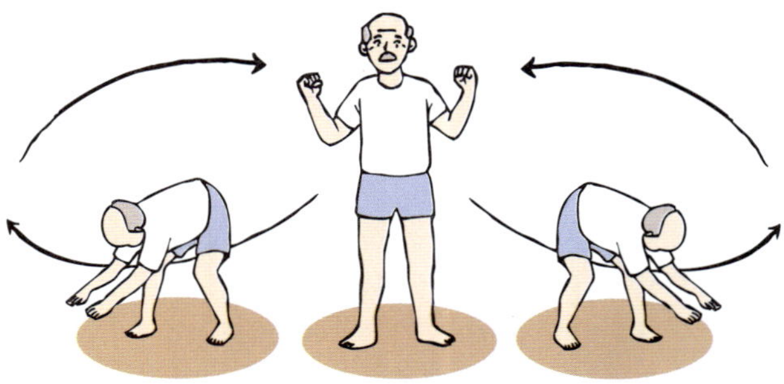

1~2 3~4 11~12 9~10

E

노를 젓듯이 두손을 크게 오른쪽 사선 아래로 밀어내고(1-2)
되돌린다93-4)
다시한번 한다.(5-8)
반대측으로도 한다(9-16)
2회 반복한다.(1-32)

① 모두하는 체조

F

4회는 끝나다(1-4)
두팔을 앞뒤로 교차하며 몸을 풀어준다(5-8)
4회 반복한다

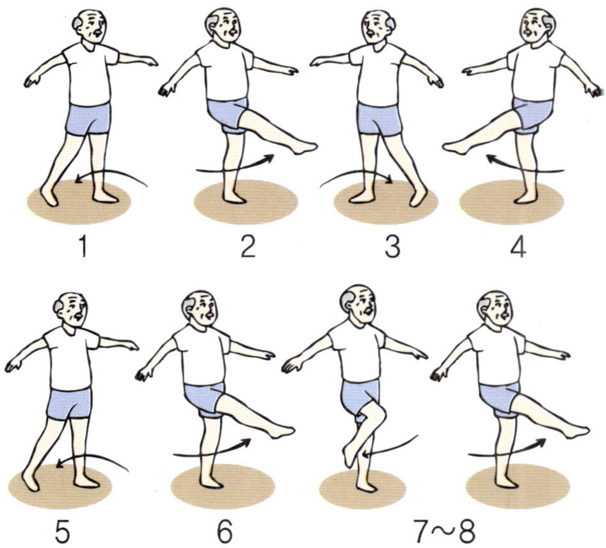

G

왼발을 딛그(1), 오른발을 찬다(2)
반대측으로도 한다
왼발로 딛고(5) 오른발을 두 번차고(6-7)
오른발을 올린채로 멈춘다(8)
2회 되풀이한다(1-32)

② 가위 바위 보 체조

- 움직임 구성 = (A1-A2-A3-A4) × + (B1-B2-B)를 반복
- 박자수 = 8 8 8 8 (1파트)
  32 16 16 (2파트)
- 빠르기 = 104박자 / 분

이 체조는 「시민의 건강 만들기 체조」로 특히 고령자 참가를 고려하여 작성되었다. 세대를 넘어 모두가 운동할 수 있는 것이다.

1파트(두사람이 가위 바위 보)와 2파트(세가지 체조)의 움직임을 연달아 반복한다. 소리를 내어서 노래가락을 하면서 맞춰서 체조를 한다.

1파트의 노래말

1 2 3 4 묵 지 빠
가위 바위 보로 누가 이기나
두손을 잡고 한 바퀴 돌고
이김 사람 힘내어 다시 또 한번

1파트

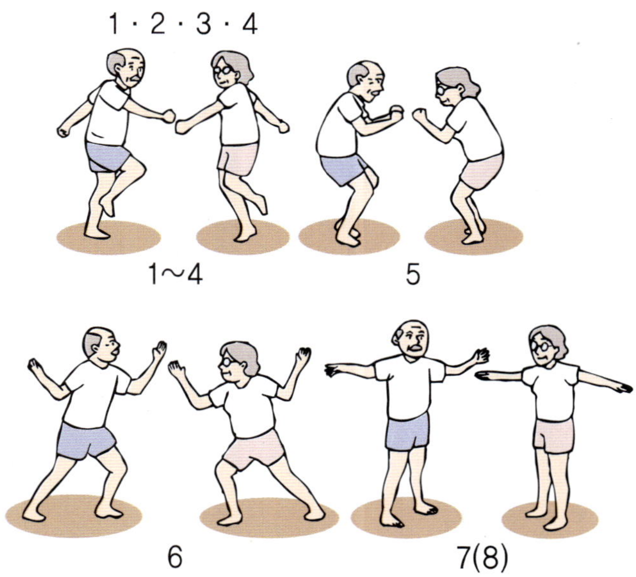

A_1

(1, 2, 3, 4 묵 찌 빠)
제자리 거름 4번하고(1-4)
묵 찌 빠를 한다(5-8)

묵은 양손을 앞으로 주먹쥐고 두다리는 무릎은 살짝굽히고 모아 준다.

찌는 한발(앞뒤발로 오른발이든 왼발이든 편한 쪽으로 자유롭게 선택한다.)로 앞으로 다른 한발은 뒤로 하고 양손을 펴서 손바닥이 팔꿈치를 90° 정도 굽혀준다.

빠는 양팔을 어깨 너비로 옆으로 펴고 두 다리는 어깨 너비로 벌려준다.

② 가위 바위 보 체조

1 · 2

3 · 4

5 · 6 · 7(8)

A_2

(가위 바위 보로 누가 이기나)
가위 바위 보를 하고(1-4)
승부가 결정되면 마주 박수를 친다(5-8)
(비기면 다시한번 가위 바위 보)

1~8

A_3

(두손을 잡고 한바퀴)
두사람이 손을 잡고
한바퀴 돈다(1-8)

1~8

A_4

(이긴사람 힘내어 다시한번 더)
가위바위보로 이긴사람만 V싸인 오른손을 위로 들고 상대편 주위를 한바퀴돈다(1=8)
진사람과 비긴 경우 2사람은 그 자리에서 8회 박수(1-8)

② 가위 바위 보 체조

2파트

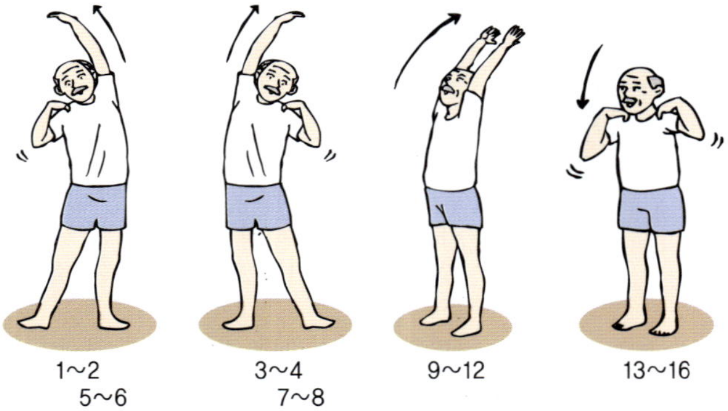

B1

손을 오른팔, 왼팔 교대로 높이 올린다(1-8)
두손을 머리위로 올리고 뒤로 살짝 젖히고(9-12),
어깨에 손을 멈춘다(13-16)
다시한번 한다(17-32)

② 가위 바위 보 체조

B2

두손을 어깨에 대고 몸을 왼쪽(1), 오른쪽(2), 왼쪽(3-4)로 옆으로 굽히고, (3)에서 손을 머리 위로 올린다.
반대측에서도 한다(5-8)
교대로 무릎을 올리고 두손으로 두드린다99-16)

② 가위 바위 보 체조

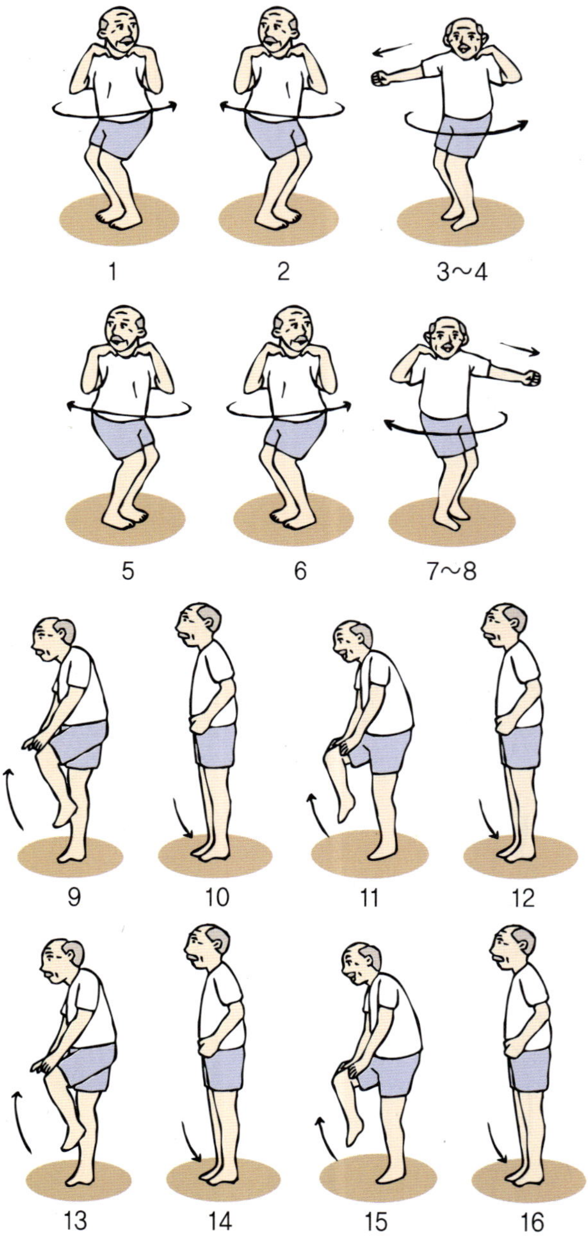

B3

두손을 어깨에 얹고 몸을 왼쪽(1), 오른쪽(2), 왼쪽(3-4)으로 비틀고 (3)일 때 오른손을 앞으로 내민다.
반대측에도 한다(5-8)
두 다리를 교대로 무릎을 올리고 두 손으로 두드린다(9-16)

<반복> 2파트가 끝나면 다시 1파트로 되돌아가 계속한다. 이 때 상대를 바꿀수도 있다.

③ 「노저어라 마이켈」 체조

- 움직임 구성 = A-B-C-E-D를 반복
- 박자수 = 32 32 32 32 32 32
- 곡목 = 노저어라 마이켈
- 빠르기 = 108박자 / 분

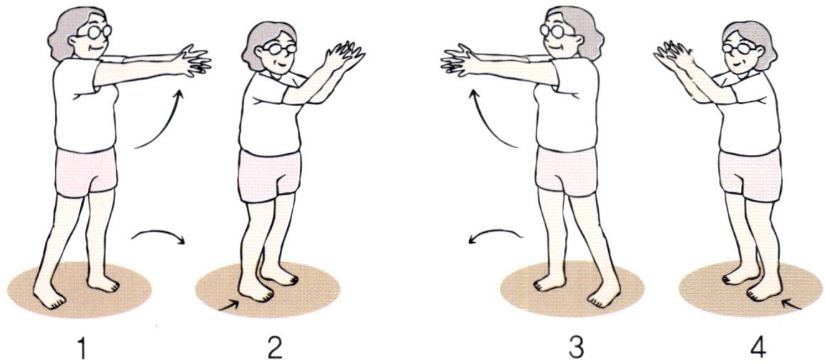

A

왼쪽으로 오른발을 왼발 앞으로 걷고, 박수 1회친다(1-2)
반대측에서도 한다(3-4)
8회 반복한다(1-32)

B

왼쪽에 노를 젓듯이 저어올린다(1-2)
되돌린다(3-14). 2회 한다.
반대측에서도 한다(9-16). 2회 반콕한다(1-32)

③ 「노저어라 마이켈」 체조

1·3·5·7　2·4·6·8　9·11·13·15　10·12·14·16

C

가슴앞에서 구우(1), 팔을 펴서 옆 사람의 어깨를 두드린다(2), 4회 한다91-8)
반대측에도 한다(9-16). 2회 반복한다(1-32)

1　2　3　4

D

두 손을 어깨에 대고 왼쪽으로 오른다리 무릎을 구부리고 오른발 뒤꿈치를 들며 왼쪽으로 기울인다(1-2)
반대측에서도 한다(3-4)
8회 반복한다(1-32)

③ 「노저어라 마이켈」 체조

E

왼쪽으로 오른다리 무릎을 구부리고, 두손을 머리 위로 올리면서
왼쪽옆으로 몸을 기울이면서 옆구리를 편다(1-2)
반대측에서도 한다(3-4)
8회 되풀이한다(1-32)

IV 운동습관을 키우는 체조

리더가 없어도, 음악이 없어도, 혼자라도 일단 몸을 움직여서 체조가 되도록 하는 것이다. 1회 운동량은 적지만 매일 움직일 기회가 있으면 몸이 가벼워지는 등 할 수록 즐거워진다.

여기서는 매일해서 생활습관이 되는 체조 운동 힌트를 들어본다. 더러는 공원에 친구들을 끌어서 함께 움직이거나 화합장에서 모두 함께 움직이는 것도 즐거운 것이다.

① 허리를 늘여 펴고 소리를 내어서

큰소리로 숫자를 헤아리면서 하도록 한다.

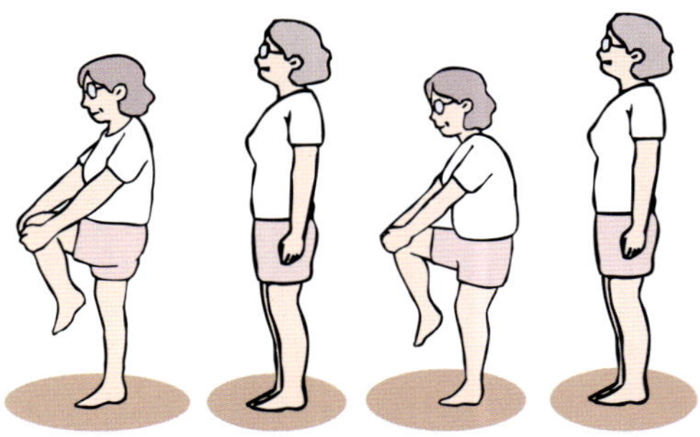

1 2 3 4

교대로 두 무릎을 앞으로 들어 두 손으로 감싸잡는다.

1~4 5~8

등을 펴고 두 손을 머리뒤로 펴서 올리고 손을 오른쪽, 왼쪽 옆으로 구부린다. 두 다리는 어깨너비 보다 약간 더 넓게 편다.

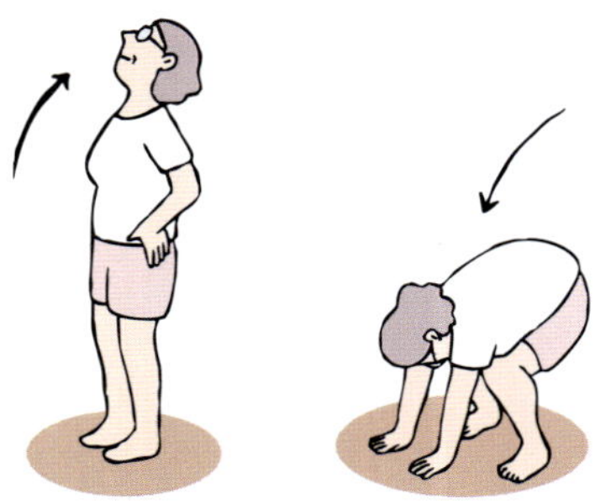

1~4 5~8

두 손을 허리에 대고 턱을 들어 하늘 보고 천천히 두 팔을 앞으로 펴서 내려간다. 두 다리를 구부리면서 두 손은 바닥을 짚는다.

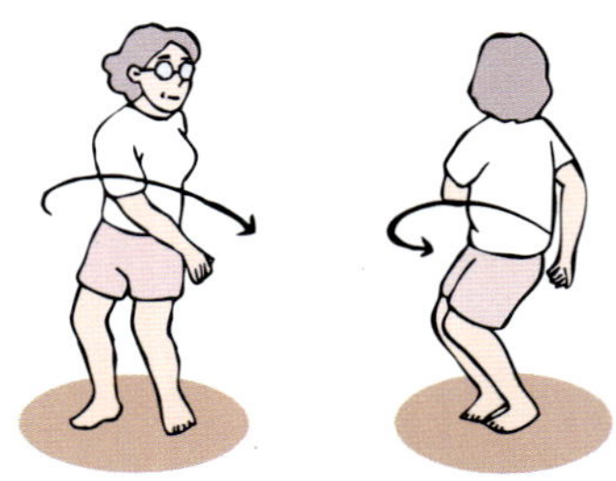

1~2 3~4

어깨 너비로 벌린 두 다리를 살짝 구부리면서 오른 팔 앞으로 왼팔 뒤로 하며 상체를 뒤로 틀며 시선은 뒤를 본다. 왼쪽도 반복한다.

② 텔레비전을 보지말고

크게 숨을 쉬면서 하도록 한다. 구르거나 방향을 바꾸거나 해 본다.

양반 다리로 앉아 한 손은 무릎에 한손은 쭉펴서 귀옆에 붙여 머리위로 올린다.

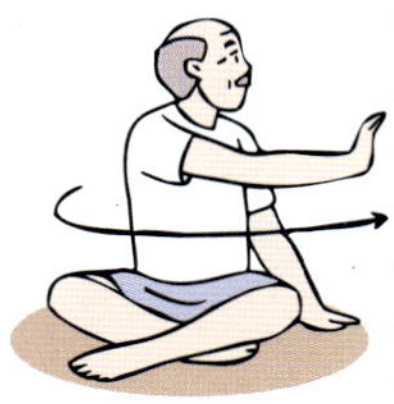

한 손은 엉덩이 옆에서 바닥에 대고 한손은 팔꿈치를 펴고 손목을 꺾어 엉덩이 옆에 있는 손방향으로 틀어준다. 시선도 같이 따라간다.

등을 구부리고 양손깍지껴서 정면에서 손바닥이 밖을 향하게 하고 귀옆에서 쭉펴면서 턱은 가슴에 붙이고 등을 동그랗게 말아준다.

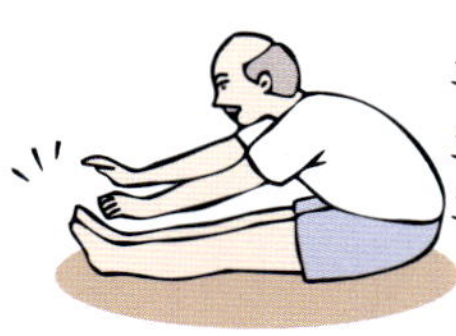

두 다리를 정면으로 쭉펴고 양손으로 팡팡 친다.

엎드려서 양손을 바닥에 대고 손끝이 정면을 향하게 하고 팔꿈치까지 바닥에 대고 턱을 들어 정면을 보며 젖히고

엎드려서 두 팔과 다리를 쭉펴서 한바퀴 옆으로 구르고

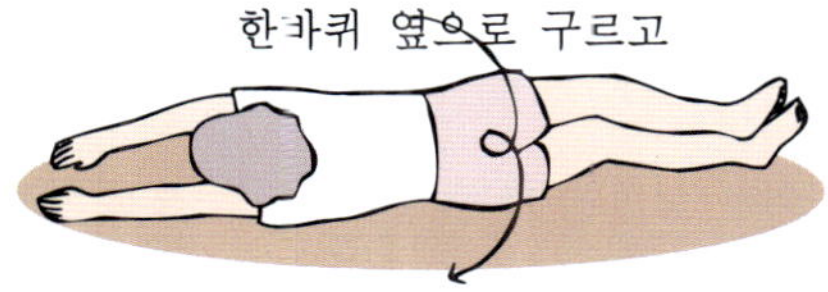

젖히고

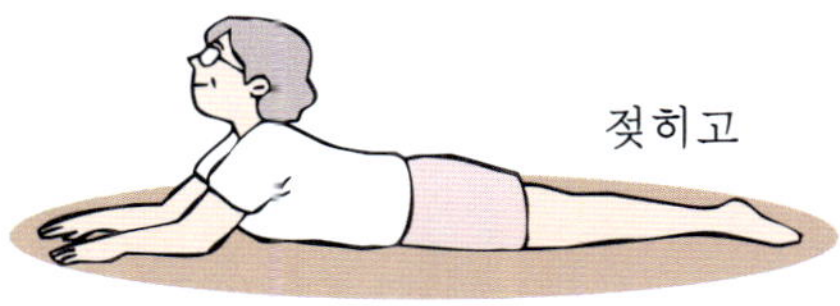

오른무릎을 굽히고 오른손을 왼쪽 바닥에 펴고

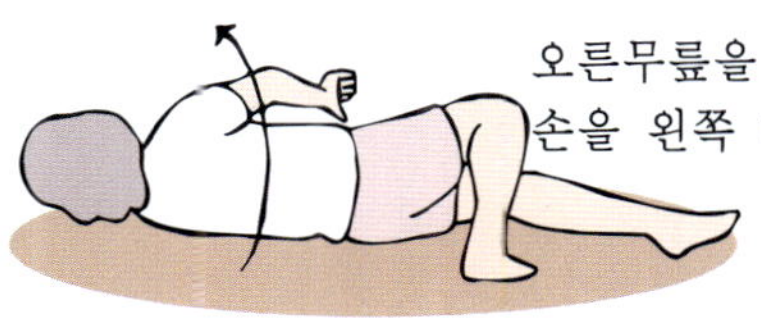

되돌아와

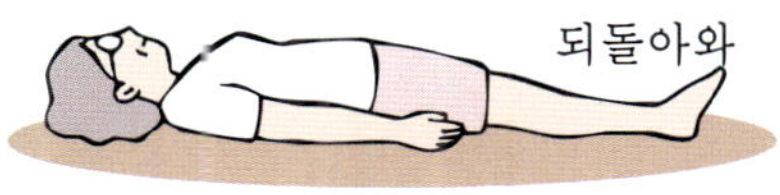

왼쪽 무릎을 굽히고 왼손을 오른쪽 바닥에 펴준다.

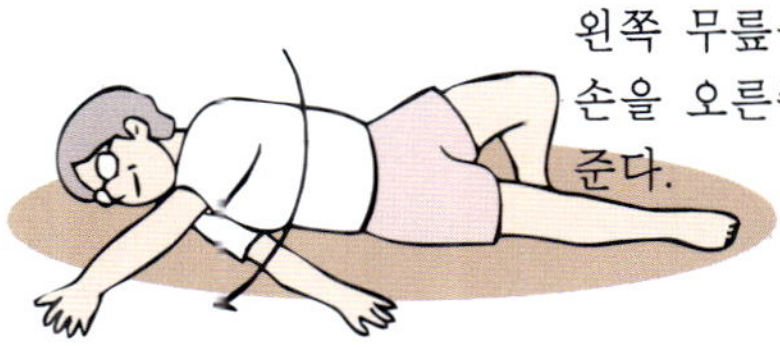

③ 의자에 앉은체로

의자를 훌륭하게 이용해서 해보자

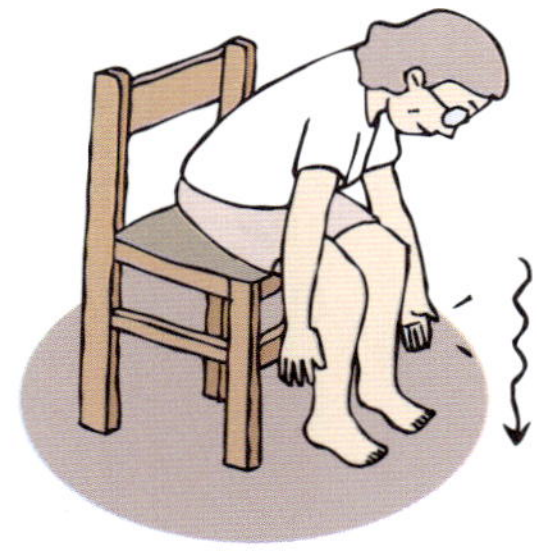
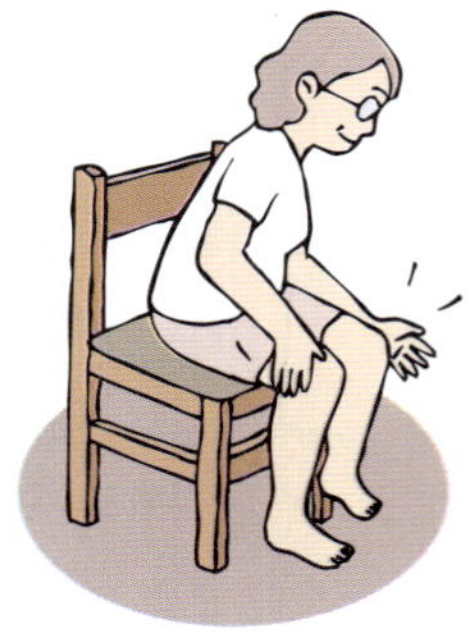

마음껏 기지개를 펴듯 늘여 편다 두다리를 두손으로 두드리며 정면으로 내려가고 두드리면서 올라온다.

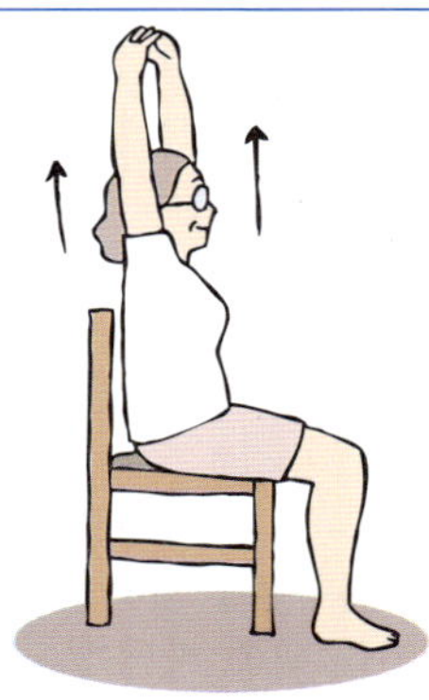

두 손을 깍지펴서 귀옆에 곧게 붙이면서 머리위로 올려 펴면서 숨을 들여마시고 토해낸다.

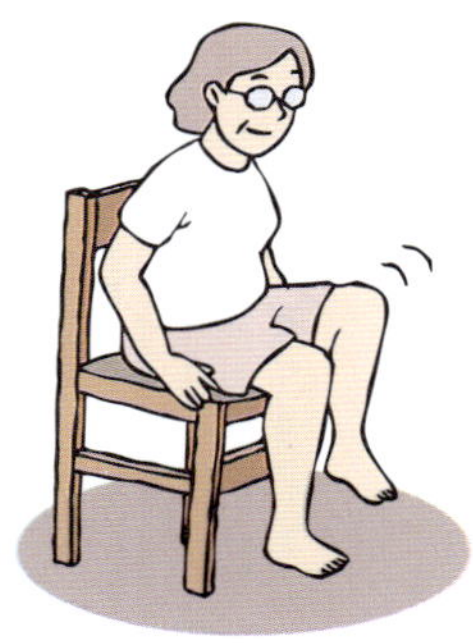

발장단을 한다.

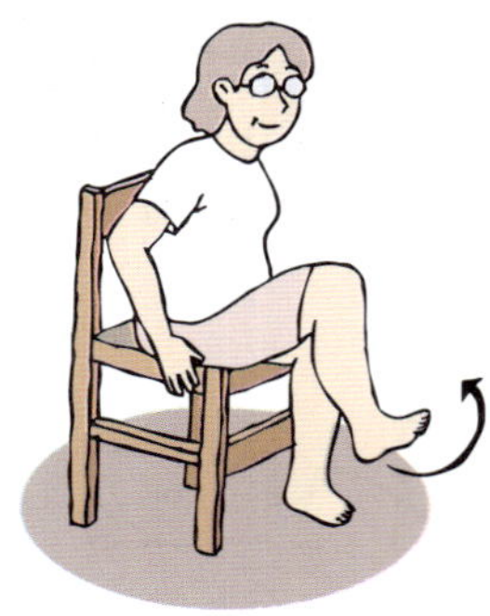

한발씩 발목을 크게 오른쪽에서 왼쪽으로 왼쪽에서 오른쪽으로 원을 그리듯 돌린다.

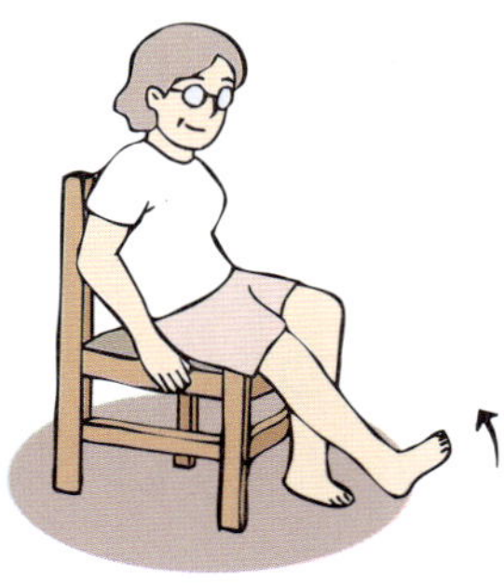

한발씩 발끝을 위로 올리고 천천히 10을 헤아린다.

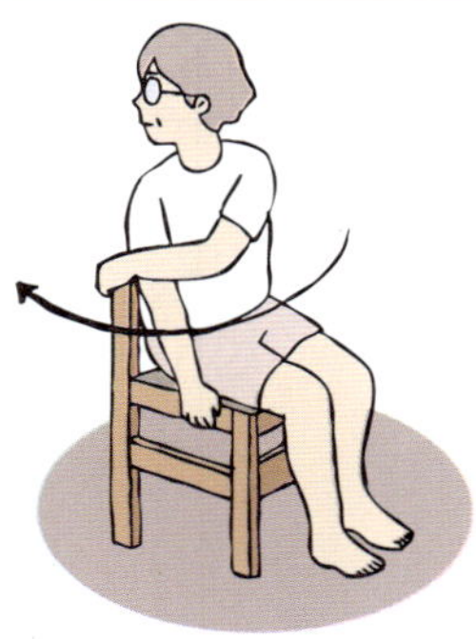
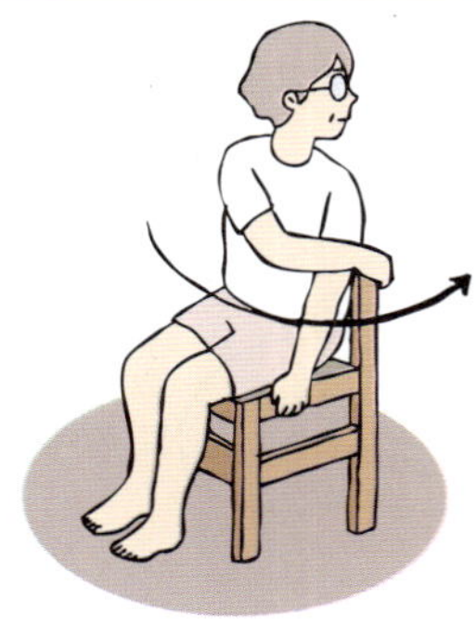

상체를 좌우로 비튼다.

④ 친구와 즐겁게

「당신이 찾으시면」 노래를 하면서
노래를 부르면서 박수를 친다 「사」라고 노래를 할 때면 미리 정해둔 움직임을 한다. 여러 가지 율동이 증겁다.

좋고 와 말고

손끝을 분명히 벌리거나 쥐거나 한다.
두손함께, 또는 한손씩 반대로 등등
약속을 어렵게 하여 도전한다. 틀리면 즐거운 체조가 된다.

V 고령자의 체력 테스트

고령자에게 운동을 하도록 할 때 고령자의 정확한 체력을 아는 것이 중요하다. 그러나 고령자에게 과도한 체력향상을 기대하면 무리가 생긴다. 나타난 결과를 참고하여 알맞게 이용해야 한다.

고령자의 체력 테스트로는 다음 2가지를 소개한다.

1. 고령자 체력테스트(문부성)

일상 신체활동현상이 유인이 되는 운동부족증이나 생활습관병이 문제가 되고 있는 현대 사회에서는 건강을 지켜주는 기반으로 체력이 중요한 것이다. 그래서 지금까지의 운동능력측정이 중심이었던 체력테스트를 보는 것이 전 연령층에 걸쳐서 하는 형편이다. 1999년부터 실시된 이 테스트는 안전면을 고려하여서 고령자에게서는 모든 연령층을 대상으로 하는 「건강상태체크」이외에 ADL 조사를 하는데 더하여 체력테스트까지 하는 것이다.

◆ 테스트 종목

- 악력 ……………………………………근력
- 상체일으키기 ……………………………근력/근 지구력
- 길게 앉은 몸 굽히기 ………………유연성
- 눈감고 한다리 서기 …………………신체 발란스
- 10개 장해물 보행 ……………………보행조절
- 6분간 보행테스트 ……………………전신지구력
- ADL ……………………………………일상생활 활동능력
  (Activities of daily living)

2. 시니어의 체력테스트(재단법인 건강·체력꾸밈사업재단)

1989년 과학적인 뒷받침이 된 고연령층을 위한 체력테스트 작성을 목적으로한 프로젝트가 조직되어 연구를 하여 1992년 1월에 테스트종목과 평가기준이 마무리되게 되었다.

<테스트 종목과 측정방법>

눈 뜨고 한발 서기 (평형성)	두 손을 허리에 대고 한발로 선다. 올린 발은 엄지 발가락을 바닥과 평행으로, 무릎은 90도 굽힌다. 손을 허리에서 떨어지거나 서 있는 발 위치가 밀리거나 서 있는 발 이외의 몸이 바닥에 닿거나 하는 발란스가 무너지는 시간을 잰다. 3회 측정하여 최고치를 잡는다.
길게 앉아 몸굽히기 (유연선)	두 발을 앞으로 뻗어내고 앉아서 무릎을 편체로 상체를 천천히 굽힌다. 손끝이 발끝에서 몇 cm까지 나아가는지를 잰다. 발끝에 닿지 않으면 마이너스로 한다. 2회 측정하여 최고치를 잡는다.
막대반응 (반응 빠르기)	길이 50cm 직경 2~3cm, 무게 약 100gm인 나무막대에 눈금을 만든다. 잡이손을 벌려 엄지와 검지 사이에 막대 하단이 오게 해서 막대가 떨어지려면 얼른 잡는다. 막대 하단에서 잡는 주먹 위쪽까지의 길이를 잰다. 5회 측정하여 최고와 최저를 제외하고 3회 평균치를 낸다.
악력(근력)	악력계를 써서 좌우따로 2회 잰다. 좌우최고치를 평균한다.
허리/엉덩이 비율 (비만도)	허리는 배꼽둘레를, 엉덩이는 가장 부푼곳 둘레를 자로 잰다. 허리 둘레를 엉덩이 둘레로 나눈 값

<주의> 걸을때나 발끝으로 설 때 넘어지기 쉬운 사람이나 지팡이가 없으면 불안한 사람, 옷을 갈아입을 때 다른 사람에게 도와달라는 사람들은 테스트를 하지 않는다.

<평가표>

(상단은 남자, 하단은 여자, 막대 반응은 남녀 공통)

측정항목	1	2	3	4	5
눈뜨고 한발서기(초)	~8	9~30	31~52	53~74	75~
	~1	2~23	24~45	46~67	68~
길게 앉아 몸굽히기(cm)	~-13	-12~-3	-2~7	8~17	18~
	~-2	-1~4	5~10	11~16	17~
막대 반응(cm)	~29	28~23	22~17	16~11	10~
악력(kg)	~25	26~31	32~37	38~43	44~
	~10	11~16	17~22	23~28	29~
허리/엉덩이 비율(%) (추정 체지방율, %)	~74 (~10)	75~85 (11~17)	85~95 (18~25)	96~106 (26~32)	107~ (33~)
	~69 (~20)	70~79 (21~29)	80~90 (30~37)	91~100 (38~45)	101~ (46~)

<주의> 허리/엉덩이 비율은 3이 표준이고, 1은 너무 저체중 5는 과체중인데, 그 보다 비만이라도 5가 최고점

I 널리 소개되어 실천되는 세계의 고령자 체조

1. 시니어 체조 · 스웨덴 사례

스웨덴 체조협회는 건강 만들기 체조활동을 지원하기 위하여 매년 체조프로그램을 만들어서 지도자가 이용하는데 도움이 되게한다. 몸이 바라는 운동 테마를 몇 가지 끌어내어서 그런 흐름에 맞게 프로그램을 짜 맞춰서 40분 정도 활동이 되도록 만들고 있다. 1985년부터 고령자 체조 프로그램도 작성하게 되었다.

여기서 소개하는 것은 단체로하는 체조활동에 끼어들만한 고령자를 대상으로 한 중간정도 강도와 난이도의 프로그램이다. 사용되는 음곡의 빠르기를 참고하여 음악을 고르고, 거기에 맞춰 운동 회수나 되풀이를 조정하면 지정곡이 아니라도 따라할 수 있다.

① 워밍 업

- 움직임 구성 = A-B-C-D-E
- 박자수 = 64 64 32 32 64
- 곡목 = Polka I C-dur
- 빠르기 = 120박자/분

A

가볍게 양손을 앞뒤로 흔들며 시계방향으로 걷는다(1~64)

① 워밍 업

B

원 안에서 8보 전지, 8보째 박수(1~8)
원 밖에서 8보 후퇴, 8보째 몸 뒤에서 박수(9~16)
4번 되풀이 한다(1~64)
*이때 서로 눈을 맞추고 모두에게 인사한다.

C

두 손을 어깨에 대고 교대로 팔을 머리 위로 펴면서 원주를 따라 걷는다(1~32)

① 워밍 업

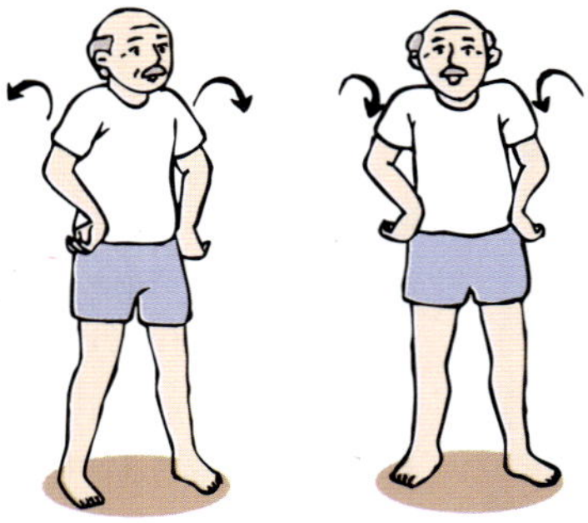

1~4 5~8

D

두 손을 허리에 대고 양 어깨를 앞에서 뒤로 돌리고(내전), 뒤에서 앞으로 돌린다(외전). 그러면서 원주를 따라 걷는다(1~32)

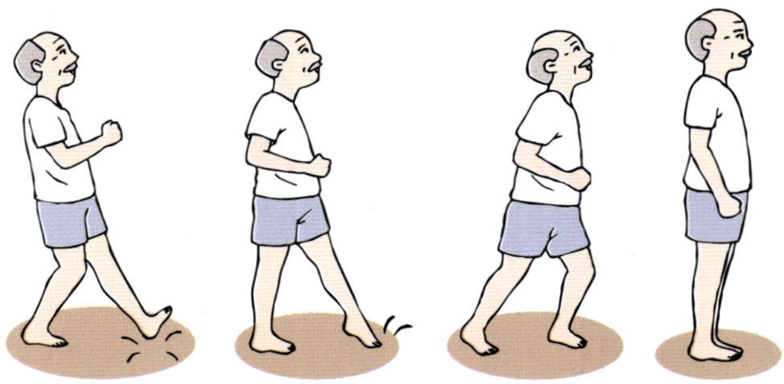

1 2 3 4

E

원주둘레를 원발이 앞으로 발끝을 들며 발뒤꿈치를 바닥에 대고 힐(1) 발끝을 대면서(2) 지르고 그 발을 내딛고(3), 오른발을 가지런히 한다(4) 교대로 이 스텝을 되풀이하면서 전진한다(1~64).

* 스텝은 즐거운 기분으로

② 다시 워밍 업

- 움직임 구성 = A-B-C-D-E-F-G-H
- 박자수 = 48 48 48 48 48 48 48 48
- 곡목 = Guitar-boogie
- 빠르기 = 154박자/분

A

양손을 팔꿈치를 살짝 구부리고 앞뒤로 흔들며 제 자리 걸음(1~48)
* 발목관절에 좋다

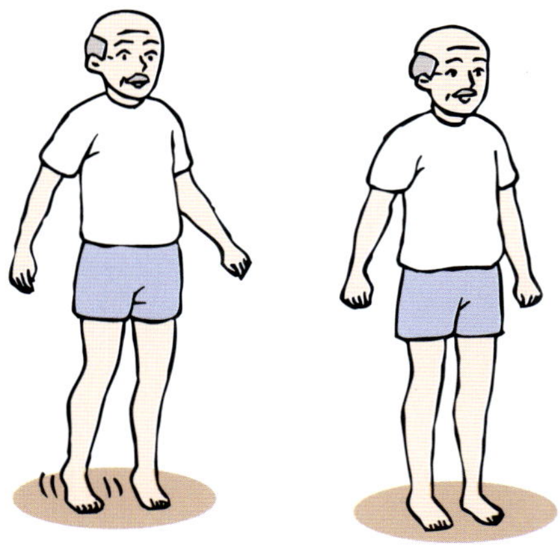

B

양발을 어깨 너비로 벌리고 뒤꿈치를 들어 발끝으로 서서 두 손을 쫙 편다. 무릎은 펴즌다.
뒤 발꿈치를 내리고 두 손을 움켜쥔다.
되풀이한다(1~48)
* 손발의 혈행촉진에 좋다.

C

제자리 걸음하면서 양팔을 흔든다 (1~48)

② 다시 워밍 업

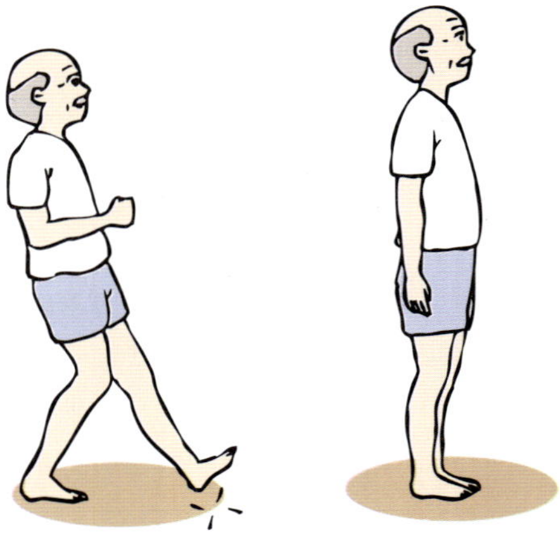

D

정면 바닥에 교대로 힐 포인트 한다(1~48)
장딴지에 좋다.

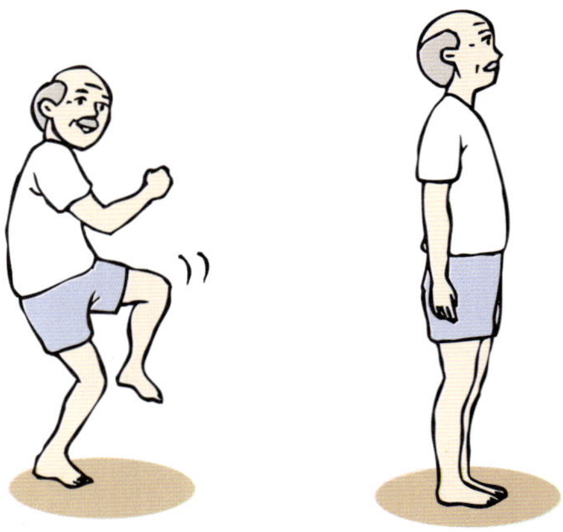

E

이때 무릎을 교대로 올린다(1~48)
* 고관절에 좋다.

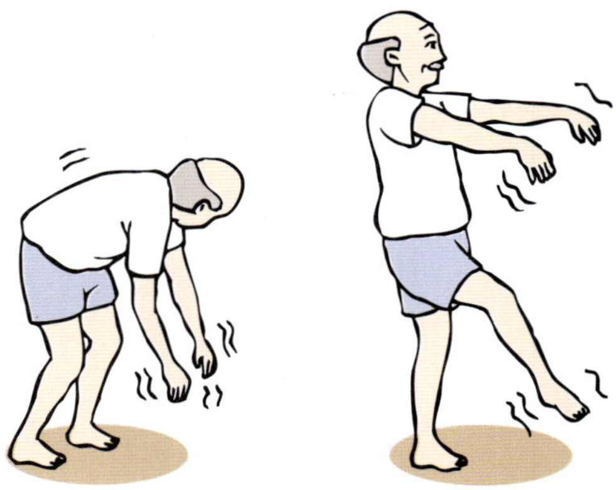

1~8　　9~16

F

상체를 앞으로 구부려서 릴렉스하고 양팔을 앞으로 하면서 가볍게 흔든다(1~8)
상체를 되돌리고 손목과 발목을 흔들흔들 시킨다(9~16)
3회 되풀이 한다(1~48)

② 다시 워밍 업

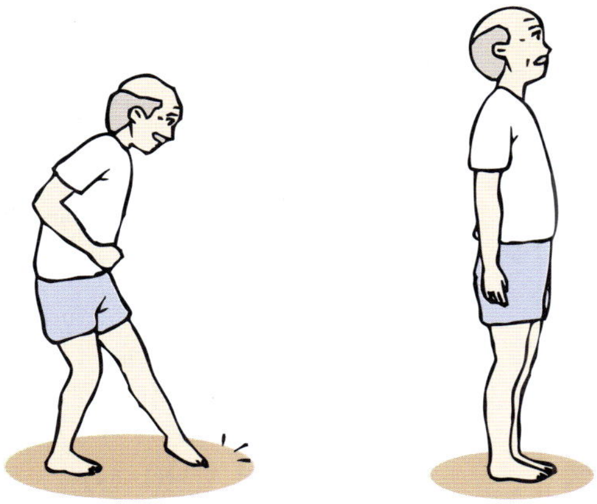

G

앞쪽 바닥에 교대로 토우 포인트 한다(1~48)

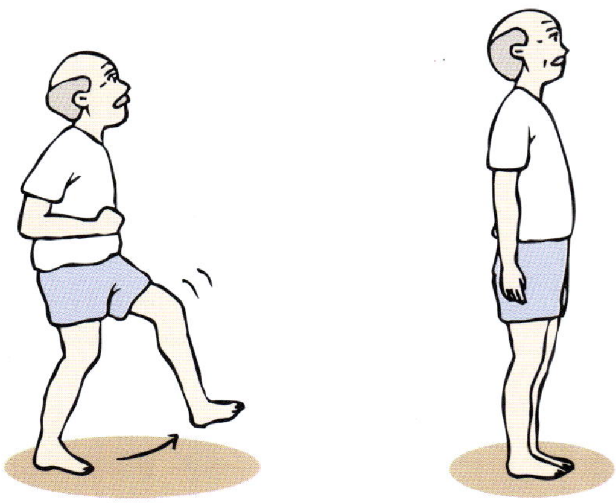

H

무릎 힘을 빼고 교대로 가볍게 앞으로 킥을 한다(1~48)

③ 유연 체조

- 움직임 구성 = A-B-C-D-E-F
- 박자 수 = 64 32 32 128 32 40
- 곡목 = Amapola
- 빠르기 = 112박자/분

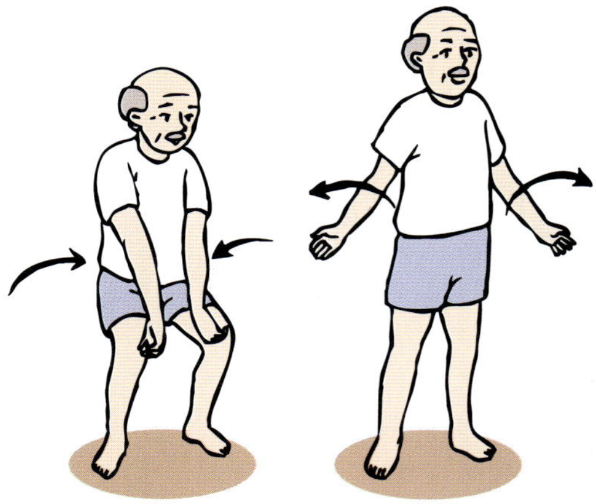

1~2 3~4

A

무릎을 약간 굽히고 양 어깨를 안으로 비틀면서 손등이 마주보게 한다(회내) (1~2)
무릎을 펴고 양어깨를 밖으로 비틀며 양손바닥이 바깥을 향하게 한다(회외) (3~4)
16회 되풀이 한다(1~64)
* 등은 곧게 유지한다.

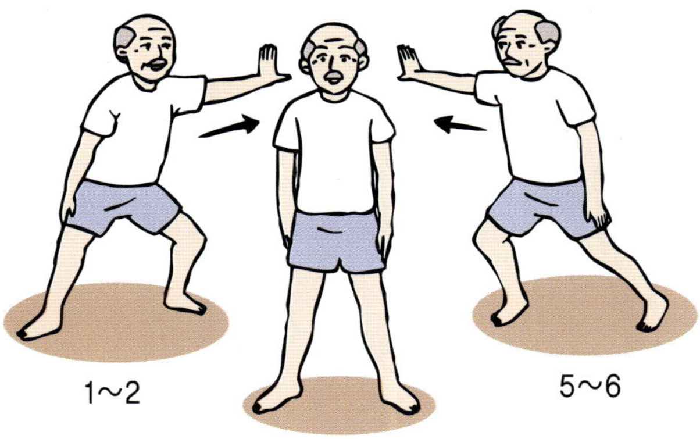

1~2 3~4, 7~8 5~6

B

발끝은 바깥쪽으로 하고 다리를 어깨너비보다 좀 더 벌리고 왼손으로 누르면서 중심을 왼 다리에(1~2).
되돌려서 손을 내린다(3~4)
반대쪽에도 한다(5~8)
4회 되풀이 한다
* 등은 곧게 세우고 무릎으로 발끝이 감춰지듯이, 무릎은 발끝방향으로 굽힌다.

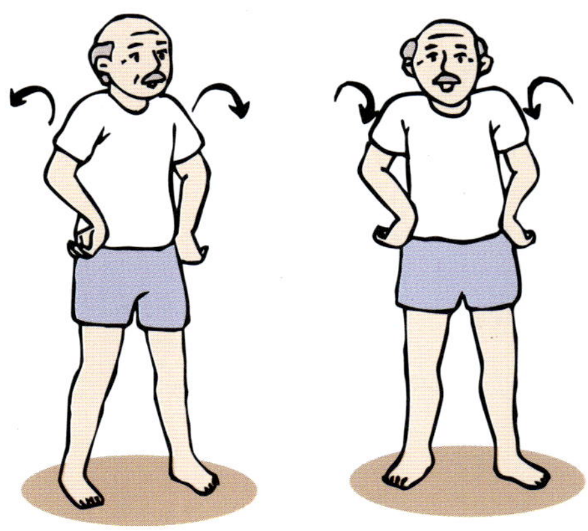

1~2 3~4

C

어깨를 앞에서 뒤로 뒤에서 앞으로 원을 그리듯 돌린다(1~4)
앞과 뒤로 8회 되풀이 한다(1~32)

③ 유연 체조

D

발끝을 바깥으로 벌리고 오른손을 왼쪽 방향으로 누르면서 무게중심을 왼다리에 가게 한다(1~2)
되돌린다(3~4)
반대쪽에도 한다(5~8), 2회 되풀이한다(1~16)
오른손으로 왼쪽 무릎을 2회 두드린다(17~20)
몸 앞에서 두 팔을 교차시켜 흔든다(21~24)
반대쪽으로도 한다(25~32)
이상과 같이 4회 되풀이 한다(1~128)
* 무릎을 발끝 쪽으로 굽힌다.

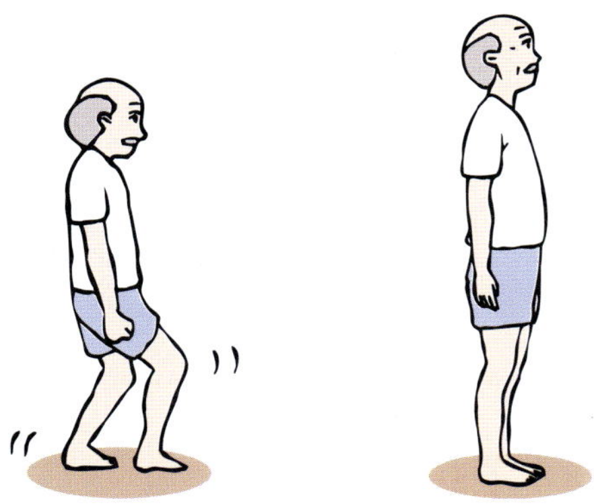

1~2　　3~4

E

왼발을 뒤로 당겨서 발뒤꿈치를 붙인다(1~2) 상체를 곧게 세운다.
되돌린다(3~4)
반대쪽에도 한다(5~8)
4회 반복한다(1~32)
* 장딴지에 좋다

③ 유연 체조

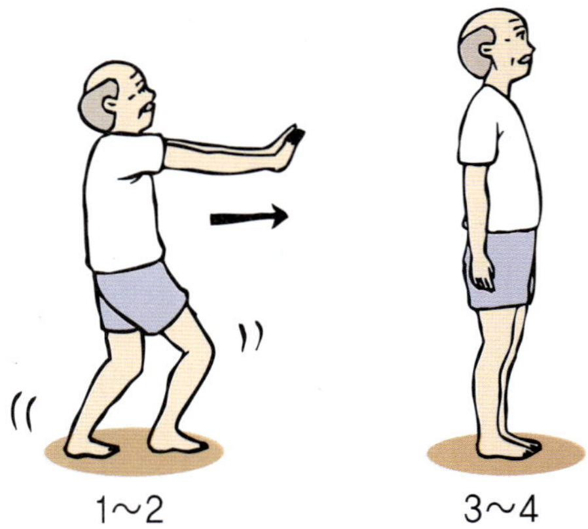

F

E의 동작을 하면서 두 손바닥이 정면을 향하게 두 손을 앞으로 밀어낸다(1~2)
되돌린다(3~4)
반대 측에도 한다(5~8)
5회 반복한다(1~40)

④ 다시 유연체조

- 움직임 구성 = A-B-C-D
- 박자수 = 64 64 32 32
- 곡목 = Only sixteen
- 빠르기 = 115박자/분

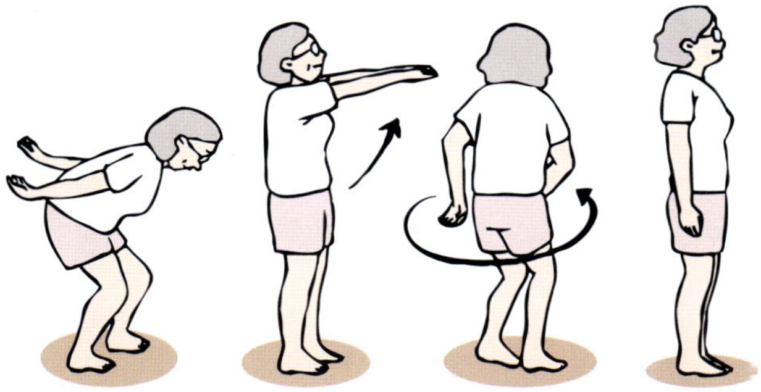

1~2 3~4 5~6 7~8

A

전신을 릴렉스하고 무릎을 살짝 구부리면서 두 팔을 뒤로 앞으로 흔든다(1~4)
왼발을 한걸음 뒤로 당기고 몸을 왼쪽으로 비틀고 두 팔을 돌려 감는다(5~6)
되돌린다(7~8)
반대쪽으로 한다(1~64)
* 움직임과 발란스에 좋다.

1~2 3~4 5~6 7~8

B

왼발을 앞뒤로 흔든다(1~4)
뒤에서 흔들던 왼발을 그대로 바닥에 붙인다(5~6)
되돌린다(7~8)
반대쪽에도 한다(9~16)
4회 반복한다(1~64)
* 발란스를 유지하기 위해 두 사람이 짝을 맞추면 좋다.

1~2 3~4 5~8

C

체중을 오른쪽 왼쪽으로 옮기면서 두 팔을 좌우로 흔든다(1~4)
좌측으로 옆걸음을 하면서 두 팔을 한바퀴 돌린다(5~8)
반대쪽에도 한다(9~16)
2회 반복한다(1~32)
* 몸체의 평형운동에 좋다.

④ 다시 유연체조

1~4　　5~8

D

무릎을 부드럽게 굽히면서 두 팔로 좌우로 크게 8자 모양 회선한다(1~8)
4회 반복한다(1~32)
* 부드럽게 무릎을 풀어준다. 무릎과 상체에 좋다.

※ 동작설명을 보고 아는 방법(제6장 제 3, 4절 참조)

이 페이지의 「다시 유연체조」를 예로 음악 데이타와 동작그림의 보고 아는 방법 및 음악의 선택 방법에 대하여 설명한다.

① 음악 데이터는 다음과 같이 이해한다.

움직임 구성 = A-B-C-D	→	체조는 4종류의 움직임(ABCD)으로 구성되어 있다.
박자수 = 64 64 32 32	→	A와 B는 64박자, C와 D는 32박자로 되풀이 된다.
곡목 = Only Sixteen	→	이 음악을 기준으로 구성되어 있다.
빠르기 = 116 박자/분	→	이 음악의 빠르기(템포)를 나타낸다.

② 동작그림의 이해(1례)

동작그림(왼쪽)과 그 설명(오른쪽)이 맞춰있다.

a. 우선 동작그림을 보고 움직임의 개략 이미지를 만들어 본다.
b. 이어서 동작그림 발쪽의 숫자에 맞춰 움직임을 따라가고 이어지는 움직임(1~8박자)을 잡아간다.
c. 설명문에서 움직임을 읽고 따라한다.
   반대쪽으로 가는 경우나 반복하는 회수에 대해서도 확인한다.

③ 음악의 선택

같은 음악을 찾을 수 없을 때는 다음과 같은 대중으로 움직임에 맞는 음악을 고른다.

a. 빠르기가 여기에 가까운 음악을 찾는다. 이때 116박자/분이므로 보통 발장단(120박자/분)보다 약간 늦은 템포인 음악이다. 음악에 맞춰서 발장단을 하면서 시계를 본다. 발장단의 횟수가 15초에 29회이면 이 빠르기의 음악이다.
   29박자×4=116박자
b. 32박자로 멜로디가 구별하기 쉬운 것(p61참조)을 찾는다. 나머지가 생기면 반복을 늘이거나 발장단으로 이어가는 방법도 있다.
c. 어느 것으로 하든지 마음 가볍고 즐거운 음악을 고르도록 한다.

⑤ 복부체조

- 움직임 구성 = A-B-C-D-E-F
- 박자수 = 64 64 32 32 32 20
- 곡목 = The power of love
- 빠르기(templ) = 80박자/분

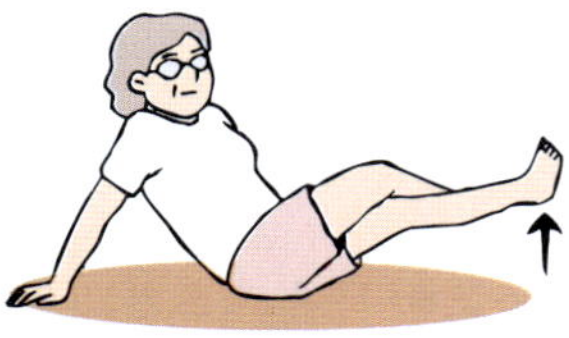

1~8

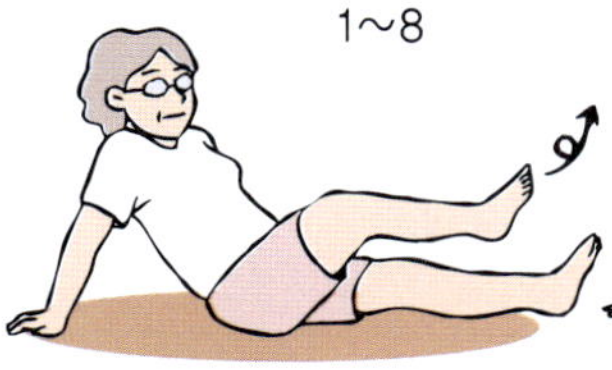

9~14

15~16

A — 배, 다리 뒤쪽

양 손은 허리보다 약간 뒤쪽에 둔다.
오른쪽 무릎을 굽혀서 왼다리에 걸치고 왼발 뒤꿈치를 바닥에서 4번 들어올린다(1~8)
* 발목을 굽히고 발끝을 세운다.
오른발을 들어올려 3번 킥한다(9~14).
되돌린다(15~16)
반대 측에도 한다(17~32)
2회 반복한다(1~64)

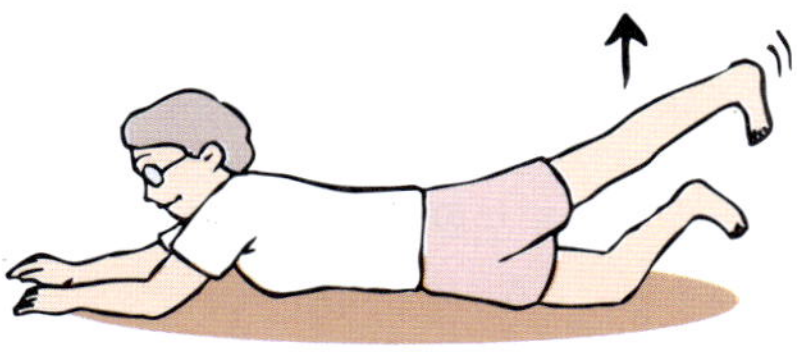

1

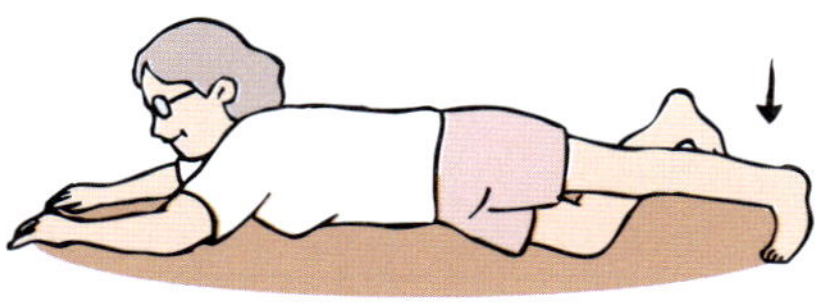

2

B — 허리, 등

오른쪽 무릎을 굽히고 두 무릎을 써서 왼다리를 올리고(뒤꿈치를 천정에 향하게)(1), 다시 되돌린다(2)
12회 반복한다(1~24)
몸체 방향을 바꾼다(25~32)
반대쪽에도 한다(33~56)
바로 돌려 눕는다(57~64)

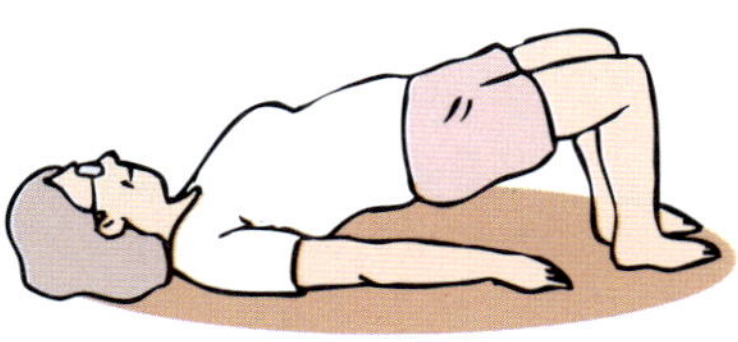

1~4

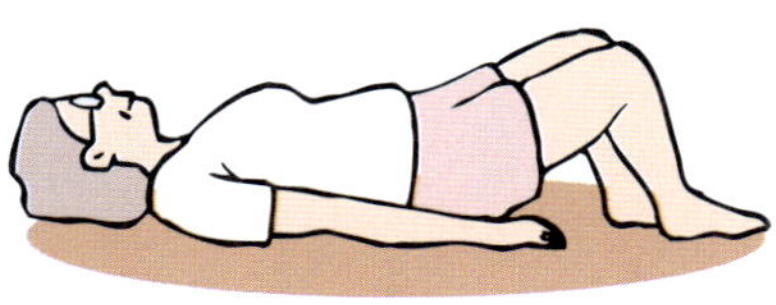

5~8

C — 엉덩이

두 팔을 엉덩이 옆에 두고 바로 누워 두 무릎을 세워서 허리를 들어올린다(1~4)
내린다(5~8)
4회 반복한다(1~32)
* 엉덩이를 조인다.

⑤ 복부체조

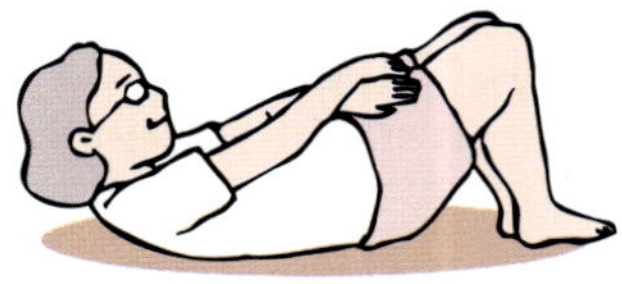

1~2

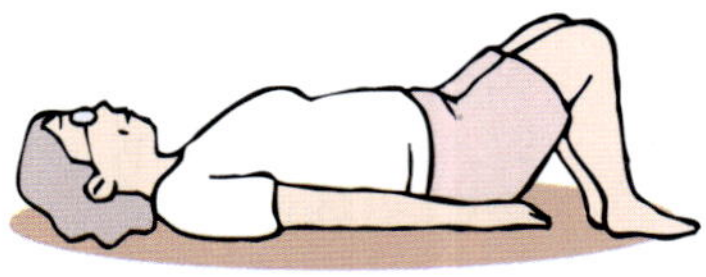

3~4

D — 복부

뒤꿈치를 엉덩이 쪽으로 가까이 모은다.
등을 둥글게 하여 일으키고 두 손을 교차하여 무릎을 두드린다(1~2).
되돌린다(3~4)
8회 반복한다(1~32)

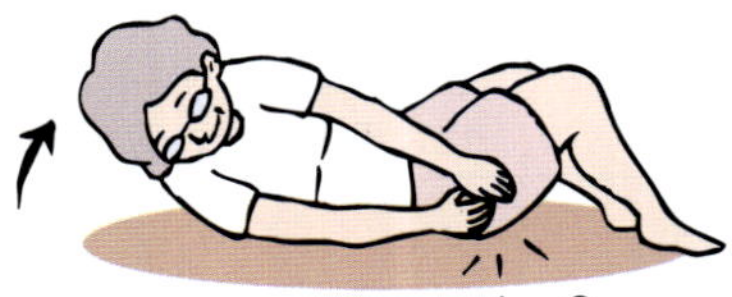

1~2

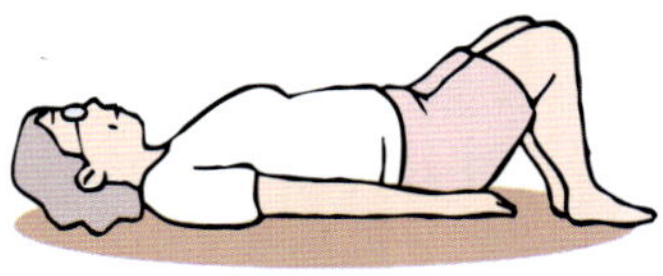

3~4

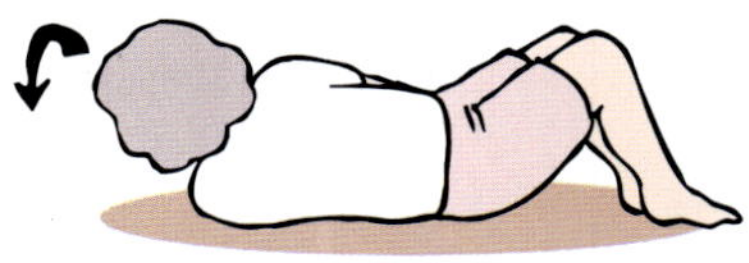

17~18

E — 복부

오른쪽 경사방향으로 상체를 일으키고 왼손으로 오른쪽 무릎 바깥쪽을 두드리고 되돌아온다(1~4)
4회 되풀이한다.
반대쪽에서도 한다(17~32)
* D, E 모두 턱을 가슴에 닿게 하면서 한다.

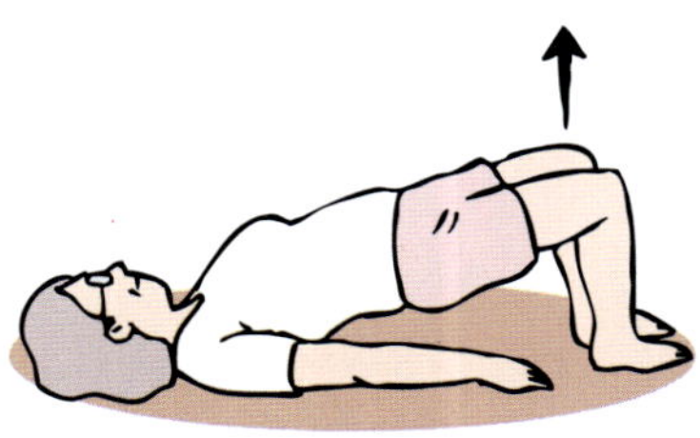

9~20

F — 엉덩이

두 팔을 엉덩이 옆에 두고 C의 동작을 한다(1~8)
무릎을 맞대어서 올린다(9~20)
* 엉덩이를 조인다.

⑥ 등쪽 체조

- 움직임 구성 = 전주-A-B-C-D-E-후주
- 박자수 = 64+4 64+4 32+4 32 96
- 곡목 = Ein Bisschen Freiden
- 빠르기 = 120박자/분

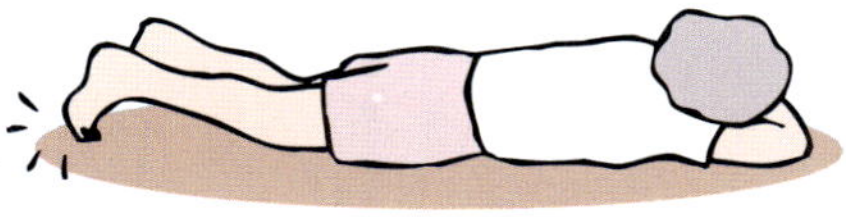

전주

엎드린 자세로 손을 턱밑에 두고 발끝으로 오른쪽, 왼쪽으로 바닥을 두드린다.

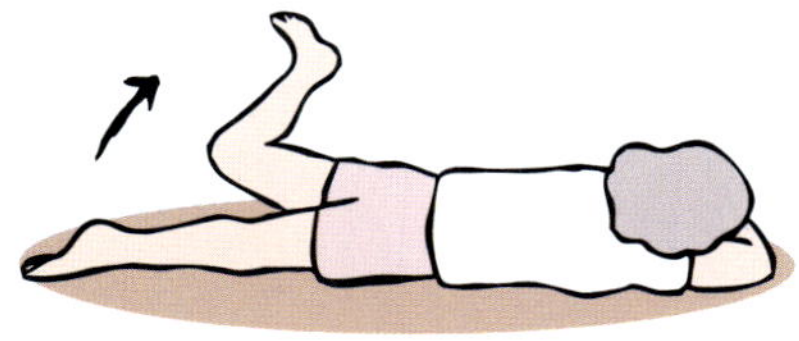

1~4

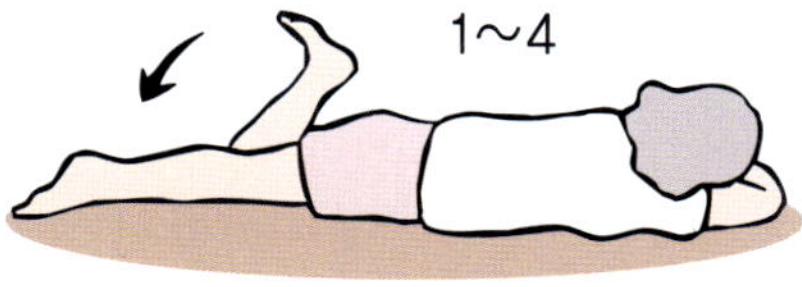

5~6

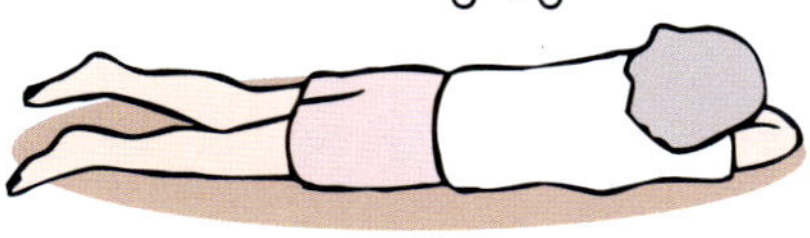

7~8

A — 엉덩이, 대퇴후부

왼쪽 무릎을 굽혀 올리고(1~4), 내리고(5~6), 두릎을 편다(7~8)
반대쪽에서도 한다(9~16)
4회 반복한다(1~64)
* 대퇴밑동은 반드시 바닥에 붙게한다.

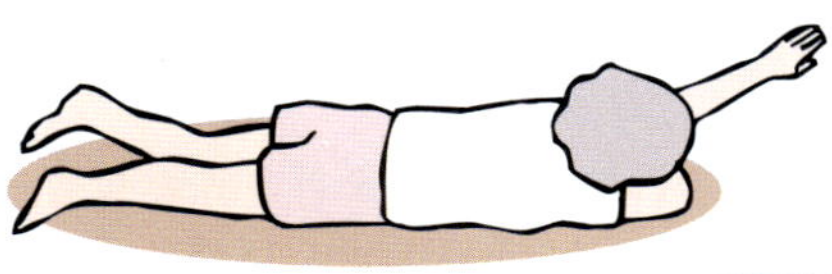

1~2

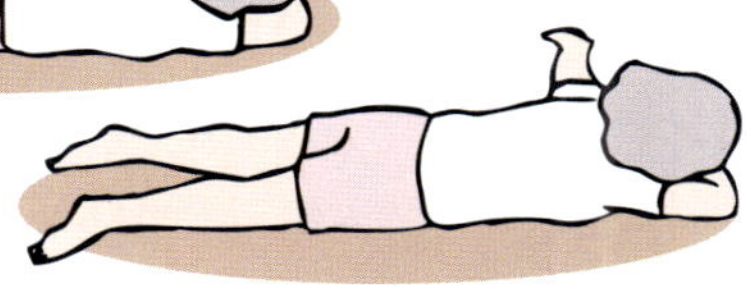

9~10, 25~26

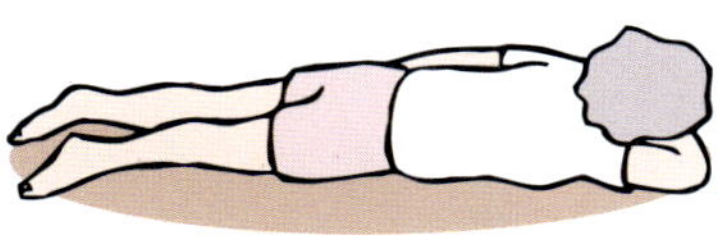

17~18

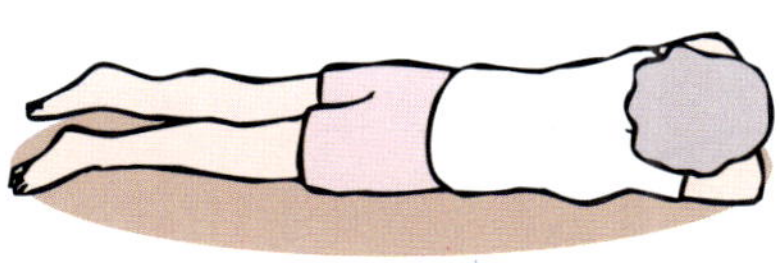

3~4, 11~12, 19~20, 27~28
7~8, 15~16, 23~24, 31~32

B — 등쪽

왼팔을 앞으로 펴고(1~2), 되돌린다(3~4)
반대쪽에서도 한다(5~9)
마찬가지로 왼손과 오른손을 옆으로, 뒤로 가로방향으로 폈다가 되돌린다(9~32).
2회 반복한다(1~64)

⑥ 등쪽 체조

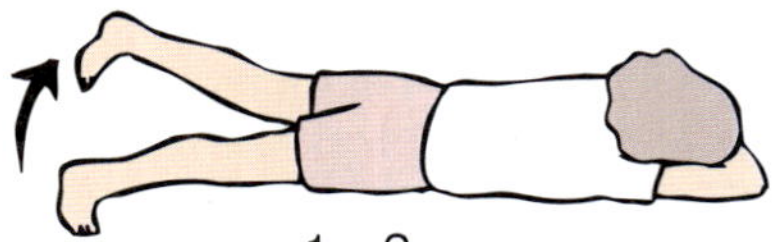

1~2

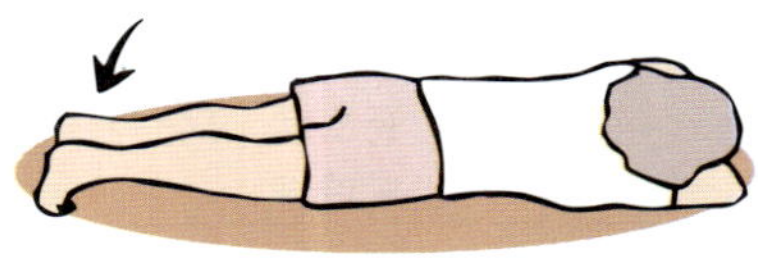

3~4

C – 허리, 등쪽

왼다리를 왼쪽으로 벌리고 발끝으로 바닥을 치고(1~2), 되돌린다(3~4)
반대쪽에서도 한다(5~8)
4회 반복한다(1~32)

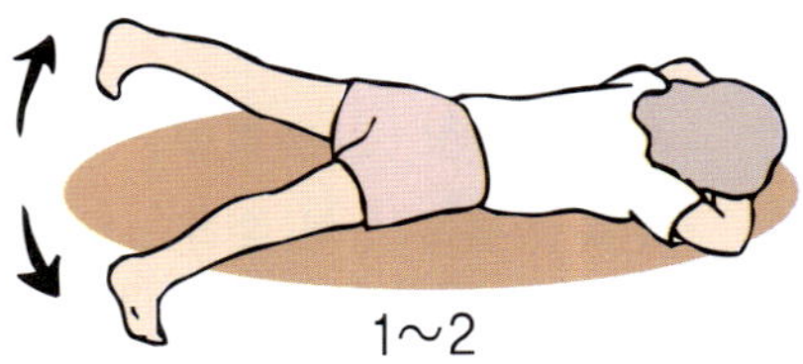

1~2

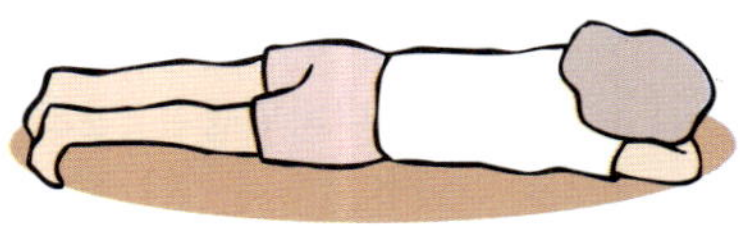

3~4

D – 허리, 등쪽

두 발을 벌리고(1~2), 되돌린다(3~4)
8회 반복한다(1~32)

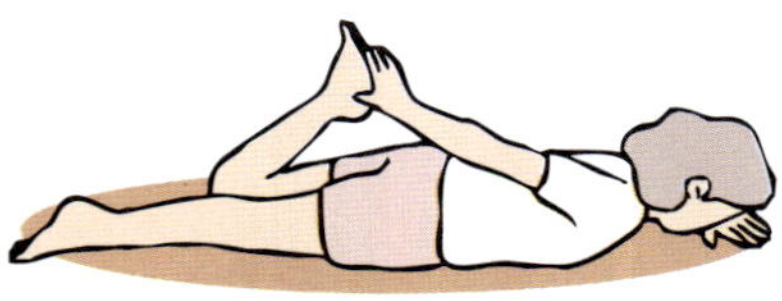

1~4

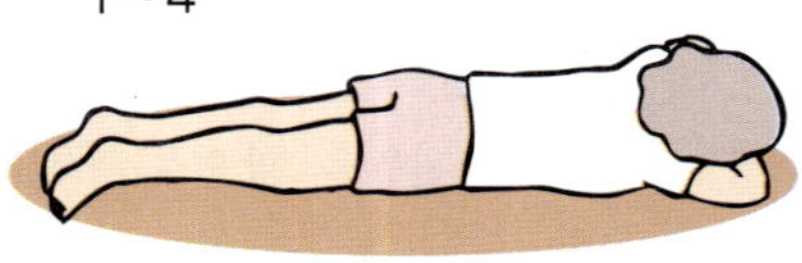

5~8

E – 엉덩이, 대퇴후부

왼다리를 굽히고 오른손으로 발을 잡았다가(1~4), 되돌린다(5~8)
반대쪽에서도 한다(9~16)
6회 반복한다(1~96)

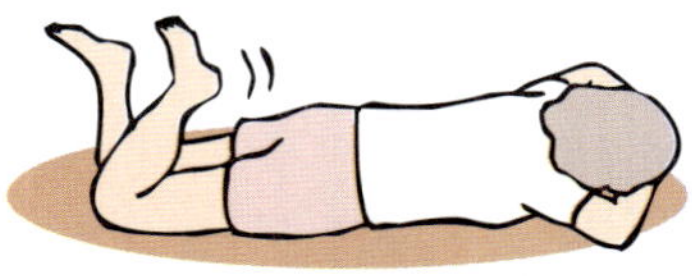

1~32

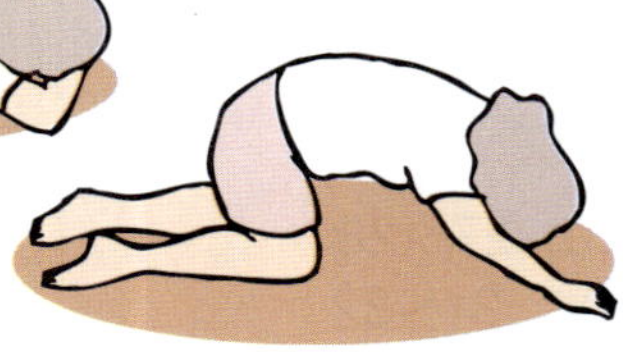

23~48

후주

무릎아래의 힘을 빼고 다리를 흔들어 준다. 끝으로 배를 보듯이 등을 둥글게 만든다.

⑦ 부드러운 스텝

- 움직임 구성 = 전주-A-B-C-D-E
- 박자수 = 96 48 44 104 96
- 곡목 = Splanky
- 빠르기 = 120박자/분

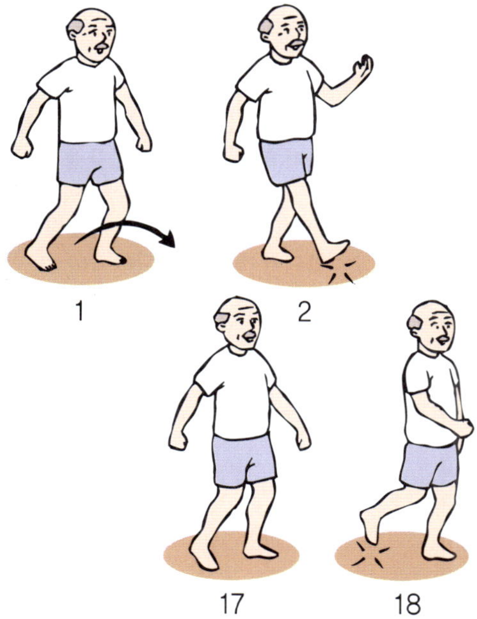

A

전주 어깨를 으쓱거린다.
스냅(snap)하면서 왼발을 옆으로 내밀고(1) 오른발을 힐 포인트(2) 반대쪽으로도 한다(3~4)
4회 반복한다(1~16)
왼발을 옆으로 내밀고(17) 왼발 뒤로 오른 발을 톱 포인트(18)
반대쪽으로도 한다(19~20)
4회 반복한다(18~32)
이상을 3회 반복한다(1~96)
* 조정력이 좋다.

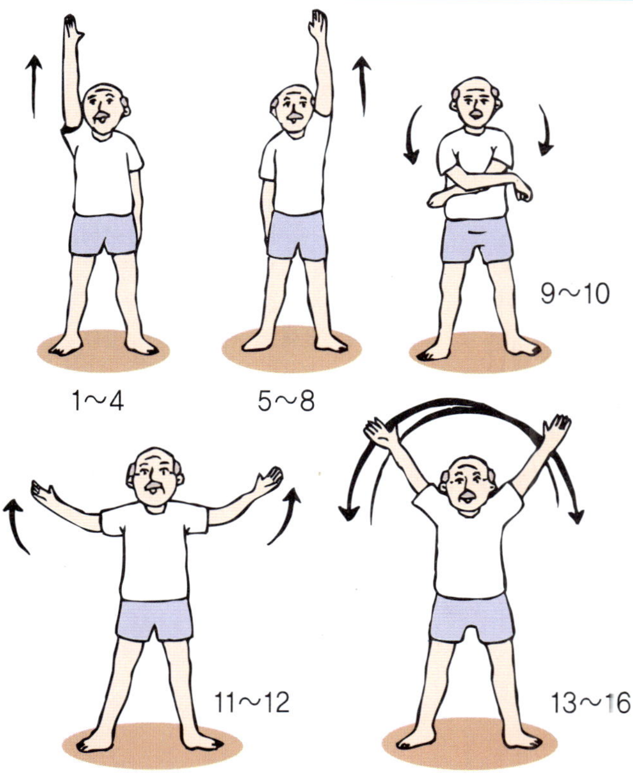

B

두 다리를 어깨 너비로 벌리고 오른팔을 돌려서 몸쪽을 펴고(1~4), 왼팔을 올려서 편다(5~8)
두 팔을 몸통 앞에서 교차하고(9~10), 옆으로 흔들어 올린 다음(11~12)
크게 머리 위에서 부터 한바퀴 돌린다(13~16)
3회 반복한다(1~48)

⑦ 부드러운 스텝

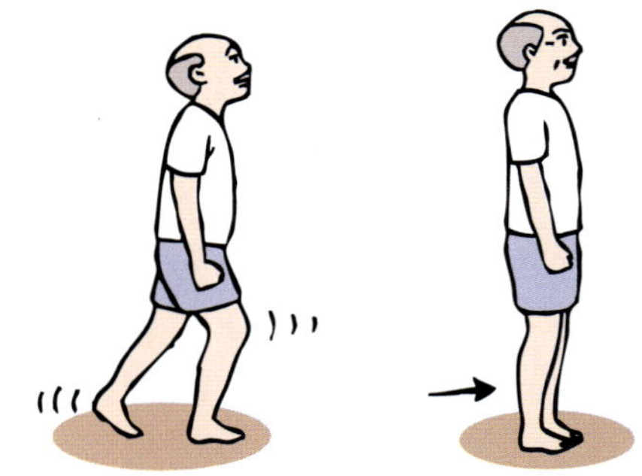

1~2, 3~4, 5~6　　7~8

C

오른다리 무릎을 살짝 구부리고, 왼다리를 한발 뒤로 무릎을 펴서 발바닥 전체가 바닥에 닫게 아킬레스건을 3회 펴준 다음(1~6) 되돌린다(7~8)
반대쪽에서도 한다(9~16)
되풀이 한다(1~44)

1~2　　3~4

9~10　　11~12　　97~104

D

두 무릎을 굽히고(1~2) 왼쪽으로 기울여 머리 위로 두 팔을 편다(1~4)
반대쪽에서도 한다(5~8)
가슴을 펴면서 두 손을 양 옆으로 벌리고(9~10), 가슴을 조이면서 양손 주먹지고 몸 중앙으로 모아 쥔다.(11~12) 다시한번 한다.(13~16)
이상을 6회 반복한다(1~96)
음악이 지나간 부분에서는 상체를 부들부들 릴렉스 시킨다(97~104)

① 워밍 업

E

왼발에서 왼쪽으로 2회 스냅·클로즈 하면서 왼손 옆을 2회 누른다(1~4)
반대쪽에서도 한다(5~8)
같은 스텝으로 머리 위로 밀어 올린다(9~12)
반대쪽에서도 한다(13~16)
이상을 6회 반복한다(1~96)

⑧ 약간 맥박을 올리는 체조

- 움직임 구성 = 전주-A-B-C-D-후주
- 박자수 = 80 72 80 64
- 곡목 = Dag after dag
- 빠르기 = 132박자/분

1~2 3~4 5~6 7~8

전자 제자리 뛰기를 한다.

A

두 손으로 한번씩 무릎(1~2), 허리(3~4), 발끝으로 서서 머리 위(5~6), 허리(7~8)를 친다.
7회 반복한다(1~56)
가벼운 제 자리 뛰기(57~80)
* 혈행을 촉진하여 상태를 좋게 한다.

1~2 3~4

B

왼발을 옆으로 하여 힐 포인트(1~2), 토우 포인트(3~4), 다시한번 힐 포인트(5~6)하고 되돌린다(7~8)
반대 쪽에서도 한다(9~16)
3회 반복한다(1~48)
가벼운 뛰기(49~72)
* 대퇴와 발목에 좋다

1~2 3~4 5~6 7~8

C

굽힌 두 무릎을 두 손으로 두드린다(1~2), 무릎을 펴서 두 손을 가슴에(3~4), 이어서 왼팔을 옆에서 뒤로 펴면서 그 손을 본다(5~6), 되돌린다(7~8)
반대쪽에서도 한다(9~16)
4회 반복한다(1~64)
가벼운 제자리 뛰기(65~80)
* 몸체에 좋다.

⑧ 약간 맥박을 올리는 체조

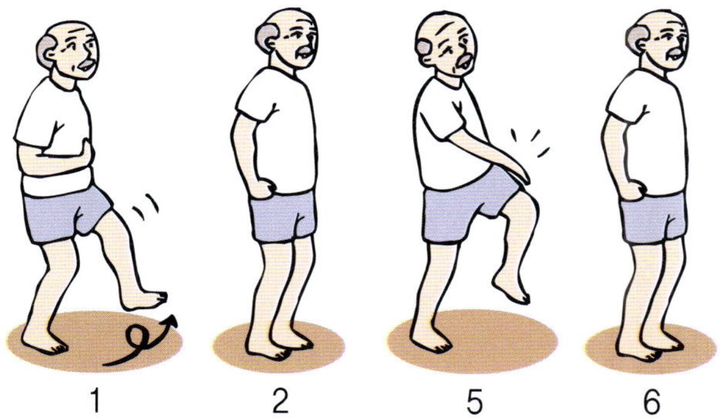

D

왼발을 킥하고(1) 되돌린다(2)
반대쪽도 한다(3~4)
왼 무릎을 올리고 오른손으로 터치(5)하고 되돌린다(6)
반대쪽에서도 한다(7~8)
8회 반복한다(1~64)
* 상태를 조정하는데 좋다

후주

그 자리에서 뛰뛰기를 한다.

⑨ 릴렉스(relaxation)

주 : 왈츠인 경우에 편의상 3박자를 묶어서 123, 223 같은 큰 숫자만 표시

- 움직임 구성 = 전주-A-B-C-D-E
- 박자수 = 48 48 48 48 48
- 곡목 = Vem Kan segla for utan vind
- 빠르기 = 92박자/분(왈츠)

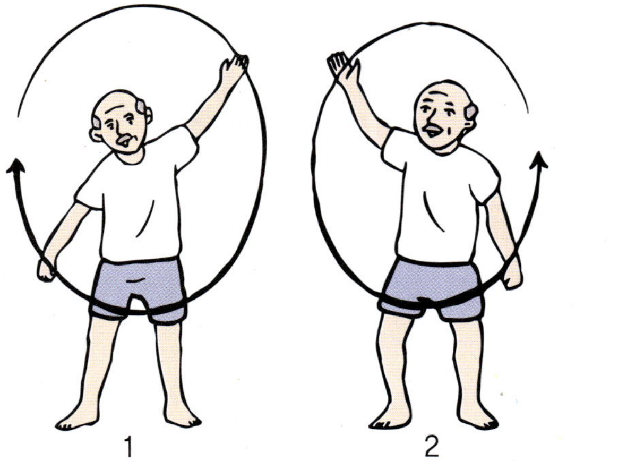

전주

어깨를 돌린다.

A

왼 팔을 몸 앞에서 안으로 크게 돌리고(1) 반대쪽으로도 돌린다(2). 8회 반복한다(1~16)

B

왼쪽으로 턱을 어깨에 가까이(1)하고 되돌린다(2)
반대쪽으로 한다(3~4)
다시 한번 한다(5~8)
오른 손을 옆으로 밀면서 머리를 왼쪽으로 기울여서 귀를 어깨에 가까이 하고(9), 되돌린다(10)
반대쪽으로도 한다(11~12)
다시 한번 한다(13~16)

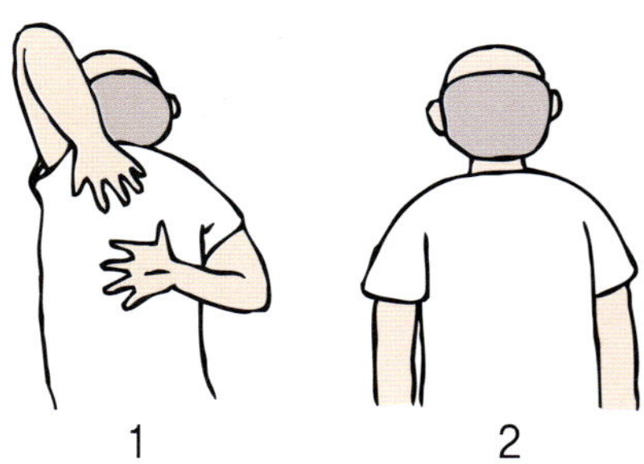

C

등으로 손을 돌려서 두 손 손끝이 가까이 가도록, 왼손은 위에서 오른손은 아래에서 펴 올리고(1), 되돌린다(2)
반대쪽으로도 한다(3~4)
4회 반복한다(1~16)

⑨ 릴렉스(relaxation)

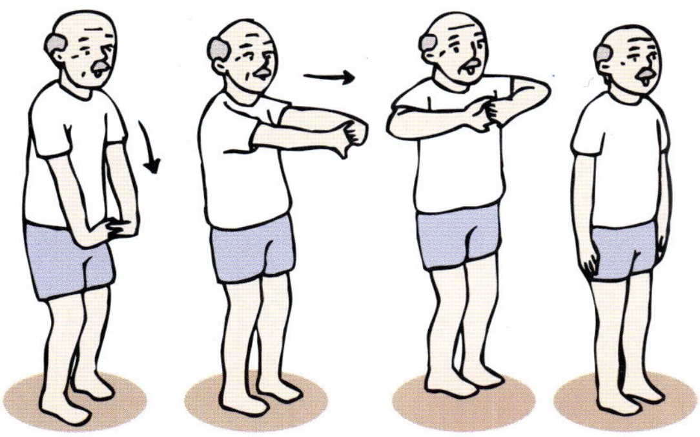

1 2 3 4

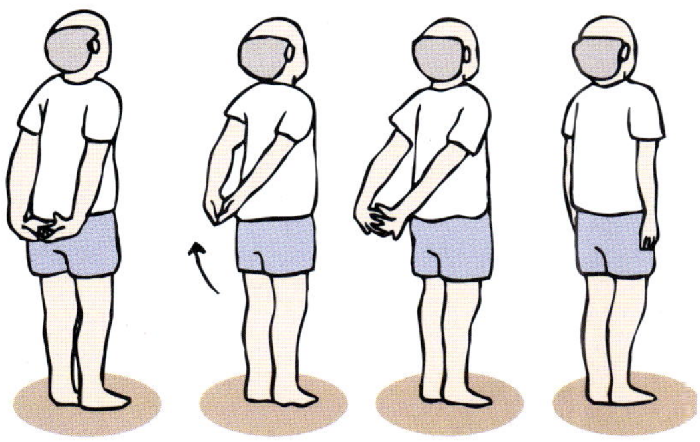

5 6 7 8

D

손을 깍지 끼우고(손바닥은 아래로) 아래로 누르고(1), 깍지 낀체로 앞으로 밀어서(손바닥이 바깥으로)(2) 그대로 두 팔꿈치를 굽혔다가(3) 되돌린다(4)
뒤에서 깍지끼고(5) 위로 올리고(6), 손바닥을 바꾸었다가(손바닥이 아래쪽)(7) 되돌린다.
2회 반복한다(1~16)

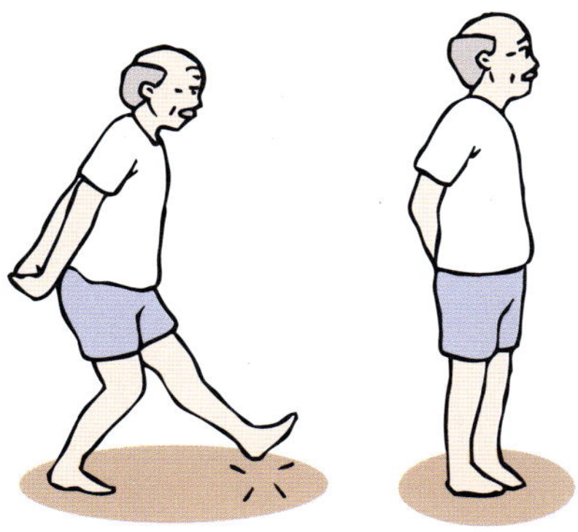

1 2

E

두손을 몸 뒤에서 잡고 앞으로 왼발을 힐 포인트(1)로 하고 되돌린다(2)
반대쪽에서도 한다(3~4)
4회 반복한다(1~16)

II 손기구를 쓰는 체조·독일편

독일에서도 바퀴, 막대, 여러 가지 공, 엑스팬더, 원반 같은 기구, 의자 등이 시니어체조에 활용되어 운동을 돕는데, 오히려 운동에 흥미를 붙이고 변화를 주는데도 도움이 된다.

손기구를 쓰는 체조에 있어서도 운동기능이 떨어진 사람이나 순환기능에 문제가 있는 경우에는 의자에 앉아서 하도록 하고 잇다.

여기에 소개하는 두가지 체조는 베를린체조협회의 고령자 체조위원회 대표위원인 시그릿드 하인여사가 독일의 체조를 일본 고령자에게 실제로 지도한 것이다.

음악은 움직임이 즐겁고 리드미컬하게 해준다.

① 볼을 쓰는 체조

볼은 크기가 여러 가지인데, 테니스 볼 정도인 것부터 직경이 1m가 넘는 큰 것까지 쓰이고 있다. 이 체조에는 유희용인 직경 20cm정도인 볼을 사용했다. 70박자/분 정도로 느린 곡률로 움직인다.

A

두손으로 잡은 볼을 몸체 뒤에서 앞으로 3회 흔든다(1~12)
몸 앞에서 크게 돌린다(13~16)
반대측에서도 한다(17~32)

① 볼을 쓰는 체조

B

두 손으로 볼을 몸통 앞에서 한번은 놓았다가 잡는다(1~2)
4회 한다(1~8)
옆으로 한발씩 이동하면서 4회 한다(9~16)
반대 측에서도 한다(17~32)

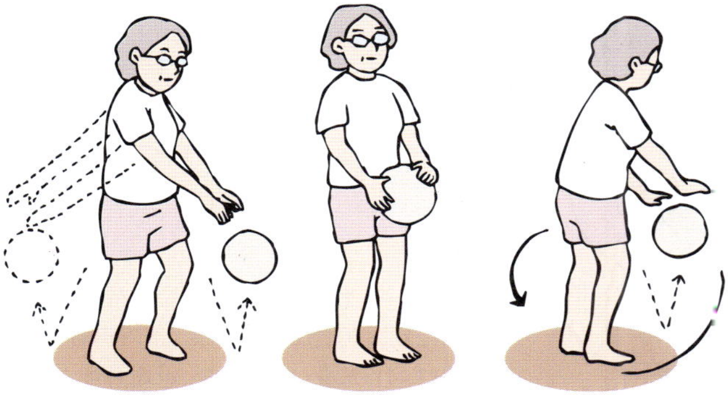

C

몸통 옆에 한번 볼을 놓았다가 잡는다(1~2)
좌우 교대로 4회 한다(1~8)
한발씩 이동하면서 4회만에 한바퀴 돌게 한다(9~16)

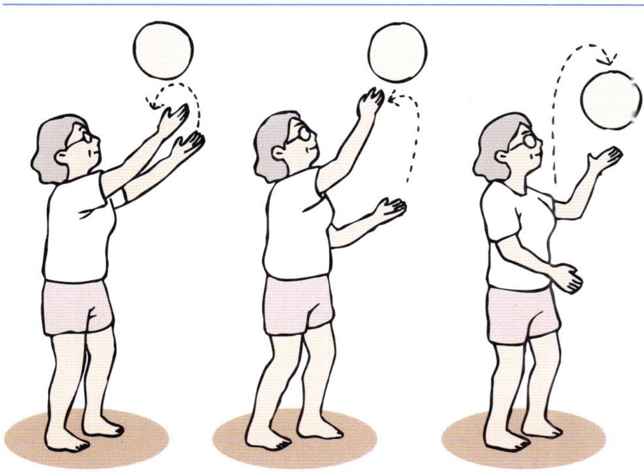

D

두 손으로 볼을 머리 위로 던졌다가 잡는다(1~2)
4회 한다(1~8)
한손으로 던져올리고 다른 손으로 잡는다(9~10)
좌우 교대로 4회한다(9~16)

② 매듭줄을 쓰는 체조

120박사/분 정도로 느린 왈츠 곡으로 움직인다.
스타킹 셋을 짜맞추어 만든 매듭줄은 길게 만들어서 액스팬더처럼 쓸 수도 있다. 여기서는 짧게 만든 것을 손에 잡고 흔들거나 돌리거나 해서 등, 어깨, 팔 운동을 한다.

- 매듭끈은 스타킹 3개를 셋으로 편지워 두 끝을 묶어준다(이하 S라고 표시).
- 왈츠의 박자수는 123, 223처럼 큰 문자만으로 표시

1 2 3 4

A

오른손에 든 S를 뒤(1), 앞(2), 뒤(3), 앞(4)으로 흔든다.
S를 바꿔들어서 반대쪽에서도 한다(5~8)

1 2 3~4

B

오른 손에 든 S를 몸 앞에서 내(1), 외(2)로 흔들고, 안으로 돌기리를 한다(3~4). S를 바꿔들고 반대쪽에서도 한다(5~8)

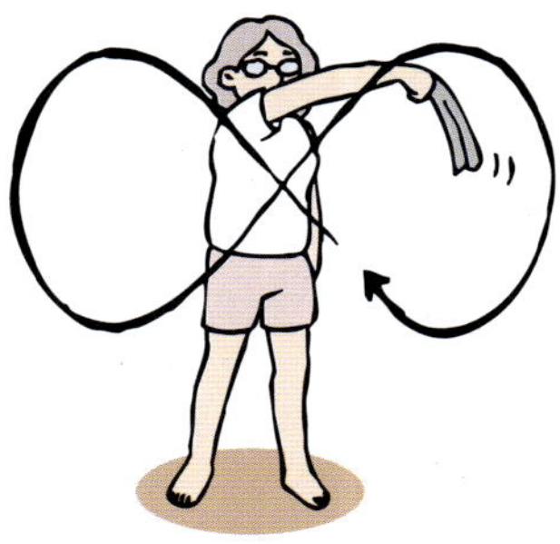

C

오른손에 든 S로 8자 쓰기처럼 몸의 좌측(1)과 우측(2)에서 크게 돌린다. 다시 한번 한다(3~4)
S를 바꿔들고 반대 측에서도 한다(5~8)

② 매듭줄을 쓰는 체조

1~2 3 4

D

오른손에 S를 들고 머리위에서 좌(1~2), 우(3), 좌(4)로 크게 흔든다.
S를 바꾸어 들고 반대 측에서도 한다(5~8)

1~7 8 9~15 9~16

E

오른손에 S를 잡고 머리위에서 빙글빙글 7회 돌리고(1~7) 되돌린다(8).
S를 바꿔들고 반대 측에서도 한다(9~16)

1 2

F

오른손에 S를 들고 뒤로 흔들고(1) 앞으로 크게 뻗어 올리듯이 흔들어 올린다(2).
다시한번 더 한다(3~4)
S를 바꿔들고 반대쪽으로도 한다(5~8)

② 매듭줄을 쓰는 체조

G

오른손에 S를 들고 몸 둘레는 좌(1) 우(2) 좌(3) 우(4)로 돌려 감는다.
머리 위에서 3회 돌리고(5~7) 되돌린다(8)
S를 바꿔잡고 반대 측에서도 한다(9~16)

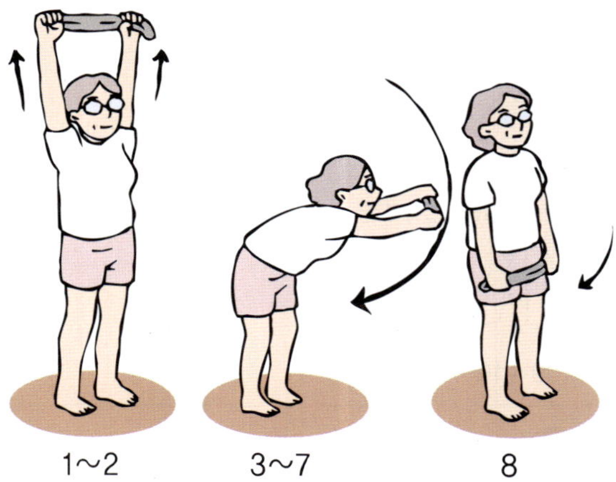

H

S의 두 끝을 들고 높이 들어올린다(1~2)
상체를 숙여 S를 잡은 두 팔을 펴서 앞으로 굽히고 먼 쪽으로 지나게 하고(3~7) 되돌아온다(8)

III 고령자의 리드믹 모션 · 일본편

몸을 풀어서 따뜻하게 하는 체조, 몸을 잘 펴는 체조, 에어로빅 같은 체조, 등과 배의 체조, 릴렉스나 풀어 맞추는 체조 등으로 구성되어 있다.

리듬체조 연구회가 활동성 고령자를 대상으로 움직임을 골라서 음악에 맞춰서 되풀이하기 쉽고 또한 즐겁게 움직이도록 만든 체조이다.

- 개별체조를 골라내어 움직인다.
- 2~3가지 체조를 골라서 매번 움직이는 체조로 한다.
- 즐겁게 만들어서 30~40분 체조시간으로 한다.
- 세기를 가감하여 움직임에 변화를 더한다.

등으로 자유롭게 아렌지 할 수 있다. 움직이는 회수나 되풀이는 사용하는 음악에 맞춰서 조절한다.

① 시작하는 체조

- 움직임 구성 = W-A-W-B-W-C-W-D를 2회 반복
- 박자수 = 64 64 64 64 64 64 64 64
- 곡목 = 베이비 . 페이스
- 빠르기 = 120박자/분

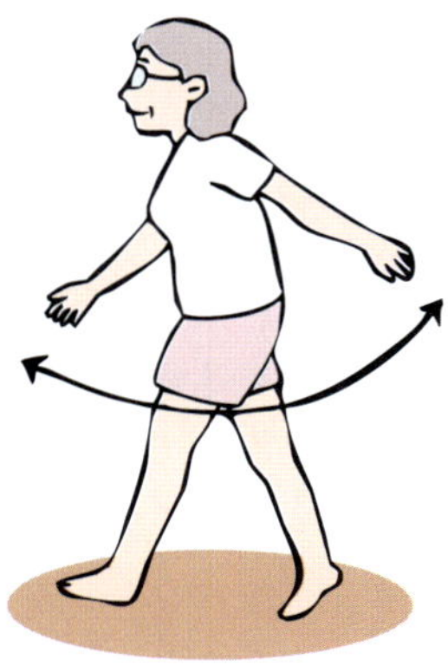

1~64

W

양손을 앞뒤로 가볍게 흔들면서 자유롭게 걷는다(1~64)

① 시작하는 체조

1~2 3 · 4

A

두 팔을 안쪽으로 1회 잡아당긴다(1~2)
손목을 들어올려 2회 흔든다(3~4)
8회 반복한다(1~32)
걸으면서 마찬가지로 한다(33~64)

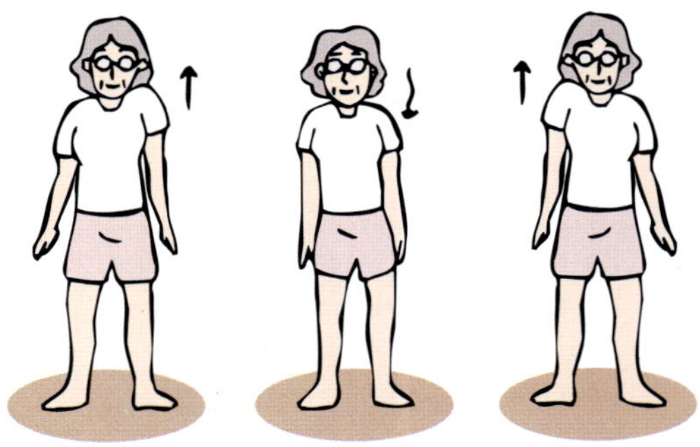

1 2 3

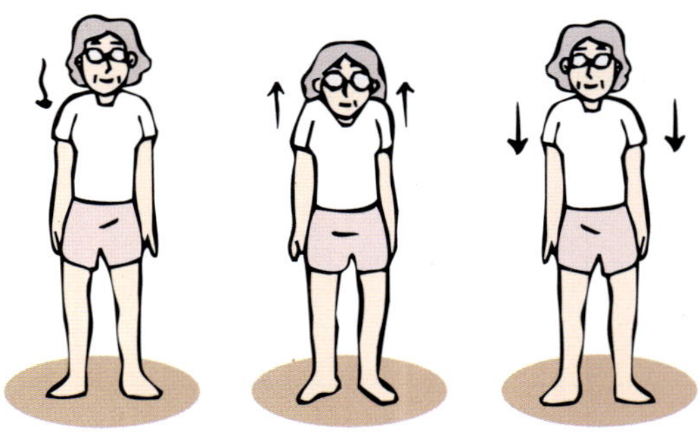

4 5 · 7 6 · 8

B

왼쪽 어깨를 올렸다가(1) 내린다(2)
반대쪽도 같이 한다(3~4)
양 어깨를 2회 상하로 오르내린다(5~8)
4회 반복한다(1~32)
걸으면서 마찬가지로 한다(33~64)

① 시작하는 체조

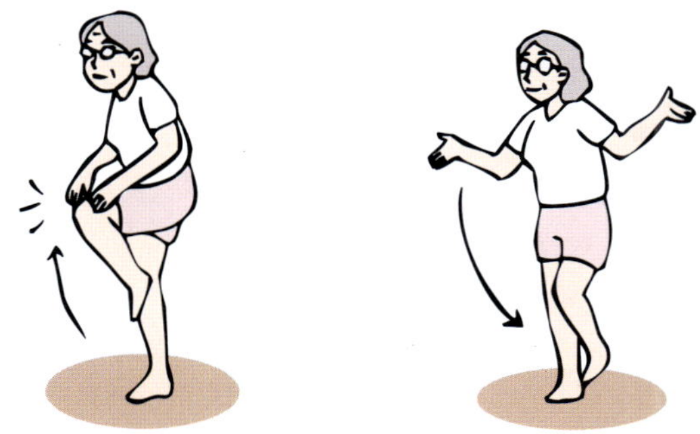

1 2

C

왼쪽 무릎을 굽혀 올려서 두 손으로 두들기고(1) 내린다(2)
반대 측도 같이한다(3~4)
8회 반복한다(1~32)
한발씩 걸어가면서 마찬가지로 한다(33~64)

1 2 3 4

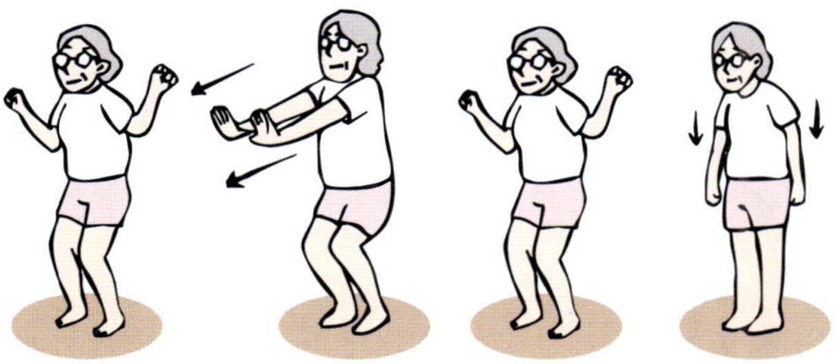

5 6 7 8

D

두 손을 굿, 팟 하면서 어깨→위→어깨→옆→어깨→앞→어깨→아래로 움직인다(1~8)
4회 반복한다(1~32)
걸으면서 마찬가지로 한다(33~64).

② 풀기체조

- 움직임 구성 = A-B-C-D를 3회 반복
- 박자수 = 32 32 32 32
- 곡목 = 사랑은 물색
- 빠르기 = 102박자/분

1~4　5~6　7~8

A

왼손을 옆에서머리 위로 올려편다(1~4)
한바퀴 돌리고 내린다(5~8)
반대 측에도 한다(9~16)
다시 1회 한다(17~32)

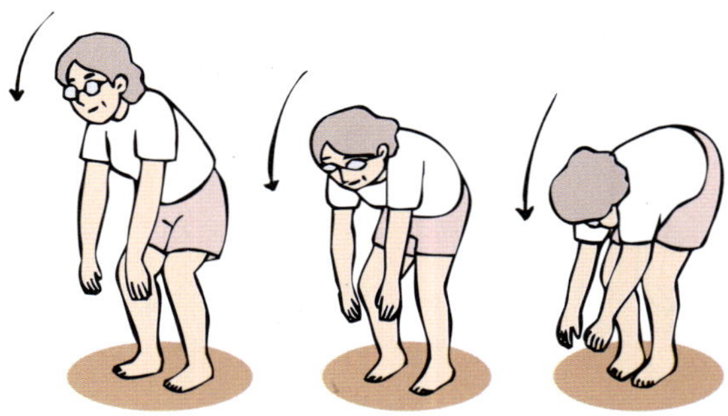

1~2　3~4　5~6

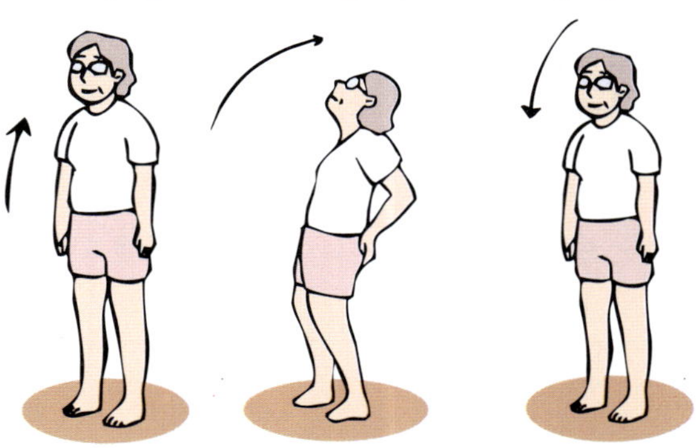

7~8　9~14　15~16

B

양팔을 앞으로 늘어뜨리고 상체를 차츰 앞으로 굽혀간다(1~6)
일어난다(7~8)
양손을 허리 뒤에 대고 가슴을 편다(9~14), 되돌린다(15~16)
다시한번 한다(17~32)

② 풀기체조

1~4 5~6 7~8

C

뻗어올린 두 팔을 좌측 뒤쪽으로 돌린다(1~4)
되돌려서 우측, 좌측으로 감아돌린다.(5~8)
반대 측으로도 한다(9~16)
다시한번 한다(17~32)

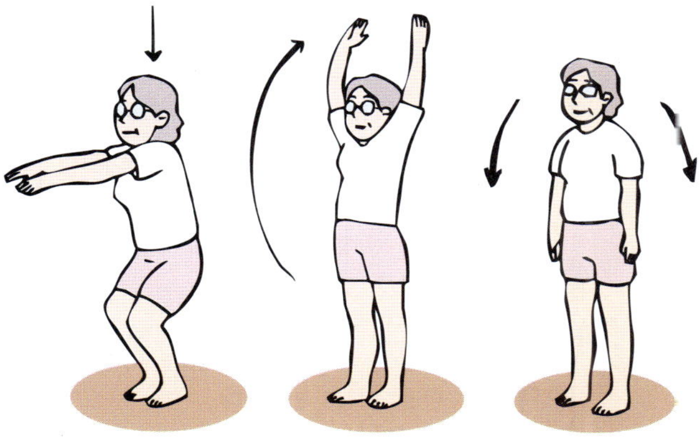

1~8 9~12 13~16

D

양팔을 펴서 어깨 높이로 들어 숨을 내쉬면서 구릎을 굽힌다(1~8)
일어서면서(9~12) 두 팔을 머리위로 올렸다가 크게 원을 그리듯이 몸통 옆으로 팔을 내린다(13~16)
다시 한번 한다(17~32)

③ 스텝체조

∘동작회수를 4회→2회→1회로 바꾸어 가는 체조이다.

- 움직임 구성 = A-B-C-D-E
- 박자수 = 48 80 48 48 48
- 곡목 = Twist in the Mood
- 빠르기 = 144박자/분

A — 박수

왼쪽 앞에서 박수(1)치고 되돌리기(2)를 4회한다(1~8).
오른쪽 앞에서도 4회한다(9~16)
마찬가지로 왼 앞에서 2회(1~4), 오른 앞에서도 2회(5~8) 한다.
마찬가지로 왼 앞에서 1회(1~2), 오른 앞에서 1회(3~4) 한다.
다시 1회 한다(5~8)
달리기(1~16)
∘이하 B~E도 같은 방식으로 한다.

B — 힐포인트

왼발 힐포인트(1) 되돌리고(2)를 4회한다(1~8)
오른발로도 4회한다(9~16)
마찬가지로 왼발로 2회(1~14), 오른발로 2회(5~8) 한다.
마찬가지로 왼발로 1회(1~2), 오른발로 1회(3~4) 한다.
다시 한번 한다(5~8)
달리기(1~48)

C — 좌우 스텝 크로스

왼발을 왼쪽으로 스텝(1) 오른발 크로스(2)를 4회한다(1~8)
우측방향으로도 4회한다(9~16)
마찬가지로 좌측방향에 2회(1~4), 우측방향에 2회(5~8) 한다.
마찬가지로 좌측방향에 1회(1~2), 우측방향에 1회(3~4) 한다.
다시 한번 한다(5~8)
달리기(1~16)

③ 스텝체조

D — 발뒤꿈치 터치

왼발 뒤꿈치를 왼손으로 치고(1) 되돌리기(2)를 4회한다(1~8)
우측에도 4회한다(9~16)
마찬가지로 좌측에서 2회(1~4), 우측에서 2회(5~8) 한다.
마찬가지로 좌측에서 1회(1~2), 우측에서 1회(3~4) 한다.
다시한번 한다(5~8)
달리기(1~16)

E — 앞뒤로 스텝 크로스

앞 방향으르 스텝(1) 크로스(2)를 4회한다(1~8)
마찬가지로 뒷 방향으로도 4회한다(9~16)
마찬가지로 앞 방향으로 2회(1~4), 뒷 방향으로 2회(5~8) 한다.
마찬가지로 앞 방향으로 1회(1~2), 뒷 방향으로 1회(3~4) 한다.
다시한번 한다(5~8)
달리기(1~16)

④ 등배 체조

- 움직임 구성 = A-B-C-D-E-F
- 박자수 = 64 64 64 64 64 64
- 곡목 = 블루베리 힐
- 빠르기 = 107박자/분

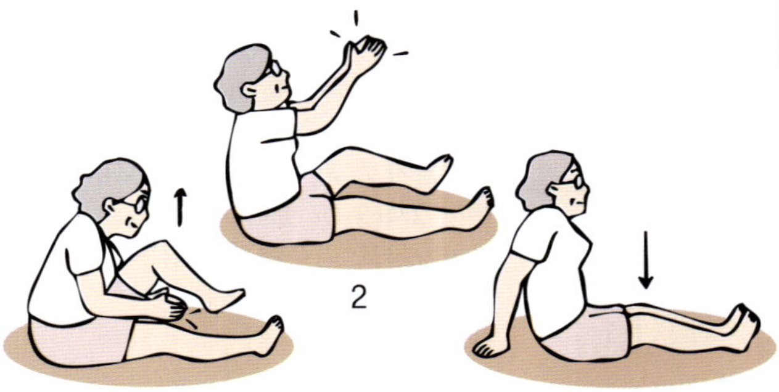

1 · 3　　　4

A ㅡ 복부

왼쪽 무릎 살짝 들어 아래, 위, 아래에서 박수(1~3)치고 되돌린다(4)
반대 측에서도 한다(5~8)
8회 반복한다(1~64)

1 · 2　　　3 · 4

B ㅡ 복부

앉아서 두무릎을 세우고 두 손으로 바닥을 팡팡치면서 무릎을 내리고 상체를 앞으로 굽혀주고(1~4),
8회 반복한다(1~64)

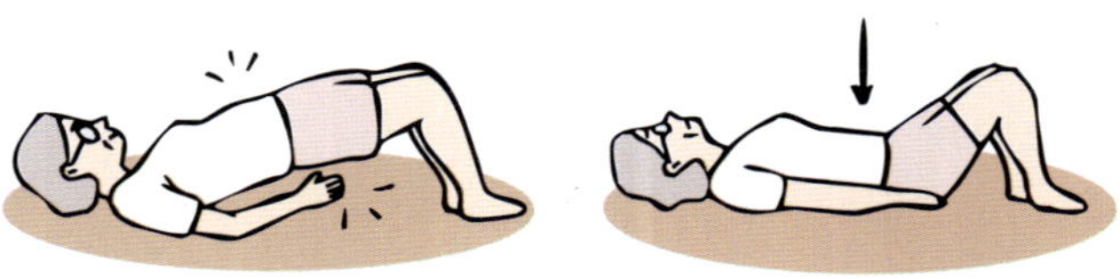

1~12　　　13~16

C ㅡ 등배부위

바로 누워서 두 무릎을 세우고 허리를 올리고 허리를 12회 두드린다(1~12)
되돌린다(13~16)
4회 반복한다(1~64)

④ 등배 체조

1~12

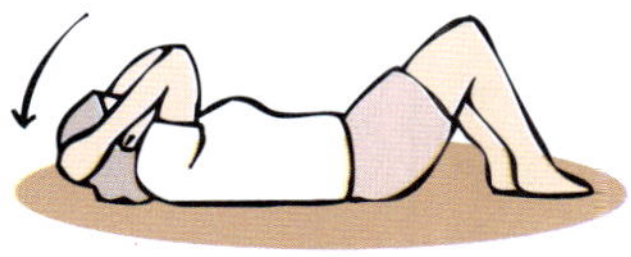

13~16

D ─ 복부

두 무릎을 굽히고 상체를 천천히 일으켜서 배를 본다(1~12)
되돌린다(13~16)
4회 반복한다

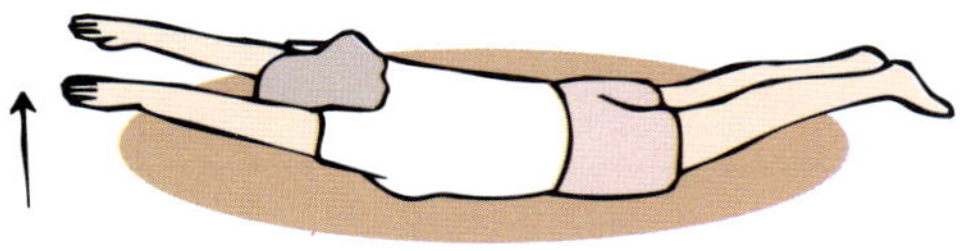

1~12

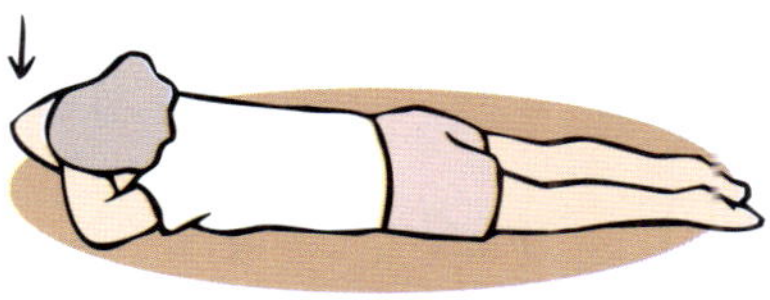

13~16

E ─ 등 부위

팔펴고 엎드린 자세에서 상체를 천천히 올린다(1~12)
되돌린다(13~16)
4회 반복한다(1~64)

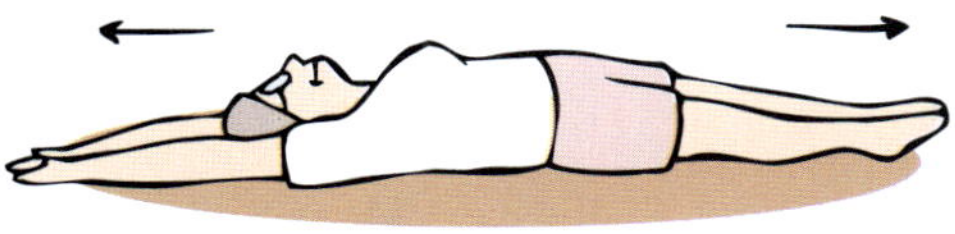

1~8

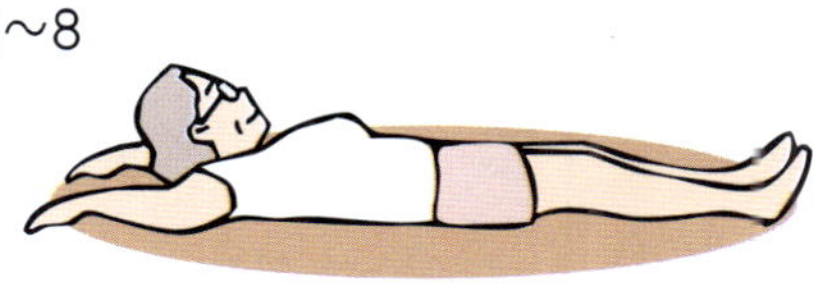

9~16

F ─ 전신펴기

바로 누워서 전신을 뻗는다(1~8)
되돌린다(9~16)
4회 반복한다(1~64)

⑤ 등쪽 체조

- 움직임 구성 = A-B-C를 2회 반복한다
- 박자수 = 64 64 64
- 곡목 = Trudie
- 빠르기 = 108박자/분

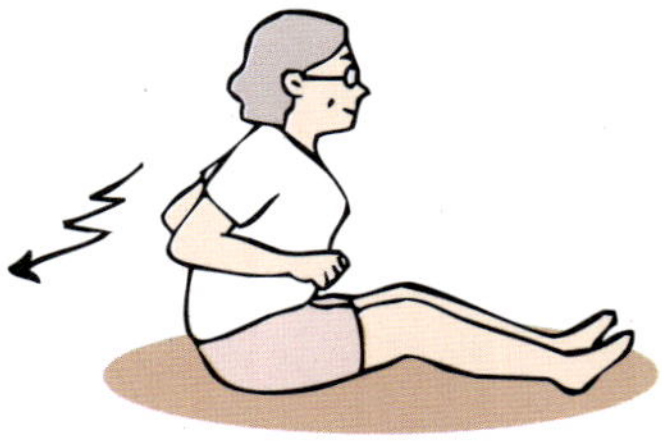

1~2, 3~4, 5~6, 7~8

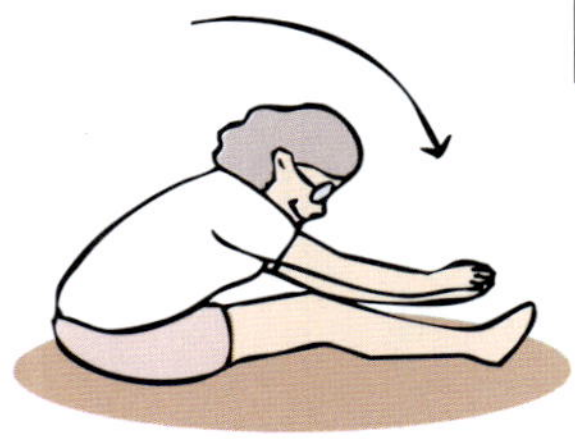

9~16

A

두 팔꿈치를 뒤로 4회 당긴다(1~8)
두 팔을 앞으로 천천히 펴면서 앞으로 숙인다(9~16)
4회 반복한다(1~64)

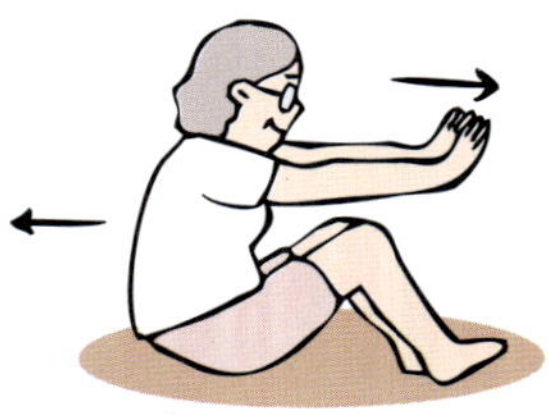

1~8

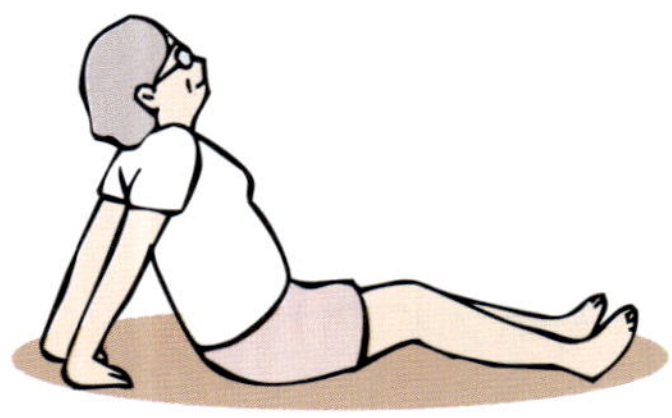

9~16

B

등 쪽을 뒤로 당기면서 두 팔을 정면 먼 쪽으로 민다(1~8)
되돌려서 등 쪽을 펴준다(9~16)
4회 반복한다(1~64)

1~6

7~8

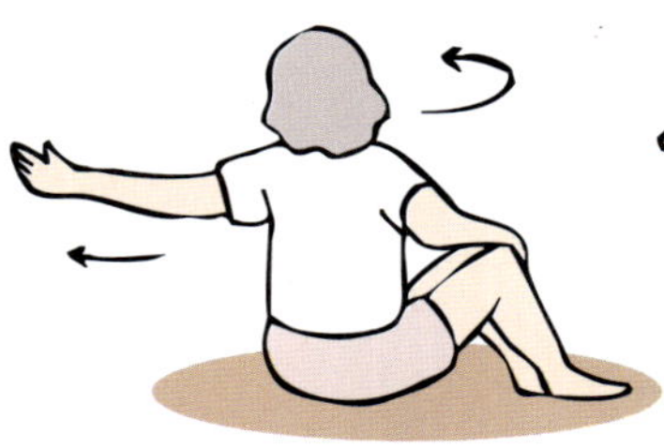

9~12

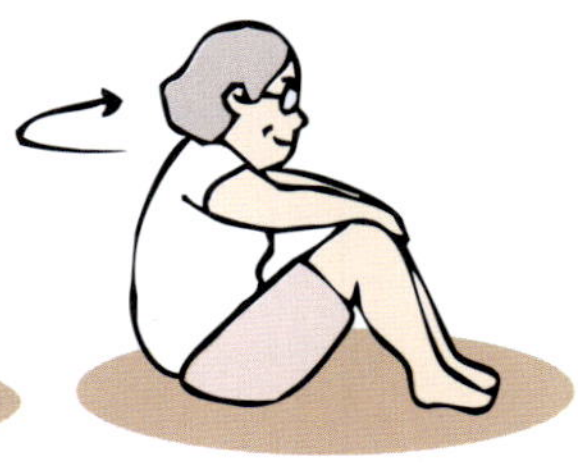

13~16

C

왼쪽 팔꿈치를 뒤쪽으로 3회 당긴다(1~6)
그 팔을 앞으로 펴나간다(7~8)
편 그대로 뒤쪽으로 돌린다(9~12)
되돌린다(13~16)
반대측에서도 한다(1~32)
2회 반복한다

⑥ 기지개 체조

- 움직임 구성 = A-B-C-D-E
- 박자수 = 64 64 64 64 32
- 곡목 = 추억의 테마
- 빠르기 = 96박자/분

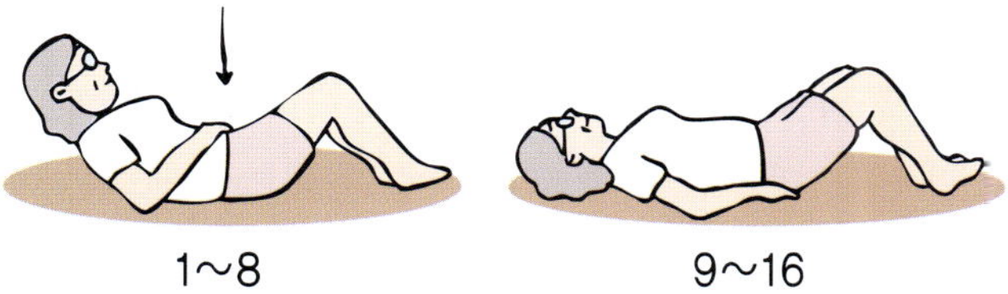

A

시선을 배꼽을 바라보면서 배를 누르면서 천천히 숨을 토해낸다(1~8)
힘을 빼고 쉰다(9~16)
4회 반복한다(1~64)

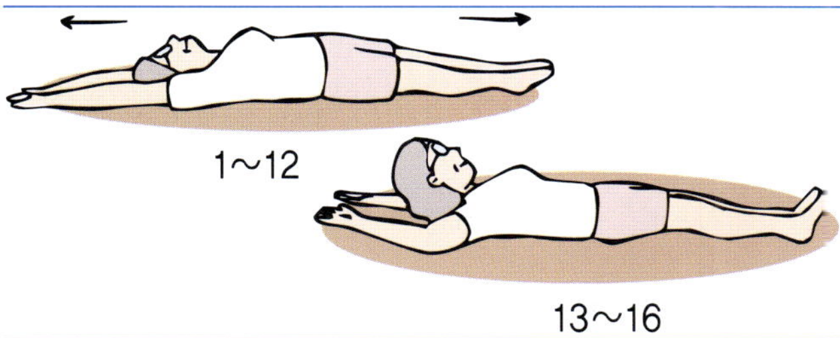

B

전신을 펴준다(1~12)
되돌아 온다(13~16)
4회 반복한다(1~64)

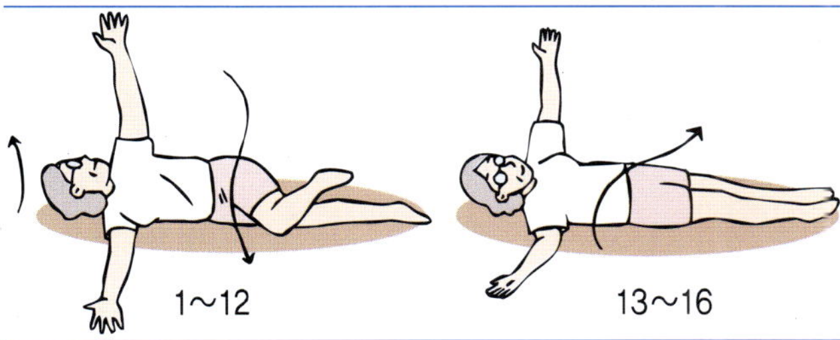

C

두 팔은 양 옆으로 펴고 왼쪽 무릎을 굽히고 힘을 뺀 체 오른다리 안으로 기울인다(1~12)
되돌린다(13~16)
반대측도 한다(17~32)
2회 반복한다(1~64)

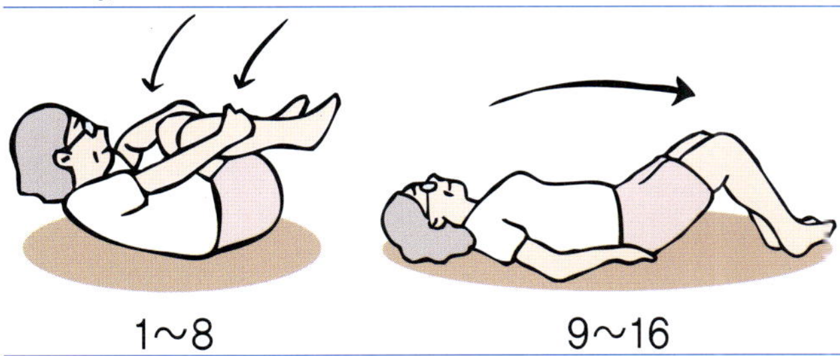

D

벌린 무릎을 잡아서 천천히 가슴쪽으로 잡아당긴다(1~8)
되돌린다(9~16)
4회 반복한다(1~64)

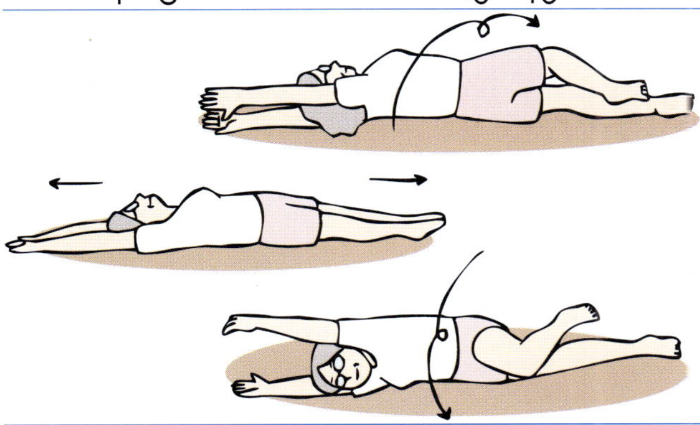

E

몸을 펴서 기지개를 키고, 자유롭게 천천히 구른다(1~32)

IV 시니어 엑서사이스 댄스 · 독일편

손을 마주잡고 스텝을 밟으면서 파트너를 바꾸고 모두가 고리를 만들어 나가는 등 댄스 모양을 빌려서 이동운동 프로그램이 전개된다. 체조의 연장, 리드미컬 운동으로 댄스는 아시아인들에게도 널리 흔히 실천되고 있다.

여기에 소개하는 것은 독일의 시너어 체조지도자 시그리드 하인 여사가 2번 일본에서 피로한 프로그램 13곡으로 남녀 쌍으로 하는 것을 전제로 하지 않는 움직임이다. 음악은 대부분이 걷기에 빠르고 유쾌한 것이 선곡되었다. 빠르기에 유의하여 반복회수를 조정하면 주변의 음악으로 몸이 움직인다.

1. 엑서사이스 댄스 소개를 하면서

① 선정곡을 찾기 어려운 경우에는 주변 가까이 있는 음악 가운데 찾아보기로 한다. 반복운동인 경우에는 움직임의 구별이 되기 쉬운 점에서는 포크 댄스곡이 가장 적당하다. 1분에 120박자정도 빠르게 걷는 것부터 고른다. 독일의 곡목 같은 것은 더욱 즐거울 수 있으리라.
필요하면 반복 움직임 회수를 가감하고, 선곡한 음악과 움직임을 반복 일치시켜서 기분좋게 움직이도록 맞춰준다. 아래에 참고곡목을 써 놓았다.

② ☆표는 참고할 때 덧붙인 댄스의 난이도이다.
* 비교적 우아한 것은…☆
* 스텝이나 파트너체인지가 약간 어려운 것, 움직임의 종류가 많은 것은…☆☆

③ 설명속의 Ⓛ은 리드역할 Ⓟ는 파트너역할을 표시한 것이다. 동작 그림에서는 ◓-이 리드 역할, ⊖-이 파트러역할이다. 남자가 들어오면 리드역할을 맡아 주도록 부탁한다.

④ 여기서 사용되는 전문용어는 다음과 같다.

* 도오시드 : 마주향한 두사람이 우(좌)측 어깨를 스쳐 지나갈 때 뒤로 향해서 좌(우)측 어깨를 스쳐 지나서 본래로 되돌아온다.
* 스텝 클로즈 : 한발 옆(또는 앞) 스텝을 밟고 이어서 발을 당겨 모은다.
* 포인트 : 발끝이나 뒤꿈치를 바닥에 가볍게 닿는 일(힐 포인트, 토우 포인트)

참고곡목

◦킨다 폴카(독일 ♩=120, 연주시간=3분 06초, 콜롬비아 EZ 7188)
◦캄·레더스 비 조이풀(독일 ♩=120, 연주시간=2분 30초, 콜롬비아 EDM-1)
◦써카시안 써클(영국 ♩=120, 연주시간=2분 45, 콜롬비다 EDM-30)
◦폴카 투 드라이멘(독일 ♩=120, 연주시간=2분 36초, 콜롬비아, EDS-66)
◦더 로버트(스코틀랜드 ♩=130, 연주시간=2분 30초, 콜름비아 EDS-66)
◦카나디안 판타지(영국 ♩=135, 연주시간=3분 00초)

① 공원 만남

난이도 = ☆

- 곡목 = Ostlanashes Viergespann
- 빠르기 = 120박자/분
- 움직임 = A~D/64박자
- 대형 = 자유

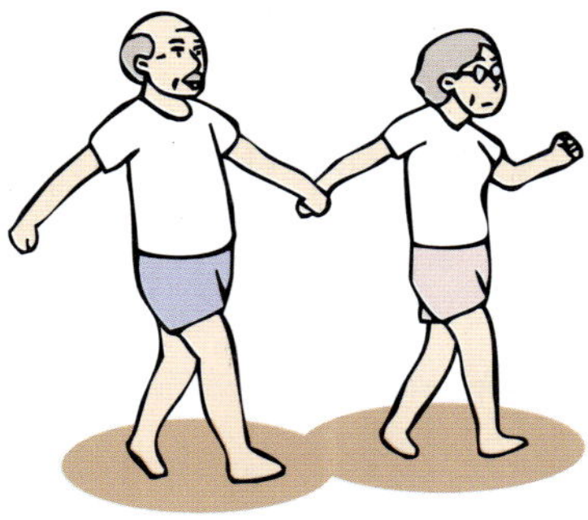

A

흩어져서 자유롭게 걷는다(1~8)
파트너를 만나면 손을 잡는다(9~16)

B

마주보며 3보 후퇴, 4보째 박수(1~4)
3보 전진, 4보째 상대방과 박수를 마주친다(5~8)
다시 한번 한다(9~16)

C

두 손을 마주잡고 시계방향으로 돈다(1~8)
반대 측으로도 한다(9~16)

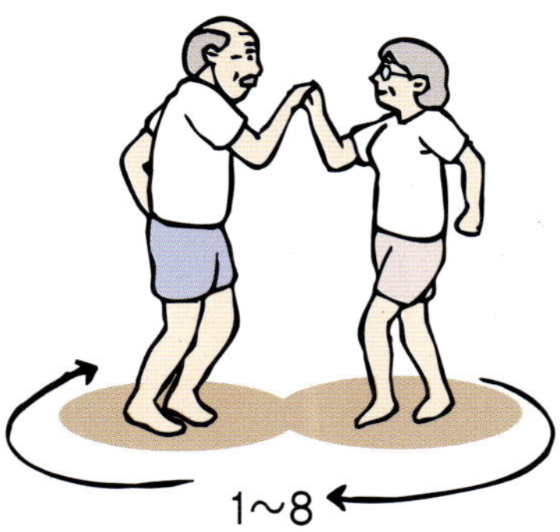

D

오른손을 마주잡고 시계방향으로 돈다(1~8)
반대 측으로 하되 자유대형으로 돌아온다(9~16)

② 인사 댄스

난이도=☆

- 곡목 = Saue-länder Quadrille Nr. 5
- 빠르기 = 92박자/분
- 움직임 = A~C/48박자
- 대형 = 한겹 원

리드 역학 Ⓛ은 우측 파트너 Ⓟ와 짝이 된다.

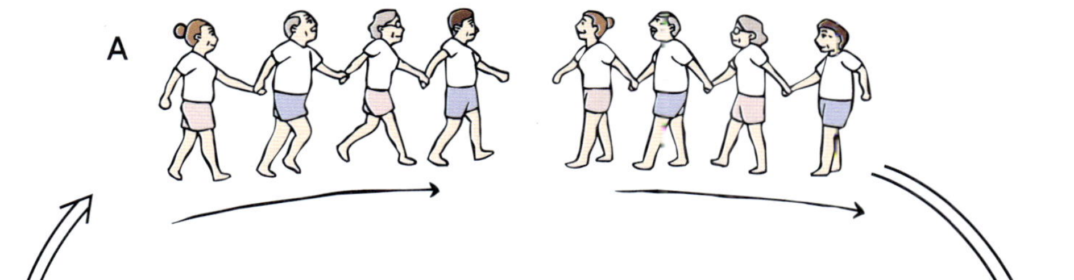

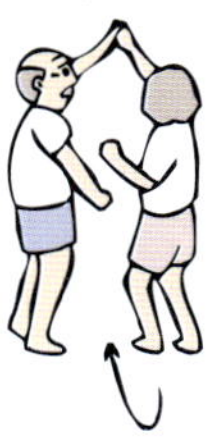

A. 1~16 좌향에서 좌로 4보 전진, 우향이 되어 좌측방향으로 4보후퇴(1~8) 반대 측으로도 한다(9~16).

B. 1~16 원 안으로 4보 전진, 원 밖으로 4보 후퇴(1~8). 다시한번 한다(9~16).

C. 1~16 원주위로 파트너를 두 손을 잡고 시계방향으로 투스텝 4회로 돌고, Ⓛ은 바깥쪽에 Ⓟ는 안쪽에 선다(1~8)
Ⓟ는 왼손을 풀고 오른손 밑을 잡고 Ⓛ의 좌측으로 이동하여 한바퀴 원으로 되돌아온다(9~16)

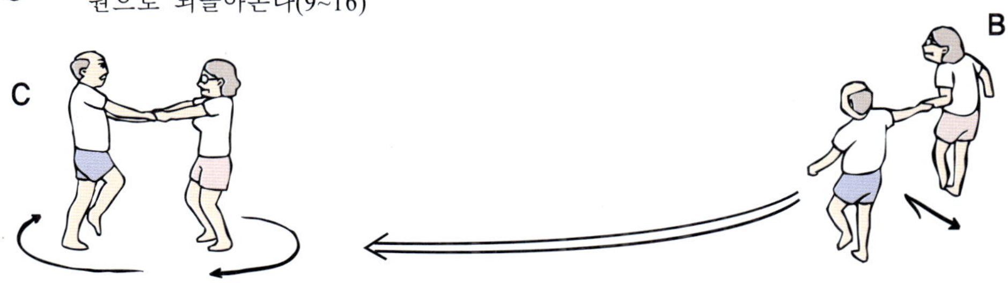

③ 파티 댄스

난이도=☆

- 곡목 = A Party Dance
- 빠르기 = 108박자/분
- 움직임 = A~C/64박자
- 대형 = 한겹 원

리드 역할 Ⓛ은 우측 파트너 Ⓟ와 짝이 된다.

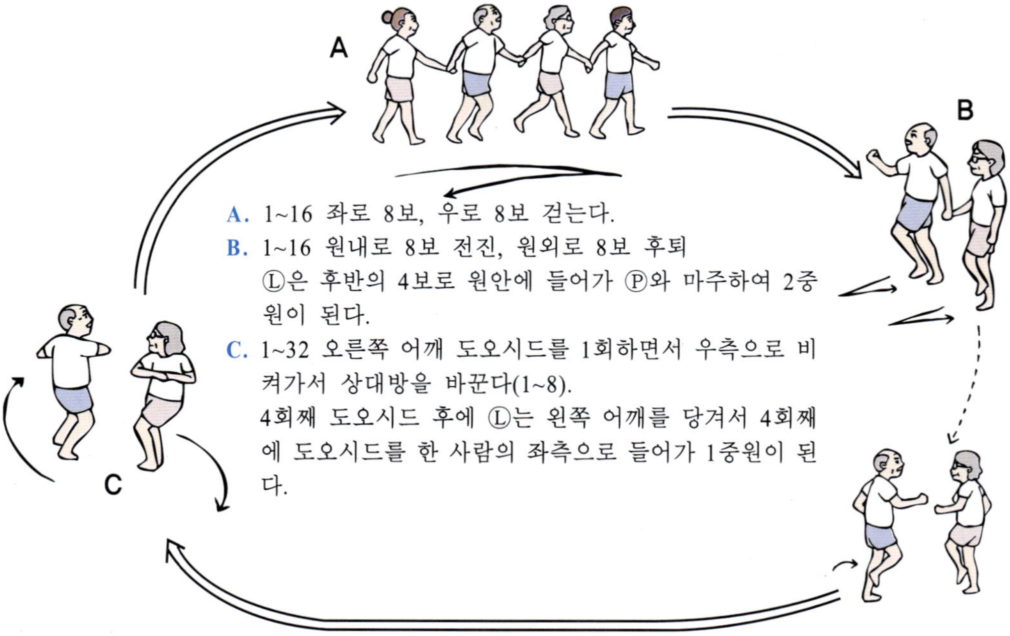

A. 1~16 좌로 8보, 우로 8보 걷는다.

B. 1~16 원내로 8보 전진, 원외로 8보 후퇴
Ⓛ은 후반의 4보로 원안에 들어가 Ⓟ와 마주하여 2중원이 된다.

C. 1~32 오른쪽 어깨 도오시드를 1회하면서 우측으로 비켜가서 상대방을 바꾼다(1~8).
4회째 도오시드 후에 Ⓛ는 왼쪽 어깨를 당겨서 4회째에 도오시드를 한 사람의 좌측으로 들어가 1중원이 된다.

④ 여름의 믹서 난이도=☆

- 곡목 = Zomerhutser
- 빠르기 = 120박/분
- 움직임 = A~C/32박자
- 대형 = 2중 원

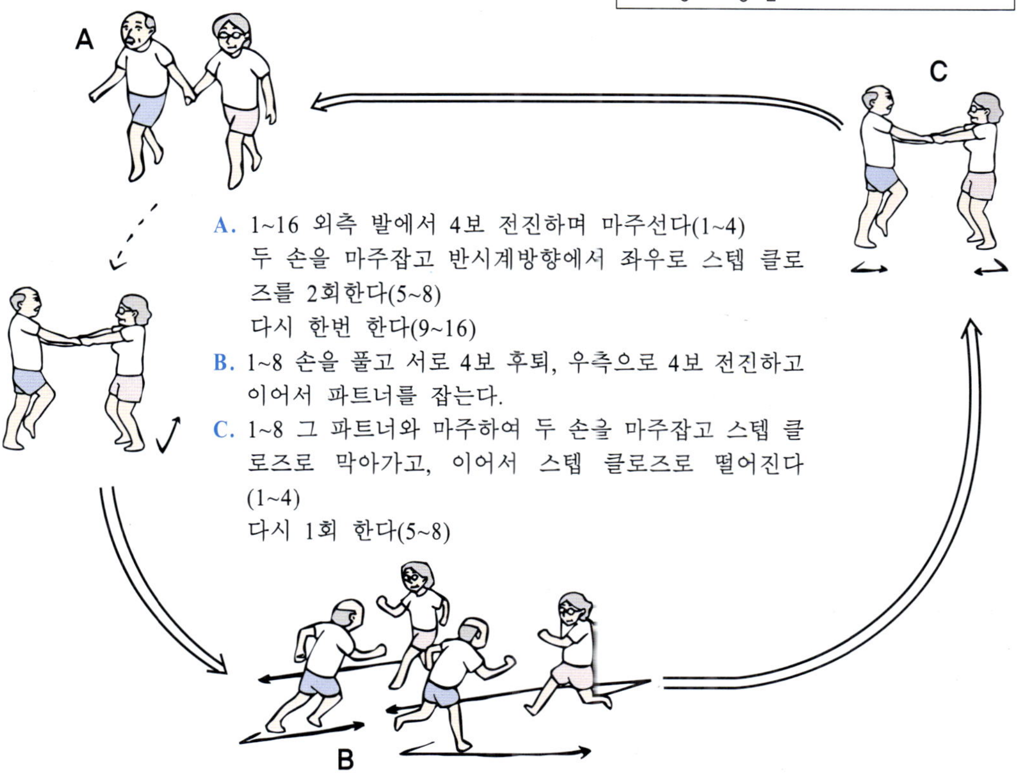

A. 1~16 외측 발에서 4보 전진하며 마주선다(1~4)
두 손을 마주잡고 반시계방향에서 좌우로 스텝 클로즈를 2회한다(5~8)
다시 한번 한다(9~16)

B. 1~8 손을 풀고 서로 4보 후퇴, 우측으로 4보 전진하고 이어서 파트너를 잡는다.

C. 1~8 그 파트너와 마주하여 두 손을 마주잡고 스텝 클로즈로 막아가고, 이어서 스텝 클로즈로 떨어진다(1~4)
다시 1회 한다(5~8)

⑤ 자리가니 폴카 난이도=☆

- 곡목 = Krebs Polka
- 빠르기 = 96~116박자/분
- 움직임 = A~B/64박자
- 대형 = 두겹 원

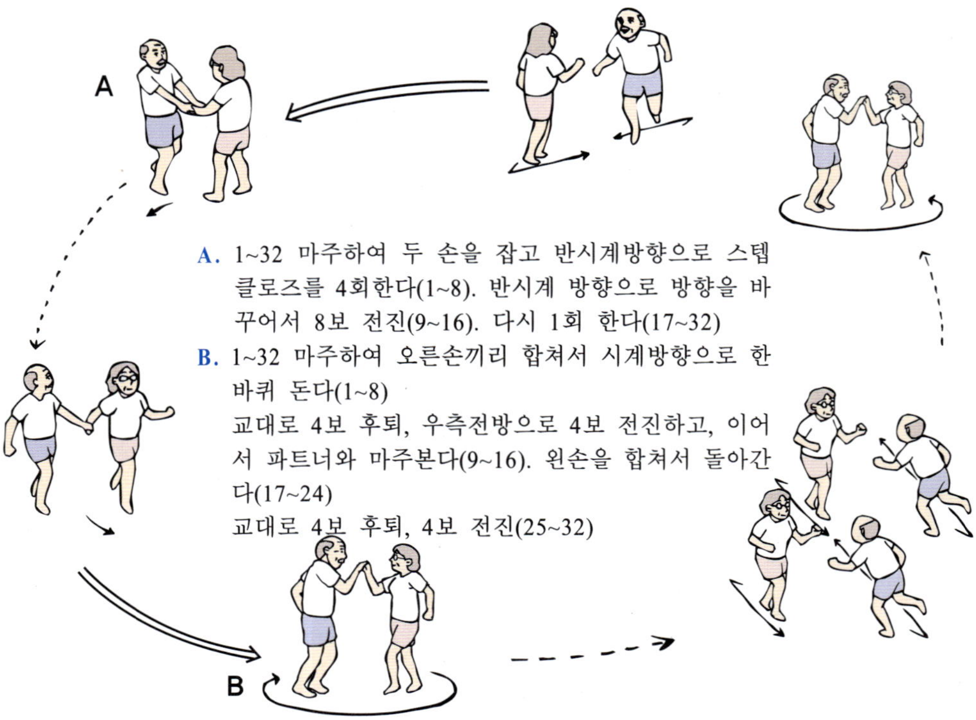

A. 1~32 마주하여 두 손을 잡고 반시계방향으로 스텝 클로즈를 4회한다(1~8). 반시계 방향으로 방향을 바꾸어서 8보 전진(9~16). 다시 1회 한다(17~32)

B. 1~32 마주하여 오른손끼리 합쳐서 시계방향으로 한 바퀴 돈다(1~8)
교대로 4보 후퇴, 우측전방으로 4보 전진하고, 이어서 파트너와 마주본다(9~16). 왼손을 합쳐서 돌아간다(17~24)
교대로 4보 후퇴, 4보 전진(25~32)

⑥ 프롬네이드

난이도=☆

- 곡목 = Schaumburger
- 빠르기 = 120박자/분
- 움직임 = A~C/32박자
- 대형 = 두겹 원

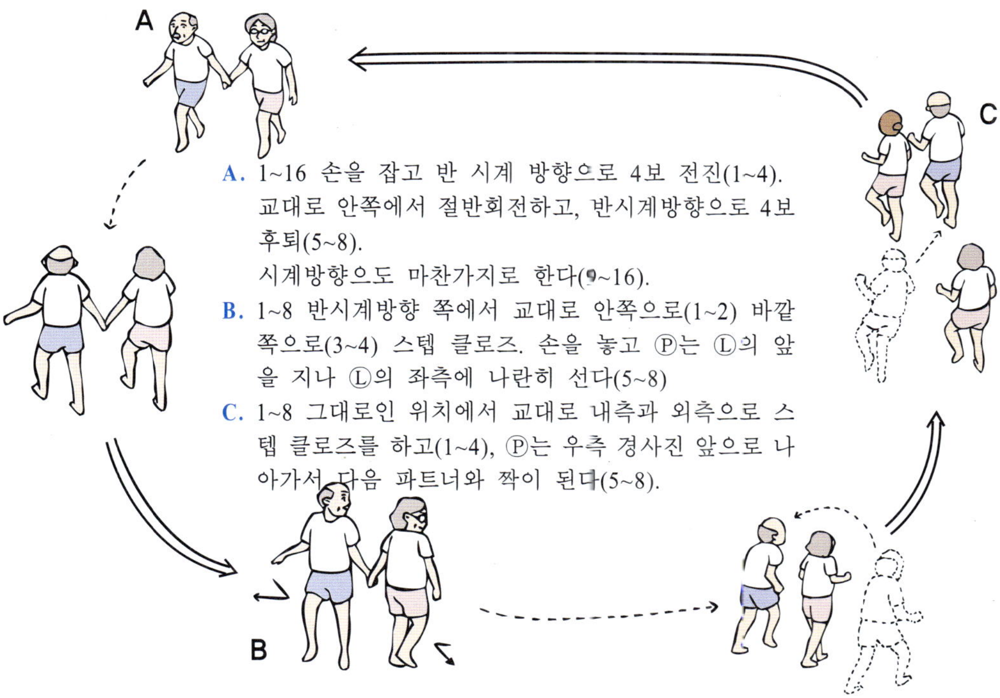

A. 1~16 손을 잡고 반 시계 방향으로 4보 전진(1~4).
교대로 안쪽에서 절반회전하고, 반시계방향으로 4보 후퇴(5~8).
시계방향으도 마찬가지로 한다(9~16).

B. 1~8 반시계방향 쪽에서 교대로 안쪽으로(1~2) 바깥쪽으로(3~4) 스텝 클로즈. 손을 놓고 Ⓟ는 Ⓛ의 앞을 지나 Ⓛ의 좌측에 나란히 선다(5~8)

C. 1~8 그대로인 위치에서 교대로 내측과 외측으로 스텝 클로즈를 하고(1~4), Ⓟ는 우측 경사진 앞으로 나아가서 다음 파트너와 짝이 된다(5~8).

⑦ 존델 불루겔

난이도=☆☆

- 곡목 = German Folkdance
- 빠르기 = 116박자/분
- 움직임 = A~N/128박자
- 대형 = 한겹 원

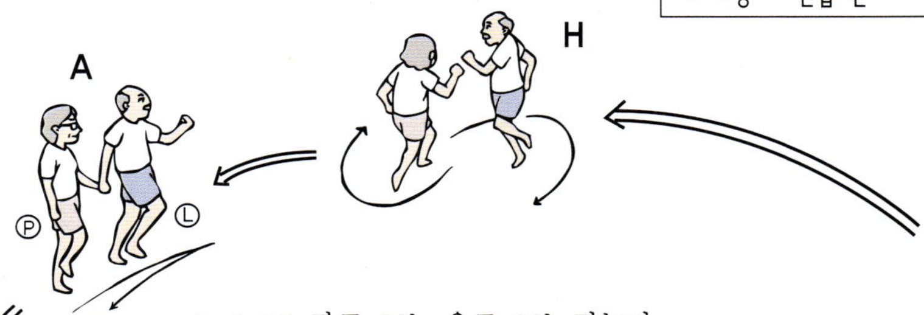

A. 1~16 좌로 8보, 우로 8보 걷는다.

B. 1~16 원 안으로 8보 전진, 원 밖으로 8보 후퇴하고 파트너의 손을 잡고 반시계돌기 방향을 향한다.

C. 1~16 반시계방향으로 8보 전진하고, 교대로 내측에서 절반 회전하고 시계돌기 방향으로 8보 전진한다.

D. 1~16 두 손을 잡고 시계방향으로 8보로 한바퀴 돈다. 반대 측으로도 돌아서 최후에 Ⓟ의 오른손을 풀고 Ⓛ이 좌측에 들어가 한 겹 원이 된다.

E. 1~16 Ⓟ는 원안으로 8보 전진, 8보 후퇴(Ⓛ은 그 자리에서 박수)

F. 1~16 교체하여 Ⓛ은 원안으로 8보 전진, 8보 후퇴하여 최후에 Ⓟ와 마주본다.

G. 1~16 두 손을 잡고 시계방향으로 8보만에 한바퀴 돌고, 반대 측도 돈다.

H. 1~16 우측어깨 도우시드를 하고(1~8), 두 번째 도우시드로 교대로 우측으로 이동하여 다음 파트너와 짝이 된다.

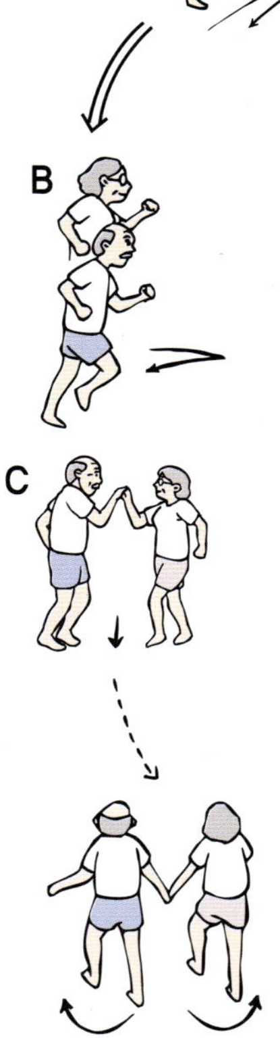

⑧ 그랜드 체인 난이도=☆☆

- 곡목 = Kruesel konter
- 빠르기 = 108박자/분
- 움직임 = A~D/96박자
- 대형 = 두겹 원

A. 1~32 반시계 방향으로 8보 전진(1~8)
마주보고 두 손을 잡고 시계방향으로 한바퀴 돈다(9~16)
다시 한번 한다(17~32)

B. 1~16 오른 손을 맞대고 4걸음으로 서로의 위치를 바꾼다(1~4)
교대로 4걸음 후퇴(5~8)
반대 측으로도 한다(9~16)

C. 1~16 우측어깨 도이시드를 한다(1~8)
반대 측에도 한다(9~16)

D. 1~32 그랜드체인
파트너와 오른 손으로 악수하고 4걸음 전진(1~4)
2번째 파트너와 왼손으로 악수하고 4걸음 전진(5~8)
마찬가지로 오른손, 왼손과 악수하면서 전진하여(9~28)
8명 째에서 왼손악수 후에 Ⓛ이 내측, Ⓟ가 오측이 맨 처음 대형으로 돌아간다(29~32)

⑨ 베르리나 폴카

난이도=☆☆

- 곡목 = Berliner Polka
- 빠르기 = 104박자/분
- 움직임 = A~C/64박자
- 대형 = 두겹 원

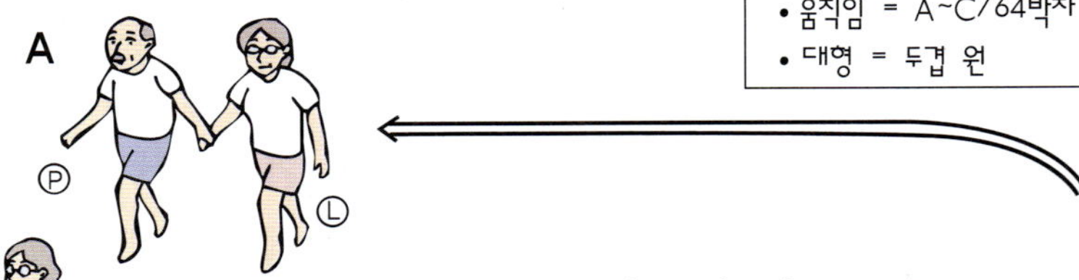

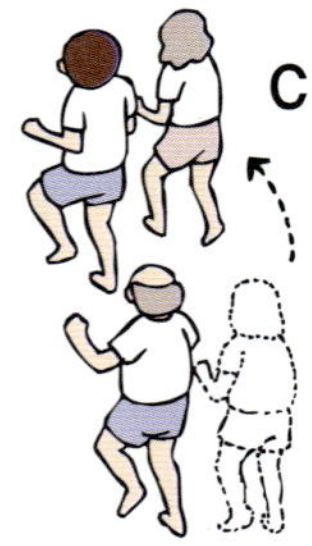

A. 1~32 왼발 힐 포인트, 토우 포인트와 투스텝(1~4). 반대 측에도 한다(5~8). 투스텝 2회, 4걸음전진(9~16). 다시 한번한다.(17~32).

B. 1~16 오른팔 끼리 걸고 시계방향으로 8걸음에 한바퀴 돈다(1~8).
반대 측으로도 한다(9~16).

C. 1~16 반시계방향으로 8걸음 전진(1~8).
같은 방향으로 걸으면서 Ⓟ는 한사람 앞의 다음 파트너와 짝이 된다.

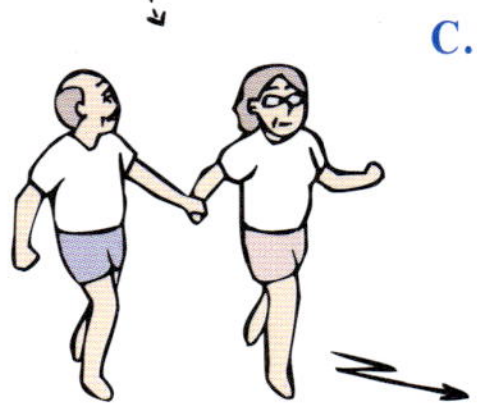

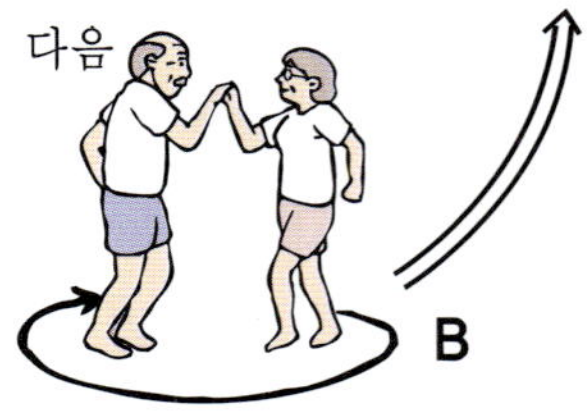

⑩ 슬로 왈츠

난이도=☆☆

- 곡목 = Masianer
- 빠르기 = 108박자/분
- 움직임 = A~D/96박자
- 대형 = 한겹 원

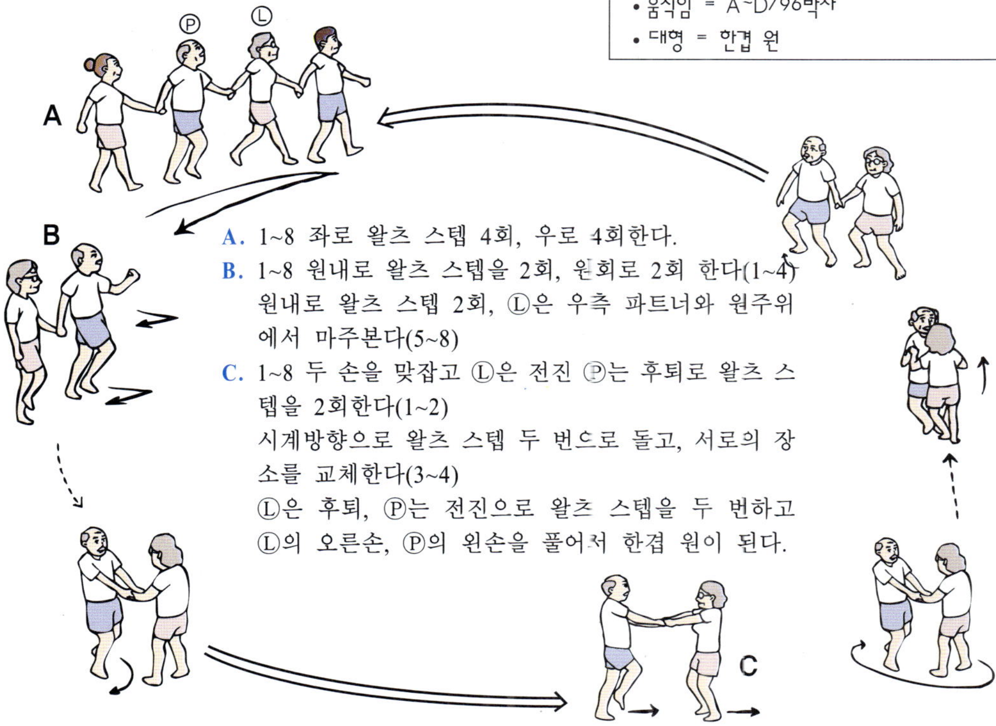

A. 1~8 좌로 왈츠 스텝 4회, 우로 4회한다.

B. 1~8 원내로 왈츠 스텝을 2회, 원회로 2회 한다(1~4)
원내로 왈츠 스텝 2회, Ⓛ은 우측 파트너와 원주위에서 마주본다(5~8)

C. 1~8 두 손을 맞잡고 Ⓛ은 전진 Ⓟ는 후퇴로 왈츠 스텝을 2회한다(1~2)
시계방향으로 왈츠 스텝 두 번으로 돌고, 서로의 장소를 교체한다(3~4)
Ⓛ은 후퇴, Ⓟ는 전진으로 왈츠 스텝을 두 번하고 Ⓛ의 오른손, Ⓟ의 왼손을 풀어서 한겹 원이 된다.

⑪ 탄겔 뮨델 폴카 난이도=☆☆

- 곡목 = Tangermünder Polka
- 빠르기 = 100박자/분
- 움직임 = A~C/96박자
- 대형 = 한겹 원

A. 1~32 좌로 16보, 우로 16보 걷는다.

B. 1~32 Ⓟ는 원안으로 4보 전진하고 4보 만에 박수, Ⓛ은 그 자리에서 4번 박수(1~4).
Ⓟ는 원 밖으로 4보 후퇴, Ⓛ은 원 안으로 4보 전진하여 4보 째에 박수(5~8)
Ⓟ는 좌우에 스텝 클로즈. Ⓛ은 원 밖으로 4보 후퇴(9~12)
Ⓛ도 Ⓟ도 좌우로 스텝 클로즈를 한다(13~16)
다시 한번 하고 Ⓛ은 Ⓟ와 마주하여 2겹 원이 된다(17~32)

C. 1~32 두 손을 잡고 손을 흔들면서 시계방향에서 스텝 클로즈를 좌우로 2회한다(1~8).
Ⓟ는 왼손을 풀고 Ⓛ의 둘레를 한바퀴 돈다(9~16)
1~8을 다시한번 반복한다(17~24)
Ⓟ는 반시계방향의 다음 파트너 우측으로 들어가고, Ⓛ은 원 안으로 향해서 한 겹 원이 된다(25~32)

⑫ 3인조 댄스

난이도=☆☆

- 곡목 = Triolett
- 빠르기 = 112박자/분
- 움직임 = A~C/96박자
- 대형 = 3겹 원

2사람 Ⓟ사이에 1사람 Ⓛ인 3인조가 되어 마주선다.

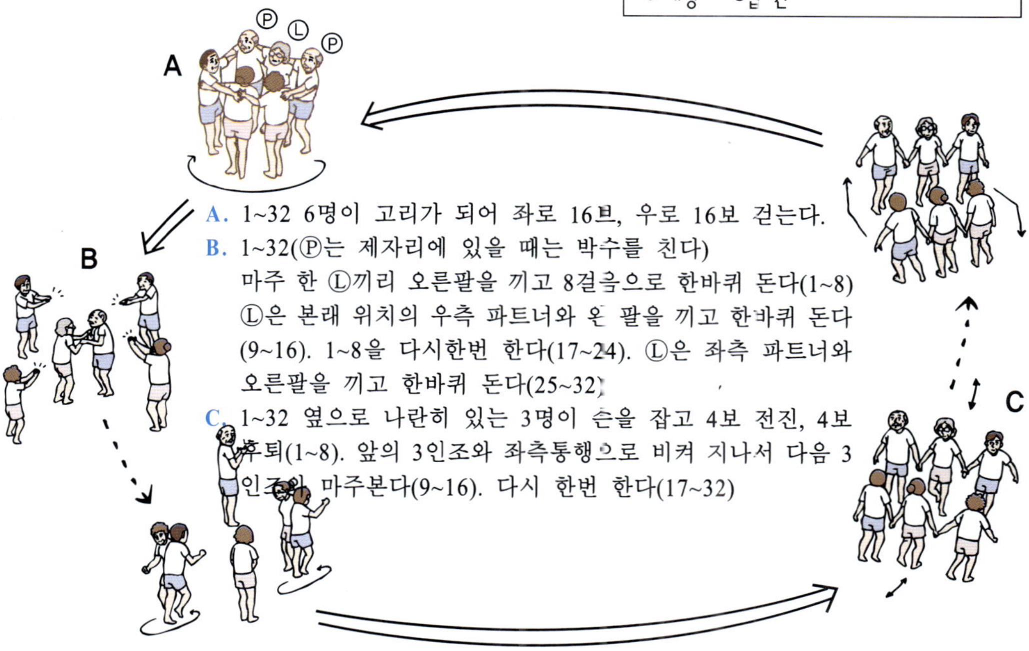

A. 1~32 6명이 고리가 되어 좌로 16보, 우로 16보 걷는다.

B. 1~32(Ⓟ는 제자리에 있을 때는 박수를 친다)
마주 한 Ⓛ끼리 오른팔을 끼고 8걸음으로 한바퀴 돈다(1~8) Ⓛ은 본래 위치의 우측 파트너와 왼 팔을 끼고 한바퀴 돈다(9~16). 1~8을 다시한번 한다(17~24). Ⓛ은 좌측 파트너와 오른팔을 끼고 한바퀴 돈다(25~32)

C. 1~32 옆으로 나란히 있는 3명이 손을 잡고 4보 전진, 4보 후퇴(1~8). 앞의 3인조와 좌측통행으로 비켜 지나서 다음 3인조와 마주본다(9~16). 다시 한번 한다(17~32)

⑬ 행진 댄스

난이도=☆☆

- 곡목 = Marschrunde
- 빠르기 = 120박자/분
- 움직임 = A~D/64박자
- 대형 = 4겹 원

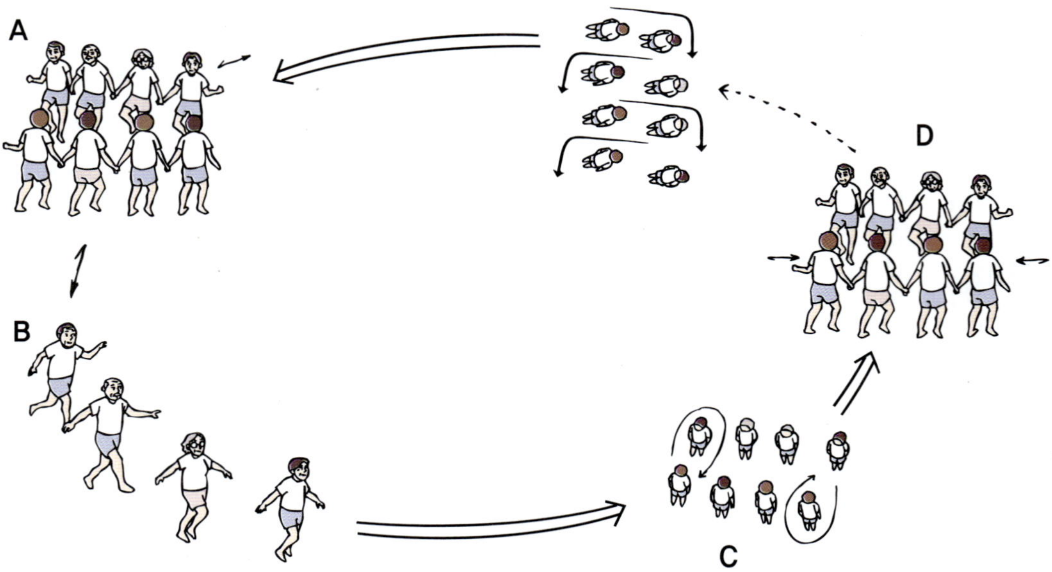

A. 1~16 4인조로 마주서서 서로 4보 전진, 4보 후퇴(1~8). 다시한번 한다(9~16).

B. 1~16 왼발을 앞, 옆, 뒤로 토우 포인트하고 되돌린다(1~8). 반대측도 한다(9~16).

C. 1~16 마주한 사람끼리 오른쪽 어깨 도우시트, 왼쪽 어깨 도우시드를 한다.

D. 1~16 곁에 있는 4명끼리 손을 잡고 자우로 스텝 클로즈를 4회한다(1~8).
2명씩 손을 잡고 마주한 2인조와 서로 교대로 좌측통행으로 엇갈려서 다음 4인조와 마주한다(9~16).

V 퍼프링 체조 · 일본편

퍼프링은 화장용 퍼프와 도너츠링 이미지에서 이름을 따온 오리지널 운동기구이다. 다양한 운동이 가능하다. 부드러운 헝겊재료이므로 부딪쳐도 위험이 없고, 잡다가 떨어져도 멀리 날아갈 염려가 없는 장점이 있어서 좁은 실내에서도 쉽게 운동을 할 수 있다.

◦ 퍼프링 만드는 법

15cm 사각포의 각을 잘라 팔각형으로 만들고 중앙에 구멍을 만든다. 2장을 봉합하고 속안에 곡식 같은 걸로 채운다. 강한 정도가 문제되지 않는 경우에는 손으로 만든 것도 사용한다.

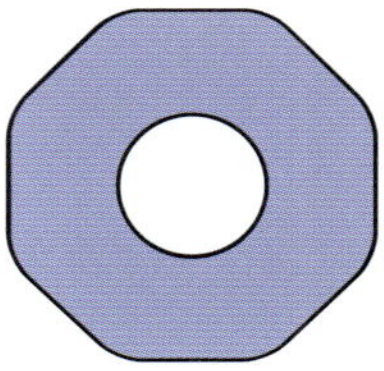

① 기본동작

얹는다

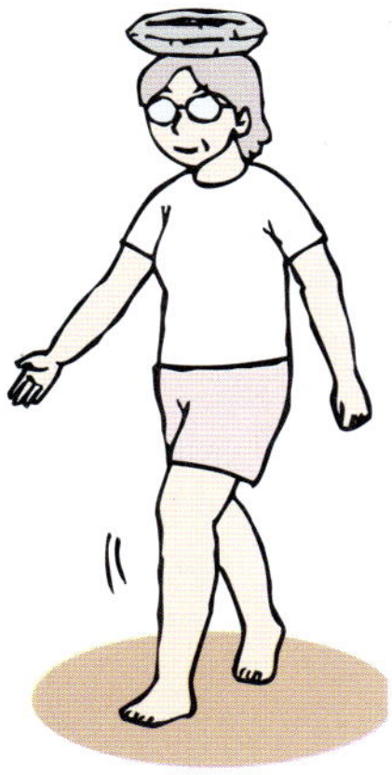

퍼프링을 머리 위에 올려놓고 안 떨어지게 걷는다.

양팔을 어깨 높이로 옆으로 벌리고 무릎을 굽혔다가 폈다가

양팔을 어깨 높이로 옆으로 벌리고 한쪽다리 무릎을 들고 발란스.

① 기본동작

넘어가거나 건넌다.

퍼프링을 겹쳐 쌓아 넘는다.

퍼프링을 순서대로 넘어간다.

던진다. 잡는다

퍼프링을 머리위로 높이 던졌다가 내려잡는다.

손에서 손으로 던져 받는다.

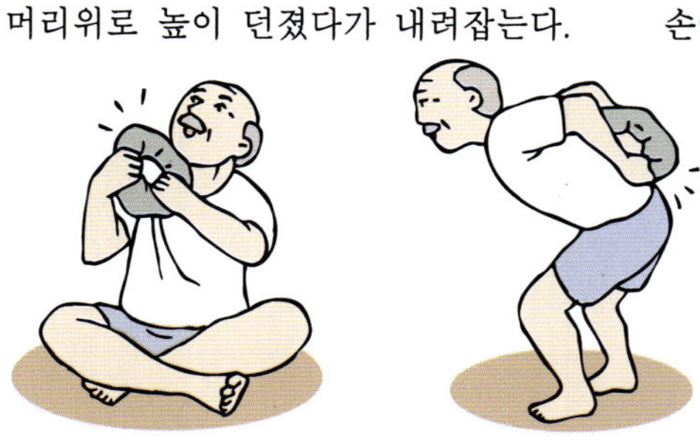

여러 장소에서 받는다.

① 기본동작

돌린다

팔에걸고 돌린다.

손가락에 걸고 돌린다.

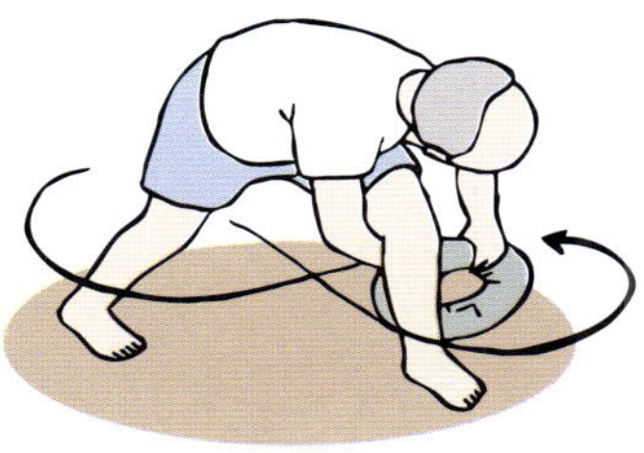

상체를 숙이고 퍼프링을 다리사이를 8자로 돌린다.

몸통둘레를 돌린다.

① 기본동작

흔든다. 돌린다.

앞뒤로 흔든다.

몸 앞에서 돌린다.

머리위에서 돌린다.

굽힌다. 편다. 비튼다.

머리 위로 올리고 오른쪽, 왼쪽 옆으로
늘리면서 옆구리를 편다.

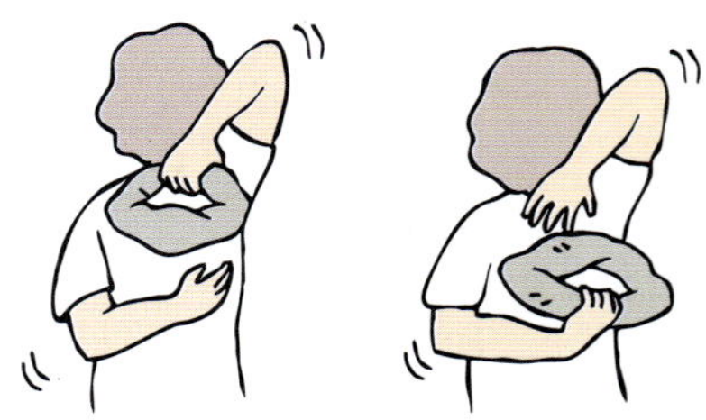

위에서 아래로 바꿔 잡는다.

① 기본동작

굽힌다. 편다. 비튼다

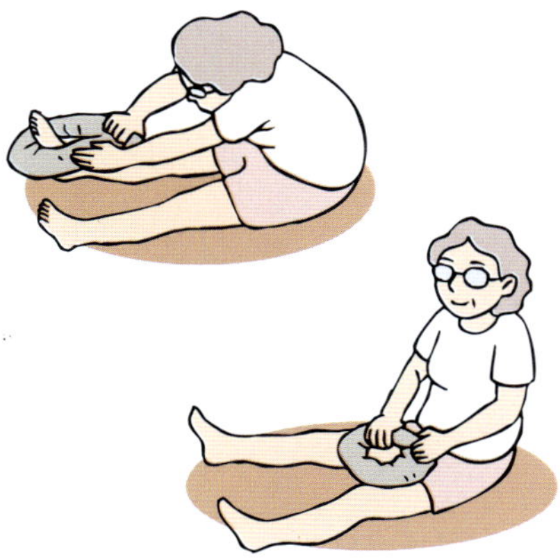

발에 걸었다가 집어온다.

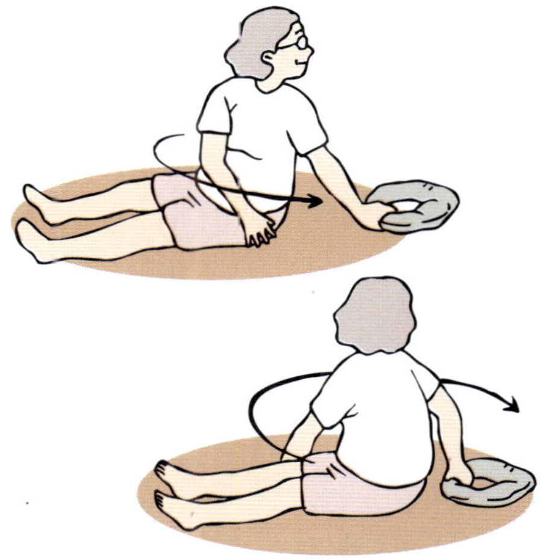

비틀어 뒤에 두었다가 되돌려오고
반대로 비틀었다가 되돌려 온다.

힘을 쓴다

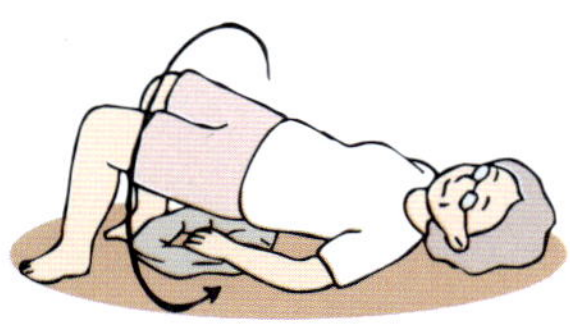

허리를 들어 돌린다.

한쪽 발을 올려서 돌린다.

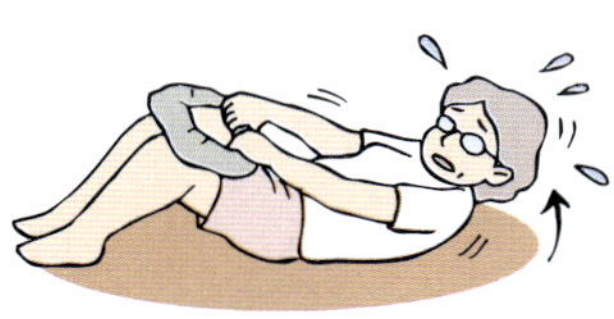

엎어두고

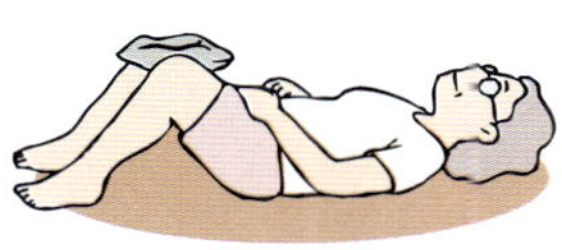

쉬고

잡는다

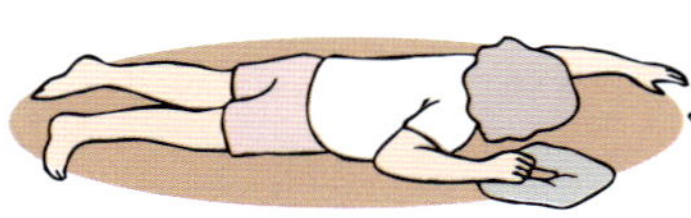

잡은 손에서

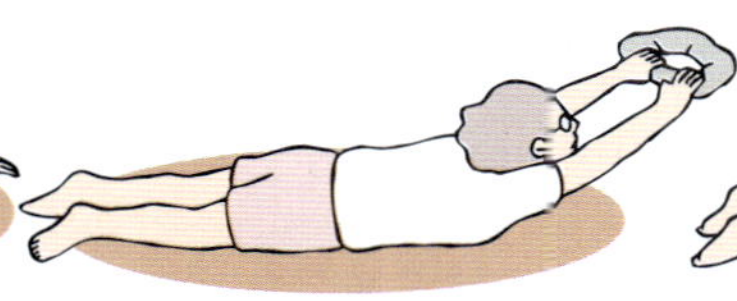

바꾸어 잡고

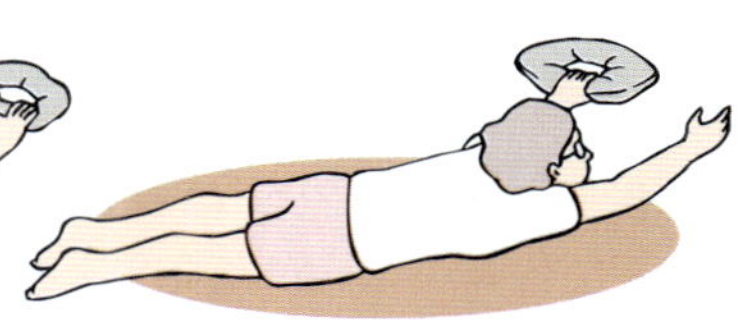

반대로

② 둘이서 협력하는 움직임

던져서 잡기

두 사람이 거리를 두고 마주보며 던지고…잡는다.

던져서…손가락에 건다.

던져서…손바닥에 얹는다.

뒤로 던지고…받아 잡는다.

상체를 숙이고 다리사이 아래로 던져서…잡는다.

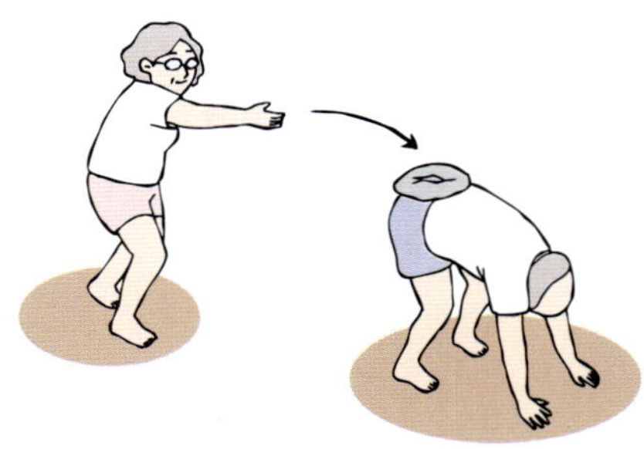

던져서…등에 태운다.

② 둘이서 협력하는 움직임

끼워서 나르기

이마로 밀어 끼우다.

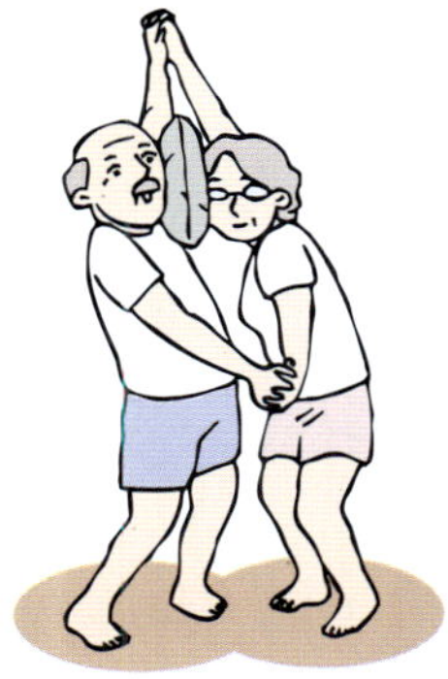

뺨으로 끼운다.

건네기

발로 잡아서 한바퀴 돌아 발로 건네다.

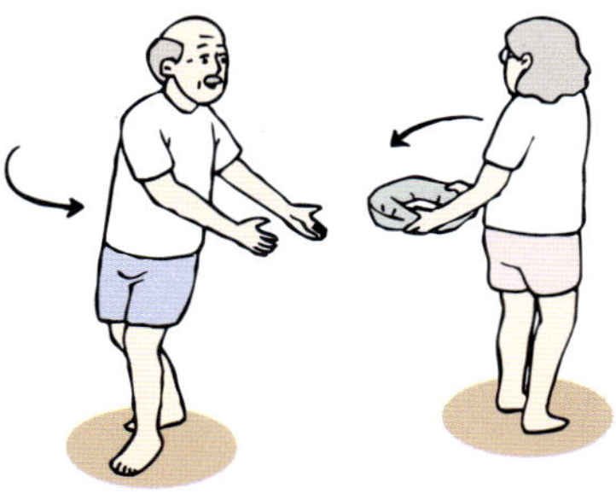

곁으로 건네다.

머리 위에서 건네다.

상체를 숙이고 다리 사이 아래에서 건네다.

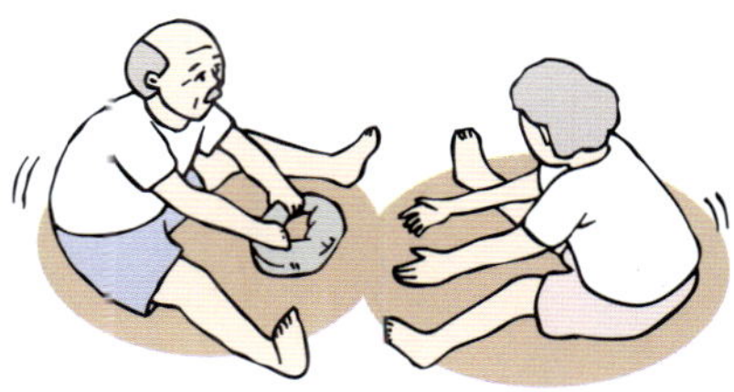

앞에서 잡는다.

③ 동아리와 함께 게임을 즐겁게

퍼프링 릴레이

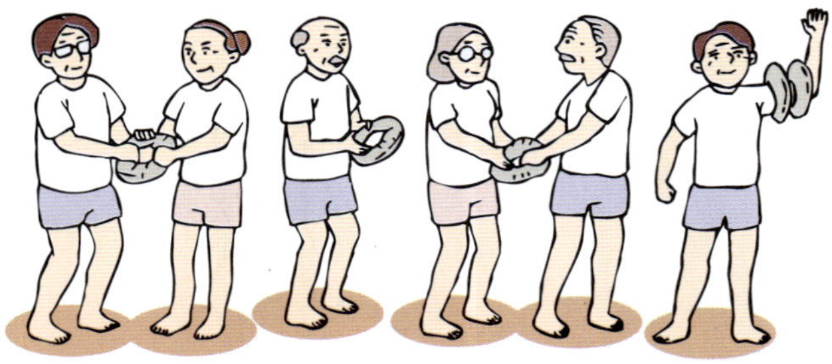

1개 또는 몇 개 퍼프링을 다음 사람에게 보낸다.
마지막 사람이 선두에 가서 반복해도 좋다. 예를 든 것처럼 경쟁을 하게한다.

전원 퍼프링을 모아서 선두가 가진다. 그림처럼 1개씩 다음 사람에게 넘기고, 마지막 사람이 그것을 가지고 선두자리로 이동한다. 게임을 계속해서 최초의 선두가 다시 선두에 되돌아오면 골인.

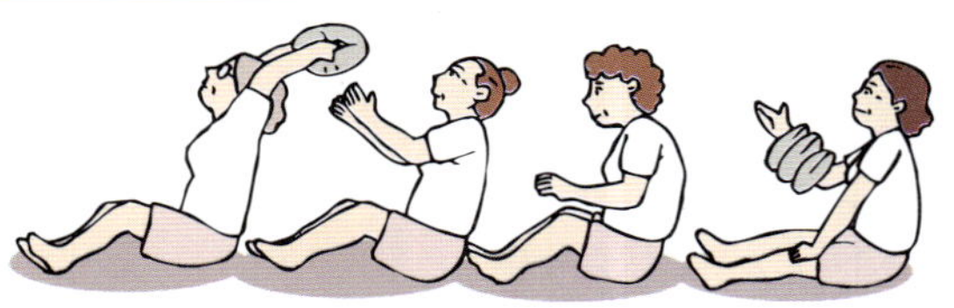

머리 위에서 뒷사람에게 건넨다.

몸을 비틀어 뒷사람에게 건넨다. 받은 사람은 반대로 비틀어 다음 사람에게 건넨다.

가위, 바위, 보 게임

두 사람 사이에 퍼프링을 둔다. 가위 바위 보를 해서 이긴 사람이 잡는다. 진 쪽은 잡지 못하도록 손으로 누른다.

색이 다른 두가지 퍼프링을 두고 이기면 녹색, 지면 황색을 짚도록 정해둔다.
가위, 바위, 보로 이긴 쪽은 녹색을 잡고 상대편 무릎을 친다. 진 쪽은 황색을 잡고 자신의 무릎에 얹어서 막는다.

③ 동아리와 함께 게임을 즐겁게

맞추기 게임

등에 맞추면 손을 들고 「으악」하고 소리낸다.

슈트게임

동아리 한사람이 두손을 잡아 만든 고리에 던져 넣는다. 나이스 슈트숫자를 센한다.

데굴데굴 받기

둘러 앉아서 퍼프링을 차례로 옆으로 돌린다. 스톱에 멈추면 그때 퍼프링을 가진 사람은 실점 1이되고, 실점이 5가 되면 둘레에서 빠진다.

이름부르기 게임

중앙에서 「○○씨」하고 이름을 부르면서 퍼프링을 위로 던져 올린다. 이름이 불린 사람은 「네」하고 대답하고 퍼프링을 받아 잡고 다음 차례로 던지는 손이 된다.

④ 퍼프링 체조

- 움직임 구성 = A1-B-C-간주-A2-간주-A3-간주-A4-B-C
- 박자수 = 32 32 32 32 32 32 32 32 32 32 32
- 곡목 = 손바닥을 태양에
- 빠르기 = 120박자/분

1~32

A_1

자유롭게 던지고 받는다.(1~32)

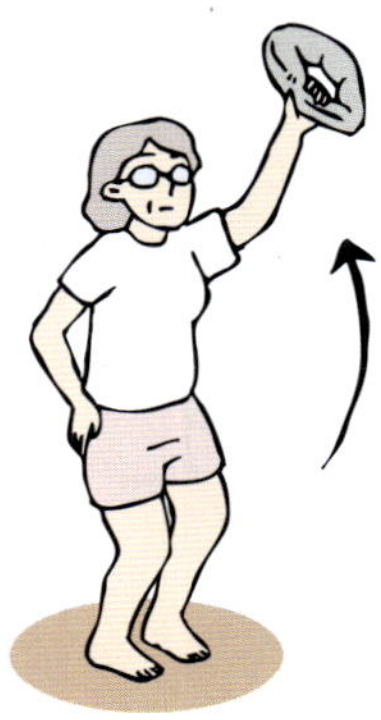

1~8

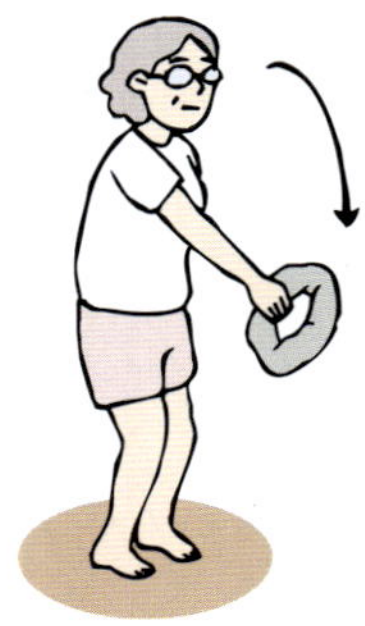

9~16

A_2

왼팔을 크게 몸통 앞에서 4회 돌린다.(1~8)
반대측에도 한다.(9~16)
2회 반복한다(1~32)

1~4

5~8

A_3

퍼프링을 머리에 얹고 두팔을 어깨높이로 옆으로 벌리고 웅크리고 앉았다가(1~4)
일어선다.(5~8)
4회 반복한다(1~32)

④ 퍼프링 체조

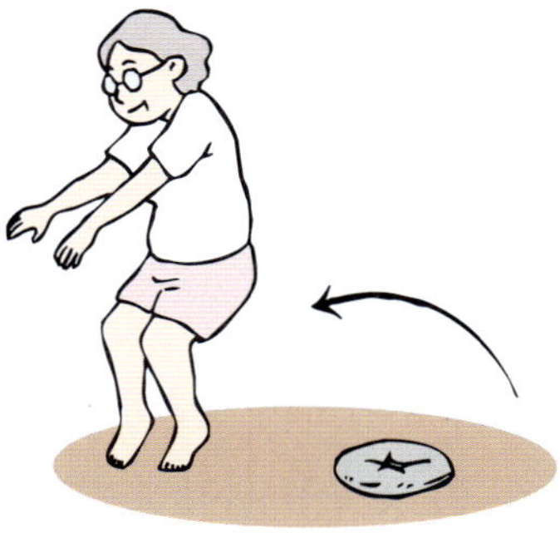

1~32

A4

퍼프링을 바닥에 놓고 자유롭게 건너 뛴다.(1~32)

1~2 3~4 5~6 7~8

B

두 손에 퍼프링을 잡고 오른쪽 머리 위로 펴고(1~2), 되돌린다.(3~4).
반대 측으로도 한다.(5~8)
4회 반복한다.(1~32)

1~32

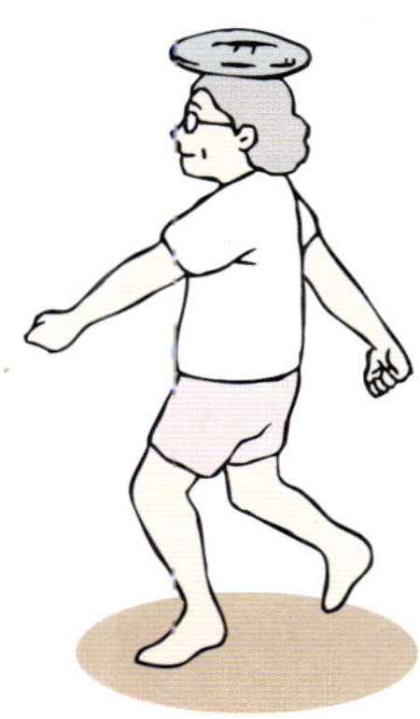

1~32

C

퍼프링으로 몸 여기저기를 두드린다.(1~32)

간주

퍼프링을 머리에 얹은 체 자유롭게 걷는다.(1~32)

VI 의료체조 · 스웨덴

스웨덴에서는 의료체조사 자격을 가진 전문가가 일어서 치료목적을 위한 체조를 지도하고 있다. 그 가운데서도 문제가 많은 등(허리), 다리(무릎)에 대해서는 독립된 자격을 갖추고 있다.

이 체조는 다리의 의료체조사 앨리스 프란손여사가 고안하여 널리 쓰이고 있는 것이다.

다리에 관한 많은 문제점은 고관절이나 무릎 관절이 많아서 의자에 앉아서 하는 체조가 중심이 된다.

발목을 굽히고 펴고, 고(股)관절 개폐, 무릎올리고 펴기, 둔근의 수축, 팔의 지지운동 이외에 어깨, 팔, 목, 몸체등의 운동도 폭넓게 다루고 있다.

① 발이 부자유한 사람을 위한 체조

1

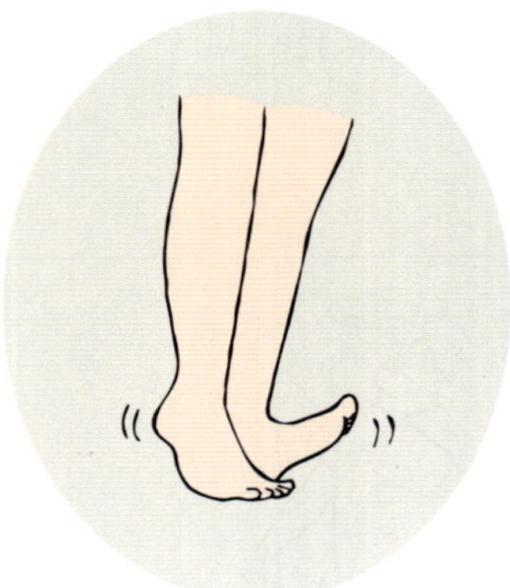

2

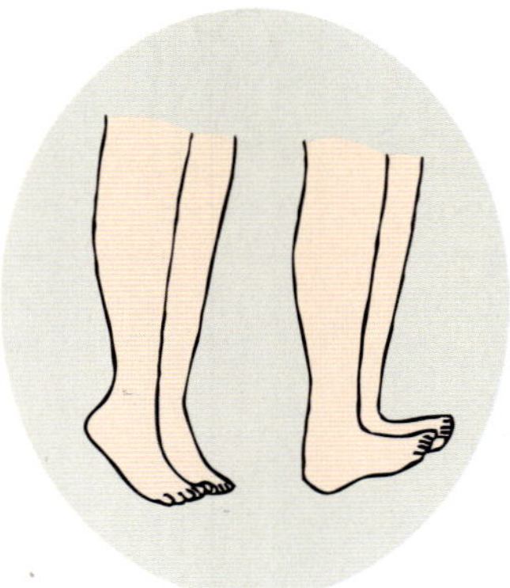

3

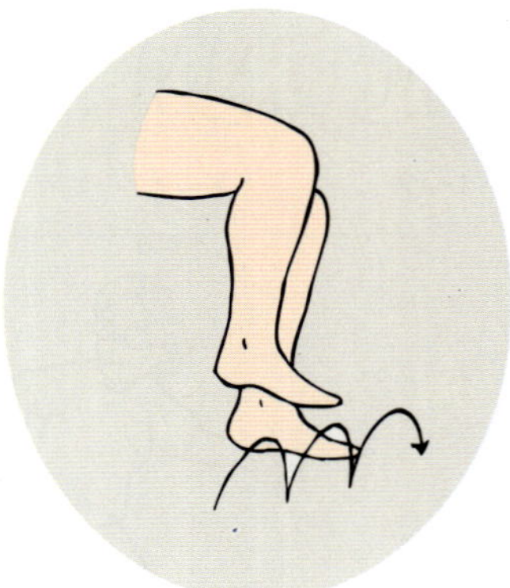

왼발끝과 오른 뒤꿈치를 돌린다 미싱을 밟듯이 교대로 한다.

왼발 스탬프(1), 오른발 스탬프, 왼발을 스탬프하면서 오른발을 든다(3-4).
반대측도 한다. (쇼뎃쉬 스텝)

① 발이 부자유한 사람을 위한 체조

4

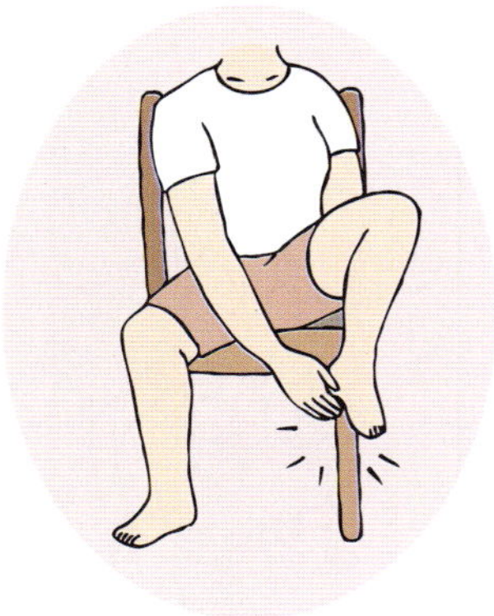

발바닥을 두드린다. 반대쪽도 한다.

5•6

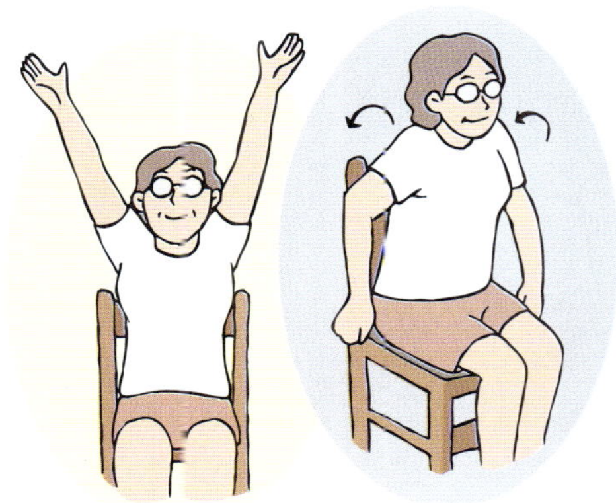

기지개를 켜고 어깨를 앞에서 뒤로 뒤에서 앞으로 한바퀴돌린다.

7

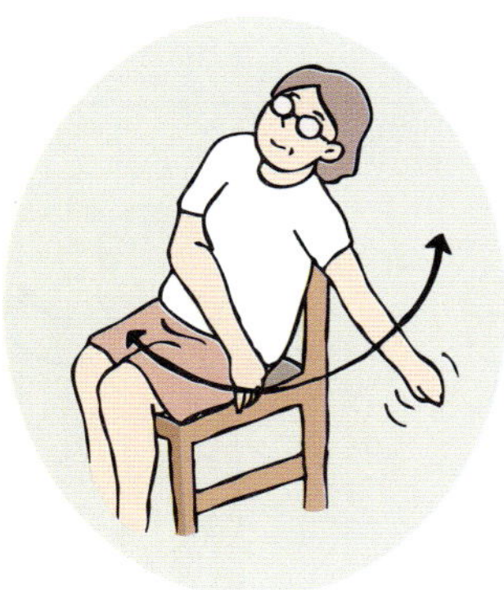

몸을 왼쪽 옆으로 기울이고 왼팔을 흔든다. 반대측도 한다.

8

5와 6을 되풀이한다.

9

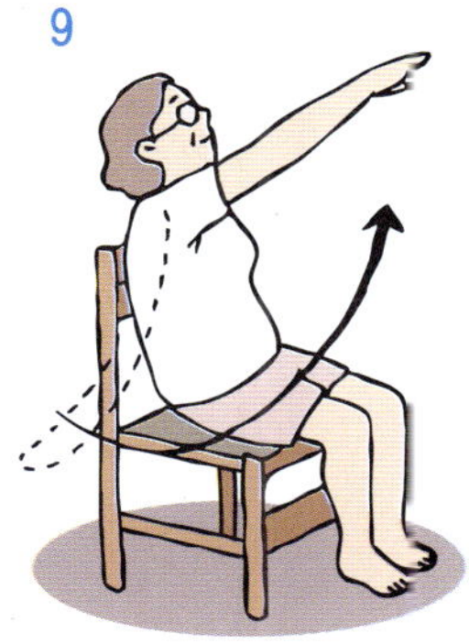

팔을 앞뒤로 흔들고(1, 2, 3) 앞의 손을 더높이 올린다(4) 교대로 한다.

③ 동아리와 함께 게임을 즐겁게

10

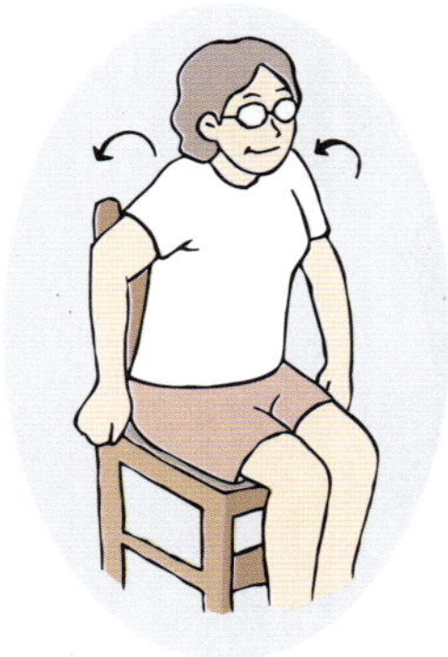

둥글게 그리듯이 어깨를 앞에서 뒤로 뒤에서 앞으로 돌린다.

11

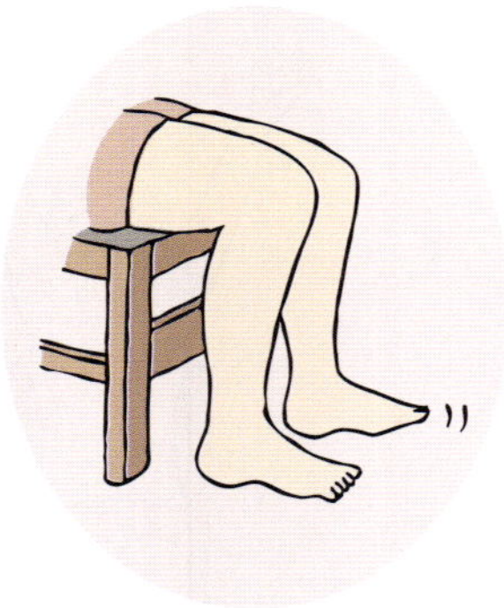

작게 4걸음 걷듯이 앞으로 나갔다가 4걸음 되돌아온다. 8번 발장난으로도 좋다.

12

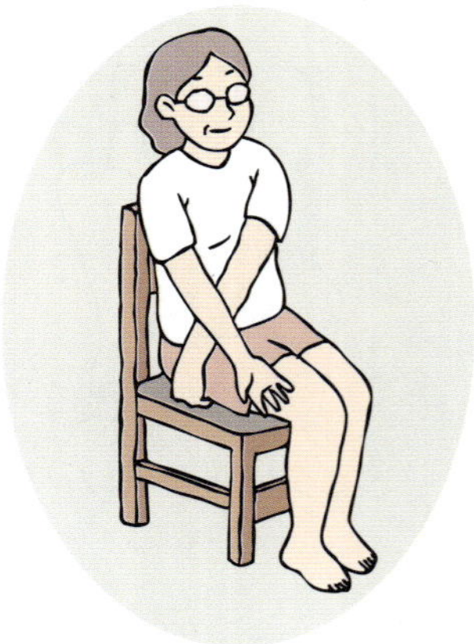

한발을 앞으로 펴고 손바닥을 보인다. 교대로 한다.

13

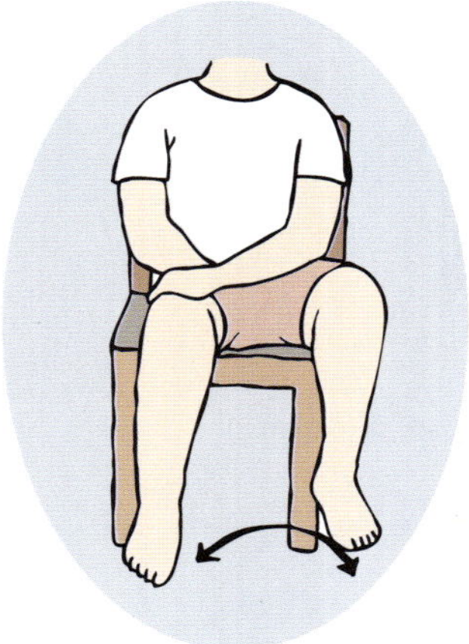

왼발을 옆으로 들어올렸다가 되돌아온다(2회) 교대로 한다.

14

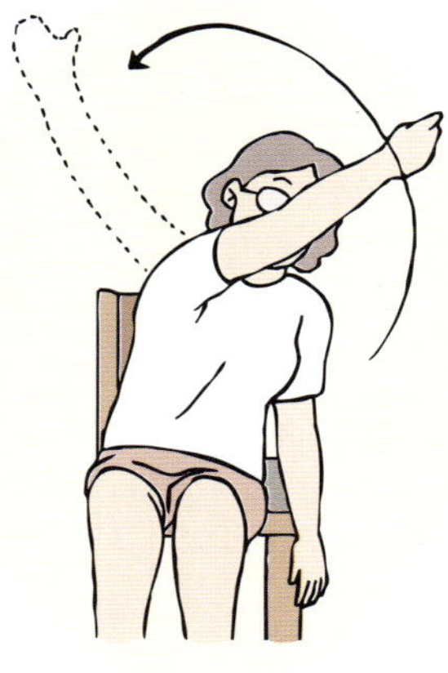

왼쪽으로 몸을 기울이고 몸 앞에서 오른팔로 원을 그린다. 반대측에서도 한다. 교대로 한다.

15

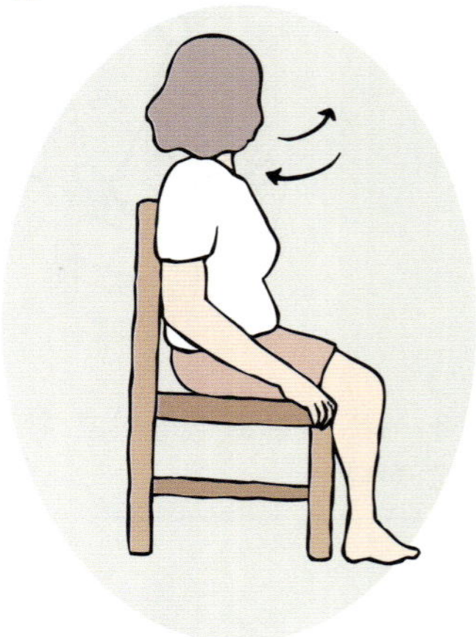

목과 등을 펴고 목을 왼쪽으로 두 번 비틀고 앞으로 되돌려서 릴랙스 한다. 반대측도 한다.

③ 동아리와 함께 게임을 즐겁게

16

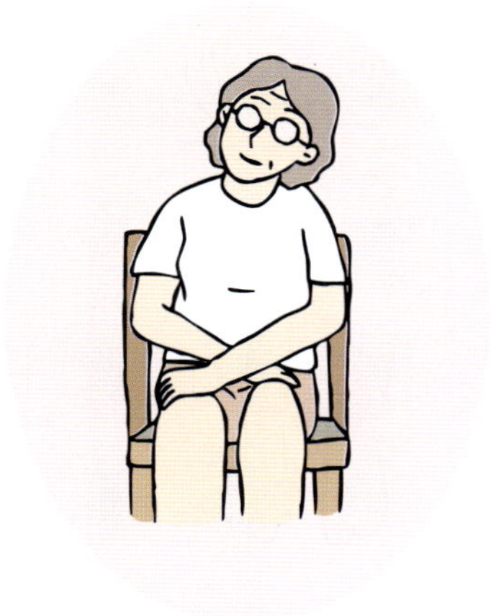

목과 등을 펴고 목을 왼쪽으로 2회 기울이고 되돌려서 릴랙스한다. 반대측에서도 한다.

17

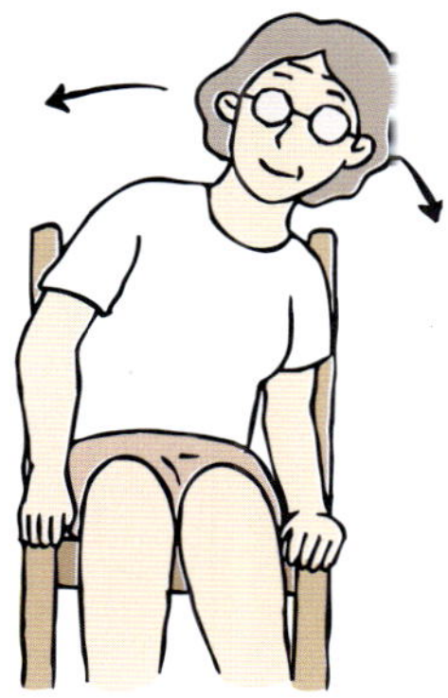

좌우로 몸을 흔든다.

18

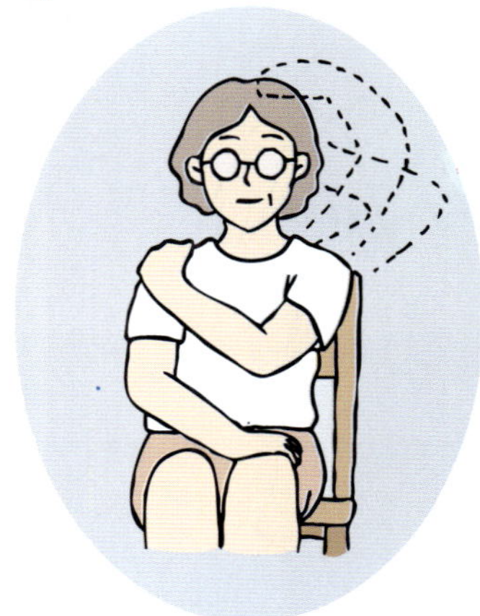

왼손을 오른 어깨에, 머리위에, 목뒤에 얹었다가 무릎으로 돌아온다. 반대측에도 한다.

19

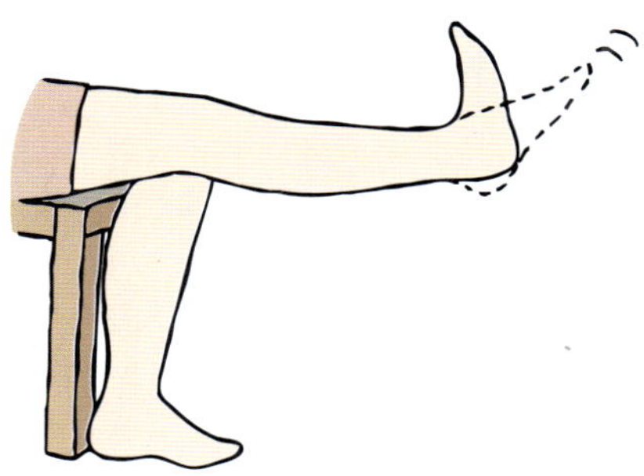

무릎을 펴고(1) 발목을 굽혔다가 편다음(2-7) 발을 바ㄷ에 내려놓는다(8) 반대측도 한다.

20

둔근을 수축시켰다가 릴랙스한다. 반대측도 한다.

③ 동아리와 함께 게임을 즐겁게

21

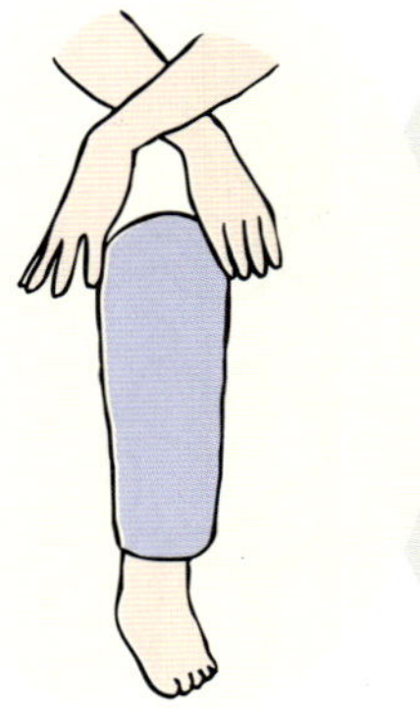

22

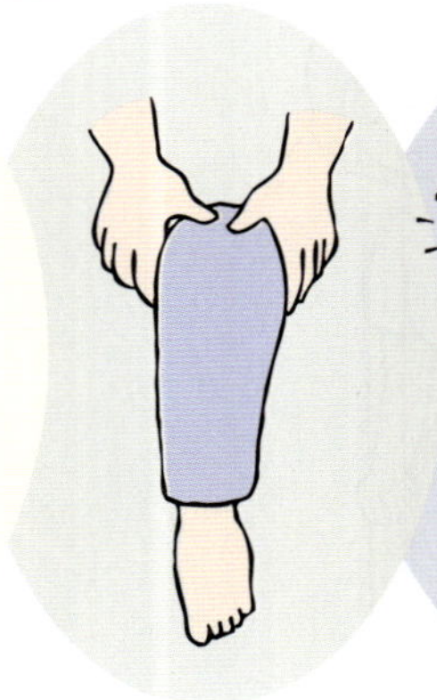

23

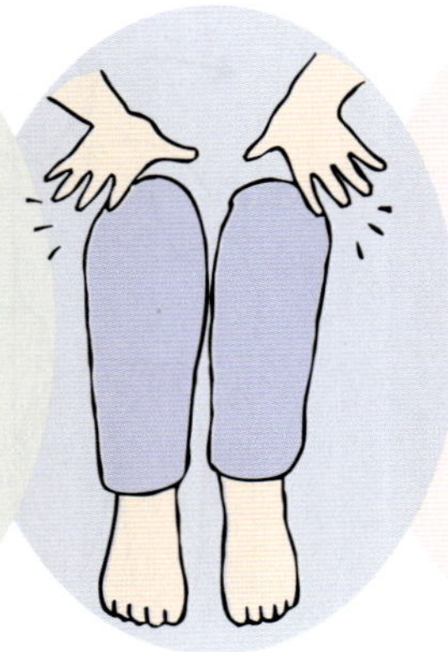

24

왼발주위에 손을 교차시켰다가 두손으로 무릎을 잡고 무릎을 치고 박수를 친다. 반대측도 한다.

25

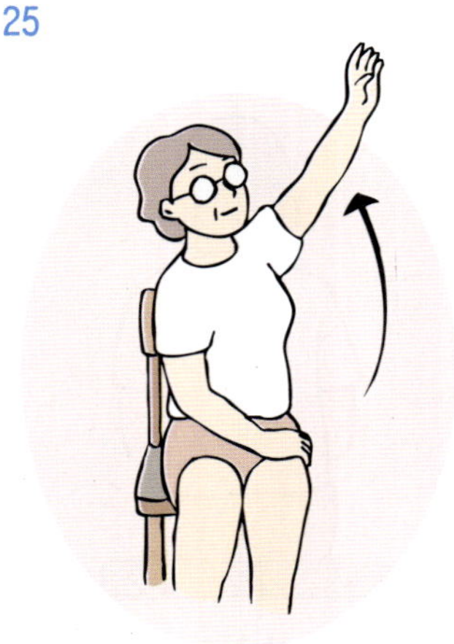

옆을 보고 손을 경사방향으로 들고 손바닥을 앞으로 보이면서 뒤로 당긴다. 되돌려서 반대쪽으로도 한다.

26

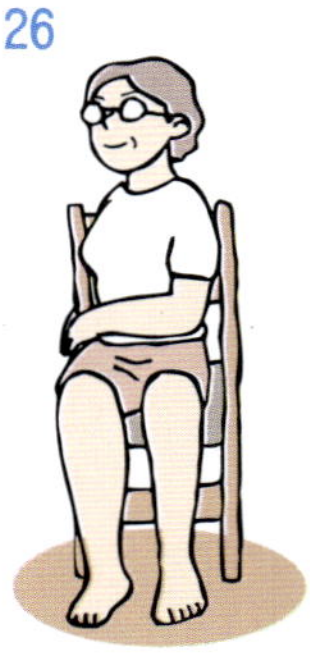

옆을 보고 손을 허리에 댄다. 되돌려서 반대측도 한다.

27

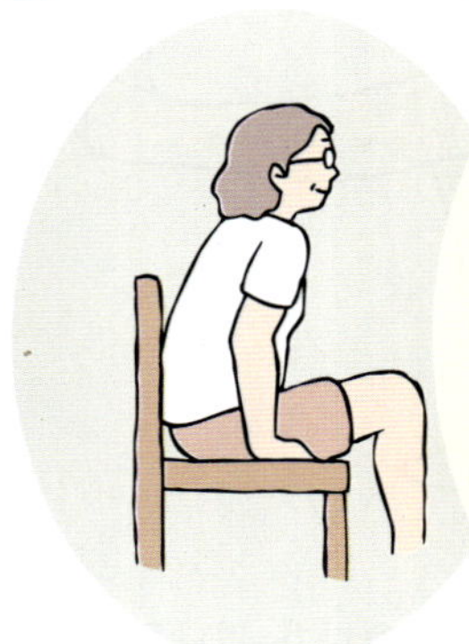

28

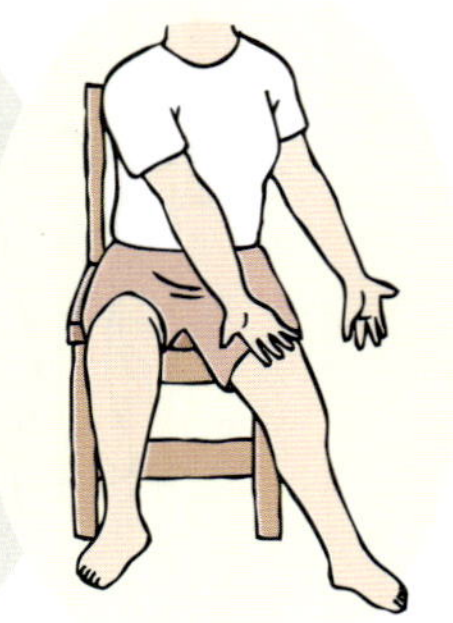

무플을 2회 올려다가 내리고 한발과 두손을 펴서 손바닥을 위로 향하게 한다. 반대측 발도 한다.

③ 동아리와 함께 게임을 즐겁게

29

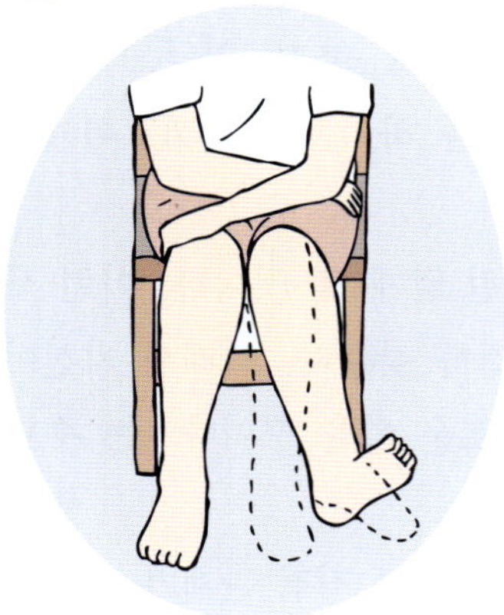

왼발을 엇비슷이 바깥으로 내밀고 발뒤꿈치, 발끝으로 터치하고 되돌린다.
반대측도 한다.

30

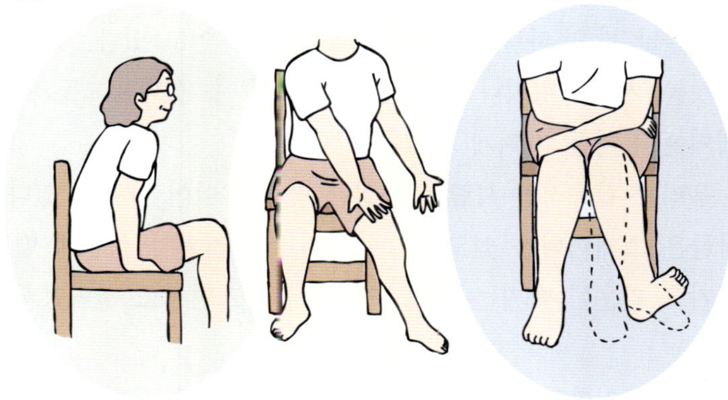

27-29를 반복한다.

스트레칭

오늘날 많은 사람들이 운동으로 효과를 얻고 있다. 곳곳에서 산보, 조깅, 런닝, 테니스, 라켓볼, 사이클링이나 수영 같은것을 볼 수 있다. 그들은 무엇을 하려는 것일까? 어째서 체력에 홍미를 가지게 되었는가?

우리는 활동적인 사람은 충실한 인생을 이어 나갈수 있다는걸 알게 된 것이다. 이런 사람들은 스태미너가 있고, 병에 걸리기 어려워서 심신에 밸란스를 갖춘다. 그래서 자신이 생기고 기운이 빠지는 일도 드물어서 늙으면서도 정력있게 새로운 일을 꾸며나가는 수도 많다.

근년에 의학조사에 따르면 건강치 못한 것은 흔히 신체활동 부족과 직접 관계가 있다는 것이 밝혀졌다. 건강관리에 관한 지식과 함께 이러한 사실을 알게되면 생활태도가 달라질 수 있다. 현재의 스포츠 열기를 식힐 일은 없을 것이다. 오늘날 우리는 운동부족을 막는 유일한 방법으로 한달이나 한해에 그치지 않고 일생을 통해 운동을 계속하는 것이라고 알게 되었다. 우리의 조상은 앉아서 하는 생활이 원인이 되어서 여러가지 문제를 일으키는 것 같은 일은 없었다. 그런것은 살아남기 위해서 평생 움직이지 않으면 안되었기 때문이다. 그들은 집밖에서 힘드는 노동, 즉 나무를 자르거나 땅을 파고 갈고나서 씨를 뿌리거나 사냥을 하는 등 허다한 신체활동을 계속하는 것으로 몸을 다듬어서 건강을 유지해 왔다. 그러나 산업혁명이 있고나서 부터는 지금까지 손으로 하던 일을 기계가 대신하게 되었다.

몸을 쓰는 일이 덜해지면서 사람들의 체력이 떨어지고 몸을 써서 일하는 본능도 줄어들게 되었다.

기계는 훨씬더 생활을 편하게 했지만 또한 훨씬더 중대한 문제를 만들게 되었다. 예를 들면 걷는 대신에 자동차를 이용하고, 계단을 오르는 대신에 엘리베이터를 사용하는 등 옛날에는 쉴새 없이 몸을 움직인데 반하여 오늘날에는 앉아있는 것만으로도 쓰임세를 갖출수 있는 것이 많다. 일상생활에서 몸을 움직일 필요가 없어져서 몸에 긴장이 싸이게 되었다. 몸에 싸인 긴장을 풀어낼 실마리가 없기 때문에 몸의 근육은 약해지고 또한 굳어져서 마침내 타고날 때 갖추고 있던 신체 특성이나 생활의욕까지도 약해져 버렸다.

그러나 시대는 달라지고 있다. 1970년대는 우리에게 건강생활의 필요성을 심각할 정도로 느끼게 되었다. 건강을 조절하여 얻을 수 있는 것이고, 또한 허약과 질병은 막아서 이겨낼 수 있다는 것을 자각하게 되었다. 게다가 앉아서 편하게 있는 것에 만족하지 못하게 되었다. 오늘날 우리는 몸을 써서 활동적이고 건강한 생활의 즐거움을 다시 찾아내고 있다. 더구나 우리는 몇 살이 되었던지 더욱 건강하여 얻는 것이 많은 생활을 되찾을 수도 있게 되었다.

몸의 회복능력은 놀라운 것이다.

예를들면 외과의사는 절개를 해서 환부를 도려내고 올바른 상태로 되돌려서 제자리에 봉합한다. 그렇게 하면 자연치유능력으로 몸은 낫게 된다. 자연치유능력이 외과의사의 할 일을 마무리 지우게 된다. 우리는 대단한 외과술 내지는 운동부족이나 과식으로 생긴 불건강에서 다시 건강을 되찾는다는 이른바 기적 같은 회복능력을 갖추고 있는 것이다.

스트레칭은 지금까지 설명해온것과 어떤 관련이 있는 것인가? 스트레칭은 앉아서만 지내는 생활과 활동적인 생활 사이에 중요한 파이프가 되는 것이다. 스트레칭은 근육을 부드럽게 해서 운동에 대한 준비를 갖추고, 더구나 활발치못한 일상생활에서 무리없이 몸을 활발하게 움직일 수 있도록 맞춰나가는 것이다. 스트레칭은 런닝, 사이클링, 테니스 또는 다른 격렬한 운동을 할때는 특히 필요한 것이다. 이런 운동은 유연성이 별로인데다 근육을 단단하게 만들기 때문이다.

운동을 하기 전후에 스트레칭을 하면 유연성이 높아지고, 런닝때 생기는 쉰·스프린트 (shin splint 정강이 근육통증)나 아킬레스건의 단열이나 테니스로 생기는 어깨나 팔굽의 통증을 일으키는 일반 스포츠장해를 막을 수 있게 된다.

오늘날 운동을 하는 사람수가 엄청나게 늘어서 올바른 정보를 알리는게 불가결한 일이다. 스트레칭을 간단히 되는 것이지만 올바르게 하지 않으면 덕 보다는 해를 입는 것이다. 따라서 올바른 방법을 이해하여야 하는 것이다.

스트레칭의 목적은 근육의 긴장을 풀어주고, 그렇게 해서 자유로운 움직임을 촉진하는 것이어서 극도의 유연성 획득에 무게를 두는 것이어야 한다. 그런 스트레칭을 하면 신전이 지나쳐서 해를 입게 되는 일이 없다.

동물을 관찰하면 많은 것을 배울 수 있다. 고양이나 개를 주목해 보면 고양이나 개는 본능적으로 스트레칭을 하고 있다. 동물은 자연히 스트레칭하고, 그러면서도 신전이 지나치는 일은 결코하지 않고 써야하는 근육의 상태를 끊임없이 자연스럽게 갖추고 있다.

스트레칭은 고통에 가득찬것이 아니다. 그것은 이완 시켜서 마음을 차분하게 가다듬는 것이어서 경쟁요소를 갖추는게 아니다. 스트레칭을 하는 것으로 얻게되는 명확한 활력을 만드는 감각은 근육에 대한 감각을 예민하게 하게 된다. 스트레칭은 완전히 각 개인에 맞춰서 할 수 있는 것이어서 일률적인 규칙에 따라서 해야 하는 것은 아니다.

스트레칭으로 스스로 자신이라는 자유와 즐거움을 얻을 수가 있는 것이다.

짜 맞추는 방법이 올바르면 누구나 체력을 갖출 수 있고, 굳이 위대한 스포츠맨이어야 할 필요는 없다. 그러므로 조바심 없이 천천히 해나가는 것이 중요하다. 특히 시작할 때가 그렇다. 몸과 정신이 신체운동의 스트레스에 맞춰 나가는데는 시간이 걸린다. 마음 편히 짜맞춰서 규칙바르게 해나가는 것이다. 하루아침에 마무리해 버릴수는 없는 것이다.

규칙바른 스트레칭과 운동을 되풀이 하면 몸을 쓰는데 따라 즐거움을 알게 된다. 우리는 거기에 맞춰 정신이나 육체 모두 거기에 맞는 즐거운 리듬을 가지게 된다는 것을 잊어서는 아니된다. 우리는 모두 근력, 지구력, 유연성 및 체질에 차이가 보인다. 몸의 상태나 몸이 원하는 것을 알게되면 당신 자신의 개인적 가능성을 높이고 평생 유지되는 기초체력을 차츰 쌓아 올릴 수가 있는 것이다.

I 스트레칭이 필요한 사람

누구라도 나이나 유연성에 관계없이 스트레칭을 배울 수 있다. 스트레칭을 하는데는 최고의 신체조건 상태나 특수한 운동기술을 갖출 필요는 없다. 하루중에 의자에 앉았거나 구덩이 파기를 하거나 집안일을 하거나 짜맞추는 작업을 하거나 트럭을 운전하거나 또는 규칙바른 운동을 하거나 간에 필요한 스트레칭 기술은 마찬가지다. 스트레칭 방법은 개인의 근육긴장이나 유연성에 따라서 하는 것이데, 가볍게 더구나 즐겁게 하는 것이다. 따라서 특별히 신체상 문제가 없고 건강하면 안전하고 또한 즐거운 스트레칭 방법을 배울 수 있다.

주의 : 최근 어딘가에 신체장해(특히 관절이나 근육)를 받거나 수술을 받았거나 또는 일정기간 몸을 움질일 수 없게되었거나 앉은 자세로만 있었다면 스트레칭이나 운동을 하기 전에 반드시 의사에게 상담할 것

II 스트레칭을 해야 할 때

스트레칭을 하고싶다고 생각했을때는 언제든지 할 수가 있다. 예를들면 일하는 동안, 차안에서, 버스를 기다리는 동안, 길을 걷고 있을때, 하이킹 끝에 나무그늘에서 쉬고 있을 때 또는 해안에서 쉴때도 가능하다. 운동 전후에는 스트레칭을 하되 그것만 할 수 있을때는 언제라도 스트레칭을 하도록 하는게 좋다. 예를 들면 다음과 같은 경우이다.

① 하루를 시작하는 아침
② 정신긴장을 부드럽게 하려고 몸을 움직일때
③ 오래 앉아있거나 서 있은 다음
④ 별나게 근육이 뭉쳐있다고 느낄때
⑤ 겹쳐 치우친 때 예를 들면 TV를 보고있을 때, 음악을 들을 때, 독서를 하고 있을 때 또는 앉아서 얘기를 하고 있을 때

III 스트레칭을 하는 이유

스트레칭은 정신을 편하게 하고 몸 상태를 바르게 잡는 것이라서 일상생활의 일부로 해야한다. 올바른 스트레칭을 규칙바르게 하면 다음과 같은 일이 일어난다.

① 근육의 긴장을 풀어주고 더 한층 편안한 느낌을 준다.
② 협조대응성의 향상에 도움이 되어서 이전보다도 동작이 자유롭고 즐겁게 할 수 있게 된다.
③ 가동영역이 크게된다.
④ 근육장해 같은 스포츠장해를 예방한다(스트레칭된 근육은 스트레칭 되지 않은 근육보다 저항력이 크다)
⑤ 스트레칭으로 준비운동을 하면 런닝, 스키, 테니스, 스위밍이나 사이클링 같은 격렬한 운동을 즐겁게 할 수 있다. 그런 의미는 움직이려는 근육에 시그날을 보낼수 있게 되기 때문이다.
⑥ 몸의 감각을 향상시킨다. 여러 부위를 스트레칭 할때는 그 부위에 의식을 집중하고

그 부위의 상태를 항상 느껴 잡도록 한다. 그렇게 하면 스스로 몸 전체를 잘 이해할 수 있게 된다.

⑦ 스트레칭은 몸에 대한 정신조절을 부드럽게 하여서 경쟁이나 돋보이게 하기 위한 것이 아닌 느긋느긋하게 스스로를 위해 몸을 움직일 수 있게 된다.

⑧ 혈액순환을 촉진시킨다.

⑨ 기분을 상쾌하게 한다.

IV 스트레칭 방법

스트레칭은 쉽게 생각해 낼 수 있다. 그러나 스트레칭에는 올바른 방법과 틀린 방법이 있다. 올바른 방법이란 스트레칭되는 곳에 의식을 집중시키면서 이완(nelax) 시켜주는 것이다. 나쁜 방법은(공교롭게도 많은 사람들이 실시하고 있다) 반동을 가하거나 또는 아플 때까지 스트레칭시키는 것이다. 이 방법은 이익보다는 해를 가져오는 것이다.

• 안락한 신전(easy stretch)

스트레칭을 시작할때는 「안락한 신전」으로 20초 정도 유지시킨다. 반동을 붙여서는 안된다. 가볍게 긴장이 느껴지는 포인트까지 신전(伸展) 시키고, 신전을 유지하면서 이완시킨다. 스트레칭 했을때 근육의 긴장은 자세를 유지시키고 있을 동안에 부드럽게 이끌어 나갈 정도다. 혹시 근육의 긴장이 부드럽지 않으면 약간 신전을 되풀이해서 긴장이 편하게 느껴지도록 한다. 이런 「안락한 신전」은 근육이 뭉친것을 풀고 다음의 「발전적 신전」을 위한 근육조직의 준비가 된다.

• 발전적 신전(developmental stretch)

「안락한 신전」 다음에는 천천히 「발전적 스트레칭」로 옮긴다. 여기에서도 반동을 붙이는 것은 안된다. 「안락한 신전」 때 보다도 아주 약간 (1인치의 몇분지 1정도)만 크게, 가벼운 긴장을 느낄 정도까지 신전시키고 그대로 20초정도 유지시킨다. 스트레칭이 지나치지 않도록 주의한다. 「안락한 신전」 때와 마찬가지로 최초의 긴장은 부드럽게 이끌어갈 정도이지만 부드럽지 않으면 조금 되돌리도록 한다. 「발전적 신전」는 근육 상태를 좋게하고 유연성을 향상시킨다.

• 호흡법

스트레칭 도중의 호흡은 멈추지 말고 천천히 리듬에 맞춰 실시한다.

혹시 상체를 앞으로 굽혀서 스트레칭 할 때는 굽히면서 내쉬고 스트레칭을 유지하면서 천천히 숨을 들여쉰다. 스트레칭하고 있는 동안에 숨을 멈춰서는 아니된다. 혹시 스트레칭자세에서 부드러운 자연호흡이 되지 않으면 확실하게 이완(relax)이 되지 않았다는 말이 된다, 그럴때는 신전을 약간 되돌리면 자연 호흡이 되게 된다.

• 헤아리는 방법

처음에는 스트레칭하는 데 목소리를 내지 말고 몇초를 헤아린다. 그렇게 하면 스트레칭에 필요한 시간 만큼 근육을 신전 시킬 수가 있다. 습관이 되면 숫자를 헤아리는 일에 생각이 헷갈리지 않고 감각에 따라 스트레칭 할 수가 있을 것이다.

• 이완반사(relax reflex)

근육은 이완반사라고 불리우는 기구로 보호되어있다. 근육섬유를 크게 늘여 펴면 반동을 가하거나 지나치게 신전시켜서 신경반사작용으로 근육에 시그날이 전해져서 근육은 수축된다. 이 기구에 의해서 근육 장해를 막을 수 있다. 따라서 크게 신전되면 스트레칭 하려는 근육을 굳어지게 만드는 것이다.(불의에 어떤 뜨거운 것에 닿았을 때 불수의근에도 비슷한 반사가 있다. 상각하기 이전에 몸은 뜨거운 것에서 순식간에 멀어진다.)

될 수 있는 만큼 크게 스트레칭을 하거나 반동을 붙여서 위아래로 움직이면 근육이 긴장되어 신전반사가 일어난다. 이처럼 위험할 극도에 이르는 방법을 쓰면 근육에 통증을 일으키고, 더구나 근육섬유에 현미경학상 열상을 일으켜서 몸에 장해를 준다. 이 열상 때문에 근육은 차츰 탄력성을 잃게되고 근육속에 반흔으로 남게 된다. 이 근육은 굳어지고 응어리가 남게된다. 이러한 잠재된 위험성을 일으키는 방법을 쓰면서 어째서 매일 스트레칭이나 운동에 열중할 수가 있다는 말인가?

많은 사람들은 고등학교때 「아픔이 따르지 않으면 아무것도 얻을 수 없다」는 생각 쪽으로 버릇이 되어왔다. 우리는 이전에 「신체를 개선하려면 아픔이 따르는 법이다」고 배웠다. 그래서 「아프면 아픈만큼 얻는 것이 많다」고 가르쳐 왔다. 그러나 바보같은 생각이다. 올바른 스트레칭은 아픔이 따르는 것이 아니다.

몸에 제대로 주의를 기우려야 한다는 것을 기억하기 바란다. 그러는 이유는 아픔이 있다는 것은 어딘가 잘못된 것이 있다는 것을 나타내는 것이기 때문이다.

앞 페이지에서 설명한 것처럼 「안락한 신전」과 「발전적 신전」은 신전반사를 일으키지 않고 통증도 생기지 않는 것이다.

● 「좋은 스트레칭」 개념을 이해하기 위한 그림

아래의 그림은 근육의 결합조직에 실행가능한 스트레칭을 나타내는 것이다. 처음에는 「안락한 신전」, 이어서 「발전적 신전」를 하는 것으로 유연성은 자연스럽게 향상된다는 걸 알 수 있겠다. 기분좋게 아픔이 동반되지 않는 올바른 스트레칭을 규칙바르게 해나가면 현재의 한계를 넘어서 개인이 갖춘 한계까지 기능을 높여줄 수가 있다.

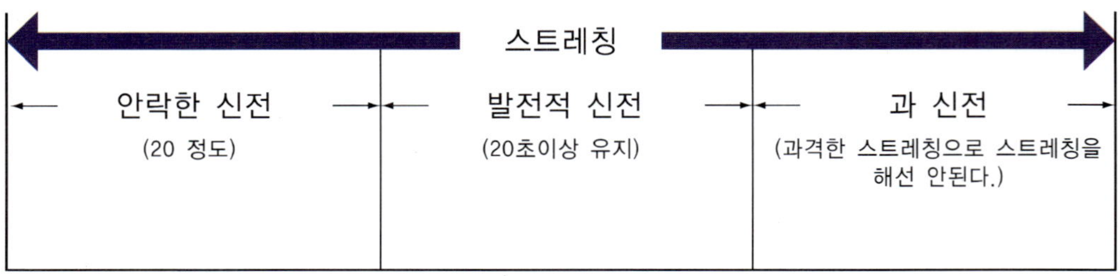

스트레칭 1

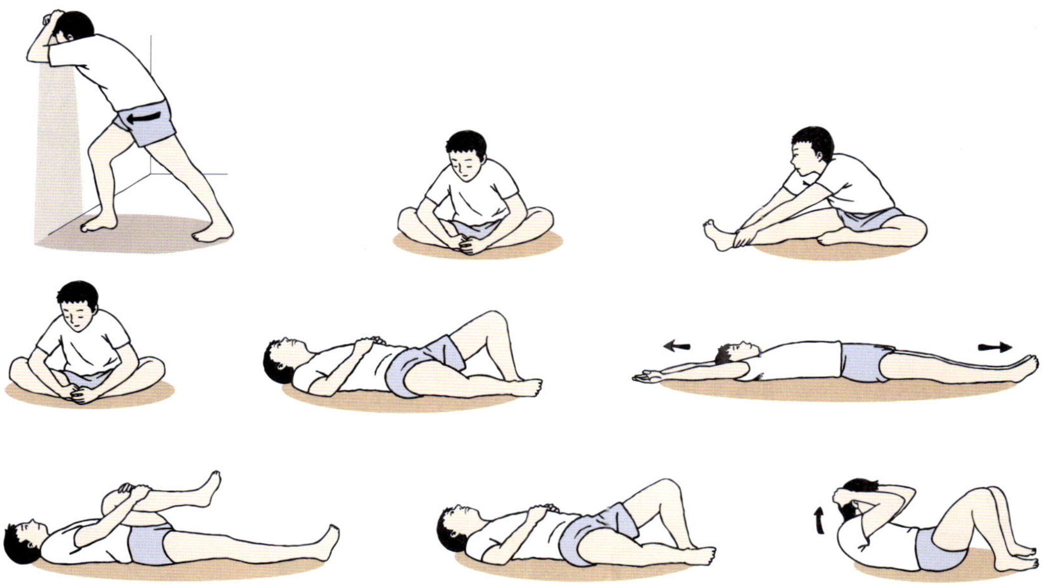

그림에 보여준것은 스트레칭의 초보를 약간만 보여준 것이다. 스트레칭은 유연성을 다루는 콘테스트가 아니라는 것을 이해하여 주기 바란다. 적절한 스트레칭을 하게되면 유연성은 자연스럽게 향상되어 가는 것이다. 즐거운 다음으로 스트레칭을 하여 주기를 바란다.

스트레칭은 대부분 40초 정도 유지하는 것이다. 그러나 차츰 버릇이 되면 유지하는 시간도 달라지는 것이다. 보통보다 근육이 굳어진 느낌이든지 단지 스트레칭이 즐겁다는 이유로 평시보다 오래 스트레칭을 하는 경우도 있게 된다. 하루라고 해도 같은 하루는 아니다. 따라서 그날의 느낌에 맞춰서 그날의 스트레칭을 맞춰나가도록 할 수 밖에 없다.

스트레칭 2

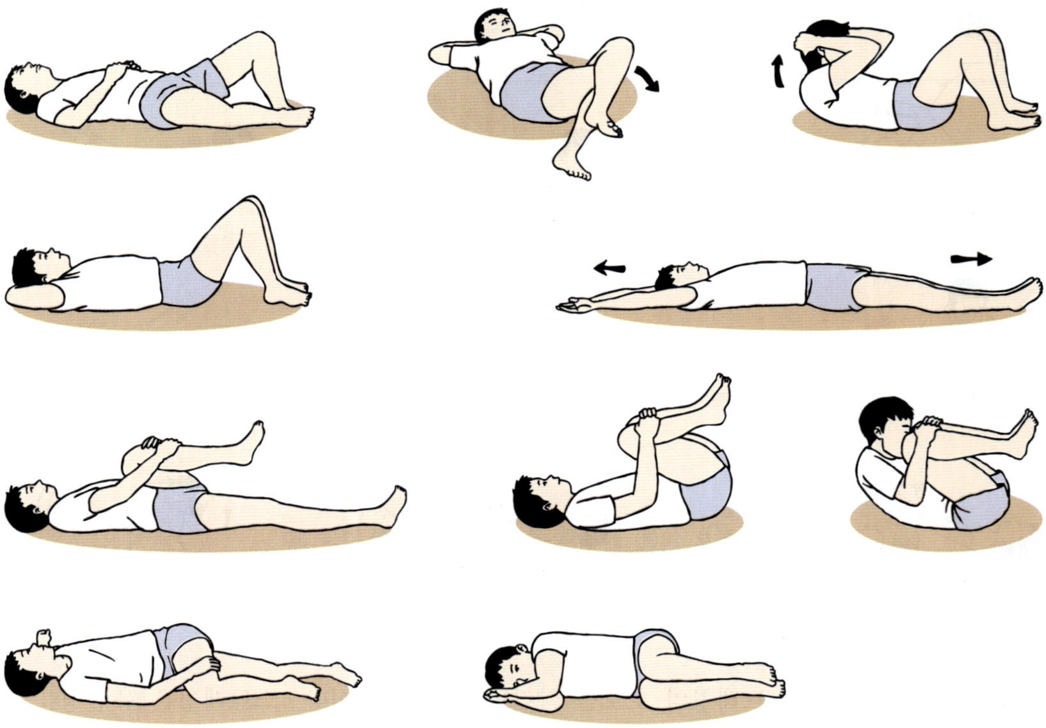

몸이 나타내는 것을 느끼도록 한다. 근육이 긴장하거나 아픈것이 있으면 몸이 무엇인가 나쁘고 문제가 있다는 것을 가르키는 것이다. 이럴때는 스트레칭이 알맞도록 「느낌」이 올 정도로 약간 스트레칭을 풀어준다.

앉아서 스트레칭을 할때는 무릎에 힘을 주어서 고정하지 않도록 한다. 다리를 폈을때는 어느 포지션에서도 대퇴(대퇴사두근)이 릴랙스되어 있지 않으면 안된다. 대퇴사두근이 릴랙스되지 않으면 그 길항근인 대퇴굴근군을 적절히 스트레칭 시키는 일은 불가능하다.

스트레칭 3

탄력을 주어서 스트레칭을 하면 실제로는 근육을 부드럽게 하기 보다는 오히려 근 장해가 온다. 예를 들면 끝머리에 손을 대듯이 해서 4~5회 전굴(前屈)시키고(여러분들은 고등학생때 하던 것처럼) 몇 분 뒤에 다시한번 전굴시켜 보면 처음 할 때보다 훨씬 더 굽히기가 쉽게 되는 것을 느낄 것이다. 이렇듯 동작의 반복에서 탄력은 주지 않는다. 반복에서 탄력을 주는 동작은 신전(伸展)반사를 일으켜서 스트레칭 하려는 근육을 오히려 굳어지게 하게 되는 것이다.

스트레칭 4

오버 스트레칭(over stretch) 보다는 불충분 스트레칭(under stretch)이 낫다. 언제나 여유가 있게 펴주는 것이 중요하고, 더욱 스트레칭되는 포인트에서 하는 것을 더이상 스트레칭 되지 않는데까지 신전시켜서는 안된다.

스트레칭 5

고등학교 체육 수업에 몇천 시간이나 들여 최고의 컨디션 상태를 유지하는 것에 대해서 많은 것을 배워 알고 있다고 생각할 것이다. 그러나 우리들 대부분은 게임이나 스포츠에 대해서 배운 것에 지나지 않는다. 자기 자신에게 물어 보길 바란다. 학교에서 배운 것 중 즐겁게 일상생활에서 할 수 있는 것이 있을까? 생각해 보면 놀라겠지만 학교 체육에서는 아무것도 배운 것이 없을 것이다. 우리는 건강관리 방법이나, 나이보다 젊게 사는 방법, 나쁜 습관으로 유발되는 요통을 막는 방법 등을 배울 수도 있었을 것이다. 그러나 지금 우리는 학교에서 배워야 했던 것을 스스로 자신에게 가르치려고 하고 있다. 무엇인가를 시작하기엔 너무 늦은 나이라는 말은 없는 것이다.

스트레칭 6

스트레칭 7

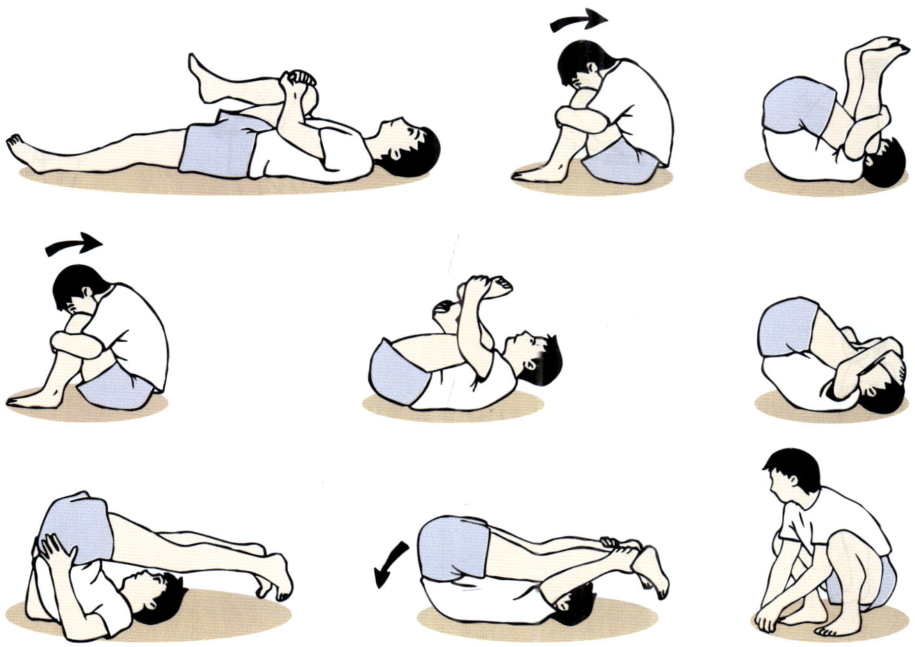

일정시간 알맞은 스트레칭을 유지하면 몸은 그런 새로운 자세에 맞춰나간다. 스트레칭 되어가는 부분은 곧바로 그런 가벼운 긴장에 적응하여 차츰 몸은 이전에 느꼈던 긴장을 느끼는 일이 없게되고 그렇게된 새로운 자세를 실시 할 수 있게 된다.

스트레칭 8

스트레칭 9

스트레칭 10

자기자신의 감각에 따라 스트레칭을 즐겁게 해나간다. 유연성을 높이지 않아도 과신전으로 몸 아플정도로 하면 스트레칭의 참다운 효용을 얻을 수 없게 된다. 적절한 스트레칭을 해나간다면 하면 할수록 즐겁게 되고, 즐겁게 되면 그만큼 자연히 스트레칭이 즐겁게 되게 된다.

스트레칭 11

누구에게도 무엇에도 방해받지 않는 시간이 별로 없으면 3~4시간 동안에 극히 짧은시간(약 5분) 스트레칭을 하는것도 좋다. 이렇게하면 하루종일 좋은 기분으로 있을 수 있다.

스트레칭 12

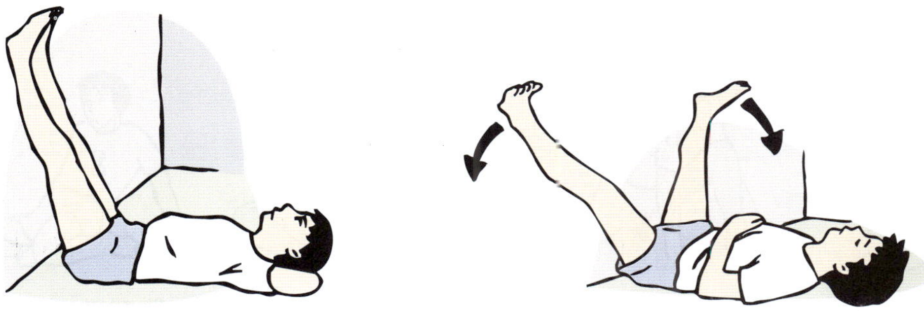

◆걷기 전후에 하는 스트레칭

약 7분동안

여기에 설명하는 스트레칭에 따르면 걷기동작은 가볍고 즐거운 느낌을 가지게 될 것이다.

스트레칭 13

한 다리 30초 | 한 다리 20초 | 한 다리 15초 | 30초

스트레칭 13

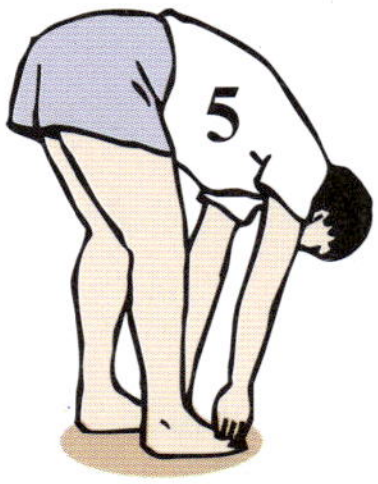

30초

두 다리 따로 20초

30초

두 다리 따로 20초

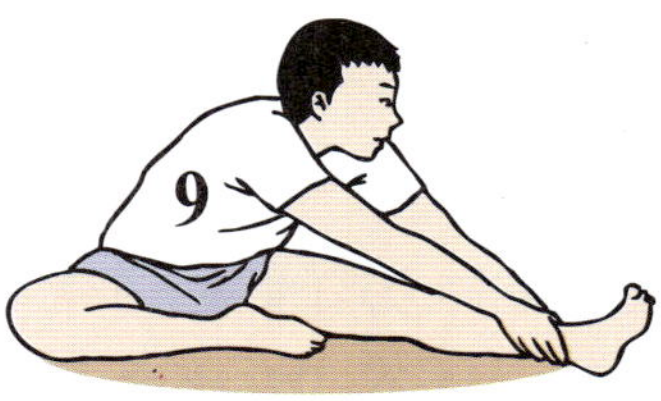

한 다리 20초

좌우 따로 8초

30초

◆일상생활을 위한 스트레칭

약 10~15분 동안

이런 일상생활을 위한 스트레칭은 근육의 조건을 갖추려고 하는 것이다. 이것은 표준 일상생활에서 가장 흔히 쓰이는 근육을 스트레칭하고 릴랙스시키는 것을 주목적으로 한 일반적인 스트레칭이다.

일상생활의 단순한 일을 할 때 무리하게 몸을 움직이거나 거북한 동작을 할 때가 많기 때문에 긴장을 일으키게 된다. 근육은 일종의 사후경직처럼 되어 버린다. 매일 스트레칭을 위해 10~15분 시간을 낼 수 있으면 그렇게 해서 뭉쳐있는 긴장을 풀어주고 몸을 훨씬 즐겁게 움직일 수 있게 된다.

스트레칭 14

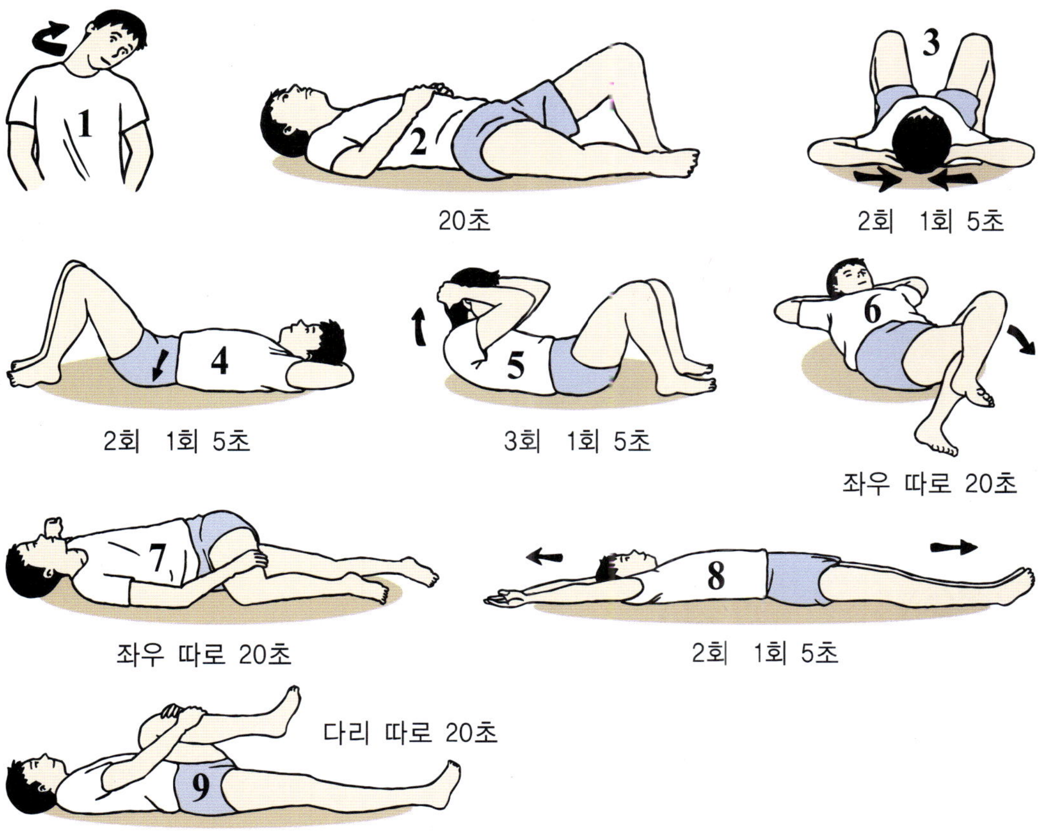

스트레칭 15

30초

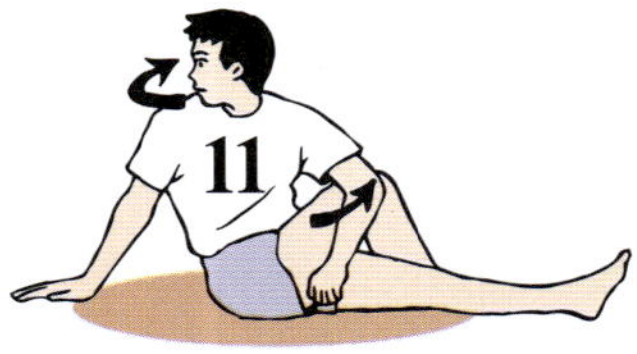

좌우 따로 10초

다리 따로 30초

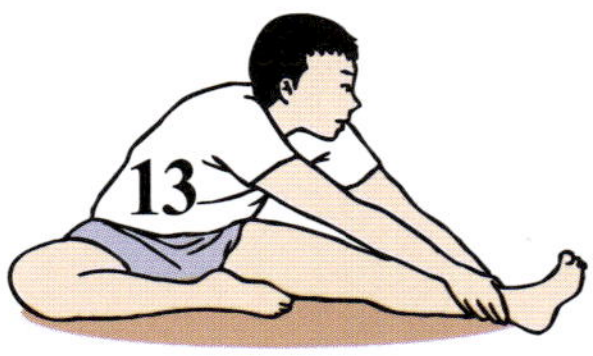

다리 따로 20초

각 방향 10회

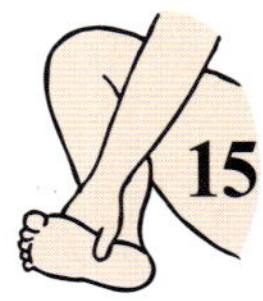

발 따로 30회

다리 따로 15초

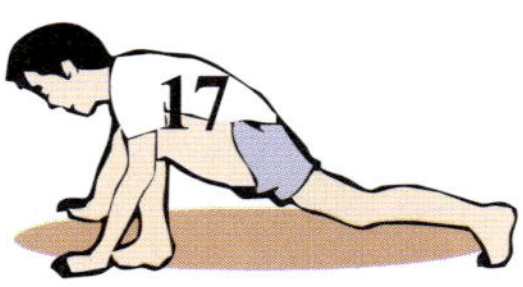

다리 따로 20초

다리 따로 25초

15초

팔 따로 10초

10초

2~3분

◆50세 넘은 분들을 위한 스트레칭

약 5~6분

스트레칭을 시작하는데 너무 늦을 수는 없다. 사실 우리들은 나이가 들면 들수록 규칙바른 스트레칭을 하는 것이 더욱 중요하게 된다. 나이가 들어서 활발치 못하면 몸의 가동범위는 차츰 좁아진다. 말하자면 근육의 탄성이 줄어들어 근육은 약하고 굳어지게 된다. 그러나 피트네스 프로그램을 규칙바르게 해나가면 잃었던 유연성과 근육은 놀라울 만큼 회복되어간다.

이런 스트레칭 기초방법은 연령과 유연성은 관계없이 같은것이다. 올바른 스트레칭을 한다는 것은 기분좋게 느껴지는 범위를 넘어서 신전시키지 않는다는 것이다. 이 책에 나와있는 그림과 아주 똑같이 할 필요는 없고, 무리없이 스트레칭 할 것, 즉 그때의 감각에 따라 스트레칭 할 것을 기억해 두기 바란다. 오랜 세월동안 굳어진 근육을 부드럽게 하는데는 시간이 걸리지만 강한 인내로 규칙바르게 하던 가능한 것이다. 혹시 스트레칭을 하는데 무엇이든 의문이 있으면 시작하기 전에 상담할 것.

여기에 소개하는 것은 유연성을 회복하여 유지하는데 도움이 되는 일련의 스트레칭이다.

스트레칭 16

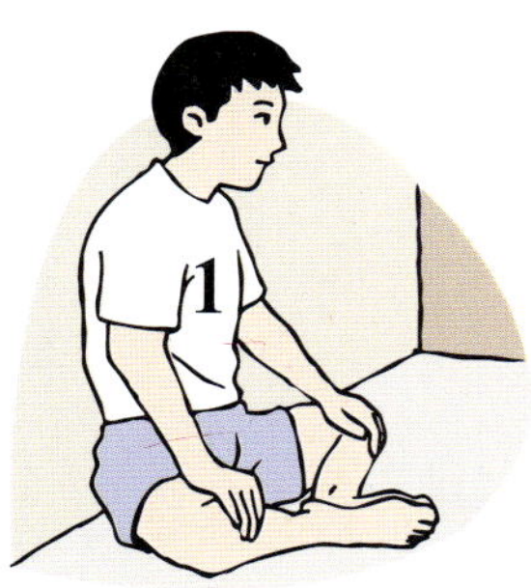

20초

30초

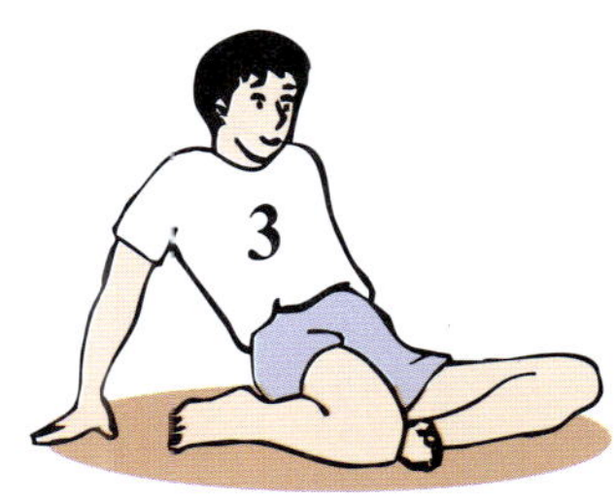

다리 따로 20초

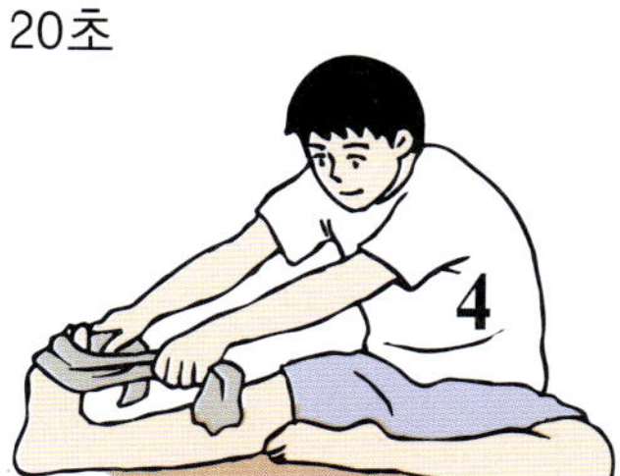

다리 따로 20초

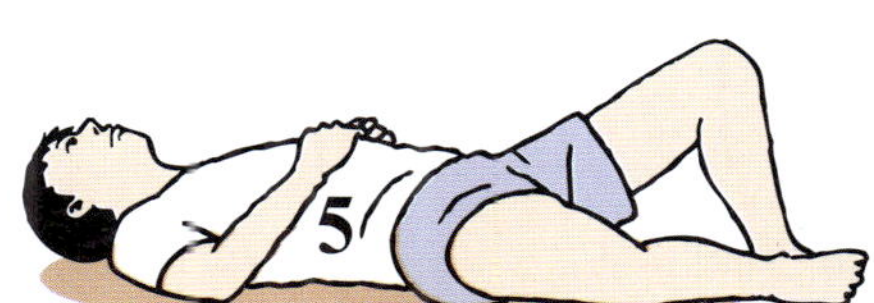

30초

스트레칭 17

3회 1회 5초

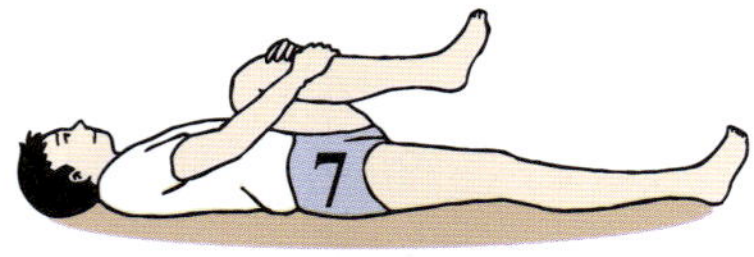

좌우 따로 20초

좌우 따로 20초

3회 1회 5초

20초

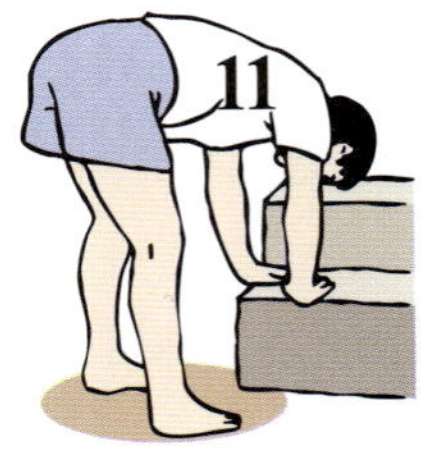

20초

다리 따로 30초

다리 따로 15초

15초

팔 따로 10초

10초

◆집안, 바깥의 작업 전후에 하는 스트레칭

약 5분 동안

세탁, 페인팅, 정원가꾸기, 구덩이 파기, 배수공사, 중량물 운반등 집안 바깥 작업을 하기전에 편한 스트레칭을 몇 분동안 한다. 이것을 하면 이런 여러가지 작업에서 생기는 근육긴장과 응어리가 일어나는 일이 없고 효과있게 작업할 수 있게 몸의 준비가 갖춰진다. 근육긴장을 풀고 일을 즐겁게 하기 위해 이제는 스트레칭!

스트레칭 18

◆허리 긴장을 푸는 스트레칭

약 4분동안

이 스트레칭은 허리의 근육통을 부드럽게 하도록 생각하여 만든 것인데, 등쪽, 어깨, 목의 긴장을 풀어주는데도 좋은 것이다. 가장 효과를 얻는데 는 매일 밤 자기 전에 하는 것이다. 기분좋게 느끼는 스트레칭으로 유지한다. 지나친 오버 스트레칭에 주의!

스트레칭 19

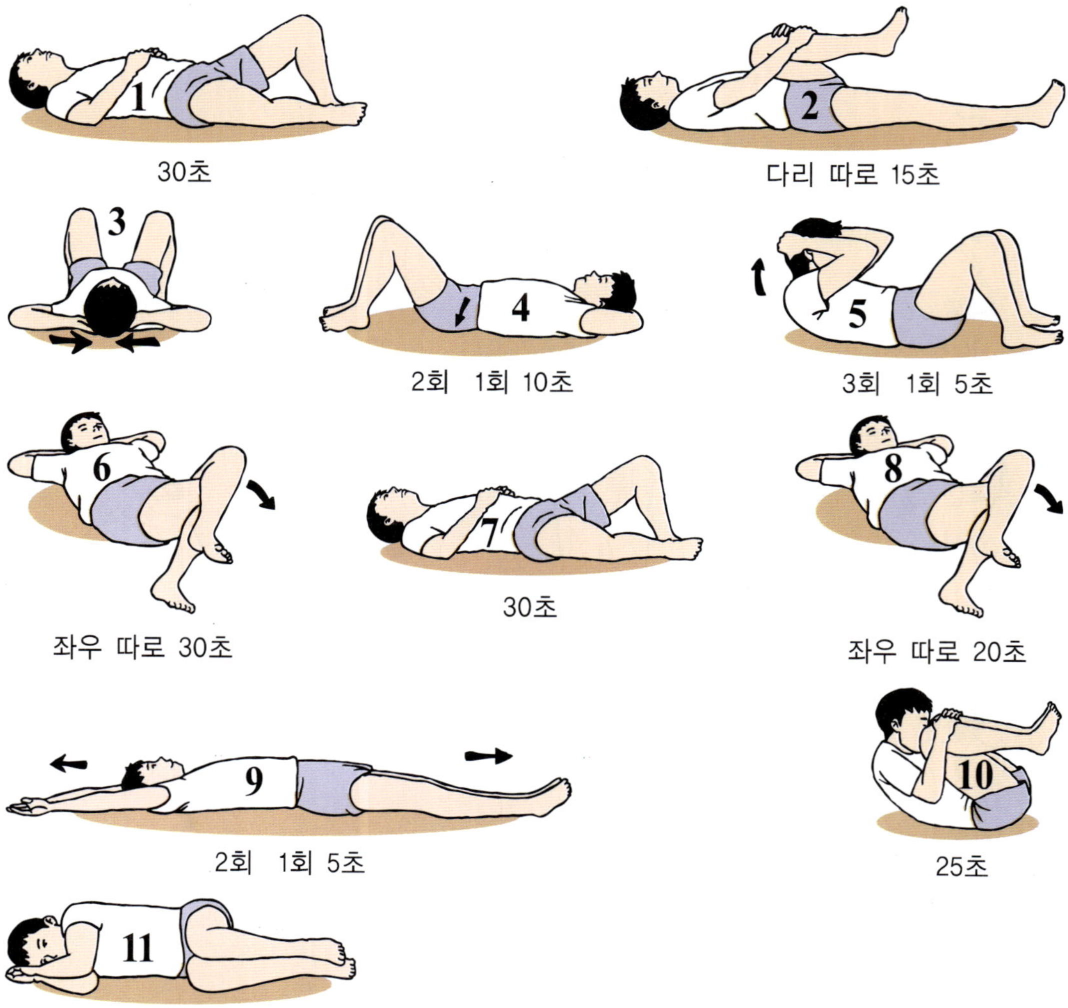

1: 30초
2: 다리 따로 15초
4: 2회 1회 10초
5: 3회 1회 5초
6: 좌우 따로 30초
7: 30초
8: 좌우 따로 20초
9: 2회 1회 5초
10: 25초

◆오랜시간 앉아있던 다음에 하는 스트레칭

약 5분동안

이것은 오랜시간 앉아있던 다음에 하는 일련의 스트레칭이다. 앉아있는 자세는 발과 종아리의 혈액순환을 나쁘게 한다. 그 때문에 대퇴굴근군은 굳어지고 등과 어깨근육은 뭉쳐서 굳어지게 된다. 여기서 말하는 스트레칭은 혈액순환을 좋게하고, 오랜시간 앉아있어서 생기는 근육이 굳어진 것을 풀어준다.

스트레칭 20

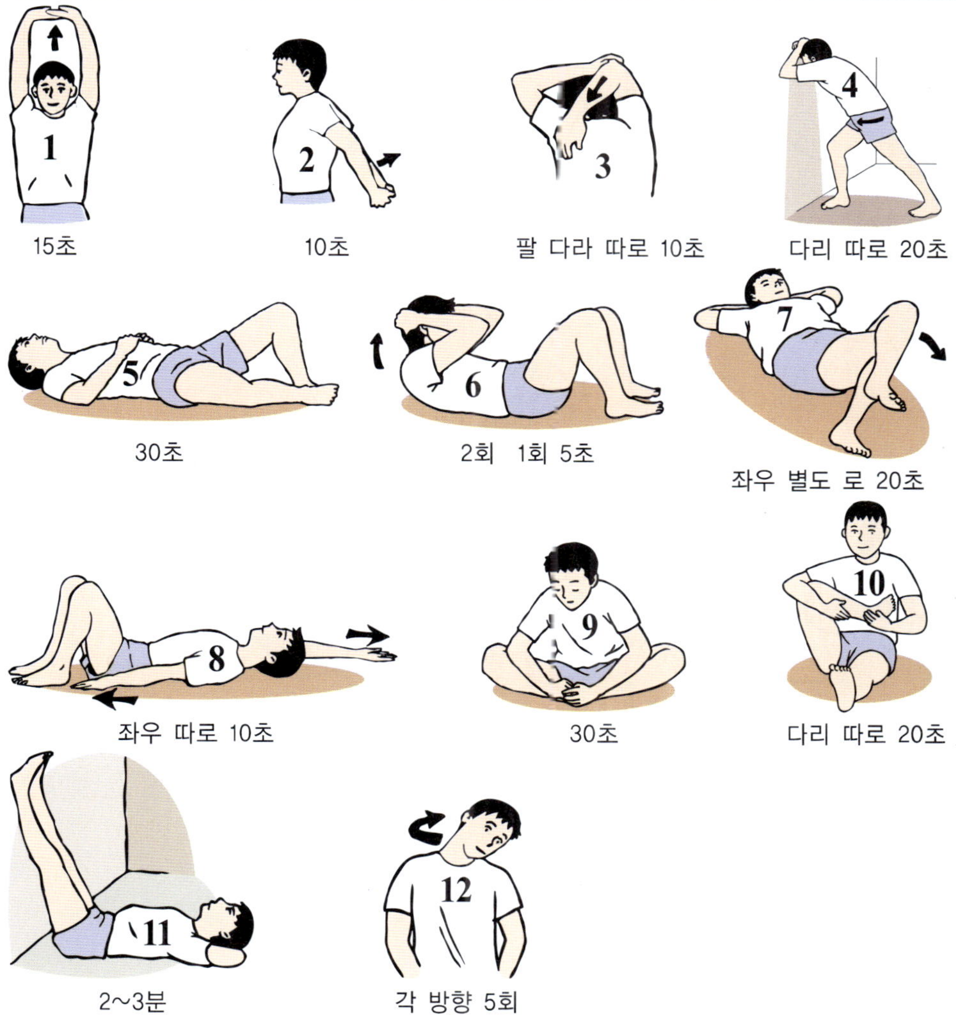

◆텔레비젼을 보면서 하는 스트레칭

많은 사람들은 스트레칭을 할 시간이 별로 없다고 생각하지만 하루저녁에 몇 시간은 TV를 보고 있다. 몸을 좋게 하려고 생각한다면 TV를 보면서 스트레칭을 하면 좋다. 이것은 TV를 보는데 방해가 되지도 않고 TV를 보는 이외에 앉아서 무언가 하고 있을때도 충분히 할 수 있는 것이다.

스트레칭 21

◆스트레칭과 여러가지 운동처방

여기에 게재한 것은 이 책에 수록된 스트레칭과 각종운동의 마무리이고, 건강관리를 직업으로 하고 있는 사람에게는 개인별 적성 프로그램이나 재활 프로그램을 처방할 때 쓰일 수 있으리라. 그 사람에 맞는 것을 둥글게 그려서 알려주면 좋겠다.

스트레칭 22

•등쪽을 릴랙스 시키는 스트레칭

•다리, 발, 발목의 스트레칭

스트레칭 23

•등쪽, 어깨, 팔의 스트레칭

•다리의 스트레칭 시리즈

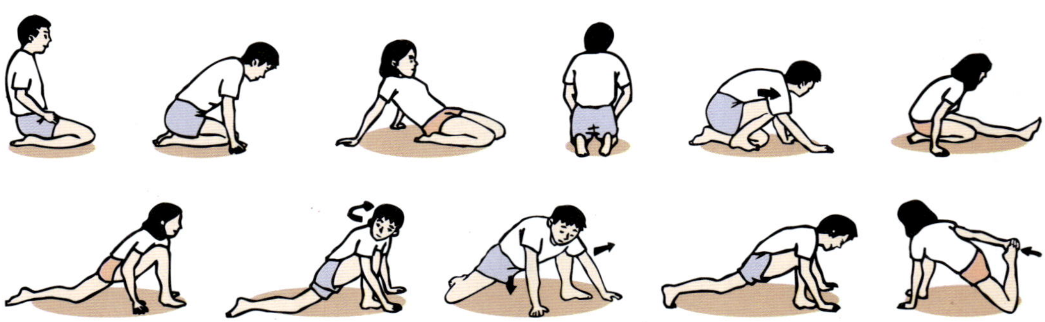

스트레칭 24

• 허리, 엉덩이, 사타구니와 대퇴굴근군의 스트레칭

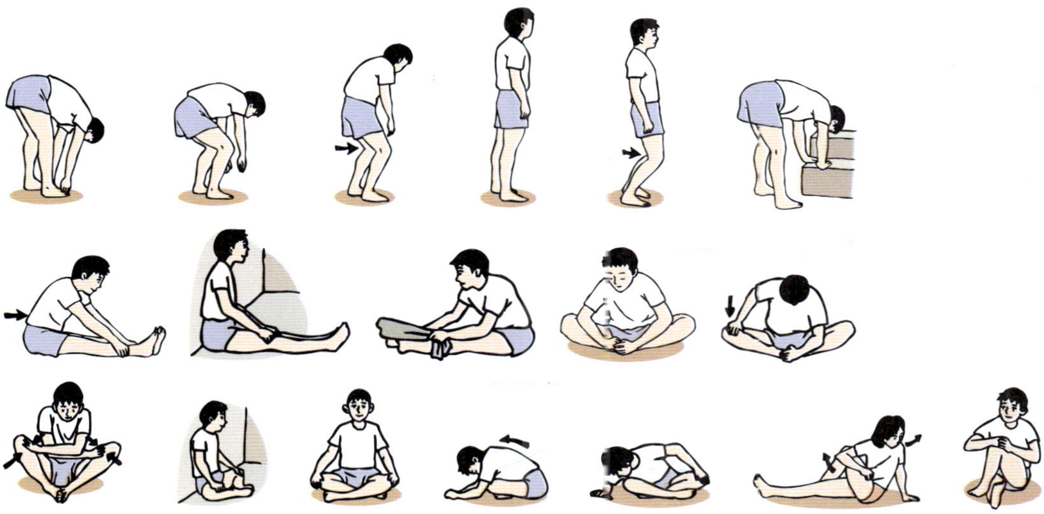

• 등쪽의 스트레칭

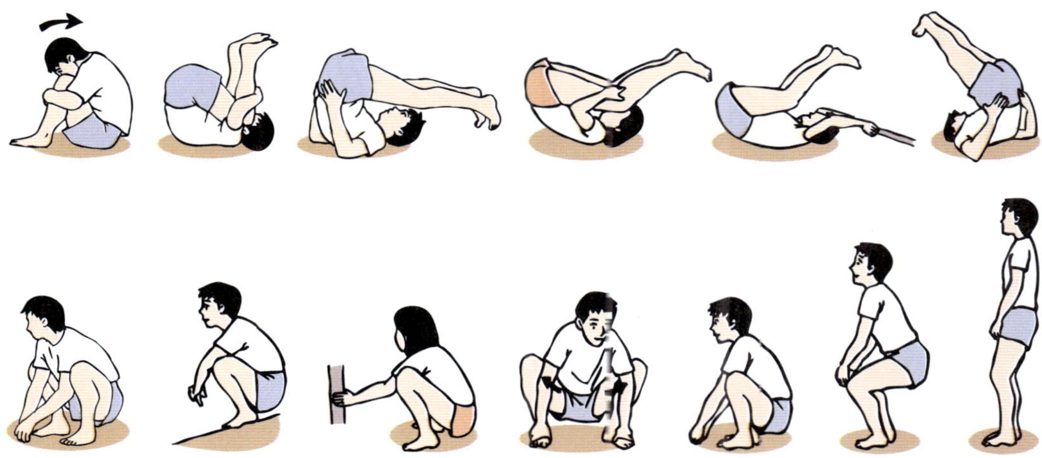

스트레칭 25

• 발을 높이 올리는 스트레칭

• 서서 갈때 다리와 엉덩이의 스트레칭

스트레칭 26

• 서서 갈때 상체의 스트레칭

• 철봉을 이용한 스트레칭

스트레칭 27

• 타올을 이용한 상체 스트레칭

• 앉아서 하는 스트레칭

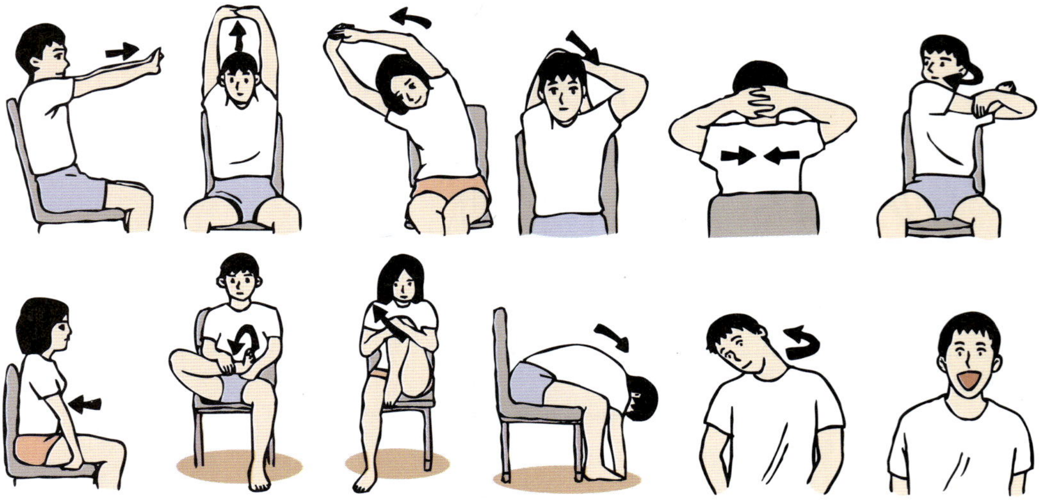

• 다리를 높이 들고하는 다리와 사타구니의 스트레칭

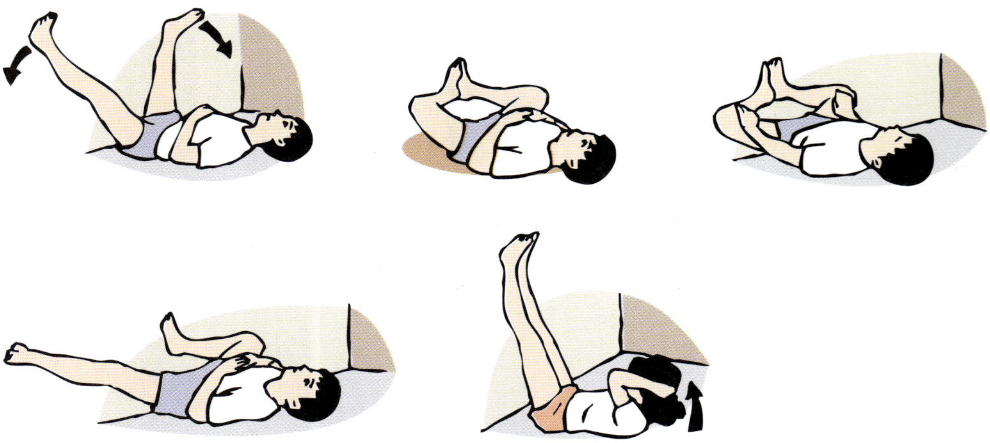

스트레칭 28

•다리를 벌리고 하는 사타구니와 엉덩이의 스트레칭

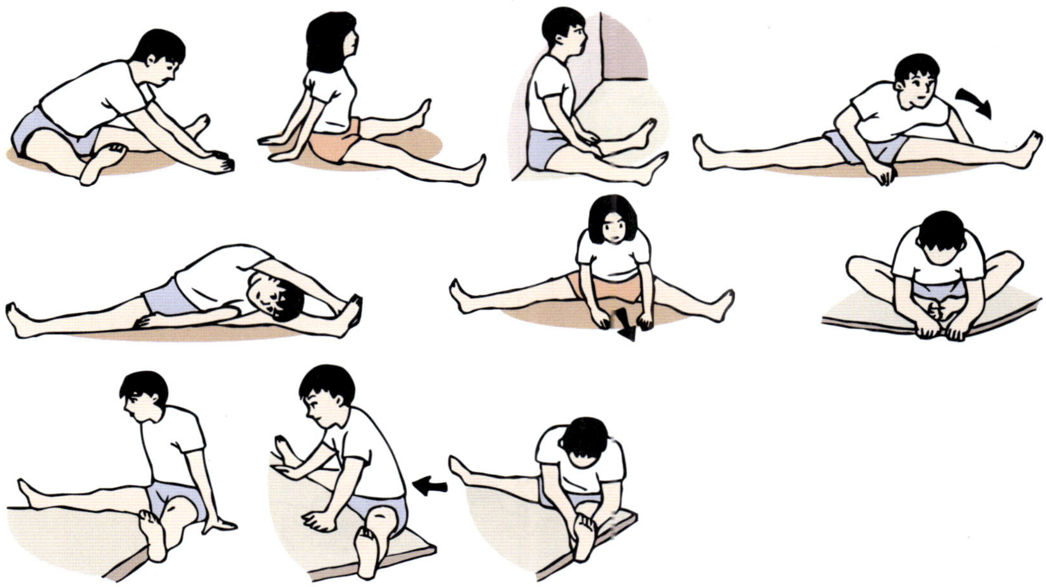

스트레칭 29 - 근력을 높이기 위한 운동

• 복근 강화운동

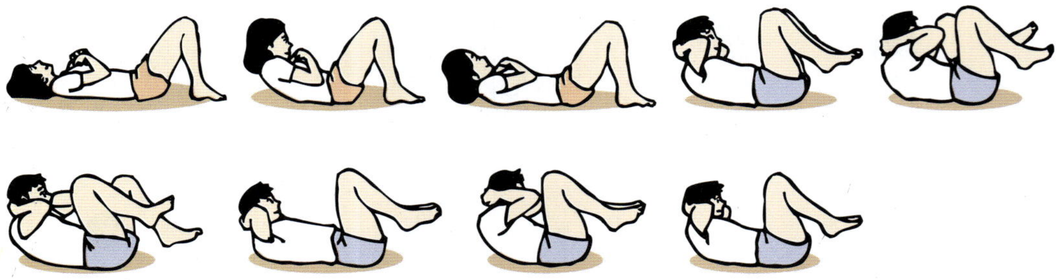

• 등과 가슴 운동

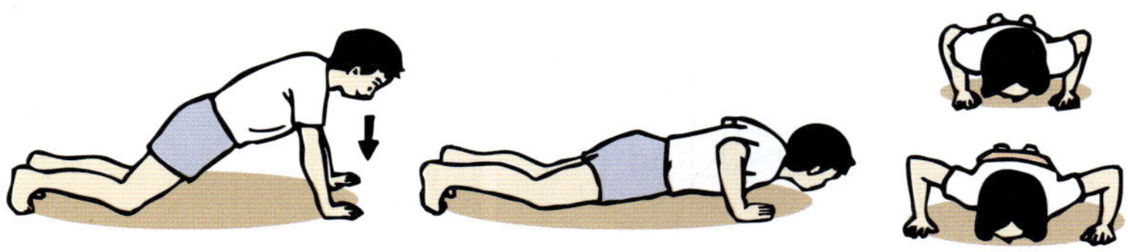

• 발, 발끝, 종아리 운동

• 손, 손목, 앞팔 운동

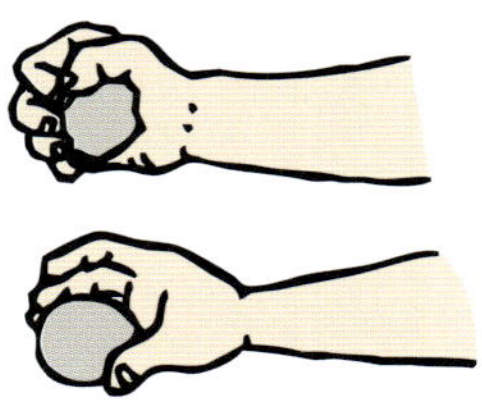

스트레칭 30

• 평행봉 위에서 팔을 세운 굴신

• 의자를 이용한 운동

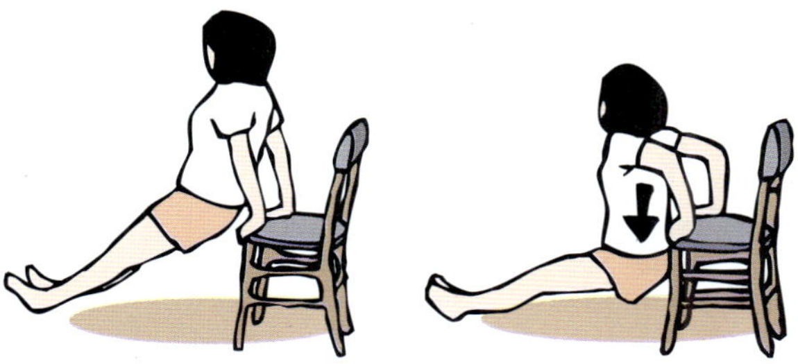

• 철봉운동

• 계단운동

스트레칭 31

• 허리보호

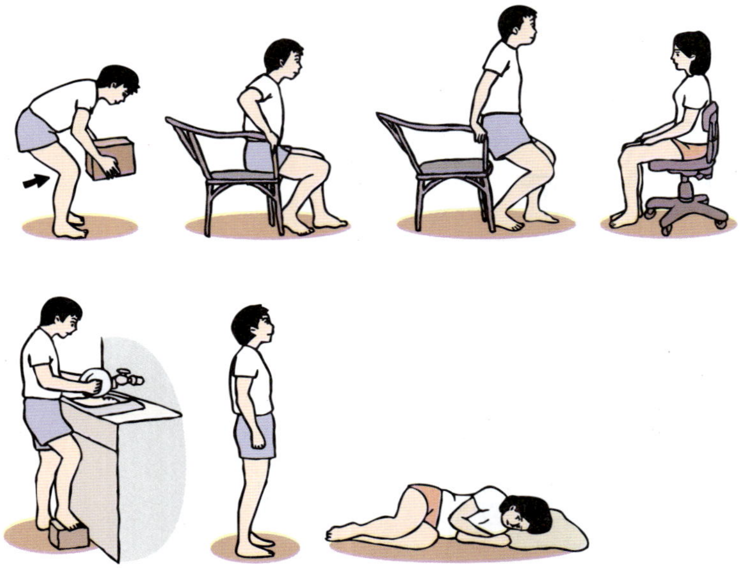

제 19 장 한방양생체조

I 서 문

迺問於天師曰 余聞上古之人 春秋皆度百歲而動作不衰 今時之人 年半百而動作皆衰者 時世異耶? 人將失之耶?

이에 황제께서 그의 신하 기백에게 물어 말씀하시기를, "내가 듣건데 옛사람들은 나이가 모두 백세를 넘어서도 동작이 쇠(衰)하지 않았다고 하는데, 지금 사람들은 나이가 오십만 되어도 모두 쇠하는 것은 시대가 달라서인가? 아니면 사람들이 스스로 양생(養生)[1]의 도를 그르쳐서 그런 것인가?

岐伯對曰 上古之人 其知道者 法于陰陽 和于術數 食飮有節 起居有常 不妄作勞 故能形與神俱 而盡終其天年 度百歲乃去.

기백이 대답하여 말하길, 옛 사람들은 그 양생의 도를 아는 사람들이었으니 음양(陰陽)의 섭리[2]를 본받고, 양생의 구체적 방법들을 시행하고, 음식을 섭취하는데 절도가 있었으며 자고 일어나는데 일정한 장소와 시간을 지켰으며, 헛되이 과로하지 않았습니다. 그래서 형(形)과 신(神)즉 몸과 마음이 함께 하여 그 주어진 수명(100세)까지 살 수 있었습니다.

今時之人不然也 以酒爲漿 以妄爲常 起居無節 醉以入房 以欲竭其精 以耗散其眞 不知持滿 不時御神 務快其心 逆於生樂 故半百而衰也.

지금의 사람들은 그렇지 않습니다. 술을 음료수처럼 마시고 절제 없이 사는 것을 일상적으로 하고 자고 일어나는데 절도가 없으며 술에 취한 상태에서 성관계를 가져 그 정기를 소모하고 쾌락 때문에 진기를 소모합니다. 몸과 마음을 아킬줄 모르고 그 마음의 쾌락에만 힘쓰니, 양생의 도를 역행합니다. 따라서 반백년이면 쇠해지는 것입니다.

-黃帝內經 素問 上古天眞論(황제내경 소문 상고천진론)中에서-

1) 양생 : 생명력을 기르고 보존하는 것. 오늘날 웰빙의 개념이다.

2) 음양의 섭리 : 자연의 보편적인 이치.

동양에서 유래된 각종 심신(心身) 수련법은 모두 기공(氣功)이라 칭한다. 한의학적 관점에서 볼 때에도 근육과 관절을 움직이는 운동과 氣(기)의 흐름과는 뗄래야 뗄 수 없는 관계이다.

오늘날 기공이라는 명칭으로 통합된 동양 전래의 심신수련법에는 근원을 달리하는 두 줄기 큰 흐름이 있다. 하나는 인간의 육체적, 정신적 능력의 한계를 극복하려는 초월의 기공이요 다른 하나는 심신의 건강을 얻으려는 양생의 기공이다.

초월의 기공은 본디 속세를 떠나 선경(仙境)에 살거나 도를 닦아 신통력을 얻기 위한 술법으로서 현대의 초능력 기공 또는 지능 기공으로 이어지는 수련법이다. 이와는 달리 양생의 기공은 글자 그대로 생명력을 길러 건강을 증진하고 병을 고치는 수련법으로 요즘에는 흔히 건강 기공이라 부르기도 한다. 이렇게 기공에는 두가지 흐름이 공존하고 있으나 오늘날 중국에서 절대 다수의 수련자에게 받아들여지고 있는 것은 양생의 기공, 즉 건강 기공이다.

하지만 중국에서 시행되고 있는 각종 기공법은 그 호흡법과 정신 수양법의 오묘함이 깊어 쉽게 입문하기 어렵고 자세나 시행법이 복잡하여 기억하여 따라서 하기가 어렵다. 그래서 오늘날의 복잡한 기공보다는 오히려 춤이나 체조에 가까운 팔단금과 역근경, 오금희 등과 같은 고대 양생 기공을 한의학에서의 십이경근과 현대의학의 근육학 관점에서 재해석하고, 호흡법(調息)과 정신 수양법(調心)을 단순화하여 접근하게 쉽게 "한방 양생 체조"를 구성하여 강의하고자 한다.

II 한방 양생 체조의 기원, 장점, 구성 요소 및 주의 사항

1. 고대 양생 체조의 기원

1973년에 중국 청해성(青海省)에서 대략 5천년 전인 신석기 시대의 토기(土器) 항아리가 발굴되었는데 거기에는 여러 사람이 손을 맞잡고 동일한 모양으로 춤을 추고 있는 색채 그림이 그려져 있다. 한편 "여씨춘추(呂氏春秋)"라는 역사책에 의하면, 역시 4~5천년 전인 도당씨(陶唐氏) 시대에 중원(中原) 지방에 홍수가 계속되어 습기가 심해서 백성들이 근육통, 관절통에 시달렸으나 춤으로 근골(筋骨)을 풀어 병을 고쳤다고 기록되어 있다. 그러니까 건강을 위한 체조, 즉 한방 양생 체조는 까마득한 옛날부터 춤의 형식으로 시작되었음을 알 수 있다.

그런데 그 당시의 춤은 주로 여러 동물의 동작을 모방한 것이었다. 이것은 후에 화타(華佗)의 '오금희'(五禽戱)로 이어져 건강 체조 또는 의료 체조의 일종으로 체계를 이루게 되었는데 이를 가리켜 도인법(導引法)이라 불렀다. '도인'이란 몸을 움직여 몸안의 氣를 이끌어 순환시킨다는 뜻으로 양생 기공의 중심이 되는 방법이다.

동물 동작의 모방에서 출발한 도인법은 몸 안의 기혈(氣血)의 통로인 경락(經絡)의 발견과 함께 경락을 신전(伸展)시키는 체조법으로 발전하게 되는데 이것을 경락 도인법이라 한다.

1975년에 역시 청해성에서 출토된 또 다른 신석기 시대 채색 토기에는 양다리를 벌리고 양손을 허리에 얹은 사람이 거북처럼 목을 길게 뽑고 입술을 동그랗게 하고서 숨을 쉬는 모양이 그려져 있는데 예부터 전해 내려온 호흡법인 신구복기(神龜服氣)의 자세와 매우 흡사하다. 이것은 후에 토납법(吐納法) 또는 행기법(行氣法)이라고 부르게 된 호흡법의 원형으로서 체조식 도인법과 결합되고 다시 정신 집중법인 응신(凝神), 존상법(存想法)과 하나가 되어 調身(조신), 調息(조식), 調心(조심)의 모체를 이루게 되었다.

이와 같이 상고 시대부터 시작된 도인법은 몇 천년을 이어져 오는 동안 많은 양생가(養生家)와 의학자들에 의해 여러 가지 새로운 방법이 추가되고 다듬어졌으며 각종 병증에 효과있는 대증적(對症的) 수련법들이 개발되어 전통 의학의 한 분과를 이루게 되었다.

그러나 고대로부터 전해진 단편적 도인법의 대부분은 중세기 송나라와 명나라 때에 이르러 비로서 체계적으로 정리되어 종합적 기공 서적에 수록되었다. 그리고 이 무렵에 정리된 각종 도인법에는 적송자, 팽조, 왕자교등 전설적 선인들의 이름을 따서 붙인 것도 적지않다. 현재 중국에서도 많은 사람들이 수련하고 있는 팔단금이나 역근경 또한 중세에 정리된 것이지만 거기에 포함된 개별 동작은 아주 먼 옛날부터 전해 내려온 것들이다.

2. 한방 양생 체조의 장점

(1) 동중구정(動中求靜 : 움직이는 가운데 고요함을 추구함)의 정신

呂不韋(여불위)는 〈呂氏春秋〉(여씨춘추)에서 "먼저 靜(정 : 고요함)을 강조하여 精神(정신)이 몸에서 안정되어야 수명이 길어질 수 있다."라고 하였고, 계속하여 "流水不腐, 戶樞不蠹(유수불부, 호추불두: 흐르는 물이 썩지 않고 움직이는 문지도리가 좀 먹지 않는 것)

는 움직이기 때문이며, 몸도 마찬가지이다. 몸이 움직이지 않으면 精(정)[3]이 흐르지 않으므로 氣가 울체된다."고 하여 움직임의 중요성을 지적했다. 動(동)과 靜(정)은 사람의 건강에 있어서 둘 다 중요하므로 가장 좋은 수련 방법은 "宜動者靜, 宜靜者動也"[4](의동자정, 의정자동야)라 하였으며, 呂(여)의 이와 같은 성각은 동양적인 모든 운동에 적용된다.

현대인의 생활 방식의 큰 문제 중 하나는 대부분 정신 활동이 과다하고 신체 활동이 부족하다는데 있다. 한방 양생 체조는 처음 시작할 때 방송(放鬆:의식적으로 긴장을 푸는 것)이나 입정(入靜 : 사고나 잡념을 제거하고 의식을 무념무상의 고요한 상태에 두는 것)상태를 요구하므로 과도한 정신적 긴장상태를 이완시킬 수 있어 정신 건강에 좋다. 또한 고요한 정신이 유지되고 있는 상태에서 각종 동작이 절도 있게 행하여져서 운동 부족을 효율적으로 해결할 수 있다. 이 동중구정의 정신에 따라 주의해야 할 것은 헬스 운동이 신나는 음악에 맞춰 운동하는 것과는 달리 한방 양생 체조는 고요한 장소에서 행해져야만 한다는 것이다.

(2) 연양상겸(練養相兼)의 정신

연양상겸이란 단련과 합리적인 휴양의 쌍방을 중시하는 것을 지적하고 있으며 만성병 환자들의 경우 꼭 지켜야 하는 것이다. 단련할 때마다 하나의 방법으로 연습이 끝난 후에는 얼마동안 조심(調心)[5]과 조식(調息)[6]의 단련을 중지하고 전신을 이완시켜 10~20분간 조용히 휴양한 후에 다시 단련을 계속해야 한다. 초보자가 이와 같이 연습과 휴양을 겸비한 방법을 채용하면 그 효과가 훨씬 좋아진다.

(3) 노약자에게 적합

華佗(화타) 는 〈淮南子〉(회남자)중에서 여섯 가지 짐승의 동작에 자신의 경험을 덧붙여 動功(동공)을 만들어 五禽戱(오금희)라고 하였는데, 첫째는 호랑이, 둘째는 사슴, 셋째는 곰, 넷째는 원숭이, 다섯째는 새로써 "疾病(질병)을 없애고 더불어 사지를 활동시키며, 導引(도인)에 적합하므로 몸이 불편하면 일어나서 어느 한 짐승의 동작만 골라 가뿐하게 땀이 날 정도로 하고 나서 분(粉)을 발라주면 몸이 거뜬해지고 식욕이 증가한다."고 하였다.

---

3) 精 : 정은 한의학에서 말하는 가장 순수한 생명력이다

4) 고요하고자하면 마땅이 움직여야 하고, 움직이고자하면 마땅이 고요해야한다.

5) 마음을 다스림

6) 호흡을 다스림

道敎(도교)의 이론가, 醫學者(의학자)이기도 한 陶弘景(도홍경)은 그의 저서를 통해 "修練(수련)할 때 힘이 닿는 데까지만 하고 땀이 날 정도면 적절하다"라고 하였다.

老年(노년)에 가장 중요한 운동 목적은 원활한 일상 생활의 유지이다. 한방 양생 체조는 고요한 정신 상태는 유지하면서 동작을 하므로 그 운동 강도가 과도해지지 않아 적절한 강도로 체조를 시행할 수 있다. 그리고 과도한 움직임은 정신을 흩어버리고 氣血을 소모시키기 때문에 "체력에 따라 가뿐하게 땀이 날 때까지만 반복"하는 것을 원칙으로 한다.

(4) 활용 범위가 다양하고 동작이 쉽고 재미있다.

팽조 도인법, 구별 행기법 같은 경우 퇴행성관절염 환자의 운동에 적당하다. 그리고 오금희(호랑이 놀이, 곰 놀이, 사슴 놀이, 원숭이 놀이, 새 놀이)같은 경우 동작이 재미있어 아이들 건강 체조로써 활용 가치가 있다. 또한 단순한 근육의 스트레칭보다는 각각의 동작이 활쏘는 자세, 농사일을 연상시키는 동작들, 마치 자신이 동물이나 식물이라 생각하고 시행하는 동작들, 무술의 동작을 연상시키는 동작 이름등("양수탁천 이삼초", "좌우만궁 사사조", "조리비위 비단거" "칠성참공"등)이 있어 재미있는 요소가 많이 있다.

3. 한방 양생 체조의 3요소[7]

(1) 調心(조심)

의념이라고도 한다. 이것은 의식의 훈련을 말한다. 즉 운동 중에 자신의 사상, 정서, 의식의 활동을 서서히 정지시키고 잡념을 배제하여 대뇌를 입정, 허무[8]상태의 유쾌한 경지로 들어서게 하는 것이 요구되는 것이다.

이렇게 하면 전신의 근육, 신경, 혈관 등의 각 기관이나 조직이 더욱 이완되어 피로가 해소되고 기혈이 조화를 이루어 경락의 소통이 원활해지고 자기 조절적인 생리 기능이 발휘될 수 있어서 체력 강화, 치료의 목적이 달성되는 것이다. 그 방법으로는 방송법, 묵념법, 수식법, 의수법, 관기법, 양성의념법등이 있지만 여기에서는 가장 입문하기 쉬운 방송법과 의수법만을 사용하기로 한다.

---

7) 조심은 마음을 다스리고 조식은 호흡을 다스리고 조신은 바른 자세로 운동을 해야하는 것을 말한다.
8) 동양에서의 '허무'란 나쁜 개념이 아니다. 잡념이 없고 마음이 깨끗하여 행동을 함에 있어서 거침이 없는 상태이다.

· 방송법(放鬆法) : 운동 시작 전에 적절한 자세를 취하고 의식적으로 전신을 방송(긴장하지 않은 상태)으로 인도하는 방법을 방송법이라고 한다. 전신을 최대한으로 방송하게 되면 마치 피어오르는 구름 속을 오가고 있는 것처럼 느껴지고 공중에 떠있는 것처럼 된다. 그 때 자연히 가벼운 쾌감이 일어난다. 이러한 의식적인 이완은 입정(入靜)을 촉진시키고 단련 효과를 향상시키는 데 실로 중요한 역할을 담당한다. 시행 방법은 바른 자세를 취하고 머리로부터 다리에 이르는 각 부위를 서서히 이완시켜 나가야 한다. 그 순서는 다음과 같다.

〈두부→ 목 부분→ 흉부(상완부도 포함)→ 복부(전완부나 손도 포함)→ 대퇴부→ 하퇴부→ 발〉의 순으로 이완시켜 간다. 바꿔 말한다면 머리 부분에서 발끝까지 순차적으로 천천히 하나 하나의 부위를 이완시켜 가는 것이다.

· 의수법(意守法) : 의수법이란 의식을 신체의 한 부위에 완전히 집중시키거나 또는 의식으로 신체의 특정 경락 혈위를 묵상하거나 혹은 어떤 경물(景物을 : 풍경이나 사물)을 묵상하는 등, 이른바 一念(일념)으로 萬念(만념)을 대신하고 잡념을 배제하여 입정(入靜), 유쾌한 경지에 도달하는 방법을 말하는 것이다.

의식을 체내의 부분에 집중시킬 때, 체내의 특정 부위나 혈위(穴位)를 묵상하게 되는데 이에 보통 이용되고 있는 것은 단전(丹田)[9]이다. 단전은 생명의 뿌리라고도 일컬어지는 바, 원기가 집합하는 곳이며 기가 발동하는 근원이기도 하다. 여기서의 단전은 하복부의 단전을 말하고 있는 것이다.

의수하는 부위는 이 외에도 여러 가지가 있다. 의수 명문(命門)이라 할 때의 명문(제2,3 腰椎사이의 穴)은 독맥(督脈)과 대맥(帶脈)의 교차점에 있으며 또 좌우 양 신(腎) 사이에 그들의 기능이 연결되는 곳에도 있으므로 생명의 문호라 일컬어지고 있다. 또 의수 회음(會陰)이라 할 경우의 회음(생식기와 항문 사이의 중앙부)은 任脈(임맥), 衝脈(충맥), 督脈(독맥)이 여기서부터 發源(발원)하고 또 여기에 모여든다. 그래서 정기의 근원이라고도 한다. 또 意守涌泉(의수용천)에서의 용천은 발바닥의 중심에 위치하고 있어 腎氣(신기)의 근원이며 신기가 하강하는 곳에 있는 까닭에 補陰(보음 : 각종 장부의 기능 저하 증 치료), 潛陽(잠양 : 음허 간장기능 장해를 치료)의 작용이 있다.

그러나 과도한 의수, 즉 너무 과도하게 의식하는 것은 좋지 않다. 한방 양생 체조에서도 움직이는 십이경근을 과도하게 의식하면 오히려 불필요한 偏差(편차 : 본뜻에서 벗어남으

---

9) 보통 下丹田(하단전)을 말하여 배꼽 밑 3cm정도에 있다.

로써 일어나는 반응)가 일어나고 만다. 의식하는 듯하면서도 의식하지 않는 듯한, 거기에 가까이 있는 듯하면서도 떨어져 있는 듯한 상태에 있어야 하며 의식이 너무 농후해서는 안 되는 것이다.

(2) 調息(조식)

호흡 조정으로 인체의 內氣(내기)를 움직여 서서히 신체의 특정 부위에 모은 뒤 이를 축적, 차츰 경락 노선을 따라서 운행시켜 경락 기혈 소통을 원활하게 할 수 있다.

이 방법에는 자연 호흡법, 심호흡법, 복식 호흡법, 口吸鼻呼法(구흡비호법), 胎息呼吸法(태식호흡법), 冬眠呼吸法(동면호흡법) 등이 있으나 調息(조식)의 기본 요구는 "須順其自然, 勿聽其自然"(수순기자연, 물청기자연)이다. 건강인의 호흡은 자연적이며, 적절히 방송된 상태에서 운동을 하면 호흡이 안정되어 출입하는 소리를 자신조차 들을 수 없게 된다. 따라서 어려운 호흡법에 연연해하지 말고 자연스런 호흡을 추구해야한다. 用意(용의)하되 不用力(불용력)하여야한다.

(3) 調身(조신)

한의학에서는 "形(자세)이 바르지 않으면 氣(기)가 따르지 않고 氣가 따르지 않으면 意(의)가 안정되지 않으며 意가 안정되지 않으면 氣가 흩어진다."라고 말하고 있다.

결국 바른 자세의 중요성을 말하는 것이다.

4. 7가지 주의 사항

보통 과도한 수련으로 발생하는 심한 이상 반응을 偏差(편차)라고 하는데, 한방 양생 체조는 調心法(조심법)과 調息法(조식법)을 단순화했기 때문에 편차가 발생할 가능성이 적다. 하지만 운동하는 사람의 체력과 질병에 따라 운동 시 이상 반응이 생길 수 있다. 따라서 아래에 언급한 7가지 이상 반응이 있을 시, 운동을 잠시 중지한다. 대략 1주 정도면 자연히 없어진다.

① 잡념이 많고 마음이 산란하다.
② 가슴이 답답하고 숨이 막히며 호흡이 시원하지 않다.
③ 정신이 아득하고 가슴이 뛴다.

④ 頭暈(두훈)[10], 頭痛(편차), 耳鳴[11] 目眩[12](이명목현)
⑤ 腹脹(복창)[13], 腹筋(복근)의 피로
⑥ 허리가 시큰거리고 등이 아프다.
⑦ 몽롱하고 졸려 잠을 자려고 한다.

III 경근과 근막경선의 연관성에 대한 고찰

*** 개요**

經筋(경근)은 十二經脈(십이경맥)[14]에 부속된 근육계통이며 신체에서 경맥순환계통을 제외한 얕은 부위의 근육이 서로 연결되는 순환계통이기도 한다. 우리가 평소에 말하는 근은 해부학적으로 단일한 형태의 근육을 말하며, 경근은 이러한 단일한 형태의 근육 여러 개를 십이경맥과의 생리적 관련성이나 순행분포부위 등의 특징을 귀납시켜 하나로 묶어 형성한 것이다. 經筋(경근)은 經脈(경맥)과 絡脈(락맥)의 氣血(기혈)에서 영양을 얻고 十二經脈(십이경맥)의 조절을 받기 때문에 12계통으로 나누어 十二經筋(십이경근)이라 한다. 경근은 인체의 근건, 인대, 근막, 근육 및 신경계통 등의 조직이 유기적으로 배합되어 이로써 기능이 연결되는 전도계통을 이룬다. 경근의 질병은 寒(한)하면 근이 긴장하고 팽팽해지는데(근육의 단축) 경근이 통과하는 부위 근육에 쥐가 나거나 경련이 일어나거나 동통이 생긴다. 熱(열)하면 느슨해지는데 경근이 통과하는 부의가 붓고 팽창감이 느껴지거나 늘어져 힘이 없거나 사지에 운동장애(근육의 약화)가 생긴다.

근막경선은 근육들이 비록 개별적으로 작용할 수도 있지만, 근막체계에 의해 기능적으로 통합되어 전신에 걸친 연계성을 바탕으로 작용하는 각각의 기능단위라 할 수 있다. 근막의 연결경로인 근막경선(myofascial meridian)들의 주행경로 및 특징 등이 한의학의 경

10) 두훈 : 머리가 어지러움
11) 이명 : 귀에서 소리가 나고 울림
12) 목현 : 눈앞이 아찔함
13) 복창 : 배가 몹시 불러 오르면서 속이 그득한 감을 느끼는 것.
14) 십이경맥 : 氣(기)가 흐르는 12가지의 길.

락체계 중의 일부인 十二經筋(십이경근)의 그것과 매우 유사하다. 또한 한의학에서 언급된 경근은 주행 경로만 나와있지 구체적으로 어떤 근육을 지나는지는 알 수 없기 때문에 근막경선에 나와 있는 구체적인 근육명으로 경근의 주행경로를 보다 구체적으로 추론할 수 있다.

여기서 주의해야 할 점은 근막경선들은 서양 의학에서의 표준해부학에 기초하여, 인체에서 골격을 지지하고 있는 근막체계를 통해 역학적인 긴장과 동작을 전달하는 경로들을 의미하기 때문에, 경락체계와 근막경선들은 해부학적인 부위들이 다소 겹쳐질 수는 있겠지만 동일하지는 않다. 따라서 경근과 근막경선은 서로에게 학문적인 영감을 제공하고, 공통점을 연구해야 하지만 각각 구분되어 심도 있게 연구할 필요도 있다.

이제부터는 경근의 주행 부위 및 이상시 발생 질환을 논하고 그에 해당하는 근막경선을 통해 경근의 해당 근육들을 추론할 것이다. 또한 그 부위에 맞는 운동법을 논하겠다.

1. 족태양방광 경근과 천층 후면 근막경선

(1) 족태양방광 경근의 주행부위 및 이상시 발생 질환

① 족태양방광 경근의 주행부위(그림 19-1)

족태양의 경근은 새끼발가락에서 시작하여 위로 外踝(바깥쪽 복사뼈)에 연결되고, 비스듬히 상행하여 슬관절에 연결되는데, 거기서 외과를 따라 하행하여 발뒤꿈치에 연결되었다가, 다시 발뒤꿈치를 따라 상행하여 오금에 연결된다. 그 別支(별지)는 발뒤꿈치 외측에서 연결되어 오금 가운데의 內廉(내렴 : 안측 가장자리)으로 상행하고, 오금 가운데에서 함께 상행하여 둔부에 연결되었다가, 脊部(척부 : 허리부위)를 낀 채 상행하여 項部(항부 : 뒷목부위)로 올라간다. 그 別支(별지)는 項部(항부)에서 갈라져 들어가서 舌根部(설근부 : 혀의 뿌리부분)에 연결된다. 項部(항부)에서 직행하는 것은 枕骨(침골 : external occipital protuberance)에 연결되고, 후두부를 상행하다가 안면부로 하행하여 鼻部(비부)에 연결된다. 그 別支(별지)는 目上部(목상부 : 눈 윗 부분)에서 網狀(망상)을 이루다가, 하행하여 광대뼈에 연결된다. 脊部(척부)를 상행하던 그 別支(별지)는 腋部(액부 : 겨드랑이) 후방의 外廉(외렴 : 외측 가장자리)을 따르다가 肩髃穴(견우혈)에 연결된다. 腋部 후방의 外廉을 따르던 그 別支는 腋下部로 들어갔다가 위로 缺盆穴(결분혈)에 나오고, 상행하여 完骨(완골)에 연결된다. 그 別支는 缺盆穴을 나와 비스듬히 상행하여 광대뼈로 나온다.

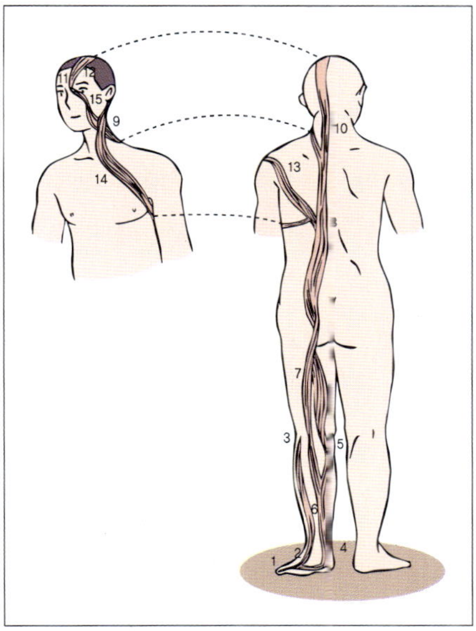

그림 19-1.

② 족태양방광 경근의 이상시 발생 질환

그 병은 새끼발가락에서 발뒤꿈치까지 腫痛(종통 : 붓고 아픔)하며, 膕部(괵부 : 오금)가 攣急(련급 : 땡기는 느낌)하고 脊部(척부 : 허리부위)가 뒤로 젖혀지며, 項部(항부)의 근이 緊急(긴급)하고 肩部(견부)를 들어 올리지 못하며, 腋部(액부)가 뻣뻣하고 缺盆(결분)의 속에 쥐어짜듯 통증이 있어서 좌우로 움직일 수 없는 것 등이다.

(2) 천층후면 근막경선의 근막경로

① 천층후면 근막경선의 근막경로

발가락의 족저면 - 족저근막과 단족지굴근 - 종골 - 비복근/아킬레스건 - 대퇴골과 - 슬굴곡근 - 좌골결절 - 천골결절인대 - 천골 - 요천부근막/척추기립근-후두릉-모상견막/두피근막-전두미릉

(3) 족태양방광 경근의 한방 양생 체조

① 합마행기법 제3식(그림 19-2)

선자세를 취하되 양손을 아랫배에 가지런히 포갠다.

해돋이 때나 해가 중천에 왔을 때 또는 해넘이 때에 태양을 향하여 양다리를 자연스럽게 벌리고서 고개를 쳐든 채 9회 호흡하며 태양의 정기를 받아 마신다.

정력이 충만되고 양기가 강화되는 효과가 있다.

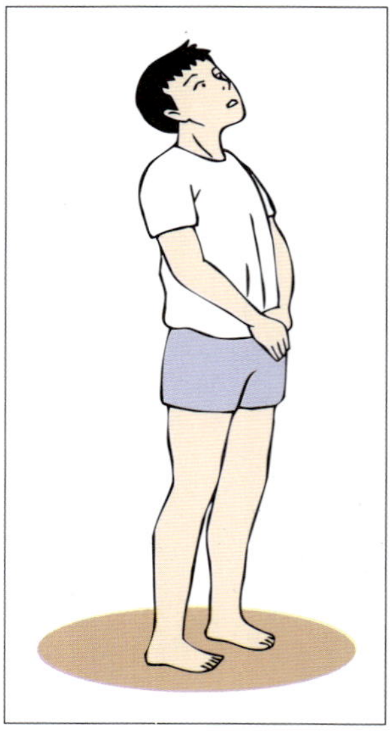

그림 19-2.

② 입식팔단금 제8식-배후칠전 백병소(그림 19-3)

양 발 사이를 어깨 간격보다 조금 더 좁힌다.

양팔을 몸통 양쪽으로 자연스럽게 늘어뜨린 채 온몸의 긴장을 이완시킨다.

양어깨를 조금 치켜 올림과 동시에 발뒤꿈치를 쳐들어 올린다.

어깨를 아래로 떨어뜨리면서 발뒤꿈치도 함께 내린다.

이렇게 온몸을 진동시키기를 24회 반복한다.

호흡은 동작에 구애됨이 없이 자연스럽게 하여야 하며 시선은 수평으로 전방을 바라본다.

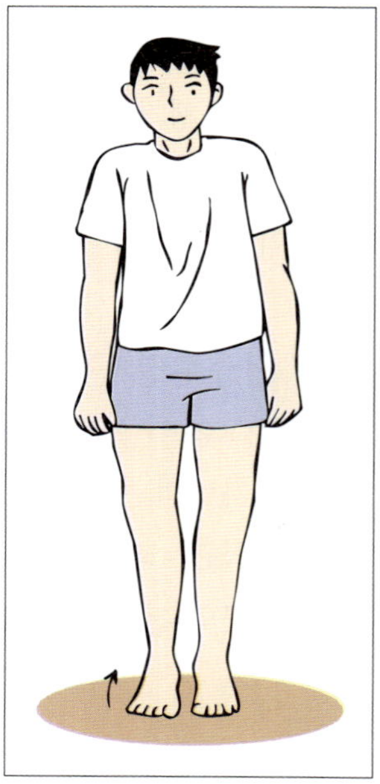

그림 19-3.

③ 역근경 제3식-양풍정량(그림 19-4)

양다리를 자연스럽게 벌리고 선다.

상체를 앞으로 굽히는데 양팔을 조금 굽혀 양쪽 손가락을 맞보게 하고 손바닥은 위를 향하게 한다.

무거운 물건을 들어 올리듯이 상체를 일으키면서 양손을 머리 위로 뻗어 올린다.

손바닥은 위를 향하고 양손 끝은 서로 맞보게 한다.

잠시 동작을 멈추었다가 양손을 몸통 앞을 거쳐 아래로 내린다.

다시 상체를 앞으로 굽혀 같은 동작을 7회 반복한다.

이 동작을 할 때에는 곡식을 키에 담아 올려 바람에 잡것을 날려 보내는 것으로 상상한다.

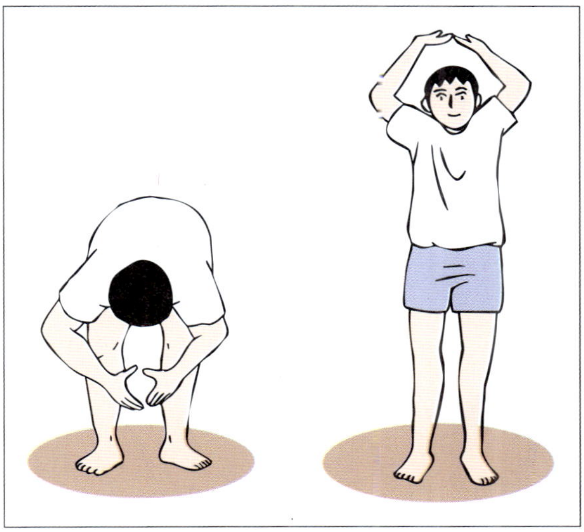

그림 19-4.

④ 역근경 제11식-굴신검량(그림 19-5)

양다리를 자연스럽게 벌리고 서서 양손을 뒤통수에 갖다 대고 상체를 앞으로 굽히되 무릎은 굽히지 않도록 한다.

상체를 굽히고 나서 양손을 아래로 늘어뜨려 땅을 짚는다.

상체를 천천히 일으켜 원자세로 돌아가면서 양팔을 몸통 좌우로 늘어뜨린다.

이렇게 14회 반복한다.

동작을 할 때는 몸을 굽혀 땅에 떨어진 곡식을 집어 올리는 것으로 상상한다.

그림 19-5.

⑤ 제선행공도 제22식-마자연취타운(그림 19-6)

엎드리고 누워서 배를 바닥에 대고 양팔을 뒤로 쳐들면서 양다리도 함께 들어 올린다. 가슴과 머리도 힘껏 쳐든 채 12회 호흡하면서 단전에 의수한다.

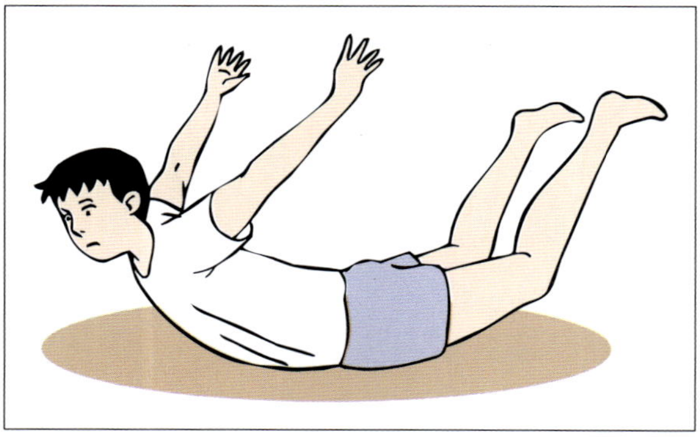

그림 19-6.

2. 족양명위 경근과 천층전면 근막경선

(1) 족양명위 경근의 주행부위 및 이상시 발생 질환

① 족양명위 경근의 주행부위(그림 19-7)

족양명의 경근은 가운데 세 발가락에서 시작하여 발등 위에 연결되고, 비스듬히 외측으로 상행하여 輔骨(비골두)에 붙으며, 상행하여 膝部(슬부)의 外廉(외렴)에 연결되고, 곧바로 상행하여 고관절에 연결되며, 脇部(협부)를 따라 상행하다가 脊部(척부)에 속한다. 輔骨(보골:무릎을 끼고 있는 양옆의 뼈. 안쪽을 내보글, 바깥쪽을 외보골이라 한다.)에서 직행하는 것은 정강이뼈를 따라 상행하여 缺盆穴(결분혈)에 연결된다. 그 別支(별지)는 외측 輔骨(보골)에 연결되어 족소양의 근과 합한다. 그 직행하는 것은 伏兎穴(복토혈)을 따라 상행하여 위로 대퇴골에 연결되었다가 성기에 모이고, 복부로 상행하여 퍼지다가 缺盆穴(결분혈)에 이르러 연결되며, 頸部(경부 : 목부위)로 상행하여 입을 끼고 올라가 광대뼈에서 합하는데, 아래로는 鼻部(비부)에 연결되고 위로는 족태양의 근과 합하니, 족태양의 근은 눈의 위쪽 눈꺼풀을 이루고 족양명의 근은 눈의 아래쪽 눈꺼풀을 이룬다. 그 別支(별지)는 頰部(협부 : 뺨 부위)로부터 耳前部(이전부)에 연결된다.

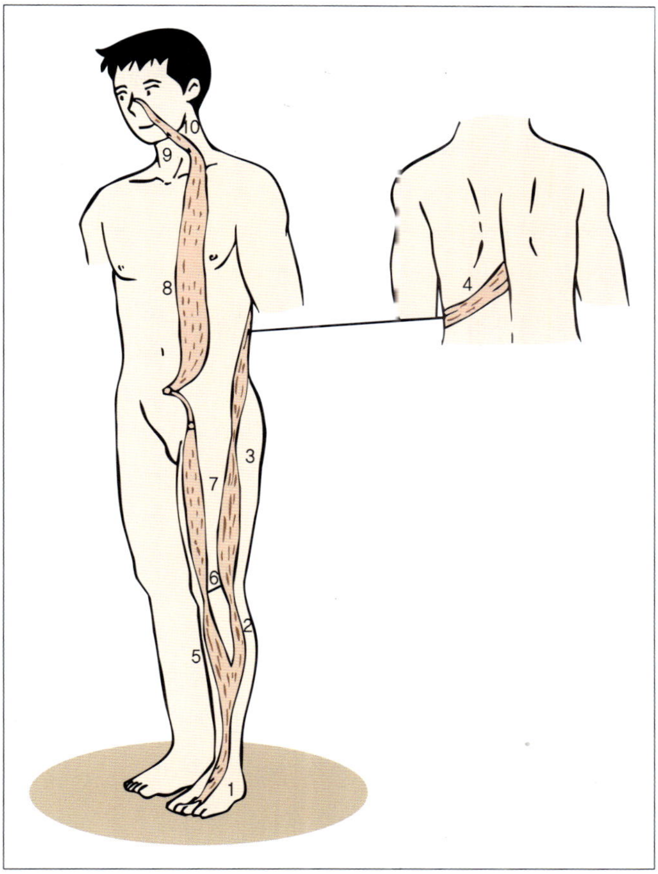

그림 19-7.

② 족양명위 경근의 이상시 발생 질환

그 병은 가운데 발가락에서 脛部(경부 : 정강이 부분)까지 轉筋(전근 : 쥐가 나서 근육이 뒤틀리고 오그라짐)하며, 脚部(각부)가 躁動(조동)하면서 너무 뻣뻣하고 伏兎部(복토부)가 轉筋하며, 대퇴골의 전방이 붓고 㿉疝症(퇴산증)을 일으키며, 복부의 근이 緊急(긴급)하고 缺盆穴에서 頰部(협부)까지 당기며, 갑자기 구안와사증을 일으키는데, 근이 緊急(긴급)해진 경우에는 눈을 감지 못하고 熱이 있으면 근이 늘어나서 눈을 뜨지 못하며, 頰部의 근에 寒(한)이 있으면 頰部를 급히 당겨 입이 돌아가고 열이 있으면 근이 늘어나서 수축되지 못하므로 구안와사증이 된다.

(2) 천층전면 근막경선의 근막경로

① 천층전면 근막경선의 근막경로

족지골의 배면 - 단, 장 족지신근, 전경골근, 전방하퇴부위-경골조면-슬개골하건-슬개골-대퇴직근/대퇴사두근 - 전하장골극AIIS - 치골결절 - 복직근 - 제5늑골 - 흉골근, 흉골연골근막 - 흉골병 - 흉쇄유돌근-유양돌기

(3) 족양명위 경근의 한방 양생 체조

① 입식팔단금 제3식-조리비위 비단거(그림 19-8)

기본 자세는 양쪽 발을 적당히 벌리고 선 자세를 취하되 양다리를 자연스럽게 뻗는다.

어깨와 가슴의 근육을 이완시켜 양어깨 끝을 약간 오므린 듯이 하고, 양팔은 몸통 좌우로 늘어뜨리되 겨드랑 밑은 밀착되지 않도록 하고 허리 근육도 이완시킨다.

아래턱을 조금 당겨 목을 바로 세우고 시선은 똑바로 전방을 향한다.

손가락은 모두 힘을 빼서 자연스럽게 펴고, 호흡은 잔잔하고 가늘고 길고 고르게 이어지도록 잠시 숨결을 고른다.

동작은 양손을 하복부 앞으로 모으는데 양쪽 손가락 끝이 맞닿을 만큼 가까이 마주 보게 하고 손바닥은 위를 향하게 한다.

양손을 함께 위로 쳐들어 올리다가 상복부에 이르면 왼손

그림 19-8.

바닥을 아래로 뒤집어 등뒤로 돌려서 뻗어 내림과 동시에 오른 손바닥은 점차로 안쪽(몸통 쪽), 아래쪽, 바깥쪽(앞쪽), 위쪽으로 향하게 돌리면서 머리 위로 올려 뻗는다.

양손은 아래위에서 서로 손등을 향하게 되고 손끝은 각각 좌우(안쪽)를 향하게 된다.

잠시 동작을 멈추었다가 상복부 앞에서 손바닥이 서로 마주 보도록 오른손을 내리고 왼손을 올린다.

이번엔 좌우 손을 바꿔 앞과 같은 요령으로 왼손을 올려 뻗고 오른손을 내려 뻗는다.

각각 7회씩 반복하고 나서 양손을 상복부 앞으로 모아 손바닥을 아래로 향한 채 천천히 양손을 내려 원자세로 돌아간다.

호흡은 동작을 시작할 때부터 손을 뻗어 올릴 때까지 숨을 들이쉬고 잠시 멈추었다가 손을내릴 때 숨을 내쉰다.

시선은 눈은 위로 뻗어 올리는 쪽의 손을 좇는다.

② 내장도인법 제6식-양비좌공(그림 19-9)

의자에 앉아서 양손을 무릎 위에 자연스럽게 올려 놓는다.

양다리를 앞으로 쭉 뻗고 양팔도 위로 뻗으면서 머리를 뒤로 젖힌 채 잠시 동작을 멈추었다가 원자세로 돌아간다. 이렇게 15회를 반복한다.

다음에는 무릎을 꿇고 앉아서 양손을 몸통 좌우로 늘어뜨려 땅을 짚은 채 머리를 한껏 왼쪽으로 돌렸다가 오른쪽으로 돌린다.

좌우 각각 15회씩 반복한다.

위장병, 소화불량증을 낮게 하며 식욕을 증진시키는 효과가 있다.

그림 19-9.

③ 오금희-곰놀이(그림 19-10)

바닥에 드러누워 양 무릎을 구부리고 양손으로 좌우 무릎관절 아래를 잡는다.

가슴을 오므리고 얼굴을 가슴 쪽으로 굽혀 등이 둥글게 휘어지도록 한다.

양다리를 가슴 쪽으로 힘껏 끌어당기면서 상체를 일으켜 몸무게 중심을 엉덩이로 옮긴다.

더 이상 몸을 일으킬 수 없게 되었을 때 무릎을 감싸 쥔 채 중심을 등쪽으로 옮기면서 드러눕는다.

마치 흔들의자가 앞뒤로 흔들거리는 것처럼 몸통을 일으켰다 누웠다 하기를 계속하는데 횟수에는 제한이 없다.

시종일관 등허리를 둥글게 휘어지게 하고 머리를 가슴 쪽으로 굽혀 몸통이 뒤로 구를 때 뒤통수가 바닥에 닿지 않도록 한다.

자신이 마치 미련한 곰으로 변한 것 같이 생각하면서 열심히 몸을 굴리도록 한다.

그림 19-10.

3. 족소양담 경근과 측면 근막경선, 나선형 근막경선

(1) 족소양담 경근의 주행부위 및 이상시 발생 질환

① 족소양담 경근의 주행부위(그림 19-11)

족소양의 경근은 네 번째 발가락에서 시작하여 위로 外踝(외과)에 연결되고, 脛部(경부 : 정강이뼈)의 外廉(외렴)을 따라 상행하여 슬관절의 外廉(외렴)에 연결된다. 그 別支(별지)는 외측 輔骨(보골)에서 갈라져 시작하여 위로 대퇴부를 주행하는데, 전자는 伏兎穴(복토혈)의 위에 연결되고, 후자는 꼬리뼈에 연결된다. 외측 輔骨(보골)로 직행하던 것은 季脇部(계협부)로 상승하고, 위로 腋部(액부)의 前廉(전렴)에 주행하여 膺乳部(응유부)에 연계되다가 缺盆穴(결분혈)에 연결된다. 季脇部(계협부)로 직행하던 것은 상행하여 腋部(액부)로 나오고, 缺盆을 거쳐 족태양근의 전방으로 나와서, 耳後部(이후부)를 따라 額角部(액각부)의 후방으로 상행하며, 정수리에서 교차하여 아래로 頷部(함부)로 주행하다가 다시 상행하여 광대뼈에 연결된다. 광대뼈에

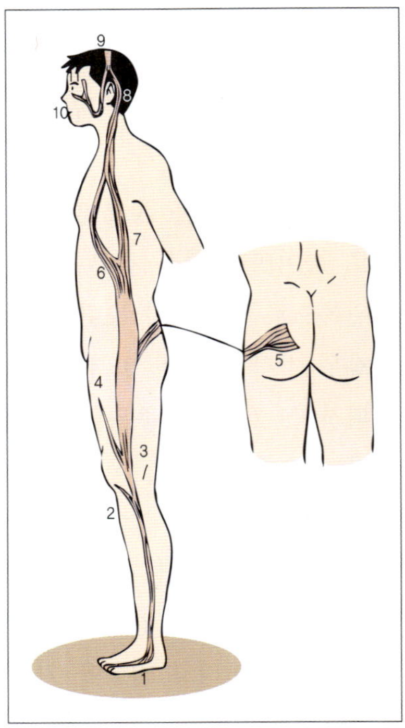

그림 19-11.

연결되었던 別支는 目外眥(목외자 : 눈의 바깥 눈꼬리)에 연결되니, 이것은 눈의 외측 인대를 이룬다.

② 족소양담 경근의 이상시 발생질환

그 병은 네 번째 발가락이 뻣뻣해지면서 轉筋(전근)하고, 무릎이 당기면서 밖으로 轉筋하여 무릎을 굴신할 수 없으며, 오금의 근이 緊急(긴급)하여 앞으로는 대퇴부를 당기면서 뒤로는 꽁무니까지 당기다가 곧 당기는 것이 상승하여 季脇部(계협부)에 통증이 있으며, 缺盆穴(결분혈)과 膺乳部(응유부)가 위로 당기면서 頸部(경부)의 인대가 緊急(긴급)하여 좌측에서 우측으로 가면 오른쪽 눈을 뜨지 못하고, 위로 우측의 額角(액각)을 지나 陽蹻脈(양교맥)과 병행하여 주행하면서 좌측에서 우측에 연락하므로 좌측의 額角이 손상되면 오른 발을 쓰지 못하니, 命名(명명)하여 '인대가 서로 교차한다'고 한다.

(2) 측면 근막경선의 근막 경로

① 측면 근막경선의 근막경로

제1, 5 중족골 기저부-비골근들, 외측 하퇴부위 - 비골두 - 전경비인대 - 외측 경골과 - 장경인대/외전근 - 대퇴근막장근 - 대둔근 - 장골능, 전상장골극, 후상자골극 - 내, 외 외복사근-늑골 - 내, 외늑간근 - 제1, 2늑골-두판상근/흉쇄유돌근-후두릉/유양돌기

(3) 나선형 근막경선의 근막 경로

① 나선형 근막경선의 근막 경로

후두부융기, 유양돌기 - 환추, 축추횡돌기 - 두판상근과 경판상근 - 하부 경추부 - 상부흉추극돌기-대, 소 능형근 - 견갑골 내측연 - 전거근 - 늑글외측 - 외복사근 - 복부건막, 백선 - 내복사근-장골룽, 전상장골극 - 대퇴근막장근 - 외측경골과 - 전경골근 - 제1중족골 기저부-장비골근 - 비골두 - 대퇴이두근 - 좌골결절 - 천골결절인대 - 천골 - 요천추근막, 척추기립근 - 후두부융기

(4) 족소양담 경근의 한방 양생 체조

① 입식팔단금 제4식-오로칠상 향후초(그림 19-12)

기본 자세는 양쪽 발을 적당히 벌리고 선 자세를 취하되 양다리를 자연스럽게 뻗는다. 어깨와 가슴의 근육을 이완시켜 양어깨 끝을 약간 오므린 듯이 하고, 양팔은 몸통 좌우

로 늘어뜨리되 겨드랑 밑은 밀착되지 않도록 하고 허리 근육도 이완시킨다. 아래턱을 조금 당겨 목을 바로 세우고 시선은 똑바로 전방을 향한다.

손가락은 모두 힘을 빼서 자연스럽게 펴고, 호흡은 잔잔하고 가늘고 길고 고르게 이어지도록 잠시 숨결을 고른다.

동작은 양팔을 몸통 양쪽을 늘어뜨린 채 발은 움직이지 말고 몸통만 천천히 오른쪽으로 돌리는데 머리도 함께 최대한도로 돌리고서 1~2초 동안 동작을 멈추었다가 천천히 원자세로 되돌아온다. 다음에는 왼쪽으로 몸통과 머리를 한껏 돌리는데 이렇게 좌우 교대로 7회씩 돌린다. 몸통을 돌릴 때는 좌우 어느 쪽으로도 몸이 기울지 않도록 유의한다.

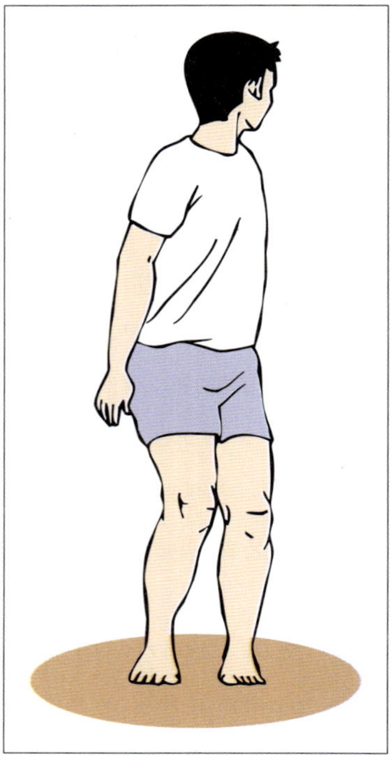

그림 19-12.

호흡은 원자세에서 몸통을 오른쪽 또는 왼쪽으로 한껏 돌릴 때까지 천천히 숨을 들이쉬고 동작을 멈출 때는 호흡도 멈추었다가 원자세로 돌아오면서 숨을 내쉰다.

시선은 몸통과 머리가 돌아가는 방향으로 따라 돌아가되 수평을 유지한다.

오로칠상이란 몸과 마음에 쌓이는 피로와 갖가지 내장 질환을 가리킨다.

② 내장도인법-양담좌공(그림 19-13)

낮은 의자나 방바닥에 양다리를 앞으로 뻗고 앉아서 양손으로 한쪽 발끝을 잡아당겨 좌우로 요동시키기를 15회 하고 나서 다른 한쪽 발도 15회 반복한다.

다음에는 양손을 뒤로 돌려 의자를 짚고 몸을 쭉 뻗는데 가슴을 펴고 배를 위로 내밀어 등과 허리가 활 모양으로 휘어지게 한다. 잠시 동작을 멈추었다가 허리를 아래로 내린다.

이렇게 15회 반복한다. 담의 나쁜 기운을 몰아내는 효과가 있다.

그림 19-13.

③ 오금희-호랑이 놀이(그림 19-14)

양발과 양손으로 땅을 짚고 엎드리되 얼굴을 쳐들어 앞을 바라본다. 왼손과 오른발을 들어 앞쪽으로 한 걸음 내딛으면서 몸의 중심을 앞으로 옮긴다. 왼손과 오른발이 땅에 닿는 것과 동시에 오른손과 왼발을 들어 앞쪽으로 한 걸음 내딛는다. 이렇게 앞쪽으로 세 걸을 나갔다가 뒤쪽으로 세 걸음 물러나서 원위치로 돌아온다. 다음에는 왼팔과 왼다리를 구부려 몸통을 왼쪽으로 한 바퀴 땅바닥에 굴리고 나서 다시 네 발(양발과 양손)로 일어선다.

처음에 한 것처럼 앞쪽으로 세 걸음 나갔다가 뒤쪽으로 세 걸음 물러난다. 이번에는 오른쪽으로 몸통을 기울여 한 바퀴 뒹굴고 나서 다시 앞쪽으로 세 걸음, 뒤쪽으로 세 걸음 옮긴다. 이렇게 전진, 후퇴와 뒹구는 동작을 방향만 바꾸어가면서 계속하는데 횟수에는 제한이 없다. 온몸이 후끈후끈하거나 살갗에 땀이 배어나올 정도를 표준으로 삼는다. 동작 중에 호흡은 자연스러워야 한다.

마치 자기 자신이 호랑이가 된 것같이 생각한다. 동작은 힘차고도 우람스러워야 하며 맹호가 산을 내려오는 것처럼 기세가 자뭇 등등해야 한다.

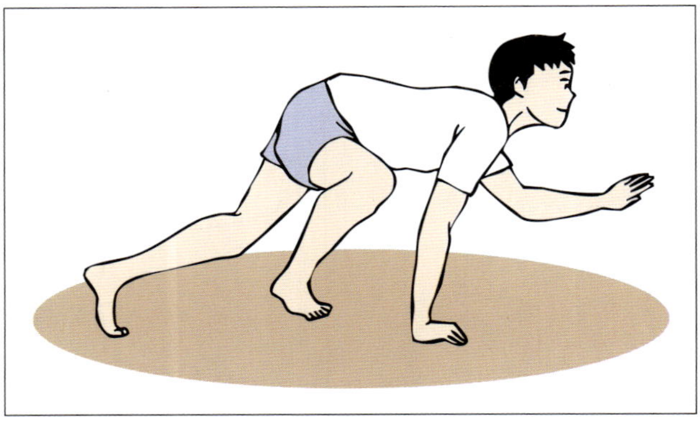

그림 19-14.

④ 오금희-사슴 놀이(그림 19-15)

네 발(양손과 양발)로 땅을 짚고 선다. 목을 길게 뽑고서 머리를 오른쪽으로 돌려 뒤를 돌아보면서 왼다리를 뒤로 뻗는다. 2~3초 동안 동작을 멈추었다가 머리를 왼쪽으로 돌려 뒤를 돌아보면서 왼다리를 거둬들이고 오른다리를 뒤로 뻗는다. 이렇게 좌우로 같은 동작을 반복하는데 횟수는 적당하다고 생각될 정도면 된다. 호흡은 머리를 돌릴 때 코로 숨을 들이쉬고 2~3초 동안 동작을 멈출 때는 호흡도 멈추고 나서 머리를 앞으로 되돌릴 때 입으로 천천히 숨을 토해 낸다. 마치 자기 자신이 사슴이 되어 높은 곳에 멈춰 서서 고개를 좌우로 돌려 뒤쪽에 무슨 일이 없는지 두루 살펴보고 안심하는 모양을 상상한다.

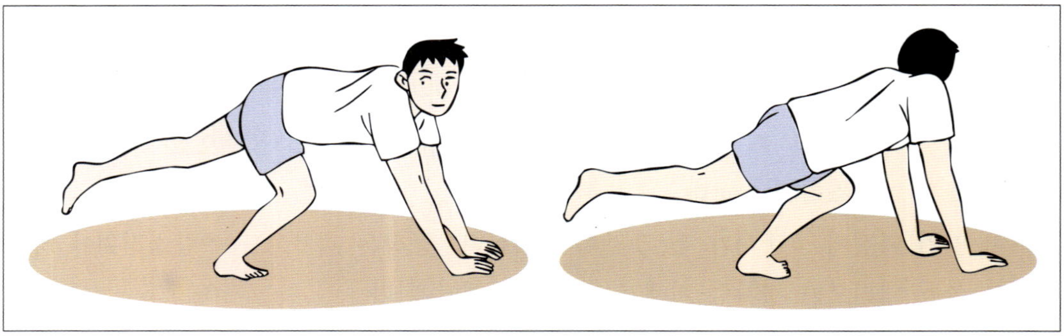

그림 19-15.

⑤ 팽조 도인법-제10식(그림 19-16)

동쪽을 향하고 앉되 양손을 무릎에 얹고서 잠시 숨결을 고른다.

그리고 나서 양팔을 자연스럽게 위로 뻗고서 상체를 천천히 좌우로 흔드는데 마치 봄바람에 버들가지가 흔들리듯이 한다. 횟수는 많을수록 좋지만 그대그때의 형편에 따른다.

그림 19-16.

4. 수태음폐 경근과 심층전면 상지 근막경선

(1) 수태음폐 경근의 주행부위 및 이상시 발생 질환

① 수태음폐 경근의 주행부위(그림 19-17)

수태음의 경근은 엄지손가락의 위에서 시작하여 엄지손가락을 따라 상행하다가 손의 魚腹部(어복부)[15] 후방에 연결되고, 寸口部(촌구부)의 외측을 지나서, 위로 하박부를 따라 肘關節(주관절 : 팔꿈치)에 연결되며, 상박부의 內廉(내렴)을 상행하여 腋下部(액하부)로 들어갔다가, 缺盆穴(결분혈)로 나와 다시 肩關節(견관절)의 전방에 연결되니 위로는 缺盆穴(결분혈)에 연결되면서 아래로는 胸部(흉부)속에 연결되고, 賁門(분문)을 흩어지면서 관통했다가 賁門의 하부에서 합쳐지며, 하행하여 季脇部(계협부)에 다다른다.

---

15) 어복부: 엄지 손가락과 연결되는 손부위, 마치 물고기 처럼 불룩 튀어나왔다하여 붙여진 이름.

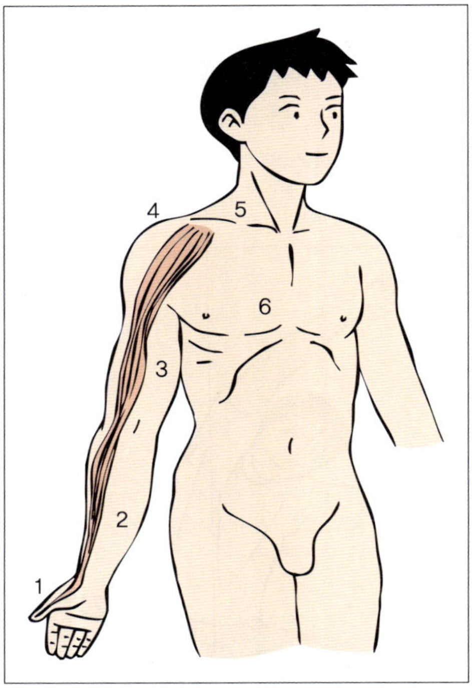

그림 19-17.

② 수태음폐 경근의 이상시 발생 질환

그 병은 당연히 지나가는 부위가 뻣뻣하면서 轉筋(전근)하고, 고통이 심하면 息賁證(식분증)을 일으켜 脇部(협부 : 옆구리)가 緊急(긴급)하면서 吐血(토혈)한다.

(2) 심층전면 상지 근막경선 근막경로

① 심층전면 상지 근막경선 근막경로

제3, 4, 5 늑골들-소흉근, 쇄골흉근 근막-오구돌기-상완이두근-요골조면-요골 골막, 전연-요골 경상돌기, 요골 외측 측부인대들, 주상골, 대능형골-무지근들-엄지외측

(3) 수태음폐 경근의 한방 양생 체조

① 칠성참공

제1식(칠성참공의 1식부터 7식 까지의 동작들은 상지에 분포하는 경근의 동작을 모두 포함하고 있다. 따라서 상지부분의 한방 양생 체조는 칠성참공을 중심으로 구성되었다.)(그림 19-18)

그림 19-18.

양발은 앞뒤가 평행이 되게 하고 발 사이는 30센티 가량 벌린다. 양팔은 팔꿈치를 굽혀

팔뚝이 수평이 되도록 앞으로 들어올린다. 손바닥은 안쪽(몸통 쪽)을 향하고, 엄지손가락과 집게손가락은 위를 향해 세우되 나머지 세 손가락은 굽혀서 주먹을 쥔다. 양손의 간격은 20센티 가량. 몸통은 조금 앞으로 기운 듯이 하고, 양어깨의 힘을 빼서 아래로 처지게 한다. 눈은 가볍게 감고 입도 다물되 명치뼈 아래 심와부를 이완시켜 온몸이 유연한 상태를 유지하게 한다. 마치 물속에 서 있는 것처럼 몸의 어느 한 부위도 긴장된 곳이 없어야 한다. 잠시 동안(시간은 각자가 무리하지 않는 범위 내에서 정한다.) 마음을 가라앉히고 조용히 서 있다가 다음 동작으로 연결한다.

② 내장도인법-양폐좌공(그림 19-19)

양다리를 꼬고 앉아서 등을 둥그렇게 굽히면서 양손을 앞으로 뻗어 땅을 짚는다. 허리를 바로 세우면서 양팔을 머리 위로 뻗어올리되 손바닥은 위로 향하고 손끝은 뒤쪽을 향하게 한다. 다시 허리를 굽히면서 같은 동작을 3회 반복한다. 다음에는 오른 주먹으로 등을 16회, 왼 주먹으로 16회 두드리고 나서, 다시 오른 주먹 손등 쪽으로 허리를 16회, 왼 주먹 손등쪽으로 16회 두드린다. 마지막으로 아래윗니를 36회 딱딱 맞부딪뜨리고 침을 삼킨 후 눈을 감고 마음을 가라앉히고서 얼마 동안 고요히 앉아 있도록 한다. 감기, 기침, 기관지염, 폐기종, 호흡곤란 등 호흡기 질환에 효과가 있다.

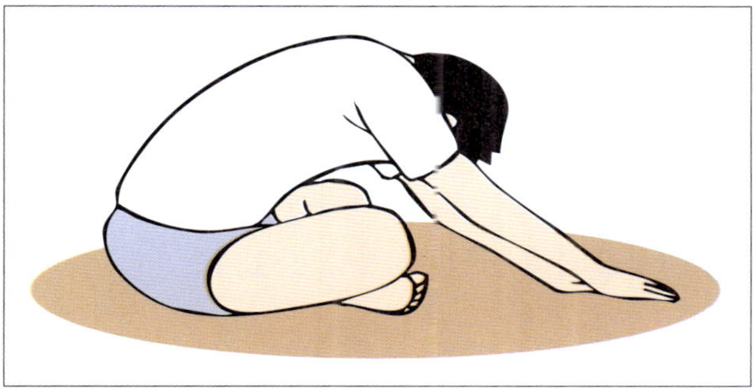

그림 19-19.

5. 수소음심 수궐음심포 경근과 천층전면 상지 근막경선

(1) 수소음심 수궐음심포 경근의 주행부위 및 이상시 발생 질환

① 수소음심 경근의 주행부위

수소음이 경근은 새끼손가락의 내측에서 시작하여 손바닥 후방의 銳骨(예골 : pisiforme bone)에 연결되고, 위로 肘關節(주관절)의 內廉(내렴)에 연결되며, 상행하여 腋部(액부)로 들어가서 수태음의 경근과 교차했다가 乳部(유부)속에 모이고, 가슴속에 연결되었다가 賁門(분문)을 따라 하행하여 臍部(제부 : 배꼽부위)에 연계된다(그림 19-20)

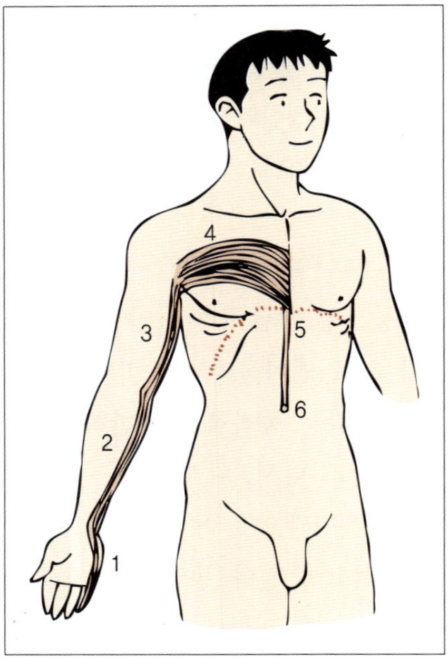

그림 19-20.

② 수소음심 경근의 이상시 발생 질환

그 병은 속에서 경근이 緊急(긴급)해지면 心(심)에 伏梁證(복량증)을 일으키고 밖에 있으면 肘關節(주관절)이 망에 둘러싸인 것처럼 牽急(견급)해진다. 그 병은 당연히 지나가는 부위가 뻣뻣하면서 轉筋(전근)하고, 근육에 통증이 있다.

③ 수궐음심포 경근의 주행부위(그림 19-21)

수궐음의 경근은 가운데 손가락에서 시작하여 수태음의 경근과 병행하면서 肘關節(주관절)의 內廉(내렴)에 연결되고, 하박부의 陰分(음분 : 내측부위)을 상행하여 腋下部(액하부)에 연결되었다가, 하행하여 전후방으로 흩어지면서 脇部(협부)에 두루 미친다. 本筋(본근)에서 갈라진 支筋(지근)은 腋部(액부)로 들어가서 胸部(흉부)속에 흩어졌다가 위의 상구인 賁門(분문)에 연결되다.

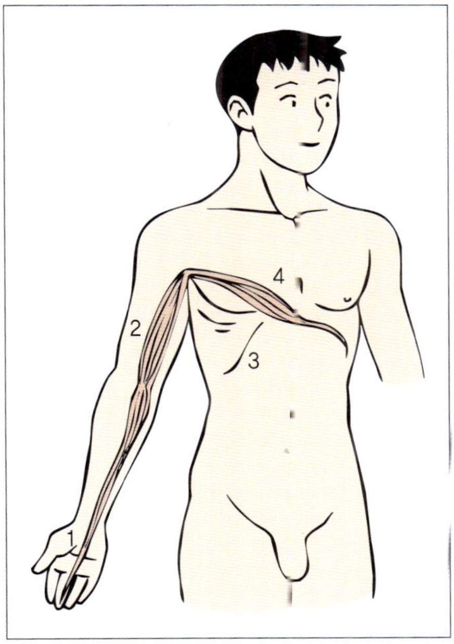

그림 19-21.

④ 수궐음심포 경근의 이상시 발생 질환

그 병은 당연히 지나가는 부위가 뻣뻣하면서 轉筋(전근)하고, 전방으로 흩어지면서 脇部(협부)에 두루 미치니 胸痛症(흉통증), 息賁證(식분증) 등을 일으킨다.

(2) 천층전면 상지 근막경선 근막경로

① 천층전면 상지 근막경선 근막경로

쇄골 내측1/3, 늑골연골, 흉요추부 근막, 장골릉-대흉근, 광배근-상완골 내측선-내측근간중격-내측상환상과-굴곡근군-수근관-수지 장측면

(3) 수소음심 수궐음심포 경근의 한방 양생 체조

① 칠성참공 제4식(그림 19-22)

양팔을 좌우로 벌린다. 팔과 몸통의 각도는 45도 이상 되게 한다. 손목을 안쪽으로 굽혀 엄지손가락과 집게손가락이 몸통쪽을 향하게 한다. 좌우 균형이 잡힌 자세여야 한다. 그래로의 자세로 긴장을 이완시킨 채 얼마동안 서 있는데 시간은 각자의 체력에 따라 결정한다.

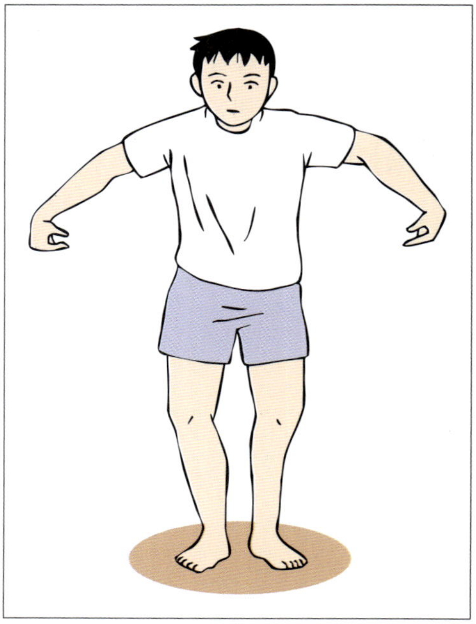

그림 19-22.

② 칠성참공 제5식(그림 19-23)

상체를 앞으로 굽힌다. 등허리가 수평이 되어 허리와 머리가 같은 높이를 이루는 것이 표준이기는 하나 체력의 강약에 따라 자세의 높이를 적절히 조절한다. 양팔은 팔꿈치를 약간 굽힌 채 앞으로 늘어뜨리되 손바닥은 위를 향하고 엄지손가락과 집게손가락은 안쪽을 향하여 서로 맞보게 한다. 자세를 유지하는 시간은 앞의 식과 같지만 만약에 현기증이 느껴지면 곧 자세를 바꾸도록 한다.

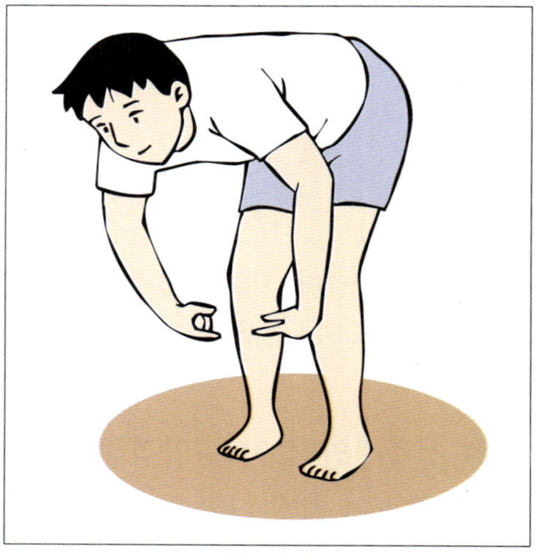

그림 19-23.

③ 내장도인법 제1식-양심좌공(그림 19-24)

의자에 걸터앉아서 양발은 땅을 딛고 다리 사이를 자연스럽게 벌린다. 오른 주먹으로 왼팔을 탁탁 36회 두드린 후 왼 주먹으로 오른팔을 36회 두드린다. 다음에는 한쪽 팔을 머리 위로 쭉 뻗어 올리는데 손바닥은 위를 향하고 손끝은 뒤쪽을 향하게 된다. 이와 동시에 다른 한쪽 팔을 아래로 힘주어 뻗어 내리되 손바닥은 아래를 향하고 손끝은 앞쪽을 향하게 한다. 좌우 교대로 각각 8회씩 뻗는다. 팔을 뻗을 때 천천히 입으로 숨을 내쉬고 팔을 바꿀 때 코로 숨을 들이쉰다.

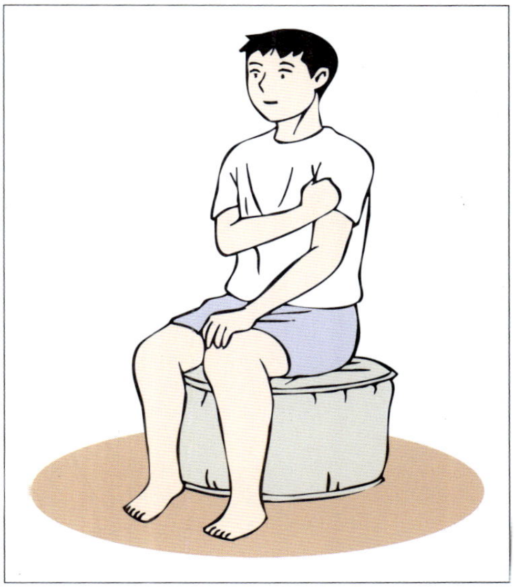

그림 19-24.

다음에는 양손으로 깍지를 끼고 한쪽 발을 깍지 속에 넣고서 양손을 잡아당김과 동시에 발은 반대로 내뻗는다. 이렇게 좌우 교대로 6회씩 반복한다.

마지막으로 아래윗니를 36회 딱딱 맞부딪뜨린 후 입 안에 고인 침을 삼킨다.

다음에는 눈을 감고 마음을 가라앉히고서 얼마 동안 고요히 앉아 있도록 한다. 이 공법은 마음이 초조하고 불안하거나 가슴이 뛰고 답답한 증세, 숨이 찬 증세에 효과가 있다.

6. 수태양소장 경근과 심층후면 상지 근막경선

(1) 수태양소장 경근의 주행부위 및 이상시 발생 질환

① 수태양소장 경근의 주행부위(그림 19-25)

수태양의 경근은 새끼손가락에서 시작하여 腕關節(완관절: 손목부위)에 연결되고, 하박부의 內廉(내렴)을 따라 상행하여 肘關節(주관절) 내측, 상완골 내측상과의 후방에 연결되며, 여기를 튕기면 새끼 손가락 위에 짜릿함이 반응하고, 腋下部(액하부)에 들어가 연결된다. 그 別支(별지)는 후방으로 腋部(액부)의 後廉(후렴)으로 주행하다가 肩胛部(견갑부)를 감으면서 상행하고, 頸部(경부)를 따라 족태양 경근의 전방으로 나와서 귀의 후방 完骨穴(완골혈)에 연결된다. 그 別支(별지)는 귓속으로 들어간다. 직행하는 것은 귀의 상부로 나와서, 아래로는 頷部(함부)에 연결되고 위로는 눈의 外眥(외자)에 이어진다.

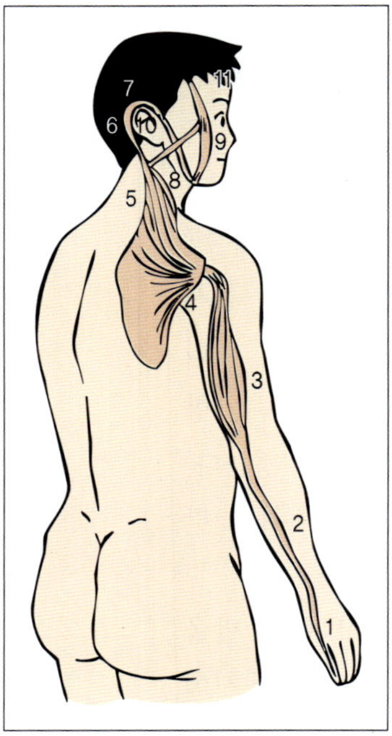

그림 19-25.

② 수태양소장 경근의 이상시 발생 질환

그 병은 새끼손가락이 뻣뻣하고 肘關節(주관절) 내측 상완골의 내측상과 後廉(후렴)에 통증이 있으며, 하박부의 陰分(음분)을 순행하여 腋下部(액하부)로 들어가니 腋下部(액하부)에 통증이 있으면서 腋部(액부)의 後廉(후렴)에도 통증이 있고, 肩胛部(견갑골)를 휘감으면서 頸部(경부)로 상행하니 頸部(경부)가 당기면서 통증이 있으며, 귀의 후방에 연결되니 웅당 귓속이 울리면서 통증이 있고 頷部(함부)까지 당기며, 눈이 캄캄해졌다가 한참 후에야 비로소 볼 수 있고, 頸部(경부)의 근육이 緊急(긴급)하면 곧 筋瘻症(근루증), 頸腫證(경종증) 등을 일으킨다.

(2)심층후면 상지 근막경선의 근막 경로

① 심층후면 상지 근막경선의 근막 경로

하부 경추와 상부 흉추의 극돌기, 제1~4경추의 횡돌기들-능형근과 견갑거근-견갑골 내측연-회전근개-상완골두-상완삼두근-척골의 주두-척골 골막-척골의 경상돌기-내측 측부 인대들, 주상골, 대능형골-소지 근육들-소지 외측

(3) 수태양소장 경근의 한방 양생 체조

① 칠성참공 제6식(그림 19-26)

제5식과 같은 자세에서 팔과 손과 집게손가락이 지면을 향해 수직이 되도록 축 늘어뜨린다. 손바닥은 뒤쪽을 향하게 된다. 양팔과 양손의 근육을 완전히 이완시킨 채 상체를 조금 들어 올렸다가 다시 굽히기를 세 번 반복한다. 이때 양팔도 몸통과 함께 오르내리지만 손끝은 저울추처럼 여전히 지면을 향해 늘어진 채로 있다.

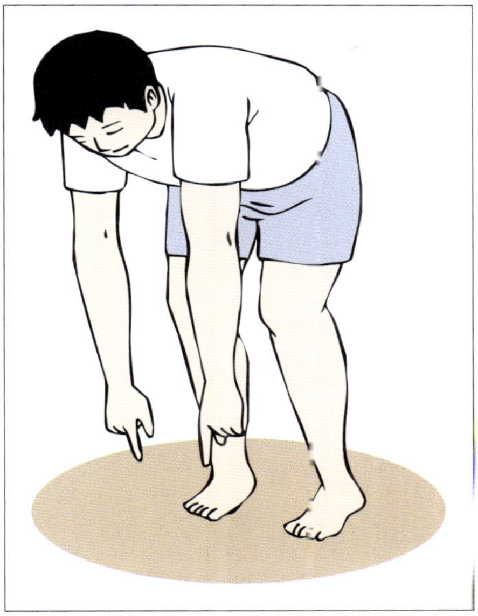

그림 19-26.

7. 수양명대장 수소양삼초 경근과 천층후면 상지 근막경선

(1) 수양명대장 수소양삼초 경근의 주행부위 및 이상시 발생 질환

① 수양명대장 경근의 주행부위(그림 19-27)

수양명의 경근은 식지의 끝에서 시작하여 腕關節(완관절 : 손목관절)에 연결되고, 위로 하박부를 따라 상행하여 肘關節(주관절)의 외측에 연결되며, 상박부를 상행하여 肩關節(견관절)에 연결된다. 本筋(본근)에서 갈라진 支筋(지근)은 肩胛部(견갑부)를 휘감으며서 脊部(척부)와 만나고, 직행하는 筋(근)은 肩關節(견관절)을 따라 頸部(경부)로 상행한다. 本筋(본근)에서 갈라진 支筋(지근)은 頰部(협부)로 상행하여 광대뼈에 연결되고, 직행하는 근은 상행하여 수태양 경근의 전방에서 나왔다가 좌측 額角(액각)으로 상행하여 頭部(두부)에 이어지며, 다시 우측 頷部(함부)로 하행한다.

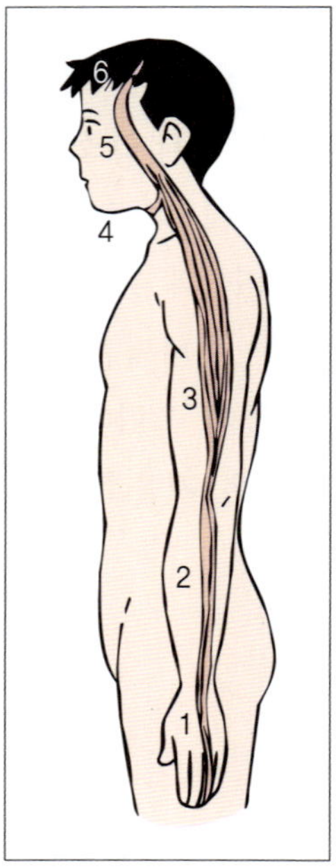

그림 19-27.

② 수양명대장 경근의 이상시 발생 질환

그 병은 당연히 지나가는 부위가 뻣뻣하고 통증이 있으면서 또한 轉筋(전근)하며, 어깨를 들어올리지 못하고, 頸部(경부)를 좌우로 움직이면서 볼 수 없다.

③ 수소양삼초 경근의 주행부위(그림 19-28)

수소양의 경근은 무명지의 끝에서 시작하여 腕關節(완관절)에 연결되고, 위로 하박부를 따라 肘關節(주관절)에 연결되며, 위로 상박부의 外廉(외렴)을 휘감으면서 肩關節(견관절)로 상행하고, 頸部(경부)로 주행하여 수태양의 경근과 합쳐진다. 本筋(본근)에서 갈라진 支筋(지근)은 曲頰部(곡협부)에서 들어가 舌根部(설근부)에 연계된다. 本筋(본근)에서 갈라진 支筋(지근)은 頰車穴(협거혈)로 상행하여 귀의 전방을 따라 目外眥(목외자)에 이어지고, 額部(액부)로 올라가 額角部에 연결된다.

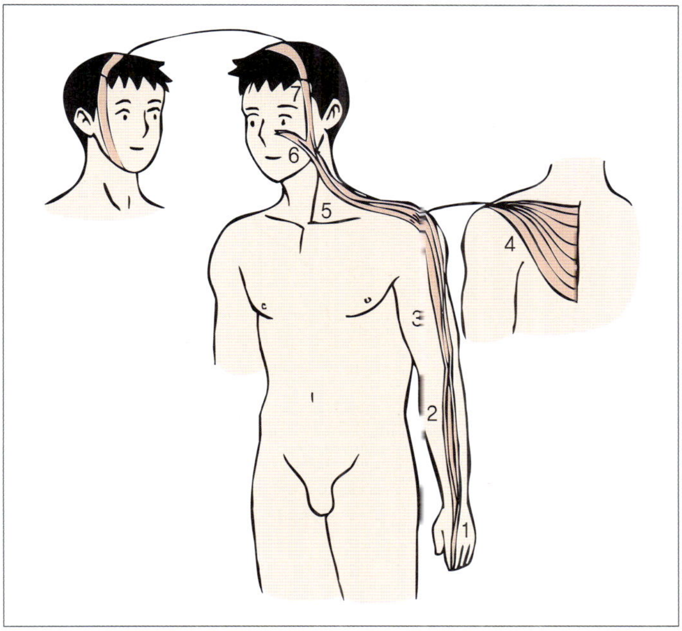

그림 19-28.

④ 수소양삼초 경근의 이상시 발생 질환

그 병은 당연히 지나가는 부위가 곧 뻣뻣하면서 轉筋(전근)하고, 혀가 말려 들어간다.

(2) 천층후면 상지 근막경선의 근막경로

① 천층후면 상지 근막경선의 근막경로

후두부 융기, 항인대, 흉추 극돌기 1, 2, 3-승모근-견갑극, 견봉, 쇄골외측1/3-삼각근-상완골의 삼각근 결절-외측 근간 중격-상완골의 외측상과-신전근군-수지배면

(3) 수양명대장 수소양삼초경근의 한방 양생 체조

① 칠성참공 제2식(그림 19-29)

제 1식의 자세(수태음폐 경근 부분 참조)를 그대로 유지한다.

다만 양손의 방향을 바꾸어 손바닥이 앞쪽을 향하도록 한다. 엄지손가락과 집게손가락은 여전히 위를 향하고, 손가락 끝은 대략 젖꼭지와 같은 높이를 유지하게 한다. 그 밖의 요령은 제1식과 동일하다.

그림 19-29.

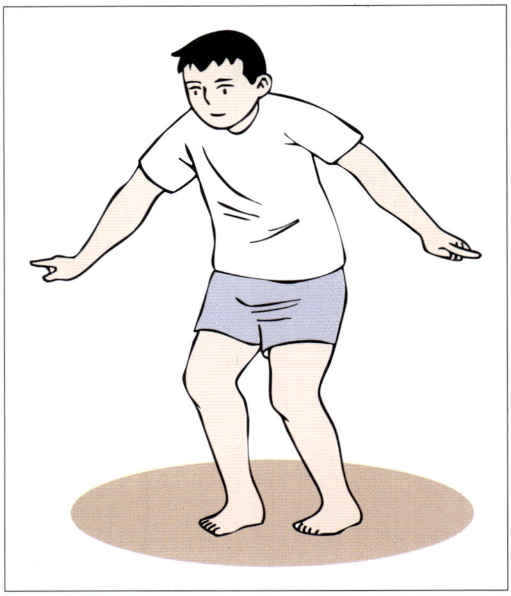

그림 19-30.

② 칠성참공 제3식(그림 19-30)

양팔을 좌우로 벌린다. 팔과 몸통의 각도는 45도 가량 되게 하고, 손바닥은 아래를 향하며, 엄지손가락과 집게손가락은 바깥쪽으로 수평이 되게 뻗는다. 그래로의 자세로 긴장을 이완시킨 채 얼마동안 서 있는데 시간은 각자의 체력에 따라 결정한다. 이 자세에서 양손이 저려오는 듯한 감각이 발생한다면 그것은 좋은 현상이다.

③ 칠성참공 제7식(그림 19-31)

제6식(수태양소장 경근 부분 참조)과 같은 자세에서 무릎을 조금 펴고 엉덩이를 뒤쪽으로 물리도록 한다. 자연히 발바닥에 힘이 들어가게 된다. 양쪽 팔뚝을 앞으로 쳐들어 손바닥은 앞쪽을 향하고 손가락은 위를 향하게 하는데, 손가락 끝은 명치뼈와 같은 높이에 오게 한다. 그러나 자세의 높낮이와 연공 시간은 어디까지나 각자의 체력을 참작해서 정해야 한다.

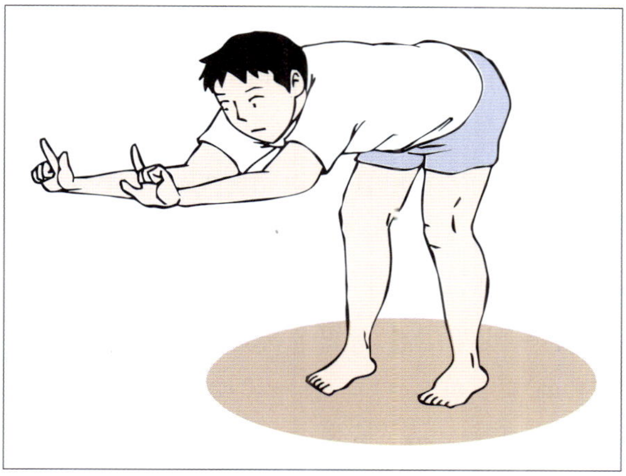

그림 19-31.

④ 입식팔단금 제1식-양수탁천 이삼초(그림 19-32)

입식 팔단금의 기본 자세를 취한 후 양손을 하복부 앞으로 모으는데 양쪽 손가락 끝이 맞닿을 듯 말 듯 가까이 오게 하고 손바닥은 위쪽을 향하게 한다. 양손을 가슴 앞과 얼굴 앞을 거쳐 천천히 위로 쳐들어 올리는데 손바닥은 안쪽(몸통 쪽)을 향했다가 아래쪽, 바깥쪽(앞쪽), 위쪽을 향하게 돌리면서 머리 위로 쭉 뻗어 올린다. 이것을 '탁천세'라 한다.

여기서 1~2초 동작을 멈추었다가 양팔을 좌우로 벌려 내리는데 위로 향했던 손바닥은 바깥쪽(좌우 양쪽), 아래쪽을 향하면서 천천히 몸통 양쪽으로 내려 원자세로 돌아간다. 이렇게 7회 반복한다.

호흡은 양손을 위로 쳐들어 올릴 때 입술 사이를 조금 떼고 혀끝을 윗잇몸 안쪽에 갖다대면서 코로 숨을 들이쉰다. 양팔을 아래로 내릴 때 혀끝을 잇몸에서 떼고 입으로 숨을 내쉰다. 숨결은 가늘고 길고 고르고 가벼워야 한다.

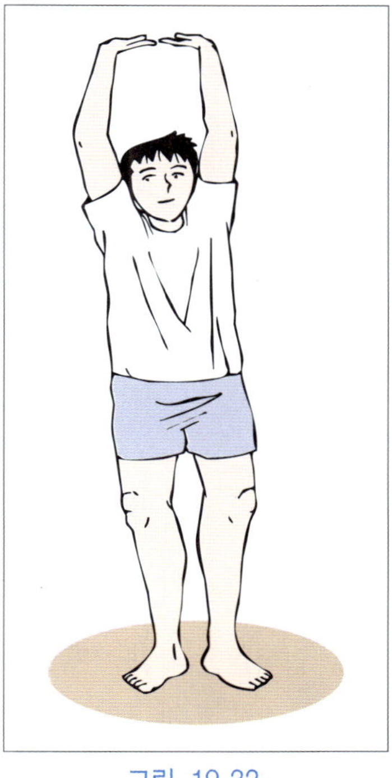

그림 19-32.

시선은 동작을 시작할 때부터 양팔을 위로 뻗을 때까지 두 눈은 줄곧 양손의 움직임을 좇는다. 양팔을 벌려 내릴 때는 남성은 고개를 돌려 왼손을, 여성은 오른손을 바라본다.

⑤ 입식팔단금 제2식-좌우만궁 사사조(그림 19-33)

기본 자세는 제1식과 같으나 양다리를 어깨 너비보다 조금 넓게 벌린다.

동작은 양손은 가볍게 주먹을 쥔 채 양팔을 오른쪽으로 들어 올리는데 오른팔이 어깨 높이에 이르면 오른손 집게손가락 하나를 올려 뻗는다. 동시에 왼쪽 팔꿈치를 굽혀 활을 당기 듯 왼쪽으로 당기되 왼손이 왼쪽 어깨 앞에까지 오도록 한다. 이때 양 무릎을 아래로 굽혀 1~2초 동안 동작을 멈춘다. 천천히 무릎을 펴면서 양손을 아래로 내려 원자세로 돌아간다. 이번엔 좌우 방향을 바꿔 같은 동작을 한다. 이렇게 좌우 각각 7회 씩 반복한다.

호흡은 동작을 시작할 때부터 활을 당길 때까지 숨을 들이쉬고, 1~2초 멈추었다가 원자세로 돌아가면서 천천히 숨을 내쉰다. 호흡 요령은 제1식과 같다.

시선은 활을 당길 때 고개를 돌려 앞으로 뻗은 쪽 손을 바라본다.

그림 19-33.

그림 19-34.

⑥ 입식팔단금 제7식-노목찬권 증기력(그림 19-34)

기본 자세는 제 1식과 같으나 양발의 간격은 조금 넓게 벌리고 양발 끝은 약간 바깥쪽으로 벌린다.

동작은 양 무릎을 반쯤 굽히고 궁둥이를 아래로 처지게 하되 상체는 전후좌우로 기울지 않도록 유의한다. 양손은 주먹을 쥐고 가슴 앞에 가져오되 권심은 위를 향하게 한다.

눈을 부릅뜨고 양주먹에 힘을 주고서 우선 왼주먹을 천천히 앞으로 내지른다. 왼주먹을 가슴 앞으로 거둬들인 후 오른주먹을 앞으로 천천히 내지른다. 좌우 각각 7회씩 반복한다.

호흡은 주먹을 내지르면서 숨을 내쉬고 거둬들이면서 숨을 들이쉰다.

시선은 부릅뜬 양눈은 앞으로 내지르고 가슴으로 거둬들이는 주먹을 좇는다.

8. 족소음신 족태음비 족궐음간 경근과 심층전면 근막경선

(1) 족소음신 경근의 주행부위 및 이상시 발생 질환

① 족소음신 경근의 주행부위(그림 19-35)

족소음의 경근은 새끼발가락 아래에서 시작하여 족태음의 경근과 병행하고, 內踝(내과: 내측복사뼈)의 하방을 비스듬히 주행하여 발뒤꿈치에 연결되며, 족태양의 경근과 합하여 위로 내측 輔骨(보골)의 아래에 연결되고, 족태음의 경근과 병행하여 陰股部(음고부)를 따라 상행하면서 性器(성기)에 연결되며, 脊部(척부)의 내측을 따라 膂(려 : 등뼈)를 끼고 상행하여 項部(항부)에 이르러 枕骨(침골)에 연결되었다가, 족태양의 경근과 합한다.

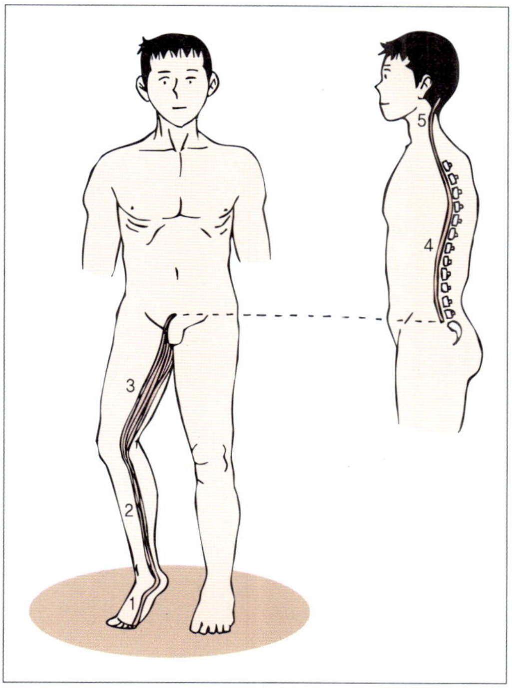

그림 19-35.

② 족소음신 경근의 이상시 발생 질환

그 병은 발바닥이 轉筋(전근)하고 경근이 지나가면서 연결되는 곳은 모두 통증이 있으면서 轉筋(전근)한다. 병이 여기에 있을 경우에는 癎瘛證(간계증) 및 痙證(경증)을 주로 나타내고, 腰脊部(요척부)에 있을 경우에는 굽힐 수 없으며, 흉복부에 있을 경우에는 펼 수 없다. 그러므로 陽病(양병)은 腰部(요부)가 反折(반절)되어 굽힐 수 없고, 陰病(음병)은 펼 수 없다.

(2) 족태음비 경근의 주행부위 및 이상시 발생 질환

① 족태음비 경근의 주행부위(그림 19-36)

족태음의 경근은 엄지발가락 끝의 내측에서 시작하여 위로 內踝(내과)에 연결된다. 그 직행하는 것은 膝關節(슬관절) 내측의 輔骨(보골)에 연결되고, 陰股(음고)를 따라 상행하여 대퇴골에 연결되었다가 性器(성기)에 모이며, 腹部(복부)를 상행하여 臍部(제부)에 연결되고, 腹部(복부)의 裏面(이면 : 안쪽 면)을 따라 肋部(륵부)에 연결되었다가 胸中(흉중)에 흩어진다. 性器(성기)에 모였던 것 가운데 안으로 행하는 것은 脊部(척부)에 부착된다.

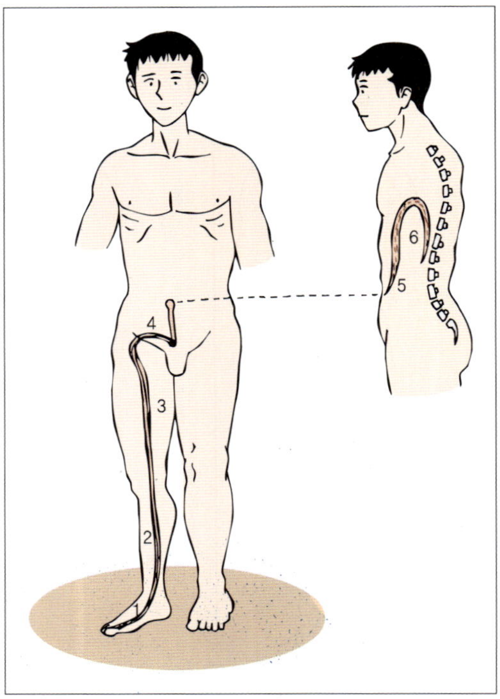

그림 19-36.

② 족태음비 경근의 이상시 발생 질환

그 병은 엄지발가락이 뻣뻣하고 內踝(내과)에 통증이 있으며, 轉筋(전근)된 곳에 통증이 있고 膝部(슬부) 내측의 輔骨(보골)에 통증이 있으며, 陰股部(음고부)에서 대퇴부까지 당기면서 통증이 있고 性器(성기)가 쥐어짜듯 통증이 있으며, 아래에서 臍部(제부)와 兩脇部(양협부)까지 당기면서 통증이 있고, 膺中(응중)과 脊內部(척내부)가 당기면서 통증이 있다.

(3) 족궐음간 경근의 주행부위 및 이상시 발생 질환

① 족궐음간 경근의 주행부위(그림 19-37)

족궐음의 경근은 엄지발가락 위에서 시작하여 위로 內踝(내과)의 전방에 연결되고, 脛部(경부)를 따라 상행하여 위로 내측 輔骨(보골)의 아래에 연결되며, 陰股部(음고부)를 따라 상행하여 性器(성기)에 연결되었다가 모든 경근에 연락된다.

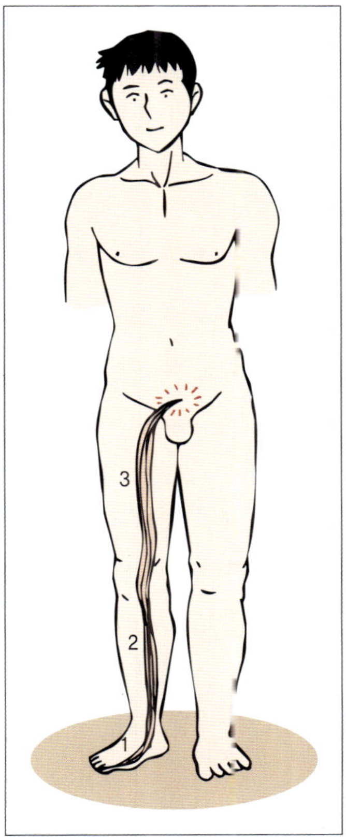

그림 19-37.

② 족궐음간 경근의 이상시 발생 질환

그 병은 엄지발가락이 뻣뻣하고 內踝(내과)의 전방에 통증이 있으면서 내측 輔骨(보골)에 통증이 있으며, 陰股部(음고부)에 통증이 있으면서 轉筋(전근)하여 性器(성기)를 사용하지 못한다. 性交(성교)로 손상되면 性器(성기)가 발기되지 못하고, 寒邪(한사 : 차가운 기운)에 손상되면 陰囊(음낭)이 수축하여 들어가며, 熱(열)에 손상되면 늘어져서 수습하지 못하니, 치료는 行水(행수)시키고 陰氣(음기)를 청량하게 함에 달려있다.

(4) 심층전면 근막경선의 근막경로

① 심층전면 근막경선의 근막경로

*최하위부 공통 주행경로(족근골 장측, 족지의 장측-후경골근, 장족지굴근-상부/하부 경골/비골-슬와근의 근막, 슬관절 관절낭)-*하부 후면(내측 대퇴 상과-후근간 중격, 대퇴내전근-좌골지-골반저근막, 항문거근, 내폐쇄근, 전방 천골근막-추체)-*하부전면(대퇴골의 조선-전근간 중격, 단내전근, 장내전근-대퇴골의 소전자-요골, 장골근, 치골근, 대퇴삼각-요추체와 횡돌기들)-*상부후면(요추체-전종인대, 경장근, 두장근-후두기저부)-*상부중앙(요추체-후횡격막, 횡격막, 건중심-심막-전척추근막, 인두봉합, 사각근, 중사각근막, 종격, 벽측 흉막-후두 기저부, 경추의 횡돌기들)-*상부전면(요추체-전횡격막, 횡격각-늑하연골 후면, 검상돌기-흉내근막, 흉횡근-후두 흉골병-설골하근, 전기관근막-설골-설골상근-하악골-턱근육-두개골과 안면골들)

(5) 족소음신 족태음비 족궐음간 경근의 한방 양생 체조

① 입식팔단금 제5식-요두파미 거심화(그림 19-38)

기본 자세는 입식팔단금 제2식과 같다. 동작은 양무릎을 굽히고 궁둥이를 아래로 가라앉혀 상체가 앞으로 조금 기운 듯한 자세를 취하고서 양손은 무릎을 잡는다. 머리와 상체를 천천히 좌우로 흔드는데 엉덩이는 머리와 반대 방향으로 움직이도록 한다. 즉 머리가 오른쪽으로 기울 때 엉덩이가 왼쪽으로 가고 머리가 왼쪽으로 기울 때는 엉덩이는 오른쪽으로 가면서 서로 반대 방향으로 흔드는 것이다. 호흡은 동작에 구애됨이 없이 자연스럽게 호흡한다. 상체와 머리가 오른쪽으로 기울 때는 우상방을 향하고, 왼쪽으로 기울 때는 좌상방을 향한다.

그림 19-38.

② 합마행기법 제4식(그림 19-39)

남쪽을 향해 무릎을 반쯤 굽히고 웅크린 자세를 취하되 합장한 양손을 무릎 사이에 끼워 넣는다. 열발가락에 힘을 주어 땅을 짚고서 코로 호흡하는데 횟수에는 제한이 없다. 허리와 신장을 튼튼하게 한다.

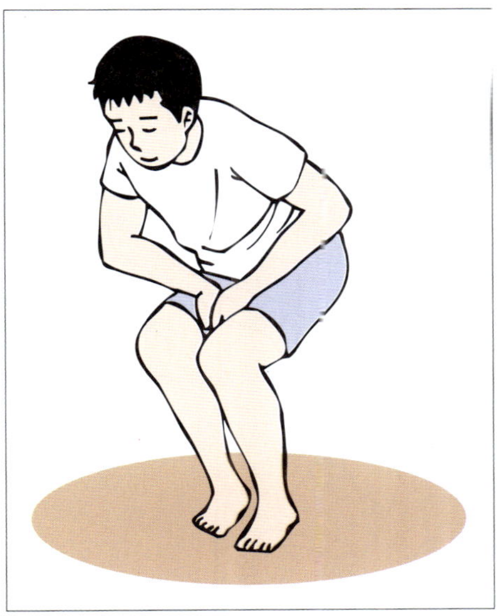

그림 19-39.

③ 합마행기법 제5식(그림 19-40)

편한 자세로 앉는다. 무릎을 굽히고 양손으로 양발을 잡아서 안쪽으로 힘껏 당긴다. 이때 양무릎은 좌우로 벌어지게 된다. 횟수에는 제한이 없다.

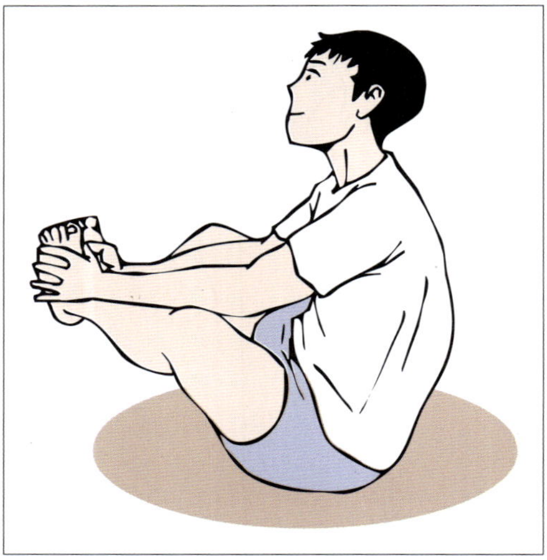

그림 19-40.

④ 안마도인법 제9식(그림 19-41)

앉은 자세에서 양무릎을 굽히고 양손으로 발바닥을 잡고서 뒤로 잡아당긴다. 양다리를 전상방으로 뻗었다가 다시 뒤로 잡아당기기를 3회 반복한다.

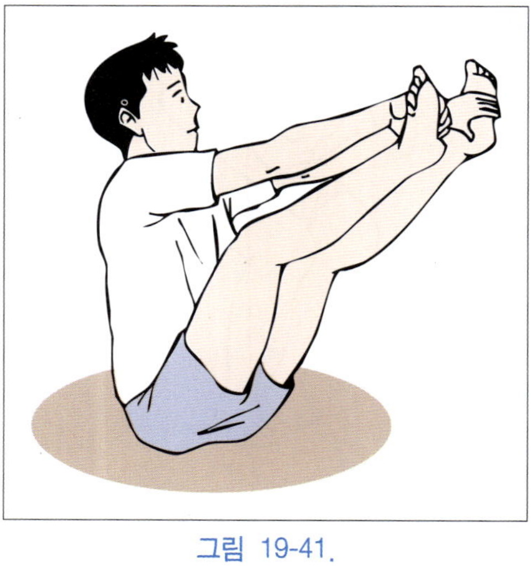

그림 19-41.

9. 전면, 후면 근막기능선

(1) 繆刺法(무자법)

상지와 체간을 이어주는 근막경선으로 한의학의 경근 중 상응되는 것은 없다.

하지만 나름대로 의미를 부여하자면 한의학의 무자법이라는 針法이 있다. 즉 '左病右刺, 右病左刺'(왼쪽이 병들면 오른쪽에 침을 놓고 오른쪽이 병들면 왼쪽에 침을 놓는다.)를 원칙으로 하는 침법이다. 이 '전면, 후면 근막기능선'은 무자법에 대한 하나의 근거가 될 수 있을 것이다.

(2) 전면, 후면 근막기능선의 근막경로

① 전면, 후면 근막기능선의 근막경로

후면근막경선 : (상완골간-광배근-요추부 후근막-천추근막-천골-대둔근-대퇴골간-외측광근-슬개골-슬개하건-경골조면)

전면근막경선 : (상완골간-대흉근 하연-제5늑골과 제6늑골연골-복직근의 외측초-치골 결절과 치골결합-장내전근-대퇴골의 조선)

(3) 오금희-원숭이 놀이(그림 19-42)

그림 19-42.

양다리를 가지런히 하고 선 자세를 취한다. 오른손을 머리 위로 들어 올리는데, 팔꿈치는 약간 굽히고 손목을 꺾어 손등을 위로 향한 채 다섯 손가락 끝을 오므려 쥔다. 왼손은 가슴 앞으로 올려 손목을 아래로 꺾고 다섯 손가락 끝을 오므린다. 이와 동시에 오른쪽 무릎을 높이 쳐들어 올리고 몸을 쭉 편 채 2~3초 동안 동작을 멈춘다. 다음에는 오른발을 내리고 양무릎을 굽히고서 상체를 앞쪽으로 웅크리면서 양손을 무릎 앞으로 천천히 늘어뜨린다.

몸을 바로 세우고 이번엔 왼손을 머리 위로 들어 올리면서 좌우를 바꾸어 같은 동작을 반복하는데, 횟수에는 제한이 없고 적당하다고 생각될 정도면 된다. 호흡은 몸을 쭉 펼 때 코로 숨을 들이쉬고, 동작을 멈출 때는 호흡도 멈추었다가 몸을 웅크리면서 입으로 숨을 토해 낸다. 마치 자기 자신이 원숭이가 되었다고 생각하고 몸을 쭉 펼 때는 나무 가지를 잡아당기는 것으로, 몸을 웅크릴 때는 과일을 따 가지고 땅으로 뛰어내리는 것으로 상상한다.

참고문헌

1. 經典鍼灸學 / 康鎖彬 主編; 최용태, 이혜정, 임사비나 공역 서울 : 일중사, 2000.
2. 中國氣功 / 林厚省 저; 林準圭 역 서울 : 보건신문사, 1987.
3. 醫學氣功學 · 實技 / 金光湖 編著 서울 : 書苑堂, 2002.
4. 근골격계의 기능해부 및 운동학 / Donald A. Neumann [지음] ; 김경…[등역] 서울 : 정담미디어, 2004.
5. 근육운동가이드 / 이석인 감수 서울 : 삼호미디어, 2001.
6. (그림으로 배우고 익히는)古典養生氣功 / 踪武, 李茂 편 ; 이동현 해설, 번역. 서울 : 소나무, 1992.
7. 스포츠 재활/栗山節郎, 川島敏生 共著 ; 백남섭, 김효철 공역. 서울 : 금광, 1998.
8. 중국기공체조 : 체조와 안마 / 人民中國雜誌社 편 ; 동양무예연구소 역 서울 : 東文選, 1990.
9. (編註譯解)黃帝內徑素問 / 李慶雨 譯 서울 : 여강출판사, 1999.
10. 한방 기공 클리닉 / 신용철 지음 서울 : 북클럽, 1998.
11. (東洋)기공원론 : 치료 및 의학기공 / 愼三紀, 賈德賢 共著. 서울 : 韓國氣功院, 1997.
12. (그림으로 풀어 쓴)임상근육학 / 최호영 저 서울 : 大星醫學社, 1999
13. 움직임 해부학 / Blandine Calais-Germain 저; 조상현…[등]역 서울 : 영문출판사, 1999.
14. 움직임 해부학 II : Exercises / Blandine Calais-Germain; Andrée Lamotte [공] 지음; 김건도…[등] 옮김 서울 : 영문출판사, 2002
15. 해부학적 치료도해 / Thomas W. Myers 지음; 한국임상요가학회 공역 서울 : 현문사, 2004

제20장 운동처방 작성법

I 운동처방 작성(안)

(1) 운동처방의의

국민의 건강에 대한 의식이 점차 높아지는 때에 신체활동이나 운동이 건강유지증진의 수단으로 실시될 때에 그냥 막연히 운동을 실시하는 것이 아니고 운동의 목적에 따라 신체의 체력을 운동처방 시스템에 의거 분석하여 운동의 종류와 양을 적절히 선택하여 처방 또는 운동을 지도하는데 의의가 있다.

(2) 운동처방의 주의점

신체활동과 운동은 좋은 면과 장해 양면의 문제를 가지고 있기 때문에 개인 신체에 따라서 과학적이고 의학적인 기초위에 처방하지 않으면 안 된다. 운동으로 인하여 돌연사, 스포츠사, 운동중독증, 운동으로 인한 동맥경화나 암의 유발과 운동장해를 일으키는 경우가 있기 때문에 주의하지 않으면 안 된다.

(3) 운동처방의 기본

운동처방 내용은 운동의 종류(① 전신운동, ② 국소근운동, ③ 전신운동과 국소근운동 혼합, ④ 레크리이션운동(유희놀이 또는 놀이), ⑤ 조정운동(체조나 스트레칭)등과 5가지 운동의종류와 운동의 양(운동의 강도, 운동의 시간, 운동의 빈도)을 처방한다.

예를들면, 운동의 종류가 결정되면 운동의 양은 첫째, 상대강도를 적용시킨다. 유산소적 운동의 경우는 최대 심박수에 대한 퍼센트로 정하고 국소근운동은 반복횟수로 정한다. 둘째, 운동시간은 전신운동의 경우 안정시 심박수에서 목표 심박수까지 도달하는 시간으로 정하고 운동 빈도는 나이에 따라 다르게 처방한다. 헬스운동의 경우는 개인의 최대반복 횟수를 최대 운동강도를 정하여 운동 목적에 따라서 강도를 결정하고 한번 들어 올리는 횟수, 템포(운동속도), 셋트수, 휴식시간, 주당 몇 회, 운동기간을 처방한다.

(4) 운동처방 시스템

운동처방은 운동처방 시스템에 의하여 운동처방전을 작성한다.

운동처방 시스템이란, ① 개인기록카드 작성, ② 건강진단, ③ 운동부하 테스트, ④ 체력 테스트 또는 운동능력 테스트, ⑤ 운동처방전 작성 ⑥ 운동처방전에 의해 운동실시를 실시한다. 한번 작성된 운동처방전은 3~4개월 후 다시 ② 건강진단부터 다시 운동처방 시스템에 의거 재 처방을 받는다.

II 운동처방 작성 순서(예)

운동처방전을 작성할 때에는 위의 운동처방 시스템에서 얻은 자료를 가지고 운동처방전을 작성한다.

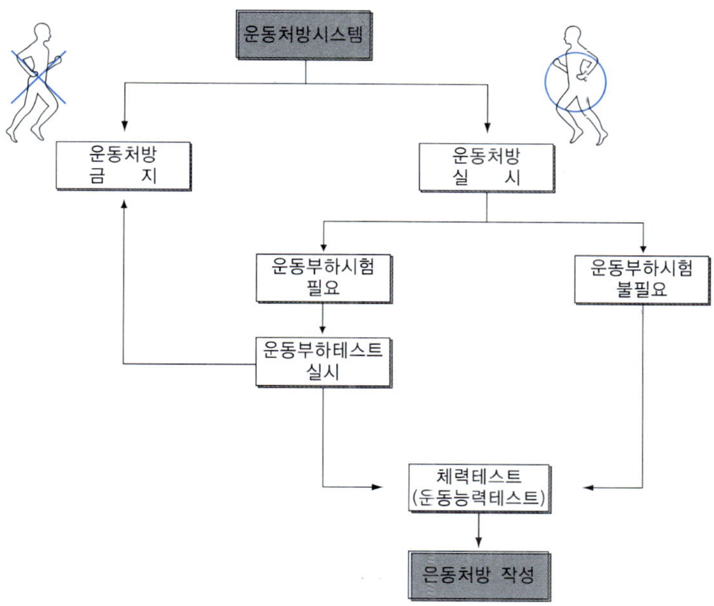

그림 20-1. 운동처방 시스템에 의거 운동처방전 작성순서(예)

III 운동처방 실시와 운동처방 가부 판정에 필요한 정보

1. 기본적인 정보

① 개인기록카드와 의사의 운동실시 여부를 판단한 건강검진

- 자격증상 : 흉통, 동기, 천식, 어지러움, 실신등의 흉부증상과 척추, 관절등 정형외과적인 증상을 참고한다.
- 잠재성 질환 : 심질환(심근경색, 협심증, 선천성 심질환, 변막증, 심근증)에 대하여 검토한다.
  관상동맥 위험인자(고혈압, 고지혈증, 당뇨병)를 검토한다.
  기타 내과적 질환, 정형외과적 질환등을 검토한다.
- 가족력 : 일촌이내의 심근경색, 돌연사 등이 있는가 없는 가를 검토한다.
- 생활 습관 : 일상생활 활동과 신체활동이나 운동습관 과거운동경력 음주, 흡연, 식습관 등을 참고한다.

② 안정시 검사

- 혈압 : 안정시 혈압과 맥박을 확인한다.
- 안정시 심전도 : 안정시 심전도 소견을 확인한다.

③ 운동부하 검사 : 최대 및 최대하 운동부하검사 결과

2. 운동처방을 할 수 있는 각 질환 등의 의료정보

① 운동처방 실시와 운동부하 테스트의 필요성

운동처방을 실시하는 목적은 잠재성 질환을 가지고 있는 많은 사람들은 호흡, 순환기 질환의 위험인자이다. 위험인자의 정도와 위험인자의 치료 중 또는 성 연령 등에 따라서 운동 처방의 실시 여부를 결정하여 운동부하 테스트의 필요성을 전문 의료인과 운동지도사에 의하여 판정한다.

② 허혈성 심질환과 심부전의 경우

심근경색, 협심증, 심부전이 있는 경우에는 순환기 전문의사에 의한 운동실시 여부를 종합적으로 판단하여 운동부하테스트 및 운동처방전을 작성한다.

③ 호흡부전이 있는 경우

호흡부전이 있는 경우에는 호흡기의 전문의사에 의한 운동처방 실시 여부를 종합적으로 판단하여 운동부하 테스트 및 운동 처방전을 작성한다.

표 20-1. 기본적인 운동처방 정보 판단

기본적인 의료 운동처방 정보	판 단	
	운동부하 테스트의 필요성	그 밖의 대처 사항
· 자각증상 흉통, 동기, 천식, 어지러움, 실신 척추증상, 관절증상 즉 정형외과 및 내과적인 증상 기타	있다 없다	자각 증상에 따라서 정형외과적 검사 또는 운동지도
· 잠재성 질환 심질환 정형외과적 질환 기타	있다 없다	잠재성 질환에 따라서 검사 또는 운동지도
· 가족력 심근경색(1촌 이내) 돌연사(1촌 이내) 기타	있다 없다	가족력에 따라서 검사 또는 운동지도
· 생활습관 신체활동과 운동 식사 흡연 음주	있다 없다	운동 처방의 수정 생활 습관에 따른 생활 지도 및 운동지도
· 안정시 혈압 및 맥박	고혈압 증세	
· 안정시 심전도 심근경색 QR, ST, T파이상 심실성 부정맥 기타 중요한 소견	있다 없다	심장내과혈관계 전문의사 지도하에서-운동처방과 운동지도

특히 젊었을 때 돌연사, 스포츠사등의 가족력이 있는 경우에는 필히 운동부하 테스트를 실시할 필요가 있다.

표 20-2. 심장내과혈관계 내과적 질환에 대한 운동처방 판정 기준(예)

	운동부하 테스트 실시	조건부 실시	금지
고혈압	140~159/90~94mmHg	•160~179/95~99mmHg 혹은 고혈압 치료중에 금지 수치가 아닌 경우 •남성 40세, 여성 50세 이상인 경우 운동부하 테스트 검사를 가능한 실시한다. •운동부하 테스트를 할 수 없는 경우에는 보행, 속보, 스트레칭 체조 등을 처방한다. •운동지도사 혹은 전문의사와 상담한다.	•180/100mmHg이상 흉부X선사진 소견 : 심흉곽비가 55% 이상 •심전도 소견 : 중증 부정맥, 허혈성 변화 등이 인정 되는 것(운동부하 테스트에서 안전성이 확인되는 경우에는 제외한다) •안저 : Ⅱb이상의 고혈압성 변화가 인정되는 경우 •단백뇨 : 100mmg/dL이상의 것
당뇨병	FBS[1] 110~139mg/dL	•FBS 140~249mg/dL 혹은 치료중에 금지의 수치에 해당되는 경우가 없을 때 •남성 40세, 여성 50세 정도 이상이면 될 수 있는 한 운동부하 테스트를 실시한다. •운동부하 테스트를 할 수 없는 경우에는 보행, 속보, 스트레칭 체조 등을 처방한다.	•운동지도사, 혹은 전문의사와 상담한다. •FBS 250mg/dL이상 •뇨 케톤체(+) •당뇨병성 망막증(+)
고지혈증	TC2) 220~240mg/dL 혹은 TG3) 150~299mg/dL	•TC 250mg/dL이상 혹은 TG 300mg/dL이상 치료중 남성 40세 여자 50세 정도 이상이면 될 수 있는 한 운동부하 테스트를 실시한다. •운동부하 테스트를 할 수 없는 경우에는 보행, 속보, 스트레칭 체조 등을 처방한다.	•운동지도사 혹은 전문의사와 상담한다.
비만	BMI4) 24.0~29.9	•BMI 24.0~29.9정도 하지의 관절장해는 정형외과는 의사와 상담한다.	•BMI 35이상 정도는 운동지도사와 상담하여 판정한다.
지방간	γ-GTP 60IU/L이상 또는 GOT, GPT 50IU/L미만	•γ-GTP 60IU/L이상 또는 GOT, GPT 50~99IU/L 혹은 치료중에 금지의 수치가 아닌 경우 종합적 판단하여 조기 •간기능 검사 실시	•운동지도사 혹은 전문의사와 상담한다. •γ-GTP 60IU/L이상 또는 GOT, GPT 100IU/L이상

1) FBS : 공복시 혈당
2) TC : 총 콜레스테롤
3) TG : 트리글리세라이드(공복시 체혈)
4) BMI : body Mass Index = 체중(kg) ÷ |신장(m)|^2

표 20-3. 정형외과적 질환에 대한 운동처방 판정 기준(예)

	운동처방 실시	조건부 실시	금지
요통증 · 추간판증 · 추간판 헤르니아 · 변형성 척추증, 등	•요추가동성이 양호하고 •하지에(신경)증상이 없고 •일상생활이나 동작에서 대부분 통증 없이 생활하는 경우	•요추가동성이 제한이 있다. •요추에 경도의 동통이 있다. •하지에 통증과 절임 등의 신경증상이 있다. 이런 경우에는 환부의 부하가 적은 보행 및 수영등을 주의하면서 운동을 실시하게 한다.	•운동지도사, 전문의사와 상담한다. •요통 급성기 혹은 급성 증악기 •신경학적 이상소견이 있다.
변형성 관절증 · 고관절 · 슬관절 · 족관절	•관절 가동성이 양호하고 •부종(수종)이 없고 •일상생활 동작에서 대부분 통증 없이 생활하는 경우	•관절가동은 제한이 있다 •관절에 경도의 동통이 있다 •관절 수종(부종)가 있다. •X선 검사에서 고도의 관절 파괴가 있다. 이러한 경우는 환부의 부하가 적은 보행및 수영등을 주의하면서 운동을 실시하게 한다.	•관절에 급성의 염증이 있다. •관절에 강한 통증이 있다.

IV 운동부하 테스트

운동부하 테스트의 목적은 첫째, 잠재성 질환 유무를 발견하고 둘째, 신체활동이나 운동을 할 수 있는 범위를 정하여 운동중 자각증상과 심전도 및 혈압반응에 이상 유무를 확인하는 것과 셋째, 운동부하 테스트 시에 나타나는 생체반응을 운동처방 작성 시에 활용하기 위한 것이다.

1. 운동부하 테스트 방법

운동부하테스트 방법에는 크게 2가지 방법이 있다.

첫째, 최대 운동부하 테스트 검사

둘째, 최대하 운동부하 테스트 검사로 나눈다.

2. 운동부하 테스트 장비

① Treadmill(트레드밀)
② bicycle ergo meter(자전거 에르고메타)
③ 기타

3. 운동부하 방법

① 트레드밀에서는 Bruce법, Ellestad법, Naughton법, Kattus법, Shefield법 등이 있다.
② 에르고메타 에서는 다단계 부하법, 램프부하법등이 있다.

4. 운동부하 테스트 중 피검자의 관찰과 기록할 내용

보그-스케일(Borg 스케일), 혈압, 심전도 변화와 최대 산소섭취량과 R.Q(호흡상), 그리고 회복과정 등을 감시 혹은 기록한다.

5. 운동부하 테스트 중 검사 중지 기준

운동부하 테스트 중 검사 중지는 자각증상, 목표 심박수 판정, 혈압변화, 심전도 변화 등을 표 20-4를 참조한다.

표 20-4. 운동부하 테스트의 중지 기준(a~d까지 한개라도 적용되면 중지한다)

a	자각 증상 : 흉통, 흉부압박감, 식은땀 등의 자각 증상이 출현하면 중지한다. 보그(borg)스케일에서 자각적 운동 강도가 강하다(15)에 해당되면 중지한다.
b	예상 목표 심박수에 도달하면 중지, 한국인의 심박수(성동진)참고, $\hat{Y}$ = 205-0.49x. y는 예상 최대 심박수 x는 연령, 또는 $\hat{Y}$ = 1.1x+115, $\hat{Y}$ = 예상최대심박수, x = 안정시 심박수
c	혈압 : 수축기 혈압 220mmHg이상이면 중지, 혈압 저하가 나타나면 중지
d	QRST, ST, T파에 이상과 부정맥이 출현하면 중지

Borg 스케일

6	
7	상당히 가볍다
8	
9	꽤 가볍다
10	
11	보통이다
12	
13	약간 강하다
14	
15	강하다
16	
17	꽤 강하다
18	
19	대단히 강하다
20	

연대별 최대심박수 및 80%정도 목표 심박수의 예

연대	추정 최대 심박수 산출공식(예) ($\hat{Y}$=205-0.49x x는 연령, y는 예상 최대심박수)	80%정도 목표 심박수
20대	195~191박/분	156~153박/분
30대	190~186박/분	152~149박/분
40대	185~182박/분	148~145박/분
50대	181~176박/분	145~141박/분
60대	176~171박/분	140~137박/분

안정시에서 최대 예상 심박수를 구하는 공식
$\hat{Y}$= 1.1x+115 (x는 안정시 심박수, y는 예상 최대심박수)
이 공식은 1972년 미국 심장의학회 공식에서 인용

6. 운동부하 테스트에서의 판정

운동부하 테스트에서의 판정은 자각증상, 심전도 변화등에 의한다.

표 20-5. 운동부하 테스트의 판정(a~c까지 한개라도 있으면 검사 중지)

a	자각증상 : 흉통, 흉부압박감, 식은땀
b	심전도 ST의 변화 : 1mm이상의 ST변화
c	부정맥 : 심실기외 수축, 심실 빈맥, 상실빈맥 등

V 운동부하 테스트를 기초로 한 운동처방 작성

운동처방전을 작성시에 운동의 종류와 운동의 양은 전신운동의 경우는 최저 4개월 단위로 운동기간을 정하고 근골격계의 경우는 최저 3개월 단위로 운동기간을 정하여 운동처방을 작성한다. 또한 운동지도 후 다시 운동 처방시스템에 의거 재 처방을 실시하는데 운동처방 내용은 운동의 종류와 운동 양을 재 처방한다.

1. 운동의 종류

① 전신운동(유산소적 운동, 무산소적 운동, 유산소적 운동과 무산소적 운동 혼합형)
② 헬스운동(등척성 운동, 등장성 운동, 단축성 운동, 신장성 운동, 등속성 운동)
③ 전신운동 + 헬스운동(전신운동과 헬스운동의 혼합형)
④ 레크레이션 운동(신체활동이나 운동을 놀이화 유희화 시키는 것을 의미한다.)
⑤ 조정운동(체조, 스트레칭, TV체조, 준비운동, 정리운동 등)

2. 운동의 양

운동의 양이란 운동의 강도, 운동의 시간, 운동의 빈도를 말한다. 이때에 운동처방에서 운동의 강도는 상대강도(개인의 최대치에 대한 퍼센트(%))를 적용시킨다.

① 운동 강도

- 전신운동에서는 본인 개개인의 최대 심박수를 가지고 운동 목적에 따라서 운동의 강도를 결정한다.
  예를 들면, $\hat{Y}$ = 205 − 0.49x ($\hat{Y}$=예상 최대 심박수, x=연령)
  미국 심장의학회에서 안정시에서 최대 심박수를 구하는 공식 $\hat{Y}$ = 1.1x + 115(1972년) (x = 안정시 심박수, $\hat{Y}$ = 예상 최대심박수)
- 근운동에서는 반복횟수를 가지고 운동 목적에 따라서 운동 강도를 결정한다.
  예를 들면, %, R, M = 102.8 − 2.78(R,M(반복횟수))
  운동실시자가 신체에 무리없이 10회 들어올렸다고 한다면 공식 102.8 − 2.78 ×

10회 = 75%가 된다.

또다른 하나의 에는 표 20-6에 나타내었다.

표 20-6. 운동강도와 최대 반복횟수와의 관계

최대근력에 대한 퍼센트로 나타낸 운동의강도(%)	최대반복 횟수 (R.M)
최대근력의 100%	1회 (1 R.M)
최대근력의 80%	3~5회 (3~5 R.M)
최대근력의 60%	8~10회 (8~10 R.M)
최대근력의 50%	13~20회 (13~20 R.M)
최대근력의 40%	15~20회 (15~25 R.M)
최대근력의 30%	50~60회 (50~60 R.M)

특히, 고령자의 경우 운동강도는 일상생활 수준 이하로 운동강도를 결정하여 운동을 실시하는 것이 운동의 기본 강도이다. 그리고 운동부하테스트 중 심전도상 QRST에 문제가 돌출된 그 시절의 심박수에서 70~80% 이하의 운동 강도 결정이 기본이다.

② 운동 시간

운동의 목적에 따라서 운동의 목표심박수까지 도달하는 시간과 유지하는 시간으로 정한다. 근운동에서는 한번 들어 올리는 최대 횟수를 가지고, 들어올리는 속도(템포), 셋트수, 휴식시간, 주당 몇회, 운동 기간을 말한다.

③ 운동 빈도

20대를 100%로 할때는 주 5회 정도, 30대는 주 4회 정도, 40대는 3회 정도, 50대는 2회 정도, 60대는 1회 정도이고 최소한의 빈도는 각 년령에 관계없이 주1회 이다. 운동 기간은 3개월에서 4개월 정도이다.

3. 운동처방 작성시 고려할 사항

운동처방전 작성시에는 1. 개인기록카드, 2. 의사의 건강진단표, 3. 운동부하테스트의 결과, 4. 운동능력(체력테스트) 검사결과, 5. 체력(운동능력) 평가기준표, 6. 하루의 에너지 섭취 및 소비량 참고사항 등을 종합하여 운동처방전을 작성하나 이때 고려할 사항은 다음 6가지 등을 참고한다.

① 본인의 의사를 가능한 존중할 것
② 본인의 일상생활의 리듬을 깨지 말것
③ 특정한 기구나 기자재 사용을 피할 것
④ 3~4개월 동안 의욕을 가지고 지속적으로 운동을 실시 할 수 있는 운동 프로그램을 작성할 것
⑤ 특정한 음식물이나 영양제 등의 사용을 피할 것
⑥ 특히 유아나 노인의 경우에는 신체활동의 정의의 입장에서 운동의 종류나 양을 처방할 것(예; 노인체육이이라던가 유아체육이란 단어 사용은 대상에 따라 주의하여 사용한다).

VI 심장 내과적 또는 정형외과적 입장에서 운동지도상 주의사항(예)

1. 각 질환에 따른 운동처방의 주의점

표 20-7. 심장내과 질환의 운동처방 작성상 주의점(예)

질환별	전신운동의 주의점	근력강화운동의 주의점	전반적 주의점 및 지도사항
· 고혈압증	· 최대심박수 50%이하에서 운동을 시작한다 · β차단약 내복자는 운동강도를 일반인 기준에서 10%이하로 내린다.	· 운동중 호흡을 정지하는 등척성 운동은 피한다.	· 운동 전후의 혈압과 심박수의 측정을 습관화 한다. · 안정시 심박수가 1맥박/분이상일 때는 운동중지다.
· 당뇨병	· 최대 심박수의 40% 이하에서 운동을 시작한다.		· 저 혈당에 주의한다.
· 고지혈증	· 그밖의 합병증에 주의한다.		· 영양지도를 겸용한다.
· 비만	· 체중 부하가 하지 특히 무릎에 집중하지 않는 운동	· 체중에 과도하게 부담되지 않는 운동	· 중고령자의 경우는 적당한 운동, 영양, 휴식의 균형이 중요하며 신체활동이나 운동으로 체중감량을 실시하면서 식습관에 중점을 둔다 · 체중의 정기적 측정실시한다.

표 20-8. 정형외과적 질환의 운동처방상 주의점

	전신운동의 주의점	근력강화운동의 주의점	전반적 주의점 및 지도사항
요통증 · 추간판증 · 추간판 헤르니아 · 변형성 척추증 등	· 급격하고 과격한 동작을 피한다. · 필요에 따라서 보호장구를 착용한다. · 내과적 합병증에 주의한다.	· 지나치게 비트는 운동과 무리한 전후 굴신운동을 피한다. · 너무 반복되는 운동을 피한다.	· 요통, 신경증상의 발현등 증상악화에 주의한다.
변형성 관절증 · 고관절 · 슬관절 · 족관절	· 환부에 하중이 집중적으로 걸리지 않는 운동을 선택한다. · 조깅이나 워킹등을 실시할 경우는 신발, 도로등에 신경을 쓸것. · 필요에 따라서 보조기구를 이용한다. · 내과적 합병증에 주의한다.	· 환부에 하중이 집중적으로 걸리지 않도록 주의한다. · 슬개 대퇴관절에 증상이 있는 경우에는 무리한 무릎 굴신동작을 피한다.	· 동통, 부종등 관절 증상의 발현 또는 증상악화에 주의한다.

2. 운동처방 효과에 의한 경과표 작성(예)

운동처방의 효과나 운동 실시자의 자기관리를 위해서는 운동으로 인한 안정성의 확보와 운동량의 확인과 운동효과를 항상 데이타 수치에 의해 운동처방의 효과를 본인 스스로가 알 수 있게 하여 의욕적으로 꾸준히 운동을 실천하기 위해서는 운동지도사는 항상 운동처방경과표를 수시 또는 주기별로 작성하고 운동실시자도 이해하기가 편리하도록 기재한다. 본인의 측정 데이터를 가지고 항상 운동지도사와 상담하여 운동효과를 본인 스스로가 추정할 수 있도록 하기위해서는 다음과 같은 경과표(예)를 작성한다.

표 20-9. 운동처방효과에 대한 경과표 작성(예)

운동처방 경과표 작성

성명 ____________________

운동전·운동중의 심박수 및 자각증상 체크

·심박수 체크	· 운동중 자각증상 체크
① 안정시 심박수 60~70박/분이면 운동 실시. ② 80박/분 정도이면 컨디션 체크(운동 영양 휴식, 스트레스 등에 문제가 있는가) ③ 100박/분 이상이면 운동 중지(전문의사에 검진을 받을 것)	① 흉통, 천식 ② 두통, 어지러움 ③ 요통, 관절통 ④ 기분이상(구토) 등 ⑤ 피로감이 강한가 ⑥ 운동을 실시할 의욕이 없는 경우의 원인 ⑦ 숙취

월일	하루의 신체활동 보행수	본인의 자각증상	운동종목	체중 (kg)	안정시 심박수	운동중 최대심박수	혈압 (mmHg)
1							/
2							/
3							/
4							/
5							/
6							/
7							/
8							/
9							/
10							/
11							/
12							/
13							/
14							/
15							/
30							/
31							/

※ 신체활동 보행 수는 일상생활 보행시 보다도 약간 빠른 속도 즉 속보를 말하며 이때에 운동강도는 심박수로 확인한다.

3. 그 밖의 일반적인 주의사항

① 운동 실시상 주의 : 운동 당일의 컨디션 상태, 건강 상태에 의해서 운동을 중지하지 않으면 안되는 사항은 다음과 같은 예를 든다(예; 발열, 설사, 수면부족, 피로감등 안정시의 심박수 및 혈압 관계이다. 안정시 심박수가 60~70박/분 정도면 운동을 실시하며 80박/분 정도면 신체이상 유무를 확인하고 100박/분 이상이면 그 날 운동은 중지한다).

② 준비운동과 정리운동을 충분히 실시한다.

③ 운동을 실시할때는 자각적 운동 강도인 borg 스케일로 항상 참고한다.

④ 하지 슬개골 관절질환(변형성 슬관절증)이 있으면 되도록이면 하중이 걸리지 않는 수영장 또는 자전차 등을 이용할 수도 있다.

⑤ 신경 증상이 있는 척추 질환(경부척수증, 경부, 요부척추관협착증, 추간판헤르니아) 등이 있으면 정형외과 의사와 상담할 것.

4. 금지 사항

① 안정시 심박수가 100박/분이상 이면 운동을 금지시킨다.

② 사우나 등은 금지 혹은 조건부로 허가하되 특히 사우나, 장시간 목욕, 탈수 후 운동은 금물이다.

③ 운동을 금지하지 않으면 안되는 운동 종목이 있으면 운동금지 종목을 지시한다.

④ 급성기의 질환이 있으면 원칙적으로 운동을 중지한다.

⑤ 정기적으로 3~4개월 단위로 전문의사나 운동지도사와 상담한다.

VII 운동처방전 작성

운동처방전 작성은 운동처방 시스템에 의거 즉 개인기록카드 작성, 건강진단, 운동부하 테스트, 체력(운동능력) 테스트, 운동처방전 작성등 운동처방 순서에 의해 운동처방전이 작성된다. 운동처방전을 작성하기 위한 운동처방전 양식은 크게 두가지로 생각할 수 있다.

첫째는 일반적 운동처방 작성양식의 내용으로 된 여덟가지 정도 예가 있다.

둘째는 질환별 운동처방 양식 내용으로 된 여섯 가지 정도의 예가 있다. 다음장에서 소개한다.

그리고, 운동처방 작성 후 재발행은 3~4개월 후에 재차 운동처방 시스템에 의거 개인기록카드 재작성 부터 시작하여 재운동처방을 재발행하는데 이 때에 주의 사항은 다음과 같다.

1. 일반적 운동처방의 작성내용(예)

(1) 숙지사항(예)

(2) 개인기록카드 작성(예)

(3) 문진표(예)(운동처방을 받고자 하는 사람이 자필로 기록하게 한다.)

(4) 운동능력 측정 기록표(예; 일반용, 스포츠용)

(5) 음식물 조사표(예)

(6) 체력중 근계(악력, 배근력, 각력의 평가 기준표)

(7) 체력(운동능력)의 5단계 평가 기준에 의한 평가 및 코멘트양식(예)

(8) 운동 처방전 작성 양식(예; 일반적 양식, 간단한 운동처방전 양식)

등이 있다. 자세한 내용에 대한 설명을 구체적으로 소개하면 다음과 같다.

(1) 숙지사항(예)

1. 사)한국운동지도협회에서의 운동처방의 목적은 건강한 사람을 대상으로 예방의학과 자조의학적인 측면에서 운동처방을 실시하고 있습니다.
   운동처방을 실시하기전 귀하의 건강상태를 먼저 확인하여, 운동으로 인한 건강상 위해를 초래할 수 있는 귀하의 결함이나, 잠재성 인자를 조기에 발견하고, 발견된 인자를 교정할 수 있는 기회를 제공하여 완전한 운동처방을 실시하여, 귀하의 건강체력 유지증진을 목적으로 실시하기 때문에 운동처방을 받고 저하는 본인의 개인기록카드 및 문진이나 설문내용에 상세히 답하여 주시기 바랍니다.
2. 고혈압, 당뇨병, 비만, 고혈압증, 고요산혈증, 안정시 심전도 이상, 관상동맥질환, 안과, 이비인후과, 피부과, 정형외과의 질환이 없는 건강한 사람에 한하여 운동처방을 실시함을 양지하여 주시기 바랍니다.
3. 회원의 운동처방은 최처 3~4개월에서 1회씩 의무적으로 실시하며 그 외에는 자유의사에 따라 실시할 수 있습니다.
4. 운동부하테스트에 의하여 호흡, 순환기계 및 기타 건강상 문제가 있다고 판정을 받은 사람에 대하여는 전문의사의 지시 및 허가에 의하여 운동의 범위를 정하여 처방합니다.

(2) 개인기록카드(예)

등록번호 :

이메일 : H.P :

1. 성명 : 성별 : 생년월일 :

사진

2. 직장 : TEL.직장 자택

3. 주소 :

4. 취미 및 특기 :

5. 수면시간 : 시간

6. 대변 : 회/일

7. 식사 회/일

8.식사 시간 아침 시 점심 시 저녁 시

9. 간식종류 야식종류

10. 싫어하는 음식명 특히 좋아하는 음식명

11. 현재약물 복용은? 1. 강압제 2. 심장약 3. 혈당강하제 4. 습관성의약품

12. 정형외과적 질환유무

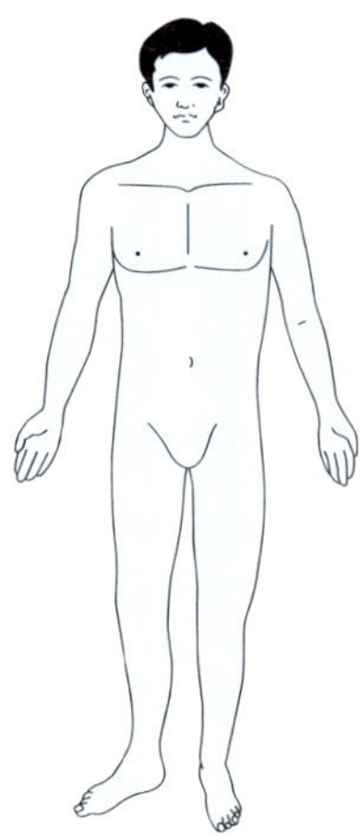

1. 얼 굴
2. 경 추
3. 어 깨
4. 상 완
5. 팔꿈치
6. 전 완
7. 손 목
8. 손가락
9. 흉 곽
10. 척 추
11. 요 추
12. 골 반
13. 대 퇴
14. 하 퇴
15. 족관절
16. 발가락

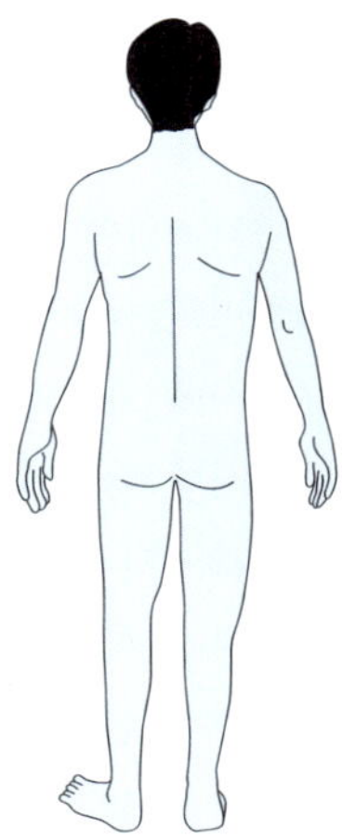

※ 문제점 및 의견

(3) 문진표(예)(운동처방을 받고자 하는 사람이 자필로 기록 한다)

13. 다음의 문진과 설문의 내용은 귀하의 건강과 의식상태를 알아보기 위한 것입니다. 구체적으로 정확하게 답하여 주십시오.
    (1) 귀하의 직업은 하루에 몇 시간 일을 하십니까?
    (2) 현재 직업의 취업연수는 몇 년이나 되었습니까?
    (3) 직장까지의 통근방법은 어떤 방법으로 하고 계십니까? ______________ 로 ______ 분
    (4) 가정과 직장의 스트레스는? ① 많다 ② 보통 ③ 없다
    (5) 지금까지 정기신체검사에서 특히 주의하라는 권고를 받은 적이 있습니까?
    있으면 구체적으로 기입하여 주십시오. (   )
    (6) 가족병력과 사망의 원인 중 해당란에 표해 주십시오.
    ① 고혈압 ② 심장병 ③ 뇌졸중 ④ 당뇨병
    (7) 현재 질병이 있습니까? 있으면 기입하여 주십시오 (   )
    (8) 흡연유무 ______개비/일 음주 ______회/주 •마시는 술의 종류(   )
    (9) 과거에 실시했던 운동종목은? _______종목, 몇 세부터 몇 세까지 (세 ~   세)
    (10) 현재 실시하고 있는 운동종목은? ________종목, 운동시간 _____(시간/분) _______회/주

14. 다음 항목에 해당되면 ○표 하십시오.
    (1) 류마티스열에 걸린적이 있다.
    (2) 맥박이 불규칙적으로 뛴다.
    (3) 운동시에 가슴에 통증이 있다.
    (4) 운동시에 가슴이 막히는 것이 강하다.
    (5) 얼굴과 가슴이 부어오르는 경향이 있다.
    (6) 기관지 천식이 있다.
    (7) 운동에 의한 근육과 관절장해가 있다.
    (8) 성격이 급하고 공격적이다.
    (9) 때때로 복통이 있다.
    (10) 어지럽고 서면 현기증이 있다.
    (11) 의식을 잃어버린적이 있다.
    (12) 잘때 식은땀이 난다.
    (13) 잠이 잘 오지 않는다.
    (14) 식욕이 감퇴되었다.
    (15) 최근 피로하기 쉽다.

15. 다음 문항을 읽고 해당되면 ○표 하십시오.

A) (1) 걸으면 심장이 두근거리며 숨이 찬다.
(2) 다리가 붓는다.
(3) 밤에 몇회씩 소변을 본다.
(4) 계단을 올라가면 피로하고 숨이 찬다.

B) (1) 가슴이 조이는 것 같은 느낌이 든다.
(2) 가슴을 찌르는 것 같은 통증이 있다.
(3) 가슴이 부풀어 터질것 같은 아픔이 있다.
(4) 식사후에 괴롭다.
(5) 눈을 떴을 때 괴롭고 눈이 감긴다.

C) (1) 머리가 자꾸 무거워 진다.
(2) 두통이 자주 일어난다.
(3) 목 뒤가 무거운 느낌이 든다.
(4) 어깨가 항상 뻐근하다.
(5) 때때로 어지럽다.
(6) 걸으면 비틀거리는 증세가 있다.
(7) 수족이 떨리는 경련증세가 있다.

D) (1) 건망증이 심하다.
(2) 눈이 침침하다.
(3) 수족의 활동이 둔해진다.
(4) 수족에 힘이 없다.
(5) 책상에 스쳐도 손의 감각이 없다.
(6) 책상을 만지면 전기적 자극이 온다.

E) (1) 수족이 차갑다.
(2) 걸으면 다리가 아프게 된다.
(3) 다리가 절룩거린다.
(4) 발가락이 불이 던것 같이 붉게 된다.

F) (1) 다리가 때때로 붓는다.
(2) 소변이 나쁘다.
(3) 밤에 3회이상 화장실에 간다.

※ 주의 : 어느항목에서나 문제가 있는 경우는 전문의사에 검사 받고 의사 허가 하에 운동처방을 작성한다.

문제점 의견

(4) 운동능력 검사기록표(예)

① 일반용

검사항목 \ 검사연월일			년 월 일		년 월 일		년 월 일		년 월 일	
형태 및 이학적 검사		신 장 (cm)								
		체 중 (kg)								
		좌 고 (cm)								
		흉 위 (cm)								
		복 위 (cm)								
		상완위 (cm)	좌	우	좌	우	좌	우	좌	우
		전완위 (cm)								
		수경위 (cm)								
		대퇴위 (cm)								
		하퇴위 (cm)								
		족경위 (cm)								
		혈압 (mmHg)	~		~		~		~	
		rest H.R								
	피하지방	상완 (cm)								
		견갑 (mm)								
		LBM (kg)								
		%								
근력		배 근 력 (kg)								
		악 력 (kg)	좌	우	좌	우	좌	우	좌	우
		완굴곡력 (kg)								
		각 력 (kg)								
파워		수직도 (cm)								
		수직도 / kg								
민첩성		Side step								
	전신반응	근육반응								
		신경반응								

검사항목 \ 검사연월일		년 월 일	년 월 일	년 월 일	년 월 일
폐기능	VC 폐 활 량				
	FEV_1 (1초율)				
	TV (1회호흡량)				
전신지구력	VO_2max(L/min)				
	mL/kg/min				
	H.Rmax 박/분				
	최대산소부채량				
유연성	체 전 굴 (cm)				
	체 후 굴 (cm)				
스테스탭트	심박수 박/분				
	판 정 지 수				
주력	5분 달리기				
	12분 달리기				
혈액검사	H.b 남14~17 여12~15(mg/dL)				
	뇨산 남7.5~8.4 여6.0~7.4(mg/dL)				
	HCT 40~44.9%				
	GOT 5~40 μ				
	GPT 5~35 μ				
	총단백 7.07~8.08 mg/dL				
	콜레스테롤 150~220 mg/dL				
	혈당 80~120 mg/dL				
뇨검사	PH 5.0~8.0				
	Creatinine 1.1 mg%이하				
	Uric acid 8mg%이하				
	기 타				

② 스포츠용 운동능력 검사기록표(예)

검사항목	검사연월일	년 월 일		년 월 일		년 월 일		년 월 일	
형태	체 중 (kg)								
	신 장 (cm)								
	좌 고 (cm)								
	지 극 (cm)								
	흉 위 (cm)								
	복 위 (cm)								
	신전상완위 (cm)	좌	우	좌	우	좌	우	좌	우
	전 완 위 (cm)								
	수 경 위 (cm)								
	대 퇴 위 (cm)								
	하 퇴 위 (cm)								
	족 경 위 (cm)								
	피 지 후 (완)								
	mm (복)								
	(배)								
	비 체 중								
	비 흉 위								
	비 좌 고								
	체지방율 %								
근력	배 근 력 kg								
	악 력 kg	좌	우	좌	우	좌	우	좌	우
	완신전력 kg								
	완굴곡력 kg								
	각신전력 kg								
	각굴곡력 kg								
	악력 / 전완위								
	완력 / 상완위								
	각력 / 대퇴위								
	각굴곡/대퇴위								
	악 력 / 체중								
	완 력 / 체중								
	각 력 / 체중								
	윗몸일으키기 회								

검사연월일 / 검사항목		년 월 일	년 월 일	년 월 일	년 월 일
순발력	수 직 도 cm				
	수직도 / 체중				
	각신전 파워	/	/	/	/
민첩성	사이드스텝 회				
	전신반사시간(신경반응)				
	m. sec (근육반응)				
	(전신반응)				
근지구력	현수완굴신 회				
	팔굽혀펴기 회				
전신지구력	최대산소섭취량 L/min				
	최대산소섭취량 mL/kg min				
	최대심박수 박/분				
	최대산소부채량 L				
유연성	체 전 굴 cm				
	체 후 굴 cm				
주력	5분 달리기 (M)				
	12분 달리기 (M)				
폐기능	폐 활 량 cc				
	기 타				

※ 개인별 하루에너지 소요량 검사공식은 아래 표-1에서 운동강도별 기초대사와 활동지수 표-2에서 활동대사의 성별 연령별 계수를 참고하여 하루에 에너지 소요량을 검사한 후에 에너지 섭취량을 음식물 조사표에 의거 계산한다.

- 개인별 하루 에너지 소요량 검사 공식(예)는 다음과 같다.

1. $A = \dfrac{24.3 \times \text{자기체중} \times \text{연령별계수} \times \text{하루활동지수}}{0.9}$

2. 예 15세 남자 체중 40kg인 학생의 경우

   $A = \dfrac{24.3 \times 40\text{kg} \times (1.16 + 0.5)}{0.9} = 1792\text{cal}$ 가 일상생활시 소요량임

3. 이 학생이 체조운동을 실시한다면

$$A = \frac{24.8 \times 40kg \times 1.16 \times 0.75}{0.9} = 2105cal$$

일상생활과 운동시 에너지 소요량 차이는 313cal 입니다.

표-1. 운동강도별 기초대사와 활동지수(20~29세 남자의 경우)

운동강도	체중 하루당 기초대사량 (cal/kg/일)	활동지수	해당하는 운동
보통	24.3	0.50	일상생활
보통보다 무거움	24.8	0.75	체조, 탁구, 배드민턴, 수영, 점프, 펜싱, 궁도, 사격, 마술, 요트, 스키점프, 검도
무거움	25.3	1.00	육상경기, 야구, 축구, 하키, 농구, 배구, 테니스, 복싱, 유도, 씨름
아주 무거움	25.8	1.25	보트, 수영, 마라톤, 럭비, 미식축구, 자전거로드, 스키, 레슬링

표-2. 활동대사의 성별 연령별 계수

연령(나이)	남	여
15세	1.16	1.06
16세	1.12	1.02
17세	1.09	1.00
18세	1.07	0.99
19세	1.05	0.98
20-29세	1.00	0.96
30-39세	0.95	0.91
40-49세	0.93	0.87
50-59세	0.92	0.86

(5) 음식물조사표(예)

성 명						
운동 실시 종목	메뉴명	아침(집)	점심(도시락)	저녁(집)	간식(집,외식)
운 동 시 간					

조 사 일
2007 년 월 일
아래에 해당되는 것을 ( )에 기입하여 주시오
집 (가정식) 하 (하숙)
도 (도시락) 자 (자취)
外 (외식) X (결식)

식품군	식품명	양	식품명	양	식품명	양	식품명	양	
주 식 류 밥, 빵, 면 등									몇공기, 몇조각, 몇그릇 등 기입
육 류 육류, 계육 햄 등									몇조각, 대·중·소 기입. 부위 및 몇 g등
생 선 류 날 것,절임 가 공 품									날것, 절인것,캔 등 가공품 등 기입
알 류									몇개 및 종류 기입
우 유 및 우유제품									몇 cc, 몇개, 종류, 가격 등 기입
콩류 및 두 부 류									국, 두부 몇조각, 콩 g등 기입
야 채 류 생것, 절임 전 분 등									잎인가, 줄기인가, 뿌리인가, 감자류인가, 갯수, g등 기입
절 임 등									몇 장, 몇 개, 종류
해 초 류									날것,간물인가 및 크기, 갯수
조 미 료 사탕, 기름 화학조미료									큰것, 작은것, 수저로 몇 개 기름종류 등 기입
과 일 류									대·중·소 몇개, 조각등 기입
과 자 류									카스테라, 생과자, 초콜 릿, 가격, 갯수 기입
음료수류									컵, 병, cc커피 및 음료 수 기입
외식 및 시판되는 재 료									재료명, 단가, 크기 갯수 기입
총 섭취칼로리									

※ 성동진저 : 스포츠영양학 참고(고려의학)

(6) 체력중 근계(악력, 배근력, 각력)의 평가 기준표

① 악력의 5단계 평가 기준표(단위 : kg)

연령 \ 5단계		1단계 (아주 나쁨)	2단계 (보통보다 못함)	3단계 (보통)	4단계 (보통보다 좋음)	5단계 (아주 좋음)
10~14 남	R	~10.2	10.3~16.6	16.7~23.0	23.1~29.4	29.5~
	L	~09.4	09.5~15.4	15.5~21.4	21.5~27.4	27.5~
10~14 여	R	~14.4	14.5~18.4	18.5~22.6	22.7~26.6	26.7~
	L	~12.2	12.3~16.4	16.5~20.6	20.7~24.8	24.9~
15~19 남	R	~36.2	36.3~43.3	43.4~50.5	50.6~57.6	57.7~
	L	~32.7	32.8~39.2	39.3~45.8	45.9~52.3	52.4~
15~19 여	R	~19.1	19.2~25.3	25.4~31.7	31.8~37.9	38.0~
	L	~22.7	22.8~26.1	26.2~29.5	29.8~33.1	33.2~
20대 남	R	~38.8	38.98~46.1	46.2~53.5	53.6~60.8	60.9~
	L	~34.6	34.7~42.6	42.7~50.6	50.7~58.6	58.7~
20대 여	R	~22.8	22.9~26.9	27.0~31.1	31.2~35.2	35.3~
	L	~21.4	21.5~25.5	25.6~29.7	29.8~33.8	33.9~
30대 남	R	~37.9	38.0~43.3	43.4~48.9	49.0~54.3	54.4~
	L	~19.3	19.4~28.5	28.6~37.9	38.0~47.1	47.2~
30대 여	R	~23.9	24.0~28.7	28.8~33.5	33.6~38.3	38.4~
	L	~23.3	23.4~27.2	27.3~31.2	31.3~35.1	35.2~
40대 남	R	~37.1	37.2~41.3	41.4~45.6	45.7~49.8	49.9~
	L	~34.5	34.6~38.7	38.8~43.0	43.1~47.2	47.3~
40대 여	R	~20.4	20.5~25.2	25.3~30	30.1~34.8	34.9~
	L	~18.8	18.9~24.2	24.3~29.6	29.7~35.0	35.1~
50대 남	R	~28.3	28.4~35.1	35.2~41.9	42.0~48.7	48.8~
	L	~27.4	27.5~34.6	43.7~41.9	42.0~49.0	49.1~
50대 여	R	~18.4	18.5~23.5	23.6~28.7	28.8~33.8	33.9~
	L	~17.4	17.5~22.2	22.3~27.2	27.3~32.0	32.1~
60대 남	R	~27.7	27.8~33.5	33.6~39.4	39.5~45.2	45.3~
	L	~23.8	23.9~30.6	30.7~37.6	37.7~44.4	44.5~
60대 여	R	~14.0	14.1~20.4	20.5~26.8	26.9~33.2	33.3~
	L	~13.5	13.6~19.1	19.2~24.7	24.8~30.3	30.4~

참고 : 성동진 : 한국체육대학교 운동처방실 작성(예)
한국운동지도협회

② 배근력 5단계 평가기준표(단위 : kg)

평가 / 연령	남자					여자				
	1단계 (아주나쁨)	2단계 (보통보다 못함)	3단계 (보통)	4단계 (보통보다 좋음)	5단계 (아주좋음)	1단계 (아주나쁨)	2단계 (보통보다 못함)	3단계 (보통)	4단계 (보통보다 좋음)	5단계 (아주좋음)
6	~25.7	25.8~	31.3~	36.9~	42.4~	~16.8	16.9~	22.3~	27.9~	33.3~
7	~28.6	28.7~	34.9~	41.1~	47.3~	~20.1	20.2~	26.7~	33.3~	39.9~
8	~33.3	33.4~	40.5~	47.7~	54.9~	~23.5	23.6~	31.2~	38.9~	46.5~
9	~38.5	38.6~	46.9~	55.3~	63.6~	~26.8	26.9~	35.7~	44.5~	53.2~
10	~43.9	44.0~	53.5~	63.0~	72.4~	~30.6	30.7~	40.7~	50.7~	60.6~
11	~52.7	52.8~	64.2~	75.6~	86.9~	~37.7	37.8~	50.0~	62.3~	74.5~
12	~62.6	62.7~	76.2~	89.7~	103.2~	~43.0	43.1~	57.0~	71.0~	84.9~
13	~75.4	75.5~	91.7~	108.0~	124.1~	~46.7	46.8~	61.9~	77.1~	92.3~
14	~86.6	86.7~	105.3~	124.0~	142.6~	~49.2	49.3~	65.2~	81.3~	97.2~
15	~91.4	91.5~	111.1~	130.8~	150.3~	~52.0	52.1~	69.0~	85.9~	102.8~
16	~97.9	98.0~	119.0~	140.0~	161.0~	~53.3	53.4~	70.7~	88.1~	105.4~
17	~102.2	102.3~	124.2~	146.2~	168.1~	~54.7	54.8~	72.5~	90.4~	108.1~
18	~104.7	104.8~	127.2~	149.8~	172.2~	~56.1	56.2~	74.4~	92.6~	110.8~
19	~107.3	107.4~	130.4~	153.6~	176.6~	~57.2	57.3~	75.9~	94.5~	113.1~
20~21	~109.3	109.4~	132.9~	156.4~	179.8~	~56.8	56.9~	75.3~	93.8~	112.1~
22~23	~110.0	110.1~	133.7~	157.3~	180.9~	~56.5	56.6~	74.9~	93.3~	111.6~
24~25	~110.0	110.1~	133.7~	157.3~	180.9~	~55.8	55.9~	74.0~	92.1~	110.2~
26~27	~109.4	109.5~	133.0~	156.5~	180.0~	~54.8	54.9~	72.6~	90.5~	108.2~
28~29	~108.6	108.7~	131.9~	155.3~	178.5~	~53.8	53.9~	71.4~	88.9~	106.4~
30~34	~108.1	108.2~	131.4~	154.7~	177.8~	~52.8	52.9~	70.0~	87.1~	104.2~
35~39	~107.3	107.4~	130.4~	153.6~	176.6~	~51.1	51.2~	67.8~	84.4~	101.0~
40~44	~103.9	104.0~	126.3~	148.7~	171.0~	~48.4	48.5~	64.2~	80.0~	95.7~
45~49	~99.9	100.0~	121.4~	142.9~	164.3~	~45.7	45.8~	60.6~	75.5~	90.3~
50~54	~93.0	93.1~	113.1~	133.1~	153.1~	~42.3	42.4~	56.1~	70.0~	83.7~
55~59	~86.2	86.3~	104.8~	123.4~	141.8~	~38.3	38.4~	50.8~	63.3~	75.7~
60~64	~75.6	75.7~	92.0~	108.3~	124.5~	~33.6	33.7~	44.5~	55.5~	66.4~
65~69	~66.5	66.6~	80.9~	95.2~	109.5~	~27.5	27.6~	36.6~	45.6~	54.5~
70~	~60.4	60.5~	73.5~	86.6~	99.5~	~23.5	23.6~	31.2~	38.9~	46.5~

주 : 배근력은 측정치 ÷ 체중으로 계산한 평가표는 다음 아래표와 같다.

연령	남자	여자
20~	자기체중에 2.26 배	자기체중에 1.75 배
30~	자기체중에 2.22 배	자기체중에 1.65 배
40~	자기체중에 2.16 배	자기체중에 1.46 배
50~	자기체중에 1.99 배	자기체중에 1.25 배
60~	자기체중에 1.89 배	자기체중에 0.99 배

③ 각력의 5단계 평가기준표(단위 : kg)

연령 \ 5단계		1단계 (아주 나쁨)	2단계 (보통보다 못함)	3단계 (보통)	4단계 (보통보다 좋음)	5단계 (아주 좋음)
10~14 남	R(굴)	~07.8	07.9~12.6	12.7~17.4	17.5~22.2	22.3~
	(신)	~14.3	14.4~23.2	23.3~32.2	32.3~41.2	41.2~
	L(굴)	~07.6	07.7~12.1	12.2~16.7	16.8~21.2	21.3~
	(신)	~14.4	14.5~22.7	22.8~31.1	31.2~39.4	39.5~
10~14 여	R(굴)	~06.0	06.1~10.1	10.2~14.3	14.4~18.4	18.5~
	(신)	~18.0	18.1~25.9	26.0~33.9	34.0~41.8	41.9~
	L(굴)	~08.4	08.5~10.0	10.1~11.8	11.9~13.4	13.5~
	(신)	~13.9	14.0~22.5	22.6~31.3	31.4~39.9	10.0~
15~19 남	R(굴)	~19.1	19.2~26.0	26.1~33.0	33.1~39.9	40.0~
	(신)	~41.0	41.1~50.5	50.6~60.1	60.2~69.6	69.7~
	L(굴)	~19.8	19.9~25.8	25.9~31.8	31.9~37.8	37.9~
	(신)	~38.2	38.3~48.6	48.7~59.1	59.2~69.5	69.6~
15~19 여	R(굴)	~13.6	13.7~16.0	16.1~18.6	18.7~21.0	21.1~
	(신)	~28.6	28.7~32.4	32.5~36.4	36.5~40.2	40.3~
	L(굴)	~14.3	14.4~17.0	17.1~19.8	19.90~22.5	22.6~
	(신)	~24.4	24.5~32.5	32.6~40.7	40.8~48.8	48.9~
20대 남	R(굴)	~18.7	18.8~25.3	25.4~32.1	32.2~38.7	38.8~
	(신)	~37.5	37.6~50.0	50.1~62.1	62.2~75.1	75.2~
	L(굴)	~20.2	20.3~25.7	25.8~31.3	31.4~36.8	36.9~
	(신)	~37.5	37.6~47.5	47.6~57.6	57.7~67.6	67.7~
20대 여	R(굴)	~08.6	08.7~14.4	14.5~20.2	20.3~26.0	26.1~
	(신)	~18.1	18.2~28.3	28.4~38.6	38.7~48.8	48.9~
	L(굴)	~07.7	07.8~13.9	14.0~20.3	20.4~26.5	26.6~
	(신)	~19.0	19.1~27.7	27.9~36.5	36.6~45.2	45.3~
30대 남	R(굴)	~24.9	25.0~28.0	28.1~31.2	31.3~34.3	34.4~
	(신)	~31.2	31.3~13.8	43.9~56.5	56.6~69.1	9.2~
	L(굴)	~20.0	20.1~25.7	25.8~31.5	31.6~37.2	37.3~
	(신)	~31.7	31.8~40.6	40.7~49.6	49.7~58.5	58.6~

※ (굴) : 각굴근력, (신) : 각신전력

(7) 체력(운동능력)의 5단계 평가 기준에 의한 평가 및 코멘트양식(예)

1. 혈 압 : 수축기 mmHg
   이완기 mmHg

2. Rest H.R

3. 근력평가 : 배 근 력 (kg)
   악 력 (좌 kg) (우 kg)
   완굴곡력 (좌 kg) (우 kg)
   각 력 (좌 kg) (우 kg)
   각굴곡력 (좌 kg) (우 kg)

4. 파워평가 : ( )

5. 민첩성 평가 : ( )

6. 전신지구력
   폐기능 평가 ( )
   $\dot{V}O_2max$(mL/kg/min)
   12분 달리기 (M)
   5문 달리기 (M)

7. 유연성 평가 :

8. 혈액검사 결과 :

9. 뇨검사 결과 :

10. 운동부하 검사 결과 :

11. 비만평가 :
   · 일일에너지 소비량 :
   · 에너지 섭취량 :
   · 개인별 하루에너지 소요량 및 음식물 조사표를 참고함

12. 운동후 회복과정 평가 :

의사 및 운동지도사의 의견서
① 형태 : ② 근골격계 : ③ 호흡 순환기계 : ④ 신경계 : ⑤ 신체 내부환경 : 종합의견

(8) 운동 처방전 작성 양식(예)

① 일반적 양식

1. Warming Up 시간 : 20분 30~40% 강도
   - stretching
   - 체조

2. 유산소적 운동처방 : • 강도 : 박/분 • 시간 : 분
   • 거리 : m • 회/주:
   - 운동 종목 :

3. 근력 운동 처방
   - 강도 : RM • tempo : 회/초 • 빈도/set : 회
   - sets : 회 • 휴식시간 : 분 • 횟수 : 회/주
   - 운동 종목 :

4. 근 Power 운동 처방
   - 강도 : RM • tempo : 회/초 • 빈도/set : 회
   - sets : 회 • 휴식시간 : 분 • 횟수 : 회/주
   - 운동 종목 :

5. 유연성 운동 처방 : Stretching

6. 민첩성 운동 처방 : • 운동거리 : m • 강도 : %
   • 운동시간 : 분 • 휴식시간 : 분

- Set : 회 • sets : 회
- 회수 : 회/주

- 신체활동과 운동 종목 :

7. 비만을 위한 운동처방
   - 영양처방(50%) :

   - 운동처방(50%) :

8. Colling down : Stretching 및 일반적 체조

9. 유의사항

   ① 준비운동과 정리운동을 반드시 실시할 것

   ② 항상 운동전후 심박수를 체크할 것

   ③ 다음 사항은 Over training 증후입니다. Over training이 안되도록 주의를 요합니다.

   - 운동후 10분이 지나도 숨이 찬다.
   - 운동후 10분이 지나도 맥박이 100 박/분 이상이다.
   - 운동후 구심, 구토현상
   - 운동후 1개월이 지나도 피로가 남아 있다.
   - 잠자리가 나쁘다. 그리고 잠깰때 기분이 나쁘다.

※ 일과성운동에 의해 호흡순환기 환자의 경우 가운데어 특히 고혈압 환자는 운동후 2시간이 지나도 안정시 심박수까지 되돌아오지 않는 경우도 있음

② 간단한 운동처방전 양식(예)

1. Warming Up 시간 : 20분 30 ~ 40% 강도
   •stretching
   •체 조

2. 유산소적 운동처방 : •강도 : 박/분 •시간 : 분
   •거리 : m • 회/주
   •운동 종목 :

3. 근력 운동 처방
   •강 도 : RM •tempo(속도): 회/초 •빈 도/set : 회
   •sets : 회 •휴식시간 : 분 •횟 수 : 회/주
   •운동 종 목 :

4. 근 Power 운동 처방
   •강 도 : RM •tempo(속도): 회/초 •빈 도/set : 회
   •sets : 회 •휴식시간 : 분 •횟 수 : 회/주
   •운동 종 목 :

5. 유연성 운동 처방 : Stretching

6. 민첩성 운동 처방 : •운동거리 : m •강 도 : %
   •운동시간 : 분 •휴식시간 : 분
   •Set : 회 •Sets : 회
   •회수 : 회/주
   •운동 종목 :

7. 비만을 위한 운동처방(예)
   •영양처방(50%) :

   •운동처방(50%) :

8. Cooling down : Stretching 및 일반적 체조

9. 유 의 사 항
   ① 준비운동과 정리운동을 반드시 실시할 것
   ② 항상 운동전후 맥박수를 체크할 것
   ③ 다음 사항은 Over 운동 증후입니다. Over 운동이 안되도록 주의를 요합니다.
   · 운동 후 10분이 지나도 숨이 차다
   · 운동 후 10분이 지나도 맥박이 100박/분 이상이다.
   · 운동 후 구심, 구토현상
   · 운동 후 1개월이 지나도 피로가 남아 있다.
   · 잠자리가 나쁘다. 그리고 잠을 깰 때 기분이 나쁘다.

2. 질환별 운동처방 작성 양식(예)

질환별운동처방 종류를 보통 운동처방 입장에서 다음 6가지 증상으로 정리하면 다음과 같다.

(1) 증상 1 : 고혈압과 당뇨병

(2) 증상 2 : 비만과 당뇨병

(3) 증상 3 : 고지혈증과 비만

(4) 증상 4 : 고혈압(복약 중), 당뇨병, 고지혈증, 비만

(5) 증상 5 : 요부추간판 헤르니아

(6) 증상 6 : 양 변형성 슬관절증

증상1에서 증상6까지 각각 질환에 따른 ① 운동처방전 작성(예), ② 운동지도효과내용결과표(예), ③ 의료정보(예), ④ 운동처방전작성(예) 등을 각각 표로 나타내어 다음과 같이 기술하였다. 그리고 질환별운동처방시 배려하여야할 질병과 장해에 따른 배려하여야할 사항은 다음 표와 같다.

표 질환별운동처방시 질병과 장해에 따른 배려하여야 할 점

질병, 장해	배려하여야 할 점
1. 뇌졸중, 편마비	운동강도, 전도주의, 자세, 수분섭취
2. 파킨슨병	전도주의, 자세, 보폭에 항상주의
3. 당뇨병, 심근경색, 고혈압	신발, 운동강도, 식사, 운동과 복약의 시간, 수분섭취
4. 요통, 무릎통증	적정자세, 콘디셔닝, 운동화, 감량
5. 인공 고관절 치환술 후	고관절의 외선, 내선을 피한다. 근력향상
6. 골다공증(압박골절)	앞으로 굽히는 것 피한다. 능형근등의 근력향상
7. 관절염	급성기는 중지, 충분한 준비운동, 통증이 없는 범위에서 운동
8. 우울증	즐겁게 운동에 참가, 잔존능력에 주목

(1) 증상1의 고혈압과 당뇨병

① 운동처방전 작성(예)

- **나이** : 50세 정도의 경우
- **투약** : 없다
- **프로필** : · 이전보다 혈압이 약간 높다고 말한다.
  · 신체 활동은 보통이며 골프를 주 1회 정도 실시 하는데 걷는데는 지장이 없다.
  · 자각 증상은 없고, 안정시 심전도에도 이상이 없다.
  · 기본적 진료 정보와 적응 판단 기준에서 운동부하 테스트를 꼭 실시할 필요는 없다고 생각된다.
  · 운동처방 작성은 하루에 30분 정도 걷고 보조 운동을 주 3회 정도 실시한다.

- **의학적 코멘트** : 혈압, 혈당치가 약간 높다. 될수있으면 운동 전에 혈압을 측정하여 160~180mmHg 정도가 되면 운동 강도를 내리며, 180mmHg이상인 경우에는 운동을 중지하게 한다.
- **영양 지도상 코멘트** : · 간식을 자주 하기 때문에 간식의 양과 빈도를 줄이게 한다.
  · 염분 섭취량이 많기 때문에 소금에 절인 음식물이나 가공식품 등을 줄이게 한다.
- **운동지도상 코멘트** : 취미가 골프이기 때문에 골프를 잘 치기 위하여 전신 지구력이나 근파운동이 바람직하다.

② 증상 1의 고혈압과 당뇨병 운동지도효과 내용 결과표

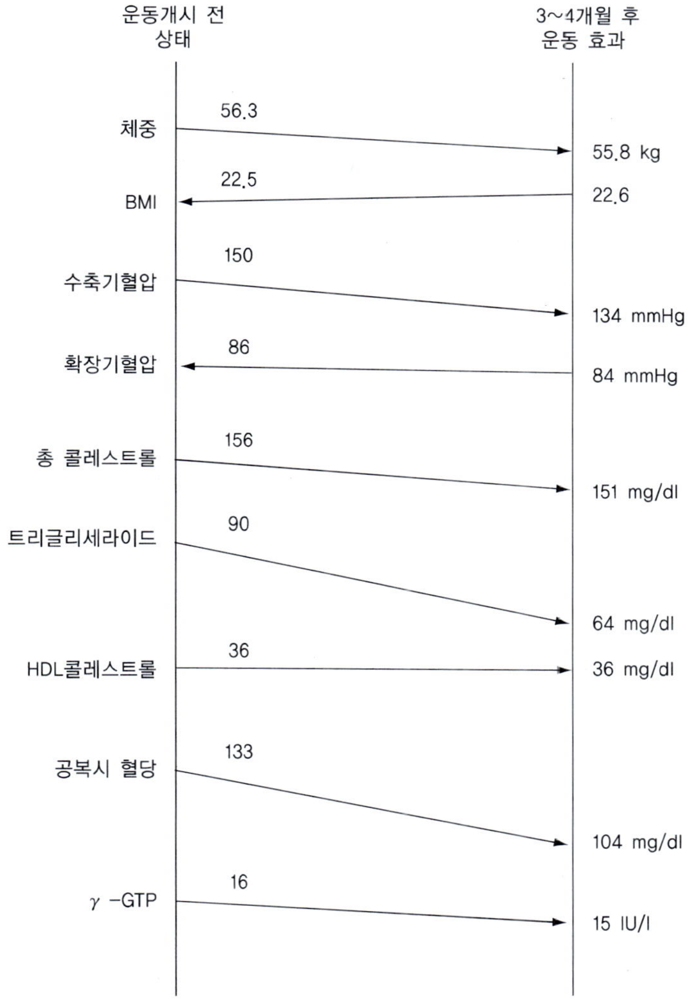

③ 증상1의 고혈압과 당뇨병의 의료정보(예)

<table>
<tr><td colspan="6">성 명 : 주민등록번호 : 나이 : 성별 :</td></tr>
<tr><td colspan="3">임상 진단
고혈압, 당뇨병</td><td colspan="3">투약내용(특히 심박수에 영향이 있는 약제명)</td></tr>
<tr><td rowspan="4">문진</td><td>자각증상</td><td>흉통·동기·천식·어지러움·실신·
기타( )
있다, 없다</td><td colspan="2">운동처방 실시 여부</td><td>실시
조건부 실시
금지</td></tr>
<tr><td>잠재성 질환</td><td>심질환·정형외과적 질환
기타(고혈압)
있다, 없다</td><td rowspan="5">운동부하테스트(검사)</td><td>운동부하 테스트 실시</td><td>최대 운동부하검사
최대하 운동부하검사
기타</td></tr>
<tr><td>가족력</td><td>심근경색·돌연사
기타( )
있다, 없다</td><td rowspan="3">운동부하 테스트 결과</td><td rowspan="3">최대예상도달심박수
(박/분)
운동부하테스트시최대혈압
(수축기 : mmHg
이완기 : mmHg)
심전도상 이상 유무
QR :
ST :
T파 :
QR, ST, T파가 문제가 발현되는 심박수를 기록한다</td></tr>
<tr><td>생활습관</td><td>문제점(간식, 염분)
많다, 적다</td></tr>
<tr><td colspan="2">안정시 혈압
안정시 심박수</td><td>150 86 mmHg
60~70/분(앉아서 측정)</td></tr>
<tr><td colspan="2">안정시
심전도 소견</td><td>심근경색 QR·ST·T파이상
심실성 부정맥
기타( )
있다, 없다</td><td>운동처방
실시 여부 판정</td><td>운동처방 실시
조건부 실시
주의 하면서 실시
운동 처방 금지</td></tr>
</table>

④ 증상1의 고혈압과 당뇨병 운동처방전 작성(예)

<table>
<tr><td rowspan="2">전
신
적
운
동</td><td>운동의 종류</td><td>운동의 강도</td><td>운동의 시간</td><td>운동의 빈도</td></tr>
<tr><td>유산소적 운동
(예; 보행, 속보, 조깅, 체조, 스트레칭 등)</td><td>·목표 심박수(박/분)
·자각적 운동 강도
(즐겁게 할 수 있는 강도; Borg 스케일 11 정도 약간 어려운 정도; Borg 스케일 13 정도)</td><td>목표 심박수의 도달 및 유지할수 있는 심박수를 정하여 기록한다.</td><td>1회/주
2회/주
3회/주
4회/주
5회/주
기타(　　)</td></tr>
<tr><td rowspan="2">보
조
운
동</td><td>운동의 종류</td><td>운동의 강도</td><td>운동의 시간</td><td>운동의 빈도</td></tr>
<tr><td>국소 근 은동
(예; 체조, 스트레칭등)</td><td>%R.M : 반복 횟수로 운동 강도를 결정한다.</td><td>몇회 :
속도 :
셋트 수 :
휴식시간 :
기타 총 운동시간을 기입한다.</td><td>1회/주
2회/주
3회/주
4회/주
5회/주
기타(　　)</td></tr>
<tr><td colspan="5">준비 운동과 정리 운동은 체조나 스트레칭으로 반드시 운동을 실시하게 한다.
운동 실시상 주의점 :
정형외과 내과적 문제가 있는 경우 주의 사항을 기록한다.
숙지 사항을 반드시 숙지시킨다.
심박수 측정을 운동 전후 측정하는 것을 습관화 시킨다.
운동 실시 내용을 항상 기록하는 습관을 들인다.</td></tr>
<tr><td colspan="3">운동처방전 작성자 :</td><td colspan="2">의료기관 및 의사명 :　　　인
운 동 지 도 사 명 :　　　인</td></tr>
<tr><td colspan="5">년　　월　　일</td></tr>
</table>

(2) 증상2의 비만과 당뇨병

① 운동처방전 작성(예)

- **나이** : 60세 정도
- **투약** : 없다
- **프로필** : · 처음에 혈당치에 대한 이상 유무를 지적한다.
  · 특별한 운동 습관이 없고, 일상생활 운동량도 하루에 보행 2,000보미만 이다.
  · 자각증상은 없으며 안정시 심전도 에서 경도 ST, T파 이상도 출현한다.
  · 안정시 심전도 이상과 공복시 혈당치에서 운동부하테스트를 실시한 결과 운동 중에 완전 윗쪽 다리 프로그가 출현하며 자각 증상도 없고 ST 변화도 보이지 않는다.
  · 운동 처방은 60세 정도 이므로 비만이 있으며 일상 신체활동은 적기 때문에 borg 스케일 11정도로 주 3회 속보와 체조및 스트레칭으로 운동을 지도 한다.

- **의학적 코멘트** : · 심전도에 경도의 이상이 있으나 치료의 필요성은 없고 정기적인 건강 진단을 받을 것
  · 운동시에 자각 증상이 있는 경우에는 운동을 중지하고 의사의 검진을 받게 한다.
- **영양 지도사 코멘트** : 영양사로 부터 식사 지도를 받게 한다.
- **운동 지도사 코멘트** : · 전체적으로 체력의 저하가 나타나고 있으며 운동의 습관이 없기 때문에 운동 실시 할때에는 항상 자각 증상을 체크하게 한다.
  · 일상 운동량이 적기 때문에 일상생활 중에 걷기 운동을 지도 한다.

② 증상 2의 비만과 당뇨병 운동지도효과 결과표

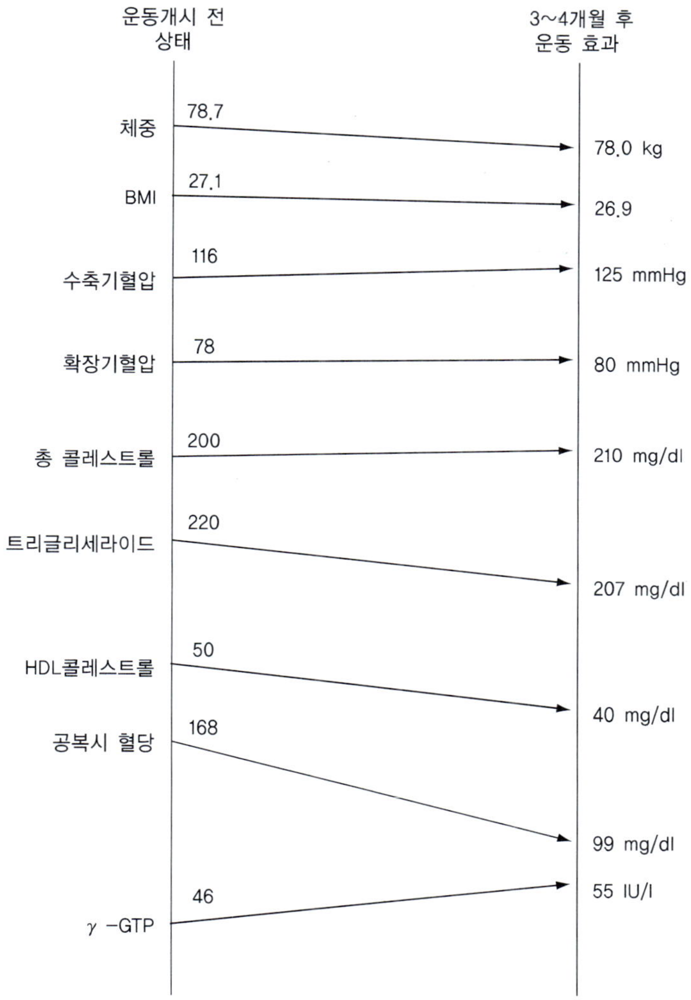

③ 증상2의 비만과 당뇨병의 의료정보(예)

<table>
<tr><td colspan="2">성 명 :</td><td colspan="2">주민등록번호 :</td><td colspan="2">나이 : 성별 :</td></tr>
<tr><td colspan="3">임상 진단
비만, 당뇨병</td><td colspan="3">투약내용(특히 심박수에 영향이 있는 약제명)</td></tr>
<tr><td rowspan="4">문
진</td><td>자각증상</td><td>흉통·동기·천식·어지러움·실신·
기타( )
있다, 없다</td><td colspan="2">운동처방 실시 여부</td><td>실시
조건부 실시
금지</td></tr>
<tr><td>잠재성 질환</td><td>심질환·정형외과적 질환
기타(고혈압)
있다, 없다</td><td rowspan="5">운동부하테스트(검사)</td><td>운동부하
테스트 실시</td><td>최대 운동부하테스트
최대하 운동부하테스트
기타</td></tr>
<tr><td>가족력</td><td>심근경색·돌연사
기타( )
있다, 없다</td><td rowspan="3">운동부하
테스트 결과</td><td rowspan="3">최대예상도달심박수
(박/분)
운동부하테스트시최대혈압
수축기 : mmHg
이완기 : mmHg
심전도상 이상 유무
QR :
ST :
T파 :
QR, ST, T파가 문제가 발현되는 심박수를 기록한다</td></tr>
<tr><td>생활습관</td><td>문제점(간식, 염분)
많다, 적다
섭취 에너지가 많다.</td></tr>
<tr><td colspan="2">안정시 혈압
안정시 심박수</td><td>150 / 86 mmHg
60~70/분(앉아서 측정)</td></tr>
<tr><td colspan="2">안정시
심전도 소견</td><td>심근경색 QR·ST·T파이상
심실성 부정맥
기타( )
있다, 없다</td><td>운동처방
실시 여부 판정</td><td>운동처방 실시
조건부 실시
주의 하면서 실시
운동 처방 금지</td></tr>
</table>

④ 증상2의 비만과 당뇨병 운동처방작성(예)

<table>
<tr><td rowspan="2">전
신
적
운
동</td><td>운동의 종류</td><td>운동의 강도</td><td>운동의 시간</td><td>운동의 빈도</td></tr>
<tr><td>유산소적 운동
(예; 보행, 속보, 조깅, 체조, 스트레칭 등)</td><td>·목표 심박수(박/분)

·자각적 운동 강도

(즐겁게 할 수 있는 강도; Borg 스케일 11 정도
약간 어려운 정도; Borg 스케일 13 정도)</td><td>목표 심박수의 도달 및 유지할수 있는 심박수를 정하여 기록한다.</td><td>1회/주
2회/주
3회/주
4회/주
5회/주
기타(　　)</td></tr>
<tr><td rowspan="2">보
조
운
동</td><td>운동의 종류</td><td>운동의 강도</td><td>운동의 시간</td><td>운동의 빈도</td></tr>
<tr><td>국소 근 운동
(예; 체조, 스트레칭등)</td><td>%R.M : 반복 횟수로 운동 강도를 결정한다.</td><td>몇회 :

속도 :

셋트 수 :

휴식시간 :

기타 총 운동시간을 기입한다.</td><td>1회/주
2회/주
3회/주
4회/주
5회/주
기타(　　)</td></tr>
<tr><td colspan="5">준비 운동과 정리 운동은 체조나 스트레칭으로 반드시 운동을 실시하게 한다.
운동 실시상 주의점 :
무리 하지 않는 범위내에서 신체활동이나 운동을 시킬것
자각 증상이 있으면 의사의 검진을 받을 것
3개월 정도에서 재처방을 받을 것</td></tr>
<tr><td colspan="5">운동처방전 작성자 : 의료기관 및 의사명 :　　　　인
운 동 지 도 사 명 :　　　　인

년　　월　　일</td></tr>
</table>

(3) 증상3의 고지혈증과 비만

① 운동처방전 작성(예)

- **나이** : 40세 정도
- **투약** : 고지혈증의 투약을 받고 있다.
- **프로필** : · 그전부터 고지혈증 치료를 받고 있었다.
  · 운동형 건강증진시설에서 에어로빅운동을 주1회 정도 실시하며 하루 보행 코스는 5,000보 정도 이다.
  · 자각증상은 없고 안정시 심전도에도 이상이 없다
  · 기본적 의료 정보에서 운동부하 테스트를 할 필요가 없다고 판단된다.
  · 운동처방은 비만을 고려하여 수중보행 혹은 저전차에르고메타, 아파트에서 계단 오르기(내려 갈때는 승강기 이용) 주 5회 정도 권고

- **의학적 코멘트** : · 총 콜레스트롤 치가 높고 HDL콜레스테롤이 적다.
  · 체중이 무겁기 때문에 무릎에 부담을 주지 않는 신체 활동이나 운동을 실시하게 한다.
- **영양 지도상 코멘트** : · 고지혈증이 있기 때문에 식사 시 사용되는 지방 식품을 피하게 하고 또한 과식 하지 않도록 영양을 지도한다.
  · 위장의 공복을 피한다.
- **운동 지도상 코멘트** : · 현재 에어로빅스 운동을 하고 있기 때문에 무릎에 부담을 경감 시키기 위하여 에어로빅스화를 착용하게 한다.
  · 수중 보행이나 체조, 스트레칭, 헬스 운동을 권고 한다.
  · 운동의 강도나 시간에 신경을 쓰게 한다.

② 증상3의 고지혈증과 비만 운동지도효과 결과표

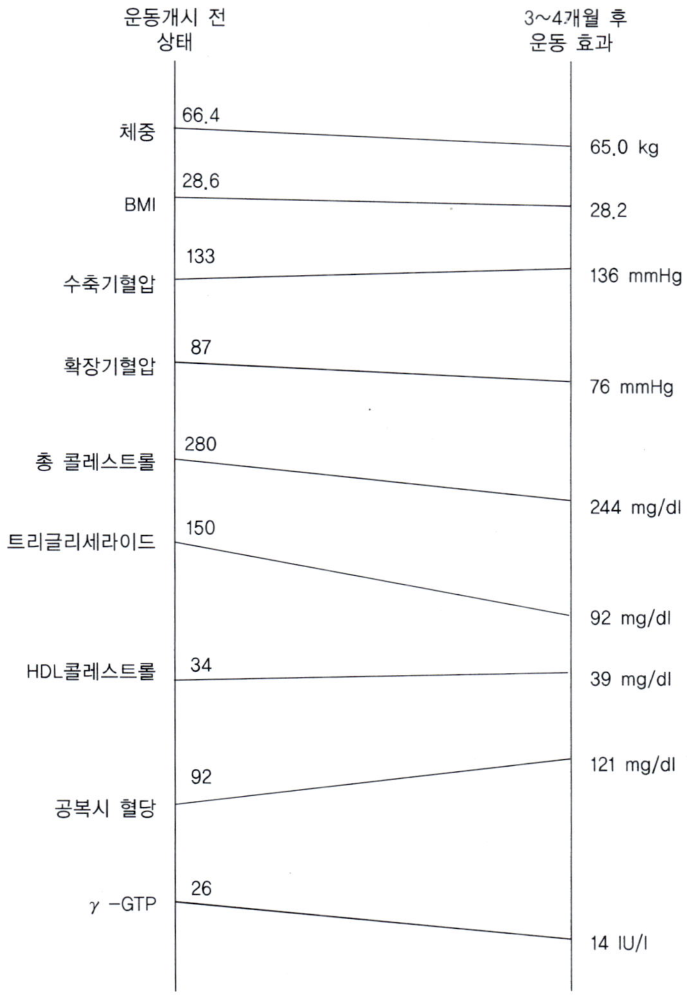

③ 증상3의 고지혈증과 비만의료정보(예)

<table>
<tr><td colspan="6">성　명 :　　　　　　　　　　주민등록번호 :　　　　　　　　　　나이 :　　성별 :</td></tr>
<tr><td colspan="6">임상 진단　　　　　　　　　　투약내용(특히 심박수에 영향이 있는 약제명)
고지혈증, 비만</td></tr>
<tr><td rowspan="4">문
진</td><td>자각증상</td><td>흉통·동기·천식·어지러움·실신·
기타(　　　　　　　)
있다, 없다</td><td colspan="2">운동처방 실시 여부</td><td>실시
조건부 실시
금지</td></tr>
<tr><td>잠재성 질환</td><td>심질환·정형외과적 질환
기타(고혈압　　　　)
있다, 없다</td><td rowspan="5">운
동
부
하
테
스
트
(검
사)</td><td>운동부하
테스트 실시</td><td>최대 운동부하검사
최대하 운동부하검사
기타</td></tr>
<tr><td>가족력</td><td>심근경색·돌연사
기타(　　　　　　)
있다, 없다</td><td rowspan="3">운동부하
테스트 결과</td><td rowspan="3">최대예상도달심박수
(　　　　　　　　박/분)
운동부하테스트시최대혈압
수축기 :　　　　　mmHg
이완기 :　　　　　mmHg
심전도상 이상 유무
QR :
ST :
T파 :
QR, ST, T파가 문제가 발현되는 심박수를 기록한다</td></tr>
<tr><td>생활습관</td><td>문제점(간식, 염분)
많다, 적다
섭취 에너지가 많다.</td></tr>
<tr><td colspan="2">안정시 혈압
안정시 심박수</td><td>150　/　86 mmHg
60~70/분(앉아서 측정)</td></tr>
<tr><td colspan="2">안정시
심전도 소견</td><td>심근경색 QR·ST·T파이상
심실성 부정맥
기타(　　　)
있다, 없다</td><td>운동처방
실시 여부 판정</td><td>운동처방 실시
조건부 실시
주의 하면서 실시
운동 처방 금지</td></tr>
</table>

④ 증상3의 고지혈증과 비만운동처방작성(예)

<table>
<tr><td rowspan="2">전신적 운동</td><td>운동의 종류</td><td>운동의 강도</td><td>운동의 시간</td><td>운동의 빈도</td></tr>
<tr><td>유산소적 운동
(예; 보행, 속보, 조깅, 체조, 스트레칭 등)</td><td>· 목표 심박수(박/분)

· 자각적 운동 강도

(즐겁게 할 수 있는 강도; Borg 스케일 11 정도
약간 어려운 정도; Borg 스케일 13 정도)</td><td>목표 심박수의 도달 및 유지할수 있는 심박수를 정하여 기록한다.</td><td>1회/주
2회/주
3회/주
4회/주
5회/주
기타(　　)</td></tr>
<tr><td rowspan="2">보조운동</td><td>운동의 종류</td><td>운동의 강도</td><td>운동의 시간</td><td>운동의 빈도</td></tr>
<tr><td>국소 근 운동
(예; 체조, 스트레칭등)</td><td>%R.M : 반복 횟수로 운동 강도를 결정한다.</td><td>몇회 :

속도 :

셋트 수 :

휴식시간 :

기타 총 운동시간을 기입한다.</td><td>1회/주
2회/주
3회/주
4회/주
5회/주
기타(　　)</td></tr>
<tr><td colspan="5">준비 운동과 정리 운동은 체조나 스트레칭으로 반드시 운동을 실시하게 한다.
운동 실시상 주의점 :
체중이 무겁기 때문에 무릎, 발목에 부담을 주지 않는 운동을 실시한다.</td></tr>
<tr><td colspan="5">운동처방전 작성자 : 의료기관 및 의사명 : 인
운 동 지 도 사 명 : 인

년　　월　　일</td></tr>
</table>

(4) 증상4의 고혈압(복약중), 당뇨병, 고지혈증, 비만

① 운동처방전작성(예)

- **나이** : 40대 남성의 경우
- **투약** : β차단약 복용중
- **프로필** : · 혈압을 내리는 약을 복용하여 고혈압은 121/89mmHg로 콘트롤 되어 있으나 그 밖의 경계형 당뇨병 고지혈증 비만 합병증을 갖고 있다.
  · 현재 운동 습관이 없고 자각 증상으로 천식이 있으며 안정시 심전도 이상은 없다.
  · 천식과 고혈압 치료 중에서 운동부하테스트를 실시하여 음성으로 나왔으며 β차단약 사용중이기 때문에 심박수가 70%정도가 되면 borg 스케일 자각적 운동 강도 15가 도달하면 운동을 중지한다.
  · 운동 처방의 심박수는 β차단약 복용 중이기 때문에 40대의 수치보다 낮은 50대의 수치를 사용한다.

- **의학적 코멘트** : · 혈압을 내리는 약을 사용
  · 운동 전후의 혈압을 측정하여 수축기 혈압 180mmHg이상에서는 운동을 중지한다.
- **운동 지도상 코멘트** : · 비만이 있기 때문에 식사 지도를 받을 것
  · 염분 섭취가 많고, 고혈압 이기 때문에 소금에 절인 음식물을 피하고, 염분 사용을 피한다.
  · 알콜 섭취 빈도가 많기 때문에 절주날을 정하고, 1회 음주량을 줄이게 한다.
  · 체중이 무겁기 때문에 지구적 운동은 보행이나 속보를 시킨다.
  · 지구적 운동은 가볍게 에어로빅스 운동 범위에서 실시하게 한다.
  · 고혈압이 있기 때문에 무리한 근력운동을 피하고 스트레칭이나 체조를 권장한다.

② 증상 4의 고혈압(복약중), 당뇨병, 고지혈증 비만 운동지도효과 결과표

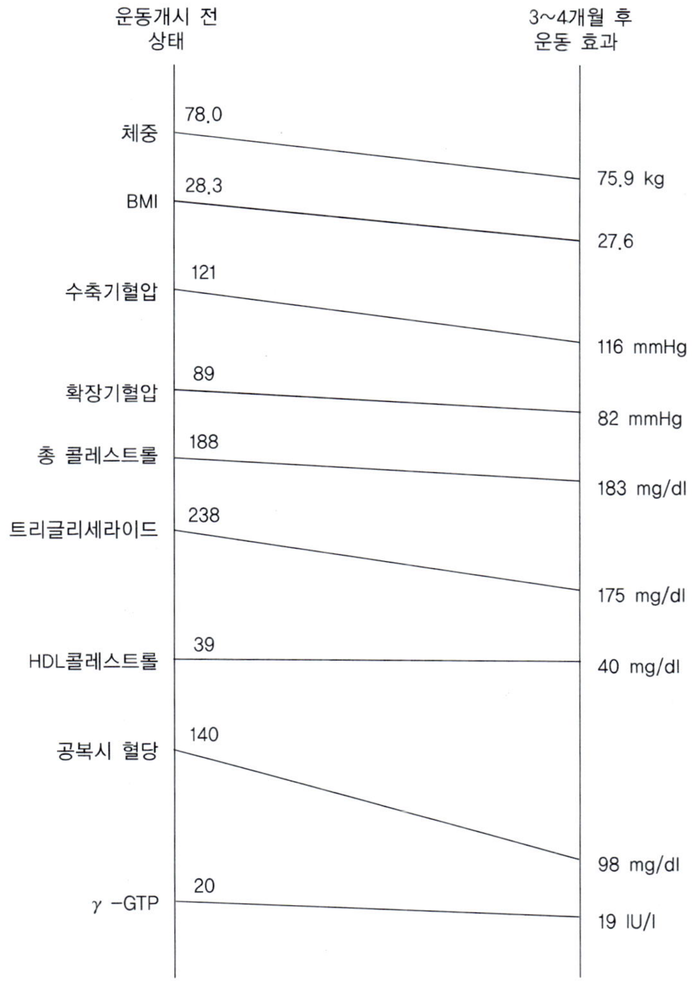

③ 증상4의 고혈압(복약중), 당뇨병, 고지혈증, 비만의료정보(예)

<table>
<tr><td colspan="6">성 명 :   주민등록번호 :   나이 :   성별 :</td></tr>
<tr><td colspan="6">임상 진단   투약내용(특히 심박수에 영향이 있는 약제명)
고혈압(복약중), 당뇨병, 고지혈증, 비만   β차단약 복용중</td></tr>
<tr><td rowspan="4">문진</td><td>자각증상</td><td>흉통·동기·천식·어지러움·실신·
기타( )
있다, 없다</td><td colspan="2">운동처방 실시 여부</td><td>실시
조건부 실시
금지</td></tr>
<tr><td>잠재성 질환</td><td>심질환·정형외과적 질환
기타(고혈압)
있다, 없다</td><td rowspan="5">운동부하테스트(검사)</td><td>운동부하 테스트 실시</td><td>최대 운동부하테스트
최대하 운동부하테스트
기타</td></tr>
<tr><td>가족력</td><td>심근경색·돌연사
기타( )
있다, 없다</td><td rowspan="3">운동부하 테스트 결과</td><td rowspan="3">최대예상도달심박수
(박/분)

운동부하테스트시최대혈압
(수축기 : mmHg
이완기 : mmHg
심전도상 이상 유무
QR :
ST :
T파 :
QR, ST, T파가 문제가 발현되는 심박수를 기록한다</td></tr>
<tr><td>생활습관</td><td>문제점(간식, 염분)
많다, 적다
섭취 에너지가 많다.</td></tr>
<tr><td colspan="2">안정시 혈압
안정시 심박수</td><td>150 / 86 mmHg
60~70/분(앉아서 측정)</td></tr>
<tr><td colspan="2">안정시
심전도 소견</td><td>심근경색 QR·ST·T파이상
심실성 부정맥
기타( )
있다, 없다</td><td>운동처방 실시 여부 판정</td><td>운동처방 실시
조건부 실시
주의 하면서 실시
운동 처방 금지</td></tr>
</table>

④ 증상 4의 고혈압(복약중), 당뇨병, 고지혈증, 비만 운동처방전 작성(예)

<table>
<tr><td rowspan="2">전신적운동</td><td>운동의 종류</td><td>운동의 강도</td><td>운동의 시간</td><td>운동의 빈도</td></tr>
<tr><td>유산소적 운동
(예; 보행, 속보, 조깅, 체조, 스트레칭 등)</td><td>·목표 심박수(박/분)
·자각적 운동 강도
(즐겁게 할 수 있는 강도; Borg 스케일 11 정도
약간 어려운 정도; Borg 스케일 13 정도)</td><td>목표 심박수의 도달 및 유지할수 있는 심박수를 정하여 기록한다.</td><td>1회/주
2회/주
3회/주
4회/주
5회/주
기타(　　)</td></tr>
<tr><td rowspan="2">보조운동</td><td>운동의 종류</td><td>운동의 강도</td><td>운동의 시간</td><td>운동의 빈도</td></tr>
<tr><td>국소 근 운동
(예; 체조, 스트레칭등)</td><td>%R.M : 반복 횟수로 운동 강도를 결정한다.</td><td>몇회 :
속도 :
셋트 수 :
휴식시간 :
기타 총 운동시간을 기입한다.</td><td>1회/주
2회/주
3회/주
4회/주
5회/주
기타(　　)</td></tr>
<tr><td colspan="5">준비 운동과 정리 운동은 체조나 스트레칭으로 반드시 운동을 실시하게 한다.
운동 실시상 주의점 :
될 수 있는 한 운동 전후 혈압 측정과 심박수 측정을 습관화 시킨다.
비만이 있기 때문에 무릎 관절에 부담을 주지 않도록 한다.</td></tr>
<tr><td colspan="5">운동처방전 작성자 : 의료기관 및 의사명 : 인
운 동 지 도 사 명 : 인
년　　월　　일</td></tr>
</table>

(5) 증상5의 요부위의 추간판헤르니아(우L 4/5)

① 운동처방전작성(예)

• **나이** : 30대의 경우

• **프로필** : ·자각 증상 : 요통및 우측하지에 통증
·타각적 소견 : 요추 가동력 제한, 라세그테스트양성, 우모지신전근력저하, 좌족배후지각이상
·치료방법 : 급성기는 안정, 투약, 보호장구, 견인요법을 행한다.
·1주후가 되면 의료체조, 스트레칭을 첨가 시킨다.
·1개월 후에 라세그테스트 음성이 되면, 수영(배영)을 시킨다.

• **코멘트** : ·요부질환에 대한 운동처방은 세계에서 넓게 행해지고 있다.
·적당한 스포츠나 운동을 하는 것에 의하여 바람직한 자세의 습득, 체간 지지력의 강화, 유연성의 확보, 요부에 과부담을 적게하고 재발을 예방할 수 있게 한다.
·장기간 계속해서 운동요법이나 스트레칭 운동을 실시하는 것이 바람직하다.

② 증상5의 요부위의 추간판헤르니아(우 L 4/5) 의료 정보(예)

<table>
<tr><td colspan="3">성 명 :</td><td colspan="3">주민등록번호 : 나이 : 성별 :</td></tr>
<tr><td colspan="3">임상 진단
요부추간판헤르니아</td><td colspan="3">투약내용(특히 심박수에 영향이 있는 약제명)</td></tr>
<tr><td rowspan="4">문
진</td><td>자각증상</td><td>흉통·동기·천식·어지러움·실신·
기타( )
있다, 없다</td><td colspan="2">운동처방 실시 여부</td><td>실시
조건부 실시
금지</td></tr>
<tr><td>잠재성 질환</td><td>심질환·정형외과적 질환
기타(고혈압)
있다, 없다</td><td rowspan="5">운동부하테스트</td><td>운동부하
테스트 실시</td><td>최대 운동부하테스트
최대하 운동부하테스트
기타</td></tr>
<tr><td>가족력</td><td>심근경색·돌연사
기타( )
있다, 없다</td><td rowspan="3">운동부하
테스트 결과</td><td rowspan="3">최대예상도달심박수
(박/분)
운동부하테스트시최대혈압
(수축기 : mmHg
이완기 : mmHg
심전도상 이상 유무
QR :
ST :
T파 :
QR, ST, T파가 문제가 발현되는 심박수를 기록한다</td></tr>
<tr><td>생활습관</td><td>문제점(간식, 염분)
많다, 적다
섭취 에너지가 많다.</td></tr>
<tr><td colspan="2">안정시 혈압
안정시 심박수</td><td>150 / 86 mmHg
60~70/분(앉아서 측정)</td></tr>
<tr><td colspan="2">안정시
심전도 소견</td><td>심근경색 QR·ST·T파이상
심실성 부정맥
기타( )
있다, 없다</td><td>운동처방
실시 여부 판정</td><td>운동처방 실시
조건부 실시
주의 하면서 실시
운동 처방 금지</td></tr>
</table>

③ 증상5의 요부위의 추간판헤르니아(우 4/5) 운동처방전작성(예)

<table>
<tr><td rowspan="2">전
신
적
운
동</td><td>운동의 종류</td><td>운동의 강도</td><td>운동의 시간</td><td>운동의 빈도</td></tr>
<tr><td>유산소적 운동
(예; 보행, 속보, 조깅, 체조, 스트레칭 등)</td><td>·목표 심박수(박/분)

·자각적 운동 강도

(즐겁게 할 수 있는 강도; Borg 스케일 11 정도 약간 어려운 정도; Borg 스케일 13 정도)</td><td>목표 심박수의 도달 및 유지할수 있는 심박수를 정하여 기록한다.</td><td>1회/주
2회/주
3회/주
4회/주
5회/주
기타(　　)</td></tr>
<tr><td rowspan="2">보
조
운
동</td><td>운동의 종류</td><td>운동의 강도</td><td>운동의 시간</td><td>운동의 빈도</td></tr>
<tr><td>국소 근 운동
(예; 체조, 스트레칭등)</td><td>%R.M : 반복 횟수로 운동 강도를 결정한다.</td><td>몇회 :

속도 :

셋트 수 :

휴식시간 :

기타 총 운동시간을 기입한다.</td><td>1회/주
2회/주
3회/주
4회/주
5회/주
기타(　　)</td></tr>
<tr><td colspan="5">준비 운동과 정리 운동은 체조나 스트레칭으로 반드시 운동을 실시하게 한다.
운동 실시상 주의점 :
허리를 비튼다든가 상체를 전후 반복한다든가 급격한 동작을 피하게 한다.</td></tr>
<tr><td colspan="5">운동처방전 작성자 : 의료기관 및 의사명 : 인
운 동 지 도 사 명 : 인

년 월 일</td></tr>
</table>

(6) 증상6의 양변형성 슬관절증

① 운동처방전 작성(예)

- **나이** : 60대의 여성
- **프로필** :
  - ·자각증상 : 양 슬관절(내측) 동통
  - ·타각적 소견 : 양 슬관절의 부종, 내측 압통, 관절가동력의 감소, X선 검사에서 경도의 내측 관절 및 골극형성
  - ·치료방법 : 투약, 온열요법, 운동요법(관절가동력 회복, 근력강화, 스트레칭, 외반형족저판(outer wedge shoe insert)을 사용하게 한다.)
  - ·동통의 경감 및 풀에서의 운동 및 사이클 수영 운동 등을 지도한다.
- **코멘트** :
  - ·질환의 치료상 슬관절 주변의 근을 강화시키며 근 지구력 강화도 중요한 치료법이다.
  - ·적절한 운동량을 정하여 신체활동이나 운동을 시키는 것에서 근 위축을 예방한다던가 관절 연골의 탄력성 유지, 관절 가동력을 유지 개선 등의 기대를 건다.
  - ·신체활동이나 운동을 통하여 역으로 관절 증상을 악화시킬 수가 있기 때문에 주의하지 않으면 안 된다.
  - ·병태에 따라서 운동의 종류 강도 횟수 등을 적절하게 정하고 무릎장구와 족저판의 사용등도 배려할 필요가 있다.

② 증상6의 양변형성슬관절증 의료정보(예)

<table>
<tr><td colspan="6">성　명 :　　　　　　주민등록번호 :　　　　　　나이 :　　성별 :</td></tr>
<tr><td colspan="6">임상 진단　　　　　　투약내용(특히 심박수에 영향이 있는 약제명)
양변형성 슬관절증</td></tr>
<tr><td rowspan="4">문진</td><td>자각증상</td><td>흉통·동기·천식·어지러움·실신·
기타(　　　　)
있다, 없다</td><td colspan="2">운동처방 실시 여부</td><td>실시
조건부 실시
금지</td></tr>
<tr><td>잠재성 질환</td><td>심질환·정형외과적 질환
기타(고혈압　　　)
있다, 없다</td><td rowspan="5">운동부하테스트(검사)</td><td>운동부하
테스트 실시</td><td>최대 운동부하테스트
최대하 운동부하테스트
기타</td></tr>
<tr><td>가족력</td><td>심근경색·돌연사
기타(　　　　)
있다, 없다</td><td rowspan="3">운동부하
테스트 결과</td><td rowspan="3">최대예상도달심박수
(　　　　박/분)
운동부하테스트시최대혈압
(수축기 :　　mmHg
이완기 :　　mmHg
심전도상 이상 유무
(QR :
ST :
T파 :　　　)
QR, ST, T파가 문제가 발현되는 심박수를 기록한다</td></tr>
<tr><td>생활습관</td><td>문제점(간식, 염분)
많다, 적다
섭취 에너지가 많다.</td></tr>
<tr><td colspan="2">안정시 혈압
안정시 심박수</td><td>150　/　86 mmHg
60~70/분(앉아서 측정)</td></tr>
<tr><td colspan="2">안정시
심전도 소견</td><td>심근경색 QR·ST·T파이상
심실성 부정맥
기타(　　)
있다, 없다</td><td>운동처방
실시 여부 판정</td><td>운동처방 실시
조건부 실시
주의 하면서 실시
운동 처방 금지</td></tr>
</table>

③ 증상 6의 양변형성 슬관절증 운동처방전 작성(예)

	운동의 종류	운동의 강도	운동의 시간	운동의 빈도
전신적운동	유산소적 운동 (예; 보행, 속보, 조깅, 체조, 스트레칭 등)	·목표 심박수(박/분) ·자각적 운동 강도 (즐겁게 할 수 있는 강도; Borg 스케일 11 정도 약간 어려운 정도; Borg 스케일 13 정도)	목표 심박수의 도달 및 유지할수 있는 심박수를 정하여 기록한다.	1회/주 2회/주 3회/주 4회/주 5회/주 기타(　　)
보조운동	운동의 종류	운동의 강도	운동의 시간	운동의 빈도
	국소 근 운동 (예; 체조, 스트레칭등)	%R.M : 반복 횟수로 운동 강도를 결정한다.	몇회 : 속도 : 셋트 수 : 휴식시간 : 기타 총 운동시간을 기입한다.	1회/주 2회/주 3회/주 4회/주 5회/주 기타(　　)

준비 운동과 정리 운동은 체조나 스트레칭으로 반드시 운동을 실시하게 한다.
운동 실시상 주의점 :
무릎관절의 하중을 될 수 있는 한 적게 할것
동통이 생기는 동작은 일단 중지하고 의사와 상담할 것

운동처방전 작성자 : 의료기관 및 의사명 : 인
운 동 지 도 사 명 : 인

년 월 일

참고문헌

1. 成東鎭(2005). 운동처방론, 고려의학
2. 成東鎭(2001). 질환별운동처방, 고려의학
3. 일본의사회편(2001). 운동요법처방전작성메뉴얼, 일본의사신보사
4. 일본체육학회 측정평가전문분과회편(1981). 체력의진단및평가, 대수관서점
5. 堀居 昭(1985). 운동처방입문, 공영출판주식회사
6. 成東鎭(1997). 운동처방을 위한 체력 트레이닝론, 서울: 형설출판사
7. 成東鎭(1997). 운동처방을 위한 운동생리학, 서울: 형설출판사

운동지도 관련자를 위한
운동지도사 매뉴얼

정가 42,000원

ISBN 978-89-7043-526-8

2007년 [illegible]월 20일 제1판 인쇄
2007년 [illegible]월 5일 제1판 발행

저 자 : 성 동 진
발 행 자 : 최 병 진

발 행 처 : 도서출판 **고 려 의 학**
(110-524) 서울시 종로구 명륜4가 91
Tel. 765-0333 / 0337
Fax. 743-2288
등록번호 : 제 1-519호 1978. 6. 29.